MIT ARBEITSHILFEN ONLINE

Exklusiv und kostenlos zum Steuerhandbuch

Ihre Arbeitshilfen online:

- Der Steuerkalkulator – so berechnen Sie Ihre voraussichtliche Einkommensteuerbelastung centgenau
- Weiterführende Informationen zu wichtigen steuerlichen Einzelthemen von Abfindung bis Verträge mit Angehörigen
- Weitere Arbeitshilfen: Kopiervorlagen, Checklisten, eine Übersicht über anhängige Gerichtsverfahren sowie die wichtigsten Einkommensteuertipps auf einen Blick
- Aktualisierungsservice

Und so gehts:

- Einfach unter **http://mybook.haufe.de** den Buchcode eingeben
- Oder direkt über Ihr Smartphone bzw. Tab… per **QR-Code** auf die Website gehen

Buchcode: AMP-2824

Inhaltsübersicht zu den Arbeitshilfen online

Unter „Weiterführende steuerliche Informationen" ist auf unserem Online-Portal Interessantes zu finden zu den Themen:

- Abfindung
- Abgeordnetenbezüge
- Altersentlastungsbetrag
- Betriebliche Altersvorsorge
- Bilanzierung/Buchführung
- Brexit-Steuerbegleitgesetz
- Ehrenamtliche Richter/Schöffen
- Einnahmenüberschussrechnung
- ELSTER/ELStAM für Unternehmer
- Ferienwohnung
- Fotovoltaikanlagen und Blockheizkraftwerke
- Grundsteuer-Reformgesetz – GrStRefG
- Nießbrauch
- Orkanschäden/Naturkatastrophen
- Pflegekosten/Heimunterbringung
- Sonstige Einkünfte
- Steuerbescheid
- Steuererklärungsabgabepflicht
- Umsatzsteuervoranmeldung
- Verlustausgleich/Vor- und Rücktrag
- Verträge mit Angehörigen

Außerdem enthält das Online-Portal zahlreiche hilfreiche Kopiervorlagen zu den Themen:

- Anschaffungskosten eines Grundstücks
- Arbeitszimmer
- Arbeitszimmer – Abschreibungsübersicht für Arbeitsmittel
- Bewerbungskosten
- Doppelte Haushaltsführung
- Einnahmenüberschussrechnung
- Erhaltungsaufwendungen
- Fahrtenbuch
- Fortbildungskosten
- Haushaltsnahe Dienstleistungen
- Investitionsabzugsbeträge
- Kfz-Kostenermittlung
- Kinderbetreuungskosten
- Krankheitskosten
- Reisekosten
- Umzugskosten
- Unfallkosten

Und zusätzlich auf dem Portal:
Checklisten zu allen Anlagen

Einkommen Steuererklärung 2020/2021

von
Willi Dittmann
Dipl.-Finanzwirt (FH)
Dozent bei der Oberfinanzdirektion Karlsruhe

Dieter Haderer
Dipl.-Finanzwirt (FH)
Dozent bei der Oberfinanzdirektion Karlsruhe

Rüdiger Happe
Dipl.-Finanzwirt
Betriebsprüfer a. D.
Dozent der IHK und führender Weiterbildungsinstitute

Vorwort

Wir hoffen, dass es uns auch dieses Jahr wieder gelungen ist, eine interessante Mischung zu den **wichtigsten Änderungen im Bereich der Einkommensteuer** zusammenzustellen. Auf folgende Neuerungen möchten wir besonders hinweisen:

Formularänderungen für die Steuererklärung 2020
Nach den großen Vordruckänderungen im letzten Jahr halten sich diese in diesem Jahr in Grenzen.

Die neue **Anlage Energetische Maßnahmen** ermöglicht die Steuerentlastung für bestimmte energetische Maßnahmen **in selbst genutzten Gebäuden** (vgl. § 35c EStG). Demgegenüber ist die neue **Anlage Corona-Hilfen** nur von Unternehmern abzugeben und dient allein der gesonderten Erfassung der Soforthilfen, Überbrückungshilfen und vergleichbaren Zuschüsse. Weitere Formularänderungen betreffen vor allem **Rentner** (z. B. die eigene neue **Anlage R-AV/bAV** für Renten aus der betrieblichen Altersversorgung oder Riesterverträgen). Ebenfalls neu: die **vereinfachten Erklärungsvordrucke für Arbeitnehmer und Nur-Rentner.**

Die wichtigsten materiellen Steueränderungen haben wir Ihnen wieder in Teil I im Kapitel 1.2 zusammengestellt. Besonders erfreulich:

Kinder
Das zweite Corona-Steuerhilfegesetz begünstigt Eltern mit einem zusätzlich zum Kindergeld ausgezahlten Kinderbonus von 300 EUR und Alleinerziehende durch die temporäre Erhöhung des Entlastungsbetrags auf 4.008 EUR.

Dienstwagen
Die Sonderregelung zur Dienstwagenbesteuerung für Elektrofahrzeuge wurde bis zum 31.12.2030 verlängert und die Besteuerung der Privatnutzung nochmals günstiger gestaltet.

Steuerermäßigung für energetische Maßnahmen
Zum Klimaschutz werden jetzt - in die neue Anlage Energetische Maßnahmen einzutragende – bestimmte Optimierungsmaßnahmen an Heizungsanlagen, Fenstern, Türen und zur Wärmedämmung gefördert (§ 35c EStG).

Sonstige Neuerungen
Weitere Änderungen betreffen die **Höhe der Verpflegungspauschalen**, die **Steuerfreiheit von Corona-Sonderzahlungen** des Arbeitgebers bis zu 1.500 EUR sowie die Möglichkeit für **Ehegatten**, die **Steuerklasse** künftig **mehrmals** im Jahr **zu wechseln** (§ 39 Abs. 6 EStG).

Hilfreiche **Hinweise zur Arbeit mit diesem Buch** sind gleich im Anschluss abgedruckt.

Wir freuen uns mit unseren Lesern über jeden Euro, den diese vom Finanzamt erstattet bekommen ... und hoffen auf ein Wiedersehen in unserem nächsten Steuerratgeber für das Steuerjahr 2021.

Freiburg, im September 2020 — Das Autorenteam

Hinweise zur Arbeit mit diesem Buch

Zur **Schnellorientierung** haben wir eine Handling-Übersicht für die optimale Arbeit mit diesem Buch erstellt.

Das bietet das Buch

Teil I enthält die **Ausfüllanleitungen** für die Steuerformulare 2020. Hier führen wir den Leser Zeile für Zeile durch seine Steuererklärung. Abgedeckt werden bereits an dieser Stelle alle Standardfälle, sodass nur für Sonderfälle Teil II dieses Buches ergänzend zurate gezogen werden muss.

> **Wichtig zu wissen:**
>
> Da bestimmte Daten der Finanzverwaltung direkt elektronisch gemeldet werden, sind in den Steuerformularen **einige Eintragungen grundsätzlich nicht mehr erforderlich.** Die betroffenen Zeilen haben wir in unseren Erläuterungen mit einem „e" gekennzeichnet. **Wenn allerdings mit einer Steuersoftware die Steuererstattung berechnet werden soll, müssen diese Daten weiterhin erfasst werden.**

Das **Herzstück** dieses Buches ist unverändert die **Kommentierung** in **Teil II:**

Dieser enthält eine **vertiefende Erläuterung zu den einzelnen Vordruckzeilen**, wenn der konkrete Steuersachverhalt durch die Grundangaben in Teil I nicht abgedeckt wird. Hier bekommt der Leser ausführliche **Hintergrundinformationen zu aktuellen Steuerthemen und viele geldwerte Tipps zum Steuernsparen**.

Das bietet das Online-Portal

Unter http://mybook.haufe.de haben wir unser Leistungsangebot nochmals deutlich erweitert.

Das Modul **„Der Steuerkalkulator"** bietet Ihnen einen **Steuerrechner und weitere Arbeitshilfen zur Ermittlung steuerrelevanter Rechengrößen**.

Ferner erhalten Sie den **Download-Zugriff** auf

- zusätzliche **Kopiervorlagen**,
- **„Die wichtigsten Steuertipps auf einen Blick"**,
- eine Übersicht zu den **anhängigen Gerichtsverfahren** sowie
- zahlreiche **weiterführende steuerliche Hintergrundinformationen**: angefangen von „Abfindung" über „Brexit", „ELSTER/ELStAM" und „Grundsteuer-Reformgesetz" bis hin zu „Verlustausgleich" und „Verträge mit Angehörigen".

Der hierfür erforderliche Zugangscode ist auf der ersten, die Inhalte sind auf der zweiten Seite dieses Buches zu finden.

Inhaltsübersicht

Teil I Ausfüllanleitung zur Einkommensteuererklärung 2020

1 Rund um die Einkommensteuererklärung ... 17
2 Hauptvordruck (ESt1A) ... 31
3 Anlage Sonderausgaben ... 35
4 Anlage Außergewöhnliche Belastungen ... 38
5 Anlage Haushaltsnahe Aufwendungen ... 41
6 Anlage Energetische Maßnahmen ... 44
7 Anlage Sonstiges ... 47
8 Anlage Vorsorgeaufwand (Vorsorgeaufwendungen) ... 50
9 Anlage AV (Altersvorsorgebeiträge, Riester) ... 58
10 Anlage Kind (Kinderberücksichtigung) ... 61
11 Anlage Unterhalt ... 67
12 Anlage N (Einkünfte aus nichtselbstständiger Arbeit) ... 72
13 Anlage KAP (Einkünfte aus Kapitalvermögen) ... 83
14 Anlage V (Einkünfte aus Vermietung und Verpachtung) ... 93
15 Anlagen R (Renten), R-AV/bAV, R-AUS ... 100
16 Anlage SO (Sonstige Einkünfte) ... 107
17 Anlage G (Einkünfte aus Gewerbebetrieb) ... 111
18 Anlage S (Einkünfte aus selbstständiger Arbeit) ... 115
19 Anlage EÜR (Einnahmenüberschussrechnung) ... 118
20 Anlage AUS (Ausländische Einkünfte) ... 128

Teil II Kommentierung und Gestaltungshinweise

1 Einleitung zum Hauptvordruck ... 131
2 Hauptvordruck (ESt1A) ... 146
3 Anlage Sonderausgaben ... 155
4 Anlage Außergewöhnliche Belastungen ... 186
5 Anlage Haushaltsnahe Aufwendungen ... 211
6 Anlage Energetische Maßnahmen ... 225
7 Anlage Sonstiges ... 228
8 Anlage Vorsorgeaufwand (Vorsorgeaufwendungen) ... 229
9 Anlage AV (Altersvorsorgebeiträge, Riester) ... 250
10 Anlage Kind (Kinderberücksichtigung) ... 254
11 Anlage Unterhalt ... 282
12 Anlage N (Einkünfte aus nichtselbstständiger Arbeit) ... 293
13 Anlage KAP (Einkünfte aus Kapitalvermögen) ... 364
14 Anlage V (Einkünfte aus Vermietung und Verpachtung) ... 387
15 Anlagen R (Renten), R-AV/bAV, R-AUS ... 437
16 Anlage SO (Sonstige Einkünfte) ... 457
17 Anlage G (Einkünfte aus Gewerbebetrieb) ... 463
18 Anlage S (Einkünfte aus selbstständiger Arbeit) ... 473
19 Anlage EÜR (Einnahme-Überschuss-Rechnung) ... 479
20 Anlage AUS (Ausländische Einkünfte) ... 524
21 Anlage Corona-Hilfen ... 528

Stichwortverzeichnis ... 529

Inhaltsverzeichnis

Vorwort ... 4
Hinweise zur Arbeit mit diesem Buch ... 5
Inhaltsübersicht ... 6
Inhaltsverzeichnis ... 7
Abkürzungsverzeichnis ... 16

Teil I Ausfüllanleitung zur Steuererklärung 2020

1 Rund um die Einkommensteuererklärung ... 17

1.1 Digitalisierung – Finanzamt 4.0 ... 17
- Belege und Nachweise ... 17
- Bearbeitungsgrundsätze/Datenabruf ... 18
- Elektronisch übermittelte Informationen ... 18

1.2 Einkommensteuerliche Rechtsänderungen und Vordruckänderungen 2020 ... 20
1.3 Rund um die Steuererklärung ... 23
- Abgabepflicht – Abgabefristen – Vordrucke ... 23
- Welche Vordrucke müssen Sie ausfüllen? ... 23
- Wie werden die Vordrucke ausgefüllt? ... 26

1.4 Wie ordne ich meine Belege und welche Kosten kann ich wo eintragen? ... 26
1.5 Praktische Tipps ... 30
1.6 Wie berechnet sich das zu versteuernde Einkommen? ... 30

2 Hauptvordruck (ESt1A) ... 31

2.1 Allgemein ... 31
2.2 Grundangaben (Seite 1) ... 31
2.3 Persönliche Angaben ... 31
2.4 Bankverbindung (Seite 2) ... 32
2.5 Vollmacht ... 32
2.6 Sonstige Angaben und Anträge ... 33

3 Anlage Sonderausgaben ... 35

3.1 Allgemein ... 35
3.2 Abziehbare Sonderausgaben ... 35

4 Anlage Außergewöhnliche Belastungen ... 38

4.1 Allgemein ... 38
4.2 Außergewöhnliche Belastungen ... 38

5 Anlage Haushaltsnahe Aufwendungen ... 41

5.1 Allgemein ... 41
5.2 Haushaltsnahe Tätigkeiten ... 41

6 Anlage Energetische Maßnahmen ... 44
6.1 Allgemein ... 44

7 Anlage Sonstiges ... 47
7.1 Allgemein ... 47
7.2 Sonstige Angaben und Anträge ... 47

8 Anlage Vorsorgeaufwand (Vorsorgeaufwendungen) ... 50
8.1 Allgemein ... 50
8.2 Vorsorgeaufwendungen ... 51
8.3 Ergänzende Angaben zu Vorsorgeaufwendungen ... 56

9 Anlage AV (Altersvorsorgebeiträge, Riester) ... 58
9.1 Allgemein ... 58
9.2 Notwendige Angaben ... 59

10 Anlage Kind (Kinderberücksichtigung) ... 61
10.1 Allgemein ... 61
10.2 Kinderberücksichtigung ... 62
10.3 Kindschaftsverhältnis und Alter (Seite 1) ... 62
10.4 Steuerliche Vergünstigungen für Kinder (Seite 2) ... 63
10.5 Schulgeld, Behinderung, Betreuungskosten (Seite 3) ... 65

11 Anlage Unterhalt ... 67
11.1 Allgemein ... 67
11.2 Angaben zum Haushalt der unterstützten Person(en) (Seite 1) ... 68
11.3 Angaben zur ersten unterstützten Person (Seite 2) ... 69
11.4 Angaben zu weiteren unterstützten Personen (Seiten 3 und 4) ... 70

12 Anlage N (Einkünfte aus nichtselbstständiger Arbeit) ... 72
12.1 Allgemein ... 72
12.2 Angaben zum Arbeitslohn (Seite 1) ... 73
12.3 Werbungskosten (Seiten 2–4) ... 74

13 Anlage KAP (Einkünfte aus Kapitalvermögen) ... 83
13.1 Allgemein ... 83
13.2 Weitere Angaben ... 87
13.3 Anlage KAP-BET ... 89
13.4 Anlage KAP-INV ... 89

14 Anlage V (Einkünfte aus Vermietung und Verpachtung) 93

14.1 Allgemein 93
14.2 Einnahmen 94
14.3 Werbungskosten 96

15 Anlage R (Renten) 100

15.1 Allgemein 100
15.2 Anlage R – Leibrenten aus dem Inland 100
- Gesetzliche Renten aus dem Inland (Seite 1) 101
- Rürup-Rente (Seite 1) 103
- Private Renten aus dem Inland (Seite 1) 103
- Rente aus dem Inland bei Wohnsitz im Ausland 103

15.3 Anlage R-AV/bAV – Riester-Renten und Renten aus betrieblicher Altersversorgung 104
15.4 Anlage R-AUS – Renten aus dem Ausland 105

16 Anlage SO (Sonstige Einkünfte) 107

16.1 Allgemein 107
16.2 Wiederkehrende Bezüge, Unterhalt, Leistungen (Seite 1) 108
16.3 Private Veräußerungsgeschäfte (Seite 2) 109

17 Anlage G (Einkünfte aus Gewerbebetrieb) 111

17.1 Allgemein 111
17.2 Weitere Angaben 113

18 Anlage S (Einkünfte aus selbstständiger Arbeit) 115

18.1 Allgemein 115
18.2 Weitere Angaben 116

19 Anlage EÜR (Einnahmenüberschussrechnung) 118

19.1 Allgemein 118
19.2 Notwendige Unterlagen 119
19.3 Betriebseinnahmen 119
19.4 Betriebsausgaben 120
19.5 Gewinnermittlung 123
19.6 Ergänzende Angaben 125
19.7 Vordruck SZ (Ermittlung der nicht abziehbaren Schuldzinsen) 126

20 Anlage AUS (Ausländische Einkünfte) 128

20.1 Allgemein 128
20.2 Kurzinformation zu ausländischen Einkünften 129

Teil II Kommentierung und Gestaltungshinweise

1 **Einleitung zum Hauptvordruck** ... 131

1.1 **Allgemeines** ... 131
1.2 **Steuerpflicht** ... 131
- Steuerpflicht ... 131

1.3 **Steuererklärungspflicht** ... 134
- Einkommensteuererklärungspflicht ... 134
- Zusätzliche Erklärungsmöglichkeiten ... 143

2 **Hauptvordruck (ESt1A)** ... 146

2.1 **Persönliche Daten und Religionszugehörigkeit** ... 146
2.2 **Veranlagungsarten und Steuertarif** ... 147
2.3 **Sonstige Angaben und Veranlagungswahlrechte** ... 154

3 **Anlage Sonderausgaben** ... 155

3.1 **Allgemeines** ... 155
3.2 **Grundsätze zu Sonderausgaben** ... 156
- Pauschaler Sonderausgabenabzug ... 156
- Kirchensteuer ... 157
- Spenden und Mitgliedsbeiträge ... 159
- Zuwendungen an politische Parteien und unabhängige Wählervereinigungen ... 168
- Aufwendungen für die eigene Berufsausbildung und die des Ehegatten ... 170
- Gezahlte Versorgungsleistungen ... 177
- Unterhaltsleistungen an den geschiedenen oder dauernd getrennt lebenden Ehegatten (Realsplitting) ... 178
- Versorgungsausgleich zwischen Ehegatten ... 181
- Steuerberatungskosten ... 184

4 **Anlage Außergewöhnliche Belastungen** ... 186

4.1 **Allgemeines** ... 186
4.2 **Typisierte Einzelfälle** ... 188
4.3 **Außergewöhnliche Belastungen allgemeiner Art** ... 193

5 **Anlage Haushaltsnahe Aufwendungen** ... 211

5.1 **Steuerermäßigungen bei Aufwendungen für haushaltsnahe Beschäftigungsverhältnisse, für Pflege, für die Inanspruchnahme haushaltsnaher Dienstleistungen und für Handwerkerleistungen** ... 211
- Übersicht und Höhe der Steuerermäßigung ... 211
- Haushaltsnahe Beschäftigungsverhältnisse ... 216
- Haushaltsnahe Dienstleistungen ... 217
- Handwerkerleistungen ... 219

5.2 **Sonstiges** ... 222

6 **Anlage Energetische Maßnahmen** ... 225

6.1 **Allgemeines** ... 225
6.2 **Voraussetzungen** ... 225
6.3 **Höhe der Förderung** ... 226
6.4 **Mehrere Beteiligte** ... 226

7 **Anlage Sonstiges** ... 229

8 **Anlage Vorsorgeaufwand (Vorsorgeaufwendungen)** ... 229

8.1 **Vorsorgeaufwendungen** ... 229
8.2 **Altersvorsorgeaufwendungen** ... 230
8.3 **Sonstige Vorsorgeaufwendungen** ... 235
- Allgemeines ... 235
- Übersicht zu den abziehbaren sonstigen Vorsorgeaufwendungen ... 237
- Beiträge zur inländischen gesetzlichen Krankenversicherung (GKV) und zur sozialen Pflegeversicherung ... 238
- Beiträge zu einer inländischen privaten Krankenversicherung (PKV) und zu einer privaten Pflegepflichtversicherung ... 239
- Beiträge zu einer ausländischen Versicherung ... 241
- Weitere sonstige Vorsorgeaufwendungen ... 241
- Abzugshöhe Vorsorgeaufwendungen ... 242
- Beitragsrückerstattungen ... 244
- Basiskranken- und Pflegepflichtversicherungsbeiträge für andere Personen ... 246
- Übermittlung der Daten ... 248

9 **Anlage AV (Altersvorsorgebeiträge, Riester)** ... 250

9.1 **Allgemeines** ... 250
9.2 **Riester-Rentenversicherung** ... 250
- Begünstigter Personenkreis ... 250
- Altersvorsorgezulage (§§ 79 ff. EStG) ... 251
- Zusätzlicher Sonderausgabenabzug für Altersvorsorgeaufwendungen ... 252

10 **Anlage Kind (Kinderberücksichtigung)** ... 254

10.1 **Allgemeines** ... 254
- Steuervergünstigungen für Kinder ... 254
- Voraussetzungen für die steuerliche Berücksichtigung von Kindern ... 254

10.2 **Steuerliche Vergünstigungen für Kinder** ... 265
- Kindergeld und Freibeträge ... 265
- Steuerfreibeträge für ein Kind ... 267
- Versicherungsbeiträge für Kinder ... 269
- Alleinerziehende ... 270
- Freibetrag zur Abgeltung eines Sonderbedarfs ... 273
- Schulgeld ... 275
- Übertragung eines Behindertenpauschbetrags ... 277
- Kinderbetreuungskosten ... 277
- Baukindergeld ... 280

11 Anlage Unterhalt 282

11.1 Steuerliche Beurteilung von Unterhaltsleistungen 282
11.2 Unterhaltsleistungen als außergewöhnliche Belastung 282

12 Anlage N (Einkünfte aus nichtselbstständiger Arbeit) 293

12.1 Arbeitslohn 293
- Lohnbezüge 293
- Steuerbegünstigte Lohnbezüge 303

12.2 Werbungskosten 307
- Werbungskosten allgemein 307
- Wege zur ersten Tätigkeitsstätte 310
- Beiträge zu Berufsverbänden 324
- Arbeitsmittel 324
- Arbeitszimmer 329
- Fortbildungskosten 337
- Weitere Werbungskosten 339
- Reisekosten 344
- Doppelte Haushaltsführung 355

13 Anlage KAP (Einkünfte aus Kapitalvermögen) 364

13.1 Allgemeines 364
13.2 Spezielle Einkünfte aus Kapitalvermögen 365
- Fondsbesteuerung ab 2018 368
- Sparer-Pauschbetrag 371
- Werbungskostenabzug 371
- Von der Abgeltungsteuer nicht erfasste Einkünfte 372
- Veranlagungsoptionen 372
- Freistellungsauftrag 375
- Ausländische Steuern 375
- Kirchensteuerpflicht 375
- Automatisierter Kontenabruf durch das Finanzamt und andere Behörden 375

13.3 Einzelheiten zu laufenden Einkünften 376
- Sonstiger Bezug aus Aktien 376
- Kapitallebensversicherungen 376
- Rentenversicherungen 376
- Verzugszinsen 377
- Negative Einlagezinsen 377
- Sonstige Zinsen 378
- Bausparguthabenzinsen 378
- Bitcoins 378

13.4 Einzelheiten zu Veräußerungsgewinnen 379
- Veräußerung von Anteilen an Kapitalgesellschaften, Genussrechten und ähnlichen Beteiligungen sowie Anwartschaftsrechten 379
- Bezugsrechte 381

- Stückzinsen ... 381
- Sonstige Kapitalforderungen ... 381
- Umtausch- oder Aktienanleihen ... 382
- Fremdwährungsgeschäfte ... 383
- Termingeschäfte ... 383
- Stille Beteiligung/partiarisches Darlehen ... 384
- Verluste und Verlustverrechnung ... 384
- Verlustfeststellung ... 386

14 Anlage V (Einkünfte aus Vermietung und Verpachtung) ... 387

14.1 Allgemeines ... 387
- Abgrenzung gegenüber anderen Einkunftsarten ... 387
- Vermietungstatbestände nach § 21 EStG ... 387
- Zurechnung der Einkünfte ... 388
- Einkünfteerzielungsabsicht/Liebhaberei ... 388
- Leer stehende Immobilie ... 390
- Miet- und Pachtverhältnisse zwischen Ehegatten und Angehörigen ... 391

14.2 Ermittlung der Einkünfte aus Vermietung und Verpachtung ... 393

14.3 Einnahmen ... 394
- Einnahmen, Begriff und zeitliche Erfassung ... 394
- Verbilligte oder teilentgeltliche Vermietung ... 395
- Weitere Einnahmen aus Vermietung und Verpachtung ... 396

14.4 Grundstücksgemeinschaften und andere Beteiligungen ... 398
- Grundstücksgemeinschaften ... 398
- Untervermietung ... 400
- Sonstige Vermietungseinkünfte ... 401

14.5 Werbungskosten ... 401
- Abschreibungen von Gebäuden ... 404
- Weitere Werbungskosten ... 424
- Finanzierungskosten ... 425
- Erhaltungsaufwendungen ... 429
- Sonstige Werbungskosten ... 433
- Umsatzsteuer ... 434
- Zuschüsse ... 436

15 Anlage R (Renten) ... 437

15.1 Relevante Rentenbezüge ... 437
- Abgrenzung der Einkunftsarten ... 437
- Steuerfreie Renten oder nichtsteuerbare Renten ... 438

15.2 Anlage R, Renten aus dem Inland ... 439
- Gesetzliche Renten aus dem Inland ... 440
- Rürup-Rente ... 447
- Private Renten aus dem Inland ... 447
- Rente aus dem Inland mit Wohnsitz im Ausland ... 449

15.3 Anlage R-AV/bAV – Riester-Renten und Renten aus der betrieblichen Altersversorgung ... 451
- Private und betriebliche Altersvorsorge ... 451

15.4 Anlage R-AUS – Renten aus dem Ausland ... 453
15.5 Weitere Renten ... 453
15.6 Zusammenfassende Übersicht über die Besteuerung der wichtigsten Rentenarten ... 454
15.7 Werbungskosten ... 455

16 Anlage SO (Sonstige Einkünfte) ... 457

16.1 Wiederkehrende Bezüge ... 457
16.2 Unterhaltsleistungen ... 457
16.3 Leistungen ... 457
16.4 Abgeordnetenbezüge ... 458
16.5 Private Veräußerungsgeschäfte (Spekulationsgeschäft) ... 458
- Kauf und Verkauf von Grundstücken ... 458
- Wertpapiere ... 460
- Leerverkäufe ... 461
- Andere Wirtschaftsgüter ... 461
- Freigrenze ... 461
- Veräußerungsverluste ... 461

17 Anlage G (Einkünfte aus Gewerbebetrieb) ... 463

17.1 Überblick über die Einkünfte aus Gewerbebetrieb ... 463
17.2 Abgrenzung des Gewerbebetriebs zur selbstständigen Tätigkeit ... 463
17.3 Wahl der Gewinnermittlungsart ... 463
17.4 Ermittlung nachträglicher Einkünfte nach einer Betriebsaufgabe ... 464
17.5 Besonderheiten ... 464
- Liebhaberei ... 464
- Gewerblicher Grundstückshandel ... 465
- Fotovoltaikanlagen ... 465
- Steuerstundungsmodelle ... 466
- Existenzgründung ... 466

17.6 Gewerbesteueranrechnung ... 466
17.7 Veräußerungsgewinn ... 468
17.8 Veräußerung von Anteilen an Kapitalgesellschaften ... 470

18 Anlage S (Einkünfte aus selbstständiger Arbeit) ... 473

18.1 Abgrenzung des Gewerbebetriebs zur selbstständigen Arbeit ... 473
18.2 Gewinnermittlung ... 474
18.3 Außerordentliche Einkünfte ... 475
18.4 Veräußerungsgewinn ... 475
18.5 Nebeneinkünfte ... 475
- Steuerbefreiung für Übungsleiter, Ausbilder, Erzieher ... 475
- Freibetrag für Einnahmen aus nebenberuflichen Tätigkeiten ... 477
- Freibetrag ehrenamtlicher Vormünder, Pfleger oder Betreuer ... 478

- Zuordnung zur Einkunftsart 478
- Ehrenamtliche Richter/Schöffen/Mandatsträger etc. 478

19 Anlage EÜR (Einnahme-Überschuss-Rechnung) 479

19.1 Allgemeine Grundsätze der Einnahmenüberschussrechnung 479
19.2 Betriebseinnahmen 484
- Allgemeines 484
- Private Pkw-Nutzung 485
- Sonstige Entnahmen 495
- Auflösung von Rücklagen und Ausgleichsposten 496

19.3 Betriebsausgaben 496
- Allgemeines 496
- Pauschale Betriebsausgaben 496
- Betriebsausgaben im Einzelnen 497
- Beschränkt abzugsfähige Betriebsausgaben 508

19.4 Investitionsabzugsbetrag und Sonderabschreibung nach § 7g EStG 514
- Investitionsabzugsbetrag 514
- Sonderabschreibung nach § 7g EStG 521
- Schädliches Verhalten bei Investitionsabzugsbetrag und Sonderabschreibung 521

19.5 Solar-/Fotovoltaikanlagen und Blockheizkraftwerke 522
- Einkunftsart und Gewinnerzielung 522

20 Anlage AUS (Ausländische Einkünfte) 524

20.1 Verwendung der Anlage AUS 524
20.2 Allgemeine Grundsätze 524
20.3 Behandlung der einbehaltenen Steuerbeträge 525

21 Anlage Corona-Hilfen 528

21.1 Verwendung der Anlage Corona-Hilfen 528

Stichwortverzeichnis 529

Abkürzungsverzeichnis

35a	Anlage Haushaltsnahe Aufwendungen
35c	Anlage Energetische Maßnahmen
Abs.	Absatz
Abschn.	Abschnitt
AfA	Absetzung für Abnutzung
AG	Aktiengesellschaft
agB	Anlage Außergewöhnliche Belastungen
Anm.	Anmerkung
AK	Anschaffungskosten
AO	Abgabenordnung
ATE	Auslandstätigkeitserlass
Az.	Aktenzeichen
BA	Betriebsausgaben
BAföG	Bundesausbildungsförderungsgesetz
BdF	Bundesministerium für Finanzen
BE	Betriebseinnahmen
BFH	Bundesfinanzhof
BGB	Bürgerliches Gesetzbuch
BGBl	Bundesgesetzblatt
BGH	Bundesgerichtshof
BKGG	Bundeskindergeldgesetz
BMF	Bundesministerium für Finanzen
BStBl	Bundesgesetzblatt
BUKG	Gesetz über die Umzugskostenvergütung und das Trennungsgeld für die Bundesbeamten, Richter im Bundesdienst und Soldaten (Bundesumzugskostengesetz)
BZSt	Bundeszentralamt für Steuern
ca.	circa
DBA	Doppelbesteuerungsabkommen
d.h.	das heißt
EDV	Elektronische Datenverwaltung
Ekm	Entfernungskilometer
ErbStG	Erbschaftsteuer- und Schenkungsteuergesetz
Erl.	Erläuterungen
ESt	Einkommensteuer
EStDV	Einkommensteuer-Durchführungsverordnung
EStG	Einkommensteuergesetz
EStH	Hinweise zu den Einkommensteuer-Richtlinien
EStR	Einkommensteuer-Richtlinien
f.	folgende Seite
ff.	folgende Seiten
FG	Finanzgericht
FinV	Finanzverwaltung
FW	Förderung des Wohneigentums
GbR	Gesellschaft bürgerlichen Rechts
gem.	gemäß
GewStG	Gewerbesteuergesetz
ggf.	gegebenenfalls
GmbH	Gesellschaft mit beschränkter Haftung
GoB	Grundsätze ordnungsgemäßer Buchführung
GrS	Großer Senat
GWG	geringwertige Wirtschaftsgüter
GrSt	Grundsteuer
H	Hinweisabschnitt zu den Einkommensteuer-Richtlinien
HI	Haufeindex
HGB	Handelsgesetzbuch
HK	Herstellungskosten
hrsg.	herausgegeben
i.d.F.	in der Fassung
i.d.R.	in der Regel
i. Z. m.	im Zusammenhang mit
Kfz	Kraftfahrzeug
KG	Kommanditgesellschaft
KiSt	Kirchensteuer
km	Kilometer
LSt	Lohnsteuer
LStDV	Lohnsteuer-Durchführungsverordnung
LStR	Lohnsteuer-Richtlinien
lt.	laut
MwSt	Mehrwertsteuer
NV	Nichtveranlagungsbescheinigung
OFD	Oberfinanzdirektion
PB	Pauschbetrag
Pkw	Personenkraftwagen
qm	Quadratmeter
R	Richtlinienabschnitt in der Einkommensteuer-Richtlinie
Rspr.	Rechtsprechung
s.	siehe
S.	Seite
sog.	sogenannte
s.u.	siehe unten
u.	und
u.a.	unter anderem
u. Ä.	und Ähnliches
UStAE	Umsatzsteuer-Anwendungserlass
VaSt	vorausgefüllte Steuererklärung
vL	vermögenswirksame Leistungen
vL-Meldung	elektronische Vermögensbildungsbescheinigung nach § 15 des 5. VermBG
Verf.	Verfügung
V+V	Einkünfte aus Vermietung und Verpachtung
Vz.	Veranlagungszeitraum
WK	Werbungskosten
z.B.	zum Beispiel
z.v.E.	zu versteuerndes Einkommen
zzt.	zurzeit

Ausfüllanleitung zur Steuererklärung 2020

1 Rund um die Einkommensteuererklärung

In diesem Kapitel finden Sie alles Wissenswerte zu den **Neuerungen für das Steuerjahr 2020** – alle für den Steuerpflichtigen relevanten Gesetzesänderungen im Bereich der Einkommensteuer und die wesentlichen Veränderungen in den Erklärungsvordrucken. Außerdem enthalten ist ein Formularwegweiser, aus dem Sie auf einen Blick erkennen können, welche Vordrucke Sie benötigen.

1.1 Digitalisierung – Finanzamt 4.0

[Digitalisierung beim Finanzamt]

Auch in der Finanzverwaltung spielt das Thema Digitalisierung eine immer größere Rolle. **1**
Die automationsgestützte Bearbeitung durch verstärkten IT-Einsatz mit dem Ziel der Kostenersparnis (weniger Personal) und gleichzeitig eine effizientere Bearbeitung, indem fehleranfällige Sachverhalte – insbesondere bei großer steuerlicher Auswirkung – ausgesteuert und durch die Finanzbeamten persönlich bearbeitet werden, stehen im Vordergrund. Die rechtlichen Rahmenbedingungen dazu wurden durch das Gesetz zur Modernisierung des Besteuerungsverfahrens v. 18.7.2016 (BGBl 2016 I S. 1679) geschaffen. Die einzelnen Bestimmungen treten nach und nach bis 2022 in Kraft. Entsprechend erfolgte die praktische Umsetzung durch die Finanzverwaltung in die tägliche Arbeit – auch abhängig von den technischen Fortschritten – schrittweise seit 2017 (➔ Tz 342). Dies wirkt sich auch auf die Gestaltung der Erklärungsvordrucke und die Beleganforderungen aus.

Belege und Nachweise

[Belegvorhaltung]

Es besteht **keine gesetzliche Pflicht mehr, Belege zusammen mit der Steuererklärung einzureichen.** **2** Der Verzicht auf Belege wird von den Finanzämtern sogar gewünscht, denn damit entfallen Belegsichtung und Rücksendung – und das spart Kosten. Der Belegverzicht gilt auch für Steuerbescheinigungen zur Anrechnung von Kapitalertragsteuer (§ 36 Abs. 2 Nr. 2 Satz 3 EStG) oder für Nachweise über steuerbegünstigte Zuwendungen (Spenden und Mitgliedsbeiträge, § 50 Abs. 8 EStDV). Soweit Zuwendungsbestätigungen durch den begünstigten Empfänger elektronisch an die Finanzverwaltung übermittelt werden, müssen auch keine Belege in Papierform vorgehalten werden. Eine Sonderregelung gilt für den Nachweis einer Behinderung. Wird der Pauschbetrag wegen Behinderung erstmals geltend gemacht oder ändern sich die Verhältnisse (insbesondere der Grad der Behinderung oder Merkzeichen), ist die Vorlage einer Kopie des Schwerbehindertenausweises weiterhin vorgeschrieben (§ 65 Abs. 3 EStDV) – zumindest so lange, bis die erforderlichen Programmierarbeiten zur elektronischen Datenübermittlung der für die Feststellung des Grades der Behinderung bzw. der Merkzeichen zuständigen Stelle abgeschlossen sind (§ 65 Abs. 3a EStDV).

Die **Belege** müssen aber (zumindest bis zum Abschluss der Steuerveranlagung, d.h. bis zum Ablauf der Einspruchsfrist bzw. Abschluss eines Einspruchsverfahrens) **aufbewahrt** und auf Anforderung des Finanzamts eingereicht werden. Für bestimmte Belege (z.B. Spenden) ist die Aufbewahrung bis zum Ablauf eines Jahres nach Bekanntgabe der

Steuerfestsetzung vorgeschrieben, für Handwerkerrechnungen gilt zivilrechtlich eine zweijährige, für Bankbelege eine dreijährige Aufbewahrungspflicht. Betriebliche Unterlagen sind zehn Jahre aufzubewahren (§ 147 Abs. 3 AO), andere Unterlagen sechs Jahre, wenn die Summe der nichtbetrieblichen Einkünfte (Überschusseinkünfte gem. § 2 Abs. 1 Nr. 4–7 EStG) mehr als 500.000 € beträgt (§ 147a AO).

Im Fall der Anforderung sollte man die Belege auch vorlegen können. Andernfalls ist damit zu rechnen, dass die Bearbeiter die Kosten nicht nur streichen, sondern auch einen entsprechenden Risikobearbeitungshinweis für die Folgejahre speichern, sodass künftig mit einer intensiveren Prüfung zu rechnen ist. Darüber hinaus können wissentlich und willentlich gemachte falsche Angaben in der Steuererklärung als versuchte bzw. ggf. vollendete Steuerhinterziehung gewertet werden.

Bearbeitungsgrundsätze/Datenabruf

3 Durch das o.a. Gesetz wurden in der Abgabenordnung (§ 88 AO) die rechtlichen Möglichkeiten geschaffen, die Fallbearbeitung automationsgestützt unter Einsatz von Risikomanagementsystemen (§ 88 Abs. 5 AO) durchzuführen. Damit soll zum einen die Bearbeitung risikoarmer Fälle beschleunigt und zum anderen sollen prüfungsrelevante Fälle mit ausreichender Sicherheit erkannt werden. Ziel ist vorrangig die – ohne jegliches Eingreifen des Finanzbeamten (§ 155 Abs. 4 AO) – vollautomatische Steuerfestsetzung einer möglichst über ELSTER eingegangenen Steuererklärung bis zur Erteilung des Steuerbescheids. Der Steuerbürger hat aber über „qualifizierte Freitextfelder" die Möglichkeit, eine persönliche Bearbeitung zu veranlassen (§ 150 Abs. 7 AO), z.B. wenn er eine nähere Prüfung eines bestimmten Sachverhalts wünscht bzw. eine besondere Rechtsfrage geklärt haben möchte oder in der Steuererklärung Angaben gemacht hat, die auf einer abweichenden Rechtsauffassung beruhen. Die technische Umsetzung der Freitexteingabe erfolgt für 2020 auf der Rückseite des Formulars Hauptvordruck in Zeile 45 durch Eintragung einer „1" in Kennzahl 175. Damit wird dem Bearbeiter angezeigt, dass weitere Angaben außerhalb der Steuererklärungsvordrucke auf einer eigenen Anlage zur Steuererklärung gemacht wurden.

Konsequent wurde ebenso gesetzlich geregelt, dass Verwaltungsakte (z. B. Steuerbescheide) künftig elektronisch **wirksam** bekannt gegeben werden können, indem sie (mit Einwilligung des Betroffenen) zum Datenabruf bereitgestellt werden (§ 122a AO). Als Datum der Bekanntgabe gilt der dritte Tag nach Absendung der Benachrichtigung, dass der Datenabruf möglich ist (➜ Tz 342 ff.).

Elektronisch übermittelte Informationen

[Datenübermittlung]

4 Wesentliches Element der neuen Bearbeitungsgrundsätze ist, dass die Finanzverwaltung über die Identifikationsnummer des Steuerpflichtigen sehr viele Besteuerungsgrundlagen und Informationen auf elektronischem Weg übermittelt bekommt bzw. über einen Datenabruf darauf Zugriff hat und dies mit den erklärten Angaben automatisiert abgleichen kann. Zu diesen Daten zählen im Wesentlichen:

- sämtliche Angaben der Lohnsteuerbescheinigung wie Bruttolohn, Steuerabzugsbeträge, Beiträge zur gesetzlichen Sozialversicherung, Zuschüsse des Arbeitgebers zum Kurzarbeitergeld, Arbeitgeberanteile zur gesetzlichen Sozialversicherung, steuerfrei geleisteter Arbeitgeberersatz für Reisekosten und doppelte Haushaltsführung oder für

Wege zwischen Wohnung und erster Tätigkeitsstätte (Jobticket), Mahlzeitengestellung anlässlich von Auswärtstätigkeiten und bei doppelter Haushaltsführung, pauschal besteuerte Arbeitgeberleistungen (z.B. bei Überlassung von Firmenwagen für Wege von der Wohnung zur ersten Tätigkeitsstätte, Jobticket), vom Arbeitgeber ausgezahlte Lohnersatzleistungen sowie Zeiträume ohne Bezug von Arbeitslohn

- von anderen Stellen (z.B. Bundesagentur für Arbeit, Krankenversicherung) gezahlte Lohnersatzleistungen (z.B. Kranken-, Arbeitslosen-, Kurzarbeitergeld, Zuschuss zum Mutterschaftsgeld, Erziehungsgeld) und Insolvenzgeld
- von öffentlichen Einrichtungen (z.B. öffentlich-rechtliche Radio- und Fernsehanstalten, Volkshochschulen, Universitäten, IHK) gezahlte Honorare an freiberuflich dort Tätige (z.B. unterrichtende oder vortragende Dozenten)
- Beiträge zur Krankenversicherung und Pflegepflichtversicherung (sofern der Datenübermittlung zugestimmt wurde, was Abzugsvoraussetzung ist) und Beitragserstattungen
- gezahlte Beiträge in einen Riester- oder Rürup-Versicherungsvertrag
- von Rentenversicherungsträgern ausgezahlte Renten (einschließlich Riester- und Rürup-Renten) sowie Zuschüsse zur Krankenversicherung und aus der Rente abgeführte Kranken- und Pflegepflichtversicherungsbeiträge
- für und von berücksichtigungsfähigen Kindern geleistete Kranken- und Pflegepflichtversicherungsbeiträge
- Einkünfte und Bezüge von steuerlich berücksichtigungsfähigen Kindern, für die eine Lohnsteuerbescheinigung ausgestellt wurde oder die eine Rente bezogen haben
- Einkommensverhältnisse von Angehörigen, für die Unterhaltsleistungen als außergewöhnliche Belastungen geltend gemacht werden
- von Banken vom Kapitalertragsteuerabzug freigestellte Zinsen, insbesondere wenn insgesamt höhere Zinsen freigestellt worden sind als in der Höhe des Sparer-Pauschbetrags von 801 €/1.602 € und bei einer erteilten Nichtveranlagungsbescheinigung
- ausgezahlte Lebensversicherungsleistungen
- elektronische Vermögensbildungsbescheinigung für vermögenswirksame Leistungen

Im Regelfall bekommt der Steuerpflichtige von der übermittelnden Stelle eine Information über die Weitergabe der Daten an die Finanzverwaltung oder er hat der Datenübermittlung gegenüber der meldenden Stelle ausdrücklich zugestimmt.

Weitere Datenübermittlungen (z.B. über Kapitalerträge aus dem Ausland) sind teilweise bereits rechtlich zulässig, bedürfen aber noch der technischen Umsetzung.

Auf Wunsch ist es für jeden Steuerpflichtigen möglich, eine mit den dem Finanzamt elektronisch übermittelten für die Steuererklärung relevanten Daten vorausgefüllte Steuererklärung (VaSt) abzurufen, die nur noch um die fehlenden Angaben ergänzt werden muss. Dazu ist es aber notwendig, sich über das ELSTER-Online-Portal anzumelden und ein Authentifizierungsverfahren zu durchlaufen. Ist dies erfolgt, kann sowohl die Steuererklärung mit elektronischer Signatur über das Internet übermittelt als auch auf Verlangen als Vorabinformation eine Ausfertigung des Bescheids abgerufen werden, sobald die Steuerveranlagung durchgeführt wurde.

1.2 Einkommensteuerliche Rechtsänderungen und Vordruckänderungen 2020

Gesetzliche Änderungen

5
- Im Dritten **Gesetz zur Entlastung der mittelständischen Wirtschaft von Bürokratie** wurden Leistungen des Arbeitgebers, die zur Verbesserung des allgemeinen Gesundheitszustands seiner Arbeitnehmer oder der betrieblichen Gesundheitsförderung dienen, bis zu 600 € im Jahr (bisher 500 €) steuerfrei gestellt (§ 3 Nr. 34 EStG).
  Außerdem können Ehegatten künftig die Steuerklasse auf Antrag mehrmals jährlich wechseln (§ 39 Abs. 6 EStG).
- Im **Gesetz zur weiteren steuerlichen Förderung der Elektromobilität und zur Änderung weiterer steuerlicher Vorschriften (JStG 2019)** wurde die **Steuerbefreiung für die vom Arbeitgeber bezahlten Weiterbildungsmaßnahmen** (§ 3 Nr. 19 EStG) um weitere Maßnahmen erweitert und die Anforderungen an die Steuerfreiheit gesenkt.
  Außerdem erfolgte eine zeitliche Verlängerung für die **Steuerfreiheit der privaten Nutzung betrieblicher Fahrräder oder E-Bikes** (§ 3 Nr. 37 EStG), für vom Arbeitgeber gestellten Ladestrom (§ 3 Nr. 46 EStG) und der **Sonderregelungen zur Dienstwagenbesteuerung für Elektrofahrzeuge** bis zum 31.12.2030.
  Zusätzlich wurde die Besteuerung der Privatnutzung nochmals günstiger gestaltet. Für Elektronutzfahrzeuge und elektronisch betriebene Nutzfahrräder ist eine **Sonderabschreibung** möglich (§ 7c EStG).
  Arbeitgeber können den geldwerten Vorteil aus der unentgeltlichen Übereignung eines Fahrrads an die Arbeitnehmer **mit 25 % pauschal der Lohnsteuer** unterwerfen (§ 40 Abs. 1 Nr. 7 EStG).
  Angestellte und selbstständige **Berufskraftfahrer,** die in ihrem Fahrzeug übernachten, können je Reisetag für Kosten i. Z. m. der Übernachtung anstelle der tatsächlichen Kosten pauschal 8 € als Werbungskosten bzw. Betriebsausgabe absetzen (§ 4 Abs. 1 Satz 3 Nr. 5b, § 4 Abs. 10 EStG).
  Die **Verpflegungspauschalen** für Auswärtstätigkeiten und bei doppelter Haushaltsführung wurden für Unternehmer und Arbeitnehmer um 2 € täglich erhöht (§ 9 Abs. 4a EStG).
  Die **Verrechnung von Verlusten aus Kapitalvermögen** (z.B. aus Termingeschäften, uneinbringliche oder wertlose Kapitalforderungen bzw. Wertpapiere) wird auf jährlich 10.000 € begrenzt. Nicht verrechnete Verluste sind in Folgejahren bis zu 10.000 € jährlich verrechenbar (§ 20 Abs. 6 S. 4 EStG).
- **Im zweiten Corona-Steuerhilfegesetz** wurde ein zusätzlich zum Kindergeld ausgezahlter **Kinderbonus** von 300 € (§ 66 EStG) und die **vorübergehende Erhöhung des Entlastungsbetrags für Alleinerziehende für das erste Kind auf 4.008 € festgelegt** (§ 24a EStG).
  Die von Arbeitgebern zusätzlich zum geschuldeten Arbeitslohn gezahlte **Corona-Sonderzahlung** ist bis zu 1.500 € steuerfrei (§ 3 Nr. 11a EStG).
  Im betrieblichen Bereich wurde die Möglichkeit der **degressiven Abschreibung für bewegliche Wirtschaftsgüter** geschaffen und die **Investitionsfrist für den Investitionsabzugsbetrag** auf vier Jahre verlängert.
- **Im Entwurf des Jahressteuergesetzes für 2020** sind weitere günstigere Regelungen zum Investitionsabzugsbetrag (§ 7g EStG) enthalten (Betragsobergrenze statt max. 40 % jetzt 50 % der Anschaffungskosten, höhere Gewinnobergrenze von 125.000 €,

Förderung bereits von Wirtschaftsgütern, die über 50 % betrieblich genutzt werden). **Die Regelungen sollen rückwirkend ab 2020 gelten.** Das Gesetzgebungsverfahren war bei Redaktionsschluss noch nicht beendet.

- Im **Gesetz zur Umsetzung des Klimaschutzprogramms 2030 im Steuerrecht** wurde eine **Steuerermäßigung** für **energetische Maßnahmen** (z. B. Wärmedämmung, Erneuerung von Fenstern, Türen, Heizungsanlagen usw.) an **Gebäuden,** die zu **eigenen Wohnzwecken** genutzt werden, **eingeführt** (§ 35c EStG).
- **Brexit-Steuerbegleitgesetz**
  Um nachteilige Rechtsfolgen aufgrund des Brexit ohne Handlungen des Steuerbürgers zu vermeiden, wurden im Brexit-StBG einige Sonderregelungen getroffen.
  Im betrieblichen Bereich betrifft dies vor allem den Ausgleichsposten nach § 4g EStG, der die Überführung von inländischem Anlagevermögen in eine ausländische Betriebsstätte regelt und die Verzinsung der aus dem Verkauf eines Grundstücks gebildeten Rücklage nach § 6b EStG wegen unterlassener Ersatzbeschaffung.
  Für Nichtunternehmer hat das Brexit-StBG praktische Bedeutung für den Bereich „Wohn-Riester". Wird über den Riester-Vertrag eine Wohnung im Vereinigten Königreich angeschafft, gilt dies nicht als schädliche Verwendung, sodass alle Steuervorteile für die eingezahlten Beiträge erhalten bleiben. **Hinweis:** Wichtiges zum Thema „Brexit-Steuerbegleitgesetz" finden Sie auch auf http://mybook.haufe.de unter „Weiterführende steuerliche Informationen".
- **EU-Geldwäscherichtlinie**
  Zur stärkeren Bekämpfung von Geldwäsche und Terrorfinanzierung wurden zusätzliche Meldepflichten für Geldinstitute, Rechtsanwälte, Notare, Immobilienmakler, Güterhändler und Kunstlagerhalter eingeführt. Krypto-Verwahrgeschäfte wurden in den Meldekatalog aufgenommen und die Grenzbeträge, ab der eine Meldepflicht besteht, gesenkt. Weitere Informationen finden Sie in den Erläuterungen zu den Anlagen S und G in Teil 1 des Steuerratgebers.

Vordruckänderungen

In den Vordrucken für 2020 sind folgende Veränderungen wesentlich:

[Hauptvordruck]

Bei den Adressdaten wurden Eintragungsmöglichkeiten für mögliche ausländische Wohnsitze ergänzt. Dadurch befinden sich die Daten zur Bankverbindung nun auf der Rückseite des Vordrucks.

[Anlage KAP]

Wegen der gesetzlichen Änderungen zur Verrechnung von Verlusten aus Kapitalanlagen wurden zusätzliche Zeilen eingefügt, in denen die Verluste „verkennziffert" erklärt und damit von der Finanzverwaltung maschinell ausgewertet werden können.

[Anlage N]

Bezüglich der Eintragung der abzugsfähigen Reisekosten bei Auswärtstätigkeiten wurde für jede der vier abzugsfähigen Kostenarten eine getrennte Ausfüllmöglichkeit geschaffen. Aus Platzgründen wurden deshalb die Eintragungsmöglichkeiten von der zweiten auf die dritte Vordruckseite verschoben. Die bisher auf Seite 3 zu erfassenden Aufwendungen in Zusammenhang mit einer doppelten Haushaltsführung stehen – inhaltlich unverändert –

jetzt auf Seite 4. Um eine neue zusätzliche Vordruckseite zu vermeiden, wurden die bisher auf Seite 4 abgefragten Werbungskosten i. Z. m. Sondertatbeständen (Versorgungsbezüge, mehrjähriger Arbeitslohn, Abfindungen) – systematisch etwas unglücklich – auf die untere Hälfte der Seite 3 „vorgezogen“.

[Anlagen R, R-AUS und R-AV/bAV]

Für die bisher auf der Rückseite der Anlage R erfassten Renten aus betrieblicher Altersversorgung und Riester-Verträgen wurde zwecks besserer maschineller Bearbeitung eine eigene **Anlage R-AV/bAV** geschaffen. Die erforderlichen Angaben werden dem Finanzamt vom Arbeitgeber bzw. dem Rentenversicherer elektronisch gemeldet, sodass im Regelfall nur noch mögliche Werbungskosten (soweit sie 102 € Pauschbetrag übersteigen) auf der Rückseite eingetragen werden können.

Auf der **Anlage R-AUS** sind Renten aus ausländischen Versicherungen bzw. ausländischen Rentenverträgen gesondert zu erfassen. Diese waren bisher in die Abfragen der jeweils vergleichbaren inländischen Rente integriert.

Auf der **Anlage R** sind wie bisher auf Seite 1 (oberer Teil) inländische Renten aus der gesetzlichen Rentenversicherung, der landwirtschaftlichen Alterskasse, einem berufsständischem Versorgungswerk und Rürup-Renten einzutragen. Im unteren Teil von Seite 1 sind unverändert Renten aus privaten Versicherungsverträgen (außer Riester und Rürup) zu erklären. Im Regelfall werden alle notwendigen Angaben zur Versteuerung dieser Renten vom Rentenzahler elektronisch gemeldet. Auf der Rückseite wurde mehr Platz für die Erklärung von Renten aus Veräußerungsgeschäften (bisher auf Seite 1 im unteren Bereich integriert), bei denen keine elektronische Datenübermittlung erfolgt, geschaffen. Wie bisher können auf Seite 2 die Werbungskosten in Zusammenhang mit inländischen Renten erklärt werden.

[Anlage Energetische Maßnahmen]

Die Anlage betrifft alle nach § 35c EStG mit einer Steuerermäßigung begünstigten Aufwendungen in Zusammenhang mit energetischen Maßnahmen (Wärmedämmung, Heizungsaustausch) in selbst bewohnten Gebäuden.

TIPP

Vereinfachte Erklärungsvordrucke für Arbeitnehmer und Nur-Rentner

Für Steuerbürger, die ausschließlich Arbeitslohn bezogen haben, oder Personen, die nur Renten, Betriebsrenten bzw. eine Pension beziehen, hat die Finanzverwaltung in mehreren Bundesländern zwei vereinfachte Steuererklärungsvordrucke, die nur aus jeweils zwei Seiten bestehen, aufgelegt. Andere Bundesländer geben diese Vordrucke nicht mehr heraus, weil durch die Übernahme der elektronisch übermittelten Daten bereits das Ausfüllen der „normalen“ Steuererklärungsvordrucke erleichtert worden ist (s. u.). Erkundigen Sie sich bei Bedarf bei Ihrem Finanzamt nach den vereinfachten Vordrucken. Bedenken Sie dabei aber auch, dass Sie in den vereinfachten Vordrucken nicht alle möglichen Steuervergünstigungen eintragen können.

[Anlage Corona-Hilfen]

Die Anlage gilt nur für Gewerbetreibende und Freiberufler und ist zusätzlich zur Anlage G bzw. S abzugeben, wenn an den Betrieb Corona-Soforthilfen, Überbrückungsgelder und vergleichbare Zuschüsse gezahlt worden sind. Diese Zahlungen sind steuerpflichtige Betriebseinnahmen und müssen in der Gewinnermittlung enthalten sein. Die zusätzliche Eintragung auf der Anlage Corona dient zur Prüfung und Sicherstellung der Besteuerung und einer möglichen maschinellen Auswertung.

1.3 Rund um die Steuererklärung

Abgabepflicht – Abgabefristen – Vordrucke

Hinweis: Wichtiges zu den Themen, wer eine Steuererklärung abgeben muss, bei wem die freiwillige Abgabe einer Steuererklärung (Steuerveranlagung auf Antrag) sinnvoll ist, welche Möglichkeiten es gibt, die Steuererklärung an das Finanzamt zu übermitteln und welche Fristen zu beachten sind, finden Sie auf http://mybook.haufe.de unter „Weiterführende steuerliche Informationen/Steuererklärungsabgabepflicht“. **6**

Generell gilt für die steuerlich relevanten, der Finanzverwaltung elektronisch übermittelten Daten, dass diese nicht mehr in die Steuererklärung eingetragen werden müssen. Die entsprechenden Bereiche sind im Vordruck daran erkennbar, dass sie dunkelgrün unterlegt und mit einem **„e im Kreis“** gekennzeichnet sind. Der Steuerpflichtige ist für die Richtigkeit dieser **eDaten** insoweit nicht verantwortlich.

Sind richtig übermittelte **eDaten** falsch übernommen worden, kann der entsprechend falsche Steuerbescheid auch nach Ablauf der Einspruchsfrist bis zum Eintritt der Festsetzungsverjährung geändert werden (§ 175b Abs. 1 AO). Wurden falsche Daten übermittelt, dann kann eine Korrektur zugunsten des Steuerpflichtigen ebenfalls bis zum Eintritt der Festsetzungsverjährung erfolgen. Trotzdem ist es sinnvoll, die übermittelten eDaten am besten beim Ausfüllen der Steuererklärung bzw. spätestens nach Erhalt des Steuerbescheids zu prüfen, insbesondere wenn der Steuerbescheid deutlich von den Vorjahren abweicht.

Wenn Sie anhand Ihrer ausfüllten Steuererklärung eine Prüfberechnung mit einer gekauften Steuersoftware durchführen möchten, müssen Sie alle Daten erfassen.

Welche Vordrucke müssen Sie ausfüllen?

[Formularwegweiser]

Einen Überblick, welche Vordrucke Sie benötigen, können Sie sich anhand des folgenden Formularwegweisers verschaffen. Durch die Übernahme der eDaten ist bei **Rentnern** ohne weitere Einkünfte die Verpflichtung zur Abgabe einer Steuererklärung bereits erfüllt, wenn nur der unterschriebene **Hauptvordruck** abgegeben wird. Die Angaben zu Renten (**Anlage R**) sowie Basiskranken- und Pflegepflichtversicherungsbeiträgen (**Anlage Vorsorgeaufwand**) sind nicht erforderlich. Bei Arbeitnehmern ohne weitere Einkünfte reicht rechtlich ebenfalls die Abgabe des **Hauptvordrucks** (ohne **Anlage N** und **Anlage Vorsorgeaufwand**) aus. Dann werden aber außer den Sozialversicherungsbeiträgen keine Ausgaben (Werbungskosten, Sonderausgaben, außergewöhnliche Belastungen, Steuerermäßigungen z. B. für Handwerkerleistungen) steuerlich berücksichtigt. **7**

Allgemeine Vordrucke

Hauptvordruck (2 Seiten)	Persönliche Angaben (Name, Adresse, Familienstand, Bankverbindung) Unterschrift
Anlage **Sonderausgaben** (1 Seite) (übrige **Sonderausgaben**)	Kirchensteuer, Spenden/Mitgliedsbeiträge, Kosten der (ersten) eigenen Berufsausbildung, Unterhalt an Ex-Ehegatten
Anlage **A**u**ß**er**g**ewöhnliche **B**elastungen (**agB**) (1 Seite)	Pauschbeträge für behinderte Menschen, Pflegepauschbetrag, Krankheits-, Pflege-, behinderungsbedingte und Bestattungskosten
Anlage Haushaltsnahe Dienstleistungen (**35a**) (1 Seite) (Ermäßigung nach § **35a** EStG für Haushaltsaufwendungen)	Haushaltshilfen, haushaltsnahe Dienstleistungen, Pflege- und Betreuungskosten, Haushaltsleistungen im Heim, Handwerkerleistungen
Anlage **Energetische Maßnahmen** (2 Seiten) (§ **35c** EStG)	Wärmedämmung, Heizung, Lüftung in selbst bewohnten Gebäuden
Anlage **Sonstiges** (1 Seite)	Anträge zur Kostenverteilung bei Einzelveranlagung von Ehegatten
Anlage **Vorsorgeaufwand** (2 Seiten) (**Vorsorge**aufwendungen)	Beiträge zu Renten und berufsständigen sowie Rürup-Rentenversicherungsverträgen, Kranken-, Pflege-, Arbeitslosen-, Haftpflicht-, Berufsunfähigkeits-, Unfall-, Risikoversicherungen
Anlage **AV** (1 Seite) (**A**lters**V**orsorgeaufwendungen)	Einzahlungen in Riester-Rentenverträge
Anlage **Unterhalt** (4 Seiten) (**Unterhalt** an Angehörige)	Unterhaltsleistungen an Angehörige
Anlage **Kind** (3 Seiten) (Kinderberücksichtigung, Vergünstigungen für Kinder Anlage **K** notwendig zur Übertragung von Freibeträgen auf die Großeltern	Kinderfreibetrag, Betreuungsfreibetrag, Entlastungsbetrag Alleinerziehende, Freibetrag wegen auswärtiger Unterbringung, Schulgeld, Kinderbetreuungskosten

Vordrucke zu den Einkünften

Vordruck	Anwendungsbereich
Anlage **L** (4 Seiten) (**L**and- und Forstwirtschaft)	Bauernhof, Gärtnerei, Tierzucht Beteiligung an derartigen Betrieben
Anlage **G*** (2 Seiten) (**G**ewerbebetriebe) zusätzlich Gewinnermittlung (Bilanz, EÜR)	Handel, Handwerk, Dienstleistung, Produktion Beteiligung an derartigen Betrieben
Anlage **S*** (2 Seiten) (**S**elbstständige Arbeit)	Freiberufler Beteiligung an derartigen Unternehmen
Anlage **EÜR** (4 Seiten) (**E**innahme-**Ü**berschuss-**R**echnung)	Zusätzlich zu den Anlagen L, G und S, wenn Gewinnermittlung nach § 4 Abs. 3 EStG durch Einnahme-Überschuss-Rechnung
Anlage **34a** (1 Seite) Ermäßigte Besteuerung § **34a** EStG	Zusätzlich zu den Anlagen L, G und S für nicht entnommene Gewinne nur bei Buchführung (Bilanz)
Anlage **N** (3 Seiten) (**N**ichtselbstständige Arbeit)	Arbeitnehmer (nicht Minijob), Pensionäre, Betriebsrentner (eventuell Anl. **N-GRE** für Grenzgänger bzw. **N-AUS** für Auslandslohn)
Anlage **KAP** (2 Seiten) (**KAP**italvermögen) Anlage **KAP-INV** (2 Seiten)	Zinsen, Dividenden, Gewinne aus Wertpapierverkäufen und Börsengeschäften Erträge aus Investmentfonds **(Anlage nur in Ausnahmefällen notwendig!)**
Anlage **V** (2 Seiten) (**V**ermietungseinkünfte)	Miete/Pacht aus Grundstücken (Häuser, Wohnungen, Zimmer, Garagen)
Anlage **R** (2 Seiten) (**R**enten) Anlage **R-V/bAV** (2 Seiten) (**b**etriebliche **A**ltersv**ersorgung)	Inländische gesetzliche Renten, private Renten (einschließlich Rürup-Renten) (Pensionsfonds und -kassen, Direktversicherungen, Riester) **nicht Betriebsrenten**
Anlage **SO** (2 Seiten) (**So**nstige Einkünfte	z.B. erhaltene Unterhaltsleistungen von Ex-Ehegatten, Gewinne aus privaten Veräußerungsgeschäften
Anlage **AUS** (2 Seiten) (**AUS**ländische Einkünfte) Anlage **R-AUS** (1 Seite) (**aus**ländische Rente)	Anrechnung ausländischer Steuer bzw. Anwendung des Progressionsvorbehalts auf die inländischen Einkünfte (Anlage gilt nicht für Arbeitslohn) Renten ausländischer Versicherungen/Rentenversicherungen

*Soweit betriebliche Corona-Hilfen bezogen wurden, ist zusätzlich die Anlage Corona-Hilfen auszufüllen.

Eine Kurzübersicht über die auf dem jeweiligen Vordruck notwendigen Eintragungen finden Sie jeweils vor den ausführlichen Erläuterungen zum Ausfüllen des jeweiligen Vordrucks.

Wie werden die Vordrucke ausgefüllt?

8 Den maschinell lesbaren Vordrucken sind Ausfüllhinweise beigefügt. Eine maschinelle Erfassung und Bearbeitung der Steuererklärung ist nur möglich, wenn Sie diese Ausfüllhinweise beachten.

TIPP

Name und Steuernummer sind auf jeder Anlage sinnvoll

Tragen Sie unbedingt in der Kopfzeile jeder Anlage Ihren Namen und Ihre Steuernummer ein. Sie verhindern so, dass Anlagen nicht zugeordnet werden können und verloren gehen.

In den grünen Bereichen der Vordrucke sollten Sie keine Eintragungen oder Erläuterungen vornehmen. Soweit Sie Ihre Angaben erläutern wollen oder der in den Vordrucken vorgesehene Platz nicht ausreicht, verwenden Sie dafür ein gesondertes Blatt und weisen Sie durch eine entsprechende Eintragung in Zeile 45 (Kennzahl 175) auf der Rückseite des Hauptvordrucks darauf hin. Eine saubere Aufstellung Ihrer Kosten und sortierte Belege erleichtern und beschleunigen die Bearbeitung – insbesondere die Prüfung Ihrer Angaben auf Schlüssigkeit und rechnerische Richtigkeit.

1.4 Wie ordne ich meine Belege und welche Kosten kann ich wo eintragen?

[Belegcheck]

9 Die folgende, in alphabetischer Reihenfolge sortierte Tabelle mit häufig vorkommenden Kosten ermöglicht es Ihnen, Ihre Belege zu ordnen, und gibt an, wo in der Steuererklärung Sie die zugrunde liegenden Ausgaben eintragen können. Weitere Informationen zu den Kosten und dem steuerlichen Abzug finden Sie bei Bedarf in den Erläuterungen zu dem jeweiligen Vordruck und/oder im zweiten Teil dieses Buches.

Kostenbeleg	**Steuererklärung**	**Abzug**
Abflussrohrreinigung		
• selbst genutztes Haus/Wohnung	Anlage Haushaltsnahe Aufwendungen	Steuerermäßigung
• vermietetes Haus/Wohnung	Anlage V	Werbungskosten
Arbeitsmittel/Fachliteratur	Anlage N, S. 2	Werbungskosten
Arbeitszimmer	Anlage N, S. 2	Werbungskosten
Ausbildungskosten		
• eigene Ausbildung/Ehegatte	Anlage Sonderausgaben	Sonderausgaben
• eines Kindes	Anlage Kind, S. 2	außergewöhnliche Belastungen
Bestattungskosten	Anlage Außergewöhnliche Belastungen	außergewöhnliche Belastungen

Kostenbeleg	**Steuererklärung**	**Abzug**
Erhaltungsaufwendungen/Instandsetzung/Reparatur/energetische Maßnahmen		
• selbst genutztes Haus/Wohnung	Anlage Haushaltsnahe Aufwendungen bzw. Anlage Energetische Maßnahmen	Steuerermäßigung Steuerermäßigung
• vermietetes Haus/Wohnung	Anlage V, S. 2	Werbungskosten
Fahrtkosten		
• beruflich	Anlage N, S. 2, 3, 4	Werbungskosten
• vermietetes Haus/Wohnung	Anlage V, S. 2	Werbungskosten
• Behinderung	Anlage Außergewöhnliche Belastungen	außergewöhnliche Belastungen
Fortbildungskosten (vgl. auch Reisekosten)	Anlage N, S. 3	Werbungskosten
Führerschein (behinderte Menschen)	Anlage Außergewöhnliche Belastungen	außergewöhnliche Belastungen
Gartengestaltung		
• selbst genutztes Haus/Wohnung	Anlage Haushaltsnahe Aufwendungen	Steuerermäßigung
• vermietetes Haus/Wohnung	Anlage V, S. 2	Werbungskosten
Gartenpflege		
• selbst genutztes Haus/Wohnung	Anlage Haushaltsnahe Aufwendungen	Steuerermäßigung
• vermietetes Haus/Wohnung	Anlage V, S. 2	Werbungskosten
Hausarbeit/Hausreinigung durch Fremdfirma (putzen, kochen, waschen, bügeln)	Anlage Haushaltsnahe Aufwendungen	Steuerermäßigung
Hausaufgabenbetreuung Kind	Anlage Kind, S. 3	Sonderausgaben
Haushaltshilfe/Haushälterin (angestellt/Minijob)	Anlage Haushaltsnahe Aufwendungen	Steuerermäßigung
Heimkosten	Anlage Haushaltsnahe Aufwendungen Anlage Außergewöhnliche Belastungen	Steuerermäßigung außergewöhnliche Belastungen
Kinderbetreuungskosten	Anlage Kind, S. 3	Sonderausgaben
Kindergartenbeitrag	Anlage Kind, S. 3	Sonderausgaben

Kostenbeleg	**Steuererklärung**	**Abzug**
Kontoführung		
• beruflich	Anlage N, S. 2	Werbungskosten
• vermietetes Haus/Wohnung	Anlage V, S. 2	Werbungskosten
Krankheitskosten		
(Eigenanteil Arznei, Brille, Hörgerät, Zahnersatz, Kur)	Anlage Außergewöhnliche Belastungen	außergewöhnliche Belastungen
Krankenversicherung		
• eigene bzw. Ehegatte	Anlage Vorsorgeaufw.	Sonderausgaben
• Kind	Anlage Kind, S. 2	Sonderausgaben
• Ex-Ehegatten (bzw. getrennt)	Anlage Sonderausgaben	Sonderausgaben
• andere unterstützte Personen	Anlage Unterhalt, S. 1	außergewöhnliche Belastungen
Mitgliedsbeiträge		
• Verein, Partei	Anlage Sonderausgaben	Sonderausgaben
• Gewerkschaft, Berufsverband	Anlage N, S. 2	Werbungskosten
• Haus-/Grundbesitzerverein	Anlage V, S. 2	Werbungskosten
• Lohnsteuerhilfe	Anlage N, S. 2	Werbungskosten
Pflegekosten	Anlage Außergewöhnliche Belastungen	außergewöhnliche Belastungen
	Anlage Haushaltsnahe Aufwendungen	Steuerermäßigung
Reisekosten (beruflich)	Anlage N, S. 3	Werbungskosten
Renovierung		
• selbst genutztes Haus/Wohnung	Anlage Haushaltsnahe Aufwendungen	Steuerermäßigung
• vermietetes Haus/Wohnung	Anlage V, S. 2	Werbungskosten
• Arbeitszimmer	Anlage N, S. 2	Werbungskosten
Reparatur		
• Haushaltsgeräte	Anlage Haushaltsnahe Aufwendungen	Steuerermäßigung
• Fahrzeug (berufliche Fahrt)	Anlage N, S. 2	Werbungskosten
Riester-Versicherungsbeiträge	Anlage AV	Zulage/ Sonderausgaben
Rürup-Versicherungsbeiträge	Anlage Vorsorgeaufwand, S. 1	Sonderausgaben
Schulgeld		
• eigene Schulausbildung	Anlage Sonderausgaben	Sonderausgaben
• für Kind	Anlage Kind, S. 2	Sonderausgaben

Kostenbeleg	**Steuererklärung**	**Abzug**
Spende	Anlage Sonderausgaben	Sonderausgaben
Steuerberatungskosten	Anlage N, R, V, S. 2	Werbungskosten
Steuerbescheinigung • Zinsen	 Anlage KAP, S. 2	 Steueranrechnung
Studiengebühr • eigenes Studium	 Anlage Sonderausgaben	 Sonderausgaben
Telefonkosten • berufliche Telefonate • Mieter	 Anlage N, S. 2 Anlage V, S. 2	 Werbungskosten Werbungskosten
Umzugskosten • privater Umzug • beruflich bedingter Umzug	 Anlage Haushaltsnahe Aufwendungen Anlage N, S. 2	 Steuerermäßigung Werbungskosten
Unfallkosten • berufliche Fahrt	 Anlage N, S. 2	 Werbungskosten
Unterhaltszahlungen • getrennt lebender/geschiedener Ehegatte • nicht steuerlich berücksichtigungsfähige Kinder • andere Personen	 Anlage Sonderausgaben Anlage Unterhalt Anlage Unterhalt	 Sonderausgaben außergewöhnliche Belastungen außergewöhnliche Belastungen
Versicherungen • beruflich (z. B. Berufshaftpflicht) • vermietetes Haus/Wohnung • privat (außer Rechtsschutz und Sachversicherungen)	 Anlage N, S. 2 Anlage V, S. 2 Anlage Vorsorgeaufwand	 Werbungskosten Werbungskosten Sonderausgaben
Wartung (Heizung, Tankreinigung, Sanitäranlagen, Fahrstuhl, Feuerlöscher) • selbst genutztes Haus/Wohnung • vermietetes Haus/Wohnung	 Anlage Haushaltsnahe Aufwendungen Anlage V	 Steuerermäßigung Werbungskosten
Zweiter Haushalt (beruflich)	Anlage N, S. 4	Werbungskosten

1.5 Praktische Tipps

10 Behalten Sie für sich von jedem ausgefüllten Formular, jeder eingereichten Kostenaufstellung und jedem Schreiben an Ihr Finanzamt ein Doppel zurück bzw. speichern Sie die gemachten Angaben auf Ihrem Rechner und drucken Sie sich die Steuererklärung ggf. aus.

Legen Sie die Unterlagen jahrgangsweise, am besten durch Trennblätter geordnet, in einem Ordner „Finanzamt" oder „Steuern" ab. Sie erleichtern sich so die Überprüfung Ihres Steuerbescheids und das Ausfüllen der Steuererklärung für die Folgejahre.

Falls das Finanzamt Belege anfordert: Vermeiden Sie zu Ihrer Sicherheit, sofern es nicht zwingend erforderlich ist (wie z. B. bei Steuerbescheinigungen von Banken), Verträge oder Schriftstücke im Original an das Finanzamt zu schicken. Eine Fotokopie genügt in den meisten Fällen als Nachweis.

1.6 Wie berechnet sich das zu versteuernde Einkommen?

11 **Hinweis:** Wichtiges zum Thema „Berechnung des zu versteuernden Einkommens" finden Sie auf http://mybook.haufe.de unter „Der Steuerkalkulator".

2 Hauptvordruck (ESt1A)

2.1 Allgemein

WICHTIG 12

Hauptvordruck muss immer ausgefüllt werden

Der **Hauptvordruck** mit den **persönlichen Daten** und der **Bankverbindung**, muss immer ausgefüllt werden. Außerdem ist die **eigenhändige Unterschrift** auf Seite 2 notwendig. Welche weiteren Formulare Sie außer dem Hauptvordruck noch benötigen, sehen Sie im **Formularwegweiser** auf einen Blick (➜ Tz 7).

[Überblick]

Im Bedarfsfall ausfüllen	
Seite 1	**Angaben zur Person (Zeilen 7–16), zum Familienstand (Zeile 17), zum Ehegatten bei Zusammenveranlagung (Zeilen 18–27) und zur Ehegattenveranlagung (Zeile 28)**
Seite 2	**Angaben zur Bankverbindung (Zeilen 31–34)**
	Einzelempfangsvollmacht (Zeilen 35–41) Hier sind die Angaben zu der Person zu machen, der der Einkommensteuerbescheid 2020 zugesandt werden soll.
	Sonstige Angaben und Anträge (Zeilen 42–45) Hier geht es im Wesentlichen um die Festsetzung der Arbeitnehmer-Sparzulage, um **Einkommensersatz** (z. B. Eltern-, Kranken-, Mutterschaftsgeld), der **nicht** i. Z. m. entgangenem Arbeitslohn (vgl. **Anlage N**) steht. Weitere Angaben über die Steuererklärungsvordrucke hinaus können über „Ergänzende Angaben zur Steuererklärung" gemacht werden (Zeile 45).

2.2 Grundangaben (Seite 1)

[Art der Erklärung, Steuernummer, Identifikationsnummer ➜ Zeilen 1–5, 7, 18]

Kreuzen Sie in den Zeilen 1 und 2 an, ob Sie neben der Veranlagung zur Einkommensteuer 13
weitere Anträge stellen (z. B. Erklärung zur Feststellung des verbleibenden Verlusts). Tragen Sie in Zeile 3 Ihre Steuernummer sowie in den Zeilen 7 und 18 Ihre steuerliche Identifikationsnummer ein. Die Steuernummer und Ihren Namen sollten Sie zur Sicherheit außerdem in der auf jeder Anlage vorhandenen Kopfzeile vermerken.

2.3 Persönliche Angaben

[Persönliche Angaben ➜ Zeilen 7–27]

Tragen Sie Ihre persönlichen Daten ein. Die Angaben zur Ehefrau haben Bedeutung für die 14
Art der Steuerveranlagung und den anzuwendenden Steuertarif.

Bei **gleichgeschlechtlichen Ehen** (Ehe für alle) und bei **Lebenspartnern,** die **nach dem Lebenspartnerschaftsgesetz** (LPartG) eine Lebenspartnerschaft begründet und nicht in eine Ehe umgewandelt haben, muss sich im Falle der Zusammenveranlagung in den Zeilen 7 bis 16 als **Person A** die Person eintragen, die nach alphabetischer Reihenfolge des Nachnamens an erster Stelle steht; bei Namensgleichheit nach alphabetischer Reihenfolge des Vornamens; bei Gleichheit des Vornamens nach dem Alter der Personen (ältere Person).

Hinweis: Wichtiges zum Thema „Altersentlastungsbetrag" für Personen, die vor dem Vz. 2020 das 64. Lebensjahr vollendet haben, finden Sie auch auf http://mybook.haufe.de unter „Weiterführende steuerliche Informationen".

[Familienstand ➜ Zeile 17]

15 Ihre Angaben zum Familienstand bestimmen, ob eine Einzel- oder eine Ehegattenveranlagung zur Einkommensteuer durchgeführt wird und haben damit Bedeutung für den anzuwendenden Steuertarif. Wenn Ihr Ehegatte im Vorjahr (2019) verstorben ist, führt das Finanzamt für 2020 zwar eine Einzelveranlagung durch, berechnet aber die Steuer (letztmals) nach dem für Sie günstigeren Splittingtarif (➜ Tz 366).

[Veranlagungsarten ➜ Zeile 28]

16 Ehegatten, die beide im Inland wohnen und nicht getrennt leben, können zwischen den genannten Ehegattenveranlagungsarten durch Ankreuzen wählen (➜ Tz 358).

2.4 Bankverbindung (Seite 2)

[Bankverbindung ➜ Zeilen 31–34]

17 Die Finanzämter erstatten nur unbar. Bei fehlender oder unvollständiger Bankverbindung verzögert sich die Steuerrückzahlung. Bitte beachten Sie, dass der bargeldlose Zahlungsverkehr und damit die Erstattung nur möglich ist, wenn dem Finanzamt die IBAN und bei Auslandsüberweisung zusätzlich die BIC bekannt sind.

WICHTIG

Kontoänderung mitteilen

Teilen Sie dem Finanzamt unverzüglich, auch zwischen den Steuererklärungen, schriftlich mit, wenn sich die von Ihnen angegebene Bankverbindung geändert hat, damit eine Erstattung schnell durchgeführt werden kann.

2.5 Vollmacht

[Empfangsvollmacht ➜ Zeilen 35–41]

18 Hier können Sie z. B. Ihren Steuerberater zur Entgegennahme Ihres Steuerbescheids bevollmächtigen oder sich den Steuerbescheid an eine von den Eintragungen in den Zeilen 11–14 abweichende Anschrift (z. B. Zweitwohnsitz) schicken lassen. Beachten Sie, dass die Eintragungen nur für den Einkommensteuerbescheid und eventuelle Änderungsbescheide des Jahres 2020 gelten (Einmalvollmacht). Möchten Sie, dass Bescheide und andere Schreiben immer an Ihren Steuerberater gerichtet werden, benötigt das Finanzamt eine Dauerzustellungsvollmacht.

2.6 Sonstige Angaben und Anträge

[Festsetzung der Arbeitnehmer-Sparzulage → Zeile 42]

Liegen eine oder mehrere vermögensbildende Anlagen vor, kann hier die Festsetzung der **19** Arbeitnehmer-Sparzulage durch Eintragung einer „1" beantragt werden. Die notwendigen Daten werden von Ihrem Anbieter durch eine elektronische Vermögensbildungsbescheinigung (vL-Meldung) an das Finanzamt übermittelt. Anspruch auf Arbeitnehmer-Sparzulage für diese vermögenswirksamen Leistungen besteht aber nur, wenn bestimmte Einkommensgrenzen nicht überschritten sind.

[Einkommensersatzleistungen → eZeile 43 und Zeile 44]

Die als Ersatz von Einkommen gezahlten Beträge (z.B. gezahltes Eltern-, Kranken-, Mutter- **20** schaftsgeld bei Gewerbetreibenden und Freiberuflern), die nicht durch den Arbeitgeber ausbezahlt wurden, sind zwar steuerfrei, bewirken jedoch, dass die steuerpflichtigen Einkünfte mit einem höheren Steuersatz (Progressionsvorbehalt) besteuert werden. In die eZeile 43 gehören steuerfreie Einkommensersatzleistungen aus dem Inland, in die Zeile 44 solche aus den EU-/EWR-Staaten oder der Schweiz. Haben Sie als **Arbeitnehmer** derartige Leistungen (z.B. Kurzarbeitergeld) durch den Arbeitgeber erhalten, müssen Sie deren Höhe nicht hier, sondern auf der **Anlage N**, angeben.

[Ergänzende Angaben zur Steuererklärung/qualifiziertes Freitextfeld → Zeile 45]

Möchten Sie ergänzende Angaben zu anderen Vordrucken Ihrer Steuererklärung machen **21** (z.B. Anlage Vorsorgeaufwand – eigene Versicherungsbeiträge für mehrere andere Personen), weil dort keine entsprechenden Eintragungsmöglichkeiten vorgesehen sind oder Sie ergänzende Angaben für den Bearbeiter für notwendig erachten, tragen Sie hier die „1" ein und fügen der Steuererklärung in Papierform eine formlose Anlage mit der Überschrift „Ergänzenden Angaben zur Steuererklärung" hinzu.

Bei elektronisch übermittelten Einkommensteuererklärungen (ELSTER) öffnet sich im Elster-Formular ein Textfeld, in dem die entsprechenden abweichenden Angaben, Sachverhalte oder die von der Verwaltungsauffassung abweichende Rechtsauffassung eintragen können.

Bitte beachten Sie: Wenn Sie ergänzende Angaben zur Steuererklärung abgeben, wird Ihre Steuererklärung auf jeden Fall persönlich von einem Finanzbeamten überprüft. Damit verbunden sind oft Rückfragen und eine längere Bearbeitungszeit.

Eine Überprüfung erfolgt sonst nur noch, soweit Ihre Steuererklärung mit einem Hinweis vom maschinellen Risikomanagementsystem zur personellen Bearbeitung ausgewählt wurde (→ Tz 342).

[Anlage WA-ESt – Auslandswohnsitz und ausländische Einkünfte]

Hatten Sie in 2020 zumindest zeitweise keinen Wohnsitz im Inland oder wohnt Ihr **22** Ehegatte im EU-Ausland, müssen Sie die **Anlage WA-ESt** dem Hauptvordruck beifügen und ggf. ausländische Einkünfte erklären (→ Tz 322 ff.).

[Unterschrift und Mitwirkung Steuerberater → Zeilen 46–47]

Die Einkommensteuererklärung muss eigenhändig unterschrieben werden; bei Zusammen- **23** veranlagung von Ehegatten müssen beide unterschreiben. Bei über das Internet versandten Erklärungen (ELSTER-Erklärung) wird die Unterschrift durch eine bereits durchgeführte Authentifizierung (digitale Unterschrift) ersetzt.

In Zeile 46 ist eine „1" einzutragen, wenn ein Steuerberater die Erklärung erstellt hat.

24 Checkliste Hauptvordruck

Folgende Abzugsmöglichkeit geprüft? Vgl. Ausfüllhinweise zur Zeile!

Haben Sie Ihren Anspruch auf Arbeitnehmer-Sparzulage geprüft? (Zeile 42) ☐

Haben Sie von Dritten steuerfreie Zahlungen erhalten? (Zeilen 43–44) ☐

3 Anlage Sonderausgaben

3.1 Allgemein

WICHTIG 25

Andere Sonderausgaben

Sonderausgaben werden in Vorsorgeaufwendungen (Versicherungsaufwendungen) und andere Sonderausgaben unterteilt. Die als Sonderausgaben abziehbaren Versicherungsaufwendungen sind in der **Anlage Vorsorgeaufwand** einzutragen. Zu den Sonderausgaben, die keine Vorsorgeaufwendungen sind, gehören auch Kinderbetreuungskosten und Schulgeld für den Besuch von Privatschulen. Diese Aufwendungen tragen Sie bitte in die **Anlage(n) Kind** ein. Die anderen Sonderausgaben gehören hier in die **Anlage Sonderausgaben** (➜ Tz 374).

[Überblick]

26

Im Bedarfsfall ausfüllen	
Seite 1	**Sonderausgaben** Zu den abziehbaren Sonderausgaben – ohne Vorsorgeaufwendungen und ohne Kinderbetreuungskosten oder Schulgeld – gehören: ● gezahlte Kirchensteuer ● Zuwendungen (Mitgliedsbeiträge und Spenden) an politische Parteien, unabhängige Wählervereinigungen oder steuerbegünstigte Organisationen. Diese werden teilweise durch eine Steuerermäßigung steuerlich gefördert. ● Kosten für die Berufsausbildung des Steuerpflichtigen oder des Ehegatten ● gezahlte Versorgungsleistungen bei Vermögensübergabe und ● Unterhaltsleistungen an den geschiedenen oder dauernd getrenntlebenden Ehegatten ● Versorgungsausgleichszahlungen bei geschiedenen Ehegatten

3.2 Abziehbare Sonderausgaben

Sonderausgaben-Pauschbetrag

Haben Sie keine oder nur ganz geringe in der Anlage Sonderausgaben aufgeführten Aufwendungen, wird für diese Sonderausgaben ein Pauschbetrag von 36 €, bzw. 72 € bei Zusammenveranlagung von Ehegatten, berücksichtigt (§ 10c EStG). 27

[Kirchensteuer, Kirchgeld ➜ Zeile 4]

Hier tragen Sie alle im Veranlagungsjahr von Ihnen oder Ihrem Ehegatten tatsächlich gezahlten Kirchensteuern (siehe Lohnsteuer-Bescheinigung, Vorauszahlungen, Nachzahlungen für Vorjahre) und das Kirchgeld ein. Die von Banken einbehaltene Kirchensteuer auf Kapitalerträge ist nicht als Sonderausgabe abzugsfähig, wenn die Kapitalerträge mit dem Abgeltungsteuersatz i. H. v. 25 % besteuert werden (➜ Tz 765). Werden Kapitalerträge mit der tariflichen Einkommensteuer (Steuersatz unter oder über 25 %) besteuert, gehört die bezahlte Kirchensteuer zu den Sonderausgaben. Freiwillig gezahlte Gelder an Kirchengemeinden gehören zu den abzugsfähigen Spenden (Anlage Sonderausgaben, Zeile 5). 28

[Zuwendungen, Spenden, Mitgliedsbeiträge ➜ Zeilen 5–12]

29 Der Vordruck unterscheidet zwischen vier Arten von Zuwendungen: Parteizuwendungen (Zeile 7), Zuwendungen an unabhängige Wählervereinigungen (Zeile 8), Spenden in den Vermögensstock einer Stiftung (Zeilen 9–12) und Zuwendungen für gemeinnützige, mildtätige und kirchliche Zwecke (Zeile 5). Begünstigt sind ggf. auch Zuwendungen an gemeinnützige Organisationen im EU-Ausland (Zeile 6). Haben Sie mehrfach gespendet, listen Sie die Beträge mit Angabe des jeweiligen Empfängers auf einem gesonderten Blatt einzeln auf. Einzelheiten ➜ Tz 387 ff. Ein verbleibender Spendenvortrag aus dem Vorjahr kann in der **Anlage Sonstiges**, Zeile 6, geltend gemacht werden.

[Zuwendungen an Parteien und unabhängige Wählervereinigungen ➜ Zeilen 7–8]

30 Für Spenden und Mitgliedsbeiträge an politische Parteien oder unabhängige (freie) Wählervereinigungen wird eine Steuerermäßigung berechnet, die direkt von der Einkommensteuer abgezogen wird. Für hohe Parteispenden kann zusätzlich ein Sonderausgabenabzug in Betracht kommen (➜ Tz 405).

[Stiftungsspenden ➜ Zeilen 9–12]

31 Spenden in den Vermögensstock einer Stiftung können bis zu 1 Mio. Euro (bei Zusammenveranlagung bis 2 Mio. Euro) auf bis zu zehn Jahre beliebig verteilt als Sonderausgaben geltend gemacht werden. Die 2020 zugewendeten Beträge tragen Sie bitte in die Zeilen 9–10 ein. In Zeile 11 bestimmen Sie, welchen Anteil davon Sie im Jahr 2020 abziehen. In Zeile 12 können Sie den Abzug entsprechender noch nicht berücksichtigter Zuwendungen aus Vorjahren im Jahr 2020 geltend machen. Andere (nicht in den Vermögensstock eingebrachte) Stiftungsspenden gehören in die Zeile 5.

[Eigene Berufsausbildungskosten ➜ Zeilen 13–14]

32 Abzugsfähig sind alle Aufwendungen i. Z. m. der Erstausbildung oder dem Erststudium des Steuerpflichtigen oder seines Ehegatten bis maximal 6.000 € (pro Person). Einzelheiten zum Sonderausgabenabzug, insbesondere zur Abgrenzung gegenüber Betriebsausgaben und Werbungskosten: ➜ Tz 407 ff.

[Gezahlte Versorgungsleistungen, Renten, dauernde Lasten ➜ Zeilen 15–18]

33 Zahlen Sie eine Versorgungsleistung, z. B. Rente oder eine sog. dauernde Last (rentenähnliche Zahlungen) aufgrund einer vertraglichen Verpflichtung (im Regelfall als Gegenleistung für die Übertragung von (Betriebs-)Vermögen im Rahmen einer Vermögensübergabe oder vorweggenommenen Erbfolge), können Sie unter bestimmten Voraussetzungen die gezahlten Beträge als Sonderausgaben geltend machen (➜ Tz 419 und ➜ Tz 897). Wenn Sie den Sonderausgabenabzug erstmals geltend machen, legen Sie Ihrer Steuererklärung eine Kopie des der Zahlung zugrunde liegenden Vertrags bei.

[Unterhalt an den geschiedenen oder dauernd getrennt lebenden Ehegatten/Lebenspartner ➜ Zeilen 19–20]

34 Unterhaltsleistungen an den geschiedenen oder dauernd getrennt lebenden Ehegatten sind mit dessen Zustimmung (amtlicher Vordruck **Anlage U**) und unter Angabe dessen steuerlicher Identifikationsnummer bis zu 13.805 € als Sonderausgaben abzugsfähig (➜ Tz 420). Wegen einer möglichen Erhöhung des Höchstbetrags sind die Beiträge zur (Basis-)Kranken- und Pflegeversicherung des unterhaltenen Ehegatten gesondert anzugeben, und zwar unabhängig davon, wer Versicherungsnehmer ist und wer die Beiträge zahlt. Stimmt der Empfänger der Unterhaltsleistungen dem Sonderausgabenabzug **nicht**

zu, ist der Abzug der Unterhaltszahlungen als außergewöhnliche Belastungen (**Anlage Unterhalt**) zu prüfen. Der Abzug ist dabei nur bis zu einem jährlichen Höchstbetrag i. H. v. 9.408 € (Jahr 2020) zuzüglich Basiskranken- und Pflegepflichtversicherungsbeiträgen der unterhaltenen Person möglich. Dieser Höchstbetrag vermindert sich, wenn der unterstützte Ehegatte eigene Einkünfte und Bezüge hat (➔ Tz 598).

[Versorgungsausgleich – Ausgleichszahlungen ➔ Zeilen 21–23]

Zum Versorgungsausgleich: ➔ Tz 430 ff. 35

Name und steuerliche Identifikationsnummer der empfangsberechtigten Person sind zu benennen.

Nur bei Ausgleichsleistungen zur **Vermeidung** eines Versorgungsausgleichs muss eine von beiden Ehegatten unterschriebene **Anlage U** mit der Steuererklärung eingereicht werden.

Checkliste Anlage Sonderausgaben 36

Folgende Abzugsmöglichkeit geprüft? Vgl. Ausfüllhinweise zur Zeile! ✔

Haben Sie alle Arten von Sonderausgaben geprüft? ☐

Abzugsfähig sind Aufwendungen für Unterhalt und den Versorgungsausgleich des Ehegatten, Kirchensteuer, Kinderbetreuung, Berufsausbildung, Schulgeld sowie Spenden und Mitgliedsbeiträge.

4 Anlage Außergewöhnliche Belastungen

4.1 Allgemein

37 **WICHTIG**

Außergewöhnliche Belastungen

Die **Anlage Außergewöhnliche Belastungen** benötigen Sie in folgenden Fällen:

Sie möchten

- Pauschbeträge als behinderter Mensch oder Hinterbliebener
- Einen Pauschbetrag wegen unentgeltlicher Pflege eines hilflosen Menschen
- Aufwendungen wegen Krankheit, Pflege, Behinderung, Verlust von Hausrat aufgrund einer Naturkatastrophe oder Gebäudesanierung wegen Schadstoffbelastung oder andere außergewöhnliche Belastungen, z. B. Bestattungskosten,

steuerlich geltend machen.

[Überblick]

Im Bedarfsfall ausfüllen	
Seite 1	**Behindertenpauschbetrag (Zeilen 4–9)** Zusätzlich zum Pauschbetrag sind Fahrtkosten und behinderungsbedingte Hausumbaukosten, abhängig vom Grad und der Art der Behinderung abzugsfähig **Hinterbliebenenpauschbetrag (Zeile 10)** **Pflegepauschbetrag (Zeilen 11, 12)** Begünstigt ist die unentgeltliche Pflege eines hilflosen Menschen (Merkzeichen H oder Pflegegrade 4 bzw. 5) **Andere Aufwendungen (Zeilen 13–18)** Andere außergewöhnliche Belastungen allgemeiner Art sind z. B. Kur-, Krankheits-, Pflege- und Bestattungskosten, Kosten einer Heimunterbringung, Fahrtkosten von behinderten Menschen, Wiederbeschaffung von durch eine Naturkatastrophe verloren gegangenen Hausrat, Aufwendungen zur Sanierung eines schadstoffbelasteten selbstbewohnten Hauses oder behinderungsbedingte Hausumbaukosten.

4.2 Außergewöhnliche Belastungen

[Außergewöhnliche Belastungen → Zeilen 4–18]

38 Außergewöhnliche Belastungen werden in zwei Gruppen unterteilt. Die **Aufwendungen allgemeiner Art** nach § 33 EStG (s. o.) z. B. Krankheitskosten werden im EStG nur mit den allgemeinen Abzugsvoraussetzungen und nicht einzeln benannt. Sie sind in die Zeilen 13–19 einzutragen. Derartige Aufwendungen sind nur abzugsfähig, soweit sie eine bestimmte Höhe (zumutbare Eigenbelastung) übersteigen und kein Anspruch auf eine Kostenerstattung besteht. Außerdem kennt das Gesetz sog. **typisierte Einzelfälle** nach den §§ 33a bis 33b EStG (z. B. Pauschbetrag für behinderte Menschen oder Pflege-Pauschbetrag). Die Angaben dazu gehören in die Zeilen 4–12 (→ Tz 440).

Zu den typisierten Einzelfällen zählen auch der Freibetrag wegen auswärtiger Unterbringung eines volljährigen Kindes in Berufsausbildung (Ausbildungsfreibetrag), zu beantragen auf Seite 3 der Anlage Kind (➜ Tz 567) und die Zahlung von Unterhalt; siehe Anlage Unterhalt.

Sämtliche außergewöhnliche Belastungen werden vom Finanzamt **nur auf Antrag** (d.h. mit Eintragung im Vordruck) berücksichtigt.

[Behinderte Menschen ➜ Zeilen 4–9]

Behinderte Menschen können auf Antrag neben einem Pauschbetrag zusätzliche steuerliche **39**
Vergünstigungen (z.B. bei den Fahrtkosten zwischen Wohnung und erster Tätigkeitsstätte; siehe Anlage N, Zeilen 35–38) oder Privatfahrten erhalten (➜ Tz 443, ➜ Tz 448).

Die Steuervergünstigungen (Pauschbetrag, abzugsfähige Fahrtkosten) hängen vom Grad der Behinderung und den Merkzeichen im Schwerbehindertenausweis ab. Deshalb müssen Sie bei erstmaliger Antragstellung oder Änderung den Grad der Behinderung nachweisen (➜ Tz 445).

Die behinderten Kindern zustehenden Vergünstigungen können auf die Eltern übertragen werden. Die Übertragung muss auf der **Anlage Kind** beantragt werden (➜ Tz 449).

Statt des Pauschbetrags können die tatsächlichen behinderungsbedingten Mehraufwendungen auch (auf Nachweis) als allgemeine außergewöhnliche Belastungen (Zeile 15) geltend gemacht werden.

[Hinterbliebene ➜ Zeile 10]

Als Hinterbliebener gelten Sie, wenn Sie laufende Hinterbliebenenbezüge (z.B. aufgrund **40**
des Bundesversorgungsgesetzes oder aus der gesetzlichen Unfallversicherung) erhalten.

[Pflegepauschbetrag ➜ Zeilen 11, 12]

Einen Pflegepauschbetrag von 924 € jährlich können Sie hier beantragen, wenn Sie **41**
persönlich einen hilflosen Menschen (**Merkzeichen „H", Pflegegrad 4 oder 5** erforderlich) unentgeltlich in Ihrer oder in dessen Wohnung im Inland oder im EU-/EWR-Ausland pflegen (➜ Tz 450).

[Andere außergewöhnliche Belastungen ➜ Zeilen 13–18]

Anders als bei den Sonderausgaben sind die außergewöhnlichen Belastungen im Haupt- **42**
vordruck mit Krankheitskosten (Zeile 13), Pflegekosten (Zeile 14) behinderungsbedingte Aufwendungen (Zeilen 15, 16), Bestattungskosten (Zeile 17) nur beispielhaft aufgeführt. Die Rspr. hat in vielen Einzelentscheidungen weitere Kostenarten anerkannt. Infrage kommen z.B. auch Aufwendungen der Heimunterbringung, Sanierungskosten für die eigengenutzte Wohnung bzw. das selbst bewohnte Haus, wenn von ihm eine konkrete Gesundheitsgefährdung ausgeht, der krankheits- bzw. behinderungsbedingte Umbau des eigenen Heims oder auch die Wiederbeschaffung von Hausrat und Kleidung nach Naturkatastrophen wie z.B. Orkan oder Hochwasser (Zeile 18) (➜ Tz 451 ff.).

Bereits erhaltener oder zu erwartender Kostenersatz (auch wenn erst in späteren Jahren gezahlt) von dritter Seite (z.B. durch eine Versicherung) mindert die abzugsfähigen Kosten und wird deshalb in den Zeilen 13-18 entsprechend abgefragt. Reicht die Vordruckzeile 18 nicht für alle Aufwendungen aus, stellen Sie die Kosten auf einem gesonderten Blatt zusammen.

Die Aufwendungen wirken sich steuerlich nur aus, soweit sie die sog. **zumutbare Eigenbelastung** übersteigen. Deren Höhe hängt vom Gesamtbetrag der Einkünfte und den persönlichen Verhältnissen (Familienstand, berücksichtigungsfähige Kinder) ab (➜ Tz 453).

TIPP

Kosten beinhalten Pflegeleistungen und Handwerkerleistungen und haushaltsnahe Tätigkeiten

Soweit in den beantragten Kosten Aufwendungen für haushaltsnahe Beschäftigungsverhältnisse, Pflegeleistungen oder Handwerkerlohn (z. B. bei behindertengerechtem Wohnungsumbau) enthalten sind, können Sie für den wegen der zumutbaren Eigenbelastung nicht als außergewöhnliche Belastung abzugsfähigen Teil eine Steuerermäßigung nach § 35a EStG beantragen, indem Sie die entsprechenden Aufwendungen nochmals gesondert in den Zeilen 19–21 angeben. Die entsprechenden Beträge dürfen **nicht** zusätzlich in die **Anlage Haushaltsnahe Aufwendungen** eingetragen werden.

Checkliste Anlage Außergewöhnliche Belastungen

Folgende Abzugsmöglichkeit geprüft? Vgl. Ausfüllhinweise zur Zeile!

Hatten Sie in größerem Umfang z. B. Krankheitskosten (Arztrechnungen, Medikamente, medizinische Hilfsmittel z. B. Brille, Zahnersatz oder Beerdigungskosten selbst getragen? (Zeilen 13, 17) ☐

Sind Sie pflegebedürftig oder leben Sie in einem Heim? ☐

Machen Sie Ihren Eigenanteil an den Pflegekosten steuerlich geltend (Zeile 14).

5 Anlage Haushaltsnahe Aufwendungen

5.1 Allgemein

WICHTIG 43

§ 35a EStG

Steuerermäßigungen für haushaltsnahe Beschäftigungsverhältnisse, haushaltsnahe Dienstleistungen und Handwerkerleistungen gem. § 35a EStG können in der Anlage Haushaltsnahe Aufwendungen beantragt werden.

[Überblick]

Im Bedarfsfall ausfüllen	
Seite 1	**Angaben zum Steuerpflichtigen (Zeilen 1–3)** **Haushaltsnahe Beschäftigungsverhältnisse, Dienst-, Pflege- und Handwerkerleistungen (Zeilen 4–8)** Beantragen Sie hier die Steuerermäßigung für Haushaltshilfen, Heimunterbringung sowie Dienstleistungen (z. B. Pflege, Betreuung, Garten-, Reinigungsarbeiten) und Handwerkerleistungen rund um Ihren Privathaushalt (➜ Tz 467).

5.2 Haushaltsnahe Tätigkeiten

[Haushaltshilfen, Pflege, Heimkosten, Dienstleistungen, Handwerkerleistungen ➜ Zeilen 4–8]

Sie können eine Steuerermäßigung (direkter Abzug von der tariflichen Einkommensteuer) 44
beantragen, wenn die Tätigkeiten im **eigenen Haushalt ausgeführt wurden. Auch die Pflege in der eigenen Wohnung oder der Wohnung der zu pflegenden Person** und die Unterbringung in einem Heim zur dauernden Pflege oder aus Altersgründen sind begünstigt (➜ Tz 481 ff.).

WICHTIG

Konkurrenzregelung bei der Betreuung von Kindern und bei Pflegekosten

Für die Betreuung von Kindern, die das 14. Lebensjahr noch nicht vollendet haben, im eigenen Haushalt gibt es keine Steuerermäßigung, sondern den Sonderausgabenabzug (**Anlage Kind**, Seite 3) (➜ Tz 581).

Für **Pflegekosten** geht der Abzug als außergewöhnliche Belastungen nach § 33 EStG (**Anlage Außergewöhnliche Belastungen**) vor. Ein insoweit nicht abziehbarer Teil der Aufwendungen in Höhe der zumutbaren Belastung) kann zu einer Steuerermäßigung für haushaltsnahe Dienstleistungen oder für die Heimunterbringung führen (➜ Tz 458). Die Aufwendungen sind in der **Anlage Außergewöhnliche Belastungen** in den Zeilen 14–15 und 19–21 und **nicht** in der Anlage Haushaltsnahe Aufwendungen einzutragen.

[Minijob im eigenen Haushalt ➜ Zeile 4]

Sind Sie selbst Arbeitgeber und beschäftigen eine Haushaltshilfe im Rahmen eines **Minijobs** 45
im eigenen Haushalt (Teilnahme am **Haushaltsscheckverfahren**), tragen Sie die Gesamt-

aufwendungen (ausgezahlter Lohn und alle an die Minijob-Zentrale abgeführten Beiträge) sowie die Art der Tätigkeit (z. B. Reinemachefrau, Küchen-, Haushaltshilfe, Kinderfrau) ein. Die am Jahresende von der Minijob-Zentrale erstellte Bescheinigung über die abgeführten Sozialabgaben ist aufzubewahren (➜ Tz 477).

[Reguläres Beschäftigungsverhältnis ➜ Zeile 5]

46 Erfolgte die Anstellung im Rahmen eines regulären Arbeitsdienstverhältnisses, bei dem Pflichtbeiträge zur Sozialversicherung abgeführt werden, erfassen Sie hier die Art der Tätigkeit und die gesamten Lohnaufwendungen einschließlich Sozialversicherungsabgaben (➜ Tz 478).

[Haushaltsnahe Dienstleistungen ➜ Zeile 5]

47 Wenn Sie hauswirtschaftliche Tätigkeiten, z. B. die Reinigung Ihrer Wohnung, Gartenpflegearbeiten, einen privat veranlassten Umzug etc. von einem externen Dienstleister (Fachbetrieb) erledigen lassen, können Sie hier die Kosten der reinen Dienstleistung **ohne Material** (Lohnanteil, Fahrt und Maschinenkosten und Umsatzsteuer) eintragen.

[Pflegeleistungen, Betreuung, Heimkosten ➜ Zeile 5]

48 Pflege- und Betreuungsleistungen (Grundpflege) können geltend gemacht werden, unabhängig davon, ob die Leistungen in einem Heim, bei Ihnen zu Hause oder im Haushalt der zu pflegenden Person erbracht werden. Leben Sie oder Ihr Angehöriger krankheits- oder behinderungsbedingt in einem Heim (z. B. mit Pflegegrad oder Merkzeichen „H“, „BL“), ist ein höherer Kostenabzug bei den außergewöhnlichen Belastungen (Anlage Außergewöhnliche Belastungen) möglich (➜ Tz 481).

[Handwerkerleistungen ➜ Zeile 6–9]

49 Aufwendungen für Handwerkerleistungen (**ohne Materialkosten**; nur Arbeitslohn, Fahrt- und Maschinenkosten zzgl. Umsatzsteuer) i. Z. m. dem eigenen Haushalt (eigene oder gemietete Wohnung) sind begünstigt. Dazu zählen sämtliche Renovierungs-, Erhaltungs- und Modernisierungsmaßnahmen ebenso wie alle Wartungen und Reparaturen rund ums Haus, z. B. auch die Reparatur von Haushaltsgeräten vor Ort oder die Wartung der Heizung sowie die Kosten für den Schornsteinfeger. Auch Aufwendungen für einen Anbau oder den Dachgeschossausbau bei einem bereits vorhandenen Haushalt sind begünstigt. In der Summe (Zeile 9) dürfen keine Materialkosten enthalten sein (➜ Tz 482).

WICHTIG

Überweisung ist zwingend

Eine Steuerermäßigung für haushaltsnahe Dienst- und Handwerkerleistungen (Zeilen 5–8) ist nur möglich, wenn Sie eine **Rechnung** besitzen **und** der Rechnungsbetrag **nicht bar** (Zahlung durch Überweisung, Lastschrifteinzug, Kreditkarte etc.) bezahlt wurde. Eine Belegvorlage ist nur notwendig, wenn Sie vom Finanzamt dazu aufgefordert werden.

Unterschiedliche Höchstbeträge nebeneinander nutzen

Die richtige Zuordnung der unterschiedlichen Aufwendungen zu den Zeilen 4–8 ist wegen unterschiedlicher Höchstbeträge zu beachten. Allerdings können Sie die Höchstbeträge nebeneinander in Anspruch nehmen (➜ Tz 487).

[Aufteilung der Höchstbeträge ➜ Zeilen 10–15]

Die Höchstbeträge sind haushaltsbezogen und ggf. auf mehrere Personen zu verteilen. Deshalb müssen Sie in Zeile 10–11 die Namen der Mitbewohner benennen.

Leben zwei Alleinstehende in einem gemeinsamen Haushalt, können sie die Höchstbeträge des § 35a EStG insgesamt nur einmal (einer allein, jeweils hälftig oder auf gemeinsamen Antrag beliebig verteilt) in Anspruch nehmen (Zeilen 12–14).

[Einzelveranlagung von Ehegatten/Lebenspartnern ➜ Zeile 15]

Begründen zwei bisher alleinstehende Steuerpflichtige mit eigenem Haushalt im Laufe des Vz. einen gemeinsamen Haushalt oder wird der gemeinsame Haushalt im Vz. in zwei getrennte Haushalte aufgelöst, kann jede Person ihre tatsächlichen Aufwendungen jeweils bis zur Höhe des vollen Höchstbetrags in Anspruch nehmen (➜ Tz 364).

Checkliste Anlage Haushaltsnahe Aufwendungen 50

Folgende Abzugsmöglichkeit geprüft? Vgl. Ausfüllhinweise zur Zeile!	✔
Haben Sie in Ihrem eigenen oder gemieteten Haus bzw. Haushalt (einschl. Garten) Arbeiten durch Beschäftigte, Dienstleister oder Handwerker ausführen lassen?	☐

6 Anlage Energetische Maßnahmen

6.1 Allgemein

51 **WICHTIG**

Energetische Maßnahmen im selbst bewohnten Gebäude

Erstmals für 2020 kann für Aufwendungen für energetische Maßnahmen (Aufwendungen für den Neueinbau oder die Optimierung der Heizung, für die Wärmedämmung von Wänden, Dachflächen oder Geschossdecken sowie für die Erneuerung von Außentüren oder den Einbau einer Lüftungsanlage) i. Z. m. einem in der EU oder dem Europäischen Wirtschaftsraum belegenen und zu eigenen Wohnzwecken genutzten Gebäude(teil) eine Steuerermäßigung beantragt werden. Voraussetzung für die Steuerermäßigung ist, dass das begünstigte Objekt mindestens zehn Jahre alt ist und Sie für die Maßnahmen eine **Bescheinigung nach amtlich vorgeschriebenem Muster** vom ausführenden Fachunternehmen erhalten haben. Die Bescheinigung ist unabdingbare Voraussetzung und muss zusammen mit der Einkommensteuererklärung beim Finanzamt eingereicht werden. Sie sind im Besitz einer Rechnung und die Zahlungen sind unbar erfolgt (§ 35c EStG).

Wurden energetische Maßnahmen an verschiedenen Objekten (Grundstücken) durchgeführt, ist für jedes Objekt eine eigene Anlage Energetische Maßnahmen einzureichen.

[Überblick]

Im Bedarfsfall ausfüllen	
Seite 1	**Begünstigtes Objekt** **Allgemeine Angaben** zu Grundstück und Eigentümer **(Zeilen 1–8)** **Baubeginn** der energetischen Maßnahme **(Zeile 9)** **Aufwendungen für energetische Maßnahmen (Zeilen 10–19)** **Aufwendungen für einen staatlich anerkannten Energieberater (Zeile 20)** **Besondere Angabe bei Einbau eines Gasbrennwertkessels (Zeilen 21–22)** **Miteigentum (Zeilen 23–25)** **Abgrenzung zu den außergewöhnlichen Belastungen (Zeilen 26–27)**

Objektbezogene Angaben

52 In Zeile 4 ist der Herstellungsbeginn des Gebäudes einzutragen, damit das mindestens zehnjährige Alter des Objekts bestimmt werden kann. In Zeile 5 ist der Auslandsstaat zu benennen, wenn das Gebäude nicht im Inland belegen ist. Nur Objekte in der EU/im EWR sind begünstigt. Die in Zeile 8 abgefragten Flächenanteile dienen der Abgrenzung zwischen Betriebsausgabe oder Werbungskosten einerseits und der Steuerermäßigung für energetische Maßnahmen andererseits.

[Aufwendungen für energetische Maßnahmen → Zeilen 10–19]

Die Aufwendungen weisen Sie durch eine vom ausführenden **Fachunternehmen** oder **53**
einer **Person mit der Berechtigung zur Ausstellung von Energieausweisen** ausgestellten Bescheinigung nach. Nicht begünstigt sind Aufwendungen, die als Betriebsausgaben, Werbungskosten, Sonderausgaben oder außergewöhnliche Belastungen abgezogen wurden. Die Steuerermäßigung ist außerdem ausgeschlossen, wenn Sie für die Aufwendungen eine Steuerermäßigung nach § 35a EStG (haushaltsnahe Aufwendungen) oder eine öffentliche Förderung (zinsverbilligte Darlehen oder steuerfreie Zuschüsse – z. B. KfW-Bank, BAFA, landeseigene Bank) in Anspruch nehmen.

[Aufwendungen für einen Energieberater → Zeile 20]

Begünstigt sind die Aufwendungen nur, wenn der Energieberater mit der planerischen **54**
Begleitung oder Beaufsichtigung der energetischen Maßnahme beauftragt wurde. Der Energieberater muss als fachlich qualifiziert und zugelassen sein.

[Nachweis der Hybridisierung von Gasbrennwertkesseln → Zeilen 21 und 22]

Bei Einbau eines Gasbrennwertkessels mit Hybridisierung ist zu beachten, dass die **55**
Steuerermäßigung erst nach Abschluss der gesamten Maßnahme, Schlussrechnung und Nachweis der Hybridisierung (Zeile 22) möglich ist und die Aufwendungen auch in Zeile 15 enthalten sind.

[Miteigentum bei Wohnungseigentum → Zeilen 23–25]

Bei Miteigentum des zu eigenen Wohnzwecken genutzten eigenen Gebäudeteils (begüns- **56**
tigtes Objekt) kann die Steuerermäßigung für das begünstigte Objekt insgesamt nur einmal in Anspruch genommen werden. In Zeile 23 ist der auf die Ehegatten bzw. eingetragene Lebenspartner entfallende Miteigentumsanteil in Prozent einzutragen. In die Zeilen 24 und 25 gehören die Daten der weiteren Miteigentümer.

[Konkurrenzregelung → Zeilen 26 und 27]

Sind energetische Maßnahmen an dem zu eigenen Wohnzwecken genutzten Gebäude(teil) **57**
anlässlich einer Katastrophe (z. B. durch Erdbeben, Überschwemmungen, Sturm, Hagel usw.) angefallen können Sie entweder einen Abzug als außergewöhnliche Belastung nach § 33 EStG geltend machen oder die Steuerermäßigung für energetische Maßnahmen nach § 35c EStG beantragen. Wenn Sie sich für die Steuerermäßigung entschieden und die Aufwendungen in die Zeilen 10 bis 19 eingetragen haben, tragen Sie diese bitte nochmals in die Zeilen 26 und 27 ein. Diese Beträge dürfen dann nicht zusätzlich in Zeile 18 der Anlage Außergewöhnliche Belastungen enthalten sein.

58 Checkliste Anlage Energetische Maßnahmen

Folgende Abzugsmöglichkeit geprüft? Vgl. Ausfüllhinweise zur Zeile!

Haben Sie in Ihrem zu eigenen Wohnzwecken genutzten Haus oder in Ihrer eigengenutzten Eigentumswohnung Arbeiten zur Energieeinsparung ausführen lassen? ☐

Sie können für die oben genannten Aufwendungen eine Steuerermäßigung beantragen.

Haben Sie vom ausführenden Fachunternehmen die erforderliche Bescheinigung erhalten? ☐

Ohne diesen Nachweis kann die Steuerermäßigung nicht berücksichtigt werden.

Hat ein anerkannter Energieberater die Planung oder Bauausführung begleitet? ☐

Auch für diese Kosten gibt es die Steuerermäßigung.

7 Anlage Sonstiges

7.1 Allgemein

WICHTIG 59

Anlage Sonstiges
Besondere Anträge zur Veranlagung für den Vz. 2020 können auf der Anlage Sonstiges gestellt werden.

[Überblick]

Im Bedarfsfall ausfüllen	
Seite 1	**Steuerermäßigung bei Belastung mit Erbschaftsteuer (Zeile 4)** **Steuerbegünstigung für schutzwürdige Kulturgüter (Zeile 5)** **Spendenvortrag (Zeile 6)** **Verlustabzug, Vorjahresverluste, Verlustrücktrag (Zeilen 7–8)** **Gesondert festgestellte negative Einkünfte nach § 2a EStG (Zeile 9)** **Freibetrag für bestandsgeschützte Altanteile an Investmentfonds (Zeile 10)** **Antrag zur Aufteilung der Abzugsbeträge bei Einzelveranlagung von Ehegatten/Lebens partnern (Zeile 11)**

7.2 Sonstige Angaben und Anträge

[Steuerermäßigung bei Belastung mit Erbschaftsteuer ➜ Zeile 4]

Hier erfolgt nicht der Abzug der normalen Erbschaftsteuer. Die Steuerermäßigung kommt 60
nur in **Ausnahmefällen** in Betracht, insbesondere bei:

- Forderungen des Rechtsvorgängers, die beim Erbfall der Erbschaftsteuer unterliegen und nach Übergang auf den Erben von diesem bei Zufluss als steuerpflichtige Einnahmen oder Betriebseinnahmen nochmals der Einkommensteuer unterliegen
- privaten Veräußerungsgeschäften i.S.d. § 23 EStG (z.B. Kauf und Verkauf privater Immobilien, die nicht eigenen Wohnzwecken gedient haben, innerhalb von 10 Jahren)

Die Steuerermäßigung kommt nur bei Erbschaft und nicht bei **Schenkung** in Betracht.

[Steuerbegünstigung für schutzwürdige Kulturgüter ➜ Zeile 5]

Aufwendungen für Herstellungs- und Erhaltungsmaßnahmen an eigenen schutzwürdigen Kulturgütern (z.B. Baudenkmäler, geschützte Gebäudegruppen, Gartenanlage sowie Sammlungen, die mindestens 20 Jahre im Eigentum der Familie stehen), die der wissenschaftlichen Forschung oder der Öffentlichkeit (ggf. auch entgeltlich) zugänglich gemacht werden, können teilweise wie Sonderausgaben abgezogen werden. Die Steuerbegünstigung gilt nur für Kulturgüter, die **weder zur Einkünfteerzielung noch zu eigenen Wohnzwecken genutzt** werden und nur, soweit sie nicht durch öffentliche oder private Zuschüsse gedeckt sind. Die Voraussetzungen sind durch eine Bescheinigung der zuständigen Behörde nachzuweisen.

[Spendenvortrag ➔ Zeile 6]

61 Liegt Ihnen zum 31.12.2019 ein gesonderter Feststellungsbescheid über vortragsfähige Spenden vor, kreuzen Sie dies bitte hier getrennt für den Steuerpflichtigen bzw. den Ehegatten an. Die vortragsfähigen Spenden werden von Amts wegen im Rahmen der Höchstbeträge in der Veranlagung 2020 als Sonderausgaben abgezogen.

[Verlustabzug, Vorjahresverluste, Verlustrücktrag ➔ Zeilen 7–8]

62 Sind Ihnen in den Vorjahren Verluste entstanden, die bisher nicht ausgeglichen und vom Finanzamt in einem gesonderten Verlustfeststellungsbescheid ausgewiesen wurden, können Sie diese im aktuellen Jahr berücksichtigen.

Sind im aktuellen Jahr neu entstandene negative Einkünfte nicht oder nicht vollständig mit positiven Einkünften ausgeglichen worden, können Sie den negativen Gesamtbetrag ins Vorjahr zurück- oder in künftige Jahre vortragen lassen Bitte geben Sie in Zeile 8 an, ob und in welcher Höhe ein Rücktrag ins Jahr 2019 erfolgen soll. Die Höchstbetragsgrenzen beim Verlustrücktrag nach § 10d EStG wurden für Verluste der Vz. 2020 und 2021 von 1 Mio. Euro auf 5 Mio. Euro bei Einzelveranlagung und von 2 Mio. Euro auf 10 Mio. Euro bei Zusammenveranlagung **vorübergehend** angehoben.

TIPP

Jetzt noch Einkommensteuererklärung für Vz. 2017–2019 bei negativen Einkünften abgeben

Haben Sie für die Jahre 2017–2019 bisher keine Steuererklärung abgegeben und war die Summe Ihrer Einkünfte negativ (weil Sie z. B. arbeitslos waren und Ihnen nur Ausgaben i. Z. m. Bewerbungen oder Verluste aus Vermietung entstanden sind), dann beantragen Sie für 2017 (Abgabe bis 31.12.2021) bis 2019 (Abgabe bis 31.12.2023) noch die Veranlagung zur Einkommensteuer bzw. die Feststellung eines Verlustvortrags, indem Sie eine Steuererklärung abgeben. Damit sichern Sie sich die Möglichkeit der Verlustverrechnung in den Folgejahren.

Negative Einkünfte mit Bezug zu Drittstaaten

63 Mit der Abfrage nach verbleibenden negativen Einkünften i. S. d. § 2a EStG wird die Berücksichtigung personell festgestellter Verluste sichergestellt.

[Freibetrag für bestandsgeschützte Altanteile an Investmentfonds ➔ Zeile 10]

64 Beinhaltet Ihr Steuerbescheid 2019 einen entsprechenden Freibetrag, müssen Sie dies hier durch Ankreuzen deutlich machen. Der Freibetrag wird nicht automatisch berücksichtigt.

[Antrag zur Aufteilung der Abzugsbeträge bei Einzelveranlagung von Ehegatten/Lebenspartnern ➔ Zeile 11]

65 Sonderausgaben, außergewöhnliche Belastungen und die Steuerermäßigungen nach §§ 35a, 35c EStG werden im Rahmen einer Einzelveranlagung von Ehegatten auf Antrag nach § 26a EStG demjenigen Ehegatten zugerechnet, der sie wirtschaftlich getragen hat.

Wollen Sie diese steuerlichen Vergünstigungen jeweils zur Hälfte abzuziehen, stellen Sie hier den übereinstimmenden Antrag dazu durch Eintragung einer „1“ (➔ Tz 364). Eine abweichende Verteilung der Steuerermäßigung für haushaushaltsnahe Beschäftigung oder Dienstleistungen bzw. Handwerkerleistungen nach § 35a EStG können Sie auch auf der **Anlage Haushaltsnahe Aufwendungen** in den Zeilen 12–14 beantragen.

Checkliste Anlage Sonstiges 66

Folgende Abzugsmöglichkeit geprüft? Vgl. Ausfüllhinweise zur Zeile!	✔
Haben Sie den Sonderausgabenabzug früherer Spenden geprüft? Liegt Ihnen zum 31.12.2019 ein Bescheid über die gesonderte Feststellung vortragsfähiger Spenden vor (Zeile 6)?	☐
Haben Sie den Verlustabzug negativer Einkünfte des Jahres 2020 geprüft? Konnten nicht alle negativen Einkünfte, die im Jahr 2020 entstanden sind, mit positiven Einkünften im Jahr 2020 ausgeglichen werden steht Ihnen ein Verlustrück- oder -vortrag in andere Jahre zu (Zeilen 7–8).	☐
Haben Sie in Ihrem eigenen oder gemieteten Haus bzw. Haushalt (einschl. Garten) Arbeiten durch Beschäftigte, Dienstleister oder Handwerker ausführen lassen und werden Sie und Ihr Ehegatte nach § 26a EStG jeweils einzeln zur Einkommensteuer veranlagt? (Zeile 11)	☐

8 Anlage Vorsorgeaufwand (Vorsorgeaufwendungen)

8.1 Allgemein

67 **WICHTIG**

Anlage Vorsorgeaufwand ist für bestimmte private Versicherungen erforderlich

Vorsorgeaufwendungen (Versicherungen) sind Teil der Sonderausgaben (siehe auch Anlage Sonderausgaben).

Die **Anlage Vorsorgeaufwand** benötigen Sie, wenn Sie im Gesetz abschließend aufgezählte Vorsorgeaufwendungen (Versicherungsbeiträge) als Sonderausgaben steuermindernd geltend machen wollen. Ehegatten, die zusammen veranlagt werden, geben eine gemeinsame Anlage Vorsorgeaufwand ab.

Für Beiträge zu Riester-Verträgen benötigen Sie die **Anlage AV.**

[Überblick]

Im Bedarfsfall ausfüllen	
Seite 1	**(Alters-)Vorsorgeaufwendungen (Zeilen 4–10)** Hier sind alle Versicherungsbeiträge zu erfassen, aus denen sich ein späterer Rentenanspruch ergibt, z. B. der gesetzliche Arbeitnehmer- und Arbeitgeberanteil zur gesetzlichen Rentenversicherung oder Einzahlungen in private (Rürup-)Rentenversicherungen oder berufsständische Versorgungseinrichtungen.
Seiten 1 und 2	**Kranken- und Pflegeversicherungen (Zeilen 11–44)** Die Beiträge sind, je nachdem ob Sie in einer gesetzlichen Krankenversicherung pflicht- oder freiwillig versichert sind (z. B. Arbeitnehmer bzw. Selbstständige oder Rentner im Ausland) oder einer privaten Krankenversicherung (z. B. Beamte, Richter, Selbstständige) angehören, in unterschiedlichen Zeilen einzutragen. Hier können Sie auch die Krankenversicherungsbeiträge für andere Personen (z. B. nicht bei Ihnen berücksichtigungsfähige Kinder oder Eltern) eintragen, wenn Sie der Versicherungsnehmer sind.
Seite 2	**Weitere sonstige Vorsorgeaufwendungen (Zeilen 45–50)** Tragen Sie hier alle anderen begünstigten Versicherungsbeiträge, z. B. für Wahlleistungen bei Krankheit, Arbeitslosen-, Haftpflicht-, Unfall-, Risiko- oder Berufsunfähigkeitsversicherungen ein. **Ergänzende Angaben (Zeilen 51–56)** Die Eintragungen haben Bedeutung für die Berechnung der abzugsfähigen Altersvorsorgeaufwendungen.

8.2 Vorsorgeaufwendungen

ACHTUNG 68

Elektronisch gemeldete Daten müssen nicht eingetragen werden

Daten, die elektronisch an die Finanzverwaltung gemeldet wurden, z. B. durch Versicherungen oder durch den Arbeitgeber, müssen nicht mehr in die Steuererklärung eingetragen werden. Nur bei abweichenden Werten ist eine Eintragung erforderlich. Achten Sie bitte auf die unterschiedliche Einfärbung der einzelnen Zeilen in der Steuererklärung.

Die Unterteilung der Vorsorgeaufwendungen in **Altersvorsorgeaufwendungen, Basiskranken- und Pflegepflichtversicherungsbeiträge sowie sonstige Vorsorgeaufwendungen** ist wegen der unterschiedlichen steuerlichen Berücksichtigung notwendig (➔ Tz 502, ➔ Tz 532, ➔ Tz 508). 69

[Altersvorsorgeaufwendungen ➔ eZeilen 4, 7–9, Zeilen 5, 6, 10]

Die Altersvorsorgeaufwendungen setzen sich aus mehreren Komponenten zusammen, die im Folgenden dargestellt werden. 70

[Gesetzliche Rentenversicherung ➔ eZeilen 4, 9]

Arbeitnehmer, die in der gesetzlichen Sozialversicherung versichert sind, tragen in eZeile 4 den Arbeitnehmeranteil zur gesetzlichen Rentenversicherung (ersichtlich aus Nr. 23a/b der Lohnsteuerbescheinigung) ggf. getrennt für die Ehegatten ein. In eZeile 9 gehört der Arbeitgeberanteil bzw. dessen Zuschuss zur gesetzlichen Rentenversicherung (Nr. 22a/b der Lohnsteuerbescheinigung). Haben Sie als Arbeitnehmer Beiträge zu einer landwirtschaftlichen Alterskasse oder einer berufsständischen Versorgungseinrichtung geleistet und sind die Beiträge auf der Lohnsteuerbescheinigung ausgewiesen, tragen Sie bitte Arbeitnehmer- und Arbeitgeberanteil ebenfalls in die eZeilen 4 und 9 ein. 71

[Landwirtschaftliche Alterskasse und berufsständische Versorgungseinrichtung ➔ Zeile 5]

Sind Sie nicht Arbeitnehmer oder hat der Arbeitgeber entsprechende Beiträge nicht in der Lohnsteuerbescheinigung ausgewiesen, tragen Sie die Beiträge zur landwirtschaftlichen Altersklasse und zur berufsständischen Versorgungseinrichtungen (Pflichtversicherung für Freiberufler und vergleichbare Personen, z. B. angestellte und selbstständig tätige Ärzte, Apotheker, Architekten etc.) hier ein, wenn die Einrichtung den gesetzlichen Rentenversicherungen vergleichbare Leistungen erbringt. Die entsprechenden steuerfreien Arbeitgeberzuschüsse (Nr. 22b der Lohnsteuerbescheinigung) sind von den Gesamtaufwendungen abzuziehen, aber auch zusätzlich in Zeile 9 einzutragen. 72

[Freiwillige gesetzliche Rentenversicherung, einschl. Minijob-Beiträge ➔ Zeile 6]

Arbeitnehmer, die (z. B. wegen der Höhe des Arbeitslohns) von der gesetzlichen Rentenversicherungspflicht befreit sind, aber freiwillig versichert oder als Nichtarbeitnehmer (z. B. selbstständiger Handwerker) pflichtversichert sind, tragen ihre Beiträge in Zeile 6 ein. Dasselbe gilt für Arbeitnehmeranteile, die im Rahmen einer geringfügigen Beschäftigung (Minijob) vom Arbeitnehmer gezahlt wurden (sog. Aufstockungsbeträge; vgl. aber Erläuterungen zu Zeile 10). 73

[Erstattete Beiträge und steuerfreie Zuschüsse → eZeile 7]

74 Hier sind die erstatteten Beiträge und/oder steuerfreien Zuschüsse zu den in den Zeilen 4 bis 6 zu erklärenden Beiträgen einzutragen. Ausgenommen sind die direkt von den Beiträgen laut Zeile 8 abzuziehenden Zuschüsse zu zertifizierten Basisrentenverträgen und Arbeitgeberanteile/-zuschüsse laut den Zeilen 9 und 10.

[Rürup-Verträge (Basisrentenversicherung) → eZeile 8]

75 In eZeile 8 gehören Versicherungsbeiträge für eine private kapitalgedeckte Rentenversicherung, sog. Rürup-Verträge. Einzutragen sind die saldierten Beträge, d.h. Beiträge abzüglich erhaltener steuerfreier Zuschüsse/Erstattungen. Derartige Verträge werden nur anerkannt, wenn sie staatlich genehmigt (**zertifiziert**) sind (→ Tz 502).

[Minijob → Zeile 10]

76 Haben Sie im Rahmen einer geringfügigen Beschäftigung (450-Euro-Minijob) gearbeitet, sind Sie im Regelfall rentenversicherungspflichtig und müssen pauschale Arbeitnehmerbeiträge zur Sozialversicherung entrichten. Ihr Arbeitgeber hat ebenfalls (pauschale) Arbeitgeberbeiträge gezahlt. Der Arbeitnehmerbeitrag ist in Zeile 6, der Arbeitgeberbeitrag in Zeile 10 einzutragen. Der Minijobber kann sich aber jederzeit von der Versicherungspflicht und der Zahlung des Eigenanteils befreien lassen, dann sind keine Eintragungen in den Zeilen 6 und 10 vorzunehmen.

[Sonstige Vorsorgeaufwendungen → Zeilen 11–50]

77 Die sonstigen Vorsorgeaufwendungen werden in Kranken- und Pflegepflichtversicherungsbeiträge für eine Grundvorsorge (Basisabsicherung) und andere sonstige Vorsorgeaufwendungen unterteilt.

Basisabsicherung	Beitrag/Zusatzbeitrag/Zuschuss/Erstattung zur **gesetzlichen** inländischen Kranken- und Pflegepflichtversicherung durch ● gesetzlich pflichtversicherte Arbeitnehmer ● freiwillig versicherte Arbeitnehmer, bei denen der Arbeitgeber die Beiträge abführt (Firmenzahler)	→ Zeilen 11–15
	● freiwillig **gesetzlich** versicherte Arbeitnehmer und Selbstständige (Selbstzahler) ● Rentner	→ Zeilen 16–21
	Beitrag/Zusatzbeitrag/Zuschuss/Erstattung zu einer **privaten** inländischen Kranken- und Pflegepflichtversicherung und Beiträge zu einer freiwilligen zusätzlichen Pflegeversicherung	→ Zeilen 23–26
	Beitrag/Zusatzbeitrag/Zuschuss/Erstattung zu einer **ausländischen** gesetzlichen oder privaten Krankenversicherung	→ Zeilen 31–36

	Als Versicherungsnehmer **für andere Personen** (z. B. einkommensteuerrechtlich nicht zu berücksichtigende Kinder oder die Eltern) übernommene Beiträge zur Basiskranken- und Pflegepflichtversicherung. Beiträge, die über die Basisversicherung hinausgehen, sind nicht als Sonderausgabe abziehbar.	→ Zeilen 40–44
Weitere sonstige Vorsorgeaufwendungen	Beitrag zur eigenen Kranken- und Pflegeversicherung, soweit nicht Basisabsicherung, Arbeitslosenversicherung, Erwerbs- oder Berufsunfähigkeitsversicherung, Unfall-, Haftpflicht-, Risikolebensversicherung, bestimmte Rentenversicherungen	→ Zeilen 22, 27, 36 → Zeilen 45–50

[Gesetzlich pflichtversicherte Arbeitnehmer und Firmenzahler → eZeile 11, 13–15, Zeile 12]

Die Zeilen 11 bis 15 sind für in der gesetzlichen Krankenversicherung pflicht- oder **78** freiwillig versicherte Arbeitnehmer, bei denen der Arbeitgeber die Beiträge abführt (sog. Firmenzahler), vorgesehen. Die verlangten Angaben können i. d. R. der Lohnsteuerbescheinigung (Nr. 25, 26) entnommen werden.

Mit den Beiträgen zur gesetzlichen Krankenversicherung (eZeile 11, Eintragung 100 %) erlangt der Steuerpflichtige grds. einen **Anspruch auf Krankengeld**. Dieser gehört nicht zur Basisabsicherung und führt zu einer pauschalen Kürzung der abziehbaren Beiträge i. H. v. 4 % im Rahmen der Veranlagung.

Soweit in den Krankenversicherungsbeiträgen Beitragsteile enthalten sind, die keinen Anspruch auf Krankengeld begründen (z. B. bei Bezug einer Betriebsrente, bei pflichtversicherten Praktikanten, Studenten, Erwerbslosen, Personen in Elternzeit oder die Elterngeld beziehen), müssen Sie diese entsprechenden Krankenversicherungsbeiträge ein zweites Mal angeben (Zeile 12), um eine Kürzung zu vermeiden.

Beitragsrückerstattungen mindern die abzugsfähigen Beträge des laufenden Jahres und werden gesondert abgefragt (eZeilen 14–15).

Einzelne Krankenkassen erheben von ihren Mitgliedern einen individuellen einkommensabhängigen **Zusatzbeitrag** zur gesetzlichen Krankenversicherung. Dieser gehört zu den begünstigten Aufwendungen der Basisvorsorge. Bei sozialversicherungspflichtigen Arbeitnehmern und Firmenzahlern wird der Zusatzbeitrag vom Arbeitgeber einbehalten und elektronisch der Finanzbehörde gemeldet. Er ist bereits in eZeile 11 enthalten.

Beiträge zu Wahlleistungen oder Zusatzversicherungen in der gesetzlichen Krankenversicherung gehören in die Zeile 22.

[Freiwillig gesetzlich versicherte Arbeitnehmer, Selbstständige, Rentner → eZeile 16, 18, 19, 21, Zeilen 17, 20]

In die Zeilen 16–21 tragen Rentner ihre selbst gezahlten Beiträge ein. Bei Rentnern sind **79** die Beiträge zur Krankenversicherung (eZeile 16) und Pflegeversicherung (eZeile 18) regelmäßig im Rentenbescheid/in der Rentenbezugsmitteilung ausgewiesen.

Die Zeilen 16–21 sind auch für Arbeitnehmer vorgesehen, die sich freiwillig in der gesetzlichen Krankenversicherung versichert haben und die Beiträge in voller Höhe selbst überweisen und ggf. einen Zuschuss ihres Arbeitgebers auf ihr Konto erhalten (sog. Selbstzahler), sowie für Selbstständige, die in der gesetzlichen Krankenversicherung pflichtversichert sind bzw. sich freiwillig versichert haben, und für pflichtversicherte Künstler. In die eZeile 16 gehört ggf. auch der Zusatzbeitrag.

Beiträge, aus denen sich ein Anspruch auf Krankengeld ergibt, müssen in Zeile 17 nochmals eingetragen werden, weil daraus der Kürzungsbetrag von 4 % errechnet wird. Rentner mit ungekürzter Altersrente haben keinen Krankengeldanspruch; ihre Beiträge werden nicht um 4 % gekürzt.

Auch erstattete Beiträge sind auszuweisen (eZeile 19). Die Erstattungshöhe kann der Bescheinigung der Krankenkasse entnommen werden.

Achten Sie als betroffener **Arbeitnehmer** darauf, dass Sie in den eZeilen 16 und 18 den gesamten von Ihnen gezahlten Versicherungsbeitrag (100 % inkl. Teil, den Ihr Arbeitgeber Ihnen steuerfrei erstattet hat) eintragen. Der vom Arbeitgeber erstattete Teil der Kranken- oder Pflegeversicherung (Nr. 24 a/b/c der Lohnsteuerbescheinigung) ist in den eZeilen 37–39 des Vordrucks anzugeben. Er mindert den abzugsfähigen Betrag (eZeile 16 bzw. 18).

[Wahlleistungen ➔ Zeile 22]

80 Sie sind in der gesetzlichen Krankenkasse pflicht- oder freiwillig versicherter Arbeitnehmer, Selbstständiger oder Rentner. Neben den Beiträgen zur Basisabsicherung (Zeilen 11–21) können Sie alle darüber hinaus gehenden Beitragsanteile für Wahl- oder Komfortleistungen sowie für andere zusätzliche Krankenversicherungen (z. B. Auslandsreise- und Krankenhaustagegeldversicherung) hier eintragen. Diese Beiträge sind nur begrenzt abzugsfähig (vgl. Anmerkungen zu den Zeilen 45–50).

[Private Kranken-/Pflegeversicherungen ➔ eZeilen 23–26, Zeile 27]

81 Die Zeilen 23–28 sind für in einer privaten Krankenversicherungen Versicherte bestimmt. Das sind in erster Linie Selbstständige, Beamte, Richter, Berufssoldaten und Amtsträger. Kranken- und Pflegepflichtversicherungsbeiträge an private Krankenkassen sind im gleichen Umfang wie gesetzliche Beiträge abzugsfähig, d. h. soweit sie die Basisabsicherung ohne Wahlleistungen abdecken in voller Höhe, soweit sie Wahlleistungen oder einen Anspruch auf Krankengeld abdecken nur begrenzt (➔ Tz 512). Der Bescheinigung Ihrer Krankenversicherungsgesellschaft können Sie die Beitragsteile, die jeweils auf Basis- bzw. auf Wahlleistungen entfallen, entnehmen. Rückerstattete Beiträge sind gesondert anzugeben, denn sie mindern den abzugsfähigen Betrag (eZeile 25). Steuerfreie Zuschüsse Dritter, z. B. der Rentenversicherungsanstalt bei pensionierten Beamten, die für eine frühere Tätigkeit auch in der gesetzlichen Rentenversicherung versichert waren, gehören in eZeile 26. In Zeile 27 sind die Beitragsteile der Krankenversicherung zu erfassen, die nicht der Basisabsicherung dienen (Krankengeldanspruch, Wahlleistungen).

[Ausländische Krankenversicherung ➔ Zeilen 31–36]

82 Haben Sie Beiträge in eine ausländische Krankenversicherung, die einer inländischen Pflichtversicherung vergleichbar ist (nicht Auslandsreisekrankenversicherungen), eingezahlt, können Sie die Beitragsanteile für die Basisabsicherung (ohne Beitragsteile für Krankengeldanspruch und Wahlleistungen) hier eintragen und wie inländische Beiträge geltend machen.

[Andere Personen, geschiedene oder dauernd getrennt lebende Ehegatten, Kinder → Zeilen 40, 44, eZeilen 41–43]

Kranken- und Pflegepflichtversicherungsbeiträge für andere Personen, z. B. für den nicht dauernd getrennt lebenden Ehegatten, wenn die Einzelveranlagung von Ehegatten beantragt wurde oder für Vater oder Mutter bzw. für Kinder, die keine Kinder i. S. d. EStG sind, können Sie hier eintragen Voraussetzung ist, dass **Sie Versicherungsnehmer sind**, d. h. die Beiträge selbst schulden, und die Beiträge bezahlt haben. Bitte tragen Sie die Identifikationsnummer, Name, Vorname und Geburtsdatum der mitversicherten Person in die Zeile 40 und Beiträge zu Wahlleistungen und Zusatzversicherungen für die mitversicherte Person in die Zeile 44 ein. Haben Sie für mehr als eine Person als Versicherungsnehmer entsprechende Beiträge geleistet, machen Sie die Angaben bitte in einer formlosen Anlage mit der Überschrift „Ergänzende Angaben zur Steuererklärung" und tragen in **Zeile 45 des Hauptvordrucks** eine „1" ein. **83**

Zahlen Sie Basiskranken- und Pflegeversicherungsbeiträge für ein bei Ihnen steuerlich nicht mehr berücksichtigungsfähiges Kind oder z. B. für einen Elternteil und **sind diese selbst Versicherungsnehmer**, erfolgt die Eintragung in der **Anlage Unterhalt** (→ Tz 525, → Tz 587).

Beiträge für den dauernd getrennt lebenden oder geschiedenen Ehegatten/Lebenspartner sind hier nicht einzutragen, wenn die Unterhaltsleistungen als Sonderausgabe abgezogen werden können. Haben Sie die Beiträge zur Basisversicherung für Ihren unterhaltsberechtigten Ehegatten bezahlt, können Sie die Aufwendungen evtl. als Unterhaltsleistungen als Sonderausgaben (**Anlage Sonderausgaben, Zeile 20)** oder außergewöhnliche Belastungen (**Anlage Unterhalt**) steuerlich geltend machen (→ Tz 420, → Tz 596).

TIPP

Eigene Kranken-/Pflegepflichtversicherungsbeiträge eines Kindes mit Anspruch auf Kindergeld

Basiskranken- und Pflegepflichtversicherungsbeiträge für Kinder, die bei Ihnen steuerlich berücksichtigt werden, können Sie auf der **Anlage Kind** (Zeilen 31–34) als Sonderausgaben geltend machen, wenn Sie Versicherungsnehmer sind. Ist das Kind Versicherungsnehmer und Sie ersetzen dem Kind die Beiträge (durch Leistungen in Form von Bar- oder Sachunterhalt, können Sie diese Beiträge ebenfalls, unabhängig von der Höhe von Einkünften oder Bezügen des Kindes, in der Anlage Kind (Zeilen 35–42) geltend machen. Entsprechendes gilt, wenn Sie die Beiträge für ein unterhaltsberechtigtes Kind getragen haben, welches nicht selbst Versicherungsnehmer ist, sondern der andere Elternteil (→ Tz 525).

[Arbeitslosenversicherung → eZeile 45, Zeile 46]

Die im Arbeitnehmeranteil zur gesetzlichen Sozialversicherung enthaltenen Beiträge zur Arbeitslosenversicherung (Nr. 27 der Lohnsteuerbescheinigung) gehören in eZeile 45. Haben Sie eine freiwillige (private) Arbeitslosenversicherung abgeschlossen, tragen Sie die Beiträge in Zeile 46 ein. **84**

[Berufs-/Erwerbsunfähigkeits-, Unfall-, Haftpflicht-, Risikoversicherungen → Zeilen 47–48]

In Zeile 47 erfassen Sie Beiträge zu einer freiwilligen privaten Berufs- und Erwerbsunfähigkeitsversicherung (ohne Rürup-Versicherung). In die Zeile 48 gehören Beiträge zu allen Arten **85** von privaten Unfallversicherungen (z.B. Kfz-Insassenunfallversicherung) und die Haftpflichtversicherungsbeiträge (Privathaftpflicht-, Kfz- oder Tierhalterhaftpflichtversicherung). Auch Beiträge zur Grundstückshaftpflichtversicherung des zu eigenen Wohnzwecken genutzten Grundstücks können Sie hier eintragen. Maßgebend sind die tatsächlichen Beitragszahlungen, also nach Kürzung um den Schadenfreiheitsrabatt und um Beitragsrückerstattungen. Haben Sie zur Absicherung für den Unterhalt von Kindern und Ehepartner eine Risikolebensversicherung abgeschlossen, so sind die Beiträge in Zeile 48 anzugeben.

TIPP

Bestimmte Versicherungsbeiträge sind Betriebsausgaben bzw. Werbungskosten

Stehen die vorgenannten Versicherungsbeiträge i. Z. m. der Erzielung von Einkünften (z.B. Berufshaftpflicht, Haftpflicht für das vermietete Grundstück), sind die Beiträge als Betriebsausgaben oder Werbungskosten und nicht als Sonderausgaben abziehbar. Beiträge zu Unfallversicherungen, die **auch** berufliche bzw. betriebliche Unfälle einbeziehen, können pauschal zur Hälfte als Werbungskosten (**Anlage N**) oder Betriebsausgaben abgezogen werden.

Zu den abzugsfähigen Risikolebensversicherungen können auch Beiträge zu Witwen-, Waisen- und Sterbekassen zählen.

Nicht begünstigt als Sonderausgabe sind Beiträge zu Sachversicherungen wie z.B. Kfz-Kaskoversicherungen, Versicherungen gegen Elementarschäden, Diebstahl-, Hausrat- sowie Rechtsschutzversicherungen. Der Anteil auf Arbeitsrechtsschutz gehört zu den Werbungskosten.

[Rentenversicherungen mit Kapitalwahlrecht oder Einmalauszahlung → Zeile 49]

86 Hier tragen Sie Rentenversicherungsbeiträge (mit Laufzeitbeginn und erster Beitragszahlung vor 2005) ein, die für die Auszahlung der Versicherungsleistung in einem Betrag erfolgt oder die ein Kapitalwahlrecht (Einmalauszahlung oder regelmäßige Zahlungen) vorsehen. Die zugrunde liegenden Kapitallebensversicherungen müssen eine mindestens zwölfjährige Laufzeit vorweisen. Begünstigt sind auch Beiträge zu Ausbildungs-, Aussteuer- und Erbschaftsteuerversicherungen. Diese Beiträge sind zu 100 % einzutragen. Steuerlich werden sie aber nur i.H.v. 88 % in die Beurteilung des Sonderausgabenabzugs einbezogen.

[Rentenversicherungen ohne Kapitalwahlrecht → Zeile 50]

87 Hierher gehören Beiträge zu **Renten- und Lebensversicherungen** (mit Laufzeitbeginn und erster Beitragszahlung vor 2005), bei denen die Auszahlung nicht in einem Betrag, sondern in Form einer regelmäßigen Zahlung („Rente“) erfolgt.

8.3 Ergänzende Angaben zu Vorsorgeaufwendungen

[Steuerfreie Zuschüsse oder Arbeitgeberbeiträge und Beihilfen → Zeile 51]

88 Für sämtliche sonstigen Vorsorgeaufwendungen (Basiskranken-, Pflegepflicht- und andere Versicherungen) gibt es insgesamt einen Höchstbetrag von 2.800 € oder 1.900 € je Person. Grundsätzlich wird im Standardfall vom **Höchstbetrag** von **1.900 €** ausgegangen.

Haben Sie Ihre Krankenversicherungsbeiträge insgesamt selbst bezahlt und **keine steuerfreie Zuschüsse** erhalten (z.B. steuerfreier Arbeitgeberzuschuss zur Sozialversicherung oder

Zuschuss der gesetzlichen Rentenversicherung zur Krankenversicherung des Rentners) und haben Sie auch **keinen Anspruch auf Erstattung oder Übernahme von Krankheitskosten ohne** dafür **eigene Beiträge** entrichten zu müssen (z. B. Beihilfeanspruch von Beamten, Richtern, Berufssoldaten und Geistlichen) steht Ihnen der Höchstbetrag von 2.800 € zu. Bitte tragen Sie in diesem Fall in Zeile 51 eine „2" ein. Eine „2" tragen insbesondere Selbstständige, Gewerbetreibende und Freiberufler ein.

Bei **Ehegatten**, die zusammen veranlagt werden, ist die Beurteilung des Höchstbetrags getrennt vorzunehmen.

[Beamte, GmbH-Gesellschafter-Geschäftsführer → Zeilen 52–56]

Die Angaben sind für die Berechnung von Altersvorsorgeaufwendungen (Zeilen 4–10) von **89**
Bedeutung. Eintragungen sind bei Beamten (Zeilen 52, 55) und bei beherrschenden Gesellschafter-Geschäftsführern (Beteiligung > 50 %) mit Anwartschaft auf eine Altersversorgung, die sozialversicherungsrechtlich als Selbstständige behandelt werden, erforderlich.

Checkliste Anlage Vorsorgeaufwand **90**

Folgende Abzugsmöglichkeit geprüft? Vgl. Ausfüllhinweise zur Zeile! ✔

Haben Sie an alle Versicherungen gedacht? ☐

(Zusatzkranken-, Reisekranken-, Privat-, Kfz-, Tierhalterhaftpflicht-, Kfz-Insassen-unfallversicherung)

Abzugsfähig sind auch Abschlussgebühren und Versicherungssteuer (Zeilen 46–50).

Tragen Sie (auch als Arbeitnehmer) zur Sicherheit alle Ihre Versicherungsbeiträge ein, denn es wird, anders als beim Lohnsteuerabzug, bei der Steuerveranlagung keine Vorsorgepauschale berücksichtigt.

Sie haben Krankenversicherungsbeiträge für Ihre Kinder, Ihren geschiedenen Ehegatten oder einen bedürftigen Angehörigen bezahlt bzw. deren Kosten ersetzt? ☐

Die entsprechenden Eintragungen sind, je nachdem wer Versicherungsnehmer ist und um welche Person es sich handelt, auf unterschiedlichen Formularen (Anlage Vorsorgeaufwand, Anlage Kind, Anlage Unterhalt, Hauptvordruck) zu machen.

9 Anlage AV (Altersvorsorgebeiträge, Riester)

9.1 Allgemein

91 **WICHTIG**

Anlage AV bei Riester-Versicherung

Die **Anlage AV** benötigen Sie, um für Altersvorsorgebeiträge (= Beiträge zu Riester-Rentenversicherungen) einen **zusätzlichen Sonderausgabenabzug** zu beantragen.

Zusammen veranlagte Ehegatten geben eine gemeinsame Anlage AV ab, wenn jeder Ehegatte einen Altersvorsorgevertrag abgeschlossen hat.

[Überblick]

Im Bedarfsfall ausfüllen	
Seite 1	**Altersvorsorgebeiträge (Zeilen 4–15)** Einzutragen sind im Wesentlichen die Vorjahreseinkünfte und ob Sie eine unmittelbar (Zeile 5) oder mittelbar (Zeile 15) begünstigte Person sind. **Angabe zu Kindern (Zeilen 16–20)** Aus den Angaben wird die Kinderzulage berechnet.
Seite 2	**Verträge, für die kein Sonderausgabeabzug beantragt wird (Zeilen 31–48)**

Altersvorsorgebeiträge (Riester-Rentenversicherungsbeiträge)

[Sonderausgabenabzug]

92 Haben Sie Beiträge zu einem anerkannten (zertifizierten) **Riester-Vertrag** geleistet, können Sie die Versicherungsgesellschaft bevollmächtigen, eine Altersvorsorgezulage (Grundzulage und ggf. Kinderzulage) für Sie zu beantragen. Wenn Sie für die eingezahlten Beiträge und die gewährte Zulage (darüber hinaus) den Sonderausgabenabzug prüfen lassen wollen, müssen Sie die Anlage AV ausfüllen. Während Sie nur für bis zu zwei Verträge eine Zulage erhalten können, ist der Sonderausgabenabzug für alle Verträge möglich. Das Finanzamt prüft dann, ob ein Sonderausgabenabzug für Sie zu einem günstigeren Ergebnis führt als die Zulage allein. Ist das der Fall, wird eine zusätzliche Steuerminderung durch den Sonderausgabenabzug berücksichtigt und im Steuerbescheid gesondert ausgewiesen.

Begünstigt sind sowohl die eingezahlten Beiträge als auch die gewährte Altersvorsorgezulage (➔ Tz 530).

Bei mehreren Verträgen ist ein zusätzlicher Sonderausgabenabzug grds. für alle Verträge bis zum Förderhöchstbetrag von insgesamt 2000 € vorgesehen. Die zusätzliche Förderung durch den Sonderausgabenabzug entfällt auf alle Verträge verhältnismäßig.

Auf Seite 2 (Zeilen 31–48) kann für einzelne Verträge – getrennt für steuerpflichtige Person und Ehegatte – der Sonderausgabenabzug ausgeschlossen werden. Der Verzicht auf den Sonderausgabenabzug ergibt nur Sinn, wenn Sie für die hier genannten Verträge bewusst keinen Sonderausgabenabzug in Anspruch nehmen wollen, um für andere Verträge den Förderhöchstbetrag von 2.000 € auszuschöpfen. Der Vorteil des Verzichts auf jegliche staatliche Förderung besteht darin, dass die spätere Rente aus diesem Vertrag nicht in voller Höhe, sondern nur teilweise (mit dem Ertragsanteil) versteuert werden muss.

TIPP

Zulage und Sonderausgabenabzug immer geltend machen
Nehmen Sie soweit wie möglich für die Beiträge die gesamte staatliche Förderung, also Zulage und Sonderausgabenabzug, in Anspruch. Die später aus der Rente zu zahlende Steuer wird den finanziellen (Steuer-)Vorteil bis zur Rentenauszahlung im Regelfall nicht erreichen.

9.2 Notwendige Angaben

[Unmittelbar begünstigte Person → Zeilen 5–14]

Zum unmittelbar begünstigten Personenkreis gehören im Wesentlichen Arbeitnehmer. Dies **93** sind vor allem Personen, die in der gesetzlichen Rentenversicherung pflichtversichert oder Beamte (z. B. auch während der Zeit des Erziehungsurlaubs) sind, oder Personen, die Lohnersatzleistungen beziehen (→ Tz 532). Die Angaben dienen der Berechnung der Grundzulage. Um die volle Zulage von 175 € zu erhalten, muss ein Mindesteigenbeitrag eingezahlt werden. Maßgebend sind dabei immer die Vorjahreseinkünfte und -bezüge, also für den Sonderausgabenabzug 2020 die Werte aus dem Jahr **2019**. Lohnersatzleistungen (z. B. Arbeitslosengeld, Arbeitslosenhilfe, Kurzarbeitergeld) sind ebenfalls einzubeziehen (Zeile 8).

Ist das der inländischen Rentenversicherung zugrunde gelegte Entgelt höher als das tatsächlich erzielte Entgelt (z. B. bei Menschen, die in Behindertenwerkstätten oder Blindenheimen arbeiten oder die unentgeltlich andere Menschen pflegen), wird das tatsächliche Entgelt (ggf. 0 €) für die Berechnung der Grundzulage berücksichtigt (Zeile 9). Erfüllen beide Eheleute die Voraussetzung und haben sie jeweils einen eigenen Vorsorgevertrag abgeschlossen, sind beide unmittelbar begünstigt.

[Mittelbar begünstigte Person → Zeile 15]

Gehört bei (nicht dauernd getrennt lebenden) Eheleuten/Lebenspartnern nur einer zum **94** unmittelbar begünstigten Personenkreis, kann der andere trotzdem einen begünstigten eigenen Altersvorsorgevertrag auf seinen Namen abschließen. Er ist dann (über den Ehegatten) mittelbar begünstigt. Das gilt aber nur, wenn der unmittelbar begünstigte Ehegatte ebenfalls einen (eigenen) Vertrag abgeschlossen hat. Die mittelbar begünstigten Personen müssen **mindestens 60 € im Jahr** als eigene Beiträge auf ihren Vertrag einzahlen, wenn sie die Zulage bzw. den Sonderausgabenabzug beantragen möchten.

[Kinderzulage → Zeilen 16–20]

Für jedes Kind, für das ein Anspruch auf Kindergeld besteht, erhalten Sie zusätzlich eine **95** Kinderzulage von 185 €. Für Kinder, die nach 2007 geboren sind, erhöht sich die Kinderzulage auf 300 €. Deshalb sind unterschiedliche Spalten vorgesehen. Bei verheirateten Eltern, die nicht dauernd getrennt leben und ihren Wohnsitz in der EU/im EWR haben, wird die Kinderzulage für die steuerlich berücksichtigungsfähigen Kinder grds. der Mutter zugeordnet (Zeile 16). Auf gemeinsamen Antrag der Eltern (Zeilen 17–18, Unterscheidung nach Veranlagungsarten) wird die Zulage auf den Vater bzw. bei gleichgeschlechtlichen Eltern auf Person A übertragen.

Bei Eltern, die die Voraussetzungen für die Ehegattenveranlagung nicht erfüllen (nicht verheiratete oder dauernd getrennt lebende bzw. geschiedene Eltern), steht die Kinderzulage dem Elternteil zu, dem das Kindergeld erstmals im Kalenderjahr (i. d. R. Januar oder späterer erster Anspruchsmonat) ausgezahlt wurde (Zeilen 19–20). Diese Kinder dürfen nicht in den Zeilen 16–18 enthalten sein.

96 Checkliste Anlage AV

Folgende Abzugsmöglichkeit geprüft? Vgl. Ausfüllhinweise zur Zeile!

Sie haben als Arbeitnehmer noch keinen Riester-Vertrag abgeschlossen? ☐

Aus steuerlicher Sicht ist der Abschluss, insbesondere, wenn bei Ihnen Kinder zu berücksichtigen sind, sehr interessant.

Sie sind im Erziehungsurlaub? ☐

Überlegen Sie den Abschluss eines Riester-Vertrags. Schon mit 60 € Eigenbeitrag im Jahr haben Sie Anspruch auf die mehr als doppelt so hohe volle Grundzulage und die volle Kinderzulage!

Sie haben als nicht verheirateter Mann (z. B. in nicht ehelicher Lebensgemeinschaft) mit Kind einen Riester-Vertrag abgeschlossen? ☐

Die Kinderzulage steht grds. der Mutter zu und geht verloren, wenn diese keinen Vertrag abschließt. Der Vater kann die Kinderzulage aber „retten", wenn an ihn im Januar des jeweiligen Jahres (für Monat Januar ausreichend) Kindergeld ausgezahlt wird. Dies muss bei der Kindergeldkasse (mit Zustimmung der Mutter) beantragt werden (Zeile 17).

10 Anlage Kind (Kinderberücksichtigung)

10.1 Allgemein

WICHTIG 97

Anlage Kind/steuerliche Vergünstigungen für Kinder
Die **Anlage Kind** ist in folgendem Fall auszufüllen:

Sie wollen Kinder bzw. damit zusammenhängende Vergünstigungen steuermindernd berücksichtigt bekommen.

Für jedes Kind ist eine eigene Anlage notwendig.

[Überblick]

Im Bedarfsfall ausfüllen	
Seite 1	**Angaben zum Kind (Zeilen 4–15)** Hier werden die persönlichen Angaben zum Kind, Verwandtschaftsverhältnis und Kindergeldanspruch eingetragen. **Volljähriges Kind (Zeilen 16–19)** Volljährige Kinder können nur in den im Vordruck aufgeführten Fällen berücksichtigt werden. **Angaben zur Erwerbstätigkeit bei volljährigen Kindern (Zeilen 20–24)** Die Angaben sind nur von Bedeutung, wenn das Kind bereits eine Berufsausbildung abgeschlossen hat.
Seite 2	**Übernommene Kranken- und Pflegeversicherungsbeiträge für Kinder (Zeilen 31–42)** Derartige Beiträge sind bei den Eltern abzugsfähig, wenn sie das Kind nicht geltend macht. **Übertragung des Kinderfreibetrags und Betreuungsfreibetrags (Zeilen 43–48)** Eine Übertragung auf einen Elternteil, Stiefelternteil oder Großeltern ist nur in Ausnahmefällen möglich. **Entlastungsbetrag (Zeilen 49–54)** Hier beantragen Alleinerziehende den steuerlichen Entlastungsbetrag.
Seite 3	**Sonderbedarf bei Berufsausbildung (Zeilen 61–64)** Der Freibetrag ist nur für auswärtig untergebrachte volljährige Kinder möglich. **Schulgeld (Zeile 65–67)** Der Abzug ist möglich, wenn das Kind eine Privatschule mit anerkanntem Schulabschluss besucht. **Übertragung des Behindertenpauschbetrags des Kindes (Zeilen 68–72)** Dieser kann hier auf die Eltern übertragen werden. **Kinderbetreuungskosten (Zeilen 73–79)** Abziehbar sind die Kosten für im Haushalt lebende Kinder unter 14 Jahren oder behinderte Kinder.

10.2 Kinderberücksichtigung

98 Ob ein Kind steuerlich berücksichtigt werden kann, hängt im Wesentlichen vom Kindschaftsverhältnis und dem Alter des Kindes ab (➜ Tz 537 ff.).

10.3 Kindschaftsverhältnis und Alter (Seite 1)

[Persönliche Angaben ➜ Zeilen 4–9]

99 Für jedes Kind ist eine eigene Anlage Kind auszufüllen, unabhängig davon, ob das Kind bereits als Lohnsteuerabzugsmerkmal (ELStAM) beim Lohnsteuerabzug berücksichtigt wurde. Die Angaben zum Kind (Identifikationsnummer, Name, Vorname, Geburtsdatum, Wohnort, Familienkasse, die das Kindergeld auszahlt) sind für jedes Kind, das berücksichtigt werden soll, notwendig.

[Kindergeld ➜ Zeile 6]

100 Einzutragen (in Kennzahl 15) ist die Höhe des Kindergeld**anspruchs** einschließlich Corona-Bonus, denn dieser (nicht das gezahlte Kindergeld!) wird in die Vergleichsberechnung mit den steuerlichen Freibeträgen einbezogen. Wegen Verjährung nicht ausgezahltes Kindergeld ist nicht zu berücksichtigen. Rechtlich hat jeder Elternteil, unabhängig von der Auszahlung, Anspruch auf das halbe Kindergeld. Tragen Sie den vollen Kindergeldanspruch ein, wenn Sie den verdoppelten Kinderfreibetrag beanspruchen (s. u.) (➜ Tz 555).

[Auslandskinder ➜ Zeile 9]

101 Für Auslandskinder werden, abhängig vom Wohnsitzstaat, u. U. nur niedrigere Freibeträge berücksichtigt. Kinder, die nur zur Berufsausbildung im Ausland sind, aber weiterhin zum inländischen Haushalt der Eltern gehören oder im Inland einen eigenen Haushalt haben, gelten als im Inland wohnhaft (➜ Tz 558).

[Kindschaftsverhältnis ➜ Zeilen 10–15]

102 Geben Sie bei gemeinsamer Veranlagung für jeden Ehegatten getrennt an, in welchem Kindschaftsverhältnis das Kind zu Ihnen bzw. Ihrem Ehegatten steht. Werden die Eltern nicht gemeinsam veranlagt, sind die Angaben in den Zeilen 11–15 zum anderen Elternteil notwendig. Lebt der andere Elternteil im Ausland, ist er verschollen oder verstorben, wird der verdoppelte Freibetrag berücksichtigt. Dasselbe gilt für die Mutter eines Kindes, wenn der Vater amtlich nicht feststellbar ist (➜ Tz 556).

[Volljährige Kinder ➜ Zeilen 16–19]

103 Volljährige Kinder können ab dem Monat nach Vollendung des 18. Lebensjahres bis maximal zum Monat der Vollendung des 25. Lebensjahres für die Monate bei den Eltern berücksichtigt werden, in denen sie eine der im Vordruck (Zeilen 16–18) genannten Bedingungen (z. B. in Ausbildung, freiwilliges Jahr usw.) erfüllen. Geben Sie an, welcher Tatbestand für Ihr Kind in welchem Zeitraum erfüllt ist. Dabei werden angefangene Monate zu Ihren Gunsten mitberücksichtigt. Auch in den Zeiten zwischen zwei Ausbildungsabschnitten bzw. zwei Ausbildungen oder zwischen Freiwilligendiensten und Ausbildung kann das Kind berücksichtigt werden, wenn der Zeitraum vier Monate nicht überschreitet (Zeile 16). Bei der Bundesagentur für Arbeit als Arbeit suchend gemeldete Kinder können, solange sie nicht voll erwerbstätig sind, bis zum 21. Lebensjahr berücksichtigt werden (Zeile 18). Leistet das Kind einen der in Zeile 16 genannten Freiwilligendienste (z. B. auch

Bundesfreiwilligendienst), wird es ebenfalls berücksichtigt. Ein Kind, das den freiwilligen Wehrdienst macht, ist für die ersten vier Monate in jedem Fall berücksichtigungsfähig, weil diese Zeit als Ausbildung gilt, danach normalerweise nicht mehr (➜ Tz 550 ff.).

[Behinderte Kinder ➜ Zeile 19]

Kinder, die infolge einer Behinderung außerstande sind, für ihren Unterhalt zu sorgen, **104**
können unabhängig vom Alter berücksichtigt werden. Voraussetzung ist, dass die Behinderung vor Vollendung des 25. bzw. u. U. 27. Lebensjahres eingetreten ist (➜ Tz 551).

[Erwerbstätigkeit des Kindes ➜ Zeilen 20–24]

Ob ein Kind erwerbstätig ist oder nicht, spielt bis zum Abschluss der ersten Berufsausbildung **105**
keine Rolle. Deshalb sind Eintragungen in diesen Zeilen nur erforderlich, wenn das volljährige Kind bereits eine Berufsausbildung abgeschlossen hat (Zeile 20). Soweit ein Kind in diesem Fall (weiterhin) einen der oben genannten Berücksichtigungstatbestände erfüllt (z. B. zweite Ausbildung), kann es für Zeiträume, in denen es voll erwerbstätig (regelmäßige Arbeitszeit durchschnittlich mehr als 20 Stunden/Woche) ist, nicht mehr berücksichtigt werden (Zeilen 21, 23, 24).

Eine Vollerwerbstätigkeit im Rahmen eines Ausbildungsdienstverhältnisses, z. B. betriebliche Ausbildung, duales Studium an einer Berufsakademie (Zeile 21 „2") oder **ein** Minijob (Zeile 22), ist keine „schädliche" Tätigkeit (➜ Tz 552).

10.4 Steuerliche Vergünstigungen für Kinder (Seite 2)

Erfüllt ein Kind alle Voraussetzungen für eine steuerliche Berücksichtigung, erhalten die **106**
Eltern in jedem Fall **Kindergeld** oder einen **Kinderfreibetrag** und zusätzlich einen **Freibetrag für den Betreuungs- und Erziehungs- oder Ausbildungsbedarf** des Kindes. Weitere Vergünstigungen sind zusätzlich möglich (➜ Tz 556, ➜ Tz 555).

[Kranken-/Pflegepflichtversicherung des Kindes ➜ eZeilen 31–33, Zeilen 34–42]

Der Abzug von Kranken- und Pflegepflichtversicherungsbeiträgen für berücksichtigungs- **107**
fähige Kinder bei den Eltern setzt voraus, dass der Versicherungsgesellschaft erlaubt wurde, die Daten der Finanzverwaltung elektronisch zu übermitteln. Deshalb dürfen Sie hier auch nur in diesem Fall Eintragungen vornehmen.

Sind Sie im Versicherungsvertrag, durch den Ihr Kind versichert ist, als **Versicherungsnehmer** (Schuldner der Beiträge) aufgeführt, können Sie **alle** Kranken- und Pflegepflichtversicherungsbeiträge (Basisbeiträge – eZeilen 31, 32) – in voller Höhe, solche für Wahlleistungen oder Krankengeldanspruch in Zeile 34 nur bis zum Höchstbetrag), als eigene Sonderausgaben geltend machen. Wurden Kranken- und Pflegepflichtversicherungsbeiträge zurückerstattet, mindern diese den abzugsfähigen Betrag (eZeile 33).

War das **Kind Versicherungsnehmer,** kann es seine Versicherungsbeiträge, unabhängig davon, wer gezahlt hat, in seiner eigenen Steuererklärung angeben (**Anlage Vorsorgeaufwand**). Nur wenn das Kind auf den Sonderausgabenabzug für seine Basiskranken- und Pflegepflichtversicherungsbeiträge verzichtet, z. B. weil es nur geringe eigene Einkünfte hat, können die Eltern diese wie eigene Beiträge geltend machen. In Zeile 35 werden nur die Basiskrankenversicherungsbeiträge erfasst, in Zeile 37 die Pflegepflichtversicherungsbeiträge des Kindes. Soweit sich aus den Beiträgen zur Krankenversicherung ein Anspruch auf Krankengeld ergibt z. B. regelmäßig beim gesetzlichen Arbeitnehmeranteil zur Krankenversicherung ist dies in Zeile 36 zu erklären. Diese Beitragsteile kann nur das Kind als Vorsorgeaufwendungen geltend machen. Erstattete Beiträge oder Zuschüsse von Dritten mindern die abzugsfähigen Beträge (Zeilen 38, 40) (➜ Tz 561). Beiträge für eine vergleichbare ausländische Krankenversicherung für das Kind sind gesondert (Zeile 41) zu erfassen, weil hier kein elektronischer Datenaustausch erfolgt.

[Übertragung der Freibeträge ➜ Zeilen 43–48]

108 Die Übertragung des Kinderfreibetrags ist bei geschiedenen, dauernd getrennt lebenden Eltern oder Eltern nichtehelicher Kinder möglich, wenn ein Elternteil nicht unterhaltsverpflichtet ist (zu niedrige Einkünfte) oder seiner Unterhaltspflicht im Jahr nicht ausreichend (d.h. zu weniger als 75 % des festgelegten Betrags) nachkommt (Zeile 43). Eine Übertragung ist nicht möglich, wenn Unterhaltskosten nach dem Unterhaltsvorschussgesetz gezahlt worden sind (Zeile 44). Mit der Übertragung verliert der Elternteil ohne Freibetrag auch sämtliche anderen vom Kind abhängigen Steuervergünstigungen.

Sobald der verdoppelte Freibetrag beantragt wird, ist in Zeile 6 der volle Kindergeldanspruch einzutragen (➜ Tz 556).

Die Übertragung des Freibetrags für Betreuung, Erziehung und Ausbildung auf einen Elternteil (Zeile 45) ist nur bei minderjährigen Kindern möglich, vorausgesetzt, das Kind ist **nur** bei diesem Elternteil gemeldet. Hat der andere Elternteil Betreuungskosten getragen oder das Kind zeitweise betreut, kann er der Übertragung seines Freibetrags widersprechen (➜ Tz 560).

Die Zeilen 46–48 sind für die Fälle vorgesehen, in denen das Kind bei Stief- oder Großeltern berücksichtigt werden soll, weil das Kind in deren Haushalt lebt und ihnen bereits das Kindergeld ausgezahlt wurde. In diesen Fällen müssen Sie zusätzlich die **Anlage K** (erhältlich beim Finanzamt oder aus dem Internet abrufbar) ausfüllen und unterschreiben.

[Alleinerziehende ➜ Zeilen 49–54]

109 **Alleinerziehende**, die mit steuerlich berücksichtigungsfähigen Kindern eine Haushaltsgemeinschaft bilden, können hier den Abzug eines Entlastungsbetrags von 4.008 € im Jahr 2020 (aufgrund der Corona-Krise erhöhter Entlastungsbetrag) für das erste bzw. 240 € für jedes weitere Kind beantragen (➜ Tz 562).

Dazu geben Sie in Zeile 49 an, in welchem Zeitraum das Kind bei Ihnen mit Wohnsitz (Haupt- **oder** Nebenwohnsitz) gemeldet war, und ergänzen Sie in Zeile 50 die Aussage zum ausgezahlten Kindergeld. Lebte in Ihrem Haushalt eine weitere (volljährige) Person, für die kein Kindergeldanspruch bestand, mit Ihnen und Ihrem Kind in Haushaltsgemeinschaft (Zeilen 51–54), ist regelmäßig kein Entlastungsbetrag möglich.

[Ausbildungsfreibetrag/Freibetrag zur Abgeltung eines Sonderbedarfs bei Berufsausbildung ➜ Zeilen 61–64]

110 Den Ausbildungsfreibetrag von 924 € jährlich können Sie nur für volljährige Kinder und für Zeiten erhalten, in denen das Kind in Ausbildung und auswärts untergebracht (Zeile 61) ist. Bei längerfristigen Auslandsaufenthalten (Zeile 62) gilt u.U. ein gekürzter Freibetrag (➜ Tz 567).

Geschiedene, dauernd getrennt lebende Eltern oder Eltern nichtehelicher Kinder können einvernehmlich statt der üblichen hälftigen Berücksichtigung bei beiden, eine andere Verteilung des Freibetrags, z.B. der gesamte Betrag bei einem Elternteil, schriftlich beantragen (Zeile 64).

TIPP

Unterstützungszahlungen an Kinder über 25 Jahre – Anlage Unterhalt ausfüllen

Hatten Sie Aufwendungen für den Unterhalt und/oder die Berufsausbildung eines Kindes, das nicht bei Ihnen berücksichtigt werden kann, z. B. weil es über 25 Jahre alt ist oder den freiwilligen Wehrdienst ableistet, dann können Sie Ihre Unterstützungsleistungen auf der **Anlage Unterhalt** geltend machen.

10.5 Schulgeld, Behinderung, Betreuungskosten (Seite 3)

[Schulgeld → Zeilen 65–67]

Schulgeld ist abzugsfähig, wenn es sich um eine (Privat-)Schule in Deutschland, im EU- bzw. EWR-Ausland (Island, Liechtenstein, Norwegen) oder eine deutsche Schule im Ausland handelt. Begünstigt sind nur Schulen, deren Schulabschluss in Deutschland anerkannt ist, sowie Einrichtungen, die auf einen anerkannten Schulabschluss vorbereiten (→ Tz 575). **111**

[Behinderte Kinder → Zeilen 68–72]

Einzelheiten zu den Steuervergünstigungen für behinderte Menschen siehe Erläuterungen zur **Anlage Außergewöhnliche Belastungen** (Zeilen 4–9) (→ Tz 443 ff.). **112**

Die Übertragung der einem behinderten oder hinterbliebenen Kind zustehenden steuerlichen Vergünstigungen auf die Eltern ist dann möglich, wenn sich beim Kind die Vergünstigungen nicht auswirken, weil es keine oder nur geringe Einkünfte hat. Geschiedene, getrennt lebende oder unverheiratete Eltern können (notwendig ist ein gemeinsamer formloser Antrag mit Unterschrift) statt der üblichen hälftigen eine andere Verteilung des Pauschbetrags angeben (Zeile 72). Wurde der gesamte Kinderfreibetrag auf einen Elternteil übertragen, kann auch nur dieser Elternteil den Behindertenpauschbetrag des Kindes übertragen bekommen (vgl. Erläuterungen zu den Zeilen 43, 47 der Anlage Kind).

[Kinderbetreuungskosten → Zeilen 73–79]

Kosten für Betreuungsleistungen (Zeile 73, ohne Kosten für Unterkunft, Verpflegung, Unterricht) für bei Ihnen berücksichtigungsfähige und in Ihrem Haushalt lebende Kinder (Zeilen 75–77) unter 14 Jahren bzw. behinderte Kinder sind als Sonderausgaben abzugsfähig. Werden die Eltern des Kindes nicht als Ehegatten zusammen veranlagt, kann nur der Elternteil die Kosten geltend machen, der sie getragen hat (Zeile 78). Die Angaben zum Haushalt der Elternteile (Zeilen 75–77) und zur Aufteilung der Kosten (Zeile 79) haben Bedeutung für den beim jeweiligen Elternteil abzugsfähigen Höchstbetrag (→ Tz 581). **113**

114 Checkliste Anlage Kind

Folgende Abzugsmöglichkeit geprüft? Vgl. Ausfüllhinweise zur Zeile!

Haben Sie für bei Ihnen berücksichtigungsfähige Kinder Kindergeld beantragt? ☐

Stellt sich erst bei der Steuerveranlagung heraus, dass die Berücksichtigung möglich ist, können Sie nachträglich Kindergeld erstmals oder erneut beantragen (Zeile 6).

Ist Ihr volljähriges Kind erwerbstätig? ☐

Eine Erwerbstätigkeit schließt eine Kinderberücksichtigung bis zum Abschluss der ersten Berufsausbildung nicht aus. Aber auch danach ist eine Erwerbstätigkeit des Kindes nicht immer steuerlich „schädlich" (Zeilen 21–25).

Kann Ihr Kind nicht mehr berücksichtigt werden? ☐

Kosten für Unterhalt und Berufsausbildung des Kindes können Sie u. U. als außergewöhnliche Belastungen geltend machen (Anlage Unterhalt, Zeile 37).

Sind für Ihr Kind Basiskranken- oder Pflegepflichtversicherungsbeiträge angefallen? ☐

Diese können Sie als (eigene) Sonderausgaben abziehen (Zeilen 31–42), wenn Sie Versicherungsnehmer sind oder das Kind die Beiträge nicht steuerlich geltend macht. Der steuerliche Abzug bei den Eltern ist regelmäßig günstiger als beim Kind.

Kann das Kind beim anderen Elternteil nicht berücksichtigt werden, weil dieser verstorben ist, im Ausland lebt oder seiner Unterhaltsverpflichtung nicht nachkommt? ☐

Ihnen stehen die verdoppelten Freibeträge zu (Zeilen 13, 14, 43).

Sind Sie alleinerziehend? ☐

Haben Sie daran gedacht, den Entlastungsbetrag zu beantragen (Zeilen 49–54)?

Ist Ihr volljähriges Kind während der Berufsausbildung auswärtig untergebracht? ☐

Beantragen Sie den Ausbildungsfreibetrag (Zeilen 61–64).

Hatten Sie Kosten für die Betreuung eines über 14 Jahre alten Kindes? ☐

Dafür kommt eine Steuerermäßigung infrage (Anlage Haushaltsnahe Aufwendungen, Zeile 5).

Ihr Kind besucht eine Privatschule? ☐

Sie können Schulgeld (Zeile 65), Betreuungskosten (Zeilen 73 ff.) sowie Spenden (und Mitgliedsbeiträge) an die Schule oder den Schulförderverein (Anlage Sonderausgaben, Zeile 5) absetzen.

Haben Sie ein behindertes Kind? ☐

Sie können den Pauschbetrag des Kindes übertragen bekommen (Zeilen 68–72).

Zusätzlich sind Fahrtkosten i. Z. m. behinderungsbedingten Fahrten bzw. Privatfahrten sowie eigene Pflege- und Betreuungskosten für das Kind abzugsfähig (Eintragung Anlage Außergewöhnliche Belastungen, Zeilen 13, 14, 16).

11 Anlage Unterhalt

11.1 Allgemein

WICHTIG 115

Unterhaltszahlungen an Angehörige

Die **Anlage Unterhalt** benötigen Sie in folgenden Fällen: Sie haben z. B.

- einen Angehörigen (insbesondere Ihre Eltern oder erwachsenen Kinder),
- den Ex-Ehegatten oder Ex-Lebenspartner nach aufgelöster Lebenspartnerschaft,
- den Partner in einer eheähnlichen Gemeinschaft,
- die Mutter Ihres unehelichen Kindes oder
- Personen mit Aufenthalts-/Niederlassungserlaubnis nach § 23 AufenthG (Kriegsflüchtlinge)

finanziell unterstützt, weil die Person kein oder nur geringes eigenes Einkommen und Vermögen hat.

Haben Sie in **verschiedenen** Haushalten lebende Personen unterstützt, müssen Sie haushaltsbezogen jeweils eine eigene **Anlage Unterhalt** abgeben.

Für jede (im jeweiligen Haushalt) unterstützte Person muss auf der entsprechenden Anlage Unterhalt eine eigene Vordruckseite mit den verlangten Angaben zur Person ausgefüllt werden (➔ Tz 587).

[Überblick]

Im Bedarfsfall ausfüllen	
Seite 1	**Angaben zum Haushalt der unterhaltenen Person und den Unterhaltsleistungen (Zeilen 4–16)** Die Angaben (Anschrift, Wohnsitzstaat, Personen im unterstützten Haushalt, Höhe des Unterhalts sowie der (Basis-)Kranken- und Pflegepflichtversicherungen der unterstützten Person) sind für die Berechnung des abzugsfähigen Betrags notwendig. **Auslandsunterhalt (Zeilen 17–26)** Für Unterstützungsleistungen ins Ausland gelten strenge Nachweisregelungen über die Zahlungen. Unter Umständen werden die abzugsfähigen Höchstbeträge je nach Wohnsitzstaat gekürzt.
Seite 2	**Angaben zur ersten im Haushalt lebenden Person (Zeilen 31–44)** Anhand der Angaben wird geprüft, ob die unterstützte Person die Abzugsvoraussetzungen erfüllt. **Angaben zum eigenen Einkommen der unterstützten Person (Zeilen 45–54)** Eigenes Einkommen und Bezüge der unterstützten Person bewirken eine Kürzung des abzugsfähigen Höchstbetrags.
Seiten 3, 4	**Angaben zu weiteren im Haushalt lebenden Personen** Die Seiten entsprechen inhaltlich der Seite 2.

11.2 Angaben zum Haushalt der unterstützten Person(en) (Seite 1)

[Haushalt der unterstützten Person ➔ Zeilen 4–6]

116 Tragen Sie ein, wo die unterstützte(n) Person(en) lebt bzw. leben (Zeile 4). Soweit sich der Haushalt im Ausland befindet (Zeile 5), gelten strengere Nachweisregelungen und je nach Land eventuell gekürzte abzugsfähige Höchstbeträge (vgl. Erläuterungen zu den Zeilen 17–26). Leben im Haushalt der unterstützten Person mehrere Personen (Angaben in Zeile 6), werden die Unterhaltszahlungen auf alle im Haushalt lebenden Personen gleichmäßig aufgeteilt. Für jede Person ist in diesem Fall eine eigene Seite auf der Anlage Unterhalt (Seite 2–4) auszufüllen. Für jede Person wird getrennt geprüft, ob der auf sie entfallende Unterhalt abzugsfähig ist (➔ Tz 599).

[Unterhaltsleistungen, Unterstützungszeitraum ➔ Zeilen 7–16]

117 Leben im Haushalt mehrere Personen, sind sämtliche Zahlungen für den laufenden Lebensunterhalt (Wohnung, Kleidung, Nahrung), die an die Haushaltsmitglieder geleistet wurden, einzutragen. Der gesamte Betrag wird nach Köpfen gleichmäßig verteilt. Ein Abzug der Unterhaltsleistungen ist nur für Monate möglich, in denen eine Unterstützung (Zeilen 7, 9) stattgefunden hat, d. h. grds. ab dem Monat der **ersten Zahlung** (Zeilen 8, 10). Bei Ehegattenunterhalt wird unabhängig vom Zahlungszeitpunkt immer Unterhalt für das gesamte Jahr angenommen. Die Zahlungen müssen Sie grds. anhand geeigneter Unterlagen belegen (Ausnahme: Person lebte bei Ihnen im Haushalt, vgl. Zeile 36). Erfolgte die Unterstützung nur für einen Teil des Jahres, wird ggf. der Jahreshöchstbetrag gekürzt. Die Höhe der (Basis-)Krankenversicherung oder Pflegepflichtversicherung der unterstützten Person, für die sie selbst Versicherungsnehmer ist, tragen Sie in die Zeilen 11, 13 bzw. 15 ein. Um diese Beiträge erhöht sich der bei Ihnen berücksichtigungsfähige Abzugshöchstbetrag. Nicht abzugsfähig ist der Beitragsanteil, aus dem sich ein Anspruch auf Krankengeld ergibt (ersichtlich aus der Bescheinigung der Krankenkasse). Deshalb sind – soweit zutreffend – die Eintragungen in den Zeilen 12, 14 bzw. 16 notwendig (➔ Tz 596). Haben Sie als Versicherungsnehmer eine der genannten Versicherungen für eine unterstützte Person abgeschlossen, können Sie die Beiträge auf der Anlage Vorsorgeaufwand geltend machen.

[Unterstützte Person lebt im Ausland ➔ Zeilen 17–26]

118 Wenn die unterstützte Person im Ausland lebt, benötigen Sie zusätzlich aus dem Wohnsitzstaat eine in mehreren Sprachen (über die Formularverwaltung der Internetseiten des BMF abrufbar oder beim Finanzamt in Papierform erhältlich) sog. **Unterhaltserklärung** über die persönlichen Verhältnisse, das eigene Einkommen und das Vermögen der unterstützten Person (Eintragung in Zeilen 34, 64, 94). Diese müssen Sie auf Verlangen des Finanzamts vorweisen können. Ist die Person nicht Ihr Ehegatte und in erwerbsfähigem Alter (unter 65 Jahre), ist der Abzug von Unterhaltszahlungen im Regelfall nicht möglich (**Erwerbsobliegenheit**) (➔ Tz 601).

Bei Auslandssachverhalten gelten für den Nachweis der Unterhaltszahlungen erhöhte Anforderungen. Machen Sie die geforderten Angaben über den Zahlungsweg (Überweisung Zeile 17, Mitnahme anlässlich von Heimfahrten Zeilen 18–20). Die Bankbelege über die Abbuchung bzw. bei persönlicher Übergabe den Nachweis über die Geldabhebung, die Durchführung der Reise und eine detaillierte Bestätigung der unterstützten Person über die Übergabe für jeden einzelnen Betrag müssen Sie auf Anforderung des Finanzamts vorlegen können.

Erfolgte die Heimfahrt zum eigenen Haushalt im Ausland und lebte dort der Ehegatte, ist das eine Familienheimfahrt. Hier gelten Vereinfachungsregelungen. Für bis zu maximal vier Fahrten (Zeilen 21–25) im Kalenderjahr wird ein Nettomonatslohn (Zeile 26) als mitgenommener Betrag ohne Nachweis akzeptiert. Je nach Staat wird der abzugsfähige Höchstbetrag nach der Ländergruppeneinteilung halbiert oder geviertelt (➜ Tz 601).

11.3 Angaben zur ersten unterstützten Person (Seite 2)

[Angaben zur (ersten) unterstützten Person ➜ Zeilen 31–44]

Anhand der **Angaben** wird geprüft, ob ein Abzug von Unterhaltszahlungen an die **unterstützte** Person möglich ist. Falls die Bedingungen nicht das ganze Jahr über vorlagen, müssen Sie den Zeitraum genau angeben. Der für das Jahr abzugsfähige Höchstbetrag wird dann nur zeitanteilig berücksichtigt. **119**

[Gesetzlich unterhaltsberechtigte Person/gleichgestellte Person]

Voraussetzung für einen Kostenabzug ist grds., dass die unterhaltene Person Ihnen oder Ihrem Ehegatten gegenüber unterhaltsberechtigt ist (Ehegatte, geradlinig verwandte Personen, z. B. Eltern, Großeltern, Kinder, Enkel, anderer Elternteil eines gemeinsamen Kindes bis zu drei Jahren) oder einer solchen Person gleichgestellt ist (vgl. Erläuterungen zu Zeile 41). Unter den begünstigten Personenkreis fallen auch (Kriegs-)Flüchtlinge, die eine Aufenthalts- oder Niederlassungserlaubnis nach § 23 AufenthG haben. Dies trifft zzt. nur für Flüchtlinge aus Syrien zu (➜ Tz 590). **120**

[Haushaltszugehörigkeit ➜ Zeile 36]

Lebt die unterstützte Person bei Ihnen im Haushalt, wird – auch ohne nachgewiesene Zahlungen – vom Unterhalt in Höhe des gesetzlichen Höchstbetrags von 9.408 € (jährlich) ausgegangen. Außerdem ist die Haushaltszugehörigkeit für den Abzug von Unterhaltsleistungen an **gleichgestellte** Personen erforderlich (vgl. Erläuterungen zu Zeile 41). **121**

[Kindergeldanspruch ➜ Zeile 37]

Für Zeiträume, in denen für die unterstützte Person Kindergeldanspruch bzw. Anspruch auf einen Kinderfreibetrag bestand, ist der Kindsunterhalt damit steuerlich berücksichtigt. Bei steuerlich nicht berücksichtigungsfähigen Kindern (Kinder, für die keine Anlage Kind ausgefüllt wird), z. B. arbeitslose Kinder über 21 Jahre oder über 25 Jahre alte Kinder in Berufsausbildung, ist der Abzug von Unterhalt über die Anlage Unterhalt möglich. **122**

[Eheähnliche Gemeinschaft/Haushaltsgemeinschaft ➜ Zeile 41]

Unterhaltszahlungen an nicht gesetzlich unterhaltsberechtigte Personen sind nur abzugsfähig, wenn die unterstützte Person eine **gleichgestellte Person** ist. Dies setzt zum einen voraus, dass die Person mit Ihnen in Hausgemeinschaft lebt, d. h. „ein Wirtschaften aus einem Topf" erfolgt (Zeile 36) und der Person wegen der Unterhaltsleistungen öffentliche Leistungen (Arbeitslosengeld II bzw. Hartz IV, Wohngeld etc.) gestrichen oder gekürzt werden. Infrage kommen z. B. der Partner in eheähnlicher **123**

Gemeinschaft (ohne gemeinsames Kind oder älterem gemeinsamen Kind) sowie Verwandte (Geschwister) bzw. Verschwägerte (➜ Tz 591).

[Vermögen ➜ Zeile 42]

124 Hatte die unterstützte Person außer Hausrat und einem angemessenen Hausgrundstück weiteres Vermögen von über 15.500 €, gilt sie nicht mehr als bedürftig mit der Folge, dass Unterstützungsleistungen steuerlich nicht abzugsfähig sind (➜ Tz 593).

[Mehrere Zahlende ➜ Zeilen 43, 44]

125 Wird die von Ihnen unterhaltene Person auch von anderen Personen unterstützt, vermerken Sie dies in Zeile 43 und geben in Zeile 44 den von anderen Personen geleisteten Unterhalt und den Unterhaltszeitraum an. In diesem Fall wird der abzugsfähige Betrag auf alle (im Inland lebenden) unterstützenden Personen aufgeteilt (➜ Tz 600).

[Eigene Einkünfte und Bezüge der unterstützten Person ➜ Zeilen 45–54]

126 Der Abzug von Unterstützungsleistungen für im Inland lebende Personen ist auf einen Höchstbetrag von 9.408 € jährlich (bei Personen im Ausland eventuell weniger) je unterstützter Person, ggf. erhöht um die Basiskranken- und Pflegepflichtversicherungsbeiträge der unterstützten Person, begrenzt. Der Höchstbetrag wird jedoch um die eigenen Einkünfte und Bezüge, soweit sie 624 € jährlich überschreiten und öffentlichen Ausbildungshilfen (BAföG-Zuschüsse), die die unterstützte Person während des Unterhaltszeitraums (vgl. Erläuterungen zu den Zeilen 7–10) hatte, gekürzt. Angerechnet wird nur das Einkommen, das auf **volle** Unterstützungsmonate („innerhalb des Unterstützungszeitraums“) entfällt, nicht dagegen Einkommen „außerhalb des Unterstützungszeitraums“. Hatte die unterstützte Person Kapitalerträge (Zinsen), die dem Abgeltungssteuersatz (25 %) unterlegen haben, handelt es sich um Bezüge (Eintragung in den Zeilen 51, 52), ansonsten liegen Einkünfte vor (Zeilen 49, 50) (➜ Tz 598 ff.).

11.4 Angaben zu weiteren unterstützten Personen (Seiten 3 und 4)

127 Auf den Seiten 3 und 4 werden für weitere im Haushalt lebende Personen dieselben Angaben wie für die erste Person verlangt.

Checkliste Anlage Unterhalt

Folgende Abzugsmöglichkeit geprüft? Vgl. Ausfüllhinweise zur Zeile! ✓

Sie haben eine der folgenden Personen unterstützt? ☐

- Eltern, Großeltern, Schwiegereltern
- erwachsene Kinder, für die Sie keine Anlage Kind ausgefüllt haben
- mit Ihnen in Haushaltsgemeinschaft lebende Geschwister (Zeile 41)
- den im Ausland lebenden Ehegatten oder den Partner einer eingetragenen Lebenspartnerschaft (Zeile 39)
- den geschiedenen oder von Ihnen getrennt lebenden Ehegatten oder Ex-Partner einer (aufgelösten) Lebenspartnerschaft (Zeile 38)
- Ihren Partner in eheähnlicher Gemeinschaft (Zeilen 40, 42)
- die Mutter Ihres nichtehelichen Kindes

Die Person lebte bei Ihnen im Haushalt? ☐

Das Finanzamt erkennt ohne Nachweis 9.408 € Unterhalt an (Zeile 36). Der Höchstbetrag erhöht sich um die Basiskranken- und Pflegepflichtversicherungsbeiträge der unterstützten Person, wenn diese Versicherungsnehmer ist (Zeilen 11–16).

Sie haben für die bedürftige Person (Basis-)Kranken- und Pflegeversicherungsbeiträge als Versicherungsnehmer übernommen? ☐

Sie können die Beiträge als eigene Sonderausgaben berücksichtigen, indem Sie sie auf der Anlage Vorsorgeaufwand (Zeile 40 ff.) eintragen.

Sie haben eine im Ausland lebende Person unterstützt? ☐

Sie benötigen in diesem Fall eine **amtliche Unterhaltserklärung** und den **lückenlosen Nachweis des Geldflusses** (Zeilen 17–26, 34).

12 Anlage N (Einkünfte aus nichtselbstständiger Arbeit)

12.1 Allgemein

128 **WICHTIG**

Wer die Anlage N ausfüllen muss

Die **Anlage N** benötigen Sie in folgenden Fällen:

- Sie haben als Arbeitnehmer gearbeitet (nicht bei pauschal vom Arbeitgeber versteuerter kurzfristiger (Aushilfs-)Tätigkeit oder Minijob (450-Euro-Job).
- Sie waren arbeitslos, hatten aber Aufwendungen zur Jobsuche.
- Sie haben eine (Beamten-)Pension oder Betriebsrente bezogen.

Ehegatten müssen jeweils eine eigene Anlage N ausfüllen.

Eintragungen in den dunkelgrün unterlegten und mit **e** gekennzeichneten Zeilen (Seite 1, z. B. beim Bruttoarbeitslohn) sind nur nötig, wenn die der Finanzverwaltung vom Arbeitgeber übermittelten Daten fehlerhaft sind.

[Überblick]

Im Bedarfsfall ausfüllen	
Seite 1	**Angaben zu Arbeitslohn, Versorgungsbezügen, Lohnersatzleistungen (Zeilen 5–28)** Die meisten Angaben können Sie der Lohnsteuerbescheinigung entnehmen.
Seiten 2, 3	**Werbungskosten zum „normalen" Arbeitslohn (Zeilen 31–72)** Hier können Sie Ihre beruflich verursachten Aufwendungen geltend machen. Ohne Eintragungen wird automatisch der Arbeitnehmerpauschbetrag von 1.000 € berücksichtigt. Im Vordruck sind beispielhaft Aufwendungen aufgeführt: ● **Wege zur ersten Tätigkeitsstätte (Zeilen 31–40)** ● **Beiträge zu Berufsverbänden, Gewerkschaften (Zeile 41)** ● **Arbeitsmittel (Zeilen 42, 43)** ● **Häusliches Arbeitszimmer (Zeile 44)** ● **Fortbildungskosten (Zeile 45)** ● **Weitere Werbungskosten (Zeilen 46–48)** ● **Reisekosten bei Auswärtstätigkeiten** (Tätigkeiten außerhalb einer ortsgebundenen Arbeitsstätte) **(Zeilen 61–72)**
Seite 3	**Werbungskosten in Sonderfällen (Zeilen 73–78)** Tragen Sie hier Ihre Ausgaben i. Z. m. begünstigt besteuertem Arbeitslohn (Versorgungsbezüge, Entschädigungen, Lohn für mehrere Jahre) ein. Bei Versorgungsbezügen (Betriebsrente, Pension) wird eine Werbungskostenpauschale von 102 € berücksichtigt.
Seite 4	**Mehraufwand für doppelte Haushaltsführung (Zeilen 91–117)**

12.2 Angaben zum Arbeitslohn (Seite 1)

[eTIN → Zeile 4]

Die Angabe der **e**lectronic **T**axpayer **I**dentification **N**umber (**eTIN**), erkennbar aus der Lohnsteuerbescheinigung, ist nur notwendig, wenn keine Identifikationsnummer (Hauptvordruck, Zeilen 7, 18) vorhanden ist. 129

[Angaben zum Arbeitslohn → eZeile 5–20]

Die geforderten Angaben werden von Ihrem Arbeitgeber elektronisch an die Finanzverwaltung übermittelt und vom Finanzamt übernommen. Gleichzeitig bekommen Sie von Ihrem Arbeitgeber eine Lohnsteuerbescheinigung über die übermittelten Daten. Eintragungen müssen Sie nur noch vornehmen, wenn die übermittelten Daten nicht zutreffend sind. 130

[Normaler Arbeitslohn → eZeilen 5–10]

Die geforderte Steuerklasse, **Bruttoarbeitslohn**, **Lohnsteuer**, **Solidaritätszuschlag** und Kirchensteuer können Sie der Lohnsteuerbescheinigung (Nr. 3–7) entnehmen. Alle Eintragungen sind mit Cent-Beträgen vorzunehmen. Haben Sie mehrere Lohnsteuerbescheinigungen, dann fassen Sie die Eintragungen der zweiten und aller weiteren (jeweils mit Steuerklasse VI) zusammen (→ Tz 602).

[Versorgungsbezüge → eZeilen 11–16]

Versorgungsbezüge, erkennbar aus der Lohnbescheinigung (Nr. 8 ff.), z. B. Beamtenpensionen oder bestimmte Betriebsrenten, sind teilweise steuerfrei. Die Angaben im Vordruck werden für die Berechnung des steuerfreien Teils benötigt (→ Tz 624). 131

In eZeile 12 übernehmen Sie die Bemessungsgrundlage (Nr. 29 der Lohnsteuerbescheinigung), in eZeile 13 das Jahr, in dem der Versorgungsbezug erstmals gezahlt wurde (Nr. 30 der Lohnsteuerbescheinigung) und, wenn der Versorgungsbezug nicht das ganze Jahr gezahlt wurde (eZeile 14), den Monat des ersten bzw. letzten Versorgungsbezugs (Nr. 31 der Lohnsteuerbescheinigung). Sonderzahlungen (z. B. Sterbegeld) oder Nachzahlungen für Vorjahre (Lohnsteuerbescheinigung Nr. 32) sind nochmals aufzuführen (eZeile 15). Nachzahlungen, die **mehrere** Jahre betreffen (Nr. 9 der Lohnsteuerbescheinigung), werden aufgrund der sog. Fünftel-Regelung ermäßigt besteuert (eZeile 16).

[Arbeitslohn für mehrere Jahre/Entschädigungen → eZeilen 17–20]

Steuerpflichtige Jubiläumszuwendungen, Entschädigungen (z. B. Abfindungen bei Auflösung des Dienstverhältnisses) oder Lohnnachzahlungen, die mehrere Jahre betreffen (Lohnsteuerbescheinigung Nr. 10, daraus abgeführte Steuern Nr. 11–13), sind ebenfalls steuerlich begünstigt. Bei Entschädigungen (z. B. Abfindungen bei Auflösung des Dienstverhältnisses) werden vom Finanzamt in der Regel die Vertragsunterlagen über Art, Höhe und Zeitpunkt der Zahlung angefordert (→ Tz 628). 132

[Arbeitslohn ohne Steuerabzug → Zeile 21]

Zum steuerpflichtigen Arbeitslohn, von dem Ihr Arbeitgeber keine Lohnsteuer einbehalten hat, gehört z. B. von einem ausländischen Arbeitgeber oder einem Dritten gezahlter Arbeitslohn, nicht jedoch (steuerfreie) Trinkgelder. 133

[Auslandstätigkeit → Zeilen 22–25]

134 Haben Sie (steuerfreien) Arbeitslohn für eine Auslandstätigkeit bekommen, müssen Sie **zusätzlich** die **Anlage N-AUS** abgeben. Ob Sie diese Art von **Arbeitslohn** erhalten haben, können Sie aus Nr. 16 Ihrer Lohnsteuer- oder Gehaltsbescheinigung für den entsprechenden Tätigkeitszeitraum entnehmen; ebenso, ob die Steuerfreiheit aufgrund eines DBA (Eintragung des Lohns in Zeile 22 der Anlage N) oder über den Auslandstätigkeitserlass (Eintragung des Lohns in Zeile 23) erfolgt ist.

[Grenzgänger → Zeile 26]

135 Grenzgänger, also Personen, die ihren Arbeitsplatz in Frankreich, Österreich oder der Schweiz haben, aber täglich zu ihrem inländischen Wohnsitz zurückkehren, geben ihr Beschäftigungsland und den Arbeitslohn in der jeweiligen Landeswährung an und füllen, soweit sie bei einem Finanzamt in Baden-Württemberg veranlagt werden, die **Anlage N-Gre** aus. Wenn Sie in der Schweiz arbeiten und Ihnen dort Schweizer Abzugsteuer einbehalten worden ist, kann diese auf die deutsche Steuer angerechnet werden (Zeile 26).

[Aufwandsentschädigung/Übungsleiterfreibetrag/Ehrenamtsfreibetrag → Zeile 27]

136 Waren Sie nebenberuflich (Arbeitszeit weniger als 1/3 einer Vollerwerbstätigkeit) in einem Arbeitsverhältnis bei einer staatlichen Stelle oder einem gemeinnützigen Verein als Übungsleiter, Ausbilder, Betreuer, Erzieher oder in vergleichbarer Tätigkeit, Künstler oder Pfleger alter, kranker oder behinderter Menschen tätig, ist dafür erhaltener Arbeitslohn (Aufwandsentschädigung) bis zu 2.400 € jährlich steuerfrei (**Übungsleiterpauschale**). Eine Aufwandsentschädigung für eine ehrenamtliche nebenberufliche Tätigkeit als Arbeitnehmer (z. B. als Vorstand, Vereinsmitglied, Platzwart oder sonstiger Helfer) in einem gemeinnützigen Verein oder im mildtätigen bzw. kirchlichen Bereich ist bis zu 720 €/Jahr steuerfrei (**Ehrenamtsfreibetrag** (→ Tz 631, → Tz 1026 ff.).

[Lohnersatzleistungen → eZeile 28]

137 Die im Vordruck genannten Lohnersatzleistungen (z. B. Zuschuss zum Kurzarbeitergeld) werden regelmäßig über den Arbeitgeber ausgezahlt (Nr. 15 der Lohnsteuerbescheinigung) und dem Finanzamt elektronisch übermittelt, sodass Eintragungen nur bei unrichtig übermittelten Daten vorzunehmen sind. Andere Lohnersatzleistungen, z. B. Insolvenz-, Kurzarbeiter-, Arbeitslosengeld von der Bundesagentur für Arbeit, Kranken- und Mutterschaftsgeld von Ihrer Krankenkasse oder Elterngeld, gehören in Zeile 38 des Hauptvordrucks. Lohnersatzleistungen sind zwar steuerfrei, erhöhen jedoch den Steuersatz für die steuerpflichtigen Einkünfte (Progressionsvorbehalt) (→ Tz 632).

12.3 Werbungskosten (Seiten 2–4)

[Werbungskosten]

138 Werbungskosten sind beruflich verursachte Ausgaben, die steuerlich den Bruttoarbeitslohn und damit die Steuer mindern. Im Vordruck sind lediglich die häufigsten Kostenarten aufgeführt (vgl. Erläuterungen zu den Zeilen 46–48), es handelt sich also nicht um eine vollständige Aufzählung. Werbungskosten sind auch dann möglich, wenn Sie noch nicht oder nicht mehr in einem Arbeitsverhältnis stehen (z. B. Bewerbungs-, Berufsausbildungskosten) (→ Tz 633 ff.).

In den Zeilen 31–72 und 91–117 sind die Werbungskosten i. Z. m. „normalen" Arbeitslohn zu erfassen.

[Arbeitnehmerpauschbetrag]

Bei jedem Arbeitnehmer, der in einem aktiven Dienstverhältnis steht, wird automatisch ein Betrag von 1.000 € (Arbeitnehmerpauschbetrag) berücksichtigt, wenn er keine höheren Ausgaben geltend macht. Empfängern von Versorgungsbezügen (Nr. 8 und 9 Ihrer Lohnsteuerbescheinigung und Erläuterungen zu den Zeilen 11–16) steht lediglich ein Pauschbetrag von 102 € zu. Waren Sie (einen Teil des Kalenderjahres noch) berufstätig und haben (für den anderen Teil) auch Versorgungsbezüge erhalten, stehen Ihnen beide Pauschbeträge zu. Eintragungen auf den Seiten 2–4 der Anlage N sind in diesen Fällen nur notwendig, wenn Sie höhere Kosten als den (jeweiligen) Pauschbetrag geltend machen können (➜ Tz 635). **139**

TIPP

Tatsächliche Kosten immer prüfen

Prüfen Sie Ihre Werbungskosten sorgfältig, damit Sie kein Geld verschenken. Der Pauschbetrag ist z. B. bereits dann überschritten, wenn Ihre Arbeitsstätte bei einer Fünf-Tage-Arbeitswoche mindestens 15 km von Ihrer Wohnung entfernt ist!

[Wege zur ersten Tätigkeitsstätte, Entfernungspauschale ➜ Zeilen 31, 40, eZeile 39]

Sie können für die Fahrten zwischen Wohnung und Ihrer (ortsfesten) ersten Tätigkeitsstätte, unabhängig vom benutzten Verkehrsmittel, eine Pauschale von 0,30 € für jeden vollen **Entfernungs**kilometer (**Entfernungspauschale**) geltend machen (➜ Tz 649). Die Regelung gilt auch für Arbeiter, die in einem weiträumigen Tätigkeitsgebiet (z. B. Waldgebiet, Hafen) arbeiten, aber nur bezüglich der Entfernung des zur Wohnung nächstgelegenen Eingangs zum Tätigkeitsgebiet (➜ Tz 645). Auch wenn Sie die Fahrt zur Arbeitsstätte als Mitfahrer oder ganz bzw. teilweise mit einem eigenen oder zur Nutzung überlassenen privaten Pkw oder einem Firmenwagen durchführen, steht Ihnen die Entfernungspauschale zu (➜ Tz 649 ff.). **140**

Bei Benutzung öffentlicher Verkehrsmittel sind alternativ die die Entfernungspauschale übersteigenden, höheren tatsächlichen Kosten abzugsfähig (Kennzahlen 114, 134, 154, 174) (➜ Tz 654). Auch behinderte Menschen können u. U. höhere Kosten absetzen (s. u.). Flugkosten und Ausgaben für eine Fähre sind in tatsächlicher Höhe abziehbar (Zeile 46). Zusätzlich zur Entfernungspauschale sind Kosten, die durch einen Unfall auf einer Fahrt zur bzw. von der Arbeitsstätte entstanden sind, abzugsfähig (vgl. Erläuterungen zu den Zeilen 47–48).

Soweit Sie kein eigenes oder Ihnen zur Nutzung überlassenes Kfz (z. B. Firmenwagen) benutzen, ist der Gesamtabzug der Entfernungspauschale auf maximal 4.500 € im Jahr begrenzt. Kein Abzug ist für Wegstrecken möglich, auf denen Sie von Ihrem Arbeitgeber (lohnsteuerfrei) mit betrieblichen Fahrzeugen befördert werden (Sammelbeförderung). Dies erkennt das Finanzamt an dem auf der Lohnsteuerbescheinigung (unter Nr. 2) eingetragenen Großbuchstaben **F** (➜ Tz 658).

TIPP

Fahrtkosten bei Einsatzwechseltätigkeit

Sind Sie keiner ortsgebundenen betrieblichen Einrichtung Ihres Arbeitgebers fest zugeordnet und Ihr Tätigkeitsschwerpunkt befindet sich auch nicht dort (Faustregel: weniger als 1/3 der Arbeitszeit bzw. weniger als zwei volle Tage/Woche dort), sondern Sie sind im Wesentlichen z. B. an ständig wechselnden Einsatzorten, auf einem Fahrzeug oder bei Kunden des Arbeitgebers tätig, können Sie im Regelfall höhere Kosten abziehen (vgl. Erläuterungen zu den Zeilen 61 ff.).

[Erste Tätigkeitsstätte ➜ Zeilen 31–34]

141 In den Zeilen 31–34 machen Sie Angaben zu Ihrer ersten Tätigkeitsstätte, der Anzahl der Arbeitstage sowie zu Ihren Urlaubs- und Krankheitstagen. Für Arbeitnehmer, die stets zur selben (Arbeitgeber-)Einrichtung (= Sammelpunkt) fahren und von dort aus ihre Tätigkeit beginnen (z. B. Fahrtätigkeit ab Busdepot) oder ihren Tätigkeitsort (z. B. Baustelle) aufsuchen, sind die Fahrten zum Sammelpunkt hier wie Wege zur ersten Tätigkeitsstätte zu erfassen (➜ Tz 647). Keine Sammeltreffpunkte sind privat organisierte Treffpunkte (z. B. Park-and-ride-Parkplätze). Die Zeilen 33 und 34 gelten auch für Arbeitnehmer mit einem weiträumigen Arbeitsgebiet bezüglich der Entfernung zu dem der Wohnung am nächsten liegenden Eingang ins Arbeitsgebiet (➜ Tz 645). Arbeitnehmer, die keiner festen betrieblichen Einrichtung zugeordnet sind (ohne erste Tätigkeitsstätte) bzw. keinen Sammeltreffpunkt arbeitstäglich aufsuchen, sondern direkt auswärts (z. B. bei Kunden, auf Baustellen) tätig werden, nehmen hier keine Eintragungen vor (vgl. Auswärtstätigkeit Zeilen 49 ff.) (➜ Tz 644, ➜ Tz 692 ff.).

[Arbeitstage, maßgebende Entfernung, unterschiedliche Verkehrsmittel ➜ Zeilen 35–38]

142 Haben Sie einige Monate im Jahr ein Kfz und die restliche Zeit ein anderes Verkehrsmittel benutzt, dann machen Sie die Angaben in den Zeilen 35–38 jeweils in getrennten Zeilen. Ohne nähere Prüfung erkennt das Finanzamt bei einer Fünf-Tage-Woche 220, bei einer Sechs-Tage-Woche 270 Tage an. Maßgebend ist grds. die **kürzeste einfache Straßenentfernung** von Ihrer Wohnung zu Ihrer Arbeitsstätte, abgerundet auf volle Kilometer. Eine längere Wegstrecke ist zulässig, wenn sie verkehrsgünstiger ist und von Ihnen regelmäßig benutzt wird (➜ Tz 651). Tragen Sie ein, wie viele Entfernungskilometer an den Tagen Sie jeweils mit Ihrem Pkw und ggf. wie viele Sie mit anderen im Vordruck aufgeführten Verkehrsmitteln zurückgelegt haben. Geben Sie hier auch an, ob und wie viele Entfernungskilometer Ihr Arbeitgeber Sie im Rahmen einer Sammelbeförderung gefahren hat.

[Fahrgemeinschaften ➜ Zeilen 35–38]

143 Bei Fahrgemeinschaften füllen Sie für die Tage, an denen Sie gefahren sind, eine Zeile aus und getrennt eine weitere Zeile für die Tage, an denen Sie mitgenommen worden sind. Für die „Mitfahrtage“ gilt der Höchstabzugsbetrag von 4.500 €. **Ehegatten**, die gemeinsam zur Arbeit fahren, können – auch bei gleicher Arbeitsstätte – beide jeweils die Entfernungspauschale beanspruchen (➜ Tz 658).

[Öffentliche Verkehrsmittel → Zeilen 35–38]

Sind die jährlichen Kosten für öffentliche Verkehrsmittel (vorletzte Spalte der Zeilen 35–38) höher als die entsprechende Jahresentfernungspauschale, werden sie berücksichtigt (→ Tz 654). **144**

[Behinderte Menschen → Zeilen 35–38]

Behinderte Menschen (Behinderungsgrad mindestens 70 % oder 50 % und eine erhebliche Gehbehinderung mit Merkzeichen „G" oder „aG" im Behindertenausweis) können die tatsächlichen Kosten bzw. eine höhere Kilometerpauschale absetzen (letzte Spalte Eintragung „1") (→ Tz 659). **145**

[Arbeitgeberersatz → eZeile 39]

Hat Ihr Arbeitgeber Ihnen ein kostenloses oder verbilligtes Jobticket (steuerfrei) überlassen oder Fahrtkosten für Wege zur ersten Tätigkeitsstätte steuerfrei ersetzt oder den Ersatz pauschal versteuert (Nr. 17 oder 18 Ihrer Lohnsteuerbescheinigung), mindert dies den Werbungskostenabzug (→ Tz 662 ff.). **146**

[Berufsverbände, Gewerkschaften → Zeile 41]

Abzugsfähig sind z. B. Mitgliedsbeiträge, Aufnahmegebühren und Umlagen an Berufsverbände wie Gewerkschaften, Beamten-, Referendarverbände, Anwaltskammern, den Verein Deutscher Ingenieure (VDI), den Marburger Bund oder den Bundesverband des Schornsteinfegerhandwerks (→ Tz 665). **147**

[Arbeitsmittel → Zeilen 42, 43]

Zu den Arbeitsmitteln gehören z. B. Aufwendungen für Fachbücher, Fachzeitschriften, beruflich verwendete Literatur, typische Berufskleidung oder Werkzeug (→ Tz 666 ff.). **148**

Geben Sie im Erklärungsvordruck oder auf einem gesonderten Blatt die Arbeitsmittel einzeln an. I. d. R. werden Aufwendungen bis 110 € ohne nähere Prüfung akzeptiert.

[Arbeitszimmer → Zeile 44]

Aufwendungen für ein häusliches Arbeitszimmer sind je nach Sachverhalt in voller Höhe, bis zu 1.250 € jährlich oder gar nicht abzugsfähig (→ Tz 672 ff.). **149**

Dort können Sie auch nachlesen, wie Kosten z. B. für eine Arbeitsecke in einem ansonsten privat genutzten Raum bzw. für beruflich und privat genutzte Zimmer steuerlich behandelt werden.

Auch wenn Sie die Kosten für ein Arbeitszimmer steuerlich nicht ansetzen können, sind die Aufwendungen für im Zimmer befindliche Arbeitsmittel, z. B. Schreibtisch, Regale etc. bei so gut wie ausschließlich beruflicher Nutzung voll abzugsfähig (Eintragung in den Zeilen 42, 43).

[Fortbildungskosten → Zeile 45]

Abziehen können Sie außer Fortbildungskosten für die Weiterbildung im ausgeübten Beruf auch Umschulungskosten, Ausgaben einer zweiten Ausbildung oder eines Studiums nach abgeschlossener (erster) Berufsausbildung (→ Tz 687). **150**

Oft fallen i. Z. m. der Fortbildung Reisekosten an (vgl. Zeilen 61 ff.).

[Weitere Werbungskosten ➔ Zeilen 46–48]

151 Abzugsfähig sind z. B. die tatsächlichen Kosten für die Benutzung einer Fähre oder eines Flugzeugs für Wege zur ersten Tätigkeitsstätte oder Unfallkosten i. Z. m. Fahrten dorthin (Zeile 46). Ab Zeile 47 ist Platz für weitere im Vordruck nicht aufgeführte Werbungskosten. Reicht Ihnen der Platz nicht aus, machen Sie die Angaben auf einem gesonderten Blatt.

Eine Aufzählung weiterer Werbungskosten finden Sie in Teil II (➔ Tz 691).

Denken Sie auch an berufliche Versicherungen wie Berufshaftpflicht- oder Reisegepäckversicherung für Auswärtstätigkeiten. Werden sowohl berufliche als auch private Bereiche abgedeckt, können Sie pauschal 50 % der Beiträge bei den Werbungskosten geltend machen. Auch beruflich veranlasste Telekommunikationskosten (Telefon, Internet) sind abzugsfähig. Fallen bei Ihnen erfahrungsgemäß derartige Aufwendungen an, können Sie pauschal 20 % der Kosten, max. 20 €/Monat abziehen.

[Beruflich veranlasste Auswärtstätigkeiten ➔ Zeilen 61–72]

152 Arbeitnehmer, die keine erste Tätigkeitsstätte haben (keine dauerhafte Zuordnung und weniger als 1/3 der Arbeitszeit bzw. wöchentlich maximal zwei Tage an einer ortsfesten Einrichtung des Arbeitgebers bzw. eines vom Arbeitgeber bestimmten Dritten tätig), üben eine **Auswärtstätigkeit** (wechselnde Einsatzstellen, Fahrtätigkeit) aus und können Reisekosten als Werbungskosten abrechnen. Dasselbe gilt für Arbeitnehmer, die sich aus beruflichen Gründen vorübergehend außerhalb der Wohnung und der ersten Tätigkeitsstätte aufhalten (z. B. Dienstreise)(➔ Tz 692).

Die abzugsfähigen Reisekosten sind in Fahrt-, Übernachtungs-, Reisenebenkosten (Zeile 61) und Mehraufwendungen für Verpflegung (Zeilen 67–72) eingeteilt.

[Firmenwagen, Sammelbeförderung ➔ Zeile 61]

153 Wird für die Fahrten ein Firmenwagen benutzt oder erfolgt die Beförderung zum Einsatzort durch den Arbeitgeber (mittels Sammelbeförderung), können mangels tatsächlicher Aufwendungen keine Fahrtkosten abgezogen werden.

[Fahrtkosten, Übernachtungs-, Reisenebenkosten ➔ Zeilen 62–64]

154 Fahrt-, Übernachtungs- und Reisenebenkosten sind in tatsächlicher Höhe abzugsfähig. Wenn Sie ein privates Verkehrsmittel nutzen, können Sie entweder die tatsächlichen Kosten je Kilometer nachweisen oder ohne Kostennachweis bei Kfz-Nutzung 0,30 €/km, bei anderen motorbetriebenen privaten Verkehrsmitteln 0,20 €/km absetzen (Zeile 62). Ist in den Übernachtungskosten (Zeile 63) ein Frühstück enthalten, sind die Ausgaben um die Kosten des Frühstücks zu kürzen. Zu den Reisenebenkosten (Zeile 64) gehören im Wesentlichen Parkgebühren, Unfallkosten sowie Reiseversicherungen und der (Rest-)Wert der während der Auswärtstätigkeit gestohlenen Reiseausrüstung. Stellen Sie die Kosten am besten auf einem gesonderten Blatt zusammen (➔ Tz 697, ➔ Tz 704, ➔ Tz 705).

[Pauschbeträge für Berufskraftfahrer ➔ Zeile 65]

155 Berufskraftfahrer können für Kosten in Zusammenhang mit der Übernachtung im Fahrzeug (z. B. Nutzung von Sanitäranlagen, Parkgebühren, Reinigung der Schlafkabine) pauschal je Übernachtung 8 € zusätzlich zu den Verpflegungspauschalen geltend machen.

[Mehraufwendungen für Verpflegung ➜ Zeilen 67–71]

Als Verpflegungskosten sind nur die beruflich veranlassten Mehraufwendungen pauschal abzugsfähig. Der Pauschbetrag beträgt bei mehrtägigen Auswärtstätigkeiten mit Übernachtung für Anreise- und Abreisetage jeweils 14 €, für die Zwischentage (24-stündige Abwesenheit) 28 € (Zeilen 68, 69), bei eintägigen Auswärtstätigkeiten bzw. mehrtägigen ohne Übernachtung (über Mitternacht hinaus) 14 €, wenn Sie insgesamt mehr als acht Stunden abwesend waren (Zeile 67). Hat Ihr Arbeitgeber Mahlzeiten gestellt, sind die Pauschalen (bis max. 0 €) zu kürzen (Zeile 70). Haben Sie Zuzahlungen leisten müssen, verringert sich der Kürzungsbetrag (konkret auf jede Mahlzeit bezogen) (➜ Tz 701). Ihr Arbeitgeber wird die Mahlzeitengestellung in der Lohnsteuerbescheinigung mit dem Buchstaben **M** ausweisen (➜ Tz 701). Für Tätigkeiten im Ausland gelten je Land unterschiedlich hohe Pauschbeträge (Zeile 71) (➜ Tz 703 ff.).

[Arbeitgeberersatz ➜ Zeilen 66, 72]

Hat Ihr Arbeitgeber Ihnen Reisekosten (bis zur Höhe des möglichen Werbungskostenabzugs) steuerfrei ersetzt (Nr. 20 der Lohnsteuerbescheinigung), mindert der Kostenersatz die abzugsfähigen Werbungskosten (➜ Tz 707).

[Werbungskosten in Sonderfällen ➜ Zeilen 73–78]

Erfassen Sie ab Zeile 73 Werbungskosten i. Z. m. Versorgungsbezügen (z. B. Kosten der **156**
Renten- und Steuerberatung, Gerichtskosten). Automatisch berücksichtigt das Finanzamt einen Werbungskostenpauschbetrag von 102 €. Hier sind auch Werbungskosten i. Z. m. ermäßigt besteuerten Entschädigungen oder Arbeitslohn für mehrere Jahre (Zeile 74) sowie steuerfreiem Arbeitslohn (Zeile 76) oder Lohn für eine Inlandstätigkeit, wenn ein (weiterer) Wohnsitz in Belgien vorhanden ist (Zeile 78). Diese Kosten dürfen nicht auf den Seiten 2, 3 (Zeilen 61–72) und 4 eingetragen werden.

[Doppelte Haushaltsführung ➜ Zeilen 91–117]

Eine steuerlich berücksichtigungsfähige doppelte Haushaltsführung liegt grds. vor, wenn Sie einen eigenen Hausstand führen und aus beruflichem Anlass (z. B. Versetzung, Arbeitgeberwechsel) einen zweiten Haushalt (Zweitunterkunft) in der Nähe Ihrer ersten Tätigkeitsstätte unterhalten müssen.

Während eine doppelte Haushaltsführung stets eine berufliche Tätigkeit **an der ersten Tätigkeitsstätte** erfordert, führt jede vorübergehende berufliche Tätigkeit **außerhalb** der ersten Tätigkeitsstätte zum (höheren) Reisekostenabzug. Ein beruflich veranlasster zweiter Haushalt ist auch möglich, wenn der Familienhausstand (aus privaten Gründen) vom Arbeitsort wegverlegt wird und in Zusammenhang damit am Arbeitsort ein zweiter Haushalt entsteht (Wegverlegungsfälle).

Zu den Voraussetzungen und dem Kostenabzug bei einer steuerlich anzuerkennenden doppelten Haushaltsführung (➜ Tz 708).

[Notwendige Angaben ➜ Zeilen 91–99]

Im Vordruck müssen Sie in diesen Zeilen die Angaben zum Grund der doppelten Haus- **157**
haltsführung, zum auswärtigen Beschäftigungsort und zum Zeitpunkt der Gründung des zweiten Hausstands machen sowie darüber, ob Sie an Ihrem Hauptwohnsitz einen eigenen Hausstand unterhalten. Anhand dieser Angaben prüft das Finanzamt, ob ein Kostenabzug möglich ist. Liegt der Zweithaushalt im Ausland (Zeile 95), gelten Sonderregelungen

bezüglich der abzugsfähigen Kosten. Ist der doppelten Haushaltsführung eine Auswärtstätigkeit von drei oder mehr Monaten unmittelbar vorausgegangen, können Sie keine Verpflegungsmehraufwendungen mehr geltend machen (Zeile 98).

[Wahlrecht ➜ Zeile 99]

158 Sind Sie mehr als einmal wöchentlich zum eigenen Hausstand gefahren, kann es steuerlich günstiger sein, auf den Kostenabzug wegen doppelter Haushaltsführung zu verzichten und stattdessen alle tatsächlich durchgeführten Fahrten als Wege zwischen Wohnung und erster Tätigkeitsstätte (Zeilen 31–39) anzugeben (➜ Tz 718).

[Abzugsfähige Kosten]

159 Die Zeilen 100–117 betreffen die im Rahmen einer doppelten Haushaltsführung abzugsfähigen Kosten.

[Fahrtkosten ➜ Zeilen 100–108]

160 In den Zeilen 101–108 können Sie die Aufwendungen für Fahrten zwischen Ihrem Hauptwohnsitz (eigener Hausstand) und Ihrem (auswärtigen) Tätigkeitsort eintragen. Für (teilweise) mit einem Firmenwagen durchgeführte Fahrten oder bei Beförderung durch den Arbeitgeber im Rahmen einer unentgeltlichen Sammelbeförderung sind keine Fahrtkosten abzugsfähig (Zeile 100).

Die Kosten der **ersten Fahrt** zu Beginn und (soweit zutreffend) letzten Fahrt am Ende der doppelten Haushaltsführung sind grds. in tatsächlicher Höhe abziehbar (Kosten bei Benutzung öffentlicher Verkehrsmittel Zeile 103, bei Kfz-Nutzung ohne Nachweis 0,30 €/km in Zeile 101, bei Nutzung eines anderen motorgetriebenen privaten Verkehrsmittels 0,20 €/km (Zeile 102). Ein höherer Km-Satz ist auf Nachweis möglich.

In den Zeilen 104–108 tragen Sie die Kosten für eine **Familienheimfahrt** wöchentlich ein, soweit Sie diese tatsächlich durchgeführt haben. Wenn Sie nicht behindert sind, erhalten Sie, unabhängig vom benutzten Verkehrsmittel, eine Entfernungspauschale von 0,30 € je Entfernungskilometer (Zeile 104). Diese Pauschale steht Ihnen auch zu, wenn Sie keine Kosten hatten (Ausnahme: Sammelbeförderung oder Firmenwagennutzung). Haben Sie öffentliche Verkehrsmittel benutzt, können Sie stattdessen höhere tatsächliche Kosten (Zeile 105) absetzen. Sind Sie geflogen, sind nur die tatsächlichen Kosten abzugsfähig (Zeile 108). Behinderte können bei Kfz-Nutzung eine Entfernungspauschale von 0,60 €/km oder die tatsächlichen Kfz-Kosten (Zeile 106) geltend machen. Bei Benutzung öffentlicher Verkehrsmittel sind auch die Pauschale übersteigende Kosten abzugsfähig (Zeile 107) (➜ Tz 717).

Auch die Kosten infolge eines Unfalls auf einer derartigen Fahrt können Sie absetzen (Zeile 115).

Angaben für Fahrten zwischen Ihrer Zweitwohnung und Ihrer ersten Tätigkeitsstätte gehören in die Zeilen 31–39.

[Unterkunft am Beschäftigungsort ➜ Zeilen 109, 110]

161 Der Abzug der tatsächlichen Kosten für die zweite Unterkunft (Miete, Nebenkosten, Reparaturen, Garagen-, Stellplatzmiete) ist – unabhängig von der Wohnungsgröße – auf einen monatlichen Höchstbetrag von 1.000 € bzw. jährlich 12.000 € begrenzt (Zeile 109), wenn Sie im Inland liegt. Kosten für die notwendige Möblierung und Küchenausstattung sowie Maklerkosten sind zusätzlich abzugsfähig (Zeile 115) (➜ Tz 722 ff.).

[Verpflegung → Zeilen 111–114]

Die Pauschalen für Verpflegungsmehraufwendungen sind nur für die ersten drei Monate ab Bezug der Zweitunterkunft absetzbar. Maßgebend für die Höhe der Pauschbeträge ist jeweils die tägliche Abwesenheit von der Lebensmittelpunktwohnung (Hauptwohnung). An den An- und Abreisetagen (am Wochenende) sind jeweils 14 € abzugsfähig, an ganztätigen Abwesenheitstagen 28 €. Liegt die Zweitunterkunft im Ausland, gelten je nach Land andere Pauschbeträge (Zeile 114) (→ Tz 698 ff. und → Tz 703).

[Umzugskosten, Einrichtung, Telefonate → Zeile 115]

In Zeile 115 können Sie weitere durch die doppelte Haushaltsführung entstandene **162** Kosten geltend machen. Dazu gehören im Wesentlichen Aufwendungen für die notwendige Einrichtung der Zweitwohnung (Möbel, Ausstattungsgegenstände) sowie Telefongebühren für Gespräche mit der Familie (bis zur Höhe eines 15-minütigen Gesprächs wöchentlich) für alle Wochen, in denen keine Familienheimfahrt stattgefunden hat. Außerdem sind tatsächlich entstandene Umzugs- sowie Renovierungskosten und Maklergebühren bei Bezug bzw. bei Aufgabe der Zweitunterkunft mit dem Rückumzug zur Hauptwohnung abzugsfähig (Fahrtkosten, Verpflegungspauschalen). Keine Umzugskosten sind in den Wegverlegungsfällen (s. o.) abzugsfähig, da der Umzug hier privat veranlasst ist (→ Tz 722, → Tz 726).

[Arbeitgeberersatz → Zeile 117]

Hat Ihnen z. B. Ihr Arbeitgeber, Aufwendungen ersetzt (Nr. 21 Ihrer Lohnsteuerbeschei- **163** nigung), ist der Kostenersatz (bis zur Höhe eines möglichen Werbungskostenabzugs steuerfrei. Entsprechend verringern sich die abzugsfähigen Aufwendungen (→ Tz 728).

164 Checkliste Anlage N

Folgende Abzugsmöglichkeit geprüft? Vgl. Ausfüllhinweise zur Zeile!

Ohne Einzelnachweis können Sie geltend machen: ☐

- für Arbeitsmittel (einschließlich Arbeitskleidung) 110 € (Zeilen 42, 43)
- für beruflich veranlasste Kontoführungsgebühren 16 € (Zeile 47)
- Beiträge zu Gewerkschaften bzw. Berufsverbänden, wenn Sie den Berufsverband namentlich nennen (Zeile 41)
- Telekommunikationskosten (Telefon, Internet), pauschal 20 % der Kosten, max. 20 €/Monat, wenn bei Ihnen erfahrungsgemäß derartige Aufwendungen anfallen (Zeilen 47, 48)

Beruflich veranlasste Versicherungen ☐

„Gemischte" Versicherungen (z. B. Privathaftpflicht, die auch berufliche Bereiche abdeckt) sind ggf. teilweise abzugsfähig (Zeilen 47, 48).

Wege zur ersten Tätigkeitsstätte (Arbeitsstätte) ☐

Die Entfernungspauschale erhalten Sie auch dann, wenn Sie keine Aufwendungen hatten (Ausnahme: Sammelbeförderung durch den Arbeitgeber) (Zeilen 31-39).

Sind Ihre tatsächlichen Kosten für öffentliche Verkehrsmittel im Jahr höher als die Jahresentfernungspauschale, können Sie die tatsächlichen Kosten absetzen (Zeilen 35-38, vorletzte Spalte).

Unfallkosten sind zusätzlich zur Entfernungspauschale abzugsfähig (Zeilen 46-48).

Sind Sie behindert, steht Ihnen für Wege zur Arbeitsstätte möglicherweise ein höherer Kostenabzug zu (Zeilen 35-38, vorletzte Spalte).

Sie haben nach Abschluss einer Berufsausbildung eine Umschulung bzw. eine zweite Berufsausbildung gemacht oder studiert? ☐

Die Kosten sind (vorwegegenommene) Werbungskosten (Zeile 45).

Sie üben eine Auswärtstätigkeit aus (Dienstreise, Tätigkeit auf einem Fahrzeug, Beschäftigung an wechselnden Einsatzstellen bzw. Tätigkeit außerhalb der ersten Tätigkeitsstätte)? ☐

Sie können Reisekosten (Fahrtkosten, Verpflegungspauschalen) in den Zeilen 61-72 geltend machen.

Sie unterhalten zwei Haushalte? ☐

Prüfen Sie, ob die Kosten des zweiten Haushalts steuerlich abzugsfähig sind (Zeilen 91-117).

Prüfen Sie – unabhängig davon, ob eine doppelte Haushaltsführung steuerlich anzuerkennen ist – ob die Fahrten von der weiter entfernt liegenden Wohnung abzugsfähig sind (Zeilen 31-39).

Haben Sie ein häusliches Arbeitszimmer? ☐

Auch wenn Sie die Kosten des Arbeitszimmers nicht geltend machen können (Zeile 44), sind die Aufwendungen für im Arbeitszimmer befindliche Arbeitsmittel abzugsfähig (Zeilen 42, 43).

13 Anlage KAP (Einkünfte aus Kapitalvermögen)

13.1 Allgemein

WICHTIG 165

Für den Vz. 2020 gibt es für die Erklärung von Kapitaleinkünften drei Vordrucke:

- Die Anlage KAP
- Die Anlage KAP-BET
- Die Anlage KAP-INV

Wann die Anlage KAP ausgefüllt werden muss

Durch die Einführung der Abgeltungsteuer (25 % Kapitalertragsteuer auf Kapitalerträge) ist die Besteuerung im Regelfall erledigt und die Abgabe der Anlage KAP nicht notwendig (➜ Tz 729 ff.).

In folgenden (Ausnahme-)Fällen müssen bzw. sollten Sie die **Anlage KAP** aber ausfüllen:

- Ihr persönlicher (Spitzen-)Steuersatz liegt unter 25 % und Sie möchten die von der Bank zu hoch einbehaltene Kapitalertragsteuer erstattet bekommen („Günstigerprüfung").
- Sie haben im Veranlagungsjahr weniger als 801 € (Ehegatten 1.602 €) Kapitalerträge erzielt, aber weil Sie keinen bzw. einen zu niedrigen Freistellungsauftrag erteilt hatten, wurde von der Bank Steuer einbehalten.
- Sie haben mit Ihren Freistellungsaufträgen den Sparer-Pauschbetrag nicht ausgenutzt, sodass Steuer einbehalten wurde.
- Sie haben Verluste aus Börsengeschäften (z. B. Aktienverkäufen) erlitten, die von der Bank intern nicht mit Gewinnen verrechnet werden konnten.
- Sie haben steuerpflichtige Kapitalerträge bekommen, die nicht der Abgeltungsteuer unterlegen haben (z. B. aus privaten Darlehen oder ausländischen Geldanlagen).
- Sie wollen bisher von der Bank nicht berücksichtigte, ausländische Quellensteuer auf die Einkommensteuer anrechnen lassen.
- Sie haben, obwohl Sie kirchensteuerpflichtig sind, einen Sperrvermerk zur Mitteilung der Kirchensteuermerkmale eintragen lassen, sodass die Bank keine Kirchensteuer einbehalten hat.
- Sie wollen als Beteiligter an einer Kapitalgesellschaft (unternehmerische Beteiligung) die Erträge (freiwillig) nach dem Teileinkünfteverfahren mit der tariflichen Einkommensteuer besteuern lassen, um gleichzeitig hohe Ausgaben (insbesondere Finanzierungskosten) als Werbungskosten geltend machen zu können.
- Ihre Bank hat beim Steuerabzug eine zu geringe Ersatzbemessungsgrundlage angewandt (➜ Tz 787).

- Sie haben Kapitalerträge erzielt, die zu einer anderen Einkunftsart (z. B. Einkünfte aus Gewerbebetrieb) gehören und für die anrechenbare Steuern angefallen sind.
- Sie haben bestandsgeschützte Alt-Investmentfonds-Anteile i.S.d. § 56 Abs. 6 Satz 1 Nr. 2 InvStG veräußert.

Wann die Anlage KAP-BET ausgefüllt werden muss

- Die Anlage KAP-BET ist auszufüllen, wenn Sie aus Beteiligungen stammende Einkünfte aus Kapitalvermögen und anrechenbare Steuern haben, die gesondert und einheitlich festgestellt werden.

Wann die Anlage KAP-INV ausgefüllt werden muss

- Die Anlage KAP-INV ist auszufüllen, wenn Sie Investmenterträge erzielt haben, die nicht dem inländischen Steuerabzug unterlegen haben.

Jeder Ehegatte benötigt eine eigene Anlage KAP sowie bei Bedarf die Anlagen KAP-BET und/oder KAP-INV.

[Überblick]

Im Bedarfsfall ausfüllen	
Anlage KAP Seite 1	**Kapitalerträge mit einbehaltener Kapitalertragsteuer (Anlage KAP Zeilen 7–14)** Tragen Sie hier die inländischen Kapitalerträge sowie die Erlöse aus der Veräußerung von Wertpapieren und anderen Börsengeschäften auf dem Kapitalmarkt ein, für die von der Bank Steuer einbehalten worden ist. Verluste aus z. B. der Uneinbringlichkeit einer Kapitalforderung **(Anlage KAP Zeile 15)** **Angaben zum Sparer-Pauschbetrag (Anlage KAP Zeilen 16, 17)** **Kapitalerträge ohne Steuerabzug (Anlage KAP Zeilen 18–26)** Einzutragen sind alle Zinserträge, die mit dem Abgeltungsteuersatz von 25 % steuerpflichtig sind, bei denen aber keine Kapitalertragsteuer einbehalten wurde (z. B. Zinsen aus privaten Darlehen sowie Zinsen und Beteiligungserträge aus Geldanlagen bei ausländischen Banken). **Kapitalerträge mit persönlichem Steuersatz (Anlage KAP Zeilen 27–34)** Zinserträge aus stillen Gesellschaften und partiarischen Darlehen sowie auf Antrag Erträge aus der Beteiligung an einer Kapitalgesellschaft werden mit dem persönlichen Steuersatz bzw. dem Teileinkünfteverfahren besteuert.
Anlage KAP Seite 2	**Anzurechnende Steuern (Anlage KAP Zeilen 37–42)** Einzutragen sind von der Bank einbehaltene inländische und ausländische Steuern.
Anlage KAP-BET	**Erträge aus Beteiligungen (Anlage KAP-BET Zeilen 1–29) sowie dazugehörige Steuerabzugsbeträge (Anlage KAP-BET Zeilen 30–38)** Hierher gehören Kapitalerträge, die Ihnen als Beteiligter einer Gemeinschaft (z. B. Erbengemeinschaft) zugeflossen sind. Auch hier wird zwischen den oben genannten Gruppen unterschieden. Die Angaben sind dem Feststellungsbescheid der Gesellschaft zu entnehmen.

Im Bedarfsfall ausfüllen	
Anlage KAP-INV Seite 1	**Laufende Erträge aus Investmentanteilen, die nicht dem inländischen Steuerabzug unterlegen haben (Anlage KAP-INV Zeilen 1–13)** Die Angaben sind der Steuerbescheinigung der Depotbank zu entnehmen. **Gewinne aus der Veräußerung von Investmentanteilen, die nicht dem inländischen Steuerabzug unterlegen (Anlage Kap-INV Zeilen 14–28)** Die Ermittlung nehmen Sie auf Seite 2 vor. **Zwischengewinne nach dem Investmentsteuergesetz 2004 (Anlage KAP-INV Zeile 29)**
Anlage KAP-INV Seite 2	**Ermittlung der Vorabpauschalen (Anlage KAP-INV Zeilen 31–46)** **Ermittlung der Veräußerungsgewinne zu Zeilen 9–28 (Anlage KAP-INV Zeilen 47–57)**

[Allgemeine Übersicht]

Kapitalerträge sind Erträge aus der Überlassung von Kapital (z. B. Zinsen oder Dividende). Zu **166** den Kapitalerträgen gehören auch Erlöse aus Börsengeschäften bzw. „Spekulationsgeschäften" (Wertpapierverkäufe, Optionen, Termingeschäfte, Futures etc.).

Als Einnahme auf der Anlage KAP ist im Normalfall die volle Höhe des Kapitalertrags einschließlich der eventuell einbehaltenen Steuern (Kapitalertrag-, Kirchen-, Quellensteuer) anzugeben. Bei einigen Eintragungen (z. B. Zeilen 28 und 29) sind dagegen nur die Einkünfte (Einnahmen abzüglich Ausgaben) zu erfassen. Die einbehaltenen Steuern sind in den Zeilen 37–45 einzutragen.

Auf den Zinsbescheinigungen der Banken sind im Normalfall die Zeilen der **Anlage KAP** angegeben, in denen der jeweilige Kapitalertrag zu erfassen ist.

[Steueranrechnung, Steuerbescheinigung]

Falls eine Anrechnung der einbehaltenen Steuern auf die Einkommensteuer möglich ist, **167** müssen Sie dazu die **Originalsteuerbescheinigungen** Ihrer Bank(en) beifügen.

[Grund für die Abgabe der Anlage KAP → Anlage KAP Zeilen 4–6]

Sind Sie sich nicht sicher, ob Ihr Grenzsteuersatz (→ Tz 756 ff.) niedriger als 25 % ist, **168** dann füllen Sie die Anlage KAP aus, wenn die Bank bei Ihnen Steuer einbehalten hat. Das Finanzamt prüft, ohne dass Ihnen Nachteile entstehen. In diesem Fall (Eintrag „1" in Zeile 4), müssen Sie **sämtliche** Kapitalerträge angeben und auch insbesondere Angaben zum bisher in Anspruch genommenen Sparer-Pauschbetrag (= aufgrund eines Freistellungsauftrags freigestellte Zinsen) in Zeile 16 machen. Außerdem sind die bisher von der Bank einbehaltenen Steuern (Anlage KAP, Zeilen 37–42) anzugeben und die Steuerbescheinigungen beizufügen.

Die Anträge lt. den Zeilen 4, 5 und 31 können unabhängig voneinander gestellt werden. Der Antrag auf Günstigerprüfung (Zeile 4) ersetzt nicht den Antrag auf Anwendung der tariflichen Einkommensteuer (Zeile 31).

TIPP

Von der Bank einbehaltene Kirchensteuer als Sonderausgaben
Machen Sie vorsorglich die von der Bank einbehaltene Kirchensteuer bei den Sonderausgaben geltend. Der Sonderausgabenabzug ist aber nur möglich, wenn die „Günstigerprüfung" erfolgreich war, d.h. die Steuer auf die Kapitalerträge nicht mit dem Abgeltungsteuertarif, sondern mit Ihrem individuellen Steuersatz versteuert wird (aus dem Steuerbescheid erkennbar daran, dass die Kapitalerträge in die Berechnung des zu versteuernden Einkommens einbezogen werden). Prüfen Sie Ihren Steuerbescheid entsprechend auf den korrekten Sonderausgabenabzug!

Den Antrag in Zeile 5 (Eintragung „1") stellen Sie z.B., wenn Sie Ihre Freistellungsaufträge ungünstig verteilt haben und Ihnen infolgedessen zu viel Abgeltungsteuer (Kapitalertragsteuer) einbehalten worden ist oder wenn Sie Verluste aus Börsengeschäften erlitten haben, die bankintern nicht mit Gewinnen verrechnet werden konnten. In diesen Fällen reicht es aus, nur die „falsch" besteuerten Erträge (Anlage **KAP** Zeilen 7–15; Spalte 1) und die von Ihnen korrigierten (z.B. um Verluste geminderten) Erträge (Spalte 2) anzugeben (Erläuterungen bitte auf einem separaten Blatt beifügen). In diesen Fällen sind Eintragungen bezüglich des bisher in Anspruch genommenen Sparer-Pauschbetrags (freigestellte Beträge) in den Zeilen 16 **und** 17 notwendig. Ebenso Eintragungen zu bisher einbehaltenen Steuern (Anlage **KAP** Zeilen 37–42). Treffen mehrere der genannten Gründe zu, sind entsprechend mehrere Eintragungen in den Zeilen 4–6 notwendig. In allen anderen Fällen reicht es aus, auf der Anlage KAP nur die Zeilen auszufüllen, die Kapitalerträge betreffen, bei denen durch die Kapitalertragsteuer (Abgeltungsteuer) die Besteuerung nicht erledigt ist.

[Kapitalerträge mit Steuerabzug ➜ Anlage KAP Zeilen 7–15]

169 In den Zeilen 7–15 erklären Sie, soweit notwendig (s.o.), Ihre Kapitalerträge, bei denen die Bank 25 % Kapitalertragsteuer (Abgeltungsteuer) sowie Solidaritätszuschlag und ggf. Kirchensteuer einbehalten hat. Die Beträge können Sie i.d.R. der Bescheinigung der Bank entnehmen. Dazu gehören auch Gewinne aus Börsengeschäften (Spekulationsgeschäfte) (➜ Tz 780 ff.) und die Verluste aus der Uneinbringlichkeit einer Kapitalforderung, Ausbuchung, Übertragung oder sonstigem Ausfall von Wirtschaftsgütern) (➜ Tz 790 f.).

Ebenfalls gehören die Erträge aus Investmentfonds dazu, soweit die Depotbank dafür Abzugsteuern einbehalten hat. Nur wenn Sie Erträge aus Investmentfonds erzielt haben, für die keine Abzugsteuern einbehalten wurden, benötigen Sie die Anlage KAP-INV (➜ Tz 185 ff.).

Erträge aus Bausparverträgen (Zinsen, Bonus), die **nicht** i. Z. m. einem vermieteten Objekt stehen, sind ebenfalls hier zu erfassen. Dagegen gehören Bausparzinsen in Zusammenhang z.B. mit einem Mietshaus zu den Mieteinkünften (**Anlage V**).

Zu den Veräußerungsgewinnen zählen z.B. Gewinne aus Aktienverkäufen (zusätzlich zu erfassen in Zeile 8) und dem Verkauf von GmbH-Anteilen sowie der Veräußerung von Zertifikaten und Futures, ebenso wie erhaltene Stillhalterprämien bei Optionsgeschäften. Gezahlte Glattstellungsprämien mindern die Einnahmen. Dies gilt aber nur, sofern die Anschaffung der Papiere bzw. das Geschäft nach 2008 erfolgt ist. Ansonsten sind die (Spekulations-)Erträge nicht steuerpflichtig.

Verkäufe von Aktien oder GmbH-Anteilen sind auf der **Anlage G** zu erfassen, wenn Sie zu mindestens 1 % an der Gesellschaft beteiligt sind. Sie unterliegen dem Teileinkünfteverfahren (➜ Tz 1006).

[Veräußerung bestandsgeschützter Alt-Anteile ➜ Anlage KAP Zeile 10]

Soweit in den Erträgen (Anlage KAP Zeile 7) Veräußerungsgewinne/-verluste aus be- **170**
standsgeschützten Alt-Anteilen enthalten sind(➜ Tz 745 ff.), sind diese hier einzutragen. Der Freibetrag von 100.000 € wird vom Finanzamt berücksichtigt. Wurden bereits in den Vorjahren Gewinne aus der Veräußerung von bestandsgeschützten Alt-Anteilen erzielt und der Freibetrag von 100.000 € (teilweise) in Anspruch genommen, ist auch die Zeile 10 der Anlage Sonstiges auszufüllen.

Für die Erfassung der Kapitalerträge spielt es keine Rolle, ob es sich um in- oder auslän- **171**
dische Kapitalerträge handelt. Die ausländische Quellensteuer kann direkt auf die deutsche Steuer angerechnet werden (Anlage **KAP** Zeilen 40–42). Die **Anlage AUS** wird für ausländische Kapitalerträge nicht benötigt.

[Veräußerungsverluste ➜ Anlage KAP Zeilen 12, 13]

Verluste aus der Veräußerung von Wertpapieren dürfen nur mit (zukünftigen) Gewinnen **172**
aus derartigen Geschäften verrechnet werden. Dabei ist zwischen Verlusten aus der Veräußerung von Aktien (Eintragung in Zeile 13) und Verlusten aus anderen Börsengeschäften (Eintragung in Zeile 12) zu unterscheiden (➜ Tz 798 ff.).

[Kapitalerträge ohne Steuerabzug ➜ Anlage KAP Zeilen 18–26]

In diesen Zeilen sind Kapitalerträge zu erklären, bei denen keine Steuer einbehalten worden **173**
ist, die aber dem Abgeltungsteuersatz von 25 % unterliegen und deshalb im Rahmen der Einkommensteuerveranlagung nachversteuert werden müssen. Dazu zählen vor allem Zinsen, die Sie für privat gegebene Darlehen erhalten haben (Anlage KAP Zeile 18; vgl. aber auch Anmerkungen zu den Zeilen 27 ff. bei Darlehen an Angehörige), von ausländischen Banken direkt (ohne eine inländische Bank) ausgezahlte Zinsen oder „Spekulationsgeschäfte“, die über ausländische Banken abgewickelt wurden. Aktienverkäufe sind zusätzlich in Zeile 20 zu erklären. Vom Finanzamt erhaltene Erstattungszinsen für Steuererstattungen aus früheren Jahren sind ebenfalls mit dem Abgeltungstarif (25 %) zu versteuern (Anlage KAP Zeile 26).

Nicht hier zu erfassen sind Erträge aus Investmentfonds, für die keine Abzugsteuern einbehalten wurden. Hierfür benötigen Sie die Anlage KAP-INV (➜ Tz 185 ff.).

13.2 Weitere Angaben

[Individueller Steuersatz, Darlehen an Angehörige, stille Gesellschaften, partiarische Darlehen ➜ Anlage KAP Zeilen 27–34]

Für die wenigen Kapitalerträge, die nicht dem Abgeltungsteuersatz von 25 % unterliegen, **174**
sondern mit dem persönlichen (tariflichen) Steuersatz, eventuell unter Berücksichtigung des Teileinkünfteverfahrens, versteuert werden müssen, sind die Zeilen 27–34 vorgesehen (➜ Tz 732, ➜ Tz 733). Ausgaben i. Z. m. derartigen Erträgen können Sie als Werbungskosten geltend machen, wenn diese den Sparer-Pauschbetrag übersteigen. Einzutragen sind im Vordruck deshalb nicht die Erträge, sondern die nach Abzug der Ausgaben verbleibenden **Einkünfte**.

Zu dieser Gruppe gehören private Darlehen an Angehörige oder „eigene" Gesellschaften, aber nur, wenn derjenige, der das Darlehen bekommen hat, die Schuldzinsen steuerlich als Werbungskosten oder Betriebsausgaben geltend machen kann (sonst Zeile 18).

175 Sind Sie entweder zu mindestens 25 % an einer Kapitalgesellschaft (GmbH, AG) beteiligt oder zu mindestens 1 % und können durch Ihre berufliche Tätigkeit für die Gesellschaft maßgeblichen unternehmerischen Einfluss auf deren wirtschaftliche Tätigkeit nehmen (= unternehmerische Beteiligung), können Sie beantragen, dass die Kapitaleinkünfte, die Sie aus der Beteiligung erzielen (Gewinnausschüttungen, Veräußerungsgewinne), nicht mit dem Abgeltungsteuersatz von 25 %, sondern nach dem Teileinkünfteverfahren (nur 60 % der Einkünfte steuerpflichtig) mit dem persönlichen Steuersatz besteuert werden (Anlage KAP Zeile 31). Dies kann vorteilhaft sein, weil Sie gleichzeitig Werbungskosten (z. B. Finanzierungskosten) über den Sparer-Pauschbetrag hinaus geltend machen können. Der Antrag gilt immer für alle Erträge aus der Beteiligung und, wenn er nicht widerrufen wird, für fünf Jahre. Ab dem Jahr, in dem der Antrag widerrufen wird, ist kein neuer Antrag für diese Beteiligung mehr möglich. Deshalb ist die Kapitalgesellschaft namentlich anzugeben (Anlage KAP Zeile 32). Einzutragen sind jeweils die Einkünfte, also die um die Werbungskosten geminderten Einnahmen.

176 **[Erträge aus Lebensversicherungen ➜ Anlage KAP Zeile 30]**

Kapitalerträge aus nach dem 31.12.2004 abgeschlossenen Lebensversicherungen, deren Leistung nach Vollendung des 60. Lebensjahres und nach Ablauf von zwölf Jahren seit Vertragsabschluss ausgezahlt wurde, sind zur Hälfte steuerfrei. Einzutragen sind die gesamten Kapitalerträge; die Berücksichtigung des steuerfreien Teils erfolgt durch das Finanzamt. Bei fondsgebundenen Lebensversicherungen ist allerdings für die Wertsteigerungen ab 1.1.2019 eine Steuerfreistellung i. H. v. 15 % abzuziehen.

[Antrag auf Anwendung der tariflichen Einkommensteuer ➜ Anlage KAP Zeilen 31, 32]

177 Der Antrag auf Anwendung der tariflichen Einkommensteuer für die in Zeile 32 eingetragenen Beträge, muss in Zeile 31 durch Eintragung einer „1" explizit gestellt werden.

Der Antrag auf Günstigerprüfung (Zeile 4) ersetzt nicht den Antrag auf Anwendung der tariflichen Einkommensteuer (Zeile 31).

[vGA ➜ Anlage KAP Zeile 33]

178 Einzutragen sind erzielte verdeckte Gewinnausschüttungen, die bei der Kapitalgesellschaft als Betriebsausgabe geltend gemacht wurden.

[Spezialfonds ➜ Anlage KAP Zeile 34]

179 Soweit Sie Einkünfte aus Spezial-Investmentfonds (➜ Tz 748) bezogen haben, ist hier eine „1" einzutragen.

[Ermäßigte Besteuerung nach § 34 Abs. 1 EStG ➜ Anlage KAP Zeilen 35–36]

180 Hier sind Kapitaleinkünfte aus den Zeilen 7, 18 oder 19 der Anlage KAP sowie aus den Zeilen 6 und 14 der Anlage KAP-BET zu erfassen, die bei der tariflichen Besteuerung nach § 34 EStG begünstigt sind. Dazu gehören z. B. Nachzahlungen für einen längeren Zeitraum.

[Einbehaltene Steuern ➜ Anlage KAP Zeilen 37–42]

181 Tragen Sie hier die Höhe der Steuern ein, die von der Bank einbehalten und an das Finanzamt abgeführt wurden. Dazu gehört auch die ausländische Quellensteuer, die für ausländische Kapitalerträge einbehalten wurde. Sie kann direkt auf die deutsche Kapitalertragsteuer angerechnet werden. Ebenfalls einzurechnen sind die Abzugsteuern auf Erträge, die in der Anlage KAP-INV erklärt werden, nicht aber solche auf Erträge aus der Anlage KAP-BET (➜ Tz 184). Die zu viel einbehaltene Abgeltungsteuer (z. B. aufgrund ungünstig erteilter Freistellungsaufträge) wird erstattet. Die einbehaltenen Steuern werden wie Steuervorauszahlungen angerechnet, aber nur sofern der Abgeltungsteuertarif nicht zur Anwendung kommt (z. B. erfolgreiche Günstigerprüfung).

[Steueranrechnung ➜ Anlage KAP Zeilen 43–45]

Gehören die Zinserträge zu einer anderen Einkunftsart (z. B. Zinsen für Mietkonto zur Einkunftsart Vermietung, betriebliche Zinserträge), sind die Zinsen auf der jeweiligen Anlage (z. B. Anlage V) zu erfassen. Sie werden nicht mit dem Abgeltungsteuersatz von 25 %, sondern mit dem persönlichen Steuersatz versteuert. Die von der Bank einbehaltenen Abgeltung-, Kirchensteuern und Solidaritätszuschlag (Anlage KAP Zeile 43–45) werden bei Vorlage der Originalsteuerbescheinigung angerechnet. **182**

[Beschränkung des Kapitalertragsteuerabzugs ➜ Anlage KAP Zeile 46]

Nur drei Fünftel der Kapitalertragsteuer können angerechnet werden, wenn die Voraussetzungen des § 36a EStG nicht erfüllt sind. Dieser verlangt u. a., dass die Wertpapiere mindestens 45 Tage gehalten wurden und der Eigentümer nicht verpflichtet ist, die Kapitalerträge ganz oder überwiegend an andere Personen weiterzuleiten. Liegen diese Voraussetzungen nicht vor, ist in Zeile 46 eine 1 einzutragen. **183**

Außerdem muss die entsprechende Kapitalertragsteuer in Zeile 37 bzw. 43 abgezogen werden, allerdings kann die nicht anrechenbare Kapitalertragsteuer auf Antrag bei der Ermittlung der Einkünfte abgezogen werden. Die jeweilige Ermittlung ist in einer gesonderten Aufstellung zu erläutern.

13.3 Anlage KAP-BET

[Erträge aus Beteiligungen ➜ Anlage KAP-BET Zeilen 1–38]

Sind Ihnen aus einer Beteiligung (z. B. Erbengemeinschaft) Kapitalerträge zuzurechnen, wurden diese Einkünfte vom Finanzamt für alle Beteiligten einheitlich und gesondert festgestellt. Die auf Sie entfallenden Erträge sowie die anrechenbaren Steuern können Sie diesem Feststellungsbescheid entnehmen. **184**

13.4 Anlage KAP-INV

In der Anlage KAP-INV sind Eintragungen für Investmenterträge vorzunehmen, die nicht dem inländischen Steuerabzug unterlegen haben. Diese sind nicht aus den Steuerbescheinigungen der (deutschen) Depotbanken ersichtlich. **185**

[Laufende Investmenterträge ➜ Anlage KAP-INV Zeilen 4–13]

Anzugeben sind die Ausschüttungen nach § 2 Abs. 11 InvStG, getrennt nach Art des Fonds (Assetklasse) vor Anwendung der jeweiligen Teilfreistellung (➜ Tz 741 ff.). **186**

Die Vorabpauschalen für 2019 (➜ Tz 743) gelten im Jahr 2020 als zugeflossen. Sie sind in den Zeilen 31–46 zu berechnen und das Ergebnis getrennt nach den verschiedenen Fondsarten in die Zeilen 9–13 zu übernehmen (vor Anwendung der jeweiligen Teilfreistellung). Die Zeilen 31–46 müssen nicht ausgefüllt werden, wenn die Werte einer Bescheinigung der Bank entnommen werden können.

[Veräußerung von Investmentanteilen ohne inländischen Steuerabzug → Anlage KAP-INV Zeilen 14–28]

187 Für jede Fondsart sind ggf. drei Werte einzutragen: Der laufende Gewinn aus der Veräußerung von Investmentanteilen, die nicht dem inländischen Steuerabzug unterlegen haben, der darin enthaltene Teil, der auf bestandsgeschützte Alt-Anteile entfällt, sowie Gewinne oder Verluste aus der fiktiven Veräußerung der Bestände zum 31.12.2017.

[Veräußerungsgewinne/-verluste → Anlage KAP-INV Zeilen 14, 17, 20, 23 und 26]

188 Soweit Gewinne bzw. Verluste aus der Veräußerung von Investmentanteilen, die nicht dem inländischen Steuerabzug unterlegen haben, angefallen sind, sind diese vor Anwendung der jeweiligen Teilfreistellung und getrennt nach Fondsarten zu erfassen. Die Berechnung der Gewinne soll auf Seite 2 der Anlage KAP-INV (Zeilen 47 bis 57) erfolgen.

[Bestandsgeschützte Alt-Anteile → Zeilen 15, 18, 21, 24 und 27]

189 Soweit in der jeweiligen Vorzeile Veräußerungsgewinne aus bestandsgeschützten Alt-Anteilen i.S.d. § 56 Abs. 6 Satz 1 Nr. 2 InvStG enthalten sind, sind diese hier zu vermerken, damit der personenbezogene Freibetrag von 100.000 € abgezogen und fortgeschrieben werden kann (→ Tz 745).

[Fiktive Veräußerungsgewinne zum 31.12.2017 → Anlage KAP-INV Zeilen 16, 19, 22, 25 und 28]

190 Steuerlich gilt der Fondsbestand zum 31.12.2017 als verkauft und zum 1.1.2018 als wieder angeschafft. Der dabei entstehende Gewinn oder Verlust aus der fiktiven Veräußerung der Anteile wurde zum 31.12.2017 gesondert festgestellt, ist aber erst in dem Zeitpunkt zu versteuern, in dem die Alt-Anteile tatsächlich veräußert werden. Ist der Verkauf erfolgt, sind die festgestellten Gewinne und Verluste aus dieser fiktiven Veräußerung von Alt-Anteilen (§ 56 Abs. 2 i.V.m. Abs. 3 Satz 1 InvStG) gesondert einzutragen. Sie wirken sich im Jahr des tatsächlichen Verkaufs auf die Besteuerung aus. Für die Einkünfte aus der fiktiven Veräußerung von Alt-Anteilen wird keine Teilfreistellung berücksichtigt. Auch wird kein Freibetrag wie bei der Veräußerung der bestandsgeschützten Alt-Anteile gewährt.

[Zwischengewinn nach dem Investmentsteuergesetz 2004 → Anlage KAP-INV Zeile 29]

191 Bei Alt-Anteilen (vor dem 31.12.2017 erworben) ist der zum 31.12.2017 ermittelte Zwischengewinn im Zeitpunkt der tatsächlichen Veräußerung zu versteuern, unabhängig davon, ob es sich um bestandsgeschützte oder nicht bestandsgeschützte Alt-Anteile handelt. Der Zwischengewinn zum 31.12.2017 war vom Investmentfonds zu ermitteln und zu veröffentlichen. Diese Zwischengewinne sind in Zeile 29 zu erklären.

[Berechnung der Veräußerungsgewinne und -verluste → Anlage KAP-INV Zeilen 47–57]

192 Die Ermittlung des Veräußerungsgewinns bzw. -verlustes ist für jeden Fonds getrennt vorzunehmen. Sollten Fondsanteile von mehr als 3 Fonds veräußert worden sein, so sind entsprechend viele Anlagen KAP-INV einzureichen. Hierzu ist in Anlage KAP-INV Zeile 3 eine laufende Nummer der jeweiligen Anlage zu vergeben.

In der Zeile 47 ist die internationale Wertpapierkennnummer ISIN („International Securities Identification Number") und in der Zeile 48 die Fondsbezeichnung anzugeben.

In der Zeile 49 ist die Art des Investmentfonds (Assetklasse) einzugeben:

1 = Aktienfonds

2 = Mischfonds

3 = Immobilienfonds

4 = (besonderer) Immobilienfonds

5 = sonstiger Investmentfonds

Die Eingabe ist erforderlich, um die Teilfreistellungssätze (➜ Tz 741) ermitteln zu können.

In der Zeile 50 ist die Anzahl der veräußerten Anteile des entsprechenden Investmentfonds einzutragen.

Die Zeilen 51 bis 55 dienen der Ermittlung des Gewinns. Besonders zu beachten ist, dass zur Vermeidung einer doppelten Besteuerung in Zeile 54 die seit 2019 bereits versteuerten Vorabpauschalen vom Veräußerungsgewinn abzuziehen sind (➜ Tz 744). Ggf. muss nachgewiesen werden, dass die Vorabpauschale in der Steuererklärung angegeben wurde oder die gesamten Kapitaleinkünfte in den betreffenden Veranlagungszeiträumen den Sparer-Pauschbetrag nicht überschritten haben.

Die Zeilen 55–57 müssen nicht ausgefüllt werden, wenn die Werte einer Bescheinigung der Bank entnommen werden können.

Die sich für jede Fondsart ergebende Summe der Veräußerungsgewinne/-verluste ist in die Zeilen **14, 17, 20, 23 und 26** der ersten Anlage KAP-INV zu übertragen.

Für Investmentanteile, die vor dem 1.1.2009 angeschafft wurden, ist der in der Zeile 55 ermittelte Betrag in die Zeile 56 zu übertragen. Die sich für jede Fondsart ergebende Summe ist dann in die Zeilen **15, 18, 21, 24 und 27** der ersten Anlage KAP-INV einzutragen.

Für Investmentanteile, die nach dem 31.12.2008 aber vor dem 1.1.2018, angeschafft wurden ist der zum 31.12.2017 ermittelte Gewinn oder Verlust aus der fiktiven Veräußerung für jeden Fonds getrennt in der Zeile 57 zu erfassen. Die Summe der Veräußerungsgewinne aus der fiktiven Veräußerung von Alt-Anteilen ist in die Zeilen 16, 19, 22, 25 und 28 der ersten Anlage KAP-INV zu übertragen.

193 Checkliste Anlage KAP

Folgende Abzugsmöglichkeit geprüft? Vgl. Ausfüllhinweise zur Zeile!

Ihre Zinserträge betragen weniger als 801 € bzw. bei Ehegatten 1.602 €? ☐

Prüfen Sie, ob bei Zinsgutschrift von der Bank Kapitalertragsteuer einbehalten wurde. Füllen Sie die Anlage KAP aus und holen Sie sich die einbehaltenen Steuern zurück (Anlage KAP Zeile 5).

Sie haben Ihren Freistellungsauftrag ungünstig erteilt? ☐

Sie können den unrichtigen Steuerabzug der Banken durch Abgabe der Anlage KAP im Veranlagungsverfahren korrigieren lassen (Anlage KAP Zeile 5).

Ihr persönlicher Grenzeinkommensteuersatz liegt möglicherweise unter 25 %? ☐

Soweit Kapitalertragsteuer einbehalten wurde, geben Sie auf jeden Fall eine Anlage KAP ab und tragen Sie Ihre Zinserträge ein (Anlage KAP Zeile 4).

Sie sind an einer GmbH oder AG zu mindestens 25 % beteiligt oder zu mindestens 1 % und dort auch in leitender Funktion tätig und haben die Beteiligung mit Kredit finanziert? ☐

Prüfen Sie, ob es sinnvoll ist, die Erträge nach dem Teileinkünfteverfahren zu versteuern. Dann müssen Sie zwar 60 % der Einkünfte mit dem tariflichen Steuersatz versteuern, können aber auch 60 % der Werbungskosten (insbesondere Finanzierungskosten) steuerlich geltend machen (Anlage KAP Zeilen 31 und 32).

Sie haben ausländische Kapitalerträge erzielt, für die bisher nur ausländische Quellensteuer einbehalten wurde? ☐

Die Zinsen unterliegen der deutschen Einkommensteuer im Regelfall mit dem Abgeltungsteuersatz von 25 %. Die ausländische Steuer können Sie aber auf die deutsche Steuer anrechnen lassen (Anlage KAP Zeilen 51–53).

Sie wollen einbehaltene Steuern anrechnen lassen? ☐

Dazu benötigen Sie stets die Originalsteuerbescheinigungen (Anlage KAP Zeilen 37–45).

14 Anlage V (Einkünfte aus Vermietung und Verpachtung)

14.1 Allgemein

WICHTIG 194

Vermietungseinkünfte richtig erfassen

Die **Anlage V** benötigen Sie in folgenden Fällen:

- Sie haben Grundbesitz oder Teile davon (z.B. Haus, Wohnung, Zimmer, Garage etc.) vermietet.
- Sie sind Haus-/Wohnungseigentümer und haben vergeblich versucht, einen Mieter zu finden.
- Sie wollen ein Haus oder eine Wohnung bauen oder kaufen und beabsichtigen zu vermieten.
- Wenn Sie mehrere Objekte (Häuser, Eigentumswohnungen) haben, müssen Sie für jedes Objekt eine eigene Anlage V ausfüllen.

[Überblick]

Im Bedarfsfall ausfüllen	
Seite 1	**Allgemeine Angaben** zu Grundstück und Eigentümer **(Zeilen 1–8)** **Einnahmen aus bebauten Grundstücken (Zeilen 9–21)** Hier sind die Mieteinnahmen und Umlagen einzutragen. **Anteile an Vermietungseinkünften (Zeilen 25–29)** Eintragungen sind erforderlich bei Beteiligung an einer oder mehreren Grundstücksgemeinschaft(en) (eine Anlage V genügt), einer Erbengemeinschaft mit Grundbesitz oder einem Immobilienfonds.
Seite 2	**Andere Vermietungseinkünfte (Zeilen 31, 32)** Hierher gehört die Untervermietung von selbst angemieteten Räumen und Vermietung von unbebauten Grundstücken und (möblierten) Zimmern. **Werbungskosten (Zeilen 33–53)** Die Aufwendungen (z.B. Abschreibungen, Finanzierungskosten, Reparaturen, laufende Kosten) für das vermietete Objekt tragen Sie hier ein.

[Eigengenutzte Wohnung]

Die **Anlage V** ist nur für vermietete Objekte vorgesehen.

TIPP

Steuerermäßigung für haushaltsnahe Tätigkeiten i. Z. m. eigengenutztem Wohnraum

Sie können für bestimmte Aufwendungen (z.B. Gartenarbeiten, haushaltsnahe Dienstleistungen und Handwerkerleistungen) im eigengenutzten Haus bzw. Ihrer eigengenutzten Wohnung evtl. eine **Steuerermäßigung** nach § 35a EStG in Anspruch nehmen (**Anlage Haushaltsnahe Aufwendungen**) (➜ Tz 44, ➜ Tz 467).

Für energetische Maßnahmen an einem zu eigenen Wohnzwecken genutzten eigenen Gebäude(teil) kann auch die Steuerermäßigung nach § 35c EStG beantragt werden (➜ Tz 51).

14.2 Einnahmen

[Einkünfte aus dem bebauten Grundstück ➜ Zeilen 4–6]

195 Tragen Sie die Lage des Grundstücks, den Anschaffungszeitpunkt (= Zeitpunkt des Übergangs von Nutzen, Lasten und der Gefahr des zufälligen Untergangs) und/oder den Zeitpunkt der **Fertigstellung** (= Bezugsfertigkeit) ein. Die Angaben haben Bedeutung für die Berechnung der Absetzung für Abnutzung (Zeile 33). Außerdem übertragen Sie bitte aus dem Einheitswertbescheid für das Grundstück das Einheitswert-Aktenzeichen mit max. 17 Stellen (Zeile 6).

[Ferienwohnung, kurzfristige Vermietung, Angehörigenvermietung, Gesamtwohnfläche ➜ Zeilen 7–8 und Zeile 12]

196 Bei Ferienwohnungen wird das Finanzamt, insbesondere wenn Sie diese auch selbst nutzen, genau prüfen, ob tatsächlich die Absicht besteht, Mietüberschüsse zu erzielen. Nur dann sind die Ausgaben steuerlich abzugsfähig (➜ Tz 810 ff.).

Liegt eine kurzfristige Vermietung von Wohnraum, z.B. über eine Internetplattform vor, ist dies in Zeile 7 zu vermerken.

Bei der Vermietung an Angehörige wird das Mietverhältnis daraufhin geprüft, ob es wie unter Fremden vereinbart und durchgeführt worden ist. Außerdem wird die verbilligte Überlassung (tatsächliche Miete < 66 % der ortsüblichen Miete) geprüft.

Soweit keine Mieteinnahmen vorliegen und auch nicht erkennbar sind oder es sich um eine verbilligte Überlassung handelt, können die Aufwendungen nicht oder nur teilweise als Werbungskosten geltend gemacht werden (➜ Tz 822, ➜ Tz 827).

[Mieteinnahmen ➜ Zeilen 9–14]

197 Geben Sie hier die Anzahl der Wohnungen, aufgeteilt auf die einzelnen Geschosse, die Wohnungsgrößen und die Ihnen tatsächlich zugeflossenen (Kalt-)**Mieten** an. Die vereinnahmten Umlagen für Nebenkosten wie Strom, Wasser … (laufende und Nachzahlungen für Vorjahre) erfassen Sie in Zeile 13. Soweit Sie Umlagen (aus Vorjahren) an Mieter zurückgezahlt haben, kürzen Sie den Umlagebetrag entsprechend. Die Einnahmen aus der Vermietung von Wohnraum an Angehörige müssen gesondert in Zeile 12, die von Angehörigen gezahlten Umlagen in Zeile 14 eingetragen werden (s.a. Zeile 8).

[Mietnachzahlung ➜ Zeile 15]

Mietnach- oder -vorauszahlungen sind in dem Jahr zu versteuern, in dem sie zugeflossen sind. **198**

[Garagen und andere vermietete Grundstücksflächen ➜ Zeile 16]

Hier tragen Sie die erhaltenen Garagenmieten und Entgelte z. B. für das Aufstellen von Reklameträgern, Automaten, Kiosken, Mobilfunkantennen oder Solaranlagen ein. **199**

[Umsatzsteuer ➜ Zeilen 17–18]

Wenn Sie Ihr Grundstück umsatzsteuerpflichtig vermietet haben, gehören auch die vom Mieter zusätzlich zur Miete gezahlte Umsatzsteuer und die vom Finanzamt erstattete Vorsteuer i. Z. m. dem Grundstück zu den Einnahmen (➜ Tz 833, ➜ Tz 910). **200**

[Bausparzinsen, Zuschüsse ➜ Zeile 19]

In die Zeile 19 sind Guthabenzinsen aus Bausparverträgen einzutragen, wenn der Vertrag durch Zwischenfinanzierung in einem direkten Zusammenhang mit der Anschaffung, Herstellung oder Reparatur des (vermieteten) Gebäudes steht. Eventuell von der Bank abgezogene Kapitalertragsteuer (Abgeltungsteuer) können Sie auf die Einkommensteuer anrechnen lassen (**Anlage KAP**). **201**

Andere Bausparzinsen gehören zu den Kapitaleinnahmen. Öffentliche Zuschüsse zur Instandhaltung (z. B. für Wärmedämmung, Solaranlagen etc.) sind auch als Einnahmen zu erfassen. Die Kosten für derartige Maßnahmen sind Erhaltungsaufwendungen und damit abziehbare Werbungskosten (Zeilen 40–42).

[Einkunftsermittlung ➜ Zeilen 21–24]

Bei einem „Verlust" versehen Sie den Betrag mit einem Minuszeichen. Gehört das Grundstück beiden Ehegatten, sind die ermittelten Einkünfte in Zeile 24 entsprechend den Eigentumsverhältnissen auf die Ehegatten zu verteilen. **202**

[Beteiligungen an Grundstücksgesellschaften ➜ Zeilen 25–29]

Sind Sie an einer Grundstücks-, Erbengemeinschaft mit Vermietungseinkünften, Bauherren- oder Erwerbergemeinschaft oder einem geschlossenen Immobilienfonds beteiligt, dann haben Sie von der Gesellschaft eine Mitteilung über die Höhe Ihres Anteils und darüber, bei welchem Finanzamt und unter welcher Steuernummer die Gesellschaft erfasst ist, erhalten. Tragen Sie diese Angaben – je nach Art der Gesellschaft – in die Zeilen 25–29 ein. Die Einkünfte der Gesellschaft bzw. Gemeinschaft sowie die Verteilung auf die einzelnen Beteiligten werden aufgrund der eingereichten Steuererklärung der Gesellschaft (Feststellungserklärung mit eigener Anlage V) vom dafür zuständigen Finanzamt gesondert und einheitlich festgestellt und den Finanzämtern der Beteiligten mitgeteilt. **203**

ACHTUNG

Einzelaufwendungen eines Beteiligten

Sollten Ihnen i. Z. m. den Beteiligungen Aufwendungen entstanden sein, müssen Sie diese der Gesellschaft mitteilen, da die Ausgaben nur im Rahmen der gesonderten und einheitlichen Feststellung, nicht aber in Ihrer Einkommensteuererklärung berücksichtigt werden können.

[Sonstige Vermietungen ➜ Zeilen 31–32]

204 In die Zeilen 31 und 32 gehören die Einkünfte aus der Untervermietung von Räumen oder der Vermietung von unbebauten Grundstücken (z.B. Lager-, Kfz-Stellplatz ohne Wohnungsvermietung) oder von möblierten Zimmern oder erhaltene Erbbauzinsen. Stellen Sie Ihre Einnahmen und Ausgaben (Werbungskosten) auf einem gesonderten Blatt zusammen und übertragen Sie die Einkünfte (Einnahmen – Werbungskosten = Einkünfte) in den Vordruck.

14.3 Werbungskosten

[Werbungskosten ➜ Zeilen 33–53]

205 Wenn bzw. soweit Sie ein Grundstück oder einen Teil davon unentgeltlich überlassen, zu eigenen Wohnzwecken oder zu eigenen beruflichen oder betrieblichen Zwecken nutzen, können Sie keine Werbungskosten aus V+V geltend machen (➜ Tz 846 ff.).

Nur bei entgeltlicher Vermietung sind die Aufwendungen als Werbungskosten (Anlage V) abziehbar.

[Gemischt genutzte Grundstücke]

206 **Bei gemischt genutzten Gebäuden** müssen die Ausgaben erst insgesamt ermittelt werden (Spalte 1) und anschließend, soweit möglich, den einzelnen Nutzungen direkt zugeordnet (Spalten 2 und 4) oder flächenmäßig aufgeteilt (Spalten 3 und 4) werden. In Spalte 4 erscheint der **abzugsfähige Teil** der Aufwendungen.

Ausgaben i. Z. m. beruflich genutzten Räumen (häusliches Arbeitszimmer, Praxis, Kanzlei, Lagerraum, Büro ...) werden grds. bei der jeweiligen Einkunftsart berücksichtigt (**Anlage N**, Seite 2: Werbungskosten; **Anlagen G** und **S:** Betriebsausgaben in der Gewinnermittlung). Ist das gesamte Objekt vermietet, reicht es aus, die Eintragungen in Spalte 4 vorzunehmen.

[Absetzung für Abnutzung (AfA)/Abschreibung ➜ Zeilen 33–36]

207 Die Zeilen sind für die AfA vorgesehen, die sich aus den Anschaffungs- bzw. Herstellungskosten des Gebäudes und anderer Wirtschaftsgüter ermittelt. Soweit Sie erstmals AfA geltend machen, müssen Sie eine Aufstellung der entstandenen Anschaffungs- oder Herstellungskosten (Art und Betrag) sowie die von Ihnen vorgenommene AfA-Berechnung auf einem gesonderten Blatt beifügen. Das Finanzamt wird in vielen Fällen auf die Vorlage der Einzelbelege (Bauordner) verzichten.

[Normale Gebäude-AfA ➜ Zeile 33]

208 In Zeile 33 tragen Sie die „normale" lineare oder degressive Gebäude-AfA ein. Bei umsatzsteuerpflichtiger Vermietung mit Vorsteuerabzug gehört die gezahlte Umsatzsteuer nicht zu den Anschaffungs- oder Herstellungskosten (➜ Tz 863).

[Sonderabschreibung für Mietwohnungsneubau ➜ Zeile 34]

209 Die Sonderabschreibung nach § 7b EStG kann für Baumaßnahmen zur Herstellung einer neuen, bisher nicht vorhandenen Wohnung in Anspruch genommen werden. Die Wohnung muss aufgrund eines nach dem 31.8.2018 gestellten Bauantrags oder einer entsprechenden Bauanzeige geschaffen und nach der Fertigstellung zehn Jahre entgeltlich zu Wohnzwecken überlassen werden. Wegen weiterer Voraussetzungen siehe ➜ Tz 872.

[Baudenkmäler/Gebäude in Sanierungsgebieten ➜ Zeile 35]

Für Baudenkmäler und Häuser in Sanierungsgebieten oder städtebaulichen Entwicklungsbereichen sind erhöhte Abschreibungen möglich. 210

[AfA für andere Wirtschaftsgüter ➜ Zeile 36]

Haben Sie zusammen mit einem Haus oder einer Wohnung andere Wirtschaftsgüter (z. B. Einbauküche/Möbel, Rasenmäher, Mülltonnen oder Gartengeräte) mitvermietet, können Sie die Brutto-Anschaffungskosten dieser Wirtschaftsgüter (netto höchstens 800 €) im Jahr der Anschaffung sofort als Werbungskosten abziehen. Betragen die Anschaffungskosten einschließlich Umsatzsteuer mehr als 952 € je Wirtschaftsgut, ist der Kostenabzug aber nur im Wege der AfA, verteilt auf die individuelle Nutzungsdauer, möglich (➜ Tz 886). 211

[Schuldzinsen Geldbeschaffungskosten ➜ Zeilen 37, 38]

Zu den **Schuldzinsen** gehören auch von der Bank einbehaltene Zinsvorauszahlungen (Damnum, Disagio) und zu zahlende Erbbauzinsen, nicht jedoch von Ihnen geleistete Darlehensrückzahlungen (Tilgung). Stellen Sie die einzelnen Beträge auf einem gesonderten Blatt zusammen. 212

Geldbeschaffungskosten sind z. B. Bankgebühren, Fahrtkosten, Porto i. Z. m. der Kreditaufnahme, Notar- und Grundbuchgebühren i. Z. m. der Bestellung und Eintragung einer Grundschuld oder Hypothek (➜ Tz 888).

[Renten/dauernde Lasten ➜ Zeile 39]

Haben Sie das vermietete Grundstück gegen Zahlung einer Rente oder dauernden Last erworben, ist der Rentenbetrag zum Teil (Barwert der Verpflichtung) als Anschaffungskosten des Grundstücks und zum Teil (Zinsanteil) als Werbungskosten zu behandeln. Wenn Sie erstmals derartige Aufwendungen geltend machen, benötigt das Finanzamt zur Prüfung/Ermittlung des Zinsanteils den Übergabevertrag (➜ Tz 897). 213

[Reparaturen/Erhaltungsaufwendungen ➜ Zeilen 40–41]

Reparaturkosten (auch Erhaltungsaufwendungen oder Instandhaltungskosten genannt) stellen Sie auf einem gesonderten Blatt mit Angabe der durchgeführten Maßnahme, des Namens des Zahlungsempfängers und der Höhe des gezahlten Betrags zusammen. Beiträge zur Instandhaltungsrücklage bei Eigentumswohnungen (enthalten in den Hausgeldzahlungen) sind erst abziehbar, wenn damit konkret durchgeführte Reparaturen bezahlt worden sind (➜ Tz 903). 214

Bei gemischt genutzten Gebäuden müssen Sie zwischen den dem vermieteten Teil direkt zuordenbaren Reparaturen (Zeile 40) und den das gesamte Gebäude betreffenden Kosten (Zeile 41), die nur anteilig abziehbar sind, unterscheiden (➜ Tz 898).

[Verteilung größerer Reparaturaufwendungen➜ Zeilen 42–46]

Bei (größeren) Reparaturaufwendungen an zu Wohnzwecken vermieteten Objekten können Sie die Kosten anstelle des vollständigen Abzugs im Jahr der Bezahlung auf Antrag gleichmäßig auf zwei bis fünf Jahre verteilen. Das ist einerseits sinnvoll, wenn Ihre Einkünfte eher niedrig sind und sich die Kosten wegen des niedrigen Steuersatzes steuerlich wenig oder gar nicht auswirken. Bei einem hohen persönlichen Grenzsteuersatz kann eine Verteilung der Aufwendungen auf mehrere Jahre zu insgesamt höheren Erstattungen führen. Die Kostenverteilung beantragen Sie, indem Sie die Aufwendun- 215 gen nicht in den Zeilen 40 oder 41, sondern in Zeile 42 (Gesamtaufwand und der im Jahr 2020 abzuziehende Betrag) eintragen (➜ Tz 905). Haben Sie bereits für Reparaturaufwendungen der Jahre 2016–2019 die Verteilung beantragt, schreiben Sie den für 2020 abzugsfähigen Teil der Kosten in die Zeilen 43–46.

[Weitere Werbungskosten ➜ Zeilen 47–50]

216 Im Vordruck sind einige typische Aufwendungen benannt. Die Kosten für Heizung und Warmwasser, Müllabfuhr und andere Umlagen können Sie geltend machen, wenn Sie die von den Mietern dafür bezahlten Beträge in den Einnahmen (Zeilen 13, 14) erfasst haben. Zu den Hausversicherungen (Zeile 47) gehören neben der Gebäudehaftpflicht- auch die Gebäudebrand- und Elementarschadenversicherung, eine Glasbruch- und die Leitungswasserschadenversicherung. Verwaltungskosten (Zeile 48) sind insbesondere Zahlungen an den Hausverwalter, Porto, Telefon und Reisekosten (Fahrtkosten, Verpflegungsmehraufwendungen und Übernachtungskosten i. Z. m. Reparaturen, Behördengängen, Handwerkerbesprechungen oder Grundstückskontrollen).

Zu „Sonstiges" (Zeile 50) gehören z. B. Mitgliedsbeiträge zum Haus- und Grundbesitzerverein, Kosten für die Mietersuche (Makler, Zeitungsanzeigen), Anwalts-, Mahn-, Gerichtskosten, Kontoführungsgebühren (pauschal 16 €) und Steuerberatungskosten (➜ Tz 436, ➜ Tz 908, ➜ Tz 909, ➜ Tz 912).

[Bezahlte Umsatzsteuer ➜ Zeilen 50, 52]

217 Haben Sie umsatzsteuerpflichtig vermietet, gehört die von Ihnen bezahlte **Umsatzsteuer** aus den Handwerkerrechnungen zu den sofort abziehbaren Werbungskosten. Der Abzug erfolgt über die Bruttobeträge in den Zeilen 33–49. In Zeile 52 sind die gesamten **abziehbaren Vorsteuerbeträge** nochmals einzutragen. Die an das Finanzamt abgeführten Umsatzsteuerzahlungen gehören in Zeile 50 (➜ Tz 910).

[Zuschüsse ➜ Zeile 53]

218 Haben Sie zu den Baukosten (Herstellungskosten) oder dem Kaufpreis (Anschaffungskosten) öffentliche Zuschüsse erhalten, mindern diese die Abschreibungsbemessungsgrundlage.

Folgende Abzugsmöglichkeit geprüft? Vgl. Ausfüllhinweise zur Zeile! ✔

Leer stehende Mietwohnung? ☐

Sie können auch die während des Leerstehens angefallenen Kosten (z. B. AfA, Reparaturen, Grundsteuer, Versicherungen) als Werbungskosten geltend machen, wenn Sie die Absicht der Vermietung gegenüber dem Finanzamt (z. B. durch Zeitungsannoncen, Maklerbeauftragung) glaubhaft darlegen (➜ Tz 813).

Haben Sie an den Abzug folgender Kosten gedacht? ☐

- **Schornsteinfegergebühren**, Wartungsverträge (Zeile 47)
- alle **Versicherungen** und **Kosten für die Verwaltung** (Zeilen 47, 48)
- **Kleinreparaturen** (Material, Fahrtkosten bei Reparatur in Eigenregie) (Zeilen 40, 48)

Ist größerer Erhaltungsaufwand (Reparaturen) angefallen? ☐

Eine Verteilung der Kosten auf mehrere Jahre kann zu einer insgesamt höheren Steuererstattung führen (Zeilen 42 ff.).

Reparaturen, Wartungskosten, Gartenarbeiten rund um die selbst bewohnte Wohnung? ☐

Dafür können Sie eine Steuerermäßigung nach § 35a EStG (Anlage Haushaltsnahe Aufwendungen) oder nach § 35c EStG (Anlage Energetische Maßnahmen) erhalten.

15 Anlagen R (Renten), R-AV/bAV, R-AUS

15.1 Allgemein

220 **WICHTIG**

Neue Erklärungsvordrucke für Renten

Die bisherige Anlage R wurde ab dem Vz.2020 in drei Anlagen aufgeteilt.

Anlage R für Renten aus dem Inland und **Anlage R-AV/bAV** für Leistungen aus Altersvorsorgeverträgen und aus der betrieblichen Altersversorgung.

Wird eine Rente aus einer ausländischen Versicherung oder einem ausländischen Rentenvertrag gezahlt liegen der Finanzverwaltung keine elektronischen Daten vor. Die Angaben zur Rente müssen Sie in die neue **Anlage R-AUS** eingetragen werden.

221 **Beamtenpensionen** und **Versorgungsbezüge** nach beamtenrechtlichen Vorschriften (einschl. Witwen- und Waisenbezüge) sowie **Betriebsrenten**, die der frühere Arbeitgeber zahlt, gehören nicht in die Anlage R, sondern stellen Arbeitslohn dar (**Anlage N**).

Die **Anlage R** ist auch nicht auszufüllen, wenn im Vz. eine Rente i. Z. m. Übertragung von Vermögen bei vorweggenommener Erbfolge gezahlt wird (**Anlage SO, Zeile 4**).

Jeder Ehegatte mit Rentenleistungen gibt eigene **Anlagen** ab.

15.2 Anlage R – Leibrenten aus dem Inland

222 Renten aus dem Inland (ohne Riester-Renten und Renten aus der betrieblichen Altersvorsorge), die nicht der Arbeitgeber bezahlt, gehören grds. zu den sonstigen Einkünften und werden in der Anlage R erklärt. Je nach Rentenart bzw. der steuerlichen Behandlung der Einzahlungen (Beiträge) in die jeweilige Versicherung wird die daraus folgende Rente unterschiedlich besteuert (➜ Tz 915).

223 **Elektronisch gemeldete Daten müssen nicht eingetragen werden**

Daten, die elektronisch an die Finanzverwaltung gemeldet wurden, z. B. durch Versicherungen oder durch den Arbeitgeber, müssen nicht mehr in die Steuererklärung eingetragen werden. Nur bei abweichenden Werten ist eine Eintragung erforderlich. Achten Sie bitte auf die unterschiedliche Einfärbung der einzelnen Zeilen in der Steuererklärung.

Laufende Nummer der Anlage

Die **Anlage R** sieht nur noch die Eintragung von zwei gleichartigen Renten auf einer Anlage vor. Sollten Angaben zu mehr als zwei Renten erforderlich werden, sind diese auf weiteren Anlagen R zu erklären und die Anlagen sind in der Zeile 3 fortlaufend zu nummerieren.

[Überblick]

Im Bedarfsfall ausfüllen	
Seite 1	Inländische **Leibrenten/Leistungen und Rürup-Rente (Zeilen 4–12)** (ohne Riester-Rente und Renten aus der betrieblichen Altersvorsorge) ● Renten (z. B. Alters-, Erwerbsunfähigkeits-, Witwenrente) aus der **gesetzlichen** Rentenversicherung ● Altersrenten aus landwirtschaftlichen Alterskassen ● Renten aus berufsständischen Versorgungswerken ● Rürup-Renten (aus **privaten, kapitalgedeckten**, nach 2004 abgeschlossenen Rentenversicherungsverträgen). **Private Leibrenten (Zeilen 13–18)** ● Altersrenten aus **privaten** Versicherungsverträgen (ohne Rürup- u. Riester-Renten) ● Renten aus privaten Versicherungen, die nur zeitlich befristet gezahlt werden (z. B. private Erwerbsunfähigkeits- und Hinterbliebenenrenten)
Seite 2	**Leibrenten aus sonstigen Verpflichtungsgründen (Zeilen 31–36)** (z. B. Renten i. Z. m. Vermögensveräußerungen) **Werbungskosten (Zeilen 37–38)** Für (alle) Renten erhalten Sie insgesamt einen Werbungskostenpauschbetrag i. H. v. 102 €, wenn Sie keine höheren Kosten eintragen.

TIPP 224

Leistungsmitteilung vom Versorgungsträger beim Ausfüllen der Anlage R beachten

Ihr Versorgungsträger ist **auf Anforderung** verpflichtet, Ihnen jährlich eine Leistungsmitteilung über die Rente (Rentenbezugsmitteilung) zu übersenden. Dort werden insbesondere bei privaten Renten (**Anlage R**, Seite 1, Zeilen 13–18) sowie Renten aus der betrieblichen Altersversorgung und Riester-Renten (**Anlage R-AV/bAV**) alle für die Steuererklärung notwendigen Angaben aufgeführt. Häufig ist dort jeweils vermerkt, in welcher Zeile bzw. unter welcher Kennzahl der Anlagen die Rente einzutragen ist. Bitte beachten Sie, dass auf der Anlage R-AV/bAV, im Text auf die Nummer der Leistungsmitteilung (1–11) verwiesen wird.

Gesetzliche Renten aus dem Inland (Seite 1)

[Leibrenten/Leistungen ➜ eZeilen 4–9, Zeilen 10–12]

Unter Leibrenten fallen alle Renten aus der gesetzlichen Rentenversicherung sowie aus landwirtschaftlichen Alterskassen und aus berufsständischen Versorgungseinrichtungen und Renten aus privaten kapitalgedeckten Versicherungen (Rürup-Renten). Bei diesen Renten wird ein Teil der Rente steuerfrei gestellt, der restliche sog. **Besteuerungsanteil** ist steuerpflichtig (➜ Tz 919). 225

[Rentenbetrag, Rentenanpassungsbetrag ➜ eZeilen 4–5]

Einzutragen ist der Jahresbetrag der **Brutto**rente (eZeile 4). Dies ist nicht der ausgezahlte Betrag, sondern die zugesagte Rente, d. h. der Rentenbetrag ohne den (steuerfreien) 226

Zuschuss der Rentenversicherung zur Krankenversicherung und vor Abzug der Kranken- und Pflegepflichtversicherungsbeiträge. Zu erfassen sind im **Jahr der Rentenauszahlung** auch Nachzahlungen für ein Vorjahr und Einmalzahlungen (z. B. Sterbegeld).

Der eingetragene Betrag (ohne den enthaltenen Rentenanpassungsbetrag laut eZeile 5) wird – abhängig vom Jahr des Rentenbeginns – nur zum Teil besteuert.

Der Rentenanpassungsbetrag (eZeile 5, in eZeile 4 zusätzlich enthalten), den Sie ebenfalls Ihrer Rentenbezugsmitteilung entnehmen können, ist die Summe aller Rentenerhöhungen ab dem dritten Rentenjahr (frühestens ab 2006) und ist in voller Höhe steuerpflichtig (➔ Tz 921).

[Kranken-/Pflegeversicherung]

227 Die gezahlten Kranken- und Pflegeversicherungsbeiträge können Sie als Sonderausgabe (**Anlage Vorsorgeaufwand**, Zeilen 16–22) geltend machen (➔ Tz 508).

[Beginn der Rente ➔ eZeile 6]

228 In eZeile 6 ist der versicherungsrechtliche Beginn der Rente einzutragen. Nicht maßgebend ist der Zeitpunkt des Rentenantrags oder der erstmaligen Rentenauszahlung. Der Rentenbeginn bestimmt den Besteuerungsanteil, also die Höhe des steuerpflichtigen Teils der Rente in den ersten beiden Jahren. Bei Rentenbeginn vor 2006 sind 50 % der Rente des Jahres 2006 steuerpflichtig. Der Prozentsatz erhöht sich für jeden neuen Rentnerjahrgang um 2 %. Bei Neurentnern, die erstmals 2020 eine Rente beziehen, sind 80 % der Rente steuerpflichtig.

[Vorhergehende Rente, Folgerente ➔ eZeilen 7–8]

229 Eine Rente (z. B. Witwenrente), eingetragen in den eZeilen 4–6, ist eine Folgerente, wenn ihr eine andere Rente aus derselben Versicherung (z. B. Altersrente des verstorbenen Ehegatten aus gesetzlicher Rentenversicherung) vorausgegangen ist (vorhergehende Rente). Der maßgebende Prozentsatz der Besteuerung für die neue Folgerente hängt dann auch von der Dauer der Vorgängerrente ab. Dies führt i. d. R. zu einer niedrigeren Besteuerung. Tragen Sie deshalb Beginn und Ende der Vorgängerrente in die eZeilen 7 und 8 ein.

[Rentennachzahlung/Kapitalauszahlung ➔ eZeile 9]

230 Haben Sie Rentennachzahlungen für **mehrere** (mindestens zwei) vorangegangene Jahre erhalten, geben Sie den in den Rentenzahlungen (eZeile 4) enthaltenen Nachzahlungsbetrag hier nochmals zusätzlich an. Das Finanzamt prüft, ob derartige Nachzahlungen im Rahmen der „Fünftel-Regelung“ ermäßigt besteuert werden können. Eine ermäßigte Besteuerung kann auch für Teilkapitalauszahlungen gewährt werden. Erfolgt eine Nachzahlung nur für ein Jahr (z. B. bei verspäteter Rentenantragstellung), ist der Nachzahlungsbetrag nur in eZeile 4 und nicht in eZeile 9 einzutragen.

[Öffnungsklausel ➔ Zeilen 10–12]

231 In der gesetzlichen Rentenversicherung und den berufsständischen Versorgungseinrichtungen werden Beiträge nur bis zu einer Beitrags(bemessungs)grenze berechnet. Auf freiwilliger Basis ist es möglich, höhere Rentenversicherungsbeiträge einzuzahlen, um einen höheren Rentenanspruch zu erwerben. Wurden bis zum Jahr 2004 in bzw. für **mindestens zehn Jahre Beiträge über der Beitragsbemessungsgrenze** gezahlt, kann für einen Teil der Rente in den Zeilen 10–12 eine niedrigere Besteuerung beantragt werden. Ihr Versicherungsträger stellt eine Bescheinigung aus, die aussagt, welcher Prozentanteil der Rente auf diese Beiträge entfällt. Tragen Sie den Prozentsatz in Zeile 10 ein und fügen Sie die Bescheinigung Ihrer Steuererklärung bei.

In dem Nachweis sind auch **Einmalzahlungen**, z.B. einmaliges Sterbegeld i. Z. m. einer monatlichen Witwenrente, bescheinigt. Der Teil der Einmalzahlung, der unter die Öffnungsklausel fällt, wird **nicht** besteuert. Tragen Sie deshalb, soweit zutreffend, die Einmalzahlung in Zeile 12 ein.

Rürup-Rente (Seite 1)

Die Rürup-Rente ist eine Leistung aus einem privaten, kapitalgedeckten, zertifizierten Basisrentenversicherungsvertrag. Sie wird steuerrechtlich wie eine inländische gesetzliche Rente behandelt (➜ Tz 502). **232**

Private Renten aus dem Inland (Seite 1)

[Andere Leibrenten ➜ Zeilen 15–16, eZeilen 13–14, 17–18]

Leibrenten aus einer privaten Rentenversicherung (ohne Riester-Renten, ohne Renten aus der betrieblichen Altersversorgung und ohne Rürup-Renten) sind nur mit dem sog. **Ertragsanteil** steuerpflichtig. **233**

[Rentenbetrag ➜ eZeile 13]

Den Rentenbetrag können Sie der Rentenmitteilung bzw. dem maßgebenden Vertrag entnehmen. Einzutragen ist der Jahresbetrag. Wurden Kranken- und Pflegepflichtversicherungsbeiträge einbehalten, ist der Rentenbetrag vor Abzug dieser Leistungen maßgeblich. **234**

[Angaben zwecks Ermittlung des Ertragsanteils ➜ eZeilen 14, Zeilen 15–17]

Die Angaben sind entscheidend für die Ermittlung des steuerpflichtigen Ertragsanteils der Rente. Handelt es sich um eine Leibrente auf Lebenszeit, ist für den Ertragsanteil der **versicherungsrechtliche** Beginn der Rente maßgebend (Eintragung in eZeile 14). Tragen Sie in Zeile 16 ein, an wessen Leben die Rentenzahlung anknüpft. **235**

Handelt es sich um eine abgekürzte Leibrente (Höchstzeitrente), ist für die Höhe des Ertragsanteils die Höchstlaufzeit mit maßgebend. Tragen Sie in eZeile 17 ein, wann die Rente voraussichtlich enden (z.B. bei privaten Berufsunfähigkeitsrenten durch Erreichen des Pensionsalters) oder in eine andere Rente (z.B. gesetzliche Altersrente) umgewandelt wird (➜ Tz 930).

[Rentennachzahlungen ➜ eZeile 18]

Rentennachzahlungen für **mehrere** (mindestens zwei) Vorjahre gehören zusätzlich in eZeile 18. Sie beantragen damit eine ermäßigte Besteuerung (vgl. Erläuterungen zu eZeile 9). **236**

Rente aus dem Inland bei Wohnsitz im Ausland

Werden Renten aus Deutschland ins Ausland gezahlt, unterliegen die Renten grds. der Besteuerung zur beschränkten Einkommensteuerpflicht (§ 49 Abs. 1 Nr. 7 EStG). **237**

Besteht zwischen dem Wohnsitzstaat und der BRD ein DBA, kann Deutschland an der Besteuerung der Rente gehindert sein.

Dürfen beide Staaten Steuern erheben, regelt das DBA auch, wie der Wohnsitzstaat eine doppelte Besteuerung zu vermeiden hat. Für die Vermeidung einer doppelten Besteuerung gibt es, je nachdem, welches DBA anzuwenden ist, zwei Methoden: Entweder ist die deutsche Rente im Wohnsitzstaat steuerfrei zu stellen oder der Wohnsitzstaat hat einen Anrechnungsbetrag der deutschen Steuer auf die im Ausland zu zahlende Steuer zu gewähren.

Bei Wohnsitz in bestimmten Staaten (z. B. Frankreich, Griechenland, USA), hat der Wohnsitzstaat das alleinige Besteuerungsrecht.

Weitere Informationen zur Besteuerung der Renten bei Wohnsitz im Ausland stellt das Finanzamt Neubrandenburg unter „www.finanzamt-rente-im-ausland.de" zur Verfügung.

15.3 Anlage R-AV/bAV – Riester-Renten und Renten aus betrieblicher Altersversorgung

238

Seite 1	**Leistungen aus Altersvorsorgeverträgen (Riester) und aus der betrieblichen Altersversorgung (Zeilen 4–26)** ● staatlich geförderte Riester-Renten ● Renten aus einer staatlich geförderten **betrieblichen** Altersversorgung (Pensionsfonds, Pensionskasse, Direktversicherung) ● Renten aus Zusatzversorgungseinrichtungen des Bundes, der Länder, Kommunen und Kirchen (z. B. VBL- und ZVK-Renten) **Werbungskosten (Zeilen 31–37)** ● Für (alle) Renten erhalten Sie insgesamt einen Werbungskostenpauschbetrag i. H. v. 102 €, wenn Sie keine höheren Kosten eintragen.

[Altersvorsorgevertragsrenten (Riester-Renten), betriebliche Altersvorsorge und VBL-/ZVK-Renten]

Die entsprechenden Daten wurden vom Auszahlenden elektronisch an die Finanzverwaltung übermittelt.

Vom Arbeitgeber selbst gezahlte Betriebsrenten, die zum Arbeitslohn gehören, werden in die **Anlage N, eZeilen 5–16,** eingetragen (➜ Tz 624).

In der Anlage **R-AV/bAV** sind die Renten aus einem Altersvorsorgevertrag (**Riester-Rente**) zu erklären. Soweit die eingezahlten Beiträge mit der Altersvorsorgezulage oder einem Sonderausgabenabzug staatlich gefördert worden sind, wird der entsprechende Teil der Rente in voller Höhe versteuert, im Übrigen mit dem Ertragsanteil. In die Anlage R gehören auch Renten aus der **betrieblichen Altersversorgung** (Pensionsfonds, Pensionskassen, Direktversicherungen) und Renten aus dem umlagefinanzierten Teil einer Zusatzversorgung, z. B. aus den Versorgungsanstalten des Bundes und der Länder (VBL-Renten) für Angestellte und Arbeiter im öffentlichen Dienst oder aus Zusatzversorgungskassen kirchlicher oder kommunaler Träger (ZVK-Renten). Je nachdem, wie die Beiträge bei der Einzahlung steuerlich gefördert wurden (z. B. steuerfrei oder pauschal besteuert), ist die Besteuerung der Rente unterschiedlich. Sie kann in voller Höhe steuerpflichtig sein oder (teilweise) nur mit dem Ertragsanteil besteuert werden. Die richtige Zeile des Eintrags entnehmen Sie bitte der **Leistungsmitteilung Ihres Anlageinstituts**.

Hinweis: Wichtiges zum Thema „Betriebliche Altersvorsorge" finden Sie auch auf http://mybook.haufe.de unter „Weiterführende steuerliche Informationen".

[Nachzahlungen für Vorjahre → eZeile 26]

Haben Sie Rentennachzahlungen für **mehrere** (mindestens zwei) Vorjahre erhalten, **239**
geben Sie den Nachzahlungsbetrag **gesondert** an und beantragen damit für diese Beträge die ermäßigte Besteuerung („Fünftel-Regelung").

15.4 Anlage R-AUS – Renten aus dem Ausland

Leibrenten und Leistungen aus gesetzlichen Rentenversicherungen, landwirtschaftlicher **240**
Alterskasse und berufsständischen Versorgungseinrichtungen, aus privaten Rentenversicherungen (auf Lebenszeit/mit zeitlich befristeter Laufzeit), und auf sonstigen Verpflichtungsgründen (z. B. Renten aus Veräußerungsgeschäften) sowie Renten aus der betrieblichen Altersversorgung sind in die **Anlage R-AUS** einzutragen, wenn die **Auszahlung der Rente im Ausland** erfolgt.

Die ausländische Rente ist nach dem Welteinkommensprinzip grds. in Deutschland zu versteuern. Ausnahme: Ein DBA zwischen Deutschland und dem ausländischen Staat sieht eine andere Besteuerung vor. Hier sind je nach DBA drei unterschiedliche Fälle möglich.

Steuerpflicht im Wohnsitzstaat des Rentners

Hat Deutschland das Besteuerungsrecht und wurde bereits eine Steuer im Ausland bezahlt, kann bei der ausländischen Finanzbehörde die Erstattung beantragt werden.

Steuerpflicht im Quellenstaat der Rente

Sieht das DBA eine Besteuerung im Quellenstaat der Rente vor, sind die ausländischen Renten in Deutschland grds. steuerfrei, unterliegen allerdings dem Progressionsvorbehalt. Die ausländische Rente bleibt zwar steuerfrei, wird aber bei der Ermittlung des Steuersatzes für die anderen steuerpflichtigen Einkünfte berücksichtigt (Erhöhter persönlicher Steuersatz)

Steuerpflicht in beiden Staaten

Ist die Rente sowohl im Wohnsitzstaat als auch im Quellenstaat steuerpflichtig, kann in Deutschland zur Vermeidung einer doppelten Besteuerung die nachgewiesene und keinem Ermäßigungsanspruch unterliegende ausländische Steuer auf die deutsche Steuer angerechnet werden.

Ohne Nachweis von Einzelaufwendungen berücksichtigt das Finanzamt bei allen Renten **241**
(Anlagen R und R-AV/bAV) und Unterhaltsleistungen (Zeile 6 der **Anlage SO**) den gesetzlichen Werbungskostenpauschbetrag i. H. v. insgesamt 102 € (bei Ehegatten personenbezogen für jeden Ehegatten mit entsprechenden Einkünften).

Liegen höhere tatsächliche Werbungskosten (z. B. für einen Rentenratgeber, Rechtsstreitigkeiten, Steuerberatungskosten) vor, sind diese in der Anlage R einzutragen. Werbungskosten zu den auf der Anlage R dargestellten Renten sind in dieser Anlage in den Zeilen 37 und 38 einzutragen, während Werbungskosten zu den auf der Anlage R-AV/bAV vorliegenden Altersvorsorgeverträgen und der betrieblichen Altersversorgung in der betreffenden Anlage in die Zeilen 31–37 gehören.

242 Checkliste Anlagen R, R-AV/bAV, R-AUS

Folgende Abzugsmöglichkeit geprüft? Vgl. Ausfüllhinweise zur Zeile!

Sie haben von Ihrer Versicherungsgesellschaft eine Leistungsmitteilung (Rentenbezugsmitteilung) erhalten? ☐

Übertragen Sie die Werte in die in der Leistungsmitteilung genannten Anlagen der Steuererklärung unter der genannten Zeile oder Kennzahl.

Sie haben eine gesetzliche oder private Rente bezogen? ☐

Für die bei Rentenauszahlung einbehaltenen Kranken- und Pflegeversicherungsbeiträge (Eigenanteil) können Sie den Sonderausgabenabzug beantragen (Anlage Vorsorgeaufwand).

Sie haben Rentennachzahlungen für mehrere(mindestens zwei) Vorjahre bekommen? ☐

Beantragen Sie die ermäßigte Besteuerung.

Sie sind sich hinsichtlich der Besteuerung Ihrer Rente unsicher? ☐

Fügen Sie, insbesondere im Erstjahr, der Steuererklärung den Rentenbescheid bei.

Sie haben mit Ihrem Rententräger über die Rente gestritten? ☐

Alle Aufwendungen im Zusammenhang damit (Anwaltskosten, Gerichtskosten, Fachliteratur, Fahrtkosten, Porto) sind Werbungskosten.

16 Anlage SO (Sonstige Einkünfte)

16.1 Allgemein

WICHTIG 243

Sonstige Einkünfte sind erhaltene Unterhaltszahlungen und Spekulationsgewinne

Die **Anlage SO** ist für folgende Fälle gedacht:

- Sie haben vom geschiedenen oder dauernd getrennt lebenden Ehegatten/Lebenspartner Unterhalt erhalten bzw. er hat Ihre Kranken- oder Pflegeversicherungsbeiträge gezahlt und Sie haben der Versteuerung zugestimmt.
- Sie haben Einkünfte aus sonstigen Leistungen (z. B. gelegentliche Vermittlung von Versicherungen oder Bausparverträgen oder Vermietung von beweglichen Gegenständen, wie z. B. Fahrzeugen) von über 255 € im Jahr erzielt.
- Sie haben private Wirtschaftsgüter (z. B. Grundstücke, Wertgegenstände, Oldtimer etc.), die nur kurze Zeit in Ihrem Eigentum waren, verkauft und einen Gewinn von über 599 € (je Ehegatte) erzielt.

Veräußerungserlöse aus dem Verkauf von Wertpapieren (Aktien, Optionen, Futures, Warentermingeschäfte) gehören zu den Einkünften aus Kapitalvermögen und unterliegen der Abgeltungsteuer (Anlage KAP). Ehegatten geben eine gemeinsame Anlage SO ab.

[Überblick]

Im Bedarfsfall ausfüllen	
Seite 1	**Wiederkehrende Bezüge/Unterhalt (Zeilen 4–9)** Dieser Abschnitt betrifft in erster Linie Personen, die vom geschiedenen oder dauernd getrennt lebenden Ehegatten Unterhaltszahlungen erhalten haben. **Leistungen (Zeilen 10–15)** Einkünfte aus gelegentlichen Vermittlungsgeschäften oder Vermietung beweglicher Güter unterliegen nur der Besteuerung, wenn sie die Freigrenze von 255 € übersteigen. Auch Verluste sind berücksichtigungsfähig.
Seite 2	**Private Veräußerungsgeschäfte (Zeilen 31–52)** Zu erfassen sind Verkäufe von privaten Wirtschaftsgütern (Grundstücke, private Wertgegenstände wie Münzen, Schmuck, Oldtimer etc.), wenn diese nur kurze Zeit in Ihrem Eigentum waren. Beträgt der Gewinn nicht mehr als 599 € im Jahr, ist nichts zu versteuern. Auch Verluste aus solchen Geschäften können Sie geltend machen.

16.2 Wiederkehrende Bezüge, Unterhalt, Leistungen (Seite 1)

[Wiederkehrende Bezüge ➜ Zeile 4]

244 In Zeile 4 sind im Wesentlichen Versorgungsleistungen aufgrund von Vermögensübertragungen, Altenleistungen in der Land- und Forstwirtschaft oder Aufwendungen aufgrund eines schuldrechtlichen Versorgungsausgleichs, wenn der Zahlende die Zahlungen als Sonderausgaben abziehen will, einzutragen (➜ Tz 948 ff.). Soweit die Einkünfte dem Teileinkünfteverfahren unterliegen, sind die Einnahmen in Zeile 8, darauf entfallende Werbungskosten in Zeile 9 einzutragen.

[Ausgleichszahlungen zur Vermeidung des Versorgungsausgleichs ➜ Zeile 5]

245 Einzutragen sind **erhaltene** Ausgleichsleistungen zur Vermeidung des Versorgungsausgleichs, soweit der Zahlungspflichtige (geschiedener Ehegatte/Lebenspartner) die Ausgleichsleistungen zur Vermeidung des Versorgungsausgleichs mit Zustimmung als Sonderausgaben abzieht.

[Ehegattenunterhalt ➜ Zeile 6]

246 Zeile 6 betrifft Unterhaltszahlungen bzw. „Basis"-Kranken- bzw. Pflegepflichtversicherungsbeiträge, die ein Geschiedener/dauernd getrennt Lebender von seinem (ehemaligen) **Ehegatten/Lebenspartner** bekommen hat. Wenn der Unterhaltsempfänger auf der **Anlage U** zugestimmt hat, dass der Leistende die Zahlungen als Sonderausgaben abziehen kann, ist er damit gleichzeitig einverstanden, dass er die Zahlungen als sonstige Einkünfte versteuert (➜ Tz 951).

[Andere Leistungen, Werbungskosten, Freigrenze, Verluste ➜ Zeilen 10–15]

247 Andere Einnahmen, die unter die sonstigen Einkünfte fallen, sind z. B. die gelegentliche Vermittlung von Kauf- und Tauschgeschäften sowie die gelegentliche Vermietung einzelner beweglicher Gegenstände (z. B. Fahrzeug, Motorjacht, Wohnmobil, Klavier, einzelne Maschinen), aber auch im Rahmen einer Fahrgemeinschaft für die Mitnahme von Kollegen erhaltene Fahrtgelder (➜ Tz 953 ff.). Zu den abzugsfähigen Werbungskosten (Zeile 13) gehören z. B. Aufwendungen für Zeitungsanzeigen, Werbung, Fahrtkosten oder die Abschreibung. Sind die in Zeile 14 ermittelten Einkünfte (Unterschiedsbetrag aus Einnahmen und Werbungskosten) nicht höher als 255 € (bei Ehegatten gilt die Grenze bei jedem für seine Einkünfte), bleiben sie steuerfrei. Liegen sie über dieser Freigrenze, muss der gesamte Gewinn versteuert werden.

Verluste aus solchen Geschäften können nur mit Gewinnen aus gleichartigen Leistungen im selben Jahr, im Vorjahr (Verlustrücktrag) oder in folgenden Jahren (Verlustvortrag) verrechnet werden.

[Abgeordnetenbezüge ➜ Zeilen 16–42]

248 **Hinweis:** Wichtiges zum Thema „Abgeordnetenbezüge" finden Sie auf http://mybook.haufe.de unter „Weiterführende steuerliche Informationen".

16.3 Private Veräußerungsgeschäfte (Seite 2)

[Private Veräußerungsgeschäfte ➜ Zeilen 31–52]

In den Zeilen 31 bis 52 sind Gewinne bzw. Verluste aus sog. „Spekulationsgeschäften" zu **249** erfassen (➜ Tz 959 ff.).

Gewinne aus derartigen Verkäufen bleiben steuerfrei, wenn sie im Jahr nicht mehr als 599 € betragen. Dieser Betrag gilt bei Eheleuten getrennt für die Geschäfte des jeweiligen Ehegatten.

[Grundstücke ➜ Zeilen 31–41]

Die Zeilen 31 bis 41 betreffen Grundstücke, die Sie **innerhalb von zehn Jahren** (Datum **250** der Kaufverträge maßgebend!) angeschafft und veräußert haben. Dies kann auch für geerbte oder geschenkte Grundstücke infrage kommen.

Wurde das gesamte Grundstück bis zum Verkauf bzw. im Veräußerungsjahr und in den letzten beiden Jahren davor nur zu eigenen Wohnzwecken genutzt (Zeile 33), liegt kein steuerpflichtiges Veräußerungsgeschäft vor. Weitere Angaben sind dann nicht mehr erforderlich. Anderes gilt jedoch für ein im selbst genutzten Haus befindliches Arbeitszimmer oder einen vermieteten Gebäudeteil. Veräußerungsgewinne aus solchen Gebäudeteilen (Angaben in Zeile 34) sind genauso (anteilig) steuerpflichtig wie der Verkauf von vermieteten Häusern und Wohnungen. Machen Sie die gefragten Angaben in den folgenden Zeilen 34–41. Bei einem gemischt genutzten Gebäude sind nur die Angaben bezüglich des steuerpflichtig veräußerten Grundstückteils notwendig.

[Gewinnermittlung ➜ Zeilen 35–39]

Zu versteuern ist grds. der Unterschiedsbetrag zwischen dem Veräußerungspreis (Zeile 35) **251** und den Anschaffungskosten zzgl. Nebenkosten (Zeile 36) des Grundstücks. Sofern Sie auf dem Grundstück Gebäude oder Außenanlagen errichtet, ausgebaut oder erweitert haben, erhöhen die dabei angefallenen Aufwendungen Ihre Anschaffungskosten. Soweit Sie eine Abschreibung (AfA) für das Grundstück bei einer Einkunftsart (z. B. Vermietung) steuerlich geltend gemacht haben (Eintragung in Zeile 37), werden Ihre Anschaffungskosten um diese AfA-Beträge gekürzt. Zu den abzugsfähigen Werbungskosten (Zeile 38) gehören alle Kosten i. Z. m. der Veräußerung wie z. B. Inserate, Fahrtkosten, Maklergebühren. Der ermittelte Gewinn (Zeile 39) muss wegen der Freigrenze dem Eigentümer-Ehegatten zugeordnet werden (Zeile 40) (➜ Tz 966 ff.).

[Andere Wirtschaftsgüter ➜ Zeilen 42–49]

Die Veräußerung von anderen Wirtschaftsgütern des Privatvermögens (Zeile 42) ist steuer- **252** pflichtig, wenn Anschaffung und Veräußerung **innerhalb eines Jahres** (Zeile 43) erfolgt sind. Hierzu gehören auch Gewinne bzw. Verluste aus dem Verkauf von Fremd-, Kryptowährungen. Bei Wirtschaftsgütern, mit denen steuerpflichtige Einnahmen erzielt wurden (z. B. Vermietung von beweglichen Wirtschaftsgütern), gilt ein Zehnjahreszeitraum. Nicht steuerpflichtig ist der Verkauf von Gegenständen des täglichen Bedarfs (z. B. Pkw). Der ermittelte Gewinn ist bei Ehegatten wegen der Freigrenze dem zutreffenden Ehegatten zuzuordnen.

[Gemeinschaften ➜ Zeilen 50, 51]

Waren Sie an einer Gemeinschaft, z. B. Erbengemeinschaft, beteiligt, die derartige Geschäfte **253** getätigt hat, musste die Gemeinschaft eine eigene Steuererklärung abgeben, aufgrund derer das Finanzamt die Gewinne ermittelt und auf alle Beteiligten aufgeteilt hat. Ihren Anteil am Gewinn erfassen Sie, soweit er Ihnen bekannt ist, in den Zeilen 50 und 51.

[Verluste → Zeile 52]

254 Verluste, die Sie aus privaten Veräußerungsgeschäften erlitten haben, können nur mit gleichartigen Gewinnen des Vorjahres oder in Folgejahren verrechnet werden. Auch eine Begrenzung des Verlustrücktrags zugunsten eines Vortrags auf künftige Gewinne ist möglich. Tragen Sie hier ein, wenn Sie Verluste aus 2020 nicht bzw. nur begrenzt mit Gewinnen im Jahr 2019 verrechnen lassen wollen.

255 Checkliste Anlage SO

Folgende Abzugsmöglichkeit geprüft? Vgl. Ausfüllhinweise zur Zeile!

Ausgleichszahlungen zur Vermeidung des Versorgungsausgleichs (Zeile 5) bzw. Ehegattenunterhalt (Zeile 6) versteuern? ☐

Machen Sie Ihre notwendige Zustimmung am besten von vornherein davon abhängig, dass Ihr geschiedener Ehepartner/Lebenspartner die bei Ihnen zu zahlende Steuer übernimmt. Sie können die Zustimmung zur Versteuerung des Unterhalts für künftige Jahre widerrufen bzw. betragsmäßig auch so begrenzen, dass bei Ihnen keine Mehrsteuer anfällt.

Spekulationsverluste aus Vorjahren? ☐

Sie können die Verluste eventuell auch mit Veräußerungsgewinnen aus Kapitaleinkünften verrechnen (**Anlage KAP**).

17 Anlage G (Einkünfte aus Gewerbebetrieb)

17.1 Allgemein

WICHTIG 256

Gewerbetreibende müssen Anlage G ausfüllen

Die **Anlage G** müssen Sie in folgenden Fällen ausfüllen:

- Sie waren im Veranlagungsjahr Inhaber eines Gewerbebetriebs.
- Sie haben bzw. hatten die Absicht, einen Gewerbebetrieb zu eröffnen. In diesem Zusammenhang sind Ihnen Aufwendungen entstanden.
- Sie sind an einer gewerblichen Personengesellschaft beteiligt.

Ehegatten geben jeweils eine eigene Anlage ab.

[Überblick]

Im Bedarfsfall ausfüllen	
Seite 1	**Gewinn (Zeilen 4–11)** An dieser Stelle ist der durch Buchführung oder Einnahmenüberschussrechnung (EÜR) ermittelte Gewinn zu erklären. Beteiligte an gewerblich tätigen Personengesellschaften müssen den auf sie entfallenden Gewinnanteil angeben. **Ermäßigte Besteuerung für im Betrieb verbleibende Gewinne (Zeile 15)** Die ermäßigte Besteuerung für „thesaurierte" Gewinne beantragen Sie durch Abgabe der **Anlage 34a**. **Steuerermäßigung nach § 35 EStG (Zeilen 16–22)** Hier beantragen Sie eine Steuerermäßigung für die Einkommensteuer, wenn Sie für den Betriebsgewinn auch Gewerbesteuer zahlen müssen.
Seite 2	**Veräußerungsgewinn/-verlust (Zeilen 31–46)** Wenn Sie Ihren Betrieb veräußert oder aufgegeben haben, ist der dadurch eingetretene Gewinn bzw. Verlust zu erklären. **Sonstiges (Zeilen 47–56)**

WICHTIG

Zusätzliche Anlagen

In jedem Fall müssen Sie die Anlage Corona-Hilfen mit übermitteln.

Wenn Sie Ihren Gewinn durch **Einnahmenüberschussrechnung** (§ 4 Abs. 3 EStG) ermitteln, müssen Sie dazu die amtliche **Anlage EÜR** verwenden. Ermitteln Sie Ihren Gewinn durch **Buchführung**, können Sie beantragen, den im Betrieb belassenen Gewinn (thesaurierter Gewinn) mit einem Steuersatz von nur 28,25 % zu besteuern. Dazu benötigen Sie die **Anlage 34a** (Eintrag in Zeile 15 der Anlage G). Wenn Sie ermäßigt besteuerte Gewinne allerdings in späteren Jahren aus dem Betrieb entnehmen, müssen Sie diese mit einem Steuersatz von 25 % nachversteuern.

[Gewinn/Verlust Einzelunternehmer → Zeilen 4–5]

257 Der Gewinn aus Gewerbebetrieb ist entweder durch **Buchführung** (Betriebsvermögens- oder Bestandsvergleich) oder durch **Einnahmenüberschussrechnung** (Gewinnermittlung nach § 4 Abs. 3 EStG) zu ermitteln. Bei der Einnahmenüberschussrechnung müssen Sie Ihre Betriebseinnahmen und -ausgaben zusammenstellen. Aus der Differenz ergibt sich Ihr jährlicher Gewinn bzw. Verlust. Der durch die Aufgabe oder Veräußerung eines Betriebs entstandene Gewinn muss gesondert erklärt werden (vgl. Erläuterungen zu den Zeilen 31 ff.).

Die Unterlagen zur Gewinnermittlung (Bilanz mit der Gewinn-und-Verlust-Rechnung und Erläuterungen dazu) bzw. zur Einnahmenüberschussrechnung einschließlich Erläuterungen (**Anlage EÜR**) müssen Sie elektronisch übermitteln bzw. der **Anlage G** beifügen.

Verluste tragen Sie mit einem Minuszeichen versehen ein.

[Gesonderte Gewinnfeststellung → Zeile 7]

258 Wenn sich der Betriebssitz im Zuständigkeitsbereich eines anderen Finanzamts befindet, dann müssen Sie alle Unterlagen für den Betrieb (zusätzlich die **Anlage G** und die Gewinnermittlung) zusammen mit einer **Erklärung zur gesonderten Feststellung der Einkünfte** (Vordruck ESt 1 B,) beim Betriebsfinanzamt abgeben. Der Gewinn wird dann gesondert in einem verbindlichen Gewinnfeststellungsbescheid festgestellt.

[Beteiligungen → Zeilen 8–11]

259 Sind Sie oder Ihr Ehegatte als Gesellschafter an einer Personengesellschaft (z. B. OHG, KG, GmbH & Co. KG, BGB-Gesellschaft oder eine atypisch stille Gesellschaft) beteiligt, wird Ihr Anteil am Gewinn, einschließlich aller Vergütungen, die Sie von der Gesellschaft erhalten haben, bei dem für die Gesellschaft zuständigen Betriebsfinanzamt **einheitlich und gesondert** festgestellt. Sie erhalten davon eine Mitteilung durch die Gesellschaft oder das Betriebsfinanzamt.

TIPP

Betriebsausgaben müssen der Beteiligungsgesellschaft mitgeteilt werden

Beachten Sie, dass Sie Ihre sämtlichen (Betriebs-)Ausgaben in der Gewinnfeststellungserklärung der Gesellschaft geltend machen müssen und nicht in Ihrer Einkommensteuererklärung.

[Teileinkünfteverfahren → Zeile 13]

260 Wenn Sie im Betriebsvermögen Ihres Unternehmens Anteile an Kapitalgesellschaften (Aktiengesellschaft, GmbH) haben, sind die Gewinnanteile (z. B. Dividenden) sowie Veräußerungsgewinne bzw. -verluste nur zu 60 % zu versteuern. Der steuerpflichtige Teil ist in der Gewinnermittlung zu erfassen (Zeile 4), der steuerfreie Teil in Zeile 13. Einzutragen in Zeile 13 sind allerdings nur die Einkünfte, d. h. die Einnahmen sind um darauf entfallende Betriebsausgaben (z. B. Zinsen) zu kürzen.

[Steuerermäßigung wegen Gewerbesteuer → Zeilen 16–22]

261 Wenn Sie für Ihren Betrieb Gewerbesteuer zahlen, erhalten Sie eine Steuerermäßigung. Dazu müssen Sie den Gewerbesteuermessbetrag (Zeile 16) und die tatsächlich für das Jahr zu zahlende Gewerbesteuer (Zeile 17) eintragen. Wenn Sie mehrere Betriebe haben bzw. an mehreren Betrieben beteiligt sind, müssen Sie die Angaben für jeden Betrieb getrennt machen (Zeilen 18–22).

WICHTIG

Erhöhung des Ermäßigungsfaktors

Der Ermäßigungsfaktor nach § 35 EStG wird ab 2020 von 3,8 auf 4,0 erhöht. Bis zu einem Hebesatz von 420 Prozent werden Unternehmer damit durch die Steuerermäßigung nach § 35 EStG vollständig von der Gewerbesteuer entlastet (➔ Tz 989 ff.).

17.2 Weitere Angaben

[Betriebsveräußerung/Betriebsaufgabe ➔ Zeilen 31–46]

Der Gewinn, den Sie aus der Veräußerung eines Betriebs, eines Teilbetriebs, eines Anteils an **262** einer Personengesellschaft oder einer Betriebsaufgabe erzielt haben, gehört ebenfalls zu den gewerblichen Einkünften (➔ Tz 994 ff.). Sind Sie berufsunfähig oder mindestens 55 Jahre alt, steht Ihnen ein Freibetrag zu. Da dieser nur einmal im Leben gewährt wird, sollte die Entscheidung gut überlegt sein. Die Eintragungen müssen vor Abzug des Freibetrags in Zeile 31 oder 36 erfolgen. Die gleichen Voraussetzungen gelten für das Wahlrecht zur Anwendung des ermäßigten Steuersatzes (Zeilen 35 bzw. 40). Soweit das Teileinkünfteverfahren gilt (insbesondere Verkauf von Anteilen an Kapitalgesellschaften), ist der Gewinn in den Zeilen 32, 37 bzw. 41 zu erfassen. Ein Verlust ist in Zeile 42 und ergänzend in Zeile 43 einzutragen.

Soll für den Veräußerungsgewinn ganz oder teilweise die Reinvestitionsrücklage (§ 6b EStG) in Anspruch genommen werden, ist dieses in den Zeilen 33 bzw. 34 oder 38 bzw. 39 zu vermerken.

[Veräußerung von Anteilen an Kapitalgesellschaften ➔ Zeilen 44–46]

Haben Sie Anteile an einer Kapitalgesellschaft (AG, GmbH), an der Sie mindestens 1 % aller **263** Anteile besitzen oder besessen haben, in Ihrem **Privatvermögen** gehalten und veräußern Sie diese oder Teile davon, dann unterliegt der Veräußerungsgewinn – eventuell nach Abzug eines Freibetrags – der Einkommensteuer und ist in Zeile 44 zu erfassen. In Zeile 46 kreuzen Sie an, wenn die Veräußerung an eine Gesellschaft erfolgt ist, an der Sie oder ein Angehöriger von Ihnen beteiligt ist.

[Außerordentliche Einkünfte ➔ Zeile 47]

Sind in Ihrem Gewinn sog. außerordentliche Einkünfte enthalten wie z. B. Entschädigungen für **264** entgangene oder entgehende Einnahmen, Vergütungen für mehrjährige Tätigkeiten oder Ausgleichszahlungen, die Sie als Handelsvertreter erhalten haben, dann tragen Sie diese in Zeile 47 ein. Das können auch Steuererstattungen aufgrund einer vorangegangenen rechtlichen Auseinandersetzung sein. Hier gilt eine günstigere ermäßigte Besteuerung (Fünftel-Regelung).

Verpflichtungen nach dem Geldwäschegesetz

Besondere Aufmerksamkeit sollten Gewerbetreibende – aber auch Selbstständige – den **265** erweiterten Verpflichtungen schenken, die das Geldwäschegesetz fordert. Zum Verpflichtetenkreis nach § 2 Geldwäschegesetz gehören nun u. a. auch Rechtsanwälte, Notare, Mietmakler (monatliche Miete ab 10.000 €) Güterhändler, Kunstvermittler.

Meldungen von Händlern sind u. a. erforderlich bei Barzahlungen von hochwertigen Gütern (z. B. Edelmetallen) ab 2.000 €, von sonstigen Gütern und Kunstgegenständen sowie Kunstvermittlern und Kunstlagerhaltern ab 10.000 €.

266 Checkliste Anlage G

Folgende Abzugsmöglichkeit geprüft? Vgl. Ausfüllhinweise zur Zeile!

Sie planen als Existenzgründer bzw. Inhaber eines Klein- oder mittleren Betriebs die Anschaffung neuer Wirtschaftsgüter? ☐

Sie können bereits in dem Jahr, in dem Sie die Anschaffung konkret beabsichtigen, einen Investitionsabzugsbetrag gem. § 7g Abs. 1 EStG geltend machen. Mithilfe des Investitionsabzugsbetrags können Sie auch erreichen, dass für Wirtschaftsgüter statt der allgemeinen Abschreibungsregelungen Sonderregelungen (GWG oder Wirtschaftsgüter im Sammelpool) gelten, die einen schnelleren Kostenabzug möglich machen.

Sie wollen Gewinne legal in spätere Jahre verlagern? ☐

Bilden Sie für geplante Investitionen einen Investitionsabzugsbetrag.

Sie haben 2020 neue Wirtschaftsgüter gekauft? ☐

Prüfen Sie die Sonderabschreibung gem. § 7g Abs. 5 EStG für Klein- und Mittelbetriebe. Sie ist unabhängig vom Investitionsabzugsbetrag möglich.

In Ihren Betriebsausgaben sind Bewirtungskosten enthalten? ☐

Kontrollieren Sie, ob die notwendigen Belege alle geforderten Angaben enthalten.

Sie haben Ihr privates Kfz auch für betriebliche Fahrten genutzt? ☐

Ohne Kostennachweis können Sie für jeden betrieblich gefahrenen Kilometer 0,30 € als Betriebsausgabe geltend machen.

Sie nutzen Ihr Fahrzeug nicht zu mehr als 50 % betrieblich? ☐

Führen Sie Aufzeichnungen über die betrieblich und die privat gefahrenen Kilometer, um den Privatanteil festzuhalten. Ohne derartige Aufzeichnungen wird das Finanzamt von einem 80%igen Privatanteil ausgehen.

Sie planen die Anschaffung eines Kfz? ☐

Beträgt die betriebliche Nutzung voraussichtlich mindestens 90 %, können Sie einen Investitionsabzugsbetrag erhalten.

Sie haben 2020 ein Kfz neu angeschafft? ☐

Bei einer betrieblichen Nutzung (gefahrene Kilometer) von mindestens 90 % erhalten Sie auf Antrag eine Sonderabschreibung (§ 7g Abs. 5 EStG).

Beträgt die betriebliche Nutzung des Kfz (nach den gefahrenen Kilometern) weniger als 50 %, ist es im Normalfall sinnvoll, das Kfz als Privatvermögen zu behandeln und nicht ins Anlageverzeichnis aufzunehmen. Die betrieblich verursachten Kosten bleiben abzugsfähige Betriebsausgaben (ohne Einzelkostennachweis 0,30 €/km), aber der beim Verkauf des Kfz anfallende Veräußerungserlös ist nicht zu versteuern.

Sie haben geringwertige Wirtschaftsgüter (Kosten ohne Umsatzsteuer nicht über 800 €) gekauft? ☐

Sie können die Kosten in voller Höhe sofort abziehen (keine AfA).

18 Anlage S (Einkünfte aus selbstständiger Arbeit)

18.1 Allgemein

WICHTIG 267

Anlage S gilt für Freiberufler

Die **Anlage S** benötigen Sie in folgenden Fällen:

- Sie waren im Veranlagungsjahr freiberuflich tätig.
- Sie haben bzw. hatten die Absicht, sich als Freiberufler selbstständig zu machen. In diesem Zusammenhang sind Ihnen Aufwendungen entstanden.
- Sie sind an einer freiberuflich tätigen Personengesellschaft beteiligt.

Ehegatten geben jeweils eine eigene Anlage ab.

[Überblick]

Im Bedarfsfall ausfüllen	
Seite 1	**Gewinn (Zeilen 4–16)** Hier ist der durch Buchführung oder Einnahmenüberschussrechnung ermittelte Gewinn zu erklären. Beteiligte an freiberuflich tätigen Personengesellschaften müssen ihren Gewinnanteil angeben.
Seite 2	**Veräußerungsgewinn (Zeilen 31–44)** Wenn Sie Ihren Betrieb veräußert oder aufgegeben haben, ist der dadurch eingetretene Gewinn zu erklären. **Nebenberufliche Tätigkeiten (Zeilen 45–47)** Waren Sie nebenberuflich für eine gemeinnützige Organisation oder öffentlich-rechtliche Körperschaft als Übungsleiter tätig, sind die erzielten Einnahmen bis zu 2.400 € steuerfrei. Andere Tätigkeiten für diese Organisationen sind bis zu 720 € befreit.

WICHTIG

Zusätzliche Anlagen nicht vergessen

Bei der Abgabe der Steuererklärung müssen Sie bei der Gewinnermittlung durch **Einnahmenüberschussrechnung** gem. § 4 Abs. 3 EStG zwingend die **Anlage EÜR** benutzen (s. u.).

Wenn Sie für durch **Buchführung** ermittelte und nicht entnommene Gewinne eine ermäßigte Besteuerung beantragen möchten, benötigen Sie zusätzlich die **Anlage 34a** (Eintragung in Zeile 16 der Anlage S).

Außerdem muss die Anlage Corona-Hilfen mit übermittelt werden (→ Tz 1173).

[Gewinn freiberufliche Tätigkeit ➜ Zeilen 4, 5]

268 Tragen Sie in Zeile 4 den ermittelten Gewinn/Verlust aus der freiberuflichen Tätigkeit ein und fügen Sie Unterlagen zur Gewinnermittlung bei. Üben Sie mehrere freiberufliche Tätigkeiten aus, können Sie diese in Zeile 5 eintragen. Für bestimmte freiberufliche Tätigkeiten können Sie Betriebsausgaben auch über Pauschalen geltend machen (➜ Tz 1072 ff.).

[Gesonderte Feststellung ➜ Zeile 6]

269 Die Ausführungen zur Zeile 7 der **Anlage G** gelten sinngemäß auch für freiberufliche Betriebe, wenn sich der Betrieb außerhalb der Zuständigkeit des Wohnsitzfinanzamts befindet.

[Beteiligungen ➜ Zeilen 7, 8]

270 Auf die Ausführungen zu den Zeilen 8–11 der **Anlage G** wird hingewiesen.

[Verlustbeteiligungen ➜ Zeile 9]

271 Sind Sie an freiberuflichen Abschreibungs- bzw. Verlustzuweisungsgesellschaften oder Steuerstundungsmodellen beteiligt, tragen Sie Ihren (Verlust-)Anteil ein (vgl. Erläuterungen **Anlage G** Zeile 12).

[Andere selbstständige Arbeit ➜ Zeilen 10, 11]

272 Hier tragen Sie unter Angabe Ihrer Tätigkeit Ihren Gewinn oder Verlust ein, wenn Sie keine freiberufliche, sondern eine andere selbstständige Tätigkeit (z. B. Lotterieeinnehmer, Nachlass-, Zwangs-, Insolvenz-, Vermögensverwalter, Aufsichtsrat, Testamentsvollstrecker) ausüben.

[Teileinkünfteverfahren ➜ Zeile 12]

273 Zeile 12 betrifft Sie nur, wenn Sie im Betriebsvermögen Anteile an Kapitalgesellschaften (Aktien, GmbH-Anteile) halten und die Gesellschaft Ihnen Gewinnanteile (z. B. Dividenden) ausgezahlt oder an Sie verdeckte Gewinnausschüttungen vorgenommen hat (vgl. Erläuterungen zu Zeile 13 der **Anlage G**).

[Steuerermäßigung ➜ Zeile 16]

274 Haben Sie den Gewinn durch Buchführung ermittelt, können Sie für die Teile des Gewinns, die im Betrieb bleiben und nicht entnommen worden sind, eine ermäßigte Besteuerung beantragen. Dazu benötigen Sie die **Anlage 34a** (vgl. Erläuterungen zu Zeile 15 der Anlage G und Hinweise zur Anlage 34a).

18.2 Weitere Angaben

[Betriebsveräußerung/-aufgabe ➜ Zeilen 31–44]

275 Haben Sie Ihren freiberuflichen Betrieb veräußert oder aufgegeben, ist ein dadurch entstandener Gewinn steuerlich zu erfassen. Auf die Ausführungen zu den Zeilen 31–46 der **Anlage G** wird verwiesen.

[Außerordentliche Erträge ➜ Zeile 45]

276 Infrage kommen z. B. Entschädigungen für entgangene oder entgehende Einnahmen oder Vergütungen für mehrjährige Tätigkeiten. Diese werden ermäßigt besteuert (vgl. Erläuterungen zu Zeile 47 der **Anlage G**).

[Nebentätigkeiten → Zeilen 46–47]

In den Zeilen 46 und 47 tragen Sie Vergütungen für **ehrenamtliche Tätigkeiten** z. B. als Stadt- oder Gemeinderat, ehrenamtlicher Bürgermeister oder ähnliche Nebentätigkeiten ein. Ebenso fallen darunter **Aufwandsentschädigungen** für nebenberufliche, selbstständige Übungsleiter und weitere Personen. (Anmerkung: Waren Sie als Arbeitnehmer tätig, gehören die Zahlungen in die **Anlage N**). Den steuerfreien Teil dieser Aufwandsentschädigungen (max. 2.400 €) müssen Sie gesondert in Zeile 46 bzw. 47 angeben, der steuerpflichtige Teil ist im Gewinn (Zeile 4) zu erfassen. **277**

TIPP

Vordruck EÜR muss nicht immer ausgefüllt werden

Haben Sie (außer Arbeitslohn) nur Einkünfte aus ehrenamtlichen Tätigkeiten, die sich in den Grenzen (2.400 € bzw. 720 €) halten, brauchen Sie keine Anlage EÜR ausfüllen (vgl. Erläuterungen der Anlage EÜR).

Verpflichtungen nach dem Geldwäschegesetz

Auf die Ausführungen bei der der Anlage G wird verwiesen (→ Tz 265). **278**

Checkliste Anlage S **279**

Folgende Abzugsmöglichkeit geprüft? Vgl. Ausfüllhinweise zur Zeile!

- [ ] **Sie sind nebenberuflich schriftstellerisch, journalistisch, künstlerisch, wissenschaftlich oder unterrichtend (Lehrtätigkeit, Nachhilfe, Prüfungstätigkeit) tätig?**
  Sie können pauschale Betriebsausgaben geltend machen (Zeile 4).
- [ ] **Sie waren nebenberuflich als selbstständiger Übungsleiter, Vortragender, Ausbilder, Betreuer oder in einer vergleichbaren Tätigkeit als Künstler oder Pflegender für eine inländische Person des öffentlichen Rechts oder für eine gemeinnützige Organisation tätig?**
  Prüfen Sie, ob Ihr Honorar (teilweise) steuerfrei gem. § 3 Nr. 26 EStG ist (Zeilen 46–47).
- [ ] **Prüfen Sie auch die Checkliste zur Anlage G.**
  Die dort genannten Tipps für gewerbliche Betriebe gelten auch für Freiberufler.

19 Anlage EÜR (Einnahmenüberschussrechnung)

19.1 Allgemein

280 **WICHTIG**

Wer die Anlage EÜR abgeben muss

Die Anlage EÜR müssen Sie immer auf elektronischem Weg abgeben, wenn Sie nicht zu denjenigen Unternehmern gehören, die bilanzieren.

Ausnahmen u. a. in Härtefällen

In Härtefällen kann die Finanzbehörde auf Antrag auf die elektronische Übermittlung verzichten. Für diese Fälle stellen die Finanzämter Papiervordrucke der Anlage EÜR zur Verfügung.

Weitere Ausnahmefälle hat die OFD Nordrhein-Westfalen in einer bundesweit abgestimmten Verfügung v. 20.4.2018, Kurzinfo ESt 03/2018, geregelt:

- Wenn der Gewinn unter 410 € liegt (§ 46 Abs. 2 Nr. 1 EStG) und ein Veranlagungsgrund nach § 46 Abs. 2 Nr. 2 bis 7 EStG vorliegt (Anlage EÜR in Papierform erlaubt)
- Bei einer Antragsveranlagung (§ 46 Abs. 2 Nr. 8 EStG), wenn ein weiterer Veranlagungsgrund nach § 46 Abs. 2 Nr. 2 bis 7 EStG gegeben ist (Anlage EÜR in Papierform zulässig)
- Ehrenamtlich Tätige, deren Einnahmen nach den §§ 3 Nr. 26, 26a oder 26b EStG insgesamt steuerfrei bleiben, müssen gar keine Anlage EÜR ausfüllen.

Für jeden Betrieb ist eine separate Einnahmenüberschussrechnung zu erstellen.

Die Anlage EÜR ist nach § 60 Abs. 4 EStDV zwingend elektronisch an die Finanzverwaltung zu übermitteln.

Bei Personengesellschaften (z. B. GbR oder KG) ist die Anlage EÜR für den gesamthänderischen Bereich elektronisch zu übermitteln. Daneben sind für jeden Beteiligten, für den entsprechende Angaben erforderlich sind, die Sonder- und Ergänzungsrechnungen für Personengesellschaften (Ermittlungen der Sonderbetriebseinnahmen – Anlage SE – und Sonderbetriebsausgaben sowie die Ergänzungsrechnungen – Anlage ER) und die Schuldzinsenermittlungen nach § 4 Abs. 4a EStG zusätzlich gesondert elektronisch einzureichen.

[Überblick]

Im Bedarfsfall ausfüllen	
Seite 1	**Betriebseinnahmen (Zeilen 11–22)** Hier sind die Betriebseinnahmen einzutragen, die im Wirtschaftsjahr zugeflossen sind. Beachten Sie die Besonderheiten bei der Umsatzsteuer und bei Entnahmen aus dem Betriebsvermögen.
Seiten 1, 2	**Betriebsausgaben (Zeilen 23–71)** Hier tragen Sie alle Betriebsausgaben ein, die den Gewinn des Wirtschaftsjahres mindern.
Seite 3	**Betriebsausgaben (Zeilen 81–88)** **Kfz- und andere Fahrtkosten** **Ermittlung des Gewinns (Zeilen 89–108)** In diese Zeilen müssen Sie Beträge eintragen, die zwar nicht als Betriebseinnahmen oder -ausgaben angesehen werden, aber doch Auswirkungen auf den Gewinn haben.
Seite 4	**Ergänzende Angaben (Zeilen 121–124)** **Rücklagen und stille Reserven (Zeilen 121–123)** Hier tragen Sie gewinnmindernde Rücklagen nach § 6b EStG, Ersatzbeschaffungen und Ausgleichsposten nach § 4g EStG ein. **Entnahmen und Einlagen (Zeilen 125–126)** Falls Sie Einlagen oder Entnahmen getätigt haben, führen Sie diese hier auf. Dazu gehören neben Wirtschaftsgütern und Leistungen, die Sie privat in Anspruch genommen haben, auch Geldentnahmen und -einlagen.
Anlagen	**Anlageverzeichnis/Ausweis des Umlaufvermögens, Ermittlung der nicht abziehbaren Schuldzinsen** (➜ Tz 313, ➜ Tz 1111 ff.)

19.2 Notwendige Unterlagen

[Allgemeine Kurzinformation]

Unternehmer, die nicht bilanzieren, müssen den amtlich vorgeschriebenen Vordruck „Einnahmenüberschussrechnung – EÜR (Gewinnermittlung nach § 4 Abs. 3 EStG)" zusammen mit ihrer Einkommensteuererklärung einreichen. **281**

19.3 Betriebseinnahmen

[Betriebseinnahmen ➜ Zeilen 11–15]

In den Zeilen 11–15 sind die **Betriebseinnahmen** einzutragen. Diese sind grds. im Wirtschaftsjahr des Zuflusses zu erfassen. **282**

WICHTIG

Corona-Soforthilfen

Die unter dem Begriff „Corona-Soforthilfe" ausgezahlten Beträge fallen als Zuschüsse regelmäßig unter keine bestehende Steuerbefreiung. Sie sind in Zeile 15 zu erfassen und wirken sich gewinnerhöhend aus. Die Anlage Corona-

Hilfen ist in jedem Fall mit einzureichen, unabhängig davon, ob derartige Einnahmen erzielt wurden (➜ Tz 1173 ff.).

WICHTIG

Dividenden müssen in voller Höhe eingetragen werden

Dividenden, die unter das Teileinkünfteverfahren fallen, sind zwar nur zu 60 % steuerpflichtig, da 40 % nicht als Gewinn erfasst werden (§ 3 Nr. 40 EStG) (➜ Tz 729 ff.).

In die Beträge der Zeilen 14 und 15 sind sie allerdings in voller Höhe einzubeziehen. Eine Korrektur erfolgt in Zeile 106. Auf die Erläuterungen zu Zeile 106 wird verwiesen.

[Umsatzsteuer ➜ Zeilen 16–17]

283 Die vereinnahmten Umsatzsteuerbeträge auf die Betriebseinnahmen der Zeilen 14 und 18 gehören zum Zeitpunkt ihrer Vereinnahmung, die Umsatzsteuer auf unentgeltliche Wertabgaben der Zeilen 19 und 20 dagegen zum Zeitpunkt ihrer Entstehung zu den Betriebseinnahmen und sind in Zeile 16 einzutragen.

Hat das Finanzamt Ihnen Umsatzsteuer erstattet, gehört der Betrag in Zeile 17. Die erstatteten steuerlichen Nebenleistungen, wie z. B. ein Verspätungs- oder Säumniszuschlag, sind aber in Zeile 15, bei Kleinunternehmern (§ 19 UStG) in den Zeilen 11 und 12 zu erfassen.

[Veräußerung oder Entnahme von Anlagevermögen ➜ Zeile 18]

284 Haben Sie im Gewinnermittlungszeitraum Wirtschaftsgüter des Anlagevermögens (z. B. Maschinen, Kfz) veräußert oder entnommen, ist der Erlös bzw. der Entnahmewert ohne Umsatzsteuer in Zeile 18 einzutragen.

[Entnahmen ➜ Zeilen 19–20]

285 In den Zeilen 19 und 20 sind **die übrigen privaten Vorgänge ohne Umsatzsteuer** zu erfassen (**Entnahmen**). Die entsprechende Umsatzsteuer gehört in Zeile 16.

[Rücklagenauflösung, Rücklagenbildung ➜ Zeile 21]

286 In den ergänzenden Angaben (Zeilen 121–124) berechnen Sie den Gewinn aus der Auflösung von Rücklagen und Ausgleichsposten. Übertragen Sie den Betrag in Zeile 21.

19.4 Betriebsausgaben

287 Die Beträge sind grds. mit dem Nettobetrag auszuweisen. Die abziehbaren Vorsteuerbeträge sind in Zeile 63 auszuweisen. Kleinunternehmer und Steuerpflichtige, die den Vorsteuerabzug nach den §§ 23, 23a und 24 Abs. 1 UStG pauschal vornehmen, geben den Bruttobetrag an.

[Betriebsausgabenpauschale ➜ Zeile 23]

288 In den folgenden Zeilen 23–88 sind alle Betriebsausgaben aufzuschlüsseln. Diese sind grds. im Wirtschaftsjahr des Abflusses zu erfassen.

Bestimmte Berufsgruppen können den Betriebsausgabenabzug pauschalieren, d.h. sie ziehen einen bestimmten Prozentsatz ihrer Einnahmen als Betriebsausgaben ab. Eine weitergehende Berücksichtigung von einzelnen Kosten ist nicht mehr möglich.

Ist der pauschale Betriebsausgabenabzug für Sie günstiger, tragen Sie in Zeile 23 diesen Betrag ein. Damit ist für Sie der Teil „Betriebsausgaben" erledigt und Sie können zu Zeile 88 springen.

Die Freibeträge nach § 3 Nr. 26 EStG, § 3 Nr. 26a EStG bzw. § 3 Nr. 26b EStG sind nicht mehr in Zeile 23 sondern in den Zeilen 91 bis 93 einzutragen.

[Absetzung für Abnutzung (AfA) → Zeilen 28–44]

Berechnen Sie die AfA-Beträge in der Anlage AVEÜR, die Sie zusammen mit Ihrer **289**
Gewinnermittlung einreichen.

[Restbuchwert ausgeschiedener Anlagegüter → Zeile 45]

Nicht vergessen dürfen Sie die Eintragung des Restbuchwerts ausgeschiedener Anlage- **290**
güter in Zeile 45.

[Miete, Grundstücksaufwendungen → Zeilen 46–48]

Kosten für das häusliche Arbeitszimmer sind ausschließlich in Zeile 70 einzutragen. **291**
Mietaufwendungen für eine doppelte Haushaltsführung gehören in die Zeile 47.

Betreiben Sie Ihr Gewerbe in eigenen Räumen bzw. auf eigenen Grundstücken, sind die hierfür anfallenden Kosten (ohne AfA Zeile 29 und Schuldzinsen Zeile 61 f.) in Zeile 48 einzutragen.

Sonstige unbeschränkt abzugsfähige Betriebsausgaben

[Miete/Leasing → Zeile 53]

Nicht in Zeile 53 gehören Kfz-Leasingkosten (Zeile 81) oder Raummiete (Zeile 46). **292**

[Schuldzinsen zwecks Finanzierung von Wirtschaftsgütern → Zeile 61]

Die Schuldzinsen können u. U. nur eingeschränkt abzugsfähig sein. **293**

Tragen Sie in Zeile 61 zunächst die Schuldzinsen für **gesondert aufgenommene Darlehen** zur Finanzierung von Anschaffungs- oder Herstellungskosten von Wirtschaftsgütern des Anlagevermögens ein (z.B. Betriebsgebäude, Pkw, Maschinen etc.). Diese sind in jedem Fall und in vollem Umfang abzugsfähig. Schuldzinsen für das häusliche Arbeitszimmer sind in Zeile 70 zu erfassen.

[Übrige Schuldzinsen → Zeile 62]

In die Zeile 62 tragen Sie die übrigen Schuldzinsen mit dem vollen Betrag ein. **294**

Sind hier weniger als 2.050 € einzutragen, brauchen Sie sich keine weiteren Gedanken machen. Der Betrag ist voll abzugsfähig. In allen anderen Fällen muss die Anlage „Ermittlung der nicht abziehbaren Schuldzinsen – Anlage SZ" ausgefüllt und mit der Einnahmenüberschussrechnung eingereicht werden. Einen sich daraus ergebenden Korrekturbetrag müssen Sie in die Zeile 108 eintragen.

[Gezahlte Vorsteuer → Zeile 63]

Die an andere Unternehmer (Lieferanten etc.) gezahlten abziehbaren Vorsteuerbeträge **295**
sind in Zeile 63 einzutragen.

[Gezahlte und verrechnete Umsatzsteuer → Zeile 64]

296 Die an das Finanzamt im entsprechenden Jahr tatsächlich abgeführte Umsatzsteuerzahllast gehört in Zeile 64. Die gezahlten steuerlichen Nebenleistungen, wie z. B. ein Verspätungs- oder Säumniszuschlag, sind aber in Zeile 66 einzutragen.

[Bildung von Rücklagen → Zeile 65]

297 In den ergänzenden Angaben (Zeilen 121–124) berechnen Sie die Summe der Gewinnminderungen aus der Bildung von Rücklagen und Ausgleichsposten. Übertragen Sie den Betrag in Zeile 65.

Beschränkt abzugsfähige Betriebsausgaben

[Geschenke, Bewirtungskosten, Verpflegungsmehraufwendungen, Arbeitszimmer → Zeilen 67–71]

298 Im Folgenden sind die beschränkt abziehbaren Betriebsausgaben anzugeben. Hierzu gehören insbesondere Geschenke, Bewirtung, Reisekosten, Kosten der doppelten Haushaltsführung, das häusliche Arbeitszimmer etc.

Die Gesamtaufwendungen sind in „nicht abziehbare" und „abziehbare" aufzuteilen.

[Kraftfahrzeugkosten → Zeilen 81–86]

299 Zu unterscheiden sind die Aufwendungen für:

- Kfz-Leasing (Zeile 81)
- Steuern, Versicherungen und Maut (Zeile 82)
- sonstige Fahrtkosten (Zeile 83)

In Zeile 83 gehören alle übrigen festen und laufenden Kosten (z. B. Kraftstoffkosten, Reparaturkosten etc.), allerdings nicht die AfA und Zinsaufwendungen. Ferner sind Aufwendungen für öffentliche Verkehrsmittel, die für betriebliche Zwecke (z. B. Geschäftsreisen) genutzt wurden, hier zu berücksichtigen.

Wurden Privatfahrzeuge betrieblich genutzt, sind die Kosten in Zeile 84 einzutragen. Hier kann entweder die km-Pauschale von 0,30 € pro gefahrenen Kilometer angesetzt werden oder der tatsächliche km-Satz, der anhand von Einzelaufzeichnungen nachzuweisen ist.

Da die Aufwendungen für **Fahrten zwischen Wohnung und Betrieb** sowie für die **Heimfahrten im Rahmen einer doppelten Haushaltsführung** nur beschränkt abzugsfähig sind, werden die anteiligen Gesamtkosten (anteilige Beträge, die in der vorigen Zeile erfasst wurden), zzgl. der anteiligen AfA für den betrieblichen Pkw (aus Zeilen 31/34) und die Finanzierungskosten des Pkw) in der Zeile 85 eingetragen und mindern die Betriebsausgaben.

Die für Wege zwischen Wohnung und Betriebsstätte und für Familienheimfahrten im Rahmen der doppelten Haushaltsführung **abziehbaren** Pauschbeträge (z. B. Entfernungspauschale) werden unabhängig von der Art des genutzten Verkehrsmittels in Zeile 86 erfasst. Wird der Privatanteil nach der 1 %-Regelung berechnet, beachten Sie die Kostendeckelung (→ Tz 1060).

[Nichtabziehbare Beträge → Zeile 87]

300 Sind in den Zeilen 26 bis 86 Beträge enthalten, die den Gewinn nicht mindern dürfen (z. B. unangemessene Aufwendungen nach § 4 Abs. 5 Satz 1 Nr. 7 EStG oder nicht abziehbare

Restbuchwerte nach § 55 Abs. 6 EStG) müssen diese hier eingetragen werden. Dadurch werden diese Betriebsausgaben neutralisiert.

19.5 Gewinnermittlung

[Steuerfreie Einnahmen → Zeilen 91–93]

In den Zeilen 91 bis 93 sind steuerfreie Einnahmen nach § 3 Nr. 26 EStG (max. 2.400 €), **301**
§ 3 Nr. 26a EStG (max. 720 €) bzw. § 3 Nr. 26b EStG (max. 2.400 €) abzuziehen, soweit diese in den Betriebseinnahmen enthalten sind. Die nach § 3 Nr. 26 EStG und § 3 Nr. 26b EStG steuerfreien Einnahmen dürfen zusammen den Betrag von 2.400 € nicht überschreiten.

Sind in den Zeilen 23–88 Beträge enthalten, die im Zusammenhang mit steuerfreien Einnahmen nach § 3 EStG stehen, sind diese nicht abzugsfähig. Zur Korrektur sind in der Zeile 94 die im Zusammenhang mit steuerfreien Einnahmen nach § 3 Nr. 26, 26a und/oder 26b EStG stehenden Beträge einzutragen. Beträge, für die das Teileinkünfteverfahren (§ 3 Nr. 40 EStG) gilt. sind in Zeile 106 zu erfassen, die übrigen Korrekturbeträge in Zeile 95.

[Hinzurechnungen → Zeilen 97–100]

In die Zeilen 93 bis 99 sind Hinzurechnungsbeträge nach § 7g Abs. 2 EStG entsprechend **302**
den Regelungen zum Investitionsabzugsbetrag einzutragen. Diese berechnen Sie getrennt nach einzelnen Wirtschaftsgütern auf einer gesonderten Anlage (→ Tz 1133 ff.).

WICHTIG

Rückgängigmachung von Investitionsabzugsbeträgen

Wurden in den Vorjahren Investitionsabzugsbeträge gebildet, bei denen die Investitionsabsicht aufgegeben oder die Investition innerhalb der dreijährigen Investitionsfrist nicht durchgeführt wurde, sind die Steuerfestsetzungen für das Jahr zu ändern, in dem der Investitionsabzugsbetrag abgezogen worden ist. Die Rückgängigmachung des Investitionsabzugsbetrags ist dem Finanzamt durch Übermittlung einer berichtigten Anlage EÜR für das Jahr anzuzeigen, in dem der Investitionsabzugsbetrag abgezogen worden ist. Sofern im Folgejahr der Anschaffung oder Herstellung gegen die Verwendungsvoraussetzung nach § 7g Abs. 4 EStG verstoßen wird, ist der im Wirtschaftsjahr der Anschaffung oder Herstellung berücksichtigte Hinzurechnungsbetrag rückgängig zu machen. Hierzu ist eine geänderte Anlage EÜR für das Wirtschaftsjahr der Anschaffung oder Herstellung zu übermitteln. In diesem Fall ist ggf. auch der Herabsetzungsbetrag nach § 7g Abs. 2 Satz 2 EStG zu korrigieren und die AfA neu zu berechnen.

Wird eine §-6b-Rücklage aufgelöst, ohne dass eine Übertragung auf ein Ersatzwirtschaftsgut stattgefunden hat, ist ein Gewinnzuschlag vorzunehmen (§ 6b Abs. 7 und Abs. 10 EStG). Dieser gehört in Zeile 100. Beachten Sie auch die Erläuterung zu Zeile 121 (→ Tz 310 ff.).

Im Folgenden können Sie noch Aufwendungen geltend machen, die zwar nicht als Betriebsausgaben angesehen werden, aber doch den Gewinn mindern.

[Wechsel der Gewinnermittlungsart → Zeile 102]

303 In Zeile 102 ist ein Übergangsgewinn oder -verlust einzutragen, der bei einem Wechsel von der Gewinnermittlungsart „Betriebsvermögensvergleich“, d. h. Bilanzierung, zur Einnahmenüberschussrechnung entsteht. Bei Aufgabe oder Veräußerung des Betriebs ist eine Schlussbilanz zu erstellen. Der Übergangsgewinn/-verlust gehört ebenfalls in Zeile 102.

[Ergebnis aus Beteiligung an Personengesellschaften → Zeile 103]

304 In der Zeile 103 sind die gesondert und einheitlich festgestellten Ergebnisanteile aus Beteiligungen an Personengesellschaften (Mitunternehmerschaften, Bürogemeinschaften) einzutragen. Die dort berücksichtigten Betriebseinnahmen und -ausgaben dürfen nicht zusätzlich in den Zeilen 11 bis 102 angesetzt werden.

Soweit Ergebnisanteile dem Teileinkünfteverfahren bzw. § 8b KStG unterliegen, sind sie hier in voller Höhe (einschließlich steuerfreier Anteile) einzutragen. Die entsprechende Korrektur erfolgt in Zeile 106.

[Korrekturbetrag InvStG → Zeile 105]

305 Für bestimmte Investmentfonds gilt nach dem InvStG eine Teilfreistellung, gleichzeitig sind die damit im Zusammenhang stehenden Aufwendungen teilweise nicht abzugsfähig. Der Saldo aus den ungekürzten Erträgen und den ungekürzten Aufwendungen in der Spalte „Gesamtbetrag“ einzutragen. In die Spalte „Korrekturbetrag“ ist der anteilige, steuerfrei zu stellende Betrag mit umgekehrtem Vorzeichen einzutragen.

[Korrekturbetrag bei Teileinkünfteverfahren → Zeile 106]

306 Dividenden im Betriebsvermögen, die unter das Teileinkünfteverfahren fallen, sind nur zu 60 % steuerpflichtig, 40 % bleiben steuerfrei (§ 3 Nr. 40 EStG).

In Zeile 15 waren diese Beträge in voller Höhe als Betriebseinnahme einzubeziehen. In Zeile 106 erfolgt die Korrektur um die steuerfreien Beträge. Allerdings ist zu beachten, dass auch Aufwendungen, die mit diesen Beträgen in Zusammenhang stehen, nur zu 60 % abzugsfähig sind.

BEISPIEL

Korrekturbetrag bei Dividenden ermitteln

Sie halten eine GmbH-Beteiligung im Betriebsvermögen. Die Dividende i. H. v. 20.000 € unterliegt dem Teileinkünfteverfahren, d. h. 8.000 € bleiben steuerfrei. Die Finanzierungskosten der Beteiligung i. H. v. 3.000 € sind allerdings auch nur zu 60 % abzugsfähig. Es sind folgende Eintragungen vorzunehmen:

Die Dividende ist mit 20.000 € in die Beträge der Zeile 15 einzubeziehen. Die Schuldzinsen stehen mit Anlagevermögen in Zusammenhang und sind mit 3.000 € in Zeile 61 zu erfassen.

Für die Zeile 106 ist der Korrekturbetrag wie folgt zu ermitteln:

Dividende 20.000 €, davon steuerfrei 8.000 €.

Zinsen 3.000 €, davon nicht abzugsfähig 1.200 €.

Der bisher ermittelte Gewinn ist somit um 6.800 € zu hoch ausgewiesen. In Zeile 106 ist ein Eintrag von -6.800 € zu machen. Achten Sie darauf, die Eintragung mit Vorzeichen vorzunehmen.

[Steuerpflichtiger Gewinn/Verlust vor Anwendung des § 4 Abs. 4a EStG → Zeile 107]

Ein Korrekturbetrag, der in der Anlage SZ errechnet wird, ist hier einzutragen. Er erhöht **307** den Gewinn.

19.6 Ergänzende Angaben

[Ergänzende Angaben]

Zu den Themengebieten Rücklagen und Entnahmen/Einlagen sind noch ergänzende **308** Angaben zu machen.

[Rücklagen und stille Reserven → Zeilen 121–123]

Soweit Steuerpflichtige die Übertragung stiller Reserven nach § 6b EStG nicht durch **309** Abzug des bei der Veräußerung entstandenen Gewinns bei den Anschaffungs- oder Herstellungskosten der in § 6b EStG genannten Wirtschaftsgüter vorgenommen haben, können sie im Wirtschaftsjahr der Veräußerung eine gewinnmindernde Rücklage bilden.

[Rücklagen nach § 6b EStG oder Ersatzbeschaffung → Zeile 121]

Tragen Sie in Zeile 121 die gebildete Rücklage ein. Auch die Minderung der Anschaf- **310** fungs-/Herstellungskosten bei der begünstigten Investition durch Übertragung der stillen Reserven ist unter „Bildung" als Betriebsausgabe in die linke Spalte einzutragen. Die Aufzeichnungspflichten nach § 6c Abs. 2 EStG sind zu beachten. Vorgenanntes gilt auch für die Rücklage für Ersatzbeschaffung nach R 6.6 EStR 2012.

[Übertragung von stillen Reserven → Zeile 122]

In Zeile 122 sind die stillen Reserven einzutragen, die auf neu angeschaffte Wirtschafts- **311** güter übertragen wurden und die deren Herstellungs- bzw. Anschaffungskosten gemindert haben.

[Entnahmen und Einlagen → Zeilen 125–126]

Hier sind die Entnahmen und Einlagen einzutragen, die nach § 4 Abs. 4a EStG gesondert **312** aufzuzeichnen sind. Neben den durch die private Nutzung betrieblicher Wirtschaftsgüter oder Leistungen entstandenen Entnahmen – ggf. zuzüglich Umsatzsteuer – gehören auch die Geldeinnahmen und -einlagen dazu.

Hinweis: Wichtiges zu den verschiedenen Gewinnermittlungsarten, zu umsatzsteuerlichen Vorschriften sowie Tipps zur Verwendung des amtlichen Vordrucks finden Sie auch auf http://mybook.haufe.de unter „Weiterführende steuerliche Informationen".

19.7 Vordruck SZ (Ermittlung der nicht abziehbaren Schuldzinsen)

313 **WICHTIG**

Wer die Anlage SZ abgeben muss

Die **Anlage SZ** benötigen Sie in folgenden Fällen:

- Sie führen ein Einzelunternehmen.
- Die geltend gemachten Schuldzinsen betragen nach Abzug der Schuldzinsen für Darlehen zur Finanzierung von Anschaffungs- oder Herstellungskosten von Wirtschaftsgütern des Anlagevermögens 2.050 €.

Formularaufbau	
Seite 1	**Ermittlung des maßgeblichen Gewinns (Zeilen 4–8)** Der mittels der Einnahmenüberschussrechnung ermittelte Gewinn ist um einige Positionen wie z. B. steuerfreie Gewinne zu korrigieren. **Ermittlung der Über-/Unterentnahmen des laufenden Wirtschaftsjahres (Zeilen 9–12)** Aus dem Saldo von Gewinn, Entnahmen und Einlagen werden die Über-/Unterentnahmen berechnet. **Ermittlung der nicht abziehbaren Schuldzinsen (Zeilen 13–26)** Auf Basis der kumulierten Über-/Unterentnahmen und unter Berücksichtigung eines Freibetrags werden die nicht abziehbaren Schuldzinsen berechnet.

314 **Checkliste Anlage EÜR**

Folgende Abzugsmöglichkeit geprüft? Vgl. Ausfüllhinweise zur Zeile!

Sie haben Dividenden (Teileinkünfteverfahren) oder Einkünfte, die unter das InvStG fallen, in Ihren Betriebseinnahmen erfasst? ☐

Denken Sie unbedingt daran, die Einkünfte in den Zeilen 105 bzw. 106 zu korrigieren.

Sie haben Anlagevermögen verkauft, verschrottet, oder es ist aus anderen Gründen ausgeschieden? ☐

Den Restbuchwert müssen Sie in Zeile 45 eintragen und so als Betriebsausgabe geltend machen.

Ihre Schuldzinsen betragen mehr als 2.050 €? ☐

Teilen Sie genau auf, in welchem Umfang diese auf Anlagevermögen und andere Bereiche entfallen.

Prüfen Sie außerdem, welche Entnahmen Sie getätigt haben und ob diese in die Berechnung der nichtabzugsfähigen Zinsen einfließen müssen.

Folgende Abzugsmöglichkeit geprüft? Vgl. Ausfüllhinweise zur Zeile!

Sie planen in den kommenden Jahren Investitionen und möchten Ihren Gewinn jetzt schon mindern? ☐

Machen Sie sich mit dem Thema „Investitionsabzugsbetrag" vertraut und beziehen Sie diesen ggf. in Ihre Einnahmenüberschussrechnung ein.

20 Anlage AUS (Ausländische Einkünfte)

20.1 Allgemein

315 **WICHTIG**

Im Inland steuerpflichtige ausländische Einkünfte

Die **Anlage AUS** benötigen Sie in folgenden Fällen:

Sie haben Einkünfte (**außer Kapitalerträge**) aus dem Ausland bezogen, die

- auch im Inland **steuerpflichtig** sind und wollen die ausländische Steuer auf Ihre Einkommensteuer anrechnen lassen;
- in Deutschland **steuerfrei sind**, aber den Steuersatz der inländischen Einkünfte verändern (Progressionsvorbehalt).

Liegen Einkünfte aus Kapitalvermögen vor, kommt eine Eintragung in der Anlage AUS nur in Betracht, wenn die tarifliche Einkommensteuer Anwendung findet (Eintragungen in den Zeilen 20 bis 27 und 60 der Anlage KAP bzw. in den Zeilen 19 bis 24 der Anlage KAP-BET).

Jeder Ehegatte mit ausländischen Einkünften benötigt eine eigene Anlage AUS. Die Angaben müssen für jeden Staat und jede Einkunftsart getrennt vorgenommen werden (➔ Tz 1162 ff.).

[Überblick]

Im Bedarfsfall ausfüllen	
Seite 1	**Steuerpflichtige ausländische Einkünfte (Zeilen 4–11)** Im Inland steuerpflichtige Einkünfte sind auf den Anlagen der entsprechenden Einkunftsart (z. B. Anlage V) einzutragen. Durch die Eintragung der ausländischen Einkünfte auf der Anlage AUS **(Zeilen 12–13)** beantragen Sie die Anrechnung der ausländischen Steuer auf die deutsche Einkommensteuer.

Im Bedarfsfall ausfüllen	
Seite 2	**Nicht nach DBA steuerfreie negative Einkünfte i. S. d. § 2a Abs. 1 EStG (Zeilen 31–35)** Durch eine Eintragung erreichen Sie eine Verrechnung ausländischer Verluste mit positiven gleichartigen Einkünften aus demselben Land in Vor- oder Folgejahren. **Nach DBA steuerfreie Einkünfte/Progressionsvorbehalt (Zeilen 36–44)** Diese Einkünfte sind nur auf der Anlage AUS einzutragen. Sie beeinflussen den Steuersatz der in Deutschland steuerpflichtigen Einkünfte (Progressionsvorbehalt). **Einkünfte i. S. d. § 32b EStG i. V. m. privaten Veräußerungsgeschäften nach § 23 EStG (Zeilen 45–47)** Eintragungen sind notwendig, wenn ausländisches unbewegliches Vermögen innerhalb von 10 Jahren nach dem Erwerb wieder veräußert wird und diese Einkünfte nach dem DBA steuerfrei sind. Sie unterliegen dann dem Progressionsvorbehalt. Falls ein Verlustrücktrag nach 2019 begrenzt werden soll, ist der gewünschten Betrag in Zeile 47 einzutragen. **Nach DBA steuerfreie negative Einkünfte i. S. d. § 2a Abs. 1 EStG (Zeilen 47–51)** Hier beantragen Sie die Verrechnung von ausländischen Verlusten mit entsprechenden positiven Vorjahreseinkünften.

20.2 Kurzinformation zu ausländischen Einkünften

Ausländische Einkünfte sind im Inland grds. steuerpflichtig, und zwar unabhängig davon, **316**
ob mit dem ausländischen Staat ein Abkommen zur Vermeidung einer Doppelbesteuerung (DBA) besteht oder nicht. Deshalb müssen die steuerpflichtigen ausländischen Einkünfte bei der jeweiligen Einkunftsart (z. B. Mieteinkünfte auf der **Anlage V**) erfasst werden.

Bei den Einkünften aus Kapitalvermögen ist die Einkommensteuer grds. durch den Steuerabzug abgegolten. Deshalb kommt eine Eintragung in den Zeilen 4 bis 14 nur in den Fällen des § 32d Abs. 2 EStG in Betracht (→ Tz 732).

Soweit die ausländischen Einkünfte dem Teileinkünfteverfahren unterliegen (Gewinnanteile und Veräußerungsgewinne aus Beteiligungen), sind diese außer in Zeile 7 noch in Zeile 8 einzutragen. Ggf. sind in Zeile 9 die Teilfreistellungsbeträge nach §§ 20, 21 InvStG einzutragen. Die ausländische Steuer kann, soweit sie auf im Inland zu versteuernde Einkünfte entfällt, und wenn sie der deutschen Einkommensteuer entspricht, in bestimmtem Umfang steuerlich berücksichtigt werden. Der Umfang der Berücksichtigung muss für jeden ausländischen Staat gesondert ermittelt werden. Deshalb müssen Sie die Einnahmen nach Staaten getrennt angeben. Infrage kommt für die ausländische Steuer zum einen die direkte Anrechnung auf die deutsche Einkommensteuer (Eintragung Anlage AUS, Zeile 12, Eintragungen in Zeile 13, wenn nicht die tatsächlich gezahlte, sondern nur eine fiktive, im DBA bestimmte ausländische Steuer angerechnet wird) oder der Abzug der Steuer wie Betriebsausgaben oder Werbungskosten (Berücksichtigung bei der Ermittlung der Einkünfte in Zeile 7).

Erträge aus einem Investmentfonds im Betriebsvermögen sind für jeden einzelnen Fonds getrennt in voller Höhe aufzuführen. Gleiches gilt für die darauf entfallenden Steuern.

Kommt das Teileinkünfteverfahren zur Anwendung, wird die ausländische Steuer nur zu 60 % berücksichtigt.

Fügen Sie Ihrer Anlage AUS die **ausländischen Steuerbescheinigungen** bei. Besteht mit dem ausländischen Staat ein DBA, dann kann dort außerdem geregelt sein, dass die ausländischen Einkünfte im Inland steuerfrei sind. Dann sind sie nur auf der Anlage AUS (Zeilen 36–43) einzutragen. In diesem Fall bewirken sie jedoch eine Veränderung des Steuersatzes für die im Inland steuerpflichtigen Einkünfte (Progressionsvorbehalt).

Die **Anlage AUS** dient also im Wesentlichen dazu, die Anrechnung der ausländischen Steuer zu beantragen bzw. die Veränderung des inländischen Steuersatzes im Wege des Progressionsvorbehalts sicherzustellen.

[Arbeitslohn]

317 Ausländische Einkünfte aus nichtselbstständiger Arbeit sind grds. nur in den Anlagen N und N-AUS anzugeben, es sei denn, es wird die Anrechnung im Ausland gezahlter Steuern gewünscht. In diesem Fall sind die ausländischen Einkünfte und die darauf entfallende ausländische Steuer zusätzlich in der Anlage AUS zu erklären (Ausnahme: schweizerische Abzugsteuer, vgl. Zeile 26 der Anlage N).

Soweit ausländische **Lohneinkünfte** im Inland steuerfrei sind, ist eine Eintragung auf der **Anlage N** (Zeilen 22–24) und auf der Anlage N-AUS vorzunehmen.

[Sondervergütungen von ausländischen Personengesellschaften ➜ Zeilen 21–22]

318 § 50d Abs. 10 EStG regelt die Besteuerung grenzüberschreitend gezahlter Sondervergütungen bei Personengesellschaften (Darlehenszinsen, Miet- und Pachtzinsen, Tätigkeitsvergütungen etc.). Diese Einkünfte sind in Zeile 21 einzutragen, die darauf entfallenden anrechenbaren Steuern in Zeile 22. Die Steuern sind durch Vorlage der Steuerbescheinigungen bzw. des ausländischen Steuerbescheids mit Zahlungsnachweis zu belegen.

319 Checkliste Anlage AUS

Folgende Abzugsmöglichkeit geprüft? Vgl. Ausfüllhinweise zur Zeile!

Sie möchten ausländische Steuer anrechnen lassen? ☐

Dazu benötigen Sie stets die ausländische Steuerbescheinigung. Regelmäßig ist die direkte Anrechnung (Zeilen 12–13) günstiger als der Abzug als Werbungskosten bzw. Betriebsausgaben (Zeile 7).

Kommentierung und Gestaltungshinweise

1 Einleitung zum Hauptvordruck

1.1 Allgemeines

Datenschutz-Grundverordnung

Die Steuerverwaltung erhebt personenbezogene Daten der Steuerpflichtigen. Die Finanzverwaltung hat Allgemeine Informationen zur Umsetzung der datenschutzrechtlichen Vorgaben in der Steuerverwaltung bekannt gegeben (BMF, Schreiben v. 1.5.2018, IV A 3 – S 0030/16/10004-21, BStBl 2018 I S. 607). Das allgemeine Informationsschreiben steht außerdem auf der Internetseite www.finanzamt.de unter der Rubrik „Datenschutz" sowie auf der Internetseite www.elster.de unter der Rubrik „Datenschutzerklärung der Steuerverwaltung" bereit. **320**

1.2 Steuerpflicht

Steuerpflicht

Unbeschränkte Einkommensteuerpflicht

Natürliche Personen mit Wohnsitz oder gewöhnlichem Aufenthalt im Inland sind **unbeschränkt einkommensteuerpflichtig** (§ 1 Abs. 1 EStG).

Einen Wohnsitz hat jemand gem. § 8 AO dort, wo er eine Wohnung unter Umständen innehat, die darauf schließen lassen, dass er die Wohnung beibehalten und benutzen wird. Einen gewöhnlichen Aufenthalt im Inland hat jemand, wenn er sich hier **nicht nur vorübergehend** (zu beruflichen Zwecken längstens sechs Monate oder zu privaten Zwecken nicht mehr als zwölf Monate) aufhält (§ 9 AO).

Ein Grenzgänger (➜ Tz 135), der sich regelmäßig nur zur Arbeit im Inland aufhält, hat keinen Wohnsitz oder gewöhnlichen Aufenthalt im Inland, da er nur **vorübergehend** im Inland ist. Wohnt er aber unter der Woche in einer Unterkunft im Inland und fährt nur an den Wochenenden oder im Urlaub in sein Heimatland, hat er im Inland einen Wohnsitz und ist unbeschränkt einkommensteuerpflichtig.

Besteuerung von Personen ohne unbeschränkte Einkommensteuerpflicht

Für Personen, die nicht unbeschränkt einkommensteuerpflichtig sind, kann unter bestimmten Voraussetzungen eine Besteuerung der Einkünfte im Rahmen einer unbeschränkten Veranlagung in Betracht kommen. Dazu sind Angaben in der **Anlage WA-ESt** zu machen. **321**

[Zeitweise unbeschränkte Steuerpflicht, Anlage WA-ESt ➜ Zeilen 4–7]

Natürliche Personen, die **zeitweise unbeschränkt einkommensteuerpflichtig** sind (z. B. wegen Wohnsitzverlegung vom/ins Ausland), werden für das ganze Kalenderjahr im Rahmen **einer** Veranlagung zur unbeschränkten Steuerpflicht veranlagt. Dabei sind alle Jahresfreibeträge und Pauschalen zu berücksichtigen und die Abzugsteuern anzurechnen. Bei der Berechnung des z. v. E. werden die während der beschränkten Einkommensteuerpflicht erzielten inländischen Einkünfte i. S. d. § 49 EStG ermittelt und den unbeschränkt steuerpflichtigen Einkünften hinzugerechnet (§ 2 Abs. 7 Satz 3 EStG). **322**

[Wegzug in ein niedrig besteuertes Gebiet, Anlage WA-ESt ➜ Zeilen 8–9]

323 Eine natürliche Person, die in den letzten zehn Jahren vor dem Ende ihrer unbeschränkten Steuerpflicht als Deutscher insgesamt mindestens fünf Jahre unbeschränkt einkommensteuerpflichtig war, ihren Wohnsitz in ein Niedrigsteuergebiet im Ausland verlegt und wesentliche wirtschaftliche Interessen im Inland hat, ist zehn Jahre lang **erweitert beschränkt einkommensteuerpflichtig** (§ 2 AStG). In solchen Fällen ist z. B. auf Beteiligungen an Kapitalgesellschaften § 17 EStG im Zeitpunkt der Beendigung der unbeschränkten Steuerpflicht auch ohne Veräußerung anzuwenden (§ 6 Abs. 1 AStG).

[Antrag auf unbeschränkte Einkommensteuerpflicht, Anlage WA-ESt ➜ Zeilen 10–13]

324 Personen, die im **Inland keinen Wohnsitz** oder gewöhnlichen Aufenthalt haben, können **auf Antrag als unbeschränkt einkommensteuerpflichtig behandelt** werden, wenn sie inländische Einkünfte i. S. d. § 49 EStG haben und ihre Einkünfte im Kalenderjahr zu mindestens 90 % der deutschen Einkommensteuer unterliegen (§ 1 Abs. 3 EStG).

Dies trifft z. B. auf Grenzpendler zu. Dabei sind aber die speziellen Grenzpendler-Regelungen in den jeweiligen DBA (insbesondere mit der Schweiz, Österreich und Frankreich) zu beachten.

Auch Personen mit inländischen Einkünften von weniger als 90 %, deren nicht der deutschen Einkommensteuer unterliegende Einkünfte (ausländische Einkünfte) unter dem Grundfreibetrag (2020: 9.408 €) liegen, können auf Antrag als unbeschränkt einkommensteuerpflichtig behandelt werden. Der Betrag von 9.408 € wird nach den Verhältnissen im Wohnsitzstaat ggf. nur anteilig mit drei Vierteln, der Hälfte oder einem Viertel berücksichtigt (Ländergruppeneinteilung ab dem Jahr 2017: BMF, Schreiben v. 20.10.2016, IV C 8 – S 2285/07/10005:016, BStBl 2016 I S. 1183).

Die „Bescheinigung EU/EWR" (für Staatsangehörige der EU, Islands, Liechtensteins, Norwegens) bzw. „Bescheinigung außerhalb EU/EWR" (für Staatsangehörige anderer Länder) muss zum Nachweis der nicht der deutschen Einkommensteuer unterliegenden Einkünfte beigefügt werden.

Diese Personen können Vorsorgeaufwendungen (Sonderausgaben), außergewöhnliche Belastungen und Kinderfreibeträge steuerlich geltend machen, die bei beschränkter Steuerpflicht nicht abziehbar wären.

[Fiktive unbeschränkte Steuerpflicht von Familienangehörigen in EU-/EWR-Staaten oder in der Schweiz, Anlage WA-ESt ➜ Zeile 14]

325 Eine **fiktive unbeschränkte Steuerpflicht** von **Ehegatten/eingetragenen Lebenspartnern mit Wohnsitz oder gewöhnlichem Aufenthalt in EU-/EWR-Staaten** kann bei Staatsangehörigen eines EU-/EWR-Staates, die selbst nach § 1 Abs. 1 EStG unbeschränkt einkommensteuerpflichtig sind oder die nach § 1 Abs. 3 EStG als unbeschränkt steuerpflichtig gelten, angenommen werden (§ 1a Abs. 1 Nr. 1 EStG).

Die unbeschränkt Steuerpflichtigen können dann im Rahmen der Veranlagung bestimmte familienbezogene Vergünstigungen geltend machen.

- Unterhaltsleistungen an den geschiedenen oder dauernd getrennt lebenden Ehegatten (Realsplitting, § 10 Abs. 1a Nr. 1 EStG; ➜ Tz 420),
- Versorgungsleistungen (§ 10 Abs. 1a Nr. 2 EStG; ➜ Tz 419)

- Ausgleichszahlungen zur Vermeidung eines Versorgungsausgleichs (§ 10 Abs. 1a Nr. 3 EStG) und
- schuldrechtlicher Versorgungsausgleich nach § 10 Abs. 1a Nr. 4 EStG (➜ Tz 431)

sind als Sonderausgaben abziehbar, wenn der Empfänger die Besteuerung der Unterhaltsleistungen im Heimatland nachweist (§ 1a Abs. 1 Nr. 1, Buchst. b) EStG).

Ehegattenwahlrecht

Auf Antrag kann der Ehegatte/eingetragene Lebenspartner ohne Wohnsitz oder gewöhnlichen Aufenthalt im Inland, der nicht dauernd getrennt lebt, für die Anwendung der Ehegattenveranlagung nach § 26 EStG auch als unbeschränkt steuerpflichtig behandelt werden (§ 1a Abs. 1 Nr. 2 EStG).

Bei Anwendung des § 1 Abs. 3 EStG müssen die gemeinsamen Einkünfte der Ehegatten zu mindestens 90 % der deutschen Einkommensteuer unterliegen oder die nicht der deutschen Einkommensteuer unterliegenden Einkünfte dürfen nicht mehr als 18.816 € (Grundfreibetrag; ggf. Kürzung nach Ländergruppen) betragen. Die maßgebende Höhe der Einkünfte in § 1 Abs. 3 und § 1a EStG ist nach deutschem Recht zu ermitteln.

Durch § 1a Abs. 1 Nr. 2 EStG können trotz fehlendem Wohnsitz oder gewöhnlichem Aufenthalt im Inland personen- oder familienbezogene Vergünstigungen für Ehegatten (insbesondere die Anwendung des Splittingtarifs) und Kinder in Anspruch genommen werden. Die „Bescheinigung EU/EWR" ist der Steuererklärung beizufügen.

Laut EuGH, Urteil v. 28.2.2013, Rs. C-425/11, HI3614724, BFH/NV 2013 S. 889, erhalten auch in der Schweiz lebende Ehegatten, die unter die Grenzgängerregelung fallen und die beide in Deutschland arbeiten, den Splittingtarif (➜ Tz 359, ➜ Tz 363).

[Angehörige des deutschen öffentlichen Dienstes ohne Wohnsitz im Inland, Anlage WA-ESt ➜ Zeile 15]

Das Recht auf Ehegattenveranlagung i.S.d. § 1a Abs. 1 Nr. 2 EStG gilt auch für öffentlich Bedienstete i.S.d. § 1 Abs. 2 und Abs. 3 EStG, die außerhalb der EU bzw. des Europäischen Wirtschaftsraums (EU, Island, Norwegen, Liechtenstein) ansässig sind und deren Ehegatte grds. nicht unbeschränkt einkommensteuerpflichtig ist (§ 1a Abs. 2 EStG). **326**

Dies gilt jedoch nur, wenn die öffentlich Bediensteten im Ausland aktiv tätig sind. Auf bloße Versorgungsempfänger ist die Regelung nicht anwendbar.

Beschränkte Einkommensteuerpflicht

Beschränkt einkommensteuerpflichtige Personen (haben im Inland weder Wohnsitz noch gewöhnlichen Aufenthalt) sind verpflichtet, jährlich eine Einkommensteuererklärung mit ihren inländischen Einkünften i.S.d. § 49 EStG abzugeben. Soweit ihre Einkünfte dem Lohnsteuer- oder Kapitalertragsteuerabzug unterlegen haben bzw. ein Steuerabzug nach § 50a EStG (für künstlerische, sportliche oder unterhaltenden Darbietungen oder der Verwertung von Urheberrechten) erfolgt ist, gilt die Einkommensteuer grds. durch den Steuerabzug als abgegolten. Betriebsausgaben und Werbungskosten können nur abgezogen werden, soweit sie mit inländischen Einkünften in Zusammenhang stehen. Die Vorschriften über Sonderausgaben, Kinder und außergewöhnliche Belastungen und die Steuerermäßigung nach § 35a EStG (haushaltsnahe Tätigkeiten) werden nicht berücksichtigt. Lediglich bei Arbeitnehmern können Altersvorsorgeaufwendungen, Basiskranken- und Pflegepflichtversicherungsbeiträge und der Sonderaus- **327** gabenpauschbetrag (ggf. zeitanteilig) bis zur Höhe der Einkünfte aus nichtselbstständiger Arbeit abgezogen werden. Auch der abzuziehende Arbeitnehmerpauschbetrag ist ggf. zeitanteilig zu berücksichtigen. Bei der Ermittlung der tariflichen Steuer gibt es **keinen Grundfreibetrag**. Deshalb wird das z. v. E. um den Grundfreibetrag erhöht, bevor die Steuer nach dem Grundtarif berechnet wird. Bei Arbeitnehmern wird der Grundfreibetrag nur hinzugerechnet, soweit er die Einkünfte aus nichtselbstständiger Arbeit übersteigt. Die Veranlagung zur beschränkten Steuerpflicht erfolgt durch das Betriebsstättenfinanzamt. Für die Einkommensteuererklärung beschränkt einkommensteuerpflichtiger Personen gibt es mit dem Hauptvordruck ESt 1C ein besonderes Formular.

1.3 Steuererklärungspflicht

Einkommensteuererklärungspflicht

Pflichtveranlagung

328 Nach Ablauf des Kalenderjahres muss der unbeschränkt Steuerpflichtige eine eigenhändig unterschriebene Steuererklärung abgeben (§ 25 Abs. 3 EStG).

Wählen Ehegatten die Zusammenveranlagung, müssen sie eine gemeinsame Steuererklärung abgeben, die von beiden eigenhändig zu unterschreiben ist. Für die Bearbeitung der Steuererklärung ist das Finanzamt zuständig, in dessen Bezirk der Steuerpflichtige zum Zeitpunkt des Einreichens der Steuererklärung wohnt (§ 19 AO).

Hat der Steuerpflichtige nur geringe Einkünfte, regelt § 56 EStDV die **Steuererklärungspflicht**. Dabei ist zu unterscheiden:

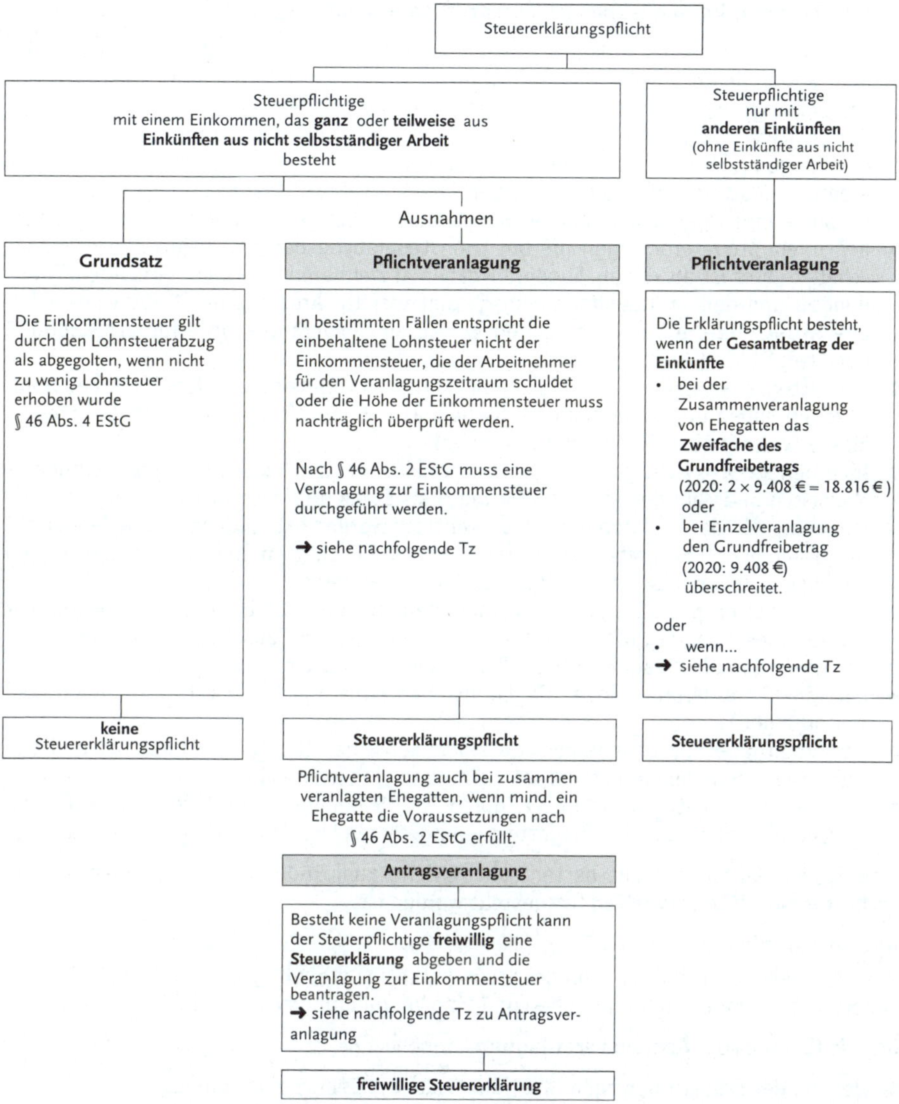

Steuerpflichtige mit Einkünften aus nichtselbstständiger Tätigkeit

Eine Erklärungspflicht besteht, wenn der Steuerpflichtige oder bei zusammen veranlagten 329
Ehegatten mindestens ein Ehegatte Einkünfte aus nichtselbstständiger Tätigkeit erzielt und eine Veranlagung nach § 46 Abs. 2 EStG in Betracht kommt.

Eine **Pflichtveranlagung** ist danach durchzuführen, wenn

- die positive Summe der Einkünfte, die nicht dem Steuerabzug vom Arbeitslohn unterliegen (alle anderen Einkünfte außer Arbeitslohn und Kapitalerträge mit Kapitalertragsteuerabzug), mehr als 410 € (Jahresbetrag) beträgt,
- die positive Summe der Einkünfte und Leistungen, die dem Progressionsvorbehalt unterliegen (insbesondere steuerfreie Lohnersatzleistungen, z. B. Arbeitslosen-, Kurzarbeiter-, Mutterschafts- oder Elterngeld) mehr als 410 € (Jahresbetrag) beträgt,
- der Steuerpflichtige **nebeneinander** von mehreren Arbeitgebern Arbeitslohn bezogen hat,
- bei einem Steuerpflichtigen die bei Lohnsteuerabzug berücksichtigte Vorsorgepauschale größer ist als die als Sonderausgaben abziehbaren sonstigen Vorsorgeaufwendungen und der im Kalenderjahr insgesamt erzielte Arbeitslohn 11.900 € oder bei Ehegatten, die die Voraussetzungen der Zusammenveranlagung erfüllen, 22.600 € übersteigt,
- Ehegatten, die zusammen zur Einkommensteuer zu veranlagen sind, beide Arbeitslohn bezogen haben und einer nach der Steuerklasse V oder VI besteuert oder bei Steuerklasse IV der Faktor eingetragen worden ist,
- für einen Steuerpflichtigen ein Freibetrag (ausgenommen Pauschbetrag für behinderte Menschen und Zahl der Kinderfreibeträge) als ELStAM (elektronisches Steuerabzugsmerkmal) für den Lohnsteuerabzug ermittelt worden ist und der im Kalenderjahr insgesamt erzielte Arbeitslohn 11.900 €, oder bei Ehegatten, die die Voraussetzungen der Zusammenveranlagung erfüllen 22.600 € übersteigt,
- bei einem Elternpaar, bei dem die Voraussetzungen des § 26 EStG nicht vorliegen, der Ausbildungsfreibetrag für ein volljähriges Kind oder der Pauschbetrag für ein behindertes Kind in einem anderen Verhältnis als je zur Hälfte beantragt wurde,
- bei einem Steuerpflichtigen die Lohnsteuer ermäßigt besteuert wurde (z. B. bei Abfindungen),
- der Arbeitgeber die Lohnsteuer von einem sonstigen Bezug berechnet hat und den Buchstaben S in der Lohnsteuerbescheinigung eingetragen hat,
- die Ehe des Arbeitnehmers im Vz. durch Tod, Scheidung oder Aufhebung aufgelöst worden ist und er oder der Ehegatte der aufgelösten Ehe im Vz. wieder geheiratet hat.

330 Eine Steuererklärungspflicht besteht auch, wenn zum Ende des vergangenen Vz. ein **verbleibender Verlustvortrag** festgestellt worden ist.

Antragsveranlagung

331 Nach § 46 Abs. 2 Nr. 8 EStG kann der Steuerpflichtige **freiwillig** eine Einkommensteuererklärung beim Finanzamt einreichen und eine Veranlagung beantragen.

Gründe für eine sog. **Antragsveranlagung** können sein:

- der Tod des Steuerpflichtigen, die Heirat oder die Geburt eines Kindes,
- der Beginn oder das Ende einer beruflichen Tätigkeit im Laufe des Jahres,
- erhöhte Werbungskosten aus nichtselbstständiger Arbeit (mehr als 1.000 € bei Arbeitnehmern im aktiven Dienst und mehr als 102 € bei Pensionären und Betriebsrentnern),
- die Berücksichtigung eines nicht ausgenutzten Sparer-Pauschbetrags bei den Einkünften aus Kapitalvermögen,
- die Inanspruchnahme von Steuerminderungen im Rahmen einer Günstigerprüfung (z. B. ist bei Kapitalerträgen der persönliche Steuersatz niedriger als 25 %),

- die Geltendmachung eines Verlusts aus einer Einkunftsart im laufenden Jahr oder die Berücksichtigung von Verlusten, die in früheren Jahren nicht ausgeglichen werden konnten,
- erhöhte andere Sonderausgaben, z.B. gezahlte Kirchensteuer, Ausbildungs-, Kinderbetreuungskosten, Spenden (➔ Tz 387),
- der Antrag auf einen Abzugsbetrag wegen Eigennutzung eines Baudenkmals,
- der Abzug von außergewöhnlichen Belastungen, z.B. krankheits-, pflege-, oder behindertenbedingte Aufwendungen (➔ Tz 440),
- die Inanspruchnahme von Steuerermäßigungen wegen Zuwendungen an politische Parteien und unabhängige Wählervereinigungen gem. § 34g EStG oder wegen Beschäftigung einer Haushaltshilfe, für haushaltsnahe Tätigkeiten, für Pflege- und Betreuungskosten einer Person im Haushalt oder für handwerkliche Leistungen nach § 35a EStG oder
- die Anrechnung von zu hoch einbehaltenen Quellensteuern (Lohn-, Kapitalertrag-, ausländische Quellensteuer) auf die Einkommensteuer.

Form der Steuererklärung

Die Einkommensteuererklärung ist auf **amtlichem Vordruck**, also schriftlich abzugeben. 332

Abzugeben ist immer der Hauptvordruck (Mantelbogen, ESt 1A). Welche Anlagen dem Hauptvordruck beizufügen sind, bestimmt sich nach den individuellen Verhältnissen des Steuerpflichtigen. Es reicht aus, wenn der Steuerpflichtige selbst gefertigte Kopien der Einkommensteuererklärung oder Ausdrucke der Internetformulare aus dem Formularmanagementsystem des BMF abgibt.

Nicht amtliche Vordrucke, die z.B. i.Z.m. einem Steuererklärungsprogramm (z.B. Taxman, Haufe-Verlag) erstellt werden, sind zugelassen, wenn sie im Layout den amtlichen Vordrucken entsprechen. Eine eigenhändig unterschriebene Einkommensteuererklärung kann auch per Fax wirksam an das Finanzamt übermittelt werden (BFH, Urteil v. 8.10.2014, VI R 82/13, HI7537168, BFH/NV 2015 S. 371).

TIPP 333

Vereinfachte Steuererklärung für Rentner und Pensionäre

Die Länder Brandenburg, Bremen, Mecklenburg-Vorpommern und Sachsen testen in einem Pilotprojekt mit Unterstützung des Bundesministeriums der Finanzen eine vereinfachte zweiseitige Steuererklärung für Rentner und Pensionäre. In die „Erklärung zur Veranlagung von Alterseinkünften" (Papiervordruck) können Aufwendungen für Unfall-, Haftpflicht und Risikolebensversicherungen sowie Spenden und Mitgliedsbeiträge, Kirchensteuer, außergewöhnliche Belastungen und Steuerermäßigungen für haushaltsnahe Dienst- und Handwerkerleistungen geltend gemacht werden. Renteneinkünfte, Pensionen und die Krankenversicherungs- und Pflegepflichtversicherungsbeiträge wurden der Finanzverwaltung bereits in elektronischer Form durch die jeweiligen Institutionen gemeldet. Liegen noch andere Einkünfte wie z.B. aus Vermietung oder Gewerbe vor, muss eine normale Steuererklärung eingereicht werden. Weitere Bundesländer werden sich bald dem vereinfachten Steuererklärungsverfahren anschließen. Erkundigen Sie sich bei Ihrem Finanzamt.

ELSTER-Erklärung

334 Die Daten können nach der Steuerdaten-Übermittlungsverordnung auch in **elektronischer Form** bei der Finanzverwaltung eingereicht werden (§ 149 Abs. 6 AO). Die Übermittlung erfolgt über ELSTER (Elektronische Steuererklärung).

Ab dem Vz. 2020 kann die elektronische Steuererklärung nur noch in der Form der **authentifizierten Steuererklärung abgegeben werden.** Die Möglichkeit eine **komprimierte Steuererklärung** auszudrucken und unterschrieben an das zuständige Finanzamt zu senden, ist entfallen.

Zur Abgabe der authentifizierten Steuererklärung ist es notwendig, dass man sich im ElsterOnline-Portal (www.elster.de) unter „Mein Elster" einmalig registrieren lässt. Durch die Registrierung erwirbt man ein sog. ELSTER-Zertifikat (elektronischer Schlüsselcode). Dieses kann man sich auf den PC herunterladen oder man beantragt einen Sicherheitstick oder eine Signaturkarte. Nach Abschluss der Registrierung kann man sich mit einer PIN beim Finanzamt im Browser anmelden und die Steuererklärungen **papierlos** mit fälschungssicherer digitaler Unterschrift abgeben.

Als Alternative zum Login mit Zertifikatsdatei im Browser existiert die Möglichkeit, sich mit Hilfe von „ElsterSmart" einzuloggen, ohne dass die Zertifikatsdatei auf dem Computer bzw. Tablet vorhanden sein muss, dessen Browser genutzt wird. Dabei wird ElsterSmart z. B. auf einem Smartphone verwendet, um den Login in „Mein ELSTER" im Browser z. B. auf einem PC oder Tablet zu authentisieren. Bei dieser Lösung werden zwei Geräte (PC und Smartphone) verwendet. Es gibt auch die Möglichkeit „Mein ELSTER" und „ElsterSmart" auf einem einzigen mobilen Gerät (z. B. Tablet) zu bedienen. In diesem Fall leitet „Mein ELSTER" auf die installierte ElsterSmart-App weiter.

Eine weitere Möglichkeit besteht darin, dass man sich mit einem vom Bürgeramt freigeschalteten Personalausweis mit Online-Ausweis-Funktion und zugehöriger sechsstelliger PIN einloggt. Dabei entfällt die erstmalige Registrierung. Die Registrierung erfolgt mit der steuerlichen Identifikationsnummer. Neben der Abgabe von Steuererklärungen und -anmeldungen kann man den Abruf von Bescheinigungen (vorausgefüllte Steuererklärung) nutzen. Man kann sich damit die elektronisch an das Finanzamt übermittelten Daten (z. B. Höhe des Arbeitslohns und der Steuerabzüge, gezahlte Versicherungsaufwendungen) anzeigen lassen. Der Arbeitnehmer hat auch die Möglichkeit eine Auskunft über die gespeicherten elektronischen Steuerabzugsmerkmale (ELStAM-elektronischen Lohnsteuerkarte) zu erhalten.

Mit der Registrierung hat man auch die Möglichkeit, elektronische Anträge und Mitteilungen an das Finanzamt zu senden oder einen Einspruch gegen den Steuerbescheid elektronisch einzureichen.

Wer auf eine Ausfertigung des Steuerbescheids in Papierform künftig verzichten will, kann sich den Steuerbescheid auch elektronisch in sein „Mein Elster-Konto" senden lassen.

WICHTIG

Abgabe der elektronischen Steuererklärung mit einer Steuersoftware

Die elektronische Abgabe der Steuererklärung sowie die damit verbundenen Abfragemöglichkeiten ist auch mit einer Steuersoftware von Haufe-Lexware möglich, wenn Sie dieses Buch zusammen mit der DVD erworben haben.

Pflicht zur elektronischen Abgabe von Steuererklärungen

Steuerpflichtige mit Gewinneinkünften müssen alle Steuererklärungen auf elektronischem Wege in authentifizierter Form beim Finanzamt einreichen. Dies betrifft die Einkommen-, Gewerbe- und Umsatzsteuer. Auch Gewerbetreibende mit kleinem Betrieb, z. B. Betreiber einer Fotovoltaikanlage, oder mit einer kleinen Nebentätigkeit, müssen ihre Steuererklärungen elektronisch abgeben (FG Rheinland-Pfalz, Urteil v. 15.7.2015, 1 K 2204/13, HI8383703). Eine in Papierform eingereichte Erklärung gilt als nicht abgegeben. Es muss mit Verspätungszuschlägen (§ 152 AO) gerechnet werden. Die Umsatzsteuer-Erklärung ist auch dann elektronisch abzugeben, wenn der Steuerpflichtige nur umsatzsteuerpflichtige Einkünfte aus Vermietung erzielt. Auch Arbeitnehmer, die durch eine zweite Beschäftigung Gewinneinkünfte erzielen, müssen die Erklärung elektronisch abgeben. Bei Gewinnermittlung durch Einnahmenüberschussrechnung muss auch die **Anlage EÜR** elektronisch übermittelt werden. Bilanzierende Steuerpflichtige müssen den Jahresabschluss (Bilanz und Gewinn-und-Verlust-Rechnung) als **E-Bilanz** (Bilanz in elektronischer Form) einreichen. Lohnsteueranmeldungen und Umsatzsteuervoranmeldungen müssen auch in elektronischer Form abgegeben werden. Arbeitgeber erhalten die Daten für den Lohnsteuerabzug jedes Arbeitnehmers nur noch als elektronische Lohnsteuerabzugsmerkmale (ELStAM) durch die Finanzverwaltung. Die vom Arbeitgeber ausgestellte Lohnsteuerbescheinigung geht auf elektronischem Weg an das Finanzamt. **335**

Vorausgefüllte Steuererklärung (VaSt)

Die vorausgefüllte Steuererklärung ist ein kostenloses Serviceangebot der Steuerverwaltung. Der Steuerpflichtige kann Daten, die der Finanzverwaltung elektronisch gemeldet wurden, abfragen (Abruf von Bescheinigungen) und nach Prüfung in seine Steuererklärung übernehmen (➜ Tz 337). **336**

Durch den Abruf der Bescheinigungen in „Mein ELSTER" können zzt. folgende Daten/Bescheinigungen elektronisch übermittelt werden:

- Name, Geburtsdatum, Adresse, Religion
- Bankverbindung
- vom Arbeitgeber übermittelte Lohnsteuerbescheinigungen
- Lohnersatzleistungen, wie z. B. Arbeitslosen-, Kranken- oder Elterngeld
- Rentenbezugsmitteilungen
- Beiträge zu Kranken- und Pflegeversicherungen (Basisversicherung und Wahlleistungen)
- Altersvorsorgeaufwendungen (gesetzliche Rentenversicherung, Riester- oder Rürup-Verträge)
- evtl. Spenden

Die Daten können erst dann angezeigt werden, wenn Arbeitgeber, Versicherungen oder Rentenzahler diese an die Steuerverwaltung übermittelt haben. Dazu haben sie bis zum 28. Februar des Folgejahres Zeit. Die Daten können nach Prüfung in die Einkommensteuererklärung übernommen werden. Auch der Lebenspartner, Steuerberater oder der Lohnsteuerhilfeverein können bevollmächtigt werden, die Daten abzurufen und bei der Erstellung der Steuererklärung zu verwenden.

Vorteile der vorausgefüllten Steuererklärung

337 Die übermittelten Daten können direkt in die betreffenden Eingabefelder übernommen werden. Dadurch werden Fehler bei der Erfassung der Daten vermieden. Die Daten können in der Erklärung jederzeit geändert bzw. gelöscht werden.

ACHTUNG

Übermittelte Daten prüfen und ergänzen

Die durch die Finanzverwaltung zur Verfügung gestellten Daten sollten unbedingt überprüft werden. Nicht die Finanzverwaltung, sondern der Steuerpflichtige steht für die Richtigkeit der Daten ein. Hat z. B. der Arbeitgeber die Lohnsteuerdaten nicht richtig oder unvollständig übermittelt oder die Krankenversicherung zu hohe Beitragsrückerstattungen gemeldet, muss der Steuerpflichtige die Angaben berichtigen, bevor er die Steuererklärung elektronisch abgibt.

Miet- und Pachteinnahmen, Kapitalerträge oder andere Einkünfte werden nicht im Rahmen der vorausgefüllten Steuererklärung zur Verfügung gestellt und müssen selbst ergänzt werden. Angaben zu Kindern sind selbst einzutragen. Dies gilt auch für Aufwendungen, die für eine Steuerrückerstattung entscheidend sind. So müssen z.B. Fahrten zur Arbeit, Aufwendungen für Arbeitszimmer, Reisekosten, Ausgaben für die Kinderbetreuung, für Unterhalt, Pflege, Handwerkerleistungen und Haushaltshilfe, für Schulgeld, Spenden oder Krankheit nach wie vor selbst ermittelt und in der Steuererklärung beantragt werden.

Frist zur Abgabe der Einkommensteuererklärung

338 Der Termin für die Abgabe von Steuererklärungen ist bei nicht beratenen Steuerpflichtigen allgemein der 31.7. des Folgejahres, also für das Jahr 2020 der 31.7.2021. Wird der Steuerpflichtige durch Angehörige der steuerberatenden Berufe vertreten, verlängert sich die Frist für die Abgabe bis zum letzten Tag des Monats Februar des zweiten auf den Besteuerungszeitraum folgenden Kalenderjahres. Bei Steuererklärungen für den Vz. 2020 ist das der 28.2.2022.

Die Finanzbehörden können Steuererklärungen vorzeitig anfordern (§ 149 AO). Eine **Vorabanforderung** der Steuererklärung ist insbesondere möglich, wenn

- eine hohe Abschlusszahlung für das Vorjahr (mindestens 25 % der festgesetzten Steuer bzw. mehr als 10.000 €) festgesetzt wurde,
- mit einer Steuernachforderung für das aktuelle Jahr von mehr als 10.000 € gerechnet werden muss,
- Steuererklärungen für das Vorjahr nicht oder verspätet abgegeben wurden,
- für das Vorjahr innerhalb von drei Monaten vor Abgabe der Steuererklärung nachträgliche Vorauszahlungen festgesetzt wurden,
- Vorauszahlungen außerhalb einer Veranlagung herabgesetzt wurden oder
- Außenprüfungen vorgesehen sind bzw. Betriebe eröffnet bzw. beendet werden.

Außerdem ist eine **Zufallsauswahl** von vorzeitig anzufordernden Erklärungen möglich, wenn in der Anforderung die automationsgestützte Zufallsauswahl benannt wird. Die Abgabefrist beträgt in allen Fällen vier Monate ab vorzeitiger Anforderung.

Bei Land- und Forstwirten endet die Abgabefrist fünf Monate nach Ablauf ihres vom Kalenderjahr abweichenden Wirtschaftsjahres. Die Finanzämter können auf Antrag die gesetzliche Abgabefrist bei **nicht beratenen Personen** verlängern, wenn sie diese aus zwingenden Gründen nicht einhalten können. Ein stichhaltiger Grund für eine Fristverlängerung ist z. B. ein Krankenhausaufenthalt.

Erfolgt die Erklärungsabgabe nicht, wird ein sog. Zwangsverfahren (§§ 328 ff. AO) eingeleitet und ein **Zwangsgeld** für jede ausstehende Steuererklärung angedroht und ggf. festgesetzt. Spätestens jetzt ist die Abgabe der Steuererklärung dringend zu empfehlen, denn sonst wird das Zwangsgeld durch den Vollziehungsbeamten zeitnah eingefordert. Wenn der Steuerpflichtige die Erklärung vor Zahlung des Zwangsgelds einreicht entfällt zwar das Zwangsgeld, das Finanzamt kann jedoch – sobald ein Zwangsgeld angedroht wurde – zusammen mit dem Steuerbescheid einen **Verspätungszuschlag** fordern.

Verspätungszuschlag

Sofern die Steuererklärung nicht innerhalb von 14 Monaten nach Ablauf des maßgeben- **339**
den Kalenderjahres bzw. bis zum Zeitpunkt der vorzeitig angeforderten Steuererklärung abgegeben wurde, **muss** ein Verspätungszuschlag **festgesetzt werden**. Verspätungszuschläge sind sowohl bei Nachzahlungs- als auch bei Erstattungsfällen festzusetzen.

Die Finanzbehörde kann von der Festsetzung des Verspätungszuschlags absehen, wenn

- sie die Frist für die Abgabe der Steuererklärung im Einzelfall verlängert hat,
- die Steuer auf null Euro oder einen negativen Betrag (Steuererstattung) festgesetzt wird oder
- die festgesetzte Steuer nicht die Summe der festgesetzten Vorauszahlungen und der anzurechnenden Steuerabzugsbeträge übersteigt.

Der Verspätungszuschlag beträgt mind. **0,25 % der um die festgesetzten Vorauszahlungen und die anzurechnenden Steuerabzugsbeträge verminderten festgesetzten Steuer** und mindestens 25 € je **angefangenen Monat**.

Bei einem Steuerpflichtigen, der von der Finanzbehörde erstmals nach Ablauf der gesetzlichen Erklärungsfrist zur Abgabe einer Steuererklärung aufgefordert worden ist (z. B. Rentner, deren z. v. E. durch Rentenerhöhungen den Grundfreibetrag überschreitet), wird der Verspätungszuschlag nur für Monate, die nach dem Ablauf der in der Aufforderung bezeichneten Erklärungsfrist begonnen haben, berechnet. Bei verspätet abgegebenen Feststellungserklärungen ist ebenfalls ein Verspätungszuschlag zu entrichten. Bei vierteljährlich oder monatlich abzugebenden Steueranmeldungen wird der Verspätungszuschlag individuell ermittelt.

Freiwillige Abgabe der Steuererklärung (Antrag auf Veranlagung)

Für eine **Antragsveranlagung** nach § 46 Abs. 2 Nr. 8 EStG gilt die allgemeine Festsetzungsfrist **340**
nach § 169 AO von vier Jahren. Die Veranlagung kann bis zum Ablauf des letzten Tages der Festsetzungsfrist, also bis 24:00 Uhr, beantragt werden. Die Festsetzungsfrist wird gem. § 171 Abs. 3 AO nur dann gehemmt, wenn die für die Veranlagung gemäß § 46 Abs. 2 Nr. 8 EStG erforderliche Steuererklärung bis zum Ablauf der Festsetzungsfrist beim **örtlich zuständigen** Finanzamt eingeht, (BFH, Urteil v. 13.2.2020, VI R 37/17, HI13913106, BFH/NV 2020 S. 979). Deshalb muss die Einkommensteuererklärung für das Jahr 2020 spätestens bis zum 31.12.2024 beim Finanzamt eingereicht werden. Dies ist eine **Ausschlussfrist**. Fällt das Ende der Festsetzungsfrist auf einen Sonntag, einen gesetzlichen Feiertag oder einen Sonnabend, endet sie erst mit dem Ablauf des nächstfolgenden Werktags (§ 108 Abs. 3 AO). Für das Jahr 2020 ist reguläres Fristende der 31.12.2024 (ein Dienstag). Die Frist verlängert sich nicht.

ACHTUNG

Aufforderung zur Abgabe durch das Finanzamt

Fordert das Finanzamt den Steuerpflichtigen dazu auf eine Steuererklärung abzugeben, ohne dass ein Tatbestand des § 46 Abs. 2 EStG (➜ Tz 329) vorliegt, handelt es sich um eine gesetzliche Verpflichtung. Die Festsetzungsfrist beginnt dann erst mit Ablauf des Kalenderjahres, in dem die Steuererklärung eingereicht wird, spätestens jedoch mit Ablauf des dritten Kalenderjahres, das auf das Entstehen der Steuer folgt (§ 170 Abs. 2 Satz 1 Nr. 1 AO; BFH, Urteil v. 4.10.2017, VI R 53/15, HI11391570, BFH/NV 2018 S. 254).

Für **Erklärungen zur Feststellung eines verbleibenden Verlusts** ist die Anlaufhemmung des § 170 Abs. 2 S. 1 Nr. 1 AO zu beachten und die Erklärungsfrist beträgt insgesamt bis zu sieben Jahre (➜ Tz 416).

Sollte sich aufgrund einer Antragsveranlagung unerwartet eine **Nachzahlung** ergeben, kann man gegen den Steuerbescheid innerhalb eines Monats nach Bekanntgabe des Bescheids Einspruch einlegen und den Antrag zurücknehmen. Das Finanzamt wird den Steuerbescheid in diesem Fall ersatzlos aufheben, **es sei denn**, es liegen die Voraussetzungen für eine **Pflichtveranlagung** vor.

Unterlagen, Belege, Nachweise

341 Lohnbescheinigungen sind nicht einzureichen, weil der Arbeitgeber diese bereits in elektronischer Form an die Finanzverwaltung übermittelt hat. Auch von Renten- oder Pensionszahlungen, Kranken- und Pflegeversicherungsbeiträgen erhält die Finanzverwaltung die Daten auf elektronischem Wege durch die Versicherungsgesellschaft.

Andere Belege müssen zunächst nicht eingereicht werden, aber bis zur Bestandskraft des Steuerbescheids aufbewahrt und dem Finanzamt auf Verlangen vorgelegt werden (**Belegvorhaltepflicht**).

Wenn außergewöhnliche oder erstmalige Umstände die Höhe der Steuer beeinflussen, wird eine sofortige Belegeinreichung empfohlen. Dies ist z.B. bei außergewöhnlich hohen Aufwendungen, bei beruflich bedingten Umzugskosten, der Begründung einer doppelten Haushaltsführung oder der Einrichtung eines häuslichen Arbeitszimmers bzw. bei Heirat der Fall.

Risikomanagementsystem

342 Durch den Einsatz eines Risikomanagementsystems (RMS; § 88 AO) wird der Einsatz der Mitarbeiter in der Finanzverwaltung optimiert. Dazu werden Risikofallgruppen anhand IT-gestützter Prüfparameter unterschieden. Das RMS erlaubt es, einfache und unproblematische Fälle (z.B. mit geringen Aufwendungen) vollständig maschinell zu bearbeiten. Mittels Computer wird die Steuererklärung geprüft. Die Finanzbeamten werden dann zur teilweisen oder vollständigen Bearbeitung prüfungsrelevanter Fälle oder einzelner Risikosachverhalte (z.B. hohe Werbungskosten, Sonderausgaben oder außergewöhnliche Belastungen bzw. Steuerermäßigungen) eingesetzt. Wann ein Fall oder ein Sachverhalt als prüfungsrelevant gilt, wird durch ständig wechselnde geheim gehaltene Werte immer wieder neu bestimmt. Ziel ist die Verhinderung von Steuerverkürzungen, die Aufdeckung von Betrugsfällen, die Optimierung personeller Fallbearbeitung und die Verbesserung der Bearbeitungsqualität durch Standardisierungen von Arbeitsabläufen unter Beachtung von bundeseinheitlichen Vorgaben. Organisatorisch wird das RMS so gestaltet, dass Steuerpflichtige keine Kenntnis der Steuerungsparameter haben und ihr Erklärungsverhalten so nicht an das RMS anpassen können. Die Bearbeiter können eine Aussteuerung von zu prüfenden Steuerfällen im Einzelfall jederzeit selbst vornehmen. Deshalb müssen zur Gewährleistung der Gleichmäßigkeit und Gesetzmäßigkeit der Besteuerung auch immer eine hinreichende Anzahl zufällig ausgewählter Fälle durch die Finanzbehörde vertieft geprüft werden.

Elektronische Bekanntgabe von Steuerbescheiden

Steuerbescheide, Feststellungs-, Steuermess-, und Zinsbescheide sowie Einspruchsentscheidungen und Prüfungsanordnungen können künftig dem Steuerpflichtigen oder einem von ihm benannten Dritten (z. B. Steuerberater) **elektronisch** in einem „sicheren Verfahren" mittels qualifizierter elektronischer Signatur über „Mein ELSTER" bekannt gegeben werden (§§ 87a, 122, 122a, 157 AO). Der Steuerpflichtige muss vorher zugestimmt haben. Diese Einwilligung kann mit Wirkung für die Zukunft jederzeit widerrufen werden. Sobald der Steuerbescheid abgerufen werden kann, erfolgt der Versand einer Benachrichtigungs-E-Mail. Der so zum Abruf bereitgestellte Steuerbescheid gilt drei Tage nach Absendung der elektronischen Benachrichtigung (Zustellungsfiktion) als bekannt gegeben. Für den Abruf muss sich der Steuerpflichtige bzw. der von ihm benannte Dritte authentifizieren. Steuerbescheide können vorerst weiterhin auch in Papierform bekannt gegeben werden. **343**

Länderübergreifende Verwendung von Daten (§ 88b AO)

Bundesweit soll es möglich werden, dass Landesfinanzbehörden gespeicherte Daten unter Beachtung des Steuergeheimnisses zum gegenseitigen Datenabruf bereitstellen und nutzen können. Die Daten können im Rahmen von Verwaltungsverfahren in Steuersachen, eines Strafverfahrens oder einer Steuerordnungswidrigkeit genutzt werden. Die Ergebnisse der Auswertung der Daten müssen den jeweils betroffenen Finanzbehörden elektronisch zur Verfügung gestellt werden. **344**

Zusätzliche Erklärungsmöglichkeiten

[Festsetzung der Arbeitnehmer-Sparzulage, Hauptvordruck → Zeilen 1 und 37]

Für bestimmte Vermögensanlagen **(vermögenswirksame Leistungen)** zahlt der Staat eine Arbeitnehmer-Sparzulage, wenn bestimmte Einkommensgrenzen nicht erreicht werden. Vermögenswirksame Leistungen sind eine tarifvertragliche oder im Arbeitsvertrag vereinbarte Geldleistung durch den Arbeitgeber und wird direkt auf das vom Arbeitnehmer benannte Anlagekonto überwiesen. Je nach Vertrag muss bzw. kann der Arbeitnehmer selbst etwas zuzahlen. **345**

Begünstigte Anlageformen sind insbesondere die Anschaffung von Wertpapieren, Beteiligungen oder Genussrechten an Wertpapieren sowie Bausparverträge.

Es sind folgende Einkommensgrenzen zu beachten:

- 17.900 € für Alleinstehende/35.800 € bei Zusammenveranlagung für die Anlage von vermögenswirksamen Leistungen zum Wohnungsbau (z. B. Bausparvertrag, Darlehenstilgung oder Erwerb von Anteilen an einer Wohnungsbaugenossenschaft).
- 20.000 € für Alleinstehende/40.000 € bei Zusammenveranlagung für die Anlage in Vermögensbeteiligungen (Wertpapiere, Beteiligungen oder Sparverträge über Wertpapiere).

Maßgebend ist das z. v. E. im Jahr der Sparleistungen. Sind Kinder steuerlich zu berücksichtigen, können die Freibeträge für Kinder (➜ Tz 556) auch dann abgezogen werden, wenn sie im Rahmen der Einkommensteuerveranlagung nicht berücksichtigt wurden, weil das Kindergeld günstiger war.

Die Höhe der Arbeitnehmer-Sparzulage hängt von der Anlageform ab. Für vermögenswirksamen Leistungen zum **Wohnungsbau** (z. B. Bausparvertrag, Erwerb von Anteilen an einer Bau- oder Wohnungsbaugenossenschaft) gibt es eine Arbeitnehmer-Sparzulage von 9 % bis zu einem Höchstbetrag von 470 € (max. 42,30 €). Die Anlage in **Vermögensbeteiligungen** (insbesondere Erwerb von Wertpapieren und Beteiligungen oder Sparverträge über Wertpapiere) ist bis zu einem Höchstbetrag von 400 € und einem Zulagesatz von 20 % (max. 80 €) begünstigt.

Beide Förderungen können **nebeneinander** in Anspruch genommen werden. Liegen mehrere vermögensbildende Anlagen vor, kann auf Zeile 37 des Hauptvordrucks die Festsetzung der Arbeitnehmer-Sparzulage für alle elektronischen VL-Bescheinigungen beantragt werden.

Jeder Ehegatte kann eine Arbeitnehmer-Sparzulage beanspruchen, wenn jeder Arbeitslohn bezogen hat und Teile davon als vermögenswirksame Leistungen angelegt sind.

Die Anlage VL muss für 2020 angelegte vermögenswirksame Leistungen durch die Versicherungsgesellschaft als **elektronische Vermögensbildungsbescheinigung** (§ 15 5. VermBG) unter Angabe der Identifikationsnummer an die Finanzbehörde übermittelt werden. Der Antrag auf Festsetzung der Arbeitnehmer-Sparzulage erfolgt durch Eingabe des Wertes „1" in Zeile 37 des Hauptvordrucks. Ein Antrag auf Arbeitnehmer-Sparzulage kann nur bis zum Ende des vierten Jahres nach Ablauf des Vz. (ohne Verlängerungsmöglichkeit) gestellt werden.

[Kirchensteuerfestsetzung ➜ Zeile 2]

346 Hat die Bank bei Auszahlung von Kapitalerträgen die Einkommensteuer durch den Abzug von 25 % Kapitalertragsteuer erhoben, aber entgegen der gesetzlichen Verpflichtung keine Kirchensteuer, obwohl der Steuerpflichtige einer kirchensteuererhebenden Religionsgemeinschaft angehört, muss diese nachträglich festgesetzt werden. Es besteht eine Verpflichtung zur Abgabe einer Einkommensteuererklärung nur zum Zwecke der Kirchensteuerfestsetzung, wenn nicht bereits eine allgemeine Verpflichtung zur Abgabe einer Einkommensteuererklärung besteht. Zu Einzelheiten: **Anlage KAP** (➜ Tz 765).

[Verlustfeststellung ➜ Zeile 2]

347 Liegen Verluste aus einzelnen Einkunftsarten vor, die nicht mit Gewinnen oder Überschüssen aus anderen Einkunftsarten ausgeglichen werden, kann ein Antrag auf Feststellung des verbleibenden Verlusts nach § 10d Abs. 4 EStG gestellt werden. Die Verluste können aus dem laufenden Jahr oder bei Verlustvortrag aus Vorjahren stammen. Die gesondert festgestellten Verluste können in den Folgejahren mit positiven Einkünften ausgeglichen werden. Ggf. sind Eintragungen auf der Anlage Sonstiges Zeilen 7 und 8 vorzunehmen. Zu Einzelfällen: ➜ Tz 957 und ➜ Tz 975.

[Zuständiges Finanzamt ➜ Zeilen 4 und 5]

348 Für die Bearbeitung der Steuererklärung ist das Finanzamt zuständig, in dessen Bezirk der Steuerpflichtige zum Zeitpunkt der Abgabe der Steuererklärung wohnt (**Wohnsitzfinanzamt**). Hat der Steuerpflichtige mehrere Wohnungen, ist das Finanzamt zuständig, in dessen Bezirk die Wohnung liegt, in der er sich vorwiegend aufhält (Lebensmittelpunkt). Bei Verheirateten ist dies der Familienhauptwohnsitz.

[Mitteilung von grenzüberschreitenden Steuergestaltungen, Anlage WA-ESt → Zeilen 31 ff.] 349

Bei Beteiligung an grenzüberschreitenden Steuergestaltungen nach §§ 138d ff. AO sind die notwendigen Angaben in der Anlage WA zu machen.

2 Hauptvordruck (ESt1A)

2.1 Persönliche Daten und Religionszugehörigkeit

[Identifikationsnummer → Zeilen 7 und 18]

350 Der BFH hat geurteilt, dass die Zuteilung der steuerlichen **Identifikationsnummer** und die Datenspeicherung mit dem Recht auf Selbstbestimmung vereinbar sind (BFH, Urteil v. 18.1.2012, II R 49/10, HI2887947, BFH/NV 2012 S. 475).

[Geburtsdatum → Zeilen 7 und 18]

351 Das **Geburtsdatum** hat steuerlich vor allem Bedeutung für die Beurteilung, ob ein **Altersentlastungsbetrag** gem. § 24a EStG bei der Ermittlung des Gesamtbetrags der Einkünfte abzuziehen ist.

Steuerpflichtige, die **vor Beginn des Vz. 2020** das **64. Lebensjahr vollendet** haben (geboren vor dem 2.1.1956), haben für den Vz. 2020 Anspruch auf einen Altersentlastungsbetrag.

Hinweis: Wichtiges zum Thema „Altersentlastungsbetrag" finden Sie auch auf http://mybook.haufe.de unter „Weiterführende steuerliche Informationen".

[Religionszugehörigkeit → Zeilen 10, 21]

352 Der dem Steuerpflichtigen zugestellte Steuerbescheid setzt sich aus dem Bescheid für die Einkommensteuer, dem Bescheid für den Solidaritätszuschlag und dem Bescheid für die Kirchensteuer zusammen. Deshalb müssen in der Einkommensteuererklärung auch Angaben zur Religionszugehörigkeit gemacht werden. Grundsätzlich haben alle als öffentlich-rechtlich anerkannte Religionsgemeinschaften (Kirchen) das Recht, eine gesetzliche Kirchensteuer zu erheben. Einzelne Kirchen erheben eine Kirchensteuer nach den Kirchensteuergesetzen der jeweiligen Landeskirchen. Andere Kirchen erheben keine gesetzliche Kirchensteuer. Soweit Kirchensteuer erhoben wird, beträgt sie in Bayern und Baden-Württemberg 8 %, in allen anderen Bundesländern 9 % der festgesetzten Einkommen- oder der Lohnsteuer.

In der Einkommensteuererklärung ist die Religionszugehörigkeit durch den Steuerpflichtigen – bei Ehegatten durch jeden Ehegatten – zu erklären. Zur Unterscheidung sind insbesondere folgende **Religionsschlüssel** zu verwenden:

RK	=	Römisch-katholisch
EV	=	Evangelisch
VD	=	Personen, die konfessionslos sind oder die einer Religionsgemeinschaft angehören, die keine Kirchensteuer erhebt

353 Ist keine Veranlagung zur Einkommensteuer durchzuführen, kann die jeweilige Kirchengemeinde, der der Steuerpflichtige angehört, ein Kirchgeld festsetzen und erheben.

- Das **allgemeine Kirchgeld** ist die Steuer der örtlichen Kirchengemeinde, die i.d.R. durch persönliches Anschreiben von Personen erhoben wird, die keine gesetzliche Kirchensteuer entrichten. Das allgemeine Kirchgeld wird nur regional erhoben. Das allgemeine Kirchgeld kann als festes (einheitliches) Kirchgeld oder als gestaffeltes Kirchgeld erhoben werden.

- Das **besondere Kirchgeld** wird in einigen Bundesländern bei **glaubensverschiedener Ehe** erhoben, wenn ein Ehegatte mit höheren Einkünften konfessionslos ist oder einer Kirche angehört, die keine Kirchensteuer erhebt, und der andere Ehegatte – sowie ggf. die Kinder – einer kirchensteuererhebenden Kirche angehört. Weitere Einzelheiten entnehmen Sie bitte den Beschlüssen der zuständigen Kirchenbehörden (➜ Tz 382).

Bei einer **nicht ganzjährigen Kirchenmitgliedschaft**, d. h. der Steuerpflichtige tritt im **354** Laufe des Jahres aus der Kirche aus oder wieder ein oder wechselt von einer Konfession zu einer anderen, muss dies dem Finanzamt mitgeteilt und durch eine Bescheinigung der Kirchengemeinde belegt werden. Nach einem Kirchenaustritt endet die Kirchensteuerpflicht am Ende des Austrittsmonats bzw. in einzelnen Bundesländern einen Monat später. Besteht die Kirchensteuerpflicht nicht während des ganzen Kalenderjahres, wird für jeden Kalendermonat, in dem die Kirchensteuerpflicht gegeben ist, je ein Zwölftel des Betrags erhoben, der sich bei ganzjähriger Kirchensteuerpflicht als Jahressteuerschuld – ermittelt aus der Einkommensteuer des ganzen Jahres – ergeben würde.

Die Erhebung der **Kirchensteuer auf Kapitalerträge** erfolgt im Abzugsverfahren zusammen **355** mit der Erhebung der Kapitalertragsteuer durch die Bank, die die Kapitalerträge auszahlt. Die Daten zur Religionszugehörigkeit kann die Bank beim BZSt abfragen. Durch den Steuerabzug ist die Besteuerung abgegolten. Die Kapitalerträge werden grds. nicht mehr in die Veranlagung einbezogen. Hat die Bank in Einzelfällen den Kirchensteuerabzug nicht vorgenommen, obwohl eine Kirchensteuerpflicht gegeben war, muss die Kirchensteuer im Wege der Veranlagung nachträglich festgesetzt werden (§ 51a Abs. 2c EStG).

Wegen des Sonderausgabenabzugs der Kirchensteuer siehe ➜ Tz 378.

2.2 Veranlagungsarten und Steuertarif

[Familienstand ➜ Zeilen 17 und 28]

Die Angaben zum Familienstand, zur Scheidung und zum dauernden Getrenntleben **356** werden für die Entscheidung über die Veranlagungsart und den anzuwendenden Steuertarif benötigt.

Einzelveranlagung

Grundsätzlich ist jeder Steuerpflichtige durch eine **Einzelveranlagung** zur Einkommen- **357** steuer zu veranlagen (§ 25 EStG).

Für die Berechnung der tariflichen Einkommensteuer ist der **Grundtarif** gem. § 32a Abs. 1 EStG anzuwenden. Dabei bleibt im Jahr 2020 ein z. v. E. bis zu 9.408 € (**Grundfreibetrag**) steuerfrei. Für den übersteigenden Teil des z. v. E. beginnt der Steuersatz mit 14 % und erhöht sich für jeden weiteren Teil des z. v. E. stetig bis auf 42 %. Dieser vorläufige Höchststeuersatz ist bei einem z. v. E. von 57.051 € erreicht. Für den Teil des z. v. E., der den Betrag von 270.500 € übersteigt, erhöht sich der Steuersatz nochmals auf 45 %.

Einzelveranlagung und Grundtarif bei Alleinerziehenden

Die Besteuerung Alleinerziehender nach dem Grundtarif ist nicht gleichheitswidrig (BFH, Urteil v. 29.9.2016, III R 62/13, HI10109655, BFH/NV 2017 S. 348). Eine dagegen eingereichte Verfassungsbeschwerde wurde nicht zur Entscheidung angenommen (BVerfG, Beschluss v. 18.9.2019, 2 BvR 221/17).

[Veranlagung von Ehegatten ➜ Zeile 28]

358 Es sind folgende Veranlagungsmöglichkeiten für Ehegatten vorgesehen:

- **Einzelveranlagung** (für Ehegatten, die die Voraussetzungen für die Ehegattenveranlagung nicht erfüllen) mit Grundtarif (§§ **25**, 32a Abs. 1 EStG),
- **Zusammenveranlagung** mit Splittingtarif (§§ 26, **26b**, 32a Abs. 5 EStG),
- **Einzelveranlagung** von Ehegatten **auf Antrag** mit Grundtarif (§§ 26, **26a**, 32a Abs. 1 EStG),
- Einzelveranlagung (für ehemalige Ehegatten) für das **Jahr der Auflösung der Ehe** durch Tod (oder Scheidung – in seltenen Fällen) mit Splittingtarif (§§ 25, 32a Abs. 6 Nr. 1 oder Nr. 2 EStG).

Ehegattenveranlagung

359 Die Bestimmungen des EStG gelten sowohl für verschieden geschlechtliche als auch für gleichgeschlechtliche Ehegatten (Gesetz zur Einführung des Rechts auf Eheschließung für Personen gleichen Geschlechts, BGBl 2017 I S. 2787).

Für Ehegatten sieht § 26 EStG die sog. **Ehegattenveranlagung** vor. Diese liegt vor, wenn

- eine rechtsgültige Ehe vorliegt,
- beide Ehegatten unbeschränkt einkommensteuerpflichtig sind,
- die Ehegatten nicht dauernd getrennt leben und
- diese Voraussetzungen an mindestens einem Tag im Jahr vorliegen.

Liegen alle vier Voraussetzungen vor, haben die Ehegatten ein **Wahlrecht** zwischen

- der Einzelveranlagung von Ehegatten auf Antrag nach § 26a EStG und
- der Zusammenveranlagung nach § 26b EStG.

Eingetragene Lebenspartnerschaften

360 Partner einer eingetragenen Lebenspartnerschaft i. S. d. LPartG, die nicht eine Ehe i. S. des BGB eingegangen sind, können die Vorschriften über die Ehegattenveranlagung und alle anderen einkommensteuerrechtlichen Vorschriften über Ehegatten für sich in Anspruch nehmen (§ 2 Abs. 8 EStG; BVerfG, Beschluss v. 7.5.2013, 2 BvR 909/06, HI4327546). **Die Ausführungen im folgenden Text zu Ehegatten ohne Erwähnung der Lebenspartner gelten somit immer auch für Letztere.**

Das Wahlrecht zur Ehegattenveranlagung gilt nur für Ehegatten, **nicht** aber **für nichteheliche Lebensgemeinschaften** (BFH, Beschluss v. 26.4.2017, III B 100/16, HI10878573, BFH/NV 2017 S. 1105).

Erläuterungen zur Veranlagung von Ehegatten

361 Ob eine **rechtsgültige Ehe** vorliegt, beurteilt sich nach dem BGB. Bei Ausländern sind die materiell-rechtlichen Voraussetzungen für jeden Beteiligten nach den Gesetzen des Staates zu beurteilen, dem er angehört.

Die **unbeschränkte Einkommensteuerpflicht** muss bei beiden Ehegatten gegeben sein. Besonderheiten nach § 1 Abs. 3 und § 1a EStG (➜ Tz 324 f.).

Ehegatten **leben nicht dauernd getrennt**, wenn zwischen ihnen eine Lebens- und Wirtschaftsgemeinschaft besteht. Dabei ist unter „Lebensgemeinschaft" die räumliche, persönliche und geistige Gemeinschaft der Ehegatten, unter „Wirtschaftsgemeinschaft" die gemeinsame Erledigung der die Ehegatten gemeinsam berührenden wirtschaftlichen Fragen ihres Zusammenlebens zu verstehen. Für die Frage, ob Ehegatten als dauernd getrennt lebend anzusehen sind, wird einer auf Dauer herbeigeführten räumlichen Trennung regelmäßig eine besondere Bedeutung zugewiesen.

Die eheliche Lebens- und Wirtschaftsgemeinschaft ist jedoch im Allgemeinen nicht aufgehoben, wenn sich die Ehegatten nur vorübergehend räumlich trennen. So liegt z. B. bei einem beruflich bedingten Auslandsaufenthalt eines der Ehegatten, einem längeren Krankenhaus- oder Heimaufenthalt bei Krankheit kein dauerndes Getrenntleben vor. Ein dauerndes Getrenntleben ist anzunehmen, wenn die zum Wesen der Ehe/Partnerschaft gehörende Lebens- und Wirtschaftsgemeinschaft nach dem Gesamtbild der Verhältnisse auf Dauer nicht mehr besteht. Die Finanzverwaltung wird i. d. R. die Angaben der Ehegatten, sie lebten nicht dauernd getrennt, anerkennen, es sei denn, die äußeren Umstände sprechen gegen das Bestehen einer ehelichen Lebens- und Wirtschaftsgemeinschaft.

Ein **gescheiterter Versöhnungsversuch** unterbricht das dauernde Getrenntleben und kann zur Anwendung des Ehegattenwahlrechts führen (BFH, Beschluss v. 23.10.2006, III B 5/06, HI1676151, BFH/NV 2007 S. 458).

Wenn eine Ehe nach dem Zerrüttungsprinzip **geschieden** worden ist, weil die Ehegatten übereinstimmend vor dem Familiengericht erklärt haben, ein Jahr getrennt gelebt zu haben, steht dies einer Zusammenveranlagung der Steuerpflichtigen nicht entgegen, sofern das Paar zu Beginn des Vz. noch nicht geschieden war und tatsächlich nicht dauernd getrennt gelebt hat. Dabei können die Erklärungen der Ehegatten vor dem Familiengericht lediglich ein wichtiges Indiz sein, sind aber für die Finanzverwaltung nicht bindend.

Mehrere Ehen in einem Veranlagungszeitraum

Liegen beim Steuerpflichtigen mehrere Ehen im Vz. vor, weil der Ehegatte verstorben ist **362** oder die Ehe geschieden wurde und der Steuerpflichtige wieder geheiratet hat, gilt das Ehegattenwahlrecht nur für die neue Ehe, wenn beim Steuerpflichtigen und dem neuen Ehegatten die Voraussetzungen für die Ehegattenveranlagung vorliegen (§ 26 Abs. 1 Satz 2 EStG).

Zusammenveranlagung

Die Wahl der **Zusammenveranlagung** nach § 26b EStG ist für die Ehegatten regelmäßig von **363** Vorteil, wenn sie unterschiedlich hohe Einkünfte erzielen und mindestens für einen Ehegatte der Spitzensteuersatz nicht anzuwenden ist. Bei der Zusammenveranlagung werden die Einkünfte zunächst für jeden Ehegatten getrennt ermittelt. Dies hat insbesondere Bedeutung für Frei- und Pauschbeträge, die der einzelne Ehegatte im Rahmen einer Einkunftsart allein in Anspruch nehmen kann. Weiterhin ist die getrennte Ermittlung der Einkünfte für den **Altersentlastungsbetrag** von Bedeutung, der nur dem Ehegatten zusteht, der die Voraussetzungen erfüllt und der für jeden Ehegatten aus seinen Einkünften zu berechnen ist (➔ Tz 351). Auch für außersteuerliche Rechtsnormen, z. B. BAföG-Antrag von Kindern des einen Ehegatten, sind die Einkünfte des jeweiligen Ehegatten relevant.

Mit dem gemeinsamen Gesamtbetrag der Einkünfte werden die Einkünfte dem Paar gemeinsam zugerechnet und die Ehegatten in der Folge gemeinsam als ein Steuerpflichtiger behandelt. Durch die Zusammenrechnung der Einkünfte können negative Einkünfte des einen Ehegatten mit positiven Einkünften des anderen Ehegatten ausgeglichen werden. Es wird nur ein gemeinsames z. v. E. ermittelt.

Bei der Zusammenveranlagung kommt der **Splittingtarif** nach § 32a Abs. 5 EStG zur Anwendung. Dabei wird das gemeinsame z. v. E. je zur Hälfte aufgeteilt. Für jede Hälfte wird die Einkommensteuer nach dem Grundtarif ermittelt und die beiden Steuerbeträge werden addiert. Dadurch erhalten Ehegatten zweimal den Grundfreibetrag und zweimal die niedrigen Steuersätze.

BEISPIEL

Auswirkungen von Grundtarif und Splittingtarif

Grundfall: nicht verheiratetes Paar

A, Freiberufler, z. v. E. 50.000 €, und B, Studentin, keine Einkünfte, leben 2020 als nicht verheiratetes Paar zusammen. Für A ist eine Einzelveranlagung nach § 25 EStG durchzuführen. Die Steuer beträgt nach dem Grundtarif 12.141 €. B wird nicht zur Einkommensteuer veranlagt.

Abwandlung 1: A und B heiraten im Jahr 2020

Heiraten A und B im Jahr 2020, können sie im Wege der Ehegattenveranlagung nach § 26 Abs. 1 EStG die Zusammenveranlagung wählen. Unterstellt, das gemeinsame z. v. E. beträgt ebenfalls 50.000 €, wird die Steuer für jede Person aus dem hälftigen Anteil des z. v. E. (25.000 €) über den Grundtarif mit 3.714 € ermittelt. Die gemeinsame tarifliche Einkommensteuer beträgt deshalb in der Summe 7.428 €. Dies hat eine Ersparnis von 4.713 € zur Folge.

Abwandlung 2: A und B haben gleich hohe Einkünfte

Heiraten A und B nicht und hat jeder ein z. v. E. i. H. v. 25.000 €, wird für jeden eine Einzelveranlagung mit Grundtarif durchgeführt. Die tarifliche Steuer der jeweiligen Person beträgt 3.714 €. Durch eine Heirat würden A und B zwar zusammen zur Einkommensteuer veranlagt. Ein Steuervorteil ergibt sich hier aber nicht, weil die gemeinsame Steuer nach dem Splittingverfahren in der Summe ebenfalls 7.428 € betragen würde.

Das bei der Zusammenveranlagung anzuwendende Splittingverfahren bringt also nur dann einen Vorteil, wenn die Eheleute unterschiedlich hohe Einkünfte haben und der zu versteuernde Anteil mindestens einer Person unter dem Spitzensteuersatz versteuert wird. Eine Zusammenveranlagung ist auch dann möglich, wenn nur eine Person Einkünfte bezogen hat.

[Einzelveranlagung von Ehegatten/Lebenspartnern auf Antrag nach § 26a EStG → Zeile 28 und Anlage Sonstiges Zeile 11]

364 Eine **Einzelveranlagung von Ehegatten auf Antrag** kommt in Betracht, wenn

- mindestens ein Ehegatte den Antrag auf Einzelveranlagung stellt und
- jeder eine Steuererklärung mit seinen Einkünften abgibt.

Jede Person erhält einen Steuerbescheid. Die Steuer wird jeweils nach der Grundtabelle festgesetzt.

Sonderausgaben, außergewöhnliche Belastungen und die Steuerermäßigungen nach § 35a und § 35c EStG werden grds. demjenigen zugerechnet, der die Aufwendungen wirtschaftlich getragen hat. Insoweit unterscheidet sich die Einzelveranlagung von Ehegatten nach § 26a EStG nicht von der Einzelveranlagung unverheirateter Personen nach § 25 EStG.

ACHTUNG

Einheitliches Wahlrecht bei Einzelveranlagung von Ehegatten nach § 26a EStG

Ehegatten, die eine Einzelveranlagung nach § 26a EStG beantragen, können Sonderausgaben, außergewöhnliche Belastungen und die Steuerermäßigungen nach § 35a EStG (haushaltsnahe Leistungen ➜ Tz 467 und § 35c EStG (energetische Maßnahmen ➜ Tz 488 ff.) **auf gemeinsamen Antrag jeweils zur Hälfte** abziehen. Der Antrag wird in der Anlage Sonstiges (Zeile 11) gestellt. Für die Aufteilung sind die jeweiligen Aufwendungen zu halbieren. Anschließend sind die Sonderausgabenhöchstbetragsrechnung, die Berechnung der abziehbaren außergewöhnlichen Belastungen und die abziehbaren Steuerermäßigungen individuell für jeden Ehegatten zu berechnen (BFH, Urteil v. 28.11.2019, III R 11/18, HI13774765, BFH/NV2020 S. 626).

Ein Behinderten-Pauschbetrag sowie die von diesem erfassten oder die über diesen hinausgehenden Aufwendungen als außergewöhnliche Belastungen vom behinderten Ehegatten kann zur Hälfte auf den nicht behinderten Ehegatten übertragen werden (BFH, Urteil v. 20.12.2017, III R 2/17, HI11572183, BFH/NV 2018 S. 573). Entsprechendes gilt für den Hinterbliebenen-Pauschbetrag nach § 33b Abs. 4 EStG und den Pflege-Pauschbetrag nach § 33b Abs. 6 EStG.

Hat nur ein Ehegatte die Aufwendungen wirtschaftlich getragen, reicht sein Antrag in begründeten Einzelfällen (z. B. Krankheit oder Tod des anderen Ehepartners) allein aus. Liegen außergewöhnliche Belastungen i. S. d. § 33 EStG vor, wird die **zumutbare Belastung** nach dem Gesamtbetrag der Einkünfte des jeweiligen Ehegatten bestimmt.

In welchen Fällen kann die Einzelveranlagung auf Antrag nach § 26a EStG Vorteile bieten?

Sie bietet Vorteile, wenn ein Ehegatte z. B.

- steuerfreie Lohnersatzleistungen (z. B. Arbeitslosen-, Krankengeld) oder andere steuerfreie Einkünfte bezieht, die sich durch den Progressionsvorbehalt auf den Steuersatz auswirken,
- hohe steuerermäßigte Einkünfte (z. B. Abfindung oder Vergütung für mehrjährige Tätigkeit, auf die die Fünftel-Regelung anzuwenden ist) hat,
- kirchensteuerpflichtig ist, der andere nicht,
- Einkommensgrenzen einhalten muss (z. B. um die Arbeitnehmer-Sparzulage zu erhalten),
- bei der Abgabe der Steuererklärung bereits getrennt lebt oder geschieden ist und Auseinandersetzungen über die Steuernachzahlung bzw. -erstattung vermeiden möchte oder dem Ehegatten den Einblick in die Vermögens- und Einkommensverhältnisse verwehren will,
- Verluste erzielt hat und durch den Verlustausgleich Freibeträge des anderen wegfallen würden.

Die Einzelveranlagung von Ehegatten kann in den aufgeführten Fällen einen Vorteil bieten. In vielen dieser Fälle wird aber eine Zusammenveranlagung mit dem Splittingtarif weiterhin günstiger sein. Im Zweifel muss eine Vergleichsberechnung durchgeführt werden.

Zusammenveranlagung nach bestandskräftiger Einzelveranlagung

Das Ehegattenwahlrecht zur Zusammenveranlagung besteht auch dann, wenn einer der Ehegatten zuvor schon einzeln veranlagt wurde. Eine Zusammenveranlagung setzt in einem solchen Fall voraus, dass der Bescheid des anderen Ehegatten geändert werden kann. Falls dieser bestandskräftig ist, kommt als Rechtsgrundlage eine Änderung nach § 175 Abs. 1 Satz 1 Nr. 2 AO in Betracht (BFH, Urteil v. 14.6.2018, III R 20/17, HI12114482, BFH/NV 2018 S. 1328).

Sonderfall: Einzelveranlagung mit Splittingtarif

365 Eine Einzelveranlagung nach §§ 25, 26a EStG bedeutet normalerweise immer Besteuerung nach dem Grundtarif. Nur in zwei Ausnahmefällen wird eine Einzelveranlagung mit dem Splittingtarif nach § 32a Abs. 6 EStG durchgeführt:

(1) Tod eines Ehegatten

366 Eine Ehegattenveranlagung (Wahlrecht zwischen Zusammenveranlagung mit Anwendung des Splittingtarifs oder Einzelveranlagung nach § 26a EStG mit Grundtarif) wird noch für das Jahr, in dem der Ehegatte verstorben ist, durchgeführt.

Im Folgejahr (Kalenderjahr **nach** dem Tod) wird das Einkommen des Überlebenden im Rahmen einer Einzelveranlagung nach § 25 EStG noch ein weiteres Mal nach dem **Splittingtarif** versteuert, wenn der Steuerpflichtige und sein verstorbener Ehegatte im Zeitpunkt seines Todes die Voraussetzungen für die Ehegattenveranlagung nach § 26 Abs. 1 EStG erfüllt haben. Sämtliche Freibeträge, z. B. der Sparerfreibetrag, und die abzugsfähigen Sonderausgaben werden jedoch einfach in Abzug gebracht. In den Folgejahren berechnet sich die Steuer nur noch nach dem Grundtarif.

(2) Trennung/Scheidung

367 Trennen sich Ehegatten im Laufe des Jahres auf Dauer, ist eine Ehegattenveranlagung für dieses Jahr noch möglich, weil zu Beginn des Jahres die Voraussetzungen nach § 26 Abs. 1 EStG vorlagen.

Ab dem folgenden Jahr ist die Ehegattenveranlagung nicht mehr wählbar, da die Eheleute das gesamte Jahr dauernd getrennt gelebt haben. Für dieses Folgejahr ist eine Einzelveranlagung nach § 25 EStG mit Anwendung der **Grundtabelle** durchzuführen.

Die Voraussetzungen für eine Ehegattenveranlagung liegen auch noch vor, wenn eine Ehe im laufenden Jahr geschieden wurde, aber das Paar zu Beginn des Jahres noch die Voraussetzungen für die Ehegattenveranlagung erfüllt hat. Insbesondere muss ein „nicht dauerndes Getrenntleben" an mindestens einem Tag vorgelegen haben. Hat ein Ehegatte im selben Jahr wieder geheiratet und erfüllt mit dem neuen Partner die Voraussetzungen für die Ehegattenveranlagung, kann das Wahlrecht zwischen Zusammenveranlagung nach § 26b EStG und Einzelveranlagung auf Antrag nach § 26a EStG nur für die neue Ehe ausgeübt werden (§ 26 Abs. 1 Satz 2 EStG). Der andere nicht wieder verheiratete Ehegatte aus der früheren Ehe wird einzelveranlagt mit **Splittingtarif** nach § 32a Abs. 6 Nr. 2 EStG.

[Ausübung des Ehegattenwahlrechts → Zeile 28]

368 Die Wahl der Veranlagungsart treffen die Ehegatten für den betreffenden Vz. durch **Angabe in der Steuererklärung.**

Für Verstorbene übt der Erbe bzw. die nach Anteilen ermittelte Mehrheit einer Erbengemeinschaft das Wahlrecht – auch für zurückliegende Jahre – aus.

Die zur Ausübung des Wahlrechts erforderliche Erklärung kann grds. noch bis zur Unanfechtbarkeit des Steuerbescheids, d. h. auch noch im Rechtsbehelfs- und Klageverfahren, nicht aber im Revisionsverfahren, abgegeben werden. Nach § 26 Abs. 2 EStG werden Ehegatten zusammen veranlagt, wenn beide Ehegatten die Zusammenveranlagung wählen. Ehegatten werden auf Antrag einzeln nach § 26a EStG veranlagt, wenn einer der Ehegatten die Einzelveranlagung wählt. Die Wahl der Einzelveranlagung auf Antrag nach § 26a EStG kann unwirksam sein, wenn der Ehegatte, der den Antrag gestellt hat, im Vz. keine positiven oder negativen Einkünfte erzielt hat. Dasselbe gilt, wenn seine positiven Einkünfte so gering sind, dass weder eine Einkommensteuer festzusetzen ist, noch die Einkünfte einem Steuerabzug zu unterwerfen waren. Dies gilt selbst dann, wenn dem anderen Ehegatten eine Steuerstraftat zur Last gelegt wird (BFH, Urteil v. 10.1.1992, III R 103/87, HI64167, BStBl 1992 II S. 297).

Üben Ehegatten, die die Voraussetzungen der Ehegattenveranlagung erfüllen, ihr Wahlrecht nicht oder nicht wirksam aus, wird eine Zusammenveranlagung unterstellt (§ 26 Abs. 3 EStG).

II Kommentierung

Änderung der Wahl der Ehegattenveranlagungsart

Die Wahl der Veranlagungsart wird für den betreffenden Vz. durch Angabe in der Steuer- **369**
erklärung getroffen und ist nach Eintritt der **formellen** Bestandskraft des Bescheids **bindend.**

Sie kann **nach Eintritt der Unanfechtbarkeit des Steuerbescheids** nur noch dann geändert werden, wenn folgende Punkte gleichzeitig vorliegen:

- Ein die Ehegatten betreffender Steuerbescheid wird aufgehoben, geändert oder berichtigt,
- die Änderung der Wahl der Veranlagung wird dem Finanzamt bis zum Eintritt der Bestandskraft des Änderungs- oder Berichtigungsbescheids mitgeteilt und
- die Einkommensteuer der Ehegatten ist nach Änderung der Veranlagungsart niedriger, als sie ohne Letzteres wäre. Die Einkommensteuer der einzeln veranlagten Ehegatten ist hierbei zusammenzurechnen.

WICHTIG

Einspruch gegen Erstbescheid möglich

Durch einen Einspruch gegen den **erstmaligen** Bescheid kann die Wahl der Veranlagungsart immer geändert werden.

[Güterstand der Eheleute/Lebenspartner → Zeile 28]

Leben die Ehegatten im gesetzlichen Güterstand der **Zugewinngemeinschaft** oder haben **370**
sie durch Ehevertrag die **Gütertrennung** vereinbart, sind jedem Ehegatten die Einkünfte aus dem ihm gehörenden Vermögen zuzurechnen. Bei **Gütergemeinschaft** werden die nicht personenbezogenen Einkünfte den Ehegatten gemeinsam zugerechnet.

2.3 Sonstige Angaben und Veranlagungswahlrechte

[Steuerfreie Leistungen, die dem Progressionsvorbehalt unterliegen ➜ eZeile 43 und Zeile 44]

371 Hier sind Einkommensersatzleistungen anzugeben, die zwar steuerfrei sind und bleiben, sich aber auf die Berechnung der Steuer der steuerpflichtigen Einkünfte auswirken (Progressionsvorbehalt gem. § 32b EStG) und nicht in den Zeilen 22–24 und 28 der Anlage N einzutragen sind. Zu erfassen sind neben den in eZeile 43 genannten Zuwendungen insbesondere Teilarbeitslosengeld, Zuschüsse zum Arbeitsentgelt, Übergangs-, Verletztengeld, Verdienstausfallentschädigung nach dem Unterhaltssicherungsgesetz; aus dem Europäischen Sozialfonds finanziertes Unterhaltsgeld sowie Leistungen nach § 10 SGB III, die dem Lebensunterhalt dienen. Die Leistungsbeträge müssen nur gemeldet werden, wenn diese nicht elektronisch an die Finanzverwaltung übermittelt wurden. In die Zeile 44 gehören vergleichbare steuerfreie Einkommensersatzleistungen, wenn sie in einem EU-/EWR-Staat oder der Schweiz bezogen wurden.

[Ergänzende Angaben zur Steuererklärung ➜ Zeile 45]

372 Wollen Steuerpflichtige der Finanzverwaltung zusätzliche Angaben mitteilen, zu denen sie in den Steuererklärungsvordrucken keine Eintragungsmöglichkeit finden, müssen sie der Steuererklärung eine weitere Anlage beifügen, die mit der Überschrift „Ergänzende Angaben zur Steuererklärung" zu versehen ist und in Zeile 45 den Wert „1" eintragen.

373 Insbesondere

- Steuerpflichtige mit zeitweiser unbeschränkter Steuerpflicht im Kalenderjahr,
- Steuerpflichtige ohne Wohnsitz im Inland (z. B. deutsche Staatsangehörige, die von einer inländischen juristischen Person des öffentlichen Rechts aus einem Dienstverhältnis Arbeitslohn beziehen),
- Grenzpendler und
- Staatsangehörige eines EU-/EWR-Staates mit Wohnsitz im Inland

können unter bestimmten Voraussetzungen familienbezogene Steuervergünstigungen in Anspruch nehmen. Dazu ist die **Anlage WA-ESt** der Steuererklärung hinzuzufügen. Siehe ➜ Tz 322 bis ➜ Tz 326.

3 Anlage Sonderausgaben

3.1 Allgemeines

Sonderausgaben gehören zu den Kosten der privaten Lebensführung. Nach § 12 Satz 1 EStG sind sie ausdrücklich vom Abzugsverbot ausgenommen. Die als Sonderausgaben abziehbaren Beträge sind in §§ 10 bis 10c EStG **abschließend aufgezählt.** 374

Bei den Sonderausgaben wird zwischen Vorsorgeaufwendungen und anderen Sonderausgaben unterschieden.

Sonderausgaben

Vorsorgeaufwendungen
(Beiträge zu Personenversicherungen)

I. Altersvorsorgeaufwendungen
(Anlage Vorsorgeaufwand)

Beiträge zur
- gesetzlichen Rentenversicherung
- landwirtschaftlichen Alterskasse
- berufsständischen Versorgungseinrichtung
- Beiträge zu einer
- kapitalgedeckten privaten Altersversorgung (Rürup-Rente)

§ 10 Abs. 1 Nr. 2 EStG

II. Sonstige Vorsorgeaufwendungen
(Anlage Vorsorgeaufwand oder Anlage Kind)

- Beiträge zur
- Basiskrankenversicherung
- Pflegepflichtversicherung

§ 10 Abs. 1 Nr. 3 EStG

- Krankenzusatzversicherung
- Arbeitslosenversicherung
- Erwerbs - und Berufsunfähigkeitsversicherung
- Unfallversicherung
- Haftpflichtversicherung
- Risikolebensversicherung
- bestimmten anderen Lebensversicherungen

§ 10 Abs. 1 Nr. 3a EStG

III. Zusätzliche Altersvorsorge (Riester-Rente)
(Anlage AV)

Altersvorsorgezulage
oder
Sonderausgabenabzug, § 10a EStG

andere Sonderausgaben

(Anlage Sonderausgaben)

- gezahlte Kirchensteuer
  § 10 Abs. 1 Nr. 4 EStG
- Zuwendungen (Mitgliedsbeiträge und Spenden) an politische Parteien oder steuerbegünstigte Organisationen
  § 10b EStG
- Kosten für die Berufsausbildung des Steuerpflichtigen oder des Ehegatten
  § 10 Abs. 1 Nr. 7 EStG
- gezahlte Unterhaltsleitungen bei Vermögensübergabe
  § 10 Abs. 1a Nr. 2 EStG
- Unterhaltsleistungen an den geschiedenen oder dauernd getrennt lebenden Ehegatten,
  § 10 Abs. 1a Nr. 1 EStG
- Ausgleichszahlungen im Rahmen des Versorgungsausgleichs zwischen Ehegatten
  § 10 Abs. 1a Nr. 3 und 4 EStG

(Anlage Kind)

- Kinderbetreuungskosten
  § 10 Abs. 1 Nr. 5 EStG
- Schulgeld
  § 10 Abs. 1 Nr. 9 EStG

3.2 Grundsätze zu Sonderausgaben

Allgemeine Voraussetzungen für den Sonderausgabenabzug

375 Neben besonderen Voraussetzungen für einzelne Arten von Sonderausgaben sind folgende Punkte bei allen Sonderausgaben zu beachten:

- Ein Betriebsausgaben- oder Werbungskostenabzug geht dem Abzug von Sonderausgaben vor.
- Sonderausgaben kann nur abziehen, wer unbeschränkt einkommensteuerpflichtig ist.
- Sonderausgaben kann grds. nur derjenige geltend machen, der sie selbst schuldet (Versicherungsnehmer) und selbst bezahlt. Bei zusammen veranlagten Ehegatten kommt es für den Sonderausgabenabzug nicht darauf an, welcher Ehegatte sie geleistet hat. In diesem Fall werden die Ehegatten wie ein Steuerpflichtiger behandelt. Ausnahme: Beiträge zur Basis-Kranken- und Pflegepflichtversicherung eines Kindes bzw. des geschiedenen oder dauernd getrennt lebenden Ehegatten;
- Sonderausgaben können aus eigenen Mitteln oder unter Inanspruchnahme von Krediten geleistet werden.
- Sonderausgaben können nur im Jahr der Zahlung (Abfluss) gem. § 11 Abs. 2 EStG abgezogen werden. Dies gilt auch, wenn die Sonderausgaben mit Darlehensmitteln bestritten werden.
- Eine Ausnahme kann bei regelmäßig wiederkehrenden Ausgaben bestehen:

BEISPIEL

Abzugsjahr bei regelmäßig wiederkehrenden Aufwendungen

Die Beiträge zur privaten Haftpflichtversicherung für 2020 sind am 1.1.2020 fällig und werden bereits am 28.12.2019 bezahlt. Liegen Fälligkeit und Zahlung innerhalb des Zeitraums vom 22.12.2019 bis zum 10.1.2020, sind die Beiträge zur Haftpflichtversicherung, abweichend vom Zahlungsprinzip, nach § 11 Abs. 2 Satz 2 EStG im Jahr der wirtschaftlichen Zugehörigkeit (2020) und nicht im Jahr der Zahlung als Sonderausgaben abziehbar.

Erstattungen

376 Erstattungen, Rückzahlungen oder Zuschüsse sind grds. mit gleichartigen Leistungen zu verrechnen (§ 10 Abs. 4b EStG). Dabei ist bei der Prüfung der Gleichartigkeit auf den jeweiligen Zweck der Sonderausgaben abzustellen (➜ Tz 523).

Erstattete Sonderausgaben sind keine Einnahmen im Rahmen einer Einkunftsart.

Pauschaler Sonderausgabenabzug

377 Für Vorsorgeaufwendungen gibt es nur noch im Rahmen des Lohnsteuerabzugsverfahrens einen pauschalen Abzug in Form der Vorsorgepauschale (§ 39b EStG).

Für (andere) Sonderausgaben, die nicht Vorsorgeaufwendungen sind, wird ein **Sonderausgabenpauschbetrag** abgezogen, wenn insgesamt keine oder keine höheren Sonderausgaben geltend gemacht werden (§ 10c EStG).

Der Sonderausgabenpauschbetrag beträgt im Fall der Einzelveranlagung 36 € und bei der Zusammenveranlagung von Ehegatten 72 €.

Kirchensteuer

[Kirchensteuer ➜ Zeile 4]

Die im Vz. gezahlte **Kirchensteuer** kann nach § 10 Abs. 1 Nr. 4 EStG als Sonderausgabe abgezogen werden. Kirchensteuer ist eine Geldleistung, die einzelne, als juristische Personen des öffentlichen Rechts anerkannte, Religionsgemeinschaften von ihren Mitgliedern auf der Grundlage eines Kirchensteuergesetzes erheben (➜ Tz 352). Die Kirchensteuer wird i. d. R. im Auftrag der Kirchen durch die Länderfinanzbehörden, die dafür eine Aufwandsentschädigung erhalten, als Zuschlagsteuer zur Einkommen- bzw. Lohnsteuer erhoben. In einzelnen Bundesländern verwalten die Kirchen die Steuer selbst. **378**

Bemessungsgrundlage der Kirchensteuer ist die Einkommensteuer (auch in Form der Kapital- **379**
ertragsteuer und der Lohnsteuer). Sind beim Steuerpflichtigen Kinder zu berücksichtigen, ist von der Einkommensteuer auszugehen, die sich nach Berücksichtigung der Freibeträge für Kinder ergibt oder ergeben würde. Dabei wird zur Ermittlung der festzusetzenden Kirchensteuer das z. v. E. des Steuerpflichtigen auch dann um die Freibeträge für Kinder gemindert, wenn beim Steuerpflichtigen das Kindergeld günstiger als die Freibeträge für Kinder ist und bei der Festsetzung der Einkommensteuer selbst keine Freibeträge für Kinder zu berücksichtigen sind (§ 51a Abs. 2 S. 1 EStG). Steuerbefreiungen nach § 3 Nr. 40 EStG i. Z. m. Erträgen aus Beteiligungen an Kapitalgesellschaften (Dividenden, Veräußerungserlöse) sind für Zwecke der Kirchensteuerfestsetzung nicht zu beachten. Insoweit erhöht sich das z. v. E. Die Steuerermäßigung für Einkünfte aus Gewerbebetrieb nach § 35 EStG ist für Zwecke der Kirchensteuerfestsetzung ebenfalls nicht zu berücksichtigen.

II Kommentierung

Die Kirchensteuer beträgt 8 % (Baden-Württemberg und Bayern) bzw. 9 % (andere Bundesländer) der Einkommen- und Lohnsteuer. Als Sonderausgabe abziehbar ist die gesetzlich geschuldete und tatsächlich gezahlte Kirchensteuer im Inland. Dazu gehören auch die vom Arbeitgeber abgeführte Kirchenlohnsteuer, die vom Steuerpflichtigen vierteljährlich vorausgezahlte oder für Vorjahre nachgezahlte Kirchensteuer und das besondere Kirchgeld.

Auch Kirchensteuerzahlungen an Religionsgemeinschaften in einem anderen EU-Mitgliedstaat oder in einem Staat des Europäischen Wirtschaftsraumes sind als Sonderausgabe abziehbar, wenn die Religionsgemeinschaft bei Inlandsansässigkeit als Körperschaft des öffentlichen Rechts anerkannt wäre (BMF, Schreiben v. 16.11.2010, IV C 4 – S 2221/07/0004:001, BStBl 2010 I S. 1311).

WICHTIG **380**

Kirchensteuer auf Kapitalerträge

Wird bei Kapitalerträgen die Kirchensteuer als Zuschlag zur Kapitalertragsteuer (Abgeltungsteuer) oder im Rahmen einer Veranlagung als Zuschlag auf die nach dem gesonderten 25%igen Steuertarif ermittelte Einkommensteuer erhoben, ist diese ausdrücklich **nicht** als Sonderausgabe abziehbar (§ 10 Abs. 1 Nr. 4 Halbs. 2 EStG).

Soweit die Einkommensteuer auf Kapitalerträge i. H. der **tariflichen Einkommensteuer** nach § 32a EStG erhoben wird, kann die darauf entfallende Kirchensteuer im Jahr der Zahlung als Sonderausgabe nach § 10 Abs. 1 Nr. 4 EStG abgezogen werden. Dies ist der Fall, wenn der Steuerpflichtige einen Antrag auf Günstigerprüfung nach § 32d Abs. 6 EStG stellt oder ein Tatbestand des § 32d Abs. 2 EStG vorliegt (➜ Tz 733, ➜ Tz 756).

Konfessionsverschiedene Ehegatten

381 Im Fall der Zusammenveranlagung von konfessionsverschiedenen Ehegatten werden beide Ehegatten gemeinsam zur Kirchensteuer herangezogen. Die jeweilige Kirchensteuer berechnet sich aus der Hälfte der gemeinsamen Bemessungsgrundlage (Halbteilungsgrundsatz). Im Ergebnis wird die Kirchensteuer je zur Hälfte auf die beiden Kirchen verteilt. Für den Sonderausgabenabzug ist es bei Zusammenveranlagung ohne Bedeutung, welcher Ehegatte sie zahlt.

Kirchgeld

382 Das Kirchgeld ist eine besondere Form der Kirchensteuer (➜ Tz 353). Es ist als Sonderausgabe abziehbar.

Kirchensteuer des Erblassers

383 Zahlt ein Erbe die noch offene KiSt des Erblassers, kann der Erbe diese im Jahr der Zahlung als Sonderausgabe abziehen (BFH, Urteil v. 21.7.2016, X R 43/13, HI9894426, BFH/NV 2017 S. 88). Erstattungen überzahlter Kirchensteuer des Erblassers sind auf eigene Kirchensteuerzahlungen des Erben anzurechnen.

Erstattung von Kirchensteuer

384 Wird gezahlte Kirchensteuer in einem späteren Jahr erstattet, mindern sich zunächst die Kirchensteuerzahlungen im Erstattungsjahr. Ein danach evtl. verbleibender **Erstattungsüberhang** ist dem Gesamtbetrag der Einkünfte des Erstattungsjahres hinzuzurechnen (§ 10 Abs. 4b EStG).

BEISPIEL

Zurechnung des Kirchensteuer-Erstattungsüberhangs

Im Januar 2020 wird dem Steuerpflichtigen der Einkommensteuerbescheid für 2019 bekannt gegeben. Daraus ergibt sich eine Erstattung von 1.070 €, die im Januar 2020 auf seinem Konto gutgeschrieben wird. Für das Jahr 2020 hat er außerdem 830 € Kirchensteuer in Form von Vorauszahlungen geleistet.

Der Erstattungsbetrag ist 2020 zugeflossen und mindert die Zahlung und damit den Sonderausgabenabzug des Jahres 2020 auf 0 €. Der zusätzliche Erstattungsüberhang von 240 € wird dem Gesamtbetrag der Einkünfte des Jahres 2020 hinzugerechnet.

Der BFH muss klären, in welchen Fällen von einem Erstattungsüberhang bei der Kirchensteuer auszugehen ist (Az. beim BFH X R 1/20, Vorinstanz: FG Düsseldorf, Urteil v. 5.12.2019, 14 K 3341/15 E, HI13729433, EFG 2020 S. 352).

Freiwillige Zuwendungen und Zuwendungen an Religionsgemeinschaften ohne gesetzliche Kirchensteuer

385 Freiwillige Beiträge an Kirchen oder andere religiöse Gemeinschaften sind keine Kirchensteuern. Diese sind ggf. als Spenden im Rahmen des § 10b Abs. 1 EStG abziehbar (➜ Tz 388).

Freiwillige Zahlungen von Mitgliedern an ihre Religionsgemeinschaften (Kirchenbeiträge), die in mindestens einem Bundesland als Körperschaften des öffentlichen Rechts anerkannt sind, aber während des ganzen Jahres keine Kirchensteuer erheben, sind aus

Billigkeitsgründen wie Kirchensteuer nach § 10 Abs. 1 Nr. 4 EStG als Sonderausgabe abziehbar (R 10.7 EStR 2012). Die Zuwendungen sind durch eine Empfangsbestätigung der Religionsgemeinschaft nachzuweisen.

Solche Religionsgemeinschaften sind z. B. die Heilsarmee, die neuapostolische Kirche, die evangelisch-methodistische Kirche, der Bund evangelisch-freikirchlicher Gemeinden, die Gemeinschaft der Siebenten-Tags-Adventisten und die Zeugen Jehovas Deutschland. Zu beachten ist, dass ggf. Ortsvereinigungen dieser Kirchen bestehen; in derartigen Fällen kann i. d. R. steuerlich wirksam nur an die entsprechende Dachorganisation gespendet werden.

Der Abzug ist bis zur Höhe der Kirchensteuer zulässig, die zu zahlen wäre, wenn der Steuerpflichtige einer Kirchensteuer erhebenden Religionsgemeinschaft angehören würde. Darüber hinausgehende freiwillige Zuwendungen an diese Religionsgemeinschaft sind im Rahmen des Spendenabzugs als Sonderausgabe abziehbar (R 10.7 Abs. 2 EStR 2012: ➜ Tz 385).

Kappung der Kirchensteuer

Gutverdienende Steuerpflichtige können außerhalb der Steuerveranlagung Kirchensteuer **386**
sparen, indem sie bei ihrer Kirche einen Antrag auf **Kappung (Begrenzung) der Kirchensteuer** stellen. Diese kommt in Betracht, wenn die Kirchensteuer, je nach Bundesland, mehr als 3 % bis 4 % des z. v. E. beträgt.

Spenden und Mitgliedsbeiträge

[Zuwendungen ➜ Zeilen 5–12]

Zuwendungen (Spenden und Mitgliedsbeiträge) an unterschiedliche steuerbegünstigte **387**
Organisationen können unter bestimmten Voraussetzungen durch den Abzug von Sonderausgaben oder eine Steuerermäßigung berücksichtigt werden. Zu den Mitgliedsbeiträgen gehören auch Aufnahmegebühren und Mitgliedsumlagen.

Übersicht

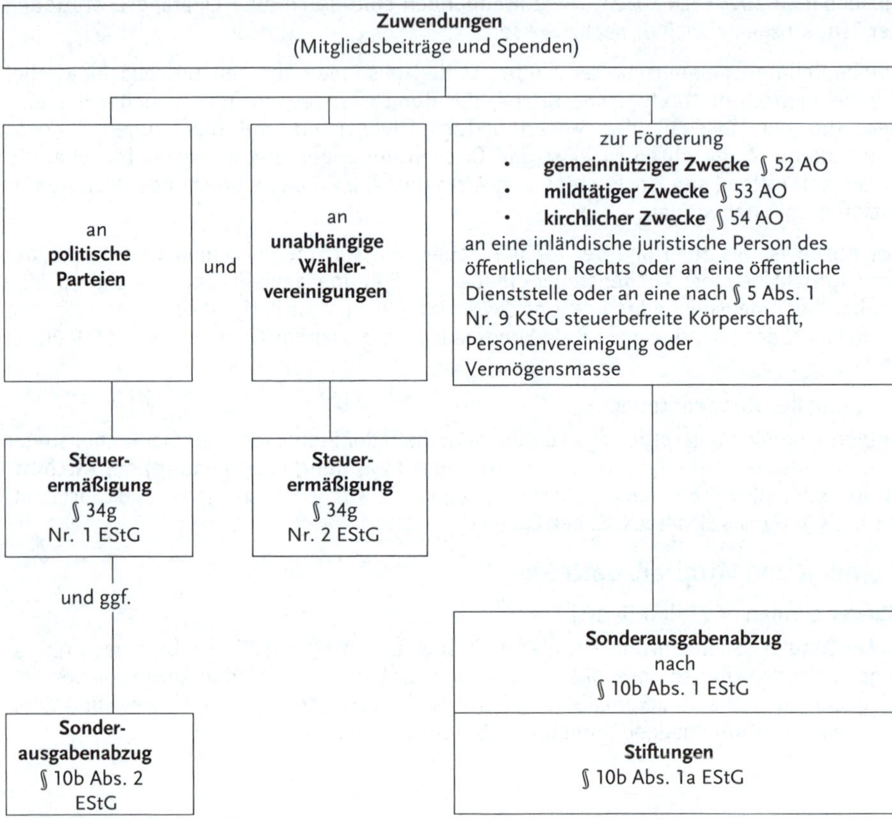

[Zuwendungen zur Förderung steuerbegünstigter Zwecke → Zeilen 5 und 6]

388 Höhe des Sonderausgabenabzugs

Nach § 10b Abs. 1 EStG können Spenden und grds. auch Mitgliedsbeiträge zur **Förderung steuerbegünstigter Zwecke** steuerlich berücksichtigt werden.

Danach sind Aufwendungen zur Förderung

- gemeinnütziger Zwecke nach § 52 AO,
- mildtätiger Zwecke nach § 53 AO sowie
- kirchlicher Zwecke nach § 54 AO

insgesamt bis zu

- 20 % des Gesamtbetrags der Einkünfte oder
- 4 ‰ der Summe der gesamten Umsätze und der im Kalenderjahr aufgewendeten Löhne und Gehälter

im Jahr der Zahlung (§ 11 Abs. 2 EStG) als Sonderausgaben abziehbar.

Zuwendungen liegen nur vor, wenn diese ohne rechtliche Verpflichtung (freiwillig) und ohne Gegenleistung (unentgeltlich) erfolgen. Die Zuwendungen müssen dem steuerbegünstigten Bereich der Körperschaft und nicht deren evtl. vorhandenem steuerpflichtigen wirtschaftlichen Geschäftsbetrieb zufließen.

Förderung gemeinnütziger Zwecke

Unter der Förderung **gemeinnütziger Zwecke** i.S.d. § 52 AO sind insbesondere Tätigkeiten **389**
zu verstehen, die darauf ausgerichtet sind, die Allgemeinheit auf materiellem, geistigem oder sittlichem Gebiet selbstlos zu fördern. Dazu gehört insbesondere die Förderung von Wissenschaft, Forschung, Religion, Gesundheitswesen, Jugend- und Altenhilfe, Kunst, Kultur, Denkmalschutz und -pflege, Erziehung, Volks- und Berufsbildung, Naturschutz, Landschafts-, Wohlfahrtspflege und deren Verbände (z.B. Caritas, DRK, Arbeiterwohlfahrt, VdK), Hilfe von Verfolgten und Flüchtlingen, Lebensrettung, Katastrophen-, Tier-, Verbraucherschutz, Ehe und Familie, Sport, Heimatpflege und Heimatkunde.

Begünstigt sind Spenden und grds. auch Mitgliedsbeiträge. Für Letztere gibt es aber eine Einschränkung. **Nicht** abziehbar sind **Mitgliedsbeiträge** an Körperschaften (i.d.R. Vereine),

- die den Sport,
- die kulturelle Betätigungen, die in erster Linie der Freizeitgestaltung dienen (z.B. Musikverein),
- die Heimatpflege und Heimatkunde,
- die sog. Freizeitzwecke i.S.d. § 52 Abs. 2 Satz 1 Nr. 23 AO (Förderung von Tierzucht, Pflanzenzucht, Kleingärtnerei, traditionellem Brauchtum, Karneval, Fasching, Soldaten- und Reservistenbetreuung, Amateurfunken, Modellflug und Hundesport) fördern (§ 10b Abs. 1 Satz 8 EStG) oder
- deren Zweck nach § 52 Abs. 2 Satz 2 AO für gemeinnützig erklärt worden ist, weil deren Zweck die Allgemeinheit auf materiellem, geistigem oder sittlichem Gebiet entsprechend fördert.

WICHTIG

Vergünstigungen bei Vereinen, die Kunst und Kultur fördern

Mitgliedsbeiträge an Vereine, die **Kunst und Kultur** fördern, sind auch dann abziehbar, wenn den Mitgliedern Vergünstigungen, z.B. in Form von verbilligten Eintrittskarten oder Veranstaltungen für Mitglieder, gewährt werden (§ 10b Abs. 1 Satz 7 EStG).

Förderung mildtätiger Zwecke

Mildtätige Zwecke verfolgt eine Körperschaft dann, wenn ihre Tätigkeit darauf gerichtet ist, **390**
Personen selbstlos (ohne eigenwirtschaftliches Interesse) zu unterstützen. Die unterstützten Personen müssen aufgrund ihres körperlichen, geistigen oder seelischen Zustandes auf die Hilfe anderer angewiesen sein. Dazu gehört auch die Unterstützung von Personen, deren Bezüge das Vierfache der Sozialhilfe nicht übersteigen und deren Vermögen nicht zur Bestreitung des Lebensunterhalts ausreicht (wirtschaftliche Hilfsbedürftigkeit; § 53 AO).

Förderung kirchlicher Zwecke

Kirchliche Zwecke liegen vor, wenn die Tätigkeit einer Körperschaft (Kirche oder Verein) **391**
auf die selbstlose Förderung einer Religionsgemeinschaft, die als Körperschaft des öffent-

lichen Rechts anerkannt ist, gerichtet ist. Dazu gehört die Errichtung/Erhaltung von Gottes- und Gemeindehäusern, das Abhalten von Gottesdiensten, die Ausbildung von Geistlichen, die Erteilung von Religionsunterricht sowie die Besoldung und Versorgung der Kirchenbeschäftigten und deren Angehöriger (§ 54 AO).

Zuwendungsempfänger

392 Weitere Voraussetzung für den Sonderausgabenabzug ist, dass die Zuwendungen an eine

- **juristische Person des öffentlichen Rechts** (Gebiets- und Personenkörperschaften: z. B. Gemeinde, Kirche, Universität, Anstalten und Stiftungen des öffentlichen Rechts) oder eine **öffentliche Dienststelle** (z. B. Schulen, Forschungsanstalten, Museen, Bibliotheken) oder
- eine **nach** § 5 Abs. 1 Nr. 9 KStG **steuerbefreite inländische Körperschaft** (z. B. Verein, der als gemeinnützigen oder mildtätigen Zwecken dienend anerkannt ist),

geleistet werden.

[Zuwendungen an Empfänger im EU-/EWR-Ausland → Zeile 6]

393 Bei **Zuwendungen an Empfänger im EU-/EWR-Ausland** kommt ein Sonderausgabenabzug nur in Betracht, wenn die Zahlungen an eine Körperschaft, Personenvereinigung oder Vermögensmasse geleistet werden, die in einem EU- oder EWR-Mitgliedsstaat gelegen ist und die nach § 5 Abs. 1 Nr. 9 KStG steuerbefreit wäre, wenn sie inländische Einkünfte erzielen würde.

Werden die steuerbegünstigten Zwecke nur im Ausland verwirklicht, ist die weitere Voraussetzung für den Sonderausgabenabzug, dass natürliche Personen im Inland gefördert werden oder dass die Tätigkeit des Zuwendungsempfängers neben der Verwirklichung der steuerbegünstigten Zwecke auch zum Ansehen der Bundesrepublik Deutschland beiträgt.

Zuwendungsnachweis

394 Zuwendungen dürfen steuerlich nur berücksichtigt werden, wenn der Zuwendende eine vom Empfänger nach amtlich vorgeschriebenem Muster (BMF, Schreiben v. 7.11.2013, IV C 4 – S 2223/07/0018:005, BStBl 2013 I S. 1333) erstellte Zuwendungsbestätigung erhalten hat (§ 50 Abs. 1 EStDV).

ACHTUNG

Keine Belegeinreichung bei Abgabe der Steuererklärung

Zuwendungsbestätigungen müssen nicht mehr zusammen mit der Steuererklärung beim Finanzamt eingereicht werden. Die Unterlagen sind aber vom Zuwendenden auf Verlangen der Finanzbehörde vorzulegen. Sie sind vom Zuwendenden bis zum Ablauf eines Jahres nach Bekanntgabe der Steuerfestsetzung aufzubewahren (**Belegvorhaltepflicht** gem. § 50 Abs. 8 EStDV).

Eine Zuwendungsbestätigung wird vom Finanzamt nicht als Nachweis für den Zuwendungsabzug anerkannt, wenn das Datum des Steuer- oder Freistellungsbescheids länger als fünf Jahre bzw. das Datum der vorläufigen Bescheinigung länger als drei Jahre seit Ausstellung der Bestätigung zurückliegt. Eine Aufteilung von Zuwendungen in abziehbare und nicht abziehbare Teile je nach anteilig satzungsgemäßer und nicht satzungsgemäßer Verwendung der Zuwendung ist unzulässig.

Bei gemeinnützigen Spenden muss der Zuwendungsempfänger bestätigen, dass er diese nur für seine satzungsmäßigen Zwecke verwendet. Die Zuwendungsbestätigung ist von einer zur Entgegennahme von Zahlungen berechtigten Person zu unterschreiben. Eine maschinell erstellte Bescheinigung ohne eigenhändige Unterschrift reicht aus, wenn der Zuwendungsempfänger die Nutzung eines entsprechenden Verfahrens dem Finanzamt angezeigt hat und bestimmte vorgesehene Voraussetzungen, u.a. gedruckte Faksimileunterschrift, eingehalten werden (R 10b.1 Abs. 4 EStR 2012).

Bei mehreren Zuwendungen an denselben Empfänger kann auch eine Sammelbestätigung ausgestellt werden. Dabei sind die einzelnen Zuwendungen, Mitgliedsbeiträge oder Spenden nach Datum aufzulisten.

Zuwendungsempfänger (z.B. gemeinnützige Vereine), die dem zuständigen Finanzamt die Nutzung der maschinellen Erstellung von Zuwendungsbestätigungen gem. R 10b.1 Abs. 4 EStR 2012 angezeigt haben, können die maschinell erstellten Zuwendungsbestätigungen auf elektronischem Weg (z.B. E-Mail) in Form schreibgeschützter Dokumente an die Zuwendenden übermitteln (BMF, Schreiben v. 6.2.2017, IV C 4 – S 2223/07/0012, BStBl 2017 I S. 287).

Vereinfachter Zuwendungsnachweis

Statt einer Zuwendungsbestätigung genügt in folgenden Fällen der Nachweis durch **Bareinzahlungsbeleg** oder **Buchungsbestätigung** (Kontoauszug, auch Onlinebanking) eines Kreditinstituts: 395

a) **ohne betragsmäßige Beschränkung**
- bei Zuwendung zur Hilfe in Katastrophenfällen, die innerhalb eines von den obersten Finanzbehörden bestimmten Zeitraums auf ein für den Katastrophenfall eingerichtetes Sonderkonto einer inländischen juristischen Person des öffentlichen Rechts, einer inländischen öffentlichen Dienststelle oder eines inländischen amtlich anerkannten Verbandes der freien Wohlfahrtspflege einschließlich seiner Mitgliedsorganisationen eingezahlt worden ist **oder**
- bis zur Einrichtung des Sonderkontos auf ein anderes Konto der genannten Zuwendungsempfänger eingezahlt wurde. Entsprechendes gilt für Einzahlungen auf ein Treuhandkonto eines Dritten, wenn die Gelder später auf das Sonderkonto übertragen werden.

b) **bei Zuwendung bis 200 €**, wenn
- der Empfänger eine inländische juristische Person des öffentlichen Rechts (z.B. Bund, Länder, Landkreis, Gemeinde, Universität) oder eine inländische öffentliche Dienststelle (z.B. Schule) ist **oder**
- der Empfänger eine Körperschaft, Personenvereinigung oder Vermögensmasse i.S.d. § 5 Abs. 1 Nr. 9 KStG (z.B. gemeinnütziger, mildtätiger Verein) ist. Erforderlich ist, dass der steuerbegünstigte Zweck, für den die Zuwendung verwendet wird, und die Angaben über die Freistellung des Empfängers von der Körperschaftsteuer auf einem von ihm hergestellten Beleg aufgedruckt sind. Zusätzlich muss darauf angegeben sein, ob es sich bei der Zuwendung um eine Spende oder einen Mitgliedsbeitrag handelt. Es reicht aus, wenn die steuerbegünstigte Körperschaft den begünstigten Zweck und die Angaben zur Steuerfreistellung z.B. auf ihrer Internetseite zum Download bereithält.

Der vereinfachte Zuwendungsnachweis kann auch durch einen Kontoauszug des PayPal-Kontos des Spenders zusammen mit einem Ausdruck über die Inhalte der Geldtransaktion erfüllt werden. Die Angabe einer Kontonummer auf der Buchungsbestätigung ist nicht zwingend erforderlich, da auch ein sonstiges „Identifizierungsmerkmal des Auftraggebers“, also z. B. die E-Mail-Adresse, zugelassen ist (§ 50 Abs. 4 Satz 2 EStDV).

396 **ACHTUNG**

Flüchtlingshilfe

Für Spenden in Zusammenhang mit Flüchtlingen sind folgende Steuererleichterungen für Zuwendungen vorgesehen, die in der Zeit bis **31.12.2021** durchgeführt werden (BMF, Schreiben v. 31.7.2018, IV C 2 – S 2730/15/10001, BStBl 2018 I S. 982):

- Für Sonderkonten von Hilfsorganisationen zur Unterstützung von Flüchtlingen gilt der vereinfachte Zuwendungsnachweis **ohne Betragsbegrenzung**. Es genügt z. B. ein Bareinzahlungsbeleg, der Kontoauszug oder der PC-Ausdruck bei Onlinebanking.
- Alle gemeinnützigen Organisationen dürfen steuerbegünstigt Spenden für Flüchtlinge sammeln, auch wenn dies nicht ihr eigentlicher Satzungszweck ist.
- Nicht gemeinnützige Organisationen können auf Treuhandkonten Spenden sammeln, wenn die Gelder an eine gemeinnützige Organisation zur Förderung der Hilfe für Flüchtlinge weitergeleitet werden.
- Bei Flüchtlingen kann auf den Nachweis der Hilfebedürftigkeit verzichtet werden.
- Arbeitnehmer können auf einen Teil ihres Lohns verzichten und durch den Arbeitgeber an eine gemeinnützige oder mildtätige Einrichtung zugunsten der Flüchtlingshilfe überweisen lassen. Diese Lohnanteile stellen keinen steuerpflichtigen Arbeitslohn dar. Sie sind dann aber auch nicht als Spenden bei den Sonderausgaben abziehbar.

Spenden zur Förderung der Hilfe in der Corona-Krise

- Für alle Sonderkonten, die von inländischen juristischen Personen des öffentlichen Rechts, inländischen öffentlichen Dienststellen oder von einem amtlich anerkannten inländischen Verband der freien Wohlfahrtspflege einschließlich seiner Mitgliedsorganisationen für die Hilfe in der Corona-Krise für die Zeit 1.3. bis zum 31.12.2020 eingerichtet wurden, gilt ohne betragsmäßige Beschränkung der vereinfachte Zuwendungsnachweis. Dies gilt auch, wenn die Zahlung über ein Treuhandkonto eines Dritten auf ein vorgenanntes Sonderkonto erfolgt (BMF, Schreiben v. 9.4.2020, IV C 4 -S 2223/19/10003:003, BStBl 2020 I S. 498).

Sachspenden

397 Als Sonderausgaben können neben Geld- auch Sachspenden berücksichtigt werden (§ 10b Abs. 3 EStG). Dabei ist zwischen Sachspenden aus einem Betriebsvermögen und aus dem Privatvermögen zu unterscheiden.

Stammt die Sachzuwendung aus dem **Betriebsvermögen** der steuerpflichtigen Person, ist sie nach § 10b Abs. 3 Satz 2 EStG mit dem Entnahmewert anzusetzen. Bei vorliegender Buchführung braucht der Zuwendungsempfänger keine zusätzlichen Unterlagen in seine Buchführung aufzunehmen, ebenso wenig sind Angaben über die Unterlagen, die zur Wertermittlung gedient haben, erforderlich. Entnahmewert ist grds. der **Teilwert zuzüglich** der bei der Entnahme angefallenen **Umsatzsteuer** (R 10b.1 Abs. 1 Satz 4 EStR 2012). Unter bestimmten Voraussetzungen kann auch der Buchwert zum Ansatz kommen.

Eine Zuwendung von Wirtschaftsgütern oder sonstigen betrieblichen Nutzungen und Leistungen (nicht Geld) aus einem inländischen Betriebsvermögen in der Zeit v. 1.3. bis zum 31.12.2020 an durch die Corona-Krise unmittelbar und nicht unerheblich geschädigte oder mit der Bewältigung der Corona-Krise befasste Unternehmen und Einrichtungen (z. B. Krankenhäuser) ist aus Billigkeitserwägungen als abziehbare Betriebsausgabe zu behandeln (BMF, Schreiben v. 9.4.2020, IV C 4 – S 2223/19/10003:003, BStBl 2020 I S. 498).

Handelt es sich um eine Sachspende aus dem **Privatvermögen** des Zuwendenden, ist grds. der **gemeine Wert** (Verkehrswert einschließlich Umsatzsteuer) des gespendeten Wirtschaftsguts maßgebend (§ 10b Abs. 3 Satz 3 EStG).

Der Zuwendungsempfänger muss angeben, welche Unterlagen er zur Ermittlung des angesetzten Wertes herangezogen hat. In Betracht kommt in diesem Zusammenhang z. B. ein Gutachten über den aktuellen Wert der zugewendeten Sache oder der sich aus der ursprünglichen Rechnung ergebende historische Kaufpreis unter Berücksichtigung einer Absetzung für Abnutzung.

Bei **gebrauchten Wirtschaftsgütern**, z. B. gebrauchter Kleidung, ist der gemeine Wert durch eine Schätzung unter Berücksichtigung von Neupreis, Qualität, Zeitraum zwischen Anschaffung und Weggabe und des tatsächlichen Erhaltungszustands zu ermitteln und durch den Steuerpflichtigen nachzuweisen. Bei Sachspenden sind die zugewendeten Gegenstände mit den entsprechenden Angaben in die Zuwendungsbestätigung aufzunehmen.

Aufwandsspenden

Liegen Nutzungen (z. B. unentgeltliche Überlassung von Proberäumen) oder Leistungen **398**
(ehrenamtliche unentgeltliche Tätigkeit gegenüber dem Verein) vor, sind diese mangels Aufwendungen nicht abziehbar (§ 10b Abs. 3 Satz 1 EStG).

Etwas anderes ergibt sich, wenn für Aufwendungen, die zugunsten einer steuerbegünstigten Körperschaft getätigt wurden, durch Vertrag oder Satzung ein Rechtsanspruch auf Erstattung besteht und auf diese Erstattung zeitnah verzichtet wird (§ 10b Abs. 3 Satz 5 und 6 EStG). Dazu gehören auch Aufwendungsersatzansprüche aus einer Reisekostenordnung, die aufgrund einer Satzungsermächtigung erlassen wurden.

BEISPIEL

Verzicht auf Reisekostenersatz als Spende

M betreut eine Jugendmannschaft des Sportvereins und begleitet diese zu Auswärtsspielen. Hierzu nutzt er seinen privaten Pkw und nimmt auch einige jugendliche Spieler mit. Lt. Reisekostenordnung des Vereins steht M ein Ersatz der Aufwendungen i. H. d. steuerlichen Reisekostenrechts (z. B. 0,30 € für jeden gefahrenen Kilometer bei Nutzung eines eigenen Kfz) zu. M verzichtet auf die Auszahlung des Aufwendungsersatzes und erhält hierfür eine Zuwendungsbestätigung.

Der Rechtsanspruch auf die Erstattung muss eingeräumt worden sein, **bevor** die zum Aufwand führende Tätigkeit begonnen worden ist. Eine nachträgliche rückwirkende Begründung von Ersatzpflichten durch den Zuwendungsempfänger, z. B. durch eine rückwirkende Satzungsänderung, ist nicht zulässig. Der Spender muss sich zum Verzicht frei und ohne Bedingung entscheiden können. Die Aufwendungsersatzansprüche müssen ernsthaft eingeräumt sein und dürfen nicht unter der Bedingung des Verzichts stehen.

Beim Verzicht auf den Ersatz der Aufwendungen handelt es sich nicht um eine Aufwandsspende, sondern um eine **Geldspende**. In der Zuwendungsbestätigung ist deshalb eine Geldzuwendung zu bescheinigen. Zusätzlich ist anzugeben, dass es sich um den Verzicht auf die Erstattung von Aufwendungen handelt. Für die Höhe der Zuwendung ist der vereinbarte Ersatzanspruch maßgeblich; allerdings kann ein unangemessen hoher Ersatzanspruch zum Verlust der Gemeinnützigkeit des Zuwendungsempfängers führen (§ 55 Abs. 1 Nr. 3 AO).

Weitere Einzelheiten zu Aufwandsspenden siehe BMF, Schreiben v. 25.11.2014, IV C 4 – S 2223/07/0010:005, BStBl 2014 I S. 1584. Die Verzichtserklärung muss zeitnah erfolgen. Dies ist der Fall, wenn bei einmaligen Ansprüchen innerhalb von drei Monaten und bei Ansprüchen aus einer regelmäßigen Tätigkeit innerhalb eines Jahres nach Fälligkeit des Anspruchs der Verzicht erklärt wird. Regelmäßig ist eine Tätigkeit, wenn sie gewöhnlich monatlich ausgeübt wird (BMF, Schreiben v. 24.8.2016, IV C 4 – S 2223/07/0010:007, BStBl 2016 I S. 994).

Elternleistungen an gemeinnützige Schulvereine (Schulen in freier Trägerschaft) und entsprechende Fördervereine

399 Bei Personen, deren Kinder die Schule besuchen, ist eine Aufteilung der Elternbeiträge in einen steuerlich abziehbaren Spendenanteil und in ein nicht als Spende abziehbares Leistungsentgelt nicht möglich. Deshalb können Eltern, deren Kinder die Schule eines gemeinnützigen Schulvereins (z. B. eine Waldorfschule oder Rudolf-Steiner-Schule) besuchen, nicht zur Deckung von Schulkosten ihrer Kinder steuerwirksam spenden. Dies gilt auch dann, wenn ein sozial gestaffeltes Schulgeld (➔ Tz 575 ff.) erhoben wird.

Als steuerlich begünstigte Zuwendungen kommen nur freiwillige Leistungen der Eltern in Betracht, die über den festgesetzten Elternbeitrag hinausgehen. Dies ist z. B. bei Übernahme von Patenschaften, Einzelspenden für besondere Veranstaltungen oder Anschaffungen außerhalb des normalen Betriebs der Schule gegeben. Auch Zuwendungen für Schulbaukosten oder andere Investitionen sind abziehbar, wenn hierfür allgemein zu Spenden aufgerufen wird. Setzt ein Schulträger das Schulgeld so niedrig an, dass der normale Betrieb der Schule nur durch die Leistungen der Eltern an einen Förderverein aufrechterhalten werden kann, die dieser satzungsgemäß an den Schulträger abzuführen hat, handelt es sich bei diesen Leistungen um ein Entgelt, das im Rahmen eines Leistungsaustausches erbracht wird und nicht um steuerlich begünstigte Zuwendungen (BFH, Urteil v. 12.8.1999, XI R 65/98, HI422552, BFH/NV 2000 S. 503).

Zuwendungen (Beiträge, Spenden, Patengelder) von Personen, die selbst keine Kinder in der Schule haben (fördernde Personen), sind immer als Spenden zu berücksichtigen, weil in diesen Fällen regelmäßig die Verknüpfung der Zuwendung mit einer konkreten Gegenleistung des Vereins nicht besteht.

Nicht abziehbare Zuwendungen

400 Spenden, die anlässlich einer Straßensammlung oder als Opfergabe in der Kirche gegeben werden, sind mangels Nachweis nicht als Sonderausgabe abziehbar. Beim

Erwerb von Wohlfahrtsbriefmarken kann der Wohlfahrtszuschlag nicht vom Beförderungsentgelt getrennt werden und ist deshalb nicht abziehbar. Zahlungen zugunsten gemeinnütziger oder mildtätiger Organisationen, die als Bewährungsauflage in einem Strafprozess auferlegt werden, können nicht als Spende abgezogen werden, da sie eine Bußgeldzahlung ersetzen und so eine Gegenleistung anzunehmen ist.

Vertrauensschutz

Der Spender darf sich auf die Richtigkeit der Zuwendungsbestätigung berufen, außer er hat die Bestätigung durch unlautere Mittel oder durch Falschangaben erwirkt (§ 10b Abs. 4 EStG). Der Vertrauensschutz gilt insbesondere bei Widerruf der Steuerbefreiung des Empfängers oder bei steuerschädlicher Verwendung der Zuwendungen. **401**

Unbefristeter Spendenvortrag in künftige Veranlagungszeiträume

Übersteigen die abziehbaren Zuwendungen die zulässigen Höchstbeträge von 20 % des Gesamtbetrags der Einkünfte oder 4 ‰ der Summe der gesamten Umsätze und der im Kalenderjahr aufgewendeten Löhne und Gehälter, ist der übersteigende Betrag zusammen mit später anfallenden Zuwendungen **zeitlich unbegrenzt** in den nachfolgenden Vz. als Sonderausgaben abziehbar (§ 10b Abs. 1 Satz 9 und 10 EStG). Soweit ein Spendenvortrag in früheren Jahren bereits gesondert festgestellt wurde, kann dies in der **Anlage Sonstiges**, Zeile 6, vermerkt werden. Einen Rücktrag in das Vorjahr sieht das Gesetz nicht vor. Die übersteigenden Zuwendungen sind im Einkommensteuerbescheid gesondert festzustellen. **402**

Abzug von Kirchenbeiträgen an Religionsgemeinschaften, die keine gesetzliche Kirchensteuer erheben

Erhebt eine Religionsgemeinschaft, die in mindestens einem Bundesland als Körperschaft des öffentlichen Rechts (Kirche) anerkannt ist, während des ganzen Jahres keine gesetzliche Kirchensteuer, können ihre Mitglieder die freiwilligen Zuwendungen an ihre Kirche im Wege einer Billigkeitsregelung „wie Kirchensteuer" als Sonderausgaben im Rahmen des § 10 Abs. 1 Nr. 4 EStG abziehen (R 10.7 Abs. 1 EStR 2012; ➜ Tz 385). Der Teil der Zuwendung, der nicht als Kirchensteuer abgezogen werden kann, ist Zuwendung i.S.d. § 10b Abs. 1 EStG. **403**

[Zuwendungen an Stiftungen (Vermögensstockspenden) ➜ Zeilen 9–12]

Für **Zuwendungen in den Vermögensstock einer Stiftung** gelten grds., wie für alle anderen Zuwendungen, die Höchstbeträge von 20 % des Gesamtbetrags der Einkünfte oder 4 ‰ der Summe der gesamten Umsätze und der im Kalenderjahr aufgewendeten Löhne und Gehälter. **404**

Auf Antrag des Steuerpflichtigen kann für Spenden zur Förderung steuerbegünstigter gemeinnütziger, mildtätiger oder kirchlicher Zwecke in den Vermögensstock einer Stiftung ein besonderer Sonderausgabenabzug **zusätzlich** zu den Höchstbeträgen nach § 10b Abs. 1 EStG vorgenommen werden (§ 10b Abs. 1a EStG).

Durch den Antrag kann die Vermögensstockspende vom Spender bis zu einem Gesamthöchstbetrag von 1 Mio. Euro (bei Zusammenveranlagung 2 Mio. Euro) innerhalb eines Zeitraums von zehn Jahren beliebig auf die einzelnen Jahre verteilt werden. Begünstigt sind dabei auch Spenden in den Vermögensstock bereits bestehender Stiftungen.

In Zeile 9 trägt man die Höhe der Vermögensstockspende ein. In Zeile 11 bestimmt der Steuerpflichtige die Höhe des Abzugs im aktuellen Vz. Ein danach verbleibender Vermögensstockvortrag wird im Rahmen des Einkommensteuerbescheids gesondert festgestellt. Bei zusammen veranlagten Ehegatten werden die jeweiligen Beträge getrennt festgestellt.

Beantragt ein Steuerpflichtiger nicht für die gesamte Spende in den Vermögensstock den Sonderausgabenabzug nach § 10b Abs. 1a EStG, ist der verbleibende Betrag im Rahmen der Höchstbeträge nach § 10b Abs. 1 EStG (Zeile 5) zu berücksichtigen. Genauso ist mit dem übersteigenden Betrag zu verfahren, wenn ein höherer Betrag als 1 Mio. Euro in den Vermögensstock einer Stiftung geleistet wird.

Ist der Antrag zur Vermögensstockspende bereits in einem früheren Kalenderjahr gestellt worden, wird in Zeile 12 die Höhe des Abzugs für den laufenden Vz. bestimmt.

Vermögensstockspenden, die nicht innerhalb des 10-jährigen Abzugszeitraums nach § 10b Abs. 1a EStG verbraucht wurden, gehen in den allgemeinen unbefristeten Spendenvortrag nach § 10b Abs. 1 EStG über.

Zuwendungen an politische Parteien und unabhängige Wählervereinigungen

Steuerermäßigung und ggf. Sonderausgabenabzug

405 Zuwendungen an politische Parteien i. S. d. § 2 ParteiG bzw. Zuwendungen an unabhängige Wählervereinigungen werden durch eine **Steuerermäßigung** (direkter Abzug von der tariflichen Einkommensteuer) steuerlich gefördert (§ 34g EStG). Nur bei Zuwendungen an politische Parteien kann **zusätzlich** ein Abzug von **Sonderausgaben** nach § 10b Abs. 2 EStG in Betracht kommen.

[Politische Parteien → Zeile 7]

Begünstigt sind Zuwendungen an politische Parteien i. S .d. § 2 ParteiG, sofern die jeweilige Partei nicht gem. § 18 Abs. 7 ParteiG von der staatlichen Teilfinanzierung ausgeschlossen ist.

[Unabhängige Wählervereinigungen → Zeile 8]

Das sind eingetragene oder nicht rechtsfähige Vereine, deren Zweck darauf gerichtet ist, mit eigenen Wahlvorschlägen an Bundes-, Landes- oder Kommunalwahlen mitzuwirken. Es ist erforderlich, dass sie bei der letzten Wahl ein Mandat errungen haben oder der Wahlbehörde angezeigt haben, dass sie an der nächsten Wahl teilnehmen wollen.

Übersicht und Höhe der steuerlichen Vergünstigungen

Zuwendungen (Mitgliedsbeiträge und Spenden)

politische Parteien		**unabhängige Wählervereinigungen** i. S. d. § 34g Nr. 2 EStG
Steuerermäßigung nach § 34g Nr. 1 EStG		**Steuerermäßigung** nach § 34g Nr. 2 EStG
50 % der Aufwendungen, höchstens bei • Einzelveranlagung 825 € • Zusammenveranlagung 1.650 €	+	50 % der Aufwendungen, höchstens bei • Einzelveranlagung 825 € • Zusammenveranlagung 1.650 €

und

zusätzlich
(soweit die Aufwendungen nicht nach § 34g Nr. 1 EStG verbraucht** sind):

SA-Abzug § 10b Abs. 2 EStG	
übersteigende Aufwendungen, höchstens bei	
• Einzelveranlagung	1.650 €
• Zusammenveranlagung	3.300 €

Anmerkungen:
** *Als verbraucht i.S.d. § 34g Nr. 1 EStG gelten bei Einzelveranlagung immer 1.650 €, bei Zusammenveranlagung immer 3.300 €.*

Liegen Zuwendungen an politische Parteien nach § 34g Nr. 1 EStG und unabhängige Wählervereinigungen nach § 34g Nr. 2 EStG **nebeneinander** vor, können die Aufwendungen **jeweils** mit einer Steuerermäßigung bis zu den Höchstbeträgen von 825 € bzw. 1.650 € berücksichtigt werden.

Ein Wahlrecht zwischen der Steuerermäßigung nach § 34g Nr. 1 EStG und dem Sonderausgabenabzug nach § 10b Abs. 2 EStG besteht bei Aufwendungen an politische Parteien nicht.

Für Zuwendungen an unabhängige Wählervereinigungen gibt es nur die Steuerermäßigung und keinen zusätzlichen Sonderausgabenabzug nach § 10b Abs. 2 EStG (BFH, Urteil v. 20.3.2017, X R 55/14, HI10922043, BFH/NV 2017 S. 1230).

BEISPIEL

Politische Partei und unabhängige Wählervereinigung

Ein unverheirateter Steuerzahler entrichtet 2020 Beiträge und Spenden an eine politische Partei i.H.v. 4.000 € sowie eine Spende von 2.000 € an eine unabhängige Wählervereinigung.

Berechnungsschema:

Zuwendungen (Mitgliedsbeitrag und Spenden)			
• an **politische Parteien**		4.000 €	
1. **Steuerermäßigung** nach § 34g Nr. 1 EStG			
50 % von 4.000 € = 2.000 €			
höchstens			
➢ Einzelveranlagung	825 €		825 € **Steuerermäßigung**
➢ Zusammenveranlagung	1.650 €		
verbraucht nach § 34g EStG:			
➢ Einzelveranlagung	1.650 €	./. 1.650 €	
➢ Zusammenveranlagung	3.300 €		
verbleiben		2.350 €	
2. **Sonderausgabenabzug** nach § 10b Abs. 2 EStG		▼	
verbleibender Betrag		2.350 €	
höchstens			
➢ Einzelveranlagung	1.650 €		1.650 € **Sonderausgaben**
➢ Zusammenveranlagung	3.300 €		
Zuwendungen (Mitgliedsbeitrag und Spenden)			
• an **unabhängige Wählervereinigungen**		2.000 €	
1. **Steuerermäßigung** nach § 34g Nr. 2 EStG			
50 % von 2.000 € = 1.000 €			
höchstens			
➢ Einzelveranlagung	825 €		825 € **Steuerermäßigung**
➢ Zusammenveranlagung	1.650 €		
2. **Sonderausgabenabzug** nach § 10b Abs. 2 EStG			kein Abzug

Die Sonderausgaben mindern das z. v. E. und wirken sich damit **progressionsabhängig** mit dem persönlichen Steuersatz steuermindernd aus. Die Steuerermäßigung ist bei Abzug von der tariflichen Einkommensteuer **progressionsunabhängig**.

Nachweis

406 Das Vorliegen der Voraussetzungen (begünstigte Partei oder Wählervereinigung) und die Höhe der Zuwendungen kann durch eine Zuwendungsbescheinigung nach amtlichem Muster nachgewiesen werden. Bei Zuwendungen an eine politische Partei genügt als Nachweis die Beitragsquittung, der Bareinzahlungsbeleg oder die Buchungsbestätigung der Bank (Kontoauszug), wenn es sich um einen **Mitgliedsbeitrag** oder um eine **Spende von nicht mehr als 200 €** handelt (§ 50 Abs. 4 Nr. 2c, Abs. 6 EStDV). Der Verwendungszweck muss aus einem von der Partei hergestellten Beleg hervorgehen.

Politische Parteien und unabhängige Wählervereinigungen können die Zuwendungsbestätigung auch elektronisch mittels amtlich vorgeschriebenem Datensatz an die Finanzbehörden übermitteln (§ 93c AO).

Aufwendungen für die eigene Berufsausbildung und die des Ehegatten

[Berufsausbildungsaufwendungen → Zeilen 13 und 14]

407 **Aufwendungen im Rahmen eines Arbeits-/Dienstverhältnisses**

Aufwendungen für eine eigene erstmalige oder wiederholte Berufsausbildung bzw. ein Studium im Rahmen eines Dienstverhältnisses und beruflich veranlasste Weiterbildungskosten bei einer ausgeübten Tätigkeit sind immer und **in voller Höhe Werbungskosten** bei den Einkünften aus nichtselbstständiger Arbeit.

Deshalb gehören die Aufwendungen für Meisterkurse, Promotion, Habilitation sowie für Sprachkurse bei beruflicher Veranlassung zu den Werbungskosten. Auch Kosten für die Umschulung von Arbeitslosen sowie für die Wiederaufnahme einer Tätigkeit nach längerer Pause (Mutterschaftsurlaub, Erziehungszeiten) sind als (ggf. vorweggenommene) Werbungskosten unbegrenzt abziehbar (z. B. BFH, Urteil v. 22.7.2003, VI R 137/99, HI974094, BFH/NV 2003 S. 1380); Einzelheiten zu Fortbildungskosten ➜ Tz 687.

Erstmalige Berufsausbildung ohne Dienstverhältnis, Erststudium

Nach der Rspr. des BFH ist eine **Berufsausbildung** jede ernsthaft betriebene Vorbereitung **408** auf einen künftigen Beruf (BFH, Urteil v. 27.10.2011, VI R 52/10, HI2853862, BFH/NV 2012 S. 323). Darunter ist das Erlernen von Fähigkeiten, Fertigkeiten und Kenntnissen für eine später gegen Entgelt ausgeübte Tätigkeit zu verstehen. In mehreren Grundsatzurteilen hat der BFH entschieden, dass Aufwendungen für eine erstmalige eigene Berufsausbildung oder ein Erststudium unbeschränkt als vorweggenommene Werbungskosten oder Betriebsausgaben zu berücksichtigen sind, wenn sie hinreichend konkret durch die spätere Berufstätigkeit veranlasst sind (BFH, Urteil v. 28.7.2011, VI R 38/10, HI2730451, BFH/NV 2011 S. 1782; BFH, Urteil v. 28.7.2011, VI R 7/10, HI2730450, BFH/NV 2011 S. 1779; BFH, Urteil v. 27.10.2011, VI R 52/10, HI2853862, BFH/NV 2012 S. 323).

Der Gesetzgeber hat darauf reagiert und in § 4 Abs. 9 und § 9 Abs. 6 EStG klargestellt, dass Aufwendungen für eine erstmalige Berufsausbildung oder für ein Erststudium, die zugleich eine Erstausbildung vermitteln, keine Betriebsausgaben oder Werbungskosten sind, wenn die Berufsausbildung nicht im Rahmen eines Dienstverhältnisses stattfindet.

Das Bundesverfassungsgericht hat entschieden, dass § 9 Abs. 6 EStG, wonach Aufwendungen für die erstmalige Berufsausbildung oder für ein Erststudium nicht als Werbungskosten abgesetzt werden können, nicht verfassungswidrig ist (BVerfG, Beschluss v. 19.11.2019, 2 BvL 22/14, HI13602403 u. a., BFH/NV 2020 S. 334).

Aufwendungen für die eigene erstmalige Berufsausbildung und ein Erststudium, die nicht **409** im Rahmen eines Dienstverhältnisses anfallen, können grds. nur als **Sonderausgaben bis zu 6.000 € jährlich** abgezogen werden (§ 10 Abs. 1 Nr. 7 EStG). Bei zusammen veranlagten Ehegatten kann jeder Ehegatte in Berufsausbildung seine Aufwendungen bis zu 6.000 € abziehen.

Aufwendungen für die Berufsausbildung eigener Kinder werden in der Einkommensteuer durch besondere Vergünstigungen (Kindergeld oder Kinderfreibeträge nach § 32 Abs. 6 EStG ➜ Tz 555, Ausbildungsfreibetrag nach § 33a Abs. 2 EStG ➜ Tz 567 oder Schulgeld nach § 10 Abs. 1 Nr. 9 EStG ➜ Tz 575) gefördert und gehören nicht zu den Sonderausgaben der Eltern nach § 10 Abs. 1 Nr. 7 EStG.

Unter den beschränkten Sonderausgabenabzug fallen insbesondere **410**

- die allgemeine Schulausbildung,
- eine erste Ausbildung ohne Dienstverhältnis nach der allgemeinen Schulausbildung,
- ein Erststudium (Universität, Fachhochschule u. a.) nach dem Abitur oder nach abgebrochener Ausbildung oder nach Erwerbstätigkeit ohne Berufsausbildung und

- der Besuch allgemeinbildender Schulen (z.B. Abendrealschule, Abendgymnasium) nach abgeschlossener Berufsausbildung.

Begriff „Erste Berufsausbildung"

411 Eine Erstausbildung liegt nur vor, wenn eine geordnete Ausbildung mit einer **Mindestdauer von 12 Monaten** bei **vollzeitiger Ausbildung** auf der Grundlage von Rechts- oder Verwaltungsvorschriften oder internen Vorschriften eines Bildungsträgers durchgeführt wird und mit einer Abschlussprüfung endet (§ 9 Abs. 6 EStG). Ist eine Abschlussprüfung nach dem Ausbildungsplan nicht vorgesehen, gilt die Ausbildung mit der tatsächlichen planmäßigen Beendigung als abgeschlossen. Eine Berufsausbildung als Erstausbildung hat auch abgeschlossen, wer die Abschlussprüfung einer durch Rechts- oder Verwaltungsvorschriften geregelten Berufsausbildung mit einer Mindestdauer von 12 Monaten bestanden hat, ohne dass er zuvor die entsprechende Berufsausbildung durchlaufen hat.

TIPP

Sicherung des Werbungskosten- oder Betriebsausgabenabzugs für ein Studium

Aufgrund der gesetzlichen Neuregelung sollte überlegt werden, ob vor Beginn eines langen und kostenträchtigen Studiums, eine 12 Monate andauernde Vollzeitausbildung mit einer Abschlussprüfung absolviert werden kann. Dadurch wird das Studium zur Zweitausbildung und die Aufwendungen führen zum WK- oder BA-Abzug. Ohne Einnahmen ergeben sich für die Zeit des Studiums negative Einkünfte, die in einem Antrag auf Feststellung des verbleibenden Verlustvortrags jährlich geltend gemacht werden können. Nach Abschluss des Studiums kann der bis zu diesem Zeitpunkt aufgelaufene Verlustvortrag mit positiven Einkünften verrechnet werden.

Ein **Studium** liegt vor, wenn es an einer Universität, Pädagogischen Hochschule, Kunst-, Fachhochschule oder einer anderen Bildungseinrichtung, die nach Landesrecht eine staatliche Hochschule darstellt, aufgenommen wird. Auch kirchliche und private Bildungseinrichtungen (z.B. Fernstudien mit entsprechenden Abschlüssen) gelten bei staatlicher Anerkennung als Hochschule.

Berufsakademien sind grds. keine Hochschulen, werden aber in einzelnen Bundesländern den Fachhochschulen gleichgestellt. Erfolgt die Berufsausbildung an einer Berufsakademie im Rahmen des **dualen Systems** (Wechsel zwischen Theoriephasen an der Akademie und berufspraktischen Phasen in einem Unternehmen oder einer sozialen Einrichtung bei Bezug von Gehalt), ist das eine Ausbildung im Rahmen eines Ausbildungsdienstverhältnisses. Die Aufwendungen sind insgesamt WK aus nichtselbstständiger Arbeit.

Ein Studium wird durch eine in der Prüfungsordnung vorgesehene Hochschulprüfung oder eine staatliche bzw. kirchliche Prüfung abgeschlossen. Ein **Erststudium** liegt vor, wenn ihm kein anderes durch einen berufsqualifizierenden Abschluss beendetes Studium und keine andere abgeschlossene nichtakademische Berufsausbildung vorangegangen ist.

Der Bachelor- oder Bakkalaureus-Grad ist ein berufsqualifizierender Abschluss an einer Hochschule und bildet damit den Abschluss eines Erststudiums.

Zweite Berufsausbildung oder Zweitstudium

Nicht als Sonderausgaben, sondern unbegrenzt als **Betriebsausgaben** oder **Werbungskosten** abziehbar sind die Aufwendungen für 412

- eine zweite oder weitere Berufsausbildung (auch Umschulung) oder ein Zweit- oder Drittstudium und
- Aufwendungen für ein Erststudium nach einer abgeschlossenen Berufsausbildung,

wenn die Aufwendungen mit der künftigen Erzielung steuerpflichtiger Einnahmen im Zusammenhang stehen. **Ergänzungs- und Aufbaustudien** sind ein zweites oder weiteres Studium, wenn das vorhergehende Studium zu einem berufsqualifizierenden Abschluss geführt hat.

Wechselt ein Studierender die Fachrichtung nach einigen Semestern, ohne das erste Studium abzuschließen, liegt keine abgeschlossene Berufsausbildung vor, da das Studium nicht mit einer Prüfung beendet wurde. Deshalb ist das neue Studium immer noch die erstmalige Berufsausbildung. Nimmt ein Rentner nach Beendigung seiner beruflichen Tätigkeit ein Studium auf, liegen i. d. R. keine BA oder WK vor, da zu erwarten ist, dass diese Zweitausbildung nicht zur Erzielung von Einkünften und der vorrangigen Sicherung des Lebensunterhalts dient. Die Einkünfteerzielungsabsicht dürfte im Rahmen der Totalgewinnprognose allein schon an der zeitlichen Lebenswartungskomponente scheitern.

ACHTUNG

Unterschiedliche Behandlung von Erst- und Zweitstudium bei Kindergeld und WK-Abzug

Bei Auslegung der in § 32 Abs. 4 Satz 2 EStG für die Kinderberücksichtigung verwendeten Begriffe der erstmaligen beruflichen Ausbildung/des Erststudiums besteht keine Bindung an eine ggf. abweichende Auslegung dieser Begriffe gem. § 9 Abs. 6 EStG (BMF, Schreiben v. 8.2.2016, IV C 4 – S 2282/07/0001-01, BStBl 2016 I S. 226). So kann kindergeldrechtlich ein (günstiges) Erststudium und für die Frage, ob es WK oder Sonderausgaben sind, ein (günstiges) Zweitstudium vorliegen.

BEISPIEL

Aufeinander aufbauende Berufsausbildungsabschnitte

- **Betriebsausgaben oder Werbungskosten:**
  Wird von einer Hochschule neben dem Bachelor-Studiengang zusätzlich ein darauf aufbauender Master-Studiengang angeboten, ist dieser nach § 9 Abs. 6 EStG ein weiteres Studium, weil der zuvor erreichte Bachelor-Abschluss bereits ein berufsbefähigender Abschluss ist. Die Aufwendungen i. Z. m. diesem zweiten Studium können ab der Beendigung des Erststudiums als vorweggenommene Betriebsausgaben oder WK geltend gemacht werden. Bietet die Hochschule aber nur einen Studiengang an, der mit dem Master-Abschluss endet, sind die gesamten Kosten des Studiums nur im Rahmen des beschränkten Sonderausgabenabzugs nach § 10 Abs. 1 Nr. 7 EStG abziehbar.

- **Kinderberücksichtigung (Kindergeld/Kinderfreibeträge):** Mehraktige Ausbildungsmaßnahmen sind Teil einer einheitlichen Erstausbildung, wenn sie zeitlich und inhaltlich so aufeinander abgestimmt sind, dass die Ausbildung nach Erreichen des ersten Abschlusses fortgesetzt werden soll und das vom Kind bestimmte Berufsziel erst über den weiterführenden Abschluss erreicht werden kann (BMF, Schreiben v. 8.2.2016, IV C 4 – S 2282/07/0001 – 01, BStBl 2016 I S. 226). Ein **enger sachlicher Zusammenhang** liegt vor, wenn die nachfolgende Ausbildung z. B. dieselbe Berufssparte oder denselben fachlichen Bereich betrifft. Ein **enger zeitlicher Zusammenhang** liegt auch vor, wenn das Kind die weitere Ausbildung zum nächstmöglichen Zeitpunkt aufnimmt oder sich bei mangelndem Ausbildungsplatz zeitnah zum nächstmöglichen Zeitpunkt für die weiterführende Ausbildung bewirbt. Zur Frage, ob die Höhe der Einkünfte des Kindes während der Zweitausbildung im Rahmen der Kinderberücksichtigung nach § 32 Abs. 4 EStG zu prüfen sind, hat der BFH entschieden, dass ein Masterstudium jedenfalls dann Teil einer einheitlichen Erstausbildung ist, wenn es zeitlich und inhaltlich auf den vorangegangenen Bachelor-Studiengang abgestimmt ist (sog. konsekutives Masterstudium; BFH, Urteil v. 3.9.2015, VI R 9/15, HI8719997, BFH/NV 2016 S. 113).

Abschluss der Berufsausbildung

413 Eine erstmalige Berufsausbildung oder ein Erststudium sind grds. abgeschlossen, wenn sie das Kind zur Aufnahme eines Berufs befähigen. Wenn das Kind später eine weitere Ausbildung aufnimmt (z. B. Meisterausbildung nach mehrjähriger Berufstätigkeit aufgrund abgelegter Gesellenprüfung oder Masterstudium nach mehrjähriger Berufstätigkeit), ist dies eine Zweitausbildung. Bei einem Wechsel des Studiengangs oder bei einer Unterbrechung und einer späteren Weiterführung des Studiums ohne Abschluss des zunächst betriebenen Studiengangs ist der vorangegangene Studienteil kein abgeschlossenes Erststudium (BMF, Schreiben v. 8.2.2016, IV C 4 – S 2282/07/0001 – 01, BStBl 2016 I S. 226).

Mit dem ersten juristischen Staatsexamen ist die erstmalige Berufsausbildung grds. abgeschlossen. Ein in einem engen zeitlichen Zusammenhang aufgenommenes Referendariat zur Vorbereitung auf das zweite Staatsexamen ist jedoch Teil der erstmaligen Berufsausbildung.

Werden zwei Studiengänge parallel studiert, die zu unterschiedlichen Zeiten abgeschlossen werden, ist der nach dem berufsqualifizierenden Abschluss eines der Studiengänge weiter fortgesetzte andere Studiengang vom Zeitpunkt des Abschlusses des einen Studienganges an kein Erststudium mehr. Etwas anderes gilt nur, wenn die Studiengänge in einem engen sachlichen Zusammenhang stehen.

Abzugszeitpunkt

414 Die Aufwendungen sind im **Jahr der Zahlung** als Sonderausgabe abziehbar. Werden Aufwendungen für die eigene Berufsausbildung durch Fremdmittel (Bank- oder BAföG-Darlehen) finanziert, sind die Aufwendungen bereits bei **Zahlung durch die Darlehensmittel** und nicht erst bei Tilgung des Darlehens als Sonderausgabe abziehbar (BFH, Urteil v. 7.2.2008, VI R 41/05, HI1985501, BFH/NV 2008 S. 1136).

Abziehbare Aufwendungen

Abziehbar sind: **415**

- Schul-, Kurs- und Studiengebühren. Die Zinsen für ein Ausbildungsdarlehen sind ebenfalls abziehbare Ausbildungskosten, auch wenn sie erst nach Abschluss der Berufsausbildung gezahlt werden. Staatlich gestundete Studiengebühren, die erst nach Abschluss des Studiums gezahlt werden, sind im Jahr der Zahlung (§ 11 Abs. 2 EStG), und somit auch nach Abschluss der Berufsausbildung als Sonderausgaben abziehbar (R 10.9 Abs. 2 EStR 2012).
- Kosten für Fachliteratur, Lernmaterial.
- Aufwendungen für einen PC samt Zubehör, einen Laptop bzw. für sonstige Arbeitsmittel (z. B. Schreibtisch, Regale etc.). Ein Sonderausgabenabzug ist nur entsprechend dem Nutzungsumfang zu Ausbildungszwecken möglich. Die Aufwendungen sind entsprechend der Nutzungsdauer abzuschreiben. Ein Sofortabzug i. H. des Bruttobetrags im **Jahr der Anschaffung** kommt in Betracht, wenn die Wirtschaftsgüter selbstständig nutzungsfähig sind und die Aufwendungen netto nicht mehr als 800 € betragen.
- Druck- und Kopierkosten.
- Zulassungs- und Prüfungsgebühren für ein Studium sowie die dabei evtl. entstehenden Nebenkosten (z. B. Finanzierungskosten).
- **Fahrtkosten**: Bei Fahrten zwischen Wohnung und Ausbildungsstätte (**erste Tätigkeitsstätte**) ist die Entfernungspauschale anzusetzen (§ 9 Abs. 1 Nr. 4, Abs. 4 EStG). Als erste Tätigkeitsstätte gilt auch eine Bildungseinrichtung, die außerhalb eines Dienstverhältnisses zum Zwecke eines **Vollzeit**studiums oder einer **vollzeitigen** Bildungsmaßnahme aufgesucht wird (§ 9 Abs. 4 S. 8 EStG). Dies bedeutet, dass die Fahrtkosten i. Z. m. der Berufsausbildung nur i. H. der Entfernungspauschale – unabhängig vom genutzten Verkehrsmittel – berücksichtigt werden können (➜ Tz 643). Wird aber neben einem Studium oder einer anderen unentgeltlichen Bildungsmaßnahme eine Erwerbstätigkeit mit durchschnittlich mehr als 20 Wochenstunden ausgeübt, liegt insoweit bereits eine erste Tätigkeitsstätte vor. Die Fahrten zum Studienort sind keine Fahrten zu einer ersten Tätigkeitsstätte und können mit den tatsächlichen Aufwendungen (hilfsweise die Reisekostenpauschalen; ➜ Tz 697) geltend gemacht werden.
- Kosten der auswärtigen Unterbringung und Verpflegung bei Unterbringung außerhalb des Ortes des eigenen Hausstandes.
- Aufwendungen für ein häusliches Arbeitszimmer (➜ Tz 672).
- Aufwendungen für doppelte Haushaltsführung, wenn der Studienort nicht der Lebensmittelpunkt ist, ein eigener Hausstand unterhalten wird und die finanzielle Beteiligung am eigenen Hausstand gegeben ist. Weitere Einzelheiten siehe ➜ Tz 708 ff.

ACHTUNG

Aufwendungen in Fällen des sog. abgekürzten Vertragswegs

Aufwendungen für die Berufsausbildung können WK bzw. Betriebsausgaben sein, wenn der Steuerpflichtige (Kind) diese selbst getragen hat und so wirtschaftlich belastet ist. Übernehmen Dritte (z. B. Eltern) die Aufwendungen für die Berufsausbildung des Steuerpflichtigen, muss untersucht werden, ob die Zahlungen des Dritten im Rahmen des sog. abgekürzten Zahlungswegs dem Steuerpflichtigen zugerechnet werden können. Bei einmaligen Leistungen (z. B. Studiengebühr oder Maklerprovision bei Zimmersuche) liegt Eigenaufwand des Steuerpflichtigen vor.

Bei Kreditverbindlichkeiten und Aufwendungen aus einem Mietvertrag (Eltern zahlen Zimmer am Studienort) ist eine Berücksichtigung der Zahlung unter dem Gesichtspunkt der Abkürzung des Vertragswegs beim Kind nicht möglich (BMF, Schreiben v. 7.7.2008, IV C 1 – S 2211/07/10007, BStBl 2008 I S. 717; Niedersächsisches FG, Urteil v. 25.2.2016, 1 K 169/15, HI9305862, EFG 2016 S. 891).

416 TIPP

Verlustfeststellung und Verlustvortrag, „Studenten-Spezial"

Fehlen während eines Zweitstudiums steuerpflichtige Einnahmen, sollten Sie dennoch eine Einkommensteuererklärung abgeben und die Ausbildungskosten als BA oder WK beantragen. Die vorliegenden negativen Einkünfte führen zu einer Verlustfeststellung. Dieser festgestellte Verlust kann als Verlustvortrag in späteren Jahren berücksichtigt und mit steuerpflichtigen Einkünften nach Beendigung des Studiums verrechnet werden.

Nach Auffassung des BFH ist eine Verlustfeststellung aufgrund der Kosten für die berufliche Ausbildung auch dann noch möglich ist, wenn eine ESt-Veranlagung für das Verlustentstehungsjahr nicht erfolgt ist und wegen Festsetzungsverjährung (§ 169 AO) nicht mehr durchgeführt werden kann (BFH, Urteil v. 13.1.2015, IX R 22/14, HI7714479, BFH/NV 2015 S. 891). Eine Bindungswirkung der Verlustfeststellung greift nur ein, wenn eine ESt-Veranlagung – ggf. mit einer Festsetzung auf 0 € – durchgeführt worden ist. **Keine Bindungswirkung** besteht aber dann, wenn eine **ESt-Veranlagung gar nicht erfolgt** ist. Da für die Verlustfeststellung eine allgemeine Erklärungspflicht besteht und daher die Anlaufhemmung (§ 170 Abs. 2 Satz 1 Nr. 1 AO) gilt, beträgt die Verjährungsfrist für Verlustfeststellungen grds. **sieben Jahre** (drei Jahre Anlaufhemmung zzgl. vier Jahre Festsetzungsfrist).

Zuschüsse und Stipendien

417 Werden zweckgebundene steuerfreie Bezüge zur unmittelbaren Förderung der Ausbildung gezahlt, erfolgt eine Kürzung der Sonderausgaben nur, wenn die steuerfreien Bezüge ausschließlich zur Bestreitung der als Sonderausgaben abziehbaren Aufwendungen bestimmt sind. Werden die Bezüge mindestens teilweise auch zur Bestreitung des Lebensunterhalts geleistet, wie es z. B. bei BAföG-Zuschüssen und Stipendien i. d. R. der Fall ist, sind die Sonderausgaben nicht zu kürzen (R 10.9 EStR 2012).

Prüfschema

418

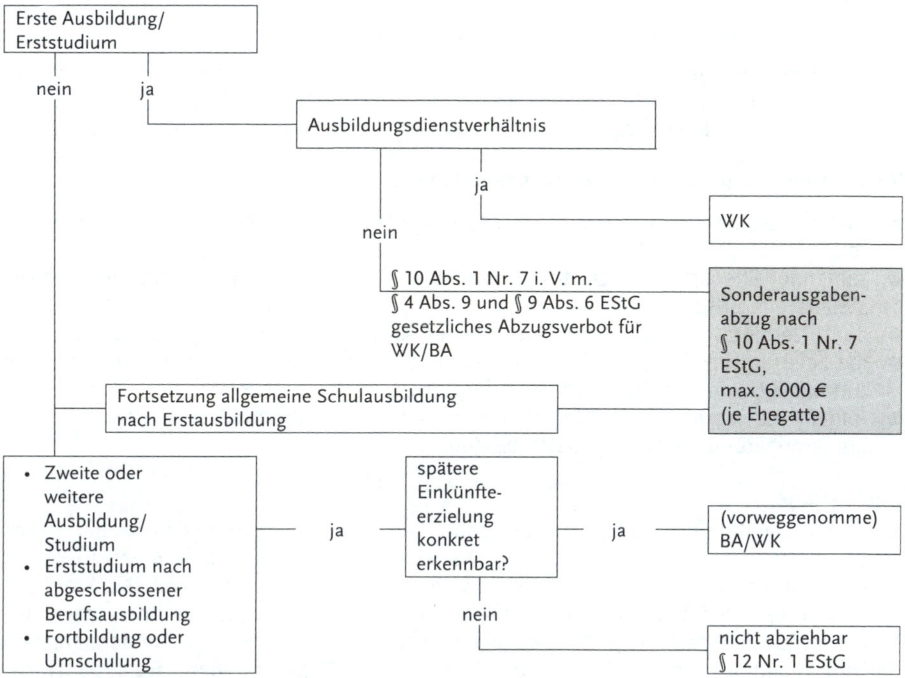

Gezahlte Versorgungsleistungen

[Renten und dauernde Lasten ➜ Zeilen 15 und 17]

Der Sonderabzug für Renten und dauernde Lasten i. Z. m. Vermögensübertragungen wurde ab 2008 gesetzlich neu geregelt (§ 10 Abs. 1a Nr. 2 EStG). Die **Neuregelung** betrifft aber nur die, auf besonderen Verpflichtungsgründen beruhende, lebenslange und wiederkehrende Versorgungsleistungen, die nicht mit Einkünften in wirtschaftlichem Zusammenhang stehen, die bei der Veranlagung außer Betracht bleiben, wenn der Empfänger unbeschränkt einkommensteuerpflichtig ist und es sich um die Übertragung eines Mitunternehmeranteils an einer Personengesellschaft, die Übertragung eines Betriebs oder Teilbetriebs oder die Übertragung eines mindestens 50 % betragenden Anteils an einer GmbH, wenn der Übergeber als Geschäftsführer tätig war und der Übernehmer diese Tätigkeit nach der Übertragung übernimmt, handelt. Die Neuregelung ist nur für **Vertragsabschlüsse seit 1.1.2008** anzuwenden. Eine Vertiefung des Themas erfolgt in diesem Buch nicht. Soweit Zahlungen aufgrund einer vor dem 1.1.2008 getroffenen vertraglichen Vereinbarung (Altfall) geleistet werden, gilt die frühere Rechtslage (§ 52 Abs. 18 EStG). 419

Unterhaltsleistungen an den geschiedenen oder dauernd getrennt lebenden Ehegatten (Realsplitting)

[Unterhaltsleistungen lt. Anlage U → Zeilen 19 und 20]

420 **Unterhaltsleistungen** an den geschiedenen oder dauernd getrennt lebenden Ehegatten können steuerlich entweder als Sonderausgaben nach § 10 Abs. 1a Nr. 1 EStG oder als außergewöhnliche Belastungen im Rahmen des § 33a Abs. 1 EStG berücksichtigt werden.

Voraussetzungen für den Sonderausgabenabzug

- Unterhaltsleistungen an den geschiedenen oder dauernd getrennt lebenden Ehegatten,
- zahlender Ehegatte/und Leistungsempfänger sind beide unbeschränkt einkommensteuersteuerpflichtig,
- der Unterhaltsschuldner (Geber) stellt einen Antrag auf Sonderausgabenabzug,
- der Leistungsempfänger hat dem Sonderausgabenabzug mit dem amtlichen Vordruck **Anlage U** (kann vom Finanzamt angefordert werden) zugestimmt,
- Angabe der steuerlichen Identifikationsnummer der unterhaltenen Person in der Steuererklärung des Unterhaltsleistenden.

Rechtsfolge

Derjenige, der die Unterhaltsleistungen zahlt, kann die Aufwendungen bis zu höchstens 13.805 € im Kalenderjahr als Sonderausgabe abziehen. Der Höchstbetrag von 13.805 € erhöht sich um den Betrag, der für die Absicherung des Empfängers zur Basis-Krankenversicherung und Pflegepflichtversicherung aufgewendet wurde. Der Unterhaltsempfänger muss die Unterhaltsleistungen in der Höhe, wie sie der Geber als Sonderausgaben abziehen kann, als sonstige Einkünfte nach § 22 Nr. 1a EStG versteuern (**Realsplitting**).

Unterhaltsleistungen

421 Es kann sich um Leistungen aufgrund gesetzlicher Unterhaltspflicht, um gerichtlich festgelegte, vertraglich vereinbarte oder um freiwillige Leistungen handeln. Zu berücksichtigen sind laufende oder einmalige Leistungen. Begünstigt sind nicht nur Geldzahlungen, sondern auch Sachleistungen zur vollen oder teilweisen Abgeltung einer Unterhaltsverpflichtung, z. B. in Form einer teil- oder unentgeltlichen Wohnungsüberlassung – Ansatz mit dem Mietwert (BFH, Urteil v. 12.4.2000, XI R 127/96, HI425739, BFH/NV 2000 S. 1286). Der Verpflichtete (Geber) erzielt insoweit keine Einnahmen aus V+V.

Steht die Wohnung ganz oder teilweise im Eigentum des unterhaltsverpflichteten Ehegatten, gehören auch die von ihm übernommenen verbrauchsunabhängigen Kosten, einschließlich Schuldzinsen, bei gleichzeitigem Verzicht auf zustehende Ausgleichsansprüche dem Grunde nach zu den Unterhaltsleistungen (BFH, Urteil v. 18.10.2006, XI R 42/04, HI1747325, BFH/NV 2007 S. 1283).

Wird Unterhalt an den Ehepartner und die Kinder gezahlt, sind einheitliche Zahlungen nicht nach der Anzahl der Personen, sondern nach wirtschaftlichen oder zivilrechtlichen Umständen aufzuteilen. Da der Kindesunterhalt nicht als Sonderausgabe abzugsfähig ist, sollte der Unterhaltsschuldner Zahlungen an den geschiedenen Ehepartner am besten getrennt überweisen.

Zu den Unterhaltsleistungen nach § 10 Abs. 1a Nr. 1 EStG zählen auch die Beiträge zur Basis-Kranken- und Pflegepflichtversicherung des Leistungsempfängers, wenn sie vom Unterhaltsverpflichteten zusätzlich übernommen werden. 422

Die Beiträge zur Basis-Kranken- und Pflegepflichtversicherung (§ 10 Abs. 1 Nr. 3 EStG) erhöhen den Höchstbetrag von 13.805 € in jedem Fall, also auch, wenn sie von der unterhaltsberechtigten Person bezahlt werden.

Die Beiträge zur Basis-Kranken- und Pflegepflichtversicherung kann nur der **Leistungsempfänger** als Sonderausgabe abziehen, unabhängig davon, wer sie schuldet und tatsächlich bezahlt (§ 10 Abs. 1 Nr. 3 Satz 1 und Satz 3 EStG; ➔ Tz 527).

Unbeschränkte Steuerpflicht

Der Empfänger der Unterhaltsleistungen muss **unbeschränkt einkommensteuerpflichtig** sein. Eine Ausnahme ist nach § 1a Abs. 1 Nr. 1 EStG möglich, wenn der Zahlende (Geber) unbeschränkt einkommensteuerpflichtig ist und der Empfänger der Zahlungen seinen Wohnsitz in einem Mitgliedsstaat der EU oder im EWR hat. Gleiches gilt bei entsprechender Regelung in einem Doppelbesteuerungsabkommen (z. B. USA). 423

Antrag und Zustimmung

Der Unterhaltsverpflichtete (Geber) muss **jährlich** einen **Antrag** auf Sonderausgabenabzug stellen. Der Antrag ist durch amtlichen Vordruck (Anlage U) zu stellen. Der Antrag kann auf einen Teil der Leistungen beschränkt werden. Der Antrag kann nicht zurückgenommen oder nachträglich in der Höhe beschränkt werden. 424

Eine nachträgliche betragsmäßige Erweiterung eines bereits vorliegenden begrenzten Antrags zum Realsplitting ist möglich (BFH, Urteil v. 28.6.2006, XI R 32/05, HI1572263, BFH/NV 2006 S. 1985).

Der Empfänger der Unterhaltsleistungen muss die **Zustimmung** beim Finanzamt durch amtlichen Vordruck (**Anlage U**) erteilen, weil der Empfänger die Unterhaltsleistungen versteuern muss (➔ Tz 951). 425

Die Zustimmung kann nicht zurückgenommen werden. Anders als beim Antrag ist die Zustimmung **bis auf Widerruf wirksam.** Der Widerruf ist **vor Beginn** des Kalenderjahres, für das die Zustimmung nicht mehr gelten soll, gegenüber dem Finanzamt schriftlich oder zur Niederschrift zu erklären. Der Widerruf kann sowohl gegenüber dem Wohnsitzfinanzamt des Unterhaltsempfängers als auch gegenüber dem Wohnsitzfinanzamt des Unterhaltsleistenden ausgesprochen werden (BFH, Urteil v. 2.7.2003, XI R 8/03, HI979081, BFH/NV 2003 S. 1492).

Der Empfänger kann vom Familiengericht verpflichtet werden, zuzustimmen. Dabei entstehende Rechtsanwaltskosten seitens des Unterhaltschuldners sind keine Unterhaltsaufwendungen. Im Fall der rechtskräftigen Verurteilung zur Zustimmung wirkt diese nur für das Kalenderjahr, das Gegenstand des Rechtsstreits war (BFH, Urteil v. 25.10.1988, IX R 53/84, HI62010, BStBl 1989 II S. 192).

Die Zustimmung kann durch den Empfänger der Leistungen **der Höhe nach** begrenzt werden. Die Zustimmung ist auch ohne betragsmäßige Begrenzung – also **dem Grunde nach** – möglich. Sie gilt dann auch für die Folgejahre, bis zu einem rechtzeitigen Widerruf, ohne Begrenzung. Die Zustimmung des Empfänger-Ehegatten zum Abzug von

Unterhaltsleistungen als Sonderausgaben dem Grunde nach wirkt auch für die Erhöhungsbeträge bezüglich der Basiskranken- und Pflegepflichtversicherung.

426 Die Angabe der steuerlichen **Identifikationsnummer** der unterhaltenen Person in der Steuererklärung des Unterhaltsleistenden ist erforderlich. Sie muss dem Unterhaltsschuldner vom Unterhaltsempfänger mitgeteilt werden, ansonsten kann sie beim Finanzamt erfragt werden.

TIPP

Übernahme der beim Empfänger entstehenden Steuer

Wird die Zustimmung erteilt, versteuert der Leistungsempfänger die Unterhaltszahlungen als sonstige Einkünfte. Eine dadurch entstehende Einkommensteuer kann durch Vereinbarung der Ehegatten vom Geber übernommen werden und gilt im Jahr der Zahlung als zusätzliche Unterhaltsleistung i.S.d. § 10 Abs. 1a Nr. 1 EStG.

Antrag und Zustimmung können u.U. noch nach der Bestandskraft der Steuerbescheide gestellt bzw. erteilt werden. Die Steuerbescheide sind nach § 175 Abs. 1 Nr. 2 AO zu ändern. Ein erst nach Bestandskraft des Einkommensteuerbescheids gestellter Antrag auf Abzug von Unterhaltsleistungen im Wege des Realsplittings ist aber dann kein rückwirkendes Ereignis, wenn die Zustimmungserklärung des Unterhaltsempfängers dem Geber bereits vor Eintritt der Bestandskraft vorlag (BFH, Urteil v. 20.8.2014, X R 33/12, HI7454542, BFH/NV 2015 S. 97).

427 Durch Antrag und Zustimmung werden alle im Kalenderjahr geleisteten Unterhaltszahlungen zu **Sonderausgaben** umqualifiziert. Ein Abzug als außergewöhnliche Belastung nach § 33a Abs. 1 EStG ist nicht möglich, auch nicht, soweit der für das Realsplitting maßgebende Höchstbetrag überschritten ist (BFH, Urteil v. 7.11.2000, III R 23/98, HI523172, BFH/NV 2001 S. 673).

Wird die Zustimmung zum Sonderausgabenabzug nicht erteilt, können die Aufwendungen nur im Rahmen des § 33a Abs. 1 EStG als **außergewöhnliche Belastungen (Anlage Unterhalt)** abgezogen werden (➜ Tz 587).

428 Für das Kalenderjahr, in dem die dauernde **Trennung** der Ehegatten erfolgt ist, liegen die Voraussetzungen über die Ehegattenbesteuerung nach § 26 Abs. 1 Satz 1 EStG noch vor. Die Ehegatten können somit für dieses Jahr noch die Zusammenveranlagung mit dem Splittingtarif wählen. Aufwendungen für den Unterhalt des dauernd getrennt lebenden Ehegatten können deshalb für dieses Jahr zwar als Sonderausgabe, bei fehlender Zustimmung aber **nicht** als **außergewöhnliche Belastung** abgezogen werden (H 33a.1 „geschiedene oder dauernd getrennt lebende Ehegatten" EStH 2019).

429 Werden Unterhaltsleistungen an **mehrere** geschiedene oder dauernd getrennt lebende Ehegatten geleistet, kann der Sonderausgabenabzug bis zum jeweiligen Höchstbetrag **mehrfach** in Anspruch genommen werden.

Versorgungsausgleich zwischen Ehegatten

Gesetzlicher Versorgungsausgleich

ACHTUNG 430

Gesetzlicher Versorgungsausgleich führt nicht zu Sonderausgaben
Ein gesetzlicher Versorgungsausgleich („öffentlich-rechtlicher Versorgungsausgleich") führt **nicht** zum Sonderausgabenabzug nach § 10 Abs. 1a Nr. 3 oder Nr. 4 EStG.

Wird eine Ehe geschieden, werden die während der Ehe erworbenen Versorgungsanwartschaften durch das Familiengericht unter den Partnern gesetzlich geregelt geteilt (§ 1 VersAusglG; § 20 LPartG).

Die von beiden Partnern erworbenen Versorgungsrechte werden dabei grds. jeweils innerhalb des jeweiligen Versorgungssystems (interner Versorgungsausgleich) oder in bestimmten Fällen ausnahmsweise auch durch externen Versorgungsausgleich (Übertragung auf ein neues Versorgungssystem) geteilt.

Interner Versorgungsausgleich

Beim **internen Versorgungsausgleich** erwirbt der ausgleichsberechtigte Ehegatte einen Versorgungsanspruch bei demselben Versorgungsträger, bei dem auch der zum Ausgleich verpflichtete Ehegatte einen Versorgungsanspruch hat. Hat der zum Ausgleich verpflichtete Ehegatte Beiträge an die gesetzliche Rentenversicherung geleistet, erwirbt auch der ausgleichsberechtigte Ehegatte durch den gesetzlichen Versorgungsausgleich einen eigenen Anspruch gegenüber der gesetzlichen Rentenversicherung. Die Übertragung der Versorgungsrechte erfolgt steuerfrei (§ 3 Nr. 55a EStG). Die interne Teilung ist jedoch nur möglich, wenn der Versorgungsträger (z. B. bei Bundesbeamten) sie vorsieht. Die Besteuerung erfolgt erst während der Auszahlungsphase. Die später zufließenden Leistungen gehören dabei bei beiden Ehegatten zur gleichen Einkunftsart, da die Versorgungsanrechte innerhalb des jeweiligen Systems geteilt wurden. Für die Ermittlung eines Versorgungsfreibetrags und des Zuschlags zum Versorgungsfreibetrag nach § 19 Abs. 2 EStG, des Besteuerungs- oder Ertragsanteils Nach § 22 Nr. 1 Satz 3 Buchst. a) EStG bei der ausgleichsberechtigten Person ist auf deren Versorgungsbeginn, deren Rentenbeginn bzw. deren Lebensalter abzustellen.

Externer Versorgungsausgleich

Ein **externer Versorgungsausgleich** ist vorzunehmen, wenn die ausgleichsberechtigte Person und der Versorgungsträger der ausgleichspflichtigen Person eine externe Teilung vereinbaren oder dieser Versorgungsträger sie verlangt. Die ausgleichsberechtigte Person kann bei der externen Teilung wählen, ob ein für sie bestehendes Anrecht ausgebaut oder ein neues Anrecht begründet werden soll. In den Fällen, in denen der Träger einer Versorgung aus einem öffentlich-rechtlichen Dienst- oder Amtsverhältnis keine interne Teilung vorsieht, ist ein dort bestehendes Anrecht zu dessen Lasten durch Begründung eines Anrechts bei einem Träger der gesetzlichen Rentenversicherung auszugleichen.

Die externe Teilung führt für den ausgleichsberechtigten Ehegatten zu einem Anspruch bei einem anderen Versorgungsträger. Die Übertragung der Versorgungsrechte ist i. d. R. steuerfrei (§ 3 Nr. 55b EStG), soweit das Prinzip der nachgelagerten Besteuerung eingehalten wird.

Ist die Übertragung der Anwartschaftsrechte mit einem Wechsel des Versorgungssystems verbunden und unterliegen spätere Leistungen nicht in vollem Umfang der nachgelagerten Besteuerung (z. B. Versicherung in der privaten Rentenversicherung und spätere Besteuerung mit dem Ertragsanteil), greift die Steuerbefreiung nach § 3 Nr. 55b EStG nicht. Spätere Leistungen an die ausgleichsberechtigte Person sind nach den allgemeinen Regeln zu besteuern.

[Schuldrechtlicher Versorgungsausgleich ➜ Zeilen 21 und 22]

431 Ein Sonderausgabenabzug nach § 10 Abs. 1a Nr. 4 EStG kommt nur bei Ausgleichszahlungen im Rahmen des **schuldrechtlichen Versorgungsausgleichs** in Betracht. Dieser ist z. B. anzuwenden, wenn

- im Zeitpunkt der Scheidung noch nicht ausgleichsreife Versorgungsanrechte bestehen, z. B. ein Versorgungsanrecht evtl. noch verfallbar oder ein Anrecht ausnahmsweise nicht aufteilbar ist.
- Versorgungsansprüche bestehen, die nicht aufgeteilt werden können, weil sich die Versorgung bereits in der Leistungsphase befindet.
- bei Scheidung sich der Versorgungsberechtigte (Ausgleichsverpflichteter) – ohne Teilung der Versorgungsansprüche – zu vertraglichen Ausgleichszahlungen gegenüber dem geschiedenen oder getrennten Partner verpflichtet.
- in einem Ehevertrag eine Trennungs- und Scheidungsfolgenvereinbarung vereinbart wurde, nach der der Bezieher einer Altersversorgung einen Teil als Unterhalt an den anderen Ehegatten zu zahlen hat und der gesetzliche Versorgungsausgleich ausgeschlossen wurde (BFH, Urteil v. 22.8.2012, X R 36/09, HI3560721, BFH/NV 2013 S. 436).

Korrespondenzprinzip beim schuldrechtlichen Versorgungsausgleich

432 Ist der Ausgleichsverpflichtete unbeschränkt steuerpflichtig, kann er im Alter die schuldrechtlichen Ausgleichszahlungen an seinen früheren Ehegatten nach § 10 Abs. 1a Nr. 4 EStG als Sonderausgaben abziehen. Einzutragen sind die tatsächlichen Zahlungen, der Name und die steuerliche Identifikationsnummer der empfangsberechtigten Person. Die Höhe des Sonderausgabenabzugs (siehe nachfolgend) ermittelt die Finanzverwaltung. Eine Zustimmung des Empfängers zum Sonderausgabenabzug ist hier nicht erforderlich.

Derjenige, der die schuldrechtliche Ausgleichszahlung erhält (Ausgleichsberechtigter), muss diese als sonstige Einkünfte nach § 22 Nr. 1a EStG **in der Höhe** versteuern, wie sie der Verpflichtete als Sonderausgaben abzieht. Dabei können noch tatsächliche WK (mindestens aber der Pauschbetrag von 102 €) abgezogen werden.

Höhe des Sonderausgabenabzugs beim Verpflichteten und Versteuerung durch den Berechtigten beim schuldrechtlichen Versorgungsausgleich

Die Höhe des Sonderausgabenabzugs für die Ausgleichszahlungen hängt von der Besteuerung der zugrunde liegenden Versorgungszahlung ab.

Besteuerung der zugrunde liegenden Versorgungsleistungen als	Sonderausgabenabzug beim Ausgleichsverpflichteten (§ 10 Abs. 1 Nr. 3, Nr. 4 EStG)	Sonstige Einkünfte beim Ausgleichsberechtigten (§ 22 Nr. 1a EStG)
Versorgungsbezüge nach § 19 Abs. 2 EStG (Beamtenpension, Betriebsrente oder Werkspension) (➜ Tz 624)	steuerpflichtiger Teil der Versorgungsbezüge (nach Abzug von Versorgungsfreibetrag und Zuschlag zum Versorgungsfreibetrag) (➜ Tz 625) BFH, Urteil v. 9.12.2014, X R 7/14, HI7696631, BFH/NV 2015 S. 824	**in Höhe des Sonderausgabenabzugs des Verpflichteten abzgl. Werbungskosten**
Leibrente i.S.d. § 22 Nr. 1 Satz 3 Buchst. a, **Doppelbuchst. aa** EStG (➜ Tz 920)	steuerpflichtiger Besteuerungsanteil (➜ Tz 921)	
private Leibrente i.S.d. § 22 Nr. 1 Satz 3 Buchst. a, **Doppelbuchst. bb** EStG (➜ Tz 930)	in Höhe des Ertragsanteils (➜ Tz 931)	
Zahlungen aus einem **Pensionsfonds, einer Pensionskasse oder einem Altersvorsorgevertrag (Riester-Rente)**	Besteuerungsanteil nach § 22 Nr. 5 EStG (evtl. geteilt in einen voll zu versteuernden Teil und einen nur mit dem Ertragsanteil zu versteuernden Teil)	

Vertiefend: BMF, Schreiben v. 21.12.2017, IV C 3 – S 2015/17/10001:005, BStBl 2018 I S. 93.

Abtretung von Versorgungsansprüchen, § 21 VersAusglG

Hat der Verpflichtete seinen nicht geteilten Versorgungsanspruch gegen den Versor- **433**
gungsträger teilweise an den Ausgleichsberechtigten abgetreten, versteuert der Verpflichtete trotzdem die gesamten Versorgungsleistungen, also auch den Teil, der an den Berechtigten ausbezahlt wurde.

Besteuerung der zugrunde liegenden Versorgungsleistungen	Sonderausgabenabzug wegen Ausgleichsrente beim Verpflichteten (§ 10 Abs. 1 Nr. 4 EStG)	Besteuerung nach § 22 Nr. 1a EStG beim Berechtigten
in voller Höhe durch den Anspruchsberechtigten (wegen der Höhe, siehe oben stehende Tabelle)	**abgetretener Anteil** der Versorgungsleistungen (wegen der Höhe, siehe oben stehende Tabelle)	in Höhe des Sonderausgabenabzugs des Verpflichteten abzgl. Werbungskosten

[Ausgleichszahlungen zur Vermeidung des Versorgungsausgleichs → Zeile 23]

434 Für Zahlungen (Einmalzahlungen oder Ratenzahlungen), die im Rahmen einer Ehescheidung an den Ausgleichsberechtigten erfolgen und eine Gegenleistung für dessen Verzicht auf den Versorgungsausgleich darstellen (§§ 6, 23 VersAusglG, §§ 1408, 1587 BGB, § 58 BeamtVG), gibt es einen Sonderausgabenabzug (§ 10 Abs. 1a Nr. 3 EStG). Damit erfolgt eine Gleichschaltung mit Leistungen im Rahmen eines gesetzlichen (interne oder externe Teilung) bzw. schuldrechtlichen (§ 10 Abs. 1a Nr. 4 EStG) Versorgungsvergleichs.

Der Sonderausgabenabzug ist mit dem **amtlichen Vordruck Anlage U** zu beantragen. Die ausgleichsberechtigte Person muss auf der Anlage U ihre Zustimmung zum Sonderausgabenabzug des Leistenden geben. Für Antrag und Zustimmung gelten die entsprechenden Regelungen zu Realsplitting (→ Tz 420 ff.). Der Leistende kann den vollen Abfindungsbetrag nach § 10 Abs. 1a Nr. 3 EStG als Sonderausgabe abziehen. Der Zahlungsempfänger versteuert die Leistungen im Jahr der Zahlung in voller Höhe als sonstige Einkünfte nach § 22 Nr. 1a EStG.

Steuerberatungskosten

435 Steuerberatungskosten können **nicht** als **Sonderausgaben** abgezogen werden. Die Abschaffung des Sonderausgabenabzugs ist verfassungsrechtlich unbedenklich (BFH, Urteil v. 4.2.2010, X R 10/08, HI2316917, BFH/NV 2010 S. 1012; BFH, Urteil v. 16.2.2011, X R 10/10, HI2669097, BFH/NV 2011 S. 977; BFH, Urteil v. 17.10.2012, VIII R 51/09, HI3536294, BFH/NV 2013 S. 365).

Betriebsausgaben und Werbungskosten

436 Stehen Steuerberatungskosten mit Gewinneinkünften, Betriebsteuern (Umsatz-, Gewerbe-, Grundsteuer für Betriebsgrundstücke) oder Investitionszulagen in Zusammenhang, sind die Aufwendungen als **Betriebsausgaben** abziehbar. Kosten für die Beratung, die Erstellung oder Überwachung der Buchführung, die Erstellung des Jahresabschlusses oder der Einnahmenüberschussrechnung, einschließlich des Einspruchsverfahrens, sind betrieblich veranlasst und damit BA. Auch die Ausgaben für die Mitarbeit des Steuerberaters bei Betriebs- und Außenprüfungen durch das Finanzamt oder der Sozialversicherungsträger sind begünstigt.

Werbungskosten können Steuerberatungskosten sein, soweit sie der Erwerbung, Sicherung und Erhaltung der Einnahmen aus nichtselbstständiger Arbeit, V+V oder aus sonstigen Einkünften i.S.d. § 22 EStG dienen. Ein Werbungskostenabzug kommt auch in Betracht, wenn die Kosten mit Kapitalerträgen in Zusammenhang stehen, die mit der **tariflichen** Einkommensteuer besteuert werden.

Steuerberatungskosten sind Aufwendungen für die mündliche oder schriftliche Beratung durch einen Steuerberater und Kosten für steuerliche Gutachten sowie Beiträge an Lohnsteuerhilfevereine. Zu den Steuerberatungskosten zählen auch Aufwendungen für steuerliche Fachliteratur (z.B. der Kaufpreis für dieses Buch), für Software (CD-ROM/DVD) zur Erstellung von Steuererklärungen (z.B. Taxman, Haufe-Lexware) und Kosten für eine Steuer-Rechtsschutzversicherung, soweit sie von den Kosten einer üblichen Rechtsschutzversicherung abgegrenzt werden können. Zu berücksichtigen sind auch Fahrtkosten, einschließlich etwaiger Unfallkosten auf der Fahrt zum oder vom Steuerberater, sowie Kosten für Fahrten zum Finanzamt.

Nicht abziehbare Kosten der Lebensführung

Steuerberatungskosten, die nicht in unmittelbarem Zusammenhang mit der Einkünfteerzielung stehen, sind nicht abziehbare Kosten der privaten Lebensführung. Dies ist der Fall bei der Erstellung des Hauptvordrucks zur Einkommensteuererklärung (Mantelbogen) einschließlich der Anlagen WA-ESt, Sonstiges, Sonderausgaben, außergewöhnliche Belastung und Haushaltsnahe Aufwendungen sowie den Anlagen Kind, U und Unterhalt. Nicht abziehbar sind auch Beratungsvergütungen bei der Beantragung von Kindergeld oder Elterngeld, der Beantragung von BAföG-Geldern oder der Erstellung einer Erbschaftsteuererklärung. **437**

Gemischte Aufwendungen – Vereinfachungsregel

Sind die Aufwendungen sowohl durch die Einkünfte (Anlagen G, S, N, R, SO, V) als auch privat veranlasst (gemischte Aufwendungen), ist im Rahmen einer sachgerechten Schätzung eine Zuordnung zu den Betriebsausgaben, Werbungskosten oder Kosten der Lebensführung zulässig. **438**

Es wird nicht beanstandet, wenn die Aufwendungen i. H. v. 50 % den BA oder WK zugeordnet werden. Aus Vereinfachungsgründen wird i. d. R. bei gemischten Steuerberatungskosten bis 100 € der Zuordnung durch den Steuerpflichtigen gefolgt.

Sonstige Beratungskosten

Privat veranlasste sonstige Beratungskosten (z. B. in Finanzierungsangelegenheiten) sind keine Sonderausgaben, auch wenn diese durch den Steuerberater in Rechnung gestellt werden. Soweit sie betrieblich oder beruflich veranlasst sind, liegen BA oder WK vor. **439**

Prozesskosten

Prozesskosten (z. B. in einem Steuerstrafverfahren) sind als WK oder BA abziehbar, soweit der Rechtsstreit durch Vorgänge veranlasst ist, die mit der Erzielung und Erhaltung von steuerpflichtigen Einnahmen zusammenhängen.

4 Anlage Außergewöhnliche Belastungen

4.1 Allgemeines

440 Kosten, die unter die außergewöhnlichen Belastungen nach den §§ 33–33b EStG fallen, gehören zwar zur privaten Lebensführung; sie sind aber steuerlich abzugsfähig, weil es das Einkommensteuergesetz ausdrücklich zulässt (§ 12 Satz 1 Halbs. 1 EStG).

Im Gesetz werden nur die Voraussetzungen, unter denen Aufwendungen unter die außergewöhnlichen Belastungen fallen, genannt (§ 33 EStG). Lediglich einige spezielle Einzelfälle sind direkt aufgeführt (§§ 33a–33b EStG).

Abzug nach dem Gesamtbetrag der Einkünfte

441 Außergewöhnliche Belastungen werden zur Berechnung des z. v. E. nach den Sonderausgaben vom Gesamtbetrag der Einkünfte, bei Zusammenveranlagung vom gemeinsamen Gesamtbetrag der Einkünfte der Eheleute, abgezogen (§ 2 Abs. 4 EStG).

Einteilung der außergewöhnlichen Belastungen

442 Das Einkommensteuergesetz unterscheidet bei den außergewöhnlichen Belastungen zwei Gruppen:

Es gibt zum einen außergewöhnliche Belastungen **allgemeiner Art**, bei denen das Gesetz bestimmte Bedingungen stellt, damit der Abzug möglich ist, zum anderen einige abschließend im Gesetz aufgeführte **typisierte Einzelfälle**, in denen das Gesetz die Abzugsvoraussetzungen als gegeben annimmt und den Abzug immer zulässt, allerdings begrenzt auf Pausch- oder Höchstbeträge.

Außergewöhnliche Belastungen

allgemeine Vorschrift
§ 33 EStG

anzuwenden, wenn die speziellen Vorschriften §§ 33a–33b EStG nicht anwendbar sind.

Eine zumutbare Eigenbelastung ist zu beachten
§ 33 Abs. 3 EStG

typisierte Einzelfälle nach § 33a, 33b EStG
(Abzugsvoraussetzungen werden vom EStG unterstellt)

§ 33a EStG

- ➔ **Unterhaltsleistungen**
  § 33a Abs. 1 EStG
- ➔ **Sonderbedarf bei Berufsausbildung eines volljährigen Kindes „Ausbildungsfreibetrag“**
  § 33a Abs. 2 EStG

§ 33b EStG

- ➔ **Pauschbetrag für behinderte Menschen**
  § 33b Abs. 1–3 EStG
- ➔ **Hinterbliebenen-Pauschbetrag**
  § 33b Abs. 4 EStG
- ➔ **Behinderten- und Hinterbliebenen-Pauschbetrag eines Kindes**
  § 33b Abs. 5 EStG
- ➔ **Pflege-Pauschbetrag**
  § 33b Abs. 6 EStG

Eine zumutbare Eigenbelastung ist nicht zu beachten.
Der Abzug ist jedoch begrenzt auf Pauschbeträge oder Höchstbeträge.

Soweit einer der in § 33a EStG genannten typisierten Einzelfälle vorliegt, ist ein Kostenabzug nach § 33 EStG nicht möglich. In den in § 33b EStG genannten Fällen ist dagegen alternativ der Abzug nach § 33 EStG möglich bzw. eventuell zusätzlich möglich.

Der Abzug von außergewöhnlichen Belastungen allgemeiner Art nach § 33 EStG wird im Regelfall auf der **Anlage Außergewöhnliche Belastungen** beantragt. Dort sind auch die typisierten Einzelfälle nach § 33b EStG (behinderte Menschen, Pflegepauschbetrag) aufgeführt.

WICHTIG

Anlage Unterhalt für Unterhaltsleistungen

Der Abzug von Unterhaltsleistungen an nahestehende Personen nach § 33a Abs. 1 EStG ist mit der **Anlage Unterhalt** zu beantragen (➔ Tz 587).

Soweit es sich um Unterhaltszahlungen an den geschiedenen Ehegatten handelt, kommt auch der Abzug als Sonderausgaben in Betracht (➔ Tz 420).

Freibetrag zur Abgeltung des Sonderbedarfs bei Ausbildung eines Kindes

Der Freibetrag zur Abgeltung des Sonderbedarfs bei der Ausbildung eines volljährigen auswärtig untergebrachten Kindes (Ausbildungsfreibetrag) wird auf Seite 2 der Anlage Kind beantragt (➜ Tz 567).

4.2 Typisierte Einzelfälle

[Steuervergünstigungen für behinderte Menschen ➜ Zeilen 4–9]

443 Behinderte Menschen (körperliche, geistige, psychische Behinderung) können ab einem bestimmten Grad der Behinderung behinderungsbedingte (Mehr-)Kosten als außergewöhnliche Belastungen steuermindernd geltend machen. Es besteht die Möglichkeit, die Kosten im Einzelnen nachzuweisen oder einen Pauschbetrag in Anspruch zu nehmen.

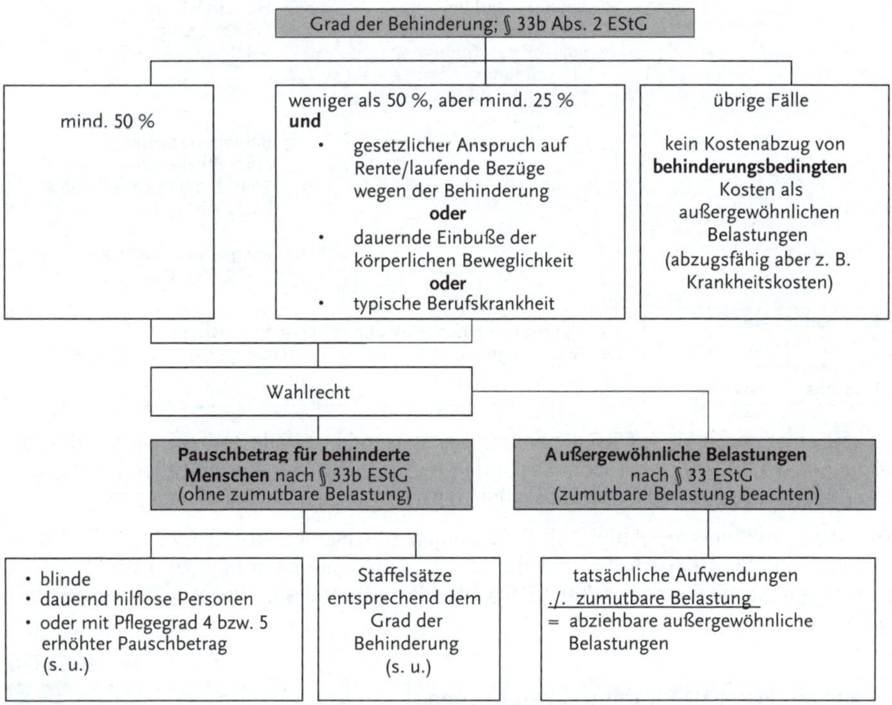

Höhe des Pauschbetrags (Staffelsätze)

444 Abhängig vom Grad der Behinderung verändert sich die Höhe des Pauschbetrags für behinderte Menschen nach § 33b Abs. 3 EStG. Für Blinde (Merkzeichen „Bl" im Schwerbehindertenausweis), hilflose Menschen (Merkzeichen „H" im Schwerbehindertenausweis) und schwerstpflegebedürftige Menschen (Pflegegrade 4 bzw. 5) beträgt der Pauschbetrag 3.700 € im Jahr (§ 33b Abs. 3 Satz 3 EStG).

Ansonsten gelten folgende Pauschsätze:

Grad der Behinderung	Höhe des Pauschbetrags
bis 20 %	kein Pauschbetrag
25 % und 30 %	310 €
35 % und 40 %	430 €
45 % und 50 %	570 €
55 % und 60 %	720 €
65 % und 70 %	890 €
75 % und 80 %	1.060 €
85 % und 90 %	1.230 €
95 % und 100 %	1.420 €

Das **Wahlrecht** zwischen dem Abzug der tatsächlichen Kosten und dem Ansatz des Pauschbetrags kann im **Kalenderjahr nur einheitlich ausgeübt** werden. Entweder es werden für das ganze Jahr die Kosten im Einzelnen nachgewiesen oder der (höhere) Pauschbetrag kommt zum Ansatz.

Die Pauschbeträge sind immer **Jahresbeträge.** Unabhängig davon, ob die Behinderung während des ganzen Jahres oder nur einen Teil des Jahres bestanden hat, kann der Pauschbetrag stets in voller Höhe angesetzt werden (keine monatliche Aufteilung). Ändert sich der Grad der Behinderung im Laufe des Jahres, ist der höhere Pauschbetrag anzusetzen (R 33b Abs. 8 EStR 2012). Bei einem Grad der Behinderung zwischen 25 % und 45 % ist zusätzliche Bedingung für den Pauschbetrag, dass aufgrund der Behinderung eine Rente gezahlt wird, die Behinderung die dauernde Einbuße der körperlichen Beweglichkeit zur Folge hat oder es sich um eine typische Berufskrankheit handelt.

Nachweis der Behinderung

Der Abzug von behinderungsbedingten Mehraufwendungen setzt voraus, dass der Grad der 445
Behinderung nachgewiesen ist. Je nach Schwere der Behinderung sind nach § 65 EStDV die folgenden Nachweise vorgeschrieben:

Grad der Behinderung

mind. 50 %	25 – 45 %	Blinde	Hilflose
Schwerbehindertenausweis	• Bescheinigung des Versorgungsamtes oder der gesetzlichen Unfallversicherung • Rentenbescheid oder entsprechender Bescheid ggf. mit Aussage zur Einbuße der körperlichen Beweglichkeit bzw. typischen Berufskrankheit	Schwerbehindertenausweis mit Merkzeichen „Blind“ (BL)	• Schwerbehindertenausweis mit Merkzeichen „H“ • andere Bescheinigung mit entsprechenden Aussagen • Pflegegrade 4 bzw. 5

Wirkung des Pauschbetrags für behinderte Menschen

446 Mit dem Ansatz des Pauschbetrags für behinderte Menschen sind die (gewöhnlichen) Kosten, die durch die Behinderung entstehen, abgegolten. Darunter fallen z. B.:

- Kosten für Pflege (ambulante Pflegekraft, Pflegedienst, Kurzzeit-, Tages- und Nachtpflege),
- Aufwendungen für Hilfe und Unterstützung bei den gewöhnlichen und regelmäßig wiederkehrenden Verrichtungen des täglichen Lebens,
- Futter- und Pflegekosten für einen Blindenhund,
- Heimkosten (Pflege, Verpflegung und Unterkunft),
- Kosten für Stärkungsmittel und Diätische Lebensmittel (Nahrungsergänzung),
- Aufwendungen für Waschen und Hygieneartikel,
- laufende Wartungskosten für Spezialrauchmelder oder Hausnotrufsysteme.

WICHTIG

Kosten wegen Pflegebedürftigkeit

Da mit der Inanspruchnahme des Pauschbetrags für behinderte Menschen nach § 33b Abs. 3 EStG auch die Kosten wegen dauernder Pflegebedürftigkeit abgegolten sind, ist ein Abzug von (höheren) tatsächlichen Pflegeaufwendungen nach § 33 EStG nur bei Verzicht auf den Pauschbetrag möglich (➜ Tz 458, ➜ Tz 461 und ➜ Tz 469).

TIPP

Zusätzliche Steuerermäßigung für Hilfe im Haushalt zulässig

Die Inanspruchnahme des Pauschbetrags für behinderte Menschen schließt (nur) die Berücksichtigung von **Pflege**aufwendungen nach § 35a Abs. 3 Satz 2 EStG bei der behinderten Person aus (BMF, Schreiben v. 9.11.2016, IV C 8 – S 2296-b/07/0003:008, Rn. 28, BStBl 2016 I S. 1213). Die anderen Steuerermäßigungen z. B. für Hilfe im Haushalt sind möglich (➜ Tz 476 ff.).

447 **Zusätzlich** zum Pauschbetrag können nach § 33 EStG (unter Anrechnung der zumutbaren Eigenbelastung) als außergewöhnliche Belastungen z. B. noch berücksichtigt werden:

- Krankheitskosten (z. B. Kosten einer Operation oder Heilbehandlung, Medikamente, Arztkosten)
- Aufwendungen für medizinische Hilfsmittel (Rollstuhl, Sitzerhöhung, Haltegriffe)
- Kraftfahrzeugkosten für Privatfahrten (Einzelheiten s. u.)
- Kurkosten (➜ Tz 466)
- notwendige Kosten für Begleitperson im Urlaub bei hilflosen Menschen; anerkannt wurden von der Rspr. als angemessen 767 €/Jahr (BFH, Urteil v. 4.7.2002, III R 58/98, HI839598, BFH/NV 2002 S. 1527); kein Abzug für Eltern, die mit ihrem behinderten Kind Familienurlaub machen oder wenn die Begleitperson (Ehegatte) aus eigenem Interesse mitgefahren ist (BFH, Urteil v. 7.5.2013, VIII R 51/10, HI5183621, BFH/NV 2013 S. 1685).
- Aufwendungen für den behindertengerechten Hausumbau, soweit die Maßnahmen auf den Behinderten abgestellt sind (➜ Tz 462); s. auch BFH, Urteil v. 24.2.2011, VI R 16/10, HI2659405, BFH/NV 2011 S. 906. Dazu gehören z. B. die Kosten für ein behindertengerechtes Bad, eine Auffahrrampe oder einen Treppenschräglift (➜ Tz 457).

- Kosten für behindertengerechte Umrüstung/Ausstattung eines Pkws (Abzug in voller Höhe nur im Zahlungsjahr, keine Verteilung der Kosten auf die Nutzungsdauer des Pkws möglich (BFH, Urteil v. 21.11.2018, VI R 28/16, HI12759064, BFH/NV 2019 S. 265).
- Schulgeld für den Besuch einer Privatschule durch ein behindertes Kind, wenn das Schulamt den Besuch einer solchen Schule befürwortet
- Führerscheinkosten für ein Kind mit einer schweren Geh- oder Stehbehinderung
- Kosten für einen Blindencomputer
- Dialysekosten wegen des Nierenversagens des behinderten Menschen
- Aufwendungen für ein behindertes Kind mit und ohne Übertragung des Behinderten-pauschbetrags (➔ Tz 449)
- ärztlich verordnete Krankengymnastik
- AK für Spezialrauchmelder und Hausnotrufsysteme sowie die Kosten des Einbaus

[Abzug von Kfz-Kosten bei behinderten Menschen ➔ Zeile 16]

Private Fahrten

Die Höhe der abzugsfähigen Kosten ist vom Grad der Behinderung und dem im Schwerbe- **448**
hindertenausweis bescheinigten Merkzeichen abhängig.

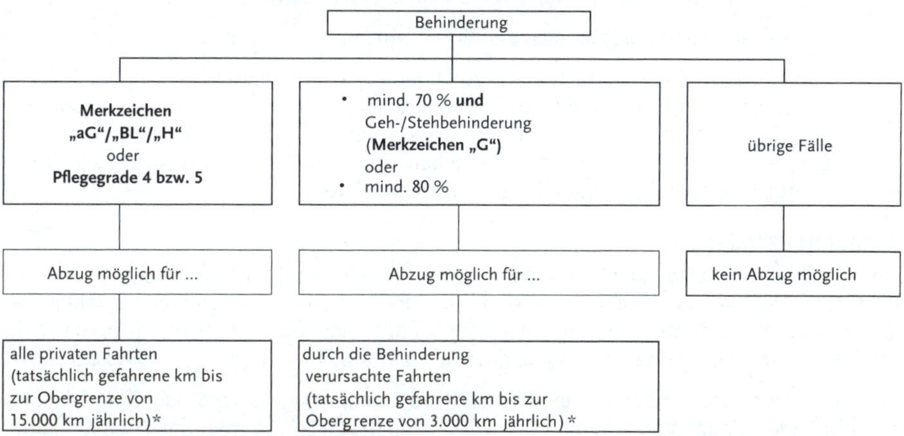

** Hinweis:*
Der Ansatz der Kfz-Kosten bei den außergewöhnlichen Belastungen ist auch bei Nachweis der Kosten nur mit (max.) 0,30 € je gefahrenen Kilometer möglich. Ein höherer Km-Satz ist nur in krassen Ausnahmefällen möglich, wenn z. B. wegen außergewöhnlich geringer Nutzung vergleichsweise weit überdurchschnittliche Kosten anfallen (BFH, Urteil v. 22.11.2018, VI R 28/16, BFH/NV 2019 S. 265). Soweit neben den Kfz-Kosten noch Kosten für Taxen oder öffentliche Verkehrsmittel geltend gemacht werden, sind die abzugsfähigen Kilometer für das Kfz entsprechend zu kürzen. Aufwendungen für einen Kfz-Motorschaden sind nicht zusätzlich abzugsfähig (BFH, Urteil v. 19.1.2017, VI R 60/14, HI10479834, BFH/NV 2017 S. 571).

Beruflich oder betrieblich veranlasste Fahrten

- **Wege zwischen Wohnung und Betrieb bzw. erster Tätigkeitsstätte:**
  Behinderte mit einem Grad der Behinderung von mindestens 50 % und Merkzeichen „G" bzw. „aG" im Schwerbehindertenausweis oder mindestens 70 % Grad der Behinderung können für derartige Fahrten die tatsächlichen Kosten bzw. ohne Nachweis bei Kfz-Nutzung 0,30 € je gefahrenen km (Hin- und Rückweg) als WK nach § 9 Abs. 2 Satz 2 EStG

oder Betriebsausgaben nach § 4 Abs. 5 Nr. 6 Satz 3 EStG abziehen (➔ Tz 659). Außerdem sind i. Z. m. derartigen Fahrten entstandene Parkgebühren abzugsfähig.

- **andere betriebliche/berufliche Fahrten (Auswärtstätigkeit):**
  Die Kosten für derartige Fahrten sind wie bei nicht behinderten Personen abzugsfähig (tatsächliche Kosten bzw. bei Kfz-Nutzung ohne Nachweis 0,30 € je gefahrenen km).

BEISPIEL

Kfz-Kosten eines behinderten Menschen

Ein behinderter Mensch (Grad der Behinderung 60 % und Merkzeichen „G" im Behindertenausweis) hat im Jahr 25.000 km mit seinem Pkw zurückgelegt. An 230 Arbeitstagen ist er als Arbeitnehmer täglich zweimal zur regelmäßigen Arbeitsstätte (einfache Entfernung zur Wohnung 15 km) gefahren, weil er in der Mittagspause zu Hause gegessen hat. Für das Kfz werden 0,50 € Kosten je gefahrenen km (durch Aufstellung der Fahrten und der Kosten) nachgewiesen.

Als WK zu den Einkünften aus nichtselbstständiger Arbeit können Kosten i.H.v. 3.450 € abgezogen werden: 230 Tage × 15 km × 2 (Hin- und Rückfahrt) = 6.900 km × 0,50 €/km (tatsächliche Kosten) = 3.450 €; (➔ Tz 660).

Die Mittagsfahrten gehören zu den Privatfahrten.

Von den 18.100 (25.000 – 6.900) privat gefahrenen Kilometern können 3.000 km als durch die Behinderung veranlasste, unvermeidbare Fahrten bei den außergewöhnlichen Belastungen berücksichtigt werden. Da hier der Kostenabzug auf 0,30 € je Kilometer begrenzt ist, ergeben sich insgesamt 900 € Kosten. Darauf ist noch die zumutbare Eigenbelastung anzurechnen.

Behinderte Kinder

449 Steht der Pauschbetrag für behinderte Menschen einem Kind zu, das steuerlich berücksichtigt werden kann, und nimmt das Kind ihn nicht bei seiner eigenen Steuerveranlagung in Anspruch, wird der Pauschbetrag auf Antrag auf die Personen übertragen, die für das Kind einen Kinderfreibetrag oder Kindergeld erhalten, also i.d.R. die Eltern (§ 33b Abs. 5 EStG).

Die Übertragung ist auf Seite 3 der **Anlage Kind** zu beantragen. Voraussetzung ist, dass das Kind im Inland oder einem EU-/EWR-Mitgliedsstaat lebt oder im Inland eigene Einkünfte erzielt. Zu den neben dem Pauschbetrag für behinderte Kinder abzugsfähigen Kosten: BFH, Urteil v. 11.2.2010, VI R 61/08, HI2334364, BFH/NV 2010 S. 1326. Zur Berücksichtigung der Aufwendungen von Eltern erwachsener behinderter Kinder in vollstationärer Heimunterbringung als außergewöhnliche Belastungen: BFH, Urteil v. 9.12.2010, VI R 14/09, HI2646714, BFH/NV 2011 S. 892. Unabhängig davon, ob der Pauschbetrag auf die Eltern übertragen wurde oder nicht, können die Eltern ihre eigenen zwangsläufigen Aufwendungen für das Kind als außergewöhnliche Belastungen nach § 33 EStG berücksichtigen. Abzugsfähig sind dabei z.B. Fahrtkosten zum Heim, um das Kind im Heim zu betreuen oder am Wochenende abzuholen (im Regelfall aber nicht reine Besuchsfahrten) sowie Unterbringungskosten oder Aufwendungen für besondere Pflegevorrichtungen und eigene Pflegeaufwendungen. Nicht berücksichtigungsfähig sind dagegen Verpflegungsaufwendungen oder Kosten für Kleidung und Ausflüge.

[Pflegepauschbetrag → Zeilen 11, 12]

Pflegt ein Steuerpflichtiger persönlich eine andere Person unentgeltlich, kann er die ihm **450**
durch die Pflege entstandenen Kosten entweder auf Nachweis als allgemeine außergewöhnliche Belastungen nach § 33 EStG (unter Anrechnung der zumutbaren Eigenbelastung) geltend machen oder den Pflegepauschbetrag von 924 € im Jahr in Anspruch nehmen (§ 33b Abs. 6 EStG). Der Pflegepauschbetrag wird, unabhängig davon, ob die Pflege das ganze Jahr oder nur einen Teil des Jahres stattgefunden hat, immer als voller Jahresbetrag berücksichtigt. Werden mehrere Personen gepflegt, kann der Pauschbetrag von der pflegenden Person auch mehrfach, für jede gepflegte Person getrennt, in Anspruch genommen werden.

Der Kostenabzug wegen Pflege bzw. der Ansatz des Pflegepauschbetrags setzt voraus:

- Die Pflege erfolgt im Inland im Haushalt des Steuerpflichtigen oder im Haushalt der gepflegten Person.
- Die pflegende Person erhält für die Pflege keine Einnahmen z. B. Pflegegeld. Bezahltes Pflegegeld ist (nur) unbeachtlich, soweit es die Eltern für die Betreuung eines behinderten Kindes erhalten oder wenn die pflegende Person das Geld nur treuhänderisch für die pflegebedürftige Person verwaltet und damit (nachweislich!) ausschließlich Aufwendungen des Pflegebedürftigen bestritten werden (BFH, Urteil v. 17.7.2008, III R 98/06, HI2081451, BFH/NV 2009 S. 131). Von der Pflegekasse übernommene Beiträge zur Sozialversicherung der pflegenden Person werden nicht als „schädliche" Einnahmen angesehen (R 33b Abs. 7 EStR 2012).
- Die Pflege ist zwangsläufig, wenn die zu pflegende Person ein Angehöriger ist oder eine sittliche Verpflichtung wegen einer engen persönlichen Bindung besteht (auch bei Fällen der Nachbarschaftshilfe).
- Die gepflegte Person ist nicht nur vorübergehend hilflos (Pflegegrade 4 bzw. 5 oder Merkzeichen „H"; § 33b Abs. 6 Satz 3 EStG).

WICHTIG

Tatsächliche Pflegekosten, Pflegepauschbetrag oder Steuerermäßigung

Wird der Pflegepauschbetrag geltend gemacht, kann die pflegende Person für die ihr tatsächlich entstandenen Pflegekosten weder einen Abzug nach § 33 EStG noch eine Steuerermäßigung wegen haushaltsnaher Pflegeleistung nach § 35a EStG geltend machen.

Werden dagegen statt des Pflegepauschbetrags die tatsächlichen Kosten der Pflege als außergewöhnliche Belastungen allgemeiner Art nach § 33 EStG geltend gemacht, ist für den Teil der Kosten, der sich wegen der zumutbaren Eigenbelastung steuerlich nicht auswirkt, die Steuerermäßigung nach § 35a EStG möglich.

4.3 Außergewöhnliche Belastungen allgemeiner Art

[Andere außergewöhnliche Belastungen → Zeilen 13–18]

Zu den anderen außergewöhnlichen Belastungen gehören alle Aufwendungen, die die in **451**
§ 33 EStG verlangten Voraussetzungen erfüllen und im EStG nicht als typisierte Einzelfälle nach §§ 33a, 33b EStG genannt sind.

Abzugsvoraussetzungen

452 Ausgaben sind als (allgemeine) außergewöhnliche Belastungen nach § 33 EStG abzugsfähig, wenn sie die folgenden Voraussetzungen erfüllen:

- **Aufwendungen**
  Alle tatsächlichen Zahlungen des Steuerpflichtigen oder seines Ehegatten (bei Zusammenveranlagung).
- Aufwendungen sind **zwangsläufig**.
  Die Kosten betreffen den Steuerpflichtigen, seinen Ehegatten oder Angehörige (§ 15 AO). Sie sind notwendig, angemessen und man kann sich ihnen (aus rechtlichen, tatsächlichen oder sittlichen Gründen) **nicht** entziehen.
- Aufwendungen sind **außergewöhnlich** und eine **Belastung**.
  Die Kosten liegen dem Grunde nach außerhalb des Üblichen. Eine **Belastung** liegt nur vor, soweit der Steuerpflichtige die Ausgaben (letztendlich) selbst tragen muss, also nur für den Eigenanteil an den Kosten. Deshalb sind erhaltene **Erstattungen** – egal von wem – voll anzurechnen. Ein Kostenersatz kann z. B. durch eine Versicherung (Kranken-, Unfall-, Hausrat-, Wasserschaden-, Rechtsschutzversicherung) oder durch Beihilfen des Arbeitgebers (z. B. im öffentlichen Dienst) erfolgen. Auf die Kosten für die Beerdigung eines Angehörigen ist der Wert des Nachlasses anzurechnen.
- **Aufwendungen sind keine Werbungskosten, Betriebsausgaben, Sonderausgaben.**
  Bei Ausgaben, die begrifflich sowohl zu den WK, Betriebsausgaben oder Sonderausgaben als auch zu den außergewöhnlichen Belastungen gehören, geht der Abzug bei den anderen Ausgabearten den außergewöhnlichen Belastungen vor (§ 33 Abs. 2 EStG).

453
- Aufwendungen übersteigen die **zumutbare Belastung**.
  Die zumutbare Eigenbelastung § 33 Abs. 3 EStG richtet sich nach dem Gesamtbetrag der Einkünfte, dem Familienstand und der Zahl der Kinder, die beim Steuerpflichtigen berücksichtigt werden können, also solche, für die Anspruch auf die steuerlichen Freibeträge oder Kindergeld besteht. Die Ermittlung der Eigenbelastung ergibt sich aus folgender Tabelle:

	Zumutbare Eigenbelastung für einen …			
Gesamtbetrag der Einkünfte	**Steuerpflichtigen mit**		**Zusammenveranlagung (Ehegatten-) oder Witwensplitting ohne Kind**	**in allen anderen Fällen**
	1–2 Kindern	**mehr als 2 Kindern**		
bis 15.340 €	2 %	1 %	4 %	5 %
von 15.341–51.130 €	3 %	1 %	5 %	6 %
über 51.130 €	4 %	2 %	6 %	7 %
	des Gesamtbetrags der Einkünfte			

Der Prozentsatz in o.a. Tabelle ist für den jeweiligen Teil des Gesamtbetrags getrennt (stufenweise) anzuwenden (BFH, Urteil v. 19.1.2017, VI R 75/14, HI10490223, BFH/NV 2017 S. 675).

BEISPIEL

Berechnung der zumutbaren Eigenbelastung

Eheleute ohne Kinder haben einen gemeinsamen Gesamtbetrag der Einkünfte von 60.000 €.

Die zumutbare Eigenbelastung berechnet sich stufenweise wie folgt:

Gesamtbetrag 1 – 15.340 €: 4 % von 15.340 € =	613 €
Gesamtbetrag 15.340 – 51.130 €: 5 % von 35.790 € =	1.789 €
Gesamtbetrag 51.131 – 60.000 €: 6 % von 8.869 € =	532 €
Gesamte zumutbare Eigenbelastung (613 € + 1.789 € + 532 €):	2.934 €

Nur soweit die geltend gemachten Kosten höher sind, wirken sie sich steuerlich aus.

TIPP

Zumutbare Eigenbelastung – Kosten in einem Jahr zahlen

Versuchen Sie wegen der Anrechnung der zumutbaren Eigenbelastung – soweit möglich – die Kosten möglichst in einem Jahr zu konzentrieren. Dies ist vor allem bei Eigenanteilen an Krankheitskosten in vielen Fällen planbar (z. B. bei größeren zahntechnischen Maßnahmen, Operationen). Versuchen Sie die Eigenbeteiligungen möglichst in einem Jahr zu bezahlen.

Abzugszeitpunkt/Kostenverteilung

Außergewöhnliche Belastungen sind in voller Höhe im Jahr der Zahlung abzugsfähig. Das **454** gilt auch für mit Kredit finanzierte Kosten. Eine Kostenverteilung auf mehrere Jahre – ggf. über eine abweichende Steuerfestsetzung nach § 163 AO – ist auch bei besonders hohen Kosten (z. B. Krankheits-, Hausumbau- und Sanierungskosten), die sich wegen der geringen Höhe der Einkünfte steuerlich zu einem ganz überwiegenden Teil nicht auswirken, nicht möglich (BFH, Beschluss v. 12.7.2017, VI R 36/15, HI11033253, BFH/NV 2017 S. 1380).

Einzelfälle von außergewöhnlichen Belastungen

Die unter die außergewöhnlichen Belastungen fallenden Kosten wurden im Wesentlichen **455** durch die Rspr. festgelegt. Es folgen Erläuterungen zu den wichtigsten bzw. am häufigsten vorkommenden Kosten bzw. zu Sachverhalten, bei denen besonders hohe Kosten anfallen.

[Krankheitskosten→ Zeile 13]

Krankheitskosten erwachsen, unabhängig von Art und Ursache der Erkrankung, immer aus **456** tatsächlichen Gründen zwangsläufig und gehören zu den außergewöhnlichen Belastungen. Auch bezüglich der Abzugshöhe werden die tatsächlichen Kosten als angemessen und notwendig unterstellt. Abzugsfähig sind sowohl Aufwendungen, die zum Zwecke der Heilung der Krankheit entstehen als auch Kosten mit dem Ziel, die Krankheit erträglich zu machen.

WICHTIG

Berufsunfall, typische Berufskrankheit

Handelt es sich um eine typische Berufskrankheit (z. B. Staublunge bei einem Bäcker, nicht jedoch Herzinfarkt infolge beruflichen Stresses oder „Burn-out") oder besteht ein eindeutiger Zusammenhang mit dem Beruf (z. B. Strahlenschäden bei einem medizinisch-technischen Assistenten, Überlastungserkrankung in Armen oder im Schulterbereich bei Berufsmusikern) bzw. wurde die Krankheit durch den Beruf verursacht (z. B. AIDS-Infektion bei der Berufsausübung, Unfall im Betrieb), sind die Kosten als WK (**Anlage N**) oder BA in voller Höhe (ohne Beachtung einer Eigenbelastung) abzugsfähig. Dies dürfte auch der Fall sein, wenn eine Ansteckung mit dem Coronavirus z. B. bei einem Arzt oder beim Krankenhauspersonal im Rahmen der Berufsausübung erfolgt ist (→ Tz 691).

457 Der steuerliche Kostenabzug setzt voraus, dass die Aufwendungen infolge einer tatsächlichen Erkrankung angefallen und nicht lediglich gesundheitsfördernde Vorbeuge- oder Folgekosten sind. Reine Vorsorgeuntersuchungen sind nicht abzugsfähig. Da die Abgrenzung im Einzelfall schwierig sein kann, steht der großzügigen Auslegung von Krankheitskosten der Höhe nach eine strenge Nachweiserforderung bezüglich der Zwangsläufigkeit der Kosten gegenüber. Auf Verlangen des Finanzamts muss die Zwangsläufigkeit nach § 64 EStDV durch einfachen oder qualifizierten Nachweis erbracht werden:

- **einfacher** Nachweis nach § 64 Abs. 1 Nr. 1 EStDV 2000
  = Verordnung eines Arztes oder Heilpraktikers
- **qualifizierter** Nachweis nach § 64 Abs. 1 Nr. 2 EStDV 2000
  = amtsärztliches Gutachten oder eine ärztliche Bescheinigung des Medizinischen Dienstes der Krankenversicherung.

Der qualifizierte Nachweis muss regelmäßig **vor** Beginn der Behandlung erstellt worden sein. Er ist in folgenden, im Gesetz abschließend aufgeführten, Fällen notwendig:

- **Bade- oder Heilkur**
  Bei Vorsorgekuren ist auch die Gefahr der abzuwendenden Krankheit, bei einer Klimakur die voraussichtliche Kurdauer und der medizinisch angezeigte Kurort zu bescheinigen; die Notwendigkeit ist auch nachgewiesen, wenn die Kur offensichtlich durch Bewilligung von Zuschüssen oder Beihilfen anerkannt wurde; ausreichend ist die Bescheinigung der Versicherungsanstalt oder der Beihilfebescheid über eine (anteilige) Kostenübernahme. Weitere Infos auch zu Kinderkuren (→ Tz 466);
- **Psychotherapeutische Erst- oder Fortsetzungsbehandlung**;
- **Medizinisch erforderliche auswärtige Unterbringung** des an Legasthenie oder anderer Behinderung leidenden Kindes des Steuerpflichtigen; dasselbe gilt für den auswärtigen Schulbesuch eines hochbegabten Kindes (BFH, Urteil v. 12.5.2011, VI R 37/10, HI2728164, BFH/NV 2011 S. 1605; für Kosten zur Behandlung einer Lese- und Rechtschreibschwäche; BFH, Urteil v. 11.11.2010, VI R 17/09, HI2596352, BFH/NV 2011 S. 503; LfSt Bayern, Verf. v. 10.10.2016, S 2284.1.1-18/1 St32) und logopädische Therapien;
- **Notwendigkeit** der Betreuung einer (volljährigen) Person durch eine **Begleitperson** z. B. bei Kur oder Urlaub; sofern sich dies nicht bereits durch den Behindertenausweis ergibt; Anmerkung: Bei Minderjährigen genügt der einfache Nachweis (BFH, Urteil v. 5.10.2011, VI R 88/10, HI2812952, BFH/NV 2012 S. 35; → Tz 466);
- **Medizinische Hilfsmittel**, die **allgemeine Gebrauchsgegenstände** des täglichen Lebens nach § 33 Abs. 1 SGB V sind; dazu zählen nur technische Hilfen, die getragen oder mit sich geführt werden können, um sich im jeweiligen Umfeld zu bewegen. Kosten eines Hausumbaus/Umgestaltung des Wohnumfeldes fallen nicht darunter (BFH, Urteil v. 29.3.2012, VI R 21/11, HI2990792, BFH/NV 2012 S. 1239; → Tz 462);

- **Wissenschaftlich nicht anerkannte Behandlungsmethoden** wie z. B. Frisch- und Trockenzellenbehandlung, Sauerstoff-, Chelat- und Eigenbluttherapie, immunbiologische Krebsabwehrtherapie bei nur noch begrenzter Lebenserwartung (BFH, Urteil v. 2.9.2010, VI R 11/09, HI2541973, BFH/NV 2011 S. 125); Kosten eines Wasserionisierers (BFH, Urteil v. 5.10.2011, VI R 49/10, HI2812951; BFH/NV 2012 S. 33); eine Delfin-/Reittherapie, Liposuktion (operative Fettabsaugung, BFH, Urteil v. 18.6.2015, VI R 68/14, HI8349999, BFH/NV 2015 S. 1480) oder Reikibehandlung (BFH, Beschluss v. 21.2.2018, VI R 11/16, HI11723765, BFH/NV 2018 S. 761). Heileurythmie ist dagegen wissenschaftlich anerkannt (BFH, Urteil v. 26.2.2014, VI R 27/13, HI6822347, BFH/NV 2014 S. 1265).

In allen anderen Fällen reicht der **einfache Nachweis** aus, wie z. B. bei

- Arznei- und Heilmitteln (einschließlich Rezeptgebühren),
- medizinischen Hilfsmitteln (Brille, Hörgerät, Zahnersatz, Treppenschräglift (BFH, Urteil v. 6.2.2014, VI R 61/12, HI6643860, BFH/NV 2014 S. 771), Badewannenlift, Rollstuhl, Haltegriffe, Sitzerhöhung, Hausnotruf bei behinderten Menschen, Spezialrauchmelder im Haus gehörloser Personen),
- Austausch von Möbeln (➔ Tz 466) wegen Gesundheitsgefährdung (z. B. bei Hausstauballergie oder Formaldehydbelastung),
- künstlicher Befruchtung: Der Kostenabzug ist möglich, wenn die jeweilige Insemination der gezielten medizinisch indizierten Behandlung zum Zwecke der Heilung oder Linderung der Krankheit Empfängnisunfähigkeit der Frau bzw. Zeugungsunfähigkeit des Mannes (Ersatz der gestörten Körperfunktion) erfolgt. Abzugsvoraussetzung ist aber immer, dass die Maßnahme mit den (inländischen) Richtlinien der Berufsordnungen für Ärzte und dem Embryonenschutzgesetz (ESchG) in Einklang steht (BFH, Beschluss v. 19.4.2017, VI R 20/15), auch der sog. Deutsche Mittelweg; BFH, Urteil v. 17.5.2017, VI R 34/15, HI11111707, BFH/NV 2017 S. 1371). Unter dieser Voraussetzung wird sowohl der Kostenabzug bei homologischer Insemination (Samenspende vom Ehegatten) als auch bei heterologischer Insemination (Samen eines Dritten) anerkannt (BFH, Urteil v. 18.6.1997, III R 84/96, HI66290; BFH, Urteil v. 16.12.2010, VI R 43/10, HI2623127, BFH/NV 2011 S. 684), unabhängig davon ob die Maßnahme durch eine In-vitro-Fertilisation (IVF) oder eine intrazytoplasmatische Spermieninjektion (ICSI) im Inland oder Ausland durchgeführt wurde. Abzug auch bei gleichgeschlechtlicher Ehe, kein Abzug bei nicht verheirateten Paaren.
- Zahnbehandlungen,
- behinderungsbedingten Umbaukosten (BFH, Urteil v. 24.2.2011, VI R 16/10, HI2659405, BFH/NV 2011 S. 906 ➔ Tz 462).

Dabei gelten folgende Vereinfachungsregelungen:

- Bei andauernder chronischer Erkrankung mit ständigem Verbrauch bestimmter Arzneien/Hilfsmittel (z. B. Diabetes) reicht eine einmalige Vorlage der ärztlichen Verordnung.
- Hat ein Augenarzt die Notwendigkeit einer Brille durch Verordnung einmal festgestellt, reicht beim Kauf einer neuen Brille die Rechnung des Augenoptikers.
- Kosten für eine Augen-Laser-Operation sind ohne amtsärztliches Attest abzugsfähig.
- Krankheitskosten können statt durch Vorlage der Rechnung auch durch eine Kostenerstattungsmitteilung einer privaten Krankenversicherung nachgewiesen werden.

- Kuraufwendungen sind bei Pflichtversicherten auch bei Vorlage einer Bescheinigung der Krankenversicherung über die Gewährung eines Zuschusses absetzbar. Öffentlich Bedienstete können Kuraufwendungen abziehen, wenn Beihilfe gewährt wird (Nachweis durch Vorlage des Beihilfebescheids).

Abzugsfähig sind auch die Fahrtkosten zum Arzt, nicht jedoch Aufwendungen für medizinische Fachliteratur, weil es sich dabei nicht um Krankheitskosten handelt.

Grundsätzlich nicht abzugsfähig sind Kosten für kosmetische Operationen (Schönheitsoperationen), es sei denn die Operation ist z. B. infolge psychischer Erkrankung unumgänglich. In derartigen Fällen dürfte der qualifizierte Nachweis erforderlich sein (BFH, Urteil v. 26.6.2014, VI R 51/13, HI7311357, BFH/NV 2014 S. 1936). Dasselbe müsste z. B. für die Kosten eines Toupets gelten.

Ein **Kostenersatz** seitens Dritter, z. B. Beihilfe bei Beamten, Versicherungsersatz der Kranken- oder Krankenhaustagegeldversicherung, mindert die abzugsfähigen Kosten. Das gilt auch dann, wenn der Kostenersatz erst in einem späteren Jahr erfolgt ist, bei Zahlung aber bereits mit dem Kostenersatz gerechnet werden konnte. Wurden Aufwendungen trotz Erstattungsanspruchs im Hinblick auf eine mögliche Beitragsrückerstattung nicht mit der Krankenkasse abgerechnet, sind die Kosten insoweit nicht berücksichtigungsfähig.

BEISPIEL

Operationskosten – Beihilfezahlungen

Für eine medizinisch notwendige Operation bezahlte ein Beamter im Dezember 3.905 €. Die Kosten setzten sich wie folgt zusammen:

Kosten der Operation	2.400 €
Medikamente	205 €
Tagessatz Verpflegungskosten 10 Tage × 130 € =	1.300 €

Von der Beihilfe bekam er 1.800 € im selben Jahr ersetzt. Seine Krankenversicherung übernahm 1.900 € und überwies den Betrag im Januar des Folgejahres.

Die angegebenen Kosten fallen alle unter die außergewöhnlichen Belastungen. Bei Krankenhausaufenthalt sind die abzugsfähigen Verpflegungskosten nicht um eine Haushaltsersparnis zu kürzen. Der Kostenersatz durch die Beihilfe und die Krankenkasse ist voller Höhe anzurechnen. Soweit die Krankenkasse erst im Folgejahr gezahlt hat, ist dies ohne Bedeutung, denn der Beamte konnte aufgrund seines Versicherungsvertrags mit der Kostenübernahme rechnen. Damit sind noch 205 € eigener Kostenanteil zu berücksichtigen.

WICHTIG

Krankentagegeld-/Krankenhaustagegeldversicherung

Zahlungen aus einer Kranken**haus**tagegeldversicherung mindern die abzugsfähigen Kosten. Erstattungen einer Krankentagegeldversicherung sind dagegen nicht anzurechnen. Denn hier werden keine Krankheitskosten bzw. Krankenhauskosten, sondern der durch die Krankheit entstandene Verdienstausfall ersetzt (steuerfreie Entschädigung für entgangene Einnahmen).

[Pflegekosten → Zeile 14]

Pflegekosten fallen regelmäßig unter die außergewöhnlichen Belastungen. Für den Umfang des Kostenabzugs ist zu prüfen, wer die Kosten trägt, wo die Pflege stattfindet und warum die Pflege erforderlich ist. 458

Findet die Pflege **im Haushalt** der zu pflegenden Person statt und trägt die zu **pflegende Person** ihre Pflegekosten selbst, kann sie die Kosten der Pflege in jedem Fall (unabhängig ob ein Pflegegrad 1–5 vorliegt oder nicht) als außergewöhnliche Belastung geltend machen, wenn die Leistung von einem anerkannten Pflegedienst nach § 89 SGB XI in Rechnung gestellt wurde. Ist ein Pflegegrad gegeben, sind auch die Kosten für die Pflege durch eine nicht examinierte (nicht qualifizierte) Pflegekraft (z. B. Hausangestellte) abzugsfähig. Dasselbe gilt, wenn die Pflege wegen Behinderung (notwendig: Behindertenausweis mit Merkzeichen „H" (hilflos) oder „BL" (blind) oder fachärztliche Bescheinigung) oder wegen Krankheit (einfacher Nachweis durch ein Gutachten eines Facharztes) erforderlich war. Begünstigt sind die Kosten für eine ambulante Pflegekraft, die Inanspruchnahme von anerkannten Pflegediensten und von Einrichtungen der Tages- oder Nachtpflege sowie der Kurzzeitpflege und nach Landesrecht anerkannte niedrigschwellige Betreuungsangebote (z. B. freie Wohlfahrtspflege).

Macht der Steuerpflichtige den Pauschbetrag für behinderte Menschen geltend, können die Pflegekosten nicht (zusätzlich) berücksichtigt werden. Wird der Pauschbetrag für ein behindertes Kind auf die Eltern übertragen, sind die Pflegeaufwendungen des Kindes damit abgegolten. Eigene Pflegeaufwendungen der Eltern für das Kind sind dagegen zusätzlich abzugsfähig.

Pflegegeld/Pflegehilfe

Leistungen aus der gesetzlichen oder privaten Pflegeversicherung (Pflegegeld nach § 37 SGB XI für selbst übernommene bzw. selbstbeschafften Pflegedienst) sind steuerfrei (§ 3 Nr. 1a) EStG). Auch ein an einen Angehörigen, der die Pflege übernimmt, weitergeleitetes Pflegegeld bleibt bei diesem steuerfrei (§ 3 Nr. 36 EStG). Gleichzeitig mindern Pflegegeld und alle von der Pflegeversicherung ersetzten Kosten z. B. das Pflegegeld nach § 37 SGB XI, Leistungen im Rahmen des persönlichen Budgets i. S. d. § 17 SGB IX, Leistungen nach § 36 SGB XI (Pflegesachleistungen, häusliche Pflegehilfe) sowie für zusätzliche Betreuungsleistungen (§ 45b SGB XI) den als außergewöhnliche Belastungen abziehbaren Betrag. 459

TIPP

Steuerermäßigung für Pflegeleistungen

Soweit die Pflege im eigenen Haushalt stattfindet, ist für das angerechnete Pflegegeld für selbst übernommene bzw. selbst beschaffte Pflege (§ 37 SGB XI) als Ausgleich eine Steuerermäßigung für Pflegekosten nach § 35a Abs. 2 EStG möglich. Dasselbe gilt für das Pflegetagegeld.

Auch soweit sich die tatsächlichen Pflegekosten wegen der zumutbaren Eigenbelastung nicht bei den außergewöhnlichen Belastungen auswirken, wird auf Antrag eine Steuerermäßigung nach § 35a EStG für Haushaltsdienstleistungen und Pflegekosten berücksichtigt (→ Tz 476 ff.).

Pflegeaufwendungen durch Angehörige

460 Trägt ein naher Angehöriger die Kosten, kann er sie, wenn die gepflegte Person, die o.a. Voraussetzungen erfüllt, in gleichem Umfang bei sich als außergewöhnliche Belastungen geltend machen. Wurden ihm von der pflegebedürftigen Person im Hinblick auf eine etwaige Bedürftigkeit Vermögenswerte (Geld, Grundstück) zugewendet, sind die übernommenen Kosten allerdings nur abzugsfähig, soweit sie den Wert der übertragenen Vermögenswerte übersteigen. Die Zuwendung von Vermögensgegenständen im Hinblick auf eine etwaige Bedürftigkeit nimmt die Finanzverwaltung immer an, wenn die Übertragung nach Vollendung des 65. Lebensjahres stattgefunden hat.

Abzugsfähig sind u. U. auch die Aufwendungen, die dem Angehörigen dadurch entstehen, dass er einen Angehörigen in seiner oder in dessen Wohnung pflegt (➜ Tz 450).

TIPP

Steuerermäßigung wegen Haushaltsdienstleistung bzw. Pflegeleistung
Soweit es sich um rein altersbedingte Mehrkosten älterer Menschen handelt, liegen zwar keine außergewöhnlichen Belastungen vor, im Regelfall kommt für die Kosten aber zumindest eine Steuerermäßigung wegen Haushaltsdienstleistungen oder Pflegeaufwendungen in Betracht (§ 35a EStG; ➜ Tz 479, ➜ Tz 481).

Heimkosten/Pflegeheim

461 Erfolgt die Unterbringung in einem Pflegeheim oder auf der Pflegestation eines Altenheims, ist zu unterscheiden, für wen die Aufwendungen anfallen und warum.

Aufwendungen für die eigene Person oder den Ehegatten

Soweit die Kosten (nur) wegen **altersbedingter** Unterbringung angefallen sind, ist kein Kostenabzug möglich, es sei denn, es werden von einem anerkannten Pflegedienst nach § 89 SGB XI oder vom Heim über die Grundpflege hinausgehende Pflegeleistungen in Rechnung gestellt. Eine rein altersbedingte Unterbringung dürfte in der Praxis jedoch die Ausnahme sein.

Erfolgt die Unterbringung **infolge** einer **Behinderung**, erforderlich sind Merkzeichen „H" (hilflos) oder „BL" (Blind) im Behindertenausweis oder ein fachärztliches Gutachten (BFH, Urteil v. 9.12.2010, VI R 14/09, HI2646714, BFH/NV 2011 S. 892), wegen **Pflegebedürftigkeit** (**Pflegegrade 1–5; ➜** Tz 466) oder **krankheitsbedingt** (einfacher Nachweis durch ein fachärztliches Gutachten ausreichend, BFH, Urteil v. 13.10.2010, VI R 38/09, HI2590125, BFH/NV 2011 S. 351), können die **gesamten** Heimkosten unter Anrechnung einer **Haushaltsersparnis** i. H. v. 9.408 € im Jahr abgezogen werden. Sind beide Ehegatten im Heim untergebracht, ist die Haushaltsersparnis doppelt zu berücksichtigen (BFH, Urteil v. 4.10.2017, VI R 22/16, HI11373726, BFH/NV 2018 S. 275). Erfolgte der Umzug ins Heim altersbedingt, lässt die Finanzverwaltung – entgegen der Rspr. des BFH – bisher den Kostenabzug ab dem Moment zu, in dem eine Behinderung, Krankheit oder Pflegebedürftigkeit eingetreten ist. Zieht bei Ehegatten einer aus einem der o.a. Gründe ins Altenheim und der andere begleitet ihn (ohne dass bei ihm einer der o.a. Gründe vorliegen), ist der auf den begleitenden Ehegatten entfallende Kostenanteil nicht abzugsfähig (BFH, Urteil v. 15.4.2010, VI R 51/09, HI2345603, BFH/NV 2010 S. 1535).

Die Heimkosten werden nicht um die **Haushaltsersparnis** gekürzt, wenn es sich um einen Kurzaufenthalt in einem Heim (z. B. Kurzzeitpflege, Verhinderungspflege, Reha-Maßnahme nach Sturzverletzung) handelt. In diesem Fall wird der eigene Haushalt beibehalten und (voraussichtlich) wieder genutzt.

Kostenersatz von dritter Seite (z. B. gesetzliche und private Pflegeversicherung, Krankenversicherung, Beihilfe bei Beamten) wird auf die Heimkosten angerechnet.

Wird der Pauschbetrag für behinderte Personen (§ 33b EStG; ➜ Tz 443) beantragt, sind damit – unabhängig von der Höhe des Pauschbetrags – (auch) die Pflegekosten abgegolten, sodass dafür bei den außergewöhnlichen Belastungen nach § 33 EStG kein Kostenabzug mehr möglich ist.

TIPP

Andere Steuerermäßigungsmöglichkeiten prüfen!
Wenn ein Kostenabzug als außergewöhnliche Belastungen nicht möglich ist, kommt regelmäßig eine Steuerermäßigung wegen haushaltsnaher Dienstleistungen oder Pflegekosten oder Handwerkerleistungen in Betracht, je nachdem, ob im Heim ein eigenständiger Haushalt geführt wird oder nicht (➜ Tz 479, ➜ Tz 481).

Aufwendungen für eine nahestehende Person
Entstehen einem Steuerpflichtigen zwangsläufig (wird unterstellt, wenn die Einkünfte des Heimbewohners unter dem Grundfreibetrag von 9.408 € in 2020 liegen) Heimkosten für einen Angehörigen, ist der Grund für die Heimunterbringung entscheidend.

Ist die nahestehende Person (nur) altershalber in einem Heim untergebracht, ist ein Kostenabzug nur im Rahmen des § 33a Abs. 1 EStG möglich (➜ Tz 587).

Bei Unterbringung wegen Krankheit, Behinderung oder Pflegebedürftigkeit (Pflegegrade 1–5) sind alle übernommenen Kosten als allgemeine außergewöhnliche Belastungen abzugsfähig (BFH, Urteil v. 30.6.2011, VI R 14/10, HI2742043, BFH/NV 2011 S. 1951).

WICHTIG

Aufteilung der Heimkosten
Die Finanzverwaltung teilt im Gegensatz zum BFH die Aufwendungen, die ein Angehöriger für die Unterbringung der Pflegeperson in einem Heim hat, auf in

- Kosten für Unterhalt (Nahrung, Unterkunft, Kleidung), die (nur) nach § 33a Abs. 1 EStG unter Anrechnung der eigenen Einkünfte und Bezüge der unterhaltenen Person, aber ohne Anrechnung einer zumutbaren Eigenbelastung bis zu 9.408 € jährlich in 2020 abzugsfähig sind, und
- andere Kosten für Pflege oder infolge Krankheit, die nach § 33 EStG unter Anrechnung der zumutbaren Eigenbelastung begünstigt sind (Einzelheiten zur Berechnung mit Einzelbeispielen: BMF, Schreiben v. 2.12.2002, IV C 4 – S 2284 – 108/02; BStBl 2012 I S. 1389).

Diese Vorgehensweise kann im Einzelfall günstiger sein.

Hat der Pflegebedürftige dem Angehörigen im Hinblick auf sein Alter oder eine etwaige Bedürftigkeit Vermögenswerte (Geld, Grundstück) zugewendet, sind die übernommenen Kosten nur abzugsfähig, soweit sie den Wert der übertragenen Vermögenswerte übersteigen. Dies prüft die Verwaltung immer, wenn die Vermögensübertragung im Rentenalter (ab 65 Jahre) erfolgt ist. Unschädlich ist dagegen eine Vermögensübertragung vor dem 65. Lebensjahr z. B. im Wege der vorweggenommenen Erbfolge, und zwar auch dann, wenn dabei aufschiebend bedingte Pflegeleistungen vereinbart wurden.

[Gebäudeumbau wegen Behinderung bzw. Krankheit ➜ Zeile 15]

462 Werden spezielle, auf die Behinderung abgestellte Vorrichtungen eingebaut (z. B. Treppenschräg-, Badewannenlift, Haltegriffe, Sitzerhöhung), handelt es sich steuerlich um gesondert zu bewertende medizinisch notwendige technische Hilfsmittel, deren Kosten als Krankheitskosten abzugsfähig sind (➜ Tz 456). Es genügt der einfache Nachweis der Zwangsläufigkeit (BFH, Urteil v. 5.10.2011, VI R 14/11, HI2812949, BFH/NV 2012 S. 39; BFH, Urteil v. 6.2.2014, VI R 61/12, HI6643860, BFH/NV 2012 S. 39).

Dasselbe gilt auch für die Kosten der Anschaffung und des Einbaus von Spezialrauchmeldern bei gehörlosen Menschen oder Hausnotrufsystemen bei behinderten Menschen, denen auch ein Behindertenpauschbetrag zusteht. Aufwendungen für den Betrieb und die Wartung der Anlagen gehören jedoch zu den laufenden Kosten, die ggf. mit dem Pauschbetrag für behinderte Menschen abgegolten sind.

Davon getrennt zu beurteilen sind (Umbau-)Maßnahmen, die das Gebäude selbst betreffen, wie z. B. elektrisches Garagentor, Rollstuhlrampe, Aufzug, behindertengerechtes Bad (z. B. bodengleiche Dusche, Sitzwanne), verbreiterte Durchgänge, Türen). Diese Kosten zählen nicht zu den „gewöhnlichen" Kosten infolge der Behinderung, die ggf. mit dem Pauschbetrag für behinderte Menschen abgegolten sind, sondern werden gesondert geprüft.

Die Rspr. lässt bei hilflosen Menschen (Merkzeichen „H", Pflegegrade 4 und 5) den Abzug für die Baukosten zu, die unmittelbar infolge der Behinderung notwendig geworden sind und soweit ein Käufer dafür keinen höheren Kaufpreis zahlen würde, die einzelne Baumaßnahme also keinen marktgängigen (Wert-)Vorteil begründet. Denn nur insoweit liegt laut BFH ein durch die Behinderung verursachter zusätzlicher (verlorener) Aufwand vor (BFH, Urteil v. 24.2.2011, VI R 16/10, HI2659405, BFH/NV 2011 S. 906).

Da es sich regelmäßig um ein Bündel von Baumaßnahmen handeln dürfte, jede Maßnahme gesondert geprüft werden muss und die Abgrenzung im Einzelfall schwierig sein dürfte, ist der zusätzliche behinderungsbedingte Kostenaufwand durch ein (vor Durchführung der Maßnahmen gefertigtes) Sachverständigengutachten z. B. durch den Medizinischen Dienst der Krankenkasse (MDK), des sozialmedizinischen Dienstes (SMD) oder der Medicproof Gesellschaft für medizinischen Gutachten mbH zu klären (R 33.4 Abs. 5 EStR 2012).

Die Ausgaben für das Gutachten selbst gehören zu den außergewöhnlichen Belastungen. Ausreichend ist, wenn durch Bescheid eines Trägers der Sozialversicherung oder der Sozialleistungen ein pflege- bzw. behinderungsbedingter Zuschuss (z. B. zur Verbesserung des individuellen Wohnumfelds nach § 40 Abs. 4 SGB XI) für eine bestimmte Baumaßnahme gewährt wurde. Dieser Umstand hat u. U. jedoch nur eingeschränkte Beweiskraft, weil die Zuschüsse nur gering sind und deshalb relativ großzügig gewährt werden.

Die entsprechend ermittelten Kosten sind im Jahr der Zahlung abzugsfähig, eine Verteilung der Kosten im Wege der AfA ist bei außergewöhnlichen Belastungen im Gesetz nicht vorgesehen (➔ Tz 454).

Gebäudeumbau/Sanierung wegen Gesundheitsgefährdung oder unabwendbarem Ereignis

Der Abzug der Kosten als außergewöhnliche Belastungen kommt nur bei selbst genutzten **463** Gebäuden, Gebäudeteilen (Wohnungen) infrage, die in Größe und Ausstattung nicht über das Notwendige und Übliche hinausgehen.

WICHTIG

Aufwendungen für Mietshäuser sind immer Werbungskosten

Soweit die Aufwendungen ein vermietetes Gebäude betreffen, handelt es sich in voller Höhe um bzw. im Wege der AfA abzugsfähige WK bei den Vermietungseinkünften (einzutragen auf Seite 2 der **Anlage V**).

Steuerlich begünstigt sind grds. nur Sanierungsaufwendungen, die entweder wegen Gesundheitsgefährdung (z.B. Gefahr durch Holzschutzmittel, Formaldehyd, Dioxin, Asbest, Elektrosmog, Mobilfunkwellen) oder durch ein unausweichliches Ereignis notwendig geworden sind.

Unausweichliche Ereignisse sind vom Steuerpflichtigen nicht beeinflussbare Geschehnisse wie z.B. Brand, Hochwasser, Starkregen, Orkan, Kriegseinwirkung. Bei der Beseitigung von Hochwasserschäden ist der fehlende Abschluss einer Gebäudeelementarversicherung kein Grund, den Kostenabzug abzulehnen.

Die Rspr. hat auch die konkrete Einsturzgefahr durch Befall mit echtem Hausschwamm (BFH, Urteil v. 29.3.2012, VI R 70/10, HI2990795, BFH/NV 2012 S. 1237) oder unzumutbare Beeinträchtigungen z.B. durch Geruchsbelästigung anerkannt, wenn objektiv feststellbare Grenzschwellen überschritten sind, und weitere Fälle (denkbar z.B. Beseitigung von Schäden infolge von Bohrungen zur Nutzung von Erdwärme) nicht ausgeschlossen. Der Einbau von Schalldämmfenstern zum Lärmschutz wird (bisher) steuerlich nicht anerkannt.

Die Notwendigkeit der Maßnahmen muss der Steuerpflichtige nachweisen. Zwar ist ein formalisierter Nachweis wie bei Krankheitskosten nicht notwendig und die Rspr. lässt sogar einen nachträglich erstellten Nachweis zu. Da aber das Nachweisrisiko beim Steuerpflichtigen liegt und mit der Sanierung die Ursache der Gesundheitsgefährdung beseitigt wird, ist es ratsam, **vor** Durchführung der Baumaßnahmen die die Sanierung begründenden Umstände durch ein amts- oder vertrauensärztliches Zeugnis oder ein amtlich anerkanntes technisches Sachverständigengutachten feststellen zu lassen.

In beiden Sanierungsfällen (wegen Gesundheitsgefährdung und unausweichlichem Ereignis) müssen für einen steuerlichen Kostenabzug folgende Voraussetzungen gegeben sein:

- Beim Erwerb des Gebäudes war der Grund für die spätere Sanierung nicht erkennbar. Übliche Baumängel allein, dazu zählt auch der Einsatz von Materialien, die nach Errichtung des Gebäudes verboten wurden, begründen keinen Kostenabzug. Dies gilt auch, wenn die Baumängel gesundheitsgefährdender Natur sind (BFH, Beschluss v. 28.3.2018, VI B 106/17, HI11742761, BFH/NV 2018 S. 716). Die Rspr. sieht zum einen

Baumängel als nicht unüblich an, zum anderen ist davon auszugehen, dass der „Schaden" über einen niedrigeren Kaufpreis bereits berücksichtigt wurde. Dasselbe gilt für die üblichen, alterstypischen Instandsetzungs- und Modernisierungsmaßnahmen.

- Den Steuerpflichtigen trifft kein eigenes Verschulden. Eine Sanierung wegen Schimmelpilzen ist z. B. nicht begünstigt, wenn die Ursache unsachgemäßes Lüften war. Als eigenes Verschulden wird dem Steuerpflichtigen auch angerechnet, wenn er zivilrechtliche (Ersatz-, Abwehr- oder Unterlassens-)Ansprüche gegen den Schadensverursacher nicht durchsetzt. Außerdem verlangt die Finanzverwaltung, dass der Steuerpflichtige eine allgemein zugängliche und übliche **Hausversicherung** (z. B. Hausratversicherung) für das Haus abgeschlossen hat.

TIPP

Abschluss einer Hausversicherung

Ob der fehlende Abschluss einer solchen Versicherung generell schädlich ist, hat der BFH im Gegensatz zu seiner älteren Rspr. zwischenzeitlich ausdrücklich offengelassen (BFH, Urteil v. 29.3.2012, VI R 70/10, HI2990795, BFH/NV 2012 S. 1237). Beantragen Sie deshalb den Kostenabzug auch dann, wenn Sie keine Versicherung abgeschlossen haben.

- **Vorteilsanrechnung** („neu" für „alt"): Durch die Sanierung erfährt das Gebäude eine Wertsteigerung, weil die Bausubstanz erneuert wurde. Diese Wertsteigerung muss bei der Berechnung der abzugsfähigen Kosten grds. als Kürzung berücksichtigt werden. So wird für jedes Jahr der verlängerten Nutzungsdauer des Gebäudes ein Vorteilsausgleich angerechnet.

BEISPIEL

Asbestsanierung

Im Rahmen einer Asbestsanierung wird ein 18 Jahre altes Hausdach durch ein neues Hausdach (Kosten 40.000 €; übliche Nutzungsdauer 30 Jahre) ersetzt. Die Entsorgung des alten Dachs (Abbruch) kostete 8.000 €.

Die Entsorgungskosten (8.000 €) sind in voller Höhe abzugsfähig. Bei den Kosten für das neue Dach ist zu berücksichtigen, dass sich durch den Austausch die Nutzungsdauer um 18 Jahre verlängert. Der Kostenanteil, der auf diese Jahre entfällt (18/30 von 40.000 €), ist nicht abzugsfähig.

Aus Billigkeit verzichtet die Finanzverwaltung in Fällen, in denen viele Grundstücksbesitzer betroffen sind (z. B. Überschwemmung) oft auf eine Vorteilsanrechnung. Dies wird für jedes Naturereignis vom BMF oder dem jeweiligen Landesfinanzministerium neu entschieden.

Vorsorgliche Sanierung

Eine abstrakte Gesundheitsgefährdung, also z. B. die Tatsache, dass im Haus gesundheitsgefährdende Stoffe verbaut worden sind, reicht nicht aus. Entscheidend ist, ob von den Stoffen eine unmittelbare Gefahr für die Gesundheit ausgeht und deshalb ein Handeln zwingend notwendig wird. Es müssen zwar noch keine gesundheitlichen Beeinträchtigungen eingetreten sein – so reicht es aus, wenn die Schadstoffbelastung z. B. durch Formaldehyd oder Mobilfunkstrahlen bestimmte Grenzwerte überschreitet, eine rein „vorsorgliche" Sanierung (Schutzmaßnahme) ist jedoch nicht begünstigt.

TIPP

Steuerermäßigung für Handwerkerleistung prüfen!

Wenn ein Kostenabzug für die Baukosten bei den außergewöhnlichen Belastungen nicht möglich ist, oder sich die Ausgaben wegen Anrechnung der zumutbaren Eigenbelastung nicht auswirken, ist regelmäßig eine Steuerermäßigung für Handwerkerleistungen nach § 35a Abs. 2 EStG möglich (➜ Tz 482).

[Behinderungsbedingte Kfz-Kosten ➜ Zeile 16]

Einzelheiten dazu siehe ➜ Tz 448. **464**

[Bestattungskosten ➜ Zeile 17]

Bestattungskosten anlässlich der Beerdigung naher Angehöriger sind abzugsfähig. Dies **465** gilt für alle Kosten, die mit der eigentlichen Bestattung zusammenhängen z. B. für die erstmalige Errichtung der Grabstätte, die Beerdigung selbst (Sarg, Blumen, Kränze, Überführung, Aufbahrung), Traueranzeigen und Trauerkarten, nicht jedoch für Kosten der Fahrt zur Beerdigung (Reisekosten), Gräberbesuch, Trauerfeier, Trauerkleidung, Grabpflege und Grabinstandhaltung. Der Wert des Nachlasses sowie ein Kostenersatz von dritter Seite (z. B. Erstattung aufgrund einer Sterbegeld- oder Lebensversicherung des Verstorbenen, Beihilfe bei Beamten) mindern den Kostenabzug.

[Andere außergewöhnliche Belastungen ➜ Zeile 18]

Weitere Kostenarten in alphabetischer Reihenfolge: **466**

- **Adoption:** Kein Abzug der Kosten, da nicht zwangsläufig (BFH, Urteil v. 10.3.2015, VI R 60/11, HI8030526; BFH/NV 2015 S. 1172).
- **AIDS:** Siehe Krankheitskosten.
- **Alkoholiker:** Siehe Krankheitskosten.
- **Allergie:** Siehe Krankheitskosten.
- **Altenheim/Pflegeheim** (➜ Tz 461)
- **Asbestbeseitigung** (➜ Tz 463)
- **Babyausstattung:** Siehe Geburt.
- **Badekur:** Siehe Krankheitskosten.
- **BAföG**-Darlehen: Die Rückzahlung des Darlehens ist nicht abzugsfähig (nicht außergewöhnlich und Studium nicht zwangsläufig).
- **Berufswechsel/Umschulung:** Die Kosten sind regelmäßig (vorweggenommene) Werbungskosten (➜ Tz 688).
- **Nachlassverbindlichkeiten** sind dann abzugsfähig, wenn sie i. Z. m. den existenziellen Bedürfnissen des Verstorbenen stehen (z. B. ausstehende Miete, Strom-, Wasser-, Heizkosten).
- **Begleitperson:** Krankheitskosten, behinderte Menschen (➜ Tz 456, ➜ Tz 447)
- **Behinderung/Blinde** (➜ Tz 443, ➜ Tz 456)
- **Corona:** siehe Krankheitskosten
- **Deutschkurs:** Kosten für einen Ausländer nicht abzugsfähig.

- **Diätverpflegung:** Aufgrund ausdrücklich gesetzlicher Regelung nicht abzugsfähig nach § 33 Abs. 2 Satz 3 EStG. Das Abzugsverbot gilt nur für Diätlebensmittel, also Nahrungsergänzungsmittel i.S.d. § 1 der Nahrungsmittelergänzungsverordnung. Abzugsfähig sind dagegen Präparate, die unter § 2 Arzneimittelgesetz fallen, denn diese sind Arzneimittel (BFH, Urteil v. 14.4.2015, VI R 89/13, HI8143335; BFH/NV 2015 S. 1297).
- **Diebstahl:** Wertverluste bei einem Diebstahl des für die Reise notwendigen Gepäcks (nicht jedoch Verlust von Geld oder Schmuck) sind – wenn die Reise beruflich bzw. betrieblich veranlasst war – als Reisenebenkosten Werbungskosten bzw. Betriebsausgaben.
  Im Privatbereich sind Wertverluste keine außergewöhnliche Belastung. Etwas anderes gilt nur für Aufwendungen zur Wiederbeschaffung von z.B. bei einem Einbruch gestohlenen Gegenständen, die zum (notwendigen) Hausrat oder zur Kleidung gehören. Dies gilt aber nur, soweit kein Mindestbestand an Kleidung und Hausrat mehr vorhanden ist. Weitere Abzugsvoraussetzung ist auch, dass eine Hausratversicherung abgeschlossen wurde. Siehe auch Hausrat/Kleidung.
- **Eheschließung:** Kosten (Feier, Geschenke) sind nicht abzugsfähig, da weder außergewöhnlich noch zwangsläufig.
- **Ehescheidung:** Siehe Prozesskosten.
- **Ehrenamt:** Kosten sind nicht zwangsläufig und deswegen nicht abzugsfähig.
- Etwas anderes gilt, wenn der Steuerpflichtige zur Übernahme des Amts (Vormund, Beistand, Pfleger) verpflichtet war und ihm die Kosten nicht ersetzt wurden.
- **Einbruch:** Kosten der Gebäudesicherung sind nicht abzugsfähig, da sie den Wert des Gebäudes erhöhen und damit keine Belastung (Gegenwert vorhanden) darstellen. Ebenfalls nicht abzugsfähig sind die Kosten der Schadensbeseitigung am Gebäude nach einem Einbruch. Kosten zur Wiederbeschaffung gestohlener Gegenstände – siehe Diebstahl.
- **Einbürgerung:** Kosten sind mangels Zwangsläufigkeit nicht abzugsfähig.
- **Entbindung:** Siehe Geburt.
- **Entziehungskur:** Krankheitskosten (➜ Tz 456).
- **Erholungsreise:** Die Kosten sind grds. nicht abzugsfähig, aber ein Abzug ist denkbar bei Begleitpersonen von behinderten Menschen mit Merkzeichen „H" (➜ Tz 447) und bei Kur (siehe Heilkur).
- **Fahrstuhl:** Siehe Krankheitskosten (➜ Tz 456) und Gebäudeumbau (➜ Tz 462).
- **Fahrtkosten:** Kosten infolge privat veranlasster Fahrten sind grds. nicht abzugsfähig. Das gilt für Fahrten zu Familienfesten, Beerdigungen oder Besuchsfahrten zu nahen (kranken oder pflegebedürftigen) Angehörigen ebenso wie für Mittagsheimfahrten bei Berufstätigkeit, Zwischenheimfahrten bei doppelter Haushaltsführung oder Besuchsfahrten des Vaters zu seinem bei der getrennt lebenden Mutter wohnenden Kind.
  Ein Abzug ist u.U. möglich, soweit die Fahrten aus medizinischen Gründen notwendig (siehe Krankheitskosten ➜ Tz 456) oder durch die persönliche Pflege eines Angehörigen (➜ Tz 450) oder durch eine Behinderung (➜ Tz 443) veranlasst sind.
  Falls ein Kostenabzug möglich ist, ist er auf die Höhe der Kosten begrenzt, die bei Nutzung öffentlicher Verkehrsmittel entstanden wären, es sei denn, es bestand keine zumutbare öffentliche Verkehrsverbindung. Bei Kfz-Kosten können max. Kosten i.H.v. 0,30 € je gefahrenem Kilometer geltend gemacht werden.
- **Flut/Hochwasser/Starkregen:** Siehe Gebäudesanierung (➜ Tz 463) und Hausrat/Kleidung.

- **Führerschein:** Kosten sind nicht abzugsfähig, da weder außergewöhnlich noch zwangsläufig. Etwas anderes gilt u. U. bei behinderten Menschen (➜ Tz 447).
- **Gebäudesanierung:** Umbau wegen Schadstoffbelastung, Krankheit, Behinderung (➜ Tz 463).
- **Geburt:** Entbindungskosten (Arzt, Hebamme, Krankenhaus, Arznei) sind wie Krankheitskosten abzugsfähig. Aufwendungen für das Kind (Erstlingsausstattung, Windeln) auch bei Mehrlingsgeburten sind mit dem Kindergeld abgegolten, Kosten für Umstandskleidung sind nicht außergewöhnlich.
- **Geldbußen/Geldstrafen:** Sind nicht abzugsfähig nach § 12 Nr. 4 EStG. Etwas anders gilt für ausländische Geldstrafen, die nach deutscher Rechtsauffassung als offensichtlich ungerecht erscheinen.
- **Gutachten:** War das Gutachten notwendig, um die Zwangsläufigkeit der Kosten nachzuweisen (s. Krankheitskosten und Gebäudesanierung), sind die Aufwendungen abzugsfähig (BFH, Urteil v. 23.5.2002, III R 52/99, HI779943, BFH/NV 2002 S. 1229).
- **Hauskosten:** Siehe Gebäudesanierung (➜ Tz 463).
- **Hausrat/Haushaltsgeräte/Kleidung:** Die Kosten sind grds. nicht abzugsfähig.
  Etwas anderes gilt für **existenziell notwendige Gegenstände** (Hausrat, Möbel, notwendige Haushaltsgeräte, Kleidung), die infolge eines unabwendbaren Ereignisses (z. B. Brand, Naturkatastrophen wie Hochwasser, Starkregen, Orkan) verloren gegangen bzw. unbrauchbar geworden sind oder von denen eine Gesundheitsgefährdung (z. B. Holzschutzmittel, Formaldehyd) ausgeht.
  Weitere Abzugsvoraussetzung ist, dass den Steuerpflichtigen kein Verschulden am Schaden trifft, er alle zumutbaren Schutzmaßnahmen getroffen und die allgemein zugänglichen und üblichen Versicherungen (z. B. Hausratversicherung) abgeschlossen hatte. Eine Versicherung gegen Hochwasserschäden oder eine Elementarversicherung wird dagegen nicht verlangt.
  Außerdem dürfen **keine Ersatzansprüche** gegenüber Dritten bestehen.
  Begünstigt sind nur die Aufwendungen zur Neuanschaffung von Hausrat (nicht der Restwert der zerstörten Gegenstände). Abzugsfähig sind nur die notwendigen Kosten und nur insoweit, als sie den Wert des Gegenstands im Vergleich zu vorher nicht übersteigen. Ein nach Schadenseintritt vorhandener Restwert ist anzurechnen. Bei unabwendbaren Ereignissen darf das schädigende Ereignis außerdem nicht länger als drei Jahre zurückliegen. Siehe auch Gebäude/Sanierung (➜ Tz 463).
- **Heilkur/Badekur/Kinderkur:** Die Kosten sind abzugsfähig, wenn die Notwendigkeit der Kur zur Heilung oder Linderung einer Krankheit durch qualifizierten Nachweis (➜ Tz 457) vor Beginn der Kur belegt ist (BFH, Urteil v. 19.4.2012, VI R 74/10, HI3019100, BFH/NV 2012 S. 1373) und eine andere Behandlung nicht oder kaum erfolgversprechend erscheint. Weitere Abzugsvoraussetzung ist im Regelfall, dass die Kur unter ärztlicher Überwachung stattfindet. Hat der Steuerpflichtige die Kur anstelle einer sonst üblichen Erholungsreise gemacht, sind nur die die üblichen Kosten übersteigenden Aufwendungen sowie Arztkosten und Ausgaben für Kurmittel abzugsfähig (BFH, Urteil v. 14.2.1980, VI R 218/77, HI73464, BStBl 1980 II S. 295).
  Kosten für eine Klimakur, also eine Kur, die eine Krankheit allein durch Klimawechsel beheben oder lindern soll, sind nur unter besonderen Umständen z. B. bei Neurodermitis oder Psoriasis (Schuppenflechte) abzugsfähig. Weitere Voraussetzung ist, dass die Klimakur nicht nach Art eines Familienurlaubs oder einer sonstigen Ferienreise durchgeführt wird (BFH, Urteil v. 12.6.1991, III R 102/89, HI63583, BStBl 1991 II S. 763).

Zu den abzugsfähigen Kosten gehören Fahrtkosten zum Kurort, Unterkunft, Verpflegung, Arztkosten und Kurmittel. Als Fahrtkosten zum Kurort sind grds. nur die Kosten der öffentlichen Verkehrsmittel zu berücksichtigen (BFH, Urteil v. 12.6.1991, III R 102/89, HI63583, BStBl 1991 II S. 763), es sei denn, die persönlichen Verhältnisse erfordern die Benutzung des eigenen Fahrzeugs (BFH, Urteil v. 16.5.1975, VI R 132/72, HI71400, BStBl 1975 II S. 536).
Als Verpflegungsmehraufwendungen anlässlich einer Kur können (nach Abzug einer Haushaltsersparnis von 1/5) nur 4/5 der tatsächlichen Kosten abgezogen werden.
Findet die Kur im Ausland statt, sind die Kosten nur bis zur Höhe der Aufwendungen anzuerkennen, die in einem, dem Heilzweck entsprechenden, inländischen Kurort entstehen würden. Dies gilt ausnahmsweise nicht, wenn die Kur nur an einem medizinisch angezeigten Kurort im Ausland (z. B. Totes Meer, Hochgebirgslage) möglich ist.
Aufwendungen für Besuchsfahrten zu in Kur befindlichen Angehörigen sind keine außergewöhnlichen Belastungen (BFH, Urteil v. 16.5.1975, VI R 132/72, HI71400, BStBl 1975 II S. 536).
Bei Heilkuren von Kindern setzt ein Kostenabzug in aller Regel voraus, dass das Kind in einem Kinderheim untergebracht ist, es sei denn, dass sich aus einer vor Kurantritt ausgestellten amtsärztlichen Bescheinigung ergibt, dass und warum der Kurerfolg auch bei Unterbringung außerhalb eines Kinderheims gewährleistet ist (BFH, Urteil v. 2.4.1998, III R 67/97, HI67398, BFH/NV 1998 S. 1551). Bei Kindern können auch die Kosten für eine Begleitperson (Elternteil) abzugsfähig sein, wenn die Notwendigkeit der Begleitung nachgewiesen ist. Bei minderjährigen Kindern reicht der einfache Nachweis, bei volljährigen Kindern ist ein qualifizierter Nachweis erforderlich (BFH, Urteil v. 11.11.2010, VI R 17/09, HI2596352, BFH/NV 2011 S. 503; BFH, Urteil v. 5.10.2011, VI R 88/10, HI2812952, BFH/NV 2012 S. 35).

- **Heimkosten** (➜ Tz 461)
- **Hochzeit:** Siehe Eheschließung.
- **Insolvenz:** Die Aufwendungen für ein Verbraucherinsolvenzverfahren sind nach Verwaltungsauffassung nicht zwangsläufig, weil das Verfahren nur aufgrund eines freiwilligen Antrags des Schuldners eröffnet und durchgeführt wird, um die „Rechtswohltat" der Restschuldbefreiung zu erhalten. Siehe auch Prozesskosten.
- **Integrationskurs:** Kosten sind abzugsfähig, wenn die Teilnahme verpflichtend ist (nachzuweisen z. B. durch Bestätigung der Teilnahmeberechtigung nach § 6 Abs. 1 Satz 1 u. 3 der Verordnung über die Durchführung von Integrationskurse für Aussiedler und Spätaussiedler).
- **Kfz-Kosten:** Siehe Fahrtkosten.
- **Kleidung:** Siehe Hausrat.
- **Kosmetische Operation:** Siehe Krankheitskosten (➜ Tz 456).
- **Krankheitskosten** ➜ Tz 456, siehe auch Gebäudesanierung (➜ Tz 463) und Heimunterbringung (➜ Tz 461).
- **Künstliche Befruchtung:** Siehe Krankheitskosten.
- **Lärmschutz:** Siehe Gebäudesanierung (➜ Tz 463).
- **Möbel:** Der Austausch von Möbeln, die schadstoffbelastet sind (z. B. Formaldehyd), oder wegen Krankheit (Hausstauballergie, Asthmabeschwerden, Neurodermitis) ersetzt werden müssen, führt zu steuerlich abzugsfähigen außergewöhnlichen Belastungen. Es reicht der einfache Nachweis (BFH, Urteil v. 23.5.2002, III R 52/99, HI779943, BFH/NV 2002 S. 1229; BFH, Urteil v. 11.11.2010, VI R 16/09, HI2596351, BFH/NV

2011 S. 501). Dabei muss die medizinische Indikation der Maßnahme nachgewiesen sein. Der Abzug ist nur für die notwendigen Kosten möglich. Der sich aus der Erneuerung ergebende Vorteil (längere Nutzungsdauer) ist anzurechnen (➜ Tz 463).

- **Nachlassverbindlichkeiten:** Siehe Bestattungskosten.
- **Naturkatastrophen** (Hochwasser, Hagel, Gewitter, Sturm, Starkregen): Siehe Hausrat und Gebäudesanierung (➜ Tz 463).
- **Pflegekosten** ➜ Tz 458, Heimkosten (➜ Tz 461)
- **Pflegeheim** ➜ Tz 461
- **Prozesskosten:** Sie sind, soweit sie beruflich oder betrieblich verursacht sind (z. B. arbeitsrechtlicher Prozess), WK oder Betriebsausgaben. **Privat veranlasste** Kosten eines Zivilprozesses (z. B. Gerichts-, Anwaltskosten, Auslagen für Zeugen, Sachverständigengutachten, Aufwendungen für Kopien, Porto, eigene Fahrtkosten) sind aufgrund gesetzlicher Regelung nach § 33 Abs. 2 Satz 4 EStG seit 2013 grds. wegen fehlender Zwangsläufigkeit nicht abzugsfähig, und zwar unabhängig davon, ob der Steuerpflichtige Kläger oder Beklagter ist. Dasselbe gilt für Verfahren vor Verwaltungs-, Finanz- und Strafgerichten etc. (BFH, Urteil v. 18.5.2017, VI R 9/16, HI11033254, BFH/NV 2017 S. 1373 zu Scheidungskosten). Eine **gesetzliche** Ausnahme gilt nur, wenn der Prozess existenziell wichtige Bereiche oder den Kernbereich menschlichen Lebens berührt, wenn also ohne den Rechtsstreit die Gefahr besteht, dass die Existenzgrundlage verloren geht und die lebensnotwendigen Bedürfnisse im üblichen Rahmen nicht mehr befriedigend werden können.

  Ab **2013 nicht** (mehr) abzugsfähig sind u. a.:
  - Streit über das **Umgangsrecht** der Eltern mit ihren Kindern
    Zu dieser Frage sind zwischenzeitlich aufgrund unterschiedlicher Urteile einzelner Finanzgerichte mehrere Revisionsverfahren beim BFH anhängig (Az. beim BFH VI R 15/18, Vorinstanz: FG Düsseldorf, Urteil v. 13.3.2018, 13 K 3024/17 E, HI11721237, EFG 2018 S. 838; Az. beim BFH VI R 27/18, Vorinstanz: FG München, Urteil v. 7.5.2018, 7 K 257/17, HI12204837, EFG 2018 S. 1960);
  - **Vaterschaftsfeststellungsprozess**, wenn ernstliche Zweifel an der Vaterschaft bestehen und zur Verteidigung des mutmaßlichen Vaters Erfolg versprechend erscheint.

  Die einem wegen einer vorsätzlichen Tat verurteilten Steuerpflichtigen entstandenen Kosten seiner Strafverteidigung (Strafprozesskosten) sind nicht als außergewöhnliche Belastungen abziehbar (BFH, Urteil v. 16.4.2013, IX R 5/12, HI5183623, BFH/NV 2013 S. 1683).
- **Rechtsanwaltskosten:** Siehe Prozesskosten.
- **Schadensersatzzahlungen** können zwangsläufig sein, wenn der Steuerpflichtige bei der Schädigung nicht vorsätzlich oder grob fahrlässig gehandelt hat.
- **Scheidung:** i. Z. m. der Scheidung (Scheidung und Versorgungsausgleich als Zwangsverbund) angefallene Gerichts- und Rechtsanwaltskosten sind seit 2013 (Gesetzesänderung), unabhängig von der Schuldfrage, nicht mehr als außergewöhnliche Belastung abzugsfähig (BFH, Urteil v. 18.5.2017, VI R 9/16, HI11033254, BFH/NV 2017 S. 1373). Die Aufwendungen dienen nicht zur Sicherung der Existenzgrundlage und der lebensnotwendigen Bedürfnisse.
- **Schuldentilgung/Schuldzinsen:** Wird ein Darlehen aufgenommen, um Kosten zu finanzieren, die außergewöhnliche Belastungen sind (z. B. begünstigte Gebäudesanierung), so sind die mit dem Kredit finanzierten Aufwendungen bei Zahlung abzugsfähig. Deshalb

entfällt ein Abzug der Darlehenstilgung. Die Schuldzinsen können dagegen steuerlich geltend gemacht werden, wenn die Schuldaufnahme zwangsläufig war.

- **Schwangerschaft:** Siehe Geburt.
- **Strafen** sind nicht als außergewöhnliche Belastungen abzugsfähig; siehe auch Prozesskosten.
- **Strafverfahren:** kein Abzug der Gerichtskosten s. o. unter Prozesskosten.
- **Todesfall:** Siehe Bestattungskosten.
- **Trinkgelder:** Kosten sind nicht keine außergewöhnlichen Belastungen
- **Umzug:** Kosten sind Werbungskosten bzw. Betriebsausgaben, soweit der Umzug beruflich bzw. betrieblich verursacht war (➔ Tz 691, ➔ Tz 726). Privat veranlasste Umzugskosten sind i. d. R. nicht außergewöhnlich. Es kommt jedoch eine Steuerermäßigung als haushaltsnahe Dienstleistung nach § 35a Abs. 2 EStG infrage (➔ Tz 479).
- **Unfallkosten:** Kosten zur Beseitigung eigener gesundheitlicher Schäden sind als Krankheitskosten abzugsfähig. Eigene Vermögensschäden (Sachschäden z. B. am eigenen Kfz) sind nicht abzugsfähig. Dasselbe gilt für Schadensersatz. Hier besteht regelmäßig die Möglichkeit, sich mit dem Abschluss einer Haftpflichtversicherung abzusichern, ansonsten nimmt der Steuerpflichtige das Gefährdungsrisiko bewusst in Kauf. Unfallkosten i. Z. m. beruflichen Fahrten sind Betriebsausgaben oder Werbungskosten (➔ Tz 691).
- **Unterhalt** (➔ Tz 587).
- **Urlaub:** Die Kosten für eine Begleitperson sind u. U. im notwendigen Umfang abzugsfähig. Siehe Krankheitskosten und behinderte Personen (➔ Tz 457, ➔ Tz 447).
- **Vaterschaftsfeststellungsprozess:** Siehe Prozesskosten.
- **Zivilprozess:** Siehe Prozesskosten.

5 Anlage Haushaltsnahe Aufwendungen

5.1 Steuerermäßigungen bei Aufwendungen für haushaltsnahe Beschäftigungsverhältnisse, für Pflege, für die Inanspruchnahme haushaltsnaher Dienstleistungen und für Handwerkerleistungen

In der „Anlage Haushaltsnahe Aufwendungen" können Steuerermäßigungen für Ausgaben für haushaltsnahe Beschäftigungsverhältnisse, Pflegeleistungen, haushaltsnahe Dienstleistungen und Handwerkerleistungen geltend gemacht werden. 467

Übersicht und Höhe der Steuerermäßigung

Nach § 35a EStG sind **Steuerermäßigungen** (direkter Steuerabzug von der tariflichen Einkommensteuer) für haushaltsnahe Beschäftigungsverhältnisse, Pflegeleistungen, haushaltsnahe Dienstleistungen und Handwerkerleistungen möglich.

Die Ermäßigungsgründe lassen sich in folgende drei Gruppen einteilen:

Geringfügiges Beschäftigungsverhältnis i. S. d. § 8a SGB IV Minijob (Arbeitslohn bis 450 € im Monat) mit haushaltsnahen Tätigkeiten im Haushalt des Steuerpflichtigen und **Teilnahme am Haushaltsscheckverfahren** (Arbeitnehmer)	**Sozialversicherungspflichtiges Beschäftigungsverhältnis,** mit haushaltsnahen Tätigkeiten (Arbeitnehmer) + **haushaltsnahe Dienstleistungen** (Beschäftigter ist kein Arbeitnehmer) + **Pflege- und Betreuungsleistungen einschließlich Heim- und Pflegeunterbringung** (soweit mit Haushaltshilfe vergleichbar)	**Handwerkerleistungen** für Renovierungs-, Erhaltungs- und Modernisierungsmaßnahmen sowie Erweiterungen (z. B. Anbau, Dachgeschossausbau, Garage) in Zusammenhang mit einem bestehenden Haushalt.
§ 35a Abs. 1 EStG	§ 35a Abs. 2 EStG	§ 35a Abs. 3 EStG
Steuerermäßigung 20 % der Kosten, höchstens 510 €	Steuerermäßigung 20 % der **gesamten** Kosten, höchstens 4.000 €	Steuerermäßigung 20 % der Kosten, höchstens 1.200 €

Sämtliche Höchstbeträge sind Jahresbeträge und können **nebeneinander** in Anspruch genommen werden. 468

BEISPIEL

Verschiedene Steuerermäßigungen nebeneinander

Die Aufwendungen für eine Haushaltshilfe, für die reguläre Sozialpflichtversicherungsbeiträge bezahlt werden, betragen insgesamt 12.000 € im Jahr.

Außerdem werden an zwei Handwerker für Modernisierungsmaßnahmen Werklohnkosten i. H. v. 4.000 € bzw. 5.000 € bezahlt.

Für die Beschäftigung der Haushaltshilfe gibt es eine Steuerermäßigung nach § 35a Abs. 2 EStG i. H. v. 20 % aus 12.000 € = 2.400 €. Für die Handwerkerleistungen i. H. v. insgesamt 9.000 € wird eine zusätzliche Steuerermäßigung nach § 35a Abs. 3 EStG mit 20 % aus 9.000 €, höchstens insgesamt 1.200 € berücksichtigt.

Die gem. § 32d Abs. 3 und 4 EStG veranlagte und dem gesonderten Tarif für Einkünfte aus Kapitalvermögen unterliegende Einkommensteuer kann nicht nach § 35a EtG ermäßigt werden (BFH, Urteil v. 28.4.2020, VI R 54/17, HI13951107).

Konkurrenz zu anderen gesetzlichen Abzugstatbeständen

469 Sind die Aufwendungen für die Haushaltshilfe ganz oder teilweise als **Betriebsausgaben** oder **Werbungskosten** abzugsfähig, ist die Steuerermäßigung nach § 35a EStG insoweit ausgeschlossen. Gemischte Aufwendungen (z. B. für eine Reinigungskraft, die sowohl die private Wohnung als auch Büroräume des Steuerpflichtigen reinigt) sind unter Berücksichtigung des zeitlichen Anteils an der Gesamtarbeitszeit sachgerecht aufzuteilen.

Fallen **Kinderbetreuungskosten** dem Grunde nach unter die Sonderausgaben, gibt es für sie insgesamt keine Steuerermäßigung, und zwar auch nicht für den Teil der Aufwendungen, der bei den Sonderausgaben wegen der 2/3-Regelung bzw. wegen Überschreitung des Höchstbetrags nicht abziehbar ist (➔ Tz 581).

Gehören Aufwendungen zu den **außergewöhnlichen Belastungen** nach § 33 ff. EStG, kann für den Teil der Aufwendungen, der durch den Ansatz der zumutbaren Belastung nicht als außergewöhnliche Belastung abziehbar ist sowie für die, die Höchstsätze des § 33a EStG übersteigenden Aufwendungen bei Vorliegen der weiteren Voraussetzungen eine Steuerermäßigung nach § 35a EStG in Betracht kommen. Dabei wird bei Aufwendungen, die sowohl bei § 33 EStG als auch bei § 35a EStG berücksichtigt werden können, unterstellt, dass die zumutbare Belastung vorrangig auf die nach § 35a EStG begünstigten Aufwendungen entfällt.

Nimmt eine pflegebedürftige Person den **Behindertenpauschbetrag** nach § 33b Abs. 3 EStG in Anspruch, schließt dies eine Berücksichtigung der Pflegeaufwendungen nach § 35a EStG aus (BFH, Urteil v. 5.6.2014, VI R 12/12, HI7311356, BFH/NV 2014 S. 1927). Das Gleiche gilt für Pflegekosten eines Kindes, wenn der einem Kind zustehende Behindertenpauschbetrag auf den Steuerpflichtigen übertragen wird.

Bei Aufnahme eines **Au-pairs** in eine Familie fallen i. d. R. neben den Aufwendungen für leichte Hausarbeiten auch Aufwendungen für die Betreuung der Kinder an. Soweit der jeweilige Umfang der Aufwendungen nicht nachgewiesen werden kann, ist von einem Anteil von 50 % der Gesamtaufwendungen im Rahmen der Steuerermäßigung für haushaltsnahe Dienstleistungen nach § 35a EStG auszugehen (➔ Tz 582).

470 Aufwendungen für die Erteilung von Unterricht (z. B. Sprachunterricht), die Vermittlung besonderer Fähigkeiten (z. B. Computerkurs) sowie sportliche und andere Freizeitbetätigungen sind nach § 35a EStG **nicht begünstigt**.

Berechtigter Personenkreis

Die Steuerermäßigungen nach § 35a EStG kann sowohl der Arbeitgeber eines haushaltsnahen Beschäftigungsverhältnisses als auch der Auftraggeber einer haushaltsnahen Dienstleistung, einer Pflege- oder Betreuungsleistung oder eines Handwerkers in Anspruch nehmen. 471

Die Steuerermäßigung erhält daher auch ein **Mieter**, wenn er die von ihm gemietete Wohnung (z. B. durch einen Malerbetrieb) auf eigene Kosten renovieren lässt. Dasselbe gilt, wenn dem Mieter entsprechende Aufwendungen vom Vermieter in Rechnung gestellt werden.

Der Mieter einer (Eigentums-)Wohnung kann die Steuerermäßigung auch beanspruchen, wenn die von ihm zu zahlenden Nebenkosten Beträge umfassen, die für ein haushaltsnahes Beschäftigungsverhältnis, für haushaltsnahe Dienstleistungen oder für handwerkliche Tätigkeiten geschuldet werden und sein Anteil an den vom Vermieter unbar gezahlten Aufwendungen entweder aus der Jahresabrechnung hervorgeht oder durch eine Bescheinigung des Vermieters oder des WEG-Verwalters nachgewiesen wird. Entsprechendes gilt auch für den Fall der unentgeltlichen Überlassung einer Wohnung, wenn der Nutzende die entsprechenden Aufwendungen getragen hat. Unter welchen Voraussetzungen ein Mieter einer Eigentumswohnung die Steuervergünstigung des § 35a EStG in Anspruch nehmen kann und in welchem Vz., klärt der BFH in einem anhängigen Verfahren (Az. beim BFH: VI R 24/20, Vorinstanz: Niedersächsisches FG, Urteil v. 8.5.2019, 4 K 120/18, HI14099651).

Bei **Wohnungseigentümergemeinschaften** erhält der einzelne Wohnungseigentümer eine Steuerermäßigung, wenn in seiner Jahresabrechnung oder einer Bescheinigung des Verwalters oder Vermieters die begünstigten Aufwendungen gesondert aufgeführt sind und der Anteil seiner steuerbegünstigten Kosten (insbesondere Arbeits- und Fahrtkosten) ausgewiesen ist. Nach Auffassung der Finanzverwaltung werden einmalige Aufwendungen (Handwerkerleistungen) erst im Jahr der Genehmigung der Jahresabrechnung berücksichtigt. Soweit einmalige Aufwendungen durch eine Entnahme aus der Instandhaltungsrücklage finanziert werden, können sie erst im Jahr des Abflusses oder im Jahr der Genehmigung der Jahresabrechnung, die den Abfluss aus der Instandhaltungsrücklage beinhaltet, berücksichtigt werden. Aufwendungen für regelmäßig wiederkehrende Dienstleistungen (Reinigung des Treppenhauses, Gartenarbeiten, Hausmeister) können schon im Jahr der Vorauszahlungen abgesetzt werden. Wohnungseigentümer können aber die gesamten Aufwendungen auch erst in dem Jahr geltend machen, in dem die Jahresabrechnung von der Eigentümerversammlung genehmigt worden ist. Die Entscheidung, die Steuerermäßigung hinsichtlich der Aufwendungen für die regelmäßig wiederkehrenden Dienstleistungen im Jahr der Vorauszahlung und für die einmaligen Aufwendungen im Jahr der Beschlussfassung oder für die gesamten Aufwendungen erst im Jahr der Beschlussfassung in Anspruch zu nehmen, muss jeder einzelne Eigentümer bzw. Mieter im Rahmen seiner Einkommensteuererklärung treffen. 472

ACHTUNG

Einheitliches Wahlrecht nach Auffassung der Finanzgerichte

Das FG Baden-Württemberg (Urteil v. 20.11.2012, 11 K 838/10, HI3591020, EFG 2013 S. 525) und das FG Köln (Urteil v. 24.8.2016, 11 K 1319/16, HI11032530) vertreten die Auffassung, dass die Regelungen der Finanzverwaltung i. S. eines Wahlrechts des Steuerpflichtigen zu verstehen sind, die **gesamten** Aufwendungen entweder im Vz. der Vorauszahlung oder im Vz. der Jahresabrechnung geltend zu machen. Es würde einen nicht gerechtfertigten Verstoß gegen das Abflussprinzip des § 11 Abs. 2 Satz 1 EStG bedeuten, würde man einzelne Aufwendungen hiervon ausnehmen.

Werden Aufwendungen für haushaltsnahe Dienstleistung für eine eigengenutzte Wohnung erst nach Eintritt der Bestandskraft des Steuerbescheids geltend gemacht, muss das Finanzamt den Steuerbescheid nach § 173 Abs. 1 Nr. 2 AO ändern und die Steuerermäßigung nach § 35a EStG nachträglich gewähren, wenn der Steuerpflichtige von diesen Aufwendungen erst aufgrund der Betriebskostenabrechnung der Hausverwaltungsgesellschaft nach Durchführung der Veranlagung Kenntnis erlangt hat (FG Köln, Urteil v. 24.8.2016, 11 K 1319/16, HI11032530).

Haushalt (Ort der Tätigkeit)

473 Die Tätigkeit muss in einem in der EU oder dem EWR (Island, Norwegen und Liechtenstein) liegenden eigengenutzten Haushalt ausgeübt werden. Unter einem Haushalt ist eine Wohnung oder ein Haus einschließlich des dazu gehörenden Grund und Bodens zu verstehen.

WICHTIG

Steuerermäßigung für Aufwendungen außerhalb des Grundstücks

Grundsätzlich sind Aufwendungen für haushaltsnahe Dienstleistungen nur begünstigt, wenn sie im Haushalt des Steuerpflichtigen erbracht werden (➜ Tz 473). Ob Beschäftigungsverhältnisse oder Dienstleistungen, die ausschließlich Tätigkeiten zum Gegenstand haben, die außerhalb des Haushalts des Steuerpflichtigen ausgeübt oder erbracht werden (z. B. Reparatur eines Gegenstands in der Werkstatt des Handwerkers), berücksichtigt werden können, wird der BFH (FG Berlin-Brandenburg, Urteil v. 27.7.2017, 12 K 12040/17, HI11643352, Revision beim BFH Az. VI R 4/18) klären.

Bereits steuerlich anerkannt werden Leistungen, die zwar jenseits der Grundstücksgrenze auf fremdem Grund erbracht werden, aber noch in unmittelbarem räumlichem Zusammenhang zum Haushalt durchgeführt werden und diesem dienen. Dies ist z. B. der Fall, wenn der eigene Haushalt unmittelbar an das öffentliche Versorgungsnetz angeschlossen wird (BFH, Urteil v. 20.3.2014, VI R 55/12, HI6796732, BFH/NV 2014 S. 1147). Dies liegt vor, wenn beide Grundstücke eine gemeinsame Grenze haben. Anerkannt wurden z. B. Winterdienst auf öffentlichem Gehsteig oder Wasseranschluss. Kehrdienst auf öffentlichen Flächen, Verlegung Hausanschluss für Telefon, Kabel bzw. Breitbandinternet oder Fernwärme etc.) dürften entsprechend zu berücksichtigen sein.

Anders beurteilt es der BFH, wenn der räumlich-funktionale Zusammenhang zum Haushalt nicht gegeben ist. z. B., wenn für die Verlegung einer Leitung als Teil des öffentlichen Sammelnetzes ein Zuschuss erhoben wird. Denn im Unterschied zum eigentlichen Hausanschluss dient der Ausbau des allgemeinen Versorgungsnetzes nicht nur einzelnen Grundstückseigentümern, sondern allen Nutzern des Netzes (BFH, Urteil v. 21.2.2018, VI R 18/16, HI11766737, BFH/NV 2018 S. 855).

Auch Straßenanlieger- und Erschließungsbeiträge sind nach Auffassung des BFH nicht begünstigt (BFH, Urteil v. 28.4.2020, VI R 50/17).

Wegen Umzug in eine andere Wohnung oder ein anderes Haus ➜ Tz 481 ff.

Pflege- und Betreuungsdienstleistungen können auch in der Wohnung der zu pflegenden Person durchgeführt werden. Bei einer Heimunterbringung ist Voraussetzung, dass das

Heim oder der Ort der dauernden Pflege in der EU oder dem EWR liegt. Aufwendungen in Zweit-, Wochenend- und Ferienwohnungen sind ebenfalls zu berücksichtigen, wenn diese Wohnungen tatsächlich eigengenutzt werden. Die Steuerermäßigung kann aber für alle Wohnungen insgesamt nur einmal bis zum jeweiligen Höchstbetrag abgezogen werden. Eine Tätigkeit „im Haushalt" liegt auch bei Aufwendungen vor, die unmittelbar vor dem Einzug bzw. nach Auszug des Steuerpflichtigen anfallen, wenn ein enger zeitlicher Zusammenhang zu diesem besteht.

Nachweis, Zahlungsarten, Zahlungszeitpunkt

Die Steuerermäßigung gem. § 35a Abs. 2 Satz 2 EStG kann nur für die Inanspruchnahme **474** von „eigenen" haushaltsnahen Dienstleistungen sowie die eigene Unterbringung in einem Heim oder zur dauernden Pflege beansprucht werden. Die Steuerermäßigung kann nur der Steuerpflichtige in Anspruch nehmen, dem die Aufwendungen entstanden sind. Steuerpflichtige, die für die Unterbringung oder Pflege anderer Personen im Heim aufkommen, können für diese Aufwendungen die Steuerermäßigung nicht beanspruchen (BFH, Urteil v. 3.4.2019, VI R 19/17, HI13139894, BFH/NV 2019 S. 745).

Voraussetzung für den Abzug der Steuerermäßigung für haushaltsnahe Dienstleistungen nach § 35a Abs 2 EStG und Handwerkerleistungen nach § 32a Abs. 3 EStG ist, dass der Steuerpflichtige im Besitz einer **Rechnung** (auch Arbeitsvertrag oder Quittung mit aufgeführter Leistung) ist und die Zahlung auf das Konto des Leistenden **unbar**, d.h. durch Überweisung, Lastschrifteinzug, Onlinebanking oder Bankeinzahlung erfolgt ist. Barzahlungen können nicht anerkannt werden (BFH, Beschluss v. 30.7.2013, VI B 31/13, HI5388321, BFH/NV 2013 S. 1786), auch wenn die Barzahlung von dem Erbringer der Leistung tatsächlich ordnungsgemäß verbucht worden ist und der Steuerpflichtige einen Nachweis über die ordnungsgemäße Verbuchung erhalten hat oder wenn eine Barzahlung durch eine später veranlasste Zahlung auf das Konto des Erbringers der Leistung ersetzt wird (BFH, Urteil v. 20.11.2008, VI R 14/08, HI2113092, BFH/NV 2009 S. 469).

Rechnung und Kontoauszug müssen nicht der Steuererklärung beigefügt werden. Auf Anforderung des Finanzamts müssen die Nachweise jedoch vorgelegt werden können.

Zeitpunkt des Abzugs

Für die Inanspruchnahme der Steuerermäßigungen ist das **Jahr der Zahlung** maßgebend. **475** Bei regelmäßig wiederkehrenden Ausgaben (z.B. nachträgliche monatliche Zahlung oder monatliche Vorauszahlung einer Pflegeleistung), die innerhalb eines Zeitraums von bis zu zehn Tagen vor Beginn bzw. nach Beendigung eines Kalenderjahres fällig waren und geleistet worden sind, werden die Ausgaben dem Kalenderjahr zugerechnet, zu dem sie wirtschaftlich gehören.

TIPP

Abschlagszahlungen

Durch Teil- oder Abschlagszahlungen, z.B. für Handwerkerleistungen, in verschiedenen Jahren kann die Steuerermäßigung für die jeweilige Zahlung in verschiedenen Jahren in Anspruch genommen und so die Höchstbeträge besser und ggf. mehrfach ausgenutzt werden. Voraussetzung ist aber jeweils eine Rechnung für die betreffende Teil- oder Abschlagszahlung.

II Kommentierung

Haushaltsnahe Beschäftigungsverhältnisse

476 Ein **haushaltsnahes Beschäftigungsverhältnis** ist eine Tätigkeit, die in einem engen Bezug zum Haushalt ausgeübt wird. Zu diesen Tätigkeiten gehören u.a. die Zubereitung von Mahlzeiten im Haushalt, die Reinigung der Wohnung, Gartenpflege und die Pflege, Versorgung und Betreuung von Kindern sowie von kranken, alten oder pflegebedürftigen Personen.

Haushaltsnahe Beschäftigungsverhältnisse mit Angehörigen, die nicht im Haushalt des Steuerpflichtigen leben (z.B. mit Kindern, die einen eigenen Haushalt haben), können steuerlich nur anerkannt werden, wenn die Verträge zivilrechtlich wirksam zustande gekommen sind, inhaltlich dem zwischen Fremden Üblichen entsprechen und tatsächlich auch so durchgeführt werden. Verträge zwischen in einem Haushalt zusammenlebenden Ehegatten oder zwischen Eltern und im selben Haushalt lebenden Kindern werden steuerlich nicht anerkannt. Dies gilt entsprechend für zusammenlebende Partner einer nicht ehelichen Lebensgemeinschaft.

Im Rahmen des § 35a EStG sind zwei Arten von haushaltsnahen Beschäftigungsverhältnissen zu unterscheiden, weil diese steuerlich unterschiedlich gefördert werden:

Geringfügige Beschäftigung im Privathaushalt

[Geringfügige Beschäftigung im Privathaushalt i.S.d. § 8a SGB IV ➜ Zeile 4]

477 Ein **geringfügiges Beschäftigungsverhältnis im Privathaushalt** nach § 35a Abs. 1 EStG – **Minijob** – liegt vor, wenn die Beschäftigung **ausschließlich** im Privathaushalt erfolgt, ein Arbeitslohn von nicht mehr als 450 € je Monat gezahlt, die Beiträge zur Sozialversicherung bzw. die Steuern und Umlagen (Krankheit, Kur, Schwanger-, Mutterschaft) pauschal an die „Minijob-Zentrale“, mit Sitz in Essen, abführt werden und der Steuerpflichtige am **Haushaltsscheckverfahren** (Anmeldeformular für die Minijob-Zentrale) teilnimmt. Als Nachweis dient die dem Arbeitgeber von der Minijob-Zentrale zum Jahresende erteilte Bescheinigung. Diese enthält den Zeitraum, für den Beiträge zur Rentenversicherung gezahlt wurden, die Höhe des Arbeitsentgelts, die Gesamtsozialversicherungsbeiträge, Umlagen und die einbehaltene Pauschsteuer.

Wohnungseigentümergemeinschaften können nicht am Haushaltsscheckverfahren teilnehmen. Ein von einer Wohnungseigentümergemeinschaft eingegangenes geringfügiges Beschäftigungsverhältnis ist somit nicht nach § 35a Abs. 1 EStG begünstigt. Es fällt unter die haushaltsnahen Dienstleistungen nach § 35a Abs. 2 EStG. Ist der Arbeitgeber ein einzelner Wohnungseigentümer, ist die Steuerermäßigung nach § 35a Abs. 1 EStG möglich.

Befindet sich der Haushalt des Steuerpflichtigen in einem EU- oder EWR-Staat, gelten die Voraussetzungen eines inländischen Minijobs und der Arbeitgeber muss entsprechende Sozialabgaben abführen.

Sozialversicherungspflichtige Beschäftigungsverhältnisse

[Sozialversicherungspflichtige Beschäftigungsverhältnisse ➜ Zeile 5]

478 Ein **sozialversicherungspflichtiges Beschäftigungsverhältnis im Privathaushalt** (§ 35a Abs. 2 EStG) liegt u.a. vor, wenn die Grenzen einer geringfügigen Beschäftigung (Minijob nur im Haushalt) überschritten sind. Hier gehören neben dem ausgezahlten

Arbeitslohn die Sozialversicherungsbeiträge, Lohn- und Kirchensteuer, Solidaritätszuschlag, die Umlagen zur Lohnfortzahlungsversicherung und die Unfallversicherungsbeiträge, soweit sie der Arbeitgeber getragen hat, zu den begünstigten Aufwendungen.

Haushaltsnahe Dienstleistungen

[Haushaltsnahe Dienstleistungen → Zeile 5]

Unter **haushaltsnahe Dienstleistungen** (§ 35a Abs. 2 Satz 1 EStG) fallen nur Tätigkeiten, **479**
die keine handwerklichen Leistungen i. S. d. § 35a Abs. 3 EStG sind und gewöhnlich durch Mitglieder des privaten Haushalts erledigt werden. Es wird eine Dienstleistungsagentur oder ein selbstständiger Dienstleister als **Hilfe im Haushalt** in Anspruch genommen wird. Begünstigt sind z. B. Gebäudereiniger, Fensterputzer, Schneeräumdienste, Hausmeisterservice oder Garten**pflege**arbeiten oder das Versorgen, Betreuen und Ausführen von zum Haushalt gehörenden **Haustieren** (BFH, Urteil v. 3.9.2015, VI R 13/15, HI8745138, BFH/NV 2016 S. 115). Nicht berücksichtigungsfähig ist die Unterbringung von Haustieren während des Urlaubs in einer externen Tierpension (außerhalb des Haushalts). Schulverpflegung in der Ganztagsschule ist keine haushaltsnahe Dienstleistung (Sächsisches FG, Urteil v. 7.1.2016, 6 K 1546/13, rkr.). Kosten für Babysitter sind begünstigt, wenn die weiteren Voraussetzungen (Rechnung, insbesondere unbare Zahlung) vorliegen und ein Sonderausgabenabzug für Kinderbetreuungskosten nicht in Betracht kommt.

TIPP

Steuerlich geförderter Fahrtkostenersatz für Großeltern

Übernehmen die Großeltern im Rahmen der Kinderbetreuung den Fahrdienst für die Enkelkinder, die älter als 14 Jahre sind, und erhalten sie zwar keinen Lohn, aber die Fahrtkosten ersetzt, können diese als begünstigte Sachleistungen der Betreuungsperson steuerlich geltend gemacht werden. Voraussetzung ist allerdings eine vertragliche Vereinbarung, eine Rechnung und die unbare Zahlung.

Nicht begünstigt sind Aufwendungen, bei denen die Entsorgung im Vordergrund steht **480**
(z. B. Müllabfuhr). Ist die Entsorgung eine Nebenleistung zur Hauptleistung, etwa wenn neben dem Arbeitslohn für Gartenarbeiten Gebühren für die Entsorgung des Schnittguts in Rechnung gestellt werden, ist die Steuerermäßigung möglich. Im Haushalt verrichtete personenbezogene Dienstleistungen (z. B. Friseur- und Kosmetikerleistungen) sind keine begünstigten haushaltsnahen Dienstleistungen. Sie gehören jedoch zu den begünstigten Pflege- und Betreuungsleistungen, soweit sie im Leistungsverzeichnis der Pflegeversicherung aufgeführt sind (BMF, Schreiben v. 9.11.2016, IV C 8 – S 2296-b/07/10003:008, Rn. 12, BStBl 2016 I S. 1213). Begünstigt sind auch die Aufwendungen für ein mit der Betreuungspauschale abgegoltenes Notrufsystem in einer Seniorenresidenz (aber nur) innerhalb des betreuten Wohnens (BFH, Urteil v. 5.11.2015, III R 17/14, HI9041237, BFH/NV 2016 S. 548).

[Pflege- und Betreuungsleistungen → Zeile 5]

Begünstigt nach § 35a Abs. 2 Satz 2 EStG ist die Inanspruchnahme von **Pflege- und** **481**
Betreuungsleistungen.

WICHTIG

Konkurrenz zu den außergewöhnlichen Belastungen

Eine Steuerermäßigung kommt nur insoweit in Betracht, als die Aufwendungen für Pflege- und Betreuungsleistungen nicht als außergewöhnliche Belastungen nach § 33 EStG abziehbar sind. Die Steuerermäßigung berechnet sich deshalb ggf. aus Aufwendungen, die keine außergewöhnlichen Belastungen darstellen (altersbedingte Aufwendungen) oder dem Teil der Ausgaben, der wegen der zumutbaren Belastung nicht als außergewöhnliche Belastungen abziehbar ist (krankheitsbedingte Kosten; ➜ Tz 458 ff.).

Ein Pflegegrad ist nicht erforderlich. Voraussetzung für die Gewährung einer Steuerermäßigung ist aber, dass die Aufwendungen mit denen einer Hilfe im Haushalt vergleichbar sind. Das Vorhandensein eines eigenen Haushalts im Heim oder am Ort der dauernden Pflege ist nach Auffassung der Finanzverwaltung nicht erforderlich. Die Pflege kann persönlich oder unter Mitwirkung Dritter durchgeführt werden. So können z.B. die Aufwendungen für die Inanspruchnahme eines mobilen Pflegedienstes oder der Heimunterbringung zu einer Steuerermäßigung führen. Begünstigt sind Dienstleistungen zur Grundpflege (Körperpflege, Ernährung, Mobilität) sowie zur Betreuung. Zusätzliche hauswirtschaftliche Tätigkeiten, die durch den Dienstleister durchgeführt werden (z.B. Reinigungsarbeiten, Zubereiten und Servieren von Speisen und das Waschen der Wäsche, wenn diese Dienstleistungen durch das Heim erbracht werden), sind ebenfalls zu erfassen.

Die Pflege- oder Betreuungsleistung muss im inländischen Haushalt des Steuerpflichtigen oder im Haushalt der gepflegten oder betreuten Person durchgeführt werden. Die Steuerermäßigung steht entweder der pflegebedürftigen Person oder deren Angehörigen zu, wenn diese für Pflege- oder Betreuungsleistungen aufkommen. Wegen der Anrechnung von Leistungen aus der Pflegeversicherung siehe (➜ Tz 485). Werden zwei pflegebedürftige Personen in einem Haushalt gepflegt, kann die Steuerermäßigung nur einmal in Anspruch genommen werden (haushaltsbezogen; BMF, Schreiben v. 9.11.2016, IV C 8 – S 2296-b/07/10003:008, Rn. 13, BStBl 2016 I S. 1213).

Unterbringung im Heim oder zur dauernden Pflege

Begünstigt ist auch eine Heimunterbringung wegen Alters oder zur dauernden Pflege (z.B. Altenheim, Pflegeheim, Wohnstift). Wegen der zu berücksichtigenden Aufwendungen ist zu unterscheiden, ob im Heim ein **eigenständiger und abgeschlossener Haushalt** (Bad, Küche, Wohn- und Schlafbereich) vorliegt und eine eigene Wirtschaftsführung des Bewohners gegeben ist oder nicht.

	Kein abgeschlossener Haushalt im Heim	Abgeschlossener Haushalt im Heim
Grundpflege:		
Pflege- und Betreuungsleistungen	ja	ja
Reinigung des Zimmers	ja	ja
Reinigung der Gemeinschaftsflächen (Flure, Treppenhaus, Gemeinschaftsräume)	ja	ja

	Kein abgeschlossener Haushalt im Heim	Abgeschlossener Haushalt im Heim
Zubereitung von Mahlzeiten in der hauseigenen Küche des Heims	ja	ja
Servieren von Mahlzeiten (auch im Speisesaal)	ja	ja
Wäscheservice, soweit er im Heim erfolgt	ja	ja
Sonstiges:		
Miete im Altenheim/Wohnstift	nein	nein
Hausmeisterarbeiten	nein	ja
Gartenpflege	nein	ja
Handwerkerleistungen	nein	ja
Dienstleistungen des Haus- und Etagenpersonals (Empfang von Besuchern, kleine Botengänge)	nein	ja

Reparatur- und Instandsetzungskosten, die ausschließlich auf Gemeinschaftsflächen entfallen, sind nicht begünstigt. Aufwendungen, die im Voraus geleistet werden, um bei Bedarf bestehende Pflege- und Betreuungsleistungen in Anspruch zu nehmen, sind nur begünstigt, wenn die Dienstleistung tatsächlich in Anspruch genommen wurde.

Bei einer krankheitsbedingten Unterbringung im Heim sind die Kosten bevorzugt als außergewöhnliche Belastung nach § 33 EStG zu berücksichtigen. Soweit ein solcher Abzug nicht in Betracht kommt, z. B. i. H. der zumutbaren Belastung, ist eine Steuerermäßigung nach § 35a EStG zu berücksichtigen (➔ Tz 469). Auch für Aufwendungen der häuslichen Pflege, die wegen Anrechnung von Pflegegeld (§ 37 SGB XI) oder Pflegetagegeld nicht als außergewöhnliche Belastung abziehbar sind, kann die Steuerermäßigung beantragt werden (➔ Tz 485).

Steuerermäßigung auch für „betreutes" Wohnen außerhalb eines Heims

Auch Steuerpflichtige, mit Wohnformen, die keine von den Heimgesetzen erfassten Einrichtungen sind („Betreutes Wohnen"), können eine Steuerermäßigung für Dienstleistungen (hier: Aufwendungen für ein Hausnotrufsystem innerhalb des „betreuten Wohnens" und das Bereithalten von Personal), die mit einer Hilfe im Haushalt vergleichbar sind, erhalten (BFH, Urteil v. 3.9.2015, VI R 18/14, HI8993476, BFH/NV 2016 S. 458).

Dagegen ist nach Auffassung der Finanzverwaltung eine Steuerermäßigung für Aufwendungen für ein Hausnotrufsystem außerhalb des sog. „betreuten Wohnens" (z. B. Notrufanlage eines Wohlfahrtverbandes, Fahrstuhlnotruf) nicht möglich (BMF, Schreiben v. 9.11.2016, IV C 8 – S 2296-b/07/10003:008, Rn. 11 und Anlage 1, BStBl 2016 I S. 1213).

Handwerkerleistungen

[Handwerkerleistungen ➔ Zeilen 6–9]

Aufwendungen für die Inanspruchnahme von **Handwerkerleistungen**, sind nach § 35a Abs. 3 EStG durch eine Steuerermäßigung begünstigt, wenn die Arbeiten in räumlichem Zusammenhang mit dem Haushalt des Steuerpflichtigen erbracht werden. Dazu zählen **482**

z. B. Arbeiten an Innen- und Außenwänden, am Dach, an der Fassade und an Garagen. Die Reparatur oder der Austausch von Fenstern und Türen, das Streichen/Lackieren von Türen, Fenstern, Wandschränken und Heizkörpern sind ebenso begünstigt wie die Reparatur oder der Austausch von Bodenbelägen. Auch die Reparatur, die Wartung oder der Austausch von Heizungsanlagen, Elektro-, Gas- und Wasserinstallationen oder die Modernisierung des Badezimmers führen zu einer Steuerermäßigung. Erfolgt eine Reparatur oder Wartung von Geräten (z. B. Waschmaschine oder Fernseher) im Haushalt des Steuerpflichtigen und nicht in der Werkstatt des Betriebs, ist die Steuermäßigung möglich. Lt. FG Rheinland-Pfalz erfolgt das Beziehen von Polstermöbeln in einer nahe gelegenen Werkstatt des Handwerkers nicht „im Haushalt des Steuerpflichtigen", sodass die Kosten dafür die Steuer nicht nach § 35a EStG ermäßigen können (FG Rheinland-Pfalz, Urteil v. 6.7.2016, 1 K 1252/16, HI9558622, EFG 2016 S. 1350).

Maßnahmen der Gartengestaltung (auch erstmalige Gartenanlage) sind begünstigte Handwerkerleistungen. Dazu gehören Erdarbeiten, das Anlegen von Treppen und Wegen, die Errichtung von Mauern und das Fällen größerer Bäume (BFH, Urteil v. 13.7.2011, VI R 61/10, HI2838361, BFH/NV 2012 S. 296). Gartenpflegearbeiten sind haushaltsnahe Dienstleistungen (§ 35a Abs. 2 EStG; ➜ Tz 479).

Die Dichtheitsprüfung einer Abwasserleitung durch einen Handwerker ist als Handwerkerleistung (vorbeugende Erhaltungsmaßnahme) anerkannt (BFH, Urteil v. 6.11.2014, VI R 1/13, HI7578377, BFH/NV 2015 S. 400), ebenso auch die Aufwendungen für den Schornsteinfeger unabhängig davon, ob sie für Kehrarbeiten, Feuerstättenschau oder Messungen gezahlt werden (BMF, Schreiben v. 9.11.2016, IV C 8 – S 2296-b/07/10003:008, BStBl 2016 I S. 1213). Auch die Kosten für andere Mess- und Überprüfungsarbeiten bzgl. der ordnungsgemäßen Funktion einer Anlage (z. B. Legionellenprüfung, Kontrollen von Aufzügen oder Blitzschutzanlagen) können geltend gemacht werden.

Nicht begünstigt sind reine Wertermittlungen bei Grundstücken, die Erstellung eines Energiepasses und Tätigkeiten in Zusammenhang mit der Finanzierung des Grundstücks.

Begünstigte Handwerkerleistungen

Aufwendungen für Handwerkerleistungen sind immer begünstigt, wenn sie im räumlichen Bereich eines **vorhandenen** Haushalts, zu dem auch der dazugehörige Grund und Boden gehört, erbracht werden (BFH, Urteil v. 13.7.2011, VI R 61/10, HI2838361, BFH/NV 2012 S. 296). Ohne Bedeutung für die Berücksichtigung ist, ob es sich bei den Aufwendungen für die Baumaßnahme ertragsteuerrechtlich um Erhaltungsaufwendungen oder nachträgliche HK handelt. Deshalb sind neben den Erhaltungsaufwendungen (Modernisierung und Instandsetzung) auch Ausgaben für Baumaßnahmen, die neue Wohn- bzw. Nutzflächen schaffen (Anbau, Aufstockung oder Dachgeschossausbau, Einbau einer Dachgaube, Bau eines Wintergartens, Erstellung eines Carports oder einer Garage) in einem vorhandenen Haushalt begünstigt.

WICHTIG

Erstmalige Fertigstellung des eigenen Haushalts (Neubaumaßnahme)

Handwerkerleistungen i. Z. m. der Neuerrichtung eines Gebäudes, bis zu dessen endgültiger erstmaliger Fertigstellung sind **nicht begünstigt.** Ein Gebäude gilt dann als fertiggestellt, wenn alle wesentlichen Bauarbeiten abgeschlossen sind und der Bau so weit errichtet ist, dass der Bezug der Wohnung zumutbar ist. Aufwendungen für eine Maßnahme sind dann begünstigt, wenn sie im räumlichen Zusammenhang eines **vorhandenen** Haushalts erbracht werden. Dazu gehören z.B. Restarbeiten am Haus, Außenputz und die Gartenanlage, die nach dem Bezug eines Neubaus anfallen.

Aufwendungen für Architekten oder Statiker sind keine handwerklichen Leistungen.

Wohnungswechsel

Bei Umzug in eine andere Wohnung kann eine Steuerermäßigung sowohl für die Renovierung im bisherigen als auch im neuen Haushalt in Anspruch genommen werden. Der Höchstbetrag verdoppelt sich aber nicht. Ist der Umzug beruflich bzw. betrieblich verursacht, liegen Werbungskosten oder Betriebsausgaben vor.

Begünstigte Kostenarten

Die Steuerermäßigung für haushaltsnahe Dienstleistungen (§ 35a Abs. 2 EStG) und Handwerkerleistungen (§ 35a Abs. 3 EStG) gilt nur für den angefallenen Arbeitslohn sowie Maschinen-, Fahrtkosten und Aufwendungen für Verbrauchsmittel sowie die darauf entfallende Mehrwertsteuer. **483**

WICHTIG

Materialkosten oder Aufwendungen für gelieferte Waren herausrechnen
Materialkosten oder Aufwendungen für gelieferte Waren sind **nicht** begünstigt.

- **Arbeitskosten:** Begünstigt sind Aufwendungen für die Inanspruchnahme der haushaltsnahen Tätigkeit selbst, für Pflege- und Betreuungs- bzw. für Handwerkerleistungen.
  - Der Anteil der Arbeitskosten muss grds. anhand der Angaben in der Rechnung gesondert ermittelt werden können. Der Rechnungsaussteller kann auch eine prozentuale Aufteilung des Rechnungsbetrags in Arbeits- und Materialkosten vornehmen. Bei Wohnungseigentümergemeinschaften genügt eine Aufteilung der Aufwendungen in der Jahresbescheinigung des Grundstücksverwalters. Auch eine Nebenkostenabrechnung des Mieters muss entsprechende Angaben beinhalten. Ein gesonderter Ausweis der auf die Arbeitskosten entfallenden Mehrwertsteuer ist nicht erforderlich.
  - Die Finanzverwaltung lässt derzeit die Aufteilung einer einheitlichen Rechnung in Arbeitskosten und nicht abziehbare Materialkosten im Wege der Schätzung durch den Steuerpflichtigen selbst nicht zu (BMF, Schreiben v. 9.11.2016, IV C 8 – S 2296-b/07/10003:008, Rn. 40, BStBl 2016 I S. 1213). Dagegen hatte der BFH eine Schätzung der Arbeitskosten anerkannt (BFH, Urteil v. 20.3.2014, VI R 56/12, HI6796733, BFH/NV 2014 S. 1148).
- **Maschinen- und Fahrtkosten,** die i. Z. m. haushaltsnahen Tätigkeiten oder Handwerkerleistungen in Rechnung gestellt werden, sind ebenfalls begünstigt, auch soweit es sich um die Bearbeitung bzw. den Transport von Material handelt.
- Aufwendungen für **Verbrauchsmittel** (z. B. geringfügiges Befestigungsmaterial, Leim, Schmier-, Reinigungs- oder Spülmittel) gehören auch zur Bemessungsgrundlage der Steuerermäßigung.

BEISPIEL

Einbauküche in Einzelanfertigung

Beim Austausch der Einbauküche führen nur der Arbeitslohn, der auf die Montage im Haushalt entfällt, sowie die Anfahrtskosten zur Steuerermäßigung. Der Arbeitslohn für die Herstellung der Einzelschränke in der Werkstatt des Schreiners und die Materialkosten sind nach Auffassung der Finanzverwaltung nicht begünstigt.

5.2 Sonstiges

484 Maßnahmen, die **öffentlich gefördert** werden (zinsverbilligte Darlehen z. B. im Rahmen des CO_2-Gebäudesanierungsprogramms der Kreditanstalt für Wiederaufbau bzw. landeseigener Banken oder steuerfreie Zuschüsse und Fördergelder des Bundesamtes für Wirtschaft und Ausfuhrkontrolle), werden steuerlich nicht berücksichtigt, um eine doppelte Entlastung zu verhindern. Auch für den Teil der Aufwendungen, der sich, z. B. wegen Überschreitung des Förderhöchstbetrags, im Rahmen der öffentlichen Förderung nicht auswirkt, gibt es keine Steuerermäßigung. Die Gewährung von Baukindergeld schließt nach Auffassung des Finanzministeriums des Landes Schleswig-Holstein die Inanspruchnahme der Steuerermäßigung nach § 35a Abs. 3 EStG nicht aus (Kurzinformation v. 18.6.2019, VI 3012 –S 2296b-025).

Erstattungen durch Versicherungen

485 Aufwendungen für haushaltsnahe Dienst- oder Handwerkerleistungen, die aufgrund von Schadensfällen entstehen, können nur berücksichtigt werden, soweit sie nicht von der Versicherung erstattet werden (FG Münster, Urteil v. 6.4.2016, 13 K 136/15 E, HI9477779). Dabei sind nicht nur im laufenden Jahr erstattete Leistungen, sondern auch die Versicherungsleistungen, **mit deren Zahlung in späteren Veranlagungszeiträumen zu rechnen ist**, zu berücksichtigen. Somit ist nur die zu erwartende Selbstbeteiligung begünstigt.

Leistungen aus der Pflegeversicherung sind nur anzurechnen, wenn diese sachgebunden sind (Pflege**sach**leistungen nach § 36 SGB XI oder Kostenersatz für zusätzliche Betreuungsleistungen bei Demenz § 45b SGB XI). Das sog. **„Pflegegeld"** nach § 37 SGB XI für die persönliche Pflege zu Hause ist **nicht** anzurechnen, weil es nicht zweckgebunden für professionelle Pflegedienste bestimmt ist. Dabei ist aber zu beachten, dass die Weitergabe des Pflegegeldes an die pflegenden Angehörigen die Inanspruchnahme des Pflegepauschbetrags nach § 33b Abs. 6 EStG bei diesen ausschließt (➜ Tz 450).

BEISPIEL

Pflegeaufwendungen und Versicherungsersatz

Ein älteres Ehepaar lebt allein in seiner Wohnung im eigenen Zweifamilienhaus. In der anderen Wohnung wohnt der volljährige Sohn. Beide Ehegatten sind pflegebedürftig. Der Vater hat aufgrund eines Schlaganfalls Lähmungserscheinungen und wurde vom medizinischen Dienst in den Pflegegrad 3 eingeordnet, die Mutter hat wegen einer voranschreitenden Demenz Pflegegrad 2.

Der Vater wird täglich durch einen ambulanten Pflegedienst gepflegt und betreut. Die Aufwendungen wurden von der Pflegeversicherung als Pflegesachleistung i.H.v. monatlich 1.298 € übernommen (§ 36 SGB XI). Die weiteren monatlichen Aufwendungen für die Pflege des Vaters betragen nach Abzug der Leistungen der Pflegeversicherung 800 €. Sie werden aus den Einkünften des Vaters bezahlt.

Für die Mutter zahlt die Pflegeversicherung ein Pflegegeld i.H.v. monatlich 316 € nach § 37 SGB XI. Der Sohn betreut die Mutter. Er erhält als Anerkennung das Pflegegeld von der Mutter. Der Sohn nimmt zeitweise einen Pflegedienst für die Betreuung der Mutter in Anspruch. Der Sohn hat hierfür im Kalenderjahr insgesamt 2.100 € bezahlt.

Es handelt sich um die Inanspruchnahme von Pflege- und Betreuungsleistungen i.S.d. § 35a Abs. 2 EStG, für die die Eltern und der Sohn eine Steuerermäßigung in Anspruch nehmen können. Die Beträge nach § 36 SGB XI sind anzurechnen, das Pflegegeld nach § 37 SGB XI ist nicht anzurechnen.

Die Steuerermäßigung für die Pflege- und Betreuungsleistungen wird wie folgt ermittelt:

Eltern: Eigenleistung 800 € × 12 Monate = 9.600 €, davon 20 % = 1.920 €. Die Eltern können 1.920 € als Steuerermäßigungsbetrag in Anspruch nehmen.

Sohn: Eigenleistung 2.100 €. Der Sohn kann eine Steuerermäßigung nach § 35a Abs. 2 EStG nicht in Anspruch nehmen. Den Pflegepauschbetrag nach § 33b Abs. 6 EStG erhält der Sohn nicht, weil er durch die Weiterleitung des Pflegegelds schädliche Einnahmen hat. Etwas anderes gilt, wenn der Sohn das Pflegegeld nur treuhänderisch für die Mutter verwaltet, um daraus Aufwendungen der Pflegebedürftigen zu bestreiten.

Weitere Beispiele zur Anrechnung von Versicherungsbeiträgen: BMF, Schreiben v. 9.11.2016, IV C 8 – S 2296-b/07/10003:008, Rn. 41–43, BStBl 2016 I S. 1213.

[Haushaltsbezogenheit der Höchstbeträge → Zeilen 12–14 und Anlage Sonstiges Zeile 11]

Die Höchstbeträge des § 35a EStG sind haushaltsbezogen, d.h. sie können z.B. bei unverheiratet zusammenlebenden Paaren jeweils nur **einmal je Haushalt** abgezogen werden (§ 35a Abs. 5 Satz 4 EStG). Leben z.B. **zwei Alleinstehende** im gesamten Jahr in einem gemeinsamen Haushalt und sind beide Arbeitgeber eines haushaltsnahen Beschäftigungsverhältnisses oder Auftraggeber haushaltsnaher Dienstleistungen, von Pflege- und Betreuungs- oder von Handwerkerleistungen, kann jeder seine tatsächlichen Aufwendungen grds. nur bis zur Höhe des **hälftigen Höchstbetrags** geltend machen. Eine andere Aufteilung ist **einvernehmlich** möglich, wenn dies gegenüber dem Finanzamt angezeigt wird (→ Tz 364). Die Aufteilung der **verschiedenen** Höchstbeträge des § 35a EStG muss aber nicht einheitlich erfolgen. Für jeden der drei Höchstbeträge kann in den Zeilen 12–14 der gewünschte Prozentanteil gesondert eingetragen werden. 486

Liegt eine Ehegattenveranlagung (Zusammenveranlagung oder Einzelveranlagung auf Antrag) vor und wurde der gemeinsame Haushalt im Laufe des Jahres begründet oder aufgelöst, ist dies in Zeile 15 zu erklären. Bei Einzelveranlagung auf Antrag von Ehegatten ist noch in der Anlage Sonstiges die Zeile 11 zu beachten.

487

Zusammenfassung zur Steuerermäßigung nach § 35a EStG

§ 35a Abs. 5 EStG	· Aufwendungen, für die kein Abzug als Betriebsausgabe, Werbungskosten oder Sonderausgabe in Betracht kommt und soweit kein Abzug als außergewöhnliche Belastung (z. B. in Höhe der zumutbaren Belastung) möglich ist.
	· Nur Lohnkosten, Fahrtkosten, Maschinengestellung und Verbrauchsmittel (keine Materialkosten, keine Waren)
	· Rechnung muss dem Steuerpflichtigen vorliegen und Zahlung auf das Konto des Leistungserbringers.
§ 35a Abs. 4 EStG	· Leistungen im Haushalt des Steuer pflichtigen (EU/EWR) oder bei Pflege im Haushalt /Heim der zu pflegenden Person.

Haushaltsnahe Beschäftigungsverhältnisse
(Dienstverhältnis; Abzug von Steuern und Abgaben)

- **geringfügige Beschäftigung**
  (Minijob/Haushaltsscheck)
  § 35a **Abs. 1** EStG
  → Steuerermäßigung **20 % der Kosten max. 510 €/Jahr**
- **sozialversicherungspflichtige Beschäftigung**
  § 35a **Abs. 2 S. 1** EStG

haushaltsnahe Dienstleistungen
§ 35a **Abs. 2 S. 1** EStG

Pflege - oder Betreuungsleistungen
§ 35a **Abs. 2 S. 2** EStG

Kosten für **Haushaltshilfe-Leistungen im Heim**
§ 35a **Abs. 2 Satz 2** EStG

→ (sozialversicherungspflichtige Beschäftigung, haushaltsnahe Dienstleistungen, Pflege- oder Betreuungsleistungen, Haushaltshilfe-Leistungen im Heim) Steuerermäßigung **20 % der Kosten max. 4.000 €/Jahr**

Handwerkerleistungen
§ 35a **Abs. 3 EStG**

- in einem bereits vorhandenen Haushalt

nicht :

- o **Neubaumaßnahme** (Errichtung eines Gebäudes bis zu dessen endgültiger Fertigstellung)
- o Maßnahmen, gefördert durch öffentliche Zuschüsse oder zinsverbilligte Darlehen

→ Steuerermäßigung **20 % der Kosten max. 1.200 €/Jahr**

- Die Höchstbeträge für die verschiedenen Tatbestände sind **nebeneinander** möglich.
- Keine zeitanteilige Berechnung (keine Zwölftelung) des Höchstbetrags, wenn die Voraussetzungen nicht im ganzen Jahr vorliegen.
- Abzug im **Jahr der Zahlung** nach § 11 Abs. 2 EStG.
- **Erstattungen** (Versicherungen, Sachleistungen der Pflegeversicherung) sind **anzurechnen**. Nicht anzurechnen ist das allgemeine Pflegegeld.

6 Anlage Energetische Maßnahmen

6.1 Allgemeines

Für energetische Maßnahmen an einem im Inland oder in der EU belegenen zu eigenen Wohnzwecken genutzten eigenen Gebäude kann für die Durchführung bestimmter energetischer Maßnahmen eine **Steuerermäßigung** in Anspruch genommen werden. Voraussetzung ist, dass das begünstigte Objekt bei der Durchführung der energetischen Maßnahme älter als zehn Jahre ist. Die Steuerermäßigung gibt es für energetische Maßnahmen, mit deren Durchführung nach dem 31.12.2019 begonnen wurde und die vor dem 1.1.2030 abgeschlossen sind. Maßgebend sind Bauantrag oder der Beginn der Baumaßnahme, wenn ein Bauantrag nicht erforderlich ist. **488**

Die Steuerermäßigung kann in der neuen **„Anlage Energetische Maßnahmen"** beantragt werden (§ 35c EStG, Energetische Sanierungsmaßnahmen-Verordnung bzw. ESanMV).

6.2 Voraussetzungen

Für energetische Maßnahmen kann der Steuerpflichtige nach § 35c EStG auf Antrag eine Steuerermäßigung erhalten, wenn folgende Voraussetzungen erfüllt sind:

- **Gebäude älter als zehn Jahre,** maßgebend hierfür ist der Beginn der Herstellung.
- **Durchführung energetischer Maßnahmen** i.S.d. § 35c Abs. 1 Satz 3 EStG, einschließlich der Kosten für die Bescheinigung und der Kosten für einen zugelassenen Energieberater (abschließende Aufzählung). Die Förderung kann für mehrere Einzelmaßnahmen an einem begünstigten Objekt in Anspruch genommen werden.
- Durchführung der Maßnahmen durch einen **Fachbetrieb** i.S.d. § 2 ESanMV (§ 35c Abs. 1 Satz 6 EStG). Fachunternehmen i.S.d. § 35c EStG ist jedes Unternehmen, das in den in § 2 ESanMV aufgeführten Gewerken, tätig ist (z.B. Mauer- und Betonbau-, Zimmer- und Schreinerarbeiten, Wärme-, Kälte- und Schallisolierungsarbeiten, Dachdecker-, Sanitär-, Klempner- sowie Glasarbeiten, Heizungsbau, Elektrotechnik/-installation).
- **Nachweis durch Bescheinigung** (nach amtlichem Muster, Zeile 8) durch das ausführende Fachunternehmen, aus der sich ergibt, dass alle Anforderungen aus der ESanMV dem Grunde und der Höhe nach erfüllt sind. Die Bescheinigung kann dem Steuerpflichtigen mit den notwendigen Anlagen auch in elektronischer Form übermittelt werden. Bei **Wohnungseigentümergemeinschaften** genügt es, wenn der Verwalter die anteiligen auf das Miteigentum entfallenden Aufwendungen nach dem Verhältnis des Miteigentumsanteils aus einer Gesamtbescheinigung aufteilt. Die Einzelheiten zum Bescheinigungsverfahren regelt ein Schreiben der Finanzverwaltung (BMF v. 31.3.2020, IV C 1 – S 2296-c/20/10003:001, BStBl 2020 I S. 484).
- Der Steuerpflichtige hat für die Aufwendungen eine **Rechnung** erhalten, die die förderungsfähigen energetischen Maßnahmen, die Arbeitsleistung des Fachunternehmens und die Adresse des begünstigten Objekts ausweisen, und die in deutscher Sprache ausgefertigt ist.
- Die **Zahlung** ist auf das Konto des Erbringers der Leistung **unbar** erfolgt.
- Für die Aufwendungen wurden weder Betriebsausgaben oder Werbungskosten noch Sonderausgaben oder außergewöhnliche Belastungen abgezogen. Es wurde auch keine Steuerermäßigungen nach § 35a EStG (haushaltsnahe Leistungen) und keine öffentlich

geförderten zinsverbilligte Darlehen oder steuerfreie Zuschüsse (z. B. KfW-Förderung) in Anspruch genommen (Zeilen 23–24).

[Begünstigtes Objekt ➜ Zeilen 4–8]

489 Steuerbegünstigt ist ein ausschließlich zu eigenen Wohnzwecken genutztes eigenes Gebäude. Dies gilt auch für Gebäudeteile, die selbständige unbewegliche Wirtschaftsgüter sind und Eigentumswohnungen. Die Eigennutzung muss im jeweiligen Jahr der Inanspruchnahme der Steuerermäßigung vorliegen. Unschädlich ist die Überlassung an andere Personen unentgeltlich zu Wohnzwecken. Das Gebäude muss bei Durchführung der energetischen Maßnahme älter als zehn Jahre (ab Beginn der Herstellung des Gebäudes) sein.

[Aufwendungen für Energetische Maßnahmen ➜ Zeilen 9–20]

490 Energetische Maßnahmen sind Wärmedämmung von Wänden, Dachflächen, und Geschossdecken sowie die Erneuerung der Fenster, Außentüren, Lüftungsanlage, Heizungsanlage und der Einbau von digitalen Systemen zur energetischen Betriebs- und Verbrauchsoptimierung und der Optimierung bestehender Heizungsanlagen, sofern diese älter als zwei Jahre sind. Welche energetischen und technischen **Mindestanforderungen** bei der Sanierung der jeweiligen Bauteile erfüllt sein müssen (z. B. Einhaltung bestimmter Wärmedurchgangskoeffizienten) regeln insbesondere die Anlagen 1 bis 8 zur ESanMV.

491 Bei Einbau eines Gasbrennwertkessels mit Hybridisierung ist zu beachten, dass die Steuerermäßigung erst nach Abschluss der gesamten Maßnahme, Schlussrechnung und Nachweis der Hybridisierung (Zeile 22), möglich ist und die Aufwendungen auch in Zeile 15 enthalten sind.

6.3 Höhe der Förderung

492 Die Steuerermäßigung ist über drei Jahre gestaffelt.

1. Jahr (Abschluss der Maßnahme)	7 % der Sanierungskosten und der Kosten der Bescheinigung	maximal 14.000 € (7 % von max. 200.000 €)
2. Jahr	7 % der Sanierungskosten und der Kosten der Bescheinigung	maximal 14.000 €
3. Jahr	6 % der Sanierungskosten und der Kosten der Bescheinigung	Maximal 12.000 €

Höchstbetrag

Je Objekt können mehrere Einzelmaßnahmen gefördert werden. Als Steuerermäßigung darf **je Objekt** ein Förderbetrag i. H. v. 20 % der jeweiligen Aufwendungen (höchstens 200.000 €), jedoch höchstens insgesamt 40.000 € in Anspruch genommen werden.

6.4 Mehrere Beteiligte

[Einmalige Steuerermäßigung ➜ Zeilen 23–24]

493 Steht das Eigentum am begünstigten Objekt mehreren Personen zu, können die Steuerermäßigungen für das begünstigte Objekt (ggf. Förderhöchstbetrag) insgesamt nur einmal in Anspruch genommen werden. Die der Steuerermäßigung zugrunde liegenden Aufwendungen und die Förderhöhe können einheitlich und gesondert festgestellt werden.

BEISPIEL 494

Energetische Maßnahme

Die Ehegatten Fink sind Eigentümer eines Zweifamilienhauses (Baujahr 1989, AK Gebäude 323.000 €). Die OG-Wohnung (80 m²) ist vermietet. Die EG-Wohnung (140 m²) nutzen die Eheleute zu eigenen Wohnzwecken. Im Juni 2020 wurde die 30 Jahre alten Heizungsanlage erneuert. Die Eheleute überweisen im Juni 2020 eine Abschlagszahlung i. H. v. brutto 12.000 € für das Material an den ausführenden Fachbetrieb. Die Schlussrechnung erhalten sie im Dezember 2020 (Rechnungsbetrag 20.200 € zzgl. 3.838 € USt). In der Rechnung waren u. a. 6.450 € Arbeitslohn zzgl. USt und 250 € Fahrtkostenpauschale zzgl. USt ausgewiesen. Nach Abzug der Abschlagszahlung überwiesen die Ehegatten im Januar 2021 den verbleibenden Betrag i. H. v. 12.038 €.

Der Rechnung war eine nach amtlich vorgeschrieben Muster ausgefertigte Bescheinigung der ausführenden Fachfirma beigefügt.

Obergeschoss

Die Aufwendungen stellen WK bei den Einkünften aus Vermietung und Verpachtung abzugsfähig.

2020: Abschlagszahlung 80/220 von 12.000 € = 4.364 € WK

2021: Schlusszahlung 80/220 von 12.038 € = 4.378 € WK

Erdgeschoss

Steuerermäßigung für energetische Maßnahmen

Alle Voraussetzungen sind erfüllt. Begünstigte Aufwendungen, soweit sie auf das Erdgeschoss entfallen: 24.038 €, davon 140/220 = 15.297 €

Förderung (Abschluss Maßnahme 2020):

Förderjahr	Förderbetrag	Höchstbetrag	Steuerermäßigung § 35c EStG
2020	7 % von 15.297 € = 1.071 €	14.000 €	1.071 €
2021	7 % von 15.297 € = 1.071 €	14.000 €	1.071 €
2022	6 % von 15.297 € = 918 €	12.000 €	918 €

Kosten des Energieberaters

Die Aufwendungen für einen BAFA-zertifizierten Energieberater können mit 50 % der Aufwendungen als Steuerermäßigung berücksichtigt werden. Hierzu muss der Energieberater allerdings mit der planerischen Begleitung oder Beaufsichtigung der energetischen Maßnahmen beauftragt worden sein. Die Aufwendungen (Material- oder Personalkosten) für den Energieberater sind nicht prozentual über drei Jahre aufzuteilen, sondern können im Jahr der Entstehung abgezogen werden. Sie sind in die absolute Förderungshöchstgrenze von 40.000 € je Objekt einzubeziehen. 495

7 Anlage Sonstiges

Alles Wichtige zur „Anlage Sonstiges“ finden Sie in Teil I dieses Buches (➜ Tz 59 ff.).

8 Anlage Vorsorgeaufwand (Vorsorgeaufwendungen)

8.1 Vorsorgeaufwendungen

In die Anlage Vorsorgeaufwand 2020 sind nicht mehr alle Daten zwingend einzutragen (➜ Tz 68). **496**

In die eZeilen 4, 7–9, 11, 13–16, 18–19, 21, 23–26, 37–39, 41–43 und 45 sind Daten nur einzutragen, wenn der Steuerpflichtige von den elektronisch an das Finanzamt gemeldeten Daten abweichen will.

Sonderausgaben werden grds. unterteilt in Vorsorgeaufwendungen (Versicherungsbeiträge) und andere Sonderausgaben (➜ Tz 374). **497**

Vorsorgeaufwendungen sind wegen ihrer unterschiedlichen steuerlichen Abziehbarkeit wie folgt einzuteilen:

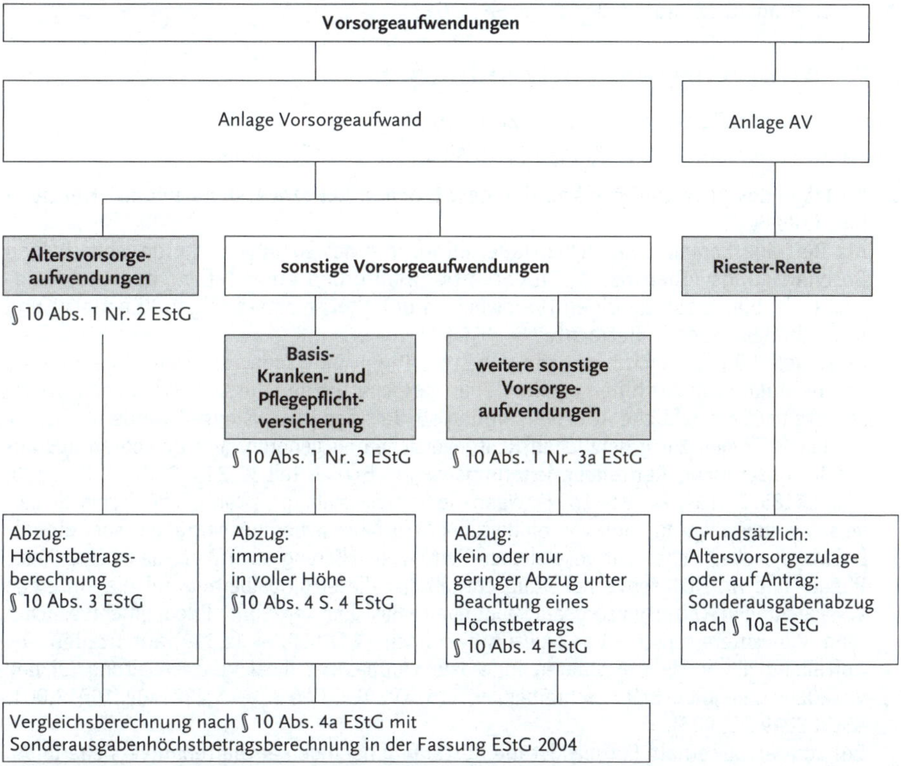

Vorsorgeaufwendungen, die **steuerlich zu berücksichtigende Kinder** betreffen, sind auf der **Anlage Kind** einzutragen.

Allgemeines

Als Vorsorgeaufwendungen können nur tatsächlich geleistete Aufwendungen berücksichtigt werden. Ein pauschaler Abzug von Vorsorgeaufwendungen ist im Rahmen der Einkommensteuerveranlagung nicht vorgesehen. Für Zwecke des Lohnsteuerabzugs wird eine Vorsorgepauschale, die sich aus dem Arbeitslohn errechnet, in die Berechnung der Lohnsteuer einbezogen (§ 39b EStG).

Einen Sonderausgabenabzug für Vorsorgeaufwendungen kann grds. nur geltend machen, wer die Beiträge als **Versicherungsnehmer** selbst schuldet und selbst bezahlt. Bei Ehegatten, die zusammen zur Einkommensteuer veranlagt werden, ist es ohne Bedeutung, welcher Ehegatte zahlt.

Vorsorgeaufwendungen sind grds. im **Jahr der Zahlung** als Sonderausgaben abziehbar (§ 11 Abs. 2 Satz 1 EStG). Wiederkehrende Ausgaben, z. B. regelmäßige Versicherungsbeiträge, die im Zeitraum zwischen 22.12. des einen und dem 10.1. des anderen Jahres fällig sind und bezahlt werden, sind im Jahr der wirtschaftlichen Zugehörigkeit zu berücksichtigen (§ 11 Abs. 2 Satz 2 EStG).

Wegen Beitragsrückerstattungen siehe ➜ Tz 523).

8.2 Altersvorsorgeaufwendungen

[Altervorsorgebeiträge ➜ eZeile 4–Zeile 10]

498 Zu den Altersvorsorgeaufwendungen (§ 10 Abs. 1 Nr. 2 EStG) gehören

- **Beiträge des Arbeitnehmers zu den gesetzlichen Rentenversicherungen ➜** eZeile 4 und Zeile 6.
  Als Beiträge kommen Pflichtbeiträge aufgrund eines sozialversicherungspflichtigen Beschäftigungsverhältnisses, Pflichtbeiträge aufgrund einer selbstständigen Tätigkeit (z. B. bei selbstständigen Handwerkern oder bei selbstständigen Künstlern) und freiwillige Beiträge in Betracht.
  Außerdem können Nachzahlungen von freiwilligen Beiträgen, die freiwillige Zahlung von Beiträgen zum Auffüllen von Rentenanwartschaften und die Abfindung von Anwartschaften auf betriebliche Altersversorgung als Beiträge berücksichtigt werden.
  Zu den Beiträgen zur gesetzlichen Rentenversicherung gehören auch solche an **ausländische gesetzliche Rentenversicherungsträger** (BFH, Urteil v. 24.6.2009, X R 57/06, HI2206185, BFH/NV 2009 S. 1697). Wenn die Beitragszahlung an den ausländischen Sozialversicherungsträger in Form von einheitlichen Sozialversicherungsbeiträgen (sog. **Globalbeiträge**) neben denen zur gesetzlichen Rentenversicherung auch Beiträge zur Kranken-, Pflege- und Arbeitslosenversicherung enthält, ist dieser Globalbeitrag auf die einzelnen Versicherungen (Altersvorsorgeaufwendungen, Basiskranken- und Pflegepflichtversicherung und weitere sonstige Vorsorgeaufwendungen ➜ Tz 508, ➜ Tz 518) **aufzuteilen.** Die Aufteilung für bestimmte Staaten innerhalb Europas hat die Finanzverwaltung für den Vz. 2020 geregelt (BMF, Schreiben v. 15.10.2019, IV C 3 – S 2221/09/10013:001, BStBl 2019 I S. 985).
  Bei Staaten außerhalb Europas ist die Aufteilung nach den enthaltenen Versicherungszweigen im Einzelfall vorzunehmen.

WICHTIG

Arbeitgeberanteil gesetzliche Rentenversicherung

Neben dem Arbeitnehmeranteil ist auch der nach § 3 Nr. 62 EStG steuerfreie **Arbeitgeberanteil zur gesetzlichen Rentenversicherung** und ein diesem, **gleichgestellter Zuschuss** des Arbeitgebers zu den Altersvorsorgeaufwendungen zu rechnen (eZeile 9; § 10 Abs. 1 Nr. 2 Satz 6 EStG).

- **Beiträge zu den landwirtschaftlichen Alterskassen** ➜ Zeile 5 **499**
  Versichert sind in der landwirtschaftlichen Alterskasse der Landwirt, sein Ehegatte und mitarbeitende Familienangehörige. Werden dem Versicherungspflichtigen nach dem Gesetz zur Alterssicherung der Landwirte Beitragszuschüsse gewährt, mindern diese die anzusetzenden Beiträge.

- **Beiträge zu berufsständischen Versorgungseinrichtungen** ➜ Zeile 5 **500**
  Beschäftigte und selbstständig tätige Angehörige der freien Berufe und vergleichbaren Personen, die in einer Berufskammer organisiert sind (z. B. Ärzte, Notare, Rechtsanwälte und Apotheker) sind gesetzlich verpflichtet, ihre Altersversorgung über eine (öffentlich-rechtliche) berufsständische Versorgungseinrichtung abzusichern, die vergleichbare Leistungen wie die gesetzliche Rentenversicherung erbringt. Liste dieser Versorgungseinrichtungen: BMF, Schreiben v. 19.6.2020, IV C 3 – S 2221/19/10058:001.
  Erbringt eine berufsständische Versorgungseinrichtung keine den gesetzlichen Rentenversicherungen vergleichbare Leistungen (weil sie z.B. umlagefinanziert ist und die Beiträge nicht zum Aufbau einer eigenen kapitalgedeckten Altersversorgung verwendet (§ 10 Abs. 1 Nr. 2 Buchst. b EStG), liegen keine Vorsorgeaufwendungen gem. § 10 Abs. 1 Nr. 2 Buchst. a EStG vor. Diese Beiträge sind nur begrenzt als Sonderausgaben abziehbar (§ 10 Abs. 1 Nr. 3a EStG). Im Gegenzug werden aber ausgezahlte Versorgungsleistungen nicht voll, sondern nur mit dem Ertragsanteil gem. § 22 Nr. 1 Satz 3 Buchst. a Doppelbuchst. bb Satz 4 EStG besteuert (➜ Tz 931).
  Abziehbar sind nur die Eigenbeiträge des Steuerpflichtigen. Deshalb ist ein steuerfreier Zuschuss von den Gesamtbeiträgen abzuziehen (§ 10 Abs. 2 Nr. 1 EStG).

[Erstattete Beiträge und steuerfreie Zuschüsse ➜ eZeile 7]

In die eZeile 7 sind die erstatteten Beiträge und/oder steuerfreien Zuschüsse zu den in den eZeile 4 und Zeilen 5 bis 6 zu erklärenden Beiträgen einzutragen. Hier nicht einzutragen sind die direkt von den Beiträgen laut eZeile 8 abzuziehenden Zuschüsse zu zertifizierten Basisrentenverträgen (Rürup-Verträge) sowie Arbeitgeberanteile/-zuschüsse laut eZeile 9 und Zeile 10. **501**

- **Beiträge zum Aufbau einer eigenen kapitalgedeckten Altersversorgung i.S.d. § 10 Abs. 1 Nr. 2 Satz 1 Buchst. b EStG (Rürup-Rente oder Basisrente-Alter und betriebliche Altersversorgung)** ➜ eZeile 8 **502**
  Eigene Beiträge des Steuerpflichtigen zum Aufbau einer eigenen kapitalgedeckten Altersversorgung liegen vor, wenn Beitragszahler, versicherte Person und Leistungsempfänger dieselbe Person sind. Im Fall einer ergänzenden Hinterbliebenenabsicherung kann auch der Ehegatte oder ein steuerlich zu berücksichtigendes Kind Leistungsempfänger sein.
  Voraussetzungen für die Berücksichtigung solcher Beiträge als Sonderausgaben:
  - Abschluss des **Vertrags nach dem 31.12.2004**

- Zahlung einer monatlichen, gleichbleibenden oder steigenden, lebenslangen Leibrente nicht vor Vollendung des 60. Lebensjahres bzw. 62. Lebensjahres (nach dem 31.12.2011 abgeschlossene Verträge).

Der Vertrag ist

- **nicht vererblich** (Ausnahme: mitversicherte Hinterbliebenenversorgung),
- **nicht übertragbar** (Ausnahmen: Pfändbarkeit und Übertragung zur Regelung von Scheidungsfolgen nach dem Versorgungsausgleichsgesetz),
- **nicht beleihbar** (keine sicherungshalbe Abtretung oder Verpfändung),
- **nicht veräußerbar** und
- **nicht kapitalisierbar.** Bis zu zwölf Monatsleistungen können in einer Auszahlung zusammengefasst werden. Auch eine **Kleinbetragsrente** (2020: höchstens monatlich 31,85 €-West; ➜ Tz 942) kann durch Zahlung eines Einmalbetrags abgefunden werden; Angleichung an eine entsprechende Regelung bei der Riester-Rente (§ 10 Abs. 1 Nr. 2 Satz 3 i. V. m. § 93 Abs. 3 Satz 2 EStG).
- Die **ergänzende** Absicherung der Berufsunfähigkeit, der verminderten Erwerbsfähigkeit und von Hinterbliebenen ist möglich. Auch lebenslange Rentenverträge, die ausschließlich die Absicherung gegen den Eintritt der verminderten Erwerbsfähigkeit (**Basisrente-Erwerbsminderung**), ggf. verbunden mit einer Absicherung gegen den Eintritt der Berufsunfähigkeit, zum Inhalt haben, sind begünstigt.

Der Vertrag darf zulassen, dass die Ansprüche des Leistungsempfängers aus dem Vertrag unmittelbar auf einen nach § 5a AltZertG zertifizierten Vertrag des Leistungsempfängers bei einem anderen Unternehmen übertragen werden. Dabei ist lediglich die Übertragung innerhalb der jeweiligen Produktgruppe Basisrente – Alter oder Basisrente – Erwerbsminderung) zulässig. Die Übertragung von Anrechten aus einem zertifizierten Rürup-Vertrag auf einen anderen Rürup-Vertrag des Steuerpflichtigen ist nach § 3 Nr. 55d EStG steuerfrei.

Zu den nach § 10 Abs. 1 Nr. 2 Satz 1 Buchst. b EStG begünstigten Beiträgen können auch Beiträge an Pensionsfonds, Pensionskassen und Direktversicherungen gehören, die im Rahmen der betrieblichen Altersversorgung erbracht werden (rein arbeitgeberfinanzierte oder durch Entgeltumwandlung finanzierte Beiträge sowie Eigenbeiträge), sofern es sich um Beiträge zu einem entsprechend zertifizierten Vertrag handelt.

Zertifizierung und Einwilligung in elektronische Übermittlung der Daten

Voraussetzung für die Berücksichtigung von Beiträgen i. S. d. § 10 Abs. 1 Nr. 2 Satz 1 Buchst. b EStG als Sonderausgaben ist, dass die Beiträge zugunsten eines Vertrags geleistet wurden, der nach § 5a AltZertG **zertifiziert** ist (§ 10 Abs. 2 Satz 2 EStG). Durch die Zertifizierung soll sichergestellt sein, dass die erforderlichen Voraussetzungen im Vertrag vorliegen. Die Zertifizierung ist Grundlagenbescheid für den Einkommensteuerbescheid und für diesen damit bindend.

Zusammenhang mit steuerfreien Einnahmen

503 Voraussetzung für den Abzug von Altersvorsorgeaufwendungen ist, dass sie nicht in unmittelbarem wirtschaftlichem Zusammenhang mit steuerfreien Einnahmen stehen. Unschädlich ist die Hinzurechnung des nach § 3 Nr. 62 EStG steuerfreien Arbeitgeberanteils oder eines gleichgestellten steuerfreien Zuschusses des Arbeitgebers (§ 10 Abs. 1 Nr. 2 Satz 2 EStG), der sich aus steuerpflichtigen Einnahmen ergibt. Zu berücksichtigen sind aber Vorsorgeaufwendungen (einschließlich eines steuerfreien Arbeitgeberanteils), wenn

- sie in unmittelbarem wirtschaftlichem Zusammenhang mit in einem Mitgliedstaat der EU oder einem Vertragsstaat des Abkommens über den EWR erzielten Einnahmen aus nichtselbstständiger Tätigkeit stehen,
- diese Einnahmen nach einem DBA im Inland steuerfrei sind und
- der Beschäftigungsstaat keinerlei steuerliche Berücksichtigung von Vorsorgeaufwendungen im Rahmen der Besteuerung dieser Einnahmen zulässt (§ 10 Abs. 2 Nr. 1 EStG).

Versicherungsgesellschaft mit Erlaubnis zum Geschäftsbetrieb im Inland

Voraussetzung für den Abzug von Vorsorgeaufwendungen ist, dass Beiträge an Versicherungsunternehmen geleistet werden, die ihren Sitz oder ihre Geschäftsleitung in einem EU- oder EWR-Staat haben und das Versicherungsgeschäft im Inland betreiben dürfen (§ 10 Abs. 2 Nr. 2 EStG). Darüber hinaus können Aufwendungen an Unternehmen, denen die Erlaubnis zum Geschäftsbetrieb im Inland erteilt wurde, steuerlich berücksichtigt werden. **504**

Höhe des Sonderausgabenabzugs für Altersvorsorgeaufwendungen (§ 10 Abs. 3 EStG)

Altersvorsorgeaufwendungen sind bis zum Höchstbeitrag zur knappschaftlichen Rentenversicherung (Jahr 2020: Einzelveranlagung 25.046 €, Zusammenveranlagung 50.092 €) abziehbar. Der Höchstbetrag ist in den in der nachfolgenden Randziffer aufgeführten Fällen um 18,6 % der Einnahmen aus der Tätigkeit, die die Zugehörigkeit zum genannten Personenkreis begründen, entspricht, zu kürzen. Der Kürzungsbetrag entspricht dem Arbeitgeber- und Arbeitnehmeranteil zur gesetzlichen Rentenversicherung Ost und ist auf höchstens 18,6 % der Beitragsbemessungsgrenze **Ost** (2020: 77.400 €) begrenzt. Im Kalenderjahr 2020 sind 90 % des danach zu berücksichtigendem Betrag anzusetzen. Die abziehbaren Altersvorsorgeaufwendungen vermindern sich noch um den nach § 3 Nr. 62 EStG steuerfreien Arbeitgeberanteil zur gesetzlichen Rentenversicherung und einen diesem gleichgestellten steuerfreien Zuschuss des Arbeitgebers. Bei Ehegatten, die zusammen veranlagt werden, ist für jeden Ehegatten gesondert zu prüfen, ob und ggf. in welcher Höhe der gemeinsame Höchstbetrag von 50.092 € zu kürzen ist. **505**

Hinweis: Ein Berechnungsschema zu den Altersvorsorgeaufwendungen finden Sie auf http://mybook.haufe.de unter „Der Steuerkalkulator".

Kürzung des Höchstbetrags

Eine Kürzung des Höchstbetrags ist vorzunehmen bei **506**

- **Beamten, Richtern, Geistlichen, Berufssoldaten, Soldaten auf Zeit, Amtsträgern** und vergleichbaren Personen (§ 10 Abs. 3 Satz 3 Nr. 1 Buchst. a) EStG),
- Personen, die bei Trägern der Sozialversicherung beschäftigt sind,
- Arbeitnehmern, die auf Antrag des Arbeitgebers von der gesetzlichen Rentenversicherungspflicht befreit worden sind und die aufgrund ihrer Tätigkeit gesetzliche Anwartschaftsrechte auf Altersversorgung erwerben (z. B. eine Lehrkraft an nicht öffentlichen Schulen),
- beherrschenden **Gesellschafter-Geschäftsführern einer GmbH** oder **Vorstandsmitgliedern einer AG**, die nicht der gesetzlichen Rentenversicherungspflicht unterliegen, die eine Berufstätigkeit ausüben und denen für diese Beschäftigung vertraglich eine betriebliche Anwartschaft auf Altersversorgung (z. B. Direktversicherung) zugesagt worden ist (§ 10 Abs. 3 Satz 3 Nr. 1 Buchst. b) EStG). Die pauschale Kürzung überschreitet die verfassungsrechtlichen Grenzen zulässiger Typisierung nicht, wenn der Beitrag, den die GmbH für die Altersversorgung des Gesellschafter-Geschäftsführers erbringt, im konkreten Einzelfall deutlich geringer ist als die dadurch hervorgerufene Kürzung des Höchstbetrags für den

Abzug anderweitiger Altersvorsorgeaufwendungen (z. B. Rürup-Versicherung; BFH, Urteil v. 15.7.2014, X R 35/12, HI7480880, BFH/NV 2015 S. 249).

Die Zugehörigkeit nur **während eines Teils des Kalenderjahres** zu einer der entsprechenden Personengruppen führt zur Kürzung. Bemessungsgrundlage für den Kürzungsbetrag sind die **Einnahmen aus der jeweiligen Tätigkeit**, begrenzt auf den Gesamtbeitrag (Arbeitgeber- und Arbeitnehmeranteil) zur gesetzlichen Rentenversicherung. Bei Ehegatten, die zusammen veranlagt werden, ist für jeden Ehegatten gesondert zu prüfen, ob und ggf. in welcher Höhe der **gemeinsame** Höchstbetrag von 50.092 € zu kürzen ist.

BEISPIEL

Berechnung der abziehbaren Altersvorsorgeaufwendungen eines Arbeitnehmers

Peter Plank, alleinstehend, keine Kinder, ist bei einem Industrieunternehmen in Stuttgart angestellt. Im Jahr 2020 hat er einen Bruttolohn von 93.540 €. Sein Arbeitnehmeranteil zur allgemeinen Rentenversicherung beträgt 7.700 €. Zusätzlich wird ein steuerfreier Arbeitgeberanteil in gleicher Höhe gezahlt. Die abziehbaren Altersvorsorgeaufwendungen betragen:

Arbeitnehmeranteil gesetzliche Rentenversicherung (9,3 % der Beitragsbemessungsgrenze **West** 82.800 €)		7.700 €
Arbeitgeberanteil gesetzliche Rentenversicherung		7.700 €
		15.400 €
Höchstbeitrag knappschaftliche Rentenversicherung (Einzelveranlagung)	25.046 €	
Kürzung	0 €	
gekürzter Höchstbetrag	25.046 €	
Ansatz: 90 % des niedrigeren Betrags von 15.400 € =		13.860 €
abzgl. Arbeitgeberanteil gesetzliche Rentenversicherung		7.700 €
abziehbare Altersvorsorgeaufwendungen		6.160 €

BEISPIEL

Abziehbare Altersvorsorgeaufwendungen eines Gewerbetreibenden mit verbeamteter Ehefrau

Max Müller ist Gewerbetreibender. Für seine Altersversorgung hat er vor 2005 eine lebenslang zu zahlender Rentenversicherung abgeschlossen, die nach 35 Jahren mit Vollendung seines 65. Lebensjahres ausgezahlt wird. Im Jahr 2020 hat er 8.400 € an Versicherungsbeiträgen geleistet. In 2005 hat er einen weiteren Vertrag zum Aufbau einer eigenen kapitalgedeckten Altersversorgung i. S. d. § 10 Abs. 1 Nr. 2 Buchst. b EStG (Rürup-Vertrag) abgeschlossen. Der Vertrag ist zertifiziert. Max M. zahlt in 2020 für diesen Vertrag 15.400 € an Beiträgen.

Die Ehefrau Martina Müller ist Beamtin des höheren Dienstes und hat keine eigenen Aufwendungen für ihre Altersversorgung. Ihre Einnahmen aus dem Beamtenverhältnis betragen in 2020 93.540 €.

Die Beiträge für den vor 2005 abgeschlossenen Vertrag, gehören nicht zu den Altersvorsorgeaufwendungen i.S.d. § 10 Abs. 1 Nr. 2 EStG. Sie können ggf. nur als weitere sonstige Vorsorgeaufwendungen berücksichtigt werden (§ 10 Abs. 1 Nr. 3a EStG; ➜ Tz 510, ➜ Tz 518).

Tatsächliche Aufwendungen (Rürup-Versicherung)		15.400 €
Höchstbeitrag knappschaftliche Rentenversicherung (Zusammenveranlagung)	50.092 €	
Kürzung (Ehefrau) 18,6 % von (93.540 €) max. 77.400 € =	14.396 €	
gekürzter Höchstbetrag	35.696 €	
anzusetzen sind 90 % des niedrigeren Betrags von 15.400 € =		13.860 €
abzgl. Arbeitgeberanteil gesetzliche Rentenversicherung		0 €
abziehbare Altersvorsorgeaufwendungen		13.860 €

Geringfügige Beschäftigung

Ist ein Arbeitnehmer im Rahmen einer geringfügigen Beschäftigung (Minijobber im 507
Privathaushalt oder Gewerbebetrieb oder versicherungsfrei geringfügig Beschäftigte mit einer Beschäftigung von längstens zwei Monaten oder 50 Arbeitstagen) tätig, muss der pauschale Arbeitgeberbeitrag, obwohl dieser nach § 3 Nr. 62 EStG steuerfrei ist, nicht bei der Berechnung der abziehbaren Altersvorsorgeaufwendungen abgezogen werden.

Hat der Arbeitnehmer aber den pauschalen Arbeitgeberbeitrag um eigene Beiträge auf den vollen Rentenversicherungsbeitrag aufgestockt, um einen Rentenanspruch zu erwerben, kann er beantragen, dass sein Arbeitnehmeranteil und der pauschale Arbeitgeberanteil in die Höchstbetragsberechnung einbezogen werden.

8.3 Sonstige Vorsorgeaufwendungen

Allgemeines

Die vom Steuerpflichtigen tatsächlich geleisteten Beiträge zur privaten oder gesetzlichen 508
Krankenversicherung für eine Absicherung auf sozialhilfegleichem Versorgungsniveau (Basiskrankenversicherung) und zur gesetzlichen Pflegepflichtversicherung sind in vollem Umfang abziehbar. Deshalb ist innerhalb der sonstigen Vorsorgeaufwendungen zwischen diesen Beiträgen (§ 10 Abs. 1 Nr. 3 EStG) und den weiteren sonstigen Vorsorgeaufwendungen (§ 10 Abs. 1 Nr. 3a EStG) zu unterscheiden (➜ Tz 497).

ACHTUNG

Nur der Arbeitnehmeranteil wird berücksichtigt

Anders als bei den Altersvorsorgeaufwendungen können als Beiträge zu den sonstigen Vorsorgeaufwendungen nur die vom Steuerpflichtigen selbst gezahlten Beiträge berücksichtigt werden. Ein evtl. vorhandener nach § 3 Nr. 62 EStG steuerfreier Arbeitgeberbeitrag zur Kranken-, sozialen Pflege- und Arbeitslosenversicherung ist nicht als Sonderausgabe abziehbar (§ 10 Abs. 2 Satz 1 Nr. 1 EStG).

Personenversicherungen und nicht abziehbare Versicherungen

509 Als Vorsorgeaufwendungen können nur Beiträge zu den im Gesetz abschließend aufgezählten **Personenversicherungen** berücksichtigt werden. Ein Abzug ist nur möglich, soweit keine Betriebsausgaben oder Werbungskosten vorliegen.

Aufwendungen zu **Sachversicherungen** (z. B. Hausrat- und Kaskoversicherung oder Wasserschaden-, Glasbruch- und Gebäudebrandversicherung für das selbst genutzte Eigenheim) und anderen Versicherungen (z. B. Rechtsschutzversicherung), die in § 10 EStG nicht genannt sind, sind keine Sonderausgaben.

Übersicht zu den abziehbaren sonstigen Vorsorgeaufwendungen 510

Sonstige Vorsorgeaufwendungen

Basisversicherung
§ 10 Abs. 1 Nr. 3 EStG

Beiträge zur **Basiskrankenversicherung**
§ 10 Abs. 1 **Nr. 3 Buchstabe a)** EStG

- **gesetzliche Krankenversicherung; abzgl. 4 %**, wenn ein **Anspruch auf Krankengeld** oder vergleichbare Leistungen besteht (Beachte: keine Kürzung um 4 % bei der Krankenversicherung der Rentner)
- **Zusatzbeitrag**, den die Krankenkasse direkt erhebt (4%-Abschlag)
- **private Krankenversicherung** (nur Basisleistungen), **ohne Beitragsanteil für Wahl- oder Komfortleistungen**

Beiträge zur **Pflegepflichtversicherung**
§ 10 Abs. 1 **Nr. 3 Buchstabe b)** EStG

- **soziale** Pflegeversicherung (sozialversicherungspflichtiger Arbeitnehmer, Rentner) oder
- **private** Pflege**pflicht** versicherung (Beamte, Selbstständige)

Abzug
immer **in voller Höhe**

§ 10 Abs. 4 Satz 4 EStG

übrige sonstige Vorsorgeaufwendungen
§ 10 Abs. 1 Nr. 3a EStG

- Beiträge zu Kranken- und Pflegeversicherungen, soweit diese nicht nach Nr. 3 zu berücksichtigen sind:
  - **4 %-Anteil der gesetzlichen KV**, der auf den Krankengeldanspruch entfällt
  - Beitragsanteil der privaten KV, der auf **Wahl- oder Komfortleistungen** entfällt (z. B. Chefarztbehandlung, Einbettzimmer, Krankentagegeld, Krankenhaustagegeld)
    Hinweis: Die Aufteilung erfolgt durch die Versicherungsgesellschaft
  - freiwillige Kranken**zusatz** versicherung, Auslandsreisekrankenversicherung
  - **freiwillige Pflegeversicherungsbeiträge**
- Arbeitslosenversicherung
- Erwerbs- und Berufsunfähigkeitsversicherungen (ohne Rürup-Versicherung)
- Unfallversicherung
- Haftpflichtversicherungen
- Risikolebensversicherungen, die nur für den Todesfall eine Leistung vorsehen
- Lebensversicherungen, die vor 2005 abgeschlossen wurden (ohne Kapitalwahlrecht)

Abzug nur, **soweit** der Höchstbetrag für sonstige Vorsorgeaufwendungen durch Basis-Krankenversicherung und Pflegepflichtversicherung noch nicht ausgeschöpft ist.
→ **„auffüllen"**

bis zum

Höchstbetrag für sonst. Vorsorgeaufwendungen
- **2.800 €**
- **1.900 €**

II Kommentierung

Beiträge zur inländischen gesetzlichen Krankenversicherung (GKV) und zur sozialen Pflegeversicherung

[Beiträge zur gesetzlichen Kranken- und sozialen Pflegeversicherung → eZeile 11, Zeile 22]

511 Die Beiträge sind grds. i.H. der durch das Sozialgesetzbuch vorgesehenen Beiträge zu berücksichtigen. Ergibt sich aus dem Versicherungsverhältnis ein Anspruch auf Krankengeld oder ein Anspruch auf eine Leistung, die anstelle von Krankengeld gewährt wird, sind die gezahlten Beiträge um 4 % zu kürzen. Keine Kürzung erfolgt bei Rentnern, weil sie keinen **Anspruch** auf Krankengeld haben. Bei freiwillig gesetzlich versicherten Selbstzahlern muss im Einzelfall geprüft werden, ob ein Anspruch auf Krankengeld besteht.

Ein eventuell von der Krankenkasse erhobener – je nach Kasse individueller – **Zusatzbeitrag** i.S.d. § 242 SGB V zur gesetzlichen Krankenversicherung gehört zu den begünstigten Aufwendungen. Dieser ist auch um 4 % zu kürzen. Werden über die GKV auch Leistungen abgesichert, die über die Pflichtleistungen hinausgehen, sind die darauf entfallenden Beitragsanteile nicht der Basisabsicherung zuzurechnen.

Einzelfälle zur Kürzung der Beiträge zur gesetzlichen Krankenversicherung um 4 % bei Anspruch auf Krankengeld oder vergleichbare Leistung:

<table>
<tr><th></th><th>Bemessungsgrundlage für die Kürzung um 4 %</th><th>keine Kürzung</th></tr>
<tr><td>pflichtversicherte Arbeitnehmer</td><td>gesamter AN-Beitrag zur GKV</td><td rowspan="4">soweit nachweislich kein Anspruch auf Krankengeld besteht (z.B. bei freiwillig gesetzlich versicherten Selbstzahlern)</td></tr>
<tr><td>freiwillig gesetzlich versicherte Arbeitnehmer</td><td>Gesamtbeitrag an die GKV abzgl. steuerfreier Arbeitgeberzuschuss (§ 3 Nr. 62 EStG)</td></tr>
<tr><td>freiwillig gesetzlich versicherte Selbstständige</td><td>Gesamtbeitrag</td></tr>
<tr><td>pflichtversicherte oder freiwillig gesetzlich versicherte Künstler und Publizisten</td><td>Gesamtbeitrag, ggf. abzgl. steuerfreier Beitragszuschuss der Künstlersozialkasse</td></tr>
<tr><td>pflichtversicherte Rentner</td><td>–</td><td>gesamte Rente (kein Anspruch auf Krankengeld)</td></tr>
<tr><td>freiwillig gesetzlich versicherte Rentner
(z.B. früherer selbstständiger Handwerker)</td><td>Neben der Rente liegen noch andere Einkünfte mit Anspruch auf „Krankengeld“ vor:
Gesamtbeitrag abzgl. steuerfreier Zuschuss der Rentenversicherung</td><td>wenn nur Rente</td></tr>
</table>

Beiträge zu einer inländischen privaten Krankenversicherung (PKV) und zu einer privaten Pflegepflichtversicherung

[Beiträge zur privaten Kranken- und Pflegeversicherung ➜ eZeilen 23–26, Zeilen 27 und 28]

Begünstigt sind Beiträge zu einer **privaten Basiskrankenversicherung** (PKV) und der **512** **privaten Pflegepflichtversicherung.** Dies sind die Beitragsanteile, die auf Vertragsleistungen entfallen, die in Art, Umfang und Höhe den Leistungen der gesetzlichen Krankenversicherung (ohne Krankengeld) vergleichbar sind und auf die ein Anspruch besteht. Auch gezahlte Beitragsanteile für eine Alterungsrückstellung oder freiwillig vertraglich vereinbarte erhöhte Beiträge für einen Beitragsentlastungstarif, sind, soweit sie auf die Basisabsicherung entfallen, nach § 10 Abs. 1 Nr. 3 Satz 1 Buchst. a EStG abziehbar.

Keine Beiträge zur privaten Basiskrankenversicherung sind solche zu einer Auslandsreisekrankenversicherung, die zusätzlich zu einem bestehenden Versicherungsschutz in der GKV oder PKV ohne eingehende persönliche Risikoprüfung abgeschlossen wird. Nicht zur Basisabsicherung gehören – wie bei der GKV – Beitragsanteile für Wahl- oder Komfortleistungen (z. B. Chefarztbehandlung, Einbettzimmer).

Sind in einem Versicherungstarif begünstigte und nicht begünstigte Versicherungsleistungen abgesichert, muss der vom Versicherungsnehmer geleistete Beitrag durch das Versicherungsunternehmen aufgeteilt werden. Dazu stellt der private Krankenversicherer jährlich eine Bescheinigung aus. Die Daten werden elektronisch durch den Krankenversicherer an die Finanzbehörde übermittelt.

Zur Pflegepflichtversicherung gehören nur die Beiträge zur privaten Pflegepflichtversicherung (§ 10 Abs. 1 Nr. 3 Satz 1 Buchst. b EStG). Wegen der Beiträge zu einer freiwilligen Pflegeversicherung siehe ➜ Tz 518.

ACHTUNG **513**

Anrechnung steuerfreier Arbeitgeberzuschuss

Bekommt ein Arbeitnehmer, der auf Antrag von der gesetzlichen Krankenversicherungspflicht befreit wurde, einen steuerfreien Zuschuss vom Arbeitgeber für seine private Krankenversicherung, steht dieser insgesamt in unmittelbarem Zusammenhang mit den nach § 10 Abs. 1 Nr. 3 EStG abziehbaren Basiskrankenversicherungsbeiträgen. Dies gilt auch dann, wenn der Arbeitnehmer zusätzlich Wahl- oder Komfortleistungen abgesichert hat. Der Zuschuss mindert in voller Höhe die Beiträge zur Basisabsicherung (eZeilen 37–39; BFH, Urteil v. 2.9.2014, IX R 43/13, HI7537172, BFH/NV 2015 S. 379).

Gesetzliche und private Krankenversicherung

Entrichtet ein in der gesetzlichen Kranken- und Pflegeversicherung Pflichtversicherter zusätzlich Beiträge zur privaten Basis-Kranken- und Pflegeversicherung, z. B. wenn der Arbeitgeber den Steuerpflichtigen rechtsirrig nicht zur gesetzlichen Kranken- und Pflegeversicherung angemeldet hat, sind nur die Beiträge zur gesetzlichen Kranken- und Pflegeversicherung nach § 10 Abs. 1 Nr. 3 EStG als Sonderausgaben abziehbar (BFH, Beschluss v. 29.8.2019, X B 56/19, HI13538653, BFH/NV 2020 S. 20).

Zustimmung zur elektronischen Datenübermittlung

514 Voraussetzung für den Abzug von Aufwendungen nach § 10 Abs. 1 Nr. 3 EStG ist, dass einer elektronischen Datenübermittlung zugestimmt wurde. Diese Zustimmung gilt für alle sich aus einem Versicherungsverhältnis ergebenden Zahlungsverpflichtungen als erteilt, wenn die Beiträge mit der elektronischen Lohnsteuerbescheinigung oder der Rentenbezugsmitteilung übermittelt werden (§ 10 Abs. 2 Satz 3 EStG). Wird der elektronischen Datenübermittlung widersprochen, liegen Beiträge i. S. d. § 10 Abs. 1 Nr. 3a EStG vor (➜ Tz 518). Eine Änderung der elektronisch übermittelten Daten führt zu einer Änderung des Steuerbescheids (§ 10 Abs. 4b EStG).

Selbstbehalt bei der privaten Krankenversicherung und Selbstzahlung von Krankheitskosten

515 Der im Rahmen eines privaten Krankenversicherungsverhältnisses vereinbarte **Selbstbehalt** ist kein Beitrag zur Krankenversicherung und kann nicht als Sonderausgabe nach § 10 Abs. 1 Nr. 3a EStG abgezogen werden (BFH, Urteil v. 1.6.2016, X R 43/14, HI9860969, BFH/NV 2016 S. 1787).

Er kann als außergewöhnliche Belastung berücksichtigt werden, soweit er die zumutbare Belastung gem. § 33 Abs. 3 EStG übersteigt. Wegen der steuerlichen Berücksichtigung von Bonus- oder Prämienzahlungen i. Z. m. einem Selbstbehalt (➜ Tz 523).

Krankheitskosten, die ein erstattungsberechtigter (privat) krankenversicherter Steuerpflichtiger selbst trägt, um im darauf folgenden Kalenderjahr Beitragsrückerstattungen zu erhalten, können nicht als Sonderausgaben abgezogen werden. Die selbst getragenen Krankheitskosten stehen nicht i. Z. m. der Erlangung des Versicherungsschutzes und dienen somit nicht der Vorsorge (BFH, Urteil v. 29.11.2017, X R 3/16, HI11632804, BFH/NV 2018 S. 653). Lt. BFH ist der Unterschied zum Selbstbehalt lediglich darin zu sehen, dass bei diesem bereits im Vorneherein verbindlich auf einen Versicherungsschutz verzichtet wird, während man sich bei Vorliegen der konkreten Krankheitskosten entscheiden kann, ob man sie selbst tragen will, um die Beitragserstattungen zu erhalten. In beiden Konstellationen trägt der Versicherte die Krankheitskosten nicht, um den Versicherungsschutz an sich zu erlangen. Die Krankheitskosten sind auch keine außergewöhnlichen Belastungen nach § 33 EStG, da diese aufgrund der möglichen Kostenerstattung durch die Krankenkasse nicht zwangsläufig sind.

516 **TIPP**

Beiträge zur Basiskranken-/Pflegepflichtversicherung für künftige Beitragsjahre vorauszahlen

Die übrigen sonstigen Vorsorgeaufwendungen (z. B. Haftpflichtversicherung, Unfallversicherung, Risikolebensversicherung usw.) wirken sich in sehr vielen Fällen steuerlich nicht mehr aus, weil der Höchstbetrag nach § 10 Abs. 4 EStG bereits durch die Beiträge zur Basiskranken- und Pflegepflichtversicherung ausgeschöpft ist. Dies muss nicht sein.

Beiträge zur Basiskranken- und Pflegepflichtversicherung, die für **künftige Beitragsjahre vorausbezahlt** werden, können im Jahr der Zahlung noch **bis zum Dreifachen** (bis Vz. 2019: Zweieinhalbfachen) der auf das Jahr der Zahlung entfallenden Beiträge in voller Höhe abgezogen werden. Ein übersteigender

Betrag ist in dem Jahr zu berücksichtigen, für das die Beiträge geleistet wurden (§ 10 Abs. 1 Nr. 3 Satz 4 EStG). Beiträge, die nach Vollendung des 62. Lebensjahres zur unbefristeten Beitragsminderung gezahlt werden, fallen nicht unter die Begrenzung. Sprechen Sie mit Ihrer Krankenversicherung. Vielleicht können Sie in einzelnen Jahren für ein oder zwei Jahre die Beiträge vorauszahlen. Diese sind im Jahr der Zahlung in voller Höhe abziehbar und Sie können in den Jahren, für die vorausbezahlt wurde, **den Höchstbetrag für die weiteren sonstigen Vorsorgeaufwendungen nutzen.**

Weniger sinnvoll können die Vorauszahlungen sein, wenn ein Ehepartner privat und der andere gesetzlich krankenversichert ist, weil durch die gesetzlichen Beiträge der Höchstbetrag schon weitestgehend verbraucht sein kann.

Beiträge zu einer ausländischen Versicherung

[Ausländische gesetzliche oder private Kranken- und Pflegeversicherung ➜ Zeilen 31–36]

Die Beiträge sind als Sonderausgaben zu berücksichtigen, wenn die ausländische Ver- **517**
sicherung innerhalb eines Mitgliedstaates der EU/EWR ansässig ist oder sie die Erlaubnis zum Geschäftsbetrieb im Inland hat. Zur ggf. erforderlichen Aufteilung eines Gesamtsozialversicherungsbeitrags siehe ➜ Tz 498.

Weitere sonstige Vorsorgeaufwendungen

[Weitere sonstige Vorsorgeaufwendungen ➜ Zeilen 22, 27, 36, 46–50]

Zu den in § 10 Abs. 1 Nr. 3a EStG abschließend genannten begünstigten Aufwendungen **518**
gehören Beiträge zu

- gesetzlichen oder privaten Kranken- und Pflegeversicherungen, soweit diese nicht nach § 10 Abs. 1 Nr. 3 EStG zu berücksichtigen sind. Hierzu zählen z. B. der 4%ige Kürzungsanteil bei Krankengeldanspruch sowie Beitragsanteile, die auf Wahl- oder Komfortleistungen entfallen und Beiträge zur freiwilligen privaten Pflegeversicherung; auch Beiträge zu einer Krankentagegeld- oder Krankenhaustagegeld- sowie zu einer Auslandsreisekrankenversicherung sind hier zu berücksichtigen. Fehlt die Einwilligung zur elektronischen Datenübermittlung, gehören auch die Beiträge zur Basiskrankenversicherung und zur gesetzlichen Pflegeversicherung dazu.
- Versicherungen gegen Arbeitslosigkeit (gesetzliche Arbeitnehmerbeiträge an die Bundesagentur für Arbeit und Beiträge zu privaten Versicherungen)
- Erwerbs- und Berufsunfähigkeitsversicherungen (Ausnahme: Rürup-Versicherung; § 10 Abs. 1 Nr. 2 Satz 1 Buchst. b EStG; ➜ Tz 502)
- Unfallversicherungen, wenn es sich nicht um eine Unfallversicherung mit garantierter Beitragsrückzahlung handelt, die insgesamt als Renten- oder Kapitalversicherung behandelt wird und wenn die Beiträge nicht zu den Betriebsausgaben oder Werbungskosten gehören.
  Aufwendungen eines Arbeitnehmers für eine Unfallversicherung, die nur Unfälle in unmittelbarem Zusammenhang mit der beruflichen Tätigkeit absichert (einschließlich der Unfälle auf dem Weg von und zur ersten Arbeitsstätte), sind WK. Beiträge des Arbeitnehmers für eine Versicherung gegen außerberufliche Unfälle sind Sonderausgaben. Der Gesamtbeitrag einschließlich Versicherungsteuer für eine Unfallversiche-

rung, die das Unfallrisiko sowohl im beruflichen als auch im außerberuflichen Bereich abdeckt, ist aufzuteilen. Für die Aufteilung sind die Angaben des Versicherungsunternehmens maßgebend. Fehlen derartige Angaben, ist der Gesamtbeitrag durch Schätzung (50 %) aufzuteilen (BMF, Schreiben v. 28.10.2009, IV C 5 – S 2332/09/10004, BStBl 2009 I S. 1275) Haftpflichtversicherungen, z. B. Privat-, Kfz-, oder Tierhaftpflicht sowie Grundstückshaftpflicht für das für eigene Wohnzwecke genutzte Gebäude. Wird ein Kfz teils für berufliche und teils für private Zwecke benutzt, kann der Steuerpflichtige den Teil seiner Aufwendungen für die Kfz-Haftpflichtversicherung, der dem Anteil der privaten Nutzung entspricht, als Sonderausgaben abziehen. Werden Aufwendungen für Wege zwischen Wohnung und Arbeitsstätte oder Familienheimfahrten mit eigenem Kfz i. H. der Entfernungspauschale abgezogen, können die Kosten für die Kfz-Haftpflichtversicherung zur Vereinfachung in voller Höhe als Sonderausgaben anerkannt werden (R 10.5 EStR 2012).

- Risikolebensversicherungen, die nur für den Todesfall eine Leistung vorsehen
- Versicherungen, deren Laufzeit vor dem 1.1.2005 begonnen hat und für die mindestens ein Versicherungsbeitrag bis zum 31.12.2004 entrichtet wurde, wenn es sich um Versicherungsbeiträge handelt, die nach der am 31.12.2004 geltenden Fassung des EStG zu berücksichtigen waren.

519 **Nicht abziehbar** sind Beiträge zu

- Versicherungen, die nach 2004 abgeschlossen wurden und die die Voraussetzungen der Riester- bzw. Rürup-Versicherung nicht erfüllen,
- fondsgebundenen Lebensversicherungen,
- Kapitalversicherungen gegen laufende Beitragsleistung mit Sparanteil, mit einer Laufzeit von weniger als zwölf Jahren,
- Kapitalversicherungen gegen Einmalbetrag,
- Versicherungen, deren Ansprüche zur schädlichen Tilgung oder Sicherung von Darlehen eingesetzt wurden.

Abzugshöhe Vorsorgeaufwendungen

[Höchstbeträge für sonstige Vorsorgeaufwendungen → Zeile 51]

520 Die Abfrage in Zeile 51 dient der Bestimmung der Höchstbeträge für sonstige Vorsorgeaufwendungen.

- Sonstige Vorsorgeaufwendungen nach § 10 Abs. 1 Nr. 3 und Nr. 3a EStG sind grds. nur bis zu einem gemeinsamen Höchstbetrag abziehbar (§ 10 Abs. 4 EStG). Beiträge zu den **Basiskranken- und Pflegepflichtversicherungen** nach § 10 Abs. 1 Nr. 3 EStG sind aber auch abziehbar, soweit sie den Höchstbetrag übersteigen (Mindestabzug; § 10 Abs. 4 Satz 4 EStG). Sie können somit **immer in voller Höhe** als Sonderausgabe abgezogen werden. Ein Abzug der weiteren sonstigen Vorsorgeaufwendungen nach § 10 Abs. 1 Nr. 3a EStG scheidet dann aber aus.
- Diese weiteren sonstigen Vorsorgeaufwendungen können also nur als Sonderausgabe abgezogen werden, wenn der Höchstbetrag durch die Beiträge zur Basiskranken- und Pflegepflichtversicherung noch nicht ausgeschöpft ist. In diesem Fall kann der Sonderausgabenabzug bis zum Höchstbetrag durch die weiteren sonstigen Vorsorgeaufwendungen aufgefüllt werden.

Die Höchstbeträge für sonstige Vorsorgeaufwendungen betragen:

1.900 €, wenn der Steuerpflichtige

- einen **steuerfreien Zuschuss** zu seinen **Krankenversicherungsbeiträgen** erhält (§ 3 Nr. 9, 14, 57 oder 62 EStG; z. B. Arbeitgeber-Anteil zur gesetzlichen Krankenversicherung oder Zuschuss der Rentenversicherung zur Krankenversicherung des Rentners) oder
- ganz oder teilweise einen **Anspruch** auf **Erstattung von Krankheitskosten** ohne eigene Aufwendungen hat (z. B. Beihilfeanspruch bei Beamten, Richtern, Berufssoldaten, Geistlichen).

2.800 €, wenn nicht der Höchstbetrag von 1.900 € anzusetzen ist.

Der Höchstbetrag von 2.800 € ist bei Steuerpflichtigen, die die Aufwendungen für ihre Krankenversicherung vollständig aus eigenen Mitteln tragen (z. B. Freiberuflern und Gewerbetreibenden), anzusetzen. Hierzu tragen Sie bitte in Zeile 51 eine „2“ ein.

Bei **zusammen veranlagten** Ehegatten ist zunächst für jeden Ehegatten nach dessen persönlichen Verhältnissen der ihm zustehende Höchstbetrag zu bestimmen. Die **Summe** der beiden Höchstbeträge ist der **gemeinsame Höchstbetrag** (§ 10 Abs. 4 Satz 3 EStG).

BEISPIEL

Gemeinsamer Höchstbetrag bei Zusammenveranlagung

- Ehegatten A und B werden zusammen zur Einkommensteuer veranlagt. Der Ehemann ist Hausmann, die Ehefrau ist Beamtin.
- Für die Ehefrau beträgt der Höchstbetrag 1.900 €, weil sie als Beamtin einen Anspruch auf mindestens teilweise Erstattung von Krankheitskosten durch die Beihilfe des öffentlich-rechtlichen Arbeitgebers hat. Der Ehemann hat einen mittelbaren Beihilfeanspruch im Krankheitsfall. Damit beträgt auch für ihn der Höchstbetrag 1.900 €. Der gemeinsame Höchstbetrag beträgt 3.800 €.

Berechnungsschema für sonstige Vorsorgeaufwendungen

Hinweis: Ein Berechnungsschema für die abziehbaren sonstigen Vorsorgeaufwendungen finden Sie auf http://mybook.haufe.de unter „Der Steuerkalkulator“. **521**

Verfassungsmäßigkeit der Beschränkung des Sonderausgabenabzugs von sonstigen Vorsorgeaufwendungen

- Die Beschränkung des Sonderausgabenabzugs ist lt. BFH für Beiträge zur Arbeitslosenversicherung verfassungsgemäß (BFH, Urteil v. 16.11.2011, X R 15/09, HI2906952, BFH/NV 2012 S. 626, BVerfG, Beschluss v. 27.9.2017, 2 BvR 598/12, nicht zur Entscheidung angenommen). **522**
- Ebenso ist die Beschränkung des Sonderausgabenabzugs von notwendigen sonstigen Vorsorgeaufwendungen (Risikolebens-, Unfall-, Kapitallebensversicherungen) nach § 10 Abs. 1 Nr. 3a EStG durch § 10 Abs. 4 EStG verfassungsgemäß (BFH, Urteil v. 9.9.2015, X R 5/13, HI8763110, BFH/NV 2016 S. 116; BVerfG, Beschluss v. 21.9.2017, 2 BvR 2445/15, Verfassungsbeschwerde nicht zur Entscheidung angenommen).

Beitragsrückerstattungen

[Beitragsrückerstattungen, steuerfreie Zuschüsse → eZeilen 7, 14, 15, 19, 21, 25, 26, Zeilen 20, 34, 35, 44]

523 Beitragsrückerstattungen und steuerfreie Zuschüsse (z. B. Zuschüsse des Jugendamts an eine Tagesmutter) für Vorsorgeaufwendungen nach § 10 Abs. 1 Nr. 2 (Altersvorsorgeaufwendungen), Nr. 3 (Basiskranken- und Pflegepflichtversicherung) und Nr. 3a EStG (Unfall-, Haftpflicht-, Lebensversicherungen etc.) werden der Finanzverwaltung elektronisch mitgeteilt und sind im Erstattungsjahr mit geleisteten Vorsorgeaufwendungen **der jeweiligen Art** zu verrechnen (§ 10 Abs. 4b EStG).

Erstattete Beiträge zur Basiskranken- und Pflegeversicherung sind auch dann mit den in demselben Veranlagungsjahr gezahlten Beiträgen zu verrechnen, wenn sie im Jahr ihrer Zahlung steuerlich nicht abgezogen werden konnten (BFH, Urteil v. 6.7.2016, X R 6/14, HI9805081, BFH/NV 2016 S. 1796).

ACHTUNG

Bonuszahlungen der Krankenkasse

Erstattet eine gesetzliche Krankenkasse dem Steuerpflichtigen im Rahmen eines Bonusprogramms gem. § 65a SGB V von ihm getragene Kosten für Gesundheitsmaßnahmen, liegt hierin eine Leistung der Krankenkasse, die nicht mit den als Sonderausgaben abziehbaren Krankenversicherungsbeiträgen des Steuerpflichtigen zu verrechnen ist (BFH, Urteil v. 1.6.2016, X R 17/15, HI9707928, BFH/NV 2016 S. 1611). Die Finanzverwaltung unterscheidet aufgrund dieses Urteils zwei Fälle:

- Werden von der gesetzlichen Krankenversicherung im Rahmen eines Bonusprogramms zur Förderung gesundheitsbewussten Verhaltens (nach § 65a SGB V) **Kosten für Gesundheitsmaßnahmen erstattet**, die nicht im regulären Versicherungsumfang enthalten und damit von den Versicherten vorab privat finanziert worden sind (z. B. Brillen und Kontaktlinsen, Massagen, Behandlungen beim Heilpraktiker, homöopathische Arzneimittel, Nahrungsergänzungsmittel), handelt es sich bei dieser Kostenerstattung um eine Leistung der Krankenkasse und nicht um eine Beitragsrückerstattung. Die als Sonderausgaben abziehbaren Krankenversicherungsbeiträge sind daher nicht um den Betrag der Kostenerstattung zu mindern (BMF, Schreiben v. 6.12.2016, IV C 3 – S 2221/12/10008:008, BStBl 2016 I S. 1426).
- Nach Auffassung des BFH sind Erstattungen einer gesetzlichen Krankenkasse im Rahmen eines Bonusprogramms für vom Steuerpflichtigen getragene Kosten für Gesundheitsmaßnahmen, nicht mit den als Sonderausgaben abziehbaren Krankenversicherungsbeiträgen zu verrechnen (BFH, Urteil v. 1.6.2016, X R 17/15, HI9707928, BFH/NV 2016 S. 1611). Dies gilt vor allem, wenn für die erlangte Bonusleistung Voraussetzung ist, dass weitere Aufwendungen für Gesundheitsmaßnahmen getätigt werden müssen, um einen Teil dieser zusätzlichen Kosten erstattet zu bekommen. Die Bonuszahlung ist eine Erstattung von selbst getragenen gesundheitsbezogenen Aufwendungen.

- Die Finanzverwaltung wendet diese Rechtsprechung an (BMF, Schreiben v. 24.5.2017, IV C 3 – S 2221/16/10001:004, BStBl 2017 I S. 820). Sie geht aber weiter von einer Beitragsrückerstattung aus, wenn Bonusprogramme lediglich die Durchführung bestimmter Gesundheitsmaßnahmen oder ein bestimmtes Handeln der Versicherten als Voraussetzung für eine Bonusleistung vorsehen, selbst wenn diese Maßnahmen mit Aufwand beim Versicherten verbunden sind. Solche Leistungen sollen z. B. vorliegen, wenn der Versicherte für den Bonuserhalt bestimmte Gesundheitsmaßnahmen durchführen (z. B. Gewichtsreduzierung) oder sich in gewisser Weise verhalten (z. B. Nichtraucher) muss. Beim BFH sind mehrere Revisionsverfahren anhängig (z. B. Az. X R 30/18, Vorinstanz: Sächsisches FG, Urteil v. 20.9.2018, 6 K 619/17, HI12446414, EFG 2019 S. 93).
- Prämienzahlungen stellen für den Versicherten einen Anreiz dar, bestimmte Leistungen der Krankenkasse nicht in Anspruch zu nehmen. Gewährt die gesetzliche Krankenkasse ihren Mitgliedern gem. § 53 Abs. 1 SGB V derartige Prämien, stellen diese Beitragsrückerstattungen dar, die die wirtschaftliche Belastung der Mitglieder und damit auch ihre Sonderausgaben gem. § 10 Abs. 1 Nr. 3 Satz 1 Buchst. a EStG reduzieren (BFH, Urteil v. 6.6.2018, X R 41/17, HI11985775, BFH/NV 2018 S. 1193).

Erstattungsüberhang

Übersteigen die Erstattungen die im Kalenderjahr gezahlten Beiträge einer Versicherungsart, liegt ein Erstattungsüberhang vor. Ein solcher kann zwischen Basiskranken- und Pflegepflichtversicherungsbeiträgen bzw. zwischen den weiteren sonstigen Vorsorgeaufwendungen ausgeglichen werden. Kann ein Erstattungsüberhang zwischen Basiskranken- und Pflegeversicherungsbeiträgen nicht ausgeglichen werden, wird der verbleibende Erstattungsüberhang dem **Gesamtbetrag** der Einkünfte im **Jahr der Erstattung** hinzugerechnet (§ 10 Abs. 4b EStG). 524

TIPP

Abwägung: Beitragsrückerstattung oder Erstattung von Krankheitskosten

Private Krankenversicherungsträger stellen ihren Versicherten Beitragsrückerstattungen in Aussicht, wenn diese die Versicherung in einzelnen Jahren nicht in Anspruch nehmen. Dabei sollten Sie beachten, dass sich der wirtschaftliche Vorteil der Beitragsrückerstattung wegen der Erhöhung des z. v. E. stark reduziert.

Wenn Sie z. B. von Ihrer Versicherung eine Beitragsrückerstattung von 500 € erhalten und einen persönlichen Grenzsteuersatz von 35 % haben, beträgt der wirtschaftliche Vorteil nur (500 € – 175 € =) 325 €. Übersteigen Ihre Krankheitskosten diesen Betrag, ist eine Erstattung der Krankheitskosten durch die Krankenversicherung für den Versicherungsnehmer günstiger.

Basiskranken- und Pflegepflichtversicherungsbeiträge für andere Personen

[Steuerpflichtiger ist Versicherungsnehmer für andere Personen ➜ Zeilen 40 und 44, eZeilen 41–43]

525
- Der Steuerpflichtige kann grds. die Aufwendungen, die er als Versicherungsnehmer schuldet und geleistet hat, als Sonderausgabe abziehen. Beiträge für die eigene Person und die des Ehegatten sind in der **Anlage Vorsorgeaufwand** (Zeilen 11–27) einzutragen. Hat der Steuerpflichtige oder sein Ehegatte als Versicherungsnehmer entsprechende Beiträge für steuerlich zu berücksichtigenden Kindern getragen, sind diese auf der **Anlage Kind** in den Zeilen 31–34 einzutragen.
- Ist das **Kind**, für das ein Anspruch auf Kinderfreibetrag nach § 32 Abs. 6 EStG oder auf Kindergeld besteht, **Versicherungsnehmer** einer Basiskranken- und Pflegepflichtversicherung und trägt der Steuerpflichtige die Beiträge des Kindes durch Leistungen in Form von Bar- oder Sachunterhalt wirtschaftlich, kann der Steuerpflichtige **unabhängig von Einkünften oder Bezügen des Kindes** die Beiträge als eigene Beiträge bei den Sonderausgaben abziehen. Die Aufwendungen sind auf der **Anlage Kind** in den Zeilen 35-42 einzutragen. Dies gilt entsprechend, wenn der Steuerpflichtige die Beiträge für ein unterhaltsberechtigtes Kind trägt, das nicht selbst Versicherungsnehmer ist, sondern der andere Elternteil.
- Kranken- und Pflegepflichtversicherungsbeiträge, die der Steuerpflichtige oder sein Ehegatte als Versicherungsnehmer für steuerlich nicht zu berücksichtige Kinder sowie für andere Personen, z. B. die eigene Mutter, aufgewendet, kann er als Versicherungsnehmer als Sonderausgaben nach § 10 Abs. 1 Nr. 3 **Satz 1** EStG abziehen und in der **Anlage Vorsorgeaufwand** (Zeilen 40–44) eintragen. Die steuerliche Identifikationsnummer dieser Personen muss mitgeteilt werden.

Ein Kind oder eine andere Person ist Versicherungsnehmer

526 In besonderen Fällen kommt die steuerliche Berücksichtigung entsprechender Aufwendungen für **andere Personen** zusätzlich in Betracht. Der Steuerpflichtige kann Aufwendungen für ein Kind, für das kein Anspruch auf Kinderfreibetrag nach § 32 Abs. 6 EStG oder Kindergeld besteht, bzw. für eine andere Person (z. B. Mutter oder Vater des Steuerpflichtigen oder des Ehegatten) nur bei sich als Vorsorgeaufwendungen geltend machen, wenn es sich um Beiträge zur **Basiskranken**- und **Pflegepflichtversicherung** handelt und er Versicherungsnehmer ist.

Ist der Steuerpflichtige nicht Versicherungsnehmer, sondern die andere Person, und ist die andere Person unterhaltsberechtigt, wird bei den außergewöhnlichen Belastungen nach § 33a Abs. 1 EStG der Höchstbetrag für Unterhaltsleistungen um die Beiträge zur **Basiskranken**- und **Pflegepflichtversicherung** nach § 10 Abs. 1 Nr. 3 EStG erhöht (➜ Tz 587, ➜ Tz 596). Dabei ist es nicht notwendig, dass die Beiträge tatsächlich vom Steuerpflichtigen geleistet oder erstattet wurden. Die Zahlung allgemeinen Unterhalts, auch in Form von Sachleistungen (z. B. Unterkunft und Verpflegung), ist ausreichend (R 33a.1 Abs. 5 EStR 2012).

Versicherungsnehmer	**Stpfl. hat Anspruch auf Kindergeld/ Kinderfreibetrag**	**Beiträge zur Basiskranken- und Pflegepflichtversicherung**	**Zusätzliche Kranken- und freiwillige Pflegeversicherung als Sonderausgabe**	**Eintrag in Vordruck**
Steuerpflichtiger/ Ehegatte	ja	Steuerpflichtiger: Sonderausgabe § 10 Abs. 1 Nr. 3 **Satz 1** EStG (Normalfall)	**ja**	**Anlage Kind** eZeilen 31 und 33, Zeilen 32 und 34
	nein		ja	**Anlage Vorsorgeaufwand** Zeilen 40–44
Kind i.S.d. § 32 EStG (oder anderer Elternteil)	ja	Grundsätzlich Abzug beim Kind; trägt der Steuerpflichtige die Beiträge wirtschaftlich, hat er den Sonderausgabenabzug nach § 10 Abs. 1 Nr. 3 **Satz 2**	**nein**	**Anlage Kind** Zeilen 35–40
Kind, das die Voraussetzungen des § 32 EStG nicht mehr erfüllt oder andere Person	nein	Steuerpflichtiger: Außergewöhnliche Belastungen Erhöhung Höchstbetrag für Unterhaltsleistungen, **§ 33a Abs. 1 Satz 2** EStG	nein	**Anlage Unterhalt** Zeilen 11–16

Geschiedener oder dauernd getrennt lebender Ehegatte

Wurden nach § 10 Abs. 1a Nr. 1 EStG Unterhaltszahlungen an den geschiedenen oder **527**
dauernd getrennt lebenden Ehegatten gezahlt und hat dieser dem Sonderausgabenabzug zugestimmt (**Realsplitting**), kann der Steuerpflichtige (Unterhaltsverpflichteter) Beiträge zur **Basiskranken**- und Pflegepflichtversicherung für den unterstützten Ehegatten auch dann nicht nach § 10 Abs. 1 Nr. 3 Satz 1 EStG als Vorsorgeaufwendungen abziehen, wenn er Versicherungsnehmer ist. Beim Steuerpflichtigen erhöht sich aber der Höchstbetrag für das Realsplitting. Dabei spielt es keine Rolle, von wem die Beiträge geleistet oder geschuldet werden (§ 10 Abs. 1 Nr. 3 Satz 2 EStG; ➜ Tz 422).

Liegt **kein** Fall des **Realsplitting** vor, weil die erforderliche Zustimmung fehlt, kann der Steuerpflichtige (Geber) die Beiträge als eigene Sonderausgaben abziehen, wenn er Versicherungsnehmer ist und die Beiträge schuldet (§ 10 Abs. 1 Nr. 3 Satz 1 EStG). Ist Versicherungsnehmer der Ehegatte, an den Unterhalt gezahlt wird (unterhaltsberechtigter Empfänger), zieht dieser die Kranken- und Pflegeversicherungsbeiträge als Sonderausgabe ab. Der Geber kann die Zahlungen evtl. im Rahmen seiner Unterhaltsleistungen als außergewöhnliche Belastung nach § 33a Abs. 1 EStG bis zum erhöhten Höchstbetrag abziehen.

Versicherungsnehmer	**Zustimmung zum Sonderausgabenabzug nach § 10 Abs. 1 Nr. 1 EStG**	**Sonderausgabe: Abzug der Kranken- und Pflegeversicherungsbeiträge beim**	**Sonderausgabe: Erhöhung Höchstbetrag nach § 10 Abs. 1a Nr. 1 EStG**	**Außergewöhnliche Belastung: Erhöhung Höchstbetrag nach § 33a Abs. 1 EStG**	**Eintrag in Vordruck**
Unterhaltsverpflichteter – Geber	ja	**Empfänger** (kein Abzug beim Geber) § 10 Abs. 1 Nr. 3 **Satz 3** EStG	**ja**	nein	**Anlage U** und **Anlage Sonderausgaben** Zeilen 17–18
	nein	**Geber** § 10 Abs. 1 Nr. 3 **Satz 1** EStG	nein	nein	**Anlage Vorsorgeaufwand** Zeilen 40–44
Unterhaltsberechtigter (geschiedener oder dauernd getrennt lebender Ehegatte) **– Empfänger**	ja	**Empfänger** (kein Abzug beim Geber) § 10 Abs. 1 Nr. 3 Satz 1 EStG	**ja**	nein	**Anlage U und Anlage Sonderausgaben** Zeilen 17–18
	nein	**Empfänger** § 10 Abs. 1 Nr. 3 Satz 1 EStG	nein	**ja**	**Anlage Unterhalt** Zeile 11–16

Übermittlung der Daten

Elektronische Übermittlung der Daten

528 Die erforderlichen Daten werden von den übermittelnden Stellen (Versicherungsunternehmen, Träger der gesetzlichen Kranken- und Pflegeversicherung oder Künstlersozialkasse) entweder durch Lohnsteuerbescheinigung, Rentenbezugsmitteilung oder sonstige Mitteilungen per Datenfernübertragung elektronisch an die Finanzverwaltung übermittelt.

Voraussetzung für den Sonderausgabenabzug von Beiträgen zur Basiskranken- und Pflegepflichtversicherung nach § 10 Abs. 1 Nr. 3 EStG ist, dass der Steuerpflichtige in die elektronische Übertragung der erforderlichen Daten schriftlich einwilligt. Die Finanzverwaltung unterstellt die Einwilligung, wenn die entsprechenden Daten von der übermittelnden Stelle nach § 10 Abs. 2a Satz 1 EStG an die Finanzverwaltung übertragen wurden.

Änderung eines bestandskräftigen Steuerbescheids wegen elektronisch übermittelter Daten

Geht nach einer bereits erfolgten Steuerfestsetzung ein erstmaliger oder korrigierter Datenersatz bei der Finanzverwaltung ein oder ist ein solcher bei der Festsetzung nicht erfasst worden, ist der Steuerbescheid zu ändern (§ 175b AO).

Ausführliches Schreiben des BMF

Eine umfassende Darstellung aller Vorsorgeaufwendungen mit zahlreichen Beispielen: Siehe BMF, Schreiben v. 24.5.2017, IV C 3 – S 2221/16/10001:004, BStBl 2017 I S. 820 unter Berücksichtigung der Ergänzung durch BMF, Schreiben v. 6.11.2017, IV C 3 – S 2221/17/10006:001, BStBl 2017 I S. 1455.

Günstigerprüfung nach § 10 Abs. 4a EStG

Die Regelungen zum Abzug von Vorsorgeaufwendungen sind nach der aktuellen Gesetzes- **529**
fassung in einzelnen Fällen ungünstiger als nach der für das Kalenderjahr 2004 geltenden Fassung des § 10 Abs. 3 EStG 2004. Zur Vermeidung einer Schlechterstellung wird in diesen Fällen letztmals für das Jahr 2019 eine Günstigerprüfung durchgeführt und der höhere Betrag als Sonderausgabe angesetzt. Die Überprüfung erfolgt von Amts wegen.

TIPP

Alle Vorsorgeaufwendungen angeben

Wegen der Günstigerprüfung sollten Sie **alle** weiteren sonstigen Vorsorgeaufwendungen vollständig erklären, auch wenn diese sich nach der aktuell geltenden Rechtslage nicht auswirken würden.

9 Anlage AV (Altersvorsorgebeiträge, Riester)

9.1 Allgemeines

530 Der Begriff der Altersvorsorge umfasst die Summe aller Möglichkeiten, die wahrgenommen werden können, um nach Beendigung der aktiven Erwerbstätigkeit den Lebensunterhalt bestreiten zu können.

Die Altersvorsorge kann aus drei Bausteinen bestehen:

- Die **gesetzliche Altersvorsorge** besteht aus der gesetzlichen Rentenversicherung, der Alterssicherung der Landwirte, der berufsständischen Versorgung und der Beamtenversorgung (➜ Tz 498).
- Die **betriebliche Altersvorsorge** kann in Form einer Direktzusage durch den Arbeitgeber, einer Direktversicherung, einer Pensionskasse, eines Pensionsfonds, einer Unterstützungskasse oder eines Riester-Vertrags vorliegen. **Hinweis:** Wichtiges zum Thema „Betriebliche Altersvorsorge" finden Sie auch auf http://mybook.haufe.de unter „Weiterführende steuerliche Informationen".
- Die **private Altersvorsorge** kann aus einer staatlich geförderten Vorsorge als Riester-Rente, in Form von Wohnriester oder als Rürup-Rente bestehen. Möglich ist auch eine staatlich nicht geförderte Vorsorge in Form der allgemeinen (klassischen) Lebensversicherung, eines Fondssparplan oder Immobilienbesitzes. Beiträge zu einer Rürup-Rente werden wie Beiträge zur gesetzlichen Rentenversicherung durch einen Sonderausgabenabzug begünstigt (§ 10 Abs. 1 Nr. 2, Buchst. b, Abs. 3 EStG; ➜ Tz 502).

9.2 Riester-Rentenversicherung

531 Die Riester-Rente wird steuerlich nur gefördert, wenn der Vertrag **zertifiziert** (= geprüft und genehmigt) wurde. Für Beiträge zu einem zertifizierten Altersvorsorgevertrag (Riester-Rente) kann eine **Altersvorsorgezulage** für maximal zwei Verträge (§§ 79 ff. EStG) direkt über den Anbieter der Versicherung beantragt werden. Darüber hinaus besteht aber auch die Möglichkeit, statt einer Altersvorsorgezulage einen **Sonderausgabenabzug** (§ 10a EStG) in Anspruch zu nehmen. Dieser Sonderausgabenabzug wird mit der **Anlage AV** beantragt.

Begünstigter Personenkreis

[Unmittelbar begünstigte Personen ➜ Zeile 5]

532 Es wird zwischen unmittelbar und mittelbar begünstigten Personen unterschieden.

Zum Kreis der unmittelbar begünstigten Personen gehören insbesondere:

Pflichtversicherte in der inländischen gesetzlichen Rentenversicherung, Bezieher von Arbeitslosengeld, Arbeitslosengeld II (Hartz IV) oder Vorruhestandsgeld, Beamte, Richter, Berufssoldaten, Soldaten auf Zeit, Besoldungsempfänger.

Nicht begünstigt sind insbesondere:

Freiwillig Versicherte in der gesetzlichen Rentenversicherung, geringfügig Beschäftigte, die bei Beschäftigung einen Antrag auf Versicherungsbefreiung gestellt haben oder die schon länger beschäftigt sind und auf ihre Versicherungsfreiheit nicht verzichten, geringfügig selbstständig Tätige ohne Rentenversicherungspflicht (z. B. Studenten – auch während eines Praktikums), von der Versicherungspflicht in der gesetzlichen Rentenversicherung befreite Personen, Selbstständige und Gewerbetreibende; Bezieher einer Vollrente wegen Alters.

Eine genauere Auflistung der begünstigten und nicht begünstigten Personen entnehmen Sie bitte dem BMF-Schreiben v. 21.12.2017, IV C 3 – S 2015/17/10001:005, Rn. 1–25, BStBl 2018 I S. 93.

[Mittelbar begünstigte Personen ➜ Zeile 15]

Bei Ehegatten mit Wohnsitz in einem EU-/EWR-Staat, die nicht dauernd getrennt leben (§ 26 Abs. 1 EStG) und von denen nur ein Ehegatte unmittelbar zulageberechtigt ist, ist auch der andere Ehegatte **mittelbar begünstigte Person**, wenn beide jeweils einen auf ihren Namen lautenden zertifizierten Altersvorsorgevertrag abgeschlossen haben und der unmittelbar begünstigte Ehegatte eigene geförderte Altersvorsorgebeiträge geleistet hat.

Altersvorsorgezulage (§§ 79 ff. EStG)

Die staatliche Förderung erfolgt durch Grundzulage und Kinderzulage. Die Altersvorsor- **533**
gezulage wird nicht ausgezahlt, sondern dem Altersvorsorgevertrag gutgeschrieben.

Grundzulage

Jeder Zulageberechtigte (erhält auf Antrag für seine gezahlten Altersvorsorgebeiträge eine Grundzulage. Die Grundzulage beträgt jährlich 175 € (§§ 83, 84 EStG). Förderberechtigte, die zu Beginn des Beitragsjahres das 25. Lebensjahr noch nicht vollendet haben, erhalten eine **einmalige**, um 200 € erhöhte Grundzulage (**Berufseinsteiger-Bonus**). Für die Erhöhung ist kein gesonderter Antrag erforderlich.

[Kinderzulage ➜ Zeilen 16–18]

Anspruch auf Kinderzulage besteht für jedes Kind, für das für mindestens einen Monat im Beitragsjahr Kindergeld an den Zulageberechtigten ausgezahlt worden ist.

Sie beträgt 185 € je Kind. Für ein ab 2008 geborenes Kind erhöht sich die Kinderzulage auf 300 € (§ 85 EStG). Der Anspruch auf Kinderzulage entfällt für das Jahr, für das das Kindergeld zurückgefordert wird.

[Mindesteigenbeitrag ➜ Zeilen 6–15]

Die Altersvorsorgezulage wird gekürzt, wenn der Zulageberechtigte nicht den Mindesteigenbeitrag leistet (§ 86 EStG). Dieser beträgt 4 % der **im Vorjahr** erzielten sozialversicherungspflichtigen oder diesen gleichgestellten Einnahmen, maximal 2.100 €. Gleichgestellte Einnahmen sind Besoldungs- oder Amtsbezüge oder eine Rente wegen Erwerbsminderung. Das Elterngeld gehört nicht dazu. Von dem Betrag von 2.100 € ist noch der volle Zulagenanspruch abzuziehen.

Der Mindesteigenbeitrag darf nicht unter den **Sockelbetrag von 60 € pro Jahr** fallen. Gehören beide Ehegatten zum unmittelbar begünstigten Personenkreis, ist für jeden Ehegatten anhand seiner jeweiligen maßgebenden Einnahmen ein eigener Mindesteigenbeitrag zu berechnen. Vertiefend siehe BMF, Schreiben v. 21.12.2017, IV C 3 – S 2015/17/10001:005, Rn. 63–81, BStBl 2018 I S. 93.

Kürzung der Zulage

Zahlt der Zulageberechtigte nicht den erforderlichen Mindesteigenbeitrag, sind die Grundzulage und Kinderzulage nach dem Verhältnis der geleisteten Altersvorsorgebeiträge zum erforderlichen Mindesteigenbeitrag zu kürzen.

Antrag auf Altersvorsorgezulage

Der Antrag ist **über die Versicherungsgesellschaft** nach amtlich vorgeschriebenem Vordruck bei der Zentralstelle für Altersvermögen (ZfA) bis zum Ablauf des zweiten auf das Beitragsjahr folgenden Jahres zu stellen. Der Versicherung kann eine schriftliche Vollmacht zur Antragstellung erteilt werden, die **bis auf Widerruf** gilt.

Zusätzlicher Sonderausgabenabzug für Altersvorsorgeaufwendungen

[Anlage AV → Zeilen 6–9]

534 Statt der Altersvorsorgezulage kann für die selbst geleisteten Beiträge, zzgl. der dafür zustehenden Zulage, höchstens bis zu 2.100 €, ein **Sonderausgabenabzug** geltend gemacht werden. Dazu muss der Steuererklärung die **Anlage AV** (Altersvorsorge) beigefügt werden. Eine Bescheinigung der Versicherungsgesellschaft muss nicht beigelegt werden, da diese kraft Gesetzes (Zweites Datenschutz-Anpassungs- und Umsetzungsgesetz) die erforderlichen Daten durch elektronische Datenübermittlung an die Finanzverwaltung weiterleiten muss (§ 10a Abs. 2a EStG).

Bei der Zusammenveranlagung von Ehegatten, die **beide** zum **unmittelbar begünstigten** Personenkreis gehören, steht der Sonderausgabenabzug jedem Ehegatten gesondert zu und es kommt nicht darauf an, ob der Ehemann oder die Ehefrau die Altersvorsorgebeiträge geleistet hat. Die Begrenzung auf den Höchstbetrag ist aber für jeden Ehegatten gesondert vorzunehmen. Schöpft ein Ehegatte seinen Höchstbetrag nicht aus, kann der nicht genutzte Teil des Höchstbetrags nicht auf den anderen Ehegatten übertragen werden.

Ist **nur ein Ehegatte unmittelbar begünstigt**, kommt ein Sonderausgabenabzug grds. nur für seine Altersvorsorgebeiträge sowie die ihm und dem mittelbar zulageberechtigten Ehegatten zustehenden Zulagen in Betracht. Der Höchstbetrag verdoppelt sich in diesem Fall nicht, er erhöht sich aber um 60 €, wenn der andere mittelbar begünstigt ist. Hat der mittelbar zulageberechtigte Ehegatte einen eigenen Altersvorsorgevertrag abgeschlossen, können die zugunsten dieses Vertrags geleisteten Altersvorsorgebeiträge beim Sonderausgabenabzug des unmittelbar zulageberechtigten Ehegatten berücksichtigt werden, wenn dessen Höchstbetrag durch seine geleisteten Altersvorsorgebeiträge sowie die zu berücksichtigenden Zulagen nicht ausgeschöpft wird.

535 Ein Sonderausgabenabzug nach § 10a Abs. 1 EStG wird nur gewährt, wenn er für den Steuerpflichtigen einkommensteuerrechtlich günstiger als der Anspruch auf Altersvorsorgezulage ist. Führt die durch das Finanzamt maschinell durchgeführte **Günstigerprüfung** zu diesem Ergebnis, **erhöht** sich die unter Berücksichtigung des Sonderausgabenabzugs ermittelte **tarifliche Einkommensteuer um den Anspruch auf Zulage**. Der Berufseinsteiger-Bonus bleibt bei der Günstigerprüfung außer Betracht.

Der Steuerpflichtige erhält im Rahmen der Einkommensteuerveranlagung nur die über den Zulageanspruch hinausgehende Steuerermäßigung.

Nachgelagerte Besteuerung der Leistungen aus geförderten Altersvorsorgeverträgen

Für Renten aus Altersvorsorgeverträgen ist bei Auszahlung grds. die nachgelagerte **536**
Besteuerung **in voller Höhe** vorgesehen (§ 22 Nr. 5 Satz 1 EStG).

Soweit die Beiträge für diese Renten nicht durch Altersvorsorgezulage oder den Sonderausgabenabzug nach § 10a EStG gefördert wurden, erfolgt die Besteuerung der lebenslangen Rente nur mit dem **Ertragsanteil** (§ 22 Nr. 5 Satz 1 EStG i. V. m. § 22 Nr. 1 Satz 3, Buchst. a), Doppelbuchst. bb EStG; ➜ Tz 939). Dieser richtet sich nach dem vollendeten Lebensjahr bei Beginn der Rente und beträgt z. B. bei 65 Jahren 18 %. Die erforderliche Aufteilung der Rente ergibt sich aus einer Leistungsbescheinigung der Versicherung.

Wegen Besonderheiten bei Kapital- oder Teilkapitalauszahlungen siehe BMF, Schreiben v. 21.12.2017, IV C 3 – S 2015/17/10001:005, Rn. 195 ff., BStBl 2018 I S. 93.

10 Anlage Kind (Kinderberücksichtigung)

10.1 Allgemeines

Steuervergünstigungen für Kinder

537 Für Kinder gibt es eine Vielzahl von Steuervergünstigungen. Dazu zählen im Wesentlichen:

- **Kindergeld** oder **Kinderfreibetrag** und **Freibetrag für den Betreuungs-, Erziehungs- und Ausbildungsbedarf** des Kindes (➜ Tz 556)
- **Entlastungsbetrag für Alleinerziehende** (➜ Tz 562)
- **Freibetrag** zur Abgeltung des **Sonderbedarfs** eines sich in **Ausbildung** befindlichen, auswärtig untergebrachten Kindes bei den außergewöhnlichen Belastungen (➜ Tz 567)
- Abzug von **Schulgeldzahlung** als Sonderausgaben (➜ Tz 575)
- Übertragung des **Pauschbetrags** für behinderte Menschen für ein **behindertes Kind** bei den außergewöhnlichen Belastungen (➜ Tz 449)
- Abzug von **Beiträgen zu einer Kranken- und Pflegepflichtversicherung** für ein Kind als Sonderausgaben (➜ Tz 561)
- Abzug von **Kinderbetreuungskosten** als Sonderausgaben (➜ Tz 581)
- geringere **zumutbare Eigenbelastung** bei den außergewöhnlichen Belastungen (➜ Tz 453)
- **Kinderzulage** für Beiträge in eine **Riester-Versicherung** (➜ Tz 533)

538 Alle diese Steuervergünstigungen setzen voraus, dass das Kind nach § 32 Abs. 1–5 EStG **steuerlich berücksichtigt** werden kann.

WICHTIG

> **Monatsprinzip für Tatbestände zur Kinderberücksichtigung beachten**
>
> Für alle Tatbestände zur Kinderberücksichtigung (z. B. Geburtsmonat, das Erreichen bestimmter Altersgrenzen, Abschluss einer Berufsausbildung), Kindergeld sowie für alle Kind abhängigen Freibeträge und Höchstbeträge gilt das **Monatsprinzip.** Die jeweils notwendigen Voraussetzungen müssen nur einen Tag im Monat vorliegen, um in den „Genuss" der Steuervergünstigung zu kommen (Anspruchsmonat).

WICHTIG

> **Abzug als außergewöhnliche Belastungen bei nicht berücksichtigungsfähigem Kind**
>
> Aufwendungen für den Unterhalt, die Berufsausbildung oder Kranken- und Pflegepflichtversicherungsbeiträge für ein **nicht berücksichtigungsfähiges Kind** sind u. U. als **außergewöhnliche Belastungen** (§ 33a Abs. 1 EStG) zu berücksichtigen (➜ Tz 587).

Voraussetzungen für die steuerliche Berücksichtigung von Kindern

[Angaben zum Kind, Kindschaftsverhältnis ➜ Zeilen 4–15]

539 Ein Kind kann bei einem Steuerpflichtigen nur berücksichtigt werden, wenn ein **Kindschaftsverhältnis** zu ihm besteht und das Kind bestimmte **altersbezogene Voraussetzungen** erfüllt (§ 32 Abs. 1–5 EStG). Sind die Eltern eines Kindes nicht verheiratet bzw. wählen sie die Einzelveranlagung, erhält jeder Elternteil bei seiner Steuerveranlagung die

vom Kind abhängigen Steuervergünstigungen grds. hälftig. Lebt das Kinder im Inland, muss die (deutsche) **Identifikationsnummer** des Kindes angegeben werden. Bei Auslandskindern ist grds. ein eindeutiger geeigneter Identitätsnachweis (z. B. ausländische persönliche Identifikationsnummer, Geburtsurkunde, amtlicher Ausweis) erforderlich. Einzelheiten vgl. BZSt, Schreiben v. 9.8.2016, St II 2-S 2471-PB/16/00001, BStBl 2016 I S. 801.

Kindschaftsverhältnis

Das EStG unterscheidet zwischen im ersten Grad verwandten Kindern und Pflegekindern. **540**
Von Bedeutung sind auch Stiefkinder und Enkelkinder.

Ein Kindschaftsverhältnis i. S. d. EStG besteht vor allem bei den im **ersten Grad mit dem Steuerpflichtigen verwandten Kindern** (§ 32 Abs. 1 Nr. 1 EStG). Das sind leibliche Kinder (eheliche, nicht eheliche, für ehelich erklärte) und adoptierte Kinder.

Adoptivkinder können, soweit durch die Adoption das Verwandtschaftsverhältnis zu den leiblichen Eltern erloschen ist (Kind war im Zeitpunkt der Adoption minderjährig), **nur** bei den Adoptiveltern berücksichtigt werden, anderenfalls werden sie **vorrangig** bei den Adoptiveltern berücksichtigt (§ 32 Abs. 2 EStG).

Ein **Pflegekindschaftsverhältnis** (§ 32 Abs. 1 Nr. 2 EStG) setzt voraus, dass das Pflege- **541**
kind im Haushalt der Pflegeeltern sein Zuhause hat (BFH, Beschluss v. 12.10.2016, XI R 1/16, HI10141061, BFH/NV 2017 S. 298) und diese zu dem Kind in einer familienähnlichen, auf längere Dauer angelegten Beziehung wie zu einem eigenen Kind stehen. Zwischen den Pflegeeltern und dem Kind muss ein **Aufsichts-, Betreuungs- und Erziehungsverhältnis** wie zwischen Eltern und leiblichem Kind bestehen. Nicht entscheidend ist, wer die Personensorge für das Kind innehat. Kinder, die zu Erwerbszwecken in den Haushalt aufgenommen wurden (sog. Kostkinder) sind nicht berücksichtigungsfähig. Dabei ist die sozialrechtliche Einordung der Unterbringung ist für die steuerliche Einordnung entscheidend. Weitere Voraussetzung für das Bestehen eines Pflegekindschaftsverhältnisses ist, dass das **Obhuts- und Pflegeverhältnis zu den leiblichen Eltern nicht mehr besteht**, d. h. die familiären Bindungen auf Dauer aufgegeben wurden. Gelegentliche besuchsweise Kontakte zu den leiblichen Eltern sind ohne Bedeutung.

Für die steuerliche Berücksichtigung eines Kindes ist **ohne Bedeutung,** **542**

- ob das Kind zum Haushalt (der Eltern) gehört (Ausnahme Pflegekinder s. o.),
- ob das Kind eigenes Vermögen oder eigene Einkünfte und Bezüge hat und
- ob das Kind im Inland oder im Ausland lebt (Für Auslandskinder besteht u. U. kein Kindergeldanspruch. Hat ein Kind seinen Wohnsitz im Ausland, kann dieser Umstand die Höhe der Freibeträge für das Kind beeinflussen (➜ Tz 558).

Ist ein Elternteil verstorben, bekommt der noch lebende alleinige Elternteil die verdoppelten Freibeträge für das Kind (➜ Tz 556).

Verheiratete Kinder

Ob ein Kind verheiratet ist, ist für die Frage der Kinderberücksichtigung ohne Bedeutung. **543**
Ebenso kann ein unverheiratetes Kind, das selbst ein eigenes Kind versorgt bzw. erzieht unter den üblichen Voraussetzungen des § 32 EStG (weiterhin) bei den Eltern berücksichtigt werden.

Minderjährige Kinder

Ein Kind kann ab dem Monat der Geburt bis einschließlich des Monats, in dem es sein 18. Lebensjahr vollendet, berücksichtigt werden, ohne dass weitere Bedingungen erfüllt sein müssen (§ 32 Abs. 3 EStG). Die Berechnung des Lebensalters erfolgt nach den §§ 187 Abs. 2, 188 BGB. Danach wird ein Lebensjahr mit Ablauf des Tages vollendet, der vor dem Geburtstag liegt.

BEISPIEL

Berechnung des Lebensalters

Ein Kind wird am 1.2.2002 geboren. Es vollendet sein erstes Lebensjahr mit Ablauf des 31.1.2003 und das 18. Lebensjahr mit Ablauf des 31.1.2020. Damit kann es steuerlich von Februar 2002 bis einschließlich Januar 2020 berücksichtigt werden.

[Berücksichtigung volljähriger Kinder ➜ Zeilen 16–19]

544 Ein volljähriges Kind wird nur berücksichtigt, wenn es zu einer der im EStG abschließend bezeichneten Gruppen gehört (§ 32 Abs. 4 EStG). Dabei reicht es aus, dass das Kind einen Teil des Monats die entsprechenden Voraussetzungen (siehe nachfolgende Übersicht) erfüllt.

Alter des Kindes	Berücksichtigungstatbestand
Kind nach Vollendung des 18. Lebensjahres und bis zur Vollendung des **21.** Lebensjahres	Berücksichtigung möglich, wenn das Kind nicht erwerbstätig und bei der Bundesagentur für Arbeit als **Arbeit suchend gemeldet** ist (§ 32 Abs. 4 Nr. 1 EStG).
Kind nach Vollendung des 18. Lebensjahres und bis zur Vollendung des **25.** Lebensjahres	Berücksichtigung möglich, wenn das Kind ● sich in **Berufsausbildung** befindet (§ 32 Abs. 4 Nr. 2 Buchst. a) EStG), ● sich in einer **Übergangszeit** von maximal 4 Monaten zwischen zwei Ausbildungsabschnitten oder zwei Berufsausbildungen oder zwischen einem Freiwilligendienst (auch freiwilliger Wehrdienst) und einer Ausbildung befindet (§ 32 Abs. 4 Nr. 2 Buchst. b) EStG), ● seine Ausbildung **mangels** Ausbildungsplatzes nicht beginnen oder fortsetzen kann (§ 32 Abs. 4 Nr. 2 Buchst. c) EStG) oder ● einen der im Gesetz abschließend aufgezählten **Freiwilligendienste** (§ 32 Abs. 4 Nr. 2 Buchst. d) EStG) ableistet.
Kind nach Vollendung des 18. Lebensjahres **unbegrenzt**	Berücksichtigung möglich, wenn das Kind wegen einer vor Vollendung des 25. Lebensjahres eingetretenen **Behinderung** außerstande ist, sich selbst zu unterhalten (§ 32 Abs. 4 Nr. 3 EStG).

WICHTIG

Einkünfte und Vermögen des Kindes sind unerheblich

Ob das **Kind erwerbstätig** ist oder über eigene Einkünfte und Bezüge verfügt, ist bis zum **Abschluss der ersten Berufsausbildung** ohne Bedeutung.

Arbeit suchend gemeldetes Kind unter 21 Jahren

Das Kind darf **nicht in einem Beschäftigungsverhältnis stehen** – eine geringfügige Beschäftigung mit einem durchschnittlichen Bruttolohn von maximal 450 € im Monat bzw. eine Beschäftigung von durchschnittlich weniger als 15 Stunden wöchentlich (unabhängig, ob als Arbeitnehmer oder als Selbstständiger) ist unbeachtlich (BFH, Urteil v. 18.12.2014, III R 9/14, HI7745439, BFH/NV 2015 S. 1030) – **und** muss sich bei einer Agentur für Arbeit im Inland, einem anderen für Arbeitslosengeld II zuständigen Leistungsträger (z. B. Arbeitsgemeinschaft für die Grundsicherung Arbeitssuchender; ARGE) oder einer staatlichen Arbeitsvermittlung in einem anderen EU- bzw. EWR-Staat oder der Schweiz tatsächlich als Arbeit suchend gemeldet und die Tatsache der gegenwärtigen oder künftigen Arbeitslosigkeit angezeigt haben (BFH, Urteil v. 7.7.2016, III R 19/15, HI9860967, BFH/NV 2016 S. 1810). Auch die Bestätigung der Arbeitslosigkeit oder der Bezug von Arbeitslosengeld nach SGB III gilt als Nachweis der Meldung als Arbeitsuchender (BFH, Urteil v. 26.7.2012, VI R 98/10, HI3431048, BFH/NV 2012 S. 2049). **545**

Die Meldung ist zwingende Voraussetzung für die Berücksichtigung des Kindes (BFH, Urteil v. 20.11.2008, III R 10/06, HI2121492, BFH/NV 2009 S. 567). Es reicht **nicht** aus, dass das Kind sich selbst, z. B. nachgewiesen durch Bewerbungsschreiben, um einen Arbeitsplatz bemüht. Für den Status „arbeitssuchend", gelten die Vorschriften des Sozialrechts (BFH, Urteil v. 23.10.2014, V R 24/14, HI7591960, BFH/NV 2015 S. 484). Für die Dauer einer rechtmäßigen Vermittlungssperre (i. d. R. 12 Wochen), z. B. weil das Kind im Vermittlungsprozess Pflichten (z. B. Termine werden nicht eingehalten) verletzt hat, wird das Kind nicht berücksichtigt.

Kind in Ausbildung

Als Berufsausbildung ist die Ausbildung für einen zukünftigen Beruf zu verstehen (→ Tz 407). Sie muss für den angestrebten Beruf geeignet sein und ernsthaft und nachhaltig betrieben werden. **546**

Für die Anerkennung einer **Schulausbildung** als Ausbildung ist grds. weder die Einbindung des Schülers in eine schulische Mindestorganisation, die eine gewisse Lernkontrolle ermöglicht, noch die Teilnahme des Kindes an einem theoretisch-systematischen Unterricht erforderlich (s. u. Selbstunterricht).

Nach diesen Grundsätzen sind als Ausbildung für einen künftigen Beruf insbesondere anzusehen:

- Besuch einer **allgemeinbildenden Schule** (Haupt-, Realschule, Gymnasium);
- Besuch einer **weiterführenden Schule** (Fach-, Fachhochschule, Berufsakademie, Universität); Dies kann für ein ernsthaft betriebenes Studium auch erfüllt sein, wenn es (z. B. mit nur fünf Semesterstunden wöchentlich) neben einer Erwerbstätigkeit stattfindet (BFH, Urteil v. 8.9.2016, III R 27/15, HI10083601, BFH/NV 2017 S. 208).
- **betriebliche Ausbildung** (Lehre in einem handwerklichen, kaufmännischen, technischen oder wissenschaftlichen Beruf);
- Besuch einer **Haushalts-, berufsbildenden Schule, Berufsfach-, Meisterschule**;
- Ableistung eines vorgeschriebenen **Praktikums** (Vor-, Zwischen- und Nachpraktika) im Rahmen einer Ausbildung; wird das Praktikum im Inland durchgeführt, bestehen keine feste Mindestgrenzen, was den zeitlichen Umfang angeht (BFH, Urteil v. 22.11.2012, V R 60/10, HI3574474, BFH/NV 2013 S. 531). Auch ein detaillierter Ausbildungsplan ist nicht notwendig (H 32.5 „Praktikum", „Sprachaufenthalt" EStH 2019). Soweit ein Praktikum

weder vorgeschrieben noch empfohlen wird (freiwillige Praktika), erkennt die Finanzverwaltung den berücksichtigungsfähigen Praktikumszeitraum nur begrenzt auf bis zu zwölf Monate an (BZSt, Schreiben v. 9.7.2019, St II 2- S 2280-DA/19/00002, A 15.8 DA-KG 2019, BStBl 2019 I S. 654; www.bzst.de).

- **Sprachaufenthalte** im Ausland, wenn sie (z. B. bei **Au-pair** üblich) von einem theoretisch-systematischen Sprachunterricht von wöchentlich durchschnittlich mindestens zehn Unterrichtsstunden begleitet werden (BFH, Urteil v. 14.9.2009, III B 119/08, HI2251946, BFH/NV 2010 S. 34).
- Vorbereitung auf die **Promotion** (Doktortitel) im Anschluss an das Studium (BFH, Urteil v. 9.6.1999, VI R 92/98, HI56580, BFH/NV 1999 S. 1684);
- Besuch einer **allgemeinbildenden Schule im Ausland** im Rahmen von Schüleraustauschprogrammen oder eines akademischen Jahres;
- **Volontariat**, wenn es der Vorbereitung auf den späteren Beruf dient;
- **Referendariat** im Anschluss an die erste juristische Staatsprüfung (BFH, Beschluss v. 10.2.2000, VI B 108/99, HI424995, BFH/NV 2000 S. 807) oder beim Lehrberuf;
- **Traineetätigkeit**, wenn die Erlangung beruflicher Qualifikationen im Vordergrund steht (BFH, Urteil v. 26.8.2010, III R 88/08, HI2523753, BFH/NV 2011 S. 26);
- Besuch einer **Abendrealschule** oder eines **Abendgymnasiums** (BFH, Urteil v. 21.1.2012, III R 68/08, BFH/NV 2010 S. 872);
- Schulausbildung im Selbstunterricht (z. B. **Selbststudium**, **Fernunterricht**, **Fernstudium**), wenn die Ernsthaftigkeit der Prüfungsvorbereitung zweifelsfrei nachgewiesen ist z. B. durch eine nachfolgend bestandene Abschlussprüfung (BFH, Beschluss v. 9.11.2012, III B 98/12, HI3530122, BFH/NV 2013 S. 192);
- Ein Kind, das an einer Arbeitsbeschaffungsmaßnahme teilnimmt und „innerhalb" der Maßnahme seine Ausbildung abschließt, ist bis zum Abschluss in Ausbildung (BFH, Urteil v. 11.7.2013, VI R 62/12, HI6090510, BFH/NV 2014 S. 147).

Eine vorübergehende Unterbrechung der Ausbildung z. B. wegen Krankheit oder eigener Mutterschaftszeit steht der Berücksichtigung als Kind nicht entgegen (BFH, Urteil v. 13.6.2013, III R 58/12, HI5644477, BFH/NV 2013 S. 1963). Wird die Ausbildung aber danach (weiter) „unterbrochen", um das Kleinkind zu betreuen (Elternzeit), endet insoweit die Berücksichtigung als Kind (BFH, Urteil v. 15.7.2003, VIII R 47/02, HI1003711, BFH/NV 2003 S. 1645).

547 Die **Berufsausbildung** ist **beendet**, wenn das Kind das eigentliche Berufsziel (mit Abschlussprüfung) erreicht hat. Bei einer dualen Ausbildung (Grundstudium an einer Hochschule und integrierte betriebliche Ausbildung) sind beide Teile als einheitliche Erstausbildung anzusehen, wenn sie in einem engen sachlichen und zeitlichen Zusammenhang stehen (BFH, Urteil v. 16.6.2015, XI R 1/14, HI8310229, BFH/NV 2015 S. 1378). Ob bereits der erste (objektiv) berufsqualifizierende Abschluss in einem öffentlich-rechtlich geordneten Ausbildungsgang zum Verbrauch der Erstausbildung führt oder ob bei einer mehraktigen Ausbildung auch ein nachfolgender Abschluss Teil der Erstausbildung sein kann, richtet sich danach, ob sich der erste Abschluss als integrativer Bestandteil eines einheitlichen Ausbildungsgangs darstellt. Dies ist der Fall, wenn die Ausbildungsmaßnahmen zeitlich und inhaltlich so aufeinander abgestimmt sind, dass die Ausbildung nach Erreichen des ersten Abschlusses (z. B. Bachelor-Abschluss) fortgesetzt werden muss, weil das vom Kind angestrebte Berufsziel erst über den weiterführenden Abschluss (Master-Abschluss) erreicht werden kann (BFH, Urteil v. 3.9.2015, VI R 9/15, HI8719997, BFH/NV 2016 S. 113; BFH,

Urteil v. 8.9.2016, III R 27/15, HI10083601, BFH/NV 2017 S. 208). Indizien dafür sind, dass die Ausbildungsabschnitte in einem engen sachlichen (z.B. dieselbe Berufssparte, derselbe fachliche Bereich) und im zeitlichen Zusammenhang (unmittelbar aufeinander folgend bzw. sobald es z.B. aus schulorganisatorischen Gründen möglich ist) stehen (BFH, Urteil v. 15.4.2015, V R 27/14, HI8169450, BFH/NV 2015 S. 1299; BFH, Urteil v. 11.4.2018, III R 18/17, HI11760080, BFH/NV 2018 S. 885). Dies ist z.B. erfüllt, wenn sich nach einer betrieblichen Ausbildung (zum Elektroniker) sofort der Besuch einer Fachoberschule (für Technik als Studienvoraussetzung) und anschließend ein Studium (zum Ingenieur) anschließt. Nimmt das Kind nach Abschluss einer Ausbildung (Bachelorabschluss) eine Erwerbstätigkeit auf, ist nach dem Gesamtbild der Verhältnisse (Dauer des Beschäftigungsverhältnisses, Umfang der Arbeitszeit, Ausbildung neben der Berufstätigkeit) zu prüfen, ob die Berufsausübung im Vordergrund steht und die weiteren Ausbildungsmaßnahmen (z.B. begleitendes Masterstudium) als Weiterbildung in den Hintergrund tritt, oder ob die Ausbildung der Hauptzweck der Arbeit darstellt und die Berufstätigkeit untergeordnet ist (BFH, Urteil v. 23.1.2020, III R 72/18, HI13792180, BFH/NV 2020 S. 692). Dabei ist ohne Bedeutung, ob die Fortsetzung der Ausbildung Berufserfahrung voraussetzt oder nicht (z.B. BFH, Urteil v. 11.12.2018, III R 26/18, HI12982457, BFH/NV 2019 S. 465; BFH, Urteil v. 11.12.2018, III R 2/18, HI13106812, BFH/NV 2019 S. 696).

Handelt sich es um eine zweite oder weitere Ausbildung, muss bezüglich der Kinderberücksichtigung (zusätzlich) geprüft werden, ob das Kind vollerwerbstätig ist (➜ Tz 552).

Kind in einer Übergangszeit

Begünstigt sind Übergangszeiten zwischen zwei Ausbildungsabschnitten oder zwei Ausbildungen sowie zwischen Ausbildung und einem der in § 32 Abs. 4 Nr. 2 Buchst. d) EStG genannten freiwilligen Dienste oder dem freiwilligem Wehrdienst. Der Zeitraum, in denen das Kind **nur** die Voraussetzung des § 32 Abs. 4 Nr. 2 Buchst. b) EStG erfüllt, darf nicht mehr als **vier volle** Kalendermonate umfassen. Monate, in denen (auch) eine Berücksichtigung über eine andere Vorschrift möglich ist (z.B. einen Teil des Monats in Ausbildung nach § 32 Abs. 4 Nr. 2 Buchst. a) EStG), zählen nicht mit. 548

BEISPIEL

Übergangszeiten

Das 19 Jahre alte Kind schließt im Juni das Gymnasium mit dem Abitur ab. Es beginnt sein Hochschulstudium

a) im November.
b) im Dezember.

In der Zeit zwischen Abitur und Studienbeginn ist das Kind vollerwerbstätig (Ferienjob).

Das Kind wird für alle Monate, in denen es ausgebildet wird (Gymnasium, Studium), berücksichtigt (§ 32 Abs. 4 Nr. 2 Buchst. a) EStG). Dabei genügt es, dass das Kind einen Tag im Monat in Ausbildung war. Im Fall a) sind dies die Monate Januar bis Juni, sowie November und Dezember, im Fall b) die Monate Januar bis Juni und Dezember. Im Fall a) kann eine Berücksichtigung auch in den vier Übergangsmonaten (Juli bis Oktober) erfolgen (§ 32 Abs. 4 Nr. 2 Buchst. b) EStG). Im Fall b) ist dagegen eine Berücksichtigung nach § 32 Abs. 4 Nr. 2 Buchst. b) EStG in keinem der Monate Juli bis November möglich, weil die Übergangszeit fünf Monate beträgt. Eventuell kann für diese Monate bzw. einen Teil der Monate aber eine Berücksichtigung über § 32 Abs. 4 Nr. 2 Buchst. c) EStG erfolgen (s. u. Bsp.).

Die eigenen Einkünfte des Kindes spielen bis zum Abschluss der ersten Berufsausbildung keine Rolle.

Kind ohne Ausbildungsplatz

549 Ein Kind kann eine Berufsausbildung nicht beginnen oder fortsetzen, wenn es aktuell keinen Ausbildungsplatz besetzt. Dies trifft sowohl in Fällen zu, in denen das Kind noch keinen Ausbildungsplatz gefunden hat, als auch dann, wenn ihm ein solcher bereits zugesagt wurde, es diesen aber aus schul-, studien- oder betriebsorganisatorischen Gründen erst zu einem späteren Zeitpunkt antreten kann (BFH, Urteil v. 5.10.2004, VIII R 77/02, HI1305749, BFH/NV 2005 S. 525). Entscheidend ist, dass ein früherer Ausbildungsbeginn aus vom Kind nicht zu vertretenden Gründen nicht möglich ist.

Hat das Kind noch keinen Ausbildungsplatz, ist ein ernsthaftes Bemühen darum notwendig. Das kann z.B. durch Bescheinigung der Bundesagentur für Arbeit oder einem zuständigen Leistungsträger (Job-Center), dass das Kind als einen Ausbildungsplatz suchend registriert ist, nachgewiesen werden. Auch die von der Agentur für Arbeit für den Rentenversicherungsträger erstellte Bescheinigung über Anrechnungszeiten der Ausbildungssuche genügt. Wird die Bescheinigung jedoch pauschal bis zum 30.9 eines Jahres ausgestellt, gilt sie grds. nur für drei Monate ab dem Tag der Anmeldung bei der Berufsberatung (BFH, Urteil v. 22.9.2011, III R 30/08, HI2812153, BFH/NV 2012 S. 104). Die Meldung als Ausbildungsplatzsuchender bei der Agentur für Arbeit ist so lange gültig, bis die Ausbildungssuche beendet ist, weil eine Ausbildung oder Arbeit begonnen wurde, der Ausbildungssuchende es verlangt oder die Agentur für Arbeit die Vermittlung einstellen darf, weil der Ausbildungsplatzsuchende seine ihm obliegenden Pflichten verletzt hat (BFH, Urteil v. 18.6.2015, VI R 10/14, HI8400311, BFH/NV 2015 S. 1474).

Ausreichend ist auch eine schriftliche Bewerbung bei der Zentralen Vergabe von Studienplätzen auf den nächstmöglichen Zeitpunkt. Ebenso ist der Nachweis durch schriftliche oder telefonische Bewerbungen sowie über das Internet per E-Mail, wahrgenommene Vorstellungstermine oder Ablehnungsschreiben möglich (BFH, Beschluss v. 8.11.2012, V B 38/12, HI3590212, BFH/NV 2013 S. 524). Auch ein bereits fest zugesagter sicherer Ausbildungsplatz (für das Folgejahr) genügt als Nachweis (BFH, Urteil v. 17.6.2010, III R 34/09, HI2373367, BFH/NV 2010 S. 1908). Voraussetzung ist dabei jedoch, dass sich das Kind zum nächstmöglichen Ausbildungsbeginn beworben hatte.

BEISPIEL

Bewerbung um Studienplatz

Das Kind beendet im Juni mit dem Abitur seine Schulausbildung. Unmittelbar danach bewirbt es sich um einen Studienplatz zum Herbst desselben Jahres. Im September erhält es eine Absage. Das Kind möchte sich zum Sommersemester des nächsten Jahres erneut um einen Studienplatz bewerben.

Das Kind kann das ganze Jahr berücksichtigt werden, bis Juni, weil es in Ausbildung ist (§ 32 Abs. 4 Nr. 2 Buchst. a) EStG), ab Juli, weil es die Ausbildung mangels Ausbildungsplatzes nicht beginnen kann (§ 32 Abs. 4 Nr. 2 Buchst. c) EStG).

Allein die Erkundigung nach Ausbildungsmöglichkeiten und die Einholung von allgemeinen Informationen reichen nicht aus. Ebenfalls liegt kein Mangel eines Ausbildungsplatzes vor, wenn die objektiven Voraussetzungen für den angestrebten Beruf nicht erfüllt sind oder wenn das Kind bei Bereitstehen eines Ausbildungsplatzes aus anderen Gründen am Antritt gehindert ist, z. B. wenn es im Ausland arbeitsvertraglich gebunden ist (H 32.7 „Kinder ohne Ausbildungsplatz" EStH 2019). Dasselbe gilt, wenn der Ausbildungsplatz nicht zum nächstmöglichen Beginn angestrebt wird, weil das Kind aus von ihm zu vertretenden Gründen, z. B. wegen Erwerbstätigkeit, die Ausbildung erst zu einem späteren Zeitpunkt beginnen möchte (BFH, Urteil v. 26.11.2009, III R 84/07, HI2311744, BFH/NV 2010 S. 853). Dann ist eine Berücksichtigung erst ab dem Zeitpunkt möglich, ab dem der vom Kind angestrebte Ausbildungsbeginn der nächstmögliche Ausbildungsbeginn ist (BFH, Urteil v. 28.5.2013, XI R 38/11, HI5243924, BFH/NV 2013 S. 1774).

BEISPIEL

Späterer Studienbeginn auf Wunsch des Kindes

Das Kind bewirbt sich nach dem Abitur im Juni 2020 um einen Studienplatz für das Sommersemester 2021, weil es vor Studienbeginn arbeiten möchte, um Geld für das Studium zu verdienen. Der Studienbeginn wäre bereits zum Wintersemester ab Oktober 2020 möglich gewesen.

Das Kind kann erst ab dem Monat berücksichtigt werden, ab dem der Studienbeginn nicht mehr zum Wintersemester 2020, sondern erst wieder zum Sommersemester 2021 möglich wäre, also mit Beginn des Wintersemesters.

Kind im Freiwilligendienst

Nach § 32 Abs. 4 Nr. 2 Buchst. d) EStG sind folgende abschließend aufgeführte Freiwil- **550**
ligendienste begünstigt:

- freiwilliges soziales Jahr,
- freiwilliges ökologisches Jahr i. S. d. Jugendfreiwilligendienstgesetzes,
- eine europäische Freiwilligenaktivität (Erasmus+),
- Dienst im Ausland i. S. d. § 5 Bundesfreiwilligengesetzes (Auslandsfreiwilligendienst),
- entwicklungspolitischer Freiwilligendienst „weltwärts",
- Freiwilligendienst aller Generationen i. S. d. § 2 Abs. 1a SGB VII,
- internationaler Jugendfreiwilligendienst i. S. d. Richtlinie des Bundesministeriums für Familie, Senioren, Frauen und Jugend von 20.12.2010,
- Bundesfreiwilligendienst i. S. d. Bundesfreiwilligengesetzes.

Andere als die oben genannten Dienste (z. B. freiwilliger Wehrdienst) erfüllen die Anspruchsvoraussetzungen nicht. Die Vorschrift ist auch nicht analog auf vergleichbare Dienste anwendbar (BFH, Urteil v. 7.4.2011, III R 11/09, HI2709587, BFH/NV 2011 S. 1325).

Anderer Freiwilligendienst/freiwilliger Wehrdienst

Leistet das Kind einen anderen als die im Gesetz genannten Dienste ab, ist eine Berücksichtigung u. U. über § 32 Abs. 4 Nr. 2 Buchst. a) EStG (Berufsausbildung) möglich, z. B. dann, wenn der Freiwilligendienst als Praktikum für den später angestrebten Beruf angesehen werden kann. Auch eine Berücksichtigung über § 32 Abs. 4 Nr. 2 Buchst. c) EStG (kein Ausbildungsplatz) ist denkbar, wenn das Kind z. B. einen zugesagten Ausbildungsplatz aus von ihm nicht zu vertretenden Gründen erst später antreten kann und durch den Freiwilligendienst die Wartezeit überbrückt. Dasselbe gilt für ein Kind, das den freiwilligen Wehrdienst ableistet (BFH, Urteil v. 27.9.2012, III R 70/11, HI3481788, BFH/NV 2013 S. 128). Die ersten vier Monate des freiwilligen Wehrdienstes akzeptiert die Finanzverwaltung stets als Ausbildungszeit.

BEISPIEL

Freiwilliger Wehrdienst als Ausbildung oder Wartezeit

Ein volljähriges Kind hat sich direkt nach dem Abitur um einen Studienplatz beworben und nach der Ablehnung sofort um einen Studienplatz für das Folgejahr bemüht. In der Zeit bis zum Beginn des Studiums hat es sich zum freiwilligen Wehrdienst verpflichtet.

Die ersten vier Monate der Wehrdienstzeit gelten in jedem Fall als Ausbildung. Das Kind kann auch danach während der Zeit des freiwilligen Wehrdienstes berücksichtigt werden, weil es in dieser Zeit seine Ausbildung mangels Ausbildungsplatz (§ 32 Abs. 4 Nr. 2 Buchst. c) EStG) nicht beginnen kann. Dasselbe gilt, wenn das Kind im Rahmen des freiwilligen Wehrdienstes eine Ausbildung macht z. B. zum Rettungssanitäter, Berufskraftfahrer oder Offizier (§ 32 Abs. 4 Nr. 2 Buchst. a) EStG).

Behinderte Kinder

551 Behinderte Kinder können ohne Altersbegrenzung berücksichtigt werden, wenn die Behinderung vor Vollendung des 25. Lebensjahres eingetreten ist und sich das Kind behinderungsbedingt nicht selbst unterhalten kann, d. h. nicht über ausreichende Mittel (Einkünfte, Bezüge) verfügt, um seinen notwendigen Lebensbedarf zu decken. Gleiches gilt auch für Kinder, die wegen einer vor dem 1.1.2007 in der Zeit ab Vollendung des 25. Lebensjahres und vor Vollendung des 27. Lebensjahres eingetretenen Behinderung außerstande sind, sich selbst zu unterhalten (§ 52 Abs. 24a Satz 2 EStG).

Menschen gelten als behindert, wenn ihre körperlichen Funktionen, geistigen Fähigkeiten oder seelische Gesundheit mit hoher Wahrscheinlichkeit länger als sechs Monate von dem für das Lebensalter typischen Zustand abweichen und daher die Teilnahme am Leben in der Gesellschaft beeinträchtigt ist. Als Behinderung zählen auch Suchtkrankheiten (z. B. Drogenmissbrauch und Alkoholismus). Die Behinderung muss ursächlich dafür sein, dass das Kind nicht zum Selbstunterhalt fähig ist (BFH, Urteil v. 23.2.2012, V R 39/11, HI3244169, BFH/NV 2012 S. 1584). Deshalb ist i. d. R. ein Grad der Erwerbsminderung von mindestens 50 % notwendig.

Ein Kind kann sich nicht selbst unterhalten, wenn es seinen notwendigen Lebensbedarf nicht durch eigene Einkünfte und Bezüge decken kann. Ist das Kind über 25 Jahre und verheiratet und reichen die finanziellen Mittel beider Ehegatten für den Lebensunterhalt aus, kann das behinderte Kind nicht mehr bei den Eltern berücksichtigt werden (BFH, Beschluss v. 15.2.2017, III B 93/16, HI10574115, BFH/NV 2017 S. 738). Zur Prüfung wird der gesamte existenzielle Lebensbedarf des Kindes und seine finanziellen Mittel gegenübergestellt. Dabei ist auf den jeweiligen Kalendermonat abzustellen (BFH, Urteil v. 20.3.2013, XI R 51/10, HI3958672, BFH/NV 2013 S. 1088). Gezahlte Eingliederungshilfe nach den §§ 53 ff. SGB XII ist dabei als ein dem Kind zur Verfügung stehender Bezug anzusehen und auch als behinderungsbedingter Mehraufwand zu berücksichtigen (BFH, Urteil v. 9.2.2012, III R 53/10, HI2943817, BFH/NV 2012 S. 853), sodass Eingliederungshilfe im Endergebnis nicht berücksichtigt wird.

Der notwendige Lebensbedarf des Kindes besteht aus dem allgemeinen Lebensbedarf und dem individuellen behinderungsbedingten Mehrbedarf. Der allgemeine Lebensbedarf umfasst neben Ernährung, Unterkunft, Kleidung, Körperpflege, Hausrat und Heizung in vertretbarem Umfang auch die persönlichen Bedürfnisse wie etwa Beziehungen zur Umwelt, Kontakte zur Familie oder die Teilnahme am kulturellen Leben. Er ist aus Vereinfachungsgründen mindestens i. H. d. steuerlichen Existenzminimums bzw. Grundfreibetrags von 9.408 € jährlich (§ 32a Abs. 1 EStG) anzusetzen.

Der behinderungsbedingte Mehrbedarf umfasst alle Ausgaben, die bei nicht behinderten Kindern nicht anfallen wie z. B. Kosten der Heimunterbringung, Pflegebedarf, behinderungsbedingte Fahrtkosten u. U. auch die persönlichen Betreuungsleistungen der Eltern (8 € pro Stunde). Sind die Kosten dem Grunde nach schlüssig dargelegt, deren Höhe aber nicht nachgewiesen, muss die Höhe geschätzt werden (BFH, Urteil v. 12.12.2012, VI R 101/10, HI3612796, BFH/NV 2013 S. 639). Ohne Einzelnachweis der behinderungsbedingten Mehrkosten können diese auch pauschal i. H. d. für das Kind maßgebenden Pauschbetrags für behinderte Menschen (§ 33b EStG), erhöht um behinderungsbedingte Fahrtkosten, angenommen werden (➜ Tz 444, ➜ Tz 448).

TIPP

Vereinfachungsregelung

Wenn die dem Kind zur Verfügung stehenden Einkünfte und Bezüge, die nicht zweckgebunden sind, d. h. nicht für behinderungsbedingte Kosten gezahlt werden, den Grundfreibetrag von 9.408 € im Jahr nicht übersteigen, wird angenommen, dass das Kind sich nicht selbst unterhalten kann. Eine detaillierte Überprüfung der zur Verfügung stehenden Mittel muss in diesen Fällen nicht stattfinden (BMF, Schreiben v. 22.11.2010, IV C 4 – S 2282/07/0006-01, BStBl 2010 I S. 1346).

Soweit ein in einem Heim/einer Wohngruppe vollstationär untergebrachtes Kind außer Eingliederungshilfe einschließlich Taschengeld keine weiteren Einkünfte oder Bezüge hat, kann aus Vereinfachungsgründen davon ausgegangen werden, dass die eigenen Mittel des Kindes nicht ausreichen, um sich selbst zu unterhalten.

[Angaben zur Erwerbstätigkeit eines volljährigen Kindes ➜ Zeilen 20–24]

Minderjährige Kinder können, unabhängig von einer Erwerbstätigkeit, stets bei den Eltern **552** berücksichtigt werden. Auch für volljährige Kinder spielt es bis zum Abschluss der erstmaligen Berufsausbildung (➜ Tz 408) keine Rolle, ob das Kind, das die Voraussetzungen für eine Berücksichtigung dem Grunde nach erfüllt (z. B. sich in Ausbildung befindet), voll erwerbstätig ist oder nicht. Die Höhe seiner Einkünfte und Bezüge sowie sein Vermögen sind ohne Bedeutung.

BEISPIEL

Kind arbeitet nach Abitur und vor Beginn des Studiums

Ein Kind hat nach dem Abitur im Juni vier Monate lang 40 Stunden wöchentlich gearbeitet und monatlich 2.500 € Bruttolohn erhalten. Danach studiert es.

Das Kind kann das ganze Jahr berücksichtigt werden, weil es entweder in Ausbildung ist (Schule, Studium) oder sich in einer viermonatigen Übergangszeit zwischen zwei Ausbildungsabschnitten befindet. Die Erwerbstätigkeit des Kindes und die Höhe der dabei erzielten Einkünfte spielen keine Rolle, weil das Kind noch keinen ersten Berufsabschluss erreicht hat.

Nach Abschluss der ersten Berufsausbildung oder eines Erststudiums ist eine Kinderberücksichtigung nicht mehr möglich, wenn das Kind **vollerwerbstätig** ist (§ 32 Abs. 4 Satz 2 EStG). Damit kommt der Frage, wann eine erste Berufsausbildung abgeschlossen wurde, eine wichtige Bedeutung zu.

Die Anwendung des § 32 Abs. 4 Satz 2 EStG und die Prüfung der Vollerwerbstätigkeit muss bereits dann erfolgen, wenn entweder das Ende einer ersten Berufsausbildung **oder** Ende eines Erststudiums vorliegt.

Abschluss einer erstmaligen Berufsausbildung bzw. des Erststudiums

553 Eine Berufsausbildung ist dann als erstmalige Ausbildung anzusehen, wenn ihr keine andere abgeschlossene Berufsausbildung bzw. kein abgeschlossenes Studium vorausgegangen ist. Zur gesetzlichen Regelung des Begriffs „erste Berufsausbildung" siehe ➜ Tz 408, ➜ Tz 411. Zur Frage, ob noch eine erste oder bereits eine zweite Ausbildung vorliegt vgl. auch BFH-Rspr. ➜ Tz 547.

Ein Erststudium ohne vorherige abgeschlossen Berufsausbildung ist ebenfalls eine erste Berufsausbildung; siehe auch ➜ Tz 412 ff.; Einzelheiten zum Abschluss einer Erstausbildung vgl. BZSt, Schreiben v. 9.7.2019, St II 2 – S 2280-DA/19/00002, A 20.2.4 DA-KG 2019, BStBl 2019 I S. 654.

Vollerwerbstätigkeit des Kindes nach abgeschlossener erster Ausbildung

554 Nach Abschluss der erstmaligen Ausbildung bzw. des Erststudiums kann ein Kind, das danach eine (weitere) **Ausbildung** (§ 32 Abs. 4 Nr. 2 Buchst. a) EStG) macht oder sich in einer **Übergangszeit** (§ 32 Abs. 4 Nr. 2 Buchst. b) EStG) befindet oder einen **Ausbildungsplatz suchend** (§ 32 Abs. 4 Nr. 2 Buchst. c) EStG) ist, nur berücksichtigt werden, wenn es in der Woche regelmäßig insgesamt nicht mehr als 20 Stunden arbeitet oder nur (sozialversicherungsfrei) geringfügig (ein 450-Euro-Minijob) bzw. kurzfristig (3 Monate, max. 70 Tage) beschäftigt ist (§ 32 Abs. 4 Satz 2 EStG; BFH, Beschluss v. 3.4.2014, III B 159/13, HI6787144, BFH/NV 2014 S. 1037). Grundlage für die rechtliche Prüfung ist stets die vertraglich vereinbarte Arbeitszeit.

BEISPIEL

Kind arbeitet nach erfolgreicher Gesellenprüfung und wartet auf Studienplatz

Ein 20 Jahre altes Kind hat seine Lehre im September mit der Gesellenprüfung abgeschlossen. Es bewirbt sich im September um einen Studienplatz und erhält im Oktober die Zusage, dass es zum Sommersemester des nächsten Jahres mit dem Studium beginnen kann.

Das Kind ist ab September bis zum Studienbeginn

a) vollerwerbstätig (mehr als 20 Stunden/Woche).
b) geringfügig beschäftigt (450-Euro-Minijob).
c) nicht erwerbstätig.

Das Kind erfüllt dem Grunde nach auch ab Oktober die Voraussetzungen für eine Berücksichtigung (Ausbildungsplatzsuche).

Im Fall a) kann es jedoch wegen der Erwerbstätigkeit ab Oktober bis zum Studienbeginn nicht mehr berücksichtigt werden.

In den Fällen b) und c) ist die Berücksichtigung dagegen weiterhin möglich. Eine geringfügige Beschäftigung ist unschädlich.

Kind beginnt nach erfolgreicher Gesellenprüfung eine betriebliche Ausbildung

Ein volljähriges Kind hat seine Lehre mit der Gesellenprüfung im Juli abgeschlossen. Ab September beginnt es eine zweite betriebliche Ausbildung. Bei dieser Ausbildung hat das Kind eine Arbeitszeit von 40 Stunden wöchentlich und erhält eine Ausbildungsvergütung von monatlich 1.000 €.

Das Kind kann das ganze Jahr berücksichtigt werden, weil die Erwerbstätigkeit im Rahmen eines Ausbildungsdienstverhältnisses erfolgt.

Wird die Erwerbstätigkeit nur vorübergehend (höchstens zwei Monate) über 20 Stunden wöchentlich hinaus ausgeweitet, ist dies unbeachtlich, wenn während des gesamten Berücksichtigungszeitraums im Jahr die **durchschnittliche Arbeitszeit nicht mehr als 20 Stunden** beträgt.

Weitere Einzelfälle: BZSt, Schreiben v. 9.7.2019, St II 2 – S 2280-DA/19/00002, A 20.3.1 DA-KG 2019, BStBl 2019 I S. 654.

10.2 Steuerliche Vergünstigungen für Kinder

Kindergeld und Freibeträge

Familienleistungsausgleich

Die vom BVerfG geforderte Freistellung (**Familienleistungsausgleich**) eines Einkom- **555**
mensbetrags i. H. des Existenzminimums eines berücksichtigungsfähigen Kindes (sächlicher Bedarf wie Wohnung, Kleidung, Nahrung einschließlich Bedarf für Betreuung,

Erziehung oder Ausbildung) wird entweder durch das Kindergeld oder die steuerlichen Freibeträge für Kinder bewirkt (§ 31 EStG).

Während des Jahres wird für das Kind (monatlich) nur Kindergeld ausgezahlt. Erst im Rahmen der **Jahreseinkommensteuerveranlagung** prüft das Finanzamt automatisch (von Amts wegen), ob sich beim Ansatz der Freibeträge (Kinderfreibetrag zur Abdeckung des sächlichen Bedarfs und Freibetrag für den Erziehungs- Betreuungs- und Ausbildungsbedarf) betragsmäßig ein höherer Steuervorteil ergibt als durch das Kindergeld („**Günstigerprüfung**", § 31 Satz 4 EStG). In die Günstigerprüfung ist auch der für 2020 einmalig gezahlte Corona-Bonus von 300 € je Kind einzubeziehen. Sind die Freibeträge günstiger, werden sie bei der Berechnung des z. v. E. eingerechnet. Damit wird die sich dadurch ergebende höhere steuerliche Entlastung gegenüber dem Kindergeld berücksichtigt. Der Steuerpflichtige bekommt (nach Anrechnung des Kindergelds) die über das Kindergeld hinausgehende Entlastung als Einkommensteuererstattung ausgezahlt. War das Kindergeld bzw. der Kindergeldanspruch günstiger, werden bei der Berechnung des z. v. E. die Freibeträge nicht berücksichtigt und es bleibt beim ausgezahlten Kindergeld.

Diese Vergleichsberechnung wird für jedes Kind, das berücksichtigt wird, und jeden Elternteil (außer bei Zusammenveranlagung) **getrennt** durchgeführt. In den meisten Fällen wird der Ansatz des Kindergelds zu einem günstigeren Ergebnis führen. Dann tauchen bei der Berechnung des z. v. E. im Steuerbescheid die Freibeträge nicht auf und in den Erläuterungen zum Bescheid wird auf das Kindergeld verwiesen.

Für im EU- oder EWR-Ausland lebende Kinder kann bei der Vergleichsberechnung davon ausgegangen werden, dass Kindergeldanspruch i. H. d. deutschen Kindergelds bestand.

WICHTIG

Regeln zur Berechnung der Zuschlagsteuern

Zur Berechnung des Solidaritätszuschlags und der Kirchensteuer (Annexsteuern) wird immer die Einkommensteuer, die sich unter Abzug der Freibeträge für Kinder ergibt, berücksichtigt. Die Freibeträge werden bei den Annexsteuern immer als Jahresbetrag berücksichtigt, sobald die Abzugsvoraussetzungen für die Freibeträge an mindestens einem Tag im Jahr vorliegen (§ 51a EStG).

Kindergeldanspruch für Günstigerprüfung maßgebend

Die Vergleichsberechnung erfolgt immer, wenn ein Kindergeld**anspruch** besteht, unabhängig davon, ob das Kindergeld beantragt bzw. tatsächlich ausgezahlt wurde (BFH, Urteil v. 20.12.2012, III R 29/12, HI3627068, BFH/NV 2013 S. 723). Nachträglich beantragtes Kindergeld, das wegen Ablaufs der 6-Monatsfrist nicht mehr ausgezahlt wurde, bleibt dabei außer Ansatz.

TIPP

Kindergeld nachträglich beantragen

Wenn ein Kind, für das Sie bisher kein Kindergeld erhalten haben, vom Finanzamt bei der Jahressteuerveranlagung berücksichtigt wird, dann können Sie das Ihnen zustehende **Kindergeld** noch **nachträglich** bei der Familienkasse **beantragen, allerdings** rückwirkend nur noch für die letzten sechs Kalendermonate vor Antragseingang (§ 66 Abs. 3 EStG).

Stellt sich bei der Steuerveranlagung heraus, dass Steuerpflichtige für ein Kind zu Unrecht Kindergeld erhalten haben, wird das Kindergeld zurückgefordert.

Steuerfreibeträge für ein Kind

[Kinderfreibetrag und Freibetrag für Betreuung, Erziehung und Ausbildung ➔ Zeilen 10–15, 43–48]

Jedem Elternteil steht für jedes Kind ab 2020 ein **Kinderfreibetrag** von jährlich 2.586 € zu (§ 32 Abs. 6 Satz 1 EStG). Dies gilt für nicht verheiratete, getrennt lebende oder geschiedene Eltern und für verheiratete Eltern, die Einzelveranlagung wählen. Der Freibetrag wird für alle Monate gewährt, in denen das Kind berücksichtigt werden kann (Monatsprinzip) und ggf. gezwölftelt. **556**

Verdoppelter Kinderfreibetrag

Werden die Eltern eines Kindes als Ehegatten zusammen veranlagt, **verdoppelt** sich der (jetzt gemeinsame) Jahresfreibetrag für das Kind auf 5.172 €.

Auch ein einzelner Elternteil kann den **verdoppelten** Kinderfreibetrag von 5.172 € erhalten, wenn

- der andere Elternteil verstorben ist,
- der andere Elternteil nicht unbeschränkt steuerpflichtig ist (Wohnsitz im Ausland),
- der Vater des Kindes amtlich nicht feststellbar ist (weil z. B. die Mutter den Behörden den Namen verschweigt),
- der Wohnsitz des anderen Elternteils nicht bekannt ist,
- das Kind von einer Person allein adoptiert wurde oder
- das Kind nur zu einer Person in einem Pflegekindschaftsverhältnis steht.

Immer dann, wenn der einfache Freibetrag angesetzt wird, ist bei der Vergleichsberechnung der halbe Kindergeldanspruch gegenzurechnen und entsprechend auf der Anlage Kind einzutragen. Wird der verdoppelte Kinderfreibetrag berücksichtigt, erfolgt bei der Vergleichsberechnung die Gegenrechnung mit dem ganzen Kindergeld.

Freibetrag für Betreuung, Erziehung und Ausbildung

Unter den gleichen Voraussetzungen wie beim Kinderfreibetrag erhalten die Eltern für das berücksichtigungsfähige Kind den Freibetrag für Betreuung, Erziehung und Ausbildung. **557**

Der Freibetrag beträgt jährlich 1.320 € je Elternteil und verdoppelt sich auf 2.640 € in den gleichen Fällen, in denen auch der verdoppelte Kinderfreibetrag angesetzt wird (➔ Tz 556). Wie beim Kinderfreibetrag gilt auch hier das Monatsprinzip.

[Freibeträge bei Auslandskindern ➔ Zeile 9]

Für im Ausland lebende Kinder, die im Inland keinen Wohnsitz haben, also nicht unbeschränkt steuerpflichtig sind, können die beiden Freibeträge, abhängig von den Verhältnissen im Wohnsitzstaat eventuell nur in niedrigerer Höhe (1/4, 2/4, 3/4 des inländischen Freibetrags) berücksichtigt werden (§ 32 Abs. 6 Satz 4 EStG). Dazu wurde durch die Verwaltung eine **Ländergruppeneinteilung** vorgenommen (BMF, Schreiben v. 20.10.2016, IV C 8 – S 2285/07/10005:016, BStBl 2016 I S. 1183). **558**

Die Einteilung gilt nicht nur für Kinderfreibetrag und den Freibetrag für Betreuung, Ausbildung, sondern auch für andere, vom Kind abhängige Steuervergünstigungen z. B.

den Freibetrag zur Abgeltung des Sonderbedarfs eines in Ausbildung befindlichen, auswärtig untergebrachten Kindes (→ Tz 567).

Ob ein sich im Ausland in Berufsausbildung befindliches Kind noch einen Wohnsitz im Inland hat und damit unbeschränkt steuerpflichtig bleibt, ist nur nach den tatsächlichen Verhältnissen zu beurteilen. Erforderlich ist, dass sich das Kind in der ausbildungsfreien Zeit zumindest überwiegend in der inländischen Wohnung aufhält. Nur kurze durch die Eltern-Kind-Beziehung begründete Besuche (zwei bis drei Wochen jährlich) reichen nicht aus (BFH, Urteil v. 25.9.2014, III R 10/14, HI7521526, BFH/NV 2015 S. 266).

[Übertragung der Freibeträge → Zeilen 43–48]

559 Eine Übertragung des Kinderfreibetrags von einem auf den anderen Ehegatten ist nur möglich, wenn das Kind (nur) bei einem Elternteil lebt und der andere Elternteil seiner Unterhaltsverpflichtung dem Kind gegenüber „nicht im Wesentlichen" nachkommt. Das ist der Fall, wenn im Jahr weniger als 75 % des festgelegten Unterhalts gezahlt wurde. Maßgebend, ob ausreichend Unterhalt geleistet wurde, ist nicht der Zeitpunkt der Unterhaltszahlung, sondern der Zeitraum, für den der gezahlte Unterhalt bestimmt war. Nachzahlungen sind auf die Kalendermonate zu verteilen, für die sie bestimmt sind. Wurde nicht ausreichend Unterhalt gezahlt, kann der Elternteil, bei dem das Kind lebt, auf Antrag den verdoppelten Kinderfreibetrag erhalten (Übertragung des Kinderfreibetrags). Die Zustimmung des zum Unterhalt verpflichteten Elternteils ist dazu **nicht** notwendig. Die Übertragung geht jedoch nur für Zeiträume, in denen keine Unterhaltsleistungen nach dem Unterhaltsvorschussgesetz (für Kinder bis zum 14. Lebensjahr) gezahlt wurden (§ 32 Abs. 6 Sätze 6–7 EStG). Der Elternteil, bei dem das Kind lebt, erfüllt seine Unterhaltsverpflichtung i. d. R. durch Pflege und Erziehung des Kindes.

BEISPIEL

Übertragung wegen unzureichendem Unterhalt

Ein Vater ist für seinen zwölf Jahre alten Sohn für das ganze Jahr mit 480 € monatlich zum Unterhalt verpflichtet. Er zahlt bis August den Unterhalt in voller Höhe und für September noch 200 €. Ab Oktober erfolgen keine Zahlungen mehr.

Der für das Jahr zu zahlende Unterhalt beträgt 5.760 € (12 × 480 €). Davon wurden 4.040 € (8 × 480 € + 200 €) gezahlt. Das entspricht nur 70 % des aufgrund der Unterhaltsverpflichtung zu zahlendem Betrag. Damit kann die Mutter die Übertragung des Kinderfreibetrags beantragen.

Die Übertragung des Freibetrags ist nicht möglich, wenn die Unterhaltsverpflichtung erfüllt wird, aber so gering ausfällt, dass sie im Verhältnis zum benötigten Unterhalt für das Kind nur unwesentlich ist (BFH, Urteil v. 25.7.1997, VI R 21/97, HI66948, BFH/NV 1998 S. 437). Ist ein Elternteil dagegen **nicht zum Unterhalt verpflichtet**, z. B. weil seine Einkünfte zu niedrig sind, ist die **Übertragung** zulässig (§ 32 Abs. 5 Satz 6 EStG: BMF, Schreiben v. 28.6.2013, IV C 4 – S 2282-a/10/10002, BStBl 2013 I S. 845).

Die Übertragung des Kinderfreibetrags führt nach Auffassung der Finanzverwaltung stets dazu, dass **automatisch** auch der Freibetrag für den Betreuungs-, Erziehungs- und Ausbildungsbedarf (und ggf. der Behindertenpauschbetrag) mit übertragen wird. Die (weitere) Folge ist, dass damit auch **alle** vom Kind abhängigen Steuervergünstigungen (→ Tz 537) für den Elternteil, der den Freibetrag „abgibt", verloren sind und (nur) beim anderen Elternteil voll berücksichtigt werden.

Dies gilt auch für die Berechnung des Solidaritätszuschlags und der Kirchensteuer.

Übertragung des Freibetrags für Betreuung

Eine Übertragung des Freibetrags für den Betreuungs- und Erziehungs- oder Ausbildungsbedarf ist nur bei **minderjährigen** Kindern mit getrennt lebenden Eltern möglich. Voraussetzung ist, dass das Kind nur in der Wohnung eines Elternteils gemeldet ist. Dieser Elternteil erhält auf Antrag den verdoppelten Freibetrag. Der andere Elternteil, bei dem das Kind nicht gemeldet ist, kann der Übertragung widersprechen, wenn er Kinderbetreuungskosten getragen hat oder das Kind regelmäßig in nicht unwesentlichem Umfang betreut (§ 32 Abs. 6 Sätze 8–9 EStG). Das ist der Fall, wenn er das Kind nach einem – üblicherweise für einen längeren Zeitraum im Voraus festgelegten – weitgehend gleichmäßigen Betreuungsrhythmus tatsächlich in der vereinbarten Abfolge mit einem zeitlichen Betreuungsanteil von jährlich durchschnittlich 10 % betreut (BFH, Urteil v. 8.11.2017, III R 2/16, HI11549447, BFH/NV 2018 S. 558). Die Prüfung erfolgt monatsweise. **560**

TIPP

Nur Übertragung des Betreuungsfreibetrags

Der Freibetrag für Betreuung kann bei minderjährigen Kindern unabhängig vom Kinderfreibetrag übertragen werden.

Wird nur der Betreuungsfreibetrag, aber nicht der Kinderfreibetrag übertragen, ist das halbe Kindergeld anzurechnen, was oft zu einem günstigeren Ergebnis führt. Außerdem behält der den Betreuungsfreibetrag übertragende Elternteil den Anspruch auf die anderen vom Kind abhängigen Steuervergünstigungen.

Ob eine Übertragung des Kinderfreibetrags bei volljährigen Kindern automatisch zu einer gleichzeitigen Übertragung des Freibetrags für Betreuung führt, muss der BFH in einem anhängigen Verfahren klären (Az. III R 61/18, Vorinstanz: Schleswig-Holsteinisches FG, Urteil v. 8.6.2018, 2 K 46/17, HI12482160, EFG 2019 S. 103).

Versicherungsbeiträge für Kinder

[Kranken- und Pflegeversicherungsbeiträge für Kinder → eZeilen 31–33, Zeilen 34–42]

Grundsätzliche Voraussetzung für den Abzug von Versicherungsbeiträgen für ein Kind bei den Eltern ist, dass die Versicherung die gezahlten Beiträge der Finanzverwaltung elektronisch übermitteln durfte bzw. dass der Datenübertragung nicht widersprochen wurde. **561**

Kranken- und Pflegepflichtversicherungsbeiträge für **berücksichtigungsfähige** Kinder, die die Eltern im Rahmen ihrer Unterhaltsverpflichtung gegenüber ihren Kindern übernommen haben, können die Eltern als eigene Sonderausgaben geltend machen. Der Abzug bei den Eltern ist unabhängig davon möglich, wer Versicherungsnehmer (= die laut Versicherungsvertrag zur Zahlung verpflichtete Person) ist und ob die Eltern die Beiträge direkt selbst zahlen oder dem Kind ersetzen. Es reicht aus, dass die Eltern Unterhalt für das

Kind in Form von Geld- oder Sachleistungen (z. B. Unterkunft, Verpflegung) tragen. Die engere BFH-Rechtsprechung, wonach ein Abzug bei den Eltern nur möglich ist, wenn diese dem Kind die Beiträge tatsächlich erstatten (BFH, Urteil v. 13.3.2018, X R 25/15, HI12077207, BFH/NV 2018 S. 1313) wendet die Finanzverwaltung zum Vorteil der Steuerpflichtigen nicht an (BMF, Schreiben v. 3.4.2019, IV C 3 - S 2221/10/10005:005, BStBl 2019 I S. 254).

Bezüglich des Umfangs des Abzugs ist zu unterscheiden, wer Versicherungsnehmer ist.

Sind die **Eltern Versicherungsnehmer,** können sie Beiträge zu **jeder** Kranken- und Pflegeversicherung (Basis- und Wahlleistungen, Pflicht- und freiwillige Versicherungen), bei der das Kind begünstigt ist, als eigene Sonderausgaben absetzen (§ 10 Abs. 1 Nr. 3 Buchst. a) und b) Satz 1 EStG und Nr. 3a EStG). Denn das Kind kann diese Beiträge nicht steuerlich geltend machen.

Ist das **Kind Versicherungsnehmer**, ist bei den Eltern nur der Abzug von Beiträgen zu einer **Basiskranken- und Pflegepflichtversicherung** des Kindes möglich, vorausgesetzt, das Kind macht die Beiträge nicht in seiner Steuererklärung als Sonderausgaben geltend (§ 10 Abs. 1 Nr. 3 Satz 2 EStG).

Eine steuerliche Berücksichtigung der Beiträge als Sonderausgaben kann nur einmal erfolgen (➜ Tz 508 ff.).

Alleinerziehende

[Entlastungsbetrag für Alleinerziehende ➜ Zeilen 49–54]

562 Alleinerziehende können nach § 24b EStG unter folgenden Voraussetzungen einen Entlastungsbetrag steuermindernd angerechnet bekommen:

- alleinstehender Elternteil
- mindestens ein Kind, für das ein Anspruch auf Kindergeld oder Kinderfreibetrag bzw. Freibetrag zur Betreuung, Erziehung und Ausbildung besteht
- Haushaltszugehörigkeit des Kindes

Der Entlastungsbetrag ist nicht aufteilbar. Er kann für ein Kind immer nur bei einem Elternteil berücksichtigt werden. Haben Eltern zwei Kinder, von denen eines beim Vater und das andere bei der Mutter gemeldet sind, erhält jeder Elternteil, sofern er die anderen Abzugsvoraussetzungen erfüllt, den Entlastungsbetrag für je ein (erstes) Kind in voller Höhe (4.008 €). Sind beide Kinder nur bei der Mutter gemeldet, erhält nur sie den Entlastungsbetrag für beide Kinder (4.008 € + 240 €) ➜ Tz 566.

Alleinstehend

563 Als „alleinstehend" gelten Personen, die ledig, geschieden oder verwitwet sind bzw. deren Ehegatte das ganze Jahr über nicht im Inland gewohnt hat. Nicht alleinstehend sind Personen, die mit anderen volljährigen Personen eine „**Haushaltsgemeinschaft**" bilden. Diese liegt vor, wenn ein gemeinsames Wirtschaften („Wirtschaften aus einem Topf") stattfindet (§ 24b Abs. 3 EStG).

Eine **Haushaltsgemeinschaft** wird angenommen, wenn der/die Alleinerziehende in einer

- eheähnlichen Lebensgemeinschaft,
- Wohngemeinschaft mit Eltern, Großeltern oder Geschwistern oder
- Wohngemeinschaft mit eigenen volljährigen Kindern, die steuerlich nicht bei ihm berücksichtigt werden können,

zusammenlebt.

Ist eine andere Person in der Wohnung gemeldet, wird unterstellt, dass ein gemeinsames Wirtschaften und damit eine „schädliche“ Haushaltsgemeinschaft vorliegen. Diese gesetzliche Vermutung kann bei Wohngemeinschaften, nicht aber bei eheähnlichen Gemeinschaften, widerlegt werden, indem der/die Alleinerziehende glaubhaft versichert, dass die im Haushalt gemeldete Person selbstständig und getrennt wirtschaftet.

BEISPIEL

Alleinstehende mit zwei Kindern

Eine alleinstehende Mutter lebt zusammen mit ihren zwei volljährigen Kindern, die beide in Berufsausbildung sind. Die Mutter gilt als alleinstehend, weil (und solange) beide Kinder steuerlich bei ihr berücksichtigt werden können. Soweit die anderen Voraussetzungen erfüllt sind, steht ihr ein Entlastungsbetrag für beide Kinder zu.

Sobald ein im Haushalt lebendes Kind nicht mehr steuerlich berücksichtigt werden kann, ist der Elternteil nicht mehr „alleinstehend“, vielmehr liegt eine Haushaltsgemeinschaft vor. Das gilt auch, wenn sich das nicht berücksichtigungsfähige Kind nicht an den Kosten der Haushaltsführung beteiligt. Ein gemeinsames Wirtschaften i.S.d. § 24b Abs. 3 Satz 2 EStG kann auch darin bestehen, dass die andere volljährige Person durch tatsächliche Hilfe und Zusammenarbeit zu einer Entlastung beiträgt (BFH, Urteil v. 28.6.2012, III R 26/10, HI3326214, BFH/NV 2012 S. 1864).

Lebt im Haushalt eine volljährige andere Person, die nicht nur vorübergehend hilflos (Merkzeichen „H“, „BL“ oder ein Pflegegrad) ist, nur über geringes Vermögen (max. 15.500 €) verfügt und deren jährlichen Einkünfte und Bezüge maximal 9.408 € betragen (z.B. pflegebedürftige Großmutter mit geringer Rente), ist der Entlastungsbetrag möglich. Denn dann wird unterstellt, dass sich diese Person weder durch persönliche Mitarbeit noch durch finanzielle Unterstützung an der Haushaltsführung beteiligen kann.

Kind mit Anspruch auf Kindergeld oder Freibeträge

Den Entlastungsbetrag gibt es nur für Kinder, für die Anspruch auf Kindergeld bzw. einen **564** Freibetrag besteht, die also steuerlich berücksichtigt werden können (➜ Tz 539).

Der Entlastungsbetrag ist auch für über 14 Jahre alte Kinder und volljährige Kinder möglich.

Haushaltszugehörigkeit

Das Kind gehört zum Haushalt, wenn es in der Wohnung der alleinstehenden Person mit **565** Haupt- oder Nebenwohnsitz **gemeldet** ist. Durch die Meldung wird die Haushaltszugehörigkeit unwiderlegbar angenommen. Der Entlastungsbetrag kann deshalb auch dann in Anspruch genommen werden, wenn das Kind tatsächlich wo anders (z.B. in einer eigenen Wohnung) unangemeldet wohnt, sich aber (melderechtlich unzulässig) in der Wohnung des alleinstehenden Elternteils angemeldet hat (BFH, Urteil v. 5.2.2015, III R 9/13, HI8028162, BFH/NV 2015 S. 1163). Ist das Kind in der Wohnung nicht gemeldet, muss der Elternteil nachweisen, dass das Kind dauerhaft bei ihm im Haushalt lebt. Eine vorübergehende auswärtige Unterbringung, z. B. zur Ausbildung oder zum Studium, ist unschädlich.

Gehört das Kind zum Haushalt beider (getrennt lebender) Eltern und ist nur einer der Elternteile alleinstehend, bekommt dieser den Entlastungsbetrag. Ist das Kind bei mehreren jeweils alleinstehenden Personen gemeldet und annähernd gleichwertig in beide Haushalte aufgenommen, können die Eltern – unabhängig davon, an welchen Berechtigten das Kindergeld ausgezahlt wird – untereinander bestimmen, wer den Entlastungsbetrag bekommen soll. Hat einer von beiden Elternteilen den Entlastungsbetrag bereits in seinem Steuerbescheid berücksichtigt bekommen oder wurde der Entlastungsbetrag durch die Eintragung der Steuerklasse II als ELStAM schon beim Lohnsteuerabzug berücksichtigt, können die Eltern nachträglich keine andere Zuordnung beantragen. Treffen die Eltern keine Bestimmung über die Zuordnung des Entlastungsbetrags, steht er demjenigen zu, an den das Kindergeld ausgezahlt wurde (BFH, Urteil v. 28.4.2010, III R 79/08, HI2363789, BFH/NV 2010 S. 1716).

Höhe des Entlastungsbetrags

566 Der Entlastungsbetrag beträgt jährlich für 2020 und 2021 (erhöht aufgrund der Corona-Krise) 4.008 € (statt 1.908 €) für das erste Kind. Für jedes weitere berücksichtigungsfähige Kind kommen 240 € dazu (§ 24b Abs. 2 Satz 2 EStG). Er kann für das jeweilige Kind nur bei einem Elternteil berücksichtigt und nicht aufgeteilt werden (s. o.). Liegen die Voraussetzungen nur einen Teil des Jahres vor, ist der Entlastungsbetrag zeitanteilig zu berücksichtigen (§ 24b Abs. 4 EStG).

BEISPIEL

Anteiliger Entlastungsbetrag nach Tod eines Elternteils

Die verheirateten Eltern von zwei Kindern werden für den Vz. zusammen veranlagt. Im August verunglückt der Ehemann bei einem Autounfall tödlich.

Der Mutter steht ab August der anteilige Entlastungsbetrag i. H. v. 1.830 € (5/12 von 4.008 €) für das erste Kind und 160 € (5/12 v. 240 €) für das zweite Kind zu.

Heirat

Eine ledige Mutter mit einem 13 Jahre alten Kind **heiratet** im November und zieht nach der Hochzeit zusammen mit dem Kind zum Ehemann.

Mit der Heirat erfüllt die Mutter die Voraussetzungen für eine Ehegattenveranlagung und gilt nicht mehr als alleinstehend. Deshalb wird der Entlastungsbetrag (rückwirkend!) für das ganze Jahr nicht (mehr) gewährt.

Weitere Ausführungen und Einzelfälle s. BMF, Schreiben v. 23.10.2017, IV C 8 – S 2265 – a/14/10005, BStBl 2017 I S. 1432.

Freibetrag zur Abgeltung eines Sonderbedarfs

[Freibetrag für auswärtige Unterbringung eines volljährigen Kindes → Zeilen 61–64]

Aufwendungen der Eltern für die Berufsausbildung eines Kindes können auf Antrag durch einen „**Ausbildungsfreibetrag**" (Freibetrag zur Abgeltung des Sonderbedarfs eines sich in Berufsausbildung befindlichen, auswärtig untergebrachten, volljährigen Kindes) als außergewöhnliche Belastungen (§ 33a Abs. 2 EStG) steuermindernd berücksichtigt werden. Der Abzug tatsächlicher Ausbildungskosten ist weder über § 33a Abs. 2 EStG noch über die außergewöhnlichen Belastungen allgemeiner Art (§ 33 EStG) möglich. **567**

WICHTIG

Ausbildungsfreibetrag zusätzlich zum Kindergeld/Kinderfreibetrag

Der Ausbildungsfreibetrag wird **nicht** in die Vergleichsberechnung mit dem Kindergeld einbezogen, kann also zusätzlich berücksichtigt werden.

Der Freibetrag steht den Eltern auf Antrag für jedes Kind zu, **568**

- für das **Anspruch auf Kindergeld** oder einen **Kinderfreibetrag** bzw. Freibetrag für Erziehung, Betreuung und Ausbildung besteht (→ Tz 556, → Tz 557),
- das das **18. Lebensjahr** vollendet hat (**Volljährigkeit**),
- in **Berufsausbildung** ist und
- **auswärts untergebracht** ist.

Sobald diese Voraussetzungen erfüllt sind, wird unterstellt, dass bei den Eltern Kosten i. Z. m. der auswärtigen Ausbildung (Studiengebühren, Lernmittel, Fahrtkosten, Unterkunft am Ausbildungsort) angefallen sind. Tatsächliche Aufwendungen müssen nicht nachgewiesen werden.

Berufsausbildung

Zum Begriff „Berufsausbildung" siehe → Tz 546. Der Freibetrag kann auch für **Übergangszeiten** zwischen einzelnen Ausbildungsabschnitten (z. B. Semesterferien) beantragt werden, sofern der Zeitraum vier (volle) Kalendermonate nicht überschreitet. **569**

Auswärtige Unterbringung

Eine auswärtige Unterbringung setzt voraus, dass das Kind räumlich und hauswirtschaftlich getrennt vom Haushalt der Eltern untergebracht und verpflegt wird und deshalb nicht mehr am häuslichen Leben teilnimmt. Ein im elterlichen Haushalt zu Besuchszwecken zur Verfügung stehendes Zimmer ist ohne Bedeutung. **570**

Leben die Eltern in **getrennten Haushalten**, liegt eine auswärtige Unterbringung nur vor, wenn das Kind aus den Haushalten beider Elternteile ausgegliedert ist. Die auswärtige Unterbringung muss auf eine bestimmte **Dauer** angelegt sein, d. h. während der ganzen Ausbildung oder zumindest eines abgeschlossenen Ausbildungsabschnitts (z. B. Studiensemester) gegeben sein.

Keine auswärtige Unterbringung liegt z. B. bei einem sechswöchigen Praktikum, einem Schüleraustausch oder einem dreiwöchigen Sprachkurs vor.

Dagegen wird eine auswärtige Unterbringung angenommen, wenn ein verheiratetes Kind mit seinem Ehegatten eine eigene Wohnung bezogen hat oder in einer den Eltern gehörenden Wohnung (z. B. am Studienort) einen eigenen Haushalt führt (BFH, Urteil v. 25.1.1995, X R 37/94, HI65610, BFH/NV 1995 S. 35). Die Gründe für die auswärtige Unterbringung sind ohne Bedeutung. Insbesondere ist nicht Voraussetzung, dass die auswärtige Unterbringung wegen der Ausbildung notwendig ist.

Antragstellung

571 Der Antrag wird eigentlich durch Eintragung auf der Anlage Kind Seite 3 gestellt. Die Rspr. sieht es als ausreichenden Antrag an, wenn die Seite 1 der Anlage Kind (Geburtsdatum, Kindergeldanspruch, Ausbildungszeiten) vollständig ausgefüllt ist (BFH, Urteil v. 30.10.2003, III R 24/02, HI1117374, BFH/NV 2004 S. 548). Damit gilt der Antrag als „schlüssig" gestellt.

Höhe des Freibetrags

572 Der Ausbildungsfreibetrag beträgt 924 € im Jahr. War das Kind nur zeitweise in Ausbildung oder auswärts untergebracht, wird der Freibetrag für alle Monate, in denen das Kind mindestens einen Tag alle notwendigen Voraussetzungen erfüllt, zeitanteilig angesetzt (§ 33a Abs. 3 EStG).

BEISPIEL

Internatsunterbringung und auswärtiges Studium

Ein im Internat untergebrachtes Kind wird im Mai 18 Jahre alt und macht im Juni Abitur. Danach ist es zwei Monate zu Hause. Ab September wohnt es in einer gemieteten Wohnung am künftigen Studienort und beginnt im Oktober das Studium.

Für Januar bis April ist kein Ausbildungsfreibetrag möglich (unter 18 Jahre). Für Mai und Juni beträgt der Ausbildungsfreibetrag 154 € (2/12 v. 924 €). Für Juli und August ist kein Ausbildungsfreibetrag möglich (keine auswärtige Unterbringung). Ab September erhalten die Eltern wieder einen Ausbildungsfreibetrag von 308 € (4/12 von 924 €). Der September zählt mit, weil die Unterbrechung zwischen den Ausbildungsabschnitten Abitur und Studium weniger als vier Monate beträgt. Ob das Kind eigene Einkünfte oder Bezüge hat, ist unerheblich.

Aufteilung auf die Eltern

573 Bei Eltern, die zusammen veranlagt werden, wird der Ausbildungsfreibetrag vom gemeinsamen Gesamtbetrag der Einkünfte abgezogen. Eltern ohne Zusammenveranlagung (z. B. getrennt lebende, geschiedene, nicht verheiratete Eltern) erhalten den Freibetrag grds. hälftig; eine andere – beliebige – Aufteilung ist möglich, wenn dies gemeinsam beantragt wird (§ 33a Abs. 2 Sätze 3 bis 5 EStG). Wurden die Freibeträge für das Kind auf einen Elternteil übertragen, kann dieser – auch ohne Zustimmung – den gesamten „Ausbildungsfreibetrag" beanspruchen.

TIPP

Übertragung des Ausbildungsfreibetrags

Wirkt sich der Ausbildungsfreibetrag bei einem Elternteil z. B. wegen zu geringer Einkünfte steuerlich nicht aus, besteht zivilrechtlich für den anderen Elternteil ein Anspruch, dass der Übertragung des Freibetrags in voller Höhe zugestimmt wird (BFH, Beschluss v. 27.2.2007, III B 90/05, HI1720042, BFH/NV 2007 S. 1119).

Auslandskinder

Für Kinder, die im Ausland leben, wird der Ausbildungsfreibetrag entsprechend der **Ländergruppeneinteilung** ggf. auf 1/4, 1/2 oder 3/4 des Betrags von 924 € gekürzt (§ 33a Abs. 2 Satz 2 EStG; ➜ Tz 558). **574**

Schulgeld

[Schulgeld für Privatschule ➜ Zeilen 65–67]

Schulgeld für ein steuerlich berücksichtigungsfähiges Kind, das eine „Privatschule" mit anerkanntem Abschluss besucht, ist eine abzugsfähige Sonderausgabe (§ 10 Abs. 1 Nr. 9 EStG). Nicht abziehbar sind die Aufwendungen für die Beherbergung, Betreuung oder Verpflegung des Kindes. Hierfür kommt ein Abzug bei den Kinderbetreuungskosten in Betracht (➜ Tz 581). **575**

Privatschule

Begünstigt sind Schulen in freier Trägerschaft (Privatschule) oder überwiegend privat finanzierte Schulen. Dazu gehören z. B. die Freien Waldorf- oder Montessori-Schulen. Begünstigt sind ausschließlich Schulen in einem Mitgliedsstaat der EU oder EWR-Staat sowie alle Deutschen Schulen im Ausland. Schulgeldzahlungen für den Besuch einer in einem Drittland (z. B. Schweiz) belegenen Privatschule sind nicht als Sonderausgaben abzugsfähig (BFH, Beschluss v. 13.6.2013, X B 232/12, HI4984616, BFH/NV 2013 S. 1416). **576**

Bei der Beurteilung der Schule kommt es nicht auf die Schulart, sondern allein auf den erreichten oder beabsichtigten Schulabschluss an. Die Schule muss zu einem durch das zuständige inländische Ministerium eines Bundeslandes (z. B. Schul- oder Kultusministerium), die Kultusministerkonferenz bzw. eine inländische Zeugnisanerkennungsstelle anerkannten Abschluss führen. Die Finanzverwaltung ist an Entscheidungen der entsprechenden Einrichtungen gebunden. Begünstigt ist auch der Besuch einer Schule, der zu dem einem inländischen Abschluss an einer öffentlichen Schule als gleichwertig anerkannten, allgemeinbildenden oder berufsbildenden Schul-, Jahrgangs- oder Berufsabschluss führt.

Ebenso begünstigt ist der Besuch von Einrichtungen, die nicht selbst zu einem entsprechenden Schulabschluss führen, aber auf einen solchen Schul-, Jahrgangs- oder Berufsabschluss ordnungsgemäß vorbereiten (§ 10 Abs. 1 Nr. 9 Satz 3 EStG). Dies kann auch in Wochenend- oder Abendkursen erfolgen. Zu diesen Einrichtungen gehören nur solche, die nach einem staatlich vorgegebenen, genehmigten oder beaufsichtigten Lehrplan ausbilden. Hierzu gehören z. B. Volkshochschulen und Einrichtungen der Weiterbildung, die für Nichtschüler/innen Kurse zur Vorbereitung auf die Prüfungen zum Erwerb des Haupt- oder Realschulabschlusses, der Fachhochschulreife oder des Abiturs anbieten, wenn die Kurse hinsichtlich der angebotenen Fächer sowie in Bezug auf Umfang und Niveau des Unterrichts den Anforderungen und Zielsetzungen der für die angestrebte Prüfung maßgeblichen Prüfungsordnung entsprechen.

ACHTUNG

Kein Schulgeld für Nachhilfe

Aufwendungen für den Besuch von Nachhilfeeinrichtungen, Musikschulen, Sportvereinen, Ferienkursen (z. B. Feriensprachkursen) und Ähnlichem sind nicht begünstigt.

Der Schulbesuch von privaten Grund- oder Förderschulen ist begünstigt, aber regelmäßig erst ab Beginn der öffentlich-rechtlichen Schulpflicht (BFH, Urteil v. 16.11.2005, XI R 79/03, HI1475589, BFH/NV 2006 S. 671).

Hoch-/Fachhochschulen und die ihnen im EU/EWR-Ausland gleichstehenden Einrichtungen sind keine Schulen i.S.d. § 10 Abs. 1 Nr. 9 EStG, sodass Entgelte für den Besuch dieser Einrichtungen nicht berücksichtigungsfähig sind. Ein Abzug von Studiengebühren ist somit ausgeschlossen (BMF, Schreiben v. 9.3.2009, IV C 4 – S 2221/07/0007, BStBl 2009 I S. 487).

Abzugshöhe

577 Die Kosten für den Schulbesuch sind je Kind mit 30 % der Aufwendungen, maximal 5.000 € im Jahr, abzugsfähig. Der Jahreshöchstbetrag gilt auch, wenn das Kind nur einen Teil des Jahres eine entsprechende Schule besucht.

Abgrenzung zum Spendenabzug nach § 10b EStG

578 Zuwendungen (Beiträge, Spenden, Patentgelder) an gemeinnützige Schulvereine (Schulen in freier Trägerschaft) zur Deckung von Schulkosten durch Personen, deren Kinder die Schule, z. B. eine Waldorfschule, besuchen, sind nur im Rahmen des Schulgeldabzugs (§ 10 Abs. 1 Nr. 9 EStG) und nicht (auch nicht teilweise) als steuerbegünstigte Zuwendungen (Spenden) nach § 10b EStG berücksichtigungsfähig. Weitere Einzelheiten siehe ➔ Tz 399.

[Nicht zusammen veranlagte Eltern ➔ Zeilen 66–67]

579 Auch bei Eltern, die nicht zusammen zur Einkommensteuer veranlagt werden, beträgt der Höchstbetrag insgesamt 5.000 € je Kind. Die Schulgeldzahlungen sind dabei grds. bei dem Elternteil zu berücksichtigen, der sie getragen hat. Haben beide Elternteile entsprechende Aufwendungen gezahlt, sind sie bei jedem Elternteil nur bis zum hälftigen Höchstbetrag von 2.500 € zu berücksichtigen, es sei denn, die Eltern beantragen einvernehmlich eine andere Aufteilung. Dies ist sinnvoll, wenn die von einem Elternteil getragenen Aufwendungen den anteiligen Höchstbetrag von 2.500 € überschreiten, während die von dem anderen Elternteil getragenen Aufwendungen den anteiligen Höchstbetrag nicht erreichen (BMF, Schreiben v. 9.3.2009, IV C 4 – S 2221/07/0007, BStBl 2009 I S. 487).

BEISPIEL

Kosten für privates staatlich anerkanntes Gymnasium

Max und Maria Muster sind Eltern von zwei Kindern. Sohn Thomas (zehn Jahre) besucht tagsüber ein privates staatlich anerkanntes Gymnasium mit Internat. Das Schulgeld beträgt 1.000 € monatlich. Die Kosten für Nachmittagsbetreuung und Verpflegung i. H. v. 400 € monatlich sind darin enthalten. Eine Abrechnung der Schule liegt vor. Tochter Michaela (19 Jahre) besucht das örtliche staatliche Gymnasium. Die Aufwendungen für Bücher, Fahrkarten usw. belaufen sich auf 1.000 €.

Das Schulgeld für Thomas ist mit (12 Monate × 600 € = 7.200 €, davon 30 % = 2.160 € als Sonderausgabe (§ 10 Abs. 1 Nr. 9 EStG) abziehbar. Die Kosten für die Nachmittagsbetreuung sind zusätzlich als Sonderausgabe (s. u.) abziehbare Kinderbetreuungskosten (§ 10 Abs. 1 Nr. 5 EStG). Verpflegung und Unterkunft sind mit den Freibeträgen für Kinder bzw. dem Kindergeld abgegolten.

Die Aufwendungen für den Schulbesuch von Michaela sind nicht als Sonderausgaben abziehbar, da es sich um eine staatliche Schule handelt. Sie sind mit den Freibeträgen für Kinder bzw. dem Kindergeld abgegolten.

Übertragung eines Behindertenpauschbetrags

[Übertragung auf Eltern ➜ Zeilen 68–72]

Steht einem berücksichtigungsfähigen Kind ein Behinderten- oder Hinterbliebenenpauschbetrag zu, kann dieser, wenn das Kind ihn nicht bei seiner Steuerveranlagung in Anspruch nimmt, auf die Eltern übertragen werden (§ 33b Abs. 5 EStG). Unabhängig von der Übertragung des Pauschbetrags können die Eltern eigene Pflegekosten für das behinderte Kind als außergewöhnliche Belastungen allgemeiner Art absetzen (➜ Tz 458, ➜ Tz 449). **580**

Kinderbetreuungskosten

[Aufwendungen als Sonderausgaben ➜ Zeilen 73–79]

Aufwendungen für Dienstleistungen zur Betreuung (Kinderbetreuungskosten) eines zum Haushalt des Steuerpflichtigen gehörenden Kindes i. S. d. § 32 EStG, sind ab dem Geburtsmonat bis zur Vollendung seines 14. Lebensjahres mit **zwei Dritteln der Aufwendungen, höchstens 4.000 € im Jahr je Kind** abzugsfähige Sonderausgaben (§ 10 Abs. 1 Nr. 5 EStG). Dies gilt auch für die entsprechenden Aufwendungen für Kinder, die wegen einer vor Vollendung des 25. Lebensjahres eingetretenen Behinderung außerstande sind, sich selbst zu unterhalten sowie für Kinder, die wegen einer vor dem 1.1.2007 und vor Vollendung des 27. Lebensjahres eingetretenen Behinderung außerstande sind, sich selbst zu unterhalten (§ 52 Abs. 24a Satz 2 EStG; ➜ Tz 551). **581**

Begünstigte Aufwendungen

Kinderbetreuungskosten sind im Jahr der Zahlung (§ 11 EStG) abziehbar. **582**

Berücksichtigungsfähig sind Aufwendungen für die Betreuung von Kindern im Kindergarten, in einer Tagesstätte oder Krippe, durch eine Tagesmutter und in Ganztagesstätten, ebenso Ausgaben für die Beschäftigung einer Person im Haushalt, soweit diese die Kinder betreut, sowie die Beaufsichtigung eines Kindes durch einen Babysitter. Die Aufwendungen für ein **Au-pair** umfassen regelmäßig Kinderbetreuung und Hausarbeiten. Ohne Nachweis der zeitlichen Umfänge der Tätigkeiten, kann von einem hälftigen Kostenanteil, der auf die Betreuung entfällt, ausgegangen werden.

Abzugsfähig sind auch Kosten für die Hausaufgabenbetreuung sowie für die (Nachmittags-)Betreuung in einem Internat, ebenso für die Unterbringung eines Kindes in einem zweisprachigen Kindergarten (BFH, Urteil v. 19.4.2012, III R 29/11, HI3401740, BFH/NV 2012 S. 1859).

ACHTUNG

Unterkunftskosten im Internat sind begünstigte Betreuungskosten

Unterbringungskosten – nicht jedoch Verpflegungskosten – in einem Internat gehören zu den Betreuungskosten, weil sie auch auf die betreuende Personensorge des Kindes entfallen (Thüringer FG, Urteil v. 25.10.2016, 2 K 95/15, HI10162510, EFG 2016 S. 1940, rkr.). Die Finanzverwaltung wendet das Urteil an.

Nicht berücksichtigungsfähig sind Ausgaben für die gezielte Vermittlung von besonderen Fähigkeiten und Fertigkeiten (z. B. Unterricht, Schulgeld, Nachhilfe, Fremdsprachenunterricht, Computerkurse) sowie für sportliche und andere Freizeitbetätigungen (z. B. Mitgliedsbeiträge für Sportvereine, Tennis- oder Reitunterricht) oder Aufwendungen für ein Ferienlager (BFH, Beschluss v. 17.1.2017, III B 20/16, HI10650268, BFH/NV 2017 S. 740). Zur Frage, ob Kosten für ein Ferienlager begünstigt sein könnten, ist ein Revisionsverfahren beim BFH anhängig (Az. III R 50/17, Vorinstanz: Sächsisches FG, Urteil v. 15.3.2017, 2 K 1429/16, EFG 2017 S. 1220).

Die Kinderbetreuung durch Angehörige des Steuerpflichtigen wird anerkannt, wenn den Leistungen klare und eindeutige, zivilrechtlich wirksam zustande gekommene, Vereinbarungen zugrunde liegen, die inhaltlich dem zwischen Fremden Üblichen entsprechen, tatsächlich so auch durchgeführt und die Leistungen nicht üblicherweise auf familienrechtlicher Grundlage unentgeltlich erbracht werden. Die Berücksichtigung von Aufwendungen für die Betreuung des Kindes durch einen Partner in einer eheähnlichen Lebensgemeinschaft wird von der Finanzverwaltung nicht anerkannt.

Abzugsfähig sind Geld-, Sachleistungen (Verpflegung, Unterbringung, Waren) und sonstige Sachkosten für die Betreuungsperson. Auch der Ersatz von Auslagen an die Betreuungsperson (z. B. Fahrtkosten, Eintrittsgelder) wird anerkannt, wenn die Leistungen im Einzelnen in der Rechnung oder im Vertrag aufgeführt sind. Dasselbe gilt für einen mit einer ansonsten unentgeltlichen Betreuung gewährten Fahrtkostenersatz (FG Baden-Württemberg, Urteil v. 9.5.2012, 4 K 3278/11, HI2992652, rkr., EFG 2012 S. 1439). **Nicht** begünstigt sind Aufwendungen für Fahrten des Kindes zur Betreuungsperson, die Verpflegung des Kindes oder Eintrittsgelder für das Kind.

Wird ein einheitliches Entgelt für die Betreuungsleistungen und andere nicht begünstigte Leistungen bezahlt, ist eine (ggf. schätzungsweise) Aufteilung vorzunehmen (BMF, Schreiben v. 14.3.2012, IV C 4 – S 2221/07/0012:012, BStBl 2012 I S. 307).

Werden für die Nachmittagsbetreuung in der Schule Elternbeiträge erhoben und umfassen diese nicht nur eine Hausaufgabenbetreuung, sind Entgeltanteile, die z. B. für Nachhilfe, bestimmte Kurse (z. B. Computerkurs) oder für Verpflegung gezahlt werden, nicht zu berücksichtigen. Der Abzug des Kostenanteils für Betreuung ist nur möglich, wenn eine entsprechende Aufschlüsselung der Beträge (z. B. im Vertrag oder der Rechnung) vorliegt. Erhaltenes Betreuungsgeld ist nicht auf die Betreuungskosten anzurechnen.

Haushaltszugehörigkeit des Kindes

583 Kinderbetreuungskosten sind nur für zum Haushalt gehörende Kinder abzugsfähig. Das Kind muss in der elterlichen Wohnung leben oder mit Einwilligung der Eltern vorübergehend auswärtig (z. B. in einem Internat) untergebracht sein. Auch wenn ein Elternteil zusammen mit dem Kind in Wohngemeinschaft mit anderen Personen lebt, liegt die Haushaltszugehörigkeit des Kindes vor.

Ein behindertes Kind, das in einem Heim mit der Möglichkeit der Schulausbildung und der späteren Arbeit in einer Werkstatt für Behinderte untergebracht ist, lebt grds. weiterhin in einer Wohn- und Wirtschaftsgemeinschaft mit seinen Eltern, wenn die Wohnverhältnisse in der Familienwohnung die speziellen Bedürfnisse des Kindes berücksichtigen und es sich im Haushalt des Elternteils regelmäßig aufhält (BFH, Urteil v. 14.11.2001, X R 24/99, HI671164, BFH/NV 2002 S. 429).

Bei nicht zusammenlebenden Elternteilen ist bezüglich der Haushaltszugehörigkeit grds. die Meldung des Kindes maßgebend. Folglich kann ein sog. „Zahlvater" i.d.R. keine Betreuungskosten absetzen. Wenn der entsprechende Elternteil dies nachweist oder glaubhaft macht, kann ein Kind ausnahmsweise zum Haushalt des Elternteils gehören, bei dem es nicht gemeldet ist. In Ausnahmefällen kann ein Kind auch zu den Haushalten beider getrennt lebender Elternteile gehören.

Höchstbetrag und berechtigter Personenkreis

Kinderbetreuungskosten sind mit 2/3 der Aufwendungen, höchstens 4.000 € je Kind und **584**
Kalenderjahr abziehbar. Der Höchstbetrag wird nicht zeitanteilig ermäßigt, wenn die Abzugsvoraussetzungen nur für einen Teil des Jahres vorlagen (z.B. Kind war nur einen Teil des Jahres im Kindergarten). Vollendet das Kind im Laufe des Jahres das 14. Lebensjahr und sind Aufwendungen während des ganzen Jahres angefallen, können nur die Aufwendungen (taggenau) in die Berechnung einbezogen werden, die auf den Zeitraum der Begünstigung entfallen.

Bei Auslandskindern ist der Höchstbetrag entsprechend den Verhältnissen im Wohnsitzstaat des Kindes ggf. zu vierteln (➜ Tz 558).

Kinderbetreuungskosten kann grds. nur der Elternteil als Sonderausgabe abziehen, der sie getragen hat und zu dessen Haushalt das Kind gehört. Trifft dies auf beide Elternteile zu, kann jeder seine tatsächlichen Aufwendungen grds. nur bis zur Höhe des hälftigen Höchstbetrags geltend machen. Auf gemeinsamen Antrag hin, ist eine abweichende Aufteilung des Höchstbetrags möglich.

BEISPIEL

Betreuungskosten für Kind in einer nicht ehelichen Lebensgemeinschaft

Klaus Kunz und Ute Ulmer leben mit ihrem gemeinsamen Sohn Tim (drei Jahre alt) im Rahmen einer nicht ehelichen Lebensgemeinschaft zusammen in einer Wohnung in Freiburg. Die Betreuungskosten für Tim i.H.v. monatlich 500 € werden i.H.v. 400 € von Klaus und i.H.v. 100 € von Ute bezahlt.

1. Ein Antrag auf anderweitige Verteilung der Aufwendungen wurde nicht gestellt.
2. Die Eltern beantragen einvernehmlich, dass der Höchstbetrag zu 4/5 auf Klaus entfallen soll.

Klaus Kunz kann in Fall a) seine tatsächlichen Betreuungskosten (12 × 400 € = 4.800 € x. 2/3 =) 3.200 €, höchstens 2.000 € als Sonderausgaben abziehen (§ 10 Abs. 1 Nr. 5 EStG). Ute Ulmer hat den Sonderausgabenabzug für. (12 × 100 € = 1.200 € × 2/3 =) 800 €. Der Höchstbetrag von 2.000 € ist bei ihr nicht erreicht.

In Fall b) kann Klaus seine Kosten von 3.200 € bis zu 4/5 von 4.000 € = 3.200 € und damit in voller Höhe abziehen. Ute hat den Abzug für ihre Kosten von 800 € bis zu 1/5 von 4.000 € = 800 € und damit ebenfalls in voller Höhe.

Nachweis (Rechnung, unbare Zahlung)

Der Abzug von Kinderbetreuungskosten ist **nur** möglich, wenn eine **Rechnung** vorliegt (die **585**
nicht alle Merkmale einer umsatzsteuerlichen Rechnung i.S.v. § 14 UStG erfüllen muss) und die Zahlung **unbar** (z.B. Überweisung, Lastschrifteinzug, Dauerauftrag, Onlinebanking oder

Bankeinzahlung) auf ein Konto des Leistungserbringers erfolgt ist (§ 35a Abs. 5 Satz 3 EStG). Als Rechnung gilt der Arbeitsvertrag (bei einem sozialversicherungspflichtigen Beschäftigungsverhältnis oder einem Minijob), ein Gebührenbescheid (z.B. über die zu zahlenden Kindergartengebühren) oder eine Quittung über Nebenkosten der Betreuungsperson, wenn darin Angaben über die Art und Höhe der Nebenkosten enthalten sind (z.B. Eintrittskarte). Ansonsten werden Nebenkosten nur berücksichtigt, wenn sie im Vertrag oder der Rechnung aufgeführt sind.

Baukindergeld

586 Mit dem Baukindergeld fördern die KfW-Bank und das Bundesministerium des Inneren den Ersterwerb von selbst genutzten Wohnimmobilien und Wohnungen für Familien mit Kindern. Die Rahmenbedingungen ergeben sich allein aus dem KfW-Programm „Baukindergeld (424)“. Es gibt keine gesetzliche Grundlage.

Fördervoraussetzungen

Die Immobilie, für die Baukindergeld beantragt wird, muss im Eigentum bzw. mind. 50%igem Miteigentum des Antragstellers stehen und selbst genutzt werden, d.h., die Familie muss darin wohnen. Ob es sich dabei um einen Neu- oder Altbau (Bestandsimmobilie) handelt bzw. ob die Immobilie selbst gebaut oder gekauft wurde, ist ebenso ohne Bedeutung wie die Wohnungsgröße. Baukindergeld gibt es nur für den ersten Immobilienerwerb einer Familie. Zur Dauernutzung bereits vorhandenes selbst genutztes oder vermietetes Wohneigentum schließt eine Förderung aus.

Weitere Fördervoraussetzung ist, dass für das Objekt die Baugenehmigung zwischen dem 1.1.2018 und dem 31.3.2021 (verlängert wegen Corona-Pandemie) erteilt bzw. der notarielle Kaufvertrag innerhalb dieses Zeitraums geschlossen wurde.

Baukindergeld ist nur möglich, wenn in der Immobilie im **Zeitpunkt der Antragstellung** minderjährige Kinder wohnen, für die der Antragsteller entweder kindergeldberechtigt ist oder bei denen die kindergeldberechtigte Person mit dem Antragsteller im Haushalt lebt (Ehegatte, Lebenspartner, eheähnlicher Partner).

Außerdem darf das z.v.E. der Eltern im zweiten und dritten Jahr vor Antragstellung (bei Antragstellung 2020; maßgebend Einkommen 2017 und 2018) im Durchschnitt der beiden Jahre 90.000 € (mit einem Kind) nicht übersteigen. Für jedes weitere minderjährige Kind erhöht sich dieser Betrag um 15.000 €, sodass das z. v. E einer Familie mit zwei Kindern bis zu 105.000 € jährlich betragen darf.

Höhe der Förderung

Die Förderung beträgt 1.200 € pro Jahr für jedes im geförderten Objekt lebende, im Zeitpunkt der Antragstellung minderjährige Kind über einen Zeitraum von maximal 10 Jahren, also bis zu 12.000 € je Kind, wenn das Wohneigentum ununterbrochen zehn Jahre selbst genutzt wird. Änderungen nach Antragstellung (z.B. Geburt eines weiteren Kindes, Erreichen der Volljährigkeit) sind ohne Bedeutung.

Anspruchsdauer

Der Anspruch auf Baukindergeld endet, wenn die geförderte Immobilie nicht mehr selbst bewohnt wird.

Baukindergeld wird nur so lange gezahlt, wie die bereitgestellten Bundesmittel reichen, Es besteht kein Rechtsanspruch auf die Förderung.

Antrag

Die Anträge sind bei der staatlichen KfW-Bank spätestens sechs Monate nach dem Einzug (maßgebend: amtliche Meldebestätigung) bzw. beim Kauf einer Immobilie, in der Sie bereits wohnen, spätestens sechs Monate nach Unterzeichnung des notariellen Kaufvertrags online unter www.kfw.de/zuschussportal zu stellen. Nach Antragseingangsbestätigung müssen innerhalb von drei Monaten die ESt-Bescheide der beiden maßgebenden Jahre, die amtliche Meldebestätigung des Einzugstags und ein Grundbuchauszug über den Eigentumserwerb bzw. die Auflassungsvormerkung elektronisch übermittelt werden.

Auszahlung

Die Auszahlung erfolgt in jährlichen Raten. Dazu erhält der Antragsteller eine Auszahlungsbestätigung, in der der Zeitpunkt der ersten Ratenzahlung genannt ist. Die Auszahlung der weiteren Raten soll jährlich jeweils im gleichen Monat wie die Auszahlung der ersten Rate erfolgen.

Hinweis: Weitere Informationen finden Sie auf dem Internetportal der KfW-Bank unter www.kfw.de/baukindergeld.

11 Anlage Unterhalt

11.1 Steuerliche Beurteilung von Unterhaltsleistungen

587 **Unterhalt** für bedürftige Personen und **Kosten für deren Ausbildung** sind entweder (abzugsfähige) Sonderausgaben (§ 10 Abs. 1 Nr. 1 EStG), gehören zu den außergewöhnlichen Belastungen oder sind nicht abzugsfähig. Die Beurteilung hängt davon ab, in welchem Verhältnis der Unterhaltszahlende zur unterstützten Person steht. Folgende Fallkonstellationen sind möglich:

Die Zahlung erfolgt an

- **den Ehegatten (bei intakter Ehe):** Die Unterhaltszahlungen werden steuerlich **nicht** berücksichtigt. Der gegenseitige Unterhalt wird über die Zusammenveranlagung und den dadurch möglichen günstigeren Steuertarif (Splittingtarif mit dem doppelten Grundfreibetrag) berücksichtigt. Das gilt entsprechend, wenn ein Ehegatte im EU-Ausland lebt (§ 1a Abs. 1 Nr. 2 EStG). Die Kosten einer Berufsausbildung sind entweder als Sonderausgaben (erste Ausbildung) oder als WK (zweite oder weitere Ausbildung, Umschulung) abzugsfähig. Eine Ausnahme gilt, wenn der unterstützte Ehegatte im Ausland **außerhalb der EU** wohnt. In diesem Fall können Unterhaltszahlungen und Kosten für eine Berufsausbildung als außergewöhnliche Belastungen abzugsfähig sein.
- **den getrennt lebenden oder geschiedenen Ehegatten:** Die Unterhaltszahlungen sind als Sonderausgaben (§ 10 Abs. 1a Nr. 1 EStG) abzugsfähig, wenn der Empfänger der Zahlung im Inland oder EU-Ausland (§ 1a Abs. 1 Nr. 1 EStG) lebt und die Zahlungen nachweislich versteuert (➜ Tz 420 ff., ➜ Tz 425). In allen anderen Fällen kommt beim Zahlenden ein Abzug als außergewöhnliche Belastung in Betracht.
- **ein eigenes Kind:** Solange das Kind bei den Eltern **steuerlich berücksichtigt** wird, sind Aufwendungen für Unterhalt und Berufsausbildung des Kindes bei den Eltern mit dem Kindergeld bzw. Kinderfreibetrag und Freibetrag für den Betreuungs-, Erziehungs- und Ausbildungsbedarf abgegolten. U. U. ist bei volljährigen Kindern in Ausbildung, die auswärts untergebracht sind, ein zusätzlicher Freibetrag möglich (➜ Tz 567).
  Kann das Kind steuerlich **nicht** (mehr) berücksichtigt werden (z. B. studierendes Kind über 25 Jahre), sind die Zahlungen u. U. (nur) bei den außergewöhnlichen Belastungen berücksichtigungsfähig.
- **eine andere Person**: Hier kommt nur der Abzug bei den außergewöhnlichen Belastungen in Betracht.

11.2 Unterhaltsleistungen als außergewöhnliche Belastung

588 Bei den außergewöhnlichen Belastungen sind Unterhaltsleistungen über die spezielle Regelung des § 33a Abs. 1 EStG berücksichtigungsfähig.

WICHTIG

Kein Abzug von Unterhalt als allgemeine außergewöhnliche Belastung
Eine Berücksichtigung als außergewöhnliche Belastungen allgemeiner Art (§ 33 EStG) ist nicht möglich (kein Wahlrecht), auch nicht, soweit sich die Kosten über § 33a Abs. 1 EStG nicht auswirken.

Abzugsvoraussetzungen

Der Abzug von Unterhaltszahlungen nach § 33a Abs. 1 EStG setzt voraus: **589**

- Die unterstützte Person ist eine dem Steuerpflichtigen oder seinem Ehegatten gegenüber (nach deutschem Recht) gesetzlich unterhaltsberechtigte Person oder eine diesem Personenkreis gleichgestellte Person,
- tatsächliche Unterhaltsleistungen (nicht nötig, wenn die unterstützte Person im Haushalt des Steuerpflichtigen lebt s. u.),
- Bedürftigkeit der unterstützten Person,
- kein Anspruch auf Kindergeld für die unterstützte Person und
- Angabe der Identifikationsnummer (ID-Nr.) der unterstützten Person, wenn diese im Inland wohnt, auf der Anlage Unterhalt. Verweigert die unterhaltene Person die Auskunft darüber, darf die ID-Nr. beim Finanzamt abgefragt werden. Bei im Ausland lebenden Personen ist ein entsprechender Identitätsnachweis der unterstützten Person erforderlich.

[Angaben zur unterstützten Person → Zeilen 31–54]

Zu den begünstigten gesetzlich **unterhaltsberechtigen Personen** zählen: **590**

- der Ehegatte (Abzug aber nur, soweit keine gemeinsame Steuerveranlagung und kein Sonderausgabenabzug für die Zahlungen möglich ist, → Tz 527),
- Verwandte gerader Linie wie z. B. Eltern, Großeltern, Kinder, Enkel (Abzug aber nur, soweit keine steuerliche Kinderberücksichtigung möglich ist), sowie
- die Mutter eines unehelichen Kindes während der Mutterschutzzeit und
- der **Elternteil eines nicht ehelichen Kindes** im Regelfall bis zum 3. Lebensjahr des Kindes; darüber hinaus nur, soweit dieser wegen fehlender Betreuungsmöglichkeiten für das Kind keine Berufstätigkeit ausüben kann (H 33a.1 „Unterhaltsanspruch der Mutter ..." EStH 2019).

Der Abzug ist auch für Zahlungen an Personen, die dem Ehegatten gegenüber gesetzlich unterhaltsberechtigt sind (z. B. Schwiegereltern), möglich. Dies gilt, solange die Ehe besteht, auch noch während eines Getrenntlebens (BFH, Urteil v. 27.7.2011, VI R 13/10, HI2749841, BFH/NV 2011 S. 1957).

Werden sowohl das eigene (verheiratete) Kind als auch dessen Ehegatte unterstützt, können nur die hälftig auf das eigene Kind entfallenden Zahlungen berücksichtigt werden (BFH, Urteil v. 22.9.2004, III R 25/03, HI1310338, BFH/NV 2005 S. 523).

Lebte die unterstützte Person im Inland, reicht es aus, dass eine gesetzliche Unterhaltspflicht dem Grunde nach besteht. Ob im Einzelfall tatsächlich ein Unterhaltsanspruch besteht, ob also z. B. andere vorrangig unterhaltsverpflichtete Personen vorhanden sind, ist ohne Bedeutung (R 33a Abs. 1 Satz 4 EStR 2012). Bei im Ausland lebenden Personen, die unterstützt werden, muss dies jedoch geprüft werden (Auslandsunterstützung s. u. → Tz 601).

Es besteht grds. **keine gesetzliche Unterhaltspflicht** gegenüber Geschwistern, Onkeln, Tanten oder dem Partner in nicht ehelicher Lebensgemeinschaft, wenn letztere kein gemeinsames Kind unter drei Jahren haben. Dieser Personenkreis kann aber zu den **gleichgestellten Personen** gehören.

591 Einer gesetzlich unterhaltsberechtigten Person **gleichgestellt** sind Personen, die

- im Inland in Haushaltsgemeinschaft mit dem Steuerpflichtigen leben und
- denen wegen der Aufnahme in den Haushalt und dem damit in Zusammenhang gewährten Unterhalt (in Form von Unterkunft und Verpflegung) öffentliche inländische Mittel gekürzt oder gestrichen wurden.

WICHTIG

Keine Haushaltsgemeinschaft – keine steuerliche Berücksichtigung

Lebt die verwandte Person im **eigenen** Haushalt, ist kein Kostenabzug möglich, selbst wenn öffentliche Mittel aufgrund der Unterstützung durch die Angehörigen gekürzt werden. Denn in diesen Fällen könnten sich die Angehörigen den Unterhaltszahlungen entziehen, was nicht möglich ist, wenn die Person bei ihnen im Haushalt lebt.

Zu diesem Personenkreis gehören vor allem **nahe Verwandte** z.B. Geschwister, Onkel, Tanten, aber auch der Partner in **eheähnlicher Lebensgemeinschaft.**

Der Umstand, dass öffentliche inländische Mittel (z.B. Wohngeld, Arbeitslosengeld II) gekürzt oder gestrichen wurden, muss nicht zwingend von der zuständigen Behörde bestätigt werden. Es reicht aus, dass die unterstützte Person schriftlich bestätigt, dass sie mit dem Steuerpflichtigen in Haushaltsgemeinschaft lebt, ein Verwandtschaftsverhältnis besteht oder eine eheähnliche Gemeinschaft vorliegt und keine bzw. nur gekürzte öffentliche Sozialleistungen beantragt oder bezahlt wurden. Außerdem sind die Höhe des eigenen Vermögens und die Höhe der eigenen Einkünfte und Bezüge der Person, die unterstützt wurde, anzugeben (➜ Tz 598).

Ein Vordruck mit den notwendigen Angaben kann über die Web-Adresse des BMF als PDF aus dem Internet abgerufen werden. Weitere Einzelheiten: BMF, Schreiben v. 7.6.2010, IV C 4 – S 2285/07/0006, BStBl 2010 I S. 588.

[Aufwendungen für Unterhalt ➜ Zeilen 7–16]

592 Grundsätzlich sind nur **tatsächlich geleistete Aufwendungen** für den typischen laufenden Unterhalt oder die Berufsausbildung abzugsfähig. Zum typischen Unterhalt gehören alle Ausgaben, die die täglichen Bedürfnisse der unterstützten Person abdecken z.B. Wohnung mit Heizungs-, Strom- und Wasserkosten, Kleidung und Verpflegung sowie übernommene notwendige Versicherungsbeiträge (Kranken- und Pflegeversicherung) oder Umzugskosten. Zu den begünstigten Ausbildungskosten gehören z.B. Schul- und Studiengebühren, Material (Bücher) oder Fahrtkosten.

Lebte die unterstützte Person im Haushalt des Steuerpflichtigen, wird von der Finanzverwaltung auch ohne Nachweis unterstellt, dass Kosten i.H. des steuerlich abzugsfähigen Höchstbetrags (s.u.) angefallen sind (R 33a.1 Abs. 1 Satz 5 EStR 2012).

TIPP

Krankheits-/Pflegekosten

Haben Sie für die unterhaltsberechtigte Person Krankheits-, Pflege- oder behinderungsbedingte Kosten getragen, können Sie diese u. U. als außergewöhnliche Belastungen allgemeiner Art nach § 33 EStG zusätzlich geltend machen (➜ Tz 456, ➜ Tz 461).

[Bedürftigkeit der unterstützten Person ➜ Zeile 42]

Weitere Abzugsvoraussetzung ist die **Bedürftigkeit** der unterstützten Person. Sie darf über kein bzw. nur geringes eigenes Vermögen verfügen. **593**

Gering ist ein Vermögen bis zu einem gemeinen Wert (Verkehrswert) von max. 15.500 € (nach Abzug der darauf entfallenden Verbindlichkeiten). Dabei bleibt der Wert des (üblichen) Hausrats, Vermögensgegenstände mit einem besonderen persönlichen Wert und ein angemessenes selbst oder mit Angehörigen bewohntes Hausgrundstück (Eigentumswohnung, kleines Einfamilienhaus) außer Betracht (§ 33a Abs. 1 Satz 4 EStG). Die Angemessenheit des Grundstücks bestimmt sich nach der Zahl der Bewohner, den räumlichen Verhältnissen, der Ausstattung und dem Wert. Auf den Hausrat bzw. das Grundstück entfallende Verbindlichkeiten werden bei der Prüfung der Wertgrenze entsprechend berücksichtigt.

Opfergrenze

Eine Unterhaltsverpflichtung besteht nur, soweit die Unterhaltsaufwendungen in einem vernünftigen Verhältnis zu den Einkünften stehen und dem Zahlenden nach Abzug der Unterhaltsleistungen genügend Mittel zur Bestreitung des Lebensbedarfs für sich und ggf. für seinen Ehegatten und seine Kinder verbleiben. Deshalb können Unterhaltsaufwendungen höchstens insoweit anerkannt werden, als sie einen bestimmten Prozentsatz des Nettoeinkommens (Summe aller Einkünfte aus den Einkunftsarten und Bezüge (auch Kindergeld) nach Abzug der gezahlten Sozialversicherungsbeiträge und Steuern) nicht übersteigen (**Opfergrenze;** BFH, Urteil v. 28.4.2016, VI R 21/15, HI9548916, BFH/NV 2016 S. 1370). Die Opfergrenze gilt unabhängig davon, ob die unterstützte Person im Inland oder im Ausland lebt (R 33a.1 Abs. 4 EStR 2012). Sie gilt nicht für Unterhalt an **594**

- den Ehegatten (BFH, Urteil v. 5.5.2010, VI R 5/09, HI2375977, BFH/NV 2010 S. 1896) sowie
- Personen, die in Haushaltsgemeinschaft mit der unterhaltenden Person leben (Kinder, Eltern, nicht eheliche Lebenspartner und andere gleichgestellte Personen; BFH, Urteil v. 17.12.2009, VI R 64/08, HI2295887, BFH/NV 2010 S. 737).

Berechnung der Opfergrenze

Die Opfergrenze wird nach einem, durch die Finanzverwaltung festgelegten und von der Rechtsprechung akzeptierten Schema berechnet (BMF, Schreiben v. 7.6.2010, IV C 4 – S 2285/07/0006:001, Rn. 34, BStBl 2010 I S. 588). Die Berechnung erfolgt programmgesteuert. Kommt die Opfergrenze zur Anwendung, wird dies im Regelfall in den Erläuterungen zum Steuerbescheid erwähnt. **595**

TIPP

Berechnung der Opfergrenze

Falls der abzugsfähige Unterhaltsbetrag auf die Höhe der Opfergrenze beschränkt wurde, können Sie die von der Finanzverwaltung zugrunde gelegte maschinelle Berechnung zur Prüfung anfordern.

Weitergehende Einzelheiten und Beispiele zur Berechnung der Opfergrenze im o.g. BMF-Schreiben v. 7.6.2010.

Hinweis: Berechnungshinweise finden Sie auch auf http://mybook.haufe.de unter „Der Steuerkalkulator".

Bei Selbstständigen (Gewerbetreibenden, Freiberuflern) ist die Berechnung der Opfergrenze auf Grundlage eines Dreijahreszeitraums vorzunehmen, weil deren Einkünfte naturgemäß stärkeren Schwankungen unterliegen. Steuerzahlungen sind dabei von dem hiernach zugrunde zu legenden Einkommen grds. in dem Jahr abzuziehen, in dem sie gezahlt wurden (BFH, Urteil v. 28.3.2012, VI R 31/11, HI2970604, BFH/NV 2012 S. 1233; BFH, Urteil v. 28.4.2016, VI R 21/15, HI9548916, BFH/NV 2016 S. 1370).

Abzugshöhe

596 Sind alle Voraussetzungen gegeben, können die tatsächlichen Unterstützungsleistungen bis zu einem jährlichen **Höchstbetrag** von 9.408 € im Vz. 2020 steuerlich abgezogen werden. Lebt die unterstützte Person im Ausland, gilt u.U. ein gekürzter Höchstbetrag (➜ Tz 601). Der Höchstbetrag von 9.408 € erhöht sich um die Basiskranken- und Pflegepflichtversicherungsbeiträge (§ 10 Abs. 1 Nr. 3a) und b) EStG), die die **unterstützte Person** als **Versicherungsnehmer** aufgewendet hat (§ 33a Abs. 1 Sätze 1 und 2 EStG). Die Erhöhung erfolgt unabhängig davon, wer die Beiträge gezahlt hat. Es ist ausreichend, dass Unterhalt (in Geld oder Sachleistungen) geleistet wurde.

War die unterstützte Person zwar die versicherte (begünstigte) Person, aber die Person, die den Unterhalt gezahlt hat, Versicherungsnehmer, können die Versicherungsbeiträge als eigene Sonderausgaben der unterhaltszahlenden Person steuerlich berücksichtigt werden (➜ Tz 525). Dann wird der Abzugshöchstbetrag nicht erhöht.

[Unterstützungszeitraum ➜ Zeilen 7–10]

597 Der Abzug ist nur für Zeiträume möglich, in denen eine tatsächliche (finanzielle) Unterstützung stattfand. Erfolgte die erste Unterhaltszahlung im Januar, wird das ganze Jahr als Unterstützungszeitraum angenommen. Dann gilt der ungekürzte Jahreshöchstbetrag von 9.408 €. Ansonsten wird der abzugsfähige Höchstbetrag nach § 33a Abs. 3 EStG zeitanteilig (ab dem Monat der ersten Zahlung) berechnet. Eine Rückbeziehung auf Vormonate ist nur möglich, wenn mit dem Geld Schulden getilgt werden, die für den Lebensunterhalt der Vormonate aufgenommen worden sind.

Die letzte Zahlung im Jahr gilt stets als Zahlung für den Rest des Jahres. Da der Abzug nur im Jahr der Zahlung erfolgt, wurden Vorauszahlungen (z.B. im Dezember) für Folgejahre nur für das laufende Jahr und nicht für das Folgejahr berücksichtigt (BFH, Urteil v. 25.4.2018, VI R 35/16, HI11844750, BFH/NV 2018 S. 1016).

BEISPIEL

Diverse Zahlungen im Unterhaltszeitraum

Folgende Unterhaltszahlungen werden für das Jahr nachgewiesen:

im März	2.000 €
im Juni	2.000 €
im September	2.000 €
im Dezember	4.000 € (davon 2.000 € für das Folgejahr)

Die Zahlung im Dezember kann nur für das laufende Jahr und nicht für das Folgejahr berücksichtigt werden. Damit wurden im ganzen Jahr insgesamt 10.000 € bezahlt. Unterstützungszeitraum ist von März (erster Zahlungsmonat) bis Dezember. Damit wird der abzugsfähige Betrag auf 10/12 von 9.408 € (ggf. zuzüglich Basisversicherungsbeiträge) = 7.840 € begrenzt.

TIPP

Erste Zahlung sollte zu Beginn des Unterhaltsjahres erfolgen

Stellen Sie sicher, dass die erste Zahlung im Januar erfolgt. Dann wird der Höchstbetrag für das ganze Jahr unterstellt, und zwar selbst dann, wenn keine weiteren Zahlungen im Jahr erfolgen.

Bei Unterhaltszahlungen an den Ehegatten wird grds. davon ausgegangen, dass die Unterstützung das ganze Jahr über erfolgt ist. Die erste Zahlung spielt hier keine Rolle.

[Einkünfte und Bezüge der unterstützten Person ➜ Zeilen 45–54]

Hat die unterstützte Person eigene Einkünfte und Bezüge, wird der abzugsfähige Höchstbetrag von 9.408 € (zzgl. Basiskranken- und Pflegepflichtversicherungsbeiträge) gekürzt (§ 33a Abs. 1 Satz 5 EStG). BAföG-Zuschüsse (nicht Darlehen) werden dabei in **voller** Höhe auf den Höchstbetrag angerechnet. Andere Bezüge und Einkünfte werden angerechnet, soweit sie 624 € (**anrechnungsfreier Betrag**) im Jahr übersteigen. Lebt die unterstützte Person im Ausland, wird der anrechnungsfreie Betrag u. U. gekürzt (➜ Tz 601). Berücksichtigt werden nur die Einkünfte und Bezüge, die auf die Monate der Unterstützung entfallen. Der anrechnungsfreie Betrag wird entsprechend gezwölftelt (§ 33a Abs. 3 EStG). **598**

Unter „Einkünfte" ist i. d. R. die Summe aller Einkünfte aus den sieben Einkunftsarten zu verstehen. Die Einkünfte aus Kapitalvermögen (Zinsen abzgl. Sparer-Pauschbetrag) werden als Einkünfte angesetzt, wenn sie der tariflichen Einkommensteuer unterliegen. Erfolgte die Besteuerung mit dem Abgeltungstarif, gehören die Zinsen ohne Abzug des Sparer-Pauschbetrags zu den Bezügen. Ebenso sind als Bezüge alle weiteren Einnahmen der unterstützten Person, die nicht versteuert werden und dem Lebensunterhalt zur Verfügung stehen, zu berücksichtigen. Dazu gehören:

- BAföG-Zuschuss,
- steuerfreie Rente, bzw. der steuerfreie Teil einer Rente,
- Elterngeld einschließlich Sockelbetrag von 300 €/Monat (BFH, Beschluss v. 20.10.2016, VI R 57/15, HI10026996, BFH/NV 2017 S. 218); der anzurechnende Betrag darf (unabhängig ob

der Elternteil selbstständig oder Arbeitnehmer war, pauschal um 1.000 € (Arbeitnehmerpauschbetrag) verringert werden.

- pauschal versteuerter Arbeitslohn (z. B. 450-Euro-Minijob, Aushilfslohn als Teilzeitbeschäftigter),
- steuerfreier Arbeitslohn, der dem Progressionsvorbehalt unterliegt (z. B. ausländischer Lohn, Lohnersatz wie z. B. Arbeitslosen-, Kurzarbeitergeld), ggf. gekürzt um 1.000 € Arbeitnehmerpauschbetrag
- steuerfreie Lohnzuschläge für Sonntags-, Feiertags- und Nachtarbeit,
- der aufgrund des Versorgungsfreibetrags steuerfrei bleibende Versorgungsbezug (Pension, Betriebsrente),
- Sozialleistungen wie Arbeitslosengeld II (Hartz IV) oder Wohngeld,
- Zuschüsse eines Trägers der gesetzlichen Rentenversicherung zu den Aufwendungen eines Rentners für seine Krankenversicherung,
- Zusatzentgelt aus sog. Ein-Euro-Jobs,
- Geld- und Sachbezüge von freiwillig Wehrdienst- oder Bundesfreiwilligendienst leistenden Personen,
- nach dem Teileinkünfteverfahren steuerfrei bleibende Teile von Dividenden und
- nach § 3 Nr. 44 EStG steuerfrei gestellte Stipendien, soweit sie zur Bestreitung des Lebensunterhalts dienen.

Da die bei der unterstützten Person (Person = Versicherungsnehmer) angefallenen **Basisversicherungsbeiträge** zur Kranken- und Pflegepflichtversicherung den abzugsfähigen Höchstbetrag von 9.408 € erhöhen, dürfen sie die anzurechnenden eigenen Einkünfte nicht mindern. Auch Pflichtbeiträge der unterstützten Person zur gesetzlichen Renten- und Arbeitslosenversicherung sind lt. BFH nicht einkunftsmindernd zu berücksichtigen (BFH, Urteil v. 18.6.2015, VI R 45/13, HI8386891, BFH/NV 2015 S. 1471, BVerfG, Beschluss v. 16.8.2017, 2 BvR 1853/15, Verfassungsbeschwerde nicht zur Entscheidung angenommen). Eigene Aufwendungen der unterstützten Person für die Berufsausbildung (z. B. Studiengebühren, Lehrbücher, Arbeitsmittel, Fahrtkosten, Unterkunftskosten) mindern die anzurechnenden Einkünfte und Bezüge nicht.

BEISPIEL

Unterstützung der bedürftigen Mutter

A unterstützt seine 70 Jahre alte Mutter mit monatlich 350 €. Die Mutter hat im Jahr eigene Einkünfte und Bezüge von 6.800 €.

gezahlter Unterhalt für Januar bis Dezember			4.200 €
Höchstabzugsbetrag		9.408 €	
Kürzung um eigene Einkünfte Anteil der Mutter	6.800 €		
davon anrechnungsfrei	624 €		
Anzurechnen	6.176 €	–6.176 €	
gekürzter Höchstbetrag		3.232 €	

Damit können von den gezahlten 4.200 € insgesamt 3.232 € berücksichtigt werden.

Hinweis: Berechnungshinweise zum abzugsfähigen Betrag finden Sie auf http://mybook.haufe.de unter „Der Steuerkalkulator".

Unterstützung mehrerer Personen durch einen Steuerpflichtigen

Hier gilt: 599

- Der abzugsfähige Betrag wird für jede unterstützte Person getrennt ermittelt, und zwar auch, wenn mehrere vom Steuerpflichtigen unterhaltene Personen in einem gemeinsamen Haushalt wohnen.
- Zahlungen, die an in Haushaltsgemeinschaft lebende Personen, die eine sozialrechtliche Bedarfsgemeinschaft bilden, geleistet werden, unabhängig davon, an wen, sind (nach Köpfen) auf alle Personen des Haushalts zu verteilen, egal ob es sich um erwachsene Personen oder Kinder handelt und ob die Personen unter den begünstigten Personenkreis des § 33a Abs. 1 EStG fallen oder nicht (H 33a.1 „Unterhalt für mehrere Personen" EStH 2019).
- Die eigenen Einkünfte und Bezüge aller im Haushalt lebenden Personen sind ebenfalls zusammenzurechnen und nach Köpfen anteilig jedem Haushaltsmitglied zuzurechnen, wenn eine sozialrechtliche Bedarfsgemeinschaft besteht.
- Eine **gemeinsame Berechnung** ist nur bei in Haushaltsgemeinschaft lebenden **Eheleuten** möglich (H 33a.1 „Unterhalt für mehrere Personen" EStH 2019).

[Unterstützung einer Person durch mehrere Steuerpflichtige ➔ Zeilen 43, 44]

Hier gilt: 600

- Der nach § 33a Abs. 1 EStG für die unterstützte Person insgesamt abzugsfähige Betrag (Zahlungen aller Unterstützter, Höchstbetrag 9.408 €, ggf. gekürzt um anzurechnende Einkünfte und Bezüge) wird wie oben berechnet.
- Der so ermittelte Abzugsbetrag wird auf alle (im Inland lebenden) Unterstützenden **in Höhe ihres jeweiligen Anteils an den gesamten Zahlungen** aufgeteilt (§ 33a Abs. 1 Satz 6 EStG).

BEISPIEL

Mehrere unterstützende Personen

A und B, Brüder, zahlen an die Mutter 6.000 € Unterhalt. Davon trägt A 4.000 € (2/3). Die Mutter hat eigene Einkünfte und Bezüge von 5.754 €. Der abzugsfähige Betrag ermittelt sich wie folgt:

Von allen (im Inland lebenden) Personen insgesamt gezahlter Unterhalt		6.000 €
Höchstbetrag	9.408 €	
anzurechnen nach Abzug des anrechnungsfreien Betrags (624 €)	5.130 €	
gekürzter Höchstbetrag	4.278 €	

Damit sind 4.278 € Unterhalt als außergewöhnliche Belastungen abzugsfähig. Davon entfällt auf A nach seinem Anteil an den Zahlungen 2/3 und damit 2.852 €.

Lebt eine der Personen, die Unterhalt zahlen, im Ausland, nimmt diese Person an der Aufteilung nicht teil. Der von ihr geleistete Unterhalt wird bei der Berechnung des abzugsfähigen Betrags als eigene Bezüge der unterstützten Person berücksichtigt und mindert insoweit den Höchstbetrag (BMF, Schreiben v. 7.6.2010, IV C 4 – S 2285/07/0006, BStBl 2010 I S. 588).

Unterstützung von Personen, die nicht unbeschränkt steuerpflichtig sind (Auslandsunterhalt)

601 Der Abzug von Unterhaltsleistungen an im Ausland lebende Personen ist nur möglich, soweit es nach den Verhältnissen des Wohnsitzstaats der unterhaltenen Person notwendig und angemessen ist (§ 33a Abs. 1 Satz 5 EStG). Der maßgebliche Höchstbetrag (9.408 €) und der anrechnungsfreie Betrag (624 €) sind anhand der Ländergruppeneinteilung (BMF, Schreiben v. 20.10.2016, IV C 8-S 2285/07/10005:016, BStBl 2016 I S. 1183) zu ermitteln und ggf. auf 1/4, 1/2 oder 3/4 des Höchstbetrags zu kürzen.

Außerdem gelten zusätzlich zu den bereits beim Inlandsunterhalt genannten folgende Grundsätze (BMF, Schreiben v. 7.6.2010, IV C 4 – S 2285/07/0006, BStBl 2010 I S. 588):

- **gesetzliche Unterhaltpflicht:** Maßgebend ist das deutsche Unterhaltsrecht. Im Gegensatz zu im Inland lebenden unterstützten Personen muss aber hier die **konkrete** Unterhaltsverpflichtung vorliegen (BFH, Urteil v. 5.5.2010, VI R 5/09, HI2375977, BFH/NV 2010 S. 1896), d.h. die zivilrechtlichen Voraussetzungen eines Unterhaltsanspruchs (§§ 1601 bis 1603 BGB) und die Unterhaltskonkurrenzen (§§ 1606, 1608 BGB), also z.B. die vorrangige Unterhaltsverpflichtung anderer Personen sind zu beachten. Handelt es sich bei der unterstützten Person um den Ehegatten, ist dessen Unterhaltsberechtigung stets gegeben.

[Bedürftigkeit ➜ Zeile 34]

- Zur Prüfung der Bedürftigkeit muss eine ordnungsgemäß und vollständig ausgefüllte (amtliche) **Unterhaltserklärung** vorliegen (abrufbar im Internet auf den Seiten des BMF). Darin bestätigt die zuständige ausländische Behörde die persönlichen Daten der unterstützten Person (Geburtsdatum, Wohnort, Zahl der im Haushalt gemeldeten Personen). Die unterstützte Person trägt die Höhe ihres Vermögens und ihr verfügbares Einkommen sowie die verfügbaren Bezüge ein. Da der Steuerpflichtige bei Auslandssachverhalten wegen der nur eingeschränkten Überprüfbarkeit die erhöhte Beweislast trägt (§ 90 Abs. 2 AO), muss er die Angaben auf Verlangen des Finanzamts (ggf. mit Negativbescheinigungen) belegen. Sind die Angaben lückenhaft, weil z.B. Angaben darüber fehlen, wie der Lebensunterhalt vor der Unterstützung bestritten wurde, oder es fehlen Angaben zur Vermögenssituation (z.B. über Grundbesitz) ist die Bedürftigkeit nicht ausreichend nachgewiesen (BFH, Urteil v. 7.5.2015, VI R 32/14, HI8031663, BFH/NV 2015 S. 1248). Dokumente in ausländischer Sprache müssen dabei von einem vereidigten Übersetzer in die deutsche Sprache übertragen werden.
  Auch wenn die im Ausland lebenden unterstützten Angehörigen einen landwirtschaftlichen Betrieb in einem nach den Verhältnissen des Wohnsitzstaates üblichen Umfang und Rahmen, bewirtschaften, darf nicht typisierend unterstellt werden, dass alle dem Haushalt angehörenden Familienmitglieder nicht unterhaltsbedürftig sind (BFH, Urteil v. 5.5.2010, VI R 40/09, HI2381914, BFH/NV 2010 S. 2158).
- **Erwerbsobliegenheit:** Ist die unterstützte Person im erwerbsfähigen Alter (im Regelfall bis zur Vollendung des 65. Lebensjahres), gilt sie grds. nicht als bedürftig (= Erwerbsobliegenheit), es sei denn, sie ist krank, in Ausbildung oder betreut Kinder unter sechs Jahren. Die Erwerbsobliegenheit ist auch innerhalb der EU zu prüfen. Sie ist bei der Unterstützung des **Ehegatten** – unabhängig von dessen Wohnort – nicht zu beachten (BFH, Urteil v. 5.5.2010, VI R 5/09, HI2375977, BFH/NV 2010 S. 1896). Die Erwerbsobliegenheit generell hat der BFH bestätigt (BFH, Urteil v. 15.4.2015, VI R 5/14, HI8515843, BFH/NV 2015

S. 1614). **Arbeitslosigkeit** begründet jedoch eine Bedürftigkeit, wenn eine Beschäftigung trotz ordnungsgemäßer Bemühungen, die detailliert nachgewiesen werden müssen, nicht gefunden werden kann (FG Baden-Württemberg, Urteil v. 21.7.2015, 8 K 3609/13, HI11209656, rkr.). Dass Arbeitslosigkeit eine Bedürftigkeit begründen kann, hat der BFH – allerdings nicht im Tenor einer Entscheidung – bestätigt (BFH, Urteil v. 12.7.2017, VI R 42/15, HI11219366, BFH/NV 2017 S. 1506).

[Zahlungsnachweise ➔ Zeilen 17–26]

- **Zahlungsnachweise:** Es gelten erhöhte Anforderungen, weil ein Auslandssachverhalt vorliegt. Daher muss – auf Anforderung der Finanzverwaltung – bei sämtlichen Zahlungen detailliert nachgewiesen werden, wie das Geld zur unterstützten Person gelangt ist. Der Nachweis ist zu führen:
  - bei **Banküberweisung** bzw. Postanweisung mit Bankbelegen (Buchungsbestätigung, Kontoauszug) und dem Nachweis der Abhebung durch die unterstützte Person; lautet das Konto nicht auf den Namen der unterstützten Personen, muss eine Bestätigung der Bank vorliegen, dass die unterstützte Person eine Kontovollmacht und das Geld abgehoben hat.
  - bei **persönlicher Übergabe** einen zeitnahen, lückenlosen Nachweis der „Zahlungskette" von der Geldabhebung vom eigenen Konto, der durchgeführten Reise und des Zeitpunkts der Geldübergabe. Außerdem ist eine belastbare, detaillierte Bestätigung des Geldempfängers für jede einzelne erfolgte Geldübergabe (Datum, Ort, übergebener Betrag) erforderlich (BFH, Urteil v. 9.3.2017, VI R 33/16, HI10874555, BFH/NV 2017 S. 1042). Dabei dürfen zwischen Geldabhebung und Übergabe nicht mehr als 14 Tage liegen.
  - **Geldübergaben durch Dritte** (Mittelsmänner oder neutrale gewerbliche Transportunternehmen) sind nach Auffassung der Finanzverwaltung grds. nicht abzugsfähig. Eine Ausnahme gilt nur, wenn aufgrund einer besonderen Situation im Wohnsitzstaat (z. B. Krisengebiet, Bürgerkrieg) kein anderer Zahlungsweg möglich ist. Dann muss die Identität des Mittelsmanns, der komplette lückenlose Geldfluss und die Durchführung der Reise nachgewiesen sein. Demgegenüber lässt der BFH – allerdings nicht im Tenor seiner Entscheidung – die Bargeldübergabe durch eine dritte Person grds. zu, vorausgesetzt, die tatsächliche Zahlung ist ausreichend bewiesen, indem der Geldüberbringer namentlich benannt ist, die Zahlungskette lückenlos aufgezeigt werden kann und eine belastbare Empfängerbestätigung vorliegt (BFH, Urteil v. 9.3.2017, VI R 33/16, HI10874555, BFH/NV 2017 S. 1042). Ob und wieweit die Finanzverwaltung das Urteil allgemein anwendet, bleibt abzuwarten.
  - Bei **Familienheimfahrten** (Fahrten zum Ehegatten) gelten Nachweiserleichterungen. Hier werden für bis zu vier nachweislich (Vorlage von Fahrscheinen, Passeintragung) durchgeführte Heimfahrten ohne Zahlungsnachweis je Fahrt Zahlungen i. H. eines Nettomonatslohns anerkannt. Werden höhere Zahlungen oder zusätzliche Zahlungen (z. B. durch Überweisung) geltend gemacht, müssen alle Zahlungen nachgewiesen werden.

Weitere Einzelheiten zum Auslandsunterhalt: BMF, Schreiben v. 7.6.2010, IV C 4 – S 2285/07/0006:001, Rn. 34, BStBl 2010 I S. 588.

TIPP

Schätzung des Bedarfs bei Besuch im Inland

Hält sich die unterhaltsberechtigte, im Ausland wohnende Person vorübergehend (zu Besuchszwecken) im Inland auf, können die Aufwendungen i. H. des inländischen existenznotwendigen Bedarfs je Aufenthaltstag (9.408 € jährlich: 360 Tage = 26,14 €/Tag) geschätzt werden (BFH, Urteil v. 1.12.2004, II R 10/02, HI1369456, BFH/NV 2003 S. 1261). Ein höherer Abzug ist nur auf Einzelnachweis möglich.

12 Anlage N (Einkünfte aus nichtselbstständiger Arbeit)

12.1 Arbeitslohn

Lohnbezüge

[Bruttoarbeitslohn ➜ eZeile 6]

Der **Bruttoarbeitslohn** ergibt sich aus der Lohnsteuerbescheinigung. Zu den Einkünften aus nichtselbstständiger Arbeit (§ 19 EStG) gehören alle Bezüge und Vorteile die für eine Beschäftigung gewährt werden, also wenn die Leistung des Arbeitgebers im weitesten Sinne Gegenleistung für die zur Verfügung gestellte individuelle Arbeitskraft des Arbeitnehmers ist. Ohne Bedeutung ist, ob ein Rechtsanspruch auf sie besteht, ob es sich um laufende oder einmalige Bezüge handelt oder um Geld oder Sachbezüge. Als Sachbezug in Betracht kommen z. B. auch die Überlassung von Firmenwagen, Fahrrädern, Smartphones, Jobtickets, Weiterbildungsleistungen, Maßnahmen zur Gesundheitsförderung, Mahlzeitengestellung, Kinderbetreuung, Zuwendungen in Form von Geschenkkarten und Gutscheinen in Betracht (➜ Tz 604 ff.). **602**

Arbeitszeitkonten

Im Rahmen einer flexibleren Arbeitszeitgestaltung mit z. B. der Möglichkeit einer zeitweiligen bezahlten Arbeitsfreistellung (Sabbatjahr) oder kürzeren Arbeitszeit vor Rentenbeginn gibt es verschiedene Arbeitszeitmodelle. Im Regelfall werden Teile des Arbeitslohns (z. B. Überstundenvergütung, Mehrarbeitszuschläge, Sonderleistungen wie Urlaubs- oder Weihnachtsgeld) nicht sofort ausgezahlt, sondern auf einem Lebensarbeitszeitkonto angespart. Solche Konten werden entweder bei Geldguthaben als Geldkonto oder bei Zeitguthaben als Zeitkonten geführt. Die Gutschrift auf solchen Konten erfolgt zu dem Zeitpunkt, in dem die ursprünglichen Beträge fällig geworden wären. Sie führt zu einer Veränderung (Verringerung) der laufenden (steuerpflichtigen) Bezüge, denn die Wertgutschrift bzw. Ansammlung auf dem Arbeitszeitkonto löst noch keinen Zufluss von Arbeitslohn aus (BFH, Urteil v. 22.2.2018, VI R 17/16, HI11758177, BFH/NV 2018 S. 768), weil der Arbeitnehmer zu diesem Zeitpunkt noch nicht darüber verfügen kann. Die Auszahlung erfolgt erst in Zusammenhang mit einer vollen oder teilweisen Arbeitsfreistellung. Zu diesem Zeitpunkt fließt Arbeitslohn zu, sodass dann Lohnsteuer abzuführen ist. Bei der Berechnung der Lohnsteuer bzw. beim Lohnsteuerabzug gelten die üblichen Regelungen. **603**

Die vertragliche Möglichkeit der Auszahlung des Wertguthabens bei fortbestehendem Beschäftigungsverhältnis bei schwerer Erkrankung oder Vermögensschäden aufgrund von Naturkatastrophen ist unschädlich. Wird das Guthaben dagegen entgegen der Vereinbarung aus anderen Gründen ganz oder teilweise ausgezahlt, ist regelmäßig das gesamte Guthaben im Zeitpunkt der planwidrigen Verwendung als Arbeitslohn zu versteuern. Sofern die angesparten Beträge aus mehreren Jahren stammen, kommt auf Antrag eine ermäßigte Besteuerung nach der „Fünftel-Regelung" zur Anwendung. Sonderregelungen gelten bei Beendigung des Dienstverhältnisses vor oder während der Freistellungsphase oder einem Arbeitgeberwechsel. Hier kann das Guthaben eventuell auf den neuen Arbeitgeber oder die Rentenversicherung übertragen werden. Weitergehende Infos vgl. BMF, Schreiben v. 17.6.2009, IV C 5 – S 2332/07/0004, BStBl 2009 I S. 1286.

Sachbezüge

604 Als Sachbezug wird Arbeitslohn bezeichnet, der nicht in Geld besteht (geldwerter Vorteil). Sachbezüge werden steuerlich vorteilhaft behandelt. Deshalb ist 2020 gesetzlich geregelt, dass zweckgebundene Geldleistungen, nachträgliche Kostenerstattungen, Geldsurrogate und andere Vorteile, die auf einen Geldbetrag lauten, als Barlohn anzusehen sind. Ein Sachbezug setzt speziell bei Gutscheinen und Geldkarten stets voraus, dass diese ausschließlich zum Bezug von **Waren** oder **Dienstleistungen** berechtigen und die Kriterien des § 2 Abs. 1 Nr. 10 ZAG (Zahlungsdienstaufsichtsgesetz erfüllen; § 8 Abs. 1 EStG). Der Gutschein oder die Geldkarte muss einem bestimmten Verwendungszweck unterliegen und die Einlösung muss vor Ort erfolgen. Der Kauf im Internetshop des Händlers ist zulässig, sofern dort nur die physisch vor Ort angebotenen Waren oder Dienstleistungen erworben werden können („Closed-Loop-Karten“). Die Auszahlung des Guthabens in bar muss (technisch) ausgeschlossen und dies in den zur Anwendung kommenden vertraglichen Abreden sichergestellt sein.

Gutscheine für Händler, die ausschließlich „online“ agieren, sind nicht begünstigt, ebenso Karten, die nicht nur beim Aussteller, sondern auch bei einem begrenzten Kreis von Akzeptanzstellen einlösbar sind („Controlled-Loop-Karten“). Auch Geldkarten, die über eine Barauszahlungsfunktion oder eine eigene IBAN verfügen, gelten als Barlohn.

Manche Sachbezüge sind steuerfrei, andere können vom Arbeitgeber pauschal versteuert werden. Bedingung für beide Steuervergünstigungen ist zwingend, dass der Sachbezug **zusätzlich** zum ohnehin geschuldeten Arbeitslohn gezahlt wird. Nach der neuen Rechtsprechung des BFH ist dafür Voraussetzung, dass der Sachbezug im Zuflusszeitpunkt verwendungs- bzw. zweckgebunden geleistet wird. Ob der Arbeitnehmer auf den zusätzlichen Arbeitslohn einen arbeitsrechtlichen Anspruch hat oder nicht, ist ohne Bedeutung (BFH, Urteil v. 1.8.2019, VI R 32/18, HI13485773, BFH/NV 2019 S. 1401). Damit wäre auch bei einem **arbeitsvertraglich** vereinbarten Lohnformwechsel von Geld (= Minderung des bisherigen Barlohns) zur Sachleistung („Gehaltsumwandlung“) ab diesem Zeitpunkt die Steuerfreiheit bzw. die Pauschalversteuerung möglich. Das Urteil wird jedoch in diesem Punkt von der Verwaltung nicht allgemein angewendet (BMF, Schreiben v. 5.2.202, IV C 5 – S 2334/19/10017:002). Eine entsprechende gesetzliche Regelung im Jahressteuergesetz 2020 soll erfolgen. Eine Klausel, wonach sich bei Wegfall der Sachleistung der Barlohn entsprechend erhöht („Rückfallklausel“) ist stets schädlich.

In Gegensatz zum Barlohn gilt für Sachbezüge eine monatliche Freigrenze von 44 €. D. h. der Sachbezug bleibt steuerfrei, wenn er 44 € im Monat nicht überschreitet (§ 8 Abs. 2 Satz 11 EStG).

Ist der Sachbezug steuerpflichtig, kann er im Regelfall vom Arbeitgeber pauschal mit einem Steuersatz von 15 %, 20 % oder 30 % versteuert werden (§§ 37b Abs. 2, 40 Abs. 2 EStG).

Gutscheine

605 Übergibt der Arbeitgeber Gutscheine, Guthaben-, Prepaid-, Tankkarten o. Ä., die die o. a. Kriterien erfüllen, bleibt der Arbeitslohn steuerfrei, wenn er im Monat 44 € nicht übersteigt. Höhere Beträge können vom Arbeitgeber regelmäßig mit 30 % pauschal versteuert werden (§ 37b Abs. 2 EStG).

BEISPIEL

Gutscheine

Fall 1

Arbeitnehmer A erhält von seinem Arbeitgeber jeden Monat zusätzlich zum geschuldeten Arbeitslohn eine Guthabenkarte für ein regionales Einkaufszentrum im Wert von 44 €. Der Arbeitnehmer kann die Karte in den verschiedenen Geschäften des Einkaufszentrums oder im Internetshop der jeweiligen Geschäfte einlösen. Eine Barauszahlung ist technisch ausgeschlossen.

Bei der Guthabenkarte handelt sich um einen **Sachbezug**, der im Rahmen der 44-Euro-Grenze steuerfrei ist.

Fall 2

Arbeitnehmer B darf jeden Monat bei einer Tankstelle seiner Wahl Treibstoff im Wert von max. 44 € tanken und erhält die Kosten nach Vorlage des Tankbelegs vom Arbeitgeber erstattet.

Es handelt sich ab 2020 nicht um einen Sachbezug, sondern um eine **Geldleistung**, die voll steuerpflichtig ist. Übergibt der Arbeitgeber stattdessen monatlich einen Tankgutschein im Wert von 44 € für eine bestimmte Tankstelle oder Mineralölgesellschaft, greift die Steuerfreiheit.

Mahlzeitengestellung

Stellt der Arbeitgeber Frühstück, Mittag oder Abendessen, sind die Mahlzeiten mit den amtlichen Sachbezugswerten (Frühstück 1,80 €, Mittagessen 3,40 €, Abendessen 3,40 €) als Arbeitslohn anzusetzen, wenn der Wert der Mahlzeit 60 € nicht übersteigt. Der Sachbezug kann vom Arbeitgeber pauschal mit 25 % versteuert werden (§ 40b Abs. 2 Nr. 1 EStG). Stellt der Arbeitgeber unbelegte Backwaren wie Brötchen (ohne Aufstrich oder Belag) oder Rosinenbrot mit Heißgetränken, liegt kein Frühstück, sondern eine nicht zu versteuernde Aufmerksamkeit vor (BFH, Urteil v. 3.7.2019, VI R 36/17, HI13396408, BFH/NV 2019 S. 1295). Zur Mahlzeitengestellung bei Dienstreisen ➜ Tz 701 ff. **606**

Betriebliche Gesundheitsförderung

Übernimmt der Arbeitgeber zusätzlich zum ohnehin geschuldeten Arbeitslohn die Kosten für gesundheitsfördernde Maßnahmen, die den vom Spitzenverband der Krankenkassen nach § 20 SGB V festgelegten Kriterien entsprechen, oder Maßnahmen zur verhaltensbezogenen Prävention die nach § 20 SGB V zertifiziert sind, handelt es sich dabei beim Arbeitnehmer bis zur Höhe von 600 € jährlich um steuerfreien Arbeitslohn (§ 3 Nr. 34 EStG). Begünstigt sind Präventions- und Fördermaßnehmen in den Bereichen arbeitsbedingte körperliche Belastungen (z. B. Massagen, Rückengymnastik), psychosoziale Belastung (z. B. Stressbewältigung) oder Suchtmittelprävention. **607**

Kinderbetreuungsleistungen

Nach § 3 Nr. 33 EStG sind zusätzlich zum ohnehin geschuldeten Arbeitslohn erbrachte Leistungen des Arbeitgebers für die Unterbringung und Betreuung von **nicht schulpflichtigen** Kindern der Arbeitnehmer in Kindergärten, Schulkindergärten, Kindertagesstätten, Kindergripppen, bei Tagesmüttern oder Ganztagspflegestellen steuerfrei. Die **608**

Steuerfreiheit tritt nicht ein, wenn die Betreuung im eigenen Haushalt des Arbeitnehmers durch z. B. Haushaltshilfe oder Au-Pair erfolgt.

Zu den begünstigten Leistungen gehören die Kosten für Unterbringung des Kindes einschließlich Unterkunft und Verpflegung sowie Betreuung, nicht jedoch Unterricht oder Fahrtkosten zum Kindergarten.

Übernimmt der Arbeitgeber die Kosten zur kurzfristigen Betreuung von Arbeitnehmerkindern, die das 14. Lebensjahr noch nicht vollendet haben oder schwerbehindert sind, sind die Zahlungen bis zu 600 € jährlich steuerfrei. Ein übersteigender Betrag ist steuerpflichtig. Die Steuerfreiheit gilt auch für eine Betreuung im Haushalt des Arbeitnehmers. Voraussetzung ist stets, dass die Betreuung aus zwingenden und beruflich veranlassten Gründen (z. B. berufliche Sondersituation, Sonderschichten, zwingende Einsätze zu außergewöhnlichen Dienstzeiten) notwendig ist. Die Steuerbefreiung gilt auch für die Betreuung von pflegebedürftigen Angehörigen (§ 3 Nr. 34a EStG).

Weiterbildungsmaßnahmen

609 Maßnahmen zur Weiterbildungsförderung sind, ohne Prüfung, ob sie überwiegend im eigenbetrieblichen Interesse des Arbeitgebers erfolgen, steuerbefreit (§ 3 Nr. 19 EStG). Dazu gehören zum einen alle Maßnahmen nach § 82 Abs. 1 und 2 SGB III, d. h. Kurse, in denen Fertigkeiten, Kenntnisse und Fähigkeiten vermittelt werden, die über eine arbeitsplatzbezogene Fortbildung hinausgehen und bei denen die Bundesagentur für Arbeit (teilweise) Kosten übernimmt. Begünstigt sind auch, nicht unter § 82 SGB III fallende, Weiterbildungsmaßnahmen, die der Verbesserung der Beschäftigungsfähigkeit des Arbeitnehmers dienen und seine beruflichen Kompetenzen fortentwickeln (z. B. Sprach- oder Computerkurse, Studienzuschüsse). Die Steuerfreiheit ist ausgeschlossen, wenn die Weiterbildung einen überwiegenden Belohnungscharakter hat.

Smartphones und Co.

610 In den folgenden vier Fällen sind die geldwerten Vorteile durch die Überlassung der entsprechenden Geräte seitens des Arbeitgebers zur privaten Nutzung steuerfrei (§ 3 Nr. 45 EStG):

- betriebliche Datenverarbeitungsgeräte (PC, Notebook, Netbook, Smartphone, Tablet) und Zubehör (Monitor, Scanner, Drucker, Beamer);
  nicht begünstigt sind SmartTV, Konsolen, iPod, MP3-Player, E-Book-Reader, Digitalkameras;
  Voraussetzung für die Steuerfreiheit ist, dass das Gerät dem Arbeitnehmer vom Arbeitgeber leihweise überlassen wird und nicht in sein Eigentum übergeht.
- Betriebliche Telekommunikationsgeräte und Zubehör: Darunter fallen z. B. Headsets oder Adapter. Auch hier gilt die Voraussetzung der leihweisen Überlassung durch den Arbeitgeber.
- System- und Anwendungsprogramme, die der Arbeitgeber auch im Betrieb einsetzt;
  Dies gilt auch, wenn Betriebssystem, Virenscanner, Browser, System- und Anwendungsprogramme auf privaten Endgeräten installiert werden und auch für die „Home Use Programme" (HUP), bei denen der Arbeitgeber mit einem Softwareanbieter einen entsprechenden Volumenlizenzvertag abschließt.
- Erbrachte Dienstleistungen zu den genannten Punkten: (z. B. Installation, Gebrauch, technische Hilfestellung, Reparatur, Service)

Aufmerksamkeiten

Sachzuwendungen des Arbeitgebers, die zu keiner ins Gewicht fallenden Bereicherung beim Arbeitnehmer führen (i. d. R. Wert bis zu 60 €) sind kein steuerpflichtiger Arbeitslohn. Darunter fallen z. B. Blumen, Genussmittel, Bücher oder Tonträger, die aus Anlass eines besonderen persönlichen Ereignisses (z. B. Geburtstag, Hochzeit) zugewendet, sowie Getränke und Genussmittel, die zum Verzehr im Betrieb unentgeltlich bereitgestellt werden. **611**

Corona-Sonderzahlungen

Zusätzlich zum ohnehin geschuldeten Arbeitslohn vom Arbeitgeber in der Zeit vom 1. März bis zum 31. Dezember 2020 aufgrund der Corona-Krise an seine Arbeitnehmer in Form von Zuschüssen und Sachbezügen gewährte Beihilfen und Unterstützungen sind bis zu einem Betrag von 1.500 € steuerfrei (§ 3 Nr. 11a EStG). Zum Begriff zusätzlicher Arbeitslohn ➔ Tz 604. **612**

Fahrzeugüberlassung

Stellt der Arbeitgeber seinem Arbeitnehmer ein Fahrzeug (Pkw, Motor-, Fahrrad) auch für Privatfahrten und/oder für die Fahrten zwischen Wohnung und erster Tätigkeitsstätte zur Verfügung, gehört dieser geldwerte Vorteil (Nutzungswert) zum steuerpflichtigen Arbeitslohn. Entscheidend für die Besteuerung der Kfz-Privatnutzung ist die arbeitsvertragliche Regelung. Ist eine Privatnutzung vertraglich erlaubt, muss dafür grds. ein geldwerter Vorteil versteuert werden, unabhängig davon, ob und in welchem Umfang das Kfz tatsächlich privat genutzt wird (BFH, Urteil v. 21.3.2013, VI R 31/10, HI4738992, BFH/NV 2013 S. 1298). Der Arbeitnehmer kann die Versteuerung für die Möglichkeit der Privatnutzung in diesem Fall nur verhindern, wenn er anhand eines ordnungsgemäßen Fahrtenbuchs nachweist, dass tatsächlich keine Privatnutzung des Kfz stattgefunden hat. Zu den Bedingungen für ein ordnungsgemäßes Fahrtenbuch siehe ➔ Tz 1052. **613**

Nutzungsverbot

War die private Nutzung im Anstellungsvertrag ausdrücklich verboten, ist kein Nutzungswert zu versteuern, unabhängig davon, ob der Arbeitgeber die Einhaltung der Vereinbarung überwacht oder nicht (BFH, Urteil v. 18.4.2013, VI R 23/12, HI4738991, BFH/NV 2013 S. 1316). **614**

Allein die Erlaubnis, den Firmenwagen auch für Fahrten zwischen Wohnung und erster Tätigkeitsstätte zu nutzen, beinhaltet kein Einverständnis der Privatnutzung. Wird festgestellt, dass nach den tatsächlichen Umständen das Privatnutzungsverbot nur zum Schein geregelt und schlüssig (z. B. mündliche Absprache) eine private Nutzung erlaubt wurde, ist ein Nutzungswert zu versteuern.

Wird das Verbot aus besonderem Anlass oder zu besonderem Zweck von Fall zu Fall ausgesetzt, so ist jeder privat gefahrene Kilometer mit 0,001 % des inländischen Listenpreises des Kfz zu bewerten. Der Nachweis der Fahrstrecke ist anhand der Kilometerstände zu dokumentieren.

Dieses gilt entsprechend für einen angestellten Geschäftsführer eines Familienunternehmens oder einen Gesellschafter-Geschäftsführer einer GmbH. Bei einem Gesellschafter-Geschäftsführer ist die unbefugte Privatnutzung eines Firmenfahrzeugs regelmäßig eine verdeckte Gewinnausschüttung (BFH, Urteil v. 21.3.2013, VI R 46/11, HI4738994, BFH/NV 2013 S. 1302).

Zur Ermittlung des Vorteils (auch für Elektro- und Hybridfahrzeuge) siehe ➔ Tz 1048 ff. Die dort beschriebene Handhabung gilt sinngemäß auch für die Ermittlung des geldwerten Vorteils für Arbeitnehmer.

Zuzahlungen des Arbeitnehmers

615 Eine **Zuzahlung zu den AK** des Fahrzeugs wird, unabhängig davon, wie der private Nutzungswert ermittelt wird, im Zahlungsjahr auf den geldwerten Vorteil angerechnet. Ist dadurch noch nicht die gesamte Zuzahlung aufgebraucht, wird der geldwerte Vorteil im Folgejahr bzw. in den Folgejahren gemindert. Alternativ kann bei der Fahrtenbuchmethode die Zuzahlung auch bei den AK des Kfz abgezogen werden. Er mindert damit die AfA-Bemessungsgrundlage.

BEISPIEL

Arbeitnehmer zahlt Zuschuss zur Pkw-Anschaffung

U stellt Arbeitnehmer A einen fabrikneuen Pkw zur Verfügung. Da A ein höherwertiges Fahrzeug wünscht (Bruttolistenpreis 30.000 €), als ihm laut Arbeitsvertrag zusteht, zahlt A an U einen Zuschuss von 6.000 € als Differenzausgleich.

Im Anschaffungsjahr beträgt der private Nutzungsvorteil 3.600 € (12 Monate × 1 % v. 30.000 €). Eine Versteuerung findet aber nicht statt, da der Zuschuss bis zur Höhe des Vorteils mit diesem verrechnet wird. Im folgenden Jahr ist der private Nutzungsvorteil noch um den Restbetrag von 2.400 € zu mindern.

Vertraglich vereinbarte **laufende Zuzahlungen** (egal ob nutzungsunabhängige Monats- oder nutzungsabhängige Kilometerpauschale) des Arbeitnehmers werden im Zahlungsjahr ebenfalls vom ermittelten Sachbezugswert abgezogen. Dies gilt sowohl bei Anwendung der 1 %-Regelung als auch bei der Fahrtenbuchmethode. Sind die Zahlungen höher als der Nutzungswert, führt dies nicht zu WK oder negativem Arbeitslohn (BFH, Urteil v. 30.11.2016, VI R 49/14, HI10245683, BFH/NV 2017 S. 516; BFH, Urteil v. 30.11.2016, VI R 24/14, HI10245692, BFH/NV 2017 S. 448).

Dasselbe (Minderung des Sachbezugswerts) gilt für **einzelne**, vom Arbeitnehmer selbst getragene Kfz-Kosten (z. B. Übernahme von Treibstoffkosten, Wagenwäsche, Versicherungsbeiträge, Steuern, Garagenmiete), vorausgesetzt, sie werden im Einzelnen umfassend dargelegt und belastbar nachgewiesen (BFH, Urteil v. 30.11.2016, VI R 2/15, HI10245684, BFH/NV 2017 S. 519). Bei der Fahrtenbuchmethode räumt die Finanzverwaltung dem Arbeitnehmer ein Wahlrecht ein. Er kann entweder den Privatanteil aus den Gesamtkosten (ohne die von ihm getragenen Einzelkosten) berechnen und es erfolgt keine Kürzung des Privatanteils um die selbst getragenen Kosten, oder die selbst getragenen Kosten erhöhen die Gesamtkosten und der aus den erhöhten Gesamtkosten ermittelte Privatanteil wird um die selbst getragenen Kosten gemindert (BMF, Schreiben v. 4.4.2018, IV C 5-S 2334/18/10001, BStBl 2018 I S. 592).

TIPP

Laufende Zuzahlung

Im Regelfall ist es günstiger, die selbst getragenen einzelnen Kosten in die Gesamtkosten einzubeziehen und sie dann vom daraus ermittelten Privatanteil in voller Höhe abzuziehen. Dies ist auch noch in der Einkommensteuer-Jahreserklärung möglich.

Diese Grundsätze gelten auch, wenn der Arbeitgeber das zur Verfügung gestellte Kfz selbst als Leasingnehmer geleast hat und dem Arbeitnehmer (auch) für Privatfahrten überlässt, vorausgesetzt, die Überlassung resultiert aus dem Arbeitsvertrag (BMF, Schreiben v. 4.4.2018, IV C 5-S 2334/18/10001, BStBl 2018 I S. 592).

Fahrten zwischen Wohnung und Arbeitsstätte bei der 1 %-Regelung

Grundsätzlich ist die Ermittlung des Zuschlags kalendermonatlich **pauschal** (unabhängig von **616** der Anzahl der Fahrten) mit 0,03 % des Listenpreises für jeden Kilometer der Entfernung zwischen Wohnung und erster Tätigkeitsstätte vorzunehmen. Stattdessen kann aber auch eine Einzelbewertung der **tatsächlichen** Fahrten mit 0,002 % des Listenpreises je Entfernungskilometer für maximal 180 Fahrten jährlich erfolgen. Dazu muss der Arbeitnehmer gegenüber dem Arbeitgeber kalendermonatlich fahrzeugbezogen schriftlich erklären, an welchen Tagen (mit Datumsangabe) er das betriebliche Kfz tatsächlich für Fahrten zwischen Wohnung und Arbeitsstätte genutzt hat. Die bloße Angabe der Anzahl der Tage reicht nicht aus. Die Methode, die für den monatlichen Lohnsteuerabzug gelten soll, muss der Arbeitgeber in Abstimmung mit dem Arbeitnehmer für das gesamte Kalenderjahr festlegen. Der Arbeitnehmer hat einen Anspruch darauf, dass der Arbeitgeber auf Antrag die 0,002 %-Methode anwendet. Die Methode darf während des Kalenderjahres nicht gewechselt werden. Im Einkommensteuerveranlagungsverfahren ist der Arbeitnehmer daran nicht gebunden und kann sie ggf. einheitlich für alle ihm überlassenen betrieblichen Kfz bezogen auf das gesamte Kalenderjahr wechseln (➜ Tz 620, ➜ Tz 1058).

BEISPIEL

Methodenwahl für Fahrten zwischen Wohnung und Arbeitsstätte

A fährt einmal wöchentlich (46 Wochen/Jahr) zu seiner 15 km entfernten Arbeitsstätte, im Übrigen ist er im Außendienst tätig. Die Bemessungsgrundlage für die Anwendung der 1 %-Regelung (Listenpreis) beträgt 30.000 €.

Bei Anwendung der Pauschalmethode muss A 1.620 € (30.000 € × 0,03 % × 12 × 15 km) versteuern, bei der Einzelwertmethode nur 414 € (30.000 € × 0,002 % × 46 × 15 km).

Wird das Fahrzeug für die Fahrt zur Arbeitsstätte nur für eine **Teilstrecke** (z. B. bis zum Bahnhof) benutzt, ist für Berechnung des Sachbezugs nur von den tatsächlich zurückgelegten Entfernungskilometern auszugehen, vorausgesetzt, der Arbeitgeber hat das Kfz nur für diese Teilstrecke zur Verfügung gestellt und überwacht die Einhaltung der Regelung. Zusätzlich muss der Arbeitnehmer für die restliche Teilstrecke die Benutzung eines anderen Verkehrsmittels nachweisen (z. B. Jahres-Bahnfahrkarte). Ansonsten wird die gesamte Entfernung zugrunde gelegt (BMF, Schreiben v. 4.4.2018, IV C 5 – S 2334/18/10001, BStBl 2018 I S. 592).

Elektrofahrzeuge

617 Vom Arbeitgeber zusätzlich zum ohnehin geschuldeten Lohn gewährte Vorteile für das elektrische Aufladen (unentgeltlich oder verbilligt gestellter Ladestrom und die Überlassung betrieblicher Ladeeinrichtungen) für auch zur Privatnutzung überlassene Elektro- oder Hybrid-Kfz sind bis 31.12.2030 steuerfreier Arbeitslohn (§ 3 Nr. 46 EStG). Erstattet der Arbeitgeber privat getragene Stromkosten, handelt es sich um steuerfreien Auslagenersatz (§ 3 Nr. 50 EStG). Kauft der Arbeitgeber seinem Arbeitnehmer eine Ladevorrichtung („Wallbox" einschließlich Zubehör, Installation) oder gibt dazu einen Zuschuss, wird Lohnsteuer fällig. Diese kann der Arbeitgeber aber pauschal mit 25 % (Arbeitgeber-Lohnsteuer) berechnen und übernehmen (§ 40 Abs. 2 Satz 1 Nr. 6 EStG).

Die Privatnutzung wird wie bei Fahrzeugen mit Verbrennungsmotor entweder pauschal nach dem Bruttolistenpreis (1 %-Regelung) oder anhand der tatsächlichen Kosten für die privat gefahrenen Kilometer (Fahrtenbuch) ermittelt. Dabei gelten je nach Fahrzeugart und Anschaffungszeitpunkt unterschiedliche Sonderregelungen.

Bei Fahrzeugen, die nach dem 31.12.2018 (Altfälle) und bis zum 31.12.2030 angeschafft wurden bzw. werden und die keine Kohlendioxidmissionen haben (reine Elektrofahrzeuge) und deren Bruttolistenpreis max. 60.000 € beträgt, ist ab 2020 bei der pauschalen Berechnung nur von einem ¼ des auf volle 100 € abgerundeten Bruttolistenpreises auszugehen.

Für Fahrzeuge, die diese Voraussetzung nicht erfüllen (z. B. reine Elektrofahrzeuge mit Bruttolistenpreis über 60.000 € oder Hybridfahrzeuge), und in der Zeit zwischen 1.1.2019 und 31.12.2021 angeschafft wurden bzw. werden und eine Mindestreichweite mit reinem Elektroantrieb von 40 km oder einen maximalen CO_2-Ausstoß von 50g/km haben, ist vom halben Bruttolistenpreis auszugehen.

Der hälftige Ansatz gilt auch für Fahrzeuge, die zwischen 1.1.2022 und 31.12.2024 angeschafft werden und eine Mindestreichweite mit reinen Elektroantrieb von 60 km erreichen oder einen maximalen CO_2-Ausstoß von 50g/km haben und für zwischen 1.1.2025 und 31.12.2030 angeschaffte Kfz, die eine Mindestreichweite mit reinen Elektroantrieb von 80 km erreichen oder einen maximalen CO_2-Ausstoß von 50g/km haben.

Erfolgt die Ermittlung über die tatsächlichen Kosten (Fahrtenbuchmethode), wird der AfA-Anteil unter den o.a. zeitlichen Voraussetzungen nur aus der Hälfte bzw. einem Viertel der AK bzw. bei geleasten Fahrzeugen aus der halben Leasingrate berechnet. Die Stromkosten werden nicht in die Berechnung einbezogen (Steuerfreiheit gem. § 3 Nr. 46 EStG) (➜ Tz 1056).

Für die Wege zwischen Wohnung und erster Tätigkeitsstätte wird bei der pauschalen Berechnung nach dem Bruttolistenpreis (0,03 %) je nach Fahrzeugart und Anschaffungszeitpunkt vom entsprechend halbierten oder geviertelten Bruttolistenpreis ausgegangen, bei der Berechnung über die tatsächlichen Kosten (Fahrtenbuchmethode) nur von der AfA aus den hälftigen bzw. geviertelten AK und ohne die Stromkosten für die Aufladung.

E-Bikes/E-Scooter

618 Für die Überlassung von großen E-Bikes (Motorunterstützung auch bei Geschwindigkeiten von über 25 km/h und Kennzeichenpflicht), gelten bezüglich der Privatnutzung und der Nutzung für Fahrten zur ersten Tätigkeitsstätte dieselben Grundsätze wie für Kfz (➜ Tz 1048).

Bei E-Scootern handelt es sich verkehrsrechtlich um Kfz (Kennzeichenpflicht). Entsprechend müssten eigentlich die gesetzlichen Regelungen für Kfz bzw. große E-Bikes gelten. Denkbar ist aber auch, dass die Finanzverwaltung aus Billigkeit die Regelungen für kleine E-Bikes anwendet. Eine Entscheidung darüber steht noch aus.

Bei Überlassung von kleinen E-Bikes (keine Kennzeichenpflicht, Motorunterstützung nur bis 25 km) sowie „normalen" Fahrrädern ist der geldwerte Vorteil aus der Überlassung für private Fahrten und Wege Wohnung/erste Tätigkeitsstätte bis zum 31.12.2030 **steuerfrei** (§ 3 Nr. 37 EStG), wenn die Überlassung zusätzlich zum geschuldeten Arbeitslohn (keine Entgeltumwandlung) erfolgt.

Darf ein privates E-Bike beim Arbeitgeber kostenlos aufgeladen werden, ist dieser geldwerte Vorteil unabhängig von der Art des E-Bikes steuerfrei (§ 3 Nr. 46 EStG).

TIPP

Firmenleasing von kleinen E-Bikes

Überlässt ein Arbeitgeber ein (z. B. von ihm geleastes) kleines E-Bike dem Arbeitnehmer (auch) für private Fahrten gegen eine Eigenbeteiligung, die vom Bruttolohn einbehalten wird (Umwandlung von Arbeitslohn), berechnen sich Lohnsteuer und Sozialabgaben aus dem geminderten Arbeitslohn und führen so zu einer Abgabenersparnis. Die private Nutzung ist steuerfrei.

Erwirbt der Arbeitnehmer das E-Bike nach Ablauf der Leasingdauer, unabhängig ob vom Arbeitgeber oder dem Leasinggeber, kann ein geldwerter Vorteil (Arbeitslohn) zu versteuern sein, wenn nur ein vergünstigter Kaufpreis gezahlt wird. Dieser wird wie folgt ermittelt:

Restwert (40 % des unverbindlichen Verkaufspreises oder Einzelgutachten)

– Zuzahlung des Arbeitnehmers

= Sachbezug/geldwerter Vorteil

Der Sachbezug kann vom Arbeitgeber pauschal mit 25 % versteuert werden (§ 40 Abs. 2 Satz 1 Nr. 7 EStG).

Doppelte Haushaltsführung

Wird der Firmenwagen nur für eine Heimfahrt wöchentlich benutzt, ist kein Arbeitslohn zu 619
versteuern. Stattdessen erfolgt insoweit eine Kürzung der abzugsfähigen WK (➜ Tz 718). Werden zusätzliche Familienheimfahrten durchgeführt, sind je Fahrt 0,002 % des Listenpreises für jeden Kilometer der Entfernung zwischen dem Ort des eigenen Hausstands und dem Beschäftigungsort als Arbeitslohn anzusetzen. Alternativ sind bei Führung eines Fahrtenbuchs die tatsächlichen Kosten für die Fahrten zu erfassen.

Notwendige Korrekturen des Bruttoarbeitslohns

In Ausnahmefällen (z. B. Ermittlung des lohnsteuerpflichtigen Sachbezugswerts für einen 620
Firmenwagen oder bei der Besteuerung von Reisekosten) kann der steuerpflichtige **Bruttoarbeitslohn** auf der Lohnbescheinigung zu hoch ausgewiesen sein.

Zur Berechnung siehe ➜ Tz 1048, ➜ Tz 1058.

In diesen Fällen ist der Bruttoarbeitslohn lt. Lohnsteuerbescheinigung um den Differenzbetrag zu mindern und der geminderte Betrag in eZeile 6 der Anlage N einzutragen. Die Berechnung des Kürzungsbetrags ist der Steuererklärung beizufügen.

Auch wenn der Arbeitgeber steuerfreien Kostenersatz z. B. von Reisekosten zu Unrecht als steuerpflichtig behandelt hat, kann der Bruttolohn entsprechend verringert werden. Stattdessen wäre es hier möglich, die Reisekosten als WK geltend zu machen (➜ Tz 616, ➜ Tz 698).

Jobticket

621 Überlässt der Arbeitgeber zusätzlich zum ohnehin geschuldeten Lohn Fahrberechtigungen für öffentliche Verkehrsmittel (Einzel-, Mehrfach-, Monats-, oder Jahreskarten oder Ermäßigungskarten wie Bahncard 25, 50, 100), handelt es sich um steuerfreien Sachlohn (§ 3 Nr. 15 EStG). Im Nahverkehr ist eine mögliche private Ticketmitbenutzung unbeachtlich. Beim Fernverkehr gilt die Steuerfreiheit nur i. H. des Preises für die Strecke zwischen Wohnung und erster Tätigkeitsstätte. Die als WK abzugsfähige Entfernungspauschale für Wege zur ersten Tätigkeitsstätte wird um den steuerfreien Betrag gekürzt.

Seit 2020 kann der Arbeitnehmer auf die Steuerbefreiung verzichten und mit dem Arbeitgeber vereinbaren, dass dieser den Wert des Jobtickets pauschal mit 25 % (§ 40 Abs. 2 EStG) versteuert. Dann steht dem Arbeitnehmer die ungekürzte Entfernungspauschale zu.

Wird das Jobticket nicht zusätzlich zum Lohn ausgegeben (z. B. Gehaltsumwandlung von Barlohn zum Sachlohn), sind Fahrkarten im Wert von monatlich 44 € steuerfrei. Wird der Wert überschritten, liegt insgesamt steuerpflichtiger Arbeitslohn vor, den der Arbeitgeber pauschal mit 15 % versteuern kann. Sowohl die Steuerfreiheit als auch die Pauschalversteuerung führt zu einer Kürzung der Entfernungspauschale (➜ Tz 655).

Rabattgewährung

622 Räumt der Arbeitgeber dem Arbeitnehmer beim Bezug von Waren oder Dienstleistungen einen Rabatt ein, liegt in diesen Fällen ein lohnsteuerpflichtiger Vorteil vor. Dieser bemisst sich grds. i. H. der Differenz zwischen dem Preis, der vom Arbeitnehmer gefordert wird, und dem Betrag, den ein Dritter zahlen muss. Laut Rspr. (BFH, Urteil v. 26.7.2012, VI R 30/09, HI3455771, BFH/NV 2012 S. 2047) kann der Arbeitnehmer aber zwischen zwei Bewertungsvarianten wählen, wenn der Arbeitgeber auch Dritten üblicherweise Rabatte einräumt:

- Entweder wird der Abgabepreis des Arbeitgebers unter Berücksichtigung der Rabatte an Dritte zugrunde gelegt und anschließend um 4 % gemindert. Zusätzlich wird ein Freibetrag von 1.080 € abgezogen (§ 8 Abs. 3 EStG).
- Oder man geht vom ortsüblichen Preis am Bestelltag unter Berücksichtigung aller dort zu erzielenden Rabatte (§ 8 Abs. 2 EStG) aus. Eine weitere Minderung ist hier allerdings ausgeschlossen.

Will der Arbeitnehmer den geldwerten Vorteil bei seiner Einkommensteuerveranlagung abweichend von der lohnsteuerlichen Behandlung durch den Arbeitgeber nach § 8 Abs. 2 Satz 1 EStG bewerten, muss er den im Lohnsteuerabzugsverfahren der Besteuerung zugrunde gelegten Endpreis und den Endpreis i. S. d. § 8 Abs. 2 Satz 1 EStG nachweisen (z. B. formlose Mitteilung des Arbeitgebers, Ausdruck eines günstigeren inländischen Angebots im Zeitpunkt des Zuflusses). Siehe BMF, Schreiben v. 16.5.2013, IV C 5 – S 2334/07/0011, BStBl 2013 I S. 729.

WICHTIG

Dokumentation über ortsüblichen Preis sinnvoll

Soll der ortsübliche Preis zugrunde gelegt werden, sollte dieser unangreifbar dokumentiert werden, z. B. durch ein (besser: mehrere) Angebot(e) oder Zeitungsannoncen o. Ä. Die Nachweispflicht hat der Steuerpflichtige.

Steuerbegünstigte Lohnbezüge

Einige Lohnbestandteile sind durch einen Freibetrag oder durch den ermäßigten Steuersatz nicht in vollem Umfang zu versteuern. Um in den Genuss der Begünstigung zu kommen, müssen in der Anlage N gesondert erklärt werden: **623**

- Versorgungsbezüge,
- Entschädigungen und
- Arbeitslohn für mehrere Jahre.

WICHTIG

Werbungskosten in Zusammenhang mit begünstigtem Arbeitslohn

Mit steuerbegünstigtem Arbeitslohn zusammenhängende Ausgaben dürfen nur beim entsprechenden Arbeitslohn berücksichtigt und nicht mit Ausgaben i. Z. m. dem „normalen“ Arbeitslohn vermischt werden. Deshalb sind sie gesondert auf Seite 4 der Anlage N einzutragen.

[Versorgungsbezüge → eZeilen 11–16]

Versorgungsbezüge sind Zahlungen des **früheren Arbeitgebers** (kein aktives Dienstverhältnis!). Dazu gehören insbesondere **Beamtenpensionen, Beamtenwitwen- und Waisenpension** und **Werks-/Betriebsrenten**. Werden diese Bezüge aufgrund beamtenrechtlicher Vorschriften gezahlt, handelt es sich stets um Versorgungsbezüge. Zahlungen des früheren privaten Arbeitgebers (Betriebsrente) sind Versorgungsbezüge, sobald eine gesetzliche Altersgrenze erreicht ist (63. Lebensjahr bzw. 60. Lebensjahr bei Vorliegen einer Schwerbehinderung), oder die Zahlung wegen verminderter Erwerbsfähigkeit oder als Hinterbliebenenbezug (z. B. Betriebsrente an Witwe des Arbeitnehmers) erfolgt (§ 19 Abs. 2 EStG). **624**

[Versorgungsfreibetrag → eZeilen 12–15]

Bis zum Jahr 2039 werden **Versorgungsbezüge** um den **Versorgungsfreibetrag** sowie einen **Zuschlag** zum Versorgungsfreibetrag gemindert. **625**

Die Höhe von Freibetrag und Zuschlag hängt von der Höhe des Versorgungsbezugs und dem Monat, für den der erste Versorgungsbezug bezahlt wurde, ab. Wird der Versorgungsbezug nur für einen Teil des Jahres bezahlt, werden Freibetrag und Zuschlag entsprechend gezwölftelt. Die Berechnung erfolgt maschinell anhand der im Erklärungsvordruck eingetragenen bzw. vom Arbeitgeber elektronisch übermittelten Daten.

Hinweis: Berechnungshinweise finden Sie auf http://mybook.haufe.de unter „Der Steuerkalkulator". Weitergehende Informationen, z. B. mehrere Versorgungsbezüge oder Neuberechnung bei Änderungen vgl. BMF, Schreiben v. 19.8.2013, IV C 3 – S 2221/12/100010:004 BStBl 2013 I S. 1087, das zwischenzeitlich mehrmals überarbeitet wurde (letztmals mit Schreiben vom 24.5.2017, BStBl 2017 S. 820).

[Werbungskosten zu Versorgungsbezügen → Zeilen 73, 74]

626 Werden keine höheren Werbungskosten (Anlage N, Zeile 73) i. Z. m. den Versorgungsbezügen nachgewiesen (z. B. Beratungskosten, Kosten eines Rechtsstreits), berücksichtigt das Finanzamt automatisch einen **Werbungskostenpauschbetrag** von 102 € (§ 9a Satz 1 Nr. 1 Buchst. b EStG).

WICHTIG

Versorgungsbezüge und normaler Arbeitslohn im selben Jahr

Werden im selben Jahr sowohl Versorgungsbezüge als auch Arbeitslohn aus einem aktuellen Dienstverhältnis bezogen (z. B. das Jahr, in dem der Arbeitnehmer in Pension geht), sind, soweit keine höheren WK nachgewiesen werden, beim laufenden Arbeitslohn der Arbeitnehmerpauschbetrag von 1.000 € (→ Tz 635) und für die Versorgungsbezüge der Werbungskostenpauschbetrag von 102 € nebeneinander zu berücksichtigten.

[Arbeitslohn für mehrere Jahre/Entschädigungen → eZeilen 17–20]

627 Eine Zusammenballung von Einkünften kann dazu führen, dass durch den progressiven Steuersatz im Jahr der Zahlung eine übermäßig hohe Steuerschuld anfällt. Aus diesem Grund ist eine Zahlung des Arbeitgebers, die **Arbeitslohn für mehrere Jahre** darstellt, steuerbegünstigt.

Voraussetzung ist, dass die Lohnzahlung eine Entlohnung für einen längeren, bereits vergangenen Zeitraum ist. Dieses können z. B. Zuwendungen aus Anlass eines Betriebs- oder Firmenjubiläums, Abfindungen oder Lohnnachzahlungen sein, die nach Abschluss eines Rechtsstreits geleistet werden. Begünstigt sind dabei auch die Beträge, die für den laufenden Veranlagungszeitraum geleistet werden (R 34.4 Abs. 1 Satz 2 EStR 2012). Nicht darunter fallen Prämien für einen Verbesserungsvorschlag, wenn sie nicht nach dem (mehrjährigen) Zeitaufwand des Arbeitnehmers, sondern nur nach der Kostenersparnis des Arbeitgebers für einen künftigen Zeitraum berechnet werden (BFH, Urteil v. 31.8.2016, VI R 53/14, HI10083605, BFH/NV 2017 S. 190).

[Entschädigungen → eZeilen 17, 18, Zeile 75]

628 Zu den **Entschädigungen**, die ermäßigt zu besteuern sind, gehören insbesondere Abfindungen anlässlich einer durch den Arbeitgeber veranlassten Auflösung und bei einvernehmlicher Auflösung (BFH, Urteil v. 13.3.2018, IX R 16/17, HI11814688, BFH/NV 2018 S. 1004) des Dienstverhältnisses, vorausgesetzt, die Entschädigung wurde

- als Ersatz für entgangene oder entgehende Einnahmen oder
- für die Aufgabe oder Nichtausübung einer Tätigkeit

gezahlt (§ 24 Nr. 1 EStG).

Darunter fallen auch Entschädigungen, die der Arbeitgeber für die arbeitsvertragliche Kürzung der Wochenarbeitszeit zahlt. Wird der Arbeitnehmer von seiner Leistungspflicht freigestellt, erhält aber weiterhin sein Entgelt bis zu einem vertraglich bestimmten Termin bzw. zur Altersgrenze, handelt es sich um laufenden, nicht begünstigten Arbeitslohn. Zahlungen, für die der Anspruch bereits vor Auflösung des Arbeitsverhältnisses entstanden ist (Tantiemen, Gratifikationen, Boni, Weihnachts-, Urlaubsgeld) – unabhängig vom Auszahlungstag – sind nicht begünstigt. WK in Zusammenhang mit diesen Bezügen sind in Zeile 75 der Anlage N zu erfassen.

Entschädigungen oder Arbeitslohn für mehrere Jahre sind aufgrund der „Fünftel-Regelung" steuerlich begünstigt (§ 34 Abs. 1 Sätze 2–4 EStG), vorausgesetzt, dass die Abfindung, die wegen des vorzeitigen Endes des Arbeitsverhältnisses zufließt bzw. die Nachzahlung, den „normalen" Lohn zumindest geringfügig übersteigt **und** in einem Betrag (in einem Steuerjahr) ausgezahlt wird. Unschädlich ist eine im Verhältnis zur Hauptzahlung geringe separate Zahlung (anzunehmen wenn sie weniger als 10 % der Hauptzahlung beträgt oder niedriger ist als die tarifliche Steuerbegünstigung der Hauptleistung) in einem anderen Jahr (Einzelheiten s. BMF, Schreiben v. 1.11.2103, IV C 4-S 2290/13/10002, BStBl 2013 I S. 1326 und BMF, Schreiben v. 4.3.2016, IV C 4 – S 2290/07/10007:031, BStBl 2016 I S. 277; ➜ Tz 1004). **629**

Hinweis: Wichtiges zum Thema „Abfindung" finden Sie auch auf http://mybook.haufe.de unter „Weiterführende steuerliche Informationen".

[Steuerfreie ausländische Einkünfte ➜ Zeilen 22–25, Zeile 76]

In Deutschland **steuerfreier auf eine Tätigkeit im Ausland entfallender Arbeitslohn** ist in den Zeilen 21 bis 23 zu erfassen. Die Steuerfreiheit im Inland kann sich aus einem DBA, einem anderen zwischenstaatlichen Abkommen z. B. NATO-Truppenstatut oder dem Auslandstätigkeitserlass (ATE) ergeben. Voraussetzung für die Steuerfreiheit ist stets, dass der Arbeitnehmer nachweist (z. B. ausländischer Steuerbescheid oder Zahlungsbelege über die ausländische Steuer), dass der ausländische Staat nicht auf die Besteuerung verzichtet hat. Der steuerfreie ausländische Arbeitslohn untererliegt in Deutschland regelmäßig dem Progressionsvorbehalt. Das bedeutet, dass die in Deutschland steuerpflichtigen (anderen) Einkünfte mit einem besonderen Steuersatz versteuert werden (Beispiel siehe ➜ Tz 632). Deshalb müssen betroffene Arbeitnehmer, zur Prüfung der Steuerfreiheit und Sicherstellung der Besteuerung über den Progressionsvorbehalt zusätzlich zur Anlage N für den ausländischen Arbeitslohn die **Anlage N-AUS** ausfüllen.

In Zusammenhang mit dem steuerfreien Arbeitslohn stehende Werbungskosten dürfen nicht beim inländischen (steuerpflichtigen) Arbeitslohn berücksichtigt werden und sind deshalb gesondert (Zeile 76) zu erfassen.

[Grenzgänger ➜ Zeile 26]

Als **Grenzgänger** werden Arbeitnehmer bezeichnet, die in einem (festgelegten) Grenzgebiet des einen Staates arbeiten und im (festgelegten) Grenzgebiet des anderen Staates ihren Wohnsitz haben, zu dem sie arbeitstäglich zurückkehren. Für Grenzgänger gelten im Regelfall die üblichen DBA-Regelungen, d. h. Besteuerung durch den Tätigkeitsstaat. Auch sie müssen die Anlage N-AUS ausfüllen. **630**

Abweichend davon gilt für Grenzgänger nach **Frankreich**, **Österreich** und in die **Schweiz**, dass das Besteuerungsrecht für den Arbeitslohn, abweichend vom Arbeitsortprinzip, dem Wohnsitzstaat zugewiesen ist. Deshalb müssen (nur) Grenzgänger, die in Deutschland wohnen und in einem der drei genannten Staaten arbeiten, zur Sicherstellung der deutschen Besteuerung neben der **Anlage N** auch die **Anlage N-Gre** ausfüllen. In Baden-Württemberg reicht es aus, nur die ausgefüllte Anlage N-Gre abzugeben.

[Steuerfrei erhaltene Aufwandsentschädigungen ➜ Zeile 27]

631 Entgelte für nebenberufliche Tätigkeiten als Arbeitnehmer für gemeinnützige Organisationen können bis zu einer bestimmten Höhe steuerfrei sein. Infrage kommen u. a. die Übungsleiterpauschale (§ 3 Nr. 26 EStG) sowie der Ehrenamtsfreibetrag (§ 3 Nr. 26a EStG). Einzelheiten siehe ➜ Tz 1026 ff.

[Lohnersatzleistungen ➜ eZeile 28]

632 Lohnersatzleistungen bleiben zwar regelmäßig steuerfrei, beeinflussen aber die Höhe der Einkommensteuer für die steuerpflichtigen Einkünfte. Diese werden mit dem Steuersatz belastet, der unter Berücksichtigung der steuerfreien Leistungen angefallen wäre (Progressionsvorbehalt gem. § 32b EStG).

BEISPIEL

Progressionsvorbehalt

Ein alleinstehender Arbeitnehmer hat 2020 ein z. v. E. von 25.000 €. Dafür müsste er 3.714 € Einkommensteuer bezahlen. Das entspricht einem durchschnittlichen Steuersatz von 14,856 %.

Zusätzlich hat er steuerfreies Arbeitslosengeld von 5.000 € bezogen. Wäre dieses steuerpflichtig, ergäbe sich ein z. v. E. von 30.000 € und bei einer Einkommensteuer von 5.187 € ein durchschnittlicher Steuersatz von 17,29 %. Dieser Steuersatz wird auf das tatsächliche z. v. E von 25.000 € angewandt, sodass sich eine Einkommensteuer von 4.322 € (608 € Mehrsteuer) ergibt.

Werden im selben Jahr Arbeitslohn für mehrere Jahre und Lohnersatzleistungen gezahlt, sind Progressionsvorbehalt (§ 32b EStG) und Tarifermäßigung (§ 34 Abs. 1 EStG) nebeneinander anzuwenden. Werden Lohn- oder Einkommensersatzleistungen zurückgezahlt, so sind sie stets von den im selben Kalenderjahr bezogenen Leistungsbeträgen abzusetzen (R 32b Abs. 3 EStR 2012).

Folgende Lohnersatzleistungen wurden i. d. R. vom Arbeitgeber ausgezahlt, deshalb in der Lohnsteuerbescheinigung ausgewiesen und sind darum in eZeile 28 der Anlage N einzutragen:

- Zuschuss zum **Kurzarbeitergeld**,
- Zuschuss zum Mutterschaftsgeld,
- Verdienstausfallentschädigung nach dem Infektionsschutzgesetz,
- Aufstockungsbeträge nach dem **Altersteilzeitgesetz** oder
- Altersteilzeitzuschläge nach Besoldungsgesetzen des Bundes und der Länder.

Andere, nicht in der Lohnsteuerbescheinigung aufgeführte Lohnersatzleistungen, z. B. **Insolvenzgeld** laut Bescheinigung der Agentur für Arbeit, **Arbeitslosengeld** ohne Arbeitslosengeld II, Teilarbeitslosengeld, Zuschüsse zum Arbeitsentgelt, Übergangsgeld, Altersübergangsgeld-Ausgleichsbetrag, Unterhaltsgeld als Zuschuss, Eingliederungshilfe nach dem SGB III, **Kranken-**, **Mutterschafts-**, **Verletzten-**, **Übergangsgeld** oder vergleichbare Lohn- bzw. Entgeltersatzleistungen nach den sozialversicherungsrechtlichen Vorschriften,

Arbeitslosenbeihilfe oder Arbeitslosenhilfe nach dem Soldatenversorgungsgesetz, Versorgungskrankengeld oder Übergangsgeld nach dem Bundesversorgungsgesetz, Verdienstausfallentschädigung nach dem Unterhaltssicherungsgesetz, aus dem europäischen Sozialfonds finanziertes Unterhaltsgeld sowie Leistungen nach § 10 SGB III, die dem Lebensunterhalt dienen oder Elterngeld nach dem Bundeselterngeld- und Elternzeitgesetz gehören in den Hauptvordruck (Zeile 36).

12.2 Werbungskosten

Werbungskosten allgemein

Begriff der Werbungskosten

Zu den Werbungskosten bei der Einkunftsart „nichtselbstständige Arbeit" gehören alle **633**
Aufwendungen, die durch den Beruf veranlasst sind, also unmittelbar mit der beruflichen Tätigkeit zusammenhängen bzw. getätigt werden, um Arbeitslohn zu bekommen oder weiterhin zu erhalten (§ 9 Abs. 1 S. 1 EStG). Die Aufwendungen müssen objektiv in Zusammenhang mit der beruflichen Tätigkeit stehen und subjektiv zur Förderung des Berufs getätigt werden.

Ohne Bedeutung ist, ob die Aufgaben dem Grunde nach notwendig waren (z. B. Kauf eines zusätzlichen Fachbuchs zum gleichen Thema) oder üblich sind (z. B. Nutzung der ersten statt der zweiten Klasse der Bahn bei einer Auswärtstätigkeit).

WK sind bereits möglich, bevor eine Tätigkeit aufgenommen wurde. Typische sog. **vorweggenommene Werbungskosten** sind z. B. Bewerbungskosten, auch wenn die Bewerbung keinen Erfolg hatte (vergebliche Werbungskosten). Auch nachträgliche WK, also Aufwendungen, die nach Beendigung der Tätigkeit vom Arbeitnehmer bezahlt wurden, sind abzugsfähig, wenn sie ihre Ursache noch im Dienstverhältnis hatten, z. B. Schadensersatz für im Beruf verursachte Schäden.

Werbungskosten werden grds. im Jahr der **Zahlung** berücksichtigt. Eine Ausnahme gilt, **634**
soweit die Kosten nur im Wege der **Absetzung für Abnutzung (AfA)** abziehbar sind (➔ Tz 667).

Hat der Arbeitgeber Kosten **steuerfrei** ersetzt (z. B. bei Auswärtstätigkeiten oder doppelter Haushaltsführung) oder pauschal versteuert (z. B. Wege zwischen Wohnung und Arbeitsstätte), mindert der Arbeitgeberersatz die abzugsfähigen WK (§ 3c Abs. 1 EStG).

Arbeitnehmerpauschbetrag/Werbungskostenpauschbetrag

Für WK wird automatisch ein **Arbeitnehmerpauschbetrag** von 1.000 € jährlich berück- **635**
sichtigt, wenn i. Z. m. dem Dienstverhältnis keine oder geringere WK erklärt werden (§ 9a Nr. 1a EStG). Bei Ehegatten, die beide Arbeitnehmer sind, kann jeder den Pauschbetrag in Anspruch nehmen. Der Pauschbetrag wird auch dann in voller Höhe berücksichtigt, wenn nicht das ganze Jahr über Arbeitslohn bezogen wurde (z. B. Ferienjob). Im Gegensatz zu tatsächlichen WK dürfen sich durch den Abzug des Pauschbetrags keine negativen Einkünfte ergeben.

Für Bezieher von Versorgungsbezügen (➔ Tz 624) beträgt der Werbungskostenpauschbetrag 102 € (Jahresbetrag), wenn keine höheren Ausgaben vorhanden sind (§ 9a Nr. 1b EStG).

Hat ein Arbeitnehmer sowohl „normalen" Arbeitslohn als auch Versorgungsbezüge bekommen, werden beide Pauschbeträge berücksichtigt.

Kosten der Lebensführung

636 Kosten der Lebensführung können nicht als WK berücksichtigt werden (§ 12 Nr. 1 EStG). Das gilt auch dann, wenn sie zur Förderung des Berufs erfolgen. Unter das Abzugsverbot fallen insbesondere die für den Haushalt des Steuerpflichtigen und für den Unterhalt der Familienangehörigen aufgewendeten Beträge wie z. B. (bürgerliche) Kleidung, Lebensmittel, Wohnungsmiete, Kosten einer Urlaubsreise.

Gemischte Aufwendungen

637 Betreffen die Aufwendungen sowohl den beruflichen als auch den privaten Bereich der Lebensführung, spricht man von sog. **gemischten Aufwendungen**. Dabei gilt:

Ist weder der private noch der berufliche Teil von völlig untergeordneter Bedeutung und deshalb zu vernachlässigen, sind die Aufwendungen grds. in einen als WK abziehbaren und einen privat veranlassten nicht abzugsfähigen Teil aufzuteilen.

Der BFH lässt z. B. auch die Aufteilung von Bewirtungskosten zu, wenn der Anlass der Bewirtung sowohl beruflich und privat ist (➜ Tz 691). Eine **Aufteilung** ist nach Auffassung der Finanzverwaltung (BMF, Schreiben v. 6.7.2010, IV C 3 – S 2227/07/10003, BStBl 2010 I S. 614) jedoch **nicht möglich**, soweit

- es im Einzelfall gesetzlich anders geregelt ist (gesetzliches Abzugsverbot) oder
- es sich um Aufwendungen handelt, die durch die steuerliche Freistellung der Kosten, die zum Existenzminimum gehören (Grundfreibetrag, Freibeträge für Kinder), abgegolten sind oder
- die Kosten als Sonderausgaben oder außergewöhnliche Belastungen abziehbar sind oder
- kein objektiver Aufteilungsmaßstab existiert.

In diesen Fällen ist kein Werbungskostenabzug möglich.

638 Ein **gesetzliches Abzugsverbot** besteht – selbst wenn die Kosten beruflich (mit-)veranlasst sind – für Geldbußen, Ordnungs- und Verwarnungsgelder, die von einem Gericht oder einer Behörde innerhalb der EU oder einem Organ der EU festgesetzt worden sind (§ 9 Abs. 5 EStG i. V. m. § 4 Abs. 5 Nr. 8 EStG) sowie für Geldstrafen (§ 12 Nr. 4 EStG). Das Abzugsverbot bezieht sich jedoch nur auf die Strafe an sich, nicht auf damit zusammenhängende Kosten (z. B. Verfahrenskosten).

Steuern vom Einkommen (Einkommen-, Lohn-, Kapitalertragsteuer) und Personensteuern (Solidaritätszuschlag, Kirchensteuer) dürfen nicht als WK abgezogen werden (§ 12 Nr. 3 EStG). Das gilt auch für auf diese Steuerarten entfallende steuerliche Nebenleistungen wie Zwangsgelder, Verspätungs-, Säumniszuschläge und Zinsen.

639 Zu den Kosten, die i. Z. m. dem **steuerlichen Existenzminimum** stehen und mit dem **Grundfreibetrag** abgegolten sind, gehören die Aufwendungen für Wohnung, Kleidung für den Alltagsgebrauch und Ernährung, sowie Ausgaben für die allgemeine Schulbildung, Kindererziehung, persönliche Bedürfnisse des täglichen Lebens z. B. Erhaltung der Gesundheit, Körperpflege, Hygieneartikel, Zeitung, Rundfunk, der Besuch kultureller und sportlicher Veranstaltungen, Kosten des Pkw-Führerscheins, Aufwendungen eines Ausländers für das Erlernen der deutschen Sprache oder Kosten für Veranstaltungen aus persönlichem Anlass (Geburtstag, Trauerfeier).

BEISPIEL

Kosten der Lebensführung

Eine Arbeitnehmerin arbeitet als Einzelhandelsfachfrau in der Parfümerieabteilung eines Kaufhauses. Von ihr wird erwartet, dass sie entsprechend gekleidet und geschminkt ist. Aufgrund schlechter Verkehrsanbindung ist sie auf die Benutzung eines Kfz angewiesen und hat deswegen den Führerschein gemacht.

Die Kosten für (bürgerliche) Kleidung sowie Körperpflege und Führerschein stehen zwar auch i. Z. m. dem Beruf, sind aber nicht aufteilbar und deshalb vollumfänglich dem privaten Bereich zuzuordnen (BFH, Beschluss v. 13.11.2013, VI B 40/13, HI6338583, BFH/NV 2014 S. 335).

Zu den als **Sonderausgaben** abziehbaren Kosten gehören die Aufwendungen einer ersten Berufsausbildung (➜ Tz 411 ff.). Obwohl diese Kosten regelmäßig i. Z. m. einer angestrebten Berufsausübung stehen, besteht hier ein gesetzliches Abzugsverbot bei den Werbungskosten (§ 9 Abs. 6 EStG). **640**

Unter die **außergewöhnlichen Belastungen** fallen u.a. die Kosten für medizinische Hilfsmittel wie z.B. (Bildschirm-)Brillen oder Hörgeräte. **641**

Aufteilungsmaßstab

Soweit gemischte Aufwendungen aufteilbar sind, muss die Aufteilung anhand eines an objektiven Kriterien (Zeit, Fläche, Kilometer, Gewicht, Menge, Personen) orientierten Maßstabs erfolgen. Wenn zweifelsfrei ein beruflicher Nutzungsanteil vorhanden ist und ein derartiger Aufteilungsmaßstab existiert, eine verlässliche Aufteilung aber nur mit unverhältnismäßigem Aufwand möglich ist, kann der berufliche Anteil unter Berücksichtigung aller Umstände geschätzt werden (§ 162 AO). **642**

BEISPIEL

Private Mitbenutzung des PC

Bei einem nachweislich beruflich und privat genutzten PC sind die Kosten, soweit sie (nach der zeitlichen Nutzung) auf den beruflichen Anteil entfallen als WK abziehbar. Wird nachgewiesen, dass die private Mitbenutzung von völlig untergeordneter Bedeutung (weniger als 10 %) ist (z.B. weiterer gleichwertiger Computer für private Zwecke vorhanden) kann sogar der volle Kostenabzug beansprucht werden.

TIPP

Schätzungsanteil 50 %

Wenn ein Gegenstand unstreitig auch beruflich genutzt wird und eine schätzungsweise Aufteilung dem Grunde nach möglich ist, sind die Finanzämter im Regelfall, einen beruflichen Anteil von 50 % zu akzeptieren. Darüber hinaus wird vielfach ein Nachweis des Umfangs der beruflichen Nutzung verlangt.

Gibt es keinen geeigneten objektiven Aufteilungsmaßstab (z. B. bei Tageszeitungen), sind die Kosten insgesamt nicht abzugsfähig.

Wege zur ersten Tätigkeitsstätte

[Wege zwischen Wohnung und erster Tätigkeitsstätte ➜ Zeilen 31–38, eZeile 39]

643 **Aufwendungen für Wege zwischen Wohnung und erster Tätigkeitsstätte** werden im Regelfall nicht in tatsächlicher Höhe berücksichtigt, sondern (nur) über eine **Entfernungspauschale** (§ 9 Abs. 1 Satz 3 Nr. 4 EStG). Ausnahmeregelungen gelten für behinderte Menschen (➜ Tz 659) und bei Benutzung öffentlicher Verkehrsmittel (➜ Tz 654). Zur Entfernungspauschale: BMF, Schreiben v. 31.10.2013, IV C 5 – S 2351/09/10002:001, BStBl 2013 I S. 1376, zum Begriff erste Tätigkeitsstätte und Auswärtstätigkeit: BMF, Schreiben v. 24.10.2014, IV C 5-S 2353/14/10002, BStBl 2014 I S. 1412).

WICHTIG

Besondere Bestimmungen für Auswärtstätigkeiten
Die folgenden Ausführungen gelten grds. nur für Arbeitnehmer, die eine erste Tätigkeitsstätte haben und nur, soweit sie an dieser Stelle tätig werden. Ansonsten handelt es sich begrifflich um „Auswärtstätigkeiten", bei denen ein höherer (Reise-)Kostenabzug möglich ist (➜ Tz 692).

Begriff „erste Tätigkeitsstätte"

644 Eine erste Tätigkeitsstätte (§ 9 Abs. 4 Satz 1 EStG) erfordert stets eine **ortsfeste betriebliche Einrichtung**. Fahrzeuge (Linien-, Fernbusse, Züge, Straßenbahnen, Lkw etc.). Schiffe oder Tätigkeitsgebiete ohne ortsfeste betriebliche Einrichtungen können keine erste Tätigkeitsstätte sein. Der Arbeitnehmer kann **je Dienstverhältnis** höchstens eine erste Tätigkeitsstätte haben, ggf. aber auch nur auswärtige Tätigkeitsstätten. Weitere Voraussetzung ist, dass der Arbeitnehmer dieser Tätigkeitsstätte **dauerhaft zugeordnet** ist und dort seine Tätigkeit ausübt. Nicht erforderlich ist, dass er dort den dauerhaften Mittelpunkt der beruflichen Tätigkeit hat. Es muss sich auch nicht zwingend um eine betriebliche Einrichtung des Arbeitgebers handeln. Möglich ist eine erste Tätigkeitsstätte auch bei einem verbundenen Unternehmen (§ 15 AktG; Tochterfirma, Outsourcing) oder in einer ortsfesten betrieblichen Einrichtung eines Dritten (z. B. Kunden des Arbeitgebers). Dies hat gravierende Folgen z. B. bei Zeitarbeitnehmern. Häusliche Arbeitszimmer oder Homeoffices sind keine erste Tätigkeitsstätte.

Die Beurteilung erfolgt nach folgenden im EStG genannten Grundsätzen:

1. Die dauerhafte Zuordnung zu einer betrieblichen Einrichtung und damit die Festlegung der ersten Tätigkeitsstätte erfolgt durch den Arbeitgeber und muss dokumentiert werden (z. B. durch eine entsprechende Regelung im Arbeits-, im Tarifvertrag oder in dienstrechtlichen Verfügungen). Ausreichend sind aber auch Reisekostenabrechnungen oder der Ansatz eines geldwerten Vorteils für die Nutzung eines Dienstwagens für die Fahrten zwischen Wohnung und erster Tätigkeitsstätte. Diese Festlegungen sind steuerlich grds. bindend, vorausgesetzt, der Arbeitnehmer wird an dieser Einrichtung mindestens in (ganz) geringem Umfang (Hilfstätigkeiten, Besprechungen, Abrechnungen) tatsächlich tätig Von einer dauerhaften Zuordnung ist auszugehen, wenn der Arbeitnehmer unbefristet („bis auf Weiteres"), für die gesamte

Dauer des Dienstverhältnisses oder über einen Zeitraum von 48 Monaten hinaus an dieser Einrichtung tätig werden soll.

2. Gibt es keine arbeitsvertragliche Regelung oder ist sie nicht eindeutig, gelten zeitliche Kriterien. Soll der Arbeitnehmer an einer ortsfesten Einrichtung arbeitstäglich seine typische Arbeitsleistung, wenn auch nur einen Teil des Tages, erbringen oder dort je Arbeitswoche zwei volle Arbeitstage oder mindestens 1/3 der vereinbarten regelmäßigen Arbeitszeit tätig werden, befindet sich dort seine erste Tätigkeitsstätte. Ob bezüglich der Frage der typischerweise arbeitstäglich aufzusuchenden Tätigkeitsstätte das Aufsuchen des Orts an allen Tagen im Jahr stattfinden muss, muss der BFH klären (Az. beim BFH VI R 6/19, Vorinstanz: Thüringer FG, Urteil v. 5.12.2018, 1 K 594/16, HI13407253, EFG 2019 S. 261).
3. Sind die zeitlichen Voraussetzungen für mehrere Tätigkeitsstätten erfüllt, bestimmt der Arbeitgeber die erste Tätigkeitsstätte. Fehlt es an einer Zuordnung, ist die Arbeitsstätte erste Tätigkeitsstätte, die der Wohnung des Arbeitnehmers am nächsten liegt (§ 9 Abs. 4 Sätze 5 und 6 EStG).

TIPP

Festlegung der ersten Tätigkeitsstätte

Haben Sie mehrere Tätigkeitsstätten oder arbeiten Sie zu Hause **und** im Betrieb, können Sie durch Absprache mit dem Arbeitgeber und einer entsprechenden Regelung im Arbeitsvertrag festlegen, ob überhaupt und wenn ja, an welchem Ort die erste Tätigkeitsstätte sein soll, und so den günstigsten Kostenabzug erreichen.

Sofern die zeitlichen Kriterien erfüllt sind, ist eine arbeitsvertragliche Regelung, dass der Arbeitnehmer keine erste Tätigkeitsstätte hat, für das Finanzamt steuerlich nicht bindend. Es ist jedoch möglich, aus steuerlichen Gründen auf die vertragliche Festlegung einer ersten Tätigkeitsstätte zu verzichten.

Übersicht und Prüfreihenfolge erste Tätigkeitsstätte (§ 9 Abs. 4 EStG)

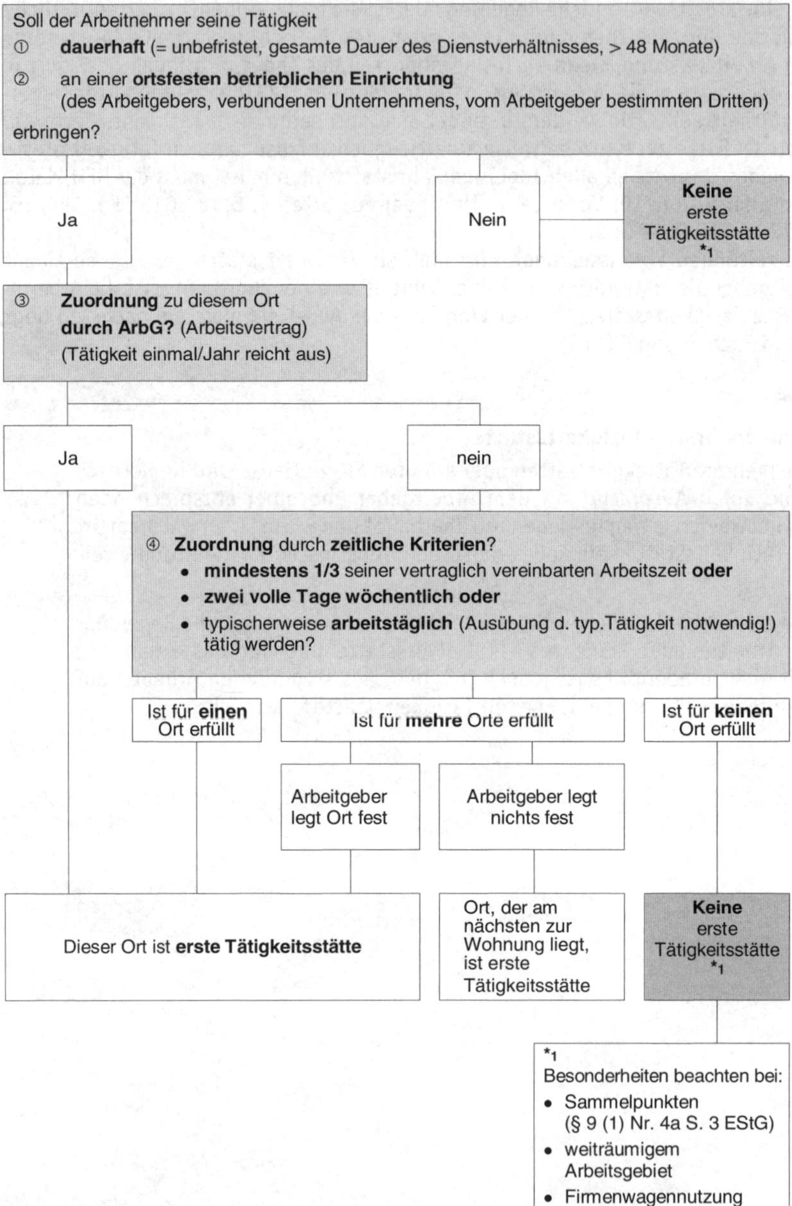

BEISPIEL

Erste Tätigkeitsstätte oder Auswärtstätigkeit?

1. **Dauerhafte Zuordnung durch den Arbeitgeber**
   Handelsvertreter H sucht den Betriebssitz seines Arbeitgebers nur zu Besprechungen und Abrechnungen auf. Im Arbeitsvertrag ist
   a) H dem Betriebssitz zugeordnet.
   b) über eine betriebliche Zuordnung nichts aufgeführt.
   H hat im Fall a) am Betriebssitz eine erste Tätigkeitsstätte. Mit Verlassen der Firma zu Kundenbesuchen beginnt er seine Auswärtstätigkeiten. Im Fall b) hat H am Betriebssitz keine erste Tätigkeitsstätte. Er ist dem Betriebssitz nicht zugeordnet und wird dort auch nicht typischerweise arbeitstäglich oder zwei volle Tage die Woche bzw. 1/3 seiner Arbeitszeit tätig. Seine Auswärtstätigkeit beginnt mit Verlassen seiner Wohnung.
2. **Wechsel der Zuordnung**
   B ist bei einer Bank beschäftigt. Er ist bis auf Weiteres drei Tage in der Woche in der Filiale in X-Stadt (Entfernung zur Wohnung 15 km) und zwei Tage in der Filiale in Y-Stadt (Entfernung zur Wohnung 18 km) tätig. Der Arbeitgeber hatte zunächst Y-Stadt und ab 1.8. X-Stadt als erste Tätigkeitsstätte festgelegt.
   Da B an beiden Standorten tätig wird, ist unabhängig von der verbrachten Arbeitszeit die Zuordnung des Arbeitgebers maßgebend. Danach ist bis 31.7. Y-Stadt, ab 1.8. X-Stadt erste Tätigkeitsstätte.
3. **Zuordnung bei Zeitarbeitern**
   A ist bei einer Zeitarbeitsfirma in Z-Stadt angestellt. A wird auf Weisung des Arbeitgebers
   a) befristet auf 6 Monate,
   b) für die gesamte Dauer der Anstellung bei der Zeitarbeitsfirma (24 Monate) im Betrieb der Entleihfirma in Y-Stadt tätig.
   Der Betriebssitz der Zeitarbeitsfirma in T-Stadt ist für A keine erste Tätigkeitsstätte, weil sie dort nicht tätig wird.
   Im Fall a) hat A wegen der fehlenden Dauerhaftigkeit keine erste Tätigkeitsstätte bei der Entleihfirma in Y-Stadt. Sie übt dort folglich eine Auswärtstätigkeit aus. In Fall b) ist der Betrieb der Entleihfirma erste Tätigkeitsstätte, weil A für die gesamte Dauer der Anstellung bei der Zeitarbeitsfirma im Betrieb derselben Entleihfirma tätig wird. Wird ein Leiharbeiter nacheinander bei verschiedenen Entleihfirmen tätig, sind in jedem Fall die zweite und jede weitere Entleihfirma nicht als erste Tätigkeitsstätten zu beurteilen mit der Folge, dass Auswärtstätigkeiten mit der Möglichkeit des Reisekostenabzugs vorliegen (BFH, Urteil v. 10.4.2019, VI R 6/17, HI13227095).
4. **Befristete Zuordnung mit Verlängerung**
   B ist bei der Fa. K in Y-Stadt unbefristet beschäftigt. Für die Dauer von voraussichtlich 16 Monaten wird er der betrieblichen Einrichtung seines Arbeitgebers in Z-Stadt zugeordnet. Nach 15 Monaten wird die Zuordnung um 34 Monate verlängert.
   B hat in Z-Stadt keine erste Tätigkeitsstätte, da er laut der gesetzlich vorgegebenen Prognose-Betrachtung weder im Zeitpunkt der ersten Zuordnung, noch im Zeitpunkt der Verlängerungsentscheidung für mehr als 48 Mo-

II Kommentierung

nate in Z-Stadt eingesetzt werden soll. Der Einsatz in Z-Stadt erfolgt für die Einsatzzeit im Rahmen einer Auswärtstätigkeit.

5. **Zeitlich befristete Versetzung**
   Der bei der Behörde in Z-Stadt beschäftigte Beamte wird für drei Jahre zur Aushilfe nach X-Stadt versetzt. Er hat die Zusage, dass er danach wieder in Z-Stadt arbeiten wird.
   X-Stadt wird keine erste Tätigkeitsstätte. Maßgebend ist nicht, ob eine Abordnung/Versetzung erfolgte, sondern, dass eine zeitlich auf weniger als 48 Monate befristete Tätigkeit vorliegt. Die Tätigkeit in X-Stadt erfolgt im Rahmen einer Auswärtstätigkeit.
6. **Tätigkeit an mehreren Einrichtungen**
   Arbeitnehmer A (Wohnort V-Stadt) wird nach Absprache mit seinem Arbeitgeber – ohne arbeitsrechtliche Zuordnung an zwei Tagen in der Woche am Unternehmensstandort in V-Stadt und an drei Tagen in der Woche in der Niederlassung in X-Stadt tätig.
   Da keine arbeitsrechtliche Zuordnung erfolgte, gelten die zeitlichen Bedingungen. Da A an beiden Standorten mindestens zwei Tage arbeitet, ist für beide Standorte die zeitliche Bedingung einer ersten Tätigkeitsstätte erfüllt. Da es nur eine erste Tätigkeitsstätte geben kann und der Arbeitgeber keine festgelegt hat, gilt die der Wohnung nächstgelegene Einrichtung (V-Stadt) als erste Tätigkeitsstätte. Bezüglich der Tätigkeit in X-Stadt liegt eine Auswärtstätigkeit vor.
7. **Tätigkeit beim Kunden ohne Zuordnung**
   Die von der Sozialstation angestellte (keine arbeitsrechtliche Zuordnung) Krankenschwester K soll auf Dauer arbeitstäglich (aufgrund auf unbestimmte Dauer abgeschlossener Pflegeverträge) vier Personen betreuen.
   Die Wohnungen der zu Pflegenden erfüllen alle die Voraussetzungen für eine erste Tätigkeitsstätte. Sie werden arbeitstäglich aufgesucht und K wird auf Weisung des Arbeitgebers dort auch tätig. Da keine arbeitsrechtliche Regelung vorhanden ist, gilt die der Wohnung am nächsten gelegene Einsatzstelle als erste Tätigkeitsstätte. Bezüglich der anderen Einsatzorte liegen Auswärtstätigkeiten vor.
8. **Erste Tätigkeitsstätte bei Fahrtätigkeit**
   Busfahrer E übernimmt bzw. übergibt arbeitstäglich das Fahrzeug am Busdepot.
   a) E ist arbeitsrechtlich dem Busdepot zugeordnet.
   b) Eine arbeitsrechtliche Zuordnung erfolgte nicht.
   In Fall a) ist das Busdepot aufgrund der arbeitsrechtlichen Zuordnung eine erste Tätigkeitsstätte, denn E ist dort, wenn auch nur in geringem Umfang (z. B. Fahrzeugkontrolle, Besprechungen) tätig. Folglich beginnt E seine Auswärtstätigkeit mit dem Verlassen des Busdepots. Im Fall b) ist das Busdepot keine erste Tätigkeitsstätte, denn die zeitlichen Voraussetzungen sind nicht erfüllt. E ist zwar arbeitstäglich im Busdepot, übt dort aber nicht seine eigentliche Tätigkeit (Fahren) aus. Ab Verlassen der Wohnung beginnt eine Auswärtstätigkeit. Für die Fahrten zum Busdepot gilt aber aufgrund besonderer gesetzlicher Regelung zu Sammelpunkten die Entfernungspauschale (➜ Tz 647).

9. **Erste Tätigkeitsstätte bei Einsatzwechseltätigkeit**
   Kundendienstmonteur M (keine arbeitsrechtliche Zuordnung) sucht den Betrieb seines Arbeitgebers arbeitstäglich auf, um dort den Transporter zu übernehmen, Aufträge zu bekommen und die Stundenzettel des Vortrags abzugeben.
   M hat keine erste Tätigkeitsstätte. Das tägliche Aufsuchen des Betriebs ist ohne Bedeutung, da M dort nicht seiner eigentlichen beruflichen Tätigkeit nachgeht. Mit Verlassen der Wohnung beginnt eine Auswärtstätigkeit. Für Fahrten zum Betriebssitz gilt jedoch die Entfernungspauschale (➔ Tz 647). Wäre M dem Betriebssitz arbeitsvertraglich zugeordnet, befände sich dort seine erste Tätigkeitsstätte und die Auswärtstätigkeit würde erst mit Verlassen des Betriebssitzes beginnen.
10. **Outsourcing**
    Arbeitnehmerin F soll ab 1.5. im Wege des Outsourcings für einen neuen Arbeitgeber weiterhin unbefristet an derselben betrieblichen Einrichtung des bisherigen Arbeitgebers tätig sein.
    Die bis 30.4. aufgrund dienstrechtlicher Zuordnung als erste Tätigkeitsstätte geltende betriebliche Einrichtung bleibt auch nach dem Arbeitgeberwechsel erste Tätigkeitsstätte, weil F dort weiterhin dauerhaft tätig werden soll.
11. **Homeoffice mit und ohne Zuordnung**
    Arbeitnehmer O hat ein Homeoffice. Darüber hinaus ist O an einem Tag in der Woche am Betriebssitz des Arbeitgebers tätig. Arbeitsvertraglich ist
    a) festgelegt, dass der Betriebssitz dauerhaft erste Tätigkeitsstätte ist.
    b) nichts festgelegt.
    Im Fall a) hat O aufgrund der arbeitsvertraglichen Festlegung am Betriebssitz eine erste Tätigkeitsstätte, weil sie dort auch tatsächlich ihre Tätigkeit ausübt. Der zeitliche Umfang der Tätigkeit ist nicht maßgebend. Im Fall b) hat O keine erste Tätigkeitsstätte. Bezüglich des Betriebssitzes sind die zeitlichen Voraussetzungen (arbeitstäglich oder zwei volle Arbeitstage oder 1/3 der regelmäßigen Arbeitszeit) nicht erfüllt; das Homeoffice kann keine erste Tätigkeitsstätte sein, weil es in der Wohnung von O liegt. Mit Verlassen der Wohnung beginnt O eine Auswärtstätigkeit.
12. Piloten und Flugbegleiter (Bordpersonal), die von ihrem Arbeitgeber arbeitsrechtlich einem Flughafen dauerhaft zugeordnet sind und auf dem Flughafengelände zumindest in geringem Umfang Tätigkeiten erbringen, die sie arbeitsvertraglich schulden, haben dort eine erste Tätigkeitsstätte (BFH, Urteil v. 11.4.2019, VI R 40/16, HI13227094, BFH/NV 2019 S. 959; BFH, Urteil v. 10.4.2019, VI R 17/17, HI13227096, BFH/NV 2019 S. 904).
13. Polizeibeamte im Einsatz- und Streifendienst verfügen an ihrem ihnen zugeordneten Dienstsitz, den sie arbeitstäglich aufsuchen, um dort zumindest in geringem Umfang Tätigkeiten zu erbringen, die sie dienstrechtlich schulden und die zu dem Berufsbild eines Polizeivollzugsbeamten gehören, über eine erste Tätigkeitsstätte (BFH, Urteil v. 4.4.2019, VI R 27/17, HI13227100, BFH/NV 2019 S. 944).

Weiträumiges Arbeitsgebiet/großräumige erste Tätigkeitsstätte

Unter den Begriff erste Tätigkeitsstätte können auch weiträumige zusammenhängende **645**
Arbeitsgebiete (z. B. Werksgelände, Forstrevier, Hafengebiet, Kehr- oder Zustellbezirk)

oder großräumige Tätigkeitsstätten (z. B. Bahnhöfe, wechselnde Kontrollstellen auf Flughäfen) fallen (BFH, Urteil v. 11.4.2019, VI R 40/16, HI13227094, BFH/NV 2019 S. 959; BFH, Urteil v. 11.4.2019, VI R 12/17, HI13227098, BFH/NV 2019 S. 963).

Die Fahrten bis zum (kürzesten) Zugang zum jeweiligen Arbeitsgebiet werden als Wege Wohnung erste Tätigkeitsstätte behandelt. Fahrten innerhalb des Arbeitsgebiets sind wie Reisekosten mit den tatsächlichen Aufwendungen abziehbar (➜ Tz 660, ➜ Tz 697).

646 Wechselt ein Arbeitnehmer im Laufe des Jahres seinen Aufgabenbereich (z. B. Wechsel von Innen- in den Außendienst) ist eine getrennte Beurteilung der Zeiträume vorzunehmen.

BEISPIEL

Tätigkeitswechsel innerhalb des Jahres

Architekt A ist bis August im Büro des Arbeitgebers, das er täglich aufsucht, tätig. Ab September ist er vorwiegend für die Überwachung von Baustellen zuständig. Ab diesem Zeitpunkt hat er ein Homeoffice, in dem er seine Tätigkeit vorbereitet und am PC plant. Das Büro sucht er nur zu Besprechungen (ca. zwei- bis dreimal monatlich) auf.

Da sich das Tätigkeitsbild von A verändert hat, muss das Vorliegen einer ersten Tätigkeitsstätte jeweils gesondert geprüft werden. Daraus ergibt sich, dass das Büro bis August erste Tätigkeitsstätte des A ist und er ab September keine erste Tätigkeitsstätte mehr hat. Ein Homeoffice kann keine erste Tätigkeitstätte sein; bei den Baustellen fehlt es an der dauerhaften Zuordnung.

Sammelpunkt

647 Arbeitnehmer, die keine erste Tätigkeitsstätte haben, aber auf Anordnung des Arbeitgebers dauerhaft und typischerweise arbeitstäglich immer dieselbe ortsfeste betriebliche Einrichtung zur Aufnahme ihrer beruflichen Tätigkeit aufsuchen, erhalten für die Fahrten dorthin (nur) die Entfernungspauschale (§ 9 Abs. 1 Satz 3 Nr. 4a Satz 3 EStG). Dies betrifft z. B. Arbeitnehmer, die eine Fahrtätigkeit ausüben und ihr Fahrzeug arbeitstäglich immer am gleichen Standort (Betriebssitz, Busdepot) abholen, oder Arbeitnehmer mit Einsatzwechseltätigkeit, die sich arbeitstäglich am Betriebssitz des Arbeitgebers treffen und von dort aus zur jeweiligen Einsatzstelle befördert werden. Eine „typischerweise arbeitstägliche" Anfahrt zu einem Sammelpunkt nimmt das Sächsische FG (Urteil v. 14.3.2017, 8 K 1870/16, HI11144374, rkr.) an, wenn zwar die Anfahrt nicht an jedem Arbeitstag stattfindet, jedoch immer dann, wenn der Arbeitnehmer von seinem Wohnort aufbricht, um seine Arbeit binnen eines Tages oder längerwährend auf einer Baustelle zu verrichten (s. auch ➜ Tz 644). Für Fahrten zum Treffpunkt einer privat organisierten Fahrgemeinschaft (z. B. Park-and-ride-Parkplatz) gilt die Sonderregelung zu Sammelpunkten nicht, es sei denn, von dort aus wird die erste Tätigkeitsstätte aufgesucht (➜ Tz 658).

Erste Tätigkeitsstätte bei vollzeitiger Bildungsmaßnahme

648 Eine Bildungseinrichtung, die außerhalb eines Dienst- oder Arbeitsverhältnisses zum Zwecke eines Vollzeitstudiums oder einer vollzeitigen Bildungsmaßnahme aufgesucht wird, ist eine erste Tätigkeitsstätte (§ 9 Abs. 4 Satz 8 EStG). Dies trifft zu, wenn die Bildungsmaßnahme nicht Gegenstand eines Beschäftigungsverhältnisses ist. Eine Vollzeitmaßnahme nimmt die Finanzverwaltung an, wenn neben der Bildungsmaßnahme keiner oder nur einer Erwerbstätigkeit bis zu 20 Stunden regelmäßiger wöchentlicher Arbeitszeit oder im Rahmen eines 450-Euro-Minijobs nachgegangen wird.

BEISPIEL

Vollzeitige Bildungsmaßnahme

Nach Abschluss einer ersten betrieblichen Berufsausbildung beginnt K ein Erststudium an

a) einer Berufsakademie (duales Studium); K schließt dazu einen Ausbildungsvertrag (arbeitsrechtliche Zuordnung zum Betriebssitz des Arbeitgebers X in Crailsheim). Während der Ausbildung ist K im Wechsel jeweils drei Monate im Betrieb tätig und studiert drei Monate an der Berufsakademie in Mosbach.
b) einer Fachhochschule (außerhalb eines Dienstverhältnisses).

In beiden Fällen kann K die Ausbildungskosten als (vorweggenommene) Werbungskosten geltend machen, weil es sich um eine zweite Ausbildung handelt (➔ Tz 412).

In Fall a) hat K am Betriebssitz eine erste Tätigkeitsstätte. Bei der Hochschule in Mosbach handelt es sich um eine Auswärtstätigkeit (keine dauerhafte Zuordnung) mit Reisekostenabzug. In Fall b) erfolgt die Ausbildung außerhalb eines Dienstverhältnisses als Vollzeitmaßnahme. Damit ist die Fachhochschule als erste Tätigkeitsstätte zu behandeln, mit der Folge, dass nur Fahrtkosten i. H. d. Entfernungspauschale (§ 9 Abs. 1 Satz 3 Nr. 4 EStG) abzugsfähig sind.

Entfernungspauschale

Für Wege zwischen Wohnung und erster Tätigkeitsstätte sind die Kosten grds. nur mit einer **649**
Entfernungspauschale von 0,30 € je vollen Ekm abzugsfähig (§ 9 Abs. 1 Satz 3 Nr. 4 Satz 1 EStG). Dies gilt unabhängig davon, welches Verkehrsmittel benutzt wurde und ob überhaupt Kosten angefallen sind. Damit sind i. d. R. alle Kosten abgegolten (➔ Tz 657).

BEISPIEL

Ehepaar fährt zusammen zur Arbeitsstätte

Ein Lehrerehepaar fährt mit einem Auto zur 15,6 km entfernten Schule, an der beide Ehegatten beschäftigt sind. Beide Ehegatten können jeweils die Entfernungspauschale i. H. v. 15 km (abgerundet) × 0,30 €/Ekm = 4,50 € je Arbeitstag als WK geltend machen.

Anzahl der Fahrten

Die Entfernungspauschale ist nur für **eine Fahrt arbeitstäglich** abzugsfähig. Dies gilt auch, **650**
wenn der Arbeitnehmer infolge einer Arbeitszeitunterbrechung (z. B. Schichtdienst) mehrmals täglich zur Arbeitsstätte fährt oder zusätzliche (planmäßige, nicht vorhersehbare) Fahrten (z. B. Bereitschaftsdienst, Elternsprechtag, Notfalleinsatz) notwendig sind.

Bei einer Fünf-Tage-Woche beanstandet die Finanzverwaltung nicht, wenn 230 Fahrtage, bei einer Sechs-Tage-Woche 280 Fahrtage geltend gemacht werden. Mehr Arbeitstage müssen im Zweifel durch eine entsprechende Bescheinigung des Arbeitgebers belegt werden.

Entfernung

651 Maßgebend für die Berechnung ist – unabhängig vom tatsächlich genutzten Verkehrsmittel, auch bei Nutzung öffentlicher Verkehrsmittel – grds. die **kürzeste benutzbare Straßenverbindung** zwischen Wohnung und erster Tätigkeitsstätte, die von einem Kfz mit einer bauartbestimmten Höchstgeschwindigkeit von mehr als 60 km/h befahren werden kann. Dies gilt auch, wenn sie mit dem vom Arbeitnehmer tatsächlich benutzten Verkehrsmittel (z. B. Mofa) straßenverkehrsrechtlich nicht benutzt werden darf oder mautpflichtig ist (BFH, Urteil v. 12.12.2013, VI R 49/13, HI6520218, BFH/NV 2014 S. 681).

Eine (längere) **Umwegstrecke** kann dagegen berücksichtigt werden, wenn sie **offensichtlich verkehrsgünstiger** ist und vom Arbeitnehmer auch tatsächlich regelmäßig benutzt wird (§ 9 Abs. 1 Nr. 4 Satz 4 EStG). Zu vergleichen ist dabei stets die kürzeste mit der tatsächlich benutzten Straßenverbindung. Verkehrsgünstiger ist eine Straßenverbindung dann, wenn sich jeder unvoreingenommene verständige Verkehrsteilnehmer unter den gegebenen Verkehrsverhältnissen für die Benutzung dieser Strecke entscheiden würde. Ist eine Zeitersparnis von mindestens 10 % der Gesamtzeit zu erwarten, ist bereits dies allein ein gewichtiges Indiz für eine verkehrsgünstigere Strecke. Eine offensichtlich verkehrsgünstige Strecke kann aber auch vorliegen, wenn nur eine geringe oder gar keine Zeitersparnis zu erwarten ist, die Strecke sich jedoch aufgrund anderer Umstände (z. B. Streckenführung, Ampelschaltungen, Verkehrsfluss) als verkehrsgünstiger erweist (BFH, Urteil v. 16.11.2011, VI R 19/11, HI2897981, BFH/NV 2012 S. 508). Die längere Strecke ist auch bei der Nutzung öffentlicher Verkehrsmittel (z. B. Bus) denkbar, wenn die Linienführung direkt der verkehrsgünstigeren Straßenführung folgt.

TIPP

Umwegfahrten – zusätzliche Kilometer als Reisekosten ansetzen

Fährt der Arbeitnehmer auf dem Weg zur ersten Tätigkeitsstätte oder von dort zurück zur Wohnung einen beruflich veranlassten Umweg (z. B. Kundenbesuch) sind die zusätzlich gefahrenen Kilometer mit den tatsächlichen Kosten als Reisekosten abzugsfähig (BFH, Urteil v. 19.5.2015, VIII R 12/13, HI8752430).

Mehrere Wohnungen

652 Hat der Arbeitnehmer **mehrere Wohnungen**, gilt grds. die Entfernung zu der Wohnung, die näher an der Arbeitsstätte liegt. Die Entfernung zu einer weiter entfernt liegenden Wohnung kann für die von dort aus tatsächlich durchgeführte Fahrten zugrunde gelegt werden, wenn diese Wohnung der Mittelpunkt der Lebensinteressen des Arbeitnehmers ist (§ 9 Abs. 1 Satz 3 Nr. 4 Satz 6 EStG). Dies ist anhand einer Gesamtwürdigung der Umstände zu entscheiden. Siehe Ausführungen zur doppelten Haushaltsführung (➔ Tz 708, ➔ Tz 713 ff.).

BEISPIEL

Lediger Arbeitnehmer hat zwei Wohnungen

Ein lediger Arbeitnehmer (Arbeitswoche hat fünf Tage) hat zwei Wohnungen. Entfernung zur Arbeitsstätte von der ersten Wohnung 13 Ekm, von der zweiten Wohnung 150 EKm. Die weiter entfernt liegende Wohnung wird im Jahr

a) 23-mal (jedes zweite Wochenende)
b) 5-mal

aufgesucht.

Im Fall a) kann unterstellt werden, dass die weiter entfernte Wohnung der Lebensmittelpunkt ist. Damit ergibt sich für 230 Arbeitstage folgender Kostenabzug

23 Tage × 150 Ekm × 0,30 €/Ekm = 1.035 €

207 Tage × 13 Ekm × 0,30 €/Ekm = 808 €

In Fall b) sind für alle 230 Arbeitstage (nur) 13 Ekm zur nächstgelegenen Wohnung berücksichtigungsfähig. Die darüber hinaus gefahrenen Kilometer gelten als privat veranlasst.

Deckelung

Benutzt der Arbeitnehmer für die Fahrten zur ersten Tätigkeitsstätte **kein** eigenes oder ihm zur Nutzung überlassenes Kfz (z. B. öffentliche Verkehrsmittel, Mitfahrgelegenheit), wird der Abzug der Entfernungspauschale auf 4.500 € im Jahr begrenzt (Deckelung; § 9 Abs. 1 Satz 3 Nr. 4 Satz 2 EStG). Dieser Fall tritt bei einer Fünf-Tage-Arbeitswoche dann ein, wenn die einfache Entfernung mehr als 65 km beträgt. **653**

Werden das Jahr über unterschiedliche Verkehrsmittel benutzt, gilt die Deckelung nur für die Tage, an denen kein eigenes bzw. zur Nutzung überlassenes Kfz genutzt wird.

BEISPIEL

Nutzung verschiedener Verkehrsmittel während des Jahres

Ein Arbeitnehmer nutzt an 190 Arbeitstagen öffentliche Verkehrsmittel und an 40 Arbeitstagen sein Kfz, um zur 80 km entfernten Arbeitsstätte zu kommen.

Die abzugsfähige Entfernungspauschale berechnet sich wie folgt:

190 Tage × 80 Ekm × 0,30 €/Ekm =	4.560 €	max. 4.500 €
40 Tage × 80 Ekm × 0,30 €/Ekm =		960 €
abzugsfähige Entfernungspauschale		5.460 €

Benutzt der Arbeitnehmer arbeitstäglich **mehrere Verkehrsmittel**, gilt die Deckelung nur für den Teil der Entfernungspauschale, der nicht das Kfz betrifft.

BEISPIEL

Nutzung verschiedener Verkehrsmittel am selben Arbeitstag

Der Arbeitnehmer fährt an 230 Arbeitstagen mit seinem Kfz zum 10 km entfernten Bahnhof und von dort mit dem Zug 80 km zur Arbeitsstätte. Die kürzeste Straßenverbindung beträgt 78 km.

Die Jahresentfernungspauschale beträgt 230 Tage × 78 Ekm × 0,30 €/Ekm = 5.382 €. Davon entfällt eine Teilstrecke von 10 Entfernungskilometern und der entsprechende Teil der Entfernungspauschale (230 Tage × 10 × 0,30 €/Ekm) = 690 € auf die Kfz-Benutzung und der Rest (5.382 € – 690 € =) 4.692 € auf die Zugstrecke. Da der Kostenanteil für die Zugstrecke maximal mit 4.500 € zu berücksichtigen ist, ergibt sich eine abzugsfähige Entfernungspauschale von (4.500 € + 690 € =) 5.160 €.

654 Bei Benutzung **öffentlicher Verkehrsmittel** können die tatsächlichen Kosten berücksichtigt werden, wenn sie die Entfernungspauschale übersteigen. Dabei sind die tatsächlich im Jahr angefallenen Kosten für öffentliche Verkehrsmittel mit der Jahresentfernungspauschale zu vergleichen (§ 9 Abs. 2 Satz 2 EStG).

BEISPIEL

Arbeitnehmer weist Kosten für die Bahnfahrten nach

Ein Arbeitnehmer nutzt die Bahn für die Wege zur 78 km entfernten Arbeitsstätte. Er weist im Jahr Kosten für die Zugfahrten nach i. H. v.

- 4.400 €,
- 5.200 €.

Zu vergleichen sind nicht die Entfernungspauschale für die Zugstrecke, sondern die gesamte Jahresentfernungspauschale mit den tatsächlichen Kosten für die Zugbenutzung. Die Jahresentfernungspauschale beträgt 5.382 € (s. Bsp. oben), die, weil kein Kfz genutzt wurde, auf max. 4.500 € im Jahr begrenzt wird.

Da die tatsächlichen Kosten (4.400 €) in Fall a) die abzugsfähige Jahresentfernungspauschale von 4.500 € nicht übersteigen, wird die Entfernungspauschale berücksichtigt. In Fall b) übersteigen die tatsächlichen Kosten von 5.200 € die Jahresentfernungspauschale und werden abgezogen.

Abzugsfähig sind auch (zusätzlich) die Kosten für eine **Bahncard**, wenn dadurch die gesamten Bahnkosten einschließlich Bahncard niedriger sind als die Kosten ohne Bahncard. Ohne Bedeutung ist dabei, dass die Bahncard auch für private Fahrten genutzt werden kann.

655 Beteiligt sich der Arbeitgeber an den Kosten (Kostenersatz oder kostenloses bzw. verbilligtes Jobticket ist der geldwerte Vorteil ab 2019 steuerfrei (§ 3 Nr. 15 EStG). Dafür wird jedoch der abzugsfähige Betrag für die Wege entsprechend gekürzt (vgl. Anlage N eZeile 39). Alternativ ist es möglich, dass der Arbeitgeber den Sachbezug pauschal versteuert. Dann unterbleibt die Kürzung der Entfernungspauschale (➜ Tz 621).

Mehrere Dienstverhältnisse

656 Fallen Aufwendungen für Fahrten zwischen Wohnung und Arbeitsstätte mehrfach an, weil der Arbeitnehmer in mehreren Dienstverhältnissen steht (z. B. zwei Halbtags-Jobs), ist die Entfernungspauschale arbeitstäglich für jeweils eine Fahrt je Dienstverhältnis zur jeweiligen Arbeitsstätte abzugsfähig. Findet zwischen den beiden Tätigkeiten keine Heimkehr zur Wohnung statt, wird die Entfernungspauschale für die halbe insgesamt gefahrene Strecke angesetzt. Ist diese höher als die Summe der Entfernung von der Wohnung zu beiden Arbeitsstätten, dürfen nur diese Entfernungen berücksichtigt werden (BMF, Schreiben v. 31.10.2013, IV C 5 – S 2351/09/10002:002, Rn. 1.8, BStBl 2013 I S. 1376).

BEISPIEL

Arbeitnehmer hat zwei Arbeitsverhältnisse

Ein Arbeitnehmer fährt an 230 Arbeitstagen morgens 20 km zur Arbeitsstätte beim ersten Arbeitgeber, nachmittags von dort aus 18 km zur zweiten Arbeitsstätte beim zweiten Arbeitgeber und abends 12 km zurück zu seiner Wohnung.

Da die Hälfte der gesamten gefahrenen Strecke (20 km + 18 km + 12 km) mit 25 km niedriger ist als die Summe der beiden Einzelstrecken von der Wohnung zur jeweiligen Arbeitsstätte (20 km + 12 km), ist für die Berechnung der Entfernungspauschale von 25 Entfernungskilometer auszugehen. Damit berechnet sich der Kostenabzug mit 230 Tage × 25 Ekm × 0,30 €/Ekm = 1.725 €.

Abgeltungswirkung der Entfernungspauschale

Mit der Entfernungspauschale sind sämtliche (gewöhnliche) Kosten abgegolten (§ 9 **657**
Abs. 2 Satz 1 EStG). Dies betrifft neben der Absetzung für Abnutzung (AfA) für den Pkw auch Garagenmiete, Reparaturen, Kraftstoffe, Öl, Wartung, Beiträge für Kraftfahrerverbände, Versicherungen (Haftpflicht, Insassenunfall, Kasko) oder die Kosten eines Austauschmotors sowie Parkgebühren für das Abstellen des Fahrzeugs während der Arbeitszeit (unabhängig davon, ob in der Nähe der Arbeitsstätte oder an einem Bahnhof) und Finanzierungskosten i. Z. m. dem Kauf des Verkehrsmittels. Auch Reparaturaufwendungen (Motorschaden) infolge einer Falschbetankung eines Pkw auf der Fahrt zwischen Wohnung und Arbeitsstätte sind nicht zusätzlich abziehbar (BFH, Urteil v. 20.3.2014, VI R 29/13, HI6985763, BFH/NV 2014 S. 1284).

Lediglich **Unfallkosten**, die auf einer Fahrt von oder zur Arbeitsstelle entstanden sind, werden von der Verwaltung, entgegen der Auffassung des BFH, zusätzlich als WK anerkannt. Das gilt auch für Reparaturkosten, die entstehen, wenn das Fahrzeug während der Arbeitszeit auf einem Parkplatz beschädigt wurde, ohne dass der Verursacher feststellbar ist (→ Tz 691). Unfallbedingte Behandlungs- und Krankheitskosten sind ebenfalls zusätzlich zur Entfernungspauschale abzugsfähig (BFH, Urteil v. 19.12.2019, VI R 8/18, HI13754968, BFH/NV 2020 S. 578).

Fahrgemeinschaften

Jedes Mitglied einer (wechselseitigen) Fahrgemeinschaft kann für die kürzeste Entfer- **658**
nung zu seiner Arbeitsstätte (ohne Umwegstrecke für das Abholen der anderen Mitglieder der Fahrgemeinschaft) die Entfernungspauschale geltend machen. Für die Tage, an denen nicht selbst gefahren wird (Mitfahrtage), ist der Abzug der Entfernungspauschale auf maximal 4.500 € im Jahr (Deckelung) begrenzt.

Wird für die Mitfahrt bezahlt (einseitige Fahrgemeinschaft), erhält der Zahlende (Mitfahrer) die Entfernungspauschale, ggf. begrenzt auf 4.500 € im Jahr. Der Fahrer kann seine Entfernungspauschale (ohne Deckelung) geltend machen. Die erhaltenen Fahrtkosten sind bei ihm Einnahmen bei den sonstigen Einkünften nach § 22 Nr. 3 EStG (→ Tz 953 ff.). Falls durch die Abholung der Mitfahrer Umwegstrecken anfallen, sind die zusätzlich gefahrenen Kilometer mit den tatsächlichen Kosten bzw. ohne Nachweis bei Kfz-Nutzung mit 0,30 € je gefahrenen Kilometer als WK bei den sonstigen Einkünften zu berücksichtigen. Die danach verbleibenden Einkünfte sind steuerfrei, wenn sie im Jahr weniger als 256 € (Freigrenze) betragen. Ein höherer Betrag ist in voller Höhe steuerpflichtig.

Sammelbeförderung durch den Arbeitgeber

Wird der Arbeitnehmer auf Kosten des Arbeitgebers abgeholt und zur Arbeitsstätte gebracht, sind die vom Arbeitgeber übernommenen Kosten steuerfreier Arbeitslohn (§ 3 Nr. 32 EStG). Der Arbeitnehmer kann in diesen Fällen keine Entfernungspauschale abziehen (§ 9 Abs. 1 Satz 3 Nr. 4 Satz 3 EStG).

Zur Benutzung eines **Firmenwagens** siehe ➔ Tz 664.

Weitere Einzelheiten und **Sonderfälle** (Nutzung der Fähre, eines Flugzeugs etc.): BMF, Schreiben v. 31.10.2013, IV C 5 – S 2351/09/10002:002, BStBl 2013 I S. 1376.

Behinderte Menschen

659 Menschen mit einem Grad der Behinderung von mindestens 70 % oder 50 % und einer erheblichen Beeinträchtigung in der Bewegungsfähigkeit im Straßenverkehr (Merkzeichen „G“ oder „aG“ im Schwerbehindertenausweis) können – insbesondere auch bei Kfz-Nutzung – die tatsächlichen Kosten abziehen, wenn sie höher sind als die Entfernungspauschale (§ 9 Abs. 2 Satz 3 EStG).

Eine Kombination von tatsächlichen Aufwendungen, z. B. für eine mit dem Kfz befahrene Strecke und der Entfernungspauschale z. B. für die Mitnahme in einer Fahrgemeinschaft, ist nicht zulässig (BFH, Urteil v. 5.5.2009, VI R 77/06, HI2171822, BFH/NV 2009 S. 1191). Etwas anderes gilt nur, wenn sich die äußeren Umstände verändert haben (z. B. Arbeitgeberwechsel). Tritt die Behinderung im Laufe des Jahres ein, kann bis zum Eintritt der Behinderung der Kostenabzug nur wie bei nicht behinderten Arbeitnehmern geltend gemacht werden. Siehe auch ➔ Tz 448.

660 Zur Ermittlung der tatsächlichen Kosten sind aus den gesamten angefallenen Kfz-Kosten und den insgesamt im Jahr gefahrenen Kilometern die Kosten je Kilometer und daraus der auf die Fahrten von und zur Arbeitsstätte entfallende Kostenanteil zu ermitteln. Zu den tatsächlichen Kfz-Kosten gehören im Wesentlichen:

- Absetzung für Abnutzung (AfA) – als betriebsgewöhnliche Nutzungsdauer ist bei einem Neuwagen regelmäßig von sechs Jahren auszugehen, bei hoher Laufleistung werden auch vier bis fünf Jahre akzeptiert (➔ Tz 667),
- Leasingsonderzahlung und laufende Leasingraten,
- Garagenmiete,
- Reparatur, Wartung, Inspektion,
- Kraftstoff und Öl,
- Reifen,
- Beiträge für Kraftfahrerverbände,
- Versicherungen (Haftpflicht, Insassenunfall, Kasko, Kfz-Rechtsschutz),
- Kfz-Steuer,
- Finanzierungskosten i. Z. m. dem Kauf des Verkehrsmittels und
- Wagenpflege (Waschanlage).

Nicht zu den laufenden Kosten gehören Park- und Straßenbenutzungsgebühren sowie Unfallkosten. Diese Ausgaben sind gesondert, abhängig vom Anlass der Fahrt, auf ihre Abzugsfähigkeit hin zu beurteilen.

Die Kosten müssen durch Belege nachgewiesen werden. Als Einzelnachweis nicht anerkannt werden z. B. die vom ADAC jährlich ermittelten durchschnittlichen Kosten für ein bestimmtes Modell. Bezüglich der Benzinkosten wird eine Teilschätzung akzeptiert, wobei aber die Annahme des für die Steuerpflichtigen ungünstigsten noch möglichen Falls (Verbrauch, Kosten) zulässig ist. Außerdem müssen die insgesamt im Jahr gefahrenen Kilometer festgehalten werden. Ein ordnungsgemäßes Fahrtenbuch, an das sehr hohe inhaltliche Anforderungen gestellt werden, ist jedoch nicht notwendig.

Ohne Einzelnachweis der Kosten je Kilometer können bei Kfz-Nutzung 0,30 € je gefahrenen Kilometer (0,60 € je Entfernungskilometer), bei Nutzung anderer motorbetriebener Fahrzeuge 0,20 € je gefahrenen Kilometer abgerechnet werden.

Wird der behinderte Mensch von Angehörigen zur Arbeitsstätte gefahren und abgeholt, können die Kosten für zwei Hin- und Rückfahrten (auch Leerfahrten) abgerechnet werden, wenn der Behinderte keinen Führerschein hat oder aufgrund seiner Behinderung von seiner Fahrerlaubnis keinen Gebrauch macht (R 9.10 Abs. 3 Satz 2 LStR 2015).

[Arbeitgeberleistungen → eZeile 39]

Der Arbeitgeber hat die Möglichkeit, einem Arbeitnehmer i. Z. m. Fahrten zwischen Wohnung und Arbeitsstätte **geldwerte Vorteile** zukommen zu lassen, die **steuerfrei** sind oder pauschal versteuert werden können. Dazu gehören z. B. ein Jobticket, Fahrtkostenersatz oder Freifahrtberechtigungen für öffentliche Verkehrsmittel. **661**

Steuerfreie Arbeitgeberleistungen/Jobticket **662**

Stellt z. B. ein Mietwagenverleih seinen Arbeitnehmern Mietwagen kostenlos für Fahrten zwischen Wohnung und Arbeitsstätte zur Verfügung, oder dürfen Arbeitnehmer eines Verkehrsträgers die (öffentlichen) Verkehrsmittel unentgeltlich nutzen, oder überlässt ein Arbeitgeber seinen Arbeitnehmern ein **Jobticket** unentgeltlich oder zu einem Preis, der unter dem zwischen ihm und dem Verkehrsträger vereinbarten Preis liegt, handelt es sich jeweils um Arbeitslohn (Sachbezug). Diese Leistungen des Arbeitgebers können (teilweise) steuerfrei sein. Zur Höhe des Arbeitslohns und zur Steuerfreiheit siehe → Tz 621.

Fahrtkostenersatz durch den Arbeitgeber **663**

Ersetzt der Arbeitgeber dem Arbeitnehmer Fahrtkosten für private Verkehrsmittel, führt dies zu steuerpflichtigem Arbeitslohn. Wird dieser vom Arbeitnehmer versteuert, also dem normalen Lohnsteuerabzug unterworfen, kann er die Entfernungspauschale in voller Höhe als WK ansetzen.

Versteuert der Arbeitgeber den Kostenersatz bis zur Höhe des möglichen Werbungskostenabzugs **pauschal (15 %)**, übernimmt also die Lohnsteuer für den Arbeitnehmer, wird der pauschal versteuerte Betrag auf der Lohnsteuerbescheinigung ausgewiesen und führt zu einer entsprechenden Kürzung der WK (§ 40 Abs. 2 Sätze 2 und 3 EStG).

BEISPIEL

Besteuerung bei Fahrtenkostenersatz

Für einen ledigen Arbeitnehmer (Jahresarbeitslohn 75.000 €) ergibt sich bei Kfz-Nutzung für 25 Entfernungskilometer (Ekm) und 230 Arbeitstage eine Jahresentfernungspauschale von (230 Tage × 25 Ekm × 0,30 €/Ekm) 1.725 €. Der Arbeitgeber ersetzt diesen Betrag.

Der Arbeitgeberersatz führt zu steuerpflichtigem Arbeitslohn. Bezüglich der Versteuerung gibt es zwei Möglichkeiten:

- Entweder wird der bisherige Bruttolohn um 1.725 € erhöht und mit dem persönlichen Steuersatz des Arbeitnehmers besteuert. D. h. vom Fahrtkostenersatz wird zulasten des Arbeitnehmers LSt einbehalten. In diesem Fall kann der Arbeitnehmer die Jahresentfernungspauschale in voller Höhe bei den WK geltend machen.
- Die andere Möglichkeit besteht darin, dass der Arbeitgeber die Steuer auf den Kostenersatz mit 15 % von 1.725 € = 258 € LSt zusätzlich übernimmt. In diesem Fall bekommt der Arbeitnehmer den Fahrtkostenersatz (aus seiner Sicht steuerfrei) in voller Höhe (1.725 €) ausgezahlt. Gleichzeitig wird der WK-Abzug um den pauschal versteuerten Kostenersatz (hier auf 0 €) gekürzt.

Im Regelfall ist es für den Arbeitnehmer günstiger, wenn der Arbeitgeber den Fahrtkostenersatz pauschal versteuert. Er erhält das Geld in voller Höhe, hat weniger Bruttolohn zu versteuern und kann u. U. den Arbeitnehmerpauschbetrag bei den WK in Anspruch nehmen.

664 Dienstwagen/Firmenwagen

Wird für Fahrten zwischen Wohnung und Arbeitsstätte ein **Firmenfahrzeug** kostenlos zur Verfügung gestellt, liegt steuerpflichtiger Arbeitslohn (Sachbezug) vor, den der Arbeitnehmer beim monatlichen Lohnsteuerabzug versteuern muss (➜ Tz 613). Da der Arbeitnehmer den Sachbezug damit versteuert hat, kann er im Gegenzug die Entfernungspauschale als WK geltend machen. Dabei hängt die Anzahl der abzugsfähigen Fahrten davon ab, wie die Versteuerung der Fahrten von der Wohnung zur Arbeitsstätte erfolgt ist. Wurde die pauschale Methode (0,03 % vom Bruttolistenpreis) angewandt, sind pauschal bis zu 230 Tage (Fünf-Tage-Woche) bzw. 280 Tage berücksichtigungsfähig. Wurde die Einzelbewertung gewählt (0,002 % des Bruttolistenpreises), ist der WK-Abzug nur für die Anzahl der Fahrten möglich, für die auch der geldwerte Vorteil versteuert wurde (➜ Tz 616).

Versteuert der Arbeitgeber den Sachbezug pauschal, wird beim Arbeitnehmer die abzugsfähige Entfernungspauschale um den pauschal versteuerten Arbeitslohn gekürzt (➜ Tz 663).

Beiträge zu Berufsverbänden

[Beiträge zu Berufsverbänden ➜ Zeile 41]

665 Zu den anerkannten **Berufsverbänden** und Berufsständen (§ 9 Abs. 1 Satz 3 Nr. 3 EStG) gehören **Gewerkschaften**, Anwaltskammer, Referendarverbände, Richtervereine, Beamtenverbände, der Verein der Deutschen Ingenieure (VDI), der Verein der Handlungsreisenden, der Marburger Bund oder der Bundesverband des Schornsteinfegerhandwerks etc. Abzugsfähig sind nicht nur die Mitgliedsbeiträge, sondern auch Aufnahmegebühren und Umlagen.

Arbeitsmittel

[Aufwendungen für Arbeitsmittel ➜ Zeilen 42, 43]

666 **Arbeitsmittel** (§ 9 Abs. 1 Satz 3 Nr. 6 EStG) sind alle Wirtschaftsgüter, die der Arbeitnehmer unmittelbar zur Erledigung seiner beruflichen Aufgaben benötigt. Handelt es sich um Gegenstände, die bereits objektiv nahezu ausschließlich beruflichen Zwecken dienen,

z. B. Werkzeug, liegt stets ein Arbeitsmittel vor. Bei Gegenständen, die auch privat genutzt werden können, kommt es entscheidend auf die tatsächliche bzw. beabsichtigte berufliche Verwendung an. Ist die private Nutzung von völlig untergeordneter Bedeutung, sind die Kosten in voller Höhe Werbungskosten. Bei einer gemischten Nutzung z. B. eines Computers sind die Kosten grds. ggf. im Wege der Schätzung aufzuteilen (→ Tz 637).

Ein Kostenabzug ist nicht möglich, wenn es sich um Aufwendungen handelt, die unter die allgemeinen privaten Lebenshaltungskosten fallen (z. B. bürgerliche Kleidung) oder für die kein Aufteilungsmaßstab vorhanden ist (z. B. Brille).

TIPP

Arbeitsmittel-Pauschale

Die Finanzverwaltung akzeptiert ohne weiteren Nachweis für Arbeitsmittel Kosten bis zu 110 € jährlich, wenn die gekauften Gegenstände in der Steuererklärung aufgeführt sind.

Abzugszeitpunkt/Absetzung für Abnutzung

Der Kostenabzug erfolgt grds. im Jahr der **Zahlung** (§ 11 EStG). **667**

Bei Arbeitsmitteln, deren Nutzungsdauer sich über ein Jahr erstreckt, können die AK ab dem Jahr der Anschaffung jedoch nur auf die **betriebsgewöhnliche Nutzungsdauer** verteilt über die **Absetzung für Abnutzung (AfA)** berücksichtigt werden (§ 9 Abs. 1 Satz 3 Nr. 7 EStG). Für Arbeitsmittel gilt die AfA-Tabelle für allgemein verwendbare Anlagegüter (BMF, Schreiben v. 14.12.2001, IV D 2 – S 1551 – 497/01, BStBl 2011 I S. 861). Danach beträgt die betriebsgewöhnliche Nutzungsdauer z. B. für Computer und die dazu gehörenden Peripheriegeräte wie Drucker, Monitor drei Jahre, für Diktiergeräte acht Jahre, Fotokopiergeräte fünf Jahre, Faxgeräte sechs Jahre, Aktenvernichter acht Jahre und Büromöbel 13 Jahre. Im Jahr der Anschaffung wird die AfA ab dem Anschaffungsmonat zeitanteilig berechnet (§ 7 Abs. 1 Satz 4 EStG).

Arbeitsmittel, die selbstständig nutzbar sind und deren Kaufpreis ohne Umsatzsteuer (Mehrwertsteuer) nicht mehr als 800 € betragen hat, können als geringwertige Wirtschaftsgüter (GWG) in voller Höhe (einschließlich Umsatzsteuer) im Jahr der Anschaffung (Lieferung) abgezogen werden (§ 9 Abs. 1 Satz 3 Nr. 7 Satz 2 i. V. m. § 6 Abs. 2 EStG). Es ist jedoch auch der Abzug über die AfA möglich.

BEISPIEL

Lehrer kauft Schreibtisch und Stuhl für Arbeitszimmer

Ein Lehrer kauft sich am 20.12.2020 für sein häusliches Arbeitszimmer zur ausschließlich beruflichen Nutzung einen Schreibtisch für 1.000 € + 160 € Umsatzsteuer, einen Schreibtischstuhl für 800 € + 128 € Umsatzsteuer und einen Papierkorb für 30 € + 4,80 € Umsatzsteuer auf Rechnung. Er zahlt den gesamten Rechnungsbetrag im Januar 2021.

Für den Papierkorb ist keine amtliche Nutzungsdauer festgelegt. Deshalb sind die Kosten (34,80 €) im Jahr der Zahlung (2021) als WK abzugsfähig.

Der Schreibtischstuhl kostet ohne Umsatzsteuer nicht über 800 €. Damit handelt es sich um ein GWG, dessen AK von 928 € in voller Höhe im Anschaffungsjahr 2020 abzugsfähig sind. Alternativ ist auch ein über die AfA verteilter Kostenabzug ab 2020 möglich.

Die AK des Schreibtisches müssen zwingend über die AfA berücksichtigt werden. Der AfA-Betrag für 2020 ermittelt sich bei einer amtlichen Nutzungsdauer von 13 Jahren wie folgt:

Kosten 1.160 €: 13 Jahre, davon für Dezember (Kaufmonat) 1/12, ergibt 7 €. Ab 2021 beträgt die AfA jährlich 90 €.

Wurde das Wirtschaftsgut innerhalb der Nutzungsdauer zuerst privat und später beruflich genutzt (**Umwidmung**), ist die auf den beruflich genutzten Zeitraum entfallende AfA abzugsfähig. Beträgt der Wert im Zeitpunkt der Umwidmung nicht mehr als 800 €, kann der Wert in voller Höhe abgesetzt werden (GWG).

BEISPIEL

Privat angeschaffte Gegenstände werden später beruflich genutzt

Ein Lehrer nutzt einen im Januar 2015 gekauften und seitdem privat genutzten Schreibtisch (AK mit Umsatzsteuer 650 €, Nutzungsdauer 13 Jahre) ab September 2020 in seinem Arbeitszimmer ausschließlich beruflich (Umwidmung).

Der Restwert des Schreibtisches (AK 650 €; AfA von Januar 2015 bis August 2020 284 €) beträgt 366 €. Damit kann der Lehrer entweder 366 € in voller Höhe als WK im Jahr 2020 geltend machen oder die jährliche AfA von 50 € (für 2020 ab September 17 €) für die restlichen Jahre der Nutzungsdauer bekommen.

Wird das ehemals beruflich genutzte Wirtschaftsgut innerhalb der Nutzungsdauer nicht mehr beruflich verwendet, ist die (noch nicht abgesetzte) AfA ab diesem Zeitpunkt nicht mehr abzugsfähig.

Häufig vorkommende Einzelfälle von Arbeitsmitteln

668 Arbeitskleidung/Berufskleidung (§ 9 Abs. 1 Satz 3 Nr. 7 EStG)

Entscheidend für den Abzug ist, ob es sich um **typische Berufskleidung** handelt oder nicht.

Kosten für „normale" bürgerliche Kleidung (z. B. Anzug eines Bankkaufmanns, Lederjacke eines Kraftfahrers) sind dagegen, selbst wenn sie nachweislich nur während der Berufsausübung getragen wird, nicht abzugsfähig. Dies gilt auch, wenn beruflich bedingt ein außerordentlich hoher Bedarf an Kleidung (z. B. bei einer Instrumentalsolistin, Schauspielerin, Fernsehansagerin) oder hoher Verschleiß durch die berufliche Beanspruchung oder Verschmutzungsgefahr (z. B. Bauleiter, Malermeister) gegeben ist. Denn in derartigen Fällen ist keine Abgrenzung nach objektiven Maßstäben möglich (➜ Tz 639, ➜ Tz 642).

Zur typischen Berufskleidung gehören z. B. Arbeitsschutzkleidung („Blauer Anton", Schutzmantel, Ärztekittel, Ärzte-, Operationshose, Schornsteinfegerkleidung, Friseurmantel, Arbeitskittel, Sicherheitsschuhe, Schutzbrille, Schutzhelm, Gummistiefel) oder die nach ihrer z. B. uniformartigen Beschaffenheit oder dauerhaft angebrachten Kennzeichnung (z. B. durch angebrachtes Firmenemblem) objektiv eine berufliche Funktion erfüllt (Uniform von

Polizisten und Soldaten, Robe und Barett eines Richters, Dienstkleidung bei Angestellten von Fluglinien, Amtstracht eines Geistlichen, Bergarbeiterkleidung etc.).

Ausnahmeweise kann auch bürgerliche Kleidung zur typischen Berufskleidung werden, wenn eine private Verwendung aufgrund der berufsspezifischen Eigenschaften so gut wie ausgeschlossen ist. So hat die Rspr. zwischenzeitlich als typische Berufskleidung anerkannt:

- Trainingsanzug und Turnschuhe bei Sportlehrern
- Verkaufsmäntel von Verkäuferinnen
- schwarzer Anzug bei Leichenbestattern, Kellnern, Geistlichen, Croupiers
- schwarzer Rock einer Serviererin
  Ob schwarze Kleidung bei bestimmten Berufsgruppen (weiterhin) als typische Berufskleidung anerkannt wird, muss der BFH erneut prüfen (Az. beim BFH VIII R 33/18, Vorinstanz: FG Berlin-Brandenburg, Urteil v. 29.8.2018, 3 K 3278/15, HI12333227, EFG 2018 S. 1940).

Nicht abzugsfähig sind die Kosten für Strümpfe, (Funktions-)Unterwäsche, weiße Jeans, weiße Hemden und „normale" Schuhe oder Sandalen.

Bei typischer Berufskleidung sind nicht nur die AK, sondern auch die Kosten für Pflege und Reinigung (Kosten des Waschvorgangs) abzugsfähig. Je Waschgang wurden durch das FG Münster, Urteil v. 19.2.2002, 1 K 6432/00, HI725952, EFG 2002, S. 670, im Wege der Schätzung Ausgaben i. H. v. 0,74 € bzw. jährlich ca. 100 € anerkannt (s. auch FG Baden-Württemberg, Urteil v. 23.11.2005, 3 K 202/04, HI1483631, EFG 2006 S. 811). Unerheblich ist, ob die Berufskleidung separat oder zusammen mit der Privatwäsche gewaschen wird. Allerdings muss der Steuerpflichtige im Einzelnen darlegen, welche Menge an Berufskleidung wöchentlich bzw. monatlich gewaschen werden muss und wie viele Waschmaschinenladungen mit beruflich genutzter Wäsche dies ausmacht.

Bücher und Zeitschriften (Fachliteratur) **669**

Der Werbungskostenabzug ist möglich, wenn die erworbenen Bücher und Zeitschriften ausschließlich oder ganz überwiegend beruflichen Zwecken dienen. Dies ist bei **Fachbüchern** und **Fachzeitschriften** stets der Fall. Derartige Produkte sind auf einen bestimmten Personenkreis zugeschnitten und auf das berufliche Fachgebiet beschränkt.

Bei Printmedien, die auch von (anderen) Personen gekauft werden, die keine berufliche Verwendung dafür haben (allgemeine Zeitschriften und Bücher), ist bei jedem einzelnen Buch (Zeitschrift) darauf abzustellen, zu welchem tatsächlichen oder beabsichtigten **Verwendungszweck** es gekauft wurde. Der Abzug ist möglich, wenn die berufliche Verwendung nachgewiesen wird. Bei einem Lehrer z. B. ist die Eigenschaft eines Buches zuerst danach zu bestimmen, in welchem Umfang und wie oft er das Buch im Unterricht genutzt hat. Aber auch die Verwendung von Literatur zur Unterrichtsvorbereitung oder für eine Unterrichtseinheit, die nicht abgehalten worden ist, kann eine ausschließliche oder zumindest weitaus überwiegende berufliche Nutzung der Literatur begründen (BFH, Urteil v. 20.5.2010, VI R 53/09, HI2452593, BFH/NV 2010 S. 2316).

Erst wenn die berufliche Nutzung nicht eindeutig nachgewiesen wurde, kann der objektive Charakter der Literatur den Ausschlag geben, was bei allgemeiner Literatur im Regelfall mangels Aufteilungsmaßstabs dazu führt, dass die Kosten nicht abzugsfähig sind. So werden Kosten für das Abonnement einer Tageszeitung stets zu den nicht abzugsfähigen Kosten der Lebensführung gerechnet. Dasselbe dürfte für Abonnements von allgemeinbildenden Zeitschriften (z. B. GEO, Spiegel) gelten. Kann bei allgemeinbildenden Zeitschriften deren berufliche Nutzung nicht nachgewiesen werden, greift das Abzugsverbot des § 12 Nr. 1 EStG, ohne dass insoweit aufzuteilen wäre (BFH, Urteil v. 13.4.2010, VIII R 26/08, HI2382235, BFH/NV 2010 S. 2035). Das schließt nicht aus, dass die Kosten für einzelne – eventuell sogar zweimal gekaufte – allgemeinbildende Zeitschriften bei konkreter beruflicher Verwendung z. B. im Unterricht Werbungskosten sein können (BFH, Urteil v. 20.5.2010, VI R 53/09, HI2452593, BFH/NV 2010 S. 2316).

670 Computeranlage mit Peripheriegeräten und Software

Liegt eine berufliche und private (gemischte) Nutzung vor, sind die Kosten im Wege einer sachgerechten Schätzung aufzuteilen. Wenn eine berufliche Nutzung zweifelsfrei feststeht, wird von der Verwaltung ein 50%iger beruflicher Anteil akzeptiert (➜ Tz 637, ➜ Tz 642).

Der **Computer** ist ein eigenes Wirtschaftsgut, dessen AK über die AfA, auf drei Jahre (betriebsgewöhnliche Nutzungsdauer) verteilt, geltend gemacht werden können. Die Sonderregelung für GWG (800-Euro-Grenze) mit Sofortabzug in voller Höhe im Jahr des Kaufs kann angewendet werden (➜ Tz 667).

Wird der PC z. B. durch den Einbau von Teilen (größere Festplatte, Speichererweiterung, DVD-Laufwerk) aufgerüstet, erhöht sich der im Zeitpunkt des Einbaus noch vorhandene Restwert um die AK der gekauften Teile. Der so ermittelte Wert wird auf die restliche Nutzungsdauer verteilt. War der PC bereits vollständig abgeschrieben, sind die Kosten der eingebauten Teile grds. sofort abzugsfähig. Die mit dem PC mitgelieferten und vorinstallierten Programme (Betriebssystem) sind regelmäßig im Preis enthalten und werden einheitlich mit dem PC abgeschrieben.

Peripheriegeräte (Scanner, Drucker, Monitor, externer Brenner, externes CD-ROM-Laufwerk) sind getrennt von der Computeranlage als selbstständig bewertbare Wirtschaftsgüter zu beurteilen. Da sie jedoch nichtselbstständig nutzbar sind, handelt es sich nicht GWG. Daher sind die AK dieser Gegenstände nur über die AfA (Nutzungsdauer drei Jahre) abzugsfähig. Der berufliche Nutzungsanteil richtet sich im Regelfall nach der Nutzung des PC.

TIPP

Steuerliche Behandlung eines Multifunktionsgeräts

Soweit ein **Multifunktionsgerät** (Drucker, Fax, Scanner) angeschafft wurde, das unabhängig vom PC genutzt werden kann, handelt es sich um ein selbstständiges Wirtschaftsgut, für das die Regelung für GWG anwendbar ist. Dasselbe gilt für externe Datenspeicher, z. B. externe Festplatte, Speicherstick, Speicherkarte, CD-ROMs. Werden darauf berufliche Inhalte gespeichert, sind die Kosten abzugsfähig.

Computerprogramme (Software) sind immaterielle Wirtschaftsgüter, deren AK grds. nur über die AfA, auf die Nutzungsdauer verteilt, abzugsfähig sind. Die Finanzverwaltung wendet allerdings bei Programmen die Regelung für GWG (800-Euro-Grenze) an und lässt entsprechend den Sofortabzug in voller Höhe zu (R 5.5 Abs. 1 und 6.13 Abs. 1 EStR 2012).

Soweit Software ausschließlich der beruflichen Tätigkeit zugeordnet werden kann (z. B. Lernprogramm bei einem Lehrer, CAD-Programm bei einem Techniker), sind die gesamten Kosten (ggf. über die AfA) abzugsfähig. Bei einer gemischten Nutzung (z. B. Textverarbeitung) gilt für das jeweilige Programm der Aufteilungsmaßstab des PCs. Programm-Updates sind im Regelfall in voller Höhe abzugsfähig.

Weitere Arbeitsmittel

ACHTUNG **671**

Gemischte Aufwendungen – Tendenz zum Aufteilungsgebot

Die geänderte Rspr. des BFH zum **gemischten Aufwand** und die Abkehr vom allgemeinen Abzugs- und Aufteilungsverbot haben wohl auch Auswirkung auf die künftige Behandlung der Kosten für Gegenstände, die sowohl beruflich als auch privat verwendet werden (können), z. B. Sportgeräte, Musikinstrumente. Hat die Rspr. den Kostenabzug bisher häufig mit dem Hinweis auf eine nach der Lebenserfahrung wahrscheinliche, nicht untergeordnete private Nutzung komplett abgelehnt, erscheint künftig eine Kostenaufteilung in einen abzugsfähigen beruflichen und einen nicht abzugsfähigen privaten Teil denkbar. Dabei dürfte, wenn keine anderen Erkenntnisse vorliegen, grds. von einer 50%igen Nutzung auszugehen sein.

Zu den Arbeitsmitteln gehören bei entsprechender beruflicher Nutzung in alphabetischer Reihenfolge: Aktentasche, Aktenkoffer, Aktenschrank, Bücherregal, Diktiergerät, DVD-Player (bei Musikdozenten oder Musiktherapeuten), „Dienst"-Tier (z. B. Polizeihund, Jagdhund eines Försters, Therapie-, Blindenhund), Fotoausrüstung und Zubehör (bei Fotografen, Fotoreporter), Musikinstrument, soweit unmittelbar zur Berufsausübung notwendig (z. B. bei Orchestermusiker, Konzertpianist, Hochschuldozent, hauptamtlicher Kirchenmusiker, hauptberuflicher Musikschullehrer; im Regelfall nicht bei Musiklehrern), Schreibtisch, Schreibtischlampe, Papierkorb, Sportgeräte, wenn der private Anteil völlig untergeordnet ist (z. B. bei hauptberuflichen Ski-, Tennis-, Reitlehrern), Taschenrechner.

Arbeitszimmer

[Aufwendungen für ein häusliches Arbeitszimmer ➜ Zeile 44]

Ein **häusliches Arbeitszimmer** in steuerlicher Hinsicht ist ein (so gut wie ausschließlich) **672** beruflich oder betrieblich genutzter büroartiger Raum, der in die häusliche Sphäre eingebunden ist (➜ Tz 676). Häusliche Arbeitszimmer sind bei Arbeitnehmern, Gewerbetreibenden und Freiberuflern möglich. Auch wenn das Zimmer ausschließlich zur Verwaltung von Beteiligungseinkünften oder Vermietungsobjekten genutzt wird, kann ein häusliches Arbeitszimmer vorliegen. Unerheblich ist dabei, ob ein Arbeitszimmer für die jeweilige Tätigkeit erforderlich ist. Maßgebend ist die Veranlassung durch die Einkünfteerzielung (BFH, Urteil v. 8.3.2017, IX R 52/14, HI10865433, BFH/NV 2017 S. 1017).

Voraussetzungen für den Kostenabzug

Folgende Kriterien sind für den Kostenabzug für ein häusliches Arbeitszimmer von **673** Bedeutung:

- abgeschlossener (von vier Wänden umgebener) Raum
- so gut wie ausschließlich berufliche Nutzung
- im häuslichen Bereich
- Nutzung als Arbeitszimmer
- persönliche Bedingungen

ACHTUNG

Beruflich und privat genutzter Raum/Arbeitsecke – kein Kostenabzug!

Wird das Zimmer beruflich und privat genutzt sind die Kosten für das Zimmer insgesamt nicht abzugsfähig (BFH, Beschluss v. 27.7.2015, GrS 1/14, HI8993478, BFH/NV 2016 S. 447). Dies gilt sowohl, wenn nur ein Teil des Zimmers z.B. als Arbeitsecke beruflich genutzt wird, als auch, wenn ein Raum im zeitlichen Umfang nicht unerheblich (mindestens 10 % der Nutzungszeit) privat genutzt wird (BFH, Urteil v. 16.2.2016, IX R 23/12, HI9232299, BFH/NV 2016 S. 912). Die Nutzung des Zimmers für eine nicht steuerbare Tätigkeit gilt als Privatnutzung (BFH, Urteil v. 16.2.2016, IX R 20/13, HI9471520, BFH/NV 2016 S. 1146).

WICHTIG

Arbeitsmittel im Arbeitszimmer

Der Kostenabzug für die Anschaffung von beruflich genutzten Gegenständen (Arbeitsmittel wie z.B. Schreibtisch, Schreibtischstuhl, Lampe, Papierkorb, Regale) ist auch dann möglich, wenn die Aufwendungen für das Arbeitszimmer nicht abzugsfähig sind. Es gelten dabei die allgemeinen Kriterien für die Beurteilung von Arbeitsmitteln (➜ Tz 666).

674 Die **berufliche Nutzung** des Zimmers ist anhand von äußeren Merkmalen zu prüfen. Grundvoraussetzung ist, dass die Wohnung groß genug ist, dass ein Zimmer davon beruflich verwendet werden kann und trotzdem noch genügend Platz für das private Wohnbedürfnis vorhanden ist (Grundregel: Ein Raum je Haushaltsmitglied, sowie Küche, Bad und WC). Weiterhin muss sich das Arbeitszimmer in einem eigenen getrennten (von Wänden umgebenen) Zimmer befinden. Ein Durchgangszimmer wird nicht anerkannt, wenn dahinter private Räume liegen, die ständig genutzt werden (z.B. Küche, Wohn-, Ess-, Kinderzimmer, WC). Unschädlich ist dagegen ein dahinter liegendes Schlafzimmer. Weiterhin dürfen in dem Zimmer keine Gegenstände stehen, die für eine regelmäßige private Mitbenutzung sprechen (z.B. Gästebett, Bügelmaschine, Ergometer). Außerdem muss der Beruf des Steuerpflichtigen eine berufliche Nutzung eines Zimmers glaubhaft erscheinen lassen.

675 Das Zimmer gehört zum häuslichen Bereich, wenn es von der Wohnung aus – auch durchs Freie – betreten werden kann, ohne dass eine öffentliche, der Allgemeinheit zugängliche Fläche betreten werden muss (BFH, Beschluss v. 30.1.2014, VI B 125/13, HI6561990, BFH/NV 2014 S. 688). Dies ist bei selbstbewohnten Ein- und Zweifamilienhäusern praktisch immer der Fall. Bei einem Mehrfamilienhaus mit vermieteten Wohnungen wird das Zimmer der häuslichen Sphäre zugeordnet, wenn es in unmittelbarer Nähe zur Wohnung (ohne fremde Wohnung dazwischen) liegt oder das Zimmer in einem **einheitlichen** Mietvertrag als Zubehörraum zusammen mit der Wohnung angemietet wurde.

676 Ein Raum wird als **Arbeitszimmer** angesehen, wenn er vorwiegend zur Erledigung von Arbeiten gedanklicher, schriftlicher, verwaltungstechnischer oder organisatorischer Art genutzt wird (büroartiger Raum; zentrales Möbelstück i. d .R. ein Schreibtisch) und nicht für einen Publikumsverkehr vorgesehen ist. Möglich ist aber auch eine geistige, künstlerische oder schriftstellerische Betätigung. Typische Fälle sind z.B. das häusliche Büro eines Handelsvertreters, Übersetzers, Journalisten, Schriftstellers, Lehrers, Rechtsanwalts oder der Übungsraum eines Musikers (BFH, Urteil v. 10.10.2012, VIII R 44/10, HI3560733, BFH/NV 2013 S. 359). Auch ein Raum, in dem der Steuerpflichtige zu Hause einen Telearbeitsplatz oder ein Homeoffice unterhält, ist ein häusliches Arbeitszimmer (BFH, Urteil v. 26.2.2014, VI R 40/12, HI6792654, BFH/NV 2014 S. 1137).

Nicht als Arbeitszimmer gelten Ausstellungs-, Lagerräume für Waren oder Werbematerial, Tonstudios, Archiv- oder Betriebsräume, die z. B. mit Maschinen oder beruflich genutzten Geräten ausgestattet sind (Betriebsstätte). Dies gilt auch für Büroräume, die räumlich i. Z. m. betrieblichen Räumen stehen und für einen intensiven und dauerhaften Publikumsverkehr (Kunden, Geschäftsfreunde) geöffnet sind (z. B. Arztpraxen mit Patientenbesuchen) oder in denen familienfremde Arbeitnehmer beschäftigt werden. Die Nähe zur Wohnung ist dabei ohne Bedeutung. Zur Abgrenzung im Einzelfall: BFH, Urteil v. 23.1.2003, IV R 71/00, HI929036, BFH/NV 2003 S. 859. Die Aufwendungen für derartige Räume sind in voller Höhe abzugsfähig.

Abzugshöhe der Kosten

Je nach den persönlichen Umständen ist der Kostenabzug für ein häusliches Arbeitszimmer **677**
unbegrenzt, begrenzt auf 1.250 € im Jahr oder gar nicht möglich (§§ 4 Abs. 5 Nr. 6b EStG, 9 Abs. 5 EStG). Die Abgrenzungskriterien gelten nicht nur für häusliche Arbeitszimmer von Arbeitnehmern, sondern auch für Arbeitszimmer von Freiberuflern und Gewerbetreibenden.

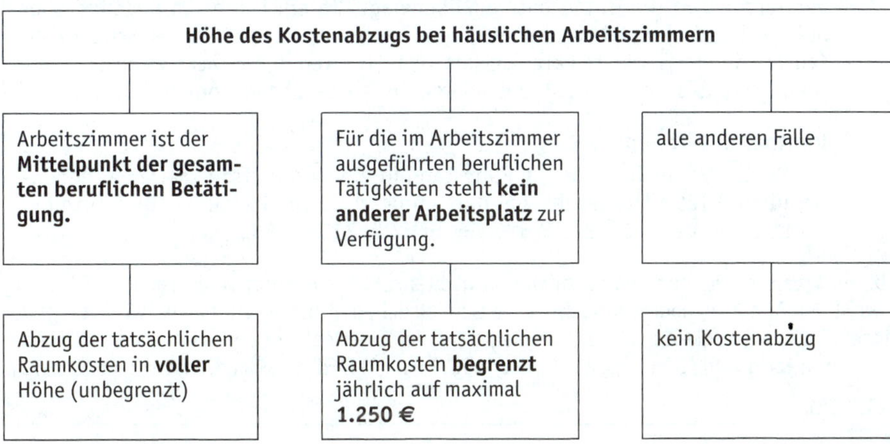

Mittelpunkt der Tätigkeit **678**

Maßgebend ist, dass sich der inhaltliche (qualitative) Schwerpunkt der Tätigkeit, bei mehreren Tätigkeiten (Arbeitsverhältnissen) der Schwerpunkt aller Tätigkeiten, im Arbeitszimmer befindet. D. h., die für die Tätigkeit(en) wesentlichen und sie prägenden Handlungen und Leistungen müssen im Arbeitszimmer erbracht werden (z. B. Heimarbeitsplatz). Eine Tätigkeit außerhalb des Arbeitszimmers ist ohne Bedeutung, wenn sie für die Tätigkeit nur eine untergeordnete Rolle spielt. Auch ein möglicher zweiter Arbeitsplatz im Betrieb ist in diesem Fall unschädlich.

BEISPIEL

Nur Arbeitsentgegennahme und Abgabe beim Arbeitgeber

Eine angestellte Übersetzerin hat in ihrer Wohnung in einem Raum einen Heimarbeitsplatz eingerichtet und kommt nur in unregelmäßigen Abständen ins Büro des Arbeitgebers, um dort Aufträge abzugeben oder zu holen und an Besprechungen teilzunehmen.

Hier ist der Heimarbeitsplatz Mittelpunkt der Tätigkeit, denn dort finden die Übersetzungen und damit die wesentlichen beruflichen Aktivitäten statt. Außerhalb des Zimmers werden keine den Beruf prägenden Arbeiten erledigt.

Häusliche Unterrichtsvorbereitung

Ein Lehrer unterrichtet wöchentlich zwölf Stunden in der Schule und nutzt das häusliche Arbeitszimmer wöchentlich 16 Stunden zur Unterrichtsvor-/-nachbereitung.

Das Arbeitszimmer ist nicht Mittelpunkt seiner Tätigkeit. Das Berufsbild eines Lehrers wird geprägt durch die unterrichtende Tätigkeit. Diese findet nicht im Arbeitszimmer statt. Dabei spielt es keine Rolle, dass die im Arbeitszimmer verbrachte Zeit die Unterrichtszeit überwiegt. Da ein Lehrer im Regelfall aber auf ein häusliches Arbeitszimmer angewiesen ist, weil ihm in der Schule kein (ausreichender) Arbeitsplatz für sämtliche notwendigen Tätigkeiten zur Verfügung steht, ist ein auf 1.250 € begrenzter Kostenabzug möglich (s. u.).

Rentner mit Nebenjob

Ein Rentner/Pensionär, der im Ruhestand in einem Arbeitszimmer eine (nebenberufliche) Tätigkeit ausübt, hat dort seinen Arbeitsmittelpunkt (BFH, Urteil v. 11.11.2014, VIII R 3/12, HI7616766, BFH/NV 2015 S. 559).

Übt ein Arbeitnehmer nur eine berufliche Tätigkeit aus, die in qualitativer Hinsicht gleichwertig sowohl im Arbeitszimmer als auch am außerhäuslichen Arbeitsort erbracht wird, liegt der Mittelpunkt der Tätigkeit im Arbeitszimmer, wenn der Arbeitnehmer dort mehr als die Hälfte der Arbeitszeit tätig wird (BFH, Urteil v. 23.5.2006, VI R 21/03, HI1523904, BFH/NV 2006 S. 1573).

BEISPIEL

Wechsel zwischen Homeoffice und Arbeitsplatz beim Arbeitgeber

Ein Auftragssachbearbeiter eines Fahrzeugherstellers hat einen Heimarbeitsplatz, an dem er an drei Tagen die Woche arbeitet. An zwei Tagen übt er dieselbe Tätigkeit an einem Arbeitsplatz am Betriebssitz seines Arbeitgebers aus.

Da nur **eine** berufliche Tätigkeit ausgeübt wird und diese in qualitativer Hinsicht gleichwertig sowohl im Arbeitszimmer als auch am Betriebssitz des Arbeitgebers stattfindet, liegt der Mittelpunkt der Tätigkeit im Arbeitszimmer, weil dort mehr als die Hälfte der Arbeitszeit verbracht wird. Ein möglicher vorhandener Arbeitsplatz im Betrieb wäre unschädlich. Überwiegt die zeitliche Tätigkeit im Betrieb, kommt ein auf 1.250 € begrenzter Abzug infrage (s. u.), aber nur, wenn für die Arbeitstage im Arbeitszimmer im Betrieb kein Arbeitsplatz zur Verfügung steht.

TIPP

Homeoffice während der Corona-Krise

Stand einem Arbeitnehmer aufgrund der Corona-Pandemie sein eigentlicher Arbeitsplatz nicht zur Verfügung und arbeitete er in dieser Zeit nur in einem ausschließlich beruflich Zimmer zu Hause, sind die auf diesen Zeitraum entfallenden Raumkosten in voller Höhe abzugsfähig.

Mehrere Tätigkeiten im Arbeitszimmer

Werden im Arbeitszimmer mehrere berufliche bzw. betriebliche Tätigkeiten nebeneinander ausgeübt, sind alle Tätigkeiten in ihrer Gesamtheit zu erfassen. Dabei gilt:

- Liegt bei allen Erwerbstätigkeiten jeweils einzeln betrachtet der qualitative Schwerpunkt (= Mittelpunkt) im Arbeitszimmer, dann ist das Arbeitszimmer Mittelpunkt der gesamten Tätigkeit und die Kosten sind in voller Höhe abzugsfähig.
- Liegt bei allen Erwerbstätigkeiten der qualitative Schwerpunkt außerhalb des Arbeitszimmers, kann das Arbeitszimmer auch durch die Gesamtbetrachtung nicht Mittelpunkt aller Tätigkeiten werden.
- Ist das Arbeitszimmer zwar Mittelpunkt in Bezug auf eine von mehreren Tätigkeiten, nicht jedoch im Hinblick auf die übrigen Tätigkeiten, ist im Regelfall das Arbeitszimmer nicht Mittelpunkt der gesamten Tätigkeit. Der Steuerpflichtige kann aber nach dem Gesamtbild der Verhältnisse glaubhaft machen, dass die außerhalb des Arbeitszimmers ausgeübten Tätigkeiten in der Gesamtbetrachtung aller Tätigkeiten von so untergeordneter Bedeutung sind, dass der gesamte Mittelpunkt doch im Arbeitszimmer liegt. Die Beurteilung erfolgt nach der Verkehrsanschauung und nicht nach den Vorstellungen des Steuerpflichtigen (BFH, Urteil v. 16.12.2004, IV R 19/03, HI1305877, BFH/NV 2005 S. 463).

Kein anderer Arbeitsplatz 679

Kann der Arbeitnehmer (so gut wie) alle von seinem Arbeitgeber geforderten Tätigkeiten auch ohne ein häusliches Arbeitszimmer z. B. im Betrieb erledigen, sind die Kosten für ein Arbeitszimmer nicht abziehbar. Der (begrenzte) Kostenabzug ist also nur möglich, wenn ein nicht unerheblicher Teil der Arbeit zu Hause erledigt werden muss. Maßgebende Beurteilungskriterien sind die Qualität des Arbeitsplatzes im Betrieb, die Verfügbarkeit und tatsächliche Nutzbarkeit im konkret erforderlichen Umfang. Ein anderer Arbeitsplatz ist nicht vorhanden, wenn der zugewiesene Raum aus arbeitsrechtlichen Gründen oder wegen Gesundheitsgefährdung nicht nutzbar ist (BFH, Urteil v. 26.2.2014, VI R 11/12, HI6995759, BFH/NV 2014 S. 1264). Ohne Bedeutung dagegen ist, ob der Arbeitsplatz auch außerhalb der üblichen Arbeitszeiten, z. B. am Wochenende oder in den (Betriebs-)Ferien, zugänglich ist.

Auch ein ständig wechselnder Arbeitsplatz im Betrieb oder ein Platz in einem Großraumbüro bzw. ein Poolarbeitsplatz kann genügen, wenn durch eine ausreichende Zahl von Arbeitsplätzen sichergestellt ist, dass die Nutzung im erforderlichen Umfang möglich ist. Kann der Selbstständige die Praxisräume nicht im erforderlichen Umfang für Büroarbeiten nutzen (z. B. Datenschutz lt. DSG-VO), ist für ein häusliches Arbeitszimmer der begrenze Kostenabzug möglich (BFH, Urteil v. 22.2.2017, III R 9/16, HI10602476, BFH/NV 2017 S. 831).

BEISPIEL

Schulleiter erledigt Verwaltungsarbeit im Sekretariat

Ein Schulleiter mit einem Unterrichtspensum von zwölf Wochenstunden hat im Schulsekretariat ein Büro ausschließlich für die Verwaltungsarbeiten als Schulleiter zur Verfügung.

Da der Raum in der Schule nicht für Unterrichtsvor- und Nachbereitung zur Verfügung steht, ist dafür ein häusliches Arbeitszimmer notwendig. Die Kosten für das Arbeitszimmer können bis zu 1.250 € jährlich abgezogen werden.

Arbeitnehmer ist auch für interne Fortbildung zuständig

Ein Bankangestellter ist für seinen Arbeitgeber auch als innerbetrieblicher Fortbilder tätig. Für die Vorbereitung der Fortbildungen steht ihm in der Bank sein üblicher Arbeitsplatz nicht zur Verfügung.

Die Kosten für ein häusliches Arbeitszimmer sind bis zu 1.250 € abzugsfähig.

Arbeitnehmer absolviert Fernstudium

Ein Bankkaufmann mit abgeschlossener erster Berufsausbildung macht ein Fernstudium im Fach Betriebswirtschaftslehre und hat sich dafür ein Arbeitszimmer zu Hause eingerichtet.

Da für das Studium kein anderer Arbeitsplatz zur Verfügung steht, sind die Kosten bis zu 1.250 € abzugsfähig.

Erzieherin im Kindergarten

Eine Erzieherin, der im Kindergarten kein Raum zur Verfügung steht, in dem sie ihre pädagogische Arbeit (Bastelmappen, Portfolios) vorbereiten, Entwicklungsberichte und Elternbriefe verfassen kann, kann die Kosten eines häuslichen Arbeitszimmers bis zu 1.250 € im Jahr geltend machen.

Abzugsfähige Kosten

680 Abzugsfähig sind alle Kosten (Betriebskosten und Ausstattung) für das Zimmer. Handelt es sich um Ausgaben, die das ganze Haus betreffen (Miete, Umlagen für Strom, Wasser, Heizung, Müllgebühren, Versicherungen etc.), sind sie anteilig (Fläche des Arbeitszimmers zur gesamten Wohnfläche einschließlich Arbeitszimmer) dem Arbeitszimmer zuzuordnen. Ein im Keller befindliches Arbeitszimmer, das den Standard eines Wohnraums hat, zählt dabei zur Wohnfläche (BFH, Urteil v. 11.11.2014, VIII R 3/12, HI7616766, BFH/NV 2015 S. 559). Die Kosten für **Nebenräume** (Küche, WC, Bad, Flur) sind aufgrund der nicht unerheblichen privaten Mitbenutzung nicht – auch nicht anteilig – abziehbar (BFH, Urteil v. 17.2.2016, X R 26/13, HI9471509, BFH/NV 2016 S. 1205).

Kosten, die nur das Arbeitszimmer betreffen (Reparaturen, Renovierung, Teppichboden, Deckenlampe, Gardinen usw. im Arbeitszimmer), sind voll zu berücksichtigen. Nicht abzugsfähig sind Ausgaben für Kunstgegenstände (z. B. Gemälde).

Befindet sich das Arbeitszimmer im eigenen Haus, sind statt der Miete die anteiligen Hauskosten (Grundsteuer, Absetzung für Abnutzung, Finanzierungskosten) absetzbar.

Wird das Arbeitszimmer nur einen Teil des Jahres steuerlich berücksichtigt, sind auch nur die auf diesen Zeitraum entfallenden Kosten, eventuell begrenzt auf 1.250 € (Jahresbetrag, keine Aufteilung), abzugsfähig.

Ehegattenarbeitszimmer 681

Nutzen mehrere Personen, z. B. Ehegatten das Arbeitszimmer beruflich, muss für jeden Ehegatten die Möglichkeit des Werbungskostenabzugs getrennt geprüft werden. Nutzen beide als Miteigentümer das Zimmer gemeinsam, sind jedem nur die seinem Anteil entsprechenden und von ihm getragenen Aufwendungen (AfA, Schuldzinsen) zuzurechnen (BFH, Urteil v. 6.12.2017, VI R 41/15, HI11598428, BFH/NV 2018 S. 667). Ist das Zimmer für beide Arbeitsmittelpunkt, steht jedem jeweils der unbegrenzte Abzug seiner Kosten zu. Hat nur einer der Ehegatten den unbegrenzten und der andere den auf 1.250 € begrenzten Abzug, werden die dem Nutzungsanteil entsprechenden Kosten bei einem Ehegatten in voller Höhe, beim anderen nur bis zu dem Nutzungsanteil entsprechenden Teil des Höchstbetrags berücksichtigt. Haben beide Eheleute den begrenzten Abzug, werden die Kosten jedes Ehegatten bis zur Höhe des Höchstbetrags (jeweils 1.250 €) berücksichtigt (BFH, Urteil v. 15.12.2016, VI R 53/12, HI10310343, BFH/NV 2017 S. 527; BFH, Urteil v. 15.12.2016, VI R 86/13, HI10310344, BFH/NV 2017 S. 530). Erfüllt nur einer der Ehegatten die Voraussetzungen für den begrenzten Abzug, kann er die seinem Nutzungsanteil entsprechenden Kosten bis zum Höchstbetrag abziehen. Nutzt ein Ehegatte das Zimmer privat, ist insgesamt kein Kostenabzug möglich.

BEISPIEL

Arbeitszimmer wird durch Ehepaar genutzt

Ehegatten, beide Lehrer, nutzen gemeinsam ein Arbeitszimmer. Auf den Ehemann entfallen 60 % der Nutzung, auf die Ehefrau 40 %. Die gesamten Kosten des Arbeitszimmers 3.000 € werden von beiden Ehegatten gemeinsam getragen.

Für das Arbeitszimmer kann jeder Ehegatte die von ihm getragenen Kosten bis höchstens 1.250 € ansetzen, d. h. der Ehemann 60 % von 3.000 € = 1.800 €, max. 1.250 €, die Ehefrau 1.200 € (40 % von 3 000 €).

Drittaufwand

Gehört die Wohnung nur einem Ehegatten (Alleineigentum) und nutzt der andere 682
Ehegatte ein Zimmer unentgeltlich als Arbeitszimmer, kann er AfA, Schuldzinsen, Grundsteuer und Hausversicherungen nicht als eigene Werbungskosten geltend machen (sog. Drittaufwand). Der Kostenabzug ist nur für die laufenden Betriebskosten des Zimmers (anteilig Strom, Wasser, Heizung) und konkret zuordenbare Reparaturen möglich, vorausgesetzt, es besteht eine entsprechende Kostenübernahmevereinbarung zwischen den Ehegatten. Etwas anderes gilt bei Vermietung des Zimmers an den Ehegatten.

Nutzung von zwei Arbeitszimmern an verschiedenen Wohnsitzen

Nutzt ein Steuerpflichtiger mit zwei Wohnsitzen (z. B. bei doppelten Haushaltsführung) in 683
jeder Wohnung ein Arbeitszimmer, gilt die Abzugsbegrenzung von 1.250 € personen- und nicht zimmerbezogen, also ist für beide Zimmer gemeinsam nur ein Betrag von 1.250 € abzugsfähig (BFH, Urteil v. 9.5.2017, VIII R 15/15, HI10949883, BFH/NV 2017 S. 1251).

Nutzung für verschiedene Einkunftsarten

684 Wird das Arbeitszimmer zur Erzielung von unterschiedlichen (steuerpflichtigen) Einkünften genutzt, z. B. für eine als Arbeitnehmer ausgeübte Tätigkeit (§ 19 EStG) und eine selbstständig ausgeübte freiberufliche Tätigkeit (§ 18 EStG), sind die Aufwendungen für das Arbeitszimmer zuerst nach dem Umfang der Nutzung der jeweiligen Einkunftsart zuzuordnen. Dann muss untersucht werden, ob bzw. inwieweit für jeden Nutzungsanteil der Kostenabzug möglich ist.

Liegt der Mittelpunkt der Tätigkeiten insgesamt im Arbeitszimmer, sind die gesamten anteiligen Kosten bei der jeweiligen Einkunftsart zu berücksichtigen. Ist dies nicht der Fall, ist zu prüfen, ob die Kosten begrenzt auf 1.250 € abzugsfähig sind. Trifft dies nur auf eine Einkunftsart zu, sind nur die darauf entfallenden Kosten begrenzt auf den Höchstbetrag von 1.250 € abzugsfähig. Ist der Abzug für mehrere Tätigkeiten bis zu 1.250 € möglich, sind die auf die jeweilige Einkunftsart entfallenden Kosten anteilig, bis zum Höchstbetrag von insgesamt einmal 1.250 € berücksichtigungsfähig. Der Höchstbetrag gilt auf das Zimmer (objekt-)bezogen und wird nicht vervielfältigt (BFH, Urteil v. 25.4.2017, VIII R 52/13, HI10985131, BFH/NV 2017 S. 1239).

BEISPIEL

Arbeitszimmer für Unterrichtsvorbereitung und Autorentätigkeit

Ein Lehrer nutzt sein Arbeitszimmer zeitlich zu 70 % für seine Lehrertätigkeit am Gymnasium und zu 30 % für eine nebenberufliche selbstständige Autorentätigkeit. Die Ausgaben des Zimmers betragen insgesamt 2.000 €.

Damit ergäbe sich eine Kostenverteilung von:

- für die Lehrertätigkeit 70 % von 2.000 € = 1.400 €,
- für die Autorentätigkeit 30 % von 2.000 € = 600 €

Da das Zimmer nicht Mittelpunkt der gesamten beruflichen Tätigkeit ist, sind die Kosten nicht voll abzugsfähig. Sowohl i. Z. m. der Lehr- als auch mit der Autorentätigkeit wäre für sich betrachtet ein auf 1.250 € begrenzter Abzug möglich, da für die jeweilige Tätigkeit kein anderer Arbeitsplatz zur Verfügung steht. Da für das Zimmer insgesamt nur maximal 1.250 € berücksichtigungsfähig sind, werden bei der Autorentätigkeit 375 € (30 %) als Betriebsausgabe und bei der Lehrertätigkeit 875 € als WK angesetzt.

Arbeitszimmer bei Arbeitslosigkeit/Elternzeit

685 Für die Zeit der Arbeitslosigkeit wird über den Kostenabzug für das Zimmer, vorausgesetzt, es wird in dieser Zeit tatsächlich weiterhin ausschließlich beruflich (z. B. zur Weiterbildung) und nicht privat genutzt, genauso entschieden wie für den Zeitraum vor der Arbeitslosigkeit, d. h. bei einem Lehrer ohne Arbeitsplatz in der Schule ist der Kostenabzug bis zu 1.250 € möglich.

Wird ein vor Beginn der Elternzeit steuerlich berücksichtigungsfähiges Arbeitszimmer auch während der Elternzeit tatsächlich beruflich genutzt (z. B. zur Weiterbildung) und liegen die räumlichen Voraussetzungen weiterhin vor, sind die Kosten des Arbeitszimmers im bisherigen Umfang abzugsfähig (BFH, Beschluss v. 30.11.2004, VI R 102/01, HI1305745, BFH/NV 2005 S. 549; zum früheren Erziehungsurlaub). Alternativ ist auch ein Abzug nach den zu erwartenden Umständen der künftigen Tätigkeit möglich. Weitere Einzelfälle s. BMF, Schreiben v. 6.10.2017, IV C 6 – S 2145/07/10002:019, BStBl 2017 I S. 1320.

Vermietung an den Arbeitgeber

Vermietet der Arbeitnehmer einen Raum im häuslichen Bereich an seinen Arbeitgeber, um ihn dann als Büroraum zur Verfügung gestellt zu bekommen, liegen beim Arbeitnehmer entweder Vermietungseinkünfte vor mit der Folge, dass die Kosten des Arbeitszimmers in voller Höhe Werbungskosten bei diesen Einkünften sind, oder die „Miete" wird als Arbeitslohn angesehen mit der Folge, dass für den Kostenabzug des Arbeitszimmers die üblichen Beschränkungen gelten. Entscheidend für die Beurteilung ist, in wessen vorrangigem Interesse die Nutzung des Büros erfolgt. Nur wenn die Vermietung im **Interesse des Arbeitgebers** liegt, erzielt der Arbeitnehmer Einkünfte aus Vermietung. Einzelheiten siehe BMF, Schreiben v. 13.12.2005, IV C 3 – S 2253 – 112/05, BStBl 2006 I S. 4. Außerdem muss die für Vermietungseinkünfte erforderliche Überschusserzielungsabsicht (Prognosezeitraum 30 Jahre, max. bis Renteneintrittsalter bzw. Dauer des Dienstverhältnisses) für das Zimmer belegt werden (BFH, Urteil v. 17.4.2018, IX R 9/17, HI11931173, BFH/NV 2018 S. 1102; BMF, Schreiben v. 18.4.2019, IV C 1 – S 2211/16/10003:005, BStBl 2019 I S. 461). **686**

Fortbildungskosten

[Fortbildungskosten ➜ Zeile 45]

Fortbildungskosten sind Aufwendungen, die nach Abschluss einer ersten Berufsausbildung (➜ Tz 411) anfallen. Diese gehören zu den WK. Im Gegensatz dazu können Ausgaben i. Z. m. einer ersten **Berufsausbildung** bzw. einem **Erststudium**, soweit es sich dabei um eine erste Berufsausbildung handelt, aufgrund ausdrücklicher gesetzlicher Regelung ab 2015 (§§ 9 Abs. 6, 4 Satz 9 EStG) nicht (mehr) als WK oder BA berücksichtigt werden, es sei denn die Ausbildung erfolgt in einem Dienstverhältnis. Diese gesetzliche Regelung ist verfassungsgemäß (BVerfG, Beschlüsse vom 19.11.2019, z.B. 2 BvL 22/14, BFH/NV 2020 S. 334). Die Kosten sind aber als Sonderausgaben abzugsfähig (➜ Tz 409). Ob die gesetzliche Neuregelung auch für Vz. vor 2015 gilt, ist noch vom BFH zu klären (z.B. Az. VI R 18/20, Erstinstanz: FG Köln, Urteil v. 31.7.2014, 6 K 2104/12, HI7319330, EFG 2014 S. 2129). **687**

Zu den **Fortbildungskosten** gehören im Wesentlichen die Ausgaben für eine **zweite** oder **weitere Ausbildung** oder eine **Umschulung**, soweit angestrebt wird, künftig in diesem Beruf zu arbeiten, sowie die **Weiterbildung im ausgeübten Beruf**. Dies gilt für die Kosten eines Master-Studiums und die Aufwendungen einer Promotion oder Habilitation. **688**

Abzugsfähig sind alle i. Z. m. der Fortbildung angefallenen Ausgaben, soweit sie nicht von Dritten (z.B. Bundesagentur für Arbeit) übernommen oder steuerfrei (z.B. vom Arbeitgeber) ersetzt wurden. Dazu gehören u.a. Kursgebühren, Kosten für Arbeitsmittel, Fachliteratur, Arbeitsmaterial, Reisekosten zwecks Teilnahme an einer Lerngemeinschaft etc. Findet die Fortbildung nicht im Betrieb des Arbeitgebers statt, ist die Bildungseinrichtung regelmäßig keine Arbeitsstätte, sodass steuerlich eine Auswärtstätigkeit vorliegt und der Abzug von Reisekosten möglich ist (BFH, Urteil v. 22.11.2012, III R 64/11, HI3560716, BFH/NV 2013 S. 460; ➜ Tz 697).

Wenn das bisherige Dienstverhältnis dagegen ruht bzw. aufgelöst wird, um eine Ausbildung ganztägig an einer Fortbildungsstätte aufzunehmen, gilt die Ausbildungsstätte als erste Tätigkeitsstätte, mit der Folge, dass nur Fahrtkosten i.H. der Entfernungspauschale abzugsfähig sind (§ 9 Abs. 4 Satz 8 EStG; ➜ Tz 648).

Aufwendungen von Lehrern für Ski- und Snowboardkurse können WK sein, wenn ein **konkreter Zusammenhang mit der Berufstätigkeit** besteht (BFH, Urteil v. 22.6.2006, VI R 61/02, HI1545286, BFH/NV 2006 S. 1751). Dasselbe gilt für Ausgaben von Führungskräften für Seminare zur Persönlichkeitsentfaltung (BFH, Urteil v. 28.8.2008, VI R 35/05, HI2063460, BFH/NV 2008 S. 2108) oder einer leitenden Redakteurin zur Verbesserung der beruflichen Kommunikationsfähigkeit (BFH, Urteil v. 28.8.2008, VI R 44/04, HI2063462, BFH/NV 2008 S. 2106), wenn die Kurse nach den Lerninhalten und Übungen **auf diesen speziellen, homogenen Personenkreis zugeschnitten** waren. Andererseits sind Aufwendungen für die Teilnahme an psychologischen Seminaren, die **nicht** auf den konkreten Beruf zugeschnittenen Kenntnisse vermitteln, auch dann keine WK, wenn der Arbeitgeber den Besuch der Seminare mit bezahltem Bildungsurlaub fördert.

Aufwendungen eines in Deutschland lebenden Ausländers für das Erlernen der deutschen Sprache sind mangels Aufteilbarkeit in voller Höhe nicht abzugsfähige private Kosten (BFH, Urteil v. 5.7.2007, VI R 72/06, HI1799036, BFH/NV 2007 S. 2096), und zwar auch dann, wenn Deutschkenntnisse zur Berufsausbildung notwendig oder Einstellungsvoraussetzung waren.

Fremdsprachenunterricht

689 Die Ausgaben für **Sprachunterricht** und **Sprachkurse** sind als beruflich veranlasste Kosten abzugsfähig, wenn der Kurs auf die besonderen beruflichen Bedürfnisse des Steuerpflichtigen zugeschnitten ist, also z. B. berufsspezifisches Fachvokabular vermittelt. Dann sind auch die Kosten für einen in diesem Zusammenhang zwingend erforderlichen Einführungskurs abziehbar (BFH, Urteil v. 31.7.1980, IV R 153/79, HI73656, BStBl 1980 II S. 746).

Ein Sprachkurs kann auch beruflich veranlasst sein, wenn er nur Grundkenntnisse oder allgemeine Kenntnisse in einer Fremdsprache vermittelt. Entscheidend ist dann, ob die vermittelten Kenntnisse für die berufliche Tätigkeit ausreichen (BFH, Urteil v. 24.2.2011, VI R 12/10, HI2680870, BFH/NV 2011 S. 1217). Zur Frage, ob bzw. inwieweit die i. Z. m. dem Sprachkurs angefallenen Reisekosten abzugsfähig sind, s. Auslandsreisen (➔ Tz 690).

WICHTIG

Kein Werbungskostenabzug bei inländischer Steuerfreiheit von Lohn

Sprachkurse, die i. Z. m. einer **Auslandstätigkeit** anfallen, können meist nicht bei den inländischen Lohneinkünften als WK berücksichtigt werden (§ 3c Abs. 1 EStG), weil der ausländische Arbeitslohn im Inland regelmäßig steuerfrei ist.

690 Auslandsreisen

Grundsätzliche Abzugsvoraussetzung ist stets, dass eine berufliche Veranlassung für die Reise vorliegt. War die Reise danach so gut wie ausschließlich (zu über 90 %) beruflich veranlasst, sind die gesamten Aufwendungen der Reise als Werbungskosten abzugsfähig. Bei der steuerlichen Beurteilung sind alle Umstände und Merkmale des Einzelfalls zu würdigen. Dazu gehören z. B. Reiseprogramm und Teilnehmerkreis. Bei Kongressen muss die tatsächliche Teilnahme feststehen. Weitere Bedingung für den vollen Reisekostenabzug ist, dass die Befriedigung privater Interessen nach dem Anlass der Reise, dem vorgesehenen Programm und der tatsächlichen Durchführung nahezu ausgeschlossen ist.

Für eine private Mitveranlassung sprechen u. a. Veranstaltungsorte in touristisch interessanten Gebieten und große freie Zeiträume zwischen den einzelnen Veranstaltungen in der Hochsaison (z. B. Kongress im Winter in einem bekannten Skigebiet und tagsüber mehrere Stunden freie Zeit), bei Gruppenreisen die Teilnahme von fachfremden Personen (BFH, Urteil v. 19.1.2012, VI R 3/11, HI2942226, BFH/NV 2012 S. 843) oder die Begleitung von Angehörigen (Ehegatte, Kinder).

Bei Studienreisen, insbesondere ins Ausland, ist zu prüfen, ob die Reise nur der allgemeinen beruflichen Information dient bzw. der Schwerpunkt der Reise auf touristischen Zwecken liegt, oder einen hinreichend konkreten beruflichen Anlass (z. B. Forschungsauftrag, Seminarvorlesungen oder wissenschaftliche Arbeiten) hat. Im ersten Fall lehnt die Rspr. den Kostenabzug ab, im zweiten Fall liegen Werbungskosten vor.

Bei Sprachkursen in touristisch interessanten Gegenden, insbesondere im Ausland, ist bereits durch die Umgebung ein private Mitveranlassung anzunehmen, da regelmäßig eine Erkundung der Gegend, wenn auch zum Zwecke der Sprachpraxis, durchgeführt wird (BFH, Beschluss v. 9.1.2013, VI B 133/12, HI3603633, BFH/NV 2013 S. 552). Deshalb sind auch bei angenommener beruflicher Veranlassung des Sprachkurses die einzelnen Reisekosten auf ihre Abzugsfähigkeit hin zu prüfen (BFH, Urteil v. 7.5.2013, VIII R 51/10, HI5183621, BFH/NV 2013 S. 1685).

War eine Reise sowohl beruflich als auch privat motiviert, sind die Ausgaben aufzuteilen und die dem beruflichen Teil zuordenbare Kosten voll abzugsfähig (BFH, Beschluss v. 21.9.2009, GrS 1/06, HI2276796, BFH/NV 2010 S. 285). Soweit kein anderer Aufteilungsmaßstab vorhanden ist, kann bezüglich der nicht zuordenbaren Aufwendungen von einer hälftigen Kostenteilung ausgegangen werden (BFH, Beschluss v. 9.1.2013, VI B 133/12, HI3603633, BFH/NV 2013 S. 552; ➜ Tz 637, ➜ Tz 642).

BEISPIEL

Fachseminar im Ausland

Ein Facharzt nimmt in der ersten Woche seiner Chinareise an einem Akupunktur-Seminar in Peking teil und macht anschließend eine zweiwöchige Rundreise.

Die Kosten des Seminars sind vollständig beruflich begründet und entsprechend abzugsfähig. Dasselbe gilt für die Reisekosten der ersten Woche (Fahrtkosten, Unterkunft, Verpflegungsmehraufwand). Die restlichen Ausgaben sind privat veranlasst und nicht abzugsfähig. Die Flugkosten für An- und Abreise werden nach den Zeitanteilen der Reise aufgeteilt; 1/3 der Kosten ist beruflich veranlasst.

Greifen bei einer Reise (z. B. Schiffsreise) berufliche und private Veranlassungsbeiträge so ineinander, dass eine Trennung nicht möglich ist, sind die gesamten Reisekosten nicht abzugsfähig. Auch bei Teilnahme eines Ehegatten oder Lebensgefährten an einer gemischt veranlassten Reise kann eine Aufteilung der Gesamtaufwendungen des Steuerpflichtigen aufgrund von Zeitanteilen vorgenommen werden (BFH, Beschluss v. 24.8.2012, III B 21/12, HI3402899, BFH/NV 2012 S. 1973).

Weitere Werbungskosten

[Weitere Werbungskosten ➜ Zeilen 46–48]

Ausführungen zu **weiteren Werbungskosten** in alphabetischer Reihenfolge: 691

- **Arbeitskleidung** ➜ Tz 668
- **Arbeitsmittel** ➜ Tz 666, ➜ Tz 669 ff.

- **Arbeitszimmer** ➔ Tz 672
- **Bewerbungskosten** sind Werbungskosten, unabhängig davon, ob die Bewerbung erfolgreich war oder nicht. Abzugsfähig sind in nachgewiesener Höhe z. B. die Kosten für Bewerbungsmappen (Papier, Passbilder, Schutzhüllen, Porto) oder Reisekosten anlässlich von Vorstellungsterminen. Das FG Köln, Urteil v. 7.7.2004, 7 K 932/03, HI1246918, EFG 2004 S. 1853, hat die Kosten je Bewerbungsmappe mit 8,50 €, ohne Mappe mit 2,50 € je Bewerbung geschätzt.
- **Bewirtungskosten** sind Werbungskosten, wenn die berufliche Veranlassung nachgewiesen wird.
  - Dies dürfte bei der **Bewirtung** von **Geschäftsfreunden** des Arbeitgebers regelmäßig der Fall sein, insbesondere wenn der Arbeitnehmer erfolgsabhängige Bezüge hat. Zu beachten ist jedoch, dass in diesen Fällen nur 70 % der (angemessenen) Kosten abzugsfähig sind (§ 4 Abs. 5 Nr. 2 EStG) und die gesetzlich vorgeschriebenen Aufzeichnungen (Datum und Anlass der Bewirtung, Teilnehmer ...) vorliegen müssen (➔ Tz 1124 ff.).
  - Bei anderen Bewirtungen ist die berufliche Veranlassung anhand der Gesamtumstände (Bewirtungsgrund, Teilnehmerkreis, Ort der Bewirtung) zu prüfen. Auch, wer als Gastgeber auftritt, die Gästeliste fest, die Organisation und den Ablauf der Veranstaltung bestimmt, ob sich die finanziellen Aufwendungen im Rahmen vergleichbarer betrieblicher Veranstaltungen bewegen und ob das Fest den Charakter einer privaten Feier aufweist oder nicht, spielt eine Rolle. Sobald nicht mehr in erster Linie die Ehrung des Jubilars und damit nicht die repräsentative Erfüllung gesellschaftlicher Konventionen im Vordergrund steht, sondern das kollegiale Miteinander zwecks Förderung der Motivation und der Pflege des Betriebsklimas, mit der Einladung den Kollegen/innen Dank und Anerkennung für die geleistete Arbeit gezollt oder gefestigten betrieblichen Gepflogenheiten Rechnung getragen wird, ist der Abzug möglich (BFH, Urteil v. 10.11.2016, VI R 7/16, HI10109663, BFH/NV 2017 S. 366). Das gilt z. B. für die Bewirtung von Kollegen anlässlich einer Beförderung oder der Versetzung in den Ruhestand.

TIPP

Aufteilung von Bewirtungskosten möglich

Bei Bewirtungskosten kommt auch eine Aufteilung der Kosten in Betracht. So hat der BFH bei einer Feier aus Anlass des Geburtstags und der Bestellung zum Steuerberater, den anteiligen Kostenabzug bezüglich der Gäste aus dem beruflichen Umfeld zugelassen (BFH, Urteil v. 8.7.2015, VI R 46/14, HI8615602, BFH/NV 2015 S. 1720).

- **Brille/Bildschirmbrille:** Kein Werbungskostenabzug, da schädliche private Mitbenutzung und nicht aufteilbar (➔ Tz 637, ➔ Tz 641); Abzug bei den außergewöhnlichen Belastungen (➔ Tz 456), steuerfreier Kostenersatz durch den Arbeitgeber jedoch möglich.
- **Dienstreise** ➔ Tz 692 ff.
- **Doppelte Haushaltsführung** ➔ Tz 708
- **Einsatzwechseltätigkeit** ➔ Tz 692
- **Finanzierungskosten** sind Werbungskosten, wenn damit die Anschaffung von Arbeitsmitteln oder die Kosten eines steuerlich abzugsfähigen Arbeitszimmers finanziert werden. Soweit die Kosten ein Kfz betreffen, das für Fahrten zur regelmäßigen Arbeitsstätte genutzt wird, sind sie mit der Entfernungspauschale abgegolten, Ausnahme: behinderte Arbeitnehmer (➔ Tz 659).

- **Flugkosten** (nur) in tatsächlicher Höhe bei Wegen zwischen Wohnung und Arbeitsstätte (➜ Tz 654), Reisekosten (➜ Tz 697) oder doppelter Haushaltsführung (➜ Tz 718) abzugsfähig.
- **Fortbildung** ➜ Tz 687, ➜ Tz 697
- **Führerschein:** Kosten für den Erwerb des Pkw-Führerscheins sind regelmäßig in voller Höhe privat (BFH, Beschluss v. 11.7.2005, VI B 29/05, HI1401869, BFH/NV 2005 S. 1801); Ausgaben für den Lkw-Führerschein), Personenbeförderungsschein oder Motorradführerschein können bei entsprechendem Beruf (Berufskraftfahrer, Polizist in der Motorradstaffel) WK sein.
- **Geldstrafe, Geldbuße** sind aufgrund ausdrücklicher gesetzlicher Regelung (§§ 12 Nr. 4, § 4 Abs. 5 Nr. 8i. V. m. § 9 Abs. 5 EStG) nicht abzugsfähig (➜ Tz 638).
- **Geschenke** an Arbeitskollegen aus persönlichem Anlass (Versetzung, Verabschiedung in den Ruhestand) sind nicht abzugsfähig. Geschenke an Kunden (Geschäftsfreunde des Arbeitgebers), deren Kosten der Arbeitgeber nicht (steuerfrei) ersetzt, sind abzugsfähig, wenn sie je Empfänger im Jahr 35 € nicht übersteigen (§§ 4 Abs. 5 Nr. 1 i. V. m. § 9 Abs. 5 EStG; ➜ Tz 1119).
- **Hörgerät:** Siehe Brille.
- **Internet:** Kosten der beruflichen Nutzung sind abzugsfähig, soweit der Arbeitgeber die Kosten nicht übernimmt (z. B. Heimarbeitsplatz mit Internetverbindung) oder ersetzt. Der Nachweis des beruflichen Kostenanteils kann durch Aufzeichnungen (Angabe der Internetadresse, Homepage, Anlass für den Seitenaufruf, Auflistung der Anzahl der E-Mails beruflichen Inhalts und zeitlicher Umfang) geführt werden. Weist der Arbeitnehmer den Anteil der beruflich veranlassten Gespräche und Kosten für einen repräsentativen Zeitraum von drei Monaten im Einzelnen nach, kann dieser berufliche Anteil für das ganze Jahr zugrunde gelegt werden. Wenn eine berufliche Nutzung dem Grunde nach möglich und glaubhaft ist, erkennt die Verwaltung im Regelfall ohne Einzelnachweis 20 % der Kosten (einschließlich Grundgebühr bzw. ggf. Flatrate-Kosten), max. 20 € im Monat, für Internet/Telefonnutzung als WK an (R 9.1 Abs. 5 LStR 2015).
- **Kfz-Kosten** sind, soweit sie auf Fahrten zur ersten Tätigkeitsstätte und Familienheimfahrten im Rahmen einer doppelten Haushaltsführung entfallen, mit der Entfernungspauschale abgegolten (➜ Tz 649, ➜ Tz 718), soweit sie bei von Auswärtstätigkeiten (Reisekosten) oder anderen beruflich veranlassten Fahrten (z. B. zu Bewerbungsgesprächen) anfallen, auf Nachweis (➜ Tz 660) in tatsächlicher Höhe, bei Kfz-Nutzung ohne Nachweis mit 0,30 € je gefahrenen Kilometer, abzugsfähig (➜ Tz 697).
- **Kinderbetreuungskosten (erwerbsbedingt)** sind nur über die Sonderausgaben abzugsfähig (➜ Tz 581).
- **Klassenfahrt:** Aufwendungen eines Lehrers oder Schülers sind auch bei Klassenfahrten oder einem Schüleraustausch im Ausland Werbungskosten.
- **Kleidung** ➜ Tz 668
- **Kongress** ➜ Tz 687 ff.
- **Krankheitskosten** sind Werbungskosten, wenn eine typische Berufskrankheit (z. B. Staublunge eines Bäckers) vorliegt, der Zusammenhang der Erkrankung mit dem Beruf eindeutig feststeht (z. B. Strahlenschäden eines medizinisch-technischen Assistenten) oder die Krankheit bei der Berufsausübung entstanden ist (z. B. betrieblicher Unfall, Handverletzung eines Berufsmusikers infolge häufigen Spielens; BFH, Urteil v. 11.7.2013, VI R 37/12, HI5183617, BFH/NV 2013 S. 1706; ➜ Tz 456).

- **Kontoführungsgebühr** für beruflich veranlasste Buchungen (z. B. Gehaltsüberweisung, Bezahlung von Gewerkschaftsbeiträgen) abziehbar; ohne Kostennachweis (pauschal) 16 € jährlich.
- **Parkgebühren** sind bei erster Tätigkeitsstätte mit der Entfernungspauschale abgegolten (➜ Tz 657), bei Auswärtstätigkeit abzugsfähig (➜ Tz 697), bei doppelter Haushaltsführung ➜ Tz 718.
- **Reisekosten** sind bei beruflich veranlasster Reise Werbungskosten (➜ Tz 692).
- **Promotion:** Fortbildungskosten (➜ Tz 687 ff.)
- **Schadensersatz:** Abzug, wenn die Ersatzpflicht durch das Dienstverhältnis verursacht ist (z. B. Beschädigung einer Maschine, Unfall auf betrieblich veranlasster Fahrt). Dies gilt aber nur, soweit die den Schaden verursachende Handlung noch im beruflichen Aufgabenbereich liegt. Bei einem Schaden aufgrund eines Verstoßes gegen eine Dienstvorschrift, dürfte im Regelfall kein Abzug möglich sein, weil das Verhalten auch von privaten Gründen beeinflusst wurde.
- **Schuldzinsen** s. Finanzierungskosten
- **Sprachunterricht/Sprachkurs/Studienreisen** ➜ Tz 689
- **Steuerberatungskosten** ➜ Tz 435 ff.
- **Studienreise** s. Fortbildungskosten (➜ Tz 687 ff.)
- **Telefon** siehe Internet
- **Übernachtungskosten** im Rahmen einer Auswärtstätigkeit (Reisekosten; ➜ Tz 704) oder doppelten Haushaltsführung (➜ Tz 708 ff.) sind abzugsfähig. Der Abzug (§ 9 Abs. 1 Satz 1 EStG) ist auch möglich, wenn (gelegentlich) am Ort der regelmäßigen Arbeitsstätte übernachtet wird, weil die Wetterlage oder berufliche Erfordernisse eine Heimfahrt verhindern (BFH, Urteil v. 5.8.2004, VI R 40/03, HI1234818, BFH/NV 2004 S. 1593).
- **Umzugskosten** abzugsfähig, bei beruflichen Anlass, z. B. erstmalige Aufnahme einer Berufstätigkeit, Versetzung, Betriebsverlegung, Arbeitgeberwechsel, Bezug oder Auszug aus einer Dienstwohnung, ebenso, wenn der Umzug die Fahrtdauer zur Arbeitsstätte erheblich (mindestens eine Stunde täglich) verkürzt oder wesentlich erleichtert. Dies trifft z. B. zu, wenn durch den Umzug der Umstieg auf öffentliche Verkehrsmittel oder Fußweg ermöglicht wird (FG Köln, Urteil v. 24.2.2016, 3 K 3502/13, HI9424109, EFG 2016 S. 991). In diesen Fällen tritt auch eine mögliche private Mitveranlassung (z. B. Versetzungsantrag des Arbeitnehmers, Bezug einer größeren Wohnung gemeinsam mit einem Lebenspartner, erhöhter Wohnbedarf wegen der Geburt eines Kindes) in den Hintergrund. Wird der Wohnsitz vom Arbeitsort wegverlegt, sind die Umzugskosten stets privat veranlasst.

  Zu Umzügen i. Z. m. der Begründung eines zweiten Hausstands s. doppelte Haushaltsführung (➜ Tz 726).

  Bei beruflicher Veranlassung können Umzugskosten in der Höhe als Werbungskosten anerkannt werden, die ein Bundesbeamter nach dem Bundesumzugskostengesetz (BUKG) ersetzt bekommen würde. Dazu gehören:
  - Kosten der Wohnungssuche (Maklergebühren für die Vermittlung einer Mietwohnung, Inserate, Reisekosten zum Suchen oder Besichtigen einer Wohnung, entweder zwei Reisen für eine Person oder eine Reise für zwei Personen, je Reise maximal für zwei Reisetage und zwei Aufenthaltstage)
  - Beförderungsauslagen (Kosten des Transports des Umzugsguts, Ein-/Auspacken des Umzugsguts, Transportversicherung, Transportschäden, Packmaterial, Trinkgelder für das Umzugspersonal, Bewirtung der Umzugshelfer)

- Reisekosten an den Umzugstagen (Fahrtkosten, Pauschbeträge für Verpflegungsmehraufwand, ggf. Übernachtungskosten)
- Mietentschädigung, soweit doppelt Miete gezahlt werden muss für eine Übergangszeit von maximal sechs Monaten (auch für eine Garage)
- Erstmalige Anschaffung für Kochherd (bis 230 €), Ofen (bis 164 € je Zimmer), Heizgeräte, wenn wegen der Umstellung des Energie- bzw. Heizsystems notwendig
- Zusätzlicher Unterricht für Kinder (max. 2.045 € je Kind bei Beendigung des Umzugs bis einschließlich Februar 2020 bzw. danach 2.066 €), soweit die Notwendigkeit von der Schule bescheinigt wird (BMF, Schreiben v. 21.9.2018, IV C 5 – S 2353/16/10005, BStBl 2018 I S. 1027)
- Sonstige Umzugsauslagen, z. B. Anschlusskosten für die Inbetriebnahme von Herden, Öfen, Ab- und Aufbau von Einbauküchen, Schönheitsreparaturen in der alten Wohnung, Ummeldegebühren für Kfz, Umschreiben des Personalausweises.
- Die sonstigen Umzugsauslagen können einzeln nachgewiesen oder mit Pauschalen (BMF, Schreiben v. 21.9.2018, IV C 5 – S 2353/16/10005, BStBl 2018 I S. 1027) angesetzt werden (Verheiratete bei Umzugsende bis einschließlich Februar 2020 1.622 €, bzw. danach 1.639 €, Ledige 811 € bzw. 820 €, für jede zusätzliche Person 357 € bzw. 361 €). Für Auslandsumzüge (Umzug zwischen Inland und Ausland) sowie Umzüge im Ausland gelten höhere Pauschalen. Der Abzug ist bei Auslandsumzügen aber nur möglich, wenn der im Ausland erzielte Arbeitslohn steuerpflichtig ist.
- Die Pauschale kann nur geltend gemacht werden, wenn die Lebensmittelpunkt-Wohnung verlegt wird, also nicht bei Begründung eines zweiten Hausstands i. Z. m. einer doppelten Haushaltsführung (→ Tz 727).

Aufwendungen für Einrichtungsgegenstände oder die Renovierung der neuen Wohnung, die (vorübergehende) Einlagerung von Möbeln sowie Maklergebühren i. Z. m. dem Einzug in ein eigenes Haus/eine eigene Wohnung sind nicht abzugsfähig.
Der Arbeitgeber kann die Aufwendungen bis zur Höhe des möglichen WK-Abzugs steuerfrei ersetzen (§ 3 Nr. 16 EStG). Insoweit verringert sich der WK-Abzug entsprechend (§ 3c Abs. 1 EStG).

TIPP

Private Umzugskosten

Bei einem Umzug aus gesundheitlichen Gründen bzw. wegen einer Naturkatastrophe, können die Kosten als außergewöhnliche Belastungen abzugsfähig sein (→ Tz 466).

Für Ausgaben bei anderen privaten Umzügen können Sie die Steuerermäßigung für haushaltsnahe Dienstleistungen (§ 35a Abs. 2 EStG) beantragen (→ Tz 479).

- **Unfallkosten;** Abzug (zusätzlich zur Entfernungspauschale) möglich, soweit sich der Unfall auf einer beruflichen Fahrt ereignet hat und die Kosten nicht ersetzt wurden. Bei Reparatur nur tatsächliche Kosten abziehbar, nicht ein merkantiler Minderwert (Wertverlust). Ohne Reparatur ergibt sich der Kostenabzug aus dem Unterschiedsbetrag zwischen dem Restbuchwert (AK abzgl. bereits angefallener fiktiver Abschreibung bei einer Nutzungsdauer von regelmäßig 6, bei geringer Fahrleistung 8 Jahren) vor und nach dem Unfall. Wird das Kfz im nicht reparierten Zustand veräußert, ist die Differenz zwischen dem rechnerisch ermittelten fiktiven Restbuchwert vor dem Unfall und dem Veräußerungserlös maßgebend (BFH, Urteil v. 21.8.2012, VIII R 33/09, HI3492042, BFH/NV 2013 S. 114).

- **Verpflegungskosten** sind nur bei Mehraufwand anlässlich einer beruflich veranlassten Auswärtstätigkeit oder doppelten Haushaltsführung mit Pauschbeträgen abzugsfähig. Zu Reisekosten siehe ➜ Tz 698, zu doppelter Haushaltsführung siehe ➜ Tz 720.
- **Versicherungsbeiträge** sind abzugsfähig z. B. Berufshaftpflicht, Reisegepäckversicherung für Dienstreisen, Rechtsschutz für Arbeitsrecht. Ist sowohl der berufliche als auch der private Bereich versichert, akzeptiert die Verwaltung im Regelfall einen hälftigen Werbungskostenabzug. Zu privaten Versicherungen s. Vorsorgeaufwendungen **(Anlage Vorsorgeaufwand)**.

Reisekosten

[Reisekosten bei beruflich veranlassten Auswärtstätigkeiten ➜ Zeilen 61–72]

692 **Reisekosten** setzen eine so gut wie ausschließlich beruflich veranlasste Auswärtstätigkeit voraus.

Unter einer „**Auswärtstätigkeit**" versteht man eine Tätigkeit außerhalb der Wohnung und der ersten Tätigkeitsstätte. Zur Frage, unter welchen Voraussetzungen und an welchem Ort ein Arbeitnehmer eine erste Tätigkeitsstätte hat (➜ Tz 644). Weitergehende Einzelfragen vgl. auch BMF, Schreiben v. 24.10.2014, IV C 5 – S 2353/14/10002, BStBl 2014 I S. 1412.

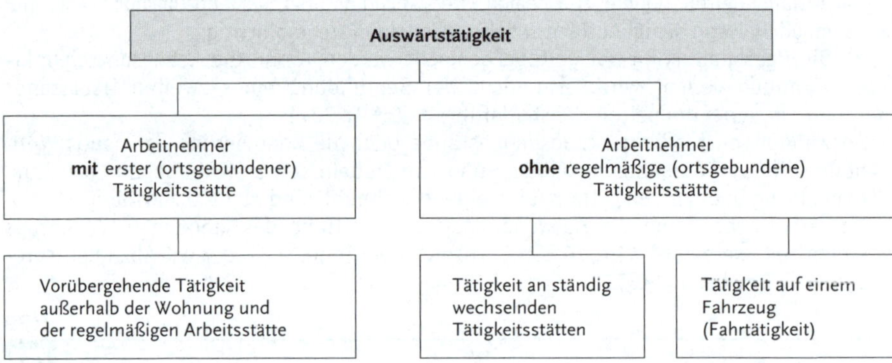

693 Keine Auswärtstätigkeit liegt vor, wenn die erste Tätigkeitsstätte gewechselt wird.

BEISPIEL

Endgültige Versetzung

Ein Arbeitnehmer, der bisher seine erste Tätigkeitsstätte am Hauptbetriebssitz seines Arbeitgebers hatte, wird für zwei Monate an eine andere Betriebsstätte (Zweigstelle) seines Arbeitgebers abgeordnet. Nach der zweimonatigen Tätigkeit an der Zweigstelle erfolgt die endgültige Versetzung dorthin.

Während der zweimonatigen Abordnung liegt eine Auswärtstätigkeit mit Reisekostenabzug vor. Mit der Versetzung wird die Zweigstelle neue erste Tätigkeitsstätte, denn der Arbeitnehmer ist ab diesem Zeitpunkt dieser ortsfesten betrieblichen Einrichtung seines Arbeitgebers auf Dauer fest zugeordnet und erbringt dort seine Arbeitsleistung.

Hat ein Arbeitnehmer seine erste Tätigkeitsstätte in einer betrieblichen Einrichtung seines Arbeitgebers und begibt sich von dort zu einer vorübergehenden auswärtigen Tätigkeitsstätte, beginnt die Auswärtstätigkeit erst mit dem Verlassen der ersten Tätigkeitsstätte. 694

BEISPIEL

Gerüstbauer mit Auswärtstätigkeit

Beispiel 1

Zum Aufgabenbereich eines Arbeitnehmers gehören Lagerarbeiten am Betriebssitz des Arbeitgebers sowie die Anlieferung und der Gerüstaufbau auf den Baustellen. Auf die Lagerarbeiten entfällt zeitlich ca. 40 % seiner Arbeitszeit.

Der Arbeitnehmer hat am Betriebssitz seines Arbeitgebers seine erste Tätigkeitsstätte. Er ist der Stelle zugeordnet und erbringt dort qualitativ und zeitlich (mehr als 1/3 der regelmäßigen Arbeitszeit) einen wesentlichen Teil seiner Arbeitsleistung. Damit beginnen seine Auswärtstätigkeiten erst, wenn er den Betriebssitz verlässt, und enden, wenn er zum Betriebssitz zurückkehrt.

Für die Fahrten von seiner Wohnung zum Betriebssitz sind Fahrtkosten nur mit der Entfernungspauschale (§ 9 Abs. 1 Satz 3 Nr. 4 EStG) abzugsfähig. Die Fahrten vom Betriebssitz zu den Einsatzstellen und zurück zum Betrieb gehören zur Auswärtstätigkeit und führen zu Reisekosten. Die Dauer der Auswärtstätigkeit bemisst sich nach der Abwesenheit vom Standort des Betriebs.

Beispiel 2

Wie Beispiel 1, aber der Arbeitnehmer belädt am Betriebssitz nur das Fahrzeug (Dauer durchschnittlich 10 % seiner Arbeitszeit) und ist ansonsten an der jeweiligen Einsatzstelle tätig.

Da mangels Zuordnung (zeitliche Bedingungen nicht erfüllt) der Betriebssitz keine erste Tätigkeitsstätte ist, beginnt die Auswärtstätigkeit und damit der Reisekostenabzug für Fahrtkosten und Verpflegung mit dem Verlassen der Wohnung und endet mit der Rückkehr dahin. Bezüglich der Fahrtkosten ist ggf. die Sammelpunktregelung (➜ Tz 695) zu beachten.

Sonderfälle: Fahrten zu einem Sammeltreffpunkt und in weiträumige Arbeitsgebiete

Arbeitnehmer, die keine erste Tätigkeitsstätte haben, aber nach dienst- oder arbeitsrechtlichen Festlegungen sowie Absprachen bzw. Weisungen des Arbeitgebers zur Aufnahme ihrer beruflichen Tätigkeit dauerhaft und typischerweise arbeitstäglich einen festgelegten Ort aufsuchen (z.B. Busdepot bei Linienbusfahrern) können, obwohl mit Verlassen der Wohnung begrifflich eine Auswärtstätigkeit beginnt, die Fahrtkosten von der Wohnung zum Treffpunkt nur mit der Entfernungspauschale geltend machen (§ 9 Abs. 1 Satz 3 Nr. 4a Satz 3 EStG; ➜ Tz 647). 695

Besonderheiten gelten auch für Arbeitnehmer, die in einem weiträumigen Arbeitsgebiet tätig sind (➜ Tz 645).

Abzugsfähige Reisekosten

696 Abzugsfähig sind die Aufwendungen in den folgenden **vier Kostengruppen**:

- Fahrtkosten,
- Verpflegungsmehraufwendungen,
- Übernachtungskosten und
- Reisenebenkosten.

Grundsätzlich können die tatsächlichen Kosten angesetzt werden. Eine Ausnahme gilt bei den Verpflegungskosten.

Fahrtkosten

697 Die angefallenen Aufwendungen sind in tatsächlicher Höhe zu berücksichtigen (§ 9 Abs. 1 Satz 3 Nr. 4a EStG; ➜ Tz 660). Ohne Kostennachweis werden pauschal die im Bundesreisekostengesetz (BRKG) festgelegten Höchstsätze, 0,30 €/km bei Kfz-Nutzung und 0,20 €/km bei Nutzung anderer motorbetriebener Fahrzeuge, unabhängig von der Anzahl der mitgenommenen Personen, anerkannt. Ob die Pauschale auch bei Nutzung öffentlicher Verkehrsmittel angesetzt werden darf, muss der BFH (Az. beim BFH VI R 50/18, Vorinstanz: FG Hamburg, Urteil v. 2.11.2018, 5 K 99/16, HI12556936, EFG 2019 S. 155) klären.

Dieser Kostenabzug gilt für **alle** Fahrten im Rahmen der Auswärtstätigkeit, auch mehrmals täglich. Begünstigt sind Fahrten zwischen:

- Wohnung und auswärtiger Tätigkeitsstätte und zurück
- mehreren auswärtigen Tätigkeitsstätten
- einer auswärtigen Unterkunft und der auswärtigen Tätigkeitsstätte
- Wohnung und auswärtiger Unterkunft
- erster Tätigkeitsstätte und auswärtiger Unterkunft
- erster Tätigkeitsstätte und auswärtiger Tätigkeitsstätte

Parkgebühren bzw. Kosten infolge von Unfällen sind zusätzlich abzugsfähig (➜ Tz 705).

Besuchsfahrten des Ehegatten zur auswärtigen Tätigkeitsstätte sind dagegen selbst dann keine WK, wenn eine Heimfahrt des Arbeitnehmerehegatten aus beruflichen Gründen (z. B. Weisung des Arbeitgebers) nicht möglich ist (BFH, Urteil v. 22.10.2015, VI R 22/14, HI8805780, BFH/NV 2016 S. 308).

BEISPIEL

Reisekosten eines Küchenmonteurs

Ein Küchenmonteur (keine erste Tätigkeitsstätte) fährt mit seinem privaten Kfz von seiner Wohnung zum 10 km entfernten Betriebssitz, um dort seinen Kollegen abzuholen. Anschließend fahren die beiden direkt zum 180 km entfernten Einsatzort und beginnen mit der Montage der Küche. Zum Mittagessen fahren sie in ein 2 km von der Einsatzstelle entferntes Restaurant und am Abend zu einem 5 km von der Einsatzstelle entfernt liegenden Hotel, um dort zu übernachten. Am nächsten Tag setzen sie die Arbeit fort und beenden sie um die Mittagszeit. Auf der Rückfahrt setzt der Arbeitnehmer seinen Kollegen zu Hause ab (195 km) und fährt dann allein direkt zu seiner Wohnung weitere 15 km.

Die Auswärtstätigkeit beginnt mit dem Verlassen der Wohnung und endet mit der Rückkehr zur Wohnung. Für alle gefahrenen Kilometer (10 km zum Betriebssitz,

180 km zum Einsatzort, 4 km zum Mittagessen, 10 km zwischen Hotel und Einsatzort, 195 km Rückfahrt zur Wohnung des Kollegen und 15 km zur eigenen Wohnung) können die nachgewiesenen tatsächlichen Kosten je gefahrenen Kilometer abgezogen werden bzw. ohne Nachweis 0,30 €/km.

BEISPIEL

Reisekosten eines Architekten

Ein Architekt (erste Tätigkeitsstätte im Architekturbüro seines Arbeitgebers) fährt morgens zu dem 15 km entfernten Büro und von dort aus zur ersten 25 km entfernten Baustelle. Von dort aus fährt er 10 km weiter zur nächsten Baustelle und kehrt abends von der Baustelle aus direkt in seine 30 km entfernte Wohnung zurück.

Die Auswärtstätigkeit beginnt mit dem Verlassen des Büros und endet mit der Rückkehr zur Wohnung. Alle in dieser Zeit gefahrenen 65 km (25 km + 10 km + 30 km) sind mit den tatsächlichen Kosten abzugsfähig. Bei der morgendlichen Fahrt zum Büro handelt es sich um eine (einfache) Fahrt zwischen Wohnung und Arbeitsstätte. Da die dazugehörende Rückfahrt fehlt, ist für die 15 km hier nur die halbe Entfernungspauschale von 0,15 €/km anzusetzen.

Verpflegungsmehraufwand

Abzugsfähig sind nicht die tatsächlichen Verpflegungskosten, sondern nur die gegenüber **698**
der Verpflegung zu Hause notwendigen Mehraufwendungen, die in Form von verbindlichen **Pauschbeträgen** gesetzlich festgelegt wurden (§ 9 Abs. 4a EStG). Die Höhe des maßgebenden Pauschbetrags richtet sich nach der Dauer der Auswärtstätigkeit und wird für jeden Abwesenheitstag getrennt ermittelt. Die Pauschalen betragen ab 2020 bei einer Auswärtstätigkeit im Inland:

- bei einer eintägigen Auswärtstätigkeit mit Abwesenheit von mehr als acht Stunden 14 €
- bei einer mehrtägigen Auswärtstätigkeit mit Übernachtung
  - am An- und Abreisetag jeweils 14 €
  - mit 24-stündiger Abwesenheit 28 €

Die Dauer der Abwesenheit bestimmt sich ab dem Verlassen der Wohnung bzw. der ersten Tätigkeitsstätte bis zur Rückkehr zur Wohnung oder zur ersten Tätigkeitsstätte, je nachdem an welcher Stelle die Auswärtstätigkeit beginnt bzw. endet. Ist ein Arbeitnehmer am Tag mehrmals auswärts tätig, werden die Abwesenheitszeiten zusammengezählt (BMF, Schreiben v. 24.10.2014, IV C 5 – S 2353/14/10002, Rn. 46, BStBl 2014 I S. 1412).

BEISPIEL

Zwei Auswärtstätigkeiten am Tag

Architekt A, erste Tätigkeitsstätte im Büro seines Arbeitgebers, fährt morgens um 9:00 Uhr vom Büro zur Baustelle 1 und kehrt um 14:00 Uhr wieder ins Büro zurück. Um 16:00 Uhr fährt er vom Büro zu einer Besprechung mit einem Kunden und kehrt dann direkt zu seiner Wohnung zurück, wo er um 19:00 Uhr eintrifft.

Es liegen zwei Auswärtstätigkeiten am selben Tag vor, deren Abwesenheitszeit addiert werden (Abwesenheit 9:00 Uhr bis 14:00 Uhr, fünf Stunden, und

16:00 Uhr bis 20:00 Uhr, vier Stunden). Die gesamte Abwesenheit an diesem Tag beträgt neun Stunden und führt damit zu einem Pauschbetrag von 14 €.

Zwei Auswärtstätigkeiten mit Übernachtung

Arbeitnehmer K tritt am Montagabend seine Auswärtstätigkeit an und ist am Mittwochmittag wieder zu Hause. Am selben Tag beginnt er abends eine neue Auswärtstätigkeit, die am Donnerstagabend endet. Montag, Dienstag und Mittwoch übernachtet K in Hotels. Montag, Mittwoch und Donnerstag sind An- bzw. Abreisetage, für die jeweils ein Pauschbetrag von 14 € abziehbar ist. Der Dienstag ist ein 24-stündiger Abwesenheitstag mit einem Pauschbetrag von 28 €.

Mehrtägige Auswärtstätigkeit

Ein Arbeitnehmer nimmt an einem zweiwöchigen Seminar außerhalb seiner ersten Tätigkeitsstätte teil. Er beginnt die Auswärtstätigkeit am Montag um 8:00 Uhr mit der Hinfahrt zum Fortbildungsort, bleibt dort auch übers Wochenende und kehrt nach Kursende wieder zu seiner Wohnung zurück, wo er am Freitag um 13:00 Uhr ankommt.

Der Arbeitnehmer bekommt am Anreisetag (Montag) und Rückreisetag (Freitag), unabhängig von der Dauer der Abwesenheit, jeweils den Pauschbetrag von 14 €. An allen anderen Tagen (auch für das Wochenende) stehen ihm für insgesamt zehn Tage jeweils 28 € (Abwesenheit täglich 24 Stunden) Pauschbetrag zu.

699 Beginnt die Auswärtstätigkeit nach 16:00 Uhr und endet vor 8:00 Uhr des folgenden Tages, ohne dass eine Übernachtung stattfindet, ist die gesamte Abwesenheitsdauer (beider Tage) zusammenzunehmen und dem Tag der überwiegenden Abwesenheit zuzurechnen (§ 9 Abs. 4a Nr. 3, 2. Halbs. EStG).

BEISPIEL

Mitternachtsregelung

Ein Lkw-Fahrer holt Heizöl von der Raffinerie. Er beginnt seine Fahrt um 17:00 Uhr und ist am anderen Morgen um 4:00 Uhr zurück.

Da an keinem der beiden Tage eine Abwesenheit von acht Stunden gegeben ist, würde der Fahrer eigentlich keinen Pauschbetrag erhalten. Da dies ungerecht erscheint, wurde mit der sog. **Mitternachtsregelung** festgelegt, dass in einem derartigen Fall die gesamte Abwesenheit beider Tage zusammengerechnet wird, hier von 17:00 Uhr bis 4:00 Uhr, also elf Stunden Abwesenheit, sodass der Fahrer 14 € Pauschbetrag für Verpflegung bekommt.

Dreimonatsfrist

700 Der Abzug von Verpflegungsmehraufwendungenist bei der Tätigkeit an derselben auswärtigen Tätigkeitsstätte auf maximal **drei Monate** begrenzt (§ 9 Abs. 4a Satz 6 EStG).

Mit dem Wechsel der Tätigkeitsstätte beginnt eine neue Dreimonatsfrist. Dies gilt stets, wenn es sich um verschiedene Auftraggeber/Kunden des Arbeitgebers handelt, und zwar auch dann, wenn die Tätigkeitsstätten in unmittelbarer räumlicher Nähe sind.

BEISPIEL

Bauarbeiter wird mehrfach in einem Neubaugebiet tätig

Arbeiter ist zuerst auf Baustelle A, dann auf Baustelle B im selben Neubaugebiet tätig. Liegt dem Einsatz auf den Baustellen ein einheitlicher Auftrag zugrunde (z. B. derselbe Kunde) handelt es sich um eine Auswärtstätigkeit. Sind es zwei Aufträge (zwei Auftraggeber) beginnt an der Baustelle B eine neue Dreimonatsfrist.

Wird die Dreimonatsfrist um mindestens vier Wochen unterbrochen, beginnt sie nach der Unterbrechung neu (§ 9 Abs. 4a Satz 7 EStG). Der Grund für die Unterbrechung (z. B. Tätigkeit am Betriebssitz, Urlaub, Krankheit) ist ohne Bedeutung (BMF, Schreiben v. 24.10.2014, IV C 5 - S 2353/14/10002, Rn. 53, BStBl 2014 I S. 1412).

BEISPIEL

Neubeginn der Dreimonatsfrist bei Unterbrechung

Der Arbeitnehmer, erste Tätigkeitsstätte am Betriebssitz seines Arbeitgebers, wird von 1.1. bis 31.7. des Jahres an eine Zweigstelle des Arbeitgebers abgeordnet. Zu Beginn des März wird die Tätigkeit an der Zweigstelle für vier Wochen unterbrochen, weil der Arbeitnehmer

- krank war bzw.
- am Betriebssitz des Arbeitgebers benötigt wird.

In beiden Fällen endet die Dreimonatsfrist grds. mit Ablauf des März. Der Arbeitnehmer kann Verpflegungsmehraufwendungen für Januar und Februar erhalten. Da die Unterbrechung im März mindestens vier Wochen gedauert hat, beginnt ab April in beiden Fällen eine neue Dreimonatsfrist (April bis Juni), für die Verpflegungsmehraufwand abzugsfähig ist.

Die Dreimonatsfrist gilt nicht, wenn die auswärtige Tätigkeitsstätte an nicht mehr als zwei Tagen wöchentlich aufgesucht wird. Sie ist aber anzuwenden, sobald die auswärtige Tätigkeitsstätte wöchentlich mehr als an zwei Arbeitstagen aufgesucht wird. Die Prüfung erfolgt stets im Nachhinein mit Blick auf die zurückliegende Zeit (BMF, Schreiben v. 24.10.2014, IV C 5 - S 2353/14/10002, Rn. 55, BStBl 2014 I S. 1412; BFH, Urteil v. 28.2.2013, III R 94/10, HI3725262, BFH/NV 2013 S. 1159).

BEISPIEL

Dreimonatsfrist bei mehreren auswärtigen Einsatzstellen

A arbeitet ab 15.2. drei Tage in der Woche auf Baustelle 1 in A-Stadt und zwei Tage in der Woche auf Baustelle 2 in B-Dorf. Nach Ende von Bauvorhaben 1 arbeitet er ab 1.7. an allen Tagen der Woche auf Baustelle 2. Ab 1.9. arbeitet er auf Baustelle 2 nur noch zwei Tage und drei Tage auf Baustelle 3 in C-Stadt.

Für die Arbeitstage auf Baustelle 1 kann A für die Zeit zwischen 15.2. und 14.5. (drei Monate) Verpflegungspauschbeträge geltend machen. Bis 30.6. ist der Abzug der Verpflegungspauschale für die Tage der Tätigkeit auf Baustelle 2 möglich. Ab 1.7. (Tätigkeit mindestens drei Tage/Woche) beginnt für Baustelle 2 die Dreimonatsfrist und endet Ende September. Es beeinflusst die Dreimonatsfrist nicht, dass ab 1.9. die Tätigkeit auf Baustelle 2 nur noch zwei Tage umfasst. Gleichzeitig beginnt ab September die Dreimonatsfrist für Baustelle 3.

Die Dreimonatsfrist gilt nicht für Tätigkeiten auf nicht ortsfesten betrieblichen Einrichtungen (z. B. Fahr-, Flugzeuge oder Schiffe; BMF, Schreiben v. 24.10.2014, IV C 5 – S 2353/14/10002, Rn. 56, BStBl 2014 I S. 1412), unabhängig davon, ob der Arbeitnehmer im Fern-, Nah- oder Linienverkehr tätig ist. Denn jede Fahrt für sich begründet eine neue Auswärtstätigkeit.

BEISPIEL

Dreimonatsfrist gilt nicht für Tätigkeiten auf Fahrzeugen

Ein Linienbusfahrer (keine erste Tätigkeitsstätte am Busdepot) fährt immer ein halbes Jahr lang arbeitstäglich auf derselben Buslinie und wechselt dann die Linie.

Die Dreimonatsfrist findet bei Fahrtätigkeiten keine Anwendung. Damit kann der Busfahrer für das ganze Jahr Verpflegungsmehraufwendungen (Abwesenheit von der Wohnung maßgebend) absetzen.

Vom Arbeitgeber zur Verfügung gestellte Mahlzeiten

701 Stellt der Arbeitgeber oder auf dessen Veranlassung ein Dritter dem Arbeitnehmer anlässlich einer Auswärtstätigkeit übliche Mahlzeiten (Preis maximal 60 €) unentgeltlich oder teilentgeltlich zur Verfügung (z. B. Arbeitsessen, geschäftlich veranlasste Bewirtung), wird der Wert der Mahlzeit nicht als Arbeitslohn versteuert. Stattdessen werden beim Arbeitnehmer die als Werbungskosten abziehbaren Verpflegungspauschbeträge gemindert. Die Kürzung beträgt für Frühstück 20 %, für Mittag- und Abendessen jeweils 40 % des Pauschbetrags bei 24-stündiger Abwesenheit (im Inland 28 €) und erfolgt maximal bis zur Höhe des tatsächlich möglichen Pauschbetrags (§ 9 Abs. 4a Sätze 8–11 EStG).

BEISPIEL

Unentgeltliche Verpflegung bei Auswärtstätigkeit

Arbeitnehmer A wird von seinem Arbeitgeber zu einer dreitägigen Montage geschickt. Er verlässt sein Haus am Montag um 8:00 Uhr und erhält an diesem Tag kostenfrei Mittag- und Abendessen. Am Dienstag wird Vollverpflegung gestellt und am Mittwoch Frühstück. Gegen 12:00 Uhr ist A wieder zu Hause. Verpflegungsmehraufwand erstattet der Arbeitgeber nicht.

A steht für den Anreisetag ein Verpflegungspauschbetrag von 14 € zu. Wegen der zur Verfügung gestellten Mahlzeiten ist der Pauschbetrag um 80 % von 28 €, d. h. 22,40 € zu kürzen, sodass kein abzugsfähiger Pauschbetrag mehr übrig ist. Für Dienstag ist ebenfalls kein Abzug möglich, da alle drei Mahlzeiten gestellt werden und damit die Verpflegungspauschale von 28 € um 100 % von 28 € zu kürzen ist. Am Abreisetag beträgt der Pauschbetrag 14 €, die Kürzung wegen Frühstück 20 % von 28 € (5,60 €). Abzugsfähig sind 8,40 €.

Zahlt der Arbeitnehmer für die zur Verfügung gestellten Mahlzeiten ein Entgelt, mindert dies den festgelegten Kürzungsbetrag. Die Zuzahlung bezieht sich immer auf die konkret gewährte Mahlzeit. Eine Verrechnung etwaiger Überzahlungen des Arbeitnehmers mit anderen Kürzungsbeträgen ist nicht zulässig.

Gewährt der Arbeitgeber Mahlzeiten, obwohl kein Anspruch auf eine Verpflegungspauschale besteht (z. B. Abwesenheit unter acht Stunden), ist der Wert der Mahlzeit mit dem amtlichen Sachbezugswert (BMF, Schreiben v. 17.12.2019, IV C 5 – S 2334/19/10010:001, BGBl 2019 I S. 89) entsprechend als steuerpflichtiger Arbeitslohn anzusehen. Die Werte betragen 2020 für Mittag- und Abendessen jeweils 3,40 €, für Frühstück 1,80 €. Die Versteuerung erfolgt entweder durch Zurechnung zum Bruttolohn oder pauschaliert mit 25 % (§ 40 Abs. 2 Satz 1 Nr. 1a EStG).

Übersteigt der Preis der Mahlzeit 60 € wird typisierend unterstellt, dass es sich um ein Belohnungsessen (R 8.1 Abs. 8 Nr. 3 LStR 2015) handelt, das mit dem tatsächlichen Preis als steuerpflichtiger Arbeitslohn angesetzt wird. Gleichzeitig mit der Versteuerung entfällt die Kürzung der Verpflegungspauschale.

Sobald der Arbeitgeber Mahlzeiten bereitstellt, muss er dies auf der Lohnsteuerbescheinigung des Arbeitnehmers durch Eintragung des Großbuchstabens M vermerken und mit den Lohndaten elektronisch an die Finanzverwaltung übermitteln.

Gleichzeitige doppelte Haushaltsführung

Liegen an einem Tag die Voraussetzungen für eine doppelte Haushaltsführung und eine **702** Auswärtstätigkeit gleichzeitig vor, gibt es den Verpflegungspauschbetrag nur einmal. Dabei ist der höhere Betrag anzusetzen (§ 9 Abs. 4a Satz 12, 2. Halbs. EStG).

Verpflegungsmehraufwand bei Auslandsreisen

Bei **Auslandsreisen** gibt es je nach Land (Ländereinteilung und Höhe der Pauschsätze ab **703** 1.1.2020: BMF, Schreiben v. 15.11.2019, IV C 5-S 2353/19/10010:001, BStBl 2019 I S. 1254) unterschiedliche Tagespauschalen. Soweit ein Land in der Liste des BMF nicht aufgeführt ist, gilt der für Luxemburg festgelegte Pauschsatz, bei nicht genannten Übersee- und Außengebieten von Staaten der Pauschsatz des Mutterlandes.

Wie bei Inlandsreisen gilt die Staffelung nach der Dauer der Abwesenheit von der Wohnung (über acht Stunden, 24 Stunden oder Anreise- bzw. Abreisetag). Die Ortszeit des besuchten Landes ist ohne Bedeutung. Die Mitternachtsregelung s. o. gilt entsprechend. Werden an einem Tag Inlands- und Auslandsreisen durchgeführt, gilt unabhängig vom zeitlichen Anteil der ausländische Pauschsatz (R 9.6 Abs. 3 LStR 2015).

Eintägige Auslandsreise

Wird eine Reise am selben Tag begonnen und beendet, sind die Pauschalen des letzten Tätigkeitsortes im Ausland maßgebend.

BEISPIEL

Auswärtstätigkeit im Ausland

Ein Arbeitnehmer verlässt um 7:00 Uhr seine Wohnung in Deutschland und besucht zunächst einen Kunden in Frankreich. Anschließend fährt er weiter zu einem Lieferanten nach Luxemburg. Gegen 23:00 Uhr trifft er wieder zu Hause ein. Maßgebend ist die für Luxemburg geltende Pauschale.

Mehrtägige Auslandsreise

Die Höhe der Verpflegungspauschale richtet sich nach dem Land, das der Reisende vor Mitternacht (Ortszeit) zuletzt erreicht hat. Für den Tag der Rückreise ist der letzte Tätigkeitsort im Ausland maßgebend.

BEISPIEL

Auswärtstätigkeit in mehreren Ländern

Ein Weinvertreter verlässt am 6.4. um 7:00 Uhr seine Wohnung und besucht zunächst einen in Lieferanten in Österreich. Danach fährt er weiter zu einem Lieferanten in Italien, wo er um 22:00 Uhr eintrifft. Nach einer Übernachtung trifft er sich am 7.4. und 8.4. mit anderen Weinherstellern. Am 9.4. fährt er über die Schweiz zurück nach Deutschland und trifft um 15:00 Uhr zu Hause ein.

Für den 6.4. sind die für Italien geltenden Verpflegungspauschalen (Anreisetag) maßgebend (Ankunft in Italien vor 24:00 Uhr). Der 7.4. und 8.4. rechnen jeweils als voller Abwesenheitstag (Pauschale für 24 Stunden). Für den 9.4. richtet sich die Pauschale für diesen Tag nach den für Italien geltenden Regelungen (Abreisetag), da der Arbeitnehmer in der Schweiz nicht „tätig wurde".

Auch wenn die An- oder Rückreise über mehrere Tage durch verschiedene Länder führt, gilt für den jeweiligen Tag der Pauschsatz für das letzte vor 24:00 Uhr erreichte Land.

Flugreise

Bei Flugreisen kommt es ebenfalls darauf an, welches Land vor 24:00 Uhr Ortszeit zuletzt erreicht wird. Zwischenlandungen bleiben unberücksichtigt. Für reine Flugtage gelten die Pauschalen für Österreich.

BEISPIEL

Flugreise ins Ausland

Ein Arbeitnehmer fliegt am 6.4. um 10:00 Uhr ab Frankfurt in die USA, wo er am 6.4. um 18:00 Uhr (Ortszeit 12:00 Uhr) ankommt. Maßgebend sind die für die USA geltenden Pauschalen.

Liegen zwischen Abflugtag und Landung reine Flugtage, werden für diese Tage die Pauschalen für Österreich (s. o.) angesetzt. Für den Rückreisetag ist der letzte Tätigkeitsort im Ausland maßgebend. Zwischenlandungen bleiben wieder unberücksichtigt.

Übernachtungskosten

704 Den WK-Abzug für **Übernachtungskosten** im Inland gibt es nur für tatsächlich nachgewiesene Aufwendungen (R 9.7 LStR 2015). Sind Übernachtungskosten dem Grunde nach zweifelsfrei entstanden, können sie geschätzt werden. Bei Bau- und Montagearbeitern besteht oft eine kostengünstige Übernachtungsmöglichkeit in Baucontainern und Gemeinschaftsunterkünften (BFH, Urteil v. 12.9.2001, VI R 72/97, HI642253, BFH/NV 2001 S. 1661).

Bei einem längerfristigen beruflichen Einsatz an derselben Tätigkeitsstätte im Inland, die nicht erste Tätigkeitsstätte ist, können nach Ablauf von 48 Monaten die tatsächlich entstandenen Unterkunftskosten nur noch bis zur Höhe von 1.000 € monatlich als WK abgezogen werden (§ 9 Abs. Satz 3 Nr. 5a Satz 4 EStG). Das gilt auch für Hotelübernachtungen.

Dieselbe Auswärtstätigkeit kann nur vorliegen, wenn sie an mindestens drei Tagen wöchentlich ausgeübt wird. Eine Unterbrechung von weniger als sechs Monaten (z. B. durch Krankheit, Einsatz an einer anderen Tätigkeitsstätte) führt nicht zu einem Neubeginn der 48-Monatsfrist: Die Prüfung und Beurteilung erfolgt stets im Nachhinein mit Blick auf die zurückliegende Zeit (BMF, Schreiben v. 24.10.2014, IV C 5 – S 2353/14/10002, Rn. 120, BStBl 2014 I S. 1412).

BEISPIEL

48-Monatsfrist

IT-Berater I, erste Tätigkeitsstätte Stuttgart, betreut seit 15.6.2016 jede Woche

a) drei Tage
b) zwei Tage

die EDV-Anlage des Kunden K in München.

Die 48-Monatsfrist endet mit Ablauf 14.6.2020. In Fall a) wird der Abzug von Unterkunftskosten ab Juli 2020 (nächster voller Monat) auf maximal 1.000 € monatlich begrenzt. In Fall b) gilt dagegen weiterhin der unbegrenzte Abzug, weil die Tätigkeit wöchentlich nicht mehr als zwei Tage ausgeübt wurde.

Wäre I von November 2019 bis Mai 2020 bei einem anderen Kunden eingesetzt und danach wieder beim Kunden K, würde in Fall a) ab Juni 2020 eine neue 48-Monatsfrist in München beginnen.

Übernachtungskosten im Ausland sind ebenfalls nur in tatsächlicher Höhe abzugsfähig (➜ Tz 704). Die 48-Monatsfrist gilt für Auslandsübernachtungen nicht (BMF, Schreiben v. 24.10.2014, IV C 5 – S 2353/14/10002, Rn. 112 u. 118 ff., BStBl 2014 I S. 1412).

Übernachtung mit Frühstück

Wird für Übernachtung mit Frühstück oder Vollverpflegung ein einheitlicher Betrag ausgewiesen (kommt im Inland wegen der unterschiedlichen Umsatzsteuersätze für Übernachtung und Essen kaum mehr vor), sind die Verpflegungskosten herauszurechnen, weil dafür die Pauschalen gelten. Dabei werden, unabhängig ob Inlands- oder Auslandsreise, für das Frühstück 20 %, für Mittag- und Abendessen jeweils 40 % des Pauschsatzes für Verpflegungsmehraufwendungen bei 24-stündiger Abwesenheit angesetzt. Bei Übernachtung im Inland sind z. B. für ein Frühstück 5,60 € (20 % von 28 €) aus dem Gesamtbetrag herauszurechnen (R 9.7 Abs. 1 LStR 2015).

Fällt neben der Übernachtung gesondert eine Business- oder Service-Pauschale an, die Frühstück und weitere Leistungen z. B. Internetnutzung beinhaltet, wird auch hier der Betrag für das Frühstück wie dargestellt berechnet. Die übrigen Kosten sind voll abzugsfähige Reisenebenkosten (➜ Tz 705).

Reisenebenkosten sind (nur) in tatsächlicher Höhe abzugsfähig (R 9.8 LStR 2015). **705**
Mögliche Ausgaben sind z. B.

- Aufwendungen zur Beförderung und Aufbewahrung von Gepäck;
- Kosten für Telefonate: Gebühren für Gespräche beruflichen Inhalts sind stets abzugsfähig. Aber auch Gebühren für private Gespräche (Kontaktaufnahme mit der Familie)

können berücksichtigt werden, wenn die Auswärtstätigkeit mindestens eine Woche dauert (BFH, Urteil v. 5.7.2012, VI R 50/10, HI3512137, BFH/NV 2013 S. 293);

- Straßenbenutzungs-, Parkgebühren, Unfallkosten auf einer Fahrt im Rahmen der Auswärtstätigkeit;
- Wertverluste durch Diebstahl (H 9.8 „Diebstahl" LStH 2020) von notwendigem persönlichen Reisegepäck (außer Geld und Schmuck);
- Trinkgelder z. B. an das Hotelpersonal

Nicht berücksichtigungsfähig sind wegen möglicher privater Mitverwendung Aufwendungen für Bekleidung, Kosten für Minibar und Pay-TV, Anschaffung von Reiseausrüstung (z. B. Koffer, Föhn, Reisewecker, Stadtführer usw.) sowie aufgrund des gesetzlichen Abzugsverbots (§ 4 Abs. 5 Nr. 8–9 EStG) Geldbußen und Verwarnungsgelder.

706 Übernachtungspauschale für Berufskraftfahrer

Arbeitnehmer, die während einer mehrtägigen beruflichen Auswärtstätigkeit im Fahrzeug ihres Arbeitgebers oder eines von ihm beauftragten Dritten übernachten, können die tatsächlichen Kosten, die ihnen in Zusammenhang mit der Übernachtung entstehen (z. B. für die Benutzung sanitärer Einrichtungen, Reinigung der Schlafkabine ...) als Werbungskosten geltend machen. Anstelle der tatsächlichen Aufwendungen ist für jeden Tag, für den dem Arbeitnehmer ein Pauschbetrag für Verpflegung zusteht, eine „Übernachtungspauschale" von 8 € absetzbar (§ 9 Abs. 1 Satz 3 Nr. 5b EStG).

Arbeitgeberersatz

707 Der Arbeitgeber kann Reisekosten bis zur Höhe der als Werbungskosten abziehbaren Beträge steuerfrei ersetzen (§ 3 Nr. 13 und 16 EStG). Dabei dürfen die einzelnen Aufwandsarten (Fahrtkosten, Verpflegung usw.) in einer Summe zusammengefasst werden. Werden mehrere Reisen gemeinsam abgerechnet, kommt es darauf an, dass die Erstattung insgesamt unter den steuerlich zulässigen Beträgen liegt.

Stellt der Arbeitgeber eine **Bahncard** 25, 50 oder 100, die in erster Linie für Auswärtstätigkeiten genutzt wird, liegt darin steuerfreier Ersatz. Übersteigt die (prognostizierte) Kostenersparnis durch die Bahncard die Summe der beruflichen verwendeten Einzelfahrscheine einschließlich der Kosten der Bahncard, ist eine private Mitnutzung der Bahncard ohne Auswirkung. Nutzt der Arbeitnehmer seine private Bahncard, Monats- oder Jahreskarte für den öffentlichen Personennahverkehr bei Auswärtstätigkeiten, kann der Arbeitgeber anteilige Kosten (entweder quotale Aufteilung oder Preis des Einzelfahrscheins) steuerfrei erstatten.

Übernachtungskosten können bei Inlandsreisen pauschal bis zur Höhe von 20 € pro Übernachtung ohne Einzelnachweis steuerfrei ersetzt werden, wenn die Unterkunft nicht (teilweise) unentgeltlich zur Verfügung gestellt wurde. Bei Auslandsreisen ist der Ersatz von Übernachtungskosten i. H. der in den amtlichen Tabellen aufgeführten Pauschale möglich (➔ Tz 704).

Stellt der Arbeitgeber eine Unterkunft unentgeltlich zur Verfügung oder wird in einem Fahrzeug übernachtet, darf kein steuerfreier Ersatz von Übernachtungskosten gezahlt werden.

Der steuerfreie Arbeitgeberersatz führt zu einer entsprechenden Kürzung der abzugsfähigen WK (§ 3c Abs. 1 EStG; § 9 Abs. 4a Satz 11 EStG). Ein die WK übersteigender Arbeitergeberersatz ist i. H. des übersteigenden Betrags steuerpflichtiger Arbeitslohn beim Arbeitnehmer.

BEISPIEL

Erstattung niedriger als steuerfrei erlaubter Betrag

Für eine Auswärtstätigkeit, bei der der Arbeitnehmer 12 Stunden unterwegs war und 100 km mit dem privaten Pkw gefahren ist, erstattet der Arbeitgeber 10 € Verpflegungsmehraufwand und Fahrtkosten für 100 km × 0,20 €, zusammen 35 €.

Steuerlich hätten 44 € (Verpflegungsmehraufwand 14 €) und (30 €, d.h. 100 km × 0,30 €, an Fahrtkosten) steuerfrei erstattet werden dürfen. Dieser Betrag ist größer als die Erstattung, die somit in vollem Umfang steuerfrei ist. Der Arbeitnehmer kann darüber hinaus 9 € bei den WK absetzen.

Soweit sich wegen zu hoher Erstattung von Verpflegungsmehraufwendungen steuerpflichtiger Arbeitslohn ergibt, kann dieser vom Arbeitgeber pauschal mit 25 % (§ 40 Abs. 2 Satz 1 Nr. 4 EStG) versteuert werden. Siehe BMF, Schreiben v. 24.10.2014, IV C 5 – S 2353/14/10002, Rn. 58, BStBl 2014 I S. 1412.

Doppelte Haushaltsführung

[Mehraufwendungen für doppelte Haushaltsführung → Zeilen 91–117]

Führt ein Steuerpflichtiger aus beruflichen Gründen zwei Haushalte und trägt die Kosten 708
dafür, können die **Mehraufwendungen** für **die doppelte Haushaltsführung** (§ 9 Abs. 1 Satz 3 Nr. 5 EStG) unter folgenden Voraussetzungen als WK geltend gemacht werden:

- **keine Auswärtstätigkeit**
- **eigener Hausstand** außerhalb des Beschäftigungsorts
- **zweiter Haushalt** am oder in der Nähe des Beschäftigungsorts
- **berufliche Veranlassung** der doppelten Haushaltsführung

Der **Familienstand** des Steuerpflichtigen ist dabei grds. ohne Bedeutung. Eine doppelte Haushaltsführung ist bei Verheirateten, Ledigen und eheähnlichen Gemeinschaften möglich.

Keine Auswärtstätigkeit

Der entscheidende Unterschied zur Auswärtstätigkeit besteht darin, dass der Arbeitneh- 709
mer hier an seiner ersten Tätigkeitsstätte tätig wird und hierfür einen zweiten Hausstand benötigt (R 9.11 Abs. 1 Satz 2 LStR 2015). Ist die Tätigkeit an der auswärtigen Tätigkeitsstätte dagegen von vornherein (auf maximal 48 Monate) befristet, wird sie nicht (allein durch Zeitablauf) zur ersten Tätigkeitsstätte, und es ist für gesamte Dauer der Tätigkeit der Abzug von Reisekosten möglich (→ Tz 692).

BEISPIEL

Abordnung an zweite Betriebsstätte

Ein Arbeitnehmer wird für ein halbes Jahr an eine zweite Betriebsstätte abgeordnet. Da die Betriebsstätte zu weit von der bisherigen Tätigkeitsstätte weg ist, um täglich zu pendeln, sucht er sich eine Unterkunft in der Nähe der zweiten Betriebsstätte. Danach wird er auf Dauer an die zweite Betriebsstätte versetzt.

Solange der Arbeitnehmer abgeordnet ist, liegt eine **Auswärtstätigkeit** vor, denn die Tätigkeit an der auswärtigen Tätigkeitsstätte ist vorübergehend und damit keine Tätigkeit an der ersten Tätigkeitsstätte. Für die Zeit der Abordnung kann der Arbeitnehmer Reisekosten geltend machen.

Mit der Versetzung endet die Auswärtstätigkeit, denn die auswärtige Tätigkeitsstätte wird jetzt neue erste Tätigkeitsstätte. Damit ist jetzt eine beruflich veranlasste Haushaltsführung mit dem entsprechenden Kostenabzug gegeben.

Eigener Hausstand

710 Ein eigener Hausstand setzt folgende Merkmale voraus (R 9.11 Abs. 3 LStR 2015; H 9.11 Abs. 3, „Eigener Hausstand" LStH 2020):

- Wohnung
- Nutzungsrecht
- Kostenbeteiligung
- tatsächliche Haushaltsführung
- Lebensmittelpunkt

Ob ein **eigener Hausstand** vorliegt, ist anhand der Gesamtumstände zu beurteilen. Einrichtung, Ausstattung, Größe und Abgeschlossenheit der Wohnung sind Aspekte, ebenso ob in der Wohnung ein eigenständiges Wohnen und Wirtschaften möglich ist. Außerdem sind die persönlichen Lebensumstände, Alter und Personenstand zu prüfen.

Ein eigener Hausstand setzt eine eingerichtete, den Lebensbedürfnissen entsprechende (vollständige) abgeschlossene Wohnung voraus, die dem Arbeitnehmer gehört (Eigentümer), die er angemietet hat (Mieter) oder berechtigterweise (mit)nutzen kann (Nutzungsrecht) und die eine selbstbestimmte Haushaltsführung erlaubt (BFH, Urteil v. 28.3.2012, VI R 87/10, HI2968232, BFH/NV 2012 S. 1231).

Außerdem ist Voraussetzung (§ 9 Abs. 1 Satz 3 Nr. 5 Satz 3 EStG), dass eine finanzielle Beteiligung an den Kosten der Lebensführung (laufende Kosten der Haushaltsführung) erfolgt. Es genügt nicht, wenn z. B. der Arbeitnehmer im Haus der Eltern eine Wohnung unentgeltlich nutzen darf. Die finanzielle Beteiligung an den Kosten der Haushaltsführung muss gegenüber dem Finanzamt dargelegt und kann auch bei volljährigen Kindern mit abgeschlossener Berufsausbildung nicht unterstellt werden. Betragen die Barleistungen mehr als 10 % der monatlich regelmäßig anfallenden Kosten der Haushaltsführung (z. B. Miete, Kosten für Lebensmittel), ist eine ausreichende finanzielle Beteiligung gegeben. Liegen die Barleistungen darunter, muss die hinreichende finanzielle Beteiligung auf andere Art und Weise (z. B. Übernahme der Kosten für Heizöl) dargelegt werden. Bei Verheirateten geht die Finanzverwaltung im Regelfall davon aus, dass am Familienwohnsitz ein eigener Hausstand mit finanzieller Beteiligung vorliegt (BMF, Schreiben v. 24.10.2014, IV C 5 – S 2353/14/10002, Rn. 100, BStBl 2014 I S. 1412).

711 Weitere Voraussetzung ist, dass der Steuerpflichtige in der Wohnung tatsächlich einen eigenständigen **Haushalt führt.** Er muss die Haushaltsführung durch seine Anwesenheit (bestimmte Anzahl von Fahrten zum Hausstand, abhängig von Familienstand und Entfernung erforderlich) bestimmen oder wesentlich beeinflussen bzw. den Hausstand gleichberechtigt mitbenutzen (BFH, Urteil v. 12.9.2000, VI R 165/97, HI510283, BFH/NV 2001 S. 247). Während ein verheirateter Arbeitnehmer immer einen eigenen Hausstand führt, wenn er mit seiner Familie eine Wohnung unterhält, muss bei Alleinstehenden stets geprüft werden, ob ein eigener Haushalt vorliegt. Z. B. wird ein junger Mensch, der nach dem Schulabschluss eine Ausbildung begonnen hat, i.d.R. noch in den Haushalt seiner Eltern eingegliedert sein, selbst wenn er eigene Räume zur Verfügung hat (BFH, Urteil v. 28.8.2014, V R 22/14, HI7443885, BFH/NV 2015 S. 17). Das gilt unabhängig vom Erreichen einer bestimmten Altersgrenze, solange das Kind die Haushaltsführung nicht wesentlich mitbestimmt (BFH, Beschluss v. 1.3.2017, VI B 74/16, HI10711984, BFH/NV 2017 S. 903). Andererseits wird jemand, der zuvor in einer Beziehung, Ehe oder außerhalb des elterlichen Hauses gelebt hat, eher einen eigenen Hausstand führen, auch wenn er diesen in das Haus seiner Eltern (zurück)verlegt (BFH, Urteil v. 28.3.2012, VI R 87/10, HI2968232, BFH/NV 2012 S. 1231). Ein eigener Hausstand wird (von einem Kind) auch unterhalten, wenn die Wohnung im Rahmen eines Mehrgenerationenhaushalts (z.B. Eltern und erwachsene Kinder) geführt wird. Bei erwachsenen, wirtschaftlich selbstständigen, berufstätigen Kindern, die nach Abschluss ihrer Ausbildung zusammen mit ihren Eltern oder einem Elternteil in einem gemeinsamen Haushalt wohnen, ist im Regelfall davon auszugehen, dass sie die Führung des Haushalts maßgeblich mitbestimmen. U. U. kann es vorkommen, dass die Eltern z.B. wegen Alter, Krankheit oder Pflegebedürftigkeit in den Haushalt des Kindes aufgenommen sind (BFH, Urteil v. 26.7.2012, VI R 10/12, HI3481789, BFH/NV 2013 S. 112).

Hauswirtschaftliches Leben am Ort des Hausstands während der Abwesenheit des Arbeitnehmers ist bei einer Wohnung **im Inland** nicht notwendig, bei Wohnung im Ausland aber zwingend für den Abzug (R 9.11 Abs. 3 Satz 3 und 5 LStR 2015).

Liegen Hauptwohnung (eigener Hausstand) und Zweitunterkunft am Beschäftigungsort, **712**
ist keine abzugsfähige doppelte Haushaltsführung möglich. Die Hauptwohnung ist am Beschäftigungsort belegen, wenn der Steuerpflichtige von dieser aus, seine Arbeitsstätte in zumutbarer Weise erreichen kann. Nachdem das EStG keine Mindestentfernung zwischen Haupt- und beruflicher Zweitwohnung bestimmt, muss dies anhand der Umstände des Einzelfalls geprüft werden (BFH, Urteil v. 16.11.2017, VI R 31/16, HI11445154, BFH/NV 2018 S. 372; BFH, Urteil v. 16.1.2018, VI R 2/16, HI11731738, BFH/NV 2018 S. 712). Die Finanzverwaltung akzeptiert es, wenn die Hauptwohnung mindestens doppelt so weit von der Tätigkeitsstätte entfernt ist wie die Zweitunterkunft (➜ Tz 714).

Der eigene Hausstand muss gleichzeitig der auf Dauer angelegte **Lebensmittelpunkt** **713**
(Mittelpunkt der Lebensinteressen) sein. Dabei sind Größe und Ausstattung von Haupt- und Zweitwohnung sowie Dauer und Häufigkeit der Aufenthalte (regelmäßige Heimfahrten) in den Wohnungen (R 9.11 Abs. 3 LStR 2015; R 9.10 Abs. 1 Sätze 4–9 LStR 2015), familiäre Bindungen, Freundes- und Bekanntenkreis, sportliche, kulturelle und andere Aktivitäten zu prüfen. Haben **Eheleute** einen gemeinsamen Hausstand und am Beschäftigungsort eine gemeinsam bewohnte Wohnung, gilt die Regelvermutung, dass sich dort der Lebensmittelpunkt befindet, insbesondere, wenn auch die Kinder dort wohnen. Diese Vermutung kann im Einzelfall aber durch Abwägung aller Umstände widerlegt werden (BFH, Urteil v. 7.5.2015, VI R 71/14, HI8175649, BFH/NV 2015 S. 1240; BFH, Urteil v. 1.10.2019, VIII R 29/16, HI13688312, BFH/NV 2020 S. 349). Die Tatsache, dass die Wohnung am Beschäftigungsort ein familiengerechtes Wohnen gestattet, ist zwar von Bedeutung, aber nur einer der in die Abwägung einzubeziehenden Umstände (BFH, Urteil v. 8.10.2014, VI R 16/14, HI7578378, BFH/NV 2015 S. 393). Bei einem alleinstehenden Arbeitnehmer ist entscheidend, dass er sich in dem Haushalt, im Wesentlichen nur unterbrochen durch die Arbeits- und urlaubsbedingte Abwesenheit, aufhält. Das kann vermutet werden, wenn es sich bei der Zweitunterkunft um eine reine Schlafgelegenheit handelt. Allein das Vorhalten einer Wohnung

für gelegentliche Besuche oder für Ferienaufenthalte reicht nicht aus, um dort den Lebensmittelpunkt anzunehmen. Der Arbeitnehmer muss sich abhängig von seinen persönlichen Verhältnissen (alleinstehend, verheiratet) regelmäßig dort befinden. Dabei ist es ausreichend, wenn ein Lediger die Hauptwohnung zweimal im Monat, ein Verheirateter die Wohnung sechsmal jährlich aufsucht. Beispiel siehe ➜ Tz 652.

Liegt der eigene Hausstand im (weit entfernten) Ausland, kann es bereits genügen, wenn der Steuerpflichtige alle zwei bis drei Jahre zu seiner dort lebenden Familie reist, sofern er auf andere Art (z. B. Telefonate, E-Mail, Geldüberweisungen) glaubhaft macht, dass er den Kontakt soweit wie möglich aufrecht erhält (R 9.11 Abs. 3 LStR 2015).

Mit Verlagerung des Lebensmittelpunkts wird die doppelte Haushaltsführung beendet (BFH, Beschluss v. 23.8.2013, VI B 12/13, HI5929493, BFH/NV 2014 S. 155). Bei einem alleinstehenden Steuerpflichtigen wird mit zunehmender Dauer widerlegbar vermutet, dass er den Lebensmittelpunkt an die Wohnung am Arbeitsplatz verlegt hat und die bisherige Lebensmittelpunktwohnung nur noch besuchsweise aufsucht. Indizien dafür sind z. B. der Bezug einer neuen Wohnung am Arbeitsort, die in Größe und Ausstattung der bisherigen Lebensmittelpunktwohnung entspricht oder sie sogar übertrifft, oder wenn in die (Zweit-)Wohnung ein Lebenspartner mit einzieht. Es sind bei der Frage nach dem Lebensmittelpunkt immer alle Umstände einzubeziehen (BFH, Beschluss v. 29.10.2012, VI B 102/12, HI3530134, BFH/NV 2013 S. 199).

TIPP

Arbeitnehmer ohne eigenen Hausstand

Arbeitnehmer ohne eigenen Hausstand können keine Kosten für eine doppelte Haushaltsführung abziehen. Es ist jedoch möglich, alle tatsächlich durchgeführten Fahrten zur weiter entfernten Wohnung als Fahrten zwischen Wohnung und Arbeitsstätte mit der Entfernungspauschale geltend zu machen, wenn die weiter entfernt liegende Wohnung der Lebensmittelpunkt ist (➜ Tz 652).

Zweitwohnung am Beschäftigungsort

714 An die **Zweitwohnung** werden geringe Anforderungen gestellt. Notwendig ist keine Wohnung. Ausreichend ist eine entgeltlich oder unentgeltlich zur Verfügung stehende Unterkunft bzw. Schlafgelegenheit, z. B. möbliertes Zimmer, Hotelzimmer, Wohngemeinschaft etc. Ein bestimmter Mindestaufenthalt oder eine bestimmte Anzahl von Übernachtungen am Beschäftigungsort ist nicht erforderlich.

Entgegen dem Gesetzeswortlaut muss die Unterkunft auch nicht direkt oder in der Nähe des Arbeitsorts sein. Es reicht für die Annahme einer beruflichen Veranlassung aus, dass sie im Einzugsbereich der Gemeinde der auswärtigen Arbeitsstätte liegt (BMF, Schreiben v. 24.10.2014, IV C 5 – S 2353/14/10002, Rn. 101, BStBl 2014 I S. 1412). Die Finanzverwaltung akzeptiert ohne nähere Prüfung, wenn der Zweithaushalt maximal halb so weit von der Arbeitsstätte entfernt ist wie der eigene Hausstand. Ist die Entfernung größer, muss der Arbeitnehmer nachweisen, dass vom Zweithausstand aus, das tägliche Aufsuchen des Arbeitsplatzes möglich ist und der Zeitaufwand dafür im Bereich des Üblichen liegt (BFH, Urteil v. 26.6.2014, VI R 59/13, HI7435369, BFH/NV 2015 S. 10). Auf die Entfernung allein kommt es dabei nicht an. So akzeptierte der BFH z. B. eine Entfernung von 141 km, die mit dem ICE in einer Stunde zurückgelegt werden konnte, wobei der

Lebensmittelpunkt 280 km vom Arbeitsort entfernt lag, weil sich im Vergleich eine deutliche Zeitersparnis ergab. Auch eine Entfernung von 83 km von der Tätigkeitsstätte zur Zweitunterkunft bei einer Fahrzeit von weniger als eine Stunde wurde anerkannt.

Berufliche Veranlassung

Beruflich veranlasst ist die Unterhaltung eines zweiten Haushalts, wenn der Arbeitnehmer diese nutzt, um von dort aus seinen Arbeitsplatz zu erreichen. Entscheidend und ausreichend ist allein, dass durch die Begründung einer doppelten Haushaltsführung zum ohnehin vorhandenen Haupthaushalt ein zweiter, weiterer Haushalt hinzukommt, von dem aus der Arbeitnehmer zu seiner ersten Tätigkeitsstätte fährt. Die Motive, warum der zweite Haushalt gegründet wird, sind unbeachtlich. Eine doppelte Haushaltsführung ist damit nicht nur dann beruflich begründet, wenn sie i. Z. m. der Verlegung der ersten Arbeitsstätte, einem Arbeitgeberwechsel steht, sondern auch, wenn der Arbeitnehmer seine Lebensmittelpunktwohnung aus privaten Gründen (z. B. Heirat) vom Arbeitsort wegverlegt und am Arbeitsort einen zweiten Haushalt gründet (**Wegverlegungsfälle**; BFH, Urteil v. 5.3.2009, VI R 58/06, HI2165617, BFH/NV 2009 S. 1173). Dabei ist es unerheblich, ob am Arbeitsort eine neue Wohnung bezogen oder die alte beibehalten wird, da in beiden Fällen ein einzelner vorhandener Haushalt auf zwei Orte aufgeteilt wird; der zweite Hausstand ist als Ausgangspunkt für die Fahrt zur regelmäßigen Arbeitsstätte erforderlich. **715**

Laut Rspr. kann eine doppelte Haushaltsführung nicht allein abgelehnt werden, weil in dem zweiten Haushalt eine Wohngemeinschaft mit einer Kollegin geführt wird, selbst wenn eine freundschaftliche Beziehung besteht und die Mitbewohnerin gelegentlich finanziell unterstützt wird. Die berufliche Veranlassung entfällt dagegen, wenn der Mittelpunkt der Lebensinteressen an den Beschäftigungsort hin verlagert und der Zweithaushalt zum Ort der eigentlichen Haushaltsführung und Lebensmittelpunkt wird (BFH, Urteil v. 28.3.2012, VI R 25/11, HI3123964, BFH/NV 2012 S. 1525). Ob dies der Fall ist, wird nach den Gesamtumständen des Falls beurteilt.

Eine beruflich veranlasste doppelte Haushaltsführung bleibt auch nach eingetretener **Arbeitslosigkeit** bestehen, solange sich der Arbeitnehmer um einen neuen Arbeitsplatz bemüht (vorweggenommene Werbungskosten). Ob dasselbe gilt, wenn der zweite Haushalt ungenutzt während der Elternzeit beibehalten wird, hat der BGH mit Urteil v. 23.10.2019, VI R 1/18, BFH/NV 2020 S. 354, verneint.

Abzugsfähige Mehraufwendungen

716 Bei doppelter Haushaltsführung sind nur die durch die zweite Haushaltsführung angefallenen **Mehraufwendungen,** soweit sie **notwendig** sind, abziehbar (§ 9 Abs. 1 Satz 3 Nr. 5 EStG). Dies gilt für Fahrtkosten, Verpflegungsmehraufwand, Ausgaben für die Zweitwohnung und Umzug.

Fahrtkosten (§ 9 Abs. 1 Nr. 5 Sätze 5–8 EStG; R 9.11 Abs. 5–6 LStR 2015) **717**

Als notwendige Fahrtkosten erkennt die Finanzverwaltung an:

- **Erste und letzte Fahrt** im Rahmen der doppelten Haushaltsführung: Hier können die tatsächlichen Kosten (➔ Tz 660) bzw. ohne Kostennachweis die Pauschsätze wie bei den Reisekosten, z. B. bei Kfz-Nutzung 0,30 € je gefahrenen Kilometer (➔ Tz 697) und Parkgebühren geltend gemacht werden.

- **Familienheimfahrten:** Abzugsfähig ist maximal eine tatsächlich durchgeführte Familienheimfahrt (Hin- und Rückfahrt) wöchentlich. Die Kosten können nur mit der Entfernungspauschale von 0,30 € je Entfernungskilometer (einfache Entfernung) zur Lebensmittelpunktwohnung geltend gemacht werden (§ 9 Abs. 1 Satz 3 Nr. 5 Satz 3 EStG). Die Entfernungspauschale für die wöchentlichen Heimfahrten kann auch angesetzt werden, wenn tatsächlich keine Kosten (z.B. Freifahrt mit der Bahn, kostenlose Mitfahrgelegenheit) angefallen sind (BFH, Urteil v. 18.4.2013, VI R 29/12, HI4722043, BFH/NV 2013 S. 1318), vorausgesetzt der Steuerpflichtige weist nach, dass er zu seiner Familie gefahren ist. Bei steuerfreier Sammelbeförderung durch den Arbeitgeber (§ 9 Abs. 1 Satz 3 Nr. 5 Satz 5 EStG) oder Nutzung eines Firmenwagens (**Anlage N**, Zeile 70) ist kein Kostenabzug zulässig (s. u.).
  - Mit der Pauschale sind grds. alle Kosten abgegolten. Der Abzug der (höheren) tatsächlichen Kosten ist bei Benutzung öffentlicher Verkehrsmittel und bei Behinderten (mindestens 70 % Grad der Behinderung oder 50 % und Merkzeichen „G" oder „aG") zulässig. Letztere können bei Nutzung eines Kfz ohne Einzelnachweis 0,60 € je Entfernungskilometer zur Lebensmittelpunktwohnung geltend machen.
  - Fahrten des Ehegatten von der Lebensmittelpunktwohnung zum Zweithaushalt zu Besuchszwecken (unechte Familienheimfahrten) sind grds. nicht abzugsfähig (BFH, Urteil v. 2.2.2011, VI R 15/10, HI2646715, BFH/NV 2011 S. 903), es sei denn, die Familienheimfahrt des Ehegatten war aus beruflichen Gründen (z.B. Bereitschaftsdienst) nicht möglich.
  - Ohne wöchentliche Heimfahrt können stattdessen die angemessenen **Telefonkosten** (Ferngespräch bis 15 Minuten) berücksichtigt werden (R 9.11 Abs. 5 Nr. 1 LStR 2015; H 9.11 Abs. 5–10 „Telefonkosten" LStH 2020).
- **Fahrten von der Zweitunterkunft zur ersten Tätigkeitsstätte:** Die Kosten sind grds. mit der Entfernungspauschale zu berechnen (➜ Tz 649).
- **Unfallkosten,** die auf einer (abzugsfähigen) Fahrt im Rahmen einer doppelten Haushaltsführung entstanden sind, können zusätzlich berücksichtigt werden (➜ Tz 691).

718 TIPP

Wahlrecht: Kosten für doppelte Haushaltsführung oder tatsächliche Heimfahrten

Findet mehr als eine Familienheimfahrt wöchentlich statt, **kann** der Arbeitnehmer statt Kosten für eine doppelte Haushaltsführung **alle** tatsächlich durchgeführten Heimfahrten als Wege zwischen Wohnung und erster Tätigkeitsstätte mit der Entfernungspauschale ansetzen (R 9.11 Abs. 5 Satz 2 LStR 2015).

Dies ist insbesondere dann günstiger, wenn mehrere Fahrten unter der Woche stattgefunden haben, keine oder nur geringe Übernachtungskosten anfallen und Verpflegungsmehraufwendungen nicht (mehr) abzugsfähig sind.

Das Wahlrecht muss im Rahmen derselben doppelten Haushaltsführung im Kalenderjahr einheitlich ausgeübt werden (**Anlage N**, Zeile 69). Es kann jährlich neu entschieden werden.

Verpflegungsmehraufwendungen

Der Abzug von Verpflegungsmehraufwendungen erfolgt nur i. H. d. gesetzlichen **Pauschbeträge** (§ 9 Abs. 4a EStG). Bei Mahlzeitengestellung vom Arbeitgeber, werden die Verpflegungspauschbeträge gekürzt (➜ Tz 721). 719

Maßgebend für die Höhe des Pauschbetrags ist die tägliche Abwesenheit von der Lebensmittelpunkt-(Familien-)Wohnung. Der Abzug ist nur für die **ersten drei Monate** ab Begründung des zweiten Hausstands möglich (§ 9 Abs. 4a Satz 12 EStG). Die Dreimonatsfrist gilt auch, wenn der eigene Hausstand (aus privaten Gründen) vom Tätigkeitsort wegverlegt und am Tätigkeitsort eine Zweitunterkunft bezogen wird (BFH, Beschluss v. 8.10.2014, VI R 7/13, HI7493358, BFH/NV 2015 S. 252). Eine vorhergehende Auswärtstätigkeit am selben Ort wird auf die Dreimonatsfrist angerechnet (§ 9 Abs. 4a Satz 13 EStG).

BEISPIEL

Vorhergehende Auswärtstätigkeit

Ein Arbeitnehmer wird für einen Monat (Januar) an einen Zweigbetrieb des Arbeitgebers abgeordnet und danach (ab Februar) versetzt. Im ersten Monat wohnt er im Hotel, mit der Versetzung mietet er sich ein möbliertes Zimmer. An den Wochenenden ist er jeweils nach Hause gefahren (Ankunft an der Lebensmittelpunktwohnung freitags 19:00 Uhr, Abfahrt jeweils sonntags 20:00 Uhr).

Für Januar liegt eine Auswärtstätigkeit vor, die zum Reisekostenabzug führt. Mit der Versetzung wird die auswärtige Tätigkeitsstätte neue erste Tätigkeitsstätte und der Arbeitnehmer begründet mit Bezug des möblierten Zimmers (ab Februar) eine doppelte Haushaltsführung. Der Dreimonatszeitraum für den Abzug von Verpflegungsmehraufwendungen läuft von Januar bis März. Der Zeitraum der Auswärtstätigkeit wird angerechnet.

Der Verpflegungsmehraufwand beträgt von Montag bis Donnerstag bei einer Abwesenheit von der Lebensmittelpunktwohnung von 24 Stunden 28 €, freitags und sonntags jeweils 14 €, damit für 13 Wochen (13 × 4 Tage × 28 € + 13 × 2 Tage × 14 €) = 1.820 €. Bleibt der Arbeitnehmer am Wochenende am Zweitwohnsitz, steht ihm der Pauschbetrag auch für das Wochenende zu.

Eine Unterbrechung der beruflichen Tätigkeit innerhalb der Dreimonatsfrist führt zu einem Neubeginn der Dreimonatsfrist, wenn die Unterbrechung mindestens vier Wochen dauert (§ 9 Abs. 4a Sätze 12 und 7 EStG). In jedem Fall beginnt eine neue Dreimonatsfrist beim Wechsel des Beschäftigungsorts und der Aufgabe der bisherigen Zweitwohnung.

Mahlzeitengestellung

Werden im Rahmen der doppelten Haushaltsführung vom Arbeitgeber oder auf dessen Veranlassung von einem Dritten Mahlzeiten gestellt, gelten die Regelungen zu den Reisekosten entsprechend (➜ Tz 702). 720

Gleichzeitige Auswärtstätigkeit

Liegen an einem Tag die Voraussetzungen für eine doppelte Haushaltsführung und eine Auswärtstätigkeit gleichzeitig vor (z. B. innerhalb der ersten drei Monate der doppelten Haushaltsführung), kann der Verpflegungspauschbetrag nur einmal beansprucht werden. Dabei ist der höhere Betrag anzusetzen (§ 9 Abs. 4a Satz 12 EStG). 721

722 **Aufwendungen für die Zweitwohnung**

Abzugsfähig sind die tatsächlichen Kosten der Unterkunft am Arbeitsort bis monatlich maximal 1.000 € (§ 9 Abs. 1 Satz 3 Nr. 5 Satz 4 EStG). Das gilt für eine angemietete Unterkunft ebenso wie für eine Wohnung im Eigentum des Steuerpflichtigen. Der gesetzliche Höchstbetrag von 1.000 €/Monat umfasst die Aufwendungen für die Unterkunft wie z. B. Miete, Nebenkosten, Reinigung, Zweitwohnungssteuer, Kfz-Stellplatz oder Garage.

Bei einer Wohnung im Eigentum des Arbeitnehmers sind dem Grunde nach die Gebäude-AfA, Schuldzinsen, Reparaturen, Nebenkosten (Grundsteuer, Gebäudeversicherung) und Betriebskosten (Strom, Gas, Heizung, Schornsteinfeger, Müllabfuhr, Reinigung) entsprechend bis zur Obergrenze abzugsfähig. Maklergebühren gehören zu den Umzugskosten (→ Tz 726).

Soweit der Höchstbetrag in einem Kalendermonat nicht voll ausgeschöpft wird, kann er auf andere Monate übertragen werden, sodass bei ganzjähriger doppelter Haushaltsführung Kosten bis zu 12.000 € abzugsfähig sind.

BEISPIEL

1.000-Euro-Grenze

Die Aufwendungen für die Unterkunft betrugen bis März monatlich 970 €, ab April durch Mieterhöhungen und höhere Nebenkosten 1.030 €.

Für Januar bis März sind 970 € monatlich zu berücksichtigen, ab April maximal 1.000 € im Monat. Die für Januar bis März bis zum Höchstbetrag nicht ausgeschöpften Kosten von 90 € (3 × 30 €) können in den Folgemonaten zusätzlich berücksichtigt werden.

723 Kosten für **Haushaltsartikel** (z. B. Reinigungsmittel) und **Einrichtungsgegenstände**, die für die Führung eines geordneten Haushalts erforderlich sind, können **zusätzlich** geltend gemacht werden (BFH, Urteil v. 6.6.2019, VI R 18/17, BFH/NV 2019 S. 870). Dazu gehören z. B. Aufwendungen für eine Schlafgelegenheit mit Bettwäsche, Kleiderschrank, Schränke für Hausrat, notwendige Sitzmöbel und Tisch, Kücheneinrichtung (Herd, Spüle, Kühlschrank, nicht Spülmaschine), sonstige der Haushaltsführung dienenden Gegenstände (Geschirr, Töpfe, sonstige Küchen-/Haushaltsgeräte, z. B. Staubsauger), Radio oder Fernseher sowie Badezimmereinrichtung. Dabei sind nur Aufwendungen im Rahmen des Notwendigen und Üblichen abziehbar. Der Abzug erfolgt im Wege der AfA, wenn die Kosten für das jeweilige Möbelstück ohne Umsatzsteuer mehr als 800 € betragen (→ Tz 667).

724 Befindet sich die **Unterkunft im Ausland**, sind nur die Aufwendungen bis zur Höhe einer nach Lage und Ausstattung durchschnittlichen Wohnung mit 60 qm bei einem am Arbeitsort ortsüblichen Mietzins, d. h. Durchschnittswarmmiete einschließlich Strom, Wasser, Heizung abzugsfähig, und zwar unabhängig davon, wo die Wohnung tatsächlich angemietet wurde bzw. ob die Wohnung Eigentum des Arbeitnehmers ist (BMF, Schreiben v. 24.10.2014, IV C 5 – S 2353/14/10002, Rn. 107, BStBl 2014 I S. 1412).

725 Ein **häusliches Arbeitszimmer** in der Zweitwohnung ist weder in der Begrenzung auf 1.000 € noch in den Kosten einer 60 qm-Wohnung berücksichtigt. Wird dieses (zusätzlich) benötigt, sind Ausgaben dafür getrennt von den Kosten der restlichen Wohnung zu beurteilen (BFH, Urteil v. 9.8.2007, VI R 23/05, HI1785653, BFH/NV 2007 S. 1994) und entweder in voller Höhe, begrenzt auf 1.250 € jährlich oder gar nicht abzugsfähig (→ Tz 677).

Umzugskosten sind in tatsächlicher Höhe abzugsfähig (R 9.11 Abs. 9 LStR 2015). Das gilt aber nicht, wenn i. Z. m. dem Zweitwohnsitz der eigene Hausstand vom Arbeitsort wegverlegt wurde, denn in diesem Fall sind die Kosten privat verursacht (BFH, Urteil v. 21.2.2006, IX R 108/00, HI1503753, BFH/NV 2006 S. 1273). **726**

Für Umzüge i. Z. m. einer doppelten Haushaltsführung können die sonstigen Umzugskosten **nur** auf Einzelnachweis berücksichtigt werden (➜ Tz 691). Zu den Umzugskosten gehören auch die Kosten für einen Wohnungsmakler zwecks Anmietung der Unterkunft.

Für eine doppelte Haushaltsführung im Ausland gelten die Regelungen für das Inland entsprechend. Für die Bemessung der Verpflegungsmehraufwendungen sind die Pauschalen für das jeweilige Land zu berücksichtigen (➜ Tz 703). **727**

Die angemessenen Kosten der Zweitunterkunft sind nur auf Nachweis abzugsfähig. Die in der Tabelle für Auslandsreisen genannten Pauschalen für Übernachtung gelten nur für den (steuerfreien) Arbeitgeberersatz, aber nicht für den Werbungskostenabzug.

Arbeitgeberersatz

Der Arbeitgeber kann die Aufwendungen für eine beruflich veranlasste doppelte Haushaltsführung bis zur Höhe eines möglichen Werbungskostenabzugs steuerfrei ersetzen (§ 3 Nr. 13 bzw. 16 EStG; R 9.11 Abs. 10 Satz 2 LStR 2015). Der steuerfreie Arbeitgeberersatz mindert den Werbungskostenabzug (§ 3c Abs. 1 EStG; R 9.11 Abs. 10 Satz 1 LStR 2015). Übersteigt der Kostenersatz die abzugsfähigen Werbungskosten, liegt steuerpflichtiger Arbeitslohn vor, der dem normalen Lohnsteuerabzug unterliegt. **728**

13 Anlage KAP (Einkünfte aus Kapitalvermögen)

13.1 Allgemeines

729 Zu den Einkünften aus Kapitalvermögen i. S. d. § 20 EStG gehören insbesondere

- laufende Einkünfte, wie z. B. Zinsen und Dividenden (§ 20 Abs. 1 EStG),
- Veräußerungsgewinne z. B. aus der Veräußerung von Wertpapieren (§ 20 Abs. 2 EStG),
- besondere Entgelte oder Vorteile, die neben den in den Abs. 1 und 2 bezeichneten Einnahmen oder an deren Stelle gewährt werden.

Entscheidend für den Zeitpunkt der Versteuerung ist der Zufluss (§ 11 EStG).

Weitere Einzelheiten sind insbesondere zu finden in:

BMF, Schreiben v. 18.1.2016, IV C 1 – S 2252/08/10004:017, BStBl 2016 I S. 85

BMF, Schreiben v. 20.4.2016, IV C 1 – S 2404/10/10005, BStBl 2016 I S. 475

BMF, Schreiben v. 16.6.2016, IV C 1 – S 2404/14/10001:005, BStBl 2016 I S. 527

BMF, Schreiben v. 3.5.2017, IV C 1 – S 2404/08/10004:020, BStBl 2017 I S. 739

BMF, Schreiben v. 19.12.2017, IV C 1 – S 2405/0:008, BStBl 2018 I S. 52

BMF, Schreiben v. 12.4.2018, IV C 1 – S 2252/08/10004:021, BStBl 2018 I S. 624

BMF, Schreiben v. 17.1.2019, IV C 1 – S 2252/08/10004:023, BStBl 2019 I S. 51

BMF, Schreiben v. 10.5.2019, IV C 1 – S 2252/08/10004:026, BStBl 2019 I S. 464

730 Zu den laufenden Einkünften gehören

- laufende Kapitalerträge (§ 20 Abs. 1 EStG),
- Gewinnausschüttungen (§ 20 Abs. 1 Nr. 1 EStG),
- Erträge aus Investmentfonds (§ 20 Abs. 1 Nr. 1 EStG),
- besondere Bezüge nach § 20 Abs. 1 Nr. 2 EStG (z. B. nach der Auflösung einer Körperschaft oder durch Kapitalherabsetzung),
- Einnahmen aus typisch stillen Gesellschaften und partiarischen Darlehen (§ 20 Abs. 1 Nr. 4 EStG),
- Zinsen aus Hypotheken, Grundschulden und Renten aus Rentenschulden (§ 20 Abs. 1 Nr. 5 EStG),
- Erträge aus Lebensversicherungen (§ 20 Abs. 1 Nr. 6 EStG),
- Erträge aus sonstigen Kapitalforderungen jeder Art (§ 20 Abs. 1 Nr. 7 EStG),
- Diskontbeträge von Wechseln und Anweisungen einschl. der Schatzwechsel (§ 20 Abs. 1 Nr. 8 EStG) sowie
- Stillhalterprämien (§ 20 Abs. 1 Nr. 11 EStG).

731 Seit 2009 unterliegen u. a. Kapitalerträge von Privatpersonen nicht mehr dem normalen (progressiven) Einkommensteuertarif. Stattdessen muss z. B. die auszahlende Bank eine 25%ige **Abgeltungsteuer** zuzüglich 5,5 % Solidaritätszuschlag einbehalten. Mit diesem

Einbehalt ist die Steuerschuld des Anlegers regelmäßig abgegolten. Die Anrechnung der einbehaltenen Steuerbeträge im Rahmen der Veranlagung entfällt.

Grundsätzlich fallen alle Kapitalerträge unter die Abgeltungsteuer, z. B.

- Zinsen auf Spareinlagen,
- Zinsen auf festverzinsliche Wertpapiere,
- Erträge auf Anteile an Investmentfonds,
- Dividendenzahlungen, aber auch
- Gewinne aus der Veräußerung von privaten Kapitalanlagen.

Die wichtigsten Ausnahmen: Wenn 732

- Erträge, im Rahmen eines Betriebes (gewerblich, freiberuflich) anfallen,
- Gläubiger und Schuldner eines Darlehens nahestehende Personen sind und die Zahlungen beim Schuldner Betriebsausgaben oder Werbungskosten sind,
- Gläubiger eines Darlehens oder eine ihm nahestehende Person zu mehr als 10 % beteiligt ist,
- Back-to-back-Finanzierungen vorliegen und
- verdeckte Gewinnausschüttungen vorliegen, die das Einkommen der Körperschaft gemindert haben,

fallen diese nicht unter die Abgeltungsteuer und sind im Rahmen der Einkünfteermittlung in der Einkommensteuerveranlagung zu erfassen.

TIPP

Keine Abgeltungsteuer für Erträge aus Beteiligung von mehr als 10 %

Der Abgeltungsteuersatz bei zu mehr als 10 % an einer GmbH beteiligten Gesellschaftern auf Kapitaleinkünfte (Darlehenszinsen) aus Darlehensgewährungen gegenüber der GmbH trotz fremdüblicher Vertragsgestaltungen ist nicht anwendbar (BFH, Urteil v. 29.4.2014, VIII R 23/13, HI7185962, BFH/NV 2014 S. 1620). Insbesondere Beteiligte, die keine WK haben, sollten Einspruch einlegen (➜ Tz 736).

13.2 Spezielle Einkünfte aus Kapitalvermögen

[Einkünfte aus einer unternehmerischen Beteiligung ➜ Anlage KAP Zeilen 31, 32]

Anteilseigner von Kapitalgesellschaften können ihre Erträge auf Antrag der individuellen 733
Einkommensteuer unterwerfen, wenn sie

- zu mindestens 25 % beteiligt sind oder
- zu mindestens 1 % beteiligt und durch eine berufliche Tätigkeit für die Kapitalgesellschaft maßgeblichen unternehmerischen Einfluss auf deren wirtschaftliche Tätigkeit nehmen kann (Gesetzesänderung, gültig ab 2017).

Zu berücksichtigen sind nur unmittelbare Beteiligungen (FG Düsseldorf, Urteil v. 10.5.2017, 7 K 3226/16 E, HI10901922, rkr., EFG 2017 S. 275).

In diesen Fällen sind die Erträge wie bisher im Rahmen der Einkommensteuererklärung anzusetzen und unterliegen dem persönlichen Steuersatz. Die einbehaltene Steuer hat den Charakter einer Steuervorauszahlung.

In Zeile 32 sind die **Einkünfte** einzutragen, d. h. der Betrag der **Einnahmen nach Abzug von Werbungskosten.**

Der Antrag ist spätestens zusammen mit der Einkommensteuererklärung für den jeweiligen Vz. zu stellen und gilt, solange er nicht widerrufen wird, auch für die folgenden vier Vz., ohne dass die Antragsvoraussetzungen erneut zu belegen sind (§ 32d Abs. 2 Nr. 3 Satz 4 EStG). Allerdings hat der BFH einem steuerlich nicht beratenen Steuerpflichtigen die Wiedereinsetzung in die Antragsfrist gewährt, weil ihm nicht vorzuwerfen war, dass er die komplizierten, unvollständigen und zum Teil irreführenden amtlichen Anleitungen zur Anlage KAP nicht verstanden hatte (BFH, Urteil v. 29.8.2017, VIII R 33/15, HI11364467, BFH/NV 2018 S. 72). Dieser ist längstens ein Jahr nach Fristversäumnis möglich (§ 110 Abs. 3 AO).

Auch wenn einem Gesellschafter ausschließlich vGA zugeflossen sind, die er als Einnahmen aus einer anderen Einkunftsart als den Kapitaleinkünften erklärt hat und die erst nachträglich zutreffend als Kapitalerträge besteuert werden, kann er das Wahlrecht zur Besteuerung nach dem Teileinkünfteverfahren nicht mehr ausüben (BFH, Urteil v. 14.5.2019, VIII R 20/16, HI13367100, BFH/NV 2019 S. 1168). Im Zweifel sollte ein solcher Antrag vorsorglich gestellt werden.

734 Eine Widerrufserklärung muss dem Finanzamt spätestens mit der Steuererklärung für den Vz. zugehen, für den die Regelung erstmals nicht mehr angewandt werden soll. Nach einem Widerruf ist ein erneuter Antrag des Steuerpflichtigen für diese Beteiligung an der Kapitalgesellschaft nicht mehr zulässig. Das Antragsrecht ist für jede Beteiligung getrennt auszuüben. Allerdings kann der Antrag nur einheitlich für alle Anteile an einer Beteiligung erfolgen. Als Folge des Antrags nach § 32d Abs. 2 Nr. 3 EStG, wird die Besteuerung der Dividendenzahlungen nach dem Teileinkünfteverfahren mit 60 % der erzielten Einnahmen durchgeführt (§ 3 Nr. 40 EStG).

735 Die Werbungskosten können in den Ausnahme- und Antragsfällen in vollem Umfang geltend gemacht werden. Der Abzug erfolgt nach § 3c Abs. 2 EStG zu 60 %. Allerdings kommt der Sparer-Pauschbetrag nicht zur Anwendung. Sinkt die Beteiligung aber unter die gesetzlichen Grenzen, ist auch innerhalb der Vierjahres-Frist (➜ Tz 733) des § 32d Abs. 2 Nr. 3 Satz 4 EStG ein Werbungskostenabzug unzulässig (R 32d Abs. 3 EStR 2012).

[Verwandtendarlehen ➜ Anlage KAP Zeile 28]

736 Zinsen unterliegen nicht der Abgeltungsteuer, sondern der tariflichen Einkommensteuer, wenn **Gläubiger und Schuldner einander nahestehende Personen sind.** Der Abgeltungsteuersatz ist aber nur dann nicht anzuwenden, wenn die Kapitalerträge beim Schuldner anderen Einkunftsarten (z. B. Einkünfte aus Gewerbebetrieb) zuzuordnen sind. Die den Kapitalerträgen entsprechenden Aufwendungen beim Schuldner müssen WK oder BA sein, die z. B. nicht unter das Werbungskostenabzugsverbot des § 20 Abs. 9 EStG fallen.

Entsprechende Einnahmen sind in Zeile 28 **nach Abzug von Werbungskosten** einzutragen.

BEISPIEL

Darlehen für selbst genutzte Immobilie

Der Vater V hat seinem Sohn S ein Darlehen gegeben, damit dieser eine Immobilie erwerben kann, die S selbst nutzen will. V nimmt dafür ein Bankdarlehen auf.

Die Zinseinnahmen bei V sind mit dem Abgeltungsteuersatz zu besteuern, da die Zinszahlungen bei S keine WK oder BA sind. Als Folge kann V seine Refinanzierungskosten steuerlich nicht geltend machen, weil diese unter das allgemeine Werbungskostenabzugsverbot des § 20 Abs. 9 EStG fallen.

Problematisch ist der Fall, in dem eine Finanzierung teilweise für fremdvermieteten, teilweise für selbst genutzten Wohnraum verwandt wird. In diesen Fällen muss der für die Selbstnutzung benötigte Teil der Abgeltungsteuer unterworfen werden.

Der Begriff der „nahestehenden Personen" ist im Gesetz nicht definiert. Allerdings ist die **737**
Anwendung des Abgeltungsteuersatzes nicht schon deshalb ausgeschlossen, weil Gläubiger und Schuldner der Kapitalerträge Angehörige i.S.d. § 15 AO sind (BFH, Urteil v. 29.4.2014, VIII R 9/13, HI7185959, BFH/NV 2014 S. 1617; BFH, Urteil v. 29.4.2014, VIII R 44/13, HI7185965, BFH/NV 2014 S. 1624; BFH, Urteil v. 29.4.2014, VIII R 35/13, HI7185964, BFH/NV 2014 S. 1622). Ein solches Näheverhältnis besteht nur dann, wenn auf eine der Vertragsparteien ein beherrschender oder außerhalb der Geschäftsbeziehung liegender Einfluss ausgeübt werden kann oder ein eigenes wirtschaftliches Interesse an der Erzielung der Einkünfte des anderen besteht. Liegt eine mittelbare Beteiligung vor, besteht ein Näheverhältnis nur dann, wenn auch die zwischengeschaltete Kapitalgesellschaft beherrscht wird (BFH, Urteil v. 20.10.2016, VIII R 27/15, HI10513576, BFH/NV 2017 S. 781).

Darüber hinaus liegt ein derartiges Verhältnis vor, wenn

- der Schuldner auf den Gläubiger einen beherrschenden Einfluss ausüben kann,
- der Gläubiger auf den Schuldner einen beherrschenden Einfluss ausüben kann,
- eine dritte Person auf beide einen beherrschenden Einfluss ausüben kann oder
- der Schuldner oder der Gläubiger imstande ist, bei der Vereinbarung der Bedingungen einer Geschäftsbeziehung auf den Schuldner oder Gläubiger einen außerhalb dieser Geschäftsbeziehung begründeten Einfluss auszuüben, oder wenn einer von ihnen ein eigenes wirtschaftliches Interesse an der Erzielung der Einkünfte des anderen hat.

Diese Voraussetzungen sind z.B. erfüllt, wenn ein zu mindestens 10 % beteiligter Anteilseigner der Gesellschaft ein verzinsliches Darlehen gewährt (BFH, Urteil v. 29.4.2014, VIII R 23/13, HI7185962, BFH/NV 2014 S. 1620).

Erfolgt die Darlehensgewährung durch nahestehende Personen (z.B. Familienangehörige des Anteilseigners), gilt dies nicht unbedingt, denn ein lediglich aus der Familienangehörigkeit abgeleitetes persönliches Interesse reicht nicht aus, um die Abgeltungsteuer auszuschließen. Erforderlich wäre ein Beherrschungsverhältnis zwischen Darlehensgeber und Anteilseigner (BFH, Urteil v. 14.5.2014, VIII R 31/11, HI7185963, BFH/NV 2014 S. 1631). Das liegt z.B. vor, wenn dem Ehegatten ohne eigenes Einkommen (finanzielle Abhängigkeit), ein Darlehen gewährt wird. Hier unterliegen die Zinseinnahmen nicht dem Abgeltungsteuersatz (BFH, Urteil v. 28.1.2015, VIII R 8/14, HI7642203, BFH/NV 2015 S. 585).

[Back-to-back-Finanzierung → Anlage KAP Zeile 28]

Unterhält z.B. der Gesellschafter oder eine ihm nahestehende Person bei der Bank eine **738**
Einlage und vergibt die Bank in gleicher Höhe einen Kredit an die Gesellschaft (sog. Back-to-back-Finanzierung), unterliegen die Einkünfte aus der Einlage nicht der Abgeltungsteuer von 25 %, sondern dem individuellen Einkommensteuersatz des Steuerzahlers (§ 32d Abs. 2 Nr. 1 Satz 1 Buchst. c EStG). Dadurch soll verhindert werden, dass Darle-

henszinsen als Betriebsausgaben dem tariflichen Steuersatz, die Zinseinnahmen mit der geringeren Steuerbelastung dem Abgeltungsteuersatz unterliegen, sodass ein steuerlicher Vorteil gezogen werden kann.

[Tätigkeit für die Kapitalgesellschaft → Anlage KAP Zeile 31, 32]

739 Den Antrag auf Anwendung der individuellen Besteuerung kann auch stellen, wer mindestens mit 1 % beteiligt und **beruflich für die Gesellschaft tätig** ist. Seit 2017 ist der Antrag allerdings an die weitere Bedingung geknüpft, dass der Anteilseigner durch seine berufliche Tätigkeit maßgeblichen unternehmerischen Einfluss auf die wirtschaftliche Tätigkeit der Gesellschaft nehmen kann.

Unter „beruflichen Tätigkeit" fallen sowohl selbstständig als auch nichtselbstständig ausgeübte Tätigkeiten. Ob es sich bei der beruflichen Tätigkeit um eine gewerbliche, freiberufliche oder um eine andere unter die Gewinneinkünfte fallende Tätigkeit handelt, ist unerheblich. Die Voraussetzung der 1 %-Beteiligung muss zu irgendeinem Zeitpunkt in dem Vz., für den der Antrag erstmals gestellt wird, vorgelegen haben.

[Verdeckte Gewinnausschüttungen → Anlage KAP Zeile 33]

740 Nach § 32d Abs. 2 Nr. 4 EStG wird bei verdeckten Gewinnausschüttungen (vGA) auf der Gesellschafterebene der individuelle Steuersatz angewandt, wenn diese auf der Ebene der Körperschaft die steuerliche Bemessungsgrundlage gemindert hat und damit nicht besteuert wurde (Korrespondenzprinzip). VGA werden in der Regel erst nach Abgabe der Steuererklärung (z. B. im Rahmen einer Betriebsprüfung) festgestellt. Soweit diese Beträge aber bereits bei Abgabe der Steuererklärung feststehen, müssen diese eingetragen werden. Beachte auch → Tz 733.

Fondsbesteuerung ab 2018

741 Ab 2018 wurde die Fondsbesteuerung (ausgenommen Rentenfonds) vollkommen umgestellt. Steuerlich gilt der Fondsbestand zum 31.12.2017 als verkauft und zum 1.1.2018 als wieder angeschafft. Der dabei entstehende Gewinn oder Verlust aus der fiktiven Veräußerung der Anteile ist gesondert festzustellen, aber erst in dem Zeitpunkt zu versteuern, in dem die Alt-Anteile tatsächlich veräußert werden.

Die wichtigsten weiteren Änderungen:

- Deutsche Fonds zahlen 15 % Körperschaftsteuer, was zu einer Verringerung des Ausschüttungsvolumens führt.
- Der Anleger erhält zum Ausgleich je nach Art des Fonds eine Steuerfreistellung für in- und ausländische Fonds.

Teilfreistellungssätze	natürliche Personen (Privatvermögen)	natürliche Personen (Betriebsvermögen)	Körperschaften
Aktienfonds (mindestens 51 % in Kapitalbeteiligungen angelegt)	30 %	60 %	80 %
Mischfonds (mindestens 25 % in Kapitalbeteiligungen angelegt)	15 %	30 %	40 %

Teilfreistellungssätze	natürliche Personen (Privatvermögen)	natürliche Personen (Betriebsvermögen)	Körperschaften
Immobilienfonds			
● (mindestens 51 % in Immobilien-Gesellschaften angelegt)	60 %	60 %	60 %
● (mindestens 51 % in Auslandsimmobilien angelegt)	80 %	80 %	80 %

- Ausgenommen von der Freistellung sind Fonds, die in Swaps investieren („Fully-funded Swaps").
- Die Steuerfreistellung gilt sowohl für laufende Erträge als auch für Gewinne bzw. Verluste, die bei einem Verkauf anfallen.

Laufende Einkünfte ausschüttender Fonds

Bei ausschüttenden Fonds unterliegen die so geminderten Ausschüttungen der Abgeltungsteuer. **742**

Laufende Einkünfte thesaurierender Fonds

Für thesaurierende Fonds wird eine „Vorabpauschale" berechnet. Diese gilt am 1.1. des Folgejahres als zugeflossen. Der Wert des Fondsanteils am Jahresanfang wird mit 70 % des von der Deutschen Bundesbank zum Jahresanfang errechneten Basiszinssatzes multipliziert (§ 18 Abs. 1 InvStG). Der Basiszinssatz für 2018 beträgt 0,87 % (BMF, Schreiben v. 4.1.2018, IV C 1 – S 1980-1/14/10001:038, BStBl 2018 I S. 249), für 2019 0,52 % (BMF, Schreiben v. 9.1.2019, IV C 1 – S 1980-1/14/10001:038, BStBl 2019 I S. 58) und für 2020 0,07 % (BMF, Schreiben v. 29.1.2020, IV C 1 – S 1980 – 1/19/10038:001, BStBl 2020 I S. 218). **743**

BEISPIEL

Laufende Besteuerung eines thesaurierenden Fonds

Der Wert des Fondsbestands (Aktienfonds > 51 % Aktien) am 1.1.2020 beträgt 50.000 €, am 31.12.2020 52.000 €.

Die Vorabpauschale beträgt somit 24,50 € (50.000 € × 0,07 % × 70 %).

Verglichen wird die Vorabpauschale mit dem Zuwachs, den der Fonds bis zum 31.12. erzielt hat. Ist dieser geringer als die Vorabpauschale, wird dieser für die Abgeltungsteuer zugrunde gelegt.

Die so ermittelten fiktiven Einkünfte werden um die Steuerfreistellung von 30 % gekürzt. Der verbleibende Betrag von 17,15 € unterliegt der Abgeltungsteuer (25 % = 4,29 €). Als Zuflusszeitpunkt gilt der 1.1.2021.

Den Steuerbetrag muss der Anleger der Bank zur Verfügung stellen. I. d. R. wird dazu ein Verrechnungskonto vereinbart oder es erfolgt ein Teilverkauf der Fondsanteile. Der

Anleger kann dieser Belastung widersprechen, muss dann aber die Erträge in seiner Steuererklärung angeben.

Verkauf von Fondsanteilen

744 Werden Fondsanteile eines ausschüttenden Fonds verkauft, ist der Differenzbetrag zwischen Verkaufserlös und AK steuerpflichtig. Bei einem thesaurierenden Fonds trifft dies auch zu, allerdings werden die bereits versteuerten Vorabpauschalen angerechnet, sodass eine Doppelbesteuerung vermieden wird. In beiden Fällen erfolgt die Teilfreistellung des Unterschiedsbetrags.

Wird ein Fonds mit Verlust verkauft, erhöht sich der Verlust bei einem thesaurierenden Fonds um die Vorabpauschalen. Auch hier ist der Verlust nur mit dem Betrag steuerwirksam, der nicht der Teilfreistellung unterliegt.

Verkauf von Fondsanteilen – Altbestand vor 2009

745 Für Altbestände, die bereits vor Einführung der Abgeltungsteuer am 1.1.2009 angeschafft wurden und bei denen der Verkauf vor dem 1.1.2018 steuerfrei gewesen wäre (bestandsgeschützte Alt-Anteile), ist die Neuregelung u. U. von Nachteil. Anleger erhalten für diese Bestände beim Verkauf auf den Gewinn, der zwischen dem 31.12.2017 und dem Zeitpunkt der Veräußerung angefallen ist, einen Freibetrag von 100.000 € (Ehegatten doppelt). Ein darüberhinausgehender Ertrag ist allerdings zu versteuern. Voraussetzung für den Freibetrag ist, dass die Alt-Anteile seit der Anschaffung nicht im Betriebsvermögen gehalten wurden.

BEISPIEL

Verkauf von Fondsanteilen aus Altbestand

Der Fondsbestand eines Aktienfonds wurde 2006 für 200.000 € erworben. Zum 31.12.2017 betrug der Wert 250.000 €, verkauft wurde der Fonds für 400.000 €. Vom Veräußerungsgewinn bleibt der Betrag von 50.000 €, der bis zum 31.12.2017 angefallen ist, außer Betracht. Vom Restbetrag (150.000 €) wird der Freibetrag von 100.000 € abgezogen. Der verbleibende Gewinn von 50.000 € ist zu 70 % steuerpflichtig (Teilfreistellung). Es verbleibt eine Steuerschuld von 8.750 € (50.000 × 70 % × 25 %).

WICHTIG

Freibetrag

Der persönliche Freibetrag von 100.000 € ist nur in der Veranlagung und nicht bei der Erhebung der Kapitalertragsteuer anzuwenden. Das bedeutet, dass die Bank zunächst einmal die volle Abgeltungsteuer einbehalten muss. Eine Erstattung gibt es dann mit dem Steuerbescheid.

746 Unterliegen die Erträge aus Investmentfonds im Rahmen der endgültigen Besteuerung nicht dem besonderen Steuersatz (§ 32d EStG), z.B. weil sie im Betriebsvermögen gehalten werden, können darauf entfallende Betriebsausgaben nur anteilig abgezogen werden, soweit die Teilfreistellung nicht gilt.

747 Weitere Auswirkungen: Die Anrechnung im Ausland gezahlter ausländischer Quellensteuern entfällt. Rentenfonds sind von der Neuregelung nicht betroffen.

Für die steuerliche Behandlung der Einkünfte aus einem Spezial-Investmentfonds gelten abweichende Regeln: Der gesonderte Steuertarif nach § 32d EStG ist nicht anzuwenden und entfaltet somit keine Abgeltungswirkung; damit ist ein Abzug der tatsächlichen Werbungskosten nach § 20 Abs. 9 EStG möglich. Auf die Einkünfte ist der individuelle Steuersatz anzuwenden. 748

Sparer-Pauschbetrag

[Sparer-Pauschbetrag → Anlage KAP Zeilen 16, 17]

Sofern die Kapitaleinnahmen dem Abgeltungsteuersatz unterliegen, wird bei der Einkünfteermittlung ein **Sparer-Pauschbetrag** von 801 € abgezogen. Ehegatten wird bei Zusammenveranlagung ein gemeinsamer Sparer-Pauschbetrag von 1.602 € gewährt und ist bei jedem Ehegatten je zur Hälfte abzuziehen. Sind die Kapitalerträge eines Ehegatten allerdings niedriger als 801 €, werden die Einkünfte des anderen um den nicht genutzten Sparer-Pauschbetrag gemindert. Der Sparer-Pauschbetrag ist auf die Höhe der Einnahmen begrenzt, sodass ein Verlust nicht entstehen kann. 749

Mit dem **Sparer-Pauschbetrag** sind grds. sämtliche **Werbungskosten** (z. B. Depotgebühren, Fremdfinanzierungszinsen etc.) abgegolten. Auch bei der sog. „Günstigerprüfung" kommt ein Abzug der tatsächlich entstandenen Werbungskosten nicht in Betracht (BFH, Urteil v. 28.1.2015, VIII R 13/13, HI7642204, BFH/NV 2015 S. 582). Das Werbungskostenabzugsverbot des § 20 Abs. 9 Satz 1 EStG findet auch dann Anwendung, wenn die nach dem 31.12.2008 geleisteten Aufwendungen mit Kapitalerträgen in Zusammenhang stehen, die bereits vor dem 1.1.2009 zugeflossen sind (BFH, Urteil v. 2.12.2014, VIII R 34/13, HI7642205, BFH/NV 2015 S. 570). Ausgenommen sind jedoch folgende Kosten: 750

- **Veräußerungskosten** und Kosten i. Z. m. Termingeschäften werden bei der Veräußerungsgewinnermittlung nach § 20 Abs. 4 EStG berücksichtigt (→ Tz 780).
- **Anschaffungsnebenkosten** werden in die Veräußerungsgewinnberechnung einbezogen. Hierzu gehört auch der Anteil der Transaktionskosten einer Vermögensverwaltungsgebühr. Bei Pauschalhonoraren („all-in fee") i. Z. m. der Abgeltungsteuer ist die in der „all-in-fee" enthaltene Transaktionskostenpauschale im Zeitpunkt der Verausgabung als abziehbarer Aufwand anzuerkennen (BMF, Schreiben v. 18.1.2016, IV C 1 – S 2252/08/10004:017, Rn. 93 ff., BStBl 2016 I S. 85).

Werbungskostenabzug

In bestimmten Einzelfällen (→ Tz 732 f. und Übersicht in → Tz 761) können tatsächlich angefallene Werbungskosten geltend gemacht werden. Der Werbungskostenabzug erfolgt bei Dividenden nach § 3c Abs. 2 EStG nur zu 60 % (→ Tz 755). Der Sparer-Pauschbetrag kommt nicht zur Anwendung, sofern keine anderen Kapitaleinkünfte, für die kein Werbungskostenabzug gewährt wird, vereinnahmt werden. 751

Werbungskosten bei den Kapitaleinkünften können aber nur geltend gemacht werden, wenn zu erwarten ist, dass auf die Gesamtdauer der Kapitalanlage ein Überschuss der Einnahmen über die WK zu erzielen ist. Es gilt der allgemeine Werbungskostenbegriff (§ 9 Abs. 1 EStG). So fallen alle Aufwendungen zur Erwerbung, Sicherung und Erhaltung der Einnahmen darunter. Zwischen den Aufwendungen und der Erwerbstätigkeit muss ein wirtschaftlicher Zusammenhang bestehen. 752

753 **Wertminderungen**, wie auch der **Totalverlust** von privaten Kapitalanlagen, sind keine Werbungskosten. Sie wirken sich u. U. aber bei der Veräußerung der Kapitalanlage (➜ Tz 780 ff.) bzw. auch bei einem Forderungsverlust aus (➜ Tz 791).

Verwaltungskosten

754 Verwaltungskosten i. Z. mit den Einkünften aus Kapitalvermögen (➜ Tz 751) sind Werbungskosten. Beispiele: Reise-, Büro-, Internet-, Telefonkosten, Konto-, Depotgebühren.

Dies gilt nicht für die Kosten für eine allgemeine Tageszeitung.

Von der Abgeltungsteuer nicht erfasste Einkünfte

[Kapitalerträge ohne Abgeltungsteuer ➜ Anlage KAP Zeilen 18–26]

755 Hat der Steuerpflichtige **Einnahmen** nach § 20 EStG bezogen, die **nicht der Abgeltungsteuer unterliegen** (z. B. ausländische Kapitalerträge), müssen diese in der Anlage KAP im Rahmen der Einkommensteuerveranlagung erklärt werden. Auf diese Einkünfte wird aber nicht die tarifliche Einkommensteuer angewandt, sondern der Steuersatz, wie er bei der Abgeltungsteuer Anwendung findet. Für die von der Abgeltungsteuer ausgenommenen Erträge (➜ Tz 732, ➜ Tz 733) kommt die tarifliche Einkommensteuer zu Anwendung. Bei Dividendenerträgen (§ 20 Abs. 1 Nr. oder 9 EStG) oder Einnahmen aus der Veräußerung von Anteilen an Körperschaften, werden nur 60 % der erzielten Einnahmen angesetzt (§ 3 Nr. 40 EStG). Beachte aber ➜ Tz 751.

Sofern Kapitalertragsteuer einbehalten wurde, wird diese auf die Einkommensteuer angerechnet, falls nicht eine Erstattung beantragt oder durchgeführt wurde. Der Steuerabzug hat in diesen Fällen keine Abgeltungswirkung.

Veranlagungsoptionen

[Günstigerprüfung ➜ Anlage KAP Zeile 4]

756 Erträge, die der Abgeltungsteuer unterliegen, bleiben bei der Einkommensteuerveranlagung grds. außer Betracht. Der Steuerpflichtige kann jedoch beantragen, dass diese Einkünfte in die Veranlagung einzubeziehen sind (**Günstigerprüfung**).

Der Antrag muss spätestens mit Abgabe der Einkommensteuererklärung gestellt werden (BFH, Urteil v. 28.7.2015, VIII R 50/14, HI8479007, BFH/NV 2015 S. 1624).

Die einbehaltene Kapitalertragsteuer wird dann auf die Einkommensteuer angerechnet. Dieses ist von Interesse, wenn die Grenzsteuerbelastung geringer ist als 25 %. Das Finanzamt prüft dann, ob der persönliche Einkommensteuersatz günstiger ist als die Abgeltungsteuer (§ 32d Abs. 6 EStG).

BEISPIEL

Wenn sich der Grenzsteuersatz auf Zinseinnahmen auswirkt

Ein Steuerpflichtiger E hat im Jahr 2020 ein z. v. E. von 24.500 € erzielt. Darauf entfällt eine Jahressteuer von 3.572 €. Das entspricht einem Steuersatz von 14,58 %. Trotzdem bleibt die Abgeltungsteuer günstiger. Grenzsteuersatz ist der Steuersatz, der auf den letzten Euro des z. v. E. angewandt wird. Im Beispiel beträgt dieser Satz 28,20 % und übersteigt damit den Abgeltungsteuersatz von 25 %.

TIPP

Günstigerprüfung

Im Zweifel machen Sie auf der Anlage KAP ein „Kreuz“ und beantragen die Günstigerprüfung. Dann prüft das Finanzamt, ob der Grenzsteuersatz günstiger ist.

[Überprüfung des Steuereinbehalts ➜ Anlage KAP Zeile 5]

Daneben kann noch beantragt werden, die Berechnung der Abgeltungsteuer im Rahmen der Einkommensteuerveranlagung zu überprüfen. **757**

§ 32d Abs. 4 EStG sieht insbesondere in Fällen

- eines nicht vollständig ausgeschöpften Sparer-Pauschbetrags (➜ Tz 749),
- einer Anwendung der Ersatzbemessungsgrundlage nach § 43a Abs. 2 Satz 7 EStG (➜ Tz 787),
- eines noch nicht im Rahmen des § 43a Abs. 3 EStG berücksichtigten Verlusts (➜ Tz 804),
- eines Verlustvortrags nach § 20 Abs. 6 EStG (➜ Tz 805),
- noch nicht berücksichtigter ausländischer Steuern und
- zur Überprüfung des Steuereinbehalts dem Grunde oder der Höhe nach

den Antrag als sinnvoll an.

Der Antrag stellt ein unbefristetes Veranlagungswahlrecht dar. Er kann zeitlich auch nach Abgabe der Einkommensteuererklärung gestellt werden, solange die Steuerfestsetzung verfahrensrechtlich noch änderbar ist. Kommt eine Änderung wegen neuer Tatsachen (§ 173 AO) in Betracht, ist die Differenz zwischen Einkommensteuer und anrechenbarer Kapitalertragsteuer maßgeblich. Kommt es danach zu einer niedrigeren Steuer, kann eine Änderung nur erfolgen, wenn den Steuerpflichtigen kein grobes Verschulden an der Verspätung trifft (BFH, Urteil v. 21.8.2019, X R 16/17, HI13594886, BFH/NV 2020 S. 278). **758**

Der Antrag kann nur **759**

- für alle der Abgeltungsteuer unterliegenden Erträge und
- von Ehegatten gemeinsam

gestellt werden.

Auch auf diese Einkünfte wird nicht die tarifliche Einkommensteuer angewandt, sondern der Steuersatz, wie er bei der Abgeltungsteuer Anwendung findet. Ein über die Pauschbeträge hinausgehender Werbungskostenabzug ist allerdings ausgeschlossen.

Die Finanzverwaltung vertritt in diesem Zusammenhang die Rechtsauffassung, dass derartige Wahlrechte fristgebunden sind und nur bis zum Eintritt der Bestandskraft ausgeübt werden können, mit der Folge, dass nachträgliche Korrekturen grds. ausgeschlossen sind, unabhängig davon, ob der Steuerpflichtige die Ausübung des Wahlrechts grob fahrlässig oder versehentlich unterlassen hat. **760**

Zusammenfassende Übersicht

761

	besonderer Steuersatz	tarifliche ESt	Teileinkünfteverfahren	Sparer-PB	WK-Abzug	Steueranrechnung
Dem besonderen Steuersatz von 25 % unterliegen grds.: ● alle laufenden Kapitaleinkünfte ● Veräußerungsgewinne aus Wertpapierverkäufen	ja	nein	nein	ja	nein	nein
Der besondere Steuersatz ist nicht anzuwenden: ● betriebliche Erträge ● nahestehende Personen, Zahlungen sind Betriebsausgaben oder Werbungskosten, ● Beteiligung > 10 % ● Back-to-back-Finanzierung, ● verdeckte Gewinnausschüttung, die das Einkommen der Körperschaft gemindert hat.	nein	ja	teilweise	nein	ja	ja
Übrige Einkünfte i.S.v. § 20 EStG, für die keine Abgeltungsteuer einbehalten wurde	ja	nein	nein	ja	nein	ja
Auf Antrag werden die Einkünfte bei der ESt-Veranlagung berücksichtigt: ● Beteiligung $\geq$ 25 % ● Beteiligung $\geq$ 1 % und beruflich für die Gesellschaft tätig mit maßgeblichem Einfluss	nein	ja	ja	nein	ja	ja
Veranlagungsoptionen ● **Günstigerprüfung (§ 32d Abs. 6 EStG)** Voraussetzung: Der Grenzsteuersatz ist günstiger als der Abgeltungsteuersatz.	nein	ja	nein	ja	nein	ja
● **Antrag auf Überprüfung nach § 32d Abs. 4 EStG insbesondere bei** – nicht ausgeschöpftem Sparer-Pauschbetrag, – Ersatzbemessungsgrundlage nach § 43a Abs. 2 Satz 7 EStG, – Verlustberücksichtigung im Rahmen der Veranlagung, – nicht berücksichtigten ausländischen Steuern.	ja	nein	nein	ja	nein	ja

Fehlerberichtigung

Fehler, die z. B. die Bank bei Einbehalt und Abführung der Kapitalertragsteuer macht und die erst nach Ablauf eines Kalenderjahres aufgedeckt werden, dürfen nach § 20 Abs. 3a Satz 1 EStG im Rahmen des Veranlagungsverfahrens nur mit Wirkung für die Zukunft korrigiert werden. **762**

Freistellungsauftrag

Der Einbehalt der Abgeltungsteuer kann durch den Sparer-Pauschbetrag (Ledige 801 € bzw. Ehegatten 1.602 €) ganz oder teilweise verhindert werden. Hierzu muss der Bank ein schriftlicher **Freistellungsauftrag** nach amtlichem Muster vorliegen. Der Freistellungsauftrag kann nicht auf einzelne Konten oder Depots einer Bank beschränkt werden. Er gilt somit immer für alle Konten und Depots dieser Bank. Freistellungsaufträge dürfen mehrfach und an mehrere Kreditinstitute erteilt werden. Insgesamt dürfen die Grenzen von 801/1.602 € durch alle Freistellungsaufträge nicht überschritten werden. **763**

Ausländische Steuern

[Anrechnung ausländischer Steuern ➜ Anlage KAP Zeilen 40–42]

Anders als bei den anderen Einkunftsarten werden **ausländische Quellensteuern** bei den Einkünften aus Kapitalvermögen nach der besonderen Vorschrift des § 32d Abs. 5 EStG **angerechnet**. Danach ist bei jedem einzelnen ausländischen Kapitalertrag die jeweilige ausländische Steuer auf die deutsche Abgeltungsteuer anzurechnen, wobei ggf. noch die Anrechnungsregelungen nach den jeweiligen DBA zu berücksichtigen sind. Die Anrechnung ist begrenzt auf 25 % des Betrags, der als Kapitalertrag erfasst wird. **764**

Auch bei einer Antragsveranlagung ist die Anrechnung der ausländischen Steuer auf die anteilige deutsche Einkommensteuer beschränkt. Eine Steuererstattung ist somit ausgeschlossen (§ 32b Satz 1 Nr. 5 EStG). Die allgemeine Anrechnungsregel des § 34c EStG findet nur in den Ausnahmefällen des § 32d Abs. 2 Nr. 1 bis 3 EStG (➜ Tz 732, ➜ Tz 733) Anwendung. In diesen Fällen werden die ausländischen Quellensteuern ebenfalls durch eine Anrechnung der ausländischen Quellensteuer auf die Einkommensteuer berücksichtigt, sofern nicht ein DBA die Freistellung der Kapitalerträge von der Besteuerung im Inland vorsieht (§ 34c Abs. 1 EStG). Alternativ kann der Steuerpflichtige in diesen Fällen aber auch einen Abzug der ausländischen Quellensteuern als WK beantragen (§ 34c Abs. 2 EStG).

Kirchensteuerpflicht

[Kirchensteuerpflicht und Anrechnung von Kirchensteuern ➜ Anlage KAP Zeilen 6, 39]

Die Kirchensteuerpflicht muss z. B. die Bank jährlich beim BZSt abfragen. Das Ergebnis der Abfrage ist für die Bank bindend. Kirchensteuer, die im Rahmen des besonderen Einkommensteuersatzes anfällt, ist nicht als Sonderausgabe abzugsfähig. **765**

Automatisierter Kontenabruf durch das Finanzamt und andere Behörden

Mit dem Kontenabrufverfahren kann die Finanzverwaltung und andere Behörden auf Daten von inländischen Kreditinstituten zugreifen. Das Finanzamt ist verpflichtet, ein Kontenabrufersuchen sowie das Ergebnis des Kontenabrufs zu dokumentieren und i. d. R. den Betroffenen von der Durchführung zu benachrichtigen. **766**

13.3 Einzelheiten zu laufenden Einkünften

Sonstiger Bezug aus Aktien

767 Die Nutzungsüberlassung von Ferienwohnungen einer AG an ihre Aktionäre („Hapimag") ist ein sonstiger Bezug aus Aktien gem. § 20 Abs. 1 Nr. 1 EStG, der mit dem Vergleichsmietpreis zu bewerten ist (FG Münster, Urteil v. 2.7.2013, 11 K 4508/11 E, HI5668272, EFG 2013 S. 1659).

Kapitallebensversicherungen

768 Einnahmen aus **Kapitallebens**- und **Rentenversicherungen** unterliegen der „normalen" Versteuerung. Dabei gilt:

- Die Ertragsanteile aus Verträgen, die bis 2004 geschlossen wurden, sind steuerfrei, wenn die Mindestlaufzeit von zwölf Jahren erfüllt ist.
- Erträge aus Kapitallebensversicherungen, die nach dem 31.12.2004 abgeschlossen wurden, müssen versteuert werden.
- Unter die Steuerpflicht fallen alle Beträge, die dem Versicherungsnehmer zu Lebzeiten ausgezahlt werden, also insbesondere Zahlungen nach Ablauf der Versicherung oder bei deren Rückkauf. Leistungen aus dem Versicherungsfall einer Lebensversicherung (Todesfall, Unfall) sind nicht steuerpflichtig. Wird einem Dritten ein unwiderrufliches Bezugsrecht eingeräumt, ist diese Person als Steuerpflichtiger anzusehen.

Einzelheiten: BMF, Schreiben v. 1.10.2009, IV C 1 – S 2252/07/0001, BStBl 2009 I S. 1172; BMF v. 11.11.2016, IV C 1 – S 2401/08/10001:015, BStBl 2016 I S. 1238, ersetzt durch BMF, Schreiben v. 15.12.2017, IV C 1 – S 2401/08/10001:018, BStBl 2018 I S. 13.

769 Steuerpflichtig ist die Differenz zwischen Ablaufleistung und den gezahlten Beiträgen. Als gezahlte Beträge gelten auch Ausfertigungs-, Abschlussgebühr, gezahlte Provisionen und die Versicherungsteuer. Provisionen, die der Versicherungsnehmer erhält (z. B. Eigenprovisionen), mindern die Beiträge. Erfolgt die Auszahlung nach Vollendung des 60. Lebensjahres und nach Ablauf von zwölf Jahren seit Vertragsabschluss, sind die Erträge nur zur Hälfte steuerpflichtig. Bei Verträgen, die nach dem 31.12.2011 abgeschlossen werden, ist die Vollendung des 62. Lebensjahres erforderlich. Diese Regelung gilt entsprechend für Erträge aus fondsgebundenen Lebensversicherungen, für Erträge im Erlebensfall bei Rentenversicherungen ohne Kapitalwahlrecht, soweit keine lebenslange Rentenzahlung vereinbart und erbracht wird, und für Erträge bei Rückkauf des Vertrags von Rentenversicherungen ohne Kapitalwahlrecht.

770 Wird eine Kapitallebensversicherung mit Rentenwahlrecht abgeschlossen, erfolgt auch bei Ausübung der Rentenoption eine Besteuerung der Erträge aus der Anspar- bzw. Aufschubphase.

771 Ausgenommen von diesen Regelungen sind sog. vermögensverwaltende Versicherungsverträge. Diese liegen vor, wenn in einem Versicherungsvertrag eine gesonderte Verwaltung von speziell für diesen Vertrag zusammengestellten Kapitalanlagen vereinbart ist.

Rentenversicherungen

772 Rentenversicherungen mit Kapitalwahlrecht, bei denen der Versicherungsnehmer die Rentenzahlung wählt, sind nach § 22 Nr. 1 Satz 3, Buchst. a, Doppelbuchst. aa EStG mit dem Ertragsanteil zu versteuern (➜ Tz 930).

Nimmt der Versicherungsnehmer jedoch die Kapitalauszahlung in Anspruch, muss der gesamte Zinsanteil versteuert werden.

Ebenfalls zu den Einnahmen zählt eine Abfindung der Rentenansprüche nach Beginn der Rentenzahlung. Wie der Unterschiedsbetrag nach § 20 Abs. 1 Nr. 6 EStG im Falle einer Teilkapitalauszahlung einer Rentenversicherung zum Ende der Ansparphase zu berechnen ist, ergibt sich aus BMF, Schreiben v. 1.10.2009, IV C 1 – S 2252/07/0001, Rn. 64, BStBl 2009 I S. 1172. Ergänzungen und ein Berechnungsbeispiel finden sich im BMF, Schreiben v. 18.6.2013, IV C 1 – S 2252/07/0001:023, BStBl 2013 I S. 768.

Erfolgt die Kapitalauszahlung nach Beginn der Auszahlungsphase der Rentenversicherung, ist bei der Ermittlung des Unterschiedsbetrags zu beachten, dass die bis zum Zeitpunkt der Auszahlung geleisteten Rentenzahlungen anteilige Versicherungsbeiträge enthalten. Diese ergeben sich in pauschalierender Form aus der Differenz zwischen dem bisher ausgezahlten Rentenbetrag und dem für diese Rentenzahlung anzusetzenden Ertragsanteil. Der so ermittelte Betrag ist bei der Berechnung des Unterschiedsbetrags nach § 20 Abs. 1 Nr. 6 EStG als bereits verbrauchte Beiträge zu berücksichtigen.

Voraussetzung für das Vorliegen einer Rentenzahlung ist ein gleichbleibender oder steigender wiederkehrender Bezug sowie die zeitlich unbeschränkte Gültigkeit für die Lebenszeit der versicherten Person (lebenslange Leibrente). Liegen diese Voraussetzungen vor, entfällt die Steuerpflicht. Wird die Rentenzahlung zwar bis zum Tod, aber mit einer Höchstlaufzeit vereinbart, handelt es sich um eine abgekürzte Leibrente. Diese ist in vollem Umfang zu versteuern. Das trifft auch zu auf Renten, die für eine bestimmte Zeit gewährt werden (**Zeitrente**). Ist eine Mindestlaufzeit vereinbart (**verlängerte Leibrente**, d.h. Zahlung bis zum Tod, mindestens aber eine bestimmte Laufzeit), erfolgt eine volle Versteuerung nur dann, wenn die Rentengarantiezeit über die mittlere Lebenserwartung des Versicherten bei Rentenbeginn hinausgeht. In den anderen Fällen gilt die Ertragsanteilsbesteuerung auch für den Erben. Bei einer Auszahlung, die in Form einer konstanten Anzahl von **Investmentfondsanteilen** erfolgen soll, ist der Grundsatz, dass es sich um eine gleichbleibende Rente handeln muss, nicht gewahrt, da die Fondsanteile Wertschwankungen oder einem totalen Wertverlust unterliegen können und es dadurch zu einem zumindest zeitweise sinkenden Bezug kommen kann. Die Folge ist die Steuerpflicht der Zinserträge.

Erträge aus Riester-Renten sind nicht als Einnahmen aus Kapitalvermögen, sondern als sonstige Einkünfte zu versteuern (➔ Tz 939).

Verzugszinsen

Zivilrechtliche Verzugs- oder Prozesszinsen unterliegen nicht der Besteuerung (BFH, **773**
Urteil v. 24.5.2011, VIII R 3/09, HI2906951, BFH/NV 2012 S. 618).

Negative Einlagezinsen

Negative Einlagezinsen für die Überlassung von Kapital sind keine Zinsen i.S.d. § 20 **774**
Abs. 1 Nr. 7 EStG, da sie nicht vom Kapitalnehmer an den Kapitalgeber als Entgelt für die Überlassung von Kapital gezahlt werden. Vielmehr handelt es sich um eine Art Verwahr- oder Einlagegebühr, die durch den Sparer-Pauschbetrag abgedeckt sind.

Sonstige Zinsen

[Steuererstattungszinsen ➜ Anlage KAP Zeile 26]

775 Nach § 20 Abs. 1 Nr. 7 Satz 3 EStG gehören **Erstattungszinsen** aus Steuerforderungen i. S. d. § 233a AO zu den Erträgen aus sonstigen Kapitalforderungen und sind damit steuerpflichtig.

Laut BMF, Schreiben v. 5.10.2000, IV C 1-S 2252-231/0, BStBl 2000 S. 1508, sind auf Antrag Erstattungszinsen i. S. d. § 233a AO nach § 163 AO nicht in die Steuerbemessungsgrundlage einzubeziehen, soweit ihnen nicht abziehbare Nachforderungszinsen gegenüberstehen, die auf ein- und demselben Ereignis beruhen. Bei der Berechnung ist allerdings zu beachten, dass die Gegenrechnung nicht unbedingt in vollem Umfang erfolgen kann.

BEISPIEL

Steuererstattungszinsen

Dem Steuerpflichtigen S geht der Steuerbescheid für den Vz 01 am 15.10.03 zu. Er muss 100.000 € nachzahlen. Außerdem werden ihm 3.000 € Zinsen berechnet (5 Monate × 0,5 %). Auf seinen Einspruch wird die Steuer durch Bescheid vom 15.12.04 um 90.000 € herabgesetzt. Außerdem erhält S 9.000 € Zinsen erstattet (20 Monate × 0,5 %). Die zu versteuernden Zinseinnahmen betragen jedoch nicht nur 6.000 € (9.000 € – 3.000 €) sondern 6.300 € [9.000 € – 2.700 € (90.000 × 6 Monate × 0,5 %)].

Zinsanteile im Kaufpreis

776 Wird der Kaufpreis aus einem Grundstücksverkauf über mehr als ein Jahr gestundet, enthält der Kaufpreis einen Zinsanteil. Der in § 12 Abs. 3 BewG festgesetzte Zinssatz von 5,5 % ist nicht zu beanstanden, auch wenn der marktübliche Zins nachweislich geringer ist (BFH, Beschluss v. 8.10.2014, VIII B 115/13, HI7481295, BFH/NV 2015 S. 200).

777 Wird ein Baukredit wegen fehlerhafter Widerrufsbelehrung widerrufen und daraufhin Kreditzinsen von der Bank erstattet, sind diese keine steuerpflichtigen Kapitalerträge (FG Köln, Urteil v. 14.8.2019, 14 K 719/19, HI13595853, EFG 2020 S. 101, Revision beim BFH mit dem Az. VIII R 30/19).

Bausparguthabenzinsen

[Zinsen aus Bausparguthaben ➜ Anlage KAP Zeile 7]

778 **Zinsen** für ein **Bausparguthaben**, das i. Z. m. einem vor- oder zwischenfinanzierten Bausparvertrag steht, sind nicht bei den Einkünften aus Kapitalvermögen, sondern als Einnahmen aus V+V anzusetzen, wenn der Kredit mit einem vermieteten Objekt in Verbindung steht. Die Zinsen sind Einnahmen aus Kapitalvermögen (§ 20 Abs. 1 Nr. 7 EStG), wenn das Bausparguthaben nicht zur Erzielung von Mieteinnahmen, sondern z. B. zum Erwerb einer selbst genutzten Wohnung verwendet wird (BFH, Beschluss v. 19.4.1996, VIII B 41/95, HI421448, BFH/NV 1996 S. 745).

Bitcoins

779 Der Gewinn oder Verlust aus der Veräußerung von Bitcoins gehört zu den sonstigen Einkünften (➜ Tz 971 f.).

13.4 Einzelheiten zu Veräußerungsgewinnen

Veräußerung von Anteilen an Kapitalgesellschaften, Genussrechten und ähnlichen Beteiligungen sowie Anwartschaftsrechten

[Veräußerung von Anteilen an Kapitalgesellschaften ➔ Anlage KAP Zeilen 7 und 8 bzw. 18 und 20]

Unter die Einnahmen aus Kapitalvermögen und die Abgeltungsteuer fallen seit 2009 auch **780**
Vorgänge, die bisher als **Spekulationsgewinne** bezeichnet wurden. Für diese gilt keine Spekulationsfrist, d.h. Gewinne werden unabhängig von der Behaltenszeit besteuert. Allerdings sind diese Regelungen nicht auf alle Veräußerungsvorgänge anzuwenden. Siehe folgende Übersicht:

Vorgang	Gilt für
Veräußerung von Anteilen an Körperschaften (z. B. Aktien)	Anteile, die nach dem 31.12.2008 erworben wurden
Veräußerung von Dividenden- und Zinsscheinen ohne Stammrecht	Veräußerungen nach dem 31.12.2008
Gewinne aus Termingeschäften	Rechte, die nach dem 31.12.2008 erworben wurden
Veräußerung eines Anteils an einer stillen Gesellschaft bzw. eines partiarischen Darlehens	entsprechende Wirtschaftsgüter, Rechte oder Rechtspositionen, deren Anschaffung oder Erstellung nach dem 31.12.2008 erfolgte
Rechtsübertragung bei Hypotheken, Grundschulden, Renten	
Veräußerung einer Rechtsposition i. S. d. § 20 Abs. 1 Nr. 9 EStG (z. B. Anspruch aus Gewinnausschüttung)	
Veräußerung einer Kapitallebensversicherung	Abschluss des Versicherungsvertrags nach dem 31.12.2004; Veräußerung nach dem 31.12.2008
Veräußerung von sonstigen Kapitalforderungen	Zufluss nach dem 31.12.2008; Ausnahmen

Für die anderen (Alt-)Vorgänge gelten die Altregelungen, siehe ➔ Tz 969. Wegen Einzelheiten zur Verlustverrechnung siehe (➔ Tz 798, ➔ Tz 975)

Nach § 20 Abs. 2 Satz 2 EStG gilt als **Veräußerung**, neben der entgeltlichen Übertragung des **781**
(wirtschaftlichen) Eigentums, auch die Abtretung einer Forderung, die vorzeitige oder vertragsmäßige Rückzahlung einer Kapitalforderung (➔ Tz 790 ff.) oder die Endeinlösung einer Forderung oder eines Wertpapiers. Eine Veräußerung ist nicht von der Höhe der Gegenleistung und der anfallenden Veräußerungskosten abhängig. Damit ist auch die Überlassung wertloser Anteile zwischen fremden Dritten ohne Gegenleistung steuerlich wirksam (BFH, Urteil v. 12.6.2018, VIII R 32/16, HI12034035, BFH/NV 2018 S. 1184). Auch die ersatzlose Ausbuchung endgültig wertlos gewordener Aktien durch die das Depot führende Bank führt als „ausbleibende Rückzahlung" zu einem einkommensteuerlich berücksichtigungsfähigen Verlust aus Kapitalvermögen (FG Rheinland-Pfalz, Urteil v. 12.12.2018, 2 K 1952/16, HI12617378, EFG 2019 S. 365, Revision beim BFH Az. VIII R 5/19). Der **Tausch** von Wertpapieren gegen andere Wertpapiere ist grds. keine steuerpflichtige Veräußerung.

War der Veräußerer irgendwann innerhalb der letzten fünf Jahre am Kapital der Gesellschaft unmittelbar oder mittelbar zu mindestens 1 % qualifiziert beteiligt (früher „wesentliche Beteiligung“), ist der Gewinn aus der Veräußerung nicht nach § 20 EStG bei den Einkünften aus Kapitalvermögen, sondern bei den Einkünften aus Gewerbebetrieb (§ 17 EStG) zu erfassen (➔ Tz 1006).

782 Werden nach dem 31.12.2008 erworbene Aktien dem Aktionär entschädigungslos entzogen, kann dieses als Aktienveräußerungsverlust steuerlich geltend gemacht werden (BFH, Urteil v. 3.12.2019, VIII R 34/16, HI13792126). Die neue Verlustverrechnungsregelung (➔ Tz 799) gilt hierfür nicht.

783 Die Überführung von vor 2009 erworbenen Aktien vom Betriebs- in das Privatvermögen steht einem Erwerb nicht gleich. Werden diese später veräußert, führt der Vorgang nicht zu Einkünften aus Kapitalvermögen (FG Münster, Urteil v. 26.3.2020, 8 K 1192/18 F, HI13906008, EFG 2020 S. 927, Revision beim BFH mit dem Az: VIII R 12/20).

784 Nach § 43 Abs. 1 Satz 4 f. EStG gilt für den Kapitalertragsteuerabzug jede Übertragung auf einen anderen Gläubiger als Veräußerung, es sei denn, der Schenkende teilt der Bank mit, dass es sich um eine **unentgeltliche Übertragung** handelt.

785 Die **Berechnung der Veräußerungsgewinne** erfolgt nach der folgenden Methode:

Veräußerungspreis
– AK
– Veräußerungskosten
= Veräußerungsgewinn/Veräußerungsverlust

Veräußerungskosten dürfen, entgegen dem Werbungskostenabzugsverbot, abgezogen werden. Voraussetzung ist, dass diese in einem unmittelbaren sachlichen Zusammenhang zum Veräußerungsgeschäft stehen. Auch bei der Gewinnermittlung für Termingeschäfte sind die Aufwendungen i. Z. m. diesen abziehbar. Bei der Veräußerung von Wertpapieren wird unterstellt, dass die zuerst angeschafften Wertpapiere auch zuerst veräußert wurden („First-in-first-out-Prinzip“).

786 Bei der verdeckten Einlage tritt an die Stelle der Einnahmen aus der Veräußerung der Wirtschaftsgüter ihr gemeiner Wert (§ 20 Abs. 4 Satz 2 EStG). Bei einem Termingeschäft wird als Gewinn der Differenzausgleich oder der durch den Wert einer veränderlichen Bezugsgröße bestimmte Geldbetrag oder Vorteil angesetzt (§ 20 Abs. 4 Satz 5 EStG).

787 Das Kreditinstitut muss die Kapitalertragsteuer nach der Ersatzbemessungsgrundlage (§ 43a Abs. 2 S. 7 EStG abzgl.. 30 % des Veräußerungspreises) erheben, wenn ihm keine AK bekannt sind. Eine geringere Bemessungsgrundlage (➔ Tz 785) kann gegenüber dem Finanzamt im Rahmen der Einkommensteuererklärung geltend gemacht werden (BMF, Schreiben v. 18.1.2016, IV C 1-S 2252/08/10004:017, Rn. 147, BStBl 2016 I S. 85).

Das Kreditinstitut kann die Änderung auch selbst vornehmen, allerdings erst in dem Jahr, in dem ihm die Änderung der Bemessungsgrundlage bekannt wird.

TIPP

Abrechnung kontrollieren

Kontrollieren Sie die Abrechnung Ihrer Bank insbesondere dann, wenn Sie Wertpapiere nach einem Depotwechsel verkaufen. Hat die übergebende Bank den Erwerbszeitpunkt und die AK nicht korrekt mitgeteilt, kann es dazu kommen, dass Abgaben unberechtigt einbehalten werden.

Das Gleiche gilt, wenn eine Übertragung von Wertpapieren von einer ausländischen Bank (insbesondere aus Nicht-EU-Ländern) erfolgt.

Bezugsrechte

Bei der Kapitalerhöhung einer Kapitalgesellschaft (z. B. GmbH, AG) erhält der Anteils- **788**
eigner Ansprüche auf entgeltlichen Erwerb der neuen Anteile in Form von Bezugsrechten. Will der Anteilseigner keine neuen Anteile erwerben, kann er die **Bezugsrechte** veräußern.

Bezugsrechte sind eigenständige Wertpapiere. Ein Verkaufserlös ist damit auch dann in voller Höhe als Einkünfte aus Kapitalvermögen zu versteuern, wenn die ursprünglichen Aktien steuerfrei verkauft werden könnten (Erwerb vor 2009 ➜ Tz 780). § 20 Abs. 4a Satz 4 EStG sieht vor, dass als AK für Bezugsrechte immer 0 € anzusetzen sind. Abweichend davon sind die tatsächlichen AK des Bezugsrechts anzusetzen, wenn die veräußerten jungen Aktien aufgrund der Ausübung von Bezugsrechten erworben wurden, die von vor dem 1.1.2009 angeschafften Alt-Anteile abgespalten wurden, bei denen die Veräußerungsfrist des § 23 Abs. 1 Satz 1 Nr. 2 EStG zum Zeitpunkt der Veräußerung der jungen Aktien bereits abgelaufen war (BFH, Urteil v. 9.5.2017, VIII R 54/14, HI10949881, BFH/NV 2017 S. 1245).

Veräußerung und Wiedererwerb von Bezugsrechten am selben Tag kann ein Missbrauch von Gestaltungsmöglichkeiten (§ 42 AO) sein, wenn davon auszugehen war, dass dieselbe Zahl von Bezugsrechten zum Verkaufspreis sicher wieder erworben werden konnte (BFH, Urteil v. 8.3.2017, IX R 5/16, HI10865430, BFH/NV 2017 S. 1074).

Stückzinsen

Seit Einführung der Abgeltungsteuer sind **Stückzinsen** beim Veräußerer als Teil des **789**
Veräußerungserlöses (§ 20 Abs. 2 Nr. 7 EStG n. F.) steuerpflichtig. Das gilt auch für Stückzinsen auf festverzinsliche Wertpapiere, die vor dem 1.1.2009 erworbenen wurden (FG Münster, Urteil v. 2.8.2012, 2 K 3644/10 E, HI3441776, EFG 2012 S. 2284). Bei dem Erwerber sind zwei Fälle zu unterscheiden:

- Werden die Stückzinsen gesondert in Rechnung gestellt, fallen negative Einkünfte an.
- Erfolgt kein gesonderter Stückzinsausweis, gehören die Stückzinsen zu den AK der Kapitalforderung. Sie wirken sich damit erst beim Verkauf bzw. Fälligkeit der Forderung aus.

Sonstige Kapitalforderungen

Gem. § 20 Abs. 2 Satz 1 Nr. 7 EStG gehören zu den Einkünften aus Kapitalvermögen **790**
Gewinne aus der Veräußerung von **sonstigen Kapitalforderungen** jeder Art (z. B. Darlehen, DAX-Zertifikate, Genussrechte, Gewinnobligationen, Optionsanleihen, Schuldverschreibungen). Davon ausgenommen sind Kapitalforderungen, die vor dem 1.1.2009 angeschafft wurden.

Auch die Veräußerung privater Forderungen fällt unter die Vorschrift. Diese zunächst nachteilige Einbeziehung privater Forderungen in den steuerpflichtigen Bereich kann aber auch positiv genutzt werden. Nunmehr können auch Veräußerungsverluste über den Verkauf einer Forderung, nicht aber bei einem Forderungsverzicht (➜ Tz 791), steuerwirksam realisiert werden. Eine Veräußerung zu einem symbolischen Kaufpreis (von z. B. einem Euro) könnte eine Möglichkeit der Verlustrealisierung sein. Auch wenn einem Kaufpreis lediglich symbolische Funktion zukommt, liegt gleichwohl eine entgeltliche Veräußerung vor. Denn diese ist auch dann anzunehmen, wenn objektiv wertlose Anteile ohne Gegenleistung zwischen fremden Dritten übertragen werden (BFH, Urteil v. 6.4.2011, IX R 61/10, HI2720646, BFH/NV 2011 S. 1575). Das Urteil ist zwar zu § 17 EStG ergangen, dürfte aber auch auf § 20 EStG anzuwenden sein.

791 Mit seiner Entscheidung, dass der endgültige Ausfall einer Kapitalforderung i. S. d. § 20 Abs. 1 Nr. 7 EStG einem Verkauf der Forderung gleichzusetzen ist und in der privaten Vermögenssphäre zu einem steuerlich anzuerkennenden Verlust führen kann, hat der BFH die Trennung von Vermögens- und Ertragsebene für Einkünfte aus Kapitalvermögen aufgegeben. Aufgrund der Vorschriften zur Abgeltungsteuer können danach alle Wertveränderungen im Zusammenhang mit Kapitalanlagen erfasst werden, sowohl positiv als auch negativ.

Ein Verlust liegt vor, wenn die Rückzahlung der Kapitalforderung unter dem Nennwert des hingegebenen Darlehens bleibt. Die Zinszahlungen bleiben dabei außer Betracht. Allerdings verlangt der BFH den endgültigen **Forderungsausfall**, d. h. dass weitere Rückzahlungen nicht mehr zu erwarten sind. Die Eröffnung eines Insolvenzverfahrens reicht hierfür i. d. R. nicht aus; bei einer Ablehnung der Eröffnung des Insolvenzverfahrens mangels Masse sind die Voraussetzungen erfüllt.

Auch derartige Verluste unterliegen der Verlustverrechnungsbeschränkung (➜ Tz 798) für Kapitaleinkünfte (§ 20 Abs. 6 EStG).

Ob auch ein Verzicht auf eine Darlehensforderung steuerlich zu berücksichtigen ist, hat der BFH ausdrücklich offen gelassen (BFH, Urteil v. 24.10.2017, VIII R 13/15, HI11391572, BFH/NV 2018 S. 280). Die Finanzverwaltung lehnt dieses ab (BMF, Schreiben v. 18.1.2016, IV C 1 – S 2252/08/10004:017, Rn. 61, BStBl 2016 I S. 85; ebenso FG Rheinland-Pfalz, Urteil v. 12.7.2016, 3 K 1133/14, HI9942959, EFG 2016 S. 2073; ➜ Tz 753).

Zu beachten ist die neu eingeführte Beschränkung der Verlustverrechnung ab 2020 (➜ Tz 799).

792 Anders kann die steuerliche Beurteilung bei einer qualifizierten Beteiligung (mehr als 1 %) aussehen, die unter **§ 17 EStG** fällt (➜ Tz 1006 ff.). Die Regelungen des § 17 EStG haben Vorrang vor der Besteuerung nach § 20 EStG. Damit können z. B. ausgefallene Forderungen nicht als negative Einkünfte aus Kapitalvermögen geltend gemacht werden, wenn sie als AK einer Beteiligung anzusehen sind.

Umtausch- oder Aktienanleihen

793 Wird eine Anleihe nicht in bar, sondern in Form von Wertpapieren (Aktien, sonstige Wertpapiere) zurückgezahlt und dabei ein Verlust erzielt, weil die Wertpapiere von geringem Wert sind, ist dieser Verlust zunächst steuerlich unbeachtlich. Die ursprünglichen AK der Anleihe gelten allerdings als AK der Wertpapiere, sodass sich ein späterer Veräußerungsgewinn um den Verlust mindert.

Fremdwährungsgeschäfte

Bei **Fremdwährungsgeschäften** sind die Einnahmen im Zeitpunkt der Veräußerung und die AK im Zeitpunkt der Anschaffung in Euro umzurechnen. Das bedeutet, dass auch die Fremdwährungsgewinne der Abgeltungsteuer unterliegen (§ 20 Abs. 4 Satz 1 EStG). Werden Wertpapiere verkauft und der Kaufpreis in Fremdwährung ausgezahlt, gilt der Vorgang als Anschaffung eines Fremdwährungsguthabens (BFH, Urteil v. 21.1.2014, IX R 11/13, HI6561590, BFH/NV 2014 S. 764). Es handelt sich somit um zwei voneinander unabhängige Vorgänge, die – jeder für sich – steuerliche Folgen haben können. **794**

Termingeschäfte

Nach § 20 Abs. 2 Nr. 3 EStG gehört der Gewinn **795**

1. aus **Termingeschäften**, durch die der Steuerpflichtige einen Differenzausgleich oder einen durch den Wert einer veränderlichen Bezugsgröße bestimmten Geldbetrag oder Vorteil erlangt oder
2. aus der Veräußerung eines als Termingeschäft ausgestalteten Finanzinstruments

zu den Einkünften aus Kapitalvermögen. Zu den Termingeschäften gehören insbesondere Options-, Devisentermingeschäfte, Swaps, Forwards oder Futures.

Übersicht über die Besteuerung von **Optionsgeschäften**: **796**

	Behandlung beim Optionsinhaber	**Behandlung beim Optionsstillhalter**
Einräumung	Bezahlte Stillhalterprämien = AK des Optionsrechts	Erzielte Stillhalterprämien = Einkünfte aus Optionsgeschäften
Veräußerung	Erzielte Gewinne = Einkünfte aus Termingeschäften; bezahlte Stillhalterprämien = AK	–
Ausübung Kaufoption	Aufwendungen für die Anschaffung des Basiswerts und bezahlte Stillhalterprämie sind AK	Gewinn aus der Veräußerung des Basiswerts = Einkünfte aus Veräußerungsgeschäften
Ausübung Verkaufsoption	Gewinn aus der Veräußerung des Basiswerts = Einkünfte aus Veräußerungsgeschäften (AK Basiswert – bezahlte Stillhalterprämien)	Anschaffung des Basiswerts = AK
Ausübung mit Barausgleich	Erzielter Barausgleich = **positive** Einkünfte aus Termingeschäften abzüglich bezahlte Stillhalterprämie	Bezahlter Barausgleich = **negative** Einkünfte aus Termingeschäften (BFH, Urteil v. 20.10.2016, VIII R 55/13, HI10194724, BFH/NV 2017 S. 362; BMF, Schreiben v. 12.4.2018, IV C 1-S 2252/08/10004:021, BStBl 2018 I S. 624)

	Behandlung beim Optionsinhaber	Behandlung beim Optionsstillhalter
Glattstellung	**Beendende Glattstellung:** erzielte Gewinne = Einkünfte aus Termingeschäften, bezahlte Stillhalterprämien = AK **Einfache Glattstellung:** erzielte Stillhalterprämien = Einkünfte aus Optionsgeschäften	**Beendende Glattstellung:** bezahlte Glattstellungsprämien mindern Einkünfte aus Optionsgeschäften **Einfache Glattstellung:** bezahlte Stillhalterprämien = AK des Optionsrechts
Optionsverfall	**Kaufoption oder Verkaufsoption:** Erwerbskosten sind bei Gewinn- bzw. Verlustermittlung abziehbare, vergebliche AK (BMF, Schreiben v. 16.6.2016, IV C 1 – S 2252/14/10001:005, BStBl 2016 I S. 527). Dies gilt auch, wenn die Option vorzeitig durch Erreichen eines Schwellenwerts verfällt (Option mit Knock-out-Charakter); BMF v. 12.4.2018, IV C 1-S 2252/08/10004:021, BStBl 2018 I S. 624.	-

(vgl. Frotscher/Geurts, Kommentar zur Einkommensteuer § 20 EStG n. F., Rn. 213)

Zu beachten ist die neu eingeführte Beschränkung der Verlustverrechnung ab 2021 (➜ Tz 799).

Stille Beteiligung/partiarisches Darlehen

797 Auch Gewinne aus der Veräußerung oder der Auflösung einer **stillen Beteiligung** oder eines **partiarischen Darlehens** werden nach § 20 Abs. 2 Satz 1 Nr. 4 bzw. Abs. 2 Satz 2 EStG besteuert.

Bei der Auflösung der stillen Beteiligung ist zu beachten, dass die laufenden Gewinne und Verluste während des Bestehens einer stillen Beteiligung bereits versteuert wurden. Dies ist bei der Ermittlung des Auflösungsgewinns gewinnerhöhend oder -mindernd zu berücksichtigen (BMF, Schreiben v. 18.1.2016, IV C 1 – S 2252/080/10004:017, Rn. 4, BStBl 2016 I S. 85, mit Beispiel).

Verluste und Verlustverrechnung

798 **Verluste** aus den Einkünften aus Kapitalvermögen dürfen nicht mit anderen positiven Einkünften verrechnet werden. Sie dürfen auch nicht nach § 10d EStG (➜ Tz 347) abgezogen werden. Die nicht ausgenutzten Verluste mindern jedoch Einkünfte aus Kapitalvermögen, die in den folgenden Vz. erzielt werden (§ 20 Abs. 6 Satz 2 f. EStG).

Eine weitere Einschränkung gilt für Aktienveräußerungen: Aktienveräußerungsverluste dürfen nur mit Aktienveräußerungsgewinnen ausgeglichen bzw. verrechnet werden (§ 20 Abs. 6 Satz 5 EStG).

Beschränkung der Verlustverrechnung ab 2020 bzw. 2021

- Verluste aus Kapitalvermögen wegen Uneinbringlichkeit einer Kapitalforderung, aus der Ausbuchung oder Übertragung wertloser Wertpapiere oder einem sonstigen Ausfall von Wertpapieren dürfen ab 2020 nur i. H. v. 10.000 € mit Einkünften aus Kapitalvermögen ausgeglichen werden. **799**
- Verluste aus Termingeschäften dürfen ab 2021 nur i. H. v. 10.000 € mit Gewinnen aus Termingeschäften und Stillhalterprämien ausgeglichen werden.

Nicht verrechnete Verluste werden vorgetragen und dürfen in den Folgejahren ebenfalls nur bis zur Höhe von 10.000 € verrechnet werden.

Verluste aus Kapitaleinkünften, die nach § 32d Abs. 1 EStG dem besonderen Steuersatz unterliegen, dürfen nicht mit positiven Erträgen aus Kapitaleinkünften, die der tariflichen Steuer nach § 32d Abs. 2 EStG unterliegen, verrechnet werden. Dies gilt nicht, wenn ein Antrag auf Günstigerprüfung gestellt wurde und sämtliche Kapitalerträge der tariflichen Einkommensteuer zu unterwerfen sind. **800**

Die **Verluste** sind aufzuteilen in **801**

- Verluste aus der Veräußerung von Aktien,
- Verluste wegen Uneinbringlichkeit einer Kapitalforderung, Ausbuchung oder Übertragung wertloser Wertpapiere oder einem sonstigen Ausfall von Wertpapieren
- Verluste aus Termingeschäften
- Verluste aus den übrigen Kapitaleinkünften.

Für Aktienverluste besteht nur eine eingeschränkte Verrechnungsmöglichkeit mit Gewinnen aus der Veräußerung von Aktien. Verluste aus Termingeschäften dürfen ab 2021 nur i. H. v. 10.000 € mit Gewinnen aus Termingeschäften und Stillhalterprämien ausgeglichen werden.

Die übrigen Verluste können mit allen Kapitalerträgen verrechnet werden, dabei ist der Verlustausgleich wegen Uneinbringlichkeit einer Kapitalforderung etc. (ab 2020) nur bis zu 10.000 € zulässig (➜ Tz 799).

Wird bei den übrigen Kapitaleinkünften ein Überschuss erzielt, während bei Aktienveräußerungen ein Verlust entstanden ist, sind die positiven Einkünfte um den vollen Sparer-Pauschbetrag zu mindern. Dies ergibt sich aus den Verlustverrechnungsbeschränkungen zwischen beiden Bereichen. **802**

Die Verlustverrechnung der Einkünfte des laufenden Jahres wird vorrangig bereits durch die auszahlende Stelle vorgenommen. Dies kann nur mit Einkünften geschehen, die bei der entsprechenden Stelle (z. B. Bank) angefallen sind, nicht jedoch institutsübergreifend. Die Bank bildet sog. Verlustverrechnungstöpfe. Darin verbliebene, nicht ausgenutzte Verluste werden in das nächste Jahr vorgetragen (§ 43a Abs. 3 Satz 2 EStG). Die Verlustverrechnung ist für alle beim Kreditinstitut geführten Konten und Depots vorzunehmen. Bei Ehegatten (Einzelkonten und -depots; Gemeinschaftskonten und -depots), die einen gemeinsamen Freistellungsauftrag erteilt haben, bezieht sich die Verrechnung über alle Konten der Eheleute (Einzelkonten/-depots; Gemeinschaftskonten/-depots). Die Verlustverrechnung im Rahmen des Steuerabzugsverfahrens durch die Kreditinstitute kann bei der Veranlagung nicht mehr rückgängig gemacht werden (BMF, Schreiben v. 18.1.2016, IV C 1 – S 2252/08/10004:017, Rn. 118, BStBl 2016 I S. 85). **803**

804 Bei Kapitaleinkünften, die nicht dem Steuerabzug unterliegen, wird ein Verlustausgleich bei der Einkommensteuerveranlagung durchgeführt. Auf Antrag können auch die verbliebenen Verluste bei der auszahlenden Stelle (Geldinstitute) in die Veranlagung einbezogen werden. Dies ist insbesondere dann von Bedeutung, wenn bei einer Bank Veräußerungsgewinne angefallen sind, bei einer anderen Bank Verluste. Diese können nur bei der Einkommensteuerveranlagung ausgeglichen werden. Allerdings ist Voraussetzung, dass der Anleger eine Bescheinigung der Bank vorlegt, damit die Verluste in der Einkommensteuerveranlagung berücksichtigt werden können. Die Bescheinigung wird nur auf Antrag des Anlegers ausgestellt. Nach Ausstellen der Bescheinigung entfällt der Verlusttopf bei der entsprechenden Bank. Der Antrag muss bis zum 15.12. des Jahres bei der Bank vorliegen.

WICHTIG

Bescheinigung unbedingt beim Finanzamt einreichen

Die Bescheinigung muss unbedingt mit der Steuererklärung des entsprechenden Jahres dem Finanzamt eingereicht werden, sonst verfällt der Verlustvortrag.

Verlustfeststellung

805 Die nicht genutzten, verbleibenden Verluste sind durch das Finanzamt im Rahmen eines Grundlagenbescheids gesondert festzustellen (➜ Tz 957 und ➜ Tz 975). Diese Verluste stehen dann für die Verrechnung im nächsten Jahr zur Verfügung.

14 Anlage V (Einkünfte aus Vermietung und Verpachtung)

14.1 Allgemeines

Abgrenzung gegenüber anderen Einkunftsarten

Der einkommensteuerrechtliche Begriff der Vermietung und Verpachtung (V+V) erstreckt **806**
sich nur auf die Überlassung von Wirtschaftsgütern, die in § 21 EStG abschließend aufgezählt sind und zum Privatvermögen gehören. Soweit eine Vermietung von **Betriebsvermögen** (z. B. Maschinen, Fabrikgebäude, kurzfristige Vermietung von Hotelzimmern mit entsprechenden Nebenleistungen oder kurzfristige Vermietung von Pkw-Stellplätzen) vorliegt, ist das **Subsidiaritätsprinzip** (Unterordnungsprinzip) des § 21 Abs. 3 EStG zu beachten; die Vermietungseinkünfte gehören zu den Gewinneinkünften. Vermietet ein Arbeitnehmer einen von ihm selbst als **Arbeitszimmer** oder Büro genutzten Raum seines – im Übrigen selbst genutzten Eigenheims – an seinen Arbeitgeber (Homeoffice), erzielt er nur dann Einkünfte aus V+V, wenn die Nutzung des Raumes dem vorrangigen Interesse des Arbeitgebers dient. Dieses liegt z. B. vor, wenn kein geeigneter Arbeitsplatz im Betrieb vorhanden ist oder ein Mietvertrag mit dem Arbeitnehmer geschlossen wurde (BMF, Schreiben v. 18.4.2019, IV C 1 – S 2211/16/10003 :005, BStBl 2019 I S. 461). Ansonsten ist die Zahlung des Arbeitgebers für die Überlassung des Raumes, Arbeitslohn i. S. d. § 19 EStG. Der Arbeitnehmer kann Werbungskosten nur geltend machen, wenn eine objektbezogene Prognose die erforderliche Überschusserzielungsabsicht belegt (BFH, Urteil v. 17.4.2018, IX R 9/17, HI11931173, BFH/NV 2018 S. 1102; ➜ Tz 829).

Vermietungstatbestände nach § 21 EStG

Unter die Einkunftsart V+V fallen vor allem die Vermietung und Verpachtung von unbe- **807**
bauten und bebauten Grundstücken, Grundstücksteilen (einzelne Gebäude, Gebäudeteile, (Eigentums-)Wohnungen, einzelne Räume) und grundstücksgleichen Rechten (z. B. Erbbau-, Mineralgewinnungs- oder Fischereirechte (§ 21 Abs. 1 Nr. 1 EStG).

Weiterhin ist die Vermietung und Verpachtung von Sachinbegriffen zu erfassen (§ 21 Abs. 1 Nr. 2 EStG). „Sachinbegriff" ist eine Mehrheit beweglicher Sachen, die durch einen gemeinsamen wirtschaftlichen Zweck zu einer Einheit verbunden sind (z. B. die Wohnungseinrichtung einer möbliert vermieteten Wohnung oder die Betriebsvorrichtungen eines aufgegebenen Gewerbebetriebs, die zuvor ins Privatvermögen übertragen wurden; ➜ Tz 845).

Zu den Einkünften aus V+V gehören auch die zeitlich begrenzte Überlassung von Rechten, insbesondere von schriftstellerischen, künstlerischen und gewerblichen Urheberrechten (z. B. Lizenzen aus der Überlassung eines privaten Patents; § 21 Abs. 1 Nr. 3 EStG), und die Veräußerung von Miet- und Pachtzinsforderungen, die einen vorgenannten Gegenstand betreffen (§ 21 Abs. 1 Nr. 4 EStG).

Zurechnung der Einkünfte

Grundsatz

808 Einkünfte aus V+V werden der Person zugerechnet, die den Tatbestand der Einkunftsart V+V nach § 21 EStG verwirklicht und dadurch Einkünfte erzielt. Das ist derjenige, der Sachen und Rechte an andere zur Nutzung gegen Entgelt überlässt. Entscheidend dabei ist das **Außenverhältnis** zum Mieter.

Einkünfte aus V+V versteuert somit nicht nur der **Eigentümer** der Sache oder des Rechts. Auch der **Mieter** eines Grundstücks oder entsprechenden Rechts, der den Gegenstand aufgrund einer gesicherten Rechtsposition (z. B. Miet- oder Pachtvertrag) weitervermieten kann (**Untervermietung**), erzielt in seiner Person Einkünfte aus V+V. Eine gesicherte Rechtsposition liegt vor, wenn dem Nutzer der Gebrauch des Grundstücks oder Rechts für eine bestimmte Zeit nicht entzogen werden kann.

809 Einkünfte aus V+V sind einem **Treugeber** zuzurechnen, wenn ein Treuhänder den Mietvertrag im eigenen Namen abschließt. Weitere Voraussetzung ist, dass der Treuhänder dabei ausschließlich auf Rechnung und Gefahr des Treugebers handelt und der Treugeber nach der Ausgestaltung gegenüber dem Treuhänder eine derart beherrschende Stellung einnimmt, dass er (der Treugeber) wirtschaftlich die Rechte und Pflichten aus dem Mietverhältnis trägt (vertiefend s. BMF, Schreiben v. 1.9.1994, IV B 3 – S 2253a – 15/94, BStBl 1994 I S. 604). Bei **Zwangsverwaltung** oder **Testamentsvollstreckung** sind die Einkünfte nicht dem Verwalter oder Testamentsvollstrecker zuzurechnen.

Hinweis: Wichtiges zum Thema „Nießbrauch" finden Sie auch auf http://mybook.haufe.de unter „Weiterführende steuerliche Informationen".

Einkünfteerzielungsabsicht/Liebhaberei

810 Eine einkommensteuerrechtlich relevante Betätigung oder Vermögensnutzung im Bereich der Überschusseinkünfte setzt die Absicht voraus, auf Dauer gesehen nachhaltig Überschüsse zu erzielen. Folglich liegen keine Einkünfte aus V+V vor, wenn die Einkünfteerzielungsabsicht fehlt **(Liebhaberei)**.

Allerdings fordert der BFH nicht in allen Fällen eine einzelfallbezogene Prüfung der Einkünfteerzielungsabsicht. Bei den Einkünften aus V+V geht der BFH nach ständiger Rspr. bei einer **auf Dauer angelegten Vermietung** grds. ohne weitere Prüfung vom Vorliegen der Einkünfteerzielungsabsicht aus (z. B. BFH, Urteil v. 6.11.2001, IX R 97/00, HI673037, BFH/NV 2002 S. 413). Dies gilt nur dann nicht, wenn besondere Umstände oder Beweisanzeichen gegen das Vorliegen einer Einkünfteerzielungsabsicht sprechen. Die Einkünfteerzielungsabsicht ist für jedes einzelne vermietete Gebäudeteil/Objekt gesondert zu prüfen (BFH, Urteil v. 9.10.2013, IX R 2/13, HI6676428, BFH/NV 2014 S. 950).

ACHTUNG

Verbot der Änderung des Steuerbescheids bei Kenntnis des Sachverhalts

Lt. FG Münster darf das Finanzamt einen Steuerbescheid, der wegen Liebhaberei bei einer Ferienwohnung vorläufig ergangen ist, nicht mehr zulasten des Steuerpflichtigen ändern, wenn alle für die Beurteilung notwendigen Tatsachen schon seit mehreren Jahren festgestanden haben (FG Münster, Urteil v. 21.2.2018, 7 K 288/16 E, HI11590942, EFG 2018 S. 613).

Überprüfung der Einkünfteerzielungsabsicht

Die Einkünfteerzielungsabsicht ist immer zu prüfen, wenn 811

- Objekte vermietet werden, die keine Wohnung sind, z. B. unbebaute Grundstücke oder Gewerbeobjekte,
- es sich um Ferienwohnungen handelt, die sowohl selbst genutzt als auch vermietet werden. Bei ausschließlich vermieteten Ferienwohnungen kann die Einkünfteerzielungsabsicht unterstellt werden (BFH, Urteil v. 21.11.2000, IX R 37/98, HI508576, BFH/NV 2001 S. 380, ➜ Tz 820),
- der Steuerpflichtige sich nur für eine befristete Vermietung entschieden hat,
- die Vermietung eines besonders aufwendig gestalteten Objekts vorliegt,
- Umstände erkennbar sind (Zeitmietvertrag, kurze Finanzierungszeiten, Käufersuche), die darauf schließen lassen, dass der Steuerpflichtige das Grundstück innerhalb einer Frist, in der er keine Überschüsse erzielen kann, veräußern wird,
- der Steuerpflichtige ein bebautes Grundstück oder eine Wohnung innerhalb eines engen zeitlichen Zusammenhangs – i. d. R. bis zu fünf Jahren – seit der Anschaffung oder Herstellung tatsächlich veräußert oder selbst nutzt und innerhalb dieser Zeit nur einen Werbungskostenüberschuss erzielt (BFH, Urteil v. 9.7.2002, IX R 47/99, HI795427, BFH/NV 2002 S. 1392) oder
- der Steuerpflichtige bei einem entgeltlich oder unentgeltlich erworbenen Gebäude den vom Rechtsvorgänger abgeschlossenen befristeten Mietvertrag übernimmt, der auch eine Begründung oder Klausel zur beabsichtigten Eigennutzung enthält (BFH, Urteil v. 22.1.2013, IX R 13/12, HI4050450, BFH/NV 2013 S. 1151).

Zur Prüfung der Einkünfteerzielungsabsicht ist eine **Überschussprognose** objektbezogen 812
(ggf. auf die einzelne Wohnung beschränkt) für einen Zeitraum von 30 Jahren bzw. für die Dauer der befristeten Vermietung zu erstellen. Dabei sind von der normalen Ermittlung der Einkünfte aus V+V abweichende Besonderheiten zu beachten (BMF, Schreiben v. 8.10.2004, IV C 3 – S 2253 – 91/04, Rn. 33 ff., BStBl 2004 I S. 933).

Die objektive Beweislast (Feststellungslast) für das Vorliegen der Einkünfteerzielungsabsicht trägt der Steuerpflichtige. Er kann gegen die Einkünfteerzielungsabsicht sprechende Beweisanzeichen erschüttern, indem er Umstände schlüssig darlegt und ggf. nachweist, die dafür sprechen, dass er den Entschluss zur Veräußerung oder zur Selbstnutzung erst nachträglich gefasst hat (BFH, Urteil v. 9.7.2002, IX R 57/00, HI795428, BFH/NV 2002 S. 1394).

Die Einkünfteerzielungsabsicht kann zu einem späteren Zeitpunkt sowohl begründet werden als auch wegfallen. Deshalb ist z. B. bei einem befristeten Mietvertrag zunächst nicht vom Vorliegen der Einkünfteerzielungsabsicht auszugehen. Wird zu einem späteren Zeitpunkt das befristete in ein unbefristetes Mietverhältnis umgewandelt, kann ab diesem Zeitpunkt vom Vorliegen der Einkünfteerzielungsabsicht ausgegangen werden. Ebenso ist bei erneuter Vermietung der Wohnung wieder zu prüfen, ob eine dauernde Vermietungsabsicht vorliegt.

In die zur Ermittlung der Einkünfteerzielungsabsicht durchzuführende Prognoserechnung sind auch nach Beginn der Vermietungstätigkeit eintretende tatsächliche Veränderungen, die auf eine zukünftige Verbesserung der Einnahmesituation schließen lassen, einzubeziehen, wenn sie im (jeweiligen) Streitjahr objektiv erkennbar angelegt waren (BFH, Urteil v. 16.9.2015, IX R 31/14, HI8821255, BFH/NV 2016 S. 188).

Leer stehende Immobilie

813 Die Einkünfteerzielungsabsicht kann schon vor Abschluss eines Mietvertrags bei einer leer stehenden Wohnung vorliegen. Entsprechende Aufwendungen können als vorab entstandene Werbungskosten abgezogen werden, wenn der Steuerpflichtige aufzeigen kann, dass er den Entschluss zur dauerhaften Vermietung endgültig gefasst hat.

In anderen Fällen muss die Einkünfteerzielungsabsicht geprüft werden. Sind bei mehrjähriger Renovierung Anstrengungen des Steuerpflichtigen zur Fertigstellung der Baumaßnahmen nicht erkennbar, kann dies ein Beweisanzeichen für eine fehlende Einkünfteerzielungsabsicht sein.

Befindet sich ein Haus oder eine Wohnung unstreitig nicht mehr in einem vermietbaren Zustand, bemüht sich der Steuerpflichtige um eine Sanierung und kann dennoch eine Vermietung des Objekts nicht erreichen, weil er auf andere Miteigentümer angewiesen ist, liegt keine Einkünfteerzielungsabsicht vor (BFH, Urteil v. 31.1.2017, IX R 17/16, HI10513577, BFH/NV 2017 S. 829). Andererseits können vorweggenommene WK auch dann abgezogen werden, wenn der Steuerpflichtige die dauerhafte Vermietung einer leer stehenden Wohnung ernsthaft geplant hatte und er diese aufgrund einer neu gefassten Entscheidung dann aber letztendlich selbst nutzt oder veräußert.

Steht eine Wohnung nach vorheriger auf Dauer angelegter Vermietung leer, sind Aufwendungen als WK so lange abziehbar, wie der Steuerpflichtige den Entschluss, mit dieser Wohnung Einkünfte zu erzielen, nicht endgültig aufgegeben hat. Solange sich der Steuerpflichtige ernsthaft und nachhaltig um eine Vermietung der leer stehenden Wohnung bemüht (z. B. durch Einschaltung eines Maklers oder regelmäßige Zeitungsinserate), kann nicht von einer endgültigen Aufgabe der Einkünfteerzielungsabsicht ausgegangen werden. Dies gilt auch dann, wenn der Steuerpflichtige neben den Vermietungsversuchen die Wohnung gleichzeitig zum Verkauf anbietet (BFH, Urteil v. 9.7.2003, IX R 102/00, HI1033853, BFH/NV 2003 S. 1640). Dabei ist aber erforderlich, dass die Vermietungsabsicht weiterhin vorrangig verfolgt wird.

Nach Ansicht des BFH kann ein Steuerpflichtiger die Platzierung eines Mietobjekts am Wohnungsmarkt und dessen Bewerbung selbst bestimmen. Es reicht aus, wenn der potenzielle Vermieter laufend eine Lokalzeitung nach Mietgesuchen durchsieht und mögliche Interessenten kontaktiert. In solchen Fällen sind jedoch an die Nachhaltigkeit, ggf. dem Nachweis bzw. der Glaubhaftmachung der Bemühungen erhöhte Anforderungen zu stellen (BFH, Urteil v. 11.12.2012, IX R 68/10, HI3657827, BFH/NV 2013 S. 812). Ernsthafte Vermietungsbemühungen liegen nach Ansicht des BFH auch vor, wenn das Vermietungsobjekt in der dörflichen Gemeinschaft (strukturschwacher Raum mit erschwerten Vermietungsbedingungen) durch Mundpropaganda beworben wird. Die Frage, welche Vermarktungsschritte erfolgsversprechend sind, bestimmt sich nach den Umständen des Einzelfalls. Dem Steuerpflichtigen steht dabei ein inhaltlich angemessener, zeitlich begrenzter Beurteilungsspielraum zu. Auch der später eingetretene Umstand, dass die eigenverantwortliche Mietersuche Erfolg hatte und zu einer dauerhaften, ununterbrochenen Vermietung geführt hat, kann Beweisanzeichen dafür sein, dass die Vermietungsbemühungen des Steuerpflichtigen geeignet waren.

ACHTUNG

Vorsicht bei lang andauerndem, strukturell bedingtem Leerstand

Zwar ist dem Steuerpflichtigen ein inhaltlich angemessener, zeitlich jedoch begrenzter Beurteilungs- und Entscheidungsspielraum zuzubilligen, innerhalb dessen er über die Fortführung seiner Vermietungstätigkeit entscheiden muss (BFH, Urteil v. 11.12.2012, IX R 15/12, HI3660642, BFH/NV 2013 S. 720). Ein besonders lang andauernder, strukturell bedingter Leerstand einer Wohnimmobilie kann – auch nach vorheriger, auf Dauer angelegter Vermietung – dazu führen, dass die vom Steuerpflichtigen aufgenommene Einkünfteerzielungsabsicht – auch ohne sein Zutun oder Verschulden – wegfällt (BFH, Urteil v. 9.7.2013, IX R 48/12, HI5070390, BFH/NV 2013 S. 1482, ähnlich BFH, Urteil v. 13.1.2015, IX R 46/13, HI7645166, BFH/NV 2015 S. 668).

Die Frage, ob der Vermieter eine Einkünfteerzielungsabsicht hat, kann immer nur einzelfallabhängig beantwortet werden. Lt. Rspr. des BFH existieren keine starren Regeln, nach denen die jeweiligen Maßnahmen der Mietersuche gewichtet werden müssen (BFH, Urteil v. 12.6.2013, IX R 38/12, HI5530217, BFH/NV 2013 S. 1961).

TIPP

Anspruch auf Rückerstattung von Grundsteuer

Haben Sie im Laufe des Jahres tatsächlich weniger als 50 % der ortsüblich erzielbaren Miete erzielt, können Sie bis 31.3. des Folgejahres einen Antrag an die Gemeinde (bei Stadtstaaten: an das Finanzamt) wegen teilweiser Rückerstattung (Erlass) der Grundsteuer stellen (§ 33 Abs. 1, § 34 GrStG). Möglich ist dies nur, wenn Sie den Einnahmeausfall nicht selbst verschuldet haben, d. h., wenn der Mieter trotz Mahnung nicht zahlt oder wenn Sie sich bei Leerstand intensiv um eine Anschlussvermietung bemüht haben sowie bei außergewöhnlichen Ereignissen wie Hochwasser oder Brand.

Miet- und Pachtverhältnisse zwischen Ehegatten und Angehörigen

[An Angehörige vermietete Wohnungen → Zeilen 7, 12, 14]

Die steuerrechtliche Anerkennung von Vereinbarungen zwischen **Angehörigen** setzt **814**
voraus, dass die Verträge

- **zivilrechtlich wirksam** zustande gekommen sind,
- inhaltlich dem zwischen Fremden Üblichen entsprechen (**Fremdvergleich**) und
- **ernsthaft vereinbart** und entsprechend der Vereinbarung **tatsächlich durchgeführt** werden.

Angehörigen steht es frei, ihre Rechtsverhältnisse untereinander steuerlich möglichst günstig zu gestalten. Ein **Gestaltungsmissbrauch** i. S. v. § 42 AO ist aber gegeben, wenn eine rechtliche Gestaltung gewählt wird, die – gemessen an dem angestrebten Ziel – unangemessen ist, der Steuerminderung dienen soll und durch wirtschaftliche oder sonst beachtliche nichtsteuerliche Gründe nicht zu rechtfertigen ist (BFH, Urteil v. 29.8.2007, IX R 17/07, HI1887748 BFH/NV 2008 S. 426; BFH, Urteil v. 4.10.2016, IX R 8/16, HI10083607, BFH/NV 2017 S. 216). Im Rahmen des Fremdvergleichs ist maßgebend für die Beurteilung eines Mietvertrags zwischen Angehörigen die **Gesamtheit der objektiven Gegebenheiten** (H 4.8 „Fremdvergleich" EStH 2019). Nicht jede Abweichung vom Üblichen schließt die steuerliche Anerkennung im Rahmen des Fremdvergleichs aus. Voraussetzung ist aber, dass die Hauptpflichten der Mietvertragsparteien (z. B. Überlassen einer bestimmten Mietsache und Höhe der Miete) stets klar und eindeutig vereinbart sowie entsprechend dem Vereinbarten durchgeführt werden. Die steuerliche Anerkennung des Mietverhältnisses ist nicht allein dadurch ausgeschlossen, dass keine schriftliche Vereinbarung hinsichtlich der Nebenkosten getroffen worden ist.

Unterhaltsberechtigte Angehörige als Mieter

815 Mietverträge mit Angehörigen, denen gegenüber der Steuerpflichtige unterhaltsverpflichtet ist, können steuerrechtlich auch dann anerkannt werden, wenn die Miete aus den geleisteten Unterhaltszahlungen erbracht wird oder mit dem Barunterhalt der Eltern verrechnet wird (H 21.4 „Vermietung an Unterhaltsberechtigte" EStH 2019).

Unregelmäßigkeiten bei Nebenabgaben und Zahlung

816 Unklarheiten bei Nebenabgaben und Barzahlungen ohne Quittung führen für sich allein noch nicht zur Nichtanerkennung des Mietverhältnisses (BFH, Urteil v. 17.2.1998, IX R 30/96, HI67098, BFH/NV 1998 S. 900; BFH, Urteil v. 21.10.1999, IX B 76/99, HI424655, BFH/NV 2000 S. 319).

Ein Mietverhältnis ist steuerlich **nicht anzuerkennen**,

- wenn die Mietzahlungen entgegen der vertraglichen Vereinbarung nicht regelmäßig, sondern in einem späteren Jahr in einem Betrag gezahlt werden;
- wenn Wohnräume im Haus der Eltern, die keine abgeschlossene Wohnung bilden, an volljährige unterhaltsberechtigte Kinder vermietet werden (BFH, Urteil v. 16.1.2003, IX B 172/02, HI887172, BFH/NV 2003 S 412);
- wenn die Hauptpflichten des Mietvertrags nicht von vornherein klar und eindeutig vereinbart worden sind und die spätere Ausgestaltung des Mietverhältnisses einem Fremdvergleich nicht standhält (BFH, Urteil v. 16.2.2016, IX R 28/15, HI9329304, BFH/NV 2016 S. 1006).

Je mehr „Unüblichkeiten" zusammentreffen, desto eher ist die steuerliche Anerkennung im Rahmen der Gesamtbetrachtung zu versagen. Wegen der steuerlichen Anerkennung von Darlehensverträgen zwischen Angehörigen siehe ➔ Tz 892.

Nichteheliche Lebensgemeinschaft

817 Die für die steuerliche Beurteilung von Verträgen zwischen Ehegatten geltenden Grundsätze können nicht auf Verträge zwischen Partnern einer nichtehelichen Lebensgemeinschaft übertragen werden (BFH, Urteil v. 30.1.1996, IX R 100/93, HI65850, BStBl 1996 II S. 359).

Überkreuzvermietung

818 Bei einer wechselseitigen Vermietung werden die betreffenden Mietverträge steuerrechtlich nach § 42 AO nicht anerkannt, wenn planmäßig in etwa gleichwertige Wohnungen von Angehörigen oder anderen Personen angeschafft, hergestellt bzw. in Wohnungseigentum umgewandelt werden, um sie wieder dem anderen zu vermieten (BFH, Urteil v. 22.1.2013, IX R 18/12, HI4051965, BFH/NV 2013 S. 1094).

Vermietet der Steuerpflichtige sein Haus zu **fremdüblichen Bedingungen** an seine Eltern, kann er die WK bei seinen Einkünften aus V+V auch dann abziehen, wenn er selbst ein Haus seiner Eltern unentgeltlich zu Wohnzwecken nutzt. Ein Missbrauch steuerrechtlicher

Gestaltungsmöglichkeiten liegt insoweit nicht vor (BFH, Urteil v. 14.1.2003, IX R 5/00, HI906393, BFH/NV 2003 S. 534).

14.2 Ermittlung der Einkünfte aus Vermietung und Verpachtung

Die Einkünfte aus V+V werden als Überschuss der Einnahmen über die Werbungskosten ermittelt (Zeilen 21–23; ➜ Tz 822). **819**

[Lage des Grundstücks ➜ Zeilen 4–6]

Die Anlage V ist jeweils für ein vermietetes bebautes Grundstück bzw. für eine vermietete Eigentumswohnung oder im Teileigentum stehende Gebäudeteile abzugeben. Hat der Steuerpflichtige **mehrere bebaute Grundstücke** vermietet, muss er für jedes dieser Grundstücke eine weitere Anlage V einreichen. Liegt nur selbst genutztes Wohneigentum vor oder handelt es sich um ein, zu eigenen gewerblichen oder beruflichen Zwecken genutztes Grundstück, ist keine Anlage V abzugeben.

[Ferienwohnung ➜ Zeilen 7–8]

Zu den Einkünften aus V+V gehören auch die Einnahmen aus der Vermietung von **Ferienwohnungen**. Ausnahmsweise können auch Einkünfte aus Gewerbebetrieb vorliegen. **820**

Hinweis: Wichtiges zum Thema „Ferienwohnung" finden Sie auch auf http://mybook.haufe.de unter „Weiterführende steuerliche Informationen".

[Kurzfristige Vermietung über das Internet ➜ Zeile 7]

Wenn Privatpersonen einzelne Zimmer ihrer Wohnung oder die ganze Wohnung regelmäßig oder auch nur gelegentlich **über Internetportale** an Touristen und Geschäftsreisende vermieten („social travelling"), erzielen sie daraus Einkünfte. Oft sind sich die Steuerpflichtigen dieser Auswirkung und einer evtl. damit verbundenen Steuerhinterziehung bei Nichterklärung der Einkünfte nicht bewusst. **821**

Bei der kurzfristigen Vermietung ist zu unterscheiden, ob Vermietungseinkünfte oder gewerbliche Einkünfte erzielt werden. Grundsätzlich liegen bei der Vermietung von eigenen oder angemieteten Räumen oder Wohnungen Einkünfte aus V+V nach § 21 EStG vor (BFH, Urteil v. 4.3.2008, IX R 11/07, HI2023446, BFH/NV 2008 S. 1462).

Gewerbliche Einkünfte sind jedoch anzunehmen, wenn der Vermieter gewichtige und unübliche Sonderleistungen erbringt oder die Vermietungstätigkeit eine unternehmerische Organisation erfordert, die mit der z. B. eines Hotels vergleichbar ist (Rezeption, Zimmerreinigung, Frühstücksangebot).

Von Einkünften aus V+V kann jedoch ausgegangen werden, wenn nur übliche Sonderleistungen (Bereitstellung von Bettwäsche, Handtüchern, Telefon- und Kabelanschluss, Einbauküche, Auslage von Informationsmaterial und Routenempfehlungen, Gepäcktransporte, Endreinigung) erbracht werden (BFH, Beschluss v. 28.9.2010, X B 42/10, HI2539017, BFH/NV 2011 S. 37).

Werden nur geringe Einnahmen aus der nur vorübergehenden (Unter-)Vermietung von selbst genutzten Immobilien erzielt (520-Euro-Grenze), siehe ➜ Tz 824.

Aufwendungen können nur insoweit WK sein, als sie durch die Vermietung verursacht sind. Aufgrund des Ineinandergreifens der Selbstnutzung und Vermietung von Wohnraum, ist eine Aufteilung der Kosten oft schwierig.

Aufwendungen, die eindeutig und ausschließlich der Vermietung dienen (z. B. Gebühren für die Internetplattform, AK für ein zusätzliches Gästebett), sind eindeutig WK. Die laufenden Aufwendungen der Wohnung (z. B. AfA, Energiekosten) sind aufzuteilen. Dabei ist zu unterscheiden zwischen Gemeinschaftsräumen und Zimmern, die ausschließlich für Vermietungszwecke genutzt werden.

Gemeinschaftsräume (z. B. Küche, Bad), die von den Gästen mitgenutzt werden können, müssen nach dem Verhältnis der Wohnflächen und zusätzlich anhand der Anzahl der Bewohner aufgeteilt werden (BFH, Urteil v. 22.1.2013, IX R 19/11, HI3660147 BFH/NV, 2013 S. 824).

14.3 Einnahmen

Einnahmen, Begriff und zeitliche Erfassung

[Nutzung zu eigenen Wohnzwecken und unentgeltliche Überlassung an Dritte ➜ Zeile 8]

822 Soweit der Eigentümer eines Gebäudes dieses teilweise **zu eigenen Wohnzwecken nutzt** oder zu solchen Zwecken an eine andere Person unentgeltlich überlässt, erzielt er aus diesem Grundstücksteil keine Einnahmen und kann Aufwendungen, die mit diesem Grundstücksteil in Zusammenhang stehen, nicht als Werbungskosten bei den Einkünften aus V+V abziehen. Für die zutreffende Aufteilung der Aufwendungen sind die Angaben in Zeile 8 und die Aufteilung über die Spalten 1–4 ab Zeile 33 erforderlich.

[Einnahmen ➜ Zeilen 9–11]

823 Als **Einnahme** i. S. d. § 21 Abs. 1 EStG ist alles (Geld oder Sachbezüge) anzusehen, was Ausfluss aus der Nutzungsüberlassung ist. Auf die Bezeichnung der Einnahmen kommt es nicht an. Wertsteigerungen von vorhandenen Vermögen sowie Erlöse aus der Veräußerung des vermieteten Objekts sind keine Einnahmen aus V+V (➜ Tz 959).

Geringfügigkeit

824 Werden Teile einer selbst genutzten Eigentumswohnung, eines selbst genutzten Einfamilienhauses oder eines insgesamt selbst genutzten anderen Hauses **vorübergehend** vermietet oder untervermietet und übersteigen die Einnahmen hieraus nicht **520 €** im Vz., kann im Einverständnis mit dem Steuerpflichtigen aus Vereinfachungsgründen von der Besteuerung der Einkünfte abgesehen werden (R 21.2 Abs. 1 EStR 2012).

Zeitliche Erfassung der Einnahmen aus Vermietung und Verpachtung

825 Die Einnahmen aus V+V werden grds. im **Zeitpunkt des Zuflusses** angesetzt (§ 11 Abs. 1 Satz 1 EStG). Ein Zufluss liegt vor, wenn der Steuerpflichtige die wirtschaftliche Verfügungsmöglichkeit über einen Geldbetrag oder eine Sache erlangt hat.

Regelmäßig wiederkehrende Einnahmen, die kurze Zeit vor Beginn oder kurze Zeit nach Beendigung des Wirtschaftsjahres, zu dem sie wirtschaftlich gehören, zugeflossen sind, gelten im **Jahr der wirtschaftlichen Zugehörigkeit** als bezogen (§ 11 Abs. 1 Satz 2 EStG). Regelmäßig wiederkehrend ist eine Einnahme, wenn sie aufgrund gesetzlicher

Vorschrift oder eines Vertrags in gewissen Zeitabständen wiederholend gezahlt wird. Als kurze Zeit gilt regelmäßig der Zeitraum vom 22.12. eines Jahres bis zum 10.1. des nachfolgenden Kalenderjahres (je einschließlich). Liegen sowohl Fälligkeits- als auch Zahlungszeitpunkt in diesem Zeitraum, wird die Zahlung dem Jahr der wirtschaftlichen Zugehörigkeit zugeordnet.

[Unterschiedliche Mieteinnahmen ➜ Zeilen 9–11]

Aufgrund des unterschiedlich hohen Mietniveaus wird zwischen **Mieteinnahmen für** **826**
Wohnungen und Mieteinnahmen für **andere Räume** (gewerbliche, freiberufliche, öffentlich-rechtliche Nutzungen) unterschieden.

Verbilligte oder teilentgeltliche Vermietung

[Vermietung an Angehörige ➜ Zeile 12]

Einnahmen für **an Angehörige vermietete Wohnungen** (ohne Umlagen) sind aus einkommen- **827**
steuerrechtlicher Sicht besonders zu prüfen. Zum einen ist zu klären, ob das Mietverhältnis mit dem Angehörigen dem Grunde nach steuerlich anerkannt werden kann (➜ Tz 814, ➜ Tz 818), zum anderen werden solche Wohnungen oft teilentgeltlich oder verbilligt überlassen.

Verbilligte oder teilentgeltliche Wohnungsüberlassung

Eine Nutzungsüberlassung ist in einen entgeltlichen und in einen unentgeltlichen Teil **828**
aufzuteilen, wenn das Entgelt für die Überlassung einer Wohnung zu Wohnzwecken (Kaltmiete und gezahlte Umlagen = **Warmmiete**; BFH, Urteil v. 10.5.2016, IX R 44/15, HI9698661, BFH/NV 2016 S. 1610) **weniger als 66 %** der ortsüblichen Marktmiete (warm, einschl. Umlagen) beträgt (§ 21 Abs. 2 EStG; R 21.3 EStR 2012). Ob die ortsübliche Marktmiete nur aus dem örtlichen (qualifizierten) Mietspiegel oder alternativ auch aus einer Vergleichsmiete abgeleitet werden kann, muss der BFH in einem anhängigen Verfahren klären (BFH, Az. IX R 7/20, Vorinstanz: Thüringer FG, Urteil v. 22.10.2019, 3 K 316/19, HI13881132, EFG 2020 S. 1058). Bei fehlendem Mietspiegel können auch die Such- und Nachfrageangebote für zu vermietende Immobilien im Umkreis in Immobilienportalen im Internet ermittelt und ein sich daraus ergebender durchschnittlicher Quadratmeterpreis errechnet werden. Als **Nebenkosten (Umlagen)** sind alle nach § 2 Betriebskostenverordnung (BetrKV) umlagefähigen Betriebskosten zu erfassen.

Liegt eine verbilligte Überlassung vor, können die geltend gemachten Aufwendungen nur **anteilig als Werbungskosten** abgezogen werden. Sie sind abziehbar, soweit sie auf den entgeltlichen Teil entfallen. Der abziehbare Teil ergibt sich aus dem **Verhältnis zwischen tatsächlicher Miete und ortsüblicher Miete**.

ACHTUNG

1. Verbilligte Überlassung auch bei Vermietung an Fremde

Die Regelung der verbilligten Überlassung nach § 21 Abs. 2 EStG ist auf alle Mietverträge anzuwenden, bei denen eine Wohnung zu Wohnzwecken vermietet wird. Sie kommt insbesondere auch bei Fremdvermietung zur Anwendung und ist nicht auf Mietverhältnisse mit Angehörigen beschränkt.

2. Möblierungszuschlag bei verbilligter Überlassung

Bei der Überlassung möblierter oder teilmöblierter Wohnungen ist ein Möblierungszuschlag anzusetzen:

Soweit der Mietspiegel für überlassene Einrichtungsgegenstände einen prozentualen Zuschlag oder eine Erhöhung des Ausstattungsfaktors über das Punktesystem vorsieht, ist diese Erhöhung als marktüblich anzusehen. Ein darüberhinausgehender Möblierungszuschlag darf nicht angesetzt werden.

Lässt sich der Gebrauchswert aus dem Mietspiegel nicht entnehmen, ist ein am Markt realisierbarer Möblierungszuschlag zu berücksichtigen. Der Wert ist erforderlichenfalls durch einen Sachverständigen festzustellen. Ist ein marktüblicher Gebrauchswert nicht zu ermitteln, kommt ein Möblierungszuschlag nicht in Betracht. Insbesondere kann der Zuschlag nicht aus der AfA für überlassene Möbel oder einem Mietrenditeaufschlag abgeleitet werden (BFH, Urteil v. 6.2.2018, IX R 14/17, HI11801140, BFH/NV 2018 S. 849).

3. Vorab entstandene Werbungskosten

Nach Auffassung des FG Nürnberg gilt die bei den Einkünften aus V+V wegen verbilligter Vermietung nach § 21 Abs. 2 Satz 1 EStG vorzunehmende Aufteilung der Nutzungsüberlassung in einen entgeltlichen und einen unentgeltlichen Teil **auch für vorab entstandene Werbungskosten** (z. B. Erhaltungsaufwendungen; FG Nürnberg, Urteil v. 27.1.2017, 4 K 764/16, HI10474675, EFG 2017 S. 568).

4. Senkung der Grenze für die verbilligte Überlassung ab Vz. 2021 geplant

Die Bundesregierung plant, die Grenze nach § 21 Abs. 2 EStG für die verbilligte Überlassung von „weniger als 66 %" auf **„weniger als 50 %" der ortsüblichen Miete** zu senken (Entwurf des Jahressteuergesetzes 2020; bei Redaktionsschluss noch nicht umgesetzt).

Verbilligte Vermietung anderer Objekte oder Vermietung i. R. d. Gewinneinkünfte

829 Die Regelung des § 21 Abs. 2 EStG ist nur auf Wohnungen anzuwenden, die **zu Wohnzwecken vermietet** werden. Für beruflich genutzte Räume fehlt eine entsprechende gesetzliche Regelung.

Bei verbilligter Überlassung zu gewerblichen oder beruflichen Zwecken, ist bei Vermietung unterhalb der ortsüblich erzielbaren Miete immer auch nur ein entsprechend anteiliger Werbungskostenabzug möglich.

Weitere Einnahmen aus Vermietung und Verpachtung

[Umlagen → Zeilen 13–14]

830 Die vom Mieter an den Vermieter bezahlten **Umlagen** (Nebenkosten) sind bei Zufluss als Einnahmen aus V+V anzusetzen. Der Vermieter kann entsprechende Aufwendungen bei Abfluss als Werbungskosten abziehen. Zu den umlagefähigen Kosten gehören insbesondere **Wasser- und Abwassergeld**, Kosten der **Zentralheizung** und der **Müllabfuhr sowie die weiteren nach der Betriebskostenverordnung umlagefähigen Aufwendungen**.

[Vereinnahmte Mieten für frühere Jahre → Zeile 15]

831 Mieten für frühere Jahre sind bei Zufluss als Einnahmen aus V+V anzusetzen.

Bei der Auflösung des Mietverhältnisses ist die als Sicherheit hinterlegte Mietkaution als Einnahme zu erklären, soweit der Vermieter diese mit ausstehenden Mieten, abzurechnenden Nebenkosten oder Schadensersatzansprüchen wegen Beschädigungen seitens des Mieters gegen diesen verrechnet.

[Einnahmen aus der Vermietung von Garagen und anderen Flächen ➜ Zeile 16]

Neben den Einnahmen aus der Vermietung von **Garagen** gehören auch die Einnahmen aus der Überlassung von **Werbeflächen**, z. B. an Hauswänden, aus der Vermietung von Grund und Boden für **Kioske,** zu den Einnahmen aus V+V. Auch die Entgelte aus der Vermietung von Grundstücksteilen für Mobilfunkantennen, Windkraft- oder Solaranlagen und WLAN-Hotspots sind als Einnahmen zu erfassen. **832**

[Umsatzsteuer ➜ Zeilen 17–18]

Zu den Einnahmen aus V+V gehört auch die vom Mieter bezahlte und vom Vermieter vereinnahmte **Umsatzsteuer** (Zeile 17), wenn der Steuerpflichtige (Vermieter) zur Umsatzsteuerpflicht nach § 9 UStG i. V. m. § 4 Nr. 12 UStG optiert hat, oder eine steuerpflichtige kurzfristige Beherbergung in Wohn- und Schlafräumen (z. B. Ferienwohnung) vorliegt. Auch die vom Finanzamt an den Steuerpflichtigen überwiesene Umsatzsteuer ist eine Einnahme (Zeile 18). Dabei handelt es sich i. d. R. um die erstattete Vorsteuer aus der Herstellung des Gebäudes, aus Handwerkerrechnungen oder aus sonstigen Leistungen. Verrechnet das Finanzamt eine Vorsteuererstattung mit einer anderen Steuerschuld, z. B. mit der fälligen Einkommensteuer, und kommt es deshalb nicht zur Auszahlung an den Steuerpflichtigen, ist die Verrechnung entsprechend als Zufluss anzusehen. Weitere Einzelheiten zu Umsatzsteuer und Vorsteuer siehe ➜ Tz 910. **833**

[Zuschüsse aus öffentlichen oder privaten Mitteln ➜ Zeilen 19–20]

Zuschüsse zur Finanzierung von Baumaßnahmen aus öffentlichen oder privaten Mitteln, die keine Mieterzuschüsse sind, gehören grds. nicht zu den Einnahmen aus V+V. Solche Zuschüsse liegen z. B. bei einem Zuschuss für den Einbau von Lärmschutzfenstern in der Nähe des Flughafens oder bei Zuschüssen der Gemeinde im Rahmen eines städtebaulichen Sanierungsprogramms vor. Handelt es sich bei den bezuschussten Aufwendungen um AK oder HK, sind ab dem Jahr der Bewilligung des Zuschusses die Abschreibungen nach den, **um den Zuschuss verminderten AK und HK** zu berechnen. Das gilt auch, wenn der Zuschuss über mehrere Jahre verteilt zufließt. **834**

Handelt es sich bei den bezuschussten Aufwendungen um **Erhaltungsaufwendungen** oder **Schuldzinsen**, sind diese nur vermindert um den Zuschuss als Werbungskosten abziehbar. Fallen die Zahlung des Zuschusses und der Abzug als WK nicht in dasselbe Kalenderjahr, rechnet der Zuschuss im Jahr der Zahlung zu den Einnahmen aus V+V und die Aufwendungen sind im Jahr der Bezahlung in voller Höhe abziehbar.

Zuschüsse, die keine Mieterzuschüsse sind. und die als Gegenleistung für eine **Mietpreisbindung oder Nutzung durch einen bestimmten Personenkreis** gezahlt werden (z. B. Zuschüsse nach dem Wohnraumförderungsgesetz), gehören im Kalenderjahr des Zuflusses zu den Einnahmen aus V+V, wenn sie eine Gegenleistung für die Gebrauchsüberlassung des Grundstücks sind. Sie können auch auf die Jahre des Bindungszeitraumes verteilt werden (R 21.5 Abs. 2 EStR 2012). **835**

[Guthabenzinsen aus Bausparverträgen ➜ Zeile 19]

Guthabenzinsen aus Bausparverträgen sind keine Einnahmen aus Kapitalvermögen, sondern Einnahmen aus V+V, wenn sie in einem engen zeitlichen Zusammenhang mit dem Erwerb, der Herstellung, dem Umbau oder der Instandsetzung eines **vermieteten** **836**

Gebäudes stehen. Sie gehören dann zu den Einkünften aus V+V, wenn der Bausparvertrag für den Grundstückskauf, Hausbau oder die Umschuldung verwendet werden soll und deshalb vor- oder zwischenfinanziert wurde (§ 20 Abs. 8 EStG).

Weitere Einnahmen aus Vermietung und Verpachtung (Zeile 19)

837
- **Erstattete Werbungskosten** gehören im Jahr des Zuflusses zu den Einnahmen.
- **Verzugszinsen** bei verspäteter Mietzahlung.
- **Abstandszahlungen** des Mieters für die vorzeitige Auflösung des Mietverhältnisses oder die Entlassung aus einem Vormietvertrag.
- Muss ein Mieter von ihm vorgenommene **Mietereinbauten** bei Vertragsende lt. Vereinbarung dem Vermieter unentgeltlich überlassen, ist der Wert, den die Mietereinbauten zu diesem Zeitpunkt haben, als Einnahme beim Vermieter anzusetzen.

Keine Einnahmen aus Vermietung und Verpachtung sind

838
- die **Kaution** des Mieters. Sie wird wirtschaftlich und steuerrechtlich dem Mieter zugerechnet. Auf dem Kautionskonto (Treuhandskonto) gutgeschriebene Zinsen sind Einnahmen aus Kapitalvermögen des Mieters. Wird eine Kaution vom Vermieter später aber einbehalten, weil der Mieter seiner Verpflichtung zur Zahlung von Miete trotz Aufforderung nicht nachgekommen ist oder weil der Mieter von ihm verursachte Reparaturaufwendungen nicht ersetzt hat, liegen in diesem Zeitpunkt Einnahmen aus V+V vor. Die Rückzahlung einer Kaution an den Mieter gehört nicht zu den WK.
- **Entschädigungen aus einer Gebäudebrand- oder Elementarschadenversicherung.** Eine Ausnahme besteht, wenn bereits geltend gemachte Werbungskosten wie z. B. Abschreibungen oder Aufräumkosten ersetzt werden.
- **Schadensersatz** für die Beschädigung oder Zerstörung der Mietsache durch einen Dritten, wenn die Leistung nicht auf einem Mietvertrag beruht. Einnahmen aus V+V liegen jedoch vor, wenn der Schadenersatz wegen Vorenthaltung der Mietsache nach Ablauf des Mietverhältnisses oder wegen Beschädigung der Mietsache durch den Mieter gezahlt wird.
- **Instandhaltungsaufwendungen des Mieters** (Mieteraufwendungen), zu denen dieser verpflichtet ist.
- der Verzicht auf Mieteinnahmen oder auf eine mögliche Mieterhöhung.
- **Zinsen** aus der Anlage einer **Instandhaltungsrücklage** bei vermieteten Eigentumswohnungen. Sie gehören zu den Einnahmen aus Kapitalvermögen.

14.4 Grundstücksgemeinschaften und andere Beteiligungen

Grundstücksgemeinschaften

Zivilrecht

839 Eine Grundstücksgemeinschaft entsteht durch Erbfall, wenn mehrere Personen erben (Gesamthandsgemeinschaft gem. § 2033 BGB) oder bei entgeltlichem oder unentgeltlichem Erwerb eines Grundstücks durch mehrere Personen (Bruchteilsgemeinschaft gem. §§ 741 ff. BGB). Auch die Übertragung eines Anteils an einem Grundstück auf eine oder mehrere andere Personen führt zur Bildung einer solchen Gemeinschaft.

[Steuerrecht, gesonderte und einheitliche Feststellung → Zeilen 25–27]

Sind mehrere Personen an der Einkunftsquelle (Grundstück im Privatvermögen) beteiligt, 840
sei es als **Erbengemeinschaft** oder als **Grundstücksgemeinschaft**, erzielen sie gemeinschaftlich Einkünfte aus V+V.

Wirtschaftsgüter, die einer Gesamthandsgemeinschaft (z. B. Erbengemeinschaft) gehören, werden den Beteiligten steuerrechtlich anteilig zugerechnet, soweit eine getrennte Zurechnung für die Besteuerung erforderlich ist (§ 39 Abs. 2 Nr. 2 AO). Steuerrechtlich wird die Gesamthandsgemeinschaft damit – abweichend vom Zivilrecht – als Bruchteilsgemeinschaft angesehen.

Die Einkünfte aller Personen müssen durch gesonderte und einheitliche Feststellung ermittelt und diesen Personen steuerlich zugerechnet werden (§§ 179 und 180 AO). Die **gesonderte Feststellung** erfolgt außerhalb der Einkommensteuerveranlagung und **einheitlich für alle Beteiligten**.

Für die gesonderte und einheitliche Feststellung ist eine besondere Feststellungserklärung abzugeben. Die erforderlichen Vordrucke ESt 1 B (Feststellungserklärung) und die Anlagen FB (Angaben zu den Beteiligten) und FE 1 (Aufteilung der Besteuerungsgrundlagen) gibt es beim Finanzamt oder im Internet über das Formular-Managementsystem des BMF. Der Feststellungserklärung ist auch eine Anlage V mit den gemeinsamen Einnahmen und Werbungskosten beizufügen. In der Feststellungserklärung muss für alle Beteiligten ein gemeinsamer **Empfangsbevollmächtigter** als Ansprechpartner des Finanzamts benannt werden. Diesem wird der Feststellungsbescheid mit Wirkung für und gegen alle Beteiligten bekannt gegeben.

Eine gesonderte und einheitliche Feststellung der Einkünfte ist nicht erforderlich, wenn an einem vermieteten Grundstück nur die Ehegatten beteiligt sind und diese zusammen zur Einkommensteuer veranlagt werden (§ 180 Abs. 3 Satz 1 Nr. 2 AO).

In seiner Einkommensteuererklärung muss der einzelne Beteiligte in der Anlage V nur den auf ihn entfallende Anteil an den gemeinschaftlichen Einkünften ausweisen.

Weicht das Finanzamt bei der gesonderten und einheitlichen Feststellung der Einkünfte aus V+V von den Werten der Feststellungserklärung ab, kann ein bereits ergangener Einkommensteuerbescheid geändert werden (§ 175 Abs. 1 Nr. 1 AO). Einwendungen sind daher durch Einspruch gegen den Feststellungsbescheid und nicht gegen den Einkommensteuerbescheid zu erheben.

Lt. BFH (Urteil v. 18.5.2004, IX R 49/02, HI1178579, BFH/NV 2004 S. 1325), ist bei der 841
Zurechnung von Mieteinkünften wie folgt vorzugehen:

- Zunächst ist bei Miteigentümern festzustellen, **wer** den objektiven Tatbestand der Einkunftsart V+V verwirklicht hat. Bei Miteigentümern muss geprüft werden, ob die Miteigentümer gemeinschaftlich oder ein Miteigentümer allein das Objekt oder einen Teil davon vermietet bzw. verpachtet. Treten die Miteigentümer gemeinsam als Vermieter auf, haben sie den Einkunftstatbestand grds. gemeinschaftlich verwirklicht. Schließt nur ein Miteigentümer den Mietvertrag über eine Wohnung ab, hat er allein den Einkunftstatbestand des § 21 EStG verwirklicht.
- Es ist zu prüfen, **wem** die Einkünfte zuzurechnen sind. Haben die Miteigentümer gemeinschaftlich das Objekt vermietet bzw. verpachtet, sind ihnen die Einkünfte

entsprechend ihren Miteigentumsanteilen zuzurechnen, unabhängig davon, ob und in welchem Umfang ein bzw. alle Miteigentümer andere Wohnungen selbst nutzen.

Einkünfteermittlung

842 Einnahmen und WK sind den Miteigentümern grds. nach dem Verhältnis der bürgerlichrechtlichen Beteiligungsverhältnisse zuzurechnen (§ 722 BGB). **Abweichende Vereinbarungen** sind nur maßgebend, wenn sie zivilrechtlich wirksam sind und für sie wirtschaftliche Gründe vorliegen, die grundstücksbezogen sind und wie zwischen fremden Dritten vereinbart und durchgeführt werden.

Finanziert z. B. ein Miteigentümer seinen Teil der AK aus Eigenkapital, der andere Miteigentümer seinen Anteil aber mit Fremdmitteln, sind die fälligen Schuldzinsen, da sie nur von einem Miteigentümer getragen werden, bei Letzterem Sonderwerbungskosten.

Absetzungen für Abnutzung

843 Abschreibungen (AfA) kann nur ein Miteigentümer in Anspruch nehmen, der die AK oder HK getragen hat. Trägt ein Miteigentümer höhere Aufwendungen, als sie seinem Anteil entsprechen, werden ihm diese Aufwendungen (über die AfA) nur dann als Werbungskosten aus V+V im Rahmen der gesonderten und einheitlichen Feststellung zugerechnet, wenn er die anderen Miteigentümer nicht bereichern wollte (keine Schenkung) und kein durchsetzbarer Ausgleichanspruch besteht. Es darf sich also nicht um eine nur vorläufige Kostentragung, z. B. in Form einer Kreditgewährung, gegenüber den Miteigentümern handeln.

Trägt ein Miteigentümer Aufwendungen über seinen Beteiligungsanteil hinaus, steht ihm grds. gegenüber den anderen Miteigentümern ein Anspruch auf Ersatz dieser Kosten zu (§ 426 BGB). Ein Ausgleichsanspruch kann ggf. dadurch befriedigt werden, dass der zahlende Miteigentümer an den zukünftigen Erträgen oder am Veräußerungserlös des gemeinschaftlichen Grundstücks einen höheren Anteil erhält. Eine überquotale Zurechnung der Abschreibung auf den zahlenden Miteigentümer ist dann nicht möglich. Zu einem anderen Ergebnis kommt man, wenn der zahlende Miteigentümer wegen Zahlungs- und Vermögenslosigkeit der anderen Miteigentümer voraussichtlich keinen Ersatz bekommen wird. Die Aufwendungen sind dann allein dem Miteigentümer zuzurechnen, der die Kosten getragen hat (BFH, Urteil v. 23.11.2004, IX R 59/01, HI1311023, BFH/NV 2005 S. 442).

Untervermietung

[Untervermietung → Zeile 31]

844 Bei einer **Untervermietung** erzielt der Mieter der Wohnung oder des Hauses Einkünfte aus V+V durch Weitervermietung einzelner Räume. Dabei sind die entstandenen Kosten insoweit nicht als WK abziehbar, als sie durch die Eigennutzung durch den Mieter selbst entstanden sind. Die Aufteilung erfolgt grds. nach der Nutz- oder Wohnfläche. Die Aufwendungen für **Gemeinschaftsräume**, die sowohl der eigenen Wohnnutzung des Steuerpflichtigen wie auch der (entgeltlichen) Nutzung durch die Untermieter dienen, werden nach der Zahl der zur Haushaltsgemeinschaft zugehörigen Personen aufgeteilt (BFH, Urteil v. 25.6.2009, IX R 49/08, HI2244627, BFH/NV 2009 S. 2026).

Statt einer Gebäude-AfA kann der Mieter den Teil seiner von ihm entrichteten Miete, der auf die weitervermieteten Räume entfällt, als Werbungskosten abziehen.

Leerstandszeiten im Rahmen der Untervermietung einzelner Räume innerhalb der eigenen Wohnung des Steuerpflichtigen sind nicht der Eigennutzung, sondern der Vermietungstätigkeit zuzurechnen. Voraussetzung ist, dass ein solcher Raum nach vorheriger, auf Dauer angelegter Vermietung leer steht und feststeht, dass das vorübergehend leer stehende Objekt weiterhin für eine Neuvermietung bereitgehalten wird (BFH, Urteil v. 22.1.2013, IX R 19/11, HI3660147, BFH/NV 2013 S. 824).

Sonstige Vermietungseinkünfte

[Vermietung von unbebauten Grundstücken und Überlassung von Rechten➜ Zeile 32]

Zu den Einkünften aus V+V gehören auch die Entgelte für die Überlassung von unbebauten **845** Grundstücken (z. B. Lagerplatz, Obstwiese, Überlassung einer Wiese zu Veranstaltungszwecken oder als Parkplatz bzw. Weidefläche).

Erträge aus der zeitlich befristeten **Überlassung** von Erbbau-, Mineralgewinnungs- und Fischereirechten sowie aus **von schriftstellerischen, künstlerischen, gewerblichen oder anderen Urheberrechten** fallen unter die Einkünfte aus V+V (§ 21 Abs. 1 Nr. 3 EStG). Hierzu gehören z. B. auch Entgelte für die Überlassung eigener Persönlichkeitsrechte (Recht am eigenen Bild oder Namen bei Werbung durch Prominente), sofern es sich nicht um gewerbliche Einkünfte handelt.

14.5 Werbungskosten

Aufwendungen zur Erwerbung, Sicherung und Erhaltung der Einnahmen können als WK **846** bei den Einkünften aus V+V abgezogen werden. Sie sind abzugrenzen gegenüber den AK und HK, die nicht (Grund und Boden) oder nur im Wege der AfA (Gebäude) abziehbar sind.

Nutzung zu eigenen Wohnzwecken und unentgeltliche Überlassung an andere

Soweit der Eigentümer eines Gebäudes dieses teilweise **zu eigenen Wohnzwecken** **847** **nutzt** oder zu solchen Zwecken an eine andere Person **unentgeltlich überlässt**, erzielt er aus diesem Grundstücksteil keine Einnahmen und kann die entsprechenden Aufwendungen nicht als WK abziehen. Für die zutreffende Aufteilung der Aufwendungen sind die Angaben in Zeile 8 und die Aufteilung über die Spalten 1–4 ab Zeile 33 erforderlich. In Spalte 1 gehören die jeweiligen Gesamtaufwendungen. In Spalte 2 (ermittelt durch direkte Zuordnung zu einer Nutzung) und Spalte 3 (flächenmäßige Aufteilung auf die Nutzungen) ist der Teil der Aufwendungen zu berücksichtigen, der **nicht** als WK bei den Einkünften aus V+V abziehbar ist. In Spalte 4 werden die abziehbaren WK ausgewiesen.

TIPP

Steuerermäßigungen im Zusammenhang mit der eigengenutzten Wohnung: Haushaltsnahe Aufwendungen

Haben Sie Aufwendungen für haushaltsnahe Beschäftigungsverhältnisse, Dienst- oder Handwerkerleistungen, die teilweise auf den zu eigenen Wohnzwecken genutzten Teil des Grundstücks entfallen, sollten Sie prüfen, ob Sie dafür eine Steuerermäßigung in Anspruch nehmen können (➔ Tz 467).

Energetische Maßnahmen

Für energetische Maßnahmen (z. B. Wärmedämmung, Erneuerung von Fenstern, Außentüren, Heizungsanlagen) an einem zu eigenen Wohnzwecken genutzten eigenen Gebäude kann unter bestimmten Voraussetzungen eine Steuerermäßigung in Anspruch genommen werden (➔ Tz 488).

ABC der Werbungskosten bei Vermietung und Verpachtung

Zur leichteren Auffindung im Buch hier ein Wegweiser der Aufwendungen bei V+V:

- Abbruchkosten (➔ Tz 855)
- Abfindungen (➔ Tz 858)
- Abgaben, öffentliche (z. B. Müllgebühren, Straßenreinigung; ➔ Tz 908)
- Ablösezahlungen (➔ Tz 858)
- Absetzungen für Abnutzung (AfA), Gebäude (➔ Tz 848, ➔ Tz 863)
- Absetzungen für Abnutzung (AfA), Bemessungsgrundlage Gebäude (➔ Tz 849)
- Absetzungen für Abnutzung (AfA), andere Wirtschaftsgüter (➔ Tz 886)
- Abstandszahlungen (➔ Tz 837, ➔ Tz 912)
- Abwassergebühren (➔ Tz 908)
- Alarmanlage (➔ Tz 859)
- Anbau, Aufstockung (➔ Tz 859)
- Annoncen/Anzeigen (➔ Tz 912)
- Anschaffungskosten, Gebäude, auch nachträgliche (➔ Tz 853, ➔ Tz 855)
- Anschaffungsnahe Herstellungskosten (➔ Tz 862)
- Anschaffungskosten für Arbeitsmittel (Gartengeräte und Werkzeug; ➔ Tz 886)
- Anschlusskosten (➔ Tz 855)
- Arbeitszimmer (➔ Tz 672, ➔ Tz 806, ➔ Tz 909)
- Ausbau (➔ Tz 859, ➔ Tz 900)
- Baudenkmal (➔ Tz 906)
- Bauherrenhaftpflicht (➔ Tz 908)
- Bausparvertrag (➔ Tz 836, ➔ Tz 908)
- Bauwesenversicherung (➔ Tz 908)
- Bewachungskosten (➔ Tz 908)
- Bewirtschaftungskosten (z. B. Heizung, Wasser, Müllgebühr, Schornsteinfeger, Hauswart; ➔ Tz 908)
- Blockheizkraftwerk (➔ Tz 849)
- Breitbandkabelanschluss (➔ Tz 912)
- Damnum/Disagio (➔ Tz 889)
- Eigenleistungen (➔ Tz 858)
- Einbauküche (➔ Tz 886)
- Erbengemeinschaft (➔ Tz 840)
- Erhaltungsaufwendungen (➔ Tz 898)
- Erschließungskosten (➔ Tz 855, ➔ Tz 858)
- Erweiterung (➔ Tz 859)
- Fachliteratur (➔ Tz 912)

- Fahrtkosten (➜ Tz 909)
- Ferienwohnung (➜ Tz 820)
- Finanzierungskosten (➜ Tz 855, ➜ Tz 888)
- Fotovoltaikanlage (➜ Tz 886, ➜ Tz 985)
- Garage (➜ Tz 858)
- Gartenanlage (➜ Tz 887)
- Generalüberholung (➜ Tz 860)
- Grundbuchkosten (➜ Tz 888)
- Grunderwerbsteuer (➜ Tz 855, ➜ Tz 903)
- Grundsteuer (➜ Tz 813, ➜ Tz 828, ➜ Tz 908)
- Grund und Boden (➜ Tz 848, ➜ Tz 856)
- Gutachterkosten (➜ Tz 855, ➜ Tz 898)
- Herstellungskosten, Gebäude (➜ Tz 858)
- Heizungsanlage (➜ Tz 859, ➜ Tz 860, ➜ Tz 849, ➜ Tz 898, ➜ Tz 908)
- Hausmeister, Hausreinigung (➜ Tz 908)
- Hausverwaltung (➜ Tz 909)
- Hochwasserschäden (➜ Tz 912, ➜ Tz 898)
- Instandhaltungsrücklage (➜ Tz 903)
- Insolvenz des Bauunternehmers (➜ Tz 858)
- Kaufpreisaufteilung (➜ Tz 856)
- Kaution, Rückzahlung (➜ Tz 838)
- Kachelofen (➜ Tz 859)
- Klimaanlage (➜ Tz 849)
- Kontoführungsgebühren (➜ Tz 909)
- Maklerprovision (➜ Tz 855, ➜ Tz 912)
- Mietereinbauten (➜ Tz 850, ➜ Tz 837)
- Möbel (➜ Tz 886)
- Müllgebühr (➜ Tz 908)
- Notargebühren (➜ Tz 855, ➜ Tz 888)
- Prozesskosten (Rechtsanwalts- und Gerichtsgebühren; ➜ Tz 855, ➜ Tz 912)
- Rechtsanwaltskosten (siehe Prozesskosten)
- Rechtsschutzversicherung (➜ Tz 912)
- Reisekosten (➜ Tz 909)
- Renten und dauernde Lasten (➜ Tz 897)
- Richtfestkosten (➜ Tz 858)
- Risikolebensversicherung (➜ Tz 908)
- Schadensersatz (➜ Tz 838)
- Schönheitsreparaturen (➜ Tz 860, ➜ Tz 898)
- Schornsteinfeger (➜ Tz 908)
- Schuldzinsen (➜ Tz 888)
- Schuldzinsen nach Beendigung der Vermietung (➜ Tz 891)
- Schuldzinsen gemischt genutztes Grundstück (➜ Tz 894)
- Selbstständige Gebäudeteile (➜ Tz 850)
- Sonnenmarkise (➜ Tz 859)
- Standardhebung (➜ Tz 860)
- Steuerberatungskosten (➜ Tz 909, ➜ Tz 435)
- Straßenanliegerbeiträge (➜ Tz 855)

- Umlagen (➔ Tz 827, ➔ Tz 828, ➔ Tz 908)
- Umzäunung (➔ Tz 849, ➔ Tz 858)
- Umsatzsteuer, Vorsteuer (➔ Tz 833, ➔ Tz 910)
- Veräußerungskosten (➔ Tz 891, ➔ Tz 912)
- Vermehrung der Bausubstanz (➔ Tz 859)
- Versicherungen (➔ Tz 908)
- versteckte Mängel (➔ Tz 855)
- Verwaltungskosten (➔ Tz 909)
- vorab entstandene Werbungskosten (➔ Tz 813)
- Vorfälligkeitsentschädigung (➔ Tz 890)
- Werkzeug (➔ Tz 886)
- Zeitungsanzeige (➔ Tz 912)
- Zuschüsse (➔ Tz 913)
- Zwangsversteigerung (➔ Tz 855)
- Zweitwohnungsteuer (➔ Tz 912)

Abschreibungen von Gebäuden

[Absetzungen für Abnutzung bei Gebäuden ➔ Zeilen 33–34]

848 Wegen ihrer unterschiedlichen steuerlichen Auswirkung sind folgende Aufwendungen in Zusammenhang mit einem Grundstück zu unterscheiden:

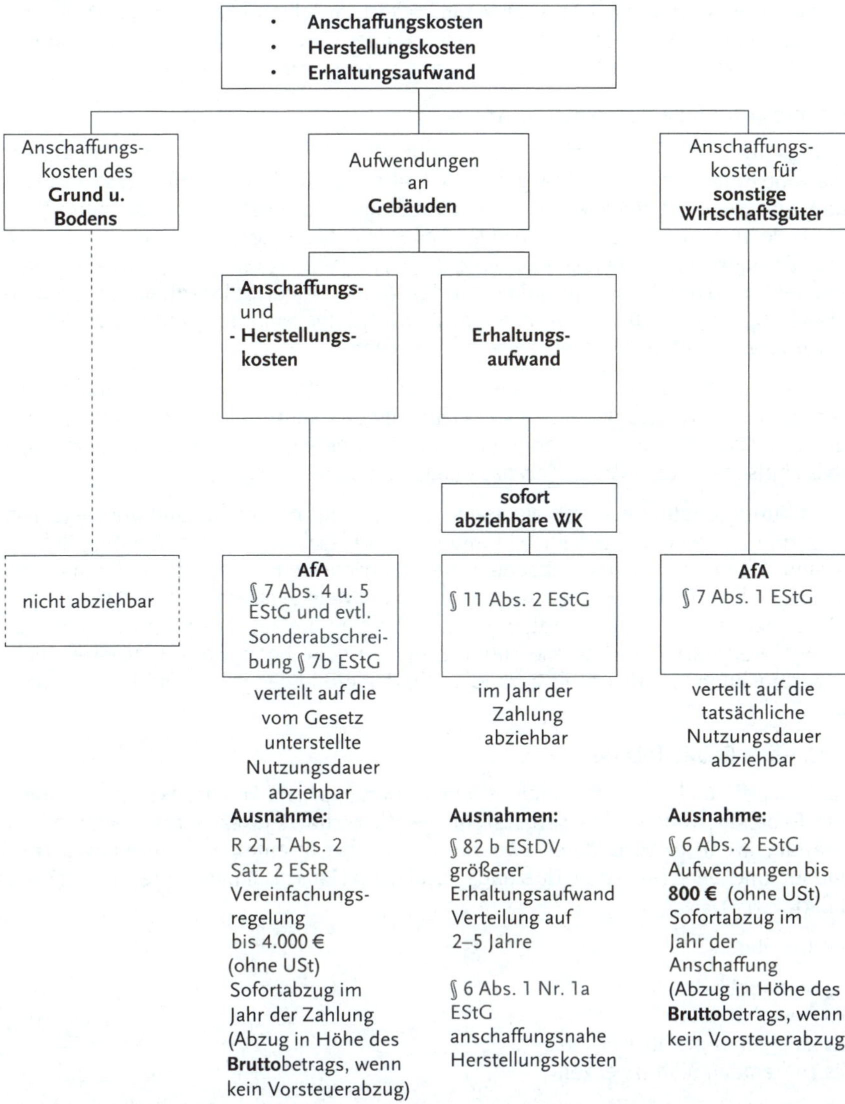

Die AK für den Grund und Boden können nicht als Werbungskosten abgezogen werden. Die AK oder HK (→ Tz 853, → Tz 858) für das Gebäude sind nur im Wege der **Absetzungen für Abnutzung** (AfA; → Tz 863) als Werbungskosten abziehbar (§ 9 Abs. 1 Satz 3 Nr. 7 EStG). AfA kann der Bauherr oder der Erwerber des Gebäudes geltend machen. Besonderheiten sind zu beachten bei einem Nießbraucher (→ Tz 810), bei Grundstücksgemeinschaften (→ Tz 839) und bei Gebäuden auf fremdem Grund und Boden.

Erhaltungsaufwendungen (➔ Tz 898) werden sofort im Jahr der Zahlung als WK berücksichtigt. Werden neben dem Gebäude auch andere **bewegliche Wirtschaftsgüter** (➔ Tz 886) mitvermietet, ist für diese eine eigene AfA zu ermitteln (§ 7 Abs. 1 EStG).

Bemessungsgrundlage der Gebäude-AfA

849 Bemessungsgrundlage für die Gebäudeabschreibung sind die **AK oder HK des Gebäudes**. Gebäude sind hinsichtlich der AfA grds. als Einheit zu behandeln. **Unselbstständige Gebäudeteile** stehen in einem einheitlichen Nutzungs- und Funktionszusammenhang mit dem Gebäude und sind deshalb zusammen mit dem Gebäude abzuschreiben. Zu den unselbstständigen Gebäudeteilen gehören z. B. Heizungs- und Warmwasseraufbereitungsanlagen. Deshalb können die Ausgaben für den Einbau einer **Solaranlage** zur Brauchwassererwärmung in eine bereits vorhandene Zentralwärmeversorgung eines Wohnhauses als Erhaltungsaufwendungen sofort abgezogen werden.

Unselbstständige Gebäudeteile sind auch Be- und Entlüftungsanlagen, eingebaute Klimaanlagen, Beleuchtungsanlagen, Personenaufzüge und Rolltreppen. Diese können auch dann nicht losgelöst vom Gebäude abgeschrieben werden, wenn sie eine tatsächlich kürzere technische Nutzungsdauer als das Gebäude haben.

Bei einem **Wohngebäude** gehören auch eine Umzäunung, die Garage und die Wege zum Haus und zur Garage zu den unselbstständigen Gebäudeteilen. Unselbstständige Gebäudeteile sind auch räumlich vom Gebäude getrennt errichtete Baulichkeiten, die in einem so engen Nutzungs- und Funktionszusammenhang mit dem Gebäude stehen, dass es ohne diese Baulichkeiten als unvollständig erscheint. So sind die auf einem zentralen Grundstück errichteten Garagen in einem Wohngebiet, bei dem jedem Haus mindestens eine Garage zuzurechnen ist, als unselbstständige Gebäudeteile des jeweiligen Hauses anzusehen.

Selbstständige Gebäudeteile

850 Gebäudeteile, die nicht in einem einheitlichen Nutzungs- und Funktionszusammenhang mit dem Gebäude stehen, sind **selbstständige Wirtschaftsgüter**. Ein Gebäudeteil ist selbstständig, wenn er besonderen Zwecken dient, also in einem von der eigentlichen Gebäudenutzung verschiedenen Nutzungs- und Funktionszusammenhang steht (R 4.2 Abs. 3 EStR 2012).

Wird ein Gebäude

- teils eigenbetrieblich,
- teils fremdbetrieblich,
- teils zu eigenen Wohnzwecken und
- teils zu fremden Wohnzwecken

genutzt, ist jeder der vier unterschiedlich genutzten Gebäudeteile **ein besonderes Wirtschaftsgut**, weil das Gebäude in verschiedenen Nutzungs- und Funktionszusammenhängen steht (R 4.2 Abs. 4 EStR 2012). Die Vermietung zu hoheitlichen, zu gemeinnützigen oder zu Zwecken eines Berufsverbands gilt dabei als fremdbetriebliche Nutzung.

Die kleinste Einheit, die einer gesonderten Zuordnung fähig ist, ist **ein Raum** und nicht ein Teil davon. So kann ein beruflich und privat genutzter Raum oder eine Doppelgarage, in der sowohl ein zum Betriebsvermögen gehörender als auch ein privat genutzter Pkw untergestellt sind, nur ein Wirtschaftsgut sein. Welche Nutzung dem Raum das Gepräge geben, ist im Rahmen einer Gesamtwürdigung aller Umstände des Einzelfalls zu beurteilen (BFH, Urteil v. 10.10.2017, X R 1/16, HI11445157, BFH/NV 2018 S. 374).

Wird ein Gebäude oder Gebäudeteil fremdbetrieblich genutzt, handelt es sich auch dann um ein einheitliches Wirtschaftsgut, wenn es verschiedenen Personen zu unterschiedlichen betrieblichen Nutzungen überlassen wird.

Besteht ein Gebäude aus sonstigen selbstständigen Gebäudeteilen, sind für die einzelnen selbstständigen Wirtschaftsgüter **unterschiedliche AfA-Methoden und AfA-Sätze zulässig** (§ 7 Abs. 5a EStG; R 7.4 Abs. 6 Satz 2 EStR 2012). Beispiel siehe ➜ Tz 868.

Aufteilung der AK/HK bei selbstständigen Gebäudeteilen

Die AK oder HK des gesamten Gebäudes sind auf die einzelnen selbstständigen Gebäude- **851**
teile aufzuteilen. Maßgebend für die Aufteilung ist das **Verhältnis der Nutzfläche** eines Gebäudeteiles zur Nutzfläche des ganzen Gebäudes. Ein anderer Aufteilungsmaßstab ist nur anzuwenden, wenn die Aufteilung nach dem Verhältnis der Nutzflächen zu einem unangemessenen Ergebnis führt. Die Nutzfläche ist in sinngemäßer Anwendung der Wohnflächenverordnung v. 25.11.2003, BGBl I 2003 S. 2346 zu ermitteln.

Grundstücke und Grundstücksteile als Betriebsvermögen oder Privatvermögen

Grundstücke und Grundstücksteile, die ausschließlich und unmittelbar für **eigenbetrieb- 852**
liche Zwecke des **Steuerpflichtigen** genutzt werden, gehören regelmäßig zum **notwendigen Betriebsvermögen**. Genauso ist der zum Gebäude gehörende Grund und Boden, anteilig zum notwendigen Betriebsvermögen zu rechnen, soweit er eigenbetrieblich genutzt wird. Grundstücke oder Grundstücksteile, die nicht eigenbetrieblich genutzt werden, und weder eigenen Wohnzwecken dienen, noch Dritten zu Wohnzwecken unentgeltlich überlassen sind (sondern z. B. zu Wohnzwecken oder zur gewerblichen Nutzung an Dritte vermietet sind), können als **gewillkürtes Betriebsvermögen** behandelt werden. Die Grundstücke oder die Grundstücksteile müssen aber in einem gewissen objektiven Zusammenhang mit dem Betrieb stehen und ihn zu fördern bestimmt und geeignet sein. Grundstücksteile (Gebäude und Grund und Boden), die nicht zum notwendigen oder gewillkürten Betriebsvermögen gehören, sind dem **Privatvermögen** zuzurechnen. Nur diese führen bei entgeltlicher Überlassung an andere zu Einkünften aus V+V. Ob der Mieter die Grundstücksteile zu Wohnzwecken oder zu beruflichen Zweck nutzt, ist dabei ohne Bedeutung.

Anschaffungskosten des Grundstücks

Im Steuerrecht gibt es keinen eigenen Begriff der AK. Deshalb wird dieser aus dem **853**
Handelsrecht übernommen (§ 255 Abs. 1 HGB). Danach sind AK eines bebauten Grundstücks alle Aufwendungen, die geleistet werden, um das Grundstück zu **erwerben**. Zusätzlich gehören beim Gebäude alle Aufwendungen zu den AK, die getätigt werden, um es **in einen betriebsbereiten Zustand** zu versetzen. Weiterhin gehören die Nebenkosten und später anfallende Aufwendungen, die dem Eigentumserwerb dienen, zu den (nachträglichen) AK.

Betriebsbereiter Zustand eines Gebäudes

Ein Gebäude ist betriebsbereit, wenn es **entsprechend seiner Zweckbestimmung** **854**
genutzt werden kann. Die Betriebsbereitschaft ist bei einem Gebäude für jeden Teil des

Gebäudes, der nach seiner Zweckbestimmung selbstständig genutzt werden soll, gesondert zu prüfen (BFH, Urteil v. 18.8.2010, X R 30/07, HI2590332, BFH/NV 2011 S. 215). Dies gilt auch für Gebäudeteile (z.B. die einzelnen Wohnungen eines Mietwohngebäudes), die als Folge des einheitlichen Nutzungs- und Funktionszusammenhangs mit dem Gebäude keine selbstständigen Wirtschaftsgüter sind.

Die Betriebsbereitschaft setzt die **objektive und subjektive Funktionstüchtigkeit** des Gebäudes voraus. Ein Gebäude ist **objektiv** funktions**un**tüchtig, wenn für den Gebrauch wesentliche Teile objektiv nicht nutzbar sind. Dies gilt unabhängig davon, ob das Gebäude im Zeitpunkt der Anschaffung bereits genutzt wird oder leer steht. So sind z.B. die Aufwendungen für die Erneuerung einer nicht mehr funktionierenden oder feuerpolizeilich nicht mehr zulässigen Heizungsanlage AK und daher nicht sofort als WK abziehbar. Mängel, vor allem durch Verschleiß, die durch laufende Reparaturen beseitigt werden, schließen die Funktionstüchtigkeit hingegen nicht aus. Werden für den Gebrauch wesentliche Teile des Gebäudes funktionstüchtig gemacht, sind die Aufwendungen AK.

Ein Gebäude ist **subjektiv** funktions**un**tüchtig, wenn es für die konkrete Zweckbestimmung des Erwerbers nicht nutzbar ist. Aufwendungen für Baumaßnahmen, die zur Zweckerreichung erforderlich sind, sind AK. Entsprechendes gilt, wenn der Erwerber ein vermietetes Wohngebäude erworben hat und umgehend die Mietverträge kündigt, weil das Gebäude aus der Sicht des Erwerbers durch Vermietung zu fremden gewerblichen oder freiberuflichen Zwecken genutzt werden soll.

Nutzt der Erwerber das Gebäude sofort ab dem Zeitpunkt der Anschaffung (d.h. ab Übergang von Besitz, Gefahr, Nutzungen und Lasten) zur Erzielung von Einkünften oder zu eigenen Wohnzwecken, ist es ab diesem Zeitpunkt grds. betriebsbereit. Danach anfallende Instandsetzungs- und Modernisierungsaufwendungen stellen keine AK dar.

Wird das Gebäude im Zeitpunkt der Anschaffung nicht genutzt, ist zunächst offen, ob es aus Sicht des Erwerbers betriebsbereit ist. Führt der Erwerber im Anschluss an den Erwerb und vor der erstmaligen Nutzung Baumaßnahmen durch, um das Gebäude entsprechend seiner Zweckbestimmung nutzen zu können, sind die Aufwendungen hierfür AK.

BEISPIEL

Herstellung des betriebsbereiten Zustands durch Umbaumaßnahmen

A kauft ein Grundstück, das mit einem Mietshaus bebaut ist. Das Gebäude ist beim Erwerb nicht bewohnt. Der Zustand der Wohnungen würde eine sofortige Vermietung zulassen. A beabsichtigt aber bereits im Zeitpunkt des Erwerbs, die Räume so umzubauen, dass er sie als Büro- oder Lagerräume vermieten kann.

Die Aufwendungen für die Umgestaltung der Räume stellen AK dar, weil sie dazu dienen, den von A gewollten Betriebszustand herbeizuführen.

Anschaffungskosten im Einzelnen

855 Zu den AK eines Grundstücks gehören insbesondere

- Kaufpreis,
- Grunderwerbsteuer,
- Maklergebühren,
- Notargebühren für die Beurkundung des Kaufvertrags,

- Notargebühren für die Auflassung (Einigung bzgl. des Eigentumsübergangs),
- Gebühren (Amtsgericht) für die Eigentumsumschreibung im Grundbuch,
- Schätzgebühren (Gutachter),
- Inseratkosten und
- Reisekosten zur Besichtigung des tatsächlich erworbenen Grundstücks; die Reisekosten zu den nichterworbenen Grundstücken gehören zu den sofort abziehbaren Werbungskosten aus V+V, wenn das tatsächlich erworbene Grundstück vermietet wird.

Nicht zu den AK eines Grundstücks gehören

- Gebühren für die Bestellung oder Eintragung einer Grundschuld (➜ Tz 888),
- Finanzierungskosten (z. B. Schuldzinsen, Damnum, Disagio) sowie
- Maklergebühren zur Vermittlung eines Darlehens (Finanzierungskosten) oder zur Suche nach einem neuen Mieter (Werbungskosten).

Besonderheiten sind bei den nachfolgenden Aufwendungen zu beachten:

- **Abbruchkosten** (H 6.4 EStH 2019): Wird ein Gebäude oder ein Gebäudeteil abgerissen, das der Steuerpflichtige auf einem ihm bereits gehörenden Grundstück errichtet hatte oder das er in der Absicht erworben hat, es als Gebäude zu nutzen (**Erwerb ohne Abbruchabsicht**), sind im Jahr des Abbruchs die Abbruchkosten und der Restbuchwert des abgebrochenen Gebäudes sofort abziehbare Werbungskosten. Wurde das abgebrochene Gebäude zuvor zu eigenen Wohnzwecken oder anderen nicht einkommensteuerlich relevanten Zwecken genutzt, stehen die Abbruchkosten und ggf. die Absetzungen für außergewöhnliche Abnutzung ausschließlich i. Z. m. dem Neubau und sind HK des neuen Gebäudes. Hat der Steuerpflichtige das Gebäude (Gebäudeteil) zum Zweck des Abbruchs erworben (**Erwerb mit Abbruchabsicht**) und war das Gebäude technisch oder wirtschaftlich nicht verbraucht, gehören sein Restwert und die Abbruchkosten, wenn der Abbruch des Gebäudes mit der Herstellung eines neuen Gebäudes in einem engen wirtschaftlichen Zusammenhang steht, zu den HK des neuen Gebäudes, sonst zu den AK des Grund und Bodens. Wird mit dem Abbruch eines Gebäudes innerhalb von drei Jahren nach dem Erwerb begonnen, spricht der Beweis des ersten Anscheins dafür, dass der Erwerber das Gebäude in der Absicht erworben hat, es abzureißen (BFH, Urteil v. 13.4.2010, IX R 16/09, HI2369546, BFH/NV 2010 S. 1799). War das Gebäude im Zeitpunkt des Erwerbs **objektiv wertlos**, entfällt der volle Anschaffungspreis auf den Grund und Boden; die Abbruchkosten gehören zu den HK, wenn der Abbruch des Gebäudes mit der Herstellung eines neuen Gebäudes in einem engen wirtschaftlichen Zusammenhang steht.
- **Erschließungsbeiträge:** Beiträge für erstmalige Versorgungsanschlüsse (Gas/Wasser/Strom/Fernwärme/Entwässerung), die an die Gemeinde zu entrichten sind, stellen grds. AK des Grund und Bodens dar. Zweiterschließungskosten sind bei unveränderter Größe des Grund und Bodens sofort abziehbare Werbungskosten (Erhaltungsaufwendungen; BFH, Urteil v. 19.12.1995, IX R 5/95, HI65533, BStBl 1996 II S. 134). Hausanschlusskosten zur unmittelbaren Anbindung des Gebäudes an die öffentlichen Versorgungsnetze sind HK des Gebäudes.
- Der vom Grundstückseigentümer nach Landes- oder Kommunalabgabenrecht erhobene Beitrag zur Schaffung einer **Fußgängerzone** gehört zu den AK des Grund und Bodens.
- **Prozesskosten** sind AK, wenn der Rechtsstreit Aufwendungen betrifft, die zu den AK gehören.

- **Straßenanliegerbeiträge** sind AK des Grund und Bodens.
- Aufwendungen des Erwerbes zur Beseitigung von Schäden, die im Zeitpunkt des Erwerbs bereits vorhanden, aber nicht erkennbar waren (**versteckte Mängel**), z. B. in Form von Hausschwamm oder Fäulnis, sind im Zeitpunkt der Zahlung sofort als Werbungskosten abziehbar.
- Wird ein Grundstück im Rahmen einer **Zwangsversteigerung** erworben, gehören neben dem Meistgebot auch die zu zahlenden Versteigerungs- oder Gutachterkosten zu den AK.
- Vergebliche und sofort abziehbare Aufwendungen liegen vor, wenn solche i. Z. m. einem **gescheiterten Anschaffungsgeschäft** vorliegen und eine spätere Vermietung geplant war (BFH, Urteil v. 9.5.2017, IX R 24/16, HI10888984, BFH/NV 2017 S. 1106).

Aufteilung der Anschaffungskosten/Kaufpreisaufteilung

856 Anschaffungskosten, einschließlich nachträglicher AK und nachträglicher Anschaffungspreisminderungen, werden ab dem **Zeitpunkt ihrer Entstehung** berücksichtigt. Der Zeitpunkt der Zahlung ist ohne Bedeutung.

Erwirbt der Steuerpflichtige ein **unbebautes Grundstück** (Bauplatz), um anschließend ein Gebäude darauf zu errichten, das er vermieten will, sind die gesamten AK solche des Grund und Bodens und damit nicht abziehbar.

Kauft der Steuerpflichtige ein **bebautes Grundstück**, muss eine Aufteilung der gesamten AK in einen Anteil Grund und Boden und einen Anteil Gebäude (AfA-Bemessungsgrundlage) durchgeführt werden. Die Aufteilung des Gesamtkaufpreises muss nach dem Verhältnis der getrennt zu ermittelnden Verkehrswerte des Grund und Bodens und des Gebäudes vorgenommen werden (BFH, Urteil v. 10.10.2000, IX R 86/97, HI515074, BFH/NV 2001 S. 514). Dabei sind die Sachwerte für Grund und Boden bzw. Gebäude nach der Immobilienwertermittlungsverordnung v. 19.5.2010, BGBl I 2010 S. 639 zu ermitteln. Eine Kaufpreisaufteilung nach der sog. Restwertmethode ist nicht zulässig. Das BMF hat eine „Arbeitshilfe zur Aufteilung eines Gesamtkaufpreises für ein bebautes Grundstück (Kaufpreisaufteilung)" (XLS-Datei) veröffentlicht, die es ermöglicht, eine Kaufpreisaufteilung selbst vorzunehmen oder eine von der Finanzverwaltung vorgenommene Kaufpreisaufteilung zu prüfen. Die Arbeitshilfe kann in der jeweils neuesten Fassung von der Internetseite www.bundesfinanzministerium.de unter der Steuerart Einkommensteuer heruntergeladen werden.

Der BFH prüft in einem anhängigen Verfahren unter Hinzuziehung der Finanzverwaltung, ob diese Arbeitshilfe zur Kaufpreisaufteilung grds. für die Wertaufteilung geeignet ist (BFH, Az. IX R 26/19, Vorinstanz: FG Berlin-Brandenburg, Urteil v. 14.8.2019, 3 K 3137/19, HI13604116, EFG 2020 S. 1058).

Besteht das Gebäude wegen unterschiedlicher Nutzungen aus **verschiedenen sonstigen selbstständigen Gebäudeteilen** (➔ Tz 868), sind die AK des Gebäudes und die AK des Grund und Bodens jeweils auf die verschiedenen Wirtschaftsgüter nach dem Verhältnis der Nutzflächen aufzuteilen (R 4.2 Abs. 6 EStR 2012).

Aufteilung des Kaufpreises im Kaufvertrag

857 Haben die Vertragsparteien bereits im Kaufvertrag eine Aufteilung des Kaufpreises auf Grund und Boden sowie Gebäude vorgenommen, ist die Finanzverwaltung daran gebunden, sofern die Aufteilung nicht nur zum Schein getroffen wurde, kein Gestaltungsmissbrauch i.S.d. § 42 AO ist und die realen Wertverhältnisse in grundsätzlicher Weise nicht verfehlt

(BFH, Urteil v. 16.9.2015, IX R 12/14, HI8821246, BFH/NV 2016 S. 266). Lt. BFH kann sogar eine von den Vertragsparteien vorgenommene Aufteilung des Kaufpreises auf einzelne Wirtschaftsgüter (vermietete und eigengenutzte Grundstücksteile) grds. der Besteuerung zugrunde gelegt werden (BFH, Urteil v. 1.4.2009, IX R 35/08, HI2171824, BFH/NV 2009 S. 1193).

Bei einem wesentlichen Unterschied der im Kaufvertrag ausgewiesenen AK zu den Werten der vorgenommenen Kaufpreisaufteilung muss anhand der Gesamtumstände abgeklärt werden, ob besondere Aspekte (Ausstattungsmerkmale, ursprüngliche Baukosten, Renovierungen, eingeschränkte Nutzbarkeit wegen bestehender Mietverträge, Straßenlärm, Zugang zum Grundstück) eine Abweichung rechtfertigen. Die Finanzverwaltung geht davon aus, dass eine Abweichung der Werte um höchstens 10 % von den Werten einer bausachverständigen Stellungnahme oder der Arbeitshilfe der Finanzverwaltung zur vereinfachten Kaufpreisermittlung als unwesentlich anzusehen sind und der Kaufpreisaufteilung der Vertragsparteien zu folgen ist.

Herstellungskosten

Für den Begriff „Herstellungskosten" ist die Definition des § 255 HGB maßgebend. Danach **858**
sind HK eines Gebäudes Aufwendungen, die durch die

- **Herstellung**,
- **Erweiterung** oder
- eine **über den ursprünglichen Zustand hinausgehende wesentliche Verbesserung**

des Gebäudes entstehen (§ 255 Abs. 2 Satz 1 HGB).

Herstellung

Unter „Herstellung" ist die **erstmalige** Errichtung des Gebäudes zu verstehen. Die dabei anfallenden Lohn- und Materialkosten gehören zu den HK. Zu den HK eines Gebäudes gehören insbesondere die Planungskosten durch Architekt und Statiker, die Baugenehmigungsgebühr, Vermessungskosten, Erdaushub und Deponiegebühren, die eigentlichen Baukosten für Rohbau und Innenausbau (z. B. Maurer, Zimmerer, Installateur, Heizungsbauer, Stuckateur, Tischler, Elektriker, Fliesenlager, Maler). Außerdem sind HK die Kosten für den unmittelbaren Anschluss des Gebäudes an Versorgungs- oder Entsorgungsnetze, Richtfestkosten, soweit angemessen für die am Bau beteiligten Personen, Fahrtkosten des Steuerpflichtigen zur Baustelle in tatsächlicher Höhe, Aufwendungen für Wege zum Haus und zur Garage und Einfriedungen (Zaun, Hecke) bei einem Wohngebäude.

Besondere HK können Beiträge zur Ablösung einer Stellplatzverpflichtung an die Gemeinde, Beiträge an die Gemeinde zum Bau eines öffentlichen Kinderspielplatzes durch die Gemeinde, Abbruchkosten, Einbaumöbel als wesentliche Bestandteile des Gebäudes, Kosten der Baumängelbeseitigung, Entschädigungen oder Abfindungen an Mieter oder Pächter für vorzeitige Räumung eines abzureißenden Gebäudes sowie Prozesskosten i. Z. m. HK sein.

Instandsetzungs- und Modernisierungsarbeiten können ausnahmsweise zu den HK eines Gebäudes gehören. Dies ist der Fall, wenn das Gebäude so sehr abgenutzt ist, dass es unbrauchbar geworden ist (**Vollverschleiß**), und durch die Instandsetzungsarbeiten unter Verwendung der übrigen noch nutzbaren Teile ein neues Gebäude hergestellt wird. Ein Vollverschleiß liegt vor, wenn das Gebäude schwere Substanzschäden an den für die

Nutzbarkeit als Bau und die Nutzungsdauer des Gebäudes bestimmenden Teilen (z. B. Fundament, tragende Wände, Geschossdecken) hat.

Nicht zu den HK des Gebäudes, sondern zu den AK des Grund und Bodens, gehören kommunale Beitragsleistungen, die bezogen auf das Grundstückseigentum erhoben werden (insbesondere **Straßenanlieger- und Erschließungskostenbeiträge**).

Vom Bauherrn vergeblich an den Bauunternehmer geleistete Vorauszahlungen, weil dieser **Insolvenz** beantragt hat, sind sofort abziehbare Aufwendungen. Die Vorauszahlung ist in dem Jahr abziehbar, in dem deutlich geworden ist, dass sie ohne Gegenleistung bleibt und eine Rückzahlung nicht zu erlangen ist. Der Wert der eigenen Arbeitsleistung gehört mangels Aufwendungen nicht zu den HK.

Erweiterung

859 Unter „Erweiterung" und damit verbundenen **„nachträglichen HK"** versteht man

- die **Aufstockung**,
- einen **Anbau**,
- den **Ausbau** des Gebäudes. Ausbau ist das Schaffen von Wohnraum durch Ausbau des Dachgeschosses oder durch eine unter wesentlichem Bauaufwand durchgeführte Umwandlung von bisher anderen als Wohnzwecken dienenden Räumen.
- eine **Vergrößerung der nutzbaren Fläche:** Die nutzbare Fläche des Gebäudes wird vergrößert, wenn die Baumaßnahmen zu einer – wenn auch nur geringfügigen – Vergrößerung der Nutzfläche führen. Die Nutzfläche ist in sinngemäßer Anwendung der §§ 2–4 WoFlV zu ermitteln. Damit gehören auch die Anbringung einer zuvor nicht vorhandenen Dachgaube, der Anbau eines Balkons oder einer Terrasse zu den nachträglichen HK. Aufwendungen für die Ersetzung eines Flach- durch ein Satteldach sind nachträgliche HK, wenn dadurch eine erweiterte Nutzungsmöglichkeit durch den Dachraum geschaffen wird und eine erhebliche Wert- und Wesensänderung vorliegt (BFH, Urteil v. 15.5.2013, IX R 36/12, HI5086313, BFH/NV 2013 S. 1696).
- **Vermehrung der Substanz** (Einbau bisher nicht vorhandener Bestandteile): Ein Gebäude wird in seiner Substanz vermehrt, ohne dass zugleich seine nutzbare Fläche vergrößert wird, wenn z. B. zusätzliche Trennwände eingesetzt werden, eine Alarmanlage eingebaut, eine Sonnenmarkise montiert, ein Kachelofen oder Ofen für Festbrennstoffe zusätzlich zur vorhandenen Heizung installiert wird. Keine zu nachträglichen HK führende Substanzmehrung, sondern Erhaltungsaufwendungen (➜ Tz 898) liegen vor, wenn der neue Gebäudebestandteil oder die neue Anlage die Funktion des bisherigen Gebäudebestandteils für das Gebäude in vergleichbarer Weise erfüllen.

Über den ursprünglichen Zustand hinausgehende wesentliche Verbesserung

860 Instandsetzungs- oder Modernisierungsaufwendungen sind, soweit sie nicht als Folge der Herstellung der Betriebsbereitschaft bereits zu den AK gehören, nach § 255 Abs. 2 Satz 1 HGB als HK zu behandeln, wenn sie zu einer über den ursprünglichen Zustand hinausgehenden wesentlichen Verbesserung führen. Dies gilt auch, wenn oder soweit das Gebäude unentgeltlich erworben wurde.

Ursprünglicher Zustand ist grds. der Zustand des Gebäudes im Zeitpunkt der Herstellung oder Anschaffung durch den Steuerpflichtigen oder seinen Rechtsvorgänger im Fall des unentgeltlichen Erwerbs. Erforderlich ist danach ein Vergleich des Zustands des Gebäudes, in dem es sich bei Herstellung oder Anschaffung befunden hat, mit der Beschaffenheit, in die es durch die vorgenommenen Instandsetzungs- oder Modernisierungsarbeiten versetzt worden ist. Hat sich zwischenzeitlich die AfA-Bemessungsgrundlage z. B. durch nachträgliche HK verändert, ist auf den maßgebenden Zustand nach Änderung der Bemessungsgrundlage abzustellen.

Eine **wesentliche Verbesserung** liegt nicht bereits dann vor, wenn ein Gebäude generalüberholt wird, d. h. Aufwendungen, die für sich genommen als Erhaltungsaufwendungen zu beurteilen sind, in ungewöhnlicher Höhe zusammengeballt in einem Kalenderjahr anfallen. Eine wesentliche Verbesserung und damit nachträgliche HK sind erst gegeben, wenn die Maßnahmen zur Instandsetzung und Modernisierung eines Gebäudes in ihrer Gesamtheit **über eine zeitgemäße substanzerhaltende (Bestandteil-)Erneuerung hinausgehen**, den Gebrauchswert des Gebäudes insgesamt deutlich erhöhen und damit für die Zukunft eine erweiterte Nutzungsmöglichkeit geschaffen wird.

Eine substanzerhaltende Erneuerung liegt vor, wenn ein Gebäude durch die Ersetzung einzelner Bestandteile oder Instandsetzungs- oder Modernisierungsmaßnahmen an dem Gebäude als Ganzem lediglich in ordnungsgemäßem Zustand entsprechend seinem ursprünglichen Zustand erhalten oder dieser in zeitgemäßer Form wiederhergestellt wird. Dem Gebäude wird in diesem Fall nur der zeitgemäße Wohnkomfort wiedergegeben, den es ursprünglich besessen, aber durch den technischen Fortschritt und die Veränderung der Lebensgewohnheiten verloren hat. Insoweit sind die Aufwendungen als Erhaltungsaufwendungen sofort in voller Höhe abziehbar.

Von einer deutlichen **Erhöhung des Gebrauchswerts** ist z. B. auszugehen, wenn der Gebrauchswert des Gebäudes (erweiterte Nutzungsmöglichkeit) durch **Standardhebung** von einem sehr einfachen auf einen mittleren oder von einem mittleren auf einen sehr anspruchsvollen Standard gehoben wird. Der Standard eines Wohngebäudes bezieht sich auf die Eigenschaften einer Wohnung. Wesentlich sind vor allem Umfang und Qualität der Heizungs-, Sanitär- und Elektroinstallationen sowie der Fenster (sog. **zentrale Ausstattungsmerkmale**).

Führt ein Bündel von Baumaßnahmen bei mindestens drei Bereichen der zentralen Ausstattungsmerkmale zu einer Erhöhung und Erweiterung des Gebrauchswerts, hebt sich der Standard eines Gebäudes. Es werden drei Standardstufen unterschieden:

- **Sehr einfacher Wohnungsstandard** liegt vor, wenn die zentralen Ausstattungsmerkmale im Zeitpunkt der Anschaffung nur im nötigen Umfang oder in einem technisch überholten Zustand vorhanden sind. Das ist z. B. der Fall, wenn das Bad nur sehr sparsam (ohne Entlüftung, ohne Heizung oder ohne Handwaschbecken) ausgestattet ist oder Fenster nur eine Einfachverglasung haben, eine technisch völlig überholte Heizungsanlage (z. B. Kohleöfen) vorhanden ist bzw. die Elektroversorgung unzureichend ist.
- **Mittlerer Standard** liegt vor, wenn die zentralen Ausstattungsmerkmale durchschnittlichen und selbst höheren Ansprüchen genügen.
- Von **sehr anspruchsvollem Standard** ist auszugehen, wenn beim Einbau der zentralen Ausstattungsmerkmale nicht nur das Zweckmäßige, sondern das Mögliche, vor allem durch den Einbau außergewöhnlich hochwertiger Materialien, berücksichtigt wurde (Luxussanierung).

Ob eine Hebung des Standards vorliegt, ist für die ersten drei Jahre nach Anschaffung des Gebäudes nicht zu prüfen, wenn die Aufwendungen für die Instandsetzung und Modernisierung des Gebäudes insgesamt 15 % der AK des Gebäudes **netto** nicht übersteigen. Dies gilt nicht, wenn sich bei Erwerb des Gebäudes mit mehreren Wohnungen der Standard für einzelne Wohnungen hebt oder die Instandsetzungsmaßnahme der Beginn einer Sanierung in Raten sein kann.

Die Feststellungslast für die Tatsachen, die zu nachträglichen AK (Herstellung der Betriebsbereitschaft) oder zu nachträglichen HK führen, trägt das Finanzamt. Der Steuerpflichtige hat zur Sachverhaltsaufklärung eine erhöhte Mitwirkungspflicht (§ 90 Abs. 1 Satz 3 AO). Vertiefend: BMF, Schreiben v. 18.7.2003, IV C 3 - S 2211 - 94/03, BStBl 2003 I S. 386.

Vereinfachungsregelung zu den nachträglichen Herstellungskosten

861 Betragen

- **nach Fertigstellung** eines Gebäudes
- die Aufwendungen für eine **einzelne** Baumaßnahme **höchstens 4.000 € netto** (Rechnungsbetrag ohne Umsatzsteuer) und
- handelt es sich nicht um Aufwendungen, die der endgültigen Fertigstellung des Gebäudes dienen,

können die Aufwendungen auf Antrag sofort und in voller Höhe (Bruttobetrag) als **Erhaltungsaufwendungen** im Jahr der Zahlung abgezogen werden (R 21.1 Abs. 2 Satz 2 und 3 EStR 2012). Dabei ist vorab nicht zu prüfen, ob es sich tatsächlich um Erhaltungsaufwendungen handelt oder ob nachträgliche HK vorliegen. Hierin liegt die Vereinfachung.

Werden zeitgleich verschiedene Baumaßnahmen in einem Gebäude durchgeführt, ist die Vereinfachungsregelung auf jede Baumaßnahme gesondert anzuwenden, sofern es zwischen den einzelnen Baumaßnahmen keine bautechnische Verzahnung gibt. Erstreckt sich eine Baumaßnahme über zwei oder mehrere Kalenderjahre, ist die Grenze von 4.000 € netto auf die Summe der Aufwendungen aller Jahre anzuwenden.

Anschaffungsnahe Herstellungskosten

862 Aufwendungen für die Instandsetzung und Modernisierung eines Gebäudes sind nicht als Erhaltungsaufwand, sondern als HK zu behandeln, wenn sie zeitnah zur Anschaffung anfallen und im Verhältnis zum Kaufpreis hoch sind (§ 9 Abs. 5 Satz 2 EStG i.V.m. § 6 Abs. 1 Nr. 1a EStG).

Ob anschaffungsnahe HK vorliegen, ist wie folgt zu prüfen:

Aufwendungen für Instandsetzungs- und Modernisierungsmaßnahmen, die innerhalb von drei Jahren nach der Anschaffung des Gebäudes durchgeführt werden, gehören zu anschaffungsnahen HK, wenn die Nettoaufwendungen 15 % der AK des Gebäudes übersteigen. Der Dreijahreszeitraum berechnet sich ab dem Datum des Übergangs von Besitz, Nutzen, Lasten und Gefahr. Instandsetzungsaufwendungen nach Ablauf von drei Jahren sind im Rahmen der Prüfung nicht zu berücksichtigen.

Nicht in die 15 %-Grenze einzubeziehen sind Aufwendungen für Erweiterungen, die stets HK sind und Erhaltungsaufwendungen, die jährlich üblicherweise anfallen, z. B. Kosten für regelmäßige Wartungsarbeiten für Heizung oder Aufzugs, Beseitigung von Rohrverstopfungen und -verkalkungen oder Ablesekosten (BFH, Urteil v. 14.6.2016, IX R 22/15, HI9734954, BFH/NV 2016 S. 1623).

Kosten für (unvermutete) Instandsetzungsmaßnahmen zur Beseitigung eines Substanzschadens, der nachweislich erst nach Anschaffung des Gebäudes durch das schuldhafte Handeln eines Dritten verursacht worden ist, sind auch dann keine anschaffungsnahen HK i. S. v. § 6 Abs. 1 Nr. 1a Satz 1 EStG, wenn die Maßnahmen vom Steuerpflichtigen innerhalb von drei Jahren seit Anschaffung zur Wiederherstellung der Betriebsbereitschaft des Gebäudes durchgeführt werden (BFH, Urteil v. 9.5.2017, IX R 6/16, HI11249808, BFH/NV 2017 S. 1652).

Zu den anschaffungsnahen HK gehören

- Aufwendungen zur Herstellung der objektiven bzw. subjektiven Betriebsbereitschaft eines Gebäudes durch Wiederherstellung funktionsuntüchtiger Gebäudeteile oder Umbaumaßnahmen, um das Gebäude(teil) einem anderen Zweck zuzuführen, (BFH, Urteil v. 14.6.2016, IX R 15/15, HI9734953, BFH/NV 2016 S. 1621; ➜ Tz 854).
- Kosten für Instandsetzungsmaßnahmen zur Beseitigung verdeckter – im Zeitpunkt der Anschaffung des Gebäudes jedoch bereits vorhandener – Mängel (BFH, Urteil v. 13.3.2018, IX R 41/17, HI11814690, BFH/NV 2018 S. 1009).
- Aufwendungen, die nach der Vereinfachungsregelung R 21.1 Abs. 2 Satz 2 EStR 2012 (➜ Tz 861) als Erhaltungsaufwendungen berücksichtigt wurden, auch wenn diese nach § 82b EStDV als größere Erhaltungsaufwendungen auf zwei bis fünf Jahre verteilt wurden.

Der unentgeltliche Erwerb (Erbschaft oder Schenkung) eines Gebäudes führt mangels Anschaffung nicht zur Anwendung des § 6 Abs. 1 Nr. 1a EStG.

ACHTUNG

1. Aufwendungen für Schönheitsreparaturen und Schadensbeseitigung

Aufwendungen für Schönheitsreparaturen sind stets in die Beurteilung der anschaffungsnahen HK einzubeziehen, wenn sie innerhalb von 3 Jahren nach der Anschaffung durchgeführt werden. Schönheitsreparaturen i. d. S. sind nach Auffassung des BFH bauliche Maßnahmen, durch die Mängel oder Schäden an vorhandenen Einrichtungen eines bestehenden Gebäudes beseitigt werden. Schönheitsreparaturen können nicht als Erhaltungsarbeiten, die jährlich üblicherweise anfallen, angesehen werden, weil sie im Regelfall nicht jährlich vorgenommen werden (BFH, Urteil v. 14.6.2016, IX R 25/14, HI9734952, BFH/NV 2016 S. 1617).

2. Einbeziehung der Aufwendungen für eine Standardhebung in die 15 %-Grenze

Aufwendungen, die durch einen Standardsprung als HK zu werten sind, sind in die 15 %-Grenze des § 6 Abs. 1 Nr. 1a EStG (anschaffungsnahe HK) einzubeziehen. Zu den Aufwendungen i. S. v. § 6 Abs. 1 Nr. 1a Satz 1 EStG gehören sämtliche Kosten für bauliche Maßnahmen, die im Rahmen einer i. Z. m. der Anschaffung des Gebäudes vorgenommenen Instandsetzung und Modernisierung anfallen und nicht nach Satz 2 der Vorschrift ausdrücklich ausgenommen sind. Anhaltspunkte dafür, dass der Gesetzgeber Aufwendungen für eine wesentliche Verbesserung vom

Anwendungsbereich der Regelung des § 6 Abs. 1 Nr. 1a Satz 1 EStG ausnehmen wollte, sind nicht ersichtlich (BFH, Urteil v. 14.6.2016, IX R 25/14, HI9734952, BFH/NV 2016 S. 1617).

Unterschiedlich genutztes Gebäude

Bei der Beurteilung von anschaffungsnahen HK ist auf das Gebäude insgesamt abzustellen, wenn das Gesamtgebäude nicht in unterschiedlicher Weise genutzt wird und somit nicht in verschiedene Wirtschaftsgüter aufzuteilen ist. Das ist z. B. der Fall, wenn die Wohnungen eines Mehrfamilienhauses sämtlich zu Wohnzwecken vermietet werden.

Werden einzelne Gebäudeteile unterschiedlich genutzt, z. B. teils eigenbetrieblich und teils zu Wohnzwecken durch Vermietung, ist bei der Prüfung nach § 6 Abs. 1 Nr. 1a EStG auf den jeweiligen Gebäudeteil und dessen Kosten abzustellen (BFH, Urteil v. 14.6.2016, IX R 25/14, HI9734952, BFH/NV 2016 S. 1617; BFH, Urteil v. 14.6.2016, IX R 22/15, HI9734954, BFH/NV 2016 S. 1623).

[Absetzungen für Abnutzung für Gebäude → Zeile 33]

863 AK (→ Tz 853) bzw. HK (→ Tz 858) für ein Gebäude, eine Eigentumswohnung oder einen im Teileigentum stehenden Gebäudeteil zur Erzielung von Einkünften aus V+V, können nur im Wege der **Absetzung für Abnutzung (AfA) für Gebäude** (Gebäude-AfA) steuermindernd als WK berücksichtigt werden. Die AK für Grund und Boden sind nicht absetzbar.

Absetzungsberechtigt ist der bürgerlich-rechtliche oder der **wirtschaftliche Eigentümer**. Das ist regelmäßig derjenige, der die AK oder HK getragen hat und den Tatbestand der Einkünfteerzielungsabsicht erfüllt.

Bei der Anschaffung oder Herstellung eines Gebäudes im Jahr 2020 ist zu prüfen, was Gegenstand der Abschreibung ist. Ein Gebäude wird grds. als Ganzes abgeschrieben. Besteht ein Gebäude aber aus **mehreren sonstigen selbstständigen Gebäudeteilen** (→ Tz 868), sind die Vorschriften über die Gebäudeabschreibung auf jeden Gebäudeteil gesondert anzuwenden (§ 7 Abs. 5a EStG). Dabei können unterschiedliche Abschreibungsmethoden und unterschiedliche Abschreibungssätze für die einzelnen Gebäudeteile in Betracht kommen (R 7.4 Abs. 6 Satz 2 EStR 2012).

BEISPIEL

Abschreibung selbstständiger Gebäudeteile

Sie besitzen ein Dreifamilienhaus.

- Sämtliche Wohnungen sind zu Wohnzwecken vermietet.
- Das EG (Büro) und das 2. OG (Archiv) nutzt der Steuerpflichtige als Rechtsanwalt zu eigenen beruflichen Zwecken. Das 1. OG ist zu Wohnzwecken vermietet.

Im ersten Beispielsfall dient das Gebäude einheitlich einem Zweck. Es handelt sich um ein Wirtschaftsgut (Gebäude), das einheitlich abzuschreiben ist.

Im zweiten Beispielsfall liegen zwei selbstständige Gebäudeteile (EG/2. OG sowie 1. OG) vor. Die gesamten AK oder HK sind im Verhältnis der Nutzflächen auf die beiden Gebäudeteile zu verteilen. Anschließend ist jeder Gebäudeteil für sich abzuschreiben.

Haben Steuerpflichtige ein Gebäude bereits vor 2020 erworben bzw. fertiggestellt und wurde mit der Abschreibung vor 2020 begonnen, so ist die jeweilige lineare oder degressive Gebäude-AfA fortzuführen.

Unentgeltlicher Erwerb

Wird ein Gebäude im Privatvermögen unentgeltlich durch **Schenkung** oder **Erbschaft** **864** erworben, bemisst sich die AfA nach den AK oder HK des Rechtsvorgängers (Schenker, Erblasser) zuzüglich der vom Rechtsnachfolger (Erwerber) aufgewendeten nachträglichen HK. Der Erwerber setzt die vom Vorgänger begonnene Abschreibung fort (§ 11d EStDV).

Gehört zum Nachlass einer Erbengemeinschaft ein vermietetes Grundstück, dienen die Kosten für die Auseinandersetzung des Nachlasses dem Erwerb des Alleineigentums an dem Vermietungsobjekt. Sie sind in voller Höhe Anschaffungsnebenkosten und erhöhen, soweit sie auf das Gebäude entfallen, die Bemessungsgrundlage zur AfA (BFH, Urteil v. 9.7.2013, IX R 43/11, HI5301680, BFH/NV 2013 S. 1853).

Ein unentgeltlicher Erwerb liegt auch bei einer **Schenkung unter Auflage** vor. Diese ist **865** anzunehmen, wenn die Beteiligten zwar ein Grundstück unentgeltlich übertragen wollen, aber die Schenkung mit bestimmten Leistungen des Beschenkten verbunden haben. Trotz der zu erfüllenden Auflagen ist einkommensteuerrechtlich i. d. R. von einer unentgeltlichen Übertragung auszugehen. Der Beschenkte hat keine AK und setzt die Abschreibung des Schenkers fort. Dies gilt auch im Falle einer mittelbaren Grundstücksschenkung. Eine **mittelbare Grundstücksschenkung** liegt vor, wenn im Voraus eine klare und eindeutige Schenkungsabrede getroffen ist, dass Gegenstand der Schenkung ein ganz bestimmtes Grundstück und nicht etwa ein Geldbetrag sein soll.

Beginn, Dauer und Umfang der Abschreibung

Ein Gebäude kann ab der **Fertigstellung** abgeschrieben werden (§ 11c Abs. 1 Nr. 2 **866** EStDV). Fertigstellung ist der Zeitpunkt der Bezugsfertigkeit des ganzen Gebäudes.

Bei Erwerb eines Gebäudes beginnt die Abschreibung im Zeitpunkt der **Anschaffung** (§ 11c Abs. 1 Nr. 3 EStDV). Das ist der Zeitpunkt, zu dem das wirtschaftliche Eigentum durch Übertragung von Besitz, Nutzen, Lasten und Gefahr auf den Erwerber übergeht. Dieser Zeitpunkt wird durch die Vertragsparteien im Kaufvertrag festgelegt.

Gebäude sind **bis zur vollen Absetzung** der AK oder HK abzuschreiben.

Werden Gebäude(-teile) durch den Eigentümer zu eigenen Wohnzwecken genutzt oder unentgeltlich an andere überlassen, ist der Abzug einer AfA als WK insoweit mangels Einnahmeerzielungsabsicht nicht möglich. Bei späterer Vermietung dieser Wohnung gilt die fiktive Abschreibung, die auf diese Zeit entfällt, aber als verbraucht und mindert den Restwert des Gebäudes. Der Abzug der AfA endet auch, wenn das Gebäude auf Dauer nicht mehr zur Erzielung von Einkünften, z. B. Leerstand ohne Vermietungsanstrengungen, eingesetzt wird.

Es gibt unterschiedliche Vorschriften zur Gebäudeabschreibung. Diese sind nur noch **867** teilweise bei Neuanschaffung oder Neuherstellung eines Gebäudes anzuwenden (aktuelles Recht). Soweit bei der Gebäudeabschreibung in früheren Jahren abweichendes geltendes

Recht anzuwenden war, ist die Abschreibung nach den entsprechenden Vorschriften weiterzuführen (auslaufendes Recht; im Buch nicht dargestellt).

In Neufällen (Fertigstellung oder Anschaffung in 2019) anzuwendende Gebäudeabschreibungsvorschriften (aktuelles Recht)	
● **Lineare Gebäude-AfA**, § 7 Abs. 4 EStG	→ Tz 868
● **Sonderabschreibung Mietwohnungsneubau,** § 7b EStG	→ Tz 872
● AfA wegen **außergewöhnlicher technischer oder wirtschaftlicher Absetzung** von Gebäuden, § 7 Abs. 1 Satz 7 EStG	
● Erhöhte Absetzungen bei Gebäuden in **Sanierungsgebieten und städtebaulichen Entwicklungsbereichen**, § 7h EStG	
● Erhöhte Absetzungen bei **Baudenkmalen**, § 7i EStG	
● Erhöhte Absetzungen für **Schutzräume** nach §§ 7, 12 SchBauG	

[Lineare Gebäudeabschreibung, § 7 Abs. 4 EStG → Zeile 33]

868 Die **lineare Gebäude-AfA** ist bei allen Arten von Gebäuden im Inland oder Ausland anwendbar. Bei Inanspruchnahme der linearen AfA werden die AK oder HK auf die vom Gesetz vorgesehene Nutzungsdauer gleichmäßig verteilt. Bei der Bestimmung des Abschreibungssatzes ist zwischen sog. **Wirtschaftsgebäuden** und **anderen Gebäuden** zu unterscheiden.

Wirtschaftsgebäude

Ein **Wirtschaftsgebäude** i. S. d. § 7 Abs. 4 Nr. 1 EStG liegt vor, wenn

- das Gebäude(teil) zum Betriebsvermögen gehört,
- nicht Wohnzwecken dient und
- der Bauantrag nach März 1985 gestellt wurde.

Das Wirtschaftsgebäude ist mit jährlich 3 % abzuschreiben.

Andere Gebäude als Wirtschaftsgebäude

Diese Gebäude werden jährlich mit 2 % abgeschrieben, wenn sie dem 31.12.1924 fertiggestellt wurden; auch in Anschaffungsfällen. Für vor dem 1.1.1925 fertiggestellte Gebäude gilt ein jährlicher AfA-Satz von 2,5 %.

Tatsächlich kürzere Nutzungsdauer

Die typisierten AfA-Sätze von 3 %, 2 % oder 2,5 %, entsprechen einer **unterstellten (fiktiven) Nutzungsdauer** von 33, 40 oder 50 Jahren.

Es können höhere Abschreibungssätze in Betracht kommen, wenn ausnahmsweise die tatsächliche Nutzungsdauer eines Gebäudes geringer als die vom Gesetz unterstellte Nutzungsdauer ist (§ 7 Abs. 4 Satz 2 EStG). In diesen Fällen werden die AK oder HK auf die tatsächliche Nutzungsdauer verteilt. Eine tatsächlich längere Nutzungsdauer ist steuerlich ohne Bedeutung. Niedrigere AfA-Sätze als die vom Gesetz vorgesehenen, sind nicht zulässig.

Zeitanteilige Berechnung der AfA

Im **Jahr der Anschaffung oder Fertigstellung** und im **Jahr der Veräußerung** wird die lineare Gebäude-AfA **zeitanteilig** nach Monaten berücksichtigt. Bei jedem Eigentumswechsel beginnt die Abschreibung aus den AK des jeweiligen Erwerbers neu.

BEISPIEL **869**

Unterschiedliche AfA-Sätze bei selbstständigen Gebäudeteilen

A errichtet 2020 ein Gebäude mit zwei Etagen. Das Erdgeschoss nutzt er im Rahmen seines Gewerbebetriebs. Im Obergeschoss vermietet er eine Wohnung.

Wegen der unterschiedlichen Nutzungen liegen zwei selbstständige Gebäudeteile vor (➜ Tz 863). Die Gebäudeabschreibungsvorschriften sind auf Gebäude oder selbstständige Gebäudeteile anzuwenden (§ 7 Abs. 5a EStG). Für jeden Gebäudeteil ist der AfA-Satz gesondert zu prüfen. Das EG wird deshalb nach § 7 Abs. 4 Nr. 1 EStG mit 3 % und das OG nach § 7 Abs. 4 Nr. 2, Buchst. a) EStG mit 2 % abgeschrieben.

Nachträgliche AK oder HK (Herstellungsaufwand) erhöhen die bisherige Bemessungsgrundlage für die Abschreibung. Der Zeitpunkt der Zahlung ist ohne Bedeutung. Die nachträglichen AK oder HK sind ab dem Jahr der Entstehung zu berücksichtigen und so zu behandeln, als ob sie schon zu Beginn des Kalenderjahres vorgelegen hätten (R 7.4 Abs. 9 Satz 3 EStR 2012). Es ist also keine zeitanteilige Berechnung der Abschreibung von nachträglichen AK oder HK im ersten Jahr vorzunehmen. Eine Ausnahme besteht dann, wenn das Gebäude im Laufe des Jahres angeschafft wurde und im selben Jahr nachträgliche HK anfallen. In diesem Fall beginnt auch die Abschreibung der nachträglichen HK frühestens im Anschaffungszeitpunkt (Übergang von Besitz, Nutzen, Lasten und Gefahr). **870**

Nachholung unterlassener und Berichtigung überhöhter AfA. Es besteht eine Pflicht zur Inanspruchnahme der normalen AfA. Hat der Steuerpflichtige versehentlich oder bewusst die lineare Gebäude-AfA nicht oder überhöht vorgenommen und hat sich die tatsächliche Nutzungsdauer des Gebäudes nicht geändert, sind in den Folgejahren weiterhin die gesetzlich vorgeschriebenen Prozentsätze anzusetzen, sodass sich ein längerer oder kürzerer Abschreibungszeitraum als von 25, 33, 40 oder 50 Jahre ergibt (H 7.4 „Unterlassene oder überhöhte AfA – Lineare Gebäude-AfA" EStH 2019). **871**

[Sonderabschreibung Mietwohnungsneubau, § 7b EStG ➜ Zeile 34]

Für die Herstellung oder Anschaffung (spätestens bis zum Ende des Jahres der Fertigstellung – anspruchsberechtigt ist nur der Erwerber) neuer Wohnungen kann der Bauherr oder Erwerber eine Sonderabschreibung nach § 7b EStG zusätzlich zur linearen AfA nach § 7 Abs. 4 EStG unter den **unten aufgeführten Voraussetzungen** als BA oder WK geltend machen. **872**

Die **Sonderabschreibung** beträgt im Jahr der Anschaffung/Herstellung (bei Anschaffung frühestens im Jahr der Fertigstellung) und in den drei Folgejahren jeweils bis zu 5 % der Bemessungsgrundlage (Jahresabschreibung, ohne zeitanteilige Aufteilung) und kann **neben der linearen Gebäude-AfA** steuerlich geltend gemacht werden. Werden für die Überlassung des Gebäudes weniger als 66 % der ortsüblichen Marktmiete gezahlt, ist auch die Sonderabschreibung nach § 7b EStG im gleichen Verhältnis aufzuteilen und nur i. H. des auf die entgeltliche Nutzungsüberlassung entfallenden Anteils abzugsfähig (§ 21 Abs. 2 EStG).

Wird eine Sonderabschreibung in Anspruch genommen und deren Bemessungsgrundlage auf 2.000 € je Quadratmeter begrenzt, wird die **lineare AfA** abweichend aus den tatsächlich höheren AK/HK berechnet.

Anspruchsberechtigter

873 Die Sonderabschreibung können natürliche Personen, Personengesellschaften und Kapitalgesellschaften für vermietete Wohnungen des steuerlichen Privat- und Betriebsvermögens in Anspruch nehmen.

Bauantrag/Bauanzeige

874 Die Sonderabschreibung ist auf Wohnungen beschränkt, für die der Bauantrag oder – in den Fällen, in denen eine Baugenehmigung nicht erforderlich ist, die Bauanzeige – nach dem 31.8.2018 und vor dem 1.1.2022 gestellt wird. Im Fall der **Anschaffung** eines neuen Gebäudes ist das Datum des Bauantrags bzw. der Bauanzeige des Bauträgers maßgebend. In Anschaffungsfällen kann die Sonderabschreibung somit auch in Anspruch genommen werden, wenn der Kaufvertrag nach 2021 abgeschlossen wurde und die Fertigstellung nach dem 31.12.2021 erfolgt, der Bauantrag durch den Bauträger aber vor 2022 gestellt wurde. Die Sonderabschreibung kann erstmals im Jahr der Fertigstellung in Anspruch genommen werden.

Wohnungsbegriff

875 Im Fall der **Anschaffung** ist eine Wohnung neu, wenn die Anschaffung spätestens bis zum Ende des Jahres der Fertigstellung erfolgt (§ 7b Abs. 1 Satz 2 EStG). Die **Wohnung** muss erstmalig **neu geschaffen** werden (§ 7b Abs. 2 Satz 1 Nr. 1 EStG). Die neu geschaffene Wohnung muss die Voraussetzungen des Wohnungsbegriffs i. S. d. § 181 Abs. 9 BewG erfüllen (Führung eines selbstständigen Haushalts möglich, von anderen Wohnungen oder Räumen baulich getrennt und in sich abgeschlossenen, selbstständiger Zugang, notwendige Nebenräume wie Küche, Bad oder Dusche und Toilette sind vorhanden, Wohnfläche mindestens 23 qm oder mindestens 20 qm bei Senioren- oder Studentenwohnheim (§ 7b Abs. 2 Satz 1 Nr. 2 EStG). Nebenräume und Garagen gehören zur Wohnung, wenn sie bewertungsrechtlich eine wirtschaftliche Einheit darstellen. Eine Wohnung ist auch begünstigt, wenn in einem bestehenden vermieteten Wohngebäude eine Wohnung neu entsteht, z. B. durch Dachgeschossausbau. Nicht förderfähig sind Baumaßnahmen zur Erweiterung der Wohnfläche innerhalb einer bestehenden Wohnung. Werden durch die Teilung einer Wohnung (unter Verwendung der vorhandenen Altbausubstanz) mehrere bisher nicht vorhandene baulich getrennte und in sich abgeschlossene Wohneinheiten hergestellt, werden damit mehrere neue Wohnungen i. S. d. § 7b EStG geschaffen.

Baukostenobergrenze

876 Unter die Baukostenobergrenze fallen auch nachträgliche AK/HK innerhalb von drei Jahren nach Anschaffung/Herstellung der Wohnung. Wird die Grenze überschritten ist eine Sonder-AfA nicht möglich bzw. muss durch Änderung bereits ergangener Bescheide rückgängig gemacht werden. Für die Prüfung der Baukostenobergrenze müssen die gesamten AK oder HK auf die gesamte Fläche verteilt werden. Bei der Anschaffung oder Herstellung eines neuen Gebäudes ist die **Nutzfläche** des gesamten Gebäudes, bei Aufstockungen, Aus-, Um-, An- oder Aufbauten die durch die Baumaßnahme insgesamt neu geschaffene Nutzfläche, und bei der Anschaffung oder Herstellung einer Eigentumswohnung die den Eigentumsrechten entsprechende Nutzfläche des erworbenen Anteils maßgebend. Bei der Ermittlung der **Nutzfläche** sind – in Abweichung zu § 2 Abs. 3 Wohnflächenverordnung – auch Nebenräume, wie Bodenräume, Waschküchen, Keller-, Trocken-, Speicher-, Fahrrad- und Kinderwagenräume usw., soweit sie zur Benutzung durch den einzelnen oder zur gemeinsamen

Benutzung durch alle Hausbewohner bestimmt sind, und die zur begünstigten Wohnung gehörenden Garagen einzubeziehen.

Nutzung der Wohnung

Die Wohnung muss mindestens zehn Jahre nach Anschaffung oder Herstellung der **entgeltlichen** Überlassung zu Wohnzwecken (auch an Arbeitnehmer) dienen. Eine unentgeltliche Überlassung zu fremden Wohnzwecken ist schädlich. Eine Wohnung dient auch der entgeltlichen Überlassung, wenn sie zwar vorübergehend leer steht, aber zur entgeltlichen Überlassung zu Wohnzwecken bereitgehalten wird. Räume, die sowohl Wohnzwecken als auch betrieblichen oder beruflichen Zwecken dienen, sind je nachdem, welchem Zweck sie überwiegend dienen, entweder ganz den Wohnzwecken oder ganz den betrieblichen oder beruflichen Zwecken dienenden Räumen zuzurechnen. Das häusliche Arbeitszimmer des Mieters ist den Wohnzwecken dienenden Räumen zuzurechnen. **877**

Bemessungsgrundlage

Bemessungsgrundlage für die Sonderabschreibung sind die tatsächlichen AK oder HK der Wohnung, höchstens 2.000 € je Quadratmeter Wohnfläche. Übersteigen die AK oder HK 2.000 € aber nicht 3.000 € je qm Wohnfläche (Baukostenobergrenze), wird die Sonderabschreibung nur bis zu 5 % aus 2.000 € je Quadratmeter Wohnfläche gewährt. Die lineare AfA nach § 7 Abs. 4 EStG wird jedoch aus den vollen AK oder HK berechnet. **878**

Bei der Berechnung der Kosten je Quadratmeter kann lt. BMF-Schreiben vom 7.7.2020, IV C 3 – S 2197/19/10009:008, statt der Wohnfläche auf die Nutzfläche (einschl. Nebenräume und Garagen) abgestellt werden.

Abschreibung nach Ablauf des Begünstigungszeitraums

Nach Ablauf des vierjährigen Begünstigungszeitraums bemisst sich die weitere lineare AfA bei Gebäuden und selbständigen Gebäudeteilen nach dem Restwert und dem nach § 7 Abs. 4 EStG unter Berücksichtigung der Restnutzungsdauer maßgebenden Prozentsatz (§ 7a Abs. 9 EStG). Hat der Anspruchsberechtigte in den ersten vier Jahren eine Sonderabschreibung aus den vollen AK oder HK i. H. v. jeweils 5 % neben der linearen AfA (unterstellt 4 volle Jahre) in Anspruch genommen, sind bereits 28 % der Kosten des Gebäudes abgeschrieben. **879**

Förderungsausschluss

Betragen die abschreibungsfähigen AK oder HK mehr als 3 000 € je Quadratmeter Wohnfläche, ist die Sonderabschreibung ausgeschlossen (§ 7b Abs. 2 Satz 1 Nr. 2 EStG). Auch bei nur geringfügiger Überschreitung der Grenze entfällt der Anspruch auf die Förderung. **880**

Die HK oder AK je Quadratmeter Wohnfläche ermitteln sich indem die abschreibungsfähigen Kosten durch die **Gesamtnutzfläche** der Wohnung geteilt werden. Auch die nachträglichen AK oder HK innerhalb der ersten drei Jahre nach Anschaffung oder Herstellung sind in die 3.000-Euro-Grenze einzubeziehen.

Rückgängigmachung der Sonderabschreibung

In folgenden Fällen ist die Sonderabschreibung durch Änderung oder Aufhebung der bereits ergangenen Steuer- oder Feststellungsbescheide in späteren Jahren rückgängig zu machen: **881**

- Die geförderte Wohnung wird im Jahr der Anschaffung oder Herstellung und in den folgenden neun Jahren nicht ausschließlich zur entgeltlichen Überlassung zu Wohnzwecken genutzt oder bereitgestellt. Der Steuerpflichtige hat dies anzuzeigen.

- Die begünstigte Wohnung oder das Gebäude wird im Jahr der Anschaffung oder Herstellung oder in den folgenden neun Jahren veräußert und der Veräußerungsgewinn unterliegt nicht der Einkommensteuer. Wird eine geförderte Wohnung innerhalb der zehnjährigen Nutzungsfrist steuerpflichtig veräußert, kommt es nicht zu einer Rückgängigmachung der Sonderabschreibung, wenn der Begünstigte die Nutzung der Wohnung zu fremden Wohnzwecken durch den Erwerber während des zehnjährigen Zeitraums nachweist.
- Die Baukostenobergrenze von 3.000 € je Quadratmeter Wohnfläche wird innerhalb der ersten drei Jahre nach Anschaffung oder Herstellung durch nachträgliche AK oder HK überschritten.

Bereits bestandskräftige Steuer- oder Feststellungsbescheide können nach § 7b Abs. 4 EStG geändert werden. Die Festsetzungsfristen für das Jahr der Anschaffung oder Herstellung und für die folgenden drei Kalenderjahre beginnen mit Ablauf des zehnten Kalenderjahres nach dem Kalenderjahr der Anschaffung oder Herstellung. § 233a Abs. 2a AO ist insoweit nicht anzuwenden.

De-minimis-Verordnung der Europäischen Union

882 Eine Sonderabschreibungen nach § 7b Abs. 1 EStG darf nur gewährt werden, wenn der Gesamtbetrag der einem einzigen Unternehmen gewährten Beihilfen in einem Zeitraum von drei Veranlagungszeiträumen 200.000 € nicht übersteigt (§ 7b Abs. 5 EStG). Bei dieser Höchstgrenze sind auch andere in diesem Zeitraum an das Unternehmen gewährte De-minimis-Beihilfen in der jeweils geltenden Fassung gleich welcher Art und Zielsetzung zu berücksichtigen.

Bei der Prüfung des Höchstbetrags der Sonderabschreibung, ist nicht die Höhe der Sonderabschreibung selbst, sondern nur der relevante wirtschaftliche Vorteil (Steuerersparnis) zu berücksichtigen. Ein Berechnungsschema zur Ermittlung des relevanten wirtschaftlichen Vorteils stellt das BMF auf seiner Internetseite unter www.bundesfinanzministerium.de zur Verfügung.

Anwendungszeitraum

883 Die Sonderabschreibung kann letztmalig für den Vz. 2026 geltend gemacht werden, auch wenn der vorgesehene Abschreibungszeitraum noch nicht abgelaufen ist (§ 52 Abs. 15a EStG).

884 BEISPIEL

Sonderabschreibung nach § 7b EStG

V ist Eigentümer eines Mietshauses.

Maßnahme 1: An die bestehende Wohnung im EG wird eine neue zusätzliche Wohnung in einem Anbau mit 70 qm Wohnfläche (einschl. Nebenräume) errichtet. Baukosten betragen 205.000 €. **Maßnahme 2:** Die Wohnung im 1.OG wird um ein Zimmer mit 20 qm Wohnfläche erweitert. Baukosten 35.000 €. **Maßnahme 3:** Das Treppenhaus wird renoviert. Baukosten 15.000 €. **Maßnahme 4:** Das bisher nicht genutzte DG wird zu einer Wohnung mit 50 qm Wohnfläche (einschl. Nebenräume) ausgebaut. Baukosten 155.000 €.

Maßnahme 1: Kosten je qm (= 205.000 € ÷ 70 qm) 2.929 €/qm. Die Sonderabschreibung nach § 7b EStG kann in Anspruch genommen werden, da die

Höchstgrenze von 3.000 € pro qm nicht überschritten wird. Vier Jahre 5 % aus den tatsächlichen HK (205.000 €), max. 2.000 € × 70 qm (140.000 €) = 7.000 € Sonder-AfA (Jahresbetrag). Die lineare AfA nach § 7 Abs. 4 EStG beträgt 2 % von 205.000 € = 4.100 € (zeitanteilig im ersten Jahr).

Maßnahme 2: Die Erweiterung im 1. OG führt nicht zur Herstellung einer neuen, bisher nicht vorhandenen Wohnung. Die Sonderabschreibung nach § 7b EStG kann nicht in Anspruch genommen werden.

Maßnahme 3: Der Renovierungsaufwand (Treppenhaus) kann in voller Höhe im Jahr der Zahlung als Instandhaltungsaufwand berücksichtigt werden.

Maßnahme 4: Kosten je qm (155.000 € ÷ 50 qm) = 3.100 €/qm. Die Sonderabschreibung nach § 7b EStG kann nicht in Anspruch genommen werden, da die Baukostenobergrenze von 3.000 € pro qm überschritten wird. Die lineare AfA nach § 7 Abs. 4 EStG beträgt 2 % von 155.000 € = 3.100 € (zeitanteilig im ersten Jahr). **Hinweis:** Bei den Gesamtkosten der Maßnahme 4 (Ausbau DG) sollte geprüft werden, ob darin Aufwand enthalten ist, der als Instandhaltungsaufwand des bisherigen Gebäudes herausgerechnet werden kann.

Weitere Einzelheiten zur Sonderabschreibung für den Mietwohnungsneubau nach § 7b EStG mit zahlreichen Beispielen enthält das BMF-Schreiben v. 7.7.2020, IV C 3 – S 2197/19/10009:008.

TIPP

Checkliste

Einen Vordruck mit den **„Angaben zur Inanspruchnahme einer Sonderabschreibung nach § 7b EStG“** im Zusammenhang mit der Beantragung der Sonderabschreibung nach § 7b EStG hat das BMF unter www.bundesfinanzministerium.de veröffentlicht.

Weitere Absetzungen für Abnutzung bei Gebäuden, mit deren Abzug vor 2020 begonnen wurde (auslaufendes Recht)

Für in früheren Jahren angeschaffte oder hergestellte Gebäude gibt es auch noch andere **885**
Abschreibungsmöglichkeiten:

- degressive Gebäude-AfA, § 7 Abs. 5 EStG
- erhöhte Absetzungen nach § 7b EStG a. F.
- erhöhte Absetzungen für Wohnungen mit Sozialbindung, § 7k EStG

Diese Abschreibungsvorschriften sind auf im Jahr 2020 neu angeschaffte oder hergestellte Gebäude nicht mehr anwendbar. Es handelt sich um auslaufendes Recht. Soweit in den Vorjahren mit entsprechenden Absetzungen begonnen wurde, werden diese fortgesetzt.

Weitere Werbungskosten

Wirtschaftsgüter, die keine Gebäude sind

[Absetzungen für Abnutzung von Wirtschaftsgütern, die keine Gebäude sind ➜ Zeile 36]

886 AK und HK für bewegliche und unbewegliche Wirtschaftsgüter, die keine Gebäude sind, können im Wege der **linearen AfA** als WK bei den Einkünften aus V+V berücksichtigt werden (§ 7 Abs. 1 EStG). Dabei sind die AK oder HK gleichmäßig auf die betriebsgewöhnliche Nutzungsdauer des Wirtschaftsguts zu verteilen. Ein abschreibungsfähiges bewegliches Wirtschaftsgut ist z. B. die mitvermietete **Einbauküche**. Sie ist mit ihren einzelnen Elementen (Spüle, Herd, Möbel, Elektrogeräte) ein einheitliches Wirtschaftsgut. Die Kosten für die vollständige Erneuerung sind nicht sofort als WK abziehbar, sondern auf zehn Jahre abzuschreiben (BFH, Urteil v. 3.8.2016, IX R 14/15, HI9984409, BFH/NV 2017 S. 184). Bei Ersetzung eines beschädigten Einzelteils liegt grds. Erhaltungsaufwand vor.

Als weitere abschreibungsfähige Wirtschaftsgüter kommen sonstige Möbel einer möbliert vermieteten Wohnung, Gartengeräte (z. B. Rasenmäher) oder das Wirtschaftsgut Gartenanlage in Betracht.

Handelt es sich bei dem angeschafften oder hergestellten Gegenstand um ein **selbstständig nutzungsfähiges** bewegliches Wirtschaftsgut und betragen die AK/HK **nicht mehr als 800 € netto**, ist ein Sofortabzug im Jahr der Anschaffung oder Herstellung i. H. der Bruttokosten (wenn kein Vorsteuerabzug besteht, sonst netto) möglich (GWG; § 6 Abs. 2 EStG). So können ggf. die Aufwendungen für einen dem Mieter zur Verfügung gestellten Elektrorasenmäher oder einer einfachen Waschmaschine in voller Höhe abgesetzt werden.

Aufwendungen für Werkzeuge und andere Arbeitsmittel (§ 9 Abs. 1 Satz 3 Nr. 6 EStG), die ausschließlich i. Z. m. der Vermietung genutzt werden, sind WK und über die AfA auf die individuelle Nutzungsdauer zu verteilen oder als GWG sofort abziehbar, soweit sie der laufenden Instandhaltung und Instandsetzung eines Mietwohngebäudes dienen. Aufwendungen für Werkzeuge, die nur wegen der Herstellung des Gebäudes angeschafft wurden (z. B. Betonmischer), erhöhen dessen HK.

ACHTUNG

Fotovoltaikanlage

Eine Fotovoltaikanlage, die auf dem Dach des Gebäudes oder der Garage errichtet wurde und deren erzeugter Strom in das öffentliche Stromnetz eingespeist wird, ist ein Gewerbebetrieb. Die AfA für die Anlage ist damit BA und nicht WK bei den Einkünften aus V+V (➜ Tz 985, ➜ Tz 1161).

Gartenanlage

887 Die erstmalige **Umzäunung** eines Grundstücks durch einen festen Zaun oder durch das Anpflanzen von Hecken, Büschen oder Bäumen an den Grundstücksgrenzen („lebende Umzäunung“) sowie die **Zugangswege** zum Haus und zu den Garagen stehen bei Wohngebäuden in einem einheitlichen Nutzungs- und Funktionszusammenhang mit dem Gebäude und sind deshalb unselbstständige Gebäudeteile. Die Aufwendungen sind den Gebäudeherstellungskosten hinzuzurechnen und zusammen mit dem Gebäude abzuschrei-

ben. Wird die Umzäunung erneuert, liegen sofort abziehbare Reparaturkosten (Erhaltungsaufwendungen) vor.

Die Aufwendungen für die **erstmalige** gärtnerische Gestaltung der verbleibenden Grundstücksfläche (**Gartenanlage**), für das Anlegen des Vorgartens, für den Bau einer freistehende Pergola in einem Ziergarten oder für einen auf dem Grundstück errichteten Kinderspielplatz sind HK eines eigenen Wirtschaftsguts Garten. Bei Gartenanlagen, die die Mieter mitbenutzen dürfen, und bei Vorgärten sind die HK der gärtnerischen Anlage gleichmäßig auf eine Nutzungsdauer von zehn Jahren zu verteilen (AfA) und als WK abzuziehen (§ 7 Abs. 1 EStG; R 21.1 Abs. 3 EStR 2012). Aufwendungen für den Teil des Gartens, der nur vom Eigentümer des Grundstücks genutzt werden darf, sind als Kosten der privaten Lebensführung nicht abziehbar (§ 12 Nr. 1 EStG). Bei einem teilweise vermieteten und teilweise zu eigenen Wohnzwecken genutzten Gebäude sind die Aufwendungen nach dem Nutzflächenverhältnis aufzuteilen.

Die Kosten für die **Instandhaltung** und Unterhaltung der Gartenanlage (Gartenpflegearbeiten, Austausch von Pflanzen, Dünger) sind im Jahr der Zahlung sofort als WK abziehbar. Soweit die Kosten mit der zu eigenen Wohnzwecken genutzten Wohnung in Zusammenhang stehen, siehe ➜ Tz 479, ➜ Tz 482. Fallen nach Fertigstellung des Gartens Ausgaben von nicht mehr als 4.000 € netto an, sind die Bruttokosten auf Antrag stets als Erhaltungsaufwendungen zu berücksichtigen (➜ Tz 861).

Finanzierungskosten

[Schuldzinsen und andere Finanzierungskosten ➜ Zeilen 37–38]

Schuldzinsen und andere **Geldbeschaffungskosten** sind als WK bei den Einkünften aus V+V abziehbar, soweit sie in wirtschaftlichem Zusammenhang mit dem Grund und Boden oder dem Gebäude stehen und der Erzielung von Einnahmen dienen. **888**

Sie können bereits WK sein, bevor die V+V begonnen hat (**vorweggenommene Werbungskosten**). Voraussetzung solcher vorab entstandener WK ist, dass sich anhand objektiver Umstände feststellen lässt, dass der Steuerpflichtige den Entschluss, Einnahmen aus V+V zu erzielen, endgültig gefasst hat.

Finanzierungskosten für ein **unbebautes Grundstück** sind bereits als vorab entstandene WK abziehbar, wenn ein wirtschaftlicher Zusammenhang mit der späteren Bebauung und Vermietung des Gebäudes besteht. **Notargebühren** zur Bestellung einer **Grundschuld** oder **Hypothek** oder deren Eintragung ins Grundbuch sind grds. WK. Schuldzinsen für ein durch eine Hypothek auf einem anderen Grundstück gesicherten Darlehen sind bei dem Grundstück zu berücksichtigen, für das das Darlehen verwendet wurde (BFH, Urteil v. 6.10.2004, IX R 68/01, HI1257618, BFH/NV 2005 S. 131).

Schuldzinsen, die in der Person des bisherigen Eigentümers vor Übergang des wirtschaftlichen Eigentums entstanden sind (rückständige Zinsen) und aufgrund des Kaufvertrags vom Erwerber bezahlt werden, sind keine sofort abziehbaren Finanzierungskosten, sondern AK des erworbenen Grundstücks.

Ein **Disagio** oder **Damnum** ist i.H. des gezahlten Betrags als WK abziehbar, soweit es unter Berücksichtigung der jeweiligen Zinsbelastung die marktüblichen Beträge nicht überschreitet (§ 11 Abs. 2 Satz 4 EStG; BMF, Schreiben v. 20.10.2003, IV C 3 – S 2253 a – 48/03, BStBl 2003 I S. 546; H 11 „Damnum" EStH 2019). Damnum- der Disagioverein- **889** barungen mit Geschäftsbanken sind regelmäßig als marktüblich anzusehen (BFH, Urteil v. 8.3.2016, IX R 38/14, HI9471508, BFH/NV 2016 S. 1206). Aus Vereinfachungsgründen kann von der Marktüblichkeit ausgegangen werden, wenn für ein Darlehen mit einem Zinsfestschreibungszeitraum von mindestens fünf Jahren ein Damnum i. H. v. bis zu 5 % vereinbart worden ist. Ist ein Damnum nicht mehr als drei Monate vor Auszahlung der Darlehensvaluta oder einer ins Gewicht fallenden Teilauszahlung des Darlehens (mindestens 30 % der Darlehensvaluta einschließlich Damnum) geleistet worden, kann davon ausgegangen werden, dass es wirtschaftlich vernünftig begründet ist.

890 Wird ein zur Finanzierung eines vermieteten Grundstücks aufgenommenes Darlehen unter Zahlung einer **Vorfälligkeitsentschädigung** getilgt, das Grundstück jedoch weiterhin zur Vermietung genutzt, ist die Vorfälligkeitsentschädigung als WK bei den Einkünften aus V+V abziehbar. Steht die Vorfälligkeitsentschädigung dagegen mit der Veräußerung des Grundstücks im Zusammenhang, kommt ein Abzug als WK bei den Einkünften aus V+V des bisherigen Objekts grds. nicht in Betracht (BFH, Urteil v. 11.2.2014, IX R 42/13, HI6985765, BFH/NV 2014 S. 1254). Sie gehört aber mit dem entsprechenden Anteil zu den Finanzierungskosten eines neu erworbenen Mietobjekts, wenn und soweit der nach der Darlehenstilgung verbleibende Restkaufpreis zur Finanzierung dieses Objekts tatsächlich verwendet worden ist.

Schuldzinsen nach Beendigung der Vermietung oder Veräußerung

891 Soweit **rückständige Zinsen**, die auf die Zeit der Vermietung entfallen, erst nach Beendigung der Vermietungstätigkeit geleistet werden, können sie in entsprechender Anwendung des § 24 Nr. 2 EStG als nachträgliche WK aus V+V abgezogen werden.

Für die Frage, ob aus einem bestehenden Darlehen **Zinsen, die nach der Veräußerung einer Immobilie entstehen**, als nachträgliche Werbungskosten abziehbar sind, ist die Verwendung des Veräußerungserlöses entscheidend.

Wird mit dem Veräußerungserlös eine neue zur Vermietung bestimmte Immobilie angeschafft, besteht der wirtschaftliche Veranlassungszusammenhang zwischen dem ursprünglichen Darlehen und den Einkünften insoweit fort. Wird kein neues Objekt und keine andere Einkunftsquelle erworben, kommt es darauf an, ob der Verkaufserlös ausreicht, um das Darlehen abzulösen (Grundsatz des Vorrangs der Schuldentilgung; BFH, Urteil v. 8.4.2014, IX R 45/13, HI6751510, BFH/NV 2014 S. 1151). Schuldzinsen können auch nach einer **nicht** steuerbaren Veräußerung der Immobilie grds. weiter als (nachträgliche) WK abgezogen werden, wenn und soweit die Verbindlichkeiten durch den Veräußerungserlös nicht getilgt werden können (BFH, Urteil v. 16.9.2015, IX R 40/14, HI8805782, BFH/NV 2016 S. 294).

Darlehen zwischen Ehegatten oder nahen Angehörigen

892 Voraussetzung für die steuerrechtliche Anerkennung von Darlehen zwischen Ehegatten oder nahen Angehörigen ist, dass der Darlehensvertrag zivilrechtlich wirksam geschlossen worden ist und tatsächlich wie vereinbart durchgeführt wird; dabei müssen Vertragsinhalt und Durchführung dem zwischen Fremden Üblichen entsprechen (Fremdvergleich; ➔ Tz 814), insbesondere muss eine Vereinbarung über die Laufzeit und über Art und Zeitpunkt der Rückzahlung getroffen werden. Außerdem müssen die Darlehenszinsen regelmäßig zu den Fälligkeitsterminen gezahlt und eine Absicherung des Darlehensbetrags vorgenommen werden. Vertiefend zu Darlehensverträgen zwischen Angehörigen: BMF, Schreiben v. 23.12.2010, IV C 6 – S 2144/07/10004, BStBl 2011 I S. 37.

Nehmen **Ehegatten** gemeinsam Darlehen zur Finanzierung eines vermieteten Gebäudes auf, das einem von ihnen gehört, sind die Schuldzinsen in vollem Umfang als WK bei den Einkünften aus V+V des Eigentümer-Ehegatten abziehbar, unabhängig davon, aus wessen Mitteln sie gezahlt werden (BFH, Urteil v. 2.12.1999, IX R 45/95, HI425132, BFH/NV 2000 S. 905). **893**

Nimmt ein Ehegatte allein ein Darlehen zur Finanzierung eines vermieteten Gebäudes auf, das dem anderen Ehegatten allein gehört, sind die vom Darlehensnehmer gezahlten Schuldzinsen nicht als WK abziehbar. Die Schuldzinsen können aber abgezogen werden, wenn der Eigentümer-Ehegatte sie aus eigenen Mitteln bezahlt, z. B. wenn er seine Mieteinnahmen mit der Maßgabe auf das Konto des anderen Ehegatten überweist, dass dieser daraus die Schuldzinsen entrichtet (H 21.2 „Finanzierungskosten" EStH 2019).

Schuldzinsenabzug bei einem Darlehen für die Herstellung oder Anschaffung eines teilweise vermieteten und teilweise selbst genutzten Gebäudes

Der BFH hat mehrfach entschieden, dass die Schuldzinsen bei Darlehen für die Anschaffung oder Herstellung eines gemischt genutzten Gebäudes unter bestimmten Voraussetzungen den jeweiligen selbstständigen Grundstücksteilen direkt zugeordnet werden können. Schuldzinsen können als WK bei den Einkünften aus V+V abgezogen werden, soweit der Steuerpflichtige die Darlehensmittel tatsächlich zur Finanzierung von AK oder HK des vermieteten Gebäudeteils verwendet. **894**

Eine **direkte Zuordnung der Schuldzinsen** zu den einzelnen Nutzungen des Gebäudes ist möglich, wenn

- die AK oder HK den Gebäudeteilen, die selbstständige Wirtschaftsgüter bilden, zugeordnet werden können,
- unterschiedliche Geldquellen (Eigenmittel und – ggf. verschiedene – Darlehen) vorliegen und
- ein wirtschaftlicher Zusammenhang zwischen den Schuldzinsen einzelner Darlehen und den zugeordneten AK oder HK für den vermieteten Gebäudeteil erkennbar ist (getrennte Zahlungen).

Einer nach außen hin erkennbaren Zuordnung **der HK oder AK** ist steuerrechtlich zu folgen, soweit die Aufteilung nicht zu einer unangemessenen wertmäßigen Berücksichtigung der einzelnen Gebäudeteile führt. **895**

Die Aufteilung der HK auf die unterschiedlichen Gebäudeteile kann bei Kosten, die das Gesamtgebäude betreffen, nach dem Verhältnis der Wohn-/Nutzflächen erfolgen. Soweit Kosten für das Gesamtgebäude oder den Innenausbau eine bestimmte Nutzung allein betreffen und abgrenzbar sind, können sie dieser Nutzung direkt zugeordnet werden.

Die AK und die damit verbundenen Nebenkosten können ebenfalls den unterschiedlichen Gebäudeteilen zugeordnet werden. Der Steuerpflichtige kann hierfür eine Aufteilung des zivilrechtlich einheitlichen Kaufpreises bereits im notariellen Kaufvertrag festschreiben oder im Nachhinein nach dem Verhältnis der Wohn-/Nutzflächen vornehmen (➜ Tz 856, ➜ Tz 857).

Ein **wirtschaftlicher Zusammenhang** zwischen den Schuldzinsen und den zugeordneten AK oder HK liegt nur dann vor, wenn der jeweilige Teil der AK oder HK tatsächlich gesondert mit den dafür aufgenommenen Darlehensmitteln oder den vorhandenen Eigenmitteln bezahlt worden ist (**getrennte Zahlungsströme**). **896**

BEISPIEL

Direkte Zuordnung von Finanzierungskosten bei einem gemischt genutzten Grundstück

Der Steuerpflichtige errichtet ein Zweifamilienhaus mit zwei gleich großen Wohnungen. Eine Wohnung nutzt er zu eigenen Wohnzwecken, die andere Wohnung wird vermietet. Die Aufwendungen für den Rohbau, das Dach, die Heizungsinstallation und die Fassade konnten nicht direkt zugeordnet werden und wurden an den jeweiligen Handwerker jeweils in einer Summe bezahlt. Die Kosten des Innenausbaus hat der Steuerpflichtige den jeweiligen Nutzungen direkt zugeordnet. Der Steuerpflichtige setzt zur Finanzierung der gesamten HK unterschiedliche Darlehen und Eigenmittel ein. Die jeweiligen Kosten werden durch getrennte Zahlungen aus den jeweiligen Geldquellen bestritten.

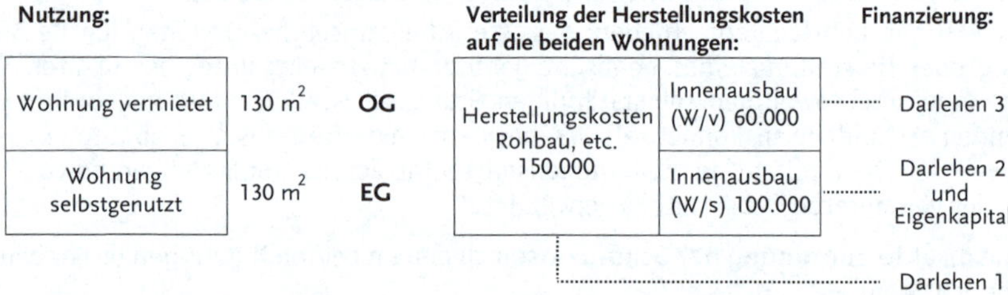

Die Schuldzinsen und sonstige Finanzierungskosten für Darlehen 1 können mangels getrennter Zahlungsströme keiner Nutzung direkt zugeordnet werden und sind deshalb anteilig **nach der Nutzfläche** je zur Hälfte der eigengenutzten und der vermieteten Wohnung zuzurechnen.

Die Finanzierungskosten zu Darlehen 2 betreffen ausschließlich die selbst genutzte Wohnung und sind nicht als WK abziehbar. Die Aufwendungen für das Darlehen 3 stehen ausschließlich i. Z. m. der vermieteten Wohnung und können **in voller Höhe** als WK aus V+V abgezogen werden. Die **direkte Zuordnung** dieser Finanzierungskosten ist möglich, weil ein Veranlassungszusammenhang zwischen Darlehensmittel und den betreffenden HK über den gesonderten Nachweis der Zahlungen besteht.

Versäumt es der Steuerpflichtige, die den unterschiedlich genutzten Gebäudeteilen gesondert zugeordneten Aufwendungen getrennt mit Eigen-/Darlehensmitteln zu finanzieren, sind die Schuldzinsen im Wege der Schätzung nach dem **Verhältnis der Baukosten oder AK** der einzelnen Gebäudeteile aufzuteilen.

BEISPIEL

Aufteilung nach entstandenen Baukosten

Die Aufteilung der entstandenen Baukosten erfolgt wie in ➜ Tz 896, aber der Steuerpflichtige lässt die Gelder aus den verschiedenen Geldquellen auf ein Baugirokonto übertragen und bezahlt von diesem aus in Einmalzahlungen die jeweiligen Rechnungen der verschiedenen Handwerker.

Die HK (gesamt 310.000 €) sind nach den angefallenen Baukosten und nicht nach der Nutzfläche auf die unterschiedlich genutzten Grundstücksteile aufzuteilen. Auf den vermieteten Teil des Gebäudes entfallen 135.000 € Baukosten, sodass die insgesamt als WK abziehbaren Zinsen entsprechend verhältnismäßig (135.000/310.000) ermittelt werden müssen.

Die vorstehenden Grundsätze sind auch i. Z. m. der Finanzierung von **Erhaltungsaufwendungen** anwendbar. Dasselbe gilt für ein vom Steuerpflichtigen beruflich genutztes **häusliches Arbeitszimmer**, das als selbstständiger Gebäudeteil zu behandeln ist (BMF, Schreiben v. 16.4.2004, IV C 3 - S 2211 - 36/04, BStBl 2004 I S. 464).

[Renten und dauernde Lasten ➜ Zeile 39]

Wird ein Grundstück nicht gegen Einmalzahlung des Kaufpreises, sondern gegen Zahlung **897**
einer **lebenslangen Rente** erworben und wird das Grundstück anschließend vermietet, kann der Steuerpflichtige einen Teil der jährlichen Rentenzahlungen als WK bei den Einkünften aus V+V abziehen. Der in den gesamten Rentenzahlungen enthaltene **Barwert** der Rente stellt die AK des Grundstücks dar und wird über die AfA steuerlich berücksichtigt. Wegen der Berechnung des Rentenbarwerts: BMF, Schreiben v. 16.9.2004, IV C 3 - S 2255 - 354/04, Rn. 51, BStBl 2004 I S. 922. Ein zusätzlich enthaltener Zinsanteil gehört zu den sofort abziehbaren WK und wird mit dem **Ertragsanteil** der Rente berechnet. Die Höhe des Ertragsanteils errechnet sich beim Erwerber nach dem vollendeten Lebensjahr des Rentenempfängers (Veräußerers) bei Beginn der Rente. Der Veräußerer versteuert diesen Ertragsanteil als sonstige Einkünfte (§ 22 Nr. 1 Satz 3 Buchst. a, Doppelbuchst. bb EStG).

Erhaltungsaufwendungen

[Erhaltungsaufwendungen ➜ Zeilen 40–41]

Aufwendungen für die Erneuerung von bereits vorhandenen Teilen, Einrichtungen oder Anlagen **898**
sind regelmäßig **Erhaltungsaufwendungen**. Sie können **im Jahr der Zahlung sofort in voller Höhe** als Werbungskosten bei den Einkünften aus V+V abgezogen werden. Deshalb ist die Abgrenzung gegenüber den nachträglichen HK (Herstellungsaufwand), die nur im Wege der AfA berücksichtigt werden können, besonders zu beachten. Erhaltungsaufwendungen sind Instandhaltungs- und Instandsetzungskosten, die nicht als HK anzusehen sind (Negativabgrenzung). Bei den Erhaltungsaufwendungen kommt es darauf an, dass die erneuerten Teile die Funktion des bisherigen Teils übernehmen. Ob dabei andere Materialien oder eine technisch andere Wirkungsweise zum Einsatz kommen, ist ohne Bedeutung. Erhaltungsaufwendungen liegen auch vor, wenn die ausgetauschten Teile objektiv noch nicht alt oder technisch verbraucht waren.

Beispiele für Erhaltungsaufwendungen:

- Schönheitsreparaturen (Maler- und Tapezierarbeiten) in der vermieteten Wohnung.
- Erneuerung der Fassade, auch bei Anbringung einer zusätzlichen Fassadenverkleidung zu Wärme- oder Schallschutzzwecken,
- Ersatz eines Flachdachs durch ein Satteldach, wenn dadurch lediglich eine größere Raumhöhe geschaffen wird, ohne die nutzbare Fläche und damit die Nutzungsmöglichkeit zu erweitern,
- Vergrößerung eines bereits vorhandenen Fensters,
- Versetzen von Wänden,

- Erneuerung von Fußböden, Türen, Fenstern, sanitären Anlagen, Heizungs- und Elektroanlagen (s. aber Standardhebung; ➜ Tz 860),
- Umstellung einer Heizungsanlage mit Fest- oder Flüssigbrennstoffen auf eine Heizungsanlage mit Wärmetauscher (Fernwärme oder Erdwärme).

Ausgaben für ein **Gutachten** über Reparaturbedarf des Gebäudes sind wie Erhaltungsaufwand sofort abziehbar. Betrifft das Gutachten den Zustand oder Wert eines erst noch zu erwerbenden Gebäudes, gehören die Kosten zu den AK des Gebäudes und sind nur im Wege der Gebäude-AfA zu berücksichtigen. Ein Wertgutachten vor dem Verkauf für den bisherigen Eigentümer kann allenfalls als Veräußerungsnebenkosten bei § 23 Abs. 3 EStG zum Ansatz kommen.

Bei **gemischt genutzten Gebäuden** mit selbstständigen Gebäudeteilen (➜ Tz 850) ist zu prüfen, ob die Erhaltungsaufwendungen den jeweiligen Nutzungen direkt zugeordnet werden können oder ob eine Verteilung nach der Nutzfläche vorzunehmen ist.

Ausgaben zur Beseitigung von **Hochwasserschäden** sind Erhaltungsaufwendungen, wenn nicht ein Gebäude ganz wiederherzustellen ist.

TIPP

Energetische Maßnahmen an der eigenen Wohnung

Fallen Aufwendungen für energetische Maßnahmen (Wärmedämmung, Austausch von Fenstern, Außentüren, Heizung) in Zusammenhang mit der zu eigenen Wohnzwecken genutzten Wohnung an, siehe ➜ Tz 488 ff.

Substanzerhaltende Erhaltungsaufwendungen

899 Erhaltungsaufwendungen liegen vor, wenn eine werterhöhende Modernisierung dem Gebäude einen zeitgemäßen Standard zurückgibt, den es ursprünglich besessen hat, der aber durch technischen Fortschritt oder Änderung der Lebensgewohnheiten verloren gegangen ist (BFH, Urteil v. 9.5.1995, IX R 116/92, HI65392, BStBl 1996 II S. 632).

Das Anpassen des Hauses an die Zeitumstände bedeutet keine Änderung im Wesen. Dies gilt grds. auch dann, wenn nicht nur einzelne Teile erneuert oder modernisiert, sondern an dem Gebäude als Ganzem Instandsetzungs- und Modernisierungsarbeiten ausgeführt werden. Solche Maßnahmen können nur dann zu einer wesentlichen Verbesserung i. S. v. § 255 Abs. 2 Satz 1 HGB (➜ Tz 860) und damit zu nachträglichen HK führen, wenn sie über eine übliche Modernisierung hinausgehen. Maßnahmen, die zwar das Gebäude als Ganzes betreffen, es aber lediglich in ordnungsgemäßem Zustand entsprechend seinem ursprünglichen Stand erhalten oder diesen Zustand in zeitgemäßer Form wiederherstellen (**substanzerhaltende Bestandteilerneuerungen**), bewirken noch keine wesentlichen Verbesserungen. Dabei ist unerheblich, ob die Instandsetzungs- und Modernisierungsmaßnahmen objektiv oder subjektiv erforderlich waren.

900 Ausgaben, die für sich genommen als Erhaltungsaufwendungen zu beurteilen sind, sind auch dann keine nachträgliche HK, wenn sie in ungewöhnlicher Höhe zusammengeballt in einem Vz. anfallen. Erhaltungsaufwendungen verlieren ihre Eigenschaft als WK insbesondere nicht dadurch, dass sie nicht jeweils in dem Jahr aufgewendet werden, in dem der bauliche Zustand Instandhaltungs- und Modernisierungsaufwendungen erfordert hätte. Der Steuerpflichtige ist in der Entscheidung frei, wann und in welcher Höhe er solche Aufwendungen macht.

Aufwendungen für ein **Bündel von Einzelmaßnahmen** sind aber insgesamt als HK zu beurteilen, wenn die Arbeiten in engem räumlichem, zeitlichem und sachlichem Zusammenhang mit der Errichtung von neuen Gebäudeteilen stehen und in ihrer Gesamtheit eine einheitliche Baumaßnahme bilden. Ein sachlicher Zusammenhang i. d. S. liegt vor, wenn die einzelnen Baumaßnahmen – die sich auch über mehrere Jahre erstrecken können – durch **bautechnische Verzahnung miteinander** verbunden sind.

Werden Arbeiten in räumlicher Trennung voneinander innerhalb eines Gebäudes durchgeführt (z. B. Ausbau des Dachgeschosses und Modernisierung der Erdgeschosswohnung), spricht dies grds. gegen einen bautechnischen Zusammenhang. Wird aber das Dachgeschoss ausgebaut und müssen in diesem Zusammenhang Versorgungsleitungen und Treppen der darunter liegenden Stockwerke – wegen der zu erwartenden zusätzlichen Belastung – erneuert werden, ist von einheitlichen Baumaßnahmen auszugehen.

Treffen unterschiedliche Baumaßnahmen zusammen, die lediglich gleichzeitig durchgeführt **901**
worden sind, etwa um die mit den Arbeiten verbundenen Unannehmlichkeiten abzukürzen, und sind sie teilweise als zeitgemäße Modernisierungsmaßnahmen (Erhaltungsaufwendungen) und teilweise als gebrauchswerterhöhende Aufwendungen (nachträgliche HK) anzusehen, ist eine **Aufteilung** der Kosten (ggf. durch Schätzung) durchzuführen, auch wenn diese einheitlich in Rechnung gestellt worden sind. Dabei sind einzelne Kostenpositionen, die mit beiden Aufwendungsarten in Zusammenhang stehen, z. B. ein für die Gesamtmaßnahme geleistetes Architektenhonorar oder Aufwendungen für Reinigungsarbeiten, entsprechend dem Verhältnis von Herstellungs- zu Erhaltungsaufwand aufzuteilen (BFH, Urteil v. 9.5.1995, IX R 116/92, HI65392, BStBl 1996 II S. 632).

Wegen der weiteren Abgrenzung zwischen nachträglichen HK und Erhaltungsaufwendungen: BMF, Schreiben v. 18.7.2003, IV C 3 – S 2211 – 94/03, BStBl 2003 I S. 386, mit Beispielen.

Werden umfangreiche Erhaltungsaufwendungen innerhalb von drei Jahren nach Anschaf- **902**
fung des Grundstücks durchgeführt, ist zu prüfen, ob es sich um anschaffungsnahe Aufwendungen handelt (➜ Tz 862).

Instandhaltungsrücklage

Bei einer vermieteten Eigentumswohnung oder bei Teileigentum sind nach dem Woh- **903**
nungseigentumsgesetz **Beiträge zur Instandhaltungsrücklage** in einen Instandhaltungsfonds zur Deckung der Kosten von Instandsetzungsmaßnahmen (künftige Modernisierungsarbeiten) des gemeinschaftlichen Eigentums, deren Entstehung dem Grunde nach sicher, deren konkrete Höhe und Fälligkeit aber noch ungewiss ist, zu zahlen. Die Instandhaltungsrücklage ist Eigenkapital der Gesamtheit der Wohnungseigentümer.

Diese sind nicht bereits bei Zuführung in die Rücklage (Zahlung an den Verwalter; ggf. auch im Rahmen von monatlichen Abschlagszahlungen) als Werbungskosten abziehbar, sondern können **erst bei der späteren Entnahme aus der Rücklage** und der Zahlung der Beträge für Erhaltungsmaßnahmen als WK abgezogen werden.

Wird die Instandhaltungsrücklage für Maßnahmen verwendet, die zu HK führen, sind nur die entsprechenden Absetzungen für Abnutzung als Werbungskosten abziehbar.

Bei **Veräußerung** der Eigentumswohnung oder des Teileigentums wird der auf den bisherigen Eigentümer entfallende Anteil an der Instandhaltungsrücklage nicht ausgezahlt, sondern auf den neuen Eigentümer übertragen. Insoweit liegen beim Erwerber keine AK und beim Veräußerer kein anteiliger Veräußerungserlös vor. Es handelt sich nur um eine Kapitalübertragung, die nicht der Grunderwerbsteuer unterliegt.

Kapitalerträge aus einer verzinslichen Anlage der Instandhaltungsrücklage gehören zu den Einnahmen aus Kapitalvermögen (§ 20 Abs. 1 Nr. 7 EStG) des jeweiligen Wohnungseigentümers.

Erhaltungsaufwendungen nach Beendigung einer Vermietung

904 Erhaltungsaufwendungen **nach Beendigung** der Vermietung und vor Beginn der Selbstnutzung sind keine Werbungskosten. Etwas anderes gilt, wenn sie zur Beseitigung von Schäden anfallen, die der bisherige Mieter verursacht hat oder wenn sie mit Mitteln einer einbehaltenen Mietkaution, die als Einnahme anzusetzen ist, bezahlt werden. Aufwendungen für Erhaltungsmaßnahmen, die noch **während der Vermietungszeit** an einem **anschließend selbst genutzten Gebäude** durchgeführt werden, sind nicht als WK abziehbar, wenn die Erhaltungsmaßnahmen für die Selbstnutzung bestimmt sind und in die Vermietungszeit vorverlagert werden (BMF, Schreiben v. 26.11.2001, IV C 3 – S 2211 – 53/01, BStBl 2001 I S. 868).

Auch Aufwendungen für die im Rahmen der Veräußerung eines Mietwohngrundstücks vom Verkäufer übernommene Instandsetzung sind keine WK, selbst wenn die betreffenden Arbeiten noch während der Vermietungszeit durchgeführt werden (BFH, Urteil v. 14.12.2004, IX R 34/03, HI1326325, BFH/NV 2005 S. 620).

[Zu verteilende Erhaltungsaufwendungen ➜ Zeilen 42–46]

905 Erhaltungsaufwendungen sind grds. im Jahr der Zahlung als WK abziehbar (§ 11 Abs. 2 Satz 1 EStG). Auf die Höhe der Ausgaben kommt es dabei nicht an.

Nach § 82b EStDV können **zu verteilende Erhaltungsaufwendungen** vorliegen, wenn es sich um

- größere Erhaltungsaufwendungen,
- in einem Gebäude, das nicht zum Betriebsvermögen gehört und
- überwiegend Wohnzwecken dient,

handelt. Die Aufwendungen können abweichend von § 11 Abs. 2 EStG **gleichmäßig auf zwei bis fünf Jahre verteilt** als WK abgezogen werden.

Ein Gebäude dient überwiegend Wohnzwecken, wenn die Grundfläche der Wohnzwecken dienenden Räume des Gebäudes mehr als die Hälfte der gesamten Nutzfläche beträgt. Wird das Gebäude während des Verteilungszeitraums veräußert, ist der noch nicht berücksichtigte Teil des Erhaltungsaufwands im Jahr der Veräußerung als WK abzusetzen.

Bei Einzelveranlagung mit entsprechendem z. v. E. fällt die Steuerersparnis noch deutlich höher aus.

906 Werden größere Erhaltungsaufwendungen, auch wenn sie dieselben Maßnahmen betreffen, **in verschiedenen Jahren bezahlt**, ist für die in dem jeweiligen Vz. geleisteten Erhaltungsaufwendungen bei Anwendungen des § 82b EStDV jeweils ein besonderer Verteilungszeitraum zu bilden.

Für Erhaltungsaufwendungen bei Gebäuden in Sanierungsgebieten und städtebaulichen Entwicklungsbereichen (§ 11a EStG) und Baudenkmalen (§ 11b EStG) gibt es entsprechende gesetzliche Regelungen.

Stirbt der bisherige Grundstückseigentümer gehen noch nicht verbrauchte Erhaltungsaufwendungen i.S.v. § 82b EStDV nach einer neuen Entscheidung des FG Münster nicht auf den Erben über, sondern sind in voller Höhe beim Erblasser im Todesjahr abziehbar. Die entgegen stehende Verwaltungsauffassung in den R 21.1 Abs. 6 Satz 2 und 3 EStR 2012 lehnt das FG ab, nun entscheidet der BFH (Az. IX R 31/19, Vorinstanz: FG Münster, Urteil v. 11.10.2019, 10 K 3350/18 E, HI13595851, EFG 2020 S. 112).

TIPP 907

Teilweise Nutzung zu eigenen Wohnzwecken

Nutzen Steuerpflichtige Teile des Gebäudes zu eigenen Wohnzwecken, können sie die darauf entfallenden Erhaltungsaufwendungen nicht als WK geltend machen. Sie sollten aber prüfen, ob für diese Aufwendungen eine Steuerermäßigung für haushaltsnahe Dienstleistungen und Handwerkerleistungen möglich ist (§ 35a EStG, **Anlage Haushaltsnahe Aufwendungen**; ➜ Tz 467).

Für energetische Maßnahmen (Wärmedämmung, Fenster und Außentüren, Heizungsanlage) kann, soweit die Maßnahmen die zu eigenen Wohnzwecken genutzte Wohnung betreffen, eine Steuerermäßigung nach § 35c EStG in Betracht kommen (➜ Tz 488 ff.).

Sonstige Werbungskosten

[Betriebskosten, Versicherungsbeiträge ➜ Zeile 47]

Laufende Aufwendungen für Grundsteuer, Straßenreinigung, Hausversicherungen und Bewirt- 908
schaftungskosten (Straßenreinigung, Müllabfuhr, Wasserversorgung, Entwässerung, Hausbeleuchtung, Heizung, Warmwasser, Schornsteinreinigung, Hauswart, Treppenreinigung oder Fahrstuhl) gehören im Zeitpunkt der Zahlung zu den WK aus V+V. Unter „Hausversicherungen" sind Gebäudebrand- und Elementarschadenversicherung (Hochwasser, Sturm, Hagel, Blitz, Erdrutsch) zu verstehen. Auch Aufwendungen für eine Bauwesen- oder eine Bauherrenhaftpflichtversicherung sind als WK abziehbar. Beiträge zu einer Risikolebensversicherung i. Z. m. der Finanzierung sind sonstige Vorsorgeaufwendungen (Sonderausgaben; ➜ Tz 518), selbst wenn sie i. Z. m. einem Bausparvertrag zur Finanzierung des vermieteten Grundstücks abgeschlossen werden müssen (BFH, Urteil v. 13.10.2015, IX R 35/14, HI8993477, BFH/NV 2016 S. 459). Aufwendungen für einen Wach- und Schließdienst sind Werbungskosten. Die Betriebskosten und Versicherungsbeiträge werden ganz oder teilweise den Mietern weiterberechnet (**Umlage**). Sie sind bei Bezahlung des Grundstückseigentümers an die Gemeinde oder den Leistungserbringer WK und bei Zahlung des Mieters an den Vermieter Einnahmen aus V+V (➜ Tz 830).

[Verwaltungskosten ➜ Zeile 48]

Ausgaben für Hausverwaltung (insbesondere bei Eigentumswohnungen) und sonstige **Verwal-** 909
tungskosten wie Porto, Telefon-, Kontoführungsgebühren oder Steuerberatungskosten oder Kosten des häuslichen Arbeitszimmers bei umfangreichem vermietetem Grundbesitz sind WK, soweit sie mit dem Mietverhältnis oder der Erstellung der Anlage V in Zusammenhang stehen.

Dazu gehören auch die Nebenkosten wie Fahrtkosten. Steuerberatungskosten sind u.a. auch Beiträge zu Lohnsteuerhilfevereinen, Aufwendungen für Steuerfachliteratur und sonstige Hilfsmittel, wie z. B. Steuererklärungssoftware (➜ Tz 436).

Reisekosten (Fahrtkosten, Mehraufwendungen für Verpflegung, ggf. Übernachtungskosten) i. Z. m. dem vermieteten Objekt, z.B. wegen einer Besprechung mit den derzeitigen oder künftigen Mietern oder mit Behörden, sind im Jahr der Zahlung in voller Höhe abziehbar (➜ Tz 692). Fahrten zur Überwachung des im Bau befindlichen Hauses gehören in voller Höhe zu den HK. Dies gilt auch für Fahrten wegen Eigenleistungen am Bau oder zum Baumarkt. Anschaffungsnebenkosten sind die Fahrten zum Notar wegen des Hauskaufs und die Kosten zur Besichtigung des tatsächlich erworbenen Grundstücks. Fahrten zur Besichtigung der nicht erworbenen Grundstücke führen wie die Fahrtkosten zum Notar zwecks Bestellung einer Grundschuld zu sofort abziehbaren WK.

Entfernungspauschale als Fahrtkosten

Wird ein Vermietungsobjekt nicht nur gelegentlich, sondern mit einer gewissen Nachhaltigkeit fortdauernd und immer wieder aufgesucht, um dort z.B. Kontrollen und regelmäßige Arbeiten (z.B. Streuen, Fegen, Bewässerung oder Bepflanzung) vorzunehmen, ist das Mietobjekt für den Steuerpflichtigen eine regelmäßige (erste) Tätigkeitsstätte. Die Fahrten im Rahmen der Einkünfte aus V+V können nur i. H. der Entfernungspauschale als Werbungskosten abgezogen werden (BFH, Urteil v. 1.12.2015, IX R 18/15, HI9229111, BFH/NV 2016 S. 968). Denn auch bei den Einkünften aus V+V kann ein Vermieter – vergleichbar einem Arbeitnehmer – am Vermietungsobjekt eine regelmäßige Tätigkeitsstätte haben (§ 9 Abs. 3 EStG).

Im Regelfall sucht ein Steuerpflichtiger ein Vermietungsobjekt allerdings nicht arbeitstäglich auf, sondern in größerem oder kleinerem zeitlichem Abstand, z.B. zu Kontrollzwecken, bei Mieterwechseln oder zur Ablesung von Zählerständen. In solchen Fällen ist das vermietete Objekt nicht der ortsgebundene Mittelpunkt der Vermietungstätigkeit. Die Fahrtkosten können dann entsprechend den lohnsteuerlichen Reisekostengrundsätzen mit 0,30 € je gefahrenen Kilometer mit dem Pkw geltend gemacht werden.

Umsatzsteuer

[Umsatzsteuer und Vorsteuer ➜ Zeilen 49 und 52]

910 Grundstücksvermietungen sind grds. **umsatzsteuerfrei** (§ 4 Nr. 12 Buchst. a) UStG). Damit hat der Vermieter auch **keinen Vorsteuerabzug** aus ihm in Rechnung gestellten HK oder Reparaturrechnungen. Die bezahlte **Umsatzsteuer** gehört bei der Errichtung des Gebäudes zu dessen HK und damit zur Bemessungsgrundlage der Abschreibung (§ 9b Abs. 1 EStG analog). Erhaltungsaufwendungen und andere Werbungskosten werden im Zeitpunkt der Zahlung immer mit dem Bruttobetrag als Werbungskosten abgezogen.

Ausnahme: umsatzsteuerpflichtige Vermietung

911 Nach § 9 UStG kann der Vermieter einen nach § 4 Nr. 12 UStG steuerfreien Umsatz auch umsatzsteuerpflichtig behandeln (**Option zur Umsatzsteuerpflicht**), wenn

- er die Vermietungsleistung an einen anderen umsatzsteuerlichen Unternehmer für dessen umsatzsteuerliches Unternehmen erbringt und
- der Mieter das Grundstück ausschließlich für Umsätze verwendet, die den Vorsteuerabzug nicht ausschließen.

Eine Option ist daher nicht möglich, wenn der Mieter z. B. ein Arzt (§ 4 Nr. 14 UStG) oder ein Versicherungsvertreter (§ 4 Nr. 11 UStG) ist, da beide umsatzsteuerfreie Umsätze tätigen, die nicht zum Vorsteuerabzug berechtigen. Bei selbstständigen Gebäudeteilen (➔ Tz 850) kann die Option, soweit möglich, für jeden selbstständigen Gebäudeteil getrennt vorgenommen werden.

Durch die Option kann der Vermieter die ihm in Rechnung gestellte Umsatzsteuer als **Vorsteuer** abziehen. In diesen Fällen sind HK nur mit dem Nettobetrag als Bemessungsgrundlage zu den Absetzungen für Abnutzung zu berücksichtigen (§ 9b Abs. 1 EStG).

Vermietet der Steuerpflichtige kurzfristig Wohn- und Schlafräume an Fremde (z. B. Ferienwohnungen) sind die Vermietungsleistungen umsatzsteuerpflichtig (§ 4 Nr. 12 Satz 2 UStG) und der Vermieter hat den Vorsteuerabzug (Ausnahme: Kleinunternehmerregelung nach § 19 Abs. 1 UStG).

Ändert sich bei einem Gebäude, aus dessen HK ein Vorsteuerabzug in Anspruch genommen wurde, binnen zehn Jahren ab der erstmaligen Verwendung die für den Vorsteuerabzug maßgebliche Ausgangsnutzung, muss der Steuerpflichtige eine **Vorsteuerberichtigung** vornehmen (§ 15a UStG). Eine solche Änderung der Verhältnisse ist anzunehmen, wenn anfänglich eine steuerpflichtige Vermietung (auch nach Option) vorlag und diese im Laufe der zehn Jahre durch eine steuerfreie Vermietung ersetzt wird. Auch wenn einer steuerpflichtigen Vermietung ein nach § 4 Nr. 9a UStG steuerfreier Verkauf des Grundstücks folgt, ist die Vorsteuer zu berichtigen.

Natürlich können die Fälle auch umgekehrt vorkommen. Hat der Steuerpflichtige im Erstjahr keinen Vorsteuerabzug erhalten (wegen steuerfreier Vermietung) und vermietet er innerhalb des Zehnjahreszeitraums steuerpflichtig oder verkauft er das Grundstück steuerpflichtig (unter Verzicht auf die Steuerbefreiung nach § 4 Nr. 9a, § 9 UStG, erhält er ab der Änderung der Verhältnisse eine Vorsteuerberichtigung zu seinen Gunsten. Voraussetzung ist allerdings, dass er das Gebäude **im Erstjahr** durch ausdrückliche Erklärung gegenüber dem Finanzamt zu seinem umsatzsteuerlichen **Unternehmensvermögen** gezählt hat.

Die dem Vermieter zugeflossenen Umsatzsteuerbeträge (Zeile 17) oder vom Finanzamt erstattete Vorsteuerbeträge (Zeile 18) gehören zu den Einnahmen aus V+V (➔ Tz 833). Die bei steuerpflichtiger Vermietung an das Finanzamt abgeführte Umsatzsteuer (Zeile 50) ist als WK im Zeitpunkt der Zahlung abziehbar. Ebenso ist bei steuerpflichtiger Vermietung die i. Z. m. den HK an den Bauunternehmer oder Handwerker bezahlte Umsatzsteuer im Zeitpunkt des Abflusses Werbungskosten.

Eine für das vorangegangene Kalenderjahr geschuldete und zu Beginn des Folgejahres entrichtete Umsatzsteuer-Vorauszahlung ist ggf. als regelmäßig wiederkehrende Ausgabe im vorangegangenen Vz. abziehbar (§ 11 Abs. 2 Satz 2 EStG; BFH, Urteil v. 1.8.2007, XI R 48/05, HI1808251, BFH/NV 2007 S. 2187).

Liegen Fälligkeit und Zahlung bei Wechsel des Kalenderjahres innerhalb des Zeitraums vom 22.12. bis 10.1., werden die Zahlungen dem Jahr der wirtschaftlichen Zugehörigkeit zugerechnet, Eine Umsatzsteuervorauszahlung, die innerhalb von zehn Tagen nach Ablauf des Kalenderjahres gezahlt wird, ist auch dann im Jahr ihrer wirtschaftlichen Zugehörigkeit abziehbar, wenn der 10. Januar des Folgejahres auf einen Sonnabend, Sonntag oder gesetzlichen Feiertag fällt. Bei der Ermittlung der (ggf. erforderlichen) Fälligkeit ist allein auf diese gesetzliche Frist abzustellen, nicht hingegen auf eine mögliche Verlängerung der Frist gem. § 108 Abs. 3 AO bzw. § 108 Abs. 1 AO (BFH, Urteil v. 27.6.2018, X R 44/16, HI12114487, BFH/NV 2018 S. 1350; ➜ Tz 825).

Weitere Werbungskosten

[Sonstiges ➜ Zeile 50]

912 **Sonstige Werbungskosten sind:**

- **Abstandszahlungen** des Vermieters für die vorzeitige Räumung des Mietobjekts durch den Mieter sind Werbungskosten, wenn anschließend keine Selbstnutzung durch den Eigentümer erfolgt;
- monatliche Kosten für den **Breitbandkabelanschluss** oder eine Gemeinschaftsantenne;
- **Fachliteratur** (z. B. Buch über Mietrecht oder Bauvorschriften);
- Beiträge zum **Haus- und Grundbesitzerverein;**
- **Hochwasserschäden;**
- **Rechtsanwaltsgebühren und Gerichtskosten** i. Z. m. einem Rechtsstreit mit dem Mieter. Unterliegt der Vermieter in einem Rechtsstreit über rückständige Miete, sind die Kosten als vergebliche Werbungskosten abziehbar. Steht ein Prozess i. Z. m. der Anschaffung des Grundstücks oder der Errichtung eines Gebäudes, sind die Kosten AK oder HK. Aufwendungen für einen Räumungsprozess, die nicht mit der Absicht in Zusammenhang stehen, das Grundstück auch weiterhin zu vermieten, sondern mit der Erwartung einer besseren Verwertung des Vermietungsobjekts durch Verkauf, sind keine WK bei den Einkünften aus V+V. Entsprechendes gilt, wenn eine Selbstnutzung durch den Eigentümer beabsichtigt ist;
- Beiträge zu einer **Rechtsschutzversicherung**, soweit sich diese auf V+V bezieht;
- Beiträge für **Zeitungsanzeigen** oder die **Maklergebühr** zur Mietersuche;
- Zweitwohnungsteuer, soweit sie bei gemischt genutzten Ferienwohnungen auf die Vermietung entfällt.

Aufwendungen i. Z. m. der **Veräußerung des Grundstücks** (z. B. Zeitungsannonce oder Makler) sind keine WK bei den Einkünften aus V+V. Sie können als WK bei einer steuerpflichtigen Veräußerung im Rahmen des privaten Veräußerungsgeschäfts nach § 23 Abs. 1 Nr. 1 EStG zum Abzug gebracht werden (➜ Tz 966).

Zuschüsse

[Zuschüsse aus öffentlichen Mitteln zur Finanzierung von AK oder HK ➜ Zeile 53]

913 Die Zuschüsse sind hier einzutragen. Sie mindern ab dem Jahr der Bewilligung die Bemessungsgrundlage für die Abschreibungen (➜ Tz 834).

15 Anlagen R (Renten), R-AV/bAV, R-AUS

15.1 Relevante Rentenbezüge

Die bisherige Anlage R wurde in drei Anlagen aufgeteilt. **Anlage R** für Renten aus dem Inland, Anlage **R-AUS** für Renten aus ausländischen Versicherungen bzw. einem ausländischen Rentenvertrag und **Anlage R-AV/bAV** für Leistungen aus Altersvorsorgeverträgen und aus der betrieblichen Altersversorgung. 914

In diese Anlagen sind nur die Daten zwingend einzutragen, die nicht elektronisch an die Finanzverwaltung gemeldet wurden (➜ Tz 223).

Renten und andere Leistungen gehören zu den wiederkehrenden Bezügen. Abhängig davon, wer sie zahlt und in welcher Form sie vorliegen, erfolgt eine unterschiedliche Besteuerung. 915

Abgrenzung der Einkunftsarten

Werden Renten gezahlt, ist zu unterscheiden, ob sie vom früheren Arbeitgeber aufgrund eines früheren Dienstverhältnisses oder von einer anderen Person bzw. Einrichtung gezahlt werden. 916

Wiederkehrende Bezüge, die aufgrund eines früheren Dienstverhältnisses gezahlt werden, gehören zu den Einnahmen aus nichtselbstständiger Arbeit i.S.d. § 19 EStG. Dazu gehören insbesondere die **Betriebsrente** oder die **Beamtenpension**. Dabei ist zu prüfen, ob es sich um Versorgungsbezüge handelt, für die ein Versorgungsfreibetrag in Betracht kommt (➜ Tz 625).

Wiederkehrende Bezüge sind als sonstige Einkünfte nach § 22 Nr. 1 EStG zu erfassen, wenn sie nicht Ausfluss eines früheren Dienstverhältnisses sind und nicht zu anderen Einkunftsarten gehören oder steuerfrei sind. Sie dürfen bei wirtschaftlicher Betrachtung keine Kapitalrückzahlungen, z.B. Kaufpreisraten (fest vereinbarter, aber gestundeter Kaufpreis), darstellen. Die Besteuerung hängt davon ab, wie die Beiträge ursprünglich in der sog. Ansparphase steuerlich behandelt wurden.

917

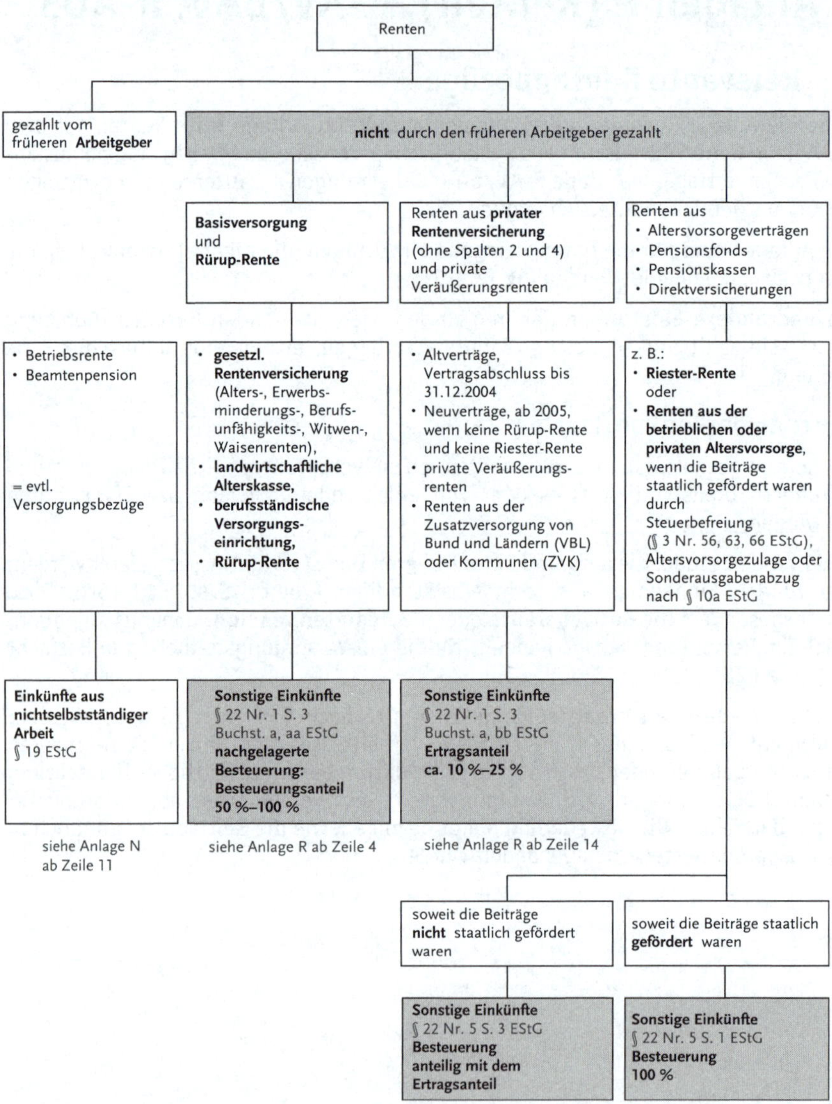

Steuerfreie Renten oder nichtsteuerbare Renten

918 Nicht alle Renten unterliegen der Besteuerung. So sind z. B. folgende Renten oder Rentenanteile **steuerfrei**:

- Berufsunfähigkeits- oder Erwerbsminderungsrenten aus der gesetzlichen Unfallversicherung (Berufsgenossenschaft; § 3 Nr. 1 Buchst. a EStG),

- Sachleistungen und Kinderzuschüsse aus der gesetzlichen Rentenversicherung (§ 3 Nr. 1 Buchst. b EStG),
- Abfindungsbetrag einer Witwen- oder Witwerrente wegen Wiederheirat des Berechtigten (§ 107 SGB VI, § 3 Nr. 3 Buchst. a EStG),
- Renten, die an Wehrdienstbeschädigte oder Zivildienstbeschädigte oder deren Hinterbliebene gezahlt werden (Ausgleichszahlungen nach § 86 Bundesversorgungsgesetz; § 3 Nr. 6 EStG),
- Renten, aufgrund der gesetzlichen Vorschrift zur Wiedergutmachung nationalsozialistischen Unrechts (§ 3 Nr. 8 EStG),
- Renten aus der gesetzlichen Rentenversicherung, die an Verfolgte i.S.d. § 1 Bundesentschädigungsgesetz oder deren Hinterbliebene gezahlt werden (§ 3 Nr. 8a EStG),
- Renten, die wegen der Anrechnung von Kindererziehungszeiten an Mütter der Geburtsjahrgänge vor 1921 gezahlt werden (§§ 294 bis 299 SGB VI, § 3 Nr. 67 EStG). Aus Billigkeitsgründen gehören dazu auch Leistungen nach § 294a Satz 2 SGB VI für Kindererziehung an Mütter der Geburtsjahrgänge vor 1927, die am 18.5.1990 ihren gewöhnlichen Aufenthalt im Beitrittsgebiet und am 31.12.1991 keinen eigenen Anspruch auf Rente aus eigener Versicherung hatten.
- Schadensersatzrenten an unterhaltsberechtigte Personen nach § 844 Abs. 2 BGB wegen Tötung des Unterhaltsverpflichteten (BFH, Urteil v. 26.11.2008, X R 31/07, HI2102063, BFH/NV 2009 S. 470).

Nicht steuerbar sind Schmerzensgeldrenten. Diese fallen unter keine der sieben Einkunftsarten des Einkommensteuerrechts (BMF, Schreiben v. 15.7.2009, IV C 3 - S 2255/08/10012, BStBl 2009 I S. 836).

15.2 Anlage R, Renten aus dem Inland

[Leibrenten/Leistungen ➜ Zeilen 10–12 und eZeilen 4–9]

Renten und andere Leistungen i.S.d. § 22 Nr. 1 Satz 3, Buchst. a, Doppelbuchst. aa EStG 919

Renten sind **wiederkehrende gleichmäßige Leistungen** in Geld oder vertretbaren Sachen, die auf einem besonderen Verpflichtungsgrund oder einem Rentenstammrecht beruhen.

Zu berücksichtigen sind **Leibrenten**, d.h. Renten, die auf Lebenszeit gezahlt werden, und abgekürzte Leibrenten mit einer Höchstlaufzeit. Reine **Zeitrenten**, die nicht auf die Lebenszeit, sondern auf eine festgelegte Dauer zu entrichten sind, werden nicht als sonstige Einkünfte besteuert. Sie sind Kaufpreisraten vergleichbar und sind mit dem Ertrag nach § 20 Abs. 1 Nr. 6 EStG als Einkünfte aus Kapitalvermögen zu versteuern.

Ab dem Jahr 2005 wurde die Besteuerung der Renten aus der gesetzlichen Rentenversicherung und vergleichbarer Renten neu geregelt. In einer Übergangszeit von 2005 bis 2040 werden die Renten in die sog. **nachgelagerte Besteuerung** überführt. In der Endphase werden die Versicherungsbeiträge in voller Höhe als Sonderausgaben abziehbar sein und die Renten gehören in voller Höhe zu den Einnahmen nach § 22 EStG. Diese Renten sind in die **Anlage R** einzutragen.

Zu den Leistungen, die nach § 22 Nr. 1 Satz 3 Buchst. a, **Doppelbuchst. aa** EStG zu versteuern sind, gehören auch unselbstständige Bestandteile der Rente (wie z.B. Kinderzuschüsse, soweit sie nicht steuerfrei sind) und insbesondere einmalige Leistungen wie z. B. (Teil-)Kapitalauszahlungen, Sterbegeld und die Abfindung von Kleinbetragsrenten.

Gesetzliche Renten aus dem Inland

[Renten aus der gesetzlichen Rentenversicherung und vergleichbare Renten ➜ eZeile 4]

920 Die Renten aus

- der **gesetzlichen Rentenversicherung.** Dazu gehören insbesondere Alters-, Witwen- oder Witwerrenten, Waisenrenten und Erziehungsrenten. Auch Erwerbsminderungs- und Berufsunfähigkeitsrenten (abgekürzte Leibrenten) werden wie die übrigen Renten aus der gesetzlichen Rentenversicherung besteuert (BFH, Urteil v. 13.4.2011, X R 54/09, HI2720648, BFH/NV 2011 S. 1576);
- den **landwirtschaftlichen Alterskassen;**
- **berufsständischen Versorgungseinrichtungen,** vor allem Freiberufler und Angestellte kammerfähiger Berufe (z. B. Versorgungswerk der Ärzte, Architekten, Ingenieure, Rechtsanwälte usw.);
- privaten zertifizierten Basisaltersrentenverträgen (**Rürup-Rente**; ➜ Tz 502)

werden nach § 22 Nr. 1 Satz 3 Buchst. a **Doppelbuchst. aa** EStG besteuert.

ACHTUNG

Kinderzuschüsse teilweise steuerpflichtig

Während Kinderzuschüsse aus der gesetzlichen Rentenversicherung nach § 3 Nr. 1 Buchst. b EStG steuerfrei sind, stellen Kinderzuschüsse, die aus einer berufsständischen Versorgungseinrichtung gezahlt werden, unselbstständige Bestandteile der Rente dar. Sie werden zusammen mit der Rente nach § 22 Nr. 1 Satz 3 Buchst. a Doppelbuchst. aa EStG besteuert und sind nicht steuerfrei. Dies ist verfassungsgemäß (BFH, Urteil v. 31.8.2011, X R 11/10, HI2909507, BFH/NV 2012 S. 620).

Besteuerungsanteil

921 Renten i. S. d. § 22 Nr. 1 Satz 3 Buchst. a Doppelbuchst. aa EStG werden mit dem Besteuerungsanteil erfasst. Die Besteuerung erfolgt nach dem sog. Kohorten-Prinzip. Für alle Neurentner eines Jahres gilt derselbe Prozentsatz, d. h., die Höhe des Besteuerungsanteils richtet sich nach dem Jahr des Rentenbeginns. Der Besteuerungsanteil beträgt für Renten, die spätestens im Jahr 2005 erstmals gezahlt wurden, 50 %. Für jeden neu hinzukommenden Rentenjahrgang (Kohorte) erhöht sich der Prozentsatz ab 2006 um jährlich 2 % und ab 2021 um jährlich 1 %. Bei **Rentenbeginn im Jahr 2020** beträgt der Besteuerungsanteil **80 %.**

Die Besteuerung nach dem Alterseinkünftegesetz (ab 2005) ist **verfassungsrechtlich unbedenklich** (BFH, Urteil v. 26.11.2008, X R 15/07, HI2092379, BFH/NV 2009 S. 278, Verfassungsbeschwerde wurde nicht angenommen, BVerfG, Beschluss v. 8.4.2011, 2 BVR 844/10).

ACHTUNG

BFH prüft erneut Verfassungswidrigkeit der nachgelagerten Rentenbesteuerung

In zwei aktuell anhängigen Verfahren muss der BFH erneut prüfen, ob im Rahmen der Übergangsregelung zur nachgelagerten Besteuerung eine verfassungswidrige Zweifachbesteuerung von Altersvorsorgeaufwendungen und Altersbezügen vorliegt (BFH, Az. X R 20/19, Vorinstanz: FG Münster, Urteil v. 11.10.2019, 10 K 3350/18 E, HI13595851, EFG 2020 S. 112; BFH, Az. X R 33/19, Vorinstanz: FG Baden-Württemberg, Urteil v. 1.10.2019, 8 K 3195/16, HI13569878, EFG 2020 S. 116). Betroffene Rentner können Einspruch einlegen und unter Hinweis auf die Musterverfahren das Ruhen ihres Verfahrens nach § 363 AO beantragen.

[Beginn der Rente ➜ eZeile 6]

Unter „Beginn der Rente" ist der Zeitpunkt zu verstehen, ab dem die Rente (ggf. nach **922**
rückwirkender Zubilligung) tatsächlich bewilligt wird. Das Datum ergibt sich aus dem Rentenbescheid. Wird die bewilligte Rente zunächst bis auf 0 € gekürzt, z. B. weil eigene Einkünfte anzurechnen sind, steht dies dem Beginn der Rente nicht entgegen und unterbricht die Laufzeit der Rente nicht. Verzichtet der Rentenberechtigte in Kenntnis der Kürzung der Rente auf die Beantragung, beginnt die Rente jedoch nicht zu laufen, solange sie nicht dem Grunde nach bewilligt wird.

ACHTUNG

Umwandlung von Krankengeld in eine Erwerbsminderungsrente

Hat ein Steuerpflichtiger Krankengeld bezogen und wird infolge der späteren Bewilligung einer Erwerbsminderungsrente der hierfür zuständige Leistungsträger erstattungspflichtig, gilt der Rentenanspruch des Berechtigten insoweit als erfüllt. Die Erwerbsminderungsrenten unterliegen damit bereits im Zeitpunkt des Zuflusses des Krankengelds im Umfang der Erfüllungsfiktion mit ihrem Besteuerungsanteil der Einkommensteuer (BFH, Urteil v. 9.12.2015, X R 30/14, HI9056988, BFH/NV 2016 S. 643). Der Beginn der Rente liegt entsprechend früh.

[Rentenbetrag und Zufluss ➜ eZeile 4]

Einzutragen ist der aus der Renten(anpassungs)mitteilung zu errechnende Jahres(brutto)rentenbetrag inklusive Rentennachzahlungen, Einmalzahlungen und sonstigen Leistungen. Bemessungsgrundlage für die Berechnung des Besteuerungsanteils ist der **Rentenbetrag**. Darunter ist der Jahresbetrag der Rente, d. h. die Bruttorente (zugesagte Rente), auf die ein Rechtsanspruch besteht, und nicht die ausgezahlte Rente zu verstehen. Deshalb gehören auch die einbehaltenen und abgeführten Beiträge des Rentners für die Kranken- und Pflegeversicherung zur Bemessungsgrundlage. Sie sind als Sonderausgaben auf der Anlage Vorsorgeaufwand zu berücksichtigen (➜ Tz 497, ➜ Tz 511). Zuschüsse seitens der gesetzlichen Rentenversicherung zu den Krankenversicherungsbeiträgen sind nach § 3 Nr. 14 EStG steuerfrei und gehören weder zur Bemessungsgrundlage nach § 22 EStG, noch sind sie als Sonderausgaben abziehbar.

Renten sind in dem **Kalenderjahr zu versteuern**, in dem sie dem Rentner **zugeflossen** sind (§ 11 Abs. 1 EStG; beachte ➜ Tz 927).

Steuerfreier Teil der Rente

923 Bei Renten, die vor 2005 erstmals gezahlt wurden, beträgt der steuerfreie Teil 50 % der im Jahr 2005 gezahlten Rente. In allen anderen Fällen wird der steuerfreie Teil der Rente (Freibetrag) in dem Jahr ermittelt, das dem Jahr des Rentenbeginns folgt (**zweites Jahr des Rentenbezugs**; § 22 Nr. 1. Satz 3 Buchst. a, Doppelbuchst. aa, Sätze 4 und 5 EStG). Dies gilt auch dann, wenn die Rente schon im Jahr ihres Beginns für volle zwölf Monate bezogen wurde (BFH, Urteil v. 17.11.2015, X R 53/13, HI9108718, BFH/NV 2016 S. 549). Der steuerfreie Teil der Rente ergibt sich aus dem Unterschiedsbetrag zwischen dem Jahresbetrag der Rente im betreffenden Jahr und dem Besteuerungsanteil in diesem Jahr. Der steuerfreie Teil der Rente ist für die gesamte Laufzeit der Rente grds. unverändert zu beachten.

[Rentenanpassungsbeträge → eZeile 5]

924 Regelmäßige Anpassungen der Rente (**Rentenanpassungsbeträge**) ab dem dritten Jahr des Rentenbezugs (z. B. wegen allgemeiner Steigerung der Nettolöhne) führen nicht zu einer Neuberechnung des Freibetrags. Im Ergebnis wird somit jede Rentenerhöhung ab dem dritten Jahr **zu 100 % besteuert**. Auch die reguläre Anpassung der Renten anhand des aktuellen Rentenwerts (Ost) gem. § 255a SGB VI stellt eine regelmäßige Anpassung in diesem Sinne dar und führt nicht zur Neuberechnung des steuerfreien Teils der Altersrente (BFH, Urteil v. 3.12.2019, X R 12/18, HI13696771, BFH/NV 2020 S. 417).

BEISPIEL

Ermittlung des steuerfreien Teils der Rente

Anna Bauer erhält ab August 2010 eine Altersrente aus der gesetzlichen Rentenversicherung i. H. v. monatlich 1.000 €. Ab 1.7.2011 beträgt die Rente 1.020 €. Durch weitere Anpassungen des Rentenniveaus an die gestiegenen Nettolöhne erhöht sich die Rente in den Jahren 2012 bis 2019 zusätzlich. Ab Juli 2019 wird eine monatliche Rente i. H. v. 1.285 € gezahlt. Ab 1.7.2020 wird ihr eine Rente von 1.310 € je Monat zugesagt. Im Jahr 2020 werden insgesamt 985 € Krankenversicherungs- und 230 € Pflegeversicherungsbeitrag der Rentnerin von ihrer Rente abgezogen.

2010

zugeflossene Rente (5 × 1.000 € =)	5.000 €
Besteuerungsanteil	
60 % von 5.000 € =	3.000 €
abzgl. Werbungskostenpauschbetrag (→ Tz 947)	– 102 €
sonstige Einkünfte § 22 EStG	2.898 €

2011

zugeflossene Rente (6 × 1.000 € und 6 × 1.020 € =)	12.120 €
Besteuerungsanteil	
60 % (Rentenbeginn 2010) von 12.120 € =	7.272 €
abzgl. Werbungskostenpauschbetrag	– 102 €
sonstige Einkünfte § 22 EStG	7.170 €
steuerfreier Teil (2. Jahr) (12.120 € – 7.272 € =)	**4.848 €**

2020

zugeflossene Rente (6 × 1.285 € und 6 × 1.310 € =)	15.570 €
abzgl. steuerfreier Teil (aus dem 2. Jahr)	4.848 €
= Besteuerungsanteil	10.722 €
abzgl. Werbungskostenpauschbetrag	- 102 €
sonstige Einkünfte § 22 EStG	**10.620 €**

Der steuerfreie Teil beträgt auch in den folgenden Jahren 4.848 €.

Muss der Rentner in den ersten Jahren des Rentenbezugs keine Einkommensteuererklärung abgeben, kann der steuerfreie Teil der Rente in einem späteren Jahr, für das eine Einkommensteuererklärungspflicht gegeben ist, berechnet werden, ohne dass die Daten des zweiten Jahres bekannt sind. Möglich ist dies, weil in der Rentenbezugsmitteilung nach § 22a EStG (➔ Tz 935) der Gesamtbetrag der Rentenanpassungen ab dem dritten Jahr durch den Rententräger auszuweisen ist.

BEISPIEL

Ermittlung des steuerfreien Teils der Rente unter Berücksichtigung der Rentenanpassungsbeträge (Praxisanwendung)

Siehe Beispiel in ➔ Tz 924; Variante: Anna Bauer erhält für 2020 eine Rentenbezugsmitteilung, die folgende Angaben enthält:

zugeflossene Rente 2020 (eZeile 4 der Anlage R)	15.570 €
Rentenanpassungsbeträge (eZeile 5 der Anlage R)	3.450 €
Beginn der Rente (eZeile 6 der Anlage R)	1.8.2010

Die Berechnung im Jahr 2020 sieht wie folgt aus:

zugeflossene Rente	15.570 €	
abzgl. Rentenanpassungsbeträge ab dem dritten Jahr	– 3.450 €	
Diese werden zu 100 % besteuert		3.450 €
verbleiben (entspricht Rentenbetrag des 2. Jahres)	12.120 €	
davon Besteuerungsanteil 60 % (Rentenbeginn 2010)		7.272 €
gesamter Besteuerungsanteil 2020		10.722 €
abzgl. Werbungskostenpauschbetrag (➔ Tz 947)		– 102 €
sonstige Einkünfte § 22 EStG		10.620 €

Im Rahmen der Altersversorgung aus berufsständischen Versorgungseinrichtungen werden häufig nicht nur Rentenbezüge, sondern auch Teilkapitalisierungen/Abfindungen von Rentenansprüchen sowie Sterbegelder ausgezahlt. Das Finanzamt behandelt solche Einmalzahlungen als andere Leistungen, die mit dem Besteuerungsanteil steuerpflichtig sind. Der BFH hat dies bestätigt (BFH, Urteil v. 23.10.2013, X R 3/12, HI5928618, BFH/NV 2014 S. 95; BFH, Urteil v. 23.10.2013, X R 21/12, HI6379624, BFH/NV 2014 S. 330; BFH, Urteil v. 23.11.2016, X R 13/14, HI10341217, BFH/NV 2017 S. 445). 925

[Vorhergehende Renten und Folgerenten ➔ eZeilen 7–8]

Folgerenten (Renten, die einer **vorhergehenden Rente folgen**) liegen vor, wenn die Renten vom selben Versicherungsträger gezahlt werden und auf demselben Rentenrecht beruhen. Das ist z. B. gegeben, wenn in der gesetzlichen Rentenversicherung 926

- eine Rente wegen voller Erwerbsminderung in eine Rente wegen teilweiser Erwerbsminderung (oder umgekehrt) umgewandelt wird,
- eine Erwerbsminderungsrente in eine Altersrente umgewandelt wird oder
- eine kleine Witwenrente in eine große Witwenrente (oder umgekehrt) umgewandelt wird bzw.
- eine Altersrente bei Tod in eine nachfolgende Witwen- oder Witwerrente übergeht.

Diese Folgerenten sind versicherungsrechtlich **eigenständige Renten**. Die Besteuerung beinhaltet eine Besonderheit. Bei der Ermittlung des Besteuerungsanteils für Folgerenten wird nicht ihr tatsächlicher Rentenbeginn für die Ermittlung des Prozentsatzes herangezogen. Es wird ein **fiktives (gedachtes) Jahr des Rentenbeginns** ermittelt (§ 22 Nr. 1 Satz 3 Buchst. a, Doppelbuchst. aa, Satz 8 EStG). Der tatsächliche Beginn der Folgerente wird dabei um die Laufzeit der Vorgängerrente (berechnet aus **Beginn** und **Ende** der vorhergehenden Rente, eZeilen 7 und 8) in die Vergangenheit verschoben. Dadurch mindert sich der prozentuale Besteuerungsanteil. Dieser darf 50 % nicht unterschreiten.

BEISPIEL

Besteuerungsanteil einer Folgerente

Willi Weber bezieht vom 1.10.2012 bis 31.3.2015 eine Erwerbsminderungsrente aus der gesetzlichen Rentenversicherung i. H. v. monatlich. 1.000 €. Anschließend ist er wieder erwerbstätig. Ab 1.11.2020 erhält er eine Altersrente i. H. v. monatlich 1.800 €.

2012

Besteuerungsanteil 64 % von 3.000 € =	1.920 €

2013

Besteuerungsanteil 64 % von 12.000 € =	7.680 €
Der steuerfreie Teil dieser Rente beträgt	4.320 €

2020 Die Altersrente ist eine **Folgerente**.

tatsächlicher Rentenbeginn	1.11.2020
Der Rentenbeginn der Altersrente wird um die Laufzeit der Vorgängerrente in die Vergangenheit verschoben:	
abzgl. Laufzeit Vorgängerrente 1.10.2012–31.3.2015	– 30 Monate
= fiktiver Rentenbeginn der Altersrente	1.5.2018

Daraus ergibt sich ein Besteuerungsanteil

für die Altersrente i. H. v. 76 % von 3.600 € =	2.736 €
abzgl. Werbungskostenpauschbetrag (➔ Tz 947)	– 102 €
sonstige Einkünfte § 22 EStG	2.634 €

Folgerenten werden für die Berechnung des steuerfreien Teils der Rente als eigenständige Renten behandelt. Das gilt nicht, wenn eine wegen Wiederheirat weggefallene Witwen- oder Witwerrente wiederauflebt. In diesem Fall berechnet sich der steuerfreie Teil der Rente nach der ursprünglichen Rente.

WICHTIG

Vorgängerrenten, die vor 2005 geendet haben

Endet die Vorgängerrente **vor** 2005, wird diese für die Berechnung eines fiktiven Rentenbeginns bei einer Folgerente nicht mehr berücksichtigt.

[Nachzahlungen ➜ eZeile 9]

Werden Renten für **mehrere** (mindestens zwei) vorangegangene Jahre im laufenden Jahr **927**
nachgezahlt, sind diese insgesamt im Jahr des Zuflusses zu erfassen. Das Finanzamt wird prüfen, ob für diese **Nachzahlungen** eine Tarifvergünstigung nach der sog. Fünftel-Regelung des § 34 EStG in Betracht kommt.

Erhält der Steuerpflichtige von der Deutschen Rentenversicherung Bund neben einer Rentennachzahlung für Vorjahre auch Zinsen nach § 44 SGB I, sind diese Einnahmen aus Kapitalvermögen nach § 20 Abs. 1 Nr. 7 EStG und nicht „andere Leistungen" i. S. d. § 22 Nr. 1 EStG (BFH, Urteil v. 9.6.2015, VIII R 18/12, HI8479006, BFH/NV 2015 S. 1616).

Werden Rentenbeträge **nur für das unmittelbar vorangehende Jahr** im laufenden Jahr nachbezahlt, z. B. wegen verspäteter Rentenantragstellung, ist die gesamte zugeflossene Rente (einschl. der Nachzahlung) in eZeile 4 und nicht in eZeile 9 einzutragen.

[Öffnungsklausel ➜ Zeilen 10–12]

Auf Antrag des Steuerpflichtigen werden **Teile** der Leibrenten, die eigentlich der nach- **928**
gelagerten Besteuerung mit dem Besteuerungsanteil unterliegen würden, mit einem niedrigeren Ertragsanteil (➜ Tz 931) besteuert. Die Anwendung der **Öffnungsklausel** setzt voraus, dass bis zum 31.12.2004 für mindestens zehn Jahre Beiträge gezahlt wurden, die oberhalb des Höchstbetrags zur gesetzlichen Rentenversicherung lagen. Die Jahre müssen nicht unmittelbar aufeinanderfolgen. Beiträge sind grds. dem Jahr zuzurechnen, **in dem** sie gezahlt und **für das** sie bescheinigt werden (BFH, Urteil v. 19.1.2010, X R 53/08, HI2311531, BFH/NV 2010 S. 986). Kommt die Öffnungsklausel zur Anwendung, bedeutet dies:

- Der Teil der Rente, der auf den entsprechenden Öffnungsklausel-Prozentsatz entfällt, wird mit dem **Ertragsanteil** nach § 22 Nr. 1. Satz 3 Buchst. a, Doppelbuchst. bb, Satz 2 EStG besteuert.
- Der verbleibende Teil der Rente wird mit dem **Besteuerungsanteil** erfasst (§ 22 Nr. 1. Satz 3 Buchst. a, Doppelbuchst. aa EStG).
- Die Besteuerung mit dem Ertragsanteil gilt per gesetzlicher Definition (§ 22 Nr. 1. Satz 3 Buchst. a, Doppelbuchst. bb, Satz 1 EStG EStG) nur für Erträge des Rentenrechts und damit nicht für Einmalauszahlungen.

Für die Prüfung der Öffnungsklausel ist grds. der Höchstbeitrag zur gesetzlichen Rentenversicherung der Angestellten und Arbeiter (West) des Jahres heranzuziehen, dem die Beiträge zuzurechnen sind. Höchstbeitrag ist die Summe des Arbeitgeberanteils und des Arbeitnehmeranteils zur jeweiligen gesetzlichen Rentenversicherung. Der Antrag ist beim zuständigen Finanzamt auf der Anlage R zu stellen. Die Öffnungsklausel wird nicht von Amts wegen angewandt.

Der Nachweis über das Vorliegen der oben genannten Voraussetzungen wird durch eine **Bescheinigung** des jeweiligen Versorgungsträgers, an den die Beiträge geleistet wurden, geführt. Aus der Bescheinigung müssen sich die vor dem 1.1.2005 geleisteten Beiträge und die jeweiligen Jahre ergeben. Der Teil der Rente, auf den die Öffnungsklausel Anwendung findet (Besteuerung mit dem Ertragsanteil), wird in der Bescheinigung durch einen entsprechenden **Prozentsatz** ausgewiesen. **Freiwillige** Nachzahlungen zur Erhöhung der Rentenanwartschaften, soweit sie für ein abgelaufenes Jahr möglich waren, sind zur Berechnung des Höchstbeitrags im Rahmen der Öffnungsklausel für das Jahr zu berücksichtigen, für das sie zulässigerweise geleistet wurden, auch wenn sie erst im Zahlungsjahr rentenrechtlich wirksam werden (BFH, Urteil v. 4.9.2019, X R 43/17, HI13616285, BFH/NV 2020 S. 271).

Einmaliger Bezug

Erhält der Steuerpflichtige oder dessen Hinterbliebene aus der gesetzlichen Rentenversicherung oder einer berufsständischen Versorgungseinrichtung neben der laufenden Leibrente auch noch einen **einmaligen Bezug**, z. B. ein Sterbegeld, und ist die Öffnungsklausel anzuwenden, ist nur der Teil des einmaligen Bezugs zu versteuern, der der nachgelagerten Besteuerung nach § 22 Nr. 1 Satz 3 Buchst. a Doppelbuchst. aa EStG entspricht. Der Teil des einmaligen Bezugs, der von der Öffnungsklausel betroffen ist, wird nicht besteuert. Die endgültige Entscheidung darüber, ob die Öffnungsklausel zur Anwendung kommt, trifft das Finanzamt und nicht die auszahlende Stelle.

Weitere Einzelheiten zur Besteuerung von Renten aus der gesetzlichen oder einer vergleichbaren Rentenversicherung: BMF, Schreiben v. 24.5.2017, IV C 3 – S 2221/16/10001:004, BStBl 2017 I S. 820.

Bis zu welchem Betrag Rentner keine Steuern zahlen müssen

929 Ob eine Steuererklärung abgegeben werden muss, hängt von der Höhe der steuerpflichtigen Einkünfte ab. Wird ausschließlich nur eine Rente aus der gesetzlichen Rentenversicherung bezogen, bleiben mindestens folgende Renten ohne Besteuerung:

Alleinstehender Rentner	**Jahr des Rentenbeginns**		
(für verheiratete Rentner verdoppeln sich die Beträge)	**2018**	**2019**	**2020**
z. v. E. (entspricht dem Grundfreibetrag) ➔ Steuer 0 €	9.000 €	9.168 €	9.408 €
+ als Sonderausgabe abziehbare (Kranken- und Pflegeversicherungsbeiträge aus der Rente (unterstellt: durchschnittlicher Zusatzbeitrag zur KV; Kinder)	1.473 €	1.569 €	1.595 €
+ Sonderausgabenpauschbetrag	36 €	36 €	36 €
+ Werbungskostenpauschbetrag	102 €	102 €	102 €
= Besteuerungsanteil der Rente	10.611 €	10.875 €	11.141 €
Besteuerungsanteil (% aus der Monatsbruttorente)	76 %	78 %	80 %
steuerfreier Teil der Rente (in EUR festgeschrieben)	3.351 €	3.067 €	2.785 €
= Jahresbruttorente, die nicht besteuert wird	**13.962 €**	**13.942 €**	**13.926 €**
= Monatsbruttorente	**1.163 €**	**1.162 €**	**1.160 €**

Diese Werte sind Näherungswerte und ergeben sich, wenn die Krankenkasse den durchschnittlichen Zusatzbeitrag erhebt. Kinderlose Rentner zahlen höhere Pflegepflichtversicherungsbeiträge. Bei Abweichungen ergeben sich geringfügig andere Jahres- und Monatsbeträge. Ist ein höherer Zusatzbeitrag zu zahlen, erhöhen sich auch der Sonderausgabenabzug der Krankenversicherungsbeiträge und damit auch die Jahresbruttorente, die nicht besteuert wird. Für zusammen veranlagte Ehegatten verdoppeln sich Grundfreibetrag und Sonderausgaben-Pauschbetrag. Entsprechend höhere Rentenbeträge bleiben unversteuert. Bezieht der Ehegatte auch eine gesetzliche Rente, ist zu beachten, dass für diese Rente eventuell ein anderer Besteuerungsanteil gilt.

Hat der Steuerpflichtige im Vz. noch andere abzugsfähige Ausgaben (z.B. Spenden, außergewöhnliche Belastungen, Steuerermäßigungen für haushaltsnahe Dienst- und Handwerkerleistungen), bleibt eine höhere Rente ohne Besteuerung.

Rürup-Rente

Siehe ➜ Tz 232.

Private Renten aus dem Inland

[Leibrenten ➜ Anlage R, Zeilen 15–16, 31–36 und eZeilen 13–14, 17–18]

Lebenslange Leibrenten, die nicht unter § 22 Nr. 1 Satz 3, Buchst. a, Doppelbuchst. aa EStG bzw. unter § 22 Nr. 5 EStG (➜ Tz 938) fallen, werden nach § 22 Nr. 1 Satz 3, Buchst. a, **Doppelbuchst. bb** EStG mit dem **Ertragsanteil** besteuert. **930**

Hierunter fallen insbesondere

- Renten aus vor dem 1.1.2005 abgeschlossenen **privaten Rentenversicherungen** (➜ Tz 518)
- Renten aus ab 2005 abgeschlossenen Lebensversicherungen, die nicht die Voraussetzungen der Riester-Rente (➜ Tz 532) oder Rürup-Rente (➜ Tz 502) erfüllen, sowie
- Veräußerungsleibrenten.

Ertragsanteil

Die Besteuerung erfolgt mit dem Ertragsanteil, weil die entsprechenden Rentenbeiträge entweder ganz aus versteuertem Einkommen (ohne Sonderausgabenabzug) gezahlt wurden oder es für die Beiträge nur einen geringen Sonderausgabenabzug gegeben hat. Der Ertragsanteil bestimmt sich nach dem bei Beginn der Rente vollendeten Lebensjahr des Rentenberechtigten. **931**

Auszug aus der Tabelle § 22 Nr. 1 Satz 3, Buchst. a, Doppelbuchst. bb, Satz 4 EStG:

Bei Beginn der Rente vollendetes Lebensjahr des Rentenberechtigten	Ertragsanteil in %
30	44
40	38
50	30
60	22
63	20
64	19
65	18
70	15
80	8

Abgekürzte Leibrenten

Werden Renten aus der **privaten** Rentenversicherung nur als **abgekürzte Leibrenten** (Renten mit zeitlich befristeter Laufzeit) gezahlt, wird der Ertragsanteil der Rente nicht **932** nach dem vollendeten Lebensjahr bei Beginn der Rente, sondern nach der voraussichtlichen Laufzeit der Rente ermittelt (§ 55 Abs. 2 EStDV).

Laufzeit der Rente ab Beginn (Auszug aus der Tabelle)	Ertragsanteil in % (grundsätzlich)
1	0
2	1
3	2
4	4
5	5
10	12
20	21
30	30

Beispiele:

- Private Berufsunfähigkeitsrente, die mit Erreichen einer bestimmten Altersgrenze in eine private Altersrente umgewandelt wird.
- Veräußerung eines Grundstücks gegen Leibrentenzahlungen mit einer Beschränkung der Laufzeit auf höchstens eine bestimmte Anzahl von Jahren.

Ist bei Beginn der Rente die voraussichtliche restliche Lebenserwartung allerdings kürzer als die Laufzeit der abgekürzten Leibrente, erfolgt die Ermittlung des Ertragsanteils wie bei zeitlich nicht befristeten privaten Leibrenten (§ 55 Abs. 2 EStDV).

Weitere Einzelheiten zur Besteuerung von Renten aus der privaten Rentenversicherung, insbesondere zu nachträglich umgewandelten Verträgen, s. BMF, Schreiben v. 24.5.2017, IV C 3 – S 2221/16/10001:004, BStBl 2017 I S. 820.

WICHTIG

Besteuerung von Rentenversicherungsleistungen, die nicht lebenslang laufen

Bei nach dem 31.12.2004 abgeschlossenen Rentenversicherungen, bei denen keine lebenslange Rentenzahlung vereinbart und erbracht wird, erfolgt die Besteuerung nach § 20 Abs. 1 Nr. 6 EStG im Wege der Ermittlung des Unterschiedsbetrags zwischen ausgezahltem Betrag und eingezahlten Beiträgen (➔ Tz 768 f.).

Renten mit Kapitalwahlrecht – Abschluss vor 2005

933 Lebensversicherungen, die vor dem 1.1.2005 abgeschlossen wurden, sind bei Auszahlung in voller Höhe steuerfrei, wenn u.a. die Versicherungssumme und die Erträge daraus komplett und in einem Betrag ausgezahlt werden. Wird bei einer Rentenversicherung mit Kapitalwahlrecht vom Kapitalwahlrecht kein Gebrauch gemacht, sondern stattdessen die Lebensversicherung als Leibrente in Form von monatlichen Zahlungen ausgezahlt, ist nach Auffassung der Finanzverwaltung der Rentenbezug insgesamt den sonstigen Einkünften nach § 22 EStG zuzuordnen und mit dem Ertragsanteil zu versteuern.

Das FG Baden-Württemberg vertritt dagegen die Auffassung, dass die Rentenzahlungen insgesamt den Einkünften aus Kapitalvermögen zuzuordnen und nach § 20 Abs. 1 Nr. 6 Satz 2 EStG insgesamt als steuerfrei zu behandeln sind. Der BFH muss jetzt diese Rechtsfrage entscheiden (BFH, Az. VIII R 4/18, Vorinstanz: FG Baden-Württemberg, Urteil v. 17.10.2017, 5 K 1605/16, HI11663795, EFG 2018 S. 1025). Bei vergleichbaren Fällen sollte das Ruhen des Verfahrens beantragt werden, bis der BFH entschieden hat.

Private Veräußerungsrenten

Wurden Grundstücke, Betriebsvermögen oder Firmenbeteiligungen gegen Zahlung einer **934**
Rente aus Veräußerungsgeschäften auf eine andere Person übertragen, ist diese nach § 22 Nr. 1 Satz 3 Buchst. a), Doppelbuchst. bb) EStG mit dem Ertragsanteil zu versteuern (Zeilen 31-36). In Einzelfällen gehört die Veräußerungsrente aber noch zu den Betriebseinnahmen des Gewerbebetriebs oder der freiberuflichen Tätigkeit.

Rentenbezugsmitteilungen und Veranlagung

Rentenbezugsmitteilung

Die Rentenversicherungsträger und Lebensversicherungsunternehmen müssen die Daten **935**
zur Besteuerung der Leibrenten durch amtlich vorgeschriebenen Datensatz an die zentrale Zulagenstelle für Altersvermögen (ZfA) bei der Deutschen Rentenversicherung Bund melden. Von hier werden die Daten elektronisch an die Landesfinanzbehörden weitergeleitet und im Rahmen der Veranlagung zur Einkommensteuer durch die Finanzämter ausgewertet. Die Rentendaten sind an die steuerliche Identifikationsnummer gekoppelt und können so problemlos dem jeweiligen Steuerpflichtigen zugeordnet werden.

Für jeden Vertrag und für jede Rente ist eine gesonderte Rentenbezugsmitteilung erforderlich. Nicht in das Rentenbezugsmitteilungsverfahren einbezogen werden Renten, Teile von Renten oder andere Leistungen, die steuerfrei sind oder nicht der Besteuerung unterliegen. Eine Rentenbezugsmitteilung ist nicht erforderlich, wenn die Rentenansprüche – z. B. wegen der Höhe der eigenen Einkünfte – ruhen und daher im gesamten Kalenderjahr keine Zahlungen erfolgt sind.

Werden Renten zurückgefordert, sind sie im Kalenderjahr der Rückzahlung von den der steuerpflichtigen Person entsprechend zugeflossenen Leistungen abzuziehen. Auch der enthaltene Rentenanpassungsbetrag wird verrechnet.

Übersteigt in einem Kalenderjahr der zurückgezahlte Betrag den Betrag der zugeflossenen Leistungen, wird der übersteigende Betrag als negativer Betrag in der Rentenbezugsmitteilung angegeben.

Vereinfachte Steuererklärung für Rentner und Pensionäre

Die Länder Brandenburg, Bremen, Mecklenburg-Vorpommern und Sachsen testen in einem Pilotprojekt mit Unterstützung des Bundesministeriums der Finanzen eine vereinfachte zweiseitige Steuererklärung für Rentner und Pensionäre (➔ Tz 333).

Rente aus dem Inland mit Wohnsitz im Ausland

WICHTIG **936**

Rentner im Ausland

Hat der Steuerpflichtige seinen Wohnsitz ins Ausland verlegt, bleibt die Rente i. d. R. **im Inland steuerpflichtig** im Rahmen der **beschränkten** Einkommensteuerpflicht. Aus Deutschland stammende Renteneinkünfte gehören zu den inländischen Einkünften i. S. d. § 49 EStG. Im Einzelnen regeln DBA, die die

Bundesrepublik Deutschland mit anderen Ländern abgeschlossen hat, das Besteuerungsrecht der betreffenden Länder. Danach hat Deutschland kein Besteuerungsrecht für die deutschen Renteneinkünfte, wenn der Rentner seinen Wohnsitz z.B. in Bosnien-Herzegowina, Frankreich, Griechenland, Indien, Island, Serbien, der Slowakei, Tschechien oder den Vereinigten Staaten von Amerika hat. Weitere Länder findet man unter https://www.finanzamt-rente-im-ausland.de/de/wer-warum-wieviel/wer-muss-steuern-zahlen/warum-ist-der-wohnsitzstaat-entscheidend. Bei Wohnsitz in anderen Ländern erfolgt die Besteuerung grds. im Wohnsitzstaat. Die Bundesrepublik hat aber z.B. bei Wohnsitz in Spanien nach dem Doppelbesteuerungsabkommen mit diesem Land das Recht für Renten, die erstmals ab 2015 gezahlt werden, eine 5%ige Steuer (Rentenbeginn ab 1.1.2030: 10 %) zu erheben. Diese wird im Gegenzug auf die spanische Steuer angerechnet. Ruhegehälter, die von der Bundesrepublik Deutschland, einem Bundesland, einer Stadt/Gemeinde/Kreis oder anderen juristischen Person des öffentlichen Rechts gezahlt werden (z.B. Beamtenpension), werden nicht in Spanien, sondern nur in Deutschland besteuert,

Die Einkommensteuer auf Renteneinkünfte wird im Wege der Veranlagung erhoben. Dies bedeutet, dass für die Festsetzung der Einkommensteuer die Abgabe einer Steuererklärung erforderlich ist. Das **Finanzamt Neubrandenburg** ist zentral zuständig für die Veranlagung von Rentnern mit Wohnsitz im Ausland, die nicht aus anderen Gründen (andere inländische Einkünfte) bereits in Deutschland veranlagt werden. Ausführliche Informationen zur Besteuerung von Rentnern im Ausland stellt das Finanzamt Neubrandenburg auf der Internetseite https://www.finanzamt-rente-im-ausland.de zur Verfügung.

Aufgrund einer EU-Amtshilferichtlinie in Steuersachen erfolgt ein automatischer Informationsaustausch zwischen EU-Mitgliedsstaaten. Neben Zinseinnahmen werden auch Daten über Renten, Pensionen und Lebensversicherungen weitergegeben.

Zu beachten ist, dass bei einer Veranlagung zur beschränkten Steuerpflicht kein Grundfreibetrag (2020: 9.408 €) berücksichtigt wird und damit der steuerpflichtige Teil der Rente in vollem Umfang der Besteuerung mit dem Grundtarif unterliegt. In bestimmten Fällen kann der Rentner ohne Wohnsitz im Inland einen Antrag auf unbeschränkte Steuerpflicht stellen und damit seine Steuerlast erheblich senken (➔ Tz 324).

Vermeidung der Doppelbesteuerung

937 Die Besteuerung von Leibrenten nach § 22 Nr. 1 Satz 3 Buchst. a Doppelbuchst. aa EStG ist grds. verfassungsgemäß. Es darf aber im Einzelfall nicht zu einer verfassungswidrigen doppelten Besteuerung der Altersvorsorgeaufwendungen und Altersbezüge kommen (BFH, Urteil v. 21.6.2016, X R 44/14, HI9860970, BFH/NV 2016 S. 1791, BVerfG, Beschluss v. 29.9.2015, 2 BvR 2683/11, HI8769349, BFH/NV 2016 S. 367). Die Feststellungslast hierfür liegt beim Steuerpflichtigen. Dieser kann eine verfassungswidrige doppelte Besteuerung bereits bei Beginn des Rentenbezugs – aber erst dann – rügen. Es kann aber nicht unterstellt werden, dass zu Beginn des Rentenbezugs zunächst nur solche Rentenzahlungen geleistet werden, die sich aus steuerentlasteten Beiträgen ergeben.

15.3 Anlage R-AV/bAV – Riester-Renten und Renten aus der betrieblichen Altersversorgung

Private und betriebliche Altersvorsorge

[Renten aus inländischen privaten Altersvorsorgeverträgen und aus der inländischen betrieblichen Altersversorgung ➜ Anlage R-AV/bAV, eZeilen 4–5, 9–16, 18–26 und Zeilen 6–8 und 17]

Diese Renten sind ab dem Jahr 2020 in die neue **Anlage R-AV/bAV** einzutragen Die **938**
Besteuerung erfolgt nach § 22 Nr. 5 EStG. Die Vorschrift ist anzuwenden auf Leistungen aus **Altersvorsorgeverträgen** und aus der **betrieblichen Altersversorgung**.

Zur betrieblichen Altersversorgung gehören die Riester-Rente, soweit vom Arbeitgeber gefördert, Renten aus Pensionsfonds, Pensionskassen, Direktversicherungen, Direktzusage und umlagefinanzierten Versorgungseinrichtungen (z. B. VBL-Versorgungsanstalt des Bundes und der Länder (VBL) oder Zusatzversorgungskassen der Kommunen oder Kirchen (ZVK).

Hinweis: Wichtiges zum Thema „Betriebliche Altersvorsorge" finden Sie auch auf http://mybook.haufe.de unter „Weiterführende steuerliche Informationen".

Altersvorsorgeverträge (Riester-Rente)

Bei privaten oder betrieblichen Altersvorsorgeverträgen werden die Beiträge, Erträge und **939**
Wertsteigerungen in der **Ansparphase** durch eine Altersvorsorgezulage oder steuerliche Vergünstigungen in Form der Steuerbefreiung oder des Sonderausgabeabzugs gefördert. Vertiefend siehe ➜ Tz 530 ff.

Die Renten (Leistungen) aus privaten oder betrieblichen Altersvorsorgeverträgen werden grds. **in voller Höhe besteuert (nachgelagerte Besteuerung)**.

Wurden die Beiträge in der Ansparphase nur teilweise steuerlich gefördert, d.h., es wurden auch nicht geförderte Beiträge gezahlt, muss die Rente für die Besteuerung aufgeteilt werden. Der Rentenanteil, der auf steuerlich nicht geförderten Beiträgen beruht, wird anteilig mit dem Ertragsanteil besteuert.

Nicht geförderte Beiträge

Nicht geförderte Beiträge liegen vor, wenn die vorgenannten Vergünstigungen nicht in **940**
Anspruch genommen wurden oder die Beiträge des Arbeitgebers pauschal nach § 40b EStG in der am 31.12.2004 geltenden Fassung besteuert wurden. Auch Beiträge an eine Pensionskasse oder für eine Direktversicherung, die vor dem 1.1.2002 geleistet wurden, gehören zu den nicht geförderten Beiträgen. Bei Einmalkapitalauszahlungen handelt es sich nicht um außerordentliche Einkünfte i. S. d. § 34 EStG. Die Fünftel-Regelung kommt nicht zur Anwendung.

Wegen weiterer Einzelheiten i. Z. m. der betrieblichen Altersversorgung: BMF, Schreiben v. 6.12.2017, IV C 5 – S 2333/17/10002, BStBl 2018 I S. 147.

Aufteilung der Leistungen aus geförderten und nicht geförderten Altersvorsorgeverträgen in der Auszahlungsphase

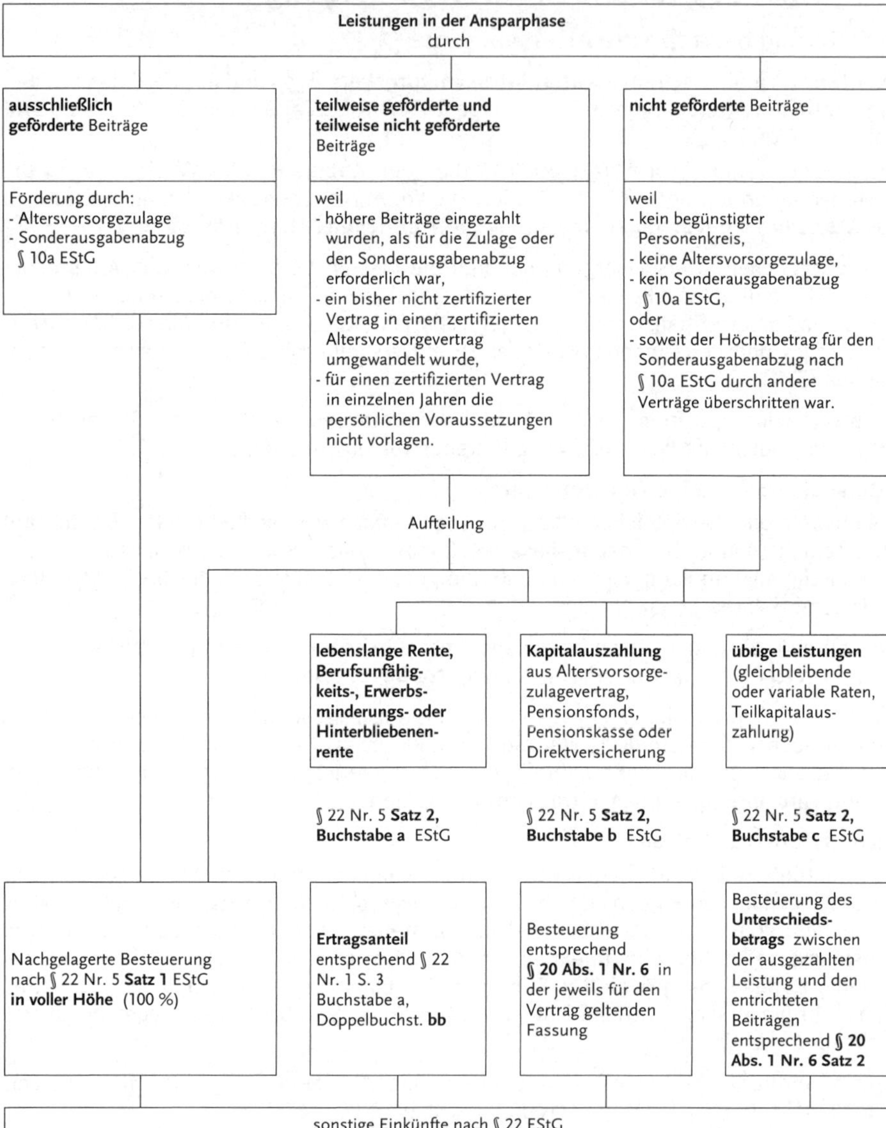

Leistungsmitteilung

Die Steuerpflichtigen erhalten von ihrem Versicherungsunternehmen eine Leistungsmitteilung (Bescheinigung), aus der hervorgeht, welcher Teil der Rente voll zu versteuern ist und welcher Teil nur anteilig besteuert wird (Aufteilung). Die Besteuerungsvorschrift ist jeweils angegeben. Die Angaben aus der Bescheinigung können direkt in die Anlage R, Seite 2 übertragen werden. Bei schädlicher Verwendung des Altersvorsorgevermögens sind entsprechende zu versteuernde Leistungen in der Leistungsmitteilung enthalten. **941**

Kleinbetragsrente **942**

Eine Auszahlung zur Abfindung einer Kleinbetragsrente ist in eZeile 9 zu erfassen. Wegen des Begriffs „Kleinbetragsrente" ➜ Tz 502.

15.4 Anlage R-AUS – Renten aus dem Ausland

[Renten aus ausländischer Versicherung oder Rentenvertrag oder aus ausländischer betrieblicher Versorgungseinrichtung]

Renten und andere Leistungen aus einer ausländischen Versicherung oder einem ausländischen Rentenvertrag bzw. aus ausländischer betrieblicher Versorgungseinrichtung sind ab dem Jahr 2020 in die neue **Anlage R-AUS** einzutragen. **943**

Eine Qualifizierung der ausländischen Einkünfte erfolgt nach deutschem Recht. Bei der Rentenbesteuerung ist zwischen dem Besteuerungsanteil, dem Ertragsanteil und der vollen Besteuerung zu unterscheiden. Dabei ist auf die Vergleichbarkeit der ausländischen Rente mit der gesetzlichen Sozialversicherungsrente, der betrieblichen Altersversorgung bzw. der individuellen (privaten) Altersvorsorge nach deutschem Recht zu achten. (Hinweise zur Eintragung in die Anlage R-AUS siehe ➜ Tz 237).

15.5 Weitere Renten

Wegen der Besteuerung weiterer Renten wird verwiesen auf: **944**

- Ausgleichszahlungen im Rahmen des schuldrechtlichen Versorgungsausgleichs bei Ehegatten, soweit bei der ausgleichsverpflichteten Person Sonderausgaben abgezogen werden (§ 22 Nr. 1a EStG; ➜ Tz 431).
- Unterhaltsleistungen an den geschiedenen oder dauernd getrennt lebenden Ehegatten, soweit sie beim Zahlenden als Sonderausgaben abgezogen werden (§ 22 Nr. 1a EStG; ➜ Tz 420).

15.6 Zusammenfassende Übersicht über die Besteuerung der wichtigsten Rentenarten

945

Rentenart	Fundstelle	Besteuerung	Weitere Informationen
Rentenzahlung vom Arbeitgeber aufgrund einer Pensionszusage (Direktzusage) oder aus Unterstützungskassen (Betriebsrente)	§ 19 Abs. 2 EStG	Arbeitslohn nach § 19 EStG; i. d. R. Versorgungsbezüge (Versorgungsfreibetrag und Zuschlag zum Versorgungsfreibetrag)	→ Tz 624 ff.
Alle Renten aus der gesetzlichen Rentenversicherung, den landwirtschaftlichen Alterskassen, von berufsständischen Versorgungseinrichtungen, Rürup-Renten, § 10 Abs. 1 Nr. 2, Buchst. b EStG	§ 22 Nr. 1 Satz 3 Buchst. a) Doppelbuchst. aa) EStG	Besteuerungsanteil (nach dem Jahr des Rentenbeginns; z. B. bei Rentenbeginn 2020: 80 %)	→ Tz 920
Renten aus privaten Rentenversicherungen (ohne Riester- und ohne Rürup-Renten)	§ 22 Nr. 1 Satz 3 Buchst. a) Doppelbuchst. bb) EStG	Ertragsanteil (nach dem Alter bei Rentenbeginn, z. B. bei Rentenbeginn 65 Jahre: 18 %)	→ Tz 930
Rentenzahlung aus einer Pensionskasse, einem Pensionsfonds oder aus einer Direktversicherung	§ 22 Nr. 5 Satz 1 EStG oder § 22 Nr. 5 Satz 3 EStG i. V. m. § 22 Nr. 1 Satz 3 Buchst. a) Doppelbuchst. bb) EStG	Soweit Beiträge des Arbeitgebers in der Ansparphase steuerfrei, volle Besteuerung. Soweit Beiträge des Arbeitgebers in der Ansparphase steuerpflichtiger Arbeitslohn, Besteuerung mit dem Ertragsanteil.	→ Tz 938
Renten aus Zusatzversorgungseinrichtungen oder der Versorgungsanstalt des Bundes und der Länder (VBL) bzw. Renten aus Zusatzversorgungskassen der Kommunen (ZVK) bei Angestellten im öffentlichen Dienst	§ 22 Nr. 5 Satz 1 EStG oder § 22 Nr. 5 Satz 3 EStG i. V. m. § 22 Nr. 1 Satz 3 Buchst. a) Doppelbuchst. bb) EStG		→ Tz 938

Rentenart	Fundstelle	Besteuerung	Weitere Informationen
Riester-Rente (einschl. Wohnriester)	§ 22 Nr. 5 Satz 1 EStG oder § 22 Nr. 5 Satz 3 EStG i. V. m. § 22 Nr. 1 Satz 3 Buchst. a) Doppelbuchst. bb) EStG	Soweit Beiträge staatlich gefördert (Zulage und/ oder Sonderausgabenabzug), volle Besteuerung. Soweit keine Förderung (Beiträge aus versteuertem Einkommen), Besteuerung mit dem Ertragsanteil.	→ Tz 939
Kapitalauszahlung aus einer Lebensversicherung, die vor dem 1.1.2005 abgeschlossen wurde (Altvertrag)		I. d. R. steuerfrei; in Einzelfällen Besteuerung nach § 20 Abs. 1 Nr. 6 EStG a. F.	→ Tz 768
Kapitalauszahlung aus einer Lebensversicherung, im Erlebensfall aus einem Neuvertrag (Vertragsabschluss nach dem 31.12.2004)	§ 20 Abs. 1 Nr. 6 EStG	Einnahmen aus Kapitalvermögen in Höhe des Unterschiedsbetrags zwischen Auszahlung und Beiträgen; bei Mindestlaufzeit von zwölf Jahren und 60./62. Lebensjahr vollendet, nur halber Unterschiedsbetrag.	→ Tz 768
Private Veräußerungsrenten	§ 22 Nr. 1 Satz 3 Buchst. a) Doppelbuchst. bb) EStG	Besteuerung mit dem Ertragsanteil	→ Tz 944

15.7 Werbungskosten

[Werbungskosten → Anlage R, Zeilen 37–38, und Anlage R-AV/bAV, Zeilen 31–37]

Werbungskosten in tatsächlicher Höhe 946

Zu den als **Werbungskosten** i. Z. m. Renteneinkünften abzugsfähigen Kosten gehören:

- Rechts- und Rentenberatungskosten,
- Prozesskosten i. Z. m. Ansprüchen aus der Rentenversicherung,
- Aufwendungen für (Steuer-)Literatur (z. B. Steuer- oder Rentenratgeber),
- Fahrtkosten zur Rentenberatung und
- Schuldzinsen für einen Kredit zur Nachentrichtung freiwilliger Beiträge in der gesetzlichen Rentenversicherung,
- Gewerkschaftsbeiträge (sind bei Sozialversicherungsrentnern ebenfalls als Werbungskosten abziehbar, weil die Gewerkschaften auch deren Interessen vertreten),

- Finanzierungskosten, die durch den Abschluss eines Vertrags über eine sofort beginnende Leibrentenversicherungsleistung gegen Zahlung eines Einmalbetrags veranlasst sind, können als Werbungskosten abziehbar sein, wenn damit zu rechnen ist (Überschussprognose), dass die Summe der Besteuerungsanteile den Finanzierungsaufwand übersteigt (BFH, Urteil v. 16.9.2004, X R 29/02, HI1314857, BFH/NV 2005 S. 599).
- Auch wenn die Rente nur mit dem Besteuerungs- bzw. Ertragsanteil versteuert wird, können die Aufwendungen in voller Höhe als Werbungskosten abgezogen werden.

TIPP

Vorweggenommene Werbungskosten

Aufwendungen i. Z. m. einer Rente, die Sie im Jahr 2020 bezahlt haben, sind auch dann schon als vorweggenommene Werbungskosten abziehbar, wenn mit der Rentenzahlung erst 2021 zu rechnen ist. Die WK führen zu negativen sonstigen Einkünften und können mit positiven Einkünften aus anderen Einkunftsarten verrechnet werden.

Die Nichtabziehbarkeit von Beiträgen zu Rentenversicherungen als vorweggenommene Werbungskosten, sondern nur als Sonderausgaben, ist verfassungsgemäß (BVerfG, Beschluss v. 14.6.2016, 2 BvR 290/10, HI9533954, BStBl 2016 II S. 801; BVerfG, Beschluss v. 13.7.2016, 2 BvR 288/10).

Pauschbetrag für Werbungskosten

947 Werden keine höheren tatsächlichen Werbungskosten geltend gemacht, wird bei Renten i.S.d. § 22 Nr. 1, 1a und 5 EStG ein Pauschbetrag für Werbungskosten i.H.v. 102 € berücksichtigt (§ 9a Nr. 3 EStG).

Werden mehrere Renten oder Unterhaltsleistungen gezahlt, kann der Pauschbetrag insgesamt nur einmal berücksichtigt werden. Bei zusammen zur Einkommensteuer veranlagten Ehegatten erhält jeder Ehegatte mit entsprechenden Einkünften den Pauschbetrag.

16 Anlage SO (Sonstige Einkünfte)

16.1 Wiederkehrende Bezüge

[Renten und Versorgungsleistungen → Zeile 4]

Neben den Renten (→ Tz 915 ff.) sind auch wiederkehrende Bezüge in Form von Zuschüssen und sonstigen Vorteilen steuerpflichtig. **948**

Versorgungsleistungen werden z.B. aufgrund einer Vermögensübertragung gezahlt. **949** Diese sind vom Berechtigten als Einkünfte nach § 22 Nr. 1b EStG nur dann zu versteuern, wenn der Verpflichtete zum Abzug als Sonderausgaben berechtigt ist, ohne dass sich diese auch tatsächlich steuermindernd ausgewirkt haben müssen (BMF, Schreiben v. 11.3.2010, IV C 3 – S 2221/09/10004, Rn 51 f., BStBl 2010 I S. 227).

16.2 Unterhaltsleistungen

[Ausgleichszahlungen zur Vermeidung des Versorgungsausgleichs → Zeile 5]

Informationen zu dem Thema finden Sie in den → Tz 430 ff. **950**

[Unterhaltsleistungen → Zeile 6]

Hierzu lesen Sie bitte die → Tz 420 ff. **951**

[Werbungskosten → Zeile 7]

Als Werbungskosten sind Prozesskosten zur Erlangung nachehelichen Unterhalts abzugsfähig, wenn der Unterhaltsempfänger die Unterhaltsleistungen als sonstige Einkünfte versteuert (FG Münster, Urteil v. 3.12.2019, 1 K 494/18 E, HI13595823, EFG 2020 S. 185, Revision beim BFH Az. X R 7/20) **952**

Sofern keine höheren Werbungskosten geltend gemacht werden, berücksichtigt das Finanzamt einen Pauschbetrag von 102 €. Dieser wird allerdings nur einmal für alle Einkünfte aus wiederkehrenden Bezügen (Renten und sonstige Bezüge), Unterhalts-, Versorgungsleistungen, Ausgleichszahlungen im Rahmen des Versorgungsausgleichs, Leistungen aus Altersvorsorgeverträgen, Pensionsfonds, Pensionskassen und Direktversicherungen gewährt.

16.3 Leistungen

[Leistungen → Zeilen 8–9]

Unter die Vorschrift des § 22 Nr. 3 EStG fallen Einkünfte aus **Leistungen, soweit diese nicht zu anderen Einkunftsarten gehören**. Eine derartige Leistung können z.B. Einnahmen aus gelegentlichen **Vermittlungen, Vermietung beweglicher Gegenstände** oder auch Entschädigungen sein. **953**

Hinweis: Eine Übersicht mit Beispielen für Leistungen i.S.d. § 22 Nr. 3 EStG finden Sie auf http://mybook.haufe.de unter „Weiterführende steuerliche Informationen/Sonstige Einkünfte".

Sonstige Einkünfte gelten auch dann als zugeflossen, wenn sie unrechtmäßig erzielt wurden **954** und nach Entdeckung zurückgezahlt werden müssen (BFH, Urteil v. 20.3.2001, IX R 97/97, HI585746, BFH/NV 2001 S. 1072, z.B. Bestechungsgelder). Müssen diese in einem späteren

Jahr zurückgezahlt werden, wirkt sich die Rückzahlung erst in diesem Jahr aus (BFH, Urteil v. 31.5.2000, IX R 73/96, HI508977, BFH/NV 2001 S. 25). Wirken sich die Beträge z.B. wegen fehlender Verlustverrechnungsmöglichkeit nicht aus, muss das hingenommen werden (BFH, Urteil v. 9.12.2009, IX B 132/09, HI2290432, BFH/NV 2010 S. 646).

[Werbungskosten → Zeile 11]

955 Abweichend vom sonst üblichen Abflussprinzip sind **Werbungskosten** bei den Einkünften aus einmaligen (sonstigen) Leistungen (§ 22 Nr. 3 EStG) ausschließlich im Jahr des Zuflusses der Einnahme abziehbar. Das gilt auch, wenn die Kosten vor oder nach diesem Jahr angefallen sind. Ggf. ist die Veranlagung des Zuflussjahres gem. § 175 Abs. 1 Satz 1 Nr. 2 AO zu ändern.

956 Einkünfte aus Leistungen sind nicht einkommensteuerpflichtig, wenn sie weniger als 256 € betragen haben (**Freigrenze**). Gehören die Einnahmen aus einer nebenberuflichen Tätigkeit (→ Tz 1031) zu den sonstigen Einkünften, ist die Freigrenze von 256 € nach Abzug des Freibetrags nach § 3 Nr. 26a EStG anzuwenden (BMF, Schreiben v. 21.11.2014, IV C 4 – S 2121/07/0010:032, Rn. 10, BStBl 2014 I S. 1581). Das gilt ebenso für Einnahmen aus nebenberuflichen Tätigkeiten im gemeinnützigen, mildtätigen oder kirchlichen Bereich, soweit diese nicht als Einkünfte aus selbstständiger Tätigkeit einzustufen sind (→ Tz 1031 ff.).

957 Übersteigen die Werbungskosten die Einnahmen, so darf der so ermittelte **Verlust** nicht mit anderen Einkunftsarten ausgeglichen werden. Auch eine Berücksichtigung im Rahmen des allgemeinen Verlustrück- oder -vortrags nach § 10d EStG (→ Tz 347) scheidet aus.

Die Verluste können jedoch mit positiven Einkünften aus Leistungen des unmittelbar vorangegangenen Jahres oder in den folgenden Jahren verrechnet werden. Dazu ist der Verlust besonders festzustellen. Diese Feststellung gilt als Grundlagenbescheid und ist damit nach Bestandskraft bindend. Sofern die Verluste fehlerhaft festgestellt wurden, kann nur dieser Bescheid mit dem Einspruch angegriffen werden. Einzelheiten zum Feststellungsverfahren siehe → Tz 805 und → Tz 975. Die Ausführungen gelten sinngemäß auch für die Verlustfeststellung bei den sonstigen Leistungen.

16.4 Abgeordnetenbezüge

[Abgeordnetenbezüge → Zeile 16]

958 **Hinweis:** Wichtiges zum Thema „Abgeordnetenbezüge" finden Sie auf http://mybook.haufe.de unter „Weiterführende steuerliche Informationen".

16.5 Private Veräußerungsgeschäfte (Spekulationsgeschäft)

Kauf und Verkauf von Grundstücken

[Anschaffungs-/Veräußerungszeitpunkt → Zeile 32]

959 Die Veräußerung eines privaten **Grundstücks** innerhalb von zehn Jahren nach dessen Erwerb unterliegt als **Spekulationsgeschäft** der Besteuerung. Ohne Belang sind die Gründe für den Verkauf, sodass eine Steuerpflicht auch z.B. dann eintritt, wenn die

Versteigerung droht (BFH, Urteil v. 27.9.2012, III R 19/11, HI3721616, BFH/NV 2013 S. 1027). Für die Fristenberechnung in § 23 EStG kommt es darauf an, wann der Kaufvertrag schuldrechtlich abgeschlossen wurde (BFH, Urteil v. 8.4.2014, IX R 18/13, HI7185966, BFH/NV 2014 S. 1612). Steht die Grundstücksveräußerung unter einem Genehmigungsvorbehalt (aufschiebende Bedingung), ist dieser für die Fristberechnung unerheblich (BFH, Urteil v. 10.2.2015, IX R 23/13, HI7692712, BFH/NV 2015 S. 728). Wird ein bebautes Grundstück veräußert, unterliegt der Veräußerungsgewinn der Besteuerung, wenn das Grundstück innerhalb der Zehnjahresfrist erworben wurde. Die Fertigstellung des Gebäudes ist unmaßgeblich. Gebäude und Außenanlagen sind einzubeziehen, soweit sie innerhalb dieses Zeitraums errichtet, ausgebaut oder erweitert werden. Das gilt auch, wenn sie in einem teilfertigen Zustand verkauft werden.

Die Nutzung einer Rückerwerbsoption setzt eine neue Spekulationsfrist in Gang. Sie wird nicht als Rückabwicklung gewertet (FG Münster, Urteil v. 30.10.2012, 1 K 2240/09 E, HI3589165).

Bei einer Ratenzahlung über mehrere Jahre wird der Veräußerungspreis in mehreren Vz. erfasst (BFH, Urteil v. 11.11.2009, IX R 57/08, HI2298492, BFH/NV 2010 S. 717). Das gilt auch in Verlustfällen (BFH, Urteil v. 6.12.2016, IX R 18/16, HI10479831, BFH/NV 2017 S. 668).

Bei dem Verkauf eines **geschenkten oder geerbten Grundstücks** kommt es für die **960** Berechnung der Frist auf den Zeitpunkt des Erwerbs durch den Vorbesitzer an. Erwirbt ein Miterbe entgeltlich den Erbteil eines anderen Miterben, so entstehen ihm insoweit AK. Bei einem Verkauf innerhalb der Spekulationsfrist führt dies dazu, dass der Gewinn aus der Veräußerung dieses Grundstücks versteuert werden muss.

Die Enteignung ist kein privates Veräußerungsgeschäft i.S. von § 23 EStG und ist somit **961** nicht steuerpflichtig (BFH, Urteil v. 23.7.2019, IX R 28/18, HI13396413, BFH/NV 2019 S. 1285).

Die Veräußerung eines unentgeltlich bestellten Erbbaurechts ist kein privates Veräuße- **962** rungsgeschäft i.S.d. § 23 EStG (BFH, Urteil v. 8.11.2017, IX R 25/15, HI11572186, BFH/NV 2018 S. 560). Wird ein mit einem Erbbaurecht belastetes Grundstück angeschafft und später lastenfrei weiterveräußert, ist der Veräußerungsgewinn nur anteilig steuerpflichtig (BFH, Urteil v. 12.6.2013, IX R 31/12, HI5183624, BFH/NV 2013 S. 1701).

Auch die **Entnahme** eines betrieblichen Grundstücks (auch im Rahmen einer Betriebs- **963** aufgabe) wird als Erwerb angesehen. Zu diesem Zeitpunkt beginnt die Zehnjahresfrist (z.B. Entnahme des Grundstücks, anschließend Verkauf innerhalb der Zehnjahresfrist, Folge: Besteuerung). Der Entnahmewert gilt als Anschaffungswert.

Die Einlage eines privat erworbenen Grundstücks während der Spekulationsfrist in ein **964** Betriebsvermögen stellt keine Veräußerung dar. Ein nachfolgender Veräußerungsvorgang aus dem Betriebsvermögen wird aber auch auf der privaten Ebene steuerpflichtig, wenn das Grundstück noch während der Spekulationsfrist veräußert wird.

Immer als Veräußerung gilt eine verdeckte Einlage in eine Kapitalgesellschaft.

[Verkauf der eigengenutzten Wohnung → Zeile 33]

Wird das bebaute Grundstück zwischen der Anschaffung (bzw. Fertigstellung) und der **965** Veräußerung als **Privatwohnung genutzt**, bleibt der **Verkaufserlös** steuerfrei. Gleiches

II Kommentierung

gilt, wenn im Jahr der Veräußerung und in den vorangegangenen zwei Jahren eine entsprechende Eigennutzung vorlag (ein Leerstand zwischen Beendigung der Selbstnutzung und Veräußerung ist unschädlich, wenn die Wohnung im Jahr der Beendigung der Eigennutzung und in den beiden vorangegangenen Jahren zu eigenen Wohnzwecken genutzt wurde). Wird eine Wohnimmobilie im Jahr der Veräußerung kurzzeitig vermietet, ist dies unschädlich, da die Nutzung zu eigenen Wohnzwecken im Jahr der Veräußerung und im zweiten Jahr vor der Veräußerung nicht während des gesamten Kalenderjahrs vorgelegen haben muss (BFH, Urteil v. 3.9.2019, IX R 10/19, HI13754964, BFH/NV 2020 S. 14). Damit reicht eine zusammenhängende Nutzung von einem Jahr und zwei Tagen aus. Wird das Wirtschaftsgut hingegen im Vorjahr der Veräußerung kurzfristig zu anderen Zwecken genutzt (z. B. vorübergehende Vermietung) oder kommt es im Vorjahr der Veräußerung zu einem vorübergehenden Leerstand, ist der Veräußerungsgewinn zu versteuern (BMF, Schreiben v. 17.6.2020, IV C 1 – S 2256/08/10006:006, BStBl 2020 I S. 576).

Wurde dem Steuerpflichtigen die Wohnung geschenkt, wird die Zeit, in der der frühere Eigentümer die Wohnung selbst bewohnt hat, dem Rechtsnachfolger zugerechnet. Entsprechendes gilt für den Fall der Erbschaft.

Auch der Teil des Veräußerungserlöses, der auf das häusliche Arbeitszimmer entfällt (selbst wenn der Abzug der Aufwendungen ausgeschlossen oder eingeschränkt ist), ist steuerpflichtig. Finanzgerichte wollen den anteiligen Veräußerungsgewinn einer selbstgenutzten Wohnung allerdings nicht besteuern, weil das Arbeitszimmer in den privaten Wohnbereich integriert ist und kein selbstständiges Wirtschaftsgut ist. Eine Besteuerung stehe auch im Widerspruch zum generellen Abzugsverbot von Kosten für häusliche Arbeitszimmer (FG Köln, Urteil v. 20.3.2018, 8 K 1160/15, HI11773290, EFG 2018 S. 1256). Gegen ein zu einem vergleichbaren Sachverhalt ergangenes Urteil wurde Revision eingelegt (FG Baden-Württemberg, Urteil v. 23.7.2019, 5 K 338/19, HI13702163, EFG 2020 S. 46, Az. beim BFH IX R 27/19).

[Berechnung des Veräußerungsgewinns ➜ Zeilen 35–39]

966 **Hinweis:** Ein Excel-Tool zur Berechnung des Veräußerungsgewinns bei Immobilien finden Sie auch auf http://mybook.haufe.de unter „Der Steuerkalkulator".

[Abschreibungen ➜ Zeile 37]

967 Der Veräußerungsgewinn erhöht sich um die in der Vergangenheit steuerlich in Anspruch genommenen Abschreibungsbeträge nach § 7 EStG.

[Veräußerungskosten ➜ Zeile 38]

968 **Veräußerungskosten** sind z. B. Aufwendungen für einen Makler, für Annoncen sowie sonstige Ausgaben (Kopien von Plänen, Fahrtkosten zu Besichtigungsfahrten etc.).

Wertpapiere

969 Veräußerungsgewinne von **Wertpapieren**, die nach dem 31.12.2008 erworben wurden, fallen unter die Einkünfte aus Kapitalvermögen (➜ Tz 729 ff.). Die vor diesem Stichtag erworbenen Wertpapiere können steuerfrei veräußert werden, es sei denn, es wird mindestens 1 % aller Anteile einer Kapitalgesellschaft gehalten. In diesem Fall sieht das EStG die Beteiligung als „wesentlich" an. Der Veräußerungsgewinn ist dann steuerpflichtig nach § 17 EStG (➜ Tz 1006).

Leerverkäufe

Leerverkäufe sind Veräußerungsgeschäfte, bei denen die Veräußerung der Wirtschaftsgüter früher erfolgt als der Erwerb (sog. Leerverkäufe). Auch diese Einnahmen fallen unter die Einkünfte aus Kapitalvermögen (➜ Tz 729 ff.). **970**

Andere Wirtschaftsgüter

[Andere Wirtschaftsgüter ➜ Zeilen 42–49]

Veräußerungsgewinne oder -verluste aus dem Verkauf anderer Wirtschaftsgüter (Zeile 41) innerhalb eines Jahres sind steuerpflichtig. Dazu gehört z. B. der Gewinn aus dem Verkauf eines Tickets für ein Fußballspiel (BFH, Urteil v. 29.10.2019, IX R 10/18, HI13763671, BFH/NV 2020 S. 570). **971**

Für Gegenstände, die als Einkunftsquelle genutzt werden und daraus mindestens in einem Kalenderjahr Einkünfte erzielt wurden, erhöht sich der Spekulationszeitraum auf zehn Jahre.

Auch der Gewinn oder Verlust aus der Veräußerung von Fremd- oder Kryptowährungen (z. B. **Bitcoins**) gehört zu den sonstigen Einkünften aus privaten Veräußerungsgeschäften, sofern Erwerb und Veräußerung innerhalb eines Jahres stattfand. Das gilt auch, wenn erworbene Bitcoins als Zahlungsmittel eingesetzt werden. Der Wert der im Gegenzug erhaltenen Ware oder Dienstleistung ist als Veräußerungspreis anzusetzen (FinMin Hamburg v. 11.12.2017, S 2256 - 2017/003-52). Die Finanzgerichte sind jedoch unterschiedlicher Auffassung. Keine Zweifel an der Handhabung hat das FG Berlin-Brandenburg (Beschluss v. 20.6.2019,13 V 13100/19, HI13390818, rkr.), erhebliche Zweifel hat das FG Nürnberg (Beschluss v. 8.4.2020, 3 V 1239/19, HI13876588, EFG 2020 S. 1074). **972**

Die Veräußerungsgewinne (und -verluste) aus dem Verkauf von Wirtschaftsgütern des alltäglichen Gebrauchs, die nach dem 13.12.2010 erworben wurden, sind nicht steuerpflichtig. Der Begriff „Wirtschaftsgüter des alltäglichen Gebrauchs" ist zwar nicht weiter definiert, hierzu zählen wohl insbesondere Pkw, Fernseher u. a. als Gebrauchsgüter. **973**

Freigrenze

Der Gesamtgewinn aller getätigten relevanten Veräußerungen eines Jahres bleibt steuerfrei, wenn er weniger als 600 € betragen hat. Ein Gewinn von 600 € und mehr wird voll versteuert. **974**

Ehegatten erhalten den Betrag doppelt, wenn jeder Veräußerungsgewinne erzielt hat.

Veräußerungsverluste

[Veräußerungsverluste/Verrechnung ➜ Zeile 52]

Veräußerungsverluste werden zunächst mit Veräußerungsgewinnen saldiert. **975**

Ergibt sich danach ein Gesamtverlust, darf dieser nicht mit anderen erzielten Einkünften verrechnet werden. Auch eine Berücksichtigung im Rahmen des allgemeinen Verlustrück- oder -vortrags nach § 10d EStG (➜ Tz 347) scheidet aus. Allerdings ist ein einjähriger Verlustrücktrag vorzunehmen, sodass Veräußerungsgewinne des Vorjahres gemindert werden. Dieser Verlustrücktrag kann begrenzt werden. Darüber hinaus sind verbleibende

II Kommentierung

Verluste in den Folgejahren mit erzielten Veräußerungsgewinnen gegenzurechnen (= unbegrenzter Verlustvortrag).

Veräußerungsverluste, die in den Jahren bis 2009 nach der Altregelung entstanden sind, können auch mit Gewinnen aus späteren Jahren verrechnet werden.

Die nicht ausgenutzten Verluste sind gesondert festzustellen. Diese Feststellung gilt als Grundlagenbescheid und ist nach Bestandskraft bindend. Sofern die Verluste fehlerhaft festgestellt wurden, kann nur dieser Bescheid im Wege des Einspruchs angegriffen werden. Eine Änderung im Rahmen einer späteren Einkommensteuerveranlagung oder Verlustfeststellung ist nicht möglich. Einzelheiten zum Feststellungsverfahren finden sich unter ➜ Tz 805 und ➜ Tz 957. Die Ausführungen gelten sinngemäß auch für die Verlustfeststellung bei den Veräußerungsverlusten.

17 Anlage G (Einkünfte aus Gewerbebetrieb)

17.1 Überblick über die Einkünfte aus Gewerbebetrieb

Die Einstufung in diese Einkunftsart hat insbesondere Auswirkung auf die Buchführungspflicht und die Gewerbesteuer. Gewerbesteuerpflichtig sind ausschließlich Einkünfte aus Gewerbebetrieb, sodass diese einerseits durch Einkommensteuer und Gewerbesteuer doppelt belastet sind, andererseits aber durch die Anrechnung der Gewerbesteuer bei der Einkommensteuer teilweise wieder entlastet werden (➜ Tz 989). **976**

Zur Verpflichtung, Bücher zu führen bzw. zur Möglichkeit, die Einnahmenüberschussrechnung zu wählen siehe ➜ Tz 978 ff.

Zur Vermeidung von Wiederholungen sind Einzelausführungen zu Betriebseinnahmen und Betriebsausgaben zu Anlage EÜR ab ➜ Tz 1046 zu finden.

Im Einzelnen:

- Firmen-/Dienstwagen ➜ Tz 1048
- Investitionsabzugsbetrag ➜ Tz 1133
- Gemischte Aufwendungen ➜ Tz 1071
- Arbeitsverhältnisse mit Angehörigen ➜ Tz 1079
- Absetzung für Abnutzung (AfA) ➜ Tz 1082
- Steuerberatungskosten ➜ Tz 1105
- Schuldzinsen ➜ Tz 1107
- Geschenke ➜ Tz 1119 ff.
- Bewirtungsaufwendungen ➜ Tz 1124
- Rücklage nach § 6b EStG u. für Ersatzbeschaffung ➜ Tz 1135

17.2 Abgrenzung des Gewerbebetriebs zur selbstständigen Tätigkeit

Zur Abgrenzung der beiden Einkunftsarten ➜ Tz 1016. **977**

17.3 Wahl der Gewinnermittlungsart

Unternehmer, die handelsrechtlich zur Buchführung verpflichtet sind, müssen zusätzlich auch für steuerliche Zwecke Bücher führen (§ 140 AO) und eine Bilanz aufstellen. **978**

Andere gewerbliche Unternehmer, deren Umsätze einschließlich der steuerfreien Umsätze, ausgenommen die Umsätze nach § 4 Nr. 8 bis 10 UStG, mehr als 600.000 € betragen oder deren Gewinn mehr als 60.000 € beträgt, kann das Finanzamt auffordern, zukünftig eine Buchführung zu erstellen (§ 141 Abs. 1 AO).

Die Buchführungspflicht beginnt allerdings erst mit Beginn des Wirtschaftsjahres, das auf die Aufforderung durch das zuständige Finanzamt folgt.

Will ein nicht buchführungspflichtiger Steuerpflichtiger freiwillig Bücher führen, hat er das Wahlrecht erst wirksam ausgeübt, wenn er zeitnah eine Eröffnungsbilanz aufgestellt, eine kaufmännische Buchführung eingerichtet und aufgrund von Bestandsaufnahmen einen Abschluss gemacht hat (BFH, Urteil v. 19.10.2005, XI R 4/04, HI1458079, BFH/NV 2006 S. 407).

979 Solange der Unternehmer keiner gesetzlichen Buchführungspflicht (§ 238 HGB, §§ 140, 141 AO) unterliegt oder nicht freiwillig Bücher führt und Abschlüsse erstellt, kann er zwischen der Einnahmenüberschussrechnung und der Buchführung wählen und somit auch freiwillig Bücher führen. Dabei sind Bestandsvergleich und Einnahmenüberschussrechnung zwei unterschiedliche, aber grds. gleichwertige Gewinnermittlungsmethoden (BFH, Urteil v. 19.3.2009, IV R 57/07, HI2175195, BFH/NV 2009 S. 1298). Das Wahlrecht besteht nicht mehr, wenn tatsächlich Bücher geführt und Abschlüsse gemacht werden. Der Unternehmer kann in diesem Fall nicht die Gewinnermittlung durch Überschussrechnung wählen.

980 Will oder muss der Unternehmer von einer Gewinnermittlungsart zu einer anderen wechseln, muss ein Übergangsgewinn bzw. -verlust berechnet werden. Ein Übergangsgewinn wird im Jahr des Wechsels festgestellt und kann auf bis zu drei Jahre verteilt werden (BFH, Urteil v. 1.10.2015, X R 32/13, HI8745135, BFH/NV 2016 S. 91). Dann ist der Steuerpflichtige für drei Wirtschaftsjahre an diese Art der Gewinnermittlung gebunden. Ein Übergangsverlust ist im Jahr des Wechsels zu versteuern (BFH, Urteil v. 23.7.2013, VIII R 17/10, HI5301678, BFH/NV 2013 S. 1864).

17.4 Ermittlung nachträglicher Einkünfte nach einer Betriebsaufgabe

981 Soweit nach einer **Betriebsaufgabe** (➜ Tz 994 ff.) noch steuerrelevante Ereignisse eintreten, können diese zu nachträglichen Einkünften gem. § 24 Nr. 2 i. V. m. § 2 Abs. 1 Satz 1 Nr. 2 und § 15 EStG führen. Die nachträglichen Einkünfte sind nicht mehr nach den Grundsätzen der Bilanzierung (§ 4 Abs. 1; § 5 EStG), sondern in sinngemäßer Anwendung des § 4 Abs. 3 EStG (➜ Tz 1043 ff.) unter Berücksichtigung des Zu- und Abflussprinzips gem. § 11 EStG zu ermitteln (BFH, Urteil v. 23.2.2012, IV R 31/09, HI3197284, BFH/NV 2012 S. 1448). Dazu gehören auch Einkünfte eines Kassenzahnarztes aus der sog. erweiterten Honorarverteilung der KZV (Schleswig-Holsteinisches FG, Urteil v. 28.2.2014, 5 K 183/11, HI6746756, EFG 2014 S. 1191).

17.5 Besonderheiten

Liebhaberei

982 Voraussetzung für alle Gewinnermittlungsarten ist die **Gewinnerzielungsabsicht.** Diese liegt vor, wenn davon auszugehen ist, dass ein Totalgewinn angestrebt wird. „Totalgewinn“ ist das Gesamtergebnis des Betriebs von der Gründung bis zur Veräußerung, Aufgabe oder Liquidation. Ist nicht von einem Totalgewinn auszugehen, weil aus einer Tätigkeit über einen längeren Zeitraum Verluste erzielt werden, besteht die Vermutung, dass eine **Liebhaberei** vorliegt. Bei einer Liebhaberei können die Verluste nicht mit anderen positiven Einkünften verrechnet werden.

Ist später von einer Gewinnerzielungsabsicht auszugehen, verliert der Betrieb von dem betreffenden Zeitpunkt an seine Eigenschaft als Liebhaberei (BFH, Beschluss v.

16.3.2012, IV B 155/11, HI2953961, BFH/NV 2012 S. 950). Wird ein Betrieb, der als Liebhaberei behandelt wird, veräußert, orientiert sich der Veräußerungsgewinn nicht am tatsächlichen Veräußerungserlös, sondern an dem Wert, den der Betrieb im Zeitpunkt des Übergangs vom steuerlich relevanten Betrieb zum Liebhabereibetrieb hatte (BFH, Urteil v. 11.5.2016, X R 15/15, HI9909008, BFH/NV 2017 S. 96).

Es liegt eine umfangreiche Rspr. zur Abgrenzung der Liebhaberei von der Einkunftserzielungsabsicht vor. Exemplarisch wird auf folgende BFH-Urteile verwiesen: BFH, Urteil v. 15.11.2006, XI R 58/04, HI1681566, BFH/NV 2007 S. 434; BFH, Urteil v. 27.5.2009, X R 62/06, HI2222820, BFH/NV 2009 S. 1793; BFH, Beschluss v. 18.4.2013, VIII B 135/12, HI5070840, BFH/NV 2013 S. 1556.

Gewerblicher Grundstückshandel

Grundsätzlich unterliegt die Veräußerung von Grundstücken keiner Einkunftsart (Ausnahme: Veräußerung im Rahmen der Spekulationsfrist; ➜ Tz 959). Liegen jedoch die Merkmale eines Gewerbebetriebs vor (➜ Tz 976), ist von einem gewerblichen Grundstückshandel auszugehen. Zur Abgrenzung von der privaten Vermögensverwaltung zum gewerblichen Grundstückshandel kommt es wesentlich auf die Dauer der Nutzung vor der Veräußerung und die Zahl der veräußerten Objekte an. **983**

Grundsätzlich gilt die Veräußerung von mehr als drei Objekten innerhalb eines Fünfjahreszeitraums als gewerblich. Hiervon gibt es allerdings Ausnahmen; z. B. werden in die Drei-Objektbetrachtung selbst genutzte Wohnungen, Grundstücke, die durch Erbfolge übergegangen sind, teilentgeltliche Veräußerungen oder Schenkungen an Angehörige nicht einbezogen. Allerdings kann auch der Verkauf von weniger als vier Objekten in zeitlicher Nähe zu ihrer Errichtung zu einer gewerblichen Tätigkeit führen. Auch die unentgeltliche Übertragung des Grundstücks auf die Ehefrau, die ihrerseits dann den Verkauf vornimmt, kann einbezogen werden (BFH, Urteil v. 23.8.2017, X R 7/15, HI11432654, BFH/NV 2018 S. 325). Werden Grundstücke in eine KG eingebracht, an der der Eigentümer der Grundstücke zu 100 % beteiligt ist, kann ein gewerblicher Grundstückshandel vorliegen, sofern die Drei-Objekt-Grenze überschritten ist (BFH, Urteil v. 28.10.2015, X R 22/13, HI8805769, BFH/NV 2016, 325).

Einzelheiten und ein Prüfschema: BMF, Schreiben v. 26.3.2004, IV A 6 – S 2240 – 46/04, BStBl 2004 I S. 434.

Besonders aufpassen müssen Gesellschafter von Personengesellschaften. Denn auch wenn ein Steuerpflichtiger in eigener Person kein einziges Objekt veräußert, kann er allein durch die Zurechnung der Grundstücksverkäufe von Personengesellschaften oder Gemeinschaften einen gewerblichen Grundstückshandel betreiben (BFH, Urteil v. 22.8.2012, X R 24/11, HI3414837, BFH/NV 2012 S. 2068). **984**

Fotovoltaikanlagen

Wer eine **Fotovoltaikanlage** betreibt und den Strom in das öffentliche Netz einspeist, erzielt Einkünfte aus Gewerbebetrieb. Dabei gelten die allgemeinen Grundsätze der Gewinnermittlung. Da diese i. d. R. durch Einnahmenüberschussrechnung ermittelt wird, soll auf ➜ Tz 1037 ff. und ➜ Tz 1161 verwiesen werden (s. a. LfSt Bayern: Download: „Hilfe für den Betrieb von Photovoltaikanlagen"). **985**

Insbesondere kommen auch der Investitionsabzugsbetrag und die damit im Zusammenhang stehende Sonderabschreibung nach § 7g EStG in Betracht. Alles Wichtige ist unter ➜ Tz 1133 zu finden.

Steuerstundungsmodelle

[Steuerstundungsmodelle ➜ Zeile 12]

986 **Verluste** i. Z. m. **Steuerstundungsmodellen** (z. B. Medien-, Leasingsfonds, Schiffsbeteiligungen u. Ä.) sind nicht mit den übrigen Einkünften im Jahr der Verlustentstehung, sondern nur mit Gewinnen aus späteren Vz. aus dem gleichen Steuerstundungsmodell verrechenbar, wenn die prognostizierten Verluste mehr als 10 % des gezeichneten und aufzubringenden oder eingesetzten Kapitals betragen (§ 15b EStG). Zu den Einzelheiten: BMF, Schreiben v. 17.7.2007, IV B 2 – S 2241 – b/07/0001, BStBl 2007 I S. 542.

Existenzgründung

987 **Anlauf- und Gründungskosten,** die vor Beginn der eigentlichen Geschäftstätigkeit anfallen (z. B. Gewerbeanmeldung, Beratungskosten, Miete etc.) sind schon im Zeitpunkt ihrer Entstehung bzw. Bezahlung (je nach Gewinnermittlungsart ➜ Tz 978) regelmäßig als **vorweggenommene Betriebsausgaben** abziehbar. Davon ausgeschlossen sind Kosten, die i. Z. m. der Anschaffung oder Herstellung beweglicher oder unbeweglicher Wirtschaftsgüter stehen.

988 Arbeitslose, die sich selbstständig machen, erhalten ggf. zur Sicherung für ihren Lebensunterhalt nach der Existenzgründung einen **Gründungszuschuss** der Bundesagentur für Arbeit. Der Existenzgründungszuschuss ist nach § 3 Nr. 2 EStG steuerfrei. Andere Gründungszuschüsse (wie z. B. die Meistergründungsprämie NRW) sind bei Einzelunternehmern und Personengesellschaften mangels einer gesetzlichen Befreiung steuerpflichtige Betriebseinnahmen. Die im Rahmen von Gründungswettbewerben ausgezahlten Preisgelder sind umsatzsteuerrechtlich echte – nicht steuerbare – Zuschüsse. Einkommensteuerrechtlich gehören sie zu den Betriebseinnahmen.

17.6 Gewerbesteueranrechnung

[Gewerbesteueranrechnung ➜ Zeile 16 ff.]

989 § 35 EStG gewährt für Einzelunternehmer, Gesellschafter von Personengesellschaften, persönlich haftende Gesellschafter von KGaA und atypisch stille Gesellschafter, die Einkünfte aus Gewerbebetrieb erzielen, eine Steuerermäßigung durch **Anrechnung der Gewerbesteuer auf die Einkommensteuer**. Die Steuerermäßigung ist betriebsbezogen, d. h. für jeden Betrieb bzw. jede Beteiligung getrennt zu ermitteln.

Die Einkommensteuer ermäßigt sich ab 2020 um das 4-Fache des Gewerbesteuermessbetrags (Vorjahre: 3,8-Fache). Dadurch wird erreicht, dass die Gewerbesteuer bei Hebesätzen bis ca. 401 % aufwandsneutral bleibt. Eine Begrenzung erfährt die Anrechnung einerseits durch die Einkommensteuer, die auf die gewerblichen Einkünfte entfällt und andererseits auf die tatsächlich gezahlte Gewerbesteuer. Die Begrenzung des Steuerermäßigungsbetrags nach § 35 Abs. 1 Satz 5 EStG ist betriebsbezogen zu ermitteln (BFH, Urteil v. 20.3.2017, X R 62/14, HI11353607, BFH/NV 2018 S. 108). Dies kann bei mehreren Beteiligungen nachteilig sein.

Der **Ermäßigungshöchstbetrag** berechnet sich nach der folgenden Formel: 990

Summe der positiven gewerblichen Einkünfte × geminderte tarifliche Einkommensteuer/ Summe aller positiven Einkünfte = Ermäßigungshöchstbetrag

Der Abzug des Steuerermäßigungsbetrags ist zusätzlich auf die tatsächlich zu zahlende Gewerbesteuer beschränkt.

Als **geminderte tarifliche Steuer** ist die Einkommensteuer anzusehen, die sich nach Abzug anzurechnender ausländischer Steuern nach § 34c Abs. 1 und 6 EStG sowie nach § 12 AStG ergibt.

Gewerbliche Einkünfte sind einzubeziehen, wenn sie gewerbesteuerpflichtig und nicht 991
von der Anwendung des § 35 EStG ausgeschlossen sind. Einkünfte i.S.d. §§ 16 und 17 EStG gehören grds. nicht dazu. Einzubeziehen sind jedoch die gewerbesteuerpflichtigen Veräußerungsgewinne. Einkünfte aus der Veräußerung oder Aufgabe eines Betriebs oder des gesamten Mitunternehmeranteils sind dann gewerbliche Einkünfte, wenn eine Veräußerung einer 100 %-Beteiligung an einer Kapitalgesellschaft vorliegt oder die Veräußerung nach § 7 Satz 2 GewStG gewerbesteuerpflichtig ist und nicht dem UmwStG unterliegt. Einzelheiten: BMF, Schreiben v. 3.11.2016, IV C 6 – S 2296-a/08/10002:003, BStBl 2016 I S. 1187.

Bei der Ermittlung des Ermäßigungshöchstbetrags sind positive und negative Ergebnisse 992
aus verschiedenen Quellen innerhalb einer Einkunftsart zu saldieren. Bei Ehegatten sind positive Einkünfte des einen Ehegatten nicht mit negativen Einkünften des anderen aus der gleichen Einkunftsart zu verrechnen (BFH, Urteil v. 23.6.2015, III R 7/14, HI8400309, BFH/NV 2015 S. 1482).

Ab 2020 ändert sich die Ermittlung:

Die jeweiligen Gewerbesteuermessbeträge sind für jeden Gewerbebetrieb und für jede Mitunternehmerschaft getrennt zu ermitteln, mit dem Faktor 4 (bisher 3,8) zu vervielfältigen und auf die tatsächlich zu zahlender Gewerbesteuer zu begrenzen. Die so ermittelten Beträge sind zur Berechnung des Ermäßigungshöchstbetrags zusammenzufassen. Auf Antrag kann diese Berechnungsmethode auch schon für 2019 angewandt werden (BMF, Schreiben v. 17.4.2019, IV C 6 – S 2296 – a/17/10004, BStBl I, 2019, 459)

Bei **Personengesellschaften** ist der allgemeine Gewinnverteilungsschlüssel ausschließ- 993
licher Maßstab für die Verteilung des Gewerbesteuermessbetrags sowie der tatsächlich zu zahlender Gewerbesteuer. Vorabgewinne (Tätigkeitsvergütungen oder Zinsen für den einzelnen Gesellschafter) bleiben unberücksichtigt (BFH, Beschluss v. 7.4.2009, IV B 109/08, HI2171818, BFH/NV 2009 S. 118; BMF, Schreiben v. 3.11.2016, IV C 6 – S 2296-a/08/10002:003, BStBl 2016 I S. 1187).

Bei Mitunternehmerschaften ist der Betrag des Gewerbesteuermessbetrags, die tatsächlich zu zahlende Gewerbesteuer und der auf die einzelnen Gesellschafter entfallende Anteil gesondert und einheitlich festzustellen. Damit liegt ein Grundlagenbescheid vor, der nur bei dem hierfür zuständigen Finanzamt, nicht aber im Rahmen der Einkommensteuerveranlagung des Gesellschafters, anfechtbar ist.

17.7 Veräußerungsgewinn

994 **Betriebsaufgabe** und **Betriebsveräußerung** werden weitgehend gleich behandelt (§ 16 Abs. 3 Satz 1 EStG). Der hierbei erzielte Gewinn bzw. Verlust gehören zu den Einkünften aus Gewerbebetrieb, aus Land- und Forstwirtschaft oder selbstständiger Arbeit. Der Gewinn ist aber bei Vorliegen bestimmter Tatbestandsmerkmale steuerlich begünstigt.

995 **Folgen der Betriebseinstellung**

	ruhender Geschäftsbetrieb	**Betriebsverpachtung des gesamten Betriebs**	**Betriebsveräußerung oder -aufgabe**
Aufgabegewinn	nein	nein	ja, ggf. Begünstigung nach §§ 16, 34 EStG
laufende Einkünfte	Einkünfte aus Gewerbebetrieb § 15 EStG	Einkünfte aus Gewerbebetrieb § 15 EStG	nur nach Betriebsaufgabe: Einkünfte aus V+V § 21 EStG
Gewerbesteuer	ja	nein	nein

996 Die Betriebsaufgabe liegt vor, wenn alle wesentlichen Grundlagen des Betriebs in einem einheitlichen Vorgang und innerhalb kurzer Zeit veräußert oder in das Privatvermögen überführt werden. Dieses kann sich über einen längeren Zeitraum erstrecken, wenn alles auf einem einheitlichen Aufgabeentschluss beruht (BFH, Urteil v. 3.9.2009, IV R 61/06, HI2276850, BFH/NV 2010 S. 404).

Auch die Aufgabe oder Veräußerung eines Teilbetriebs fällt unter die Vorschrift.

Zu den wesentlichen Betriebsgrundlagen gehören Wirtschaftsgüter des Anlagevermögens, die zur Erreichung des Betriebszwecks erforderlich sind und ein besonderes wirtschaftliches Gewicht für die Betriebsführung besitzen (BFH, Urteil v. 18.8.2009, X R 20/06, HI2251556, BFH/NV 2010 S. 92), aber auch solche, in denen erhebliche stille Reserven enthalten sind. Damit sind Grundstücke und Gebäude fast immer wesentliche Betriebsgrundlagen.

Keine Betriebsaufgabe liegt bei einer **unentgeltlichen Betriebsübertragung**, Betriebsverlegung oder -unterbrechung vor. Bei der **Betriebsunterbrechung** handelt es sich um eine nur vorübergehende Betriebsstillegung.

997 Neben der Übertragung der wesentlichen Betriebsgrundlagen ist die Beendigung der bisherigen gewerblichen Tätigkeit Voraussetzung für das Vorliegen einer begünstigten Betriebsaufgabe i. S. v. § 16 EStG. Bei der Veräußerung einer freiberuflichen Praxis ist es unschädlich, wenn einzelne Mandate zurückbehalten werden, auf die in den letzten drei Jahren weniger als 10 % der gesamten Einnahmen entfielen. Eine starre zeitliche Grenze, nach der die Tätigkeit steuerunschädlich wieder aufgenommen werden kann, besteht nicht. Auch eine geringfügige Fortführung der bisherigen freiberuflichen Tätigkeit steht der Annahme einer begünstigten Praxisveräußerung nicht entgegen und zwar auch dann nicht, wenn sie die Betreuung neuer Mandate umfasst (BFH, Beschluss v. 11.2.2020, VIII B 131/19, HI13702155, BFH/NV 2020 S. 507).

Offen ist, ob diese Grundsätze auf die Veräußerung eines Gewerbebetriebs übertragbar sind; unschädlich ist jedenfalls die spätere Tätigkeit des Veräußerers für den Erwerber (BFH, Urteil v. 17.7.2008, X R 40/07, HI2069155, BFH/NV 2008 S. 2099).

Verpachtet ein Unternehmer den **ganzen Betrieb**, mindestens die wesentlichen Betriebsgrundlagen, hat er das Wahlrecht, die Betriebsaufgabe zu erklären oder den Betrieb als ruhenden Betrieb fortzuführen. Bei Erklärung der Betriebsaufgabe liegen zukünftig Einkünfte aus V+V vor, anderenfalls weiterhin Einkünfte aus der bisher erzielten Einkunftsart (z.B. Gewerbebetrieb). Die Aufgabeerklärung ist zeitnah gegenüber dem Finanzamt abzugeben. Die Erklärung der Aufgabe eines verpachteten Betriebs muss klar und eindeutig sein. Die Entscheidung muss unmissverständlich zum Ausdruck kommen. Das kann, insbesondere bei nachträglichen Mitteilungen z.B. im Rahmen der Steuererklärung, problematisch sein (BFH, Urteil v. 3.4.2014, X R 16/10, HI6787152, BFH/NV 2014 S. 1038). **998**

Als Sonderformen der Betriebsaufgabe kommen in Betracht: **999**

- Übergang zur Liebhaberei (s. dazu auch → Tz 982)
- Entstrickung durch Verlagerung des Betriebs ins Ausland (§ 16 Abs. 3a EStG)
- Veräußerung eines Mitunternehmeranteils
- Realteilung i.S.v. § 16 Abs. 3 Sätze 2–4 EStG

[Veräußerungsgewinn → Zeilen 31 ff.]

Der Gewinn oder Verlust aus der **Veräußerung oder Aufgabe des Betriebes** (oder Teilbetriebs) wirkt sich auf die Einkommensteuer aus, soweit er auf eine natürliche Person entfällt, i.d.R. jedoch nicht auf die Gewerbesteuer (§ 7 Satz 2 GewStG). Veräußerungsgewinn ist der Betrag, um den der Veräußerungspreis nach Abzug der Veräußerungskosten den Wert des Betriebsvermögens übersteigt (§ 16 Abs. 2 EStG). **1000**

Nachträgliche Änderungen des Veräußerungspreises für den Verkauf eines Gewerbebetriebs wirken steuerrechtlich stets auf den Zeitpunkt der Veräußerung zurück (BFH, Urteil v. 19.7.1993, GrS 2/92, HI64490, BStBl 1996 II S. 369). Das ist z.B. der Fall, wenn die gestundete Kaufpreisforderung für die Veräußerung eines Gewerbebetriebs zu einem nach der Veräußerung liegenden Zeitpunkt, insbesondere in einem späteren Vz., ganz oder teilweise uneinbringlich wird. **1001**

Ebenso ist der Fall zu beurteilen, wenn sich der Veräußerungspreis aufgrund einer Vertragsklausel nachträglich ändert.

[Veräußerungsfreibetrag → Zeile 31]

Hat der Steuerpflichtige im Zeitpunkt der Veräußerung des Betriebs das 55. Lebensjahr vollendet (BFH, Urteil v. 28.11.2007, X R 12/07, HI1852898, BFH/NV 2008 S. 288) oder ist er dauernd berufsunfähig, so erhält er auf Antrag einen Freibetrag von 45.000 €. Der **Freibetrag** wird nur einmal im Leben gewährt. Ist der Veräußerungsgewinn höher als 136.000 €, mindert sich der Freibetrag um den Betrag, der den Betrag von 136.000 € übersteigt (§ 16 Abs. 4 Satz 3 EStG). **1002**

Veräußerungsgewinne gelten als außerordentliche Einkünfte, die entweder nach der „Fünftel-Regelung“ (→ Tz 1004) oder mit dem ermäßigten Steuersatz (→ Tz 1003) zu besteuern sind (§ 34 Abs. 2 und 3 EStG).

[Besteuerung mit dem ermäßigten Steuersatz → Zeile 35 bzw. 40]

1003 Der ermäßigte Steuersatz beträgt 56 % des Durchschnittssteuersatzes (mindestens jedoch 14 %). Die ermäßigte Besteuerung ist auf Gewinne bis zu 5.000.000 € begrenzt (§ 34 Abs. 3 EStG; R 34.5 EStR 2012). Auch diese Vergünstigung wird nur für einen Veräußerungsvorgang im Leben gewährt.

Besteuerung nach der Fünftel-Regelung

1004 Soweit der ermäßigte Steuersatz nach § 34 Abs. 3 EStG nicht in Betracht kommt, wird die **„Fünftel-Regelung"** angewandt. Dazu wird dem sonstigen z.v.E. ein Fünftel des Veräußerungsgewinnes zugerechnet. Die Steuer, die auf diesen Teil entfällt, wird mit 5 multipliziert und der Einkommensteuer für die laufenden Einkünfte zugerechnet (§ 34 Abs. 1 EStG; R 34.2 EStR 2012).

1005 **Veräußerungsrente**

Wird der Gewerbebetrieb gegen wiederkehrende Bezüge (Rente) veräußert, kann der Veräußerer zwischen der Sofortbesteuerung und der Zuflussbesteuerung wählen. Bei der Sofortbesteuerung sind die §§ 16, 34 EStG anwendbar. Bei der Zuflussbesteuerung stellen die Rentenzahlung – incl. des Zinsanteils – nachträgliche Betriebseinnahmen i.S. des § 24 Nr. 2 i.Z.m. § 15 Abs. 1 EStG dar. Weder der Veräußerungsfreibetrag noch die Besteuerung mit dem ermäßigten Steuersatz kommen zur Anwendung (BFH, Urteil v. 5.11.2019, X R 12/17, HI13696767, BFH/NV 2020 S. 405).

17.8 Veräußerung von Anteilen an Kapitalgesellschaften

[Veräußerungsgewinne von Anteilen an Kapitalgesellschaften → Zeile 44]

1006 Zu den Einkünften aus Gewerbebetrieb gehört auch der Gewinn aus der **Veräußerung von Anteilen an einer Kapitalgesellschaft** (z.B. GmbH), wenn der Veräußerer irgendwann innerhalb der letzten fünf Jahre am Kapital der Gesellschaft unmittelbar oder mittelbar zu mindestens 1 % qualifiziert beteiligt war (§ 17 EStG; früher „wesentliche Beteiligung"). § 17 EStG greift also auch dann, wenn der Beteiligungsumfang zum Zeitpunkt der Veräußerung nicht mehr als 1 % beträgt, aber im Fünfjahreszeitraum eine Beteiligung von mindestens 1 % vorgelegen hat. Steuerpflichtig ist auch der Verkauf eines Anteils von weniger als 1 %.

1007 § 17 EStG geht den §§ 20 und 22, 23 EStG vor (→ Tz 729, → Tz 780 ff.). Wesentliche Bedeutung hat diese Reihenfolge für die Anrechnung von Verlusten. Verluste aus § 17 EStG unterliegen nicht der Verlustverrechnungsbeschränkung nach § 20 Abs. 6 EStG.

1008 Der Gewinn aus der Veräußerung einer nicht qualifizierten Beteiligung an einer Kapitalgesellschaft ist auch dann nach § 17 Abs. 1 Satz 1 EStG zu erfassen, wenn der Gesellschafter die Beteiligung erst neu erworben hat, nachdem er zuvor innerhalb des Fünfjahreszeitraums eine qualifizierte Beteiligung insgesamt veräußert hat und somit vorübergehend überhaupt nicht an der Kapitalgesellschaft beteiligt war (BFH, Urteil v. 20.4.1999, VIII R 58/97, HI55206, BFH/NV 1999 S. 1154).

1009 Eine **Schenkung** ist keine Veräußerung i.S.d. § 17 Abs. 1 Satz 1 EStG.

Nach § 17 Abs. 1 Satz 4 EStG entsteht eine Steuerpflicht nach § 17 EStG jedoch auch dann, wenn der Veräußerer zwar nicht selbst innerhalb der Fünfjahresfrist zu mindestens 1 %

beteiligt war, aber die Anteile unentgeltlich erworben und der Rechtsvorgänger die Voraussetzungen des § 17 EStG erfüllt hat.

Eine Veräußerung kann auch vorliegen, wenn der Kaufpreis zwischen fremden Dritten wegen Wertlosigkeit des Anteils 0 € beträgt. Das gilt bei nahestehenden Personen aber nur dann, wenn der übertragene Anteil sowohl objektiv als auch in den Augen der Vertragsparteien wertlos ist (BFH, Urteil v. 3.8.2016, IX R 23/15, HI10109649, BFH/NV 2017 S. 289).

Der Veräußerungsgewinn unterliegt dem Teileinkünfteverfahren (§ 3 Nr. 40 Satz 1 EStG) **1010**
und wird nur mit 60 % dem Einkommen zugerechnet. Das gilt auch, wenn durch die Beteiligung keinerlei Einnahmen erzielt wurden (BFH, Urteil v. 29.5.2018, IX R 40/17, HI11844756, BFH/NV 2018 S. 944).

Für den steuerpflichtigen Teil des Veräußerungsgewinns sieht § 17 Abs. 3 EStG einen Veräußerungsfreibetrag vor. Dieser beträgt 9.060 € bei einer 100%igen Beteiligung. Bei einem geringeren Anteil wird der Freibetrag anteilig gewährt (z.B. bei einer 30%igen Beteiligung 2.718 €). Der Freibetrag wird um den Betrag gekürzt, um den der Veräußerungsgewinn den Teil von 36.100 € übersteigt, der dem veräußerten Anteil an der Kapitalgesellschaft entspricht.

[Veräußerungsverluste bei Anteilen an Kapitalgesellschaften → Zeile 45]

Verluste aus der Veräußerung von Anteilen an Kapitalgesellschaften, die unter § 17 **1011**
EStG fallen, sind ebenso steuerwirksam. Zu beachten ist in jedem Fall, dass durch das Teileinkünfteverfahren Verluste aus der Aufgabe oder Veräußerung von Anteilen nur zu 60 % steuerlich geltend gemacht werden können (§ 3c Abs. 2 EStG).

Eine Veräußerung ist nicht von der Höhe der Gegenleistung und der anfallenden Veräuße- **1012**
rungskosten abhängig. Damit ist auch die Überlassung wertloser Anteile zwischen fremden Dritten ohne Gegenleistung steuerlich wirksam (BFH, Urteil v. 12.6.2018, VIII R 32/16, HI12034035, BFH/NV 2018 S. 1184). Auch die ersatzlose Ausbuchung endgültig wertlos gewordener Aktien durch die das Depot führende Bank führt als „ausbleibende Rückzahlung" zu einem einkommensteuerlich berücksichtigungsfähigen Verlust aus Kapitalvermögen (FG Rheinland-Pfalz, Urteil v. 12.12.2018, 2 K 1952/16, HI12617378, EFG 2019 S. 365, Revision beim BFH Az. VIII R 5/19). Das gilt auch für sog. „Knock-out-Zertifikate" (BFH, Urteil v. 20.11.2018, VIII R 37/15, HI12982458, BFH/NV 2019 S. 450).

Ein Verlust ist auch zu berücksichtigen, wenn dem Gesellschafter bei Liquidation der Gesellschaft keine oder nur geringere Liquidationserlöse zufließen, als er an AK für die Anteile aufgewandt hat.

Im Insolvenzverfahren über das Vermögen einer GmbH ist der Auflösungsverlust i.S.v. § 17 Abs. 4 EStG regelmäßig erst mit Abschluss des Insolvenzverfahrens realisiert (BFH, Urteil v. 25.1.2000, VIII R 63/98, HI425226, BFH/NV 2000 S. 1029; BFH, Beschluss v. 10.2.2009, IX B 196/08, HI2136758, BFH/NV 2009 S. 761) und nicht schon bei dessen Eröffnung (BFH, Urteil v. 13.3.2018, IX R 38/16, HI11758173, BFH/NV 2018 S. 721), es sei denn, dass aufgrund des Inventars oder der Insolvenzeröffnungsbilanz mit an Sicherheit grenzender Wahrscheinlichkeit damit zu rechnen ist, dass das Vermögen der Gesellschaft die Schulden nicht mehr decken wird (BFH, Beschluss v. 5.1.2005, VIII B 57/03, HI1332187).

Die Verluste sind nach § 3c Abs. 2 EStG aber nur zu 60 % abzugsfähig (BFH, Urteil v. 6.5.2014, IX R 19/13, HI7012944, BFH/NV 2014 S. 1441). Das gilt auch dann, wenn durch die Beteiligung zwar keine Einnahmen erzielt wurden, aber mit Einnahmeerzielungsabsicht gehandelt wurde (BFH, Urteil v. 2.9.2014, IX R 43/13, HI7537172, BFH/NV 2015 S. 379).

Ein Veräußerungsverlust ist nicht zu berücksichtigen (§ 17 Abs. 2 Satz 6a) EStG), soweit er auf Anteile entfällt, die der Steuerpflichtige innerhalb der letzten fünf Jahre unentgeltlich erworben hat.

Dies gilt nicht, soweit der Rechtsvorgänger anstelle des Steuerpflichtigen den Veräußerungsverlust hätte geltend machen können.

1013 Wurden die Anteile entgeltlich erworben und haben sie nicht innerhalb der gesamten letzten fünf Jahre zu einer qualifizierten Beteiligung des Steuerpflichtigen gehört, können die Veräußerungsverluste für innerhalb der letzten fünf Jahre erworbene Anteile nur dann geltend gemacht werden (§ 17 Abs. 2 Satz 6b) EStG), wenn der Erwerb entweder

- zur Begründung einer qualifizierten Beteiligung des Steuerpflichtigen geführt hat oder
- nach Begründung der Beteiligung erfolgte.

1014 Durch das JStG 2019 wurde der Anschaffungskostenbegriff in § 17 Abs. 2a EStG neu geregelt. Dieser ist auf Veräußerungen nach dem 31.7.2019 anzuwenden, auf Antrag auch früher. AK sind alle Aufwendungen, die der Steuerpflichtige zum Erwerb des Anteils aufwenden muss. Dazu gehören neben dem Kaufpreis die Anschaffungsnebenkosten (z. B. Notargebühren) und die nachträglichen AK z. B. offene oder verdeckte Einlagen, Darlehensverluste oder Ausfälle von Bürgschaften. Für die beiden letzteren gilt dies, soweit die Gewährung oder das Stehenlassen in der Krise der Gesellschaft gesellschaftsrechtlich veranlasst war. Dieses ist gegeben, wenn ein fremder Dritter die Mittel bei sonst gleichen Umständen zurückgefordert oder nicht gewährt hätte (unübliche Konditionen).

1015 **Schuldzinsen** für die Anschaffung einer im Privatvermögen gehaltenen wesentlichen Beteiligung, die auf Zeiträume nach der Veräußerung der Beteiligung entfallen, können ab Vz. 2009 gem. § 20 Abs. 9 Satz 1 EStG nicht als nachträgliche WK bei den Einkünften aus Kapitalvermögen abgezogen werden (BFH, Urteil v. 21.10.2014, VIII R 48/12, HI7599508, BFH/NV 2015 S. 552).

18 Anlage S (Einkünfte aus selbstständiger Arbeit)

18.1 Abgrenzung des Gewerbebetriebs zur selbstständigen Arbeit

§ 18 EStG bestimmt, wer Einkünfte aus selbstständiger Arbeit bezieht. Wer nicht hierunter fällt, bezieht Einkünfte aus Gewerbebetrieb. Zu der Einkunftsart „Selbstständige Tätigkeit" gehören insbesondere die Berufsbilder Freiberufler und sonstige selbstständig Tätige. 1016

Typisch für **Freiberufler** ist 1017

- die selbstständige Ausübung einer **wissenschaftlichen, künstlerischen, schriftstellerischen, unterrichtenden oder erzieherischen Tätigkeit**. Maler, Bildhauer, Komponisten, Dichter, Pianisten, Sänger und Schauspieler üben i.d.R. eine künstlerische Tätigkeit aus. Eine schriftstellerische Tätigkeit liegt vor, wenn es sich bei dem für die Öffentlichkeit Geschriebenen um den Ausdruck eigener Gedanken handelt. Der „Schriftsteller" muss kein Dichter oder Gelehrter sein.
  Eine unterrichtende Tätigkeit liegt immer dann vor, wenn der Unterricht darauf abgestimmt ist, Menschen Fähigkeiten zu vermitteln. Beispiele: Erteilung von Tanz-, Koch-, Turn-, Schwimm-, Reit-, Sprach-, Musik-, Zeichen-, Fahr- oder Nachhilfeunterricht. Beinhaltet eine Tätigkeit unterrichtende, aber auch gewerbliche Elemente, führt dies nur zu freiberuflichen Einkünften, wenn die Gesamttätigkeit von der unterrichtenden Betätigung dominiert wird (FG Münster, Urteil v. 17.12.2010, 4 K 3554/08 G, HI2604253).
- die Ausübung eines sog. **Katalogberufs**, z.B. Heilberufe: **Arzt**, Zahn-, Tierarzt, Heilpraktiker, Krankengymnast, rechts-/wirtschaftsberatende Berufe (Rechts-, Patentanwalt, Notar, Wirtschaftsprüfer, Steuerberater, -bevollmächtigter, vereidigter Buchprüfer, beratende Volks- und Betriebswirte); naturwissenschaftliche Berufe (Architekt, Ingenieur, Handelschemiker), Vermittler von geistigen Gütern und Informationen (Journalist, Bildberichterstatter, Dolmetscher, Übersetzer), Lotsen. 1018
- die Ausübung eines einem Katalogberuf **ähnlichen Berufs:** Die Ausübung eines einem Katalogberuf ähnlichen Berufs wird ebenfalls als freiberufliche Tätigkeit eingestuft. Ein ähnlicher Beruf ist nicht nur bei staatlicher Ausbildung und Prüfung gegeben. Fehlen gesetzliche Regelungen in dieser Hinsicht, kann durch eine vergleichbare Ausbildung und eine Zulassung trotzdem ein ähnlicher Beruf vorliegen (BFH, Urteil v. 22.1.2004, IV R 51/01, HI1148154, BFH/NV 2004 S. 884). Zur Vergleichbarkeit mit einem Katalogberuf von Heil- oder Heilhilfsberufen siehe BMF, Schreiben v. 20.11.2019, IV C 6 -S 2246/19/10001, BStBl 2019 I S. 1298. 1019

Als **sonstige selbstständige Tätigkeiten** gelten die 1020

- Tätigkeit als Testamentsvollstrecker oder Nachlasspfleger,
- Tätigkeit als Vermögens-, Zwangs-, Insolvenz-, Vergleichs- oder Hausverwalter und
- Tätigkeit im Aufsichtsrat, Verwaltungsrat oder Beirat.

Auch Einkünfte von Berufsbetreuern und Verfahrenspflegern gehören dazu (BFH, Urteil v. 15.6.2010, VIII R 10/09, HI2370358, BFH/NV 2010 S. 1903; BFH, Urteil v. 15.6.2010,

II Kommentierung

VIII R 14/09, HI2370359, BFH/NV 2010 S. 1905). Selbstständig tätige **Prostituierte** erzielen dagegen Einkünfte aus Gewerbebetrieb (BFH, Beschluss v. 20.2.2013, GrS 1/12, HI3721624, BFH/NV 2013 S. 1029) und unterliegen der Gewerbesteuer.

1021 Eine freiberufliche Tätigkeit kann nur derjenige ausüben, der aufgrund eigener Fachkenntnisse leitend und eigenverantwortlich tätig wird. Die Beschäftigung von Hilfskräften (Sekretärin etc.) ist unschädlich. Werden fachlich vorgebildete **Mitarbeiter** beschäftigt, ist dies unschädlich, solange der Betriebsinhaber seine Arbeitskraft so einsetzt, dass er die uneingeschränkte fachliche Verantwortung für sämtliche Arbeiten übernehmen kann (BFH, Urteil v. 14.5.2019, VIII R 35/16, HI13367096, BFH/NV 2019 S. 1163).

Zu einer Einstufung als Gewerbebetrieb kam es früher, wenn Mitarbeiter in unüblich großem Umfang beschäftigt werden. Der BFH hat dies eingeschränkt. Solange der Inhaber persönlich mitarbeitet, leitend und eigenverantwortlich tätig wird, bleibt es bei Einkünften aus selbstständiger Tätigkeit (BFH, Urteil v. 26.1.2011, VIII R 3/10, HI2659407, BFH/NV 2011 S. 899). Das gilt auch wenn ein selbstständiger Arzt die Voruntersuchungen durchführt und die Behandlungsmethode festlegt, während die Behandlung durch angestellte Ärzte erfolgt (BFH, Urteil v. 16.7.2014, VIII R 41/12, HI7537171, BFH/NV 2015 S. 376).

1022 Wenn sich Freiberufler (z.B. Ärzte, Rechtsanwälte, Architekten etc.) zu einer **Gesellschaft** des bürgerlichen Rechts oder einer Partnerschaftsgesellschaft zusammenschließen, erzielen sie weiterhin Einkünfte aus selbstständiger Arbeit. Die Einkünfte einer Freiberufler-GbR werden aber insgesamt gewerblich, wenn diese auch Vergütungen aus Leistungen erzielt, die in nicht unerheblichem Umfang ohne leitende und eigenverantwortliche Beteiligung der Mitunternehmer-Gesellschafter erbracht werden (BFH, Urteil v. 3.11.2015, VIII R 62/13, HI9177169, BFH/NV 2016 S. 833).

Gleiches gilt, wenn in einer Gemeinschaftspraxis oder **Sozietät** außer der freiberuflichen Tätigkeit auch noch gewerbliche Tätigkeiten ausgeübt werden (z.B. Verkauf von Kontaktlinsen durch Augenärzte, von Tierarzneimitteln durch Tierärzte). Dann gilt die gesamte gemeinschaftliche Tätigkeit als Gewerbebetrieb (sog. „**Abfärberegelung**“). Ausgenommen sind gewerbliche Tätigkeiten von untergeordneter Bedeutung, d.h., wenn die gewerblichen Umsätze eine Bagatellgrenze i.H.v. 3 % der Gesamtnettoumsätze und zusätzlich den Betrag von 24.500 € im Vz. nicht übersteigen (BFH, Urteil v. 27.8.2014, VIII R 6/12, HI7599514, BFH/NV 2015 S. 597).

18.2 Gewinnermittlung

1023 Personen oder Personenvereinigungen, die Einkünfte aus selbstständiger Tätigkeit nach § 18 EStG erzielen, sind regelmäßig nicht buchführungspflichtig. Sie können damit als Gewinnermittlungsart die **Einnahmenüberschussrechnung** wählen. Allerdings besteht dieses **Wahlrecht** nicht mehr, wenn tatsächlich Bücher geführt und Abschlüsse gemacht werden (➔ Tz 978 ff.).

Eine **Personengesellschaft** mit freiberuflichen Einkünften, die keine Bücher führen muss und auch nicht freiwillig Bücher führt, muss den Gewinn im Gesamthandsbereich und in den Sonderbereichen der einzelnen Gesellschafter einheitlich nach § 4 Abs. 3 EStG ermitteln.

Einzelheiten zur Einnahmenüberschussrechnung siehe Anlage EÜR (➔ Tz 1037 ff.).

18.3 Außerordentliche Einkünfte

Auch Freiberufler können außerordentliche Einkünfte beziehen, die nach § 34 EStG ermäßigt besteuert werden (➜ Tz 1004). 1024

Einnahmen sind den außerordentlichen Einkünften zuzuordnen, wenn

- der Steuerpflichtige sich während mehrerer Jahre ausschließlich einer bestimmten Sache gewidmet und die Vergütung dafür in einem einzigen Vz. erhalten hat,
- eine sich über mehrere Jahre erstreckende Sondertätigkeit, die von der übrigen Tätigkeit des Steuerpflichtigen ausreichend abgrenzbar ist und nicht zum regelmäßigen Gewinnbetrieb gehört, in einem einzigen Vz. entlohnt wird,
- eine einmalige Sonderzahlung für langjährige Dienste aufgrund einer arbeitnehmerähnlichen Stellung geleistet wird oder
- eine Vergütung für eine mehrjährige Tätigkeit aufgrund einer vorausgegangenen rechtlichen Auseinandersetzung zusammengeballt zufließt. Das kann auch für Steuererstattungen gelten (BFH, Urteil v. 25.9.2014, III R 5/12, HI7454532, BFH/NV 2015 S. 104).

Für die Anwendung der bei außerordentlichen Einkünften vorgesehenen Tarifermäßigung reicht es nach ständiger Rspr. des BFH aber grds. nicht aus, dass ein freiberuflich tätiger Steuerpflichtiger für eine mehrjährige Tätigkeit ein berufsübliches Honorar erhält (BFH, Urteil v. 30.1.2013, III R 84/11, HI3660142, BFH/NV 2013 S. 829).

18.4 Veräußerungsgewinn

[Betriebsveräußerung ➜ Zeilen 31 ff.]

Siehe weitere Ausführungen zum **Veräußerungsgewinn** unter ➜ Tz 994 ff. und ➜ Tz 981 zur Anlage G wegen nachträglicher Einkünfte. 1025

18.5 Nebeneinkünfte

[Freibeträge für Nebeneinkünfte ➜ Zeilen 46, 47]

Für Nebeneinkünfte können teilweise Freibeträge gewährt werden: 1026

- **Übungsleiterfreibetrag:** 2.400 € (➜ Tz 1027)
- **Ehrenamtspauschale:** 720 € (➜ Tz 1031)
- Freibetrag für **ehrenamtliche Betreuer:** 2.400 € (➜ Tz 1034)
- steuerfreie Bezüge von Ratsmitgliedern und anderen ehrenamtlichen Tätigkeiten (➜ Tz 1036)

Steuerbefreiung für Übungsleiter, Ausbilder, Erzieher

Nebenberufliche Tätigkeiten bleiben bis zu 2.400 € pro Jahr steuerfrei (§ 3 Nr. 26 EStG): 1027

- bei **Übungsleitern**, Ausbildern, Erziehern, Betreuern oder vergleichbaren Tätigkeiten; Pflege alter, kranker oder behinderter Menschen oder künstlerischer Tätigkeit;
- im Dienst bzw. Auftrag einer inländischen juristischen Person des öffentlichen Rechts oder einer gemeinnützigen, mildtätigen oder kirchlichen Zwecken dienenden Einrichtung. Es handelt sich somit insbesondere um Tätigkeiten für die Kammern (z. B. IHK, Steuerberaterkammer, Sparkassenverbände), Kirchen, Universitäten, Volkshochschulen, gemeinnützige

Vereine, Wohlfahrtsverbände. Das gilt auch auf für vergleichbare Organisationen im Ausland (BFH, Urteil v. 22.7.2008; VIII R 101/02, HI2034516, BFH/NV 2008 S. 174).

Bei Vortragenden müssen die Themen der Fortbildung dienen, sie dürfen nicht allgemeiner Art sein (FG Köln, Urteil v. 19.10.2017, 15 K 2006/16, HI11526539). Erhalten Feuerwehrleute eine Entschädigung für ihre ehrenamtliche Tätigkeit, ist 1/3 (mind. 200 €) nach § 3 Nr. 12 EStG steuerfrei. Zusätzlich kommt für Ausbilder noch die Steuerbefreiung nach § 3 Nr. 26 EStG in Betracht. Der Umfang der Steuerfreiheit ist davon abhängig, ob die Vergütung auch einen Ausbildungsanteil enthält. Für Zug- und Gruppenführer beträgt dieser z. B. 80 %, für Jugendfeuerwehrwarte und Sicherheitsbeauftragte 100 % (FinMin Mecklenburg-Vorpommern, Erlass. v. 27.9.2017, IV 301 – S 2337 – 10/96 – 004; FM Nordrhein-Westfalen, Erlass. v. 3.12.2013, S 2337 – 32 – V B 3). Vergütungen für Fahrer/Beifahrer im **Behindertenfahrdienst** fallen zu 50 % unter § 3 Nr. 26 EStG, nicht jedoch solche für Helfer der **Mahlzeitendienste**. Diese können den Freibetrag nach § 3 Nr. 26a EStG in Anspruch nehmen. Auch Fahrer, die nebenberuflich für eine Einrichtung der teilstationären Tagespflege im Fahrdienst tätig sind, können die Steuerbefreiung nach § 3 Nr. 26 EStG geltend machen (FG Baden-Württemberg, Urteil v. 8.3.2018, 3 K 888/16, HI11653299, rkr., EFG 2018 S. 1058).

Ehrenamtlichen rechtlichen Betreuern, Vormündern und Pflegern (§ 1835a BGB, § 1908i und § 1915 BGB) wird eine Steuerbefreiung nach § 3 Nr. 26b EStG (➜ Tz 1034) gewährt. Weitere Einzelheiten zu diversen Tätigkeiten ergeben sich aus R 3.26 LStR 2015 sowie der Stellungnahme der OFD Frankfurt/M. v. 22.3.2018, S 2245 A – 2 – St 213. S. auch BMF, Schreiben v. 21.11.2014, IV C 4 – S 2121/07/0010:032, BStBl 2014 I S. 1581.

Die nach § 3 Nr. 26 EStG und § 3 Nr. 26a EStG steuerfreien Einnahmen sind auch sozialversicherungsfrei (§ 14 SGB IV).

1028 Eine nebenberufliche Tätigkeit liegt vor, wenn diese nicht mehr als 1/3 der Arbeitszeit eines vergleichbaren Vollzeiterwerbs in Anspruch nimmt. Auf die Höhe der Vergütung kommt es hierbei nicht an. Es ist nicht erforderlich, dass noch eine andere (Haupt-)Tätigkeit ausgeübt wird.

1029 TIPP

Verlustberücksichtigung

Auch ein Verlust kann steuerlich geltend gemacht werden, sofern die Tätigkeit mit Einkünfteerzielungsabsicht ausgeübt wird. Unabhängig von den Motiven, aus denen der Einzelne einer Beschäftigung nachgeht, ist eine Gewinn-/Überschusserzielungsabsicht dann anzunehmen, wenn in der Regel Überschüsse aus der Beschäftigung tatsächlich erzielt werden. Das gilt auch dann, wenn die Einnahmen den Freibetrag nach § 3 Nr. 26 EStG i. H. v. 2.400 € pro Jahr nicht übersteigen. Umgekehrt ist von dem Fehlen einer Gewinn-/Überschusserzielungsabsicht dann auszugehen, wenn die Einnahmen in Geld oder Geldeswert lediglich dazu dienen, in pauschalierender Weise die tatsächlichen Selbstkosten zu decken (BFH, Urteil v. 20.12.2017, III R 23/15, HI11632803, BFH/NV 2018 S. 672; BFH, Urteil v. 20.11.2018, VIII R 17/16, HI13056640, BFH/NV 2019 S. 614).

1030 Keine begünstigte Nebentätigkeit liegt vor, wenn diese und die Haupttätigkeit für denselben Arbeitgeber in einem sachlichen und wirtschaftlichen Zusammenhang stehen. Das ist der Fall, wenn die zu erfüllenden Aufgaben beider Tätigkeiten sich entsprechen und diese für denselben Dienstherrn ausgeübt werden oder die Nebentätigkeit faktische oder rechtliche Verpflichtung aus der Haupttätigkeit ist (BFH, Beschluss v. 11.12.2017, VI B 75/17, HI11456714, BFH/NV 2018 S. 337). Das gilt selbst dann, wenn die Tätigkeit Ausfluss der hauptberuflichen Fähigkeiten ist, auch wenn keine Verpflichtung dazu vorlag und eine Anzeigepflicht für „Nebentätigkeiten" bestand (FG Köln, Urteil v. 19.10.2017, 15 K 2006/16, HI11526539).

Freibetrag für Einnahmen aus nebenberuflichen Tätigkeiten

Der Freibetrag des § 3 Nr. 26a EStG begünstigt Einnahmen aus **nebenberuflichen Tätig-** 1031
keiten im gemeinnützigen, mildtätigen oder kirchlichen Bereich von bis zu 720 € im Jahr. In der Höhe des Freibetrags sind auch diese sozialversicherungsfrei (§ 4 SGB IV).

TIPP

Ehrenamt ist ein weiter Begriff

Die „Ehrenamtspauschale" können z. B. geltend machen:

- Vorstandsmitglieder
- Eltern, die Fahrdienste im Sportverein verrichten
- Reinigungspersonal oder Platzwart
- ehrenamtliche Schiedsrichter im Amateursport (nicht jedoch Sportler)

Die pauschale Vergütung für Arbeits- oder Zeitaufwand (Tätigkeitsvergütungen) an den Vorstand ist nur dann zulässig, wenn dies durch bzw. aufgrund einer Satzungsregelung ausdrücklich zugelassen ist. Weitere Einzelheiten: BMF, Schreiben v. 21.11.2014, IV C 4 – S 2121/07/0010:032, BStBl 2014 I S. 1581.

Zahlungen an Mitglieder dürfen nicht unangemessen hoch sein. In der Praxis bedeutet das, dass sie auf Beträge zu begrenzen sind, die auch an Nichtmitglieder gezahlt werden.

Sind die tatsächlichen Betriebsausgaben oder Werbungskosten höher, müssen diese 1032
nachgewiesen werden. Die Inanspruchnahme der Aufwandspauschale (§ 3 Nr. 26a EStG) schließt die Aufwandsentschädigung aus öffentlichen Kassen (§ 3 Nr. 26b EStG) und auch den Übungsleiterfreibetrag (§ 3 Nr. 26 EStG) aus.

Allerdings werden für zwei verschiedene Aktivitäten sowohl der Freibetrag für nebenberufliche Tätigkeiten im gemeinnützigen, mildtätigen oder kirchlichen Bereich und der Übungsleiterfreibetrag gewährt.

BEISPIEL

Jugendtrainer erledigt auch Buchhaltung für Kirchengemeinde

A ist als Jugendtrainer für den örtlichen Sportverein tätig. Hierfür erhält er 2.000 € jährlich. Für seine Tätigkeit als Buchhalter der Kirchengemeinde erhält er 400 € Aufwandsentschädigung jährlich.

Für die Jugendtrainertätigkeit kann A die Regelung des § 3 Nr. 26 EStG (Übungsleiterfreibetrag) in Anspruch nehmen. Die andere Tätigkeit ist nach § 3 Nr. 26a EStG begünstigt.

1033 Weitere Einzelheiten zum Freibetrag des § 3 Nr. 26a EStG: BMF, Schreiben v. 21.11.2014, IV C 4 – S 2121/07/0010:032, BStBl 2014 I S. 1581.

Freibetrag ehrenamtlicher Vormünder, Pfleger oder Betreuer

1034 Für Personen, die ehrenamtlich als **Vormund, Pfleger oder Betreuer** tätig sind, gibt es einen Freibetrag von bis zu 2.400 € (§ 3 Nr. 26b EStG). Allerdings gibt es für alle in § 3 Nr. 26 EStG und § 3 Nr. 26b EStG genannten Tätigkeiten insgesamt nur 2.400 € Freibetrag. Ein Abzug der mit den steuerfreien Einnahmen im Zusammenhang stehenden Betriebsausgaben ist grds. nicht zulässig. Ausgenommen sind Fälle, bei denen die Einnahmen des ehrenamtlichen Betreuers und gleichzeitig auch die berücksichtigungsfähigen Betriebsausgaben die steuerfreien Einnahmen übersteigen (§ 3 Nr. 26b Satz 2 EStG i.V.m. § 3 Nr. 26 Satz 2 EStG; OFD Niedersachsen, Verf. v. 28.1.2015, S 2337 - 121 - St 213). Die Steuerbefreiung nach § 3 Nr. 12 EStG kommt nicht zur Anwendung (FG Baden-Württemberg, Urteil v. 6.3.2019, 2 K 317/17, HI13215841, EFG 2019 S. 1262, Revision beim BFH unter Az. VIII R 20/19).

Zuordnung zur Einkunftsart

1035 Die Einnahmen können je nach Ausgestaltung der Verhältnisse selbstständig ausgeübt werden, Arbeitslohn darstellen, oder bei einer nur gelegentlichen Tätigkeit auch eine sonstige Leistung sein (➜ Tz 953). Dieses ist von besonderem Interesse wegen des Arbeitnehmerpauschbetrags (➜ Tz 635) bzw. der Freigrenze für sonstige Leistungen (➜ Tz 956).

Ehrenamtliche Richter/Schöffen/Mandatsträger etc.

1036 **Hinweis:** Wichtiges zum Thema „Ehrenamtliche Richter/Schöffen/Mandatsträger und andere ehrenamtliche Tätigkeiten“ finden Sie auch auf http://mybook.haufe.de unter „Weiterführende steuerliche Informationen“.

19 Anlage EÜR (Einnahme-Überschuss-Rechnung)

19.1 Allgemeine Grundsätze der Einnahmenüberschussrechnung

Solange der Unternehmer keiner gesetzlichen Buchführungspflicht (§ 238 HGB; §§ 140, 141 AO) unterliegt oder nicht freiwillig Bücher führt und Abschlüsse erstellt, kann er zwischen der Einnahmenüberschussrechnung und der Buchführung wählen und somit auch freiwillig Bücher führen. **1037**

Einzelheiten zur **Wahl der Gewinnermittlungsart** siehe ➜ Tz 978 ff.

Steuerpflichtige, die den Gewinn nach § 4 Abs. 3 EStG ermitteln, müssen die ihrer Gewinnermittlung zugrunde liegenden Belege aufbewahren (§ 147 AO). § 4 Abs. 3 EStG enthält **selbst keine Verpflichtung** zur **Aufzeichnung** von Einnahmen und/oder Betriebsausgaben. Der Steuerpflichtige trägt, trotz fehlender Aufzeichnungspflicht, die Beweislast für die Richtigkeit seiner Angaben. Kommt er dieser nicht nach, können die Voraussetzungen für eine Schätzung nach § 162 Abs. 1 AO erfüllt sein (BFH, Beschluss v. 13.3.2013, X B 16/12, HI3702172, BFH/NV 2013 S. 902). **1038**

Darüber hinaus sind aber auch Unterlagen aufzubewahren, die auf den ersten Blick keinen direkten Bezug zur Besteuerung haben. So ist z. B. eine branchenspezifische Aufzeichnungspflicht (Fahrlehrer) nach § 140 AO zugleich auch eine steuerrechtliche Pflicht (FG Rheinland-Pfalz, Urteil v. 1.4.2014, 5 K 1227/13, HI6791603, EFG 2014 S. 1320). Rechnungsnummern müssen nicht zwingend fortlaufend vergeben werden (FG Köln, Urteil v. 7.12.2017, 15 K 1122/16, HI11526514, EFG 2018 S. 375). Allgemein gilt, dass Einnahmenüberschussrechner die Erfüllung der Anforderungen an die Aufzeichnungen nach den Grundsätzen zur ordnungsmäßigen Führung und Aufbewahrung von Büchern, Aufzeichnungen und Unterlagen in elektronischer Form sowie zum Datenzugriff (GoBD) zu beachten haben, wobei die Unternehmensgröße zu beachten ist (BMF, Schreiben v. 28.11.2019, IV A 4 – S 0316/19/10003:001, BStBl 2019 I S. 1269, Rn. 15).

Einnahmen sind grds. einzeln aufzuzeichnen. Das gilt auch für Bareinnahmen. Dies kann z. B. durch Kassenberichte erfolgen. Diese sind aber nicht ordnungsgemäß, wenn sie regelmäßig durch den Steuerberater berichtigt und die Kassenbestände ersetzt werden (Niedersächsisches FG, Urteil v. 8.12.2011, 12 K 389/09, HI3552409, EFG 2013 S. 291). **1039**

Eine Verpflichtung zur Führung eines Kassenbuchs für die Überschussermittlung nach § 4 Abs. 3 EStG besteht jedoch nicht (BFH, Beschluss v. 16.2.2006, X B 57/05, HI1494280, BFH/NV 2006 S. 940). Umstritten ist die Auffassung, dass ein Einnahmenüberschussrechner verpflichtet sein soll, monatlich die Summe seiner Ein- und Ausgangsrechnungen sowie Bank- und Kassenbelege zu ziehen (FG Berlin-Brandenburg, Urteil v. 29.11.2011, 5 K 5045/07, HI6649313, BFH, Urteil v. 12.12.2017, VIII R 5/14, HI11632812, BFH/NV 2018 S. 602, Zurückverweisung an das FG).

TIPP

Folgen nicht ordnungsmäßiger Kassenführung

Bei nicht ordnungsmäßiger **Kassenführung** kann das Finanzamt die Einnahmen schätzen (BFH, Beschluss v. 28.4.2014, X B 12/14, HI7026828, BFH/NV 2014 S. 1383). Vermeiden lässt sich dies durch folgende alternative Maßnahmen:

- Einzelaufzeichnungen jeder Einnahme oder
- Aufzeichnungen von Tagessummen, dazu müssen zusätzlich z. B. Kassenstreifen aufbewahrt werden (BFH, Urteil v. 25.3.2015, X R 20/13, HI8143331, BFH/NV 2015 S. 1277). Außerdem muss der Kassenbestand laut Aufzeichnung mit dem tatsächlichen Bestand abgeglichen werden oder
- Fertigung täglicher Kassenberichte, bei denen die Bareinnahmen mit dem Anfangs- und Endbestand der Kasse abgestimmt werden und der Bargeld-Endbestand ausgezählt wird.

Die bloße handschriftliche Liste der täglichen Umsätze ohne Aufbewahrung weiterer Belege reicht nicht aus (BFH, Beschluss v. 13.3.2013, X B 16/12, HI3702172, BFH/NV 2013 S. 902; FG München, Beschluss v. 5.6.2012, 14 V 1400/12, HI3550497).

Die OFD Karlsruhe sowie das Landesamt für Steuern Niedersachsen haben Merkblätter zur Ordnungsmäßigkeit der Kassenbuchführung herausgegeben, die im Internet zum Download bereitstehen. Die Merkblätter informieren u. a. über die Einzelaufzeichnungspflicht und Ausnahmen, Einsatz offener Ladenkassen und elektronischer Registrierkassen, Verfahrensdokumentationen, Datenzugriffsrecht, Kassensicherungsverordnung sowie Folgen von Mängeln.

WICHTIG

Gesetz zum Schutz vor Manipulationen an digitalen Grundaufzeichnungen

Das Gesetz zum Schutz vor Manipulationen an digitalen Grundaufzeichnungen v. 22.12.2016 (BGBl 2016 I S. 3152) verschärft die Anforderungen an Unternehmen, die Bargeschäfte tätigen. Die Kernpunkte sind:

- **Kassen-Nachschau**
  Seit 2018 gibt es eine Kassen-Nachschau (§ 146b AO). Diese kann unangekündigt erfolgen und ist ein besonderes Verfahren zur zeitnahen Prüfung der Ordnungsmäßigkeit der Kassenaufzeichnungen und der ordnungsgemäßen Übernahme der Kassenaufzeichnungen in die Buchführung. Näheres zu Vorgehen und Befugnissen der Finanzverwaltung regelt das BMF-Schreiben v. 29.5.2018, IV A 4 – S 0316/13/10005:054, BStBl 2018 I S. 699.
- **Verpflichtender Einsatz einer technischen Sicherheitseinrichtung bei Nutzung eines elektronischen Aufzeichnungssystems (keine Registrierkassenpflicht)**
  Elektronische Aufzeichnungssysteme müssen seit dem 1.1.2020 über eine zertifizierte technische Sicherheitseinrichtung verfügen. Eine technische Nachrüstung musste bis zum 30.09.2020 erfolgen. Die Finanzverwaltungen der meisten Bundesländer beanstanden ältere Kassensysteme bis zum 31. März 2021 nicht, wenn bis zum 30.9.2020 ein neues verbindlich bestellt wurde oder der Einbau einer cloudbasierten Zentralkasse vorgesehen, diese aber nicht lieferbar ist.

Werden bisher Geräte eingesetzt, die die Voraussetzungen der Finanzverwaltung lt. BMF, Schreiben v. 26.11.2010, IV A 4 – S 0316/08/10004 – 07, BStBl 2010 I S. 1342, erfüllen, aber nicht aufrüstbar sind, gilt eine verlängerte Übergangsfrist bis zum 31.12.2022, während der die Geräte noch genutzt werden können.
Erfüllt die Registrierkasse bereits nicht die Anforderungen des BMF-Schreibens v. 26.11.2010, ist die Verwendung nicht mehr zulässig und führt dazu, dass das Finanzamt den Gewinn schätzen kann.

Achtung:
Seit dem 1.1.2020 müssen Steuerpflichtige ihr elektronisches Aufzeichnungssystem an die Finanzämter melden. Dem zuständigen Finanzamt sind u. a. die Art und Anzahl der im jeweiligen Unternehmen eingesetzten elektronischen Aufzeichnungssysteme und der zertifizierten technischen Sicherheitseinrichtungen mitzuteilen. Lt. BMF-Schreiben v. 6.11.2019, IV A 4 - S 0319/19/10002:001 (BStBl 2019 I S. 1010) ist die Mitteilung nach § 146a Abs. 4 AO erst mit dem Einsatz der digitalen Schnittstelle der Finanzverwaltung für Kassensysteme (DSFinV-K) vorzunehmen. Dieser Zeitpunkt wird im Bundessteuerblatt bekannt gegeben.

- **Sanktionierung von Verstößen**
  Unabhängig davon, ob ein steuerlicher Schaden entstanden ist, können Verstöße gegen die neuen Verpflichtungen als Steuerordnungswidrigkeit mit einer Geldbuße von bis zu 25.000 € geahndet werden. Das gilt auch für die unrichtige Verbuchung oder Aufzeichnung von Geschäftsvorfällen.
- **Anwendungserlass**
  Das BMF-Schreiben v. 17.6.2019, IV A 4 – S 0316-a/18/10001, BStBl 2019 I S. 518, regelt die detaillierten Anwendungsfragen.

II Kommentierung

Lt. § 146 Abs. 1 AO ist die Einzelaufzeichnungspflicht sowie die Pflicht zur täglichen Erstellung von Kassenaufzeichnungen seit dem 29.12.2016 ausdrücklich gesetzlich vorgeschrieben. Ob diese Verpflichtung aber auch für Einnahmenüberschussrechner gilt, ist unklar.

Betriebsausgaben müssen auf Verlangen durch Vorlage von Belegen nachgewiesen **1040**
werden (BFH, Urteil v. 2.12.1982, IV R 93-94/82). Dies gilt auch dann, wenn der Steuerpflichtige die Betriebseinnahmen und -ausgaben nicht aufzeichnen muss (BFH, Urteil v. 15.4.1999, IV R 68/98, HI56428, BFH/NV 1999 S. 1410). Sind Belege verloren gegangen, können Betriebsausgaben auch geschätzt werden. Auf Vorsteuerbeträge trifft das nur eingeschränkt zu (BFH, Urteil v. 23.10.2014, V R 23/13, HI7521528, BFH/NV 2015 S. 291).

Insbesondere Aufzeichnungen und Buchungsbelege unterliegen einer zehnjährigen Auf- **1041**
bewahrungsfrist. Andere Unterlagen, z. B. Geschäftsbriefe, sind sechs Jahre aufzubewahren (§ 147 AO). Die Unterlagen können auch als Wiedergabe auf einem Bildträger oder auf anderen Datenträgern aufbewahrt werden. Die Aufbewahrungsfrist läuft nicht ab, soweit und solange die Festsetzungsfrist der Steuerbescheide noch nicht abgelaufen ist (§ 147 Abs. 3 Satz 3 AO).

Lieferscheine, die nicht als Buchungsbelege benötigt werden, brauchen nach Versand bzw. Erhalt der Rechnung nicht aufbewahrt werden.

1042 **TIPP**

Geordnete Belegablage organisieren

Sind Aufzeichnungen für bestimmte Betriebsausgaben einzeln und getrennt von den sonstigen Betriebsausgaben vorzunehmen (z. B. § 4 Abs. 7 EStG), kann dies auch durch eine geordnete Belegablage erfolgen. Es reicht aus, wenn die entsprechenden Belege nach einem einheitlichen Ordnungssystem (z. B. zeitlich, sachlich nach der Art der Aufwendung oder nach dem Rechnungssteller) sortiert sind. Anderweitige Auf- oder Zusammenstellungen sind damit nicht zwingend erforderlich. Ein Tippstreifen pro Ausgabengruppe reicht aus.

Um die Lesbarkeit während der Aufbewahrungsfrist zu gewährleisten, können die auf Thermopapier erhaltenen Unterlagen kopiert werden. Die ursprünglich auf Thermopapier ausgedruckte Rechnung braucht dann nicht mehr aufbewahrt zu werden. Die in § 4 Abs. 7 EStG geforderte getrennte Aufzeichnung von Aufwendungen für Kundengeschenke verlangt die Einrichtung gesonderter Konten innerhalb der kaufmännischen Buchführung. Aufzeichnungen auf getrennten Konten innerhalb eines in die Buchführung integrierten Controllingsystems sind nicht ausreichend (FG Baden-Württemberg, Urteil v. 12.4.2016, 6 K 2005/11, HI9484599, EFG 2016 S. 1197, rkr.).

1043 Die Einnahmenüberschussrechnung (EÜR) orientiert sich grds. am **Prinzip des Zu- und Abflusses (§ 11 EStG)**. Danach sind Einnahmen innerhalb des Kalenderjahres bezogen, in dem sie zugeflossen sind (§ 11 Abs. 1 EStG). Ausgaben sind dementsprechend für das Kalenderjahr abzusetzen, in dem sie geleistet worden sind (§ 11 Abs. 2 EStG).

Vom Zu- bzw. Abflussprinzip gibt es einige **Ausnahmen**. Die wichtigsten:

- Die Kosten der Anschaffung von nicht abnutzbaren Wirtschaftsgütern, Anteilen an Kapitalgesellschaften, für Wertpapiere und vergleichbare nicht verbriefte Forderungen und Rechte, Grund und Boden sowie Gebäude des Umlaufvermögens (§ 4 Abs. 3 Satz 4 EStG) dürfen erst im Zeitpunkt der Veräußerung berücksichtigt werden.
- Die Kosten der Anschaffung von abnutzbaren Wirtschaftsgütern gem. § 4 Abs. 3 Satz 3 EStG wirken sich nur über die AfA bzw. im Zeitpunkt der Veräußerung aus.
- Die Teilwertabschreibung (§ 6 Abs. 1 EStG) findet keine Anwendung.
- Die Behandlung sog. „durchlaufender Posten" (§ 4 Abs. 3 Satz 2 EStG) ist erfolgsneutral, d. h. Zuflüsse werden nicht als Einnahmen, Abflüsse nicht als Ausgaben erfasst.
- Durchlaufende Posten sind Beträge, die das Unternehmen im Namen und für Rechnung eines Dritten erhält mit der Verpflichtung, sie an den Dritten weiterzuleiten. Es handelt sich um Fremdgelder, die weder Betriebseinnahmen noch Betriebsausgaben darstellen (OFD Niedersachsen, Verfügung v. 24.7.2013, S 7200-280-St-182, Portokosten).
- Sacheinnahmen (§ 8 EStG) und -ausgaben, Sach- bzw. Nutzungsentnahmen und -einlagen haben Auswirkungen auf den Gewinn, obwohl weder Zu- noch Abflüsse vorliegen.
- Steuerfreie Einnahmen (§ 3 EStG) und steuerlich nicht abzugsfähige Betriebsausgaben (§ 4 Abs. 5 EStG) führen zwar zu einem Zu- bzw. Abfluss, dürfen sich aber auf den Gewinn nicht oder nicht in voller Höhe auswirken.

Eine weitere Ausnahme vom Zu- bzw. Abflussprinzip gilt für **regelmäßig wiederkehrende Einnahmen** oder Ausgaben, die bei dem Unternehmer kurze Zeit vor Beginn oder kurze Zeit nach Beendigung des Kalenderjahres, zu dem sie wirtschaftlich gehören, zu- bzw. abgeflossen sind. Diese sind in dem Kalenderjahr zu erfassen, zu dem sie wirtschaftlich gehören. Als „kurze Zeit" gilt ein Zeitraum von bis zu zehn Tagen. Innerhalb dieses Zeitraums müssen die Zahlungen fällig und geleistet worden sein. 1044

- Beispiele für regelmäßig wiederkehrende Einnahmen: Zinsen, Mieteinnahmen
- Beispiele für regelmäßig wiederkehrende Ausgaben: Miet-, Lohn-, Versicherungszahlungen

BEISPIEL

Miete als regelmäßig wiederkehrende Ausgabe

Die Miete für Ihr Büro wird regelmäßig am letzten Werktag des Monats abgebucht. So erfolgt die Mietzahlung für Januar 02 bereits am 30.12.01. Bei der Miete handelt es sich um eine regelmäßig wiederkehrende Ausgabe. Obwohl der Abfluss bereits in 01 erfolgt, darf die Januarmiete erst im Jahr 02 als Aufwand erfasst werden, da die Mietzahlung wirtschaftlich das Jahr 02 betrifft.

Zu den regelmäßig wiederkehrenden Ausgaben gehört auch die **Zahlung aus der Umsatzsteuervoranmeldung**. Wird eine Umsatzsteuervorauszahlung für das vorangegangene Kalenderjahr geschuldet und zu Beginn des Folgejahres entrichtet, ist diese als regelmäßig wiederkehrende Ausgabe im vorangegangenen Vz. abziehbar. Damit ändert sich der Zeitpunkt der Erfassung, insbesondere der Dezember-Voranmeldung bzw. der Anmeldung für das IV. Quartal. Der Unternehmer kann den Zeitpunkt der Auswirkung auf den Gewinn nicht wählen. Wird diese Regelung nicht beachtet, kann keine Erfassung der Betriebsausgabe im Folgejahr erfolgen (BFH, Urteil v. 1.8.2007, XI R 48/05, HI1808251, BFH/NV 2007 S. 2187). Übersieht das Finanzamt jedoch, dass in der Gewinnermittlung keine Umsatzsteuerzahlungen als Betriebsausgaben erfasst wurden, liegt eine von Amts wegen zu berichtigende offenbare Unrichtigkeit nach § 129 AO vor (BFH, Urteil v. 27.8.2013, VIII R 9/11, HI5670860, BFH/NV 2014 S. 82). Das dürfte aber nur gelten, wenn gar keine Umsatzsteuer als Betriebsausgaben geltend gemacht wurde. 1045

Bei den einzelnen Zahlungsarten ergeben sich Unterschiede für den Zahlungszeitpunkt. Die Umsatzsteuervorauszahlung gilt bei einer dem Finanzamt erteilten Lastschrifteinzugsermächtigung auch dann als am Fälligkeitstag gezahlt, wenn der Lastschrifteinzug tatsächlich erst später erfolgt (FG Köln, Urteil v. 9.11.2017, 11 K 188/17, HI11590783, EFG 2018 S. 547). Ist eine Umsatzsteuervorauszahlung an einem Samstag, Sonntag oder Feiertag fällig, verschiebt sich die Fälligkeit nach § 108 Abs. 3 AO auf den nächsten Werktag. In solchen Fällen kann die Zahlung erst im Vz. der tatsächlichen Zahlung als Betriebsausgabe erfasst werden, da die Fälligkeit nicht mehr innerhalb des Zehntageszeitraums liegt. Eine Verlängerung des Zehn-Tage-Zeitraums kommt aber nicht in Betracht (BFH, Urteil v. 11.11.2014, VIII R 34/12, HI7578379, BFH/NV 2015 S. 424). Erfolgt in diesen Fällen jedoch die Zahlung innerhalb von zehn Tagen nach Ablauf des Kalenderjahres, ist der Betriebsausgabenabzug im Jahr der wirtschaftlichen Zugehörigkeit vorzunehmen (BFH, Urteil v. 27.6.2018, X R 44/16, HI12114487, BFH/NV 2018 S. 781). Das gilt auch, wenn die Abgabe der Voranmeldung und damit auch der Zahlung wegen einer Dauerfristverlängerung erst am 10.2. fällig gewesen wäre (FG Düsseldorf, Urteil v.

9.12.2019, 3 K 2040/18 E, HI13691614, EFG 2020 S. 271, Revision beim BFH unter Az. VIII R 1/20). Von Bedeutung ist das wieder im Jahr 2021, da der 10.1.2021 ein Sonntag ist.

19.2 Betriebseinnahmen

Allgemeines

[Betriebseinnahmen ➜ Zeilen 11–16]

1046 **Betriebseinnahmen** sind alle Zugänge an Geld und Geldeswert, die durch den Betrieb veranlasst sind und dem Steuerpflichtigen im Rahmen seines Betriebs zufließen.

Einnahmen bzw. Ausgaben, die im Namen und für Rechnung eines Dritten vereinnahmt bzw. verausgabt werden, sind keine Betriebseinnahmen bzw. -ausgaben. Sie bleiben bei der Gewinnermittlung ohne Berücksichtigung. Allerdings muss eine eindeutige Trennung gegenüber den eigenen Einnahmen erfolgen.

Honorare, die durch Dritte eingezogen werden (z. B. privatärztliche Verrechnungsstelle) sind bereits mit Eingang bei der Verrechnungsstelle zugeflossen. Eine Besonderheit gilt für Honorare der Kassenärztlichen Vereinigungen. Diese sind erst bei tatsächlichem Zufluss zu erfassen, sie stellen aber wiederkehrende Einnahmen i. S. d. § 11 Abs. 1 Satz 2 EStG dar (➜ Tz 1044).

Honorare können auch durch Aufrechnung zufließen. Dabei kommt es auf die Rechtmäßigkeit der Aufrechnung nicht an (FG Rheinland-Pfalz, Urteil v. 22.3.2017, 2 K 2100/15, HI10715915, EFG 2017 S. 897, Revision beim BFH Az. VIII R 14/17).

Sind in einem späteren Wirtschaftsjahr Betriebseinnahmen zurückzuzahlen, so ist die Betriebseinnahme zunächst im Jahr des Zuflusses zu erfassen. Erst die tatsächliche Rückzahlung führt zu einer Gewinnminderung, auch wenn sich diese mangels Einnahmen nicht auswirkt (BFH, Urteil v. 29.4.1982, IV R 95/79, HI74333, BStBl 1982 II S. 593).

WICHTIG

Corona-Soforthilfe

Corona-Soforthilfen stellen Betriebseinnahmen dar. Sie sind nur dann steuerfrei, soweit das EStG ausdrücklich eine entsprechende Befreiung vorsieht. Hinsichtlich der Corona-Soforthilfeleistungen ist dies nicht der Fall. Zu beachten ist auch, dass die Bewilligungsbehörde das Finanzamt über den Zuschuss informieren darf.

Wurden Corona-Soforthilfen, Überbrückungshilfen und vergleichbare Zuschüsse vereinnahmt, ist zusätzlich die Anlage Corona-Hilfen ➜ Tz 1173 ff. auszufüllen.

Private Pkw-Nutzung

TIPP 1047

Berechnung Privatanteil

Um sich die Berechnung des Privatanteils zu vereinfachen, können Sie auf http://mybook.haufe.de unter „Der Steuerkalkulator" eine Datei herunterladen, mit der Sie die Berechnung mit wenigen Eingaben durchführen können.

[Private Pkw-Nutzung → Zeile 19]

Wird der **Betriebs-Pkw** auch für **private Fahrten** eingesetzt, muss für steuerliche Zwecke 1048
ein Privatanteil als fiktive Betriebseinnahme angesetzt werden. Hierbei gibt es keine Mindestnutzung, denn auch bei einer geringen Nutzung ist ein Privatanteil zu versteuern (FG Baden-Württemberg, Urteil v. 25.4.2016, 9 K 1501/15, HI9484602, EFG 2016 S. 1076).

Grundsätzlich geht das Finanzamt davon aus, dass ein Betriebs-Pkw auch für private Fahrten zur Verfügung steht, sodass ein Privatanteil anzusetzen ist. Nur in Ausnahmefällen kann dieses unterbleiben:

- Für private Fahrten stehen andere Fahrzeuge zur Verfügung, die dem betrieblichen Fahrzeug in Status und Gebrauchswert vergleichbar sind (BFH, Urteil v. 4.12.2012, VIII R 42/09, HI3567331, BFH/NV 2013 S. 465; ausführlich Niedersächsisches FG, Urteil v. 19.2.2020, 9 K 104/19, HI13851911, rkr., EFG 2020 S. 903).
- Eine Nutzung ist tatsächlich (z. B. Werkstattwagen) oder vertraglich ausgeschlossen und erfolgt auch nicht. Das ist jedoch z. B. auf Fahrschulwagen nicht anwendbar, denn ein Fahrschulfahrzeug ist trotz seiner Beschriftung und seiner Ausstattung zur Personenbeförderung geeignet und bestimmt (FG München, Urteil v. 29.9.2014, 7 K 1861/13, HI7693530).

Die bloße Behauptung, das betriebliche Fahrzeug werde nicht für Privatfahrten genutzt oder Privatfahrten würden ausschließlich mit anderen Fahrzeugen durchgeführt, genügt nicht, um den Ansatz eines Privatanteils auszuschließen. Hier gilt der vom BFH aufgestellte Anscheinsbeweis, dass ein zur Verfügung stehendes Fahrzeug auch privat genutzt wird (BFH, Urteil v. 21.4.2010, VI R 46/08, HI2366349, BFH/NV 2010 S. 170).

Ist eine Nutzung aber z. B. aus gesundheitlichen Gründen ausgeschlossen, darf eine Nutzungsbesteuerung nicht erfolgen (FG Düsseldorf, Urteil v. 24.1.2017, 10 K 1932/16 E, HI10332517, EFG 2017 S. 458).

TIPP

Nachweis der Nicht-Nutzung

Der Anscheinsbeweis kann durch den Gegenbeweis entkräftet oder erschüttert werden. Hierzu bedarf es jedoch nicht des Beweises des Gegenteils. Es genügt vielmehr, dass ein Sachverhalt dargelegt wird, der die ernstliche Möglichkeit eines anderen als des der allgemeinen Erfahrung entsprechenden Geschehensablaufs ergibt (BFH, Urteil v. 17.11.2009, VI B 11/09, HI2290424, BFH/NV 2010 S. 650).

Ein Zeugenbeweis ist nicht zulässig (BFH, Beschluss v. 1.12.2015, X B 29/15, HI8972341, BFH/NV 2016 S. 395).

Um den Gegenbeweis zu führen, sollten Sie für das betreffende Fahrzeug zumindest für einen repräsentativen Zeitraum ein Fahrtenbuch führen.

WICHTIG

Pkw-Überlassung an einen Arbeitnehmer

Für Arbeitnehmer gilt die Widerlegbarkeit der Privatnutzung nicht (→ Tz 613). Es kann aber andererseits nicht unterstellt werden, dass ein Arbeitnehmer einen Dienstwagen unbefugt oder gar verbotswidrig privat nutzt. Dies gilt selbst dann, wenn der Arbeitgeber ein arbeitsvertraglich vereinbartes Privatnutzungsverbot nicht überwacht (BFH, Urteil v. 18.4.2013, VI R 23/12, HI4738991, BFH/NV 2013 S. 1316). Dieses trifft auch auf einen angestellten Geschäftsführer eines Familienunternehmens oder einen Gesellschafter-Geschäftsführer einer GmbH zu. Bei einem Gesellschafter-Geschäftsführer stellt die unbefugte Privatnutzung eines Firmenfahrzeugs allerdings regelmäßig eine verdeckte Gewinnausschüttung dar (BFH, Urteil v. 21.3.2013, VI R 46/11, HI4738994, BFH/NV 2013 S. 1302). Bei einem beherrschenden Gesellschafter-Geschäftsführer ist zur Feststellung einer verdeckten Gewinnausschüttung wegen des fehlenden Interessengegensatzes ein strengerer Maßstab anzulegen (BFH, Beschluss v. 30.9.2015, I B 85/14, HI8972347, BFH/NV 2016 S. 423). Ob eine verdeckte Gewinnausschüttung auch **auf Gesellschafterebene** nach Fremdvergleichsgrundsätzen oder aber nach der 1 %-Regelung zu bewerten ist, musste der BFH bislang nicht entscheiden.

Die Finanzverwaltung will die erzielbare Vergütung zugrunde legen oder aus Vereinfachungsgründen die 1 %-Regelung anwenden (BMF, Schreiben v. 3.4.2012, IV C 2 – S 2742/08/10001, BStBl 2012 I S. 478).

1049 Gehören gleichzeitig **mehrere Kraftfahrzeuge** zum Betriebsvermögen, so ist der pauschale Nutzungswert grds. für jedes Kfz anzusetzen, das vom Unternehmer oder von zu seiner Privatsphäre gehörenden Personen für Privatfahrten genutzt wird.

Nur wenn glaubhaft gemacht wird, dass bestimmte betriebliche Kfz nicht privat genutzt werden, weil sie für eine private Nutzung nicht geeignet sind (z. B. bei sog. Werkstattwagen) oder diese ausschließlich eigenen Arbeitnehmern zur Nutzung überlassen werden, ist für diese Kfz kein pauschaler Nutzungswert zu ermitteln (BFH, Urteil v. 9.3.2010, VIII R 24/08, HI2320113, BFH/NV 2010 S. 1182; BMF, Schreiben v. 18.11.2009, IV C 6 – S 2177/07/10004, BStBl 2009 I S. 1326).

Wird ein Kfz gemeinsam vom Betriebsinhaber und einem oder mehreren Arbeitnehmern genutzt, so ist bei Anwendung der 1 %-Regelung der Nutzungswert entsprechend der Zahl der Nutzungsberechtigten aufzuteilen (BMF, Schreiben v. 4.4.2018, IV C 5 – S 2334/18/10001, BStBl I 2018 S. 592).

1050 Die Überlassung eines Dienstwagens an einen geringfügig beschäftigten Angehörigen (Minijob) ist nicht fremdüblich (BFH, Urteil v. 10.10.2018, X R 44-45/17, HI12950711, BFH/NV 2019 S. 319).

Für die Berechnungsmethode ist von entscheidender Bedeutung, in welchem Umfang das Fahrzeug **betrieblich** genutzt wird. **1051**

Fahrzeug wird zu mehr als 50 % betrieblich genutzt:	Fahrzeug wird zu weniger als 50 % betrieblich genutzt:
Grundsätzlich **1 %-Regelung**	Wird ein ordnungsgemäßes Fahrtenbuch geführt: Fahrtenbuchmethode
Wird ein ordnungsgemäßes **Fahrtenbuch** geführt, kann die Fahrtenbuchmethode gewählt werden.	Sonst: Schätzung des Privatanteils

Bei der Berechnung des Umfangs der betrieblichen Nutzung gilt Folgendes:

- Die Überlassung des Fahrzeugs an Arbeitnehmer ist immer betrieblich.
- Fahrten zwischen Wohnung und Betriebsstätte sowie Familienheimfahrten gehören zum betrieblichen Teil.
- Der Nachweis kann in jeder geeigneten Form erfolgen, auch durch formlose Aufzeichnungen.
- Kein Nachweis ist erforderlich, wenn offensichtlich ist, dass das Kfz mehr als 50 % betrieblich genutzt wird (z. B. Reisetätigkeit, Taxiunternehmer, Handelsvertreter, Handwerker, Landtierärzte).
- Repräsentative Aufzeichnungen für einen Zeitraum von drei Monaten reichen für die Ermittlung des Umfangs der jeweiligen Nutzung aus. Ergeben sich keine wesentlichen Veränderungen, gilt der nachgewiesene Umfang auch für die Zukunft, längstens bis zu einem Fahrzeugwechsel.

Einzelheiten: BMF, Schreiben v. 18.11.2009, IV C 6 – S 2177/07/10004, BStBl 2009 I S. 1326 BMF, Schreiben v. 4.4.2018, IV C 5 – S 2334/18/10001, BStBl I 2018 S. 592.

TIPP

Zugehörigkeit zum Betriebsvermögen prüfen

Wird das Fahrzeug zu mehr als 50 % betrieblich genutzt, dann ist es zwingend Betriebsvermögen (➜ Tz 1083). Liegt die Nutzung unter 10 %, ist immer Privatvermögen anzunehmen. Bei einer Nutzung zwischen 10 % und 50 % kann der Unternehmer entscheiden, ob er das Fahrzeug als gewillkürtes Betriebsvermögen oder Privatvermögen behandelt. Auch wenn der Pkw als Privatvermögen behandelt wird, können die Kosten für betriebliche Fahrten als Betriebsausgaben angesetzt werden. Diese Behandlung ist u. U. günstiger als die Behandlung als Betriebsvermögen und Versteuerung des Privatanteils, z. B. ist der Veräußerungserlös nicht zu versteuern.

Soll der Pkw als gewillkürtes Betriebsvermögen behandelt werden, muss er eindeutig zugeordnet sein (z. B. durch Aufnahme in das Anlageverzeichnis).

Vermindert sich der Umfang der betrieblichen Nutzung eines Kfz, das dem gewillkürten Betriebsvermögen eines Unternehmens zugeordnet wurde, auf unter 10 %, so ändert dies an der Zuordnung zum gewillkürten Betriebsvermögen nichts, weil eine solche Nutzungsänderung allein keine Entnahme darstellt (BFH, Urteil v. 21.8.2012, VIII R 11/11, HI3504778, BFH/NV 2013 S. 117).

Die Finanzverwaltung behandelt gemietete oder geleaste Kraftfahrzeuge, die zu mehr als 50 % betrieblich genutzt werden, wie solche, die zum notwendigen Betriebsvermögen gehören. Die Ausführungen insbesondere zur 1 %-Regelung gelten somit auch für diese (BMF, Schreiben v. 18.9.2009, IV A 6 – S 2177/07/10004, BStBl 2009 I S. 1326). Etwas anderes gilt, wenn das Fahrzeug dem Arbeitnehmer zuzurechnen ist (BFH, Urteil v. 18.12.2014, VI R 75/13, HI7714476, BFH/NV 2015 S. 887).

1052 Wird der Betriebs-Pkw nur in geringem Umfang privat genutzt, ist das Führen eines Fahrtenbuchs i. d. R. die günstigste Alternative.

Das **Fahrtenbuch** muss laufend während des gesamten Jahres geführt werden (BFH, Beschluss v. 16.5.2013, X B 172/11, HI4800115, BFH/NV 2013 S. 1404). Es ist nicht ordnungsgemäß, wenn mit seiner Führung – nach vorheriger Anwendung der 1 %-Regel – erst innerhalb eines Jahres begonnen wird (BFH, Urteil v. 20.3.2014, VI R 35/12, HI6985764, BFH/NV 2014 S. 1283). Es muss zu den betrieblichen Fahrten mindestens folgende lesbare Angaben enthalten:

- das Datum,
- das Reiseziel bzw. die Reiseroute,
- den/die aufgesuchten Kunden oder Geschäftspartner bzw. die dienstliche Tätigkeit sowie
- den Gesamtkilometerstand am Ende der Fahrt.

Eine Straßenbenennung (ohne Namen und Hausnummer) reicht nicht aus (BFH, Urteil v. 1.3.2012, VI R 33/10, HI2968231, BFH/NV 2012 S. 1220). Auch für Berufe, die der Verschwiegenheitspflicht unterliegen, gibt es keine Ausnahmen von diesen Grundsätzen (BFH, Beschluss v. 3.1.2007, XI B 128/06, HI1692577, BFH/NV 2007 S. 706).

Bei Beginn und am Ende einer privaten Nutzung reicht die Eintragung des Gesamtkilometerstands.

Ein Fahrtenbuch muss in Form eines „Buches“ vorliegen und zeitnah geführt werden. Loseblattsammlungen sind nicht ordnungsgemäß! Die wesentlichen Informationen müssen in dem Fahrtenbuch enthalten sein. Der Rückgriff auf weitere Aufzeichnungen reicht nicht aus (BFH, Urteil v. 1.3.2012, VI R 33/10, HI2968231, BFH/NV 2012 S. 1220). Die sich rechnerisch ergebenden Kilometerstände müssen mit den tatsächlichen Kilometerständen (z. B. in den Reparaturrechnungen) übereinstimmen.

Damit ein elektronisches Fahrtenbuch steuerlich anerkannt wird, müssen die Daten entweder unveränderlich sein oder, falls nachträgliche Änderungen erfolgt sind, einschließlich Änderungshistorie aufbewahrt werden und lesbar gemacht werden können. Die Änderungen müssen sofort erkennbar sein. Wird der Anlass der Fahrt erst nachträglich in einem Webportal eingetragen, muss diese Eintragung zeitnah, d. h. innerhalb von sieben Tagen, erfolgen (OFD Rheinland, Verfügung v. 18.2.2013, Kurzinfo LSt-Außendienst 2/2013; so auch Niedersächsisches FG, Urteil v. 23.1.2019, 3 K 107/18, HI13125295, EFG 2019 S. 875, Nichtzulassungsbeschwerde beim BFH unter Az. VI B 25/19).

Handelsvertreter, Kurierdienstfahrer, Automatenlieferanten und andere Steuerpflichtige, die regelmäßig aus betrieblichen/beruflichen Gründen große Strecken mit mehreren unterschiedlichen Reisezielen zurücklegen, müssen zudem zum Reisezweck, Reiseziel und aufgesuchten Geschäftspartner angeben, welche Kunden an welchem Ort besucht wurden. Angaben zu den Entfernungen zwischen den verschiedenen Orten sind nur bei größerer Differenz zwischen direkter Entfernung und tatsächlich gefahrenen Kilometern erforderlich. 1053

Bei Fahrten eines Taxifahrers im sog. Pflichtfahrgebiet ist es in Bezug auf Reisezweck, Reiseziel und aufgesuchte Geschäftspartner ausreichend, täglich zu Beginn und Ende der Gesamtheit dieser Fahrten den Kilometerstand anzugeben mit der Angabe „Taxifahrten im Pflichtfahrgebiet" o. Ä. Wurden Fahrten durchgeführt, die über dieses Gebiet hinausgehen, muss das genaue Reiseziel aufgezeichnet werden.

Fahrlehrer können in Bezug auf Reisezweck, Reiseziel und aufgesuchten Geschäftspartner „Lehrfahrten", „Fahrschulfahrten" o. Ä. angeben.

Werden regelmäßig dieselben Kunden aufgesucht, wie z. B. bei Lieferverkehr, und werden die Kunden mit Name und (Liefer-)Adresse in einem Kundenverzeichnis unter einer Nummer geführt, unter der sie später identifiziert werden können, bestehen keine Bedenken, als Erleichterung für die Führung eines Fahrtenbuchs zu Reiseziel, Reisezweck und aufgesuchtem Geschäftspartner jeweils zu Beginn und Ende der Lieferfahrten Datum und Kilometerstand sowie die Nummern der aufgesuchten Geschäftspartner aufzuzeichnen. Das Kundenverzeichnis ist dem Fahrtenbuch beizufügen (BMF, Schreiben v. 18.11.2009, IV C 6 – S 2177/07/10004, BStBl 2009 I S. 1326).

Die (Hin- und Rück-)**Fahrten zwischen Wohnung und Betriebsstätte** gehören zwar zu den betrieblichen Fahrten, dennoch sind pro Entfernungskilometer bei Nutzung eines Pkw nur mit 0,30 € als Betriebsausgaben abzugsfähig. 1054

Die Finanzverwaltung hat zur Behandlung nach der Reform des Reisekostenrechts Stellung genommen (BMF, Schreiben v. 23.12.2014, IV C 6 – S 2145/10/10005:001, BStBl 2015 I S. 26: Anwendung bei der Gewinnermittlung). Betriebsstätte ist eine dauerhafte Tätigkeitsstätte, d. h. eine ortsfeste betriebliche Einrichtung des Steuerpflichtigen bzw. des Auftraggebers, die mehr als 48 Monate genutzt werden soll. Ein häusliches Arbeitszimmer ist keine Betriebsstätte. Als erste Betriebsstätte gilt die Tätigkeitsstätte, die arbeitstäglich oder je Woche an zwei vollen Arbeitstagen oder mindestens zu einem Drittel der regelmäßigen Arbeitszeit aufgesucht wird. Treffen diese Kriterien auf mehrere Tätigkeitsstätten zu, ist die der Wohnung näher gelegene Tätigkeitsstätte erste Betriebsstätte. Die Fahrten zu weiter entfernt liegenden Tätigkeitsstätten sind als Auswärtstätigkeiten zu beurteilen. Liegen keine Betriebsstätten vor (z. B. bei ständig wechselnden Tätigkeitsstätten Fahrzeug, Flugzeug, Schiff) sind die Fahrtkosten unbeschränkt als Betriebsausgaben abziehbar. Fährt der Betriebsinhaber zwischen seinem häuslichen Büro und dem Sitz seines einzigen Auftraggebers ist die Entfernungspauschale anzusetzen (BFH, Urteil v. 13.5.2015, III R 59/13, HI8310232, BFH/NV 2015 S. 1365). Das gilt auch, wenn der Betriebsinhaber noch eine weitere Betriebsstätte hat, von der er gelegentlich zu seinem Auftraggeber fährt (FG Düsseldorf, Urteil v. 11.3.2019, 9 K 1960/17 E, HI13139036, G, EFG 2019 S. 873, Revision beim BFH unter Az. X R 14/19). Auch wenn z. B. ein Steuerberater auf dem Weg ins Büro oder auf dem Weg nach Hause noch einen Mandanten besucht, kann er nur die Entfernungspauschale i. H. v. 0,30 € geltend machen. Ist die Fahrtstrecke aufgrund des Mandantenbesuchs länger als die Entfernung zwischen Wohnung und Büro, kann er (nur) für den zusätzlichen Weg die tatsächlichen Kosten bzw. 0,30 € pro gefahrenen Kilometer geltend machen (BFH, Urteil v. 19.5.2015, VIII R 12/13, HI8752430).

Im Wesentlichen sollen Unternehmer und Arbeitnehmer gleich behandelt werden. Wegen weiterer Einzelheiten zur Entfernungspauschale siehe daher ➜ Tz 643. In aller Regel sind die tatsächlichen Kilometerkosten höher. Der über 0,30 € pro Entfernungskilometer hinausgehende Kostenanteil ist durch einen Zuschlag als „nicht abzugsfähige Betriebsausgabe" zu korrigieren (Zeile 87 des Vordrucks EÜR).

TIPP

Außergewöhnliche Kosten – Entfernungspauschale

Mit den Kilometerpauschbeträgen gem. § 9 Abs. 1 Satz 3 Nr. 4 EStG (Entfernungspauschale) sind nach der ständigen Rspr. des BFH sämtliche Kosten, die dem Arbeitnehmer bei Benutzung des eigenen privaten Pkw für berufliche Zwecke entstehen, abgegolten. Das trifft auch z. B. auf Reparaturaufwendungen zu, die aufgrund einer Falschbetankung des Wagens auf dem Weg zur Arbeit verursacht wurden (BFH, Urteil v. 20.3.2014, VI R 29/13, HI6985763, BFH/NV 2014 S. 1284).

1055 Zur **Ermittlung der Gesamtkosten** des Pkw sind alle fixen und laufenden Kosten (Reparaturkosten, Treibstoffe, Pflege, Kosten für die Garage, Kfz-Steuer, Haftpflicht-/Kaskoversicherung, Zinsen für Anschaffungsdarlehen etc.) zu addieren. Unberücksichtigt bleiben Parkgebühren, Unfallkosten, Aufwendungen für Strafzettel, Beiträge für eine Insassen- und Unfallversicherung. Diese sind bei betrieblicher Veranlassung in voller Höhe Betriebsausgabe, ansonsten Privatentnahme und nicht in die Kostenermittlung einzubeziehen.

Teil der Kosten ist die Abschreibung für den Pkw (Kaufpreis verteilt auf sechs Jahre). Bei gebraucht erworbenen Pkw kann ggf. eine kürzere Nutzungsdauer zu berücksichtigen sein. Allerdings will der BFH die Abschreibung bei überlassenen Pkw nicht unbedingt mit den AfA-Sätzen berücksichtigen, die bei der Gewinnermittlung Gültigkeit haben. Vielmehr sei für die Ermittlung des Privatanteils im Regelfall nur von einer AfA für Pkw von 12,5 % (acht Jahre Nutzungsdauer) auszugehen (BFH, Beschluss v. 29.3.2005, IX B 174/03, HI1487510, BFH/NV 2006 S. 998).

Wenn das Fahrzeug geleast ist, muss die Leasing-Sonderzahlung der Ermittlung der Gesamtkosten auf die Laufzeit des Leasing-Vertrags verteilt werden (BFH, Urteil v. 3.9.2015, VI R 27/14, HI8719996, BFH/NV 2016 S. 111). Daneben sind die gezahlten Leasingraten zu berücksichtigen.

Die Fahrtenbuchmethode setzt voraus, dass die Aufwendungen für das Kfz im Einzelnen nachgewiesen werden. Ein betriebsinterner Kostenverrechnungssatz ist ebenso wenig zulässig wie eine Schätzung oder eine eidesstattliche Versicherung des Steuerpflichtigen (FG München, Urteil v. 29.1.2018, 7 K 3118/16, HI11788426, rkr.).

Die Gesamtkosten sind durch die Jahres-Kilometer-Leistung zu dividieren. Der so ermittelte Kilometersatz wird auf den privaten Nutzungsanteil laut Fahrtenbuch angewandt

1056 Bei Anwendung der **1 %-Regelung** beträgt der private Nutzungsanteil pro Monat 1 % des Bruttolistenpreises (= unverbindliche Preisempfehlung zum Zeitpunkt der Erstzulassung inkl.

Sonderausstattung). Das gilt auch für die Privatnutzung eines Taxis, das zu einem günstigeren Preis erworben wurde (BFH, Urteil v. 8.11.2018, III R 13/16, HI12969452, BFH/NV 2019 S. 44). Existiert kein inländischer Bruttolistenpreis, kann das Finanzamt die Bemessungsgrundlage für die 1 %-Regelung schätzen (BFH, Urteil v. 9.11.2017, III R 20/16, HI11549448, BFH/NV 2018 S. 563).

Nicht erfasst werden Kosten des Autotelefons und für die Überführung/Zulassung des Pkw. Das trifft auch auf die Kosten für zusätzliche Winterreifen (inkl. Felgen) sowie die Ausgaben für eine nachträglich eingebaute Flüssiggasanlage zu.

Die 1 %-Regelung gilt auch für bereits voll abgeschriebene Kfz.

Wird das Fahrzeug nur während eines Teils des Monats genutzt, ist trotzdem der volle Monatsbetrag anzusetzen (FG Baden-Württemberg, Urteil v. 24.2.2015, 6 K 2540/14, HI7693519, EFG 2015 S. 896).

Die Besonderheiten bezüglich Elektro- oder Hybridelektrofahrzeugen sind in ➜ Tz 617 f. **1057**
dargestellt.

Wird der Wert der privaten Nutzung nach der 1 %-Regelung ermittelt, sind die Aufwen- **1058**
dungen für **Fahrten Wohnung–Betrieb** für jeden Entfernungskilometer pro Monat mit 0,03 % des Bruttolistenpreises anzusetzen, auch wenn im Monat durchschnittlich weniger als 15 Fahrten zur Betriebsstätte unternommen werden (BFH, Urteil v. 12.6.2018, VIII R 14/15, HI12077206, BFH/NV 2018 S. 1320).

Für Fahrten im Rahmen der doppelten Haushaltsführung sind 0,002 % des Bruttolistenpreises pro Entfernungskilometer hinzuzurechnen. Anders als bei Arbeitnehmern muss diese Hinzurechnung für jede **Familienheimfahrt** vorgenommen werden, also nicht nur dann, wenn mehr als eine Fahrt pro Woche anfällt (BFH, Urteil v. 19.6.2013, VIII R 24/09, HI5183620, BFH/NV 2013 S. 1703).

Zuzahlungen mindern den geldwerten Vorteil, der sich nach der 1 %-Methode ergibt (BFH, **1059**
Urteil v. 30.11.2016, VI R 2/15, HI10245684, BFH/NV 2017 S. 519). Gleiches gilt auch bei der Fahrtenbuchmethode (BFH, Urteil v. 30.11.2016, VI R 49/14, HI10245683, BFH/NV 2017 S. 516). Nicht nutzungsabhängige Kosten werden aber nur berücksichtigt, wenn der Arbeitnehmer dazu arbeitsvertraglich verpflichtet ist (FG Münster, Urteil v. 14.3.2019, 10 K 2990/17 E, HI13139062, rkr., EFG 2019 S. 1083). Übersteigen die Eigenleistungen des Arbeitnehmers den privaten Nutzungsvorteil für die außerdienstliche Nutzung eines ihm überlassenen betrieblichen Kfz des Arbeitgebers, führt der übersteigende Betrag weder zu negativem Arbeitslohn noch zu Werbungskosten. Dies gilt sowohl bei Anwendung der Fahrtenbuchmethode als auch bei der 1 %-Regelung (BFH, Beschluss v. 15.1.2018, VI B 77/17, HI11549457, BFH/NV 2018 S. 521).

WICHTIG **1060**

Kostendeckelung

Wird der Privatanteil nach der 1 %-Regelung berechnet, kann es dazu kommen, dass der gesamte Privatanteil (Privatfahrten, Fahrten zwischen Wohnung und Betriebsstätte sowie Heimfahrten im Rahmen einer doppelten Haushaltsführung) die tatsächlichen Gesamtkosten für das Kfz übersteigt. In diesen Fällen muss der Privatanteil so begrenzt werden, dass sämtliche Kfz-Aufwendungen neutralisiert werden und nur die steuerlich abzugsfähigen Kosten für Fahrten

II Kommentierung

zwischen Wohnung und Betriebsstätte (Entfernungspauschale) und für Fahrten im Rahmen der doppelten Haushaltsführung als abzugsfähige Betriebsausgabe verbleiben (= Kostendeckelung). Dazu ist eine Nebenrechnung erforderlich.

BEISPIEL

Kostendeckelung prüfen

Die laufenden Gesamtkosten für den Pkw betragen 10.000 €, AfA 7.000 € und Zinsen 0 € (in Zeile 29 bzw. 61 enthalten). Der Pkw hat einen Bruttolistenpreis von 50.000 €. Damit ergibt sich ein Privatanteil von 6.000 € (50.000 € × 1 % × 12 Monate; Zeile 19). Die Entfernung zwischen Wohnung und Arbeitsstätte beträgt 30 km und wird an 230 Tagen zurückgelegt. Damit beträgt der Nutzungsanteil für Fahrten zwischen Wohnung und Betriebsstätte 5.400 € (50.000 € × 30 Ekm × 0,03 % × 12 Monate). Die gesamten Kosten sind mit 17.000 € höher als der private Nutzungsanteil. Daher liegt kein Fall der Kostendeckelung vor.

Folgende Eintragungen in der Anlage EÜR sind vorzunehmen:

Betriebsausgaben	
tatsächliche Kfz-Kosten (verteilt auf die Zeilen 81–83)	10.000 €
AfA für Kfz (anteilig aus Zeile 31)	7.000 €
Zinsen für Kfz (anteilig aus Zeile 61)	0 €
Zwischensumme Kosten gesamt	17.000 €
Betriebseinnahmen	
Privatanteil lt. Zeile 19	6.000 €
Kfz-Kosten für Fahrten zwischen Wohnung und Arbeitsstätte Zeile 85	5.400 €
Entfernungspauschale (230 × 30 km × 0,30 €) Zeile 86	2.070 €

Abwandlung: Ist der Pkw bereits abgeschrieben, sodass sich die AfA auf 0 € beläuft, betragen die Gesamtkosten 10.000 €. Der Privatanteil beträgt aber 11.400 € (6.000 € + 5.400 €). Es liegt ein Fall der Kostendeckelung vor. Folgende Eintragungen in der Anlage EÜR sind vorzunehmen:

Betriebsausgaben	
tatsächliche Kfz-Kosten (verteilt auf die Zeilen 81–83)	10.000 €
AfA für Kfz (anteilig aus Zeile 31)	0 €
Zinsen für Kfz (anteilig aus Zeile 61)	0 €
Zwischensumme Kosten gesamt	10.000 €
Betriebseinnahmen	
Privatanteil lt. Zeile 19	6.000 €
Kfz-Kosten für Fahrten zwischen Wohnung und Arbeitsstätte Zeile 85 = Kostendeckelung	4.000 €
Entfernungspauschale (230 × 30 km × 0,30 €) Zeile 86	2.070 €

Im Ergebnis müssen die Entfernungspauschale sowie ggf. die abzugsfähigen Kosten der Fahrten i. Z. m. der doppelten Haushaltsführung noch als Betriebsausgabe abzugsfähig sein.

(Die obigen Zeilennummern beziehen sich auf die Eintragungen in der Anlage EÜR. Bilanzierende Unternehmer müssen den Differenzbetrag zwischen den tatsächlichen Aufwendungen für die Fahrten zwischen Wohnung und Arbeitsstätte und den steuerlich abzugsfähigen Aufwendungen außerbilanziell hinzurechnen bzw. abziehen.)

Für die Berechnung der Gesamtkosten bei der Kostendeckelung sind Aufwendungen, die für mehrere Jahre im Voraus geleistet wurden, periodengerecht auf die jeweiligen Nutzungszeiträume zu verteilen. Hierzu zählt u.a. auch die für mehrere Jahre im Voraus geleistete Leasingsonder(voraus)zahlung (FinBeh Hamburg, Fachinformation v. 8.11.2018, S 2177-2018/001 – 52). **1061**

Das FG Rheinland-Pfalz lehnt die Kostendeckelung ab, weil es hierfür keine Rechtsgrundlage gibt (FG Rheinland-Pfalz, Urteil v. 10.12.2019, 3 K 1681/19, HI13704743, EFG 2020 S. 519, Revision beim BFH unter Az. VIII R 11/20). Bei dem BMF-Schreiben v. 18.11.2009, IV C 6 – S 2177/07/10004, BStBl 2009 I S. 1326, handele es sich um eine Billigkeitsentscheidung nach § 163 AO, auf deren Anwendung kein gerichtlich einklagbarer Anspruch bestehe. **1062**

Liegt bei einem dem Betriebsvermögen zugeordneten Pkw der betriebliche **Nutzungsanteil unter 50 % und wird kein ordnungsmäßiges Fahrtenbuch** geführt, ist der Anteil für die Privatnutzung zu schätzen. Hierzu sind, wie bei der Fahrtenbuchmethode, alle Kosten zu addieren und durch die Jahreskilometerleistung zu dividieren. Der so ermittelte km-Satz wird auf die geschätzte private km-Leistung angewandt. Der **Schätzung** sollten Aufzeichnungen der betrieblichen und privaten Fahrten über einen repräsentativen Zeitraum (mindestens drei Monate) zugrunde gelegt werden. Der so ermittelte Anteil kann so lange beibehalten werden, wie sich keine wesentlichen Änderungen im Nutzungsverhalten (z.B. durch Umzug, Wechsel der Tätigkeitsstelle, nutzende Personen o.Ä.) ergeben. **1063**

Unfallkosten, die auf einer Privatfahrt entstanden sind, gehören nicht zu den betrieblichen Gesamtkosten eines Firmenwagens. Bei Unternehmern ist der Unfallschaden wie die Fahrt, auf der sie entstanden sind, zu beurteilen. Bei einer Privatfahrt ist eine Entnahme anzusetzen bzw. sind die Kosten als nichtabzugsfähige Betriebsausgaben zu behandeln. Wurde die Reise sowohl aus betrieblicher als auch privater Veranlassung unternommen, kann die private Veranlassung der Aufwendungen von untergeordneter Bedeutung sein. Ist das nicht der Fall, führt dies zu einem Abzugsverbot für diese privat veranlassten Aufwendungen (BFH, Urteil v. 1.12.2005, IV R 26/04, HI1466110, BFH/NV 2006 S. 429). Ist der Unfall auf dem Weg zwischen Wohnung und Betrieb/Tätigkeitstätte geschehen, sind sämtliche Aufwendungen mit der Entfernungspauschale abgegolten. Unfallkosten können nicht zusätzlich geltend gemacht werden (FG Rheinland-Pfalz, Urteil v. 23.2.2016, 1 K 2078/15, HI9250527, EFG 2016 S. 819). Das gilt auch für die Ausgaben eines Strafprozesses wegen fahrlässiger Tötung, wenn die Straftat auf einem Verkehrsunfall bei einer Dienstreise beruht (FG Rheinland-Pfalz, Urteil v. 22.1.2016, 4 K 1572/14, HI9065339, EFG 2016 S. 568). Krankheitskosten, die auf einen Unfall auf dem Weg zwischen Wohnung und Betrieb zurückzuführen sind, sind jedoch zusätzlich abzugsfähig (BFH, Urteil v. 19.12.2019, VI R 8/18, HI13754968, BFH/NV 2020 S. 578). **1064**

Für die private Mitbenutzung fällt bei Unternehmern **Umsatzsteuer** an. **1065**

Der Zuschlag für Fahrten zwischen Wohnung und Betriebsstätte unterliegt dabei aber nicht der Umsatzsteuer (BMF, Schreiben v. 5.6.2014, IV D 2 – S 7300/07/10001:001, BStBl 2014 I S. 896).

1066 Die auf die private Kfz-Nutzung entfallende Umsatzsteuer erhöht die Entnahme und damit den Gewinn des Unternehmers. Bemessungsgrundlage hierfür sind die anteilig auf die Privatnutzung entfallenden Kosten. Bei der Fahrtenbuchregelung sind in die umsatzsteuerliche Bemessungsgrundlage nur die Kosten einzubeziehen, für die Vorsteuer abgezogen werden konnte. Hat der Unternehmer beim Pkw-Erwerb Vorsteuer abgezogen, gehört auch die Abschreibung in die Bemessungsgrundlage. Die AK eines Pkw sind dabei abweichend von den ertragsteuerlichen Grundsätzen gleichmäßig auf den nach § 15a UStG maßgeblichen Berichtigungszeitraum zu verteilen (= fünf Jahre).

1067 Übersicht Betriebs-Pkw

Private Mitbenutzung des Betriebs-Pkw				
Berechnung des Privatanteils	**1 %-Regelung**		**Fahrtenbuch (FB)**	
	Brutto-Listenpreis	... EUR	$\frac{\text{Privatfahrten lt. FB} \times 100}{\text{Gesamtjahresleistung}}$	... %
			Gesamtkosten	... EUR
	davon 1 %	... EUR		
	12 Monate × ... EUR	... **EUR**	davon ... %	... EUR
	zuzüglich Umsatzsteuer			
Behandlung bei der Umsatzsteuer	**Anschaffung mit Vorsteuer-Anspruch**			
	80 % des Werts lt. 1 %-Regelung =	... EUR	Gesamtkosten mit Vorsteuerabzug	... EUR
	davon 19 %	... EUR	privater Anteil ... %	... EUR
			davon 19 %	... EUR
	Wird die Bemessungsgrundlage durch eine sachgerechte Schätzung ermittelt, beträgt die Umsatzsteuer 19 % der auf die Privatnutzung anteilig entfallenden Kosten. Kostenanteile, für die keine Vorsteuer abgezogen worden ist (z. B. Steuer, Versicherung etc.), bleiben außer Betracht.			
	Zu den Gesamtkosten mit Vorsteuerabzug gehört auch die Abschreibung für den Pkw.			
	Hinweis: In der Zeit vom 1.7.2020 bis 31.12.2020 beträgt der Umsatzsteuersatz 16 %.			

Fahrten zwischen Wohnung und Betriebsstätte (W–B)				
Nicht abzugsfähige Betriebsausgaben (BA)	**1 %-Regelung**		**Fahrtenbuch (FB)**	
	Listenpreis	... EUR	Kosten pro km	... EUR
	davon 0,03 % × Entfernung W–B × 12 Monate	... EUR = ... EUR	Kosten pro km × Anzahl der Fahrten W–B × Entfernung W–B × 2	= ... EUR
	Oder alternativ 0,002 % × Anzahl der tatsächlichen Fahrten × Entfernung W–B × 12 Monate; s. a. ➜ Tz 1120	... EUR = ... EUR		
	./. abzugsfähige BA		./. abzugsfähige BA	
	Anzahl der Arbeitstage × Entfernung W–B × 0,30 €	– ... EUR	Anzahl der Arbeitstage × Entfernung W–B × 0,30 €	– ... EUR
	= nicht abzugsfähige BA	**= ... EUR**	**= nicht abzugsfähige BA**	**= ... EUR**
Umsatzsteuer	Umsatzsteuer fällt nicht an.			

TIPP

Berechnung Privatanteil

Um sich die Berechnung des Privatanteils zu vereinfachen, können Sie auf http://mybook.haufe.de unter „Der Steuerkalkulator" eine Datei herunterladen, mit der Sie die Berechnung mit wenigen Eingaben durchführen können.

Sonstige Entnahmen

[Sonstige Entnahmen ➜ Zeile 20]

Sonstige Sach-, Nutzungs- oder Leistungsentnahmen (Waren, Telefonnutzung, Einsatz **1068**
von Arbeitnehmern zu privaten Zwecken) sind gesondert aufzuzeichnen.

Zu bewerten ist die **Entnahme** von Nutzungen mit den tatsächlichen Selbstkosten.

Eine Vereinfachung bei der Erfassung von Entnahmen bietet die Möglichkeit, Pauschbeträge für unentgeltliche Wertabgaben (Sachentnahmen) in Anspruch zu nehmen (für das Jahr 2020: BMF, Schreiben v. 2.12.2019, IV A 4 – S 1547/19/10001:001, BStBl 2019 I S. 1287).

Die Pauschbeträge für unentgeltliche Wertabgaben werden durch die Finanzbehörden festgesetzt. Sie beruhen auf Erfahrungswerten und entbinden den Unternehmer von der Aufzeichnung von Einzelentnahmen.

Auflösung von Rücklagen und Ausgleichsposten

[Auflösung von Rücklagen und Ausgleichsposten → Zeile 21]

1069 Siehe hierzu → Tz 286.

19.3 Betriebsausgaben

Allgemeines

1070 § 4 Abs. 4 EStG definiert Betriebsausgaben als Aufwendungen, die durch den Betrieb veranlasst sind.

Betriebsausgaben sind grds. im Jahr der Zahlung abzugsfähig (Abflussprinzip gem. § 11 Abs. 2 EStG; → Tz 1043). Das gilt auch für Anzahlungen, die für sofort abzugsfähige Betriebsausgaben geleistet werden, auch wenn noch keine Leistung erbracht wurde oder später eine Verrechnung stattfindet (BFH, Urteil v. 2.8.2016, VIII R 4/14, HI10222598, BFH/NV 2017 S. 512).

1071 **Privat veranlasste Aufwendungen** ohne Bezug zu den Einkünften sind keine Betriebsausgaben oder Werbungskosten, sondern nicht abziehbare Kosten für die allgemeine Lebensführung (§ 12 EStG). **Gemischte Aufwendungen** sind aufteilbar in einen als Werbungskosten bzw. Betriebsausgaben abziehbaren und einen als Kosten für die private Lebensführung nicht abziehbaren Teil (BFH, Urteil v. 21.9.2009, GrS 1/06, HI2276796, BFH/NV 2010 S. 285).

Voraussetzung für eine Aufteilung ist, dass die betrieblich oder beruflich veranlassten Anteile anhand objektivierbarer Kriterien feststellbar und nicht von untergeordneter Bedeutung sind. Ein Abzug kommt nicht in Betracht, wenn die beruflichen und privaten Veranlassungsbeiträge so ineinandergreifen, dass eine Trennung nicht möglich ist (BFH, Beschluss v. 24.8.2012, III B 21/12, HI3402899, BFH/NV 2012 S. 1973; BMF, Schreiben v. 6.7.2010, IV C 3 – S 2227/07/10003:002, BStBl 2010 I S. 614).

Pauschale Betriebsausgaben

[Pauschale Betriebsausgaben → Zeile 23]

1072 Bestimmte Berufsgruppen können anstelle der tatsächlichen Aufwendungen **Betriebsausgaben** pauschal geltend machen. Ein weiterer Abzug von Kosten ist dann jedoch ausgeschlossen, sodass sich die Inanspruchnahme der Pauschale nur lohnt, wenn die tatsächlichen Aufwendungen geringer sind.

Schriftstellerische oder **journalistische** Tätigkeit als **Hauptberuf**	**30 %** der Betriebseinnahmen, höchstens **2.455 €/Jahr** (BMF, Schreiben v. 21.1.1994, IV B 4 – S 2246 – 5/94, BStBl 1994 I S. 112)
Wissenschaftliche, künstlerische oder schriftstellerische Tätigkeit sowie Vortragstätigkeit (auch Lehr- und Prüfungstätigkeit) als **Nebenberuf**	**25 %** der Betriebseinnahmen, höchstens **614 €/Jahr** (für alle Tätigkeiten; BMF, Schreiben v. 21.1.1994, IV B 4 – S 2246 – 5/94, BStBl 1994 I S. 112)
Hebammen	**25 %** der Betriebseinnahmen, höchstens **1.535 €/Jahr**

Einnahmen aus der **Kindertagespflege** sind unabhängig von der Anzahl der betreuten Kinder und von der Herkunft der vereinnahmten Mittel steuerpflichtig. Betreut die Tagespflegeperson ein Kind jedoch in dessen Familie, ist sie i. d. R. Arbeitnehmerin. Wird die Betreuung z. B. in der Wohnung der Pflegerin oder in gesondert gemieteten Räumen ausgeübt, handelt es sich um Einkünfte aus selbstständiger Tätigkeit (➜ Tz 1016). Die Steuerbefreiungsvorschriften des § 3 Nr. 11 und Nr. 26 EStG sind nicht anwendbar (FG Münster, Urteil v. 10.10.2019, 6 K 3334/17 E, HI13704736, rkr., EFG 2020 S. 248). **1073**

Anstelle der tatsächlichen Betriebsausgaben können bei einer Betreuungszeit von acht Stunden und mehr pro Kind und Tag aus Vereinfachungsgründen 300 € je Kind und Monat pauschal als Betriebsausgaben abgezogen werden. Die Pauschale ist bei geringerer Betreuungszeit anteilig zu kürzen. Findet die Betreuung im Haushalt der Eltern oder in unentgeltlich zur Verfügung gestellten Räumlichkeiten als selbstständige Tätigkeit statt, kann die Betriebsausgabenpauschale nicht abgezogen werden. Die Betriebsausgabenpauschale darf nur bis zur Höhe der Betriebseinnahmen abgezogen werden. Soweit tatsächlich höhere Aufwendungen nachgewiesen werden, können diese angesetzt werden. Weitere Einzelheiten ergeben sich aus dem BMF, Schreiben v. 11.11.2016, IV C 6 – S 2246/07/10002:005, BStBl 2016 I S. 1236. Gebäudekosten sind jedoch nicht anteilig als Betriebsausgaben abzugsfähig (FG Baden-Württemberg, Urteil v. 7.5.2019, 8 K 751/17, HI13367068). **1074**

Ist die Betreuung als **Heimerziehung** einzustufen (Vollzeitpflege), gehören auch Zahlungen für die Bestreitung der Sach- und Unterhaltsaufwendungen des Kindes zu den Betriebseinnahmen. **1075**

Aus Vereinfachungsgründen können in diesen Fällen diese Beträge wieder als Betriebsausgaben angesetzt werden. Der Betriebsausgabenabzug für anderweitige, i. Z. m. der Kindesbetreuung entstandene Kosten, die keine Sach- und Unterhaltsaufwendungen für das Kind darstellen, bleibt unberührt. Steuerfrei nach § 3 Nr. 11 EStG sind dagegen

- Pflegegeld und Beihilfe bei einer Vollzeitpflege nach § 33 SGB VIII (BFH, Urteil v. 5.11.2014, VIII R 29/11, HI7938489, BFH/NV 2015 S. 1024; Ausnahme: Es werden mehr als sechs Kinder gleichzeitig im Haushalt aufgenommen),
- Geldleistungen der Jugendämter für die spezialisierte Tagespflege nach § 32 SGB VIII.

Das BMF-Schreiben v. 22.10.2018, IV C 3 – S 2342/07/0001:138, BStBl 2018 I S. 1109, regelt die Einzelheiten.

Ausführungen zu Freibeträgen für Übungsleiter und ehrenamtliche Tätigkeiten unter ➜ Tz 1026 ff. zur Anlage S. **1076**

Betriebsausgaben im Einzelnen

[Waren, Roh- und Hilfsstoffe ➜ Zeile 26]

Die Kosten für **Waren, Roh- und Hilfsstoffe** (einschließlich Nebenkosten) sind Betriebsausgaben im Zeitpunkt der Zahlung. Davon ausgenommen sind die AK oder HK für Anteile an Kapitalgesellschaften, für Wertpapiere u. Ä., für Grund und Boden sowie Gebäude des Umlaufvermögens. Diese sind erst bei Zufluss des Veräußerungserlöses oder im Zeitpunkt der Entnahme als Betriebsausgaben zu berücksichtigen. Außerdem müssen diese Wirtschaftsgüter in Anlage AVEÜR (Anlageverzeichnis/Ausweis des Umlaufvermögens) aufgenommen werden. **1077**

[Ausgaben für das eigene Personal ➜ Zeile 28]

1078 Neben den **Gehältern, Löhnen und Versicherungsbeiträgen** für die eigenen Arbeitnehmer sind hier auch die Pauschalsteuern nach § 37b EStG zu erfassen, die für Geschenke an Geschäftsfreunde übernommen wurden (BMF, Schreiben v. 19.5.2015, IV C 6 – S 2297 – b/147/0001, BStBl 2015 I S. 468; ➜ Tz 1120).

1079 **Arbeitsverhältnisse mit Angehörigen** sind an strenge formelle Voraussetzungen geknüpft.

Ein derartiges Arbeitsverhältnis muss klar und eindeutig vereinbart worden sein (schriftlicher Arbeitsvertrag, Tätigkeit, Arbeitszeit, Höhe der Vergütung, Urlaubsanspruch). Es muss tatsächlich durchgeführt werden, d. h. der Arbeitnehmer muss tatsächlich im vereinbarten Umfang im Betrieb mitarbeiten und der Arbeitslohn muss i. d. R. monatlich ausbezahlt werden. Die Vereinbarungen müssen dem Üblichen entsprechen, d. h. die Arbeitsvergütung darf nicht unangemessen hoch sein.

Eine Pkw-Überlassung ist möglich, sofern diese üblich ist (BFH, Beschluss v. 21.1.2014, X B 181/13, HI6493820, BFH/NV 2014 S. 523). Die Überlassung eines Dienstwagens an einen geringfügig beschäftigten Angehörigen erkennt der BFH daher nicht an (BFH, Urteil v. 10.10.2018, X R 44-45/17, HI12950711, BFH/NV 2019 S. 319).

1080 Grundsätzlich gelten die zu Ehegatten-Arbeitsverhältnissen obigen Ausführungen auch zur **Mitarbeit von Kindern**. Arbeitsverhältnisse mit Kindern unter 14 Jahren werden wegen Verstoßes gegen das Jugendarbeitsschutzgesetz steuerlich nicht anerkannt.

Auch eine Mitarbeit im elterlichen Betrieb nur in den Semesterferien ohne eigenen Aufgabenbereich und ohne feste Arbeitszeiten gegen ein dauerhaftes Monatsgehalt ist steuerlich nicht anzuerkennen (FG des Landes Sachsen-Anhalt, Urteil v. 2.12.2005, 1 K 141/02, HI1487808; FG Nürnberg, Urteil v. 3.4.2008, VI 140/2006, HI1995013, EFG 2008 S. 1013).

Gleiches gilt, wenn nur Aushilfstätigkeiten erledigt werden und die Tätigkeiten wegen ihrer Geringfügigkeit oder Eigenart üblicherweise nicht Gegenstand eines Arbeitsverhältnisses sind. So darf z. B. kein Arbeitslohn für die Entgegennahme von Telefonanrufen in der Familienwohnung oder das Chauffieren des Vaters (Arzt) zu Patientenbesuchen gezahlt werden.

1081 Kosten für z. B. Auszubildende sind wie Personalkosten in voller Höhe abzugsfähig. **Ausbildungskosten** für die eigenen Kinder, die als Nachfolger in den Betrieb eintreten sollen (z. B. Facharztausbildung) sind aber keine Betriebsausgaben, wenn eine solche Ausbildung einem fremden Dritten nicht gewährt worden wäre (BFH, Urteil v. 6.11.2012, VIII R 49/10, HI3574011, BFH/NV 2013 S. 453). Ein Betriebsausgabenabzug ist selbst dann ausgeschlossen, wenn sich die Kinder verpflichten, nach Abschluss des Studiums für eine gewisse Zeit im elterlichen Unternehmen zu arbeiten (FG Münster, Urteil v. 15.1.2016, 4 K 2091/13 E, HI9109000, EFG 2016 S. 551). Auch die eigenen (Erst-)Berufsausbildungs-/Studienkosten des Unternehmers sind keine Betriebsausgaben (BFH, Urteil v. 5.11.2013, VIII R 22/12, HI6222969, BFH/NV 2014 S. 238).

[Absetzung für Abnutzung (AfA) ➜ Zeilen 29–31]

1082 Soweit Anlagegüter für den Betrieb erworben bzw. hergestellt wurden, sind deren **AK/HK** auf die **voraussichtliche Nutzungsdauer des Anlageguts** zu verteilen (AfA; § 7 EStG; R 7.1–7.5 EStR 2012; § 11 EStDV). Zur Erläuterung muss die Anlage AVEÜR beigefügt werden.

Entscheidend für die Einstufung als Anlagevermögen ist die Absicht, das Wirtschaftsgut dauerhaft im Betrieb zu nutzen. Ist dies nicht der Fall, liegt Umlaufvermögen vor.

WICHTIG

Sonderabschreibung für Elektronutzfahrzeuge und elektrische Lastenfahrräder

Ab 2020 bis 2030 gibt es eine zeitlich befristete Sonderabschreibung für kleine und mittelgroße elektrische Nutz- oder Lieferfahrzeuge (Elektronutzfahrzeuge und elektrisch betriebene Lastenfahrräder). Der Abschreibungssatz nach § 7c EStG beträgt 50 % der AK und kann nur im Jahr der Anschaffung einmalig in Anspruch genommen werden.

Die **Zuordnung zum Betriebsvermögen** ergibt sich aus folgender Übersicht: 1083

Betriebliche Nutzung	Behandlung
> 50 %	notwendiges Betriebsvermögen
10 %–50 %	gewillkürtes Betriebsvermögen
< 10 %	notwendiges Privatvermögen

Die Einstufung als **notwendiges** Betriebs- oder Privatvermögen ist vom Unternehmer nicht beeinflussbar. Beim gewillkürten Betriebsvermögen kann der Unternehmer wählen, ob er das Wirtschaftsgut als Betriebs- oder Privatvermögen behandeln will. Auch ein Unternehmer, der Einnahme-Überschuss-Rechner ist, kann gewillkürtes Betriebsvermögen haben (BFH, Urteil v. 2.10.2003, IV R 13/03, HI1073974, BFH/NV 2004 S. 132).

Die **Zuordnung zum gewillkürten Betriebsvermögen** ist bei der Einnahmenüberschuss- 1084
rechnung unmissverständlich durch entsprechende, zeitnah erstellte Aufzeichnungen auszuweisen (BFH, Urteil v. 2.10.2003, IV R 13/03, HI1073974, BFH/NV 2004 S. 132).

Dies kann z.B. geschehen, indem bei Erwerb die Rechnung unter den übrigen betrieblichen Rechnungen abgeheftet wird oder bei einer Einlage der Gegenstand unmittelbar in das zu führende Anlageverzeichnis aufgenommen wird. Auf jeden Fall muss das zusammen erfolgen mit der Einreichung der Einnahmenüberschussrechnung beim Finanzamt. Die Behandlung der Aufwendungen für das Wirtschaftsgut als Einnahme bzw. Ausgabe reicht nicht aus, um das Wirtschaftsgut dem Betriebsvermögen zuzuordnen. Letzteres erfordert auch bei der EDV-Buchführung einen unmissverständlichen, zeitnah und unumkehrbar dokumentierten Widmungsakt, vor allem wenn verlustträchtige Aktien dem gewillkürten Betriebsvermögen zugeordnet werden sollen.

Bei einem Freiberufler können Wertpapiere jedoch nur dann dem gewillkürten Betriebsvermögen zugerechnet werden, wenn ausschließlich betriebliche Gründe für ihren Erwerb maßgeblich waren (BFH, Urteil v. 8.2.2011, VIII R 18/09, HI2739197, BFH/NV 2011 S. 1847).

Die Voraussetzungen, dass eine mindestens 10%ige betriebliche Nutzung als Voraus- 1085
setzung für gewillkürtes Betriebsvermögen vorliegt, muss der Steuerpflichtige zeitnah erbringen (BFH, Urteil v. 21.8.2012, VIII R 12/11, HI6368971). Vermindert sich jedoch der Umfang der betrieblichen Nutzung eines Gegenstandes des gewillkürten Betriebsvermögens in einem Folgejahr auf unter 10 %, so ändert dies an der Zuordnung zum

gewillkürten Betriebsvermögen nichts. Eine Nutzungsänderung ist keine Entnahme dar (BFH, Urteil v. 21.8.2012, VIII R 11/11, HI3504778, BFH/NV 2013, S. 117).

1086 Anders als bei Gewerbetreibenden reicht die Willensentscheidung eines Freiberuflers allein zur Bildung von gewillkürtem Betriebsvermögen nicht aus. Bei diesem muss ein objektiver Funktionszusammenhang mit dem Betrieb hinzukommen. Wertpapiergeschäfte begründen aber als beabsichtigte Liquiditätsreserve und Sicherheit für betriebliche Darlehen dann keinen Förderzusammenhang zu einer freiberuflichen Praxis, wenn der Umfang der Wertpapiergeschäfte, insbesondere eine häufige Umschichtung der im Depot vorhandenen Wertpapiere mit deutlich spekulativen Absichten, darauf schließen lässt, dass keine eigene Einkunftsquelle aus Veräußerungsgeschäften erschlossen werden soll. Sie können auch nicht als gewillkürtes Betriebsvermögen behandelt werden, wenn sie im Zeitpunkt der Aktivierung wertlos oder im Wert erheblich gemindert und daher objektiv nicht geeignet sind, den Betrieb zu fördern (Hessisches FG, Urteil v. 11.7.2006, 5 K 3892/02, HI1644189).

Ein im Umlaufvermögen einer Freiberuflerpraxis ausgewiesenes Wertpapierdepot ist auch dann kein notwendiges Betriebsvermögen, wenn es in die Finanzierung der Praxis eingebunden und an den Kreditgeber verpfändet ist (FG Köln, Urteil v. 25.9.2008, 15 K 1235/04, HI2070212, EFG 2009 S. 94).

1087 Vergisst ein Einnahmenüberschussrechner, die Betriebsausgaben bei der Anschaffung, Herstellung oder Einlage eines Wirtschaftsguts des Umlaufvermögens zu berücksichtigen, kann er die Gewinnminderung nicht nachholen. Die nicht geltend gemachten AK oder HK mindern jedoch einen später anfallenden Gewinn aus der Veräußerung oder Entnahme des Wirtschaftsguts auch dann, wenn aus der Einlage keine steuerlichen Folgen gezogen wurden (BFH, Urteil v. 16.5.2013, III R 54/12, HI5586164, BFH/NV 2013 S. 1916). Nicht betroffen ist die unterlassene Einlage eines Grundstücks oder Gebäudes des Umlaufvermögens oder eines nicht abnutzbaren Wirtschaftsguts des Anlagevermögens, da die AK bzw. der Einlagewert erst im Zeitpunkt der Veräußerung oder Entnahme als Betriebsausgaben zu berücksichtigen sind (➜ Tz 1043).

1088 Zur Bestimmung der **Nutzungsdauer** ist im Regelfall auf die amtlichen AfA-Tabellen zurückzugreifen. Hiervon kann in begründeten Fällen abgewichen werden. Gebraucht erworbene Wirtschaftsgüter sind auf deren voraussichtliche Restnutzungsdauer abzuschreiben. Bei der Schätzung kommt es neben dem Zustand des Wirtschaftsguts im Zeitpunkt des Erwerbs auf Art und Umfang der voraussichtlichen jährlichen Nutzung im Betrieb an.

Entfallen AK eines Betriebs auf einen Geschäfts- bzw. **Firmenwert**, sind diese gleichmäßig auf 15 Jahre zu verteilen (§ 7 Abs. 1 EStG). Bei Übernahme einer freiberuflichen Praxis sind die auf den **Praxiswert** entfallenden Aufwendungen i. d. R. auf drei bis fünf Jahre zu verteilen (R 4.5 Abs. 3 EStR 2012; H 7.1 EStH 2019; H 7.4 EStH 2019).

Die vertragsärztliche Zulassung ist kein eigenständiges Wirtschaftsgut. Sie bildet mit dem Praxiswert eine untrennbare Einheit und ist dementsprechend wie dieser abzuschreiben (BFH, Urteil v. 9.8.2011, VIII R 13/08, HI2744366, BFH/NV 2011 S. 1960). Das gilt auch, wenn ein Überpreis gezahlt wird (BFH, Urteil v. 21.2.2017, VIII R 7/14, HI10763036, BFH/NV 2017 S. 956). Ist jedoch ausnahmsweise nur die Vertragsarztzulassung Gegenstand des Kaufvertrags, so handelt es sich um ein selbstständiges immaterielles nicht abnutzbares Wirtschaftsgut (BFH, Urteil v. 21.2.2017, VIII R 56/14, HI10763037, BFH/NV 2017 S. 960).

Abschreibungsbeginn ist bei gekauften Wirtschaftsgütern der Anschaffungszeitpunkt, bei selbst hergestellten Wirtschaftsgütern der Zeitpunkt der Fertigstellung. Im Jahr des Erwerbs bzw. der Fertigstellung ist nur der zeitanteilige Jahresabschreibungsbetrag zu berücksichtigen (z. B. Erwerb im März = 10/12 des Jahresbetrags). Der Zeitpunkt der Zahlung des Kaufpreises ist ohne Bedeutung. **1089**

Die Abschreibung eines Wirtschaftsguts endet, wenn dessen AK/HK vollständig abgesetzt sind, also mit Ablauf der zugrunde gelegten Nutzungsdauer oder mit dessen Ausscheiden (z. B. durch Zerstörung, Verkauf oder Entnahme).

Eine Abschreibung ist zwingend vorzunehmen, auch wenn der Buchwert einen (Rest-)Wert des Wirtschaftsguts unterschreitet (BFH, Urteil v. 8.4.2008, VIII R 64/06, HI2025175, BFH/NV 2008 S. 1660).

Das gilt auch für die Gewinnermittlung durch Einnahmenüberschussrechnung. Wird ein Wirtschaftsgut aber zunächst nicht als Betriebsvermögen behandelt, obwohl die Voraussetzungen vorlagen, darf die versäumte AfA in späteren Jahren nicht nachgeholt werden (BFH, Urteil v. 22.6.2010, VIII R 3/08, HI2452594, BFH/NV 2010 S. 2320).

WICHTIG **1090**

Sofortabschreibung

Abhängig von den AK/HK bestehen für alle Wirtschaftsgüter, die nach dem 31.12.2017 erworben bzw. hergestellt wurden, folgende Möglichkeiten:

AK/HK	Methode
bis zu 250 €	Sofortabschreibung oder lineare Abschreibung
mehr als 250 € bis max. 1.000 €	Behandlung als GWG, Sammelposten (➔ Tz 1093) oder lineare Abschreibung
ab 1.000,01 €	lineare oder degressive Abschreibung nach Nutzungsdauer

Maßgebend sind die Nettokosten, d. h. ohne enthaltene Umsatzsteuer.

Alle Wirtschaftsgüter, deren AK/HK den Betrag von 1.000 € übersteigen, sind linear abzuschreiben. Hierbei werden die AK/HK gleichmäßig auf die voraussichtliche Nutzungsdauer verteilt. Eine Absetzung für außergewöhnliche wirtschaftliche und technische Abnutzung (AfaA) kann zusätzlich zur linearen Abschreibung von Anlagegütern, aber auch bei nicht abnutzbaren Wirtschaftsgütern in Betracht kommen. Voraussetzung für die AfaA ist, dass das Anlagegut z. B. aufgrund einer Beschädigung nur noch eingeschränkt oder überhaupt nicht mehr nutzbar ist.

WICHTIG

Degressive Abschreibung

Bei beweglichen Wirtschaftsgütern des Anlagevermögens, die nach dem 31.12.2019 und vor dem 1.01.2022 angeschafft oder hergestellt worden sind, kann eine degressive Abschreibung in Anspruch genommen werden. Der Abschreibungssatz darf höchstens das Zweieinhalbfache der linearen Abschreibung, max. 25 %, betragen. Der Prozentsatz bleibt dabei gleich, die Abschreibung wird jeweils vom Restwert des Vorjahres berechnet. Absetzungen für außergewöhnliche technische oder wirtschaftliche Abnutzung sind hier nicht zulässig. Zur linearen Abschreibung kann jedoch jederzeit gewechselt werden.

BEISPIEL

Degressive Abschreibung

Ein Wirtschaftsgut wird im Januar 2020 angeschafft und soll degressiv abgeschrieben werden:

Anschaffungskosten	10.000	
Nutzungsdauer	8 Jahre	
lineare AfA	12,5 %	
degressive AfA max.	25,0 %	
Abschreibung 2020	–2.500 €	
Stand 31.12.2020	7.500 €	
Abschreibung 2021	–1.875 €	(25 % von 7.500 €)
Stand 31.12.2021	5.625 €	
Abschreibung 2022	–1.406 €	(25 % von 5.625 €)
Stand 31.12.2022	4.219 €	
Abschreibung 2023	–1.055 €	(25 % von 4.219 €)
Stand 31.12.2023	3.164 €	

1091 Die Teilwertabschreibung (§ 6 Abs. 1 EStG) ist bei der EÜR nicht zulässig. Das gilt auch für eine Beteiligung des notwendigen Betriebsvermögens (BFH, Urteil v. 5.11.2015, III R 13/13, HI9195542, BFH/NV 2016 S. 841).

[Sonderabschreibungen und Herabsetzungsbeträge nach § 7g EStG → Zeilen 41 und 42]

1092 Siehe dazu die Ausführungen zum Investitionsabzugsbetrag unter → Tz 1133, → Tz 1153.

[Aufwendungen für GWG/Auflösung Sammelposten → Zeilen 43 und 44]

1093 Für Wirtschaftsgüter mit AK bis zu 1.000 € (netto ohne Umsatzsteuer → Tz 1097) gibt es folgende Möglichkeiten:

Sammelpostenmethode

- Bildung eines Sammelpostens für Wirtschaftsgüter mit AK bis zu 1.000 €; Verteilung über fünf Jahre

oder:

Abschreibung ohne Sammelposten

- Sofortabschreibung oder lineare Abschreibung für Wirtschaftsgüter mit AK bis zu 800 €.

Die Wahl der Methode kann für ein Jahr nur einheitlich für alle Wirtschaftsgüter mit AK und HK von 250,01 bis 1.000 € ausgeübt werden. Im nächsten Jahr kann erneut entschieden werden.

Ein **GWG** muss folgende Voraussetzungen erfüllen: 1094

- Es handelt sich um ein abnutzbares, bewegliches (körperliches) Anlagegut (z.B. Kopier-, Faxgerät, Rechen-, Kaffeemaschine).
- Das Wirtschaftsgut ist selbstständig nutzbar.
- Für die Einordnung als geringwertiges Wirtschaftsgut kommt es auf die konkrete betriebliche Zweckbestimmung in dem konkreten Betrieb an (BFH, Beschluss v. 9.5.2012, III B 198/11, HI3130313, BFH/NV 2012 S. 1433).

Immaterielle Wirtschaftsgüter

Grundsätzlich sind immaterielle Wirtschaftsgüter (z.B. Software) nicht „beweglich". Computerprogramme unter 800 € werden jedoch als „Trivialprogramme" angesehen und gelten als beweglich! Die Regelungen für GWG bzw. Sammelposten sind für diese Programme also anwendbar.

Nur selbstständig nutzbare Wirtschaftsgüter fallen unter die GWG-Regelungen. 1095

Nichtselbstständig nutzbar ist ein Wirtschaftsgut, das

- nach seiner betrieblichen Zweckbestimmung nur zusammen mit anderen Wirtschaftsgütern genutzt werden kann,
- mit anderen Wirtschaftsgütern als einheitliches Ganzes in Erscheinung tritt oder
- mit anderen Wirtschaftsgütern des Anlagevermögens technisch abgestimmt ist.

Selbstständig nutzbar sind: Möbel, Bestecke, Geschirr, Porzellan, Wäsche (z.B. bei 1096
Gaststätten und Hotels), Gemälde, Einrichtungsgegenstände, Teppiche (soweit sie auf gebrauchsfertigem Boden verlegt sind), Werkzeuge (nicht aber maschinengebundene Werkzeuge), Videokassetten einer Videothek, Laptops, Computerprogramme, Euro-Flachpaletten, mobiles Autotelefon, Kombinationsgeräte (Fax, Drucker, Kopierer) etc.

Nichtselbstständig nutzbar sind: Gerüst- und Schalungsteile (wenn diese technisch aufeinander abgestimmt oder genormt sind), Ladeneinrichtung (soweit Baukastensystem), einzelne Teile einer Computeranlage (PC, Drucker, Bildschirm, Monitor etc.), maschinengebundene Werkzeuge etc.

Maßgebend für die **800-Euro- bzw. 250-Euro- und 1.000-Euro-Grenze** sind die AK bzw. 1097
HK. Preisnachlässe und Skontoabzüge mindern diese. Die in Rechnung gestellte Umsatzsteuer ist außer Betracht zu lassen, unabhängig davon, ob eine Vorsteuerabzugsberechtigung besteht oder nicht. Wird ein Wirtschaftsgut eingelegt, ist der Teilwert maßgeblich. Wurde es innerhalb von drei Jahren vor der Einlage gekauft bzw. hergestellt, darf der Einlagewert höchstens die AK/HK abzüglich der bis zur Einlage rechnerisch entfallenden Abschreibung (= Restwert) betragen.

Auch für die Wirtschaftsgüter, deren AK 1.000 € nicht übersteigen, sind die Vorschriften für 1098
den **Investitionsabzugsbetrag** anwendbar. Die 800-Euro-, 250-Euro- bzw. 1.000-Euro-Grenze ist auf die **geminderten** AK/HK anzuwenden (➔ Tz 1133).

II Kommentierung

[Aufwendungen für GWG ➜ Zeile 43]

1099 Wird die **GWG-Methode** gewählt und haben die AK/HK für das einzelne Wirtschaftsgut nicht mehr als 800 € (zzgl. Umsatzsteuer) betragen, können die Kosten als sofort abziehbare Betriebsausgaben im Jahr der Zahlung behandelt werden. Es besteht auch die Möglichkeit der Abschreibung über die Nutzungsdauer (Wahlrecht!). Alle anderen Wirtschaftsgüter müssen nach der Nutzungsdauer abgeschrieben werden. Ein GWG darf auch dann in voller Höhe abgeschrieben werden, wenn bei Beendigung der Nutzung ein nicht unerheblicher Restwert verbleibt (BFH, Urteil v. 24.7.2013, IV R 1/10, HI6056993, BFH/NV 2014 S. 213).

[Auflösung Sammelposten ➜ Zeile 44]

1100 Die **Auflösung des Sammelpostens** erfolgt im Wirtschaftsjahr der Bildung und den folgenden vier Wirtschaftsjahren mit jeweils 20 %. Für jedes Jahr ist für neu angeschaffte Wirtschaftsgüter ein eigener Sammelposten zu bilden und gesondert aufzulösen! Das Ausscheiden von Wirtschaftsgütern oder ein Wertverlust berührt den Sammelposten nicht.

[Raumkosten und sonstige Grundstücksaufwendungen ➜ Zeilen 46–48]

1101 **Kosten für gemietete oder eigene Räume** sind Betriebsausgabe, soweit diese auf den betrieblich genutzten Teil entfallen.

1102 Hat der Unternehmer jedoch zusammen mit seiner Ehefrau auf einem beiden gemeinsam gehörenden Grundstück ein Gebäude errichtet, das er ganz oder teilweise betrieblich, z. B. als Praxis, nutzt, können nur die anteilig eigenen, nicht aber die von der Ehefrau getragenen Aufwendungen als Betriebsausgaben abgezogen werden (BFH, Beschluss v. 23.8.1999, GrS 1/97, HI55834, BFH/NV 2000 S. 131; BFH, Urteil v. 6.12.2017, VI R 41/15, HI11598428, BFH/NV 2018 S. 667).

Daher ist in solchen Fällen der Abschluss eines Mietvertrags über die Nutzung des der Ehefrau gehörenden Gebäudeteils zu empfehlen. Durch die erzielte Miete bezieht die Ehefrau Einkünfte aus V+V und kann alle Ausgaben für den vermieteten Teil steuerlich geltend machen. Allerdings ist darauf zu achten, dass der Mietvertrag wie unter fremden Dritten gestaltet wird und insbesondere eine ortsübliche Miete angesetzt wird. Die Vereinfachungsregel des § 21 Abs. 2 EStG (➜ Tz 828, Anlage V) findet keine Anwendung, wenn eine Wohnung oder andere Räume zu gewerblichen Zwecken, vermietet werden. Vermietet die Ehefrau also an ihren Ehemann zu betrieblichen Zwecken, muss sie den ortsüblichen Preis nehmen. Bei einer verbilligten Vermietung zu Nicht-Wohnzwecken ist ein WK-Abzug nur anteilig zulässig. Wird aus privaten Gründen ganz auf Einnahmen verzichtet, ist kein Werbungskostenabzug möglich (OFD Rheinland, Verf. v. 18.12.2009, Kurzinfo Ertragsteuer 63/2009).

Siehe wegen weiterer Fallgestaltungen BFH, Urteil v. 9.3.2016, X R 46/14, HI9280718, BFH/NV 2016 S. 970 und BMF, Schreiben v. 16.12.2016, IV C 6 – S 2134/15/10003, BStBl 2016 I S. 1431).

1103 Soweit der Unternehmer die HK für das Gebäude selbst getragen hat, sind die anteiligen Aufwendungen als Betriebsausgaben (AfA, laufende Kosten für Gebäudeunterhalt) abzugsfähig (BFH, Beschluss v. 30.1.1995, GrS 4/92, HI65629, BStBl 1995 I S. 281).

Zinsen, die ein Ehegatte auf seine Darlehensverbindlichkeit zahlt, kann der andere Ehegatte auch dann nicht bei Ermittlung seiner Einkünfte abziehen, wenn die Darlehensbeträge zur Anschaffung von Wirtschaftsgütern seines Betriebsvermögens verwendet wurden (BFH,

Urteil v. 24.2.2000, IV R 75/98, HI425130, BFH/NV 2000 S. 915). Das Darlehen muss auf den Namen des Betriebsinhabers, mindestens aber auf die Ehegatten gemeinsam lauten.

Zinsen sind auch dann keine Betriebsausgaben, wenn der Gebäudeteil nicht dem Unternehmer, sondern dessen Ehegatten gehört und die Zinsen vom gemeinsamen Konto gezahlt wurden (BFH, Urteil v. 21.2.2017, VIII R 10/14, HI10865429, BFH/NV 2017 S. 1089).

[Fortbildungskosten ➔ Zeile 51]

Zu beachten sind die Ausführungen zu ➔ Tz 687 (Fortbildungskosten). **1104**

Anteilige Kosten von Reisen zu beruflichen Veranstaltungen, die auf die begleitende Ehefrau entfallen sind ebenso wenig abzugsfähig wie Kosten, die auf die private Verlängerung der Reisen entfallen (FG Münster, Urteil v. 14.5.2019, 2 K 2355/18 E, HI13318657, EFG 2019 S. 1525, Nichtzulassungsbeschwerde eingelegt, Az. beim BFH VIII B 127/19).

[Rechts- und Steuerberatungskosten, Buchführung ➔ Zeile 52]

Als abzugsfähige **Steuerberatungskosten** kommen insbesondere die Kosten für die Erstel- **1105**
lung der Umsatzsteuer- und Gewerbesteuerklärung, die Einnahmenüberschussrechnung sowie für die Ermittlung der Einkünfte aus freiberuflicher Tätigkeit in Betracht. Kosten, die auf die Erstellung des Mantelbogens bei der Einkommensteuererklärung entfallen und durch die Grundgebühr (§ 24 Abs. 1 Nr. 1 StBVV) abgegolten werden, können steuerlich nicht geltend gemacht werden.

Rechtsberatungs- und Beurkundungskosten i. Z. m. der unentgeltlichen Übertragung eines Mitunternehmeranteils sind keine Betriebsausgaben (BFH, Urteil v. 16.4.2015, IV R 44/12, HI8021372, BFH/NV 2015 S. 1085).

[Versicherungsbeiträge ➔ Zeile 55]

Versicherungsbeiträge können nur als Betriebsausgaben den Gewinn mindern, wenn sie **1106**
betrieblich veranlasst sind. Das ist der Fall bei Versicherungen für betriebliche Kfz, Haftpflichtversicherungen, die das Betriebsrisiko absichern, Feuerversicherungen für das Betriebsgebäude etc. Auch die Beiträge für Versicherungen zur Zukunftssicherung der Arbeitnehmer (Lebensversicherung, Unfallversicherung) sowie für eine Betriebsunterbrechungsversicherung sind Betriebsausgaben. Grundsätzlich nicht als Betriebsausgaben abzugsfähig sind Aufwendungen für private Versicherungen des Unternehmers, wie z. B. Kranken-, Krankentagegeldversicherung oder die (Risiko-)Lebensversicherung.

Darunter fällt auch eine Praxisausfallversicherung. Ausgaben für eine Versicherung, die das Risiko der ordnungsbehördlich verfügten Schließung einer Praxis (Quarantäne) versichert, sind aber Betriebsausgaben. Werden beide Versicherungsrisiken (Krankheit und Quarantäne) zusammen versichert, ist nur der anteilige Betrag für die Quarantäne abzugsfähig. Entsprechendes gilt für die Einnahmeseite (BFH, Urteil v. 19.5.2009, VIII R 6/07, HI2193211, BFH/NV 2009 S. 1519). Aufwendungen für eine Berufsunfähigkeitsversicherung sind keine Betriebsausgaben, auch nicht teilweise (BFH, Beschluss v. 15.10.2013, VI B 20/13, HI6308062, BFH/NV 2014 S. 327).

[Schuldzinsen ➔ Zeilen 61 und 62]

Die **Schuldzinsen** eines Unternehmens sind u. U. nicht in vollem Umfang steuerlich **1107**
abzugsfähig.

Zunächst ist die betriebliche Veranlassung der Zinsen zu prüfen. Betriebliche Schuldzinsen liegen vor, wenn die Geldmittel für betriebliche Zwecke (z. B. zur Begleichung einer Lieferantenrechnung, zur Bezahlung der Geschäftsmiete) eingesetzt werden.

Darüber hinaus gelten folgende Grundsätze:

- Wenn eines der betrieblichen Bankkonten ein Guthaben aufweist, kann der Betrag entnommen werden. Werden im Anschluss daran betriebliche Aufwendungen durch Belastung des Girokontos bzw. durch Aufnahme eines Darlehens finanziert, sind die anfallenden Zinsaufwendungen betrieblich veranlasst.
- Wird ein Darlehen nicht zur Finanzierung betrieblicher Aufwendungen, sondern zur Finanzierung einer Entnahme verwendet, liegen private Schulden und demzufolge keine betrieblichen Zinsen vor. Schuldzinsen für eine private Schuld sind nicht als Betriebsausgaben abzugsfähig.
- Wird ein fremdfinanziertes Wirtschaftsgut eingelegt, wird das zugehörige Darlehen auch betrieblich. Die Zinsen sind somit Betriebsausgabe.
- Wird ein Wirtschaftsgut des Betriebs veräußert, bleibt die zu seiner Finanzierung aufgenommene Schuld eine betrieblich veranlasste Schuld. Dies gilt ebenfalls bei der Betriebsveräußerung oder -aufgabe, wenn der Veräußerungserlös oder die Verwertung des Aktivvermögens zur Schuldentilgung nicht ausreicht.

1108 Beim Kauf oder Bau eines Gebäudes, das nur zum Teil zum Betriebsvermögen zählt, ist nur der entsprechende Darlehensanteil betrieblich veranlasst. Die Zinsen können nur entsprechend als Betriebsausgabe abgesetzt werden. Zur Zuordnung der Kosten zu den verschiedenen Bereichen vgl. ➜ Tz 852 ff.

1109 TIPP

Optimierung der Gebäudefinanzierung

Zur Optimierung sollten Sie Folgendes beachten:

- Verlangen Sie von den Bauhandwerkern getrennte Abrechnungen der verschiedenen Bauteile.
- Schließen Sie getrennte Darlehensverträge für jeden Bauteil ab.
- Richten Sie getrennte Baukonten ein, um die auf den betrieblichen Gebäudeteil entfallenden HK unmittelbar mit aufgenommenen Darlehensmitteln finanzieren zu können.
- Lassen Sie die Beträge aus den verschiedenen Darlehen keinesfalls auf dasselbe Konto auszahlen, sonst funktioniert das ganze System nicht mehr und alle Finanzierungskosten werden zwingend nach dem Verhältnis der Wohnflächen aufgeteilt (BFH, Urteil v. 1.4.2009, IX R 35/08, HI2171824, BFH/NV 2009 S. 119)! Die Grundsätze gelten auch bei Gebäuden, die nach der Fertigstellung teilweise vermietet und teilweise veräußert werden sollen (BFH, Urteil v. 4.2.2019, IX R 1/18, BFH/NV 2020 S. 631).
- Vermeiden Sie auf jeden Fall das Zusammenführen von Eigen- und Fremdmitteln auf einem Konto (s. dazu BFH, Urteil v. 12.3.2019, IX R 2/18, HI13320109, BFH/NV 2019 S. 1073).

Auch in Erwerbsfällen dürfen die vorstehenden Grundsätze angewandt werden. Eine 1110
größtmögliche Abzugsfähigkeit kann erreicht werden, wenn

- im Vertrag eine angemessene Aufteilung des Kaufpreises vorgenommen wird. Andernfalls ist das Verhältnis von Nutz- und Wohnfläche der beiden Teile maßgebend,
- ein Darlehen für die nicht zu eigenen Wohnzwecken genutzte Einheit aufgenommen wird und damit nur die darauf entfallenden AK bezahlt werden,
- die AK für den zu eigenen Wohnzwecken genutzten Teil getrennt davon bezahlt werden.

Eine gesonderte Zahlung der zugeordneten AK liegt auch vor, wenn diese Kosten mittels eines eigenständigen Darlehens auf ein Notaranderkonto überwiesen werden und der Notar den gesamten Kaufpreis vom Notaranderkonto auskehrt.

Abzugsbeschränkung für betrieblich veranlasste Zinsaufwendungen

Bei Einzelunternehmen und Personengesellschaften ist zu untersuchen, inwieweit die 1111
betrieblich veranlassten Schuldzinsen tatsächlich als Betriebsausgaben abziehbar sind. Die Abzugsfähigkeit wird durch die Vorschrift des § 4 Abs. 4a EStG eingeschränkt.

- Schuldzinsen i. Z. m. dem Kauf/der Herstellung von Anlagegütern (z. B. Maschinen, Betriebsgebäude) sind stets als Betriebsausgaben abzugsfähig (sog. Investitionsdarlehen). Dabei ist die tatsächliche Verwendung, nicht der Darlehenszweck lt. Darlehensvertrag ausschlaggebend.
- Darlehen zur Finanzierung von Umlaufvermögen sind keine Investitionsdarlehen (BFH, Urteil v. 30.8.2012, IV R 48/09, HI3530130, BFH/NV 2013 S. 187).
- Betragen die sonstigen Schuldzinsen (Gesamtbetrag an Schuldzinsen abzüglich Schuldzinsen für Investitionsdarlehen) nicht mehr als 2.050 €, können sie in vollem Umfang als Betriebsausgaben abgesetzt werden.
- Sonstige Schuldzinsen sind nicht in vollem Umfang abzugsfähig, soweit „Überentnahmen" vorliegen.

Die Berechnung der nichtabzugsfähigen Schuldzinsen erfolgt mittels einer vierstufigen 1112
Berechnung. Als Basis dient der Gewinn/Verlust des Wirtschaftsjahres sowie die Summe der Einnahmen und der Einlagen. Daher müssen Entnahmen und Einlagen auch bei der Gewinnermittlung durch Einnahmenüberschussrechnung gesondert aufgezeichnet werden (§ 4 Abs. 4a Satz 6 EStG).

Unter Gewinn bzw. Verlust ist das steuerliche Ergebnis lt. Einnahmenüberschussrechnung 1113
bzw. Bilanz zuzüglich der außerhalb der Gewinnermittlung vorzunehmenden Hinzurechnungen vor Anwendung des § 4 Abs. 4a EStG zu verstehen. Einzuberechnen ist auch der anlässlich einer Betriebsveräußerung/-aufgabe erzielte Gewinn (BMF, Schreiben v. 2.11.2018, IV C 6 – S 2144/07/10001:007, BStBl 2018 I S. 1207). Bei der Ermittlung ist der bilanzielle Gewinn nicht um eine steuerfreie Investitionszulage zu kürzen. Nicht abziehbare Betriebsausgaben i. S. d. § 4 Abs. 5 Satz 1 EStG sind jedoch nicht hinzuzurechnen (BFH Urteil v. 3.12.2019, X R 6/18, HI13899637). Bei der Gewinnermittlung durch EÜR erhöhen steuerfreie Einnahmen den Gewinn, nicht abzugsfähige Betriebsausgaben sind davon abzuziehen.

Als **Entnahmen** sind sämtliche Geld-, Sach- und Nutzungsentnahmen (z. B. Wert der 1114
privaten Kfz-Nutzung) des (Wirtschafts-)Jahres anzusetzen. Auch die Überführung oder Übertragung von Wirtschaftsgütern aus einem Betriebsvermögen in ein anderes Betriebs-

vermögen ist als Entnahme aus dem abgebenden Betriebsvermögen und als Einlage in das aufnehmende Betriebsvermögen anzusehen. Das gilt auch bei der Fortführung der Buchwerte (§ 6 Abs. 5 EStG; BMF, Schreiben v. 2.11.2018, IV C 6 – S 2144/07/10001:007, BStBl 2018 I S. 1207).

Je geringer die Entnahmen sind, desto größer ist der abzugsfähige Teil der betrieblichen Schuldzinsen.

1115 Als **Einlagen** sind sämtliche im (Wirtschafts-)Jahr getätigten Geld-, Sach- und Nutzungseinlagen anzusetzen. Hohe Einlagen verhindern oder vermindern die Anwendung der Abzugsbeschränkung.

Die kurzfristige Einlage von Geld ist jedoch ein Missbrauch von Gestaltungsmöglichkeiten, wenn sie allein dazu dient, die Hinzurechnung nach § 4 Abs. 4a EStG als nicht abziehbare Schuldzinsen zu umgehen (BFH, Urteil v. 21.8.2012, VIII R 32/09, HI3481793, BFH/NV 2013 S. 133).

1116 Die Berechnung der nicht abzugsfähigen Schuldzinsen ist anhand der Anlage SZ nachvollziehbar zu bewerkstelligen. Um den Saldo aus den Vorjahren zu ermitteln, ist für jedes Jahr die Berechnung vorzunehmen.

Das Berechnungsschema mit hinterlegten Formeln finden Sie als Excel-Arbeitsblatt auf http://mybook.haufe.de unter „Der Steuerkalkulator".

1117 Die Ermittlung der nicht abziehbaren Zinsen erfolgt bei **Personengesellschaften** gesellschafterbezogen.

Es gelten darüber hinaus bei Personengesellschaften folgende Besonderheiten:

- Tätigkeitsvergütungen von Gesellschaftern sind nur dann als Entnahme zu behandeln, wenn sie ausbezahlt worden sind.
- Die Hingabe eines Gesellschafterdarlehens ist eine Einlage, die Rückzahlung eine Entnahme.
- Der Sockelbetrag von 2.050 € wird für das Unternehmen **nur einmal** gewährt und ist entsprechend den Schuldzinsenanteilen auf die Gesellschafter aufzuteilen (BFH, Urteil v. 29.3.2007, IV R 72/02, HI1782845, BFH/NV 2007 S. 1960).

1118 Von besonderer Bedeutung könnte noch folgendes anhängige Verfahren sein:

- Bei einem Einnahmenüberschussrechner liegt eine Überentnahme bereits dann vor, wenn die Entnahme eines Wirtschaftsjahres betragsmäßig höher ist als die Summe des Gewinns und der Einlagen (FG Rheinland-Pfalz, Urteil v. 8.10.2018, 5 K 1034/16, HI12340468, EFG 2019 S. 25, Revision beim BFH Az. VIII R 38/18).

Beschränkt abzugsfähige Betriebsausgaben

[Geschenke → Zeile 67]

1119 **Geschenke** (Bar- oder Sachzuwendungen) sind unentgeltliche Zuwendungen aus betrieblichem Anlass, die nicht als Gegenleistung für eine bestimmte Leistung des Empfängers gedacht und nicht in unmittelbarem zeitlichen oder wirtschaftlichen Zusammenhang mit einer solchen Leistung stehen. Steuerlich sind solche Geschenke nur abzugsfähig, wenn die Summe der Geschenke an eine Person, die nicht Arbeitnehmer des Unternehmers ist, 35 € im Jahr nicht übersteigt (§ 4 Abs. 5 Nr. 1 EStG).

Kränze und Blumen anlässlich der Beerdigung eines Geschäftsfreundes sind keine Geschenke, da keine Zuwendung an einen Dritten vorliegt (R 4.10 Abs. 4 EStR 2012).

Die Aufwendungen für ein Geschenk müssen einzeln und getrennt von den sonstigen Betriebsausgaben aufgezeichnet werden. Sonst sind sie als Betriebsausgaben auch dann nicht abziehbar, wenn die Aufwendungen die 35-Euro-Freigrenze nicht überschreiten. Das gilt auch für Werbegeschenke, die selbst Werbeträger sind (hier: Kalender mit Firmenlogo; FG Baden-Württemberg, Urteil v. 12.4.2016, 6 K 2005/11, HI9484599, rkr., EFG 2016 S. 1197).

Bei der Prüfung der Frage, ob die jeweilige 35-Euro-Freigrenze überschritten ist, sind die AK oder HK des Gegenstands von maßgeblicher Bedeutung. Zu den AK gehören auch die Ausgaben für die Kennzeichnung des Geschenks als Werbeträger. Dagegen sind die Kosten der Verpackung und des Versands, die der Lieferant berechnet hat, nicht hinzuzurechnen. Anschaffungspreisminderungen wie z. B. Skonti, Rabatte und andere Preisnachlässe sind abzusetzen.

Die gezahlte Umsatzsteuer gehört nicht zu den AK oder HK, wenn sie als Vorsteuer abziehbar ist.

Die Grenze von 35 € bezieht sich auf den einzelnen Empfänger. Damit können z. B. Familienangehörige des Kunden mit weiteren Geschenken im Wert bis zu 35 € bedacht werden.

Betrieblich veranlasste Sachzuwendungen an Kunden, Geschäftsfreunde und deren Arbeitnehmer, aber auch an eigene Arbeitnehmer sind für den Empfänger regelmäßig ein steuerpflichtiger geldwerter Vorteil. Deshalb müsste der Beschenkte den Wert der Zuwendungen bei der Ermittlung seiner eigenen Einkünfte versteuern. Um dies zu vermeiden, kann der schenkende Unternehmer die Einkommensteuer einheitlich für alle innerhalb eines Wirtschaftsjahres gewährten Sachgeschenke – unabhängig davon, ob diese als Betriebsausgabe abziehbar sind oder nicht – mit einem Pauschalsteuersatz von 30 % (zzgl. Solidaritätszuschlag und ggf. Kirchensteuer) abgelten (§ 37b EStG). Dabei können die Pauschalierungswahlrechte für Sachzuwendungen an Nichtarbeitnehmer und an eigene Arbeitnehmer unabhängig voneinander ausgeübt werden. Der Unternehmer muss den Empfänger des Geschenks von der Steuerübernahme unterrichten. 1120

Nicht unter die Pauschalierung fallen:

- sog. „Streuwerbeartikel“ (Sachzuwendungen an Dritte mit AK bis 10 €)
- Sachzuwendungen/Geschenke an Arbeitnehmer bis zu 60 € (inklusive Umsatzsteuer; R 19.6 LStR 2015), anlässlich eines besonderen persönlichen Ereignisses (z. B. Geburtstag oder Firmenjubiläum)
- Gewinne aus Verlosungen, Preisausschreiben und sonstigen Gewinnspielen

Voraussetzung ist, dass die Sachzuwendungen zusätzlich zur ohnehin vereinbarten Leistung erbracht werden. Damit fallen Zuwendungen aufgrund eines Verkaufs- oder Mitarbeiterwettbewerbs i. d. R. in den Anwendungsbereich des § 37b EStG. Dies ist nicht der Fall, wenn den Verkäufern, die bei einem Kunden angestellt sind, eine Sachprämie im Erfolgsfall erhalten (BFH, Urteil v. 21.2.2018, VI R 25/16, HI11656905, BFH/NV 2018 S. 678).

Unter § 37b EStG fallen nur Zuwendungen, die beim Empfänger dem Grunde nach einkommensteuerpflichtig sind (BFH, Urteil v. 16.10.2013, VI R 57/11, HI6328952, BFH/NV 2014 S. 39; BFH, Urteil v. 16.10.2013, VI R 52/11, HI6328949, BFH/NV 2014 S. 397; BFH, Urteil

v. 16.10.2013, VI R 78/12, HI6328953, BFH/NV 2014 S. 401). Damit sind z. B. Geschenke an Ausländer, die im Inland nicht steuerpflichtig sind, nicht nach § 37b EStG zu versteuern. Außen vor bleiben auch Kosten für die eigenen Arbeitnehmer, die im ganz überwiegend eigenbetrieblichen Interesse des Arbeitgebers, z. B. zur Betreuung der Geschäftsfreunde, an einer Veranstaltung teilnehmen.

Ferner müssen die Zuwendungen betrieblich veranlasst sein. Werden die Aufwendungen z. B. von dem Geschäftsführer privat getragen, kommt die Anwendung der Pauschalierung nicht in Betracht.

Die Pauschalierung kommt auch nicht in Frage, wenn noch keine Geschäftsbeziehung besteht (Sächsisches FG, Urteil v. 9.3.2017, 6 K 1201/16, HI10866476, rkr.).

§ 37b EStG kommt auch bei (mehrtägigen) Veranstaltungen mit Geschäftspartnern und Arbeitnehmern in Betracht. Zu unterscheiden sind jedoch: Incentive-Veranstaltungen dienen dem privaten Vergnügen, und fallen damit unter § 37b EStG, Fortbildungsveranstaltungen jedoch nicht. Gemischt veranlasste Veranstaltungen sind aufzuteilen (OFD Nordrhein-Westfalen, Kurzinfo v. 7.9.2017, LSt 1/2017). In die Bemessungsgrundlage sind auch Aufwendungen einzubeziehen, die den äußeren Rahmen einer Veranstaltung betreffen (FG Münster, Urteil v. 27.11.2018, 15 K 3383/17 L, HI12728515, Revision beim BFH Az. VI R 4/19; FG Köln, Urteil v. 22.2.2018, 1 K 3154/15, HI11773288, Revision beim BFH, Az. VI R 13/18).

Bei Vorliegen der Voraussetzungen sind alle Geschenke von der Pauschalierung betroffen, unabhängig davon, ob ihr Wert 35 € überschreitet (BFH, Urteil v. 16.10.2013, VI R 52/11, HI6328949, BFH/NV 2014 S. 397). Aufwendungen für eine Wochenend-Jubiläumsfeier unterliegen nicht dem Abzugsverbot für Geschenke, wenn die berufliche Kontaktpflege im Vordergrund steht (BFH, Beschluss v. 20.2.2019, XI B 15/18, HI13594881, BFH/NV 2020 S. 207).

1121 Nach § 37b Abs. 1 Satz 2 EStG sind Bemessungsgrundlage der pauschalen Einkommensteuer die Aufwendungen des Steuerpflichtigen einschließlich Umsatzsteuer. Besteht die Zuwendung aber in der Hingabe eines Wirtschaftsguts des Betriebsvermögens oder in einer unentgeltlichen Nutzungsüberlassung und sind dem Schenker keine oder nur unverhältnismäßig geringe Aufwendungen entstanden, ist die Bemessungsgrundlage für eine Besteuerung nach § 37b EStG der ortsübliche Preis (gemeine Wert).

1122 Nach § 37b Abs. 4 Satz 1 EStG gilt die pauschale Einkommensteuer als Lohnsteuer und ist in der Lohnsteueranmeldung anzumelden. Eine Ausschlussfrist, bis zu welchem Zeitpunkt die pauschale Einkommensteuer spätestens anzumelden ist, ist in § 37b EStG nicht genannt. In der EÜR gehört die gezahlte Steuer in die Zeile 28 (➜ Tz 1078).

Die Entscheidung zur Anwendung der Pauschalierung ist spätestens in der letzten Lohnsteueranmeldung des Wirtschaftsjahres der Zuwendung zu treffen. Die Entscheidung kann auch noch mit einer geänderten Lohnsteueranmeldung getroffen werden. Für die Versteuerung von Zuwendungen an eigene Arbeitnehmer ist die Entscheidung zur Anwendung der Pauschalierung spätestens bis zu dem für die Übermittlung der elektronischen Lohnsteuerbescheinigung geltenden Termin (§ 41b Abs. 1 Satz 2 EStG; dem 28. Februar des Folgejahres) zu treffen.

Wurden zunächst keine Sachzuwendungen an eigene Arbeitnehmer pauschal besteuert und entsprechende Sachverhalte durch eine Lohnsteueraußenprüfung bekannt, kann das Wahlrecht erstmalig ausgeübt werden. Wurden andere Zuwendungen bereits nach § 37b

Abs. 2 EStG pauschaliert, muss bei neu aufgedeckten Sachverhalten die Pauschalierung nach § 37b EStG angewendet werden. Wurde eine individuelle Besteuerung vorgenommen, wurde das Wahlrecht ebenfalls ausgeübt. Zu Einzelheiten: BMF, Schreiben v. 19.5.2015, IV C 6 – S 2297-b/14/10001, BStBl 2015 I S. 468). Bis zur Bestandskraft kann diese Erklärung durch Abgabe einer geänderten Pauschsteueranmeldung widerrufen werden (BFH, Urteil v. 15.6.2016, VI R 54/15, HI9844762, BFH/NV 2016 S. 1803).

Die pauschal besteuerten Sachzuwendungen und die pauschale Einkommensteuer bleiben **1123** bei der Ermittlung der Einkünfte des Empfängers außer Ansatz. Der Unternehmer als Schenker muss die pauschale Einkommensteuer übernehmen. Als Schuldner muss er sie anmelden und abführen. Sie ist jedoch weder auf seine eigene noch auf die Einkommensteuer der Empfänger der Geschenke anrechenbar. Der Unternehmer muss den Empfänger des Geschenks von der Steuerübernahme unterrichten. Sind Sachzuwendungen an Nichtarbeitnehmer nicht als Betriebsausgaben abzugsfähig, z. B. weil der Wert über 35 € beträgt, ist auch die hierauf entfallende Pauschalsteuer nicht abzugsfähig ist (BFH, Urteil v. 30.3.2017, IV R 13/14, HI10865425, BFH/NV 2017 S. 1098).

TIPP

35-Euro-Freigrenze berechnen

Bei der Prüfung der 35-Euro-Freigrenze (➜ Tz 1119) ist aus Vereinfachungsgründen allein auf den Betrag der Zuwendung abzustellen. Die übernommene Steuer ist nicht mit einzubeziehen. Das gilt nach Aussage des BMF trotz des anderslautenden BFH-Urteils v. 30.3.2017, IV R 13/14, HI10865425, BFH/NV 2017, 1098.

[Bewirtungsaufwendungen ➜ Zeile 68]

Aufwendungen anlässlich von geschäftlichen Bewirtungen der Geschäftspartner und anderer **1124** Personen, sind nur zu 70 % als Betriebsausgaben abziehbar. Sie müssen durch den Betrieb veranlasst und angemessen sein (§ 4 Abs. 5 Nr. 2 EStG). Die in Rechnung gestellte Umsatzsteuer ist zu 100 % als Vorsteuer abziehbar, auch wenn die Bewirtungsrechnungen formell den einkommensteuerlichen Anforderungen (➜ Tz 1129) nicht entsprechen (FG Berlin-Brandenburg, Urteil v. 9.4.2019, 5 K 5119/18, HI13161087, rkr., EFG 2019 S. 1142).

Geschäftsfreunde sind Personen, mit denen der Unternehmer geschäftliche oder beruf- **1125** liche Beziehungen unterhält oder aufbauen will (Kunden, Lieferanten), aber auch z. B. Pressevertreter oder Politiker (BFH, Urteil v. 18.9.2007, I R 75/06, HI1847288, BFH/NV 2008 S. 269).

Eine Bewirtung i. S. d. § 4 Abs. 5 Nr. 2 EStG liegt vor, wenn die Darreichung von Speisen und/oder Getränken eindeutig im Vordergrund steht (BFH, Urteil v. 16.2.1990, III R 21/86, HI63437, BStBl 1990 II S. 575). Das ist auch der Fall, wenn eine Bewirtung stattfindet, bei der die Veranstaltung auch oder vorrangig der Werbung oder der Repräsentation dient (BFH, Urteil v. 25.3.1988, III R 96/85, HI62271, BStBl 1988 II S. 655). Das ist aber nicht der Fall, wenn die Bewirtungsaufwendungen Gegenstand eines Leistungsaustausches sind (z. B. Zuführung von Kunden durch einen Busfahrer; BFH, Urteil v. 26.4.2018, X R 24/17, HI12034036, BFH/NV 2018 S. 1180).

Zu den Bewirtungsaufwendungen gehören auch die Kosten für den Unternehmer und der teilnehmenden Arbeitnehmer. Kosten für Aufmerksamkeiten in geringem Umfang (wie Kaffee, Tee, Gebäck) anlässlich geschäftlicher oder betrieblicher Besprechungen sind in voller Höhe abziehbar. Das gilt jedoch nicht für alkoholische Getränke (FG Münster, Urteil v. 28.11.2014, 14 K 2477/12 E, HI7604170, U, EFG 2015 S. 453). Produkt- oder Warenverkostungen (z. B. Kundschaftstrinken) gelten nicht als Bewirtungen.

1126 Die Kürzung der Betriebsausgaben gilt nur für Bewirtungen aus **geschäftlicher Veranlassung**. Davon abzugrenzen ist die **private** und die **betriebliche Veranlassung.** Betrieblich veranlasst ist nur die Bewirtung von Arbeitnehmern. Diese ist in voller Höhe als Betriebsausgaben abziehbar, wobei allerdings Arbeitslohn vorliegen kann, den der Arbeitnehmer versteuern muss (z. B. Betriebsfeiern, die lohnsteuerliche Freigrenzen/-beträge übersteigen; BFH, Urteil v. 12.12.2012, VI R 79/10, HI3593301, BFH/NV 2013 S. 637). Privat veranlasste Bewirtungen (z. B. Geburtstagsfeiern des Unternehmers) sind keine Betriebsausgaben. Anders hat der BFH entschieden bei einer Geburtstagsfeier während der Arbeitszeit in der Werkstatt, unabhängig von einer privaten Feier (BFH, Urteil v. 10.11.2016, VI R 7/16, HI10109663, BFH/NV 2017 S. 366). Bei privaten Anlässen (z. B. Hochzeit) können auch die Kosten für Gäste, die aus beruflichen Gründen eingeladen wurden, nicht abgezogen werden (FG Köln, Gerichtsbescheid v. 11.11.2014, 2 K 1706/11, HI7679462, EFG 2015 S. 635). Eine Aufteilung lässt der BFH im Ausnahmefall zu, wenn die Einladung der Gäste aus dem beruflichen Umfeld (nahezu) ausschließlich beruflich veranlasst ist (BFH, Urteil v. 8.7.2015, VI R 46/14, HI8615602, BFH/NV 2015 S. 1720).

1127 Lädt der Unternehmer Geschäftspartner zu einer Schiffsreise ein, sind die Aufwendungen für die Reise und hiermit zusammenhängende Bewirtungen ungeachtet ihrer betrieblichen Veranlassung nicht abziehbar, wenn ein Zusammenhang mit der Unterhaltung der Teilnehmer oder der Repräsentation des Unternehmens nicht ausgeschlossen werden kann (BFH, Urteil v. 2.8.2012, IV R 25/09, HI3280084, BFH/NV 2012 S. 1714).

1128 Die Bewirtung kann in einer öffentlichen Gaststätte bzw. Restaurant oder auch in der eigenen Firma (z. B. Kantine) stattfinden. Die Kosten der Bewirtung in der eigenen Wohnung können nicht als Betriebsausgaben abgezogen werden.

Zum **Nachweis** der geschäftlichen Veranlassung müssen Ort und Tag der Bewirtung, Namen der Teilnehmer (ohne Anschrift), Anlass der Bewirtung und Höhe der Aufwendungen dokumentiert werden (§ 4 Abs. 5 Satz 1 Nr. 2 Satz 3 EStG).

Bei Bewirtung in einer Gaststätte genügen neben der beizufügenden Rechnung Angaben zu dem Anlass und den Teilnehmern der Bewirtung. Aus der Rechnung müssen sich Name und Anschrift der Gaststätte sowie der Tag der Bewirtung ergeben. Die Rechnung muss auch den Namen des Bewirtenden enthalten. Dies gilt nicht, wenn der Gesamtbetrag der Rechnung 250 € (bis 2016: 150 €) nicht übersteigt (BFH, Urteil v. 18.4.2012, X R 57/09, HI3280087, BFH/NV 2012 S. 1688).

Die Angaben über den Anlass der Bewirtung müssen einen geschäftlichen Zusammenhang erkennen lassen. Allgemeine Angaben wie „Arbeitsgespräch" oder „Kundenpflege" reichen nicht aus.

Die in Anspruch genommenen Leistungen sind nach Art, Umfang, Entgelt und Tag der Bewirtung in der Rechnung gesondert zu bezeichnen; die für den Vorsteuerabzug ausreichende Angabe „Speisen und Getränke" und die Angabe der für die Bewirtung in Rechnung gestellten Gesamtsumme sind für den Betriebsausgabenabzug nicht ausreichend (R 4.5 Abs. 8 Satz 9 EStR 2012).

Rechtsanwälte können die nach § 4 Abs. 5 Satz 1 Nr. 2 EStG erforderlichen Angaben zu Teilnehmern und Anlass einer Bewirtung i. d. R. nicht unter Berufung auf die anwaltliche Schweigepflicht verweigern (BFH, Urteil v. 26.2.2004, IV R 50/01, HI1129518, BFH/NV 2004 S. 715; LfSt Bayern, Verf. v. 28.3.2012, S 0251.1.1-2/1 St42, Auskunftsverweigerungsrecht v. Berufsgeheimnisträgern).

Auf die Angabe der Namen kann bei größeren anonymen Gruppen verzichtet werden, z. B. Betriebsbesichtigungen mit anschließender Bewirtung. Hier reicht eine Gruppen- oder Sammelbezeichnung aus.

Aufgrund besonderer **Aufzeichnungspflichten** sind Bewirtungskosten nur dann als Betriebsausgaben abzugsfähig, wenn sie einzeln und getrennt von den übrigen Betriebsausgaben aufgezeichnet werden. Bei der Einnahmenüberschussrechnung sollten die Unterlagen getrennt von den übrigen Belegen gesammelt werden (➔ Tz 1042). **1129**

[Verpflegungsmehraufwand ➔ Zeile 69]

Zum **Verpflegungsmehraufwand** s. die Ausführungen zu ➔ Tz 698 (Anlage N). **1130**

Die Dreimonatsfrist für Verpflegungsmehraufwendungen gilt auch in den Fällen, in denen befristete Aufträge immer wieder verlängert werden (BFH, Urteil v. 28.2.2013, III R 94/10, HI3725262, BFH/NV 2013 S. 1159).

[Häusliches Arbeitszimmer ➔ Zeile 70]

Ausführliche Informationen siehe ➔ Tz 672 (**häusliches Arbeitszimmer**, Anlage N). **1131**

WICHTIG

Aufwendungen für das häusliche Arbeitszimmer gesondert aufzeichnen

Zwingende Voraussetzung für den Betriebsausgabenabzug ist, dass die Aufwendungen für das häusliche Arbeitszimmer und die Kosten seiner Ausstattung einzeln und getrennt von den sonstigen Betriebsausgaben aufgezeichnet werden (§ 4 Abs. 7 Satz 1 EStG; ➔ Tz 1042). In der Anlage EÜR müssen sämtliche Aufwendungen, die mit dem häuslichen Arbeitszimmer zusammenhängen, also auch die (anteiligen) Abschreibungen und Schuldzinsen, getrennt ausgewiesen werden.

[Kfz-Kosten ➔ Zeilen 81–86]

Leasingsonderzahlung **1132**

Eine Leasingsonderzahlung kann im Zeitpunkt der Zahlung als Betriebsausgabe abgesetzt werden, nur bei einer Leasingdauer von mehr als fünf Jahren ist diese auf die Vertragsdauer zu verteilen. Bei einer Nutzungsänderung in einem Folgejahr, soll der Bescheid für das Jahr der Zahlung geändert und die anteilige Leasingsonderzahlung für die Restlaufzeit gewinnerhöhend berücksichtigt werden (OFD Nordrhein-Westfalen, Kurzinfo ESt 17/2016 v. 1.9.2016).

Im Übrigen siehe die Ausführungen zu ➔ Tz 1048 (private Pkw-Nutzung).

19.4 Investitionsabzugsbetrag und Sonderabschreibung nach § 7g EStG

Investitionsabzugsbetrag

[Investitionsabzugsbetrag ➜ Zeilen 97–99, 101]

1133 Mithilfe des **Investitionsabzugsbetrags** (§ 7g EStG) kann die Steuerbelastung beeinflusst werden, wenn der Unternehmer beabsichtigt, innerhalb der nächsten drei Wirtschaftsjahre Investitionen zu tätigen. Siehe BMF, Schreiben v. 20.3.2017, IV C 6 - S 2139 - b/07/10002 - 02, BStBl 2017 I S. 423.

[Bildung des Investitionsabzugsbetrags ➜ Zeile 101]

1134 Als **begünstigte Wirtschaftsgüter** kommen nur bewegliche Wirtschaftsgüter in Betracht. Nicht begünstigt ist der geplante Erwerb bzw. die Herstellung von unbeweglichen (Gebäude) und immateriellen Gütern (Praxis-/Geschäftswerte, Lizenzen, Patente, Finanzanlagen). Wegen Trivialsoftware siehe ➜ Tz 1094.

Das zu beschaffende Wirtschaftsgut muss später zum Anlagevermögen gehören. Auch Ausstellungsstücke oder Vorführwagen gehören bis zu einer Umwidmung für den Verkauf zum Anlagevermögen. Unter die begünstigte Anschaffung fallen auch gebrauchte Wirtschaftsgüter und geringwertige Wirtschaftsgüter.

Der Betrieb, für den das Wirtschaftsgut angeschafft wird, muss sich aktiv am wirtschaftlichen Verkehr beteiligen. Eine Anschaffung für einen verpachteten Betrieb ist nicht begünstigt. Außerdem darf das Unternehmen bestimmte Größenmerkmale nicht überschreiten:

Größenmerkmale im Jahr des Abzugs der Investitionszulage bei

Bilanzierung	Einnahmenüberschussrechnung	Land- + forstwirtsch. Betrieb
Betriebsvermögen ≤ 235.000 €	Gewinn ≤ 100.000 €	Wirtschaftswert ≤ 125.000 €

Eine Gewinnerhöhung aufgrund der Auflösung eines Investitionsabzugsbetrags ist dabei einzubeziehen (BFH, Urteil v. 15.4.2015, VIII R 29/13, HI8309260, BFH/NV 2015 S. 1463).

1135 Bei einem bilanzierenden Unternehmen ist das Betriebsvermögen am Ende des Wirtschaftsjahres des beabsichtigten Abzugs nach § 7g Abs. 1 EStG wie folgt zu ermitteln:

	Anlagevermögen
+	Umlaufvermögen
+	aktive Rechnungsabgrenzungsposten
–	Rückstellungen
–	Verbindlichkeiten
–	steuerbilanzielle Rücklagen (z. B. § 6b EStG, Ersatzbeschaffung)
–	passive Rechnungsabgrenzungsposten
=	Betriebsvermögen i. S. d. § 7g Abs. 1 Satz 2 Nr. 1 Buchst. a EStG; BMF, Schreiben v. 20.3.2017, IV C 6 – S 2139-b/07/10002-02, BStBl 2017 I S. 423.

Obwohl die Gewerbesteuer keine Betriebsausgabe ist, mindert die Gewerbesteuerrückstellung weiterhin das maßgebliche Betriebsvermögen. Ein Anspruch auf Investitionszulage ist ebenfalls zu berücksichtigen (BFH, Urteil v. 3.8.2017, IV R 12/14, HI11297700, BFH/NV 2018 S. 113).

Bei Personengesellschaften fließen auch Sonder- und Ergänzungsbilanzen in die Berechnung ein. Bei Unternehmen, die ihren Gewinn durch Einnahmenüberschussrechnung ermitteln, ist Berechnungsgröße der Gewinn vor Abzug des Investitionsabzugsbetrags.

Bei der Berechnung der Gewinngrenze im Rahmen einer EÜR ist die Auflösung der Ansparabschreibung nach § 7g Abs. 3 EStG a. F. und der Gewinnzuschlag nach § 7g Abs. 5 EStG a. F. einzubeziehen (BFH, Urteil v. 15.4.2015, VIII R 29/13, HI8309260, BFH/NV 2015 S. 1463).

Es müssen keine konkreten Investitionspläne bestehen. Weder eine Benennung des **1136**
Wirtschaftsguts noch die Höhe der voraussichtlichen AK oder HK müssen angegeben werden.

Auch der Betriebsgründer kann bereits vor Aufnahme der aktiven betrieblichen Tätigkeit einen Investitionsabzugsbetrag bilden, ohne dass er den Nachweis konkreter Bestellabsichten führen muss. Das gilt auch für den Plan einer **„wesentlichen Erweiterung"** eines bestehenden Betriebs, z. B. bei Ausdehnung auf einen weiteren Geschäftszweig oder einer „wesentlichen" Kapazitätserweiterung.

Es muss beabsichtigt sein, das Unternehmen fortzuführen. Bestehen Pläne, das Unter- **1137**
nehmen einzustellen oder zu veräußern, liegt keine Investitionsabsicht vor. Die Inanspruchnahme eines Investitionsabzugsbetrag ist auch möglich wenn im Zeitpunkt seiner Geltendmachung feststeht, dass die Investition nicht mehr von dem Steuerpflichtigen selbst, sondern aufgrund einer bereits durchgeführten oder feststehenden unentgeltlichen Betriebsübertragung von dem Betriebsübernehmer vorgenommen werden soll (BFH, Urteil v. 10.3.2016, IV R 14/12, HI9571393, BFH/NV 2016 S. 1344).

Beim Einzelunternehmen ist die Bildung des Investitionsabzugsbetrags nicht zulässig, wenn im Zeitpunkt der Geltendmachung bereits feststeht, dass das Einzelunternehmen zu Buchwerten in eine GmbH eingebracht wird (BFH, Beschluss v. 14.4.2015, GrS 2/12, HI8615606, BFH/NV 2015 S. 1737). Eine Übertragung des Betriebs im Wege der vorweggenommenen Erbfolge ist aber nicht schädlich (BFH, Urteil v. 10.3.2016, IV R 14/12, HI9571393, BFH/NV 2016 S. 1344).

Die Inanspruchnahme des Investitionsabzugsbetrags setzt Folgendes voraus: **1138**

- Das Wirtschaftsgut muss mindestens zwei Wirtschaftsjahre (Jahr der Anschaffung bzw. Herstellung und im darauffolgenden Wirtschaftsjahr)
- in einer inländischen Betriebsstätte verbleiben und
- ausschließlich oder nahezu ausschließlich (zu mindestens 90 %) betrieblich genutzt werden.

Die Verbleibensvoraussetzungen des § 7g Abs. 2 EStG dürften auch dann erfüllt sein, wenn das anzuschaffende Wirtschaftsgut einem Betriebsunternehmen im Rahmen einer Betriebsaufspaltung überlassen werden soll. Dabei reicht es aus, wenn die Gesellschafter des Besitzunternehmens, das die Anschaffung tätigt, lediglich mittelbar über eine Personengesellschaft an der Betriebsgesellschaft beteiligt sind (BFH, Urteil v. 29.11.2007, IV R 82/05, HI1968982, BFH/NV 2008 S. 1025). Die Verbleibensvoraussetzungen sind auch erfüllt, wenn ein Werkzeug einem ausländischen Zulieferer überlassen wird (Niedersächsisches FG, Urteil v. 15.5.2018, 3 K 74/18, HI11875001, Revision beim BFH Az. IV R 16/18).

TIPP

Investitionsabzugsbetrag beim Pkw

Bei einem betrieblichen Pkw, der auch privat genutzt wird, ist bei Anwendung der sog. 1 %-Regelung grds. von einem schädlichen Nutzungsumfang auszugehen (BMF, Schreiben v. 20.3.2017, IV C 6 – S 2139-b/07/10002-02, BStBl 2017 I S. 423; so auch FG des Landes Sachsen-Anhalt, Urteil v. 12.6.2013, 2 K 1191/12, HI6495438). Nur bei Führung eines Fahrtenbuchs (oder sonstiger unzweifelhafter Aufzeichnungen) kann der Nachweis einer mindestens 90%igen Nutzung erbracht werden (FG Münster, Urteil v. 10.7.2019, 7 K 2862/17 E, HI13397052, EFG 2019 S. 1535, Revision beim BFH unter Az. VIII R 24/19).

Dies bedeutet aber nicht, dass ein Investitionsabzugsbetrag für die zukünftige Anschaffung eines Pkw versagt werden kann, wenn für den derzeit vorhandenen Pkw die 1 %-Regelung angewandt wird, der Unternehmer aber beabsichtigt, den betrieblichen Nutzungsanteil nach der Anschaffung mittels eines Fahrtenbuchs zu dokumentieren (BFH, Beschluss v. 26.11.2009, VIII B 190/09, HI2269690, BFH/NV 2010 S. 331).

Für einen Luxus-Pkw darf kein Investitionsabzugsbetrag gebildet werden. Dies folgt aus dem Abzugsverbot für unangemessene Aufwendungen gem. § 4 Abs. 5 Satz 1 Nr. 7 EStG (BFH, Urteil v. 10.10.2017, X R 33/16, HI11432652, BFH/NV 2018 S. 356).

Bei einer Fotovoltaikanlage gilt der eigene Verbrauch aber als nicht schädlich. Somit ist der Investitionsabzugsbetrag nicht in Gefahr, wenn mehr als 10 % des erzeugten Stroms selbst verbraucht wird (OFD Niedersachsen, Verf. v. 26.3.2012, S 2183b – 42 – St 226; ➜ Tz 985 und ➜ Tz 1161).

1139 Die Summe der Abzugsbeträge und der hinzuzurechnenden oder rückgängig zu machenden Beträgen ist nach amtlich vorgeschriebenen Datensätzen (E-Bilanz bzw. Anlage EÜR) durch Datenfernübertragung zu übermitteln (§ 7g Abs. 1 Satz 1 Nr. 2 EStG).

1140 Von der Höhe der geplanten Investition ist die Höhe des Investitionsabzugsbetrags abhängig.

Das Unternehmen kann max. **40 % der voraussichtlichen Investitionskosten** abziehen.

BEISPIEL

Erhöhung der AK/HK

U will in 03 investieren für 03. Er rechnet mit AK von 100.000 €. Dafür bildet er in 01 einen Investitionsabzugsbetrag i. H. v. 40.000 €. In 02 stellt sich heraus, dass die AK voraussichtlich 150.000 € betragen werden. In 02 kann er einen weiteren Investitionsabzugsbetrag i. H. v. 20.000 € bilden.

1141 **TIPP**

GWG/Sammelposten mit Investitionsabzugsbetrag erreichen

Denken Sie daran, dass die 250-Euro-, 800-Euro-, bzw. 1.000-Euro-Grenze auf die geminderten AK/HK nach Abzug des Investitionsabzugsbetrags anzuwenden ist. Dadurch können Sie auch bei Wirtschaftsgütern, deren AK/HK diese Grenzen eigentlich überschreiten, die GWG- oder Sammelposten-Regelungen nutzen (➜ Tz 1099 unter GWG).

Die Summe der Beträge, die im Wirtschaftsjahr des Abzugs und in den drei vorangegangenen Wirtschaftsjahren insgesamt abgezogen wurden, darf je Betrieb 200.000 € nicht übersteigen. Dieser Betrag ist um die Beträge zu kürzen, die im Jahr der Anschaffung oder wegen nicht durchgeführter Anschaffung bzw. nicht erfüllter Verbleibensvoraussetzung hinzugerechnet werden mussten. 1142

BEISPIEL

Höchstbetrag des Investitionsabzugsbetrags

Z hat im Jahr 02 für zwei Wirtschaftsgüter einen Investitionsabzugsbetrag i. H. v. 60.000 € (Fahrzeug) bzw. 40.000 € (Maschine) und für ein weiteres Wirtschaftsgut im Jahr 03 i. H. v. 50.000 € in Anspruch genommen. Im Jahr 04 möchte er für eine geplante Anschaffung von 200.000 € erneut einen Investitionsabzugsbetrag geltend machen. Der Pkw ist im Jahr 04 angeschafft worden, die Maschine soll nicht mehr erworben werden.

Den maximalen Betrag von 80.000 € (40 % von 200.000 €) kann Z aber nur in Anspruch nehmen, wenn er dadurch nicht die Höchstgrenze von 200.000 € überschreiten würde.

Das Fahrzeug, für dessen Anschaffung der Investitionsabzugsbetrag 01 gewinnmindernd berücksichtigt wurde, ist 04 planmäßig angeschafft worden. Z übt sein Wahlrecht nach § 7g Abs. 2 Satz 1 EStG aus und erhöht den Gewinn um 60.000 €. Für die Maschine besteht keine Investitionsabsicht mehr. Daher ist der Betrag i. H. v. 40.000 € aufzulösen. Somit ergibt sich folgende Berechnung:

Investitionsabzugsbetrag 02	100.000 €
Investitionsabzugsbetrag 03	50.000 €
Investitionsabzugsbetrag 04	80.000 €
Hinzurechnung nach § 7g Abs. 2 Satz 1 EStG	– 60.000 €
Auflösung nach § 7g Abs. 2 Satz 2 EStG	– 40.000 €
Gesamtbetrag	130.000 €

Die Höchstgrenze des § 7g Abs. 1 EStG ist nicht überschritten. Z kann in 04 den Betrag von 80.000 € gewinnmindernd abziehen.

Bilanzierende Unternehmen müssen beachten, dass die Gewinnminderung nicht als Bilanzposition gezeigt, sondern **außerhalb der bilanziellen Gewinnermittlung** im Rahmen der steuerlichen Gewinnberechnung abgezogen wird. Damit bleibt die handelsrechtliche Bilanz unverändert. 1143

Grundsätzlich sollte der Antrag mit der Steuererklärung eingereicht werden. Der Investitionsabzugsbetrag kann aber auch noch jederzeit nachträglich, z. B. zur Kompensation eines Betriebsprüfungsergebnisses, gebildet werden, solange der Steuerbescheid änderbar ist (BMF, Schreiben v. 20.3.2017, IV C 6 – S 2139-b/07/10002-02, Rn. 21, BStBl 2017 I S. 423; so auch Niedersächsisches Finanzgericht, Urteil v. 4.1.2017, 4 K 220/16, HI11379730, EFG 2018 S. 30). 1144

1145 Bei Bildung des Investitionsabzugsbetrags ist in den nachfolgenden drei Wirtschaftsjahren einiges zu beachten.

1146 Folgende Fallgestaltungen sind denkbar:

Fall 1: Planmäßige Anschaffung mit den geschätzten/höheren Kosten
Die AK entsprechen mindestens der Schätzung oder sind höher.

Im Jahr der Anschaffung:

- 1. Wahlrecht: Gewinnerhöhung (Hinzurechnungsbetrag; § 7g Abs. 2 Satz 1 EStG) um bis zu 40 % der AK oder HK. Der Betrag ist außerdem begrenzt auf die insgesamt gebildeten und noch nicht aufgelösten Investitionsabzugsbeträge. Dieses Wahlrecht darf nur im Jahr der Anschaffung oder Herstellung des begünstigten Wirtschaftsguts ausgeübt werden.
- 2. Wahlrecht: Gewinnminderung um bis zu 40 % der AK bzw. HK, max. Hinzurechnungsbetrag (§ 7g Abs. 2 Satz 2 EStG).
- Minderung der AfA-Bemessungsgrundlage (AfA-Bemessungsgrundlage) um den Betrag der Gewinnminderung.

In Verlustjahren bietet es sich z.B. an, vom 2. Wahlrecht (Neutralisierung von 1. Wahlrecht) keinen Gebrauch zu machen. Wird auf die Hinzurechnung verzichtet, kann auch die Neutralisierung nicht in Anspruch genommen werden. Folglich werden die AK bzw. HK nicht gemindert, sodass sowohl die planmäßigen Abschreibungen als auch etwaige. Sonderabschreibungen (§ 7 Abs. 5 EStG) höher ausfallen. Im Regelfall wird der Unternehmer jedoch die Hinzurechnung wählen, um die spätere Auflösung des Investitionsabzugsbetrags mit der Folge der zinswirksamen Änderung des ursprünglichen Steuerbescheids zu vermeiden.

Soweit das Hinzurechnungswahlrecht nicht beansprucht wird, bleibt der Investitionsabzugsbetrag stehen. Spätestens zum Ende des Investitionszeitraums ist der noch bestehende Investitionsabzugsbetrag aufzulösen und die ursprüngliche Steuerfestsetzung zu ändern. Diese Änderung löst Nachzahlungszinsen nach § 233a AO aus.

Unklar ist, bis zu welchem Zeitpunkt der Unternehmer das Wahlrecht des § 7g Abs. 2 EStG ausüben kann.

BEISPIEL

Planmäßige Anschaffung

U hat 01 einen Investitionsabzugsbetrag für die Anschaffung eines Fahrzeugs i.H.v. 12.000 € (geschätzte AK: 30.000 €) in Anspruch genommen. Die Anschaffung erfolgte für 32.000 € im Jahr 02. Er möchte den höchstmöglichen Gewinnminderungsbetrag geltend machen.

Folgewirkungen für 02:

- Ausübung des Wahlrechts: Gewinnerhöhung um 12.000 €,
- Ausübung des Wahlrechts: Gewinnminderung 40 % von 32.000 € = 12.800 €, max. 12.000 €,
- Minderung der AfA-Bemessungsgrundlage um den Gewinnminderungsbetrag von 12.000 €, damit verbleiben 20.000 € als AfA-Bemessungsgrundlage.
- Soweit U das Hinzurechnungswahlrecht nicht beansprucht, bleibt der Investitionsabzugsbetrag stehen, die Gewinnminderung unterbleibt und die AfA-Be-

messungsgrundlage wird nicht gemindert. Spätestens zum Ende des Investitionszeitraums (im Beispiel 4) ist der noch bestehende Investitionsabzugsbetrag aufzulösen und die ursprüngliche Steuerfestsetzung in 01 zu ändern. Diese Änderung löst Nachzahlungszinsen (§ 233a AO) aus.

Fall 2: Geplante Anschaffungskosten sind niedriger als angesetzter Investitionsabzugsbetrag

BEISPIEL

Geplante Anschaffungskosten unterschritten

U hat 01 einen Investitionsabzugsbetrag für die Anschaffung eines Fahrzeugs i. H. v. 12.000 € (geschätzte AK: 30.000 €) in Anspruch genommen. Eine Anschaffung erfolgte für lediglich 20.000 € im Jahr 02. Es ist unklar, ob weitere Investitionen vorgenommen werden. U möchte den höchstmöglichen Gewinnminderungsbetrag geltend machen.

Folgewirkungen für 02:

- Ausübung des Wahlrechts: Gewinnerhöhung um 8.000 €,
- Ausübung des Wahlrechts: Gewinnminderung von 40 % von 20.000 € = 8.000 €,
- Minderung der AfA-Bemessungsgrundlage um den Gewinnminderungsbetrag von 8.000 €, damit verbleiben 12.000 € als AfA-Bemessungsgrundlage.

Weitere Folgewirkungen: Der verbleibende Investitionsabzugsbetrag (4.000 €) bleibt bis 04 stehen, und kann für weitere Investitionen genutzt werden. Wird keine dementsprechende Anschaffung vorgenommen, ist die Steuerfestsetzung für das Jahr des Abzugs des Investitionsabzugsbetrags (im Beispiel: 01) zu ändern und der Gewinn um diesen Betrag zu erhöhen.

Fall 3: Entsprechende Anschaffung unterbleibt

Wird innerhalb der Dreijahresfrist keine Investition vorgenommen ist der Investitionsabzugsbetrag in vollem Umfang rückgängig zu machen. Die Hinzurechnung erfolgt in dem Jahr, in dem der Investitionsabzugsbetrag ursprünglich gewinnmindernd geltend gemacht wurde (im o. g. Beispielsfall: 01). Der dadurch entstehende Mehrsteuerbetrag ist nach § 233a AO zu verzinsen. Siehe → Tz 1152.

Fall 4: Vorzeitige Aufgabe der Investitionsabsicht

Wird die Investitionsabsicht vorzeitig aufgeben, sollte dies dem Finanzamt umgehend mitgeteilt werden, um die Verzinsung der rückwirkenden Änderung zu minimieren. Siehe → Tz 1152.

Fall 5: Aufgabe einer späteren Investitionsabsicht

BEISPIEL

Aufgabe einer späteren Investitionsabsicht

Z entschließt sich zunächst, keine Hinzurechnung vorzunehmen, da er bis 04 weitere Investitionen plant. Dementsprechend reicht er seine Steuererklärungen für 02 im Mai 03 ein. Das Finanzamt veranlagt entsprechend der Steuererklärung.

Der Bescheid ergeht unter dem Vorbehalt der Nachprüfung (§ 164 AO). Im weiteren Verlauf des Jahres 03 ergibt sich, dass bis zum Ende des Investitionszeitraums weitere Investitionen nicht erfolgen sollen.

Z sollte die Änderung des Steuerbescheids für 02 beantragen und die Hinzurechnung sowie deren Neutralisierung verlangen. So sind die Abschreibungsbeträge für 02 und die Folgejahre zu ändern. Anderenfalls ist der Investitionsabzugsbetrag in 04 aufzulösen und der Steuerbescheid für 01 zu ändern.

Folgen einer schädlichen Nutzung

1147 Erfolgt die Auflösung bei Anschaffung eines Wirtschaftsguts, das nicht

- innerhalb des Zweijahreszeitraums,
- in einer inländischen Betriebsstätte,
- ausschließlich oder fast ausschließlich betrieblich,

genutzt wird, sind alle Vorteile im Jahr der Berücksichtigung rückgängig zu machen.

Einbringung des Betriebs in eine andere Gesellschaft

1148 Ein Investitionsabzugsbetrag kann auch dann noch gebildet werden, wenn bereits feststeht, dass der Betrieb zu Buchwerten in eine Kapital- oder Personengesellschaft eingebracht wird (BMF, Schreiben v. 20.3.2017, IV C 6 – S 2139-b/07/10002-02, Rn. 22, BStBl 2017 I S. 423).

Zu Unrecht gebildeter Investitionsabzugsbetrag

1149 Ein Investitionsabzugsbetrag der zu Unrecht gebildet worden, aber bestandskräftig ist, ist rückgängig zu machen, wenn die Investition unterbleibt. Die Änderung des Bescheids im Jahr der Bildung erfolgt nach § 7g Abs. 3 EStG (BFH, Beschluss v. 5.2.2018, X B 161/17, HI11590228, BFH/NV 2018 S. 527).

Veräußerung des Betriebs

1150 Wird im Zuge der Betriebsaufgabe ein Investitionsabzugsbetrag aufgelöst (➔ Tz 1133 ff.), führt dies nicht zu einem steuerbegünstigten Veräußerungs- bzw. Aufgabegewinn (BFH, Urteil v. 27.4.2016, X R 16/15, HI9653493, BFH/NV 2016 S. 1444).

Gesamthandsvermögen – Sonderbetriebsvermögen

1151 Eine begünstigte Investition i. S. des § 7g EStG liegt auch dann vor, wenn bei einer Personengesellschaft der Investitionsabzugsbetrag vom Gesamthandsgewinn abgezogen wurde und die geplante Investition von einem ihrer Gesellschafter vorgenommen und in dessen Sonderbetriebsvermögen aktiviert wird (BFH, Beschluss v. 15.11.2017, VI R 44/16, HI11530937, BFH/NV 2018 S. 492). Umgekehrt gilt dies entsprechend und auch in dem Fall, in dem der Investitionsabzugsbetrag im Sonderbetriebsvermögen eines Gesellschafters gebildet und die Investition im Sonderbetriebsvermögen eines anderen Gesellschafters durchgeführt wird (BMF, Schreiben v. 26.8.2019, IV C 6 – S 2139 – b/07/10002-02, BStBl 2019 I S. 870).

Wird der Investitionsabzugsbetrag im Sonderbetriebsvermögen gebildet, ist er zwingend auch im Sonderbetriebsvermögen hinzuzurechnen, selbst wenn die Investition im Gesamthandsbereich der Personengesellschaft erfolgt (FG Münster, Urteil v. 28.6.2017, 6 K 3183/14 F, HI11248158, rkr., EFG 2017 S. 1594).

Verzinsung des Änderungsbescheids

Ist der Investitionsabzugsbetrag rückgängig zu machen, beginnt die Verzinsung der nachzuzahlenden Steuer 15 Monate nach Ablauf des Kalenderjahres, in dem der Abzugsbetrag geltend gemacht wurde (§ 7g Abs. 3 Satz 4 EStG). 1152

Sonderabschreibung nach § 7g EStG

[Sonderabschreibung nach § 7g EStG ➔ Zeile 41]

Unabhängig von der Inanspruchnahme des Investitionsabzugsbetrags kann der Unternehmer für Investitionen eine **Sonderabschreibung** in Anspruch nehmen (§ 7g Abs. 5 EStG). Daneben wird die planmäßige (lineare) Abschreibung im normalen Umfang gewährt. Die Sonderabschreibung ist nicht abhängig von der vorherigen Bildung eines Investitionsabzugsbetrags. 1153

Die Voraussetzungen entsprechen denen des Investitionsabzugsbetrags (➔ Tz 1134 ff.):

- bewegliches Wirtschaftsgut des Anlagevermögens,
- aktiver Betrieb, der am Schluss des der Anschaffung bzw. Herstellung vorangehenden Wirtschaftsjahres gewisse Größenmerkmale nicht überschreiten darf, sowie
- Nutzungsabsicht.

Liegen diese Voraussetzungen vor, kann der Unternehmer eine Sonderabschreibung i. H. v. insgesamt 20 % der AK bzw. HK vornehmen.

Der Unternehmer kann diese Sonderabschreibung im Jahr der Anschaffung bzw. Herstellung und in den vier folgenden Wirtschaftsjahren in Anspruch nehmen. Er kann somit entscheiden, ob er die gesamte Abschreibung in einem der fünf Jahre in Anspruch nimmt, ob er den Gesamtbetrag gleichmäßig verteilt oder ob er eine ungleichmäßige Verteilung bevorzugt. Er muss den Gesamtbetrag auch nicht ausschöpfen. Der Unternehmer kann die Sonderabschreibung damit nach eigenem Belieben vornehmen. Eine zeitanteilige Kürzung im Jahr der Anschaffung ist auch nicht vorgesehen. 1154

Nach Ablauf des Sonderabschreibungszeitraums ist der **Restwert** gleichmäßig auf die verbleibende Restlaufzeit zu verteilen (§ 7a Abs. 9 EStG). Eine bisher in Anspruch genommene degressive Abschreibung darf fortgeführt werden (R 7a EStR 2012).

Schädliches Verhalten bei Investitionsabzugsbetrag und Sonderabschreibung

Alle steuerlichen Auswirkungen, die durch die Inanspruchnahme des Investitionsabzugsbetrags und der Sonderabschreibung bedingt sind, müssen rückgängig gemacht werden (➔ Tz 1156), wenn 1155

- keine Auflösung des Investitionsabzugsbetrags bis zum Ende des Investitionszeitraums (Jahr des Abzugs des Investitionsabzugsbetrags plus drei Jahre) erfolgt ist oder
- eine schädliche Nutzung erfolgt

Damit keine schädliche Nutzung vorliegt, muss das Wirtschaftsgut

- im Jahr der Anschaffung bzw. Herstellung und im darauffolgenden Wirtschaftsjahr
- in einer inländischen Betriebsstätte
- ausschließlich oder fast ausschließlich betrieblich genutzt werden.

TIPP

Nutzung in mehreren Betrieben

Die Nutzungsvoraussetzung kann auch erfüllt sein, wenn das Wirtschaftsgut zeitweise in einem anderen Betrieb des Steuerpflichtigen eingesetzt wird. Für die Prüfung, ob die Grenze der Größenmerkmale des § 7g Abs. 1 Satz 2 Nr. 1 EStG noch erfüllt ist (➜ Tz 1135), werden dann beide Betriebe zusammengerechnet (BFH, Urteil v. 19.3.2014, X R 46/11, HI6796735, BFH/NV 2014 S. 1143).

1156 Die folgende Übersicht zeigt, welche Folgen eintreten, wenn ein schädliches Verhalten vorliegt:

Rückgängigmachen aller Vorteile (§ 7g Abs. 4 und 6 EStG)		
In Anspruch genommen:	**Zeitpunkt der Rückgängigmachung**	**Folge bei Rückgängigmachung**
Investitionsabzugsbetrag	im Jahr des Abzugs	Gewinnerhöhung
Hinzurechnungsbetrag § 7g Abs. 2 Satz 1 EStG	im Jahr der Investition	Gewinnminderung
Neutralisierungsbetrag § 7g Abs. 2 Satz 2 EStG	im Jahr der Investition	Gewinnerhöhung
		Erhöhung der AfA-Bemessungsgrundlage für planmäßige AfA
	im Jahr der Investition und evtl. Folgejahr	Gewinnminderung durch Erhöhung der planmäßigen AfA
Sonderabschreibung § 7g Abs. 5 und 6 EStG	im Jahr der Inanspruchnahme	Gewinnerhöhung
In allen Fällen sind die ursprünglichen Steuerfestsetzungen zu ändern (im Einzelfall: erstmalige Steuerfestsetzung)!		
Verzinsung des Nachzahlungsbetrags gem. § 233a AO (siehe ➜ Tz 1152)		

19.5 Solar-/Fotovoltaikanlagen und Blockheizkraftwerke

Einkunftsart und Gewinnerzielung

1157 Wer eine **Fotovoltaikanlage** betreibt und Strom in das Netz des örtlichen Stromlieferanten einspeist, erzielt Einkünfte aus einem eigenständigen Gewerbebetrieb, wenn eine Gewinnerzielungsabsicht vorliegt (OFD Nordrhein-Westfalen, Verfügung v. 13.1.2016, S 2130-2011/0003-St 146). Die Aufnahme der gewerblichen Tätigkeit ist dem Finanzamt anzuzeigen. Der Betreiber sollte sich auch über seine Mitteilungspflichten nach dem EEG sowie zur Systematik bei der Erhebung der EEG-Umlage unter www.bundesnetzagentur.de/eeg-datenerhebung erkundigen.

1158 Betreiben mehrere Personen eine Anlage zur Stromerzeugung gemeinschaftlich, ist der Gewinn durch eine gesonderte und einheitliche Gewinnfeststellung zu ermitteln. In diesem Fall versteuert der einzelne Beteiligte seinen Anteil am Gesamtgewinn im Rahmen seiner persönlichen Einkommensteuerpflicht. Eine gesonderte und einheitliche Gewinnfeststellung ist nicht erforderlich, wenn die Anlage ausschließlich Ehegatten gehört, die zusammen zur Einkommensteuer veranlagt werden.

Übersteigt der Umsatz nicht 600.000 € und ist der Gewinn eines Jahres nicht höher als 60.000 €, kann der Gewinn durch Einnahmenüberschussrechnung (➔ Tz 1037 ff.) ermittelt werden. **1159**

Die Stromerzeugung ist insgesamt betrieblich veranlasst, unabhängig davon, ob der Strom verkauft oder selbst verbraucht wird. Zu den **Betriebseinnahmen** gehört deshalb sowohl die Vergütung für den eingespeisten Strom als auch die geringere Selbstverbrauchsvergütung, die für den privat verbrauchten Strom gezahlt wird. Zusätzlich ist der privat verbrauchte Strom als Sachentnahme bei den Betriebseinnahmen zu erfassen. **1160**

Hinweis: Wichtiges zum Thema „Fotovoltaikanlagen und Blockheizkraftwerke“, zur Abschreibung, zur Unternehmereigenschaft des Steuerpflichtigen bei Verkauf des Stroms und zu den Folgen des Verkaufs der Fotovoltaikanlage finden Sie auch auf http://mybook.haufe.de unter „Weiterführende steuerliche Informationen“. **1161**

20 Anlage AUS (Ausländische Einkünfte)

20.1 Verwendung der Anlage AUS

1162 Die Anlage AUS dient nur ergänzenden Angaben zu steuerpflichtigen ausländischen Einkünften, die bereits in den übrigen Anlagen zur Einkommensteuererklärung (z. B. Anlagen G, S, L, R, SO, V) erklärt wurden.

Einkünfte aus Kapitalvermögen sind in der Anlage AUS nur zu berücksichtigen, wenn diese nach der tariflichen Einkommensteuer und nicht mit dem Abgeltungsteuersatz von 25 % besteuert werden (➜ Tz 732 f.). Eintragungen erfolgen in der Anlage KAP bzw. in der Anlage KAP-BET.

Für ausländische Einkünfte aus **nichtselbstständiger Arbeit** ist die Anlage AUS nicht zu verwenden, sondern die Anlage N-AUS. Ausgenommen ist ein Antrag auf Anrechnung im Ausland gezahlter Steuern. In diesem Fall sind die ausländischen Einkünfte sowie die darauf entfallende ausländische Steuer in der Anlage N-AUS anzugeben.

20.2 Allgemeine Grundsätze

Überblick: Ausländische Einkünfte

1163

DBA besteht nicht	**DBA besteht**		
	Besteuerungsrecht im Inland	Besteuerungsrecht im Ausland	
Steuerpflicht in Deutschland	Steuerpflicht in Deutschland	aus Drittland	aus Land der EU sowie Island und Norwegen
Steueranrechnung	Steueranrechnung	● Freistellung	● Freistellung
		● Progressionsvorbehalt	● kein Progressionsvorbehalt
		● keine Steueranrechnung	● Steueranrechnung

1164 Die Behandlung ausländischer Einkünfte hängt davon ab, ob mit dem Staat, in dem diese bezogen wurden, ein DBA besteht oder nicht.

- Hat Deutschland mit dem betreffenden Staat kein DBA abgeschlossen, unterliegen die Einkünfte der deutschen Einkommensteuer. Ausländische Abzugssteuern für diese Einkünfte, die der deutschen Einkommensteuer entsprechen, werden entweder angerechnet (§ 34c Abs. 1 EStG) oder bei der Ermittlung der Einkünfte abgezogen. Dies ist insbesondere vorteilhaft bei einem negativen Gesamtbetrag der Einkünfte.
- Besteht ein DBA, regelt dieses das Besteuerungsrecht zugunsten des einen oder des anderen Staates. Hat der andere Staat das Besteuerungsrecht, unterliegen die Einkünfte vielfach dem Progressionsvorbehalt (➜ Tz 1171).

Ein Verzeichnis der bestehenden DBA sowie der Quellensteuern, die der deutschen Einkommensteuer entsprechen, ist im Anhang zu den Einkommensteuer-Richtlinien zu finden.

[Einkünfte → Zeilen 5–11]

Zur Ermittlung des Höchstbetrags der Steueranrechnung sind die Einkünfte und Steuern **1165**
aus jedem einzelnen ausländischen Staat in einer Spalte zusammenzufassen. Dazu gehören auch die Erträge aus Investmentfonds des Staates.

Ausgenommen sind die Einkünfte aus einem Spezial-Investmentfonds. Diese sind für jeden Spezial-Investmentfonds in einer gesonderten Spalte der Anlage AUS einzutragen. Grund dafür ist, dass der Höchstbetrag der anrechenbaren ausländischen Steuern aus verschiedenen Staaten für die ausgeschütteten und ausschüttungsgleichen Erträge aus jedem einzelnen Spezial-Investmentfonds zusammengefasst zu berechnen ist (sog. „per fund limitation" i.S.d. § 47 Abs. 3 InvStG).

Die erzielten Einnahmen sind vor Eintragung in die Zeile 7 bzw. 8 um die zugehörigen Betriebsausgaben bzw. Werbungskosten zu kürzen.

Für die Ermittlung der ausländischen Einkünfte ist das deutsche Steuerrecht anzuwenden. Es gelten somit auch die Vorschriften zu den Betriebsausgaben oder Werbungskosten.

Beträge in ausländischer Währung sind nach dem maßgeblichen Kurs im Zeitpunkt des Zu- oder Abflusses umzurechnen.

Ist nach deutschem Recht das Teileinkünfteverfahren anzuwenden, werden die Einnahmen und die damit im Zusammenhang stehenden Betriebsausgaben oder Werbungskosten auch bei ausländischen Einnahmen nur mit 60 % angesetzt. In den Zeilen 7 und 8 sind aber die vollen Einkünfte (Einnahmen abzgl. Werbungskosten/Betriebsausgaben) einzutragen. Die Kürzung auf 60 % des Betrags erfolgt seitens des Finanzamts. Ebenfalls in voller Höhe sind die Einkünfte aus Fonds einzutragen. Die entsprechenden Teilfreistellungsbeträge nach dem InvStG sind ergänzend in Zeile 9 einzutragen (→ Tz 741).

20.3 Behandlung der einbehaltenen Steuerbeträge

[Steueranrechnung → Zeilen 12–13]

Ohne besonderen Antrag werden die **ausländischen Steuerbeträge angerechnet**, soweit **1166**
dies zulässig ist. Ein Abzug wie Werbungskosten bzw. Betriebsausgaben erfolgt nur auf besonderen Antrag. Eine Anrechnung kann nur erfolgen, wenn die ausländische Steuer der deutschen Einkommensteuer entspricht (§ 34c Abs. 1 EStG) und wenn die Zahlung nachgewiesen wird (§ 68b EStDV).

Räumt der andere Staat Ausländern die Möglichkeit ein, die Steuer im Wege der Erstattung auf Antrag ganz oder teilweise zurückzubekommen, wird die Steuer in Deutschland nicht angerechnet. Das gilt unabhängig davon, ob ein solcher Antrag gestellt wurde oder nicht.

Die Anrechnung erfolgt nur insoweit, wie die ausländischen Einkünfte bei der deutschen Einkommensteuerveranlagung berücksichtigt werden. Damit entfällt die Anrechnung von Steuern für ausländische Einkünfte, die nach einem DBA in Deutschland freigestellt sind. Ferner ist zu beachten, dass die ausländische Steuer höchstens bis zu dem Betrag angerechnet werden kann, bis zu dem eine deutsche Einkommensteuer auf die ausländischen Einkünfte entfällt. Die darauf entfallende deutsche Einkommensteuer wird in der Weise ermittelt, dass die sich ergebende deutsche Einkommensteuer im Verhältnis dieser ausländischen Einkünfte zur Summe der Einkünfte aufgeteilt wird.

Somit berechnet sich die anzurechnende Steuer nach folgender Formel:

$$\text{Anrechenbare ausländische Steuer} = \frac{\text{inländische ESt} \times \text{ausländische Einkünfte}}{\text{Summe der Einkünfte}}$$

[Fiktive Steueranrechnung ➜ Zeile 13]

1167 Einige DBA sehen vor, dass nicht die tatsächlich gezahlte Steuer auf die deutsche Einkommensteuer anzurechnen ist, sondern eine im DBA festgelegte fiktive Steuer.

Abzug wie Betriebsausgabe oder Werbungskosten

1168 Sofern der Abzug der ausländischen Steuer wie Betriebsausgaben oder Werbungskosten bei der Ermittlung der Einkünfte günstiger ist, sollte dieser beantragt werden (§ 34c Abs. 2 EStG), wenn z. B. die ausländischen Einkünfte negativ sind oder wenn keine Einkommensteuer anfällt. Fiktive Steuerbeträge (➜ Tz 1167) können nicht wie Betriebsausgaben oder Werbungskosten bei der Ermittlung der Einkünfte abgezogen werden.

[Hinzurechnungsbetrag ➜ Zeilen 15–17]

1169 Eine Hinzurechnungsbesteuerung i. S. d. §§ 7–12, 14 AStG kommt in Betracht, wenn eine von Inländern beherrschte ausländische Kapitalgesellschaft (sog. Zwischengesellschaft) – mit ihren Einkünften aus passiven Tätigkeiten (z. B. Zinsen) – im Ausland niedrig besteuert wird. Die Grundsätze ergeben sich aus: BMF, Schreiben v. 14.5.2004, IV B 4 – S 1340 – 11/04, BStBl 2004 I S. 3. Der Hinzurechnungsbetrag wird gesondert und ggf. einheitlich festgestellt, sodass der Steuerpflichtige nur die Angaben aus dem Feststellungsbescheid eintragen muss. Das für die Einkommensteuerveranlagung zuständige Finanzamt ist an den Feststellungsbescheid gebunden. Einwendungen gegen die Feststellungen können nur mit dem Einspruch gegen den Feststellungsbescheid selbst gemacht werden.

[Negative Einkünfte i. S. d. § 2a Abs. 1 EStG ➜ Zeilen 31–35]

1170 Bestimmte negative Einkünfte aus Drittstaaten können unabhängig von der Einkunftsart, der sie zuzurechnen sind, nur mit positiven Einkünften derselben Art und aus demselben Staat verrechnet werden, z. B. Einkünfte aus einer gewerblichen Betriebsstätte, Verluste i. Z. m. Beteiligungen an Körperschaften in „Drittstaaten", Einkünfte aus der V+V in einem „Drittstaat".

[Progressionsvorbehalt ➜ Zeilen 36–51]

1171 Sind (positive und negative) Einkünfte aufgrund eines DBA im Inland nicht zu berücksichtigen, dürfen diese nicht in den Anlagen zur Einkommensteuererklärung enthalten sein (ausgenommen Anlagen N und N-AUS). Diese Einkünfte unterliegen jedoch regelmäßig dem **Progressionsvorbehalt**. Die Funktionsweise des Progressionsvorbehalts ist in ➜ Tz 632 dargestellt.

Allerdings ist der Progressionsvorbehalt für Einkünfte aus EU-Staaten und aus Island und Norwegen nach § 32b Abs. 1 Satz 2 EStG ausgeschlossen, wenn die Einkünfte dort aufgezählt sind. In allen anderen Fällen ist der Progressionsvorbehalt vorzunehmen, es sei denn, dass das jeweilige DBA dessen Anwendung ausdrücklich verbietet.

[Ausländische Kapitalerträge, die dem gesonderten Steuertarif unterliegen würden → Zeile 41]

Soweit im Ausland Kapitaleinkünfte bezogen wurden, die im Inland dem gesonderten Steuertarif des § 32d Abs. 1 EStG (Abgeltungsteuer) unterliegen würden, aber wegen eines DBA im Inland nicht steuerpflichtig sind, müssen diese in die Einkünfte einbezogen werden, die in den Zeilen 36–40 erklärt werden. Zusätzlich sind diese Erträge in Zeile 41 einzutragen. **1172**

21 Anlage Corona-Hilfen

21.1 Verwendung der Anlage Corona-Hilfen

1173 Die Anlage Corona-Hilfen ergänzt die Anlagen G, L und/oder S der Einkommensteuererklärung. Unabhängig davon, ob in diesen und in den jeweiligen Gewinnermittlungen Corona-Soforthilfen, Überbrückungshilfen oder vergleichbare Zuschüsse als steuerpflichtige Betriebseinnahmen enthalten sind, muss die Anlage Corona-Hilfen abgegeben werden.

WICHTIG

Corona-Soforthilfe

Corona-Soforthilfen stellen grundsätzlich Betriebseinnahmen dar. Sie sind nur dann steuerfrei, soweit das EStG ausdrücklich eine entsprechende Befreiung vorsieht. Hinsichtlich der Corona-Soforthilfeleistungen ist dies nicht der Fall. Zu beachten ist auch, dass die Bewilligungsbehörde das Finanzamt über den Zuschuss informieren darf.

[Betriebseinnahmen ➜ Zeile 4]

1174 Hat der Steuerpflichtige bzw. sein Ehegatte 2020 derartige Einnahmen gehabt, ist dies durch Eintragung einer „1“ unter der Kennziffer 850 bzw. 851 zu erklären. Hat einer oder keiner der beiden solche Einnahmen erzielt, ist eine „2“ einzutragen.

[Höhe der Corona-Hilfen ➜ Zeilen 5–11]

1175 In den folgenden Zeilen 5–10 ist der Saldo zwischen den erhaltenen und den im selben Kalenderjahr zurückgezahlten Corona-Hilfen für jeden Betrieb unter Angabe der Betriebsbezeichnung und -steuernummer anzugeben.

WICHTIG

Zusätzliche Eingabe

Die betreffenden Einnahmen müssen in der Gewinnermittlung 2020 (Bilanz und GuV bzw. Einnahmenüberschussrechnung) enthalten sein und dementsprechend auch im Gewinn bzw. Verlust, der in den Anlagen G, L und/oder S der Einkommensteuererklärung einzutragen ist.

In Zeile 11 ist die Summe der Corona-Hilfen, getrennt nach den Steuerpflichtigen, einzutragen.

Stichwortverzeichnis

Fundstellenhinweis nach Textziffern (➔Tz)

1 %-Regelung
–, Bemessungsgrundlage 1056
–, Kostendeckelung 1060
–, private Pkw-Nutzung 1056
§-6b-Rücklage
–, Anlage EÜR 310

A

Abfärberegelung
–, Personengesellschaft 1022
Abfindung
–, Arbeitslohn, ermäßigte Besteuerung 628
Abflussprinzip
–, Ausnahme 1043
Abgabe der Steuererklärung
–, Fristverlängerung 338
Abgabefrist
–, Steuererklärung 338
abgekürzte Leibrente
–, Ertragsanteil 932
Abgeltungsteuer
–, Ausnahme 732
–, Fehlerberichtigung 762
–, Günstigerprüfung 750
–, Steuerabzug 169
–, Verfahren 731
Abgeltungswirkung
–, Entfernungspauschale 657
Abschreibung
–, Anlage EÜR 1082
–, Anlage N 667
–, Arbeitsmittel 148, 667
–, Arbeitszimmer 149
–, degressive Abschreibung 1090
–, Einnahmenüberschussrechnung 1082
–, Elektronutzfahrzeug 1082
–, Ende 1089
–, Gebäude 208, 848
–, Lastenfahrrad 1082
–, nachträgliche Anschaffungs- oder Herstellungskosten 870
–, Praxiswert 1088
–, Sonderabschreibung § 7b EStG 872
–, Sonderabschreibung Mietwohnungsneubau 872
Abschreibungsbeginn
–, Anschaffungszeitpunkt 1089
–, Fertigstellung 1089
Aktie
–, Veräußerungsgewinn 780
Aktienanleihe
–, Umtausch 793
Aktienverlust
–, eingeschränkte Verrechnungsmöglichkeit 801
Alleinerziehender
–, Entlastungsbetrag 109, 562
allgemeiner Lebensbedarf
–, Begriff 551
Altersentlastungsbetrag
–, Geburtsdatum 351
Altersvorsorge
–, berufsständisches Versorgungswerk 72
–, betriebliche Altersvorsorge 530
–, Erstattungsbetrag 501
–, gesetzliche Rentenversicherung 498
–, Höchstbetragsberechnung 504
–, Kinderzulage 533
–, Mindesteigenbeitrag 533
–, mittelbar begünstigte Person 532
–, private Altersvorsorge 530
–, Riesterrente 531, 939
–, Sonderausgabe 498
–, steuerfreier Zuschuss 501
–, unmittelbar begünstigte Person 532
–, Zulage 533
–, zusätzlicher Sonderausgabenabzug 534
Altersvorsorgeaufwendung
–, abziehbarer Betrag beim Arbeitnehmer 506
–, geringfügige Beschäftigung 507
–, Höchstbetrag 505
Altersvorsorgezulage
–, Günstigerprüfung 535
Angehöriger
–, Darlehen 174
–, Mietvertrag 814
Anlage Energetische Maßnahmen
–, selbst bewohntes Gebäude 51, 488
Anlage EÜR
–, Betriebsausgabe 288
–, Betriebsausgabenpauschale 288
–, Betriebseinnahme 282
–, Finanzierungszins 293
–, gezahlte Umsatzsteuer 296
–, gezahlte Vorsteuer 295
–, Raumkosten 291
–, Restbuchwert eines ausgeschiedenen Anlageguts 290
Anlage Haushaltsnahe Aufwendungen
–, haushaltsnahe Tätigkeit 43, 367
Anlage KAP
–, Überprüfung des Steuereinbehalts 757
Anlage Kind
–, behindertes Kind 104
–, persönliche Daten 99
–, volljähriges Kind 103
Anlage S
–, Teileinkünfteverfahren 273
Anlage SO
–, Werbungskosten 952
Anlage Sonstiges
–, besonderer Antrag 59
Anlage SZ
–, betriebliche Schuldzinsen 1116
Anlage Unterhalt
–, Voraussetzung 115
Anlage V
–, Verteilung des Erhaltungsaufwands 215
Anlage WA-ESt
–, ergänzende Angabe zur Steuererklärung 22
–, weitere Angabe zur Besteuerung 321
Anschaffungskosten
–, Aufteilung Grund und Boden 856
–, Gebäude 855
–, GmbH-Anteil 1014
–, nachträgliche Anschaffungskosten 856
anschaffungsnahe Herstellungskosten
–, Beispiel 862
Anschaffungspreisminderung
–, nachträgliche Anschaffungspreisminderung 856
Anschaffungszeitpunkt
–, Abschreibungsbeginn 1089
Antragsveranlagung
–, Festsetzungsfrist 340
–, Gründe 331
–, Steuererklärung 331
anzurechnende Steuer
–, betrieblicher Zins 182

–, Zins aus Vermietung und Verpachtung 182
Arbeitgeberersatz
–, doppelte Haushaltsführung 728
–, Fahrtkosten 146
–, Fahrtkosten Wohnung/erste Tätigkeitsstätte 663
–, Reisekosten 707
Arbeitgeberleistung
–, steuerfreie Arbeitgeberleistung 661
–, Wohnung an Arbeitsstätte 662
Arbeitnehmer
–, häusliches Arbeitszimmer 672
–, öffentliches Verkehrsmittel 144
–, Versetzung 693
Arbeitnehmerpauschbetrag
–, Anlage N 139, 635
Arbeitskleidung
–, Werbungskosten 668
Arbeitslohn
–, Arbeitslohn für mehrere Jahre 627
–, Arbeitslohn ohne Steuerabzug 133
–, ausländischer Arbeitslohn 1162
–, betriebliche Gesundheitsförderung 607
–, betriebliches Datenverarbeitungsgerät 610
–, Bezug von Waren 622
–, Fahrzeugüberlassung 613
–, Gehaltsumwandlung 604
–, Grenzgänger 630
–, Gutschein 605
–, Kinderbetreuungsleistung 608
–, Mahlzeitengestellung 606
–, Rabatt 622
–, Sachbezug 604
–, Weiterbildungmaßnahme 609
Arbeitslosengeld
–, Lohnersatzleistung 137, 632
Arbeitslosigkeit
–, doppelte Haushaltsführung 715
Arbeitsmittel
–, Abschreibung 148
–, Arbeitnehmer 666
–, Arbeitszimmer 673
–, Beispiel 671
–, Werbungskosten 148
Arbeitsstätte
–, Entfernung 142
Arbeitsverhältnis
–, Mitarbeit elterlicher Betrieb 1080
–, naher Angehöriger 1079
Arbeitszeitkonto
–, Lohnzufluss 603
Arbeitszimmer
–, Abschreibung 149
–, abzugsfähige Kosten 680
–, Anforderung 675
–, Arbeitnehmer 672
–, Arbeitslosigkeit 685
–, Mittelpunkt der Tätigkeit 678
–, Nutzung durch Ehepaar 681
–, Rentner 678
–, Vermietung an Arbeitgeber 686
–, verschiedene Enkünfte 684
–, Werbungskosten 149
Aufbewahrungsfrist
–, Unterlagen 1041
Aufmerksamkeit
–, kein Arbeitslohn 611
Aufwandsentschädigung
–, Auslagenersatz 136
–, Steuerfreiheit 631
–, Urlaubsentgelt 136
Aufwandsspende
–, Nutzung 398
Aufwendungsersatz
–, Verzicht 398
Aufzeichnung
–, Einnahme 1039
Ausbildungsfreibetrag
–, Antrag 571
–, Aufteilung 573
–, auswärtige Unterbringung 570
–, Höhe 572
–, Kind 110, 567
–, Übertragung 108, 573
Ausbildungskosten
–, abziehbare Aufwendung 415
–, Sonderausgabe 415
Ausgleichsleistung
–, Versorgungsausgleich 245
ausländische Einkünfte
–, Anlage AUS 1162
–, Doppelbesteuerungsabkommen 1164
–, Steuerfreiheit 629
–, Steuerpflicht 316
ausländische Quellensteuer
–, Anrechnung 764
–, Kapitaleinkünfte 764
ausländischer Steuerbetrag
–, Anrechnung 1166
ausländische Steuer
–, Anrechnung 764
Auslandskind
–, Freibetrag 558
Auslandsreise
–, Verpflegungsmehraufwand 703
–, Werbungskosten 690
Auslandsunterhalt
–, Vorausetzung für Abziehbarkeit 601
außergewöhnliche Belastung
–, allgemeiner Art 442
–, Anlage außergewöhnliche Belastungen 451
–, behinderungsbedingte Mehrkosten 443
–, Beispiel 447
–, Einteilung 442
–, Einzelfall 466
–, Hochwasser 38, 463
–, Krankheitskosten 456
–, Pflegekosten 458
–, typisierte Einzelfälle 442
–, Umbaukosten 462
–, Unterhaltsleistung 587
–, Voraussetzung für Abzugsfähigkeit 440
–, zumutbare Eigenbelastung 453
außerordentliche Einkünfte
–, Freiberufler 1024
–, Gewerbebetrieb 264
Auswärtstätigkeit
–, Begriff 643
–, beruflich veranlasste Auswärtstätigkeit 152
–, Fahrtkosten 154
–, Firmenwagen 153
–, Sammelbeförderung 153
–, Übernachtungskosten 154
–, unentgeltliche Verpflegung 701
–, Verpflegungsmehraufwand 155

B

Back-to-back-Finanzierung
–, Anlage KAP 738
Baukindergeld
–, Förderung 586
–, Fördervoraussetzung 586
Baukosten
–, Aufteilung 896
Baumaßnahme
–, nachträgliche Herstellungskosten 861
–, Zuschuss 834
Bausparzins
–, Vermietungseinkünfte 836
Beamtenpension
–, Versorgungsbezug 624
Bedürftigkeit
–, Unterhaltsleistung 587

Behindertenpauschbetrag
–, Grad der Behinderung 444
–, Übertragung 449, 580
behinderter Mensch
–, doppelte Haushaltsführung 717
–, Fahrtkosten 448
–, Fahrtkosten zur Arbeitsstätte 145
–, Fahrtkosten zur ersten Tätigkeitsstätte 659
–, Grad der Behinderung 443
–, Kind 112, 449
–, Kraftfahrzeugkosten 448
–, Nachweis 445
–, Pauschbetrag 444
–, Selbstunterhalt 551
Beleg
–, Steuererklärung 2
Belegablage
–, Organisation 1042
Belegabruf
–, vorausgefüllte Steuererklärung 336
Belegcheck
–, Übersicht 9
Belegvorhaltepflicht
–, Steuererklärung 341
Bemessungsgrundlage Abschreibung
–, Erhöhung 870
Berechnungsmethode
–, private Pkw-Nutzung 1051
Berufsausbildung
–, Abschluss 413, 553
–, aufbauender Ausbildungsabschnitt 412
–, erste Berufsausbildung 687
–, Sonderausgabe 408
Berufsausbildung Kind
–, Begriff 569
–, Beispiel 546
Berufsausbildungsende
–, Kind 547
Berufskleidung
–, Beispiel 668
–, Werbungskosten 668
Berufskraftfahrer
–, Übernachtungspauschale 5, 706
Berufskrankheit
–, Wegeunfall 456
Berufstätigkeit
–, Reisekosten 692
Berufsunfall
–, Begriff 456
Berufsverband
–, Mitgliedsbeitrag 665
–, Werbungskosten 147, 665
Bestattungskosten
–, außergewöhnliche Belastung 465
Beteiligung
–, Freiberuflersozietät 270
–, gewerbliche Einkünfte 259
–, Kapitalertrag 184
Beteiligungsergebnis an Personengesellschaft
–, Anlage EÜR 304
Betreuer
–, Freibetrag 1034
Betreuungsfreibetrag
–, Übertragung 108, 560
Betreuungskosten
–, Unterkunft im Internat 582
betriebliche Altersversorgung
–, Beispiel 938
–, neues Formular 238
betriebliche Fahrt
–, Wohnung/Betriebsstätte 1054
betrieblicher Pkw
–, Privatnutzung 1048
betriebliche Schuldzinsen
–, Abzugsbeschränkung 1111
–, Beispiel 1107
Betriebsaufgabe
–, freiberuflicher Betrieb 275
–, Merkmal 996
–, nachträgliche Einkünfte 981
–, Sonderformen 999
–, Veräußerungsgewinn 994
Betriebsausgabe
–, Abflussprinzip 1070
–, Abschreibung 1082
–, Absetzung für außergewöhnliche wirtschaftliche und technische Abnutzung 1091
–, Anlage EÜR 288
–, Ausbildungskosten 1081
–, ausländische Einkünfte 1165
–, Bewirtung 1124
–, Definition 1070
–, geringwertiges Wirtschaftsgut 1093
–, Geschenk 1119
–, Hebamme 1072
–, Journalist 1072
–, Kindertagespflege 1073
–, Leasingsonderzahlung 1132
–, Nachweis 1040
–, Pauschale 1072
–, Sammelposten 1093
–, Schriftsteller 1072
–, Schuldzins 1107
–, Steuerberatungskosten 1105
–, Umsatzsteuerzahlung 1045
–, Versicherungsbeitrag 1106
Betriebsausgabenpauschale
–, Anlage EÜR 288
Betriebsbereitschaft Gebäude
–, Voraussetzung 854
Betriebseinnahme
–, Anlage EÜR 282
–, Begriff 1046
–, Corona-Soforthilfe 1046
Betriebsgründer
–, Investitionsabzugsbetrag 1136
Betriebsgrundlage
–, wesentliche Betriebsgrundlage 996
Betriebs-Pkw
–, Fahrtenbuchmethode 1052
Betriebsrente
–, Anlage N 128
–, Versorgungsbezug 128
Betriebsstätte
–, Begriff 1054
–, Firmenwagen 1054
Betriebsveräußerung
–, freiberuflicher Betrieb 275
–, Veräußerungsgewinn 994
Betriebsvermögen
–, gewillkürtes Betriebsvermögen 1051
bewegliches Wirtschaftsgut
–, Anlage V 211
Bewerbungskosten
–, Werbungskosten 691
Bewirtung
–, Angabe über Anlass 1128
–, geschäftliche Veranlassung 1126
–, Ort 1128
Bewirtungskosten
–, Anlage EÜR 298
–, Arbeitnehmer 691
–, Aufteilung 691
–, gesonderte Aufzeichnung 1129
–, Kürzung der Betriebsausgabe 1124
–, Nachweis 1128
Bezugsrecht
–, eigenständiges Wertpapier 788
–, Kapitaleinkünfte 788
–, Veräußerung 788
Bilanz
–, elektronische Bilanz 335
Bitcoin
–, Kapitaleinkünfte 779
–, Spekulationsgeschäft 972
Blockheizkraftwerk
–, Anlage EÜR 1157

Brexit
–, steuerliche Regelung 5
Bruttoarbeitslohn
–, Anlage N 130
–, Korrektur 620
Bruttorente
–, Bemessungsgrundlage 922
Buchführung
–, freiwillige Buchführung 979
Buchführungspflicht
–, Beginn 978
–, Steuerrecht 978
Buchungsbeleg
–, Aufbewahrungsfrist 1041
Bußgeld
–, Abzugsverbot 638

C

Checkliste
–, Anlage AUS 319
–, Anlage Außergewöhnliche Belastungen 42
–, Anlage AV 96
–, Anlage Energetische Maßnahmen 58
–, Anlage EÜR 314
–, Anlage G 266
–, Anlage Haushaltsnahe Aufwendungen 50
–, Anlage KAP 193
–, Anlage Kind 114
–, Anlage N 164
–, Anlage R 242
–, Anlage S 279
–, Anlage SO 255
–, Anlage Sonderausgaben 36
–, Anlage Sonstiges 66
–, Anlage Unterhalt 127
–, Anlage V 219
–, Anlage Vorsorgeaufwand 90
–, Hauptvordruck 24
Computer
–, Software 670
Corona
–, Homeoffice 678
–, Kinderbonus 555
–, Sachspende 397
–, Sonderzahlung Arbeitgeber 612
–, Spende 396
Corona-Erkrankung
–, Werbungskosten/Betriebsausgabe 456
Corona-Hilfe
–, Anlage S 267
Corona-Soforthilfe
–, Anlage EÜR 282
–, Betriebseinnahme 1046

D

Damnum
–, Höhe 889
–, Marktüblichkeit 889
Darlehen
–, Angehöriger 174
–, Ehegatte 892
–, naher Angehöriger 892
Darlehensforderung
–, Verzicht 791
Datenaustausch
–, Landesfinanzbehörden 344
Datenschutz
–, Finanzamt 320
Datenschutz-Grundverordnung (DSGVO)
–, Informationsschreiben 320
Dienstreise
–, Reisekosten 692
Dienstwagen
–, doppelte Haushaltsführung 619
–, Fahrt zwischen Wohnung und Arbeitsstätte 616, 664
–, geldwerter Vorteil 613
–, privates Nutzungsverbot 614
–, verbotene Privatnutzung 614
–, Zuzahlung vom Arbeitnehmer 615
Direktversicherung
–, Anlage R-AV/bAV 238
Dividende
–, Abgeltungsteuer 731
Doppelbesteuerungsabkommen
–, ausländische Einkünfte 1164
doppelte Haushaltsführung
–, abzugsfähige Mehraufwendung 716
–, Arbeitgeberersatz 728
–, Arbeitnehmer 708
–, Ausland 727
–, auswärtiger Beschäftigungsort 157
–, Beginn 157
–, Begriff 156
–, berufliche Veranlassung 715
–, Dienstwagen 619
–, eigener Hausstand 157, 710
–, Fahrtkosten 160, 717
–, Familienheimfahrt 160, 717
–, Grund 157
–, häusliches Arbeitszimmer 725
–, Kostenabzug 716
–, Mahlzeitengestellung 720
–, Mehraufwendung 708
–, steuerfreier Arbeitgeberersatz 163
–, Unterkunft 161
–, Verpflegungsmehraufwand 161, 719
–, Voraussetzung 708
–, Wegverlegung 715
–, Zweitwohnung 714
Dreimonatsfrist
–, Fahrtätigkeit 700
–, Neubeginn 700
–, Verpflegungsmehraufwand 700
Drei-Objektbetrachtung
–, gewerblicher Grundstückshandel 983

E

Ehegatte
–, Versorgungsausgleich 430
Ehegattenunterhalt
–, sonstige Einkünfte 246
Ehegattenveranlagung
–, Voraussetzungen 359
Ehegattenwahlrecht
–, Ausübung 368
Ehrenamt
–, Begriff 1031
Ehrenamtspauschale
–, Anlage S 1026
eigener Hausstand
–, Ausland 713
–, doppelte Haushaltsführung 710
–, Lebensmittelpunkt 711, 713
–, Mindestentfernung Zweitunterkunft 711
–, Voraussetzung 710
eigengenutzte Wohnung
–, Handwerkerleistung 194
–, Verkauf 965
Eigennutzung
–, Wohnung 847
Einbauküche
–, Abschreibung 886
einbehaltene Kapitalertragsteuer
–, Anrechnung 756
Einkünfte
–, anderes Wirtschaftsgut 971
–, Ausland 316
Einkünfte aus Gewerbebetrieb
–, Steuerermäßigung 261
Einkünfteerzielungsabsicht
–, Beweislast 812
–, Überprüfung 811
–, Überschussprognose 812
Einlage
–, Grundstück 964
Einnahmenüberschussrechnung
–, Abflussprinzip 1043

–, Anlage EÜR 1043
–, Aufbewahrungsfrist 1041
–, Aufzeichnungspflicht 1038
–, Betriebsausgabe 288
–, Betriebseinnahme 282, 1046
–, Entnahme 1068
–, Entnahme von Anlagevermögen 284
–, gewillkürtes Betriebsvermögen 1084
–, Grundsatz 1037
–, Investitionsabzugsbetrag 1133
–, Kassenführung 1039
–, Kraftfahrzeugkosten 299
–, pauschale Betriebsausgabe 1072
–, private Kraftfahrzeugnutzung 1048
–, Rücklagenbildung 297
–, Schuldzins 293
–, Sonderabschreibung nach § 7g EStG 1153
–, vereinnahmter Umsatzsteuerbetrag 283
–, Zuflussprinzip 1043
Einspruch
–, elektronische Einreichung 334
Einzelunternehmer
–, Gewinnermittlung 257
Einzelveranlagung
–, Ehegatte 364
–, Vorteil 364
Elektromobilität
–, Elektro-/Hybrid-Kfz oder E-Bike 617
elektronische Datenübermittlung
–, gesetzlicher Krankenversicherungsbeitrag 514
elektronische Steuererklärung
–, Authentifizerung 334
Elektronutzfahrzeuge
–, Abschreibung 1082
Elterngeld
–, Einkommensersatzleistung 20
–, Lohnersatzleistung 137, 632
energetische Maßnahme
–, Aufwendung 53
–, eigener Wohnzweck 51
–, Steuerermäßigung 5, 51
Energieberater
–, energetische Maßnahme 54
Entfernungspauschale
–, Anzahl der Fahrten 650
–, Arbeitnehmer 649
–, behinderter Mensch 659
–, berufstätiges Ehepaar 649
–, betriebliches Fahrzeug 1054
–, Deckelung 653
–, Fahrgemeinschaft 658
–, mehrere Arbeitsverhältnisse 656
–, öffentliches Verkehrsmittel 654
–, Umweg 651
–, unterschiedliche Verkehrsmittel 653
–, Wegstrecke 651
–, Werbungskosten 140, 643
–, Zweitwohnung 652
Entlastungsbetrag für Alleinerziehende
–, Anlage Kind 109, 562
–, Corona-Krise 566
–, Höhe 566
Entnahme
–, Anlagevermögen 284
–, Umsatzsteuer 285
Entnahme Grundstück
–, sonstige Einkünfte 963
Entnahme und Einlage
–, Anlage EÜR 312
Entschädigung
–, Anlage N 132
–, Arbeitslohn 132, 627
–, Begriff 628
–, entgangene Einnahme oder Ausgleichszahlung für mehrjährige Tätigkeit 276
Erbengemeinschaft
–, Vermietungseinkünfte 840
Erbfall
–, Grundstücksgemeinschaft 839
Erhaltungsaufwand
–, Abgrenzung zu Herstellungskosten 901
Erhaltungsaufwendung
–, nach Ende der Vermietung 904
–, Substanzerhaltung 899
–, Vermietung und Verpachtung 898
–, Verteilung auf mehrere Jahre 905
Erklärungsabgabe
–, Zwangsverfahren 338
ermäßigter Steuersatz
–, Betriebsveräußerung 1003
Ermäßigungshöchstbetrag
–, Ermittlung 992
Erstattungszins
–, Kapitaleinkünfte 173
Erstausbildung
–, Voraussetzungen 411
erste Berufsausbildung
–, Begriff 408
erste Tätigkeitsstätte
–, Anlage N 141
–, Arbeitnehmer 644
–, Begriff 644
–, Vollzeitausbildung 648
Erststudium
–, Abschluss 553
–, Sonderausgabe 408
Ertragsanteil
–, abgekürzte Leibrente 932
–, Höhe 931
–, Rente 931
Erwerbsminderungsrente
–, Besteuerungsanteil 922
Erwerbstätigkeit
–, volljähriges Kind 105, 552
Erziehungsfreibetrag
–, Übertragung 108
eTIN
–, Anlage N 129
Existenzgründung
–, Gründungskosten 987
–, Gründungszuschuss 988
externer Versorgungsausgleich
–, Begriff 430

F

Fachliteratur
–, Arbeitnehmer 669
Fährkosten
–, Werbungskosten 151
Fahrgemeinschaft
–, Werbungskosten 143
Fahrtätigkeit
–, Dreimonatsfrist 700
–, Reisekosten 692
Fahrtenbuch
–, elektronisches Fahrtenbuch 1052
–, Grundsatz 1052
–, Ordnungsgemäßheit 1052
Fahrtenbuchmethode
–, Betriebs-Pkw 1052
Fahrtenbuchregelung
–, umsatzsteuerliche Bemessungsgrundlage 1066
Fahrtkosten
–, Arbeitgeberersatz 146
–, außergewöhnliche Belastung 466
–, doppelte Haushaltsführung 717
–, Reisekosten für Arbeitnehmer 697
–, Wohnung und erste Tätigkeitsstätte 643
Fahrt zwischen Wohnung und Betrieb
–, Anlage EÜR 299

Fahrzeug
–, Betriebsvermögen 1051
Fahrzeugüberlassung
–, Arbeitslohn 613
Familienheimfahrt
–, Anlage EÜR 299
–, doppelte Haushaltsführung 160, 717
Familienleistungsausgleich
–, Begriff 555
Fehlerberichtigung
–, Kapitalertragsteuer 762
Fertigstellung
–, Abschreibungsbeginn 1089
Festsetzungsfrist
–, Antragsveranlagung 340
–, Auschlussfrist 340
Feststellungsbescheid
–, Mieteinkünfte 840
Finanzamt
–, Datenschutz 320
–, Digitalisierung 1
Finanzierungskosten
–, Vermietung und Verpachtung 888
Firmenleasing
–, kleines E-Bike 618
Firmenwagen
–, Fahrt zwischen Wohnung und erster Tätigkeitsstätte 664
Firmenwert
–, Abschreibung 1088
Flüchtling
–, Unterhalt 115, 120
–, Unterstützung 389, 396
Flugkosten
–, Werbungskosten 151
Folgerente
–, Besteuerungsanteil 926
Fondsanteile
–, Altbestand 745
–, Verkauf 744
Fortbildungskosten
–, Begriff 687
–, Betriebsausgabe 1104
–, Werbungskosten 150, 687
Fotovoltaikanlage
–, Anlage EÜR 1157
–, Einkünfte aus Gewerbebetrieb 985
–, Gewinnermittlung 1157
Freiberufler
–, Anlage S 267
–, außerordentliche Einkünfte 1024
–, außerordentlicher Ertrag 276
–, Beteiligung an Gesellschaft 270
–, Merkmal 1017
–, Nebentätigkeit 277
Freiberufler-GbR
–, Gewerblichkeit 1022
freiberufliche Einkünfte
–, Steuerermäßigung 274
freiberufliche Tätigkeit
–, gesonderte Gewinnfeststellung 269
–, Gewinn 268
–, Voraussetzung 1021
Freibetrag
–, Aufgabe der freiberuflichen Tätigkeit 275
Freibetrag für Betreuung, Erziehung und Ausbildung
–, Anlage Kind 555
Freibetrag zur Abgeltung des Sonderbedarfs
–, Kind 567
Freigrenze
–, sonstige Einkünfte 247
–, Spekulationsgeschäft 249
Freistellungsauftrag
–, Abgeltungsteuer 763
Freiwilligendienst
–, Kind 550
Fremd- oder Kryptowährung
–, sonstige Einkünfte 972
Fremdwährungsgeschäft
–, Kapitaleinkünfte 794
Fremdwährungsgewinn
–, Abgeltungsteuer 794
Fristverlängerung
–, Abgabe der Steuererklärung 338
Führerschein
–, Werbungskostenabzug 691
Fünftel-Regelung
–, Veräußerungsgewinn 1004

G

Garage
–, Abschreibung 849
Gebäude
–, Abschreibung 863
–, Anschaffungskosten 855
–, anschaffungsnahe Herstellungskosten 862
–, Betriebsbereitschaft 854
–, Erhöhung des Gebrauchswerts 860
–, Erweiterung 859
–, Funktionstüchtigkeit 854
–, Herstellung 858
–, lineare Abschreibung 868
–, Standardhebung 860
–, Substanzvermehrung 859
–, Umbaumaßnahme 854
–, unentgeltlicher Erwerb 864
–, wesentliche Verbesserung 860
–, zeitanteilige Abschreibung 868
Gebäudeabschreibung
–, Beginn 866
–, Bemessungsgrundlage 849
–, Berichtigung 871
–, Fortführung 863
–, Nachholung 871
–, Nutzungsdauer 868
–, Übersicht 867
Gebäudesanierung
–, Gesundheitsgefährdung 463
Gebäudeteil
–, Abschreibung 863
–, selbstständiges Wirtschaftsgut 850
Geburtsdatum
–, Altersentlastungsbetrag 351
Gehalt
–, Bruttoarbeitslohn 602
Geldspende
–, Verzicht auf Aufwandserstattung 398
Geldwäsche
–, EU-Geldwäscherichtlinie 5
–, Geldwäschegesetz 265
gemeinnütziger Zweck
–, Spende 389
gemischter Aufwand
–, Arbeitsmittel 671
–, Aufteilung 637, 1071
–, Aufteilungsmaßstab 642
–, Begriff 637
–, Schätzung 642
geringfügiges Beschäftigungsverhältnis im Privathaushalt
–, Steuerermäßigung 477
geringwertiges Wirtschaftsgut
–, Anlage EÜR 1099
–, Arbeitsmittel 667
–, Betriebsausgabe 1093
–, selbstständige Nutzbarkeit 1094
–, Voraussetzung 1094
Gesamthandsgemeinschaft
–, Mieteinkünfte 840
Geschäftsfreund
–, Bewirtung 1125
Geschenk
–, Anlage EÜR 298
–, Aufzeichnungspflicht 1119
–, Betriebsausgabe 1119
–, Freigrenze 1119
gesetzliche Rente
–, Inland 225

gesetzliche Rentenversicherung
–, Altersvorsorgeaufwendung 498
–, Arbeitnehmer 71
–, Sterbegeld 928
gesetzlicher Krankenversicherungsbeitrag
–, elektronische Datenübermittlung 514
gesonderte Gewinnfeststellung
–, freiberufliche Tätigkeit 269
–, Gewerbebetrieb 258
gesundheitsfördernde Maßnahme
–, Arbeitslohn 607
Gewerbebetrieb
–, Anlage G 256
–, außerordentliche Einkünfte 264
–, Buchführungspflicht 976
–, Einkünfte 256
–, gesonderte Gewinnfeststellung 258
–, Gewinn 257
–, Liebhaberei 982
–, Teileinkünfteverfahren 260
–, Verlust 257
Gewerbesteuer
–, Anrechnung nach § 35 EStG 989
Gewerbesteueranrechnung
–, Personenkreis 989
gewerbliche Einkünfte
–, Beteiligung 259
Gewerkschaft
–, Werbungskosten 147, 665
gewillkürtes Betriebsvermögen
–, Einnahmenüberschussrechnung 1084
–, Freiberufler 1086
Gewinnermittlung
–, Einzelunternehmer 257
–, Freiberufler 268
–, Selbstständiger 1023
–, steuerfreie Einnahmen 301
–, Wechsel Gewinnermittlungsart 303, 980
Gewinnerzielungsabsicht
–, Liebhaberei 982
gezahlte Umsatzsteuer
–, Anlage EÜR 296
GmbH-Anteil
–, Anschaffungskosten 1014
–, Verkauf im Privatvermögen 263
Grad der Behinderung
–, Höhe des Behindertenpauschbetrags 444
Grenzgänger
–, Arbeitslohn 630
–, Begriff 135
–, Schweiz 325
–, Steuerpflicht 320
großräumige Tätigkeitsstätte
–, erste Tätigkeitsstätte 645
Gründungszuschuss
–, Anspruchsberechtigung 988
Grundsteuer
–, Rückerstattung bei Leerstand 813
Grundstück
–, Anschaffungskosten 853
–, Betriebsvermögen 852
–, Einlage ins Betriebsvermögen 964
–, gewillkürtes Betriebsvermögen 852
–, private Veräußerungsgeschäfte 250
–, Privatvermögen 852
–, Spekulationsgeschäft 959
Grundstücksentnahme
–, sonstige Einkünfte 963
Grundstücksgemeinschaft
–, Erbfall 839
–, Vermietung und Verpachtung 203
Grundstückshandel
–, gewerblicher Grundstückshandel 983
Grundstücksverkauf
–, sonstige Einkünfte 959
–, Zehnjahresfrist 250
Grundstücksvermietung
–, lebenslange Rente 897
Günstigerprüfung
–, Abgeltungsteuer 750
–, Anlage KAP 168, 756
–, Kapitaleinkünfte 168, 177
–, Kindergeld oder Kinderfreibetrag 555
Guthabenkarte
–, Arbeitslohn 605

H

häusliches Arbeitszimmer
–, Abzugsbeschränkung 677
–, Anlage EÜR 298, 1131
–, Begriff 672
–, Betriebsausgabe 1131
–, doppelte Haushaltsführung 725
Handwerkerleistung
–, begünstigte Aufwendung 483
–, Reparatur außerhalb des Grundstücks 473
–, Steuerermäßigung 467, 482
Hauptvordruck
–, behinderter Mensch 39
–, Verlustabzug 13
Haushaltsersparnis
–, Heimkosten 461
Haushaltsführung
–, eigener Hausstand 711
haushaltsnahes Beschäftigungsverhältnis
–, Haushaltshilfe 468
–, Steuerermäßigung 468
haushaltsnahe Tätigkeit
–, Au-pair 469
–, begünstigte Aufwendung 483
–, Dienstleister und Handwerker 44
–, Dienstleistung 47
–, Handwerkerleistung 49
–, Höchstbetrag pro Haushalt 486
–, Minijob 45
–, sozialversicherungspflichtiges Beschäftigungsverhältnis 46
–, Steuerermäßigung 479
–, Straßenerschließungsbeitrag 473
–, Zahlungsnachweis 474
Hausnotrufsystem
–, haushaltsnahe Tätigkeit 481
Heimkosten
–, naher Angehöriger 461
Heimunterbringung
–, außergewöhnliche Belastung 461
–, haushaltsnahe Dienstleistung 473
Herstellungskosten
–, Begriff 858
–, Gebäude 858
Hilfe im Haushalt
–, haushaltsnahe Dienstleistung 479
Hinterbliebener
–, außergewöhnliche Belastung 40
–, Pauschbetrag Kind 580
Hinzurechnung
–, Investitionsabzugsbetrag in Anlage EÜR 302
–, Zwischengesellschaft 1169
Hochwasser
–, Anlage V 908
–, außergewöhnliche Belastung 38, 463
Homeoffice
–, Corona-Krise 678

I

Identifikationsnummer
–, Hauptvordruck 13
immaterielles Wirtschaftsgut
–, Abschreibung 1094
Immobilie
–, Veräußerungsgewinn 967
Insolvenzgeld
–, Lohnersatzleistung 632
Instandhaltungsrücklage
–, Eigentumswohnung 903
Instandsetzung Gebäude
–, Herstellungskosten 860
interner Versorgungsausgleich
–, Begriff 430
Internet
–, Werbungskosten 691
Investitionsabzugsbetrag
–, begünstigtes Wirtschaftsgut 1134
–, betriebsbezogene Voraussetzung 1134
–, Einnahmenüberschussrechnung 1133
–, Fallgestaltung 1146
–, Folge bei Investition 1145
–, Höchstbetrag 1142
–, Höhe 1140
–, Pkw 1138
–, Rückgängigmachung 302
–, schädliches Verhalten 1156
–, Voraussetzung der Inanspruchnahme 1138

J

Jobticket
–, Arbeitslohn 621
–, steuerfreier Arbeitslohn 621
–, Weg zur ersten Tätigkeitsstätte 662

K

Kapitalanlage
–, Fondsbesteuerung 741
–, Investmentfonds 741
Kapitaleinkünfte
–, Anlage KAP 165
–, ausländische Kapitaleinkünfte 169, 1162
–, beschränkte Verlustverrechnung 799
–, bestandsgeschützter Alt-Anteil 745
–, Bitcoin 779, 972
–, ermäßigte Besteuerung 180
–, Erstattungszins 173
–, Fondsbesteuerung 741
–, Günstigerprüfung 168, 756
–, nahestehende Person 737
–, negativer Einlagezins 774
–, Rentenfonds 747
–, Rückzahlung von Kreditzinsen 777
–, Sparerpauschbetrag 168
–, Spezial-Investmentfonds 748
–, Steuerbescheinigung 167
–, stille Gesellschaft 174
–, Stückzins 789
–, Veräußerungsverlust 172
–, verbleibender Verlust 805
–, verdeckte Gewinnausschüttung 740
–, Verzugszins oder Prozesszins 773
–, Werbungskosten 751
Kapitalertrag
–, ausländischer Kapitalertrag ohne Abzug 755
–, Beispiel 166
–, ohne Steuerabzug 173
–, Steuerabzug 181
Kapitalertragsteuer
–, Fehler der Bank 762
–, Kapitaleinkünfte 755
Kapitalforderung
–, Ausfall 791
–, Kapitaleinkünfte 790
–, Verlust 791
Kapitalübertragung
–, Instandhaltungsrücklage 903
Kapitalvermögen
–, GmbH-Anteil 733
–, Neuverlust 801
–, partiarisches Darlehen 797
–, stille Beteiligung 797
–, Überblick 729
Kassenbuchführung
–, Grundsätze 1039
Katalogberuf
–, Freiberuflichkeit 1018
Kaufpreisaufteilung
–, Grund und Boden 856
–, Kaufvertrag Immobilie 857
Kaufpreisforderung Zinsanteil
–, Kapitaleinkünfte 776
Kfz-Kosten
–, behinderter Mensch 448
Kind
–, Adoptivkind 540
–, arbeitssuchendes Kind 545
–, Au-pair 546
–, Ausbildungsfreibetrag 110, 567
–, behindertes Kind 39, 104, 112, 551
–, Betreuung als Arbeitslohn 608
–, Betreuungskosten 581
–, Ende der Berufsausbildung 547
–, erwerbstätiges Kind 105, 544
–, Flüchtling 541
–, Freibetrag 555
–, Freibetrag für auswärtige Unterbringung 567
–, Freibetrag für Betreuung, Erziehung, Ausbildung 557
–, Freiwilligendienst 550
–, freiwilliger Wehrdienst 550
–, Haushaltszugehörigkeit 565, 583
–, Hinterbliebenenpauschbetrag 580
–, Kinderfreibetrag 556
–, Kindergeld 555
–, Kind im Ausland 101
–, Kind in Ausbildung 546
–, Kind ohne Ausbildungsplatz 549
–, Kindschaftsverhältnis 540
–, Kostkind 541
–, minderjähriges Kind 543
–, Pauschbetrag wegen Behinderung 580
–, Pflegekind 541
–, Schulgeld 111, 575
–, steuerliche Berücksichtigung 98, 538
–, Steuervergünstigung 537
–, Trainee 546
–, Übergangszeit 548
–, Übertragung des Freibetrags 559
–, verheiratetes Kind 543
–, Versicherungsbeitrag 107, 561
–, volljähriges Kind 103, 544
Kinderbetreuung
–, Familienangehöriger 582
Kinderbetreuungskosten
–, berücksichtigungsfähige Ausgabe 582
–, Dienstleistung 581
–, Sonderausgabe 113
Kinderfreibetrag
–, Anlage Kind 556
–, Familienleistungsausgleich 555
–, Übertragung 108, 560
Kindergeld
–, Anspruch 100
–, Familienleistungsausgleich 555
–, nachträglicher Antrag 555

Kindergeldanspruch
–, Günstigerprüfung 555
Kindertagespflege
–, Einnahmen 1073
Kindschaftsverhältnis
–, altersbezogene Voraussetzung 539
–, Anlage Kind 102
Kirchenbeitrag
–, Freiwilligkeit 385
–, Sonderausgabe 403
Kirchensteuer
–, Anlage N 130
–, Bemessungsgrundlage 379
–, Erblasser 383
–, Erstattungsüberhang 384
–, Halbteilungsgrundsatz 381
–, Kapitalertrag 355, 380
–, Kappung 386
–, Kirchgeld 353
–, nicht ganzjährige Kirchenmitgliedschaft 354
–, Religionsschlüssel 379
–, Religionszugehörigkeit 352
–, Sonderausgabe 28, 378
kirchlicher Zweck
–, Spendenabzug 391
Kleinbetragsrente
–, Abfindung 942
Kohorten-Prinzip
–, Rentenbesteuerung 921
konfessionsverschiedene Ehegatten
–, Halbteilungsgrundsatz 381
Kontenabrufverfahren
–, Kreditinstitut 766
Kontoführung
–, Werbungskosten 691
Kostendeckelung
–, 1 %-Regelung 1060
Kosten der Lebensführung
–, Beispiel 639
Kraftfahrzeugkosten
–, Anlage EÜR 299
Krankengeld
–, Erwerbsminderungsrente 922
–, Lohnersatzleistung 137, 632
Krankenversicherung
–, ausländische Krankenversicherung 82
–, Kind 561
–, Vorsorgeaufwendung 77
–, Wahlleistung 80
–, Zahlung für andere Person 83
Krankheitskosten
–, außergewöhnliche Belastung 42, 456
–, Werbungskosten 691
künstliche Befruchtung
–, außergewöhnliche Belastung 457
Kur
–, außergewöhnliche Belastung 466
Kurzarbeitergeld
–, Arbeitslohn 137
–, Steuerfreiheit/Progressionsvorbehalt 632

L

Ländergruppeneinteilung
–, Freibetrag Kind 558
laufende Kapitaleinkünfte
–, Beispiel 730
Leasingfahrzeug
–, 1 %-Methode 1051
Leasingsonderzahlung
–, Betriebsausgabe 1132
–, Firmenwagen 1061
Lebensalter
–, Berechnung 543
Lebensversicherung
–, Ertrag 176
–, Kapitalauszahlung 933
–, Kapitaleinkünfte 768
Leerstand
–, Einkünfteerzielungsabsicht 813
Leerverkauf
–, Spekulationsgeschäft 970
Leibrente
–, inländische Leibrente 222
–, Vermeidung der Doppelbesteuerung 937
Liebhaberei
–, Begriff 982
–, Vermietung und Verpachtung 810
Lohnbezug
–, steuerbegünstigter Lohnbezug 623
Lohnersatzleistung
–, Altersteilzeitgesetz 632
–, Anlage N 137
–, Arbeitslosengeld 632
–, Krankengeld 632
–, Mutterschaftsgeld 632
–, Steuerfreiheit 632
–, Übergangsgeld 632
–, Verletztengeld 632
Lohnnachzahlung
–, Lohnnachzahlung für mehrere Jahre 132
Lohnsteuer
–, Anlage N 130
Lohnsteuerabzug
–, ELStAM 335
Lohnsteuerabzugsmerkmal
–, elektronisches Lohnsteuerabzugsmerkmal 335

M

Mahlzeitengestellung
–, Arbeitgeber 701
–, Arbeitslohn 606
–, Verpflegungspauschbetrag 701
Marktüblichkeit
–, Disagio 889
mehraktige Ausbildungsmaßnahme
–, Erstausbildung 412
Mehraufwendung
–, Arbeitnehmer 708
mehrtägige Auswärtstätigkeit
–, Verpflegungsmehraufwand 698
Mieteinkünfte
–, Feststellungsbescheid 840
–, Miteigentümer 841
–, Zurechnung 841
Mietpreisbindung
–, Zuschuss 835
Mietvertrag mit Angehörigen
–, steuerliche Anerkennung 815
Mietwohnungsneubau
–, Sonderabschreibung 872
mildtätiger Zweck
–, Spendenabzug 390
Mindestlohn
–, Dienstwagen 613
Minijob
–, Aufstockung zur Rentenversicherung 76
–, Fahrzeugüberlassung 1050
Mitgliedsbeitrag
–, Berufsverband 665
Mitternachtsregelung
–, Verpflegungsmehraufwand 699
Modernisierungsaufwendung
–, Herstellungskosten 860
Mutterschaftsgeld
–, Einkommensersatzleistung 20
–, Lohnersatzleistung 137

N

nachträgliche Anschaffungskosten
–, GmbH-Anteil 1011
nahestehende Person
–, Kapitaleinkünfte 737

Naturkatastrophe
–, außergewöhnliche Belastung 42, 207, 466
nebenberufliche Tätigkeit
–, Freibetrag 1031
Nebeneinkünfte
–, Ehrenamt 1027
–, Freibeträge 1026
–, Übungsleiter 1027
Nebentätigkeit
–, Freiberufler 277
negative Einkünfte
–, Anlage AUS 1170
–, Drittstaat 1170
Neuverlust
–, Kapitalvermögen 801
nichtabzugsfähige Schuldzinsen
–, Berechnung 1112
Nießbrauch
–, Vermietung und Verpachtung 809
Notrufanlage
–, haushaltsnahe Tätigkeit 481
–, Steuerermäßigung 481
notwendiger Lebensbedarf
–, behindertes Kind 551

O

öffentliches Verkehrsmittel
–, Werbungskosten 144
Öffnungsklausel
–, Rente 231
Opfergrenze
–, Berechnung 595
–, Unterhalt 594
Optionsgeschäft
–, Kapitaleinkünfte 796
–, Umsatzsteuer 911
ortsübliche Marktmiete
–, Vermietungseinkünfte 828

P

Parkgebühr
–, erste Tätigkeitsstätte 691
partiarisches Darlehen
–, Anlage KAP 174
–, Kapitalvermögen 797
pauschale Einkommensteuer
–, Geschenk 1121
–, Lohnsteueranmeldung 1122
Pauschbetrag
–, Verpflegungsmehraufwand 698
Pension
–, Betriebsrente 221
Personalkosten
–, Betriebsausgabe 1078
Personengesellschaft
–, Ergänzungs- und Sonderbilanz 1023
–, Gewerbesteueranrechnung 993
Pflege
–, Dienstleistung 48
–, Haushaltshilfe 44
–, Pauschbetrag 41
Pflegeaufwendung
–, Kostentragung durch Angehörige 460
Pflegekindschaftsverhältnis
–, Voraussetzung 541
Pflegekosten
–, außergewöhnliche Belastung 459
–, behinderter Mensch 446
–, Heimunterbringung 461
–, Pflege-Pauschbetrag 450
–, Steuerermäßigung 450, 481
Pflegepauschbetrag
–, Begriff 450
–, Jahresbetrag 450
–, Voraussetzung für Abzug 450
Pflegepflichtversicherung
–, Kind 561
Pfleger
–, Freibetrag 1034
Pflichtveranlagung
–, Beispiel 329
–, Steuererklärung 329
Pkw
–, Ermittlung Gesamtkosten 1055
–, Überlassung an Arbeitnehmer 1048
politische Spende
–, Nachweis 406
Praxiswert
–, Abschreibung 1088
private Krankenversicherung
–, steuerfreier Zuschuss 512
private Pkw-Nutzung
–, 1 %-Regelung 1056
–, Berechnungsmethode 1051
–, Fahrtenbuch 1051
–, Fahrten zwischen Wohnung und Betrieb 1054
–, Schätzung 1063
–, Übersicht 1067
–, Umsatzsteuer 1065
–, Unfallkosten 1064
private Rente
–, inländische Rente 233
–, Veräußerungsgeschäft 934
privates Veräußerungsgeschäft
–, Gemeinschaft 253
–, Grundstück 250
–, Verlust 254
Privathaushalt
–, sozialversicherungspflichtige Tätigkeit 478
Privatschule
–, Kind 576
Progressionsvorbehalt
–, ausländische Einkünfte 1171
–, Lohnersatzleistung 632
Promotion
–, Kinderberücksichtigung 546
Prostituierte
–, Gewerbebetrieb 1020
Prozesskosten
–, außergewöhnliche Belastung 466

R

Rabatt
–, Arbeitslohn 622
Raumkosten
–, Anlage EÜR 1101
Realsplitting
–, Sonderausgabe 420
Reisekosten
–, Arbeitnehmer 692
–, Auslandsreise 690
–, Fahrtkosten 697
–, steuerfreier Arbeitgeberersatz 155
–, Übernachtung 704
–, Verpflegungsmehraufwand 698
Reisenebenkosten
–, Abzugsfähigkeit 154
–, Beispiel 705
–, Reisekosten 705
Rente
–, abgekürzte Leibrente 235
–, Anlage R 221, 915
–, aus Altersvorsorgeverträgen mit nachgelagerter Besteuerung 536
–, ausländische Rente 240
–, Auszahlung im Ausland 240
–, Beamtenpension 916
–, Beginn 228, 922
–, Beispiel 918
–, berufsständische Versorgungseinrichtung 920
–, Besteuerungsanteil 228, 921
–, betriebliche Altersversorgung 938
–, Betriebsrente 221, 916

–, Direktversicherung 238, 938, 945
–, Ertragsanteil 233, 930
–, Folgerente 229, 926
–, inländische, gesetzliche Rente 225, 920
–, inländische Rente mit Wohnsitz Ausland 237
–, Kleinbetragsrente 942
–, landwirtschaftliche Alterskasse 225
–, Leibrente 919
–, nachgelagerte Besteuerung 919
–, Nachzahlung 230, 927
–, Öffnungsklausel 231, 928
–, Pensionsfonds 938
–, Pensionskasse 938, 945
–, private Rentenversicherung 930
–, private Veräußerungsrente 934
–, Rente mit zeitlich befristeter Laufzeit 932
–, Rentenanpassungsbetrag 924
–, Rentenbezugsmitteilung 935
–, Rentennachzahlung 236
–, Riesterrente 938
–, Rüruprente 232, 920
–, steuerfreier Anteil 923
–, steuerfreie Rente 918
–, steuerliche Identifikationsnummer 935
–, VBL-Rente 938, 945
–, vereinfachte Steuererklärung 935
–, Vorgängerrente 229
–, vorhergehende Rente 926
–, Werbungskosten 241, 946
–, Werbungskostenpauschbetrag 947
–, Wohnsitz im Ausland 936
–, Zeitrente 919
–, Zufluss 922
–, ZVK-Rente 945
Rente aus Ausland
–, Anlage R-AUS 240
Rentenbarwert
–, Berechnung 897
Rentenbesteuerung
–, Übersicht 944
Rentenbezugsmitteilung
–, Verfahren 935
Rentenmitteilung
–, Rentenbetrag 234
Rentennachzahlung
–, Kapitaleinkünfte 776
Rentenversicherung
–, ausländische Versicherung 943
–, Kapitaleinkünfte 768
Rentenversicherung mit Kapitalwahlrecht
–, Kapitalauszahlung 772
Rentner
–, Krankenversicherung 79
–, vereinfachte Steuererklärung 333
Riesterrente
–, Altersvorsorge 939
–, Anlage R 238
–, Besteuerung 772
–, Kinderzulage 95
–, mittelbar begünstigte Person 94
–, neues Steuerformular 238
–, Sonderausgabe 92
–, unmittelbar begünstigte Person 93
Risikomanagementsystem
–, Finanzamt 342
Rürupversicherung
–, Altersvorsorgeaufwendung 70

S

Sachbezug
–, Arbeitslohn 604
Sachspende
–, Betriebsvermögen 397
–, Entnahmewert 397
Sachzuwendung
–, Pauschalsteuersatz 1120
Sammelbeförderung
–, Weg zur ersten Tätigkeitsstätte 658
Sammelposten
–, Anlage EÜR 1093
–, Auflösung 1100
Sammelpunkt
–, Anfahrt 647
Scheidung
–, außergewöhnliche Belastung 466
–, Veranlagung 367
Schmerzensgeldrente
–, nicht steuerbar 918
Schönheitsreparatur
–, anschaffungsnahe Herstellungskosten 862
Schulausbildung
–, Kind 546
schuldrechtlicher Versorgungsausgleich
–, Korrespondenzprinzip 432
–, Sonderausgabe 431
Schuldzins
–, Anlage EÜR 294
–, betriebliche Veranlassung 1107
–, Betriebsausgabe 1107
–, Ende der Vermietung 891
–, Hinzurechnung 307
–, nachträgliche Werbungskosten 891
–, verhältnismäßige Aufteilung 896
–, Vermietung und Verpachtung 888
–, wirtschaftlicher Zusammenhang 896
–, Zuordnung 894
Schuldzinsenabzug
–, vermieteter Gebäudeteil 894
Schulgeld
–, Höchstbetrag 577
–, Kind 111, 575
Schulgeldzahlung
–, Höchstbetrag 579
selbstständige Tätigkeit
–, Abfärberegelung 1022
–, Arzt 1018
–, Aufsichtsrat 1020
–, Berufsbild 1016
–, Freiberufler 1017
–, Gewinnermittlung 1023
–, Personengesellschaft 1023
–, Sozietät 1022
–, Testamentsvollstrecker 1020
–, Veräußerungsgewinn 1025
–, Vermögensverwalter 272
selbstständig nutzbares Wirtschaftsgut
–, Beispiel 1095
–, GWG-Regelung 1095
Smartphone
–, Arbeitslohn 610
Solaranlage
–, Anlage V 199, 832, 849
Solidaritätszuschlag
–, Anlage N 130
Sonderabschreibung nach § 7g EStG
–, Einnahmenüberschussrechnung 1153
Sonderausgabe
–, Abflussprinzip 375
–, allgemeine Voraussetzung 375
–, Altersvorsorgeaufwendung 498
–, andere Sonderausgabe 374
–, Arbeitslosenversicherung 518
–, Aufwendung für erstmalige Berufsausbildung oder Erststudium 408
–, ausländische Versicherung 517
–, Beitragsrückerstattung 523
–, berufsständische Versorgungseinrichtung 500

–, eigene Berufsausbildungskosten 32
–, elektronische Übermittlung der Daten 528
–, Erstattung 376
–, Erstattungsüberhang 524
–, Erwerbsunfähigkeits- oder Berufsunfähigkeitsversicherung 518
–, Förderung steuerbegünstigter Zwecke 388
–, gesetzliche Krankenversicherung 511
–, gesetzliche Rentenversicherung 498
–, gesetzlicher Versorgungsausgleich zwischen Ehegatten 430
–, Grundsatz 375
–, Günstigerprüfung 529
–, Haftpflichtversicherung 518
–, Hauptvordruck 27
–, Höchstbetrag bei sonstiger Vorsorgeaufwendung 520
–, Kirchgeld 382
–, Krankenversicherung 508
–, Krankenversicherung für andere Person 526
–, landwirtschaftliche Alterskasse 499
–, Lebensversicherung 518
–, Pauschbetrag 377
–, politische Partei 405
–, private Krankenversicherung 512
–, private Pflegepflichtversicherung 512
–, Riestervertrag 92
–, Rürupversicherung 502
–, schuldrechtlicher Versorgungsausgleich 431
–, Selbstbehalt 515
–, selbst gezahlte Krankheitskosten 515
–, sonstige Vorsorgeaufwendung 508
–, soziale Pflegeversicherung 511
–, Spende und Mitgliedsbeitrag 29, 387
–, Unfallversicherung 518
–, Unterhaltsleistung an geschiedenen oder getrennt lebenden Ehegatten 420
–, Unterteilung 374
–, Vorsorgeaufwendung 67, 374, 497
Sonderausgabenabzug
–, Vorsorgeaufwendung 497
–, Zahlung zum Ausschluss des Versorgungausgleichs 434
sonstige Einkünfte
–, Ehegattenunterhalt 246
–, Freigrenze 247
–, Verlustverrechnung 247
–, Versorgungsleistung 244
–, wiederkehrender Bezug 948
sonstige Leistung
–, Freigrenze 956
–, sonstige Einkünfte 953
–, Werbungskosten 955
sonstige Vorsorgeaufwendung
–, Höchstbetrag 520
sozialversicherungspflichtige Beschäftigung
–, Privathaushalt 478
Sparerpauschbetrag
–, Abgeltungsteuer 750
–, Anlage KAP 749
–, Kapitaleinkünfte 168
Spekulationsfrist
–, Grundstücksverkauf 250
Spekulationsgeschäft
–, Begriff 249
–, Freigrenze 249
–, sonstige Einkünfte 959
Spekulationsgewinn
–, Kapitaleinkünfte 780
Spende
–, Aufwandsspende 398
–, Corona-Krise 396
–, politische Partei 30
–, Sachspende 397
–, Schulförderverein 399
–, Sonderausgabe 387
–, Spendenvortrag 402
–, Stiftung 31
–, vereinfachter Zuwendungsnachweis 395
–, Wählervereinigung 30
–, Zuwendungsbestätigung 394
–, Zuwendungsempfänger 392
–, Zuwendungsnachweis 394
Sprachkurs
–, Fremdsprache 689
–, Werbungskosten 689
Sterbegeld
–, Öffnungsklausel 928
Steuerabzug
–, Abgeltungsteuer 169
–, Kapitalertrag 181
–, Verlustverrechnung 803
steuerbegünstigter Lohnbezug
–, Versorgungsbezug 623
Steuerbegünstigung
–, schutzwürdiges Kulturgut 60
Steuerberatungskosten
–, Anlage EÜR 1105
–, Betriebsausgabe 436
–, kein Sonderausgabenabzug 435
–, Werbungskosten 436, 691
Steuerbescheid
–, elektronische Bekanntgabe 342
Steuerbescheinigung
–, Kapitaleinkünfte 167
Steuereinbehalt
–, Prüfung für Anlage KAP 757
Steuererklärung
–, Abgabefrist 338
–, Abgabepflicht 328
–, Abgabetermin 338
–, amtlicher Vordruck 332
–, Antragsveranlagung 331
–, Ausfüllhinweise 8
–, Belegvorhaltepflicht 341
–, elektronische Abgabe 335
–, ELSTER 334
–, ergänzende Angabe 372
–, Form 332
–, Pflichtveranlagung 329
–, Steuererklärungspflicht 328
–, Vorabanforderung 338
–, vorausgefüllte Steuererklärung 334, 336
–, zuständiges Finanzamt 348
Steuererklärungsprogramm
–, nicht amtliches Formular 332
Steuerermäßigung
–, Belastung mit Erbschaftsteuer 60
–, Einkünfte aus Gewerbebetrieb 261
–, energetische Maßnahme 51
–, Erstattung durch Versicherung 485
–, freiberufliche Einkünfte 274
–, Handwerkerleistung 482
–, haushaltsnahe Aufwendung 467
–, haushaltsnahe Beschäftigung 476
–, haushaltsnahe Dienstleistung 479
–, Mieter 471
–, Notrufanlage 481
–, Pflegeleistung 481
–, politische Partei 405
–, unabhängige Wählervereinigung 405
–, Wohnungseigentümergemeinschaft 472
steuerfreier Arbeitslohn
–, Doppelbesteuerungsabkommen 134

Steuergestaltung
–, grenzüberschreitende Steuergestaltung 349
Steuerklasse
–, Anlage N 130
Steuernummer
–, Hauptvordruck 13
Steuerpflicht
–, Antrag auf unbeschränkte Steuerpflicht 324
–, beschränkte Steuerpflicht 327
–, Ehegatte in EU-Staat 325
–, fiktive unbeschränkte Steuerpflicht 325
–, Identifikationsnummer 350
–, öffentlicher Dienst ohne Wohnsitz im Inland 326
–, unbeschränkte Steuerpflicht 320
–, Wechsel 322
–, zeitweise unbeschränkte Steuerpflicht 322
Steuerstundungsmodell
–, Anlage G 986
–, Anlage S 271
Stiftung
–, Zuwendung in den Vermögensstock einer Stiftung 404
stille Beteiligung
–, Kapitalvermögen 797
stille Gesellschaft
–, Vermögenseinlage 174
stille Reserve
–, Übertragung 309
Straßenerschließungsbeitrag
–, keine haushaltsnahe Dienstleistung 473
Studium
–, Werbungskosten 687
Stückzins
–, Kapitaleinkünfte 789
Substanzmehrung
–, Abgrenzung zu Erhaltungsaufwendungen 859

T

Tätigkeit für Kapitalgesellschaft
–, Anlage KAP 739
Teileinkünfteverfahren
–, Anlage G 260
–, Anteil an Kapitalgesellschaft 1010
–, Kapitaleinkünfte 755
Termingeschäft
–, Kapitaleinkünfte 795
Trennung
–, Veranlagung 367

U

Überkreuzvermietung
–, Missbrauchsgestaltung 818
Übernachtungskosten
–, Frühstück 704
–, Reisekosten 704
–, Übernachtungspauschale Berufskraftfahrer 706
Überschussprognose
–, Einkünfteerzielungsabsicht 812
Übertragung stiller Reserven
–, Anlage EÜR 311
Übungsleiterfreibetrag
–, Anlage S 1026
Übungsleiterpauschale
–, Steuerfreiheit 631
Umbaukosten
–, außergewöhnliche Belastung 462
Umsatzsteuer
–, Entnahme 285
–, Option 911
–, Vermietung und Verpachtung 833, 910
Umsatzsteuerbetrag
–, Vermietungseinnahme 911
Umsatzsteuererstattung
–, Anlage EÜR 283
Umsatzsteuerzahlung
–, Betriebsausgabe 1045
Umschulung
–, Werbungskosten 688
Umzäunung
–, Abschreibung 849
Umzugskosten
–, Arbeitnehmer 691
–, doppelte Haushaltsführung 162, 726
–, Werbungskosten 691
unbeschränkte Steuerpflicht
–, Antrag 324
unentgeltlicher Erwerb
–, Gebäude 865
Unfallkosten
–, Arbeitnehmer 691
–, betriebliche Fahrt 691
–, Weg zur Arbeit 151
unselbstständige Gebäudeteile
–, Abschreibung 849
–, Beispiel 849
Unterhalt
–, Anlage Unterhalt 34
–, Ausland 118
–, außergewöhnliche Belastung 587
–, bedürftige Person 587
–, berechtigte Person 120
–, eheähnliche Gemeinschaft 123
–, Erwerbsobliegenheit 601
–, Flüchtling 115, 120
–, geleistete Aufwendung 592
–, gesetzliche Pflicht 590
–, gleichgestellte Person 121, 590
–, Nachweis bei unterstützter Person im Ausland 118
–, Opfergrenze 594
–, Unterhalt an Ehegatten oder Lebenspartner 246
–, Unterhalt an geschiedenen Ehegatten oder Lebenspartner 34
–, unterstützte Person 119
–, Zahlungsnachweis bei ausländischem Angehörigem 601
Unterhaltsberechtigung
–, gesetzliche Unterhaltsberechtigung 120
Unterhaltserklärung
–, Anlage Unterhalt 118
Unterhaltsleistung
–, Abzugshöhe 596
–, Anlage U 420
–, Antrag auf Sonderausgabenabzug 424
–, Beispiel 421
–, geschiedener Ehegatte 420
–, getrennt lebender Ehegatte 420
–, Sonderausgabenabzug 420
–, sonstige Einkünfte 951
–, Unterstützungszeitraum 117
–, Zustimmung des Empfängers 425
Unterhaltszahlung
–, Abzugsvoraussetzung 589
–, Anlage U 424
–, berechtigter Personenkreis 590
–, nicht unterhaltsberechtigte Person 123
–, Unterstützungszeitraum 597
Unterkunft
–, doppelte Haushaltsführung 161
unterstützte Person
–, Anschrift des Haushalts 116
–, Ausland 118
–, Bedürftigkeit 593
–, eigene Einkünfte oder Bezüge 126
–, Haushaltszugehörigkeit 121
–, Kindergeldanspruch 122
–, mehrere Unterstützer 125
–, Vermögen 124

Unterstützungszahlung
–, eigene Einkünfte des Empfängers 598
–, erste Zahlung 117
Untervermietung
–, Vermietungeinkünfte 844
Urheberrecht
–, befristete Überlassung 845

V

Veräußerung
–, Anteil an GmbH 1006
Veräußerungsfreibetrag
–, Veräußerungsgewinn 1002
Veräußerungsgeschäft
–, private Rente 934
–, privates Veräußerungsgeschäft 249
Veräußerungsgewinn
–, Anlage SO 973
–, Anteil an Kapitalgesellschaft 1006
–, Betriebsaufgabe 994
–, Betriebsveräußerung 1000
–, Erhöhung des Abschreibungsbetrags 967
–, Errmittlung 1000
–, Immobilie 967
–, Kapitaleinkünfte 780
Veräußerungskosten
–, Kapitaleinkünfte 750
Veräußerungsrente
–, Betriebsveräußerung 1005
–, Ertragsanteil 934
Veräußerungsverlust
–, Anteil an Kapitalgesellschaft 1011
–, Kapitaleinkünfte 172
–, sonstige Einkünfte 975
–, Wertpapier 172
Veranlagung
–, Ehegattenveranlagung 358
–, Ehegattenwahlrecht 368
–, Ehegatte oder Lebenspartner 16
–, Einzelveranlagung 357
–, Einzelveranlagung mit Splittingtarif 365
–, Einzelveranlagung von Ehegatten 364
–, Familienstand 356
–, Güterstand 370
–, Splittingtarif 363
–, Tod eines Ehegatten 366
–, Trennung 367
–, Zusammenveranlagung 363
verbilligte Überlassung
–, anteiliger Werbungskostenabzug 829
–, Wohnung 828
verdeckte Gewinnausschüttung
–, Abgeltungsteuer 732
vereinfachte Steuererklärung
–, Rentner 333
Verkauf
–, GmbH-Anteil im Privatvermögen 263
–, Spekulationsfrist bei privatem Wirtschaftsgut 252
Verlust
–, Gewerbebetrieb 257
–, Kapitaleinkünfte 798
–, sonstige Einkünfte 957
–, Steuerstundungsmodell 986
Verlustabzug
–, Hauptvordruck 13
Verlustfeststellung
–, Antragsfrist 340
–, Kapitaleinkünfte 805
–, verbleibender Verlust 347
Verlustrücktrag
–, Höchstbetragsgrenze 62
Verlustverrechnung
–, Kapitalvermögen 798
–, Steuerabzugsverfahren 803
Verlustverrechnung Kapitaleinkünfte
–, Beschränkung 799
Verlustverrechnungstöpfe
–, Bank 803
Vermietung
–, Angehöriger 827
–, beweglicher Gegenstand 953
–, Solaranlage 849
–, unbebautes Grundstück 845
Vermietungseinkünfte
–, Erbengemeinschaft 840
–, Geringfügigkeit 824
–, Zufluss 825
Vermietungseinnahme
–, Umlage 830
Vermietungstatbestand
–, Beispiel 807
Vermietung und Verpachtung
–, ABC der Werbungskosten 847
–, Abgrenzung gegenüber anderen Einkunftsarten 806
–, Abschreibung 207
–, Abschreibung Gebäude 863
–, Abschreibung von beweglichem Wirtschaftsgut 886
–, Absetzung für Abnutzung 848
–, Abstandszahlung 837
–, Angehöriger 814
–, Anlage V 194
–, Anschaffungskosten 853
–, anschaffungsnahe Herstellungskosten 862
–, Beteiligung 203
–, Betriebskosten 216
–, Darlehen zwischen Angehörigen 892
–, Einkunftsermittlung 819
–, Einnahme 195, 822
–, Entschädigung 838
–, Erhaltungsaufwendung 898
–, Erweiterung des Gebäudes 859
–, Ferienwohnung 196, 820
–, Gartenanlage 887
–, Geldbeschaffungskosten 212, 888
–, gemischt genutztes Grundstück 206
–, Grundsteuer 813
–, Grundstücksgemeinschaft oder Erbengemeinschaft 839
–, Guthabenzins aus Bausparvertrag 836
–, Herstellungskosten 858
–, Homeoffice 806
–, Kaution 838
–, kurzfristige Vermietung über das Internet 821
–, leer stehende Wohnung 813
–, Liebhaberei 810
–, nachträgliche Anschaffungs- oder Herstellungskosten 870
–, Nießbrauch 809
–, Rechtsfolgen der teilentgeltlichen Vermietung 828
–, Rechtsfolgen der Überlassung 828
–, Reparatur 214
–, Schuldzins 212
–, Schuldzins bei vermietetem und selbst genutztem Gebäude 894
–, selbstständiger Gebäudeteil 850
–, Umsatzsteuer 200, 217, 833, 910
–, unentgeltlicher Erwerb 864
–, Untervermietung 204, 844
–, verbilligte oder teilentgeltliche Vermietung 828
–, Vereinfachungsregelung bei Herstellungskosten 861
–, Vermietung an Angehörigen 196
–, Vermietungseinkünfte 821
–, Versicherung 216
–, Verwaltungskosten 216
–, Vorsteuerabzug 910

–, wechselseitige Vermietung 818
–, Werbeflächen 832
–, Werbungskosten 205, 846, 909
–, wesentliche Verbesserung 860
–, zeitliche Erfassung 825
–, Zurechnung der Einkünfte 808
–, Zuschuss 834
Vermittlung
–, sonstige Einkünfte 953
Vermögensstockspende
–, Sonderausgabenabzug 404
Vermögensübertragung
–, Versorgungsleistung 419
Vermögensverwalter
–, selbstständige Tätigkeit 272
vermögenswirksame Leistung
–, Arbeitnehmer-Sparzulage 345
Verpflegungskosten
–, Reisekosten 698
–, Verpflegungsmehraufwand 719
Verpflegungsmehraufwand
–, Anlage EÜR 298, 1130
–, Auslandsreise 703
–, Auswärtstätigkeit 155
–, Betriebsausgabe 1130
–, doppelte Haushaltsführung 161, 719
–, Dreimonatsfrist 700
–, mehrtägige Auswärtstätigkeit 698
–, Mitternachtsregelung 699
–, Reisekosten des Arbeitnehmers 698
Versicherung
–, Arbeitslosenversicherung 84, 88
–, Berufsunfähigkeitsversicherung 85
–, gesetzliche Krankenkasse 78
–, Krankenversicherung 77
–, Rentenversicherung mit Kapitalwahlrecht 86
–, Rentenversicherung ohne Kapitalwahlrecht 87
–, Risikolebensversicherung 85
–, Vorsorgeaufwendung 70
–, Zusatzbeitrag 78
Versicherungsbeitrag
–, Betriebsausgabe 1106
–, Kind 107
Versicherungsunternehmen
–, Mitteilung über Rentenleistung 941
Versorgungsausgleich
–, sonstige Einkünfte 950
Versorgungsbezug
–, Anlage N 131, 624
–, Beamtenpension 916
–, Versorgungsfreibetrag 625
–, Werbungskostenpauschbetrag 626
–, Werksrente 624
Versorgungsfreibetrag
–, Zuschlag 625
Versorgungsleistung
–, sonstige Einkünfte 244, 949
Verspätungszuschlag
–, Höhe 339
–, Nichtabgabe der Steuererklärung 339
Verwaltungskosten
–, Vermietung und Verpachtung 909
Verwandtendarlehen
–, Abgeltungsteuer 736
volljähriges Kind
–, erwerbstätiges Kind 552
Vollzeitausbildung
–, erste Tätigkeitsstätte 648
vorausgefüllte Steuererklärung
–, Service der Finanzverwaltung 336
Vorfälligkeitsentschädigung
–, Werbungskosten 890
Vormund
–, Freibetrag 1034
Vorsorgeaufwendung
–, Anlage Vorsorgeaufwand 69
–, Beamter 89
–, freiwillige gesetzliche Rentenversicherung 73
–, GmbH-Gesellschaftergeschäftsführer 89
–, Minijob 76
–, Sonderausgabe 497
–, Sonderausgabenabzug 497
–, Versicherungsbeitrag 497
Vorsorgepauschale
–, Sonderausgabe 377
Vorsteuer
–, Anlage EÜR 295
Vorsteuerabzug
–, Vermietung und Verpachtung 910
vorweggenommene Betriebsausgabe
–, Existenzgründung 987

W

Wahl der Veranlagungsart
–, Änderungsmöglichkeit 369
–, Bindung 369
Waren, Roh- und Hilfsstoff
–, Betriebsausgabe 1077
Wechsel der Gewinnermittlungsart
–, Anlage EÜR 303
Weg zur Arbeitsstätte
–, Anlage N 643
–, Entfernungspauschale 140
Weg zwischen Wohnung und Arbeitsstätte
–, Verkehrsmittel 142
Weiterbildung
–, Arbeitslohn 609
–, Werbungskosten 688
weiträumiges Arbeitsgebiet
–, erste Tätigkeitsstätte 645
Werbungskosten
–, Anlage SO 952
–, Arbeitgeberersatz Reisekosten 707
–, Arbeitnehmer 138, 633
–, Arbeitsmittel 148
–, Arbeitszimmer 149
–, ausländische Einkünfte 1165
–, Auswärtstätigkeit 152
–, Erststudium 411
–, Fortbildung 150
–, Kapitaleinkünfte 750
–, nachträgliche Werbungskosten 633
–, Reisekosten 152
–, Renteneinkünfte 946
–, Übersicht Arbeitnehmer 691
–, Vermietung und Verpachtung 908
–, vorweggenommene Werbungskosten 633
Werbungskostenpauschbetrag
–, Arbeitnehmer 635
Werksrente
–, Versorgungsbezug 624
Wertpapier
–, sonstige Einkünfte 969
–, Veräußerungsverlust 172
wiederkehrender Bezug
–, sonstige Einkünfte 916, 948
–, Versorgungsleistung 244
Wirtschaftsgebäude
–, Abschreibung 868
Wirtschaftsgut
–, Sofortabschreibung 1090
Wohnimmobilie
–, strukturell bedingter Leerstand 813
Wohnraumförderungsgesetz
–, Zuschüsse 835
Wohnsitz im Ausland
–, zeitweise unbeschränkte Steuerpflicht 22

Z

Zahlungsnachweis
–, Handwerkerleistung 474
Zins
–, Abgeltungsteuer 731
Zins aus Steuererstattung
–, Kapitaleinkünfte 775
Zinseinnahme
–, Bausparguthaben 778
Zinsertrag
–, Abgeltungsteuer 169
–, andere Einkunftsart 182
Zufluss
–, Vermietungseinkünfte 825
Zuflussprinzip
–, Ausnahme 1043
zumutbare Eigenbelastung
–, außergewöhnliche Belastung 453
Zusammenveranlagung
–, Vorteil 363
Zuschuss
–, Vermietung und Verpachtung 913
Zuwendung
–, Empfänger im EU-/EWR-Ausland 393
Zuwendungsnachweis
–, Spende 394
Zweitausbildung
–, Beispiel 412
–, Werbungskosten 412
Zweitstudium
–, Betriebsausgabe 412
Zweitwohnung
–, abzugsfähige Kosten 722
–, doppelte Haushaltsführung 714, 722
–, Weg zwischen Wohnung und Arbeitsstätte 652